경찰채용
경찰간부
경찰승진

최신
(~22.12.31.)
개정법령 반영

최신
출제 경향에 따른
개념별 단권화

이주아 경찰학

기본서

 독한공무원 | 독한경찰
dokgong.com | police.dokgong.com

나는 피어라, 꽃이다

의사는 사람의 생명을 살리고, 선생님은 학생의 미래를 결정합니다.

경찰은 이 두 가지 가치를 모두 충족시켜주는 숭고한 직업이라고 생각합니다.

그 청운의 꿈을 이루는 데에 조금이라도 도움을 드리고 싶은 마음으로
이 길을 걷기 시작했습니다.

이 책을 마주했을 때, 수험생분들에게 남은 시간이 길다고 생각하면 길고,
짧다고 생각하면 짧은 기간이지만, 지금부터가 진짜 중요한 시점입니다.

개인적으로 컨디션 관리에 힘써주시기를 바랍니다.

몸에 좋은 음식 잘 섭취해 주시고 반드시 숙면해야 합니다.

불안감에 식사 거르고, 잠을 안 자면 오히려 흐름이 불안정해지기 때문에
규칙적인 생활하시길 당부 말씀드리겠습니다.

지금까지 잘해 왔고, 잘하고 있고, 잘할 수 있습니다!

언제 언제까지나 그 날을 위해 뒤에서 힘차게 밀어드리는 강사되겠습니다.

이 책이 나오기까지 많은 고생해주신
독한경찰 출판부 임직원 분들께 감사의 마음을 전합니다.

감사합니다.

2023년 1월 이주아

주 아 지 장

본 주아지장을 지닌 이가 주아의 제자임을 증명한다.

제1조 [목적]
주아의 제자는 천하 어느 곳에서도 주아의 보호를 받으며,
정당한 이유 없이 주아의 제자를 해하는 이는 곧 주아의 적으로 간주 됨을 천명한다.

제2조 [성실의 원칙]
주아지장을 지닌 이는 주아의 제자임을 항시 명심하고,
정의를 추구하며, 계속하여 자신을 갈고 닦아 나아가야 한다.

제3조 [유효기간]
본 주아지장에 의한 유효기간은 본 기본서가 도달한 때로부터 1년으로 하고 이의제기가
없는 한 1년씩 자동 연장 한다.

2023년 01월 01일

경찰학 이 주 아

이주아

목차

제1편 경찰학의 기초이론

제1장 /	경찰과 경찰학	/ 008
제2장 /	경찰문화와 윤리, 부패	/ 016
제3장 /	경찰의 적극행정과 소극행정	/ 044
제4장 /	범죄학(범죄원인과 범죄예방)	/ 047
제5장 /	지역사회 경찰활동	/ 053

제2편 경찰의 역사와 제도

제1장 /	한국경찰의 역사와 제도	/ 060
제2장 /	외국경찰의 역사와 제도	/ 072

제3편 경찰행정법

제1장 /	경찰조직법	/ 086
제2장 /	경찰공무원법	/ 116
제3장 /	경찰관직무집행법	/ 171
제4장 /	행정기본법	/ 197
제5장 /	행정입법	/ 205
제6장 /	행정행위	/ 224
제7장 /	경찰상 의무이행 확보수단	/ 249
제8장 /	행정절차법, 공공기관의 정보공개에 관한 법률, 개인정보보호법	/ 271

제9장 / 경찰권의 근거와 한계	/ 292
제10장 / 개인적 공권	/ 297
제11장 / 행정구제법	/ 302

제4편 경찰행정학

| 제1장 / 경찰관리 | / 316 |
| 제2장 / 경찰 홍보 및 통제 | / 362 |

제5편 각론

제1장 / 생활안전경찰	/ 396
제2장 / 수사경찰	/ 440
제3장 / 교통경찰	/ 478
제4장 / 경비경찰	/ 519
제5장 / 정보경찰	/ 545
제6장 / 안보경찰	/ 565
제7장 / 외사경찰	/ 589

부 록 암기 TIP

| 부 록 / 암기 TIP | / 618 |

이주아 경찰학 기본서

이주아 경찰학 기본서

POLICE SCIENCE

제1편
경찰학의 기초이론

제1장 / 경찰과 경찰학
제2장 / 경찰문화와 윤리, 부패
제3장 / 경찰의 적극행정과 소극행정
제4장 / 범죄학(범죄원인과 범죄예방)
제5장 / 지역사회 경찰활동

제1장
경찰과 경찰학

1. 경찰의 개념

(1) 대륙법계 경찰개념 : 국정전반 → 내무행정 → **질서행정**(소극적 **위험방지**) → **보안경찰**(비경찰화현상)
  ▶ 경찰의 임무범위를 **축소**시키는 과정

고대	① 경찰의 어원 : 그리스 politeia와 라틴어의 politia에서 유래 ② 도시국가에 관한 **일체의 정치**(=국정전반), 헌법을 지칭
중세	① 중세 경찰권은 절대주의적 국가권력의 기초 ② 14세기 말 **프랑스**(모든 국가작용) → 15세기 말 **독일**(질서유지 포함한 국가행정 전반) (독 → 프X) ③ 16세기 독일 「제국경찰법」 : **교회행정의 권한 제외**한 일체의 국가의 행정
경찰국가 시대	17세기에 국가목적적 행정인 **외교, 군사, 재정과 사법** 등 전문분야가 **제외**(분리)되어 경찰은 사회공공의 안녕과 복지를 직접 다루는 **내무행정**을 의미 ※ 내무행정(사회목적적 행정 = 소극적 치안 + 적극적 복지증진)
법치국가 시대	18세기 계몽철학 영향으로 **적극적인 복지경찰 제외**되고 소극적인 **위험방지**(= 질서유지)에 한정 ※ 「독일공법제도」(**요한 쉬테판 퓌터**, 1776) : 경찰의 직무는 **임박한 위험**을 **방지**하는 것이다. 복리증진은 경찰의 본래 직무가 아니다.
	「일반란트법」 (프로이센, 1794)	경찰관청은 **공공의 평온, 안녕 및 질서**를 유지하고, 또한 공중 및 그의 개개 구성원들에 대한 **절박한 위험**을 방지하기 위하여 필요한 기관이라고 규정하였다.
	「죄와형벌법전」 (프랑스, 1795)	① 경찰은 공공질서를 유지하고 **개인의 자유와 재산 및 안전**을 유지하기 위한 기관이라고 규정하였다. ② **행정경찰과 사법경찰을 최초로 구분**하여 법제화하였다. → 행정경찰은 공공질서 유지·범죄예방을 목적으로 하고, 사법경찰은 범죄와 수사·체포를 목적으로 한다.
	크로이쯔베르크 판결 (프로이센, 1882)	1882년 프로이센 고등행정법원이 **크로이쯔베르크판결**(띠톱판결X)을 통해 경찰관청이 일반수권규정에 근거하여 법규명령을 발할 수 있는 분야는 **소극적인 위험 방지에 한정**된다는 법해석상 확정되는 계기를 마련하였다. (= **경찰 작용의 목적 축소**)
	「지방자치법전」 (프랑스, 1884)	자치체경찰은 공공의 질서·안전(소극목적에 한정) 및 **위생**을(협의의 **행정경찰사무** 포함) 확보함을 목적으로 한다.
	「경찰행정법」 (프로이센, 1931)	경찰관청은 일반 또는 개인에 대한 공공의 안녕과 질서를 위협하는 위험을 방지하기 위하여 현행법의 범위 내에서 **의무에 합당한 재량**에 따라 필요한 조치를 취하지 않으면 안 된다.
제2차 대전 이후	**협의의 행정경찰** 사무가 **비경찰화**의 과정을 거치면서 **보안경찰**(= 공공의 안녕과 질서유지) 임무에 국한 ※ 비경찰화(1945) : **협의의 행정경찰사무**(영업, 건축 등)가 경찰업무에서 **제외**

(2) 대륙법계와 영미법계 경찰의 비교

구분	대륙법계(독일, 프랑스)	영미법계(영국, 미국)
경찰개념의 형성	① 경찰권의 **발동범위**와 성질을 기준 ② 경찰권 발동범위 **축소**의 역사	① 경찰의 **역할·기능**을 중심으로 형성 ② 경찰 활동범위 **확대**의 경향
경찰권 기초	일반통치권	자치권
시민과의 관계	대립관계(반비례), 수직적 관계	대등관계(비례), 수평적 관계
경찰개념의 초점	**경찰**이란 무엇인가(존재)?	경찰**활동**이란 무엇인가? 경찰은 무엇을 하는가?
경찰의 사명	공공의 안녕과 질서유지에 중점(수사X)	공공의 안녕과 질서유지 + 범죄**수사**
경찰의 수단	권력적 수단 중시(명령·강제)	비권력적 수단 중시
행정·사법 구분	구분함 「죄와형벌법전」 제18조」	구분하지 않음
우리나라에 미친 영향	프랑스 「죄와형벌법전」 → 일본 「행정경찰규칙」 → 우리나라 「행정경찰장정」	① 미군정기에 **국민의 생명, 신체 및 재산 보호**가 경찰의 책무로 도입 ② 수사가 경찰의 임무에 포함
	「경찰관직무집행법」(1953) : 대륙법계와 영미법계의 경찰개념이 **모두 반영**	

(3) 형식적 의미의 경찰과 실질적 의미의 경찰

구분	형식적 의미의 경찰	실질적 의미의 경찰
개념	① 조직 중심 ② 실정법적 개념(국자법 제3조, 경직법 제2조) 　= 실무상 개념, 제도적 개념 ③ **사법경찰, 정보경찰, 안보경찰, 경찰 서비스** O ④ **국가별로 차이** O ⑤ **다른 행정기관** X 　▶ **의원경찰X, 법정경찰X**	① 작용·성질 중심 ② 이론·학문상(실무상X) 정립된 개념 **독일**(프랑스X) **행정법학**(행정법X)에서 유래 ③ 일반통치권에 근거 　▶ **의원경찰X, 법정경찰X** ④ 명령·강제하는 권력적 작용 　→ **다른 행정기관** O 　→ 소극목적(사회공공의 안녕과 질서유지) ⑤ **사회**목적적 작용(국가목적적X) 　▶ **안보경찰(대공경찰)X**
공통점	① 불심검문 : **형식적 의미O, 실질적 의미O** 　㉠ 실정법(경찰관직무집행법)에서 경찰행정기관 임무로 규정 : 형식적 의미의 경찰O 　㉡ 명령·강제라는 권력적 작용 : 실질적 의미의 경찰O ② 위험방지 : **형식적 의미O, 실질적 의미O** ③ 의원경찰, 법정경찰 : **형식적 의미X, 실질적 의미X**	
양자의 관계	양자는 어느 하나가 다른 하나를 포함하는 관계가 아니다. → 형식적 의미의 경찰 일부가 실질적 의미의 경찰이고, 실질적 의미의 경찰 일부가 형식적 의미의 경찰에 해당할 뿐이다. 　▶ 실질적 의미의 경찰은 모두 형식적 의미의 경찰에 해당한다. (X) [21 승진]	

(4) 경찰개념의 분류 기준과 내용

기준	분류	주요 내용
목적·임무·3권분립	행정경찰	① **실질적 의미**의 경찰 ② 공공질서유지 및 범죄예방 목적(**사전예방**) ③ 행정법의 일반원칙과 각종 **경찰행정법규**에 의하여 작용 ④ 주로 **현재** 또는 **장래**의 상황에 대하여 발동
	사법경찰	① **형식적 의미**의 경찰 ② 범죄의 수사·체포를 목적(**사후진압**) ③ **형사소송법**에 의하여 권한 행사 ④ 주로 **과거**의 상황에 대하여 발동
		※ **우리나라, 영미법계**는 행정·사법 모두 담당(= 행정·사법 **구분X**)
업무의 독자성	보안경찰	① 사회공공의 안녕과 질서를 유지하기 위하여 타 행정작용에 부수되지 않고 **그 자체로서 독립**하여 행해지는 경찰작용 ② 교통경찰, 경비경찰, 해양경찰, **풍속경찰**, 생활안전경찰 등
	협의행정경찰	① **다른 행정작용과 관련하여** 행해지는 경찰작용 ② 위생경찰, 건축경찰, 철도경찰, 산림경찰 등
경찰권 발동시점	예방경찰	① 사전에 위해나 범죄의 발생을 방지하기 위한 비권력적 작용 ② 위해를 **미칠 우려**가 있는 정신착란자 보호, 총포·화약류의 취급제한
	진압경찰	① 이미 발생한 위해를 제거하거나 이미 발생한 범죄를 제지·진압·수사하는 권력작용 ② **위해를 주는** 정신착란자 보호, 범죄 진압, 사람 공격하는 동물 사살
위해정도·적용법규·담당기관	평시경찰	평온한 상태에서 보통경찰기관이 행하는 경찰작용
	비상경찰	국가비상사태에서 군이 일반 치안을 담당
경찰활동 질·내용	질서경찰	강제력을 수단으로 직무를 수행하는 경찰
	봉사경찰	비권력적 수단 (청소년 선도, 교통·지리정보의 제공 등)

기준	분류	장점	단점
권한과 책임소재	국가경찰	① 타 (경찰)기관과의 업무상 **협조·조정 용이** ② **전국적인 통계자료의 정확성**이 높음 ③ **조직의 통일적 운영 가능** ㉠ **전국적이고 광역적인 범죄 대응** 가능 ㉡ **전국적으로 균등한 경찰서비스** 제공 ④ 경찰활동의 **능률성·기동성**을 발휘 ㉠ 강력한 집행력 행사 가능, **비상시 유리**	① **조직이 비대화, 관료화** 될 우려 ㉠ **관료화**되어 지역주민 위한 봉사자 의식 희박 ② **정부의 특정정책의 수행에 이용**되어 본연의 임무를 벗어날 우려 ③ 각 지방의 특수성·창의성이 저해
	자치경찰	① 각 지역의 특성에 적합한 경찰행정 ② 인권보장과 민주성이 보장 ③ 지역별로 독립된 조직이므로 경찰**조직·운영의 개혁이 용이** ④ 지역주민에 대한 경찰의 책임감이 높음 ⑤ 경찰과 시민의 유대가 강화	① **타 경찰기관과의 협조·응원체제 곤란** ② 전국적 통계자료 정확성 얻기 곤란 ③ 전국적·광역적 활동에 부적합 ㉠ 광역화 범죄에 대처 어려움 ④ 능률성·기동성·통일성 등 저하 ⑤ 지방세력과 연결시 **경찰부패 가능성**

보호되는 법익가치	보통경찰	① 일반 안전과 질서유지를 위한 경찰 ② 사회, 개인을 보호(교통경찰, 풍속경찰 등)
	고등경찰	① 사상, 집회, 종교, 정치 등에 관련된 경찰작용 ② 정치, 사상 등을 보호
	※ **프랑스**(독일X)에서 유래	

2. 경찰의 임무

(1) 경찰의 기본적 임무

국가경찰과 자치경찰의 조직 및 운영에 관한 법률 제3조 경찰의 임무	경찰관직무집행법 제2조 직무의 범위
1. 국민의 생명·신체 및 재산의 보호 2. 범죄의 예방·진압 및 수사 3. 범죄피해자 보호 4. 경비·요인경호 및 대간첩·대테러 작전 수행 5. 공공안녕에 대한 위험의 예방과 대응을 위한 정보의 수집·작성 및 배포 6. 교통의 단속과 위해의 방지 7. 외국 정부기관 및 국제기구와의 국제협력 8. 그 밖에 공공의 안녕과 질서유지	1. 국민의 생명·신체 및 재산의 보호 2. **범죄의 예방·진압 및 수사** 2의2. 범죄**피해자**(피의자X)보호 3. 경비, 주요 인사 경호 및 대간첩·대테러 작전 수행 4. 공공안녕에 대한 위험의 **예방과 대응**을 위한 **정보**의 수집·작성 및 배포 5. 교통 단속과 교통 위해의 방지 6. 외국 정부기관 및 국제기구와의 국제협력 7. 그 밖에 공공의 안녕과 **질서유지**(위해방지X)

(2) 경찰의 사무(국가경찰과 자치경찰의 조직 및 운영에 관한 법률 제4조)

국가		제3조에서 정한 경찰의 임무를 수행하기 위한 사무. 다만, **자치경찰 사무는 제외**
자치	생활안전 (시·도조례)	① 생활안전을 위한 순찰 및 시설의 운영 ② 주민참여 방범활동의 지원 및 지도 ③ 안전사고 및 재해·재난시 긴급구조지원 ④ 아동·청소년·노인·여성·장애인 등 사회적 보호가 필요한 사람에 대한 보호 업무 및 가정·학교·성폭력 등의 예방 ⑤ 주민의 일상생활과 관련된 사회질서의 유지 및 그 위반행위의 지도·단속. 다만, 지방자치단체 등 다른 행정청의 사무는 제외한다. ⑥ 그 밖에 지역 주민의 생활안전에 관한 사무
	교통 (시·도조례)	① 교통법규 위반에 대한 지도·단속 ② 교통안전시설 및 무인 교통단속용 장비 심의·설치·관리 ③ 교통안전에 대한 교육 및 홍보 ④ 주민참여 지역 교통활동의 지원 및 지도 ⑤ 통행 허가, 어린이 통학버스의 신고, 긴급자동차의 지정 신청 등 각종 허가 및 신고에 관한 사무 ⑥ 그 밖에 지역 내의 교통안전 및 소통에 관한 사무
	경비 (시·도조례)	지역 내 다중운집 행사 관련 혼잡 교통 및 안전 관리

자치	수사 (대통령령)	① 학교폭력 등 소년범죄 ② 가정폭력, 아동학대 범죄 ③ 교통사고 및 교통관련 범죄 ④ 「형법」상 **공연음란**(통신매체이용음란행위X) 및 「성폭력처벌특례법」상 성적 목적을 위한 다중이용장소 침입행위에 관한 범죄 ⑤ 경범죄 및 기초질서 관련 범죄 ⑥ 가출인 및 실종아동등 관련 수색 및 범죄

(3) 경찰의 기본적 임무

> ※ 경찰의 기본적 임무 : 공공의 안녕 질서에 대한 위험방지 + 범죄수사 + 치안서비스

① 경찰의 궁극적 임무 : 사회공공의 안녕과 질서유지

	개념	① **성문규범**의 총체 ② 공공의 안녕은 일부를 **개인**, 일부를 국가 등 집단과 관련되는 **이중적 개념** ③ 공공의 안녕은 국민의 국민의 생명·신체·재산보호를 포함하는 **상위개념**
공공의 안녕	내용	**법질서**의 불가침성	공공의 안녕의 **제1요소**
			공법규범 위반	공공의 안녕에 대한 위험O → 경찰개입O ▶ 주관적 범죄구성요건 실현, 책임성, 구체적 가벌성 불요
			사법규범 위반	① 공공의 안녕에 대한 위험X → **경찰개입영역X** ② **보충성원칙 적용되는 경우** → **경찰개입O**
			▶ 보충성원칙 : 경찰의 원조 없이는 법 실현이 사실상 어려워질 경우에만 경찰이 개입
		국가의 존립과 기능성	① 형법적 **가별성의 범위 내에 이르지 않았더라도** 국민의 자유와 권리를 침해하지 않는 범위 내에서 수사나 정보·보안·외사활동이 가능 ② **폭력성과 명예훼손 없이 표출되는 비판**은 헌법상 보장된 언론·예술·집회·결사의 자유에 해당 → 경찰개입문제X
		개인의 권리와 법익의 불가침성	① **사유재산적 가치 또는 무형의 권리**(지적재산권)도 보호 ② 경찰의 원조는 **잠정적 보호**(최종적 보호X)에 국한되어야 한다. ▶ 최종적 보호는 법원에 의해 구제받아야 한다.
공공 질서		① **불문규범**의 총체 ② 시대에 따라 변화하는 **상대적·유동적개념** ③ 불문규범이 성문화되어가는 현상으로 인하여 공공질서 적용 여지는 점차 **축소경향**

위험	위험 : 손해가 나타날 수 있는 가능성이 개개의 경우에 충분히 존재하는 상태 → 경찰개입요건O ▶ 위험이 반드시 **현실적**, **구체적**으로 존재해야 하는 것 **아니다**. ↔ 손해 : 보호받는 개인 및 공동의 법익에 관한 **정상적 상태의 객관적 감소** ▶ 단순한 성가심이나 불편함 : 손해X		
	구체적위험	경찰개입O	구체적 개별사안에서 가까운 장래에 손해발생의 충분한 가능성 존재
	추상적위험	경찰개입O	구체적 위험의 예상 가능성이 존재
위험에 대한 인식	외관적위험	경찰개입O **손실보상**O	경찰이 합리적이고 **사려깊은 판단**하여 개입 → 실제로는 위험 존재X
	오상(추정적) 위험	**경찰개입X** **손해배상**O	경찰이 위험존재를 **잘못 추정** → 위험 외관X, 혐의 정당화X
	위험혐의	경찰개입O	실제로 위험의 **가능성은 예측되나 실현이 불확실**한 경우

② 범죄의 수사 : 수사법정주의
③ 서비스임무

미란다 판결	진술거부권등을 고지하지 않은 상태에서 이루어진 **자백의 증거능력 부정**
에스코베도판결	변호인과의 접견교통권 침해하여 얻은 **자백의 증거능력 부정**
맵판결	위법수집증거배제법칙 확립
블랑코(Blanco)판결	① 공무원에 의한 발생한 손해에 대한 **국가배상 최초인정** ② 그 책임에 관한 소송은 **행정재판소 관할**이라는 원칙 확립 계기

3. 경찰의 관할

(1) 사물관할(= 직무범위, 조직규범, 조직법적 근거)

「국가경찰과 자치경찰의 조직 및 운영에 관한 법률」 제3조, 「경찰관 직무집행법」 제2조에 규정되어 있으며, **영·미 법계** 영향으로 **범죄수사**가 경찰의 사물관할로 인정된다. [20 채용]

(2) 인적관할(광의의 경찰권이 어떤 사람에게 적용되는지)

▶ 예외 : 대통령(헌법), 국회의원(헌법), 외교사절(국제법), 주한미군(SOFA) 등에 일정한 제한이 있다.

(3) 지역관할(= 토지관할)의 예외

국회	① 국회의장이 국회 안에서 경호권을 행사한다. ② 국회의장은 필요시 **국회운영위원회**(경찰위원회X) **동의**를 얻어 정부에 경찰공무원 파견을 요구할 수 있다. ③ 파견된 경찰공무원은 의장의 지휘를 받아 회의장 건물 **밖**(안X)에서만 경호한다. ④ **국회 안**에 현행범인 있을 때는 경찰공무원은 **체포한 후 의장의 지시**를 받아야 한다. 다만, 국회의원은 **회의장 안**에서는 의장의 명령 없이 체포할 수 없다. [20 채용]
법정 내부	① 재판장은 법정의 질서유지를 위하여 필요하다고 인정할 때는 **개정 전·후 불문**하고 **관할경찰서장**에게 경찰공무원의 파견을 요구할 수 있다. ② 파견된 경찰공무원은 **재판장**(경찰서장 X)의 지휘를 받는다.
치외법권	① 외교공관이나 외교관의 개인주택, 교통수단(승용차·보트·비행기 등)도 불가침 대상으로 **외교사절의 동의 없이 출입할 수 없다.** ② **국제적 관습**(국제법X)에 의해 화재나 감염병 발생처럼 **긴급한 경우 동의 없이** 공관에 들어갈 수 있다.
미군영 내	① 미군영 내 경찰권은 원칙적으로 **미군 당국**이 보유한다. 미군 시설이나 구역의 안전에 대한 범죄 현행범 체포 또는 유치할 수 있다. ② **미군당국이 동의**한 경우와 **중대한 범죄 범하고 도주하는 현행범인 추적하는 경우**에는 예외적으로 대한민국 경찰도 **미군 시설 및 구역 안**에서 범인을 체포할 수 있다. [20 채용] ③ 대한민국은 **미군당국 동의 없으면** 시설·구역 내에서 사람·재산에 관하여 또는 **시설·구역 내외** 불문하고 미국의 재산을 **압수·수색·검증할 수 없다.** 미군당국은 대한민국 요청시 필요한 조치를 취하여야 한다.

4. 경찰활동의 기본이념(가치)

민주주의	의의	「헌법」 제1조 대한민국은 민주공화국이며 **주권은 국민**에게 있고, **모든 권력은 국민**으로부터 나온다. ▶ 경찰권은 국민의 위임에 근거한 것
	민주화 방안 / 대외적	① 국민의 경찰에 대한 민주적 통제와 참여장치 마련 　**국가경찰위원회제도, '국민감사청구제도'** 등 ② **경찰활동의 공개** 　**「공공기관의 정보공개에 관한 법률」, 「행정절차법」** 등 ▶ **성과급제**(X) → 민주화 방안X, 경영주의O [21경간]
	대내적	경찰조직 내부의 적절한 권한분배, 경찰관 개인의 민주주의 의식 확립 → **내부적 민주주의도 중요**하다. ▶ 경찰의 민주주의는 **내부적 문제와 관련없는** 대외적인 문제이다. (X)
법치주의	의의	「헌법」 제37조 제2항 국민의 모든 자유와 권리는 국가안전보장·질서유지 또는 공공복리 위하여 필요한 경우에 한하여 **법률**(법령X)로써 제한할 수 있으며, 제한하는 경우에도 자유와 권리의 **본질적인 내용을 침해할 수 없다.** [21경간]
	내용 / 권력적 활동	행정처분(운전면허 정지·취소처분 등)·즉시강제(무기사용 등) 등 **권력적 활동시 법치주의원리가 강하게 적용**된다.
	비권력적 (임의) 활동	교통정보제공, 순찰활동, 경찰방문, 유실물관리 등 비권력적 활동은 직무의 범위 내에서 **개별적 수권(근거규정) 없이도 가능**하다. ▶ 조직법적 근거는 필요하다.
인권존중주의		① 「헌법」 제10조 　국가는 개인이 가지는 불가침의 기본적 인권을 확인하고 이를 보장할 의무를 진다. ② 「국가경찰과 자치경찰의 조직 및 운영에 관한 법률」 제5조 　경찰은 그 직무를 수행할 때 헌법과 법률에 따라 국민의 자유와 권리 및 모든 개인이 가지는 **불가침의 기본적 인권을 보호**한다. ▶ 인권존중주의는 비록 「국가경찰과 자치경찰의 조직 및 운영에 관한 법률」에서는 **언급이 없으나**, 헌법상 기본권 조항 등을 통하여 당연히 유추된다. (X) [21경간] ③ 「경찰관직무집행법」 제1조 　이 법은 국민의 자유와 권리 및 모든 개인이 가지는 **불가침의 기본적 인권을 보호**하고 사회공공의 질서를 유지하기 위한 경찰관의 직무 수행에 필요한 사항을 규정함을 목적으로 한다. ④ **피의자 등을 대면하는 과정**에서 **수사경찰**에게 더욱 중요한 이념이다.
정치적 중립주의		① 「헌법」 제7조 제2항 　공무원의 신분과 정치적 중립성은 법률이 정하는 바에 의하여 보장된다. ② 「국가경찰과 자치경찰의 조직 및 운영에 관한 법률」 제5조 　경찰은 국민 전체에 대한 봉사자로서 공정·중립을 지켜야 한다.
경영주의		① 경찰경영의 궁극적인 목표는 고객인 국민의 감동이다. ② 경영주의 실현방안 : **성과급제도**, 민원일괄처리제도, 원격서비스제도 방식 등

제2장
경찰문화와 윤리, 부패

제1절 경찰문화

1. 한국경찰문화 특징

유교문화	유교문화는 농경사회 기반으로 **친분관계와 위계질서** 중시
군대문화	**획일적 사고와 흑백논리**로 사무를 처리
형식주의	**형식과 절차(서류작성)**를 실제 일하는 것보다 중시
정적인간주의	가족주의(가족, 혈연, 출신학교, 출신지역 등 귀속집단에 한정)를 넘어 의식적, 인위적으로 다른 사람과 긴밀한 관계를 유지하고, 이런 **정(情)을 바탕으로 사무를 처리**하는 것

대외적	① 국민에 대한 관계에서 '우리는 우리이고 저들은 저들'이라는 의식 ② 조직내부의 폐쇄성, 직장동료에 대한 '의리' 강조 → 법 집행시 국민과 대치하는 경향
대내적	① 자신과 관련된 정보공개를 꺼려하는 문화 ② 사복경찰이 상대적으로 정복경찰에 비해 엘리트 의식이 강하다.

> ※ **예기적 사회화** : 특정한 신분이 **되기 전**에 그 신분에 알맞은 생각과 행동을 **학습하거나 되는 것**
> ① 경찰인의 사회화는 **경찰이 되기 전**의 가치관이나 자신의 직접경험과 친구나 가족들을 통한 간접경험, 나아가 언론매체를 통한 경찰의 이미지 등을 통해서 이루어진다.
> ② 개인적 성향과 조직 내 사회화 과정은 **상호 보완적** 관계에 있다.
> ③ 경찰인은 공식적 사회화 과정보다 **비공식적** 사회화 과정을 통해서 영향을 더 많이 받는다.

2. 바람직한 경찰의 역할모델

(1) '범죄와 싸우는 경찰' 모델(the crimefighter model)

의의	법 집행을 통한 **범법자 제압** 측면을 강조한 모델로서 시민들은 범인을 제압하는 것이 경찰의 주된 임무라 인식한다. ▶ 경찰의 역할을 명확히 인식시켜 '**전문직화**'에 기여한다.
단점	① **전체 경찰의 업무를 포괄**하는 것은 **불가능**하다. [21 법학] ② 범법자는 적, 경찰은 정의의 사자라는 흑백논리에 따른 **이분법적 오류**로 인한 **인권침해 우려**있다. ③ 범죄**진압 이외의 업무**에 종사하는 경찰인들의 **사기를 떨어뜨리고**, **다른 분야에 대한 지식이나 기법의 개발을 등한시**할 우려가 있다.
대안	실제 범죄는 다양한 요인에 의해 발생하므로 **보다 넓게 경찰활동을 규정**하여야 한다.

(2) '치안서비스 제공자로서의 경찰' 모델(service worker model)

의의	시민에 대한 서비스 활동과 사회봉사활동의 측면을 강조한 모델로서 치안서비스란 경찰활동의 **전 부분을 포괄**하는 용어로 가장 바람직하다. ▶ 범죄와의 싸움도 치안서비스의 한 부분에 불과하다. ▶ **지역사회 경찰활동과 일맥상통**하는 측면이 있다.

3. 냉소주의의 문제와 극복 [20 채용]

구분	냉소주의	회의주의
대상	특정X	특정O
의심	합리적 근거X	합리적O
개선의지	개선의지X	개선의지O
극복방안	① 커뮤니케이션 과정의 개선 ② '맥그리거' 이론 중 **Y이론**에 입각한 조직관리 [20 채용]	
공통점	불신을 바탕으로 하고 있다. ㉠ 기존의 사회체계에 대한 신념결여 → 가장 큰 원인 ㉡ 공중의 생활이 위선으로 가득차 있다고 생각할 때 ㉢ 경찰조직이 하급직원에 대하여 무리한 요구를 할 때	

4. 경찰의 전문직업화

의의		경찰의 높은 사회적 지위를 확보하기 위하여 추진된 경찰개혁운동인 경찰의 전문직업화운동은 **미국의 오거스트 볼머**(August Vollmer) 등에 의하여 추진되었다. [22 경간]
장점		① 사회적 위상 제고와 긍지를 불러일으킨다. [22 경간] ② **치안서비스 질의 향상**을 기대할 수 있다. [22 경간] ③ 자율과 재량의 촉진을 통해 업무의 수행을 원활히 할 수 있다. ④ **우수한 인재** 등 **인적 자원의 질적 향상**을 기대할 수 있다. ⑤ 보수상승의 요인이 된다.
문제점	부권주의	전문가가 상대방 입장 고려하지 않고 **일방적으로 결정** → 치안서비스 질 저하
	소외	전문가가 자신의 국지적 분야만 보고 **전체적인 맥락을 보지 못하는 것**(차별X)
	차별	전문직이 되려면 시간·비용이 많이 들어, **경제적 약자**에게 **기회가 차단**(소외X)
	사적 이익 이용	전문직들은 그들의 상당한 사회적 힘을 공익보다는 사익을 위해서만 이용

제2절 경찰윤리

1. 경찰윤리강령

제정순서	경찰윤리헌장(1966) → 새경찰신조(1980) → 경찰헌장(1991) → 경찰서비스헌장(1998)
경찰헌장 (1991)	① 모든 사람의 **인격**을 존중하고 누구에게나 따뜻하게 **봉사**하는 **친절한 경찰** ② **정의**의 이름으로 진실을 추구하며 **어떠한 불의나 불법과도 타협하지 않는 의로운 경찰** ③ 국민의 **신뢰**를 바탕으로 오직 **양심**에 따라 법을 집행하는 **공정한 경찰** ④ **건전**한 상식 위에 **전문지식**을 갈고 닦아 맡은 일을 성실하게 수행하는 **근면한 경찰** ⑤ **화합과 단결** 속에 항상 규율을 지키며 **검소**하게 생활하는 **깨끗한 경찰**
경찰서비스 헌장 (1998)	① 범죄와 사고를 철저히 예방하고 법을 어긴 행위는 **단호**하고 **엄정**하게 처리하겠습니다. ② 국민이 필요로 하면 **어디든지 바로 달려가** 도와 드리겠습니다. ③ 모든 민원은 **친절**하고 **신속·공정**하게 처리하겠습니다. ④ 국민의 **안전과 편의**를 제일 먼저 생각하고 성실히 직무를 수행하겠습니다. ⑤ **인권**을 존중하고 **권한**을 남용하는 일이 없도록 하겠습니다. ⑥ 잘못된 업무는 즉시 **확인**하여 바로잡겠습니다.

1-2. 윤리강령의 문제점

실행가능성	경찰강령은 **법적 강제력이 없기 때문에** 위반했을 경우 제재할 방법이 미흡하다.
최소주의	경찰관이 최선을 다하여 헌신과 봉사를 하려다가도 윤리강령에 포함된 정도의 수준으로만 근무를 하여 경찰강령이 근무수행의 최소기준이 된다. 결국 더 이상의 자기희생을 하지 않으려는 경향이 나타난다.
냉소주의	경찰강령은 직원들의 참여에 의하여 이루어지는 것이 아니라 **상부에서 제정하여 하달**하였기 때문에 **타율성**으로 인해 진정한 봉사가 이루어지지 않을 수 있다. (비진정성X)
비진정성	경찰강령은 경찰관의 **도덕적 자각에 따른 자발적인 행동이 아니라 외부로부터 요구된 것으로서 타율성**으로 인해 진정한 봉사가 이루어지지 않을 수 있다.
행위중심적	경찰강령이 특정행위를 중심적으로 규정되어 있어 행위 이전의 **의도나 동기를 소홀히** 하고 있다.
우선순위 미결정	경찰강령이 구체적인 경우 그보다 더 곤란한 현실문제에 있어서 무엇을 먼저 하고 무엇을 나중에 해야 할지 우선순위를 결정하는 기준이 되지 못한다.

1-3. 경찰공무원 복무규정

경찰사명	경찰공무원은 국가와 민족을 위하여 충성과 봉사를 다하며, 국민의 생명·신체 및 재산을 보호하고, 공공의 안녕과 질서를 유지함을 그 사명으로 한다.
경찰정신	경찰공무원은 국민의 수임자로서 일상의 직무수행에 있어서 국민의 자유와 권리를 존중하는 호국·봉사·정의 정신을 그 바탕으로 삼는다.
규율	경찰공무원은 법령을 준수하고 직무상의 명령에 복종하며, 상사에 대한 존경과 부하에 대한 존중으로써 규율을 지켜야 한다.
단결	경찰공무원은 주어진 사명을 다하기 위하여 긍지를 가지고 한마음 한뜻으로 굳게 뭉쳐 임무수행에 모든 역량을 기울여야 한다.
책임	경찰공무원은 창의와 노력으로써 소임을 완수하여야 하며, 직무수행의 결과에 대하여 책임을 진다.
성실·청렴	경찰공무원은 성실하고 청렴한 생활태도로써 국민의 모범이 되어야 한다.

2. 경찰윤리교육의 목적(존 클라이니히)

도덕적 결의의 강화	① 경찰관이 내부 및 외부로부터의 여러 압력과 유혹에도 굴복하지 않고 **자신의 소신과 직업의식에 따라** 일을 처리하는 것이다. ② A형사에게 사건관련자가 돈을 주면서 잘 처리해 달라고 하자 돈을 받았다면 이는 도덕적 **결의**가 약화된 것이다.
도덕적 감수성의 배양	① 경찰이 다양한 계층의 사람들(부자나 가난한 자)에게 모두 인간으로서 존중하고 **공평하게 봉사**하는 것이다. ② 지구대에 거지가 찾아왔을 때 상황근무 중인 경찰관이 욕설과 험담을 하면서 **거지를 쫓아냈다면** 도덕적 **감수성**이 부족한 것이다.
도덕적 전문능력의 함양	① 경찰이 비판적·반성적 사고방식을 배양하여 조직 내에 관습적으로 내려오는 관행을 **비판적으로 검토하여 수용**하는 것 ② **가장 중요한 목적**

3. 공동체 생활에서의 법과 윤리

객관적 윤리질서	모든 공동체는 공동체의 안정과 조화로운 삶을 위하여 객관적 윤리질서를 지니게 되고, 이 객관적 윤리질서는 '명령성, 금지성'의 성격을 띠며 예절과 관습으로도 나타난다.
법률	법으로 강제된 윤리질서이다. ▶ 악법 : '객관적 윤리질서'를 내용으로 하지 못할 때 악법이 된다. 　　　　인간의 존엄성을 부정하는 법, 자유와 생명을 부정하는 법 등

3-2. 악법에 대한 태도

법실증주의자	의의	① 객관적 윤리질서보다 **법적 안정성** 강조 ② 정당한 절차만 밟아서 제정된 법이면 **악법도 법이다!** ③ 실정법에 위배된 자연법의 구속력 부정
	저항권X	악법에 대한 **저항권 부정**
자연법론자	의의	① 법적 안정성보다 **객관적 윤리질서**에 중점 ② 객관적 윤리질서에 반하는 법은 명백한 악법
	저항권O	악법에 대한 **저항권 인정**

4. 경찰윤리표준의 구체적 내용(코헨과 펠드버그) [21 채용]

공정한 접근		경찰서비스는 **누구에게나** 공정한 접근이 허용된다. → 성·연령 및 전과의 유무 등에 의한 서비스 해태 및 무시·**차별금지, 편들기 금지**
	위반	① A지역과 B지역에 대한 순찰근무 부여받은 경찰이 B지역에 **친척 산다는 이유로** 순찰시간 대부분 할애 ② **동료경찰관을 적발하고도 동료라는 이유로** 눈감아 준 경우 ③ **장애인**과 비장애인에 대한 치안서비스 제공에 **차별** ④ 경찰관이 순찰근무 중 **가난한 동네는 가지 않고 부자동네인 구역만 순찰**

공공의 신뢰	시민들은 공공의 안녕과 질서유지에 대한 권리행사를 **경찰에게 맡겼다는 것을 인식**하고(→ **자력구제X**) 경찰은 그 신뢰에 부응하는 **합당한 방식**으로 **반드시 법을 집행**해야 한다.	
	① **시민의 자력구제 행사X**	
		지갑을 도난당한 후 옆에 있던 친구가 의심스럽지만, **직접 지갑 찾지 않고 경찰에 신고**하여 범인을 체포 [21 경간]
	② **경찰관의 권한남용, 물리력 과도한 행사X(합당한 방식)** [21 채용, 경간]	
		위반 : 경찰관이 **절도범 추격 중 달아나는 범인 등 뒤에서 총을 쏘아 사망**하게 한 경우
	③ **반드시 법을 집행** [21 채용]	
		위반 : 사건을 축소하거나 은폐 추격 중 골목길에서 **칼을 든 강도와 조우**하여 **도망가도록 내버려 둔** 경우
생명과 재산의 안전보호	① 경찰의 법집행 활동은 **시민의 생명과 재산 보호라는 목적 달성을 위한 수단**에 불과하다.	
		위반 : **폭주족을 과도하게 추적**한 결과 폭주족 운전자가 전신주 들이받고 사망
	② 위기상황에서 경찰은 **현재적인 위험**에 처해 있는 시민의 생명과 안전을 잠재적인 위험보다 더 우선적으로 보호하여야 한다.	
		은행강도가 **어린이를 인질**로 잡고 차량 도주시, 경찰은 주위 시민들의 안전에 대한 위험에도 불구하고 **추격(법집행)을 하여야** 한다.
협동	① 경찰에게 부여된 **사회적 역할범위 내에서 상호 협력**을 통하여 경찰 목적에 달성해야 한다. ② 협력 의무는 대내·외를 가리지 않고 필요하다.	
	위반	탈주범이 자기 관내에 있다는 첩보 입수하고 **단독으로 검거하려다 실패** [21 경간]
냉정하고 객관적인 자세	① 경찰관은 사회의 일부분이 아닌 **사회 전체의 이익**을 위하여 노력하여야 한다. ② 업무 수행시 과거의 경험에 의한 **사사로운 개인 감정**에 치우치면 안된다. → 과도한 개입X, 냉소주의X	
	위반	① 예전에 **도둑맞았던 경험**으로, 검거된 절도범 피의자에게 욕설과 가혹행위 [21 경간] ② 아버지의 **가정폭력 경험**으로 가정문제의 모든 잘못은 남편에게 있다고 생각 [21 경간]

5. 경찰활동의 사상적 토대(사회계약설)

구분	홉스	로크	루소
자연 상태	만인에 대한 만인의 투쟁, 약육강식상태	자유·평등·정의 지배 → **인간관계 확대로 자연권의 유지 불안**	목가적 상태 (자유·평등 보장) → **능력차이**로 강자와 약자 구별, 불평등 관계 성립
사회 계약	국왕에게 자연권 **전부양도** 개인의 **자연권 포기**	국왕에게 자연권 **일부양도**(국왕의 천부적 자연권X) 개인의 **자연권 보장**	**일반의지**(모든 사람의 의지의 통합)를 통한 **직접민주정치**, 바른정부 **사회적 자유**(자연적 자유X)
정치	절대군주정치 국왕의 통치에 **절대복종**	제한군주정치 2권분립(입법권과 집행권)	국민주권, 일반의지
저항권	국민의 **저항권 X**	국민의 **저항권 O**	
저서	리바이어던	시민정부2론	사회계약론

6. 경찰의 일탈

(1) 경찰인의 조직 내 사회화 과정
① 경찰업무 절차, 교육프로그램 등에 의한 **공식적 사회화 과정**
② 고참이나 동료들에게 배우는 관례 등 **비공식적 사회화 과정**

(2) 시민들의 작은 호의에 대한 논의

① **미끄러지기 쉬운 경사로이론(셔먼)** : 부패에 해당하지 않는(부패에 해당하는X) 공짜커피, 작은 선물 등의 사소한 호의가 나중에는 엄청난 부패로 이어진다는 이론 [20 채용, 20 승진, 21·22 경간]
  ▶ **전체사회가설(윌슨)**과 유사

  ↔ **펠드버그** : 대부분의 경찰들은 작은 호의와 뇌물을 구별할 수 있고, 미끄러지기 쉬운 경사로 이론은 **비현실적인 '관념적 가설'**에 불과하다고 비판

② **델라트르** : 일부 경찰관이 이 이론에 따라 큰 부패로 이어지지 않지만, 결코 이를 무시하거나 간과하면 안된다는 점에서 작은 호의 금지해야 한다. [20 승진]

  형성재이론 : 작은 호의가 시민과의 원만하고 긍정적인 사회관계를 만들어 준다는 이론(허용론)

7. 경찰의 부정부패

(1) 부정부패의 정의 (하이덴하이머의 분류)
권한의 남용뿐만 아니라 **적법한 권한행사라도** 사적인 동기와 이익이 결부되면 부정부패에 해당한다.

관직중심적 정의	부패는 뇌물수수와 특히 결부되어 있지만 반드시 금전적인 형태일 필요 없으며 **사적인 이익 고려하여 권위를 남용**하는 경우
시장중심적 정의	**고객이 위험 감수하고 확실한 이익을 받기 위하여 높은 가격(뇌물)을 지불**하는 경우
공익중심적 정의	공직자가 법적으로 규정되어 있지 않은 보수에 의하여 그런 보수를 제공하는 사람들에게 이로운 행위함으로써 공중의 이익에 손해 가져오는 경우

(2) 부패의 유형

백색부패	구성원 다수가 어느 정도 **용인**하는 선의의 부패 또는 관례화된 부패 ▶ **선의의 거짓말**, 불경기인데 공직자가 국민들 동요 방지하기 위해 경기가 살아나고 있다고 거짓말
흑색부패	구성원 모두가 인정하고 **처벌**을 원하는 부패로서 사회 전체에 심각한 해 끼치는 부패 ▶ 업무와 관련된 대가성 있는 **뇌물수수**
회색부패	① 백색부패와 흑색부패 중간, 흑색부패로 발전할 잠재성 지닌 것 　▶ 적은 액수의 호의 표시나 선물 또는 경찰관에게 주민들이 제공하는 음료수나 과일 ② 사회구성원 가운데 특히 엘리트를 중심으로 일부집단은 처벌을 원하지만, 다른 일부 집단은 처벌을 원하지 않는 경우의 부패 　▶ **정치권에 대한 후원금**(흑색부패X)

(3) 부정부패의 원인 [20 채용]

전체사회가설 (윌슨)	**시민사회**의 부패 → '시카고 시민이 경찰을 부패시켰다.' [20 승진] ▶ 미끄러지기 쉬운 경사로 이론(셔먼)과 유사
구조원인가설 (니더호퍼, 로벅, 바커)	**조직**의 체계적 원인(개인적 결함X) → 신임경찰들이 **선배경찰**에 의해 조직의 부패전통 내에서 사회화 [22경간] ① 부패관행이 경찰조직 내부에서 **침묵의 규범**으로 받아들여짐 ② 부패가 구조화된 조직에서는 **법과 예산 및 현실의 괴리현상 발생** ▶ 1명이 출장을 가면서 2명분의 출장비 수령
썩은사과가설	**개인**적 결함(조직의 체계적 원인X) [21·22 경간] → 일부 부패할 가능성이 있는 경찰을 모집단계에서 배제 못하여 이들이 조직에 유입됨으로써 전체가 부패할 가능성 있다는 이론 [20 승진]

> ※ **윌슨** : '경찰인은 어떤 작은 호의, 심지어 한 잔의 공짜 커피도 받도록 허용되어서는 안 된다.'
> ※ **패트릭 머피**(전 뉴욕시경 국장) : '**봉급 제외하고 깨끗한 돈이라는 건 없다.**'

(4) 경찰부패에 대한 내부고발(whistleblowing) [21 경간]

① 내부고발 : 경찰관이 동료나 상사 부정부패에 대하여 감찰에 알리거나 외부 언론매체에 공표하는 것

> ↔ **침묵의 규범** : 동료의 부정부패에 대하여 **눈감아 주는 것**(내부고발의 반대 개념)

② 내부고발의 정당화요건(클라이니히)

> ㉠ 적절한 도덕적 동기(개인의 출세, 보복하려는 동기X)
> ㉡ 내부고발자는 특별한 경우를 제외하고 **공표를 하기 전**에 모든 **내부적 채널을 다 사용할 것**
> ㉢ **어느 정도**의 성공가능성
> ㉣ 내부고발자는 부적절한 행동을 하도록 지시되었다는 자신의 신념이 합리적 증거에 근거하였는지 확인
> ㉤ 내부고발자는 도덕적 위반이 얼마나 중대한가, 도덕적 위반이 얼마나 급박한가 등을 세심하게 고려
> ▶ 내부고발과 관련하여 조직에 대한 충성의무와 국민을 위한 공공의 이익 양자 고려

• 참고 •

> ① **도덕적 해이**(moral hazard) : 도덕적 가치관이 붕괴되어 동료의 부패를 부패라고 **인식하지 못하는 것**
> (↔ 침묵의 규범 : 부패를 잘못된 행위로 **인식하고 있지만** 동료라서 모르는 척)
> ② **비지바디니스**(busybodiness) : 남의 비행에 대하여 **일일이 참견**하여 **도덕적 충고**를 하는 것

제3절 「부정청탁 및 금품등 수수의 금지에 관한 법률」(청탁금지법)

정의
(제2조)
	이 법에서 사용하는 용어의 뜻은 다음과 같다.
	1. **"공공기관"**이란 다음 각 목의 어느 하나에 해당하는 기관·단체를 말한다.
	  가. 국회, 법원, 헌법재판소, 선거관리위원회, 감사원, 국가인권위원회, 고위공직자범죄수사처, 중앙행정기관(대통령 소속 기관과 국무총리 소속 기관 포함)과 그 소속 기관 및 지방자치단체
	  나. 「공직자윤리법」 제3조의2에 따른 공직유관단체
	  다. 「공공기관의 운영에 관한 법률」 제4조에 따른 기관
	  라. 「초·중등교육법」, 「고등교육법」, 「유아교육법」 및 그 밖의 다른 법령에 따라 설치된 각급 학교 및 「사립학교법」에 따른 학교법인
	  마. 「언론중재 및 피해구제 등에 관한 법률」 제2조 제12호에 따른 언론사
	2. **"공직자등"**이란 다음 각 목의 어느 하나에 해당하는 공직자 또는 공적 업무종사자를 말한다.
	  가. 「국가공무원법」 또는 「지방공무원법」에 따른 공무원과 그 밖에 다른 법률에 따라 그 자격·임용·교육훈련·복무·보수·신분보장 등에 있어서 공무원으로 인정된 사람
	  나. 제1호 나목 및 다목에 따른 공직유관단체 및 기관의 장과 그 임직원
	  다. 제1호 라목에 따른 각급 학교의 장과 교직원 및 학교법인의 임직원
	  라. 제1호 마목에 따른 언론사의 대표자와 그 임직원
	3. **"금품등"**이란 다음 각 목의 어느 하나에 해당하는 것을 말한다.
	  가. 금전, 유가증권, 부동산, 물품, 숙박권, 회원권, 입장권, 할인권, 초대권, 관람권, 부동산 등의 사용권 등 **일체의 재산적 이익**
	  나. 음식물·주류·골프 등의 **접대·향응** 또는 교통·숙박 등의 **편의 제공**
	  다. 채무 면제, 취업 제공, 이권(利權) 부여 등 그 밖의 **유형·무형의 경제적 이익**

국가 등의 책무 (제3조)	① 국가는 공직자가 공정하고 청렴하게 직무를 수행할 수 있는 근무 여건을 조성하기 위하여 노력하여야 한다. ② 공공기관은 공직자등의 공정하고 청렴한 직무수행을 보장하기 위하여 부정청탁 및 금품등의 수수를 용인(容認)하지 아니하는 공직문화 형성에 노력하여야 한다. ③ 공공기관은 공직자등이 위반행위 신고 등 이 법에 따른 조치를 함으로써 불이익을 당하지 아니하도록 적절한 보호조치를 하여야 한다.
공직자등의 의무 (제4조)	① 공직자등은 사적 이해관계에 영향을 받지 아니하고 직무를 공정하고 청렴하게 수행하여야 한다. ② 공직자등은 직무수행과 관련하여 공평무사하게 처신하고 직무관련자를 우대하거나 차별해서는 아니 된다.

부정청탁의 금지 (제5조)	① 누구든지 직접 또는 **제3자를 통하여** 직무를 수행하는 공직자등에게 다음 각 호의 어느 하나에 해당하는 **부정청탁**을 해서는 아니 된다. 　3. 채용·승진·전보 등 **공직자등의 인사**에 관하여 법령 위반하여 개입하거나 영향을 미치도록 하는 행위 　14. **사건의 수사·재판·심판·결정·조정·중재·화해** 또는 이에 준하는 업무를 법령을 위반하여 처리하도록 하는 행위 ② 제1항에도 불구하고 다음 각 호 어느 하나에 해당하는 경우에는 **이 법을 적용하지 아니한다.** 　1. 다른 법령·기준에서 정하는 절차·방법에 따라 권리침해 구제·해결 요구하거나 그와 관련된 법령·기준 제정·개정·폐지 제안·건의하는 등 특정한 행위 요구하는 행위 　2. **공개적으로** 공직자등에게 특정한 행위를 요구하는 행위 　3. **선출직**(임명직X) 공직자, 정당, 시민단체 등이 공익적인 목적으로 제3자의 고충민원을 전달하거나 법령·기준의 제정·개정·폐지 또는 정책·사업·제도 및 그 운영 등의 개선에 관하여 제안·건의하는 행위 　4. 공공기관에 직무를 법정기한 안에 처리하여 줄 것을 신청·요구하거나 그 진행상황·조치결과 등에 대하여 확인·문의 등을 하는 행위 　5. 직무 또는 법률관계에 관한 확인·증명 등을 신청·요구하는 행위 　6. 질의 또는 상담형식을 통하여 직무에 관한 법령·제도·절차 등에 대하여 설명이나 해석을 요구하는 행위 　7. 그 밖에 **사회상규에 위배되지 아니하는** 것으로 인정되는 행위
부정청탁 직무수행 금지 (제6조)	부정청탁을 받은 공직자등은 그에 따라 직무를 수행해서는 아니 된다.
부정청탁의 신고 및 처리 (제7조)	① 공직자등은 부정청탁을 받았을 때에는 부정청탁을 한 자에게 부정청탁임을 알리고 이를 **거절하는 의사**를 명확히 표시하여야 한다. ② 공직자등은 제1항에 따른 조치를 하였음에도 불구하고 **동일한 부정청탁을 다시 받은** 경우에는 이를 **소속기관장**에게 서면(전자문서 포함)으로 **신고하여야 한다.** ④ 소속기관장은 부정청탁 있었던 사실을 알게 된 경우 또는 부정청탁에 관한 신고 확인 과정에서 해당 직무수행에 지장있다고 인정하는 경우에는 부정청탁 받은 공직자등에게 다음 각 호의 **조치를 할 수 있다.** 　1. 직무 참여 일시중지 　2. 직무대리자의 지정 　3. 전보 　4. 그 밖에 국회규칙, 대법원규칙, 헌법재판소규칙, 중앙선거관리위원회규칙 또는 대통령령으로 정하는 조치 ⑥ 공직자등은 제2항 신고를 **감독기관·감사원·수사기관 또는 국민권익위원회**에도 할 수 있다.

① 공직자등은 직무 관련 여부 및 기부·후원·증여 등 그 **명목에 관계없이** 동일인으로부터 **1회에 100만원** 또는 **매 회계연도에 300만원**을 초과하는 금품등을 받거나 요구 또는 약속해서는 아니 된다. [20·21 승진]

② 공직자등은 **직무와 관련**하여 대가성 여부를 불문하고 제1항에서 정한 금액 **이하**의 금품등을 받거나 요구 또는 약속해서는 아니 된다.

③ 제10조의 **외부강의등에 관한 사례금** 또는 다음 각 호의 어느 하나에 해당하는 금품등의 경우에는 제1항 또는 제2항에서 수수를 금지하는 금품등에 **해당하지 아니한다.**

1. 공공기관이 소속 공직자등이나 파견 공직자등에게 지급하거나 **상급 공직자등이 위로·격려·포상** 등의 목적으로 하급 공직자등에게 제공하는 금품등 [21 승진]

2. **원활한 직무수행** 또는 **사교·의례** 또는 **부조의 목적**으로 제공되는 음식물·경조사비·선물 등으로서 **대통령령**으로 정하는 가액 범위 안의 금품등 [20 승진]
   다만, 선물 중 「농수산물 품질관리법」 제2조 제1항 제1호에 따른 농수산물 및 같은 항 제13호에 따른 농수산가공품(농수산물을 원료 또는 재료의 **50퍼센트**를 넘게 사용하여 가공한 제품만 해당한다)은 대통령령으로 정하는 **설날·추석**을 포함한 기간에 한정하여 그 가액 범위를 **두 배**로 한다.
   ▶ "대통령령으로 정하는 설날·추석을 포함한 기간"이란 설날·추석 **전 24일**부터 설날·추석 **후 5일**까지(그 기간 중에 우편 등을 통해 발송하여 그 기간 후에 수수한 경우에는 그 수수한 날까지)

금품등의 수수 금지 (제8조)

구분	가액범위
음식물 : 제공자와 공직자등이 함께 하는 식사, 다과, 주류, 음료, 그 밖에 이에 준하는 것	3만원
경조사비 : 축의금, 조의금	5만원(화환·조화 : 10만원)
선물 : 금전, 유가증권, 음식물 및 경조사비 **제외**한 일체의 물품, 그 밖에 이에 준하는 것	5만원(농수산물 및 농수산가공품(원·재료의 50%를 넘게 사용하여 가공한 제품만) : 10만원)

가. 위의 각각의 가액 범위는 각각에 해당하는 것을 모두 **합산**한 금액
나. 축의금·조의금과 화환·조화를 함께 받은 경우 또는 선물과 농수산물·농수산가공품을 함께 받은 경우는 각각 그 가액합산, 이 경우 가액 범위는 **10만원**으로 하되, 제2호 본문 또는 단서나 제3호 본문 또는 단서의 가액 범위를 각각 초과해서는 안 된다.
다. 음식물, 경조사비 및 선물 중 2가지 이상을 함께 받은 경우에는 그 가액을 합산, 이 경우 가액 범위는 함께 받은 음식물, 경조사비 및 선물의 가액 범위 중 **가장 높은 금액**으로 하되, 제1호부터 제3호까지의 규정에 따른 가액 범위를 각각 초과해서는 안 된다.

3. **사적 거래**(증여 제외(포함X))로 인한 채무의 이행 등 정당한 권원에 의하여 제공되는 금품등 [20승진]
4. 공직자등의 **친족**(「민법」 제777조에 따른 친족)이 제공하는 금품등 [21 승진]
5. 공직자등과 관련된 직원상조회·동호인회·동창회·향우회·친목회·종교단체·사회단체 등이 정하는 기준에 따라 구성원에게 제공하는 금품등 및 그 소속 구성원 등 공직자등과 특별히 **장기적·지속적인 친분관계**를 맺고 있는 자가 질병, 재난 등으로 **어려운 처지**에 있는 공직자 등에게 제공하는 금품등 [20 승진]
6. 공직자등의 직무와 관련된 공식적인 행사에서 주최자가 참석자에게 통상적인 범위에서 **일률적으로 제공**하는 교통, 숙박, 음식물 등의 금품등
7. **불특정 다수인**에게 배포하기 위한 기념품 또는 홍보용품 등이나 경연·추첨을 통하여 받는 보상 또는 상품 등 [21 승진]
8. 그 밖에 다른 법령·기준 또는 **사회상규에 따라 허용**되는 금품등

④ 공직자등의 **배우자**(법률상O 사실혼X)는 공직자등의 직무와 관련하여 공직자등이 받는 것이 금지되는 금품등을 받거나 요구하거나 제공받기로 약속해서는 아니 된다.

수수금지 금품등의 신고 및 처리 (제9조)	① 공직자등은 다음 각 호의 어느 하나에 해당하는 경우에는 **소속기관장**에게 **지체 없이 서면**으로 **신고하여야 한다**. 1. 공직자등 자신이 수수 금지 금품등 받거나 그 제공 약속 또는 의사표시 받은 경우 2. 공직자등이 자신의 배우자가 수수 금지 금품등받거나 그 제공 약속 또는 의사표시 받은 사실을 안 경우
외부강의 사례금 수수제한 (제10조)	① 공직자등은 자신의 직무와 관련되거나 그 지위·직책 등에서 유래되는 사실상의 영향력을 통하여 요청받은 교육·홍보·토론회·세미나·공청회 또는 그 밖의 회의 등에서 한 강의·강연·기고등("**외부강의등**")의 대가로서 대통령령으로 정하는 금액을 **초과하는 사례금을 받아서는 아니 된다**. [20 경간]

공직자등별 사례금상한 (제1호)	가. 공무원 및 공직유관단체 및 기관장과 그 임직원 : 40만원 나. 각급 학교장과 교직원 및 학교법인 임직원, 언론사 대표자와 그 임직원 : 100만원
적용기준	가. 상한액은 **강의** 등의 경우 **1시간당**, **기고**의 경우 **1건당** 상한액으로 한다. 나. 공무원등은 1시간 초과 강의 등을 하는 경우에도 사례금 총액은 강의시간에 관계없이 1시간 상한액의 100분의 150에 해당하는 금액 **초과하지 못한다**. 다. 제1호 가목 및 나목의 상한액에는 강의료, 원고료, 출연료 등 **명목에 관계없이** 외부강의 등 사례금 제공자가 외부강의등과 관련하여 공직자 등에게 제공하는 **일체의 사례금을 포함**한다. 라. 다목에도 불구하고 공직자등이 소속기관에서 교통비, 숙박비, 식비 등 여비를 지급받지 못한 경우에는 「공무원여비규정」 등 공공기관별로 적용되는 여비 규정의 기준 내에서 실비수준으로 제공되는 **교통비, 숙박비 및 식비**는 제1호의 **사례금에 포함되지 않는다**

② 공직자등은 사례금 받는 외부강의등 할 때에는 대통령령으로 정하는 바에 따라 외부강의등 요청 명세 등을 **소속기관장**에게 그 외부강의등 **마친 날부터 10일** 이내 서면으로 **신고하여야 한다**. 다만, 외부강의등을 요청한 자가 **국가나 지방자치단체인 경우에는 그러하지 아니하다.** [20 경간]
④ 소속기관장은 공직자등이 신고한 외부강의등이 공정한 직무수행을 저해할 수 있다고 판단하는 경우에는 그 **외부강의등을 제한할 수 있다.** [20 경간]
⑤ 공직자등은 **초과사례금 받은 경우**에는 대통령령으로 정하는 바에 따라 **소속기관장**에 신고하고, 제공자에게 그 초과금액을 지체없이 반환하여야 한다.

▶ 사례금받지 않는 외부강의 : 신고대상 X
▶ 근무시간 아닌 시간의 외부강의 : 신고대상 O

위반행위의 신고 (제13조)	① **누구든지** 이 법의 위반행위가 발생하였거나 발생하고 있다는 사실을 알게 된 경우에는 다음 각 호의 어느 하나에 해당하는 기관에 **신고할 수 있다**. 1. 이 법의 위반행위가 발생한 공공기관 또는 그 감독기관 2. 감사원 또는 수사기관 3. 국민권익위원회

신고의 처리 (제14조)	① 조사기관은 신고 받거나 국민권익위원회로부터 신고 이첩받은 경우는 **필요한 조사·감사 또는 수사를 하여야 한다.** ② 국민권익위원회가 신고 받은 경우에는 내용에 관하여 신고자 상대로 사실관계 확인한 후 대통령령에 따라 조사기관에 이첩하고, 그사실을 신고자에게 통보하여야 한다. ③ 조사기관은 조사·감사 또는 수사를 **마친 날부터 10일** 이내에 그 결과를 **신고자**와 **국민권익위원회에 통보**(**국민권익위원회로부터 이첩받은 경우만 해당**)하고, 조사·감사 또는 수사 결과에 따라 공소 제기, 과태료 부과 대상 위반행위의 통보, 징계 처분 등 필요한 조치를 하여야 한다. ④ 국민권익위원회는 조사기관으로부터 조사·감사 또는 수사 결과를 통보받은 경우에는 **지체 없이** 신고자에게 조사·감사 또는 수사 **결과 알려야 한다.** ⑤ 조사·감사 또는 수사 결과를 통보받은 신고자는 조사기관에 이의신청을 할 수 있으며, 제4항에 따라 조사·감사 또는 수사 결과를 통지받은 신고자는 국민권익위원회에도 **이의신청을 할 수 있다.** ⑥ **국민권익위원회는** 조사기관의 조사·감사 또는 수사 결과가 **충분하지 아니하다고** 인정되는 경우에는 조사·감사 또는 수사 **결과 통보받은 날부터 30일** 이내 새로운 증거 자료 제출 등 합리적인 이유를 들어 조사기관에 **재조사 요구할 수 있다.** ⑦ 재조사 요구받은 **조사기관은** 재조사 종료한 날부터 **7일** 이내 결과를 국민권익위원회에 통보하여야 한다. 이 경우 국민권익위원회는 통보 받은 즉시 신고자에게 **재조사 결과 요지 알려야 한다.**	

처벌			
	공직자등	명목에 관계없이 동일인으로부터 1회에 100만원 또는 매 회계연도에 300만원 **초과** 금품등 받거나 요구 또는 약속	3년 이하 징역 또는 3천만원 이하 **벌금** [20 승진]
		부정청탁 받고 **직무를 수행**	2년 이하 징역 또는 2천만원 이하 **벌금** [20 승진]
		직무관련 1회 100만원 **이하** 또는 매 회계연도에 300만원 **이하** 금품 등 수수	수수액의 2배 이상 5배 이하 과태료
		제3자 위하여 부정청탁	3천만원 이하 과태료
		초과사례금 받고 신고 및 반환X	500만원 이하 과태료
	일반사인	제3자 위하여 부정청탁	2천만원 이하 과태료
	이해 당사자	제3자 통하여 부정청탁	1천만원 이하 과태료
		제3자 통하지 않고 자신의 일에 대하여 **직접** 공직자등에게 부정청탁	과태료부과X

제4절 경찰청 공무원 행동강령 [시행 2022. 9. 2.]

정의
(제2조)
	1. "**직무관련자**"란 공무원의 소관 업무와 관련되는 자로서 개인[공무원이 사인(私人)의 지위에 있는 경우에는 개인으로 본다] 또는 **법인·단체**를 말한다.
	2. "**직무관련공무원**"이란 공무원의 직무수행과 관련하여 **이익 또는 불이익을 직접적으로 받는 다른 공무원**(기관이 이익 또는 불이익을 받는 경우에는 그 기관의 관련 업무를 담당하는 공무원을 말한다) 중 다음 각 목의 어느 하나에 해당하는 공무원을 말한다.
	
	   가. 상급자와 직무상 지휘명령을 받는 당해 업무의 하급자
	   나. 인사·감사·상훈·예산·심사평가업무 담당자와 해당업무와 직접 관련된 다른 공무원
	   다. 행정사무를 위임·위탁한 경우 위임·위탁사무를 관리·감독하는 공무원과 그 사무를 담당하는 공무원
	   라. 그밖에 특별한 사유로 **경찰청장**이 정하는 경우
	
	3. "**금품등**"이란 다음 각 목의 어느 하나에 해당하는 것을 말한다.
	
	   가. 금전, 유가증권, 부동산, 물품, 숙박권, 회원권, 입장권, 할인권, 초대권, 관람권, 부동산 등의 사용권 등 **일체의 재산적 이익**
	   나. 음식물·주류·골프 등의 **접대·향응** 또는 교통·숙박 등의 **편의 제공**
	   다. 채무 면제, 취업 제공, 이권(利權) 부여 등 그 밖의 **유형·무형의 경제적 이익**
	
	4. "**경찰유관단체**"란 경찰기관에서 **민관 치안협력** 또는 민간전문가를 통한 **치안자문활동 목적**으로 조직·운영하고 있는 **단체**를 말한다.

적용범위 (제3조)	이 규칙은 **경찰청 소속 공무원**과 **경찰청에 파견된 공무원**에게 적용한다.
공정한 직무 해치는 지시 처리 (제4조)	① 공무원은 상급자가 자기 또는 타인의 부당한 이익을 위하여 공정한 직무수행을 현저하게 해치는 지시를 하였을 때에는 별지 제1호 서식 또는 전자우편 등의 방법으로 그 사유를 상급자에게 **소명하고 지시에 따르지 아니**하거나 **행동강령책임관과 상담**할 수 있다. ② 지시를 이행하지 아니하였는데도 같은 지시가 반복될 때에는 즉시 **행동강령책임관과 상담**하여야 한다. ③ 상담 요청을 받은 행동강령책임관은 지시 내용을 확인하여 지시를 취소하거나 변경할 필요가 있다고 인정되면 **소속 기관의 장에게 보고하여야 한다**. 다만, 지시 내용을 확인하는 과정에서 부당한 지시를 한 상급자가 스스로 그 지시를 취소하거나 변경하였을 때에는 소속 기관의 장에게 보고하지 아니할 수 있다. ④ 보고를 받은 소속 기관의 장은 필요하다고 인정되면 지시를 취소·변경하는 등 **적절한 조치를 하여야 한다**. 이 경우 공정한 직무수행을 해치는 지시를 제1항에 따라 이행하지 아니하였는데도 같은 지시를 반복한 상급자에게는 징계 등 필요한 조치를 할 수 있다.
부당한 수사지휘 이의제기 (제4조의2)	① 공무원은 「범죄수사규칙」 제30조에 따른 **경찰관서 내 수사 지휘에 대한 이의제기**와 관련하여 **행동강령책임관에게 상담을 요청할 수 있다**. ② 상담요청을 받은 행동강령책임관은 해당 지휘의 취소·변경이 필요하다고 인정되면 **소속 기관장에게 보고하여야 한다**.

수사·단속업무 공정성 강화 (제5조의2)	① 공무원은 수사·단속의 대상이 되는 업소 중 **경찰청장**이 지정하는 유형의 업소 관계자와 부적절한 사적 접촉을 하여서는 아니 되며, 공적 또는 사적으로 접촉한 경우 **경찰청장**이 정하는 방법에 따라 **신고하여야 한다**. ② 공무원은 수사 중인 사건의 관계자(해당 사건의 처리와 법률적·경제적 이해관계가 있는 자로서 경찰청장이 지정하는 자를 말한다)와 **부적절한 사적접촉을 해서는 아니 되며**, 소속 경찰관서 내에서만 접촉하여야 한다. 다만, 현장 조사 등 **공무상 필요한 경우** 외부에서 접촉할 수 있으며, 이 경우에는 수사 서류 등 **공문서에 기록하여야 한다**.
특혜배제 (제6조)	공무원은 직무를 수행함에 있어 지연·혈연·학연·종교 등을 이유로 **특정인에게 특혜를 주어서는 아니 된다**.
예산의 목적 외 사용금지 (제7조)	공무원은 여비, 업무추진비 등 공무 활동을 위한 예산을 목적 외의 용도로 사용하여 소속 기관에 재산상 손해를 입혀서는 아니 된다.
정치인등 부당한 요구 처리 (제8조)	① 공무원은 **정치인이나 정당** 등으로부터 **부당한 직무수행을 강요**받거나 **청탁**을 받은 경우에는 별지 제9호 서식 또는 전자우편 등의 방법으로 **소속 기관의 장**에게 **보고**하거나 **행동강령책임관과 상담하여야 한다**. ② 보고를 받은 소속 기관의 장이나 상담을 한 행동강령책임관은 그 공무원이 공정한 직무 수행을 할 수 있도록 **적절한 조치를 하여야 한다**.
인사청탁 금지 (제9조)	① 공무원은 자신의 임용·승진·전보 등 인사에 부당한 영향을 미치기 위하여 타인으로 하여금 **인사업무 담당자에게 청탁을 하도록 해서는 아니 된다**. ② 공무원은 직위를 이용하여 다른 공무원의 임용·승진·전보 등 **인사에 부당하게 개입해서는 아니 된다**.

알선·청탁 금지 (제11조)	① 공무원은 자기 또는 타인의 부당한 이익을 위하여 다른 공직자의 공정한 직무수행을 해치는 알선·청탁 등을 해서는 아니 된다.
	② 공무원은 직무수행과 관련하여 자기 또는 타인의 부당한 이익을 위하여 직무관련자를 다른 직무관련자나 공직자에게 소개해서는 아니 된다.
	③ 공무원은 자기 또는 타인의 부당한 이익을 위하여 자신의 직무권한을 행사하거나 지위·직책 등에서 유래되는 사실상 영향력을 행사하여 **공직자가 아닌 자에게** 다음 각 호의 어느 하나에 해당하는 **알선·청탁 등을 해서는 아니 된다**.
	  1. 특정 개인·법인·단체에 투자·예치·대여·출연·출자·기부·후원·협찬 등을 하도록 개입하거나 영향을 미치도록 하는 행위
	  2. 채용·승진·전보 등 인사업무나 징계업무에 관하여 개입하거나 영향을 미치도록 하는 행위
	  3. 입찰·경매·연구개발·시험·특허 등에 관한 업무상 비밀을 누설하도록 하는 행위
	  4. 계약 당사자 선정, 계약 체결 여부 등에 관하여 개입하거나 영향을 미치도록 하는 행위
	  5. 특정 개인·법인·단체에 재화 또는 용역을 정상적인 관행에서 벗어나 매각·교환·사용·수익·점유·제공 등을 하도록 하는 행위
	  6. 각급 학교의 입학·성적·수행평가 등의 업무에 관하여 개입하거나 영향을 미치도록 하는 행위
	  7. 각종 수상, 포상, 우수기관 또는 우수자 선정, 장학생 선발 등에 관하여 개입하거나 영향을 미치도록 하는 행위
	  8. 감사·조사 대상에서 특정 개인·법인·단체가 선정·배제되도록 하거나 감사·조사 결과를 조작하거나 또는 그 위반사항을 묵인하도록 하는 행위
	  9. 그 밖에 **경찰청장**이 공직자가 아닌 자의 공정한 업무 수행을 저해하는 알선·청탁 등에 해당한다고 판단하여 정하는 행위

직무관련 정보이용 거래제한 (제12조)	공무원은 직무수행 중 알게 된 정보를 이용하여 유가증권, 부동산 등과 관련된 재산상 거래 또는 투자를 하거나 타인에게 그러한 정보를 제공하여 재산상 거래 또는 투자를 돕는 행위를 해서는 아니 된다.

가상자산
정보이용
거래제한
(제12조의2)
	① 공무원은 다음 각 호의 어느 하나에 해당하는 행위를 해서는 아니된다.
	   1. 직무수행 중 알게 된 가상자산과 관련된 정보("가상자산 정보")를 이용한 재산상 거래 또는 투자 행위
	   2. 가상자산 정보를 타인에게 제공하여 재산상 거래나 투자를 돕는 행위
	② 제1항 제1호의 직무란 다음 각 호의 어느 하나에 해당하는 것을 말한다.
	   1. 가상자산에 관한 정책 또는 법령의 입안·집행 등에 관련되는 직무
	   2. 가상자산과 관련된 수사·조사·검사 등에 관련되는 직무
	   3. 가상자산 거래소의 신고·관리 등과 관련되는 직무
	   4. 가상자산 관련 기술 개발 지원 및 관리 등에 관련되는 직무
	③ 제2항 각 호의 직무를 수행하는 부서와 직위는 **경찰청장**이 정한다.
	④ 제3항의 부서와 직위에서 직무를 수행하는 공무원은 가상자산을 신규 취득하여서는 아니되며, 보유한 경우에는 별지 제10호의2 서식에 따라 소속기관의 장에게 신고해야 한다.
	⑤ 제4항의 신고를 받은 소속기관의 장은 해당 공무원의 공정한 직무수행을 저해할 수 있다고 판단되는 경우에는 직무 배제 등 필요한 조치를 해야 한다.

사적노무 요구금지 (제13조의2)	공무원은 **자신의 직무권한을 행사하거나 지위·직책 등에서 유래되는 사실상 영향력을 행사하여 직무관련자 또는 직무관련공무원으로부터 사적 노무를 제공받거나 요구 또는 약속해서는 아니 된다.** 다만, **다른 법령 또는 사회상규에 따라 허용되는 경우에는 그러하지 아니하다.**

직무권한
행사한
부당행위
금지
(제13조의3)
	공무원은 자신의 직무권한을 행사하거나 지위·직책 등에서 유래되는 **사실상 영향력을 행사**하여 다음 각 호의 어느 하나에 해당하는 **부당한 행위**를 해서는 안 된다.
	   1. 인가·허가 등을 담당하는 공무원이 그 신청인에게 불이익을 주거나 제3자에게 이익 또는 불이익을 주기 위하여 부당하게 그 신청의 접수를 지연하거나 거부하는 행위
	   2. 직무관련공무원에게 직무와 관련이 없거나 직무의 범위를 벗어나 부당한 지시·요구를 하는 행위
	   3. 공무원 자신이 소속된 기관이 체결하는 물품·용역·공사 등 계약에 관하여 직무관련자에게 자신이 소속된 기관의 의무 또는 부담의 이행을 부당하게 전가하거나 자신이 소속된 기관이 집행해야 할 업무를 부당하게 지연하는 행위
	   4. 공무원 자신이 소속된 기관의 소속 기관 또는 산하기관에 자신이 소속된 기관의 업무를 부당하게 전가하거나 그 업무에 관한 비용·인력을 부담하도록 부당하게 전가하는 행위
	   5. 그 밖에 직무관련자, 직무관련공무원, 공무원 자신이 소속된 기관의 소속 기관 또는 산하기관의 권리·권한을 부당하게 제한하거나 의무가 없는 일을 부당하게 요구하는 행위

금품등
받는행위
제한
(제14조)
	① 공무원은 직무 관련 여부 및 기부·후원·증여 등 **그 명목에 관계없이** 동일인으로부터 1회에 **100만원** 또는 매 회계연도에 **300만원**을 **초과**하는 금품등을 받거나 요구 또는 약속해서는 아니 된다.
	② 공무원은 **직무와 관련하여 대가성 여부를 불문하고** 제1항에서 정한 금액 **이하**의 금품등을 받거나 요구 또는 약속해서는 아니 된다.
	③ 제15조의 외부강의등에 관한 사례금 또는 다음 각 호의 어느 하나에 해당하는 금품등은 제1항 또는 제2항에서 **수수(收受)**를 금지하는 금품등에 해당하지 아니한다.
	
	  1. 소속 기관의 장등이 소속 공무원이나 파견 공무원에게 지급하거나 **상급자가 위로·격려·포상 등의 목적으로 하급자에게 제공**하는 금품등
	  2. 원활한 직무수행 또는 사교·의례 또는 부조의 목적으로 제공되는 **음식물·경조사비·선물** 등으로서 별표 1의 가액 범위 내의 금품등
	    다만, 선물 중 「농수산물 품질관리법」 제2조 제1항 제1호에 따른 농수산물 및 같은 항 제13호에 따른 농수산가공품(농수산물을 원료 또는 재료의 **50퍼센트**를 넘게 사용하여 가공한 제품만 해당한다)은 대통령령으로 정하는 **설날·추석**을 포함한 기간에 한정하여 그 가액 범위를 **두 배**로 한다.
	    ▶ "대통령령으로 정하는 설날·추석을 포함한 기간"이란 설날·추석 **전 24일**부터 설날·추석 **후 5일**까지(그 기간 중에 우편 등을 통해 발송하여 그 기간 후에 수수한 경우에는 그 수수한 날까지)
	
	    [별표 1]
	    1. 음식물(제공자와 공무원이 함께 하는 식사, 다과, 주류, 음료 등) : **3만원**
	    2. 경조사비 : 축의금·조의금은 **5만원**. 다만, 축의금·조의금을 대신하는 화환·조화는 **10만원**으로 한다.
	    3. 선물 : 금전, 유가증권, 제1호의 음식물 및 제2호의 경조사비를 제외한 일체의 물품, 그 밖에 이에 준하는 것은 **5만원**. 다만, **농수산물 및 농수산가공품**(농수산물을 원료 또는 재료의 50퍼센트를 넘게 사용하여 가공한 제품만 해당)은 **10만원**으로 한다.
	
	  3. **사적 거래**(**증여**는 제외한다)로 인한 채무의 이행 등 정당한 권원에 의하여 제공되는 금품등
	  4. **공무원의 친족**(「민법」 제777조에 따른 친족을 말한다)이 제공하는 금품등
	  5. 공무원과 관련된 직원상조회·동호인회·동창회·향우회·친목회·종교단체·사회단체 등이 정하는 기준에 따라 구성원에게 제공하는 금품등 및 그 소속 구성원등 공무원과 특별히 **장기적·지속적인 친분관계**를 맺고 있는 자가 질병·재난 등으로 어려운 처지에 있는 공무원에게 제공하는 금품등
	  6. 공무원의 직무와 관련된 공식적인 행사에서 주최자가 참석자에게 **통상적인 범위**에서 **일률적으로 제공**하는 교통, 숙박, 음식물 등의 금품등
	  7. **불특정 다수인에게 배포**하기 위한 기념품 또는 홍보용품 등이나 경연·추첨을 통하여 받는 보상 또는 상품 등
	  8. 그 밖에 **사회상규(社會常規)**에 따라 허용되는 금품등
	
	④ 공무원은 제3항 제5호에도 불구하고 같은 호에 따라 **특별히 장기적·지속적인 친분관계를 맺고 있는 자**가 직무관련자 또는 직무관련공무원으로서 금품등을 제공한 경우에는 그 수수 사실을 별지 제10호서식에 따라 **소속 기관의 장**에게 신고하여야 한다.
	⑤ 공무원은 자신의 배우자나 직계 존속·비속이 자신의 직무와 관련하여 제1항 또는 제2항에 따라 공무원이 받는 것이 금지되는 금품등("**수수 금지 금품등**")을 받거나 요구하거나 제공받기로 약속하지 아니하도록 하여야 한다.
	⑥ 공무원은 다른 공무원에게 또는 그 공무원의 배우자나 직계 존속·비속에게 수수 금지 금품등을 제공하거나 그 제공의 약속 또는 의사표시를 해서는 아니 된다.

감독기관의 부당한 요구금지 (제14조의2)	① 감독·감사·조사·평가를 하는 기관("**감독기관**")에 소속된 공무원은 자신이 소속된 기관의 출장·행사·연수 등과 관련하여 감독·감사·조사·평가를 받는 기관("**피감기관**")에 다음 각 호의 어느 하나에 해당하는 **부당한 요구를 해서는 안 된다.**
	
	    1. 법령에 근거가 없거나 예산의 목적·용도에 부합하지 않는 금품등의 제공 요구
	    2. 감독기관 소속 공무원에 대하여 정상적인 관행을 벗어난 예우·의전의 요구
	
	② 제1항에 따른 **부당한 요구를 받은** 피감기관 소속 공직자는 그 이행을 거부해야 하며, 거부했음에도 불구하고 감독기관 소속 공무원으로부터 **같은 요구를 다시 받은 때**에는 그 사실을 별지 제11호의 서식에 따라 **피감기관의 행동강령책임관에게 알려야 한다.** 이 경우 행동강령책임관은 그 요구가 제1항 각 호의 어느 하나에 해당하는 경우에는 **지체 없이 피감기관의 장에게 보고해야 한다.**
	③ 제2항 후단에 따른 **보고를 받은 피감기관의 장**은 제1항 각 호의 어느 하나에 해당하는 경우에는 그 사실을 **해당 감독기관의 장에게 알려야 하며,** 그 사실을 **통지받은 감독기관의 장**은 해당 요구를 한 소속 공무원에 대하여 **징계 등 필요한 조치를 해야 한다.**

외부강의 사례금 제한 (제15조)	① 공무원은 자신의 직무와 관련되거나 그 지위·직책 등에서 유래되는 사실상의 영향력을 통하여 요청받은 교육·홍보·토론회·세미나·공청회 또는 그 밖의 회의 등에서 한 강의·강연·기고 등("**외부강의등**")의 대가로서 별표 2에서 정하는 **금액을 초과하는 사례금을 받아서는 아니 된다.**
	
	[별표 2]
	1. 사례금 상한액 : 직급 구분없이 **40만원**
	2. 적용기준
	  가. 제1호의 상한액은 강의 등의 경우 **1시간당**, 기고의 경우 1건당 상한액으로 한다.
	  나. 1시간을 초과하여 강의 등을 하는 경우에도 사례금 총액은 강의시간에 관계없이 **1시간 상한액의 100분의 150**에 해당하는 금액을 **초과하지 못한다.**
	  다. 상한액에는 강의료, 원고료, 출연료 등 명목에 관계없이 외부강의등 사례금 제공자가 외부강의등과 관련하여 공무원에게 제공하는 일체의 사례금을 포함한다.
	  라. 다목에도 불구하고 공무원이 소속 기관에서 교통비, 숙박비, 식비 등 여비를 지급받지 못한 경우에는 「공무원 여비 규정」의 기준 내에서 **실비수준**으로 제공되는 **교통비, 숙박비 및 식비**는 제1호의 **사례금에 포함되지 않는다.**
	
	② 공무원은 사례금을 받는 외부강의등을 할 때에는 외부강의등의 요청 명세 등을 별지 제12호 서식의 외부강의등 신고서에 따라 소속 기관의 장에게 그 **외부강의등을 마친 날부터 10일** 이내에 신고하여야 한다. 다만, 외부강의등을 요청한 자가 **국가나 지방자치단체인 경우에는 그러하지 아니하다.**
	③ 공무원은 제2항에 따른 신고를 할 때 신고사항 중 상세 명세 또는 사례금 총액 등을 제2항의 기간 내에 알 수 **없는 경우**에는 해당 사항을 제외한 사항을 신고한 후 해당 사항을 안 날부터 **5일** 이내에 보완하여야 한다.
	④ 공무원이 대가를 받고 수행하는 외부강의등은 월 3회를 초과할 수 없다. 국가나 지방자치단체에서 요청하거나 **겸직 허가**를 받고 수행하는 외부강의등은 그 횟수에 포함하지 아니한다.
	⑤ 공무원은 제4항에도 불구하고 **월 3회를 초과**하여 대가를 받고 외부강의등을 하려는 경우에는 **미리 소속 기관의 장의 승인**을 받아야 한다.

초과 사례금 신고 (제15조의2)	① 공무원은 제15조 제1항에 따른 금액을 초과하는 사례금("**초과사례금**")을 받은 경우에는 그 사실을 **안 날로부터 2일** 이내에 별지 제13호 서식으로 **소속기관의 장에게 신고하여야 하며, 제공자에게 그 초과금액을 지체 없이 반환하여야 한다.** ② 제1항에 따른 신고를 받은 소속 기관의 장은 **초과사례금을 반환하지 아니한 공무원에 대하여 신고사항을 확인한 후 7일** 이내에 반환하여야 할 초과사례금의 액수를 산정하여 **해당 공무원에게 통지하여야 한다.**
협찬요구 금지 (제16조의2)	공무원은 직무관련자에게 직위를 이용하여 행사 진행에 필요한 직·간접적 경비, 장소, 인력, 또는 물품 등의 **협찬을 요구하여서는 아니 된다.**

골프 및 사적여행 제한 (제16조의3)	① 공무원은 직무관련자와는 **비용 부담 여부와 관계없이 골프를 같이 하여서는 아니 된다.** 다만, 다음 각 호와 같은 부득이한 사정에 따라 골프를 같이 하는 경우에는 소속관서 **행동강령 책임관에게 사전에 신고하여야 하며** 사전에 신고하기 어려운 특별한 사유가 있는 경우에는 **사후에 즉시 신고하여야 한다.**
	  1. 정책의 수립·시행을 위한 의견교환 또는 업무협의 등 공적인 목적을 위하여 필요한 경우
	  2. 직무관련자인 친족과 골프를 하는 경우
	  3. 동창회 등 친목단체에 직무관련자가 있어 부득이 골프를 하는 경우
	  4. 그 밖에 위 각 호와 유사한 사유로 부득이하다고 인정되는 경우
	② 공무원은 직무관련자와 함께 **사적인 여행을 하여서는 아니 된다.** 다만, 제1항 각 호의 사유가 있어 같은 항 단서에 따른 **신고를 한 경우에는 그러하지 아니 하다.**

사행성 오락 금지 (제16조의4)	공무원은 직무관련자와 마작, 화투, 카드 등 우연의 결과나 불확실한 승패에 의하여 금품 등 경제적 이익을 취할 목적으로 하는 **사행성 오락을 같이 하여서는 아니 된다.**

경조사 통지 제한 (제17조)	공무원은 직무관련자나 직무관련공무원에게 **경조사를 알려서는 아니 된다.** 다만, 다음 각 호의 어느 하나에 해당하는 경우에는 **경조사를 알릴 수 있다.**
	  1. **친족**(「민법」 제767조에 따른 친족을 말한다)에게 알리는 경우
	  2. **현재 근무하고 있거나 과거에 근무하였던 기관의 소속 직원**에게 알리는 경우
	  3. 신문, 방송 또는 제2호에 따른 직원에게만 열람이 허용되는 **내부통신망** 등을 통하여 알리는 경우
	  4. 공무원 자신이 소속된 **종교단체·친목단체** 등의 회원에게 알리는 경우

위반여부 상담 (제18조)	① 공무원은 알선·청탁, 금품등의 수수, 외부강의등의 사례금수수, 경조사의 통지 등에 대하여 이 규칙을 위반하는 지가 **분명하지 아니할 때에는 행동강령책임관과 상담한 후 처리하여야 하며** 행동강령책임관은 별지 제 15호서식에 따라 **상담내용을 관리하여야 한다.** ② 행동강령책임관은 제1항에 따른 상담이 원활하게 이루어질 수 있도록 해당 기관의 규모등 여건을 고려하여 전용전화·상담실 설치 등 필요한 조치를 취할 수 있다.
위반행위 신고 및 확인 (제19조)	① **누구든지** 공무원이 이 규칙을 위반한 사실을 알게 되었을 때에는 그 공무원이 소속된 기관의 장, 그 기관의 행동강령책임관 또는 국민권익위원회에 신고할 수 있다. ② 제1항에 따라 **신고하는 자는** 별지 제16호 서식의 **위반행위신고서에 본인과 위반자의 인적 사항과 위반 내용을 구체적으로 제시해야 한다.** ③ 제1항에 따라 위반행위를 신고받은 소속 기관의 장과 행동강령책임관은 신고인과 신고 내용에 대하여 비밀을 보장하여야 하며, 신고인이 신고에 따른 불이익을 받지 아니하도록 하여야 한다. ④ 행동강령책임관은 제1항에 따라 신고된 위반행위를 확인한 후 해당 공무원으로부터 받은 소명자료를 첨부하여 소속 기관의 장에게 보고하여야 한다.

교육 (제22조)	① 경찰청장(소속기관장, 시·도경찰청장, 경찰서장 등을 포함한다)은 소속 공무원에 대하여 이 규칙의 준수를 위한 **교육계획을 수립·시행하여야 하며, 매년 1회** 이상 **교육을 하여야 한다.** ② 경무인사기획관은 신임 및 경사, 경위, 경감, 경정 기본교육과정에 이 규칙의 교육을 포함시켜 시행하여야 한다.
행동강령 책임관 지정 (제23조)	① 경찰청, 소속기관, 시·도경찰청, 경찰서에 이 규칙의 시행을 담당하는 행동강령책임관을 둔다. ② 경찰청에 감사관, 시·도경찰청에 청문감사인권담당관, 경찰서에 청문감사인권관을 행동강령책임관으로 한다(소속기관 및 청문감사관제 미운영 관서는 감사 업무를 담당하는 부서장으로 한다). ③ 행동강령책임관은 소속기관의 공무원에 대한 이 규칙의 교육·상담, 준수여부에 대한 점검 및 위반행위의 신고접수·조사처리에 관한 업무를 담당한다. ④ 행동강령책임관은 이 규칙과 관련하여 상담한 내용에 대하여 비밀을 누설해서는 아니된다. ⑤ 행동강령책임관은 상담내용을 별지 제15호서식의 행동강령책임관 상담기록관리부에 기록·관리하여야 한다.
행동강령 세부운영 지침 (제24조)	**소속기관장 및 시·도경찰청장**은 이 규칙의 운영에 필요한 세부사항을 따로 정하여 시행할 수 있다.

제5절 공직자의 이해충돌방지법 [시행 2022. 5. 19.]

정의 (제2조)

이 법에서 사용하는 용어의 뜻은 다음과 같다.

1. "공공기관"이란 다음 각 목의 어느 하나에 해당하는 기관·단체를 말한다. (**언론사X**)
   - 가. 국회, 법원, 헌법재판소, 선거관리위원회, 감사원, 고위공직자범죄수사처, 국가인권위원회, 중앙행정기관(대통령 소속 기관과 국무총리 소속 기관을 포함)과 그 소속 기관
   - 나. 「지방자치법」에 따른 지방자치단체의 집행기관 및 지방의회
   - 다. 「지방교육자치에 관한 법률」에 따른 **교육행정기관**
   - 라. 「공직자윤리법」 제3조의2에 따른 **공직유관단체**
   - 마. 「공공기관의 운영에 관한 법률」 제4조에 따른 **공공기관**
   - 바. 「초·중등교육법」, 「고등교육법」 또는 그 밖의 다른 법령에 따라 설치된 **각급 국립·공립(사립X) 학교**

2. "공직자"란 다음 각 목의 어느 하나에 해당하는 사람을 말한다.
   - 가. 「국가공무원법」 또는 「지방공무원법」에 따른 공무원과 그 밖에 다른 법률에 따라 그 자격·임용·교육훈련·복무·보수·신분보장 등에 있어서 공무원으로 인정된 사람
   - 나. **공직유관단체** 또는 **공공기관**의 장과 그 임직원
   - 다. 제1호 바목에 해당하는 **각급 국립·공립(사립X) 학교의 장과 교직원**

3. "고위공직자"란 다음 각 목의 어느 하나에 해당하는 공직자를 말한다.
   - 가. 대통령, 국무총리, 국무위원, 국회의원, 국가정보원의 원장 및 차장 등 국가의 정무직공무원
   - 나. 지방자치단체의 장, 지방의회의원 등 지방자치단체의 정무직공무원
   - 다. 일반직 1급 국가공무원(「국가공무원법」 제23조에 따라 배정된 직무등급이 가장 높은 등급의 직위에 임용된 고위공무원단에 속하는 일반직공무원을 포함한다) 및 지방공무원과 이에 상응하는 보수를 받는 별정직공무원(고위공무원단에 속하는 별정직공무원을 포함한다)
   - 라. 대통령령으로 정하는 외무공무원
   - 마. 고등법원 부장판사급 이상의 법관과 대검찰청 검사급 이상의 검사
   - 바. 중장 이상의 장성급(將星級) 장교
   - 사. 교육공무원 중 총장·부총장·학장(대학교의 학장은 제외한다) 및 전문대학의 장과 대학에 준하는 각종 학교의 장, 특별시·광역시·특별자치시·도·특별자치도의 교육감
   - 아. **치안감** 이상의 경찰공무원 및 특별시·광역시·특별자치시·도·특별자치도의 **시·도경찰청장**
   - 자. 소방정감 이상의 소방공무원
   - 차. 지방국세청장 및 3급 공무원 또는 고위공무원단에 속하는 공무원인 세관장
   - 카. 다목부터 바목까지, 아목 및 차목의 공무원으로 임명할 수 있는 직위 또는 이에 상당하는 직위에 임용된 「국가공무원법」 제26조의5 및 「지방공무원법」 제25조의5에 따른 임기제 공무원. 다만, 라목·마목·아목 및 차목 중 직위가 지정된 경우에는 그 직위에 임용된 「국가공무원법」 제26조의5 및 「지방공무원법」 제25조의5에 따른 임기제공무원만 해당한다.
   - 타. 공기업의 장·부기관장 및 상임감사, 한국은행의 총재·부총재·감사 및 금융통화위원회의 추천직 위원, 금융감독원의 원장·부원장·부원장보 및 감사, 농업협동조합중앙회·수산업협동조합중앙회의 회장 및 상임감사
   - 파. 그 밖에 대통령령으로 정하는 정부의 공무원 및 공직유관단체의 임원

정의 (제2조)	4. **"이해충돌"**이란 공직자가 직무를 수행할 때에 자신의 사적 이해관계가 관련되어 공정하고 청렴한 직무수행이 저해되거나 저해될 우려가 있는 상황을 말한다. 5. **"직무관련자"**란 공직자가 **법령(조례·규칙을 포함한다.)**·기준(제1호 라목부터 바목까지의 공공기관의 규정·사규 및 기준 등을 포함한다.)에 따라 수행하는 직무와 관련되는 자로서 다음 각 목의 어느 하나에 해당하는 개인·법인·단체 및 공직자를 말한다. 　　가. 공직자의 직무수행과 관련하여 일정한 행위나 조치를 요구하는 개인이나 법인 또는 단체 　　나. 공직자의 직무수행과 관련하여 이익 또는 불이익을 직접적으로 받는 개인이나 법인 또는 단체 　　다. 공직자가 소속된 공공기관과 계약을 체결하거나 체결하려는 것이 명백한 개인이나 법인 또는 단체 　　라. 공직자의 직무수행과 관련하여 이익 또는 불이익을 직접적으로 받는 다른 공직자. 다만, 공공기관이 이익 또는 불이익을 직접적으로 받는 경우에는 그 공공기관에 소속되어 해당 이익 또는 불이익과 관련된 업무를 담당하는 공직자를 말한다. 6. **"사적이해관계자"**란 다음 각 목의 어느 하나에 해당하는 자를 말한다. 　　가. 공직자 자신 또는 그 **가족**(「민법」 제779조에 따른 가족을 말한다.) 　　나. 공직자 자신 또는 그 **가족**이 **임원·대표자·관리자 또는 사외이사로 재직하고 있는 법인 또는 단체** 　　다. 공직자 자신이나 그 **가족**이 대리하거나 고문·자문 등을 제공하는 개인이나 법인 또는 단체 　　라. 공직자로 **채용·임용되기 전 2년** 이내에 공직자 자신이 **재직하였던 법인 또는 단체** 　　마. 공직자로 **채용·임용되기 전 2년** 이내에 공직자 자신이 **대리하거나 고문·자문 등을 제공하였던 개인이나 법인 또는 단체** 　　바. 공직자 자신 또는 그 가족이 대통령령으로 정하는 일정 비율 이상의 주식·지분 또는 자본금 등을 소유하고 있는 법인 또는 단체 　　사. **최근 2년 이내에 퇴직한 공직자로서 퇴직일 전 2년** 이내에 제5조 제1항 각 호의 어느 하나에 해당하는 직무를 수행하는 공직자와 국회규칙, 대법원규칙, 헌법재판소규칙, 중앙선거관리위원회규칙 또는 대통령령으로 정하는 범위의 부서에서 같이 근무하였던 사람 　　아. 그 밖에 공직자의 사적 이해관계와 관련되는 자로서 국회규칙, 대법원규칙, 헌법재판소 규칙, 중앙선거관리위원회규칙 또는 대통령령으로 정하는 자 7. **"소속기관장"**이란 공직자가 소속된 공공기관의 장을 말한다.

신고·제출 의무	제한·금지행위
1. 사적 이해관계자 신고 및 회피·기피 신청(제5조)	1. 직무 관련 외부활동 제한(제10조)
2. 공공기관 직무관련 부동산 보유·매수 신고(제6조)	2. 직무상 비밀 등 이용 금지(제14조)
3. 고위공직자 민간부분 업무활동 내역제출 및 공개(제8조)	3. 가족 채용 제한(제11조)
4. 직무관련자와의 거래 신고(제9조)	4. 수의계약 체결 제한(제12조)
5. 퇴직자 사적 접촉 신고(제15조)	5. 공공기간 물품 등의 사적 사용·수익 금지(제13조)

사적 이해관계자 신고 및 회피·기피 신청 (제5조)	① 다음 각 호의 어느 하나에 해당하는 직무를 수행하는 공직자는 **직무관련자**(직무관련자의 **대리인을 포함**한다.)가 사적이해관계자임을 안 경우 **안 날부터 14일** 이내에 소속기관장에게 그 사실을 **서면**(전자문서를 포함한다.)으로 신고하고 **회피를 신청하여야 한다.** 1. 인가·허가·면허·특허·승인·검사·검정·시험·인증·확인, 지정·등록, 등재·인정·증명, 신고·심사, 보호·감호, 보상 또는 이에 준하는 직무 2. **행정지도·단속**·감사·조사·감독에 관계되는 직무 3. 병역판정검사, 징집·소집·동원에 관계되는 직무 4. 개인·법인·단체의 영업 등에 관한 작위 또는 부작위의 의무부과 처분에 관계되는 직무 5. 조세·부담금·과태료·과징금·이행강제금 등의 조사·부과·징수 또는 취소·철회·시정명령 등 제재적 처분에 관계되는 직무 6. 보조금·장려금·출연금·출자금·교부금·기금의 배정·지급·처분·관리에 관계되는 직무 7. 공사·용역 또는 물품 등의 조달·구매의 계약·검사·검수에 관계되는 직무 8. **사건의 수사·재판**·심판·결정·조정·중재·화해 또는 이에 준하는 직무 9. 공공기관의 재화 또는 용역의 매각·교환·사용·수익·점유에 관계되는 직무 10. **공직자의 채용·승진·전보·상별·평가**에 관계되는 직무 11. 공공기관이 실시하는 행정감사에 관계되는 직무 12. 각급 **국립·공립 학교의 입학·성적·수행평가**에 관계되는 직무 13. 공공기관이 주관하는 각종 수상, 포상, 우수기관 선정, 우수자 선발에 관계되는 직무 14. 공공기관이 실시하는 각종 평가·판정에 관계되는 직무 15. 국회의원 또는 지방의회의원의 소관 위원회 활동과 관련된 청문, 의안·청원 심사, 국정감사, 지방자치단체의 행정사무감사, 국정조사, 지방자치단체의 행정사무조사와 관계되는 직무 16. 그 밖에 국회규칙, 대법원규칙, 헌법재판소규칙, 중앙선거관리위원회규칙 또는 대통령령으로 정하는 직무 ② **직무관련자 또는 공직자의 직무수행과 관련하여 직접적인 이해관계가 있는 자**는 해당 공직자에게 제1항에 따른 신고 및 회피 의무가 있거나 그 밖에 공정한 직무수행을 저해할 우려가 있는 사적 이해관계가 있다고 판단하는 경우에는 그 공직자의 **소속기관장**에게 **기피를 신청할 수 있다.** ③ 다음 각 호의 어느 하나에 해당하는 경우에는 **제1항 및 제2항을 적용하지 아니한다.** 1. 제1항 각 호에 해당하는 직무와 관련하여 불특정다수를 대상으로 하는 법률이나 대통령령의 제정·개정 또는 폐지를 수반하는 경우 2. 특정한 사실 또는 법률관계에 관한 확인·증명을 신청하는 민원에 따라 해당 서류를 발급하는 경우 ④ 제1항 각 호에 해당하는 직무와 관련된 **다른 법령·기준**에 제척·기피·회피 등 이해 충돌 방지를 위한 **절차가 마련되어 있어 공직자가 그 절차에 따른 경우**, 제1항에 따른 **신고·회피 의무를 다한 것으로 본다.** ⑤ 제1항 및 제2항에 따른 신고 및 회피·기피의 절차와 방법, 신고·회피·기피의 기록·관리 등에 필요한 사항은 국회규칙, 대법원규칙, 헌법재판소규칙, 중앙선거관리위원회규칙 또는 **대통령령**으로 정한다.

공공기관 직무관련 부동산 보유·매수 신고 (제6조)	① **부동산을 직접적으로 취급**하는 대통령령으로 정하는 **공공기관의 공직자**는 다음 각 호의 어느 하나에 해당하는 사람이 소속 공공기관의 업무와 관련된 **부동산을 보유**하고 있거나 매수하는 경우 **소속기관장**에게 그 사실을 **서면**으로 **신고하여야 한다.** 　1. 공직자 자신, 배우자 　2. 공직자와 **생계를 같이하는 직계존속·비속**(배우자의 직계존속·비속으로 생계를 같이하는 경우를 포함한다) ② 제1항에 따른 **공공기관 외의 공공기관의 공직자**는 소속 공공기관이 택지개발, 지구 지정등 대통령령으로 정하는 **부동산 개발 업무**를 하는 경우 제1항 각 호의 어느 하나에 해당하는 사람이 그 **부동산을 보유**하고 있거나 매수하는 경우 **소속기관장**에게 그 사실을 **서면**으로 **신고하여야 한다.** ③ 제1항 및 제2항에 따른 **신고**는 부동산을 보유한 사실을 알게 된 날부터 **14일** 이내, 매수 후 등기를 완료한 **날부터 14일** 이내에 하여야 한다. ④ 제1항 및 제2항에 따른 신고 내용·절차 및 방법 등에 필요한 사항은 **대통령령**으로 정한다.
고위공직자 민간부문 업무활동 내역제출 및 공개 (제8조)	① 고위공직자는 그 직위에 **임용되거나 임기를 개시하기 전 3년** 이내에 민간 부문에서 업무활동을 한 경우, 그 활동 내역을 그 직위에 임용되거나 임기를 개시한 날부터 **30일** 이내에 소속기관장에게 제출하여야 한다. ② 제1항에 따른 업무활동 내역에는 다음 각 호의 사항이 포함되어야 한다. 　1. 재직하였던 법인·단체 등과 그 업무 내용 　2. 대리, 고문·자문 등을 한 경우 그 업무 내용 　3. 관리·운영하였던 사업 또는 **영리**(비영리X)행위의 내용 ③ 소속기관장은 제1항에 따라 제출된 업무활동 내역을 **보관·관리하여야 한다.** ④ 소속기관장은 다른 법령에서 정보공개가 금지되지 아니하는 범위에서 제2항의 **업무활동 내역을 공개할 수 있다.** ⑤ 제1항부터 제4항까지에서 규정한 사항 외에 업무활동 내역 제출, 보관·관리 및 공개에 필요한 사항은 **대통령령**으로 정한다.

직무 관련자와의 거래 신고 (제9조)	① 공직자는 자신, 배우자 또는 직계존속·비속(배우자의 직계존속·비속으로 생계를 같이 하는 경우를 포함) 또는 특수관계사업자(자신, 배우자 또는 직계존속·비속이 대통령령으로 정하는 일정 비율 이상의 주식·지분 등을 소유하고 있는 법인 또는 단체)가 공직자 자신의 **직무관련자**(「민법」 제777조에 따른 친족인 경우는 제외한다)와 다음 각 호의 어느 하나에 해당하는 행위를 한다는 것을 사전에 안 경우에는 **안 날부터 14일 이내에 소속기관장에게 그 사실을 서면으로 신고하여야 한다.** 1. **금전을 빌리거나 빌려주는 행위 및 유가증권을 거래하는 행위.** 다만, 「금융실명거래 및 비밀보장에 관한 법률」에 따른 금융회사등, 「대부업 등의 등록 및 금융이용자 보호에 관한 법률」에 따른 대부업자등이나 그 밖의 금융회사로부터 통상적인 조건으로 금전을 빌리는 행위 및 유가증권을 거래하는 행위는 제외한다. 2. **토지 또는 건축물 등 부동산을 거래하는 행위.** 다만, 공개모집에 의하여 이루어지는 분양이나 공매·경매·입찰을 통한 재산상 거래 행위는 제외한다. 3. **제1호 및 제2호의 거래 행위 외의 물품·용역·공사 등의 계약을 체결하는 행위.** 다만, 공매·경매·입찰을 통한 계약 체결 행위 또는 거래관행상 불특정다수를 대상으로 반복적으로 행하여지는 계약 체결 행위는 제외한다. ② 공직자는 제1항 각 호에 따른 행위가 있었음을 **사후에 알게 된 경우에도 안 날부터 14일** 이내에 소속기관장에게 그 사실을 **서면으로 신고하여야 한다.** ③ **소속기관장**은 제1항 또는 제2항에 따라 공직자가 신고한 행위가 직무의 공정한 수행을 저해할 수 있다고 판단되는 경우에는 해당 공직자에게 제7조(사적이해관계자의 신고 등에 대한 조치) 제1항 각 호 또는 같은 조 제2항의 조치를 할 수 있다. ④ 제1항부터 제3항까지에서 규정한 사항 외에 거래 신고의 기록·관리 등에 필요한 사항은 **대통령령**으로 정한다.
퇴직자 사적 접촉 신고 (제15조)	① 공직자는 직무관련자인 소속 기관의 **퇴직자**(공직자가 아니게 된 날부터 **2년이 지나지 아니한** 사람만 해당한다)와 **사적 접촉**(골프, 여행, 사행성 오락을 같이 하는 행위)을 하는 경우 **소속기관장에게 신고하여야 한다.** 다만, 사회상규에 따라 허용되는 경우에는 그러하지 아니하다. ② 제1항에 따른 신고 내용 및 신고 방법, 기록 관리 등 필요한 사항은 국회규칙, 대법원규칙, 헌법재판소규칙, 중앙선거관리위원회규칙 또는 **대통령령**으로 정한다.
직무관련 외부활동 제한 (제10조)	공직자는 다음 각 호의 **행위를 하여서는 아니 된다.** 다만, 「국가공무원법」 등 다른 법령·기준에 따라 허용되는 경우는 그러하지 아니하다. 1. 직무관련자에게 **사적으로 노무 또는 조언·자문 등을 제공하고 대가를 받는** 행위 2. 소속 공공기관의 소관 **직무와 관련된 지식이나 정보를 타인에게 제공하고 대가를 받는** 행위. 다만, 「부정청탁 및 금품등 수수의 금지에 관한 법률」 제10조에 따른 외부강의등의 대가로서 사례금 수수가 허용되는 경우와 소속기관장이 허가한 경우는 제외한다. 3. 공직자가 소속된 **공공기관이 당사자이거나 직접적인 이해관계를 가지는** 사안에서 자신이 소속된 공공기관의 **상대방을 대리하거나 그 상대방에게 조언·자문 또는 정보를 제공하는** 행위 4. 외국의 기관·법인·단체 등을 대리하는 행위. 다만, 소속기관장이 허가한 경우는 제외한다. 5. **직무와 관련된 다른 직위에 취임하는** 행위. 다만, 소속기관장이 허가한 경우는 제외한다.

직무상비밀 이용 금지 (제14조)	① 공직자(공직자가 **아니게 된 날부터 3년**이 경과하지 아니한 사람을 포함하되, 다른 법률에서 이와 달리 규정하고 있는 경우에는 그 법률에서 규정한 바에 따른다.)는 **직무수행 중 알게 된 비밀** 또는 소속 **공공기관의 미공개정보**(재물 또는 재산상 이익의 취득 여부의 판단에 중대한 영향을 미칠 수 있는 정보로서 불특정 다수인이 알 수 있도록 공개되기 전의 것을 말한다.)를 이용하여 **재물 또는 재산상의 이익**을 취득하거나 제3자로 **하여금 재물 또는 재산상의 이익을 취득하게 하여서는 아니 된다.** ② 공직자로부터 **직무상 비밀** 또는 소속 **공공기관의 미공개정보**임을 알면서도 제공받거나 부정한 방법으로 취득한 자는 이를 이용하여 **재물 또는 재산상의 이익을 취득하여서는 아니 된다.** ③ 공직자는 직무수행 중 알게 된 비밀 또는 소속 공공기관의 미공개정보를 사적 이익을 위하여 이용하거나 제3자로 하여금 이용하게 하여서는 아니 된다.

가족 채용
제한
(제11조)
	① 공공기관(공공기관으로부터 출연금·보조금 등을 받거나 법령에 따라 업무를 위탁받는 산하 공공기관과 「상법」 제342조의2에 따른 자회사를 포함한다)은 다음 각 호의 어느 하나에 해당하는 **공직자의 가족을 채용할 수 없다.**
	
	    1. 소속 고위공직자
	    2. 채용업무를 담당하는 공직자
	    3. 해당 산하 공공기관의 감독기관인 공공기관 소속 고위공직자
	    4. 해당 자회사의 모회사인 공공기관 소속 고위공직자
	
	② 다음 각 호의 어느 하나에 해당하는 경우에는 **제1항을 적용하지 아니한다.**
	
	    1. 「국가공무원법」 등 다른 법령(제2조 제1호 라목 또는 마목에 해당하는 공공기관의 인사 관련 규정을 포함)에서 정하는 공개경쟁채용시험 또는 경력 등 응시요건을 정하여 같은 사유에 해당하는 **다수인을 대상으로 하는 채용시험에 합격한 경우**
	    2. 「국가공무원법」 등 다른 법령에 따라 다수인을 대상으로 시험을 실시하는 것이 적당하지 아니하여 다수인을 대상으로 하지 아니한 시험으로 공무원을 채용하는 경우로서 다음 각 목의 어느 하나에 해당하는 경우
	
	        가. 공무원으로 재직하였다가 퇴직한 사람을 퇴직 시에 재직한 직급(고위공무원단에 속하는 공무원은 퇴직 시에 재직한 직위와 곤란성과 책임도가 유사한 직위를 말한다.)으로 재임용하는 경우
	        나. 임용예정 직급·직위와 같은 직급·직위에서의 근무경력이 해당 법령에서 정하는 기간 이상인 사람을 임용하는 경우
	        다. 국가공무원을 그 직급·직위에 해당하는 지방공무원으로 임용하거나, 지방공무원을 그 직급·직위에 해당하는 국가공무원으로 임용하는 경우
	        라. 자격 요건 충족 여부만이 요구되거나 자격 요건에 해당하는 다른 대상자가 없어 다수인을 대상으로 할 수 없는 경우
	
	③ 제1항 각 호의 어느 하나에 해당하는 공직자는 제1항을 위반하여 **자신의 가족이 채용되도록 지시·유도 또는 묵인을 하여서는 아니 된다.**
	④ 제1항 및 제3항에도 불구하고 다른 법률에서 이 법의 적용을 받는 공공기관이 제1항 각 호의 어느 하나에 해당하는 공직자의 **가족을 채용할 수 있도록 허용하고 있는 경우**에는 그 법률의 규정에 따른다.

수의계약 체결 제한 (제12조)	① 공공기관(공공기관으로부터 출연금·보조금 등을 받거나 법령에 따라 업무를 위탁받는 산하 공공기관과「상법」제342조의2에 따른 자회사를 포함한다)은 다음 각 호의 어느 하나에 해당하는 자와 물품·용역·공사 등의 **수의계약을 체결할 수 없다.** 다만, 해당 물품의 **생산자가 1명뿐인 경우** 등 대통령령으로 정하는 불가피한 사유가 있는 경우에는 **그러하지 아니하다.** 1. 소속 고위공직자 2. 해당 계약업무를 법령상·사실상 담당하는 소속 공직자 3. 해당 산하 공공기관의 감독기관 소속 고위공직자 4. 해당 자회사의 모회사인 공공기관 소속 고위공직자 5. 해당 공공기관이「국회법」제37조에 따른 상임위원회의 소관인 경우 해당 상임위원회위원으로서 직무를 담당하는 국회의원 6.「지방자치법」제41조에 따라 해당 지방자치단체 등 공공기관을 감사 또는 조사하는 지방의회의원 7. 제1호부터 제6호까지의 어느 하나에 해당하는 공직자의 배우자 또는 직계존속·비속(배우자의 직계존속·비속으로 생계를 같이하는 경우를 포함한다.) 8. 제1호부터 제7호까지의 어느 하나에 해당하는 사람이 대표자인 법인 또는 단체 9. 제1호부터 제7호까지의 어느 하나에 해당하는 사람과 관계된 특수관계사업자 ② 제1항 제1호부터 제6호까지의 어느 하나에 해당하는 공직자는 제1항을 위반하여 같은 항 각 호의 어느 하나에 해당하는 자와 수의계약을 체결하도록 지시·유도 또는 묵인을 하여서는 아니 된다.
공공기관 물품 등 사적 사용· 수익 금지 (제13조)	공직자는 **공공기관이 소유하거나 임차한** 물품·차량·선박·항공기·건물·토지·시설 등을 **사적인** 용도로 사용·수익하거나 **제3자로 하여금 사용·수익하게 하여서는 아니 된다.** 다만, 다른 법령·기준 또는 사회상규에 따라 허용되는 경우에는 그러하지 아니하다.
징계 (제26조)	공공기관의 장은 소속 공직자가 이 법 또는 이 법에 따른 명령을 위반한 경우에는 징계처분을 하여야 한다.

벌칙
(제27조)
	① 제14조 제1항을 위반하여 직무수행 중 알게 된 비밀 또는 소속 공공기관의 미공개정보를 이용하여 재물 또는 재산상의 이익을 취득하거나 제3자로 하여금 재물 또는 재산상의 이익을 취득하게 한 공직자(제16조에 따라 준용되는 공무수행사인을 포함한다. 이하 이 조 및 제28조 제2항 제1호에서 같다)는 7년 이하의 징역 또는 7천만원 이하의 벌금에 처한다.
	② 다음 각 호의 어느 하나에 해당하는 자는 **5년 이하의 징역 또는 5천만원 이하의 벌금**에 처한다.
	    1. 제14조 제2항을 위반하여 **공직자로부터 직무상 비밀 또는 소속 공공기관의 미공개정보임을 알면서도 제공받거나 부정한 방법으로 취득하고 이를 이용하여 재물 또는 재산상의 이익을 취득한 자** [22 법학경채]
	    2. 제20조 제4항에 따라 준용되는 「공익신고자 보호법」 제12조 제1항을 위반하여 **신고자등의 인적사항이나 신고자등임을 미루어 알 수 있는 사실을 다른 사람에게 알려 주거나 공개 또는 보도한 자**
	③ 다음 각 호의 어느 하나에 해당하는 자는 **3년 이하의 징역 또는 3천만원 이하의 벌금**에 처한다.
	    1. 제14조 제3항을 위반하여 직무수행 중 알게 된 비밀 또는 소속 공공기관의 미공개정보를 사적 이익을 위하여 이용하거나 제3자로 하여금 이용하도록 한 공직자
	    2. 제20조 제2항을 위반하여 신고자등에게 「공익신고자 보호법」 제2조 제6호 가목에 해당하는 불이익조치를 한 자
	    3. 제20조 제4항에 따라 준용되는 「공익신고자 보호법」 제21조 제2항에 따라 확정되거나 행정소송을 제기하여 확정된 보호조치결정을 이행하지 아니한 자
	    4. 제23조를 위반하여 그 업무처리 과정에서 알게 된 비밀을 누설한 사람
	④ 다음 각 호의 어느 하나에 해당하는 자는 **2년 이하의 징역 또는 2천만원 이하의 벌금**에 처한다.
	    1. 제20조 제1항을 위반하여 신고등을 방해하거나 신고등을 취소하도록 강요한 자
	    2. 제20조 제2항을 위반하여 신고자등에게 「공익신고자 보호법」 제2조 제6호 나목부터 사목까지의 어느 하나에 해당하는 불이익조치를 한 자
	⑤ 제1항 및 제2항 제1호의 경우 징역과 벌금은 병과(倂科)할 수 있다.
	⑥ 제1항 및 제2항 제1호의 죄를 범한 자(제1항의 경우 그 정을 아는 제3자를 포함한다)가 제1항 및 제2항 제1호의 죄로 인하여 취득한 재물 또는 재산상의 이익은 몰수한다. 다만, 이를 몰수할 수 없을 때에는 그 가액을 추징한다.

과태료
(제28조)
	① 다음 각 호의 어느 하나에 해당하는 자에게는 **3천만원 이하의 과태료**를 부과한다.
	  1. 제11조 제3항을 위반하여 자신의 가족이 채용되도록 지시·유도 또는 묵인을 한 공직자
	  2. 제12조 제2항을 위반하여 같은 조 제1항 각 호의 어느 하나에 해당하는 자와 수의계약을 체결하도록 지시·유도 또는 묵인을 한 공직자
	  3. 제20조 제4항에 따라 준용되는 「공익신고자 보호법」 제19조 제2항 및 제3항(같은 법 제22조 제3항에 따라 준용되는 경우를 포함한다)을 위반하여 자료 제출, 출석, 진술 또는 진술서 제출을 거부한 자
	② 다음 각 호의 어느 하나에 해당하는 자에게는 **2천만원 이하의 과태료**를 부과한다.
	  1. 제5조 제1항을 위반하여 사적이해관계자를 신고하지 아니한 공직자
	  2. 제6조 제1항 또는 제2항을 위반하여 부동산 보유·매수를 신고하지 아니한 공직자
	  3. 제9조 제1항 또는 제2항을 위반하여 거래를 신고하지 아니한 공직자
	  4. 제10조를 위반하여 직무 관련 외부활동을 한 공직자
	  5. 제13조를 위반하여 공공기관의 물품 등을 사적인 용도로 사용·수익하거나 제3자로 하여금 사용·수익하게 한 공직자
	  6. 제20조 제4항에 따라 준용되는 「공익신고자 보호법」 제20조의2의 특별보호조치결정을 이행하지 아니한 자
	③ 다음 각 호의 어느 하나에 해당하는 자에게는 **1천만원 이하의 과태료**를 부과한다.
	  1. 제8조 제1항을 위반하여 업무활동 내역을 제출하지 아니한 고위공직자
	  2. 제15조 제1항을 위반하여 직무관련자인 소속 기관의 퇴직자와의 사적 접촉을 신고하지 아니한 공직자
	④ 소속기관장은 제1항부터 제3항까지의 과태료 부과 대상자에 대하여서는 그 위반사실을 「비송사건절차법」에 따른 과태료재판 관할법원에 통보하여야 한다.

경찰의 적극행정과 소극행정

1. 적극행정의 의의

「적극행정 운영규정」 (대통령령)	"적극행정"이란 공무원이 불합리한 규제를 개선하는 등 **공공의 이익**을 위하여 **창의성과 전문성**을 바탕으로 **적극적으로** 업무를 처리하는 행위
「경찰청 적극행정 면책제도 운영규정」 (경찰청훈령)	"적극행정"이란, 경찰청 소속 공무원 등이 국가 또는 공공의 이익을 증진하기 위해 **성실하고 능동적으로** 업무를 처리하는 행위

1-2. 적극행정의 판단기준(「적극행정 운영규정」)

공공의 이익 증진을 위한 행위	업무목적과 처리 방법이 국민편익 증진, 국민불편 해소, 경제 활성화, 행정 효율 향상 등 공공의 이익을 증진하기 위해서 하는 행위이다. ▶ **사적**인 이해관계가 없어야 한다.
창의성과 전문성을 바탕으로 한 행위	**창의성**(전문성X)이 참신한 **해결책**을 마련하도록 도우며, **전문성**(창의성X)은 그러한 **해결책**의 **현실 적합성**을 높여 주게 된다. ① 창의성 : 기존과 다른 시각으로 새로운 아이디어를 생각해 내는 특성 ② 전문성 : 업무 수행에 필요한 지식·경험·역량 등 → 규정의 해석·적용
적극적인 행위 (업무추진시기준)	① 평균적인 공무원에게 통상적으로 요구되는 정도의 노력이나 주의의무 **이상을 기울여** 업무를 처리하는 행위이다. ② 적극적인 행위에 해당하는지는 **업무를 추진할 당시**(행위의 결과 발생시X)를 기준으로 가용할 수 있었던 자원과 정보, 업무량 등 제반사정을 종합하여 노력이나 주의의무 정도를 판단한다.
행위 자체가 판단 기준	적극행정은 **행위 자체**(행위 결과X)에 초점을 둔다. ▶ 공공의 이익을 증진하기 위하여 적극적으로 최선의 노력을 다하면 된다. ▶ 업무처리로 인해 **긍정적인 효과가 발생해야만** 적극행정에 해당되는 것은 아니다. (긍정적 효과가 발생해야만 적극행정에 해당한다X)

1-3. 적극행정 대상과 범위

대상	공무원이 직무를 수행하는 **모든** 방식과 행위를 대상으로 한다. (대상으로 하지 않는다X)
범위	**특정** 분야의 정책이나 **특정한** 업무처리 방식을 지칭하는 것은 아니다. (지칭한다X)

1-4. 적극행정의 유형

행태적 측면	통상적으로 요구되는 정도의 노력이나 주의의무 이상을 기울여 맡은 바 임무를 최선을 다해 수행하는 행위
규정의 해석·적용 측면	불합리한 규정과 절차, 관행을 스스로 개선하는 행위

1-5. 적극행정 계획수립 및 교육(적극행정 운영규정)

실행계획수립등 (제7조)	① 중앙행정기관의 장은 적극행정 실행계획을 **매년** 수립·시행하여야 한다.
교육 (제8조)	① 중앙행정기관의 장은 소속 공무원을 대상으로 적극행정 관련 **교육을 연 1회 이상** 실시해야 한다.
징계등 면제 (제17조)	① 공무원이 적극행정을 추진한 결과에 대해 그의 행위에 **고의 또는 중대한 과실이 없는 경우**에는 징계 관련 법령에 따라 **징계의결 또는 징계부가금 부과의결**("징계의결등")을 하지 않는다. ② 공무원이 **사전컨설팅 의견대로 업무를 처리한 경우**에는 징계 관계 법령에 따라 **징계의결등을 하지 않는다**. 다만, 공무원과 대상 업무 사이에 사적인 이해관계가 있거나 감사원이나 감사기구의 장이 사전컨설팅을 하는 데 필요한 정보를 충분히 제공하지 않은 경우에는 그렇지 않다. ③ 공무원이 제13조에 따라 **위원회가 제시한 의견대로 업무를 처리한 경우**에는 **징계의결등을 하지 않는다**. 다만, 공무원과 대상 업무 사이에 사적인 이해관계가 있거나 위원회가 심의하는 데 필요한 정보를 충분히 제공하지 않은 경우에는 그렇지 않다. ④ 「공무원 징계령」 제2조 제1항에 따른 징계위원회(특정직공무원의 경우에는 해당 징계 관련 법령에 따른 징계위원회를 말한다)는 징계의결등이 요구된 공무원이 적극행정 추진에 따라 발생한 비위임을 주장할 경우에는 징계 관계 법령에 따라 이를 고려하여 심의하고 그 결과를 징계 및 징계부가금("**징계등**") 의결서에 구체적으로 밝혀야 한다. ㉠ 적극행정으로 인한 징계면제 되기 위해서는 다음 요건을 충족하여야 하며, 징계위원회에서 기준별 충족여부를 검토할 때에는 다음 사항을 **고려하여야 한다**. 　ⓐ 공공의 이익 증진을 위한 행위 　ⓑ 업무의 적극적 처리 　ⓒ 고의 또는 중과실이 없을 것 ㉡ 징계위원회는 징계등 혐의자가 다음 사항 모두 해당되는 경우에는 해당 비위가 **고의 또는 중과실에 의하지 않은 것으로 추정**한다. (「공무원 징계령 시행규칙」 제3조의2 제2항) 　ⓐ 징계 등 혐의자와 비위 관련 직무 사이에 **사적인 이해관계가 없을 것** 　ⓑ 대상 업무를 처리하면서 **중대한 절차상의 하자가 없었을 것**

2. 소극행정의 의의(「적극행정 운영규정」(대통령령) 제2조(정의))

소극행정	공무원이 **부작위** 또는 **직무태만** 등 소극적 업무행태로 국민의 권익을 침해하거나 국가 재정상 손실을 발생하게 하는 행위
	① 부작위 : 상당한 기간 내에 이행해야 할 직무상 의무를 이행하지 아니 하는 것 ② 직무태만 : 통상적으로 요구되는 정도의 노력이나 주의의무를 기울이지 않고, 업무를 부실·부당하게 처리하는 것
유형	적당편의	문제해결을 위해 노력하지 않고, 적당히 형식만 갖추어 부실하게 처리하는 행태
	업무해태	합리적인 이유없이 주어진 업무를 게을리하여 불이행하는 행태
	탁상행정	법령이나 지침 등의 변화에도 불구하고 과거 규정에 따라 업무를 처리하거나, 기존의 불합리한 업무관행을 그대로 답습하는 행태
	관 중심 행정	직무권한을 이용하여 부당하게 업무를 처리하거나, 국민 편익을 위해서가 아닌 자신과 소속 기관의 이익을 위해 자의적으로 처리하는 행태

제4장
범죄학(범죄원인과 범죄예방)

1. 범죄의 요소

> 셸리(Joseph F. Sheley) : 범행의 **동기**, 사회적 제재로부터의 **자유**, 범행의 **기회**, 범행의 **기술** [21 경간]
>
> 일상활동이론 : 잠재적 범죄자, **적절한 범행 대상(잠재적 피해자)**, 감시의 부재(보호자의 부재)

2. 범죄원인론과 범죄예방이론

고전주의 범죄학 (18C)	① **의사 비결정론** 인간관 : **자유의지 인정**, **합리적인 인간**(외부적 요소X) ② **객관주의** : 형벌의 종류와 경중은 범죄의 외부적 행위와 결과에 상응한다고 주장한다. → **범죄와 형벌의 균형 강조** ▶ 범죄를 발생시킨 동기나 원인, 사회적 환경은 무시하고 그 결과만을 가지고 연구한다. ③ **일반예방주의** : 형벌의 위하적 작용을 통해 잠재적 범죄인인 일반인에 대한 범죄 예방 강조 ▶ **강력하고 신속한 형벌**만이 범죄를 효과적으로 예방할 수 있다고 본다. ④ Beccaria(「범죄와 형벌」 범죄균형론), Bentham(공리주의)
억제이론	① 응보주의 입장에서 국가의 **강력하고 확실한 처벌**을 통하여 범죄행위를 **억제**하려는 이론 ② **고전주의 범죄원인론**의 영향 ③ **의사비결정론** ▶ 범죄 : **개인**책임O, 사회책임X
	한계 폭력과 같은 **충동적 범죄**에는 적용되기 어려운 점이 있다.
실증주의 범죄학 (19C)	① **의사 결정론** 인간관 : 인간의 행위는 **생물학적·심리학적 성질에 의해 결정**된다. ② Lombroso(생태적 범죄인론) Ferry(범죄포화법칙), Garofalo(자연법과 법정범 구별)
치료 및 갱생이론	① 범죄자의 **치료와 갱생** 통한 **특별예방**효과에 중점을 둔다. ② **실증주의 범죄원인론**에서 주장하는 범죄예방론 ③ **의사결정론** ▶ 범죄 : 개인책임X, **사회책임**O
	한계 ① **비용이 많이 든다.** ② **범죄자**(범죄행위X) 대상 → 적극적인 **범죄일반예방** 효과에는 한계가 있다.
사회학적 범죄학	범죄의 원인을 사회적 **구조**의 특성 또는 사회화 **과정**에서 찾는 학설
	사회구조 원인 긴장(아노미)이론, 사회해체이론, 문화적 전파이론, 하위문화이론

사회학적 범죄학	사회과정 원인	사회학습 이론	차별적 접촉이론, 차별적 동일시이론, 차별적 강화이론, 중화기술이론
		사회통제 이론	사회유대이론, 견제이론, 동조성전념이론
	낙인이론		

사회발전 이론		① 사회발전 통한 **범죄의 근본적 원인 제거**(**범죄의 기회 제거X**)에 의한 범죄예방 ② 사회학적 범죄원인론에서 주장한 범죄예방론
	비판	① **막대한 인적·물적 자원이 필요**하다. ② **개인**이나 **소규모 조직체**에 의해서는 수행이 곤란하다. ③ 사회를 실험대상으로 이용할 가능성이 있다.

2-2. 사회학적 범죄학 [21 채용]

사회구조 원인		긴장이론 (아노미)	① Durkheim의 **아노미이론** : 범죄는 정상적인 것이며 불가피한 사회적 행위라는 입장에서 **사회규범의 붕괴**로 인해 범죄가 발생 [20 승진, 21 경간] ② Merton의 **긴장이론** : 목표와 그 목표를 이루기 위한 수단과의 간극이 커지면서 **아노미 조건**이 유발되어 분노와 좌절이라는 긴장이 초래 ▶ **목적달성하기 위한 수단**으로서 범죄선택 [21 채용]
		사회해체 이론	① Shaw&Mckay : 빈민지역(slum)에서 범죄가 일반화되는 이유는 **산업화, 도시화로 인하여 지역사회가 해체**되었기 때문이다. ② 이러한 지역은 구성원이 바뀌더라도 비행발생률은 감소하지 않는다.
		문화적 전파이론	**범죄를 부추기는 가치관**으로의 사회화나 **범죄에 대한 구조적·문화적 유인**에 대한 자기통제 상실이 범죄의 원인이 된다.
		하위문화 이론	① Miller : 범죄는 **하위문화의 가치와 규범이 정상적으로 반영**된 것 ② Cohen : 하류계층의 청소년들이 **목표와 수단의 괴리**와 **중류계층에 대한 저항**으로 자신들만의 하위문화 만들어 범죄를 저지른다. [20·21 승진]
사회과정 원인	사회학습 이론	차별적 접촉이론	Sutherland : 범죄란 분화된 사회조직 속에서 **분화적·차별적**으로 범죄 문화에 접촉·참가·동조함에 의해 **정상적으로 학습된 행위** [21 승진]
		차별적 동일시이론	Glaser : 청소년들이 **영화 주인공을 모방**하고 **자신과 동일시**하면서 범죄를 학습한다고 보았다.
		차별적 강화이론	Burgess&Akers : 청소년 비행 행위는 **처벌이 없거나 칭찬(보상)**받게 되면 반복적으로 저질러 진다. 반대로, 그 행위에 보상이 없고 처벌이 강화되면 행위는 약화된다. [21 채용, 경간]
		중화기술 이론	① Matza, Sykes : 그럴듯한 구실이나 이유로 **합리화**시켜 **준법정신**이나 **가치관 마비**시킴으로써 범죄에 나아간다. ② 중화기술의 유형 [21 승진] 　㉠ **책임의 회피** → 겁만 주려고 했는데, 피하다가 맞았다. 　㉡ **피해발생의 부정**(= 가해의 부정) → 빌린 것이다. 　㉢ **피해자의 부정** → 피해자가 맞을 만한 짓을 했다. 　㉣ **비난자에 대한 비난** → 너나 잘하세요. 　㉤ **보다 높은 충성심에의 호소** → 사랑하기 때문에, 의리

사회과정 원인	사회통제 이론	사회유대 이론	Hirshi : 사회적 통제의 결속과 유대약화로 범죄가 발생한다.
		사회적 결속요소	애착, 전념, 참여, 신념(기회X) [21 승진, 경간]
		견제이론	Reckless : 좋은 자아관념은 주변의 범죄적 환경에도 불구하고 비행행위에 가담하지 않도록 하는 중요한 요소이다. [21 채용, 20 승진]
		동조성 전념이론	Briar&Piliavin : 일정한 원인으로 발생하는 관습적 목표를 지향하려는 노력으로 인해 인간의 목표 달성 행위를 전념시킴으로써 인간의 범행 잠재력을 통제하게 되어 상황적 일탈을 감소시킨다는 이론이다.
	낙인이론		사회인이 가지고 있는 그 행위에 대한 인식이 범죄자 또는 비행자로 만든다. ▶ 행위의 질적인 면 (X)

3. 범죄통제론

(1) 범죄통제의 방법

응보와 복수(근세이전) → 형벌과 제재(고전주의) → 교정과 치료(실증주의) → 범죄예방(범죄사회학자)

(2) C. R. Jeffery의 범죄통제모형

범죄억제모델	형벌을 통해 범죄를 억제하고 통제한다.
사회복귀모델	범죄자의 치료(재사회화)와 갱생을 통해 사회에 복귀시킨다.
범죄예방모델	사회환경 개선을 통해 범죄를 예방한다. (CPTED)

(3) 범죄예방의 의의

미국의 범죄 예방연구소 (NCPI)	범죄기회를 감소시키려는 사전적 활동이며, 범죄에 관련된 환경적 기회를 제거하는 직접적 통제활동
랩(S. P. Lap)	실제의 범죄발생과 범죄에 대한 공중의 두려움을 줄이는 사전활동으로 통계적 측면과 심리적 측면을 동시에 고려하였다.
제프리(C. R. Jeffery)	범죄가 발생하기 전에 이루어지는 직접적인 활동으로 주로 범죄환경에 초점을 두는 활동

(4) 브랜팅햄(P. Brantingham)과 파우스트(F. Faust)의 범죄예방 유형

1차 예방 (일반대중)	① 범죄발생 원인에 영향을 미치는 경제 및 사회 조건에 개입하는 전략 ② 범죄기회를 제공하는 물리적 환경조건을 찾아 개입하는 전략 ③ 금은방에 비상벨설치, 금융기관에 CCTV설치, 민간경비 등
2차 예방 (우범자)	① 잠재적 범죄자를 초기에 발견하여 개입하는 전략 ② 우범자 또는 우범지역 단속
3차 예방 (범죄자)	① 범죄를 저지른 자를 대상으로 상습범 대책수립 및 재범억제를 지향하는 전략 ② 교도소 구금, 범인의 검거구속, 범죄자에 대한 민간단체나 지역사회의 교정프로그램

4. 현대적 범죄예방이론(생태학적 관점)

의의	범죄발생을 용이하게 하는 **환경적 요소를 개선**하거나 제거함으로써 **기회성 범죄를 줄이려는** 범죄예방론 (생태학적 이론)	
상황적 범죄예방 이론		① 범죄행위에 대한 어려움(위험)을 높여 **범죄기회 제거**하고 **범죄행위의 이익을 감소**시킴으로써 범죄를 예방하려는 이론 ② 문제점 　　㉠ **전이효과(= 풍선효과)** : 범죄가 다른 곳으로 전이되어 전체 범죄는 줄지 않는다. 　　㉡ **국가통제사회 가능성** : 국가가 모든 사람을 잠재적 범죄인으로 보아, 범죄를 줄이기 위해 과도하게 통제하여 요새화된 사회를 만들어 인권 침해 가능성 높다.
	합리적 선택이론	① **클락과 코니쉬** : 범죄자는 **비용과 이익** 고려하여 자신에게 유리한 경우 범죄를 **합리적으로 선택** ▶ **미시적**(거시적X) 범죄예방모델 ② **비결정론적**(결정론적X) 인간관 → **일반**(특별X)**예방강조** [21 채용, 21 경간] ③ 효과적인 범죄예방의 방법 : '**체포의 위험성**'과 '**처벌의 확실성**'을 높이는 것
	일상활동 이론	① **코헨과 펠슨** : 범죄기회가 주어지면 누구나 범죄를 저지를 수 있다. 　→ 모든 개인을 잠재적 범죄자로 파악한다. ② 범죄발생의 3요소 　　**잠재적 범죄자, 매력적인 범행대상(잠재적 피해자), 보호자(감시)의 부재** 　　↔ 셸리(F. Sheley) : 범행의 **동기**, 사회적 제재로부터의 **자유**, 범행의 **기회**, 범행의 **기술** ③ 범죄자 입장에서 범행결정시 고려되는 4가지 요소(VIVA모델) [21·22 경간] 　　**가치(Value), 이동의 용이성(Inertial), 가시성(Visibility), 접근성(Access)** ④ 시간적·공간적 변동에 따른 범죄발생양상, 범죄기회, 범죄조건 등에 대한 **구체적**(추상적X)이고 **미시적**(거시적X)인 분석에 중점을 둔다.
	범죄패턴 이론	**브랜팅햄** : 범죄에는 일정한 **장소적**(시간적X) 패턴이 있으므로 **지리적** 프로파일링을 통해 범행지역을 예측하여 범죄를 예방할 수 있다. ▶ 일정 **장소** 집중 순찰 [21 경간, 법학, 채용, 22 경간]

	CPTED	환경설계를 통한 범죄 예방기법	
환경 범죄학	방어공간 이론	① **오스카 뉴먼** : 주민들이 그들이 살고 있는 지역이나 장소를 **자신들 영역이라 생각하고 감시를 게을리하지 않으면** 어떤 지역이나 장소든 범죄로부터 안전할 수 있다고 주장하는 이론 ② 구성요소 : 영역성, 자연적 감시, 이미지, 환경	
		영역성	㉠ 지역에 대한 소유의식은 일상적이지 않은 일이 있을 때 주민으로 하여금 행동을 취하도록 자극함 [22 채용] ㉡ 거주자들 사이의 소유에 대한 태도를 자극하기 위한 주거건물 안팎의 공적 공간의 세분화와 구획작업(직선형 주택배치, 위계적 주택배치, 가로폐쇄 등)
		자연적감시	㉠ **특별한 장치의 도움 없이 실내와 실외의 활동을 관찰할 수 있는 능력임** [22 채용] ㉡ 거주자들이 주거환경의 공동지역을 자연스럽게 감시할 수 있도록 아파트 창문위치 선정이나 건축물 배치
		이미지	㉠ 범죄의 주된 목표라는 이미지를 갖지 않도록 하며, 범행을 하기 쉬운 대상이라는 느낌을 주지 않도록 설계 ㉡ **지역의 외관이 다른 지역과 고립되어 있지 않고 보호되고 있으며, 주민의 적극적 행동의지를 보여줌** [22 채용]
		환경	안전하다고 생각되는 도시지역에 주거지역 선정
	집합 효율성 이론 [21 채용, 경간]	① **로버트샘슨** : 지역사회 구성원들이 범죄문제 해결하기 위해 적극적으로 참여하는 것이 중요한 범죄예방의 열쇠가 된다. ▶ **비공식적 사회통제 강조** ② 집합효율성 : 지역주민 간의 상호신뢰 또는 연대감과 범죄에 대한 적극적인 개입과 결합을 의미한다. ③ 비판 : **공식적 사회통제**, 즉 경찰 등 법집행기관의 중요성을 간과하고 있다.	
	깨진 유리창 이론	① **윌슨(Wilson)과 켈링(Kelling)** : 경미한 무질서 방치하면 더 큰 범죄 발생할 수 있으므로 **경미한 무질서에 대한 무관용 정책**과 **집합효율성 강화**를 강조한다. ▶ 미국 뉴욕시는 1990년대 깨진 유리창 이론을 통해 범죄예방 성과 달성 ② 무관용 원칙 : 직접적인 피해자가 없는 사소한 무질서 행위에 대한 경찰의 강경한 대응을 강조한다. ③ 집합효율성 강화 : 지역주민들의 상호협력을 통하여 파괴되거나 더럽혀진 주변 환경에 대한 신속한 회복을 수행한다. ④ 한계 : 경미한 비행에 대한 무관용 개입은 **낙인효과**를 유발할 수 있다.	

4-2. 환경설계를 통한 범죄예방(CPTED-Crime Prevention Through Environmental Design)

[20 채용, 20 승진, 20·21·22 경간]

의의	물리적 환경 설계 또는 재설계 통해 **범죄 기회 차단**하는 범죄예방	
기본원리	자연적 감시	건축물이나 시설물 설계시 **가시권** 최대 확보, 외부침입에 대한 감시 기능 확대함으로써 범죄행위 발견가능성 증가, 범죄기회 감소시킬 수 있다는 원리
		예: 조명, 조경, 가시권확대 위한 건물 배치
	자연적 접근통제	일정한 지역에 접근하는 사람들을 **정해진 공간으로 유도**하거나 외부인의 **출입을 통제**하도록 설계함으로써 접근에 대한 **심리적 부담 증대**시켜 범죄를 예방하는 원리
		예: 차단기, 방범창, 잠금장치, 통행로 설계, 출입구의 최소화
	영역성의 강화	**사적 공간에 대한 경계 표시**함으로써 주민들 책임의식과 소유의식 증대함으로써 사적 공간에 대한 관리권과 권리 강화시키고, 외부인들에게는 침입에 대한 불법사실 인식시켜 범죄의 기회를 차단하는 원리
		예: 사적·공적 공간의 구분, 울타리, 펜스의 설치
	활동성의 활성화 (활용성의 증대)	주민들 모여 상호의견 교환하고 유대감 증대할 수 있는 공공장소 설치하고 이용하도록 함으로써 '**거리의 눈**' 활용한 자연적 감시와 접근통제 기능 확대하는 원리
		예: **놀이터·공원**의 설치, **체육시설**의 접근성과 이용의 증대, **벤치·정자**의 위치 및 활용성에 대한 설계
	유지관리	처음 설계된 대로 혹은 개선한 의도대로 기능을 **지속적으로 유지**하도록 **관리**
		예: 청결**유지**, 파손 즉시 **보수**, 조명·조경의 **관리**

5. Mendelshon의 범죄피해자 유형론

피해자의 유형	피해자 개념	내용
완전히 책임 없는 피해자	순수한 피해자(무자각 피해자)	영아살해에 있어서의 영아, 약취·유인된 유아
책임이 조금 있는 피해자	무지에 의하여 책임이 적은 피해자	무지에 의한 낙태여성, 인공유산 시도하다 사망한 임산부
가해자와 같은 정도의 책임 있는 피해자	자발적인 피해자	촉탁살인에 의한 피살자, 자살미수 피해자, 동반자살 피해자
가해자보다 더 책임 있는 피해자	피해자의 행위가 범죄자의 가해행위를 유발시킨 피해자	자신의 부주의로 인한 피해자, 부모에게 살해된 패륜아
가장 책임이 높은 피해자	타인을 공격하다 반격을 당한 피해자	무고죄의 범인같은 기만적 피해자

제5장
지역사회 경찰활동

1. 전통적인 경찰활동과 지역사회 경찰활동의 비교 [20 채용, 22 경간]

구분	전통적인 경찰활동	지역사회 경찰활동
의의	경찰이 유일한 법집행기관이다.	경찰과 시민 모두에게 범죄예방의 의무가 있다.
역할	법집행자, 범죄해결자	지역사회의 포괄적인 문제해결
업무평가기준	범인검거율(사후진압)	범죄나 무질서의 감소율(사전예방)
효과성 판단	범죄신고에 대한 경찰의 대응시간	시민의 협조 [20 승진]
가장 중요한 정보	범죄사건 정보 (특정 범죄사건 또는 일련의 범죄사건 관련 정보)	범죄자 정보(개인 또는 집단의 활동사항 관련 정보) [22 채용]
언론 접촉 부서 역할	현장경찰관들에 대한 비판적 여론 차단	지역사회와의 원활한 소통창구
조직구조	집권화 구조	분권화 구조
강조사항	집중화된 조직구조, 법을 엄격히 준수하는 책임 강조	지역사회 요구에 부응하는 분권화된 경찰관 개개인의 능력 강조 (감독자의 지휘·통제 강조X) [20 채용]

2. 지역사회 경찰활동(Community Policing)의 의의(윌슨(W.Wison)과 Kelling)

지역사회 경찰활동은 윌슨(W.Wison)과 Kelling이 연구한 경찰활동개념으로 [22 경간] 지역사회 공동체의 모든 분야와 협력하여 범죄발생을 예방하고 범죄로부터 피해를 줄이는 것을 목표로 하는 활동이다.
따라서, 지역사회경찰활동을 위해서는 지역사회문제에 대한 엄밀한 분석이 선행되어야 한다.

2-2. J. Skolnick의 지역사회경찰활동의 기본요소

① 지역사회 범죄예방활동
② 주민에 대한 서비스제공을 위한 순찰활동
③ 주민에 대한 경찰의 책임성 중시
④ 정책결정과정에서의 주민참여를 포함한 권한의 분산화

3. 지역사회 경찰활동 프로그램

(1) 지역중심 경찰활동(Community – Oriented Policing)

의의	지역사회와 경찰사이의 새로운 관계를 증진시키는 조직적인 전략 및 원리로서, 지역사회에서의 전반적인 삶의 질 향상을 목표로 한다. (트로야노비치, 버케로)
내용	경찰과 지역사회가 마약 등 범죄, 범죄에 대한 심리적 두려움, 사회적·물리적 무질서, 전반적인 지역의 타락과 같은 문제들을 확인하고 우선순위를 정하여 해결하고자 노력한다.

(2) 문제지향적 경찰활동(Problem – oriented Policing) [20 채용, 21·22 경간]

의의	① 문제지향 경찰활동은 경찰활동이 **단순한 법집행자의 역할에서 지역사회 범죄문제 근원적 원인을 확인하고 해결하는 역할로 전환**할 것을 추구한다. ② 지역사회 문제 해결을 위한 여러 가지 방안을 중점으로 우선순위를 재평가, 각각의 문제에 따른 형태별 대응을 강조한다.
주요내용 (골드슈타인 주장)	① 경찰활동은 범죄뿐만 아니라 폭넓은 다른 문제들의 범위를 다룬다. ② 이런 문제들은 상호연관되어 있으며 우선 순위는 재평가되어야 한다. ③ 각각의 문제에 따른 대응은 각각의 형태를 요구한다. ④ 형법의 사용은 문제에 대응하기 위한 한가지 수단에 불과하다. ⑤ 발생한 사건의 해결을 위한 대응보다는 문제의 예방을 위한 대응에 더 많은 것을 성취할 수 있다. ⑥ 문제에 대한 효과적인 대응을 위해서는 사전 분석이 필요하다. → 일선경찰관에게 문제해결 권한과 필요한 시간을 부여하고 범죄분석 자료를 제공한다. ⑦ 경찰의 능력은 극히 제한되어 있다. ⑧ 경찰의 역할은 지역사회가 기준을 유지할 수 있게 하는 데 종합적인 책임을지는 것이 아니라 촉진자의 역할을 해야 한다.
개선방안	① 대중정보와 비평을 적극적으로 수렴할 수 있어야 한다. ② 문제지향경찰활동에서는 문제들에 대한 효과적인 대응 전략들을 마련하면서 필요한 경우 경찰과 지역사회가 협력할 수 있는 대응전략들에 보다 높은 가치를 부여한다. ▶ 문제지향경찰활동은 종종 지역사회경찰활동과 병행되어 실시되곤 한다.
문제해결과정 (SARA모델)	**조사** (Scan) → **분석** (Analysis) → **대응** (Response) → **평가** (Assessment)
	조사	경찰이 지역사회의 문제나 쟁점사항 등을 인식하는 활동으로 단순한 사고나 범죄구분을 넘어서 문제들의 범주를 넓히는 단계
	분석	인지된 문제의 성격에 따라 문제의 원인이 되는 여러 가지 데이터를 수집하고 이를 분석하는 단계로 경찰과 지역사회와의 협력이 필요한 단계
	대응	경찰과 지역사회가 상호협력을 통해 분석된 문제의 원인을 제거하는 등 문제해결을 위한 대응방안을 실행에 옮기는 과정
	평가	문제해결을 위한 대응 이후의 대응에 대한 효과성을 평가하는 단계로 문제해결의 전 과정에 환류를 통해 정보를 제공하거나 대응방안의 개선을 도모하는 과정

(3) 이웃지향적 경찰활동(Neighorhood – oriented Policing)

의의	경찰과 지역주민 사이에 **의사소통 라인을 개설**하는 프로그램을 의미한다.
내용	① 지역에서 범죄가 일어나는 이유는 **비공식적 사회통제의 약화와 경제적 궁핍이 소외를 정당화하기 때문**이다. ② 지역조직은 경찰관에게 중요한 역할을 부여받으며, 서로를 위해 감시하고 **공식적인 민간순찰**을 실시한다. ③ **지역조직은 거주자들에게 지역에 관한 정보 제공**하며 경찰과 협동해서 범죄를 억제하는 기능을 수행한다.

(4) 전략지향적 경찰활동(Stategy – Oriented Policing)

의의		① 전통적인 경찰활동 및 절차들을 이용하여 범죄요소나 무질서의 원인을 제거하고 효과적으로 범죄를 진압·통제하려는 경찰활동이다. ② 전략지향적 경찰활동은 질서유지 경찰활동, 깨진 유리창 경찰활동, 무관용 경찰활동으로 불리기도 한다.
전략지향적 경찰활동의 3요소	통제순찰	가장 쉬운 방법으로, 출동요청이 없더라도 지정된 임무를 부여받아 담당지역 점검을 수행하는 순찰활동
	공격순찰	특정 범죄자, 특정 범죄요소, 특정 질서위반에 대하여 경찰의 압박을 증가시키는 활동
	포화순찰	다양한 순찰조, 교통부서, 수사부서 제복착용 경찰관들을 지정된 장소에 집중 배치하여 경찰력이 가시적으로 보이도록 하는 활동

4. 순찰

(1) 순찰의 기능

Samuel Walker	범죄의 억제, **대민 서비스 제공**, 공공안전감 증진
C. D. Hale	범죄예방과 범인검거, 법집행, 질서유지, **대민서비스 제공**, **교통지도단속**

(2) 순찰실험

뉴욕경찰 25구역 순찰실험	뉴욕시 관할 구역 중 범죄가 많이 발생하는 지역인 맨해튼 동부 25구역에 경찰관을 2배로 증원·배치하여 순찰을 실시한 결과 범죄 감소(신뢰성에 문제점 多)
캔자스시 예방순찰실험	전체적으로 순찰을 증가해도 **범죄율을 줄어들지 않으며**, 일상적인 순찰을 생략해도 범죄는 증가하지 않았으며, **대부분의 시민들은 순찰수준의 변화를 인식하지 못하였다**
NewYork시 도보순찰실험	도보순찰을 증가하여도 범죄발생은 감소하지 않으나, **주민들은 자신들의 구역내에서 범죄가 줄어들고 있다고 생각하였다.**
플린트 도보순찰실험	실험기간 동안 오히려 **공식적**은 **범죄가 증가**하였음에도 불구하고 도보순찰 결과 **시민들은 오히려 더 안전하다고 느낀다**는 결과가 나타났다.

(3) 순찰의 구분

구분			내용
기동력에 따른 구분	도보순찰	장점	① 상세하고 치밀하게 관찰 ② 경비소요 없음 ③ 야간 등 청력을 필요로 하는 경우에 유리 ④ 주민접촉이 용이 ⑤ 은밀한 순행으로 현행범 발견이 용이
		단점	① 순찰자의 피로로 순찰노선의 단축과 순찰 횟수의 감소를 야기 ② 기동성이 부족하며 장비 휴대의 한계가 있음
	차량순찰	장점	① 높은 가시방범효과 ② 신속한 사건·사고처리, 다양한 장치 적재 가능 ③ 안정성
		단점	① 좁은 골목길 주행이 불가능 ② 정황관찰 범위가 제한 ③ 많은 경비가 소요
	오토바이순찰		
	자전거순찰		
노선에 따른 구분	정선순찰		감독용이, 범죄예방효과 떨어짐, 인간불신사상
	난선순찰		범죄예방효과, 감독어려움, 인간신뢰사상
	요점순찰		정선순찰과 난선순찰의 장점을 살리고 단점 보완
	구역순찰		관할지역을 몇 개의 소구역으로 나누고 지정된 개인별 담당구역을 난선 순찰하는 방법

MEMO

이주아 경찰학 기본서

POLICE SCIENCE

제2편
경찰의 역사와 제도

제1장 / 한국경찰의 역사와 제도

제2장 / 외국경찰의 역사와 제도

제1장
한국경찰의 역사와 제도

제1절 갑오개혁 이전까지

부족 국가 시대		① 고조선 : 팔조금법(살인죄·상해죄·절도죄) ② 부여·고구려 : 일책십이법 ③ 동예 : 책화제도 ④ 삼한 : 치외법권지역(소도)
삼국 시대	고구려	① 수도 : 5부 ② 지방 : **5부(욕살)**, 성(처려근지, 도사) ③ 청소년 군사 단체 : **선비**

	백제	① 통치조직 : 6좌평
		  ㉠ 조정좌평 : 법률·형벌
		  ㉡ 병관좌평 : 군사와 국방
		  ㉢ 내법좌평 : 의례, 교육
		② 수도 : 5부
		③ 지방 : **5방(방령)**, 군(군장), 성(성주, 도사)
		④ 청소년 군사 단체 : **수사**

	신라	① 수도 : 6부 ② 지방 : **5주(군주)**, 군(당주), 성(도사) ③ 청소년 군사 단체 : **화랑도**
고려 시대	전기	① 통치조직 : 형부, 병부 ② 중앙 : 2군 6위(금오위) ③ 지방 : **5도(안찰사)**, 양계(**병마사**) ④ **별무반**(숙종) : 신기군(기병), 신보군(보병), 항마군(승병)
	무신정권	① 도방 : 사병 집단, 집권층 신변보호 ② 삼별초(최우) : 좌별초·우별초+신의군
	후기	① 2군 6위 무력화 ② 순군만호부 : 원의 영향으로 설치된 군사조직 ③ 순마소 : 치안 → 반원 인사 색출 ④ 다루가치 : 감찰관, 내정 간섭

조선 시대	중앙	① 포도청 : 우리나라 최초의 전문적·독립적 경찰기관, 도적 근절 및 야간 순찰 담당 → 경무청
		② 의금부 : 왕 직속 특별 사법 기관(왕명에 의해서만 반역 조인 심문 가능)
		③ 사헌부 : 풍속경찰 주관, 관리 감찰
		④ 6조
		   ㉠ 형조 : 법률, 소송 업무
		   ㉡ 병조 : 군사, 무관 인사
		⑤ 암행어사 : 초기 정보경찰활동 → 후기 감독·감찰기관 업무 동시 수행
		⑥ 다모(관비) : 여성범죄, 양반가 수색 담당

	지방	① 관찰사, 수령 ② 토포사 : 포도 전담

갑오 - 광무 - 1902 - 1907 - 임정 - 임정 - 미군정 - 제1공 - 제4공 - 경찰법 - 국자법 →
1894   1900   상해   충칭
▼   ▼   ▼   ▼   ▼   ▼   ▼   ▼   ▼   ▼   ▼
경무청 경부 경무청 경시청 경무국 경무과 경무국 경무부 치안국 치안본부 경찰청 경찰국

제2절 갑오개혁부터 일제강점기이전까지

1. 갑오개혁(1894)

경무청	경찰을 **법무아문** 소속으로 설치 결정, 그러나 곧 **내무아문** 소속으로 변경 [21·22 경간]
경무청 관제직장	① 한국 경찰 최초의 **조직법** ② 좌우포도청 합쳐 경무청 신설(장 : 경무사) ③ **한성부 내 관할** : 내무아문에 예속시켜 한성부 내 일체 경찰사무와 감옥사무 총괄(전국관할X) [20 승진, 22 경간] ④ 동 관제에 의해 최초로 한성부 오부자내(五部字內)에 **경찰지서** 설치(서장 : 경무관) | 경무청 | 장 : **경무사** | | 경찰지서 | 장 : **경무관** |
행정경찰 장정 (규칙X)	① 한국 경찰 최초의 **작용법** ② 일본의 「**행정경찰규칙**」과 「**위경죄즉결례**」를 혼합하여 한문으로 옮겨 놓은 것 [22 경간] ③ 경무청은 **광범위한 사무 담당** [22 경간] → 경찰업무와 일반행정과 완전 분화된 것은 아니었다.
내용	① 경찰의 조직법적·작용법적 근거규정 처음마련 → 외형상 근대 경찰의 시발점 ② 1894년 일본 각의 결정에 따라 「각아문관제」에서 처음으로 경찰이란 용어 사용 ③ 경찰이 일반 행정 또는 군기능과 분리된 시기 ④ 경찰체제 정비 | 중앙 | 1895년 「**내부관제**」 제정 통해 내부대신의 경찰에 대한 지휘감독권 정비 [20 경간] | | 지방 | 1896년 「**지방경찰규칙**」 제정 통해 지방경찰의 작용법적 근거 마련 [20 경간] |

2. 광무개혁(1900)

경부 (1900)	1900년 경부관제에 의해 경찰이 '내부'에서 독립하여 중앙관청인 '경부' 설치 [20 승진]
경무청 (1902)	① 경부 신설 후 잦은 대신교체 등 문제가 많아 1902년 경무청 신설(경부의 업무를 관리) ② **전국 관할** : 오늘날 경찰청의 원형
특징	① **경무**(경부X)**감독소** : 궁내경찰서와 한성부 내 5개 경찰서, 3개 분서를 지휘 ② **총순** : 한성부 **이외**의 각 관찰부에 총순을 두어 관찰사를 보좌 [20 승진] ▶ 총순은 관찰사의 지휘 받음(O) ③ 이원적 체제

한성 및 개항시장	한성 및 각 개항시장 경찰업무와 감옥사무 통할 수행
그 외 관찰부	총순을 두어 관찰사 보좌하여 치안업무 수행

3. 을사늑약(1905) [21 경간]

통감부	1905년 을사늑약 계기로 통감부 설치되면서 통감정치 시작
경무청	① 통감부 산하 별도 경찰조직 설립, 직접 지휘하여 사실상 한국경찰 장악 ② **관할 축소** : 경무청이 다시 **한성부 내** 경찰로 축소

경찰사무에 관한 취극서(1908)	경찰사무
한국 외국인민에 대한 경찰에 관한 한일협정(1909)	외국인
한국 사법 및 감옥사무 위탁에 관한 각서(1909)	사법 및 감옥사무
한국 경찰사무 위탁에 관한 각서(1910)	한국의 사무 완전히 넘어감

제3절 일제강점기 경찰

1. 헌병경찰시대

총독부 (1910)	① **경무총감부** : 1910년 일본은 통감부(경술국치 이후 총독부)에 경무총감부를 설치하여 **서울과 황궁의 경찰사무를 수행** ② **경무부** : 각 도에 경무부 설치
조선주차 헌병조령	① 1910년 9월「조선주차헌병조령」을 통해 헌병이 일반치안 담당할 법적 근거 마련 ② 총독에게 주어진 제령권(명령권X)과 경무총장·경무부장 등의 명령권(제령권X) 등을 통해 각종 전제주의적·제국주의적 경찰권 행사가 가능 | 총독 | 제령권 | | --- | --- | | 경무총장, 경무부장 | 명령권 |
헌병경찰	① 헌병경찰은 의병토벌·첩보수집이 주임무, 민사소송조정·집달관 업무·국경세관업무·일본어보급·부업장려 등 광범위한 업무를 수행 [21 경간] ② **의병출몰지역**이나 **군사상 중요한 지역**에 배치 ↔ 보통경찰 : 개항장이나 도시에 배치

2. 보통경찰시대

보통경찰	① 1919년 3.1운동 계기로 헌병경찰제도를 보통경찰제도로 전환 ② **경무총감부X** : 총독부 직속 경무총감부 폐지 ③ **경무국** : 경무국이 경찰사무와 위생사무 감독
탄압 강화	①「**정치범처벌법**」제정 ② **일본**에서 제정된「**치안유지법**」을 우리나라에 도입
직무 변화X	헌병경찰이 담당하던 임무 보통경찰이 그대로 담당 치안유지업무 이외에 각종 조장행정 원조·민사쟁송조정사무·집달리업무 등 계속 수행 ▶ 경찰직무와 권한에는 큰 변화 X

제4절 임시정부와 경찰

1. 임시정부

① 3·1운동 계기로 대한민국임시정부 탄생 → 임시정부의 법령에 의하여 설치된 정식 치안조직
② **한국경찰의 뿌리**
→ 헌법 규정 "대한국민은 3·1운동으로 건립된 대한민국임시정부의 법통을 계승한다."
③ 임시정부헌장(헌법)에서 **최초의 '민주공화제'** 선포 → 임시정부경찰은 민주경찰의 효시
④ 임시정부경찰 역할 : 임시정부수호(제1과제), 교민보호, 밀정차단 등

2. 상해임시정부 시기(1919~1932) : 내무부 아래 경무국, 연통제, 의경대

내무부 경무국	① 1919년 4.25 「대한민국 임시정부 장정」에 근거하여 경무국 설치 ② 초대 경무국장 : **김구** 선생 [22 경간] ③ 행정경찰에 관한 사항, 고등경찰에 관한 사항, 도서출판 및 저작권에 관한 사항, 일체 위생에 관한 사항 등 담당 ④ 임시정부경찰 운영을 위한 **정식예산 편성**, **계급별 소정 월급 지급**
연통제 (경무사) [22 경간]	① 국내 각도에는 지방기관으로 **독판부**를 두었으며, 독판부 산하 경찰기구로 **경무사** 두었다. ② 기밀탐지활동과 독립운동자금 모집활동 → 최종 목적 : 일제 저항 운동
의경대	① **임시정부**는 '임시거류민단제'를 통해 **교민들의 자치제도** 인정 ② **교민단체**는 '**교민단조례**'를 통해 자치경찰조직인 **의경대 조직** [22 경간] ③ 일제 밀정 색출하고 친일파 처단, 교민사회의 안녕과 질서유지, 호구조사, 민단세 징수, 풍기단속 등 업무 수행

2-2. 이동 시기(1932~1940년 9월)

1932년 윤봉길의사 의거 후 탄압이 극심해져 고난의 이동시기 겪었으며, 제대로 된 경찰 조직을 유지할 수 없었다.

3. 충칭(중경) 시기(1940~1945) [22 경간]

내무부 경무과	① 내무부 하부조직인 경무과 : 중앙 경찰기구 ② 1943년 제정된 「대한민국 잠행관제」에 근거하여 설치 ③ 일반 경찰사무, 인구조사, 징병 및 징발, 국내 정보 및 적 정보 수집 등의 업무 수행
경위대	① 임시정부 **청사를 경비**하고, **요인을 보호**한다. (군사조직X, 경찰조직O) ② 광복 후 임시정부 요인들이 환국할 때 안전 귀국할 수 있도록 경호 업무 수행

제5절 미군정시기 경찰

1. 미군정시기

① '**태평양미군총사령부포고 제1호**' 통해 **미군정의 실시와 구관리의 현직유지**를 선포하였다.
  ▶ **일제시대 경찰 그대로 유지**(인력개혁X)
② 표어 '**봉사와 질서**'를 흉장으로 패용하고, 이를 **기본 이념**으로 하는 개혁을 추진하였다. [21 승진]
③ 광복 이후 신규 경찰 채용 과정에서 전체 20% 가량은 일제경찰 출신들이 재임용되기도 하였지만, 상당히 많은 **독립운동가 출신들이 경찰에 채용**되었다.
④ 경찰의 이념 및 제도에 **영미법적인 민주적 요소**가 도입되었다.

2. 미군정시기 경찰조직

국방사령부 경무국	**경찰창설기념일** : 1945년 10월 21일 미군정청 국방사령부하에 경무국 창설 ▶ **일본인 경찰 추방하고 한국인들만으로 구성된 경찰출범**
경무부	1946년 경무국을 국방사령부와 같은 직급인 '**경무부**'로 승격·개편되었다. [21 채용]

3. 경찰제도 정비

비경찰화	경찰업무축소 : 위생사무 **위생국으로 이관**, 경제경찰과 고등경찰 폐지(정보과 폐지X)
정보경찰신설	정보업무 담당할 사찰과(정보과) **신설** → 정보경찰은 비경찰화 대상X [21 채용]
치안입법 폐지	① 일제 강점기 치안입법은 비교적 철저히 정리 ② 1945년 : 「정치범처벌법」,「치안유지법」,「예비검속법」 등 폐지(보안법 폐지X) ③ 1948년 : 「보안법」 폐지 [21 채용]
중앙경찰 위원회	① **1947년 6인**의 위원으로 구성된 중앙경찰위원회 설치 [21 경간] ② **경찰 민주화 요소 마련**(성공X) : 주요 경무정책 수립 및 경찰부장이 부의한 경무정책 심의·결정, 경찰관리 소환 및 심문과 임면, 기타 군정 장관이 부의한 사항 심의 등
여자경찰제도 신설(1946) [21 채용]	① 노약자나 부녀자 보호, 14세미만 소년범죄 취급 ② 서울, 인천, 대구, 부산 4곳에 여자경찰서 설치
독자적 수사권	경찰의 독자적 수사권 인정

제6절 정부수립 후 경찰(1948년 8월 15일~1991년 경찰법 제정)

1. 정부수립 (「정부조직법」)

① 독립국가로서 한국 역사상 최초로 자주적 입장에서 경찰을 운용하게 되었다. [20 경간]
② 경찰이 비로소 주권국가 대한민국의 존립과 안녕, 대한민국 국민의 생명과 신체 및 재산의 보호라는 경찰 본연의 임무를 수행하게 되었다.
③ 경찰의 부정선거 개입 등으로 **정치적 중립**이 경찰에 대한 국민의 요청이었다.
  → 경찰 기구의 독립이 경찰조직 숙원과제로 부각되기 시작하였다.
④ **「정부조직법」** : 정부수립 이후 1991년 「경찰법」 제정될 때까지 경찰체제 근거법
  ▶ 경찰조직에 관한 기본법 제정되지 못하여 조직법적인 체계는 갖추지 못하였다.
⑤ **「경찰관직무집행법」**(1953) : 국민의 생명·신체 및 재산 보호라는 영·미법적 사고가 최초로 반영
⑥ **해양**경찰업무, **전투**경찰업무가 경찰업무범위에 추가, **소방**업무가 경찰업무에서 배제

내무부 치안국	① 1948년 「**정부조직법**」에서 미군정 경무부를 **내무부 치안국**에서 인수 [20 승진] ② 경찰조직은 부에서 국으로 **격하**(축소) 　이유 : 「정부조직법」 제정 과정에 참여한 사람들이 일제 관리출신, 일본의 과거 모방 ③ 치안국장 : 보조기관(관청X) ④ 1974년 8·15 문세광 사건을 계기로 1974년 치안본부로 확대·개편
시도경찰국장	시도지사의 보조기관 (관청X)
경찰서장	「경찰법」(1991)이 제정되기 이전에도 행정**관청**이었다.

1-2. 6·25 전쟁과 경찰

춘천지구 전투	① 양구경찰서 내평지서장 **노종해 경감** 등은 10여명 인력으로 춘천으로 가는 길목을 지키고 북한군 1만명 진격을 1시간 이상 지연시킨 후 전사하였다. ② 6.25전쟁 최초 승전인 춘천지구 전투 승리의 결정적인 역할을 하였다.
함안지구 전투	전남·북 및 경남 경찰관과 미군 25사단 일부는 1950년 8월 18일부터 많은 전투 이겨내면서 북한군 4개 사단 격퇴하고 끝내 방어선 지켜냈다. 당시 경남경찰국장은 독립운동가 출신인 최천 경무관
다부동 전투	55일간 치열한 전투 끝에 경북 칠곡군 다부동에서 낙동강 방어선 사수
장진호 전투	1950년 11월말부터 12월초까지 함경남도 장진 일대에서 UN군과 중공군이 벌인 전투. 한국경찰 화랑부대 1개 소대 기관총 부대가 장진호 유담리 전투에서 뛰어난 전공 거둠

2. 제2공화국

① 3·15부정선거 및 4·19혁명 결과 정치·사회적으로 '경찰의 정치적 중립 제도화'가 추진
② **헌법에 경찰의 정치적 중립화 규정** : 1960년 6월 15일에 개정된 「헌법」 (제2공화국 헌법) 제75조 제2항 "법률에는 경찰의 중립을 보장하기에 필요한 기구에 관하여 규정을 두어야 한다." 규정 신설

3. 박정희, 전두환 정권

① 한일회담 반대시위가 격화되자, 1962년 청와대 부근에 경찰관으로 구성된 경찰기동대 창설
② 1963년 군 출신 중심으로 대통령경호실을 설치. 경찰의 경호 기능은 경호실의 지휘·통제받음
③ **1969년 1월 7일 「경찰공무원법」** 공포·시행하여 경찰공무원을 일반공무원과 구별하여 '별정직(현 특정직)'화, **처음으로 치안국장에게 '치안총감'이라는 경찰 계급 부여, '경정', '경장' 계급이 신설, 2급지 서장을 경감에서 경정으로 격상, 경감 이상 계급정년제가 도입** [21 채용, 22 경간]
④ **1974년 12월 24일 「정부조직법」 개정으로 치안국(장)이 치안본부(장)로 격상** [22 경간]
⑤ 1975년 8월 경찰 소관이던 소방과를 내무부 소방국으로 이전(**소방업무가 경찰업무에서 배제**)
⑥ **1979년 「경찰공무원법」 개정**으로 **치안정감 계급이 신설**되었고, **1983년 경위계급의 계급정년이 도입**되었다가, **1998년 경정이상 계급정년으로 개정**되어 현재까지 시행되고 있다.
⑦ 1979년 12월에는 「경찰대학설치법」을 제정, 1981년부터 신입생 선발
⑧ **1981년 「경찰관 직무집행법」 개정**으로 **'경찰의 직무(제2조)' 규정이 신설**되어 경찰관의 직무의 범위를 구체적으로 규정하였다.
⑨ 1987년 1월 14일 박종철 고문치사 사건 → 6월민주항쟁
　6월민주항쟁 이후 경찰내부에서도 정치적 중립을 지키지 못한 과오를 반성하고 경찰의 정치적 중립을 요구하는 자성의 목소리가 나왔다. [20 채용]
▶ 국립과학수사연구소 설치 - 1955년 [22 경간]

제7절 「경찰법」 제정(1991)과 「국자법」으로 전면개정(2020)

1. 「경찰법」 제정

경찰청	① 1991년 「경찰법」 제정으로 내무부 보조기관이었던 치안본부가 내무부 외청인 경찰청으로 분리·승격 ② **경찰청장과 지방경찰청장 : 독립관청**화 ③ 선거부처로부터 **완전한 독립**은 아니었다. (정치적 중립을 확보하지 못한 문제점) ④ 내무부에 **경찰위원회**를 두어 민주적 통제시스템을 구축하고, 시·도지사 밑에 **치안행정협의회**를 두어 치안협력체제 마련하였다.

2. 「국가경찰과 자치경찰의 조직 및 운영에 관한 법률」로 전면 개정

① 경찰사무를 국가경찰사무와 자치경찰사무로 구분
② 경찰청에 국가수사본부를 두고, 국가수사본부장은 치안정감으로 보하며, 경찰청 외부를 대상으로 모집하여 임용할 필요가 있는 때에는 일정한 자격을 갖춘 사람 중에서 임용할 수 있도록 함
③ 자치경찰사무를 관장하게 하기위해 시·도지사 소속으로 시·도자치경찰위원회를 합의제 행정기관으로 두고, 그 권한에 속하는 업무를 독립적으로 수행하도록 함
④ 시·도경찰청장은 국가경찰사무에 대해서는 경찰청장의 지휘·감독을, 자치경찰사무에 대해서는 시·도자치경찰위원회의 지휘·감독을, 수사에 관한 사무에 대해서는 국가수사본부장의 지휘·감독을 받는다.

제8절 경찰의 주요인물

1. 임시정부경찰의 주요인물

김구 선생	① 상해기 초대 경무국장(1919), 충칭기 주석(1940) ② 백범 김구 선생을 측근에서 보좌한 것은 임시정부경찰의 경위대
김용원 열사	① 1921년 김구 선생에 이어 **제2대 경무국장** 역임(김철X) ② 1924년 7월 지병으로 귀국 후, 군자금모금, 병보석과 체포 반복하다 옥고 후유증으로 1934년 7월 순국
나석주 의사	1926년 12월 식민수탈의 심장인 식산은행과 동양척식회사에 폭탄을 투척 [20 채용]
김석 선생	의경대원으로 활동하면서 윤봉길의사 배후지원, 윤봉길 의사는 1932년 상해 홍구 공원에서 열린 일왕의 생일축하장에 폭탄투척
김철 선생	1932년 상하이 프랑스조계에 잠입하였다가 일제경찰에 체포되어 감금당하였고, 이후 석방되었으나 1934년 고문 후유증으로 생애 마감

2. 미군정기의 제주 4·3사건과 문형순 서장

제주 4·3사건	1948년 4월 3일 남로당 제주도당 350여명이 무장봉기하여 경찰지서와 우익인사 습격·살해 → 군·경의 강력한 진압 작전과정에서 무고한 주민들 대량 학살
문형순 서장 [20 채용, 21 승진]	① 1948년 12월 10일 대정읍 하모리에서 검거된 좌익총책의 명단에서 발견된 100여 명의 주민들이 처형 위기에 처하자 문형순 서장은 이들에게 자수하도록 하고, 1949년 초 전원 훈방 ② 1950년 8월 30일 성산포경찰서장 재직 시 계엄군의 예비검속자 총살명령 거부

3. 제1공화국 보도연맹사건과 안종삼 서장

보도연맹 사건	1949년 4월 좌익사범 중 사상전향자들로 '국민보도연맹'이라는 관변단체조직. 6·25 발발하자 정부는 보도연맹원들을 북한에 동조위험있는 인물로 보고 즉결처분 방식으로 사살
안종삼 서장	**구례경찰서 안종삼 서장**은 보도연맹원들에 대한 총살명령 내려오자 480명의 예비검속자 앞에서 "내가 죽더라도 방면하겠으니 국가 위해 충성해 달라."라는 연설 후 전원 방면

4. 6·25전투 주요인물

노종해 경감	① 양구경찰서 내평지서장 **노종해 경감** 등은 10여명 인력으로 춘천으로 가는 길목을 지키고 북한군 1만명 진격을 1시간 이상 지연시킨 후 전사하였다. ② 6·25전쟁 최초 승전인 춘천지구 전투 승리의 결정적인 역할을 하였다.
김해수	① 1948년 간부후보생 3기로 입직 ② 1950년 7월 7일 영월화력발전소 탈환작전 도중 47명 결사대와 함께 73명의 적 사살하고 전사
라희봉	① 1949년 순경으로 입직 ② 1951년 순창서 쌍치지서장으로 재직하면서 다수의 공비 토벌 ③ 1952년 11월 700명에 달하는 공비와 전투하던 중 24세 나이로 전사
권영도	① 1950년 순경으로 입직 ② 산청군·함양군 일대에서 공비 소탕작전에 선봉으로 나서 공비 20명 사살 ③ 1952년 7월 26세 나이로 전사

5. 한국경찰사에 길이 빛날 경찰의 표상 [20 채용, 20 승진]

김구 선생 [21 승진]	① 1919년 중국 상하이 대한민국 임시정부 초대 경무국장 ② 1940년 대한민국 임시정부 주석으로 선출 ③ 광복 후 귀국하였으며, 1947년 경무부 교육국에서 출간한 「민주경찰」 창간호에 '자주독립과 민주경찰'이라는 축사를 기고하였고 국립경찰 창설기념 특호에서는 "국민의 경종이 되소서"라는 휘호를 선물하는 등 경찰에 대한 남다른 애정을 보였다.
안맥결 총경 [20 채용, 21 승진, 21 경간]	① 안창호 선생의 조카딸로서, **독립운동가 출신의 여성경찰관** ② 1919년 평양 숭의여학교 재학 중 만세 시위에 참여하다 체포되었고, 1936년 임시정부 군자금 조달 혐의로 5개월간 구금되었으며, 1937년 일제가 조작한 수양동우회 사건으로 수배된 후 만삭의 몸으로 서대문형무소에 수감되었다가 가석방 ③ **1946년 미군정하 여자경찰간부**로 임용되며 국립경찰에 투신하였고, 1952년부터 2년간 서울여자경찰서장 역임하며 풍속·소년·여성보호 업무담당 ④ **1957년 국립경찰전문학교 교수**로 발령 받아 후배 경찰교육에 힘쓰다 1961년 5·16 군사정변이 일어나자 군사정권에 협력할 수 없다며 사표 제출
차일혁 경무관 [21 경간]	① **호국경찰·인권경찰·문화경찰**의 표상 ② 전북 18전투경찰대대장(경감)으로 경찰 투신하였으며, 남부군 사령관 이현상을 사살하는 등 빨치산 토벌 주역이었으며, 이현상을 '적장의 예'로써 화장해주고, 생포한 공비들에 대하여 관용과 포용으로 귀순을 유도한 **인본경찰·인권경찰의 표상** ③ 빨치산 소탕시 구례 화엄사 등 문화재 수호 인물로 '보관문화훈장'을 수여받은 호국경찰 영웅이자 인본경찰의 표상이었으며, 충주경찰서장 재직 당시 '충주직업소년학원'을 설립하여 불우아동들에게 배움의 기회를 제공하는 등 **문화경찰의 표본**
최규식 경무관, 정종수 경사	① **호국경찰**의 표상(호국경찰·인권경찰·문화경찰의 표상X) ② 1968년 무장공비 침투사건(1·21 사태) 당시 종로경찰서 자하문검문소에서 무장공비를 온몸으로 막아내고 순국함으로써 청와대를 사수함 [20 채용, 21 경간]
안병하 치안감 [20 채용, 21 승진, 21 경간]	① 민주·인권경찰의 표상 ② 육군사관학교 출신으로 1962년 경찰에 투신, 1979년 2월 전라남도 경찰국장으로 임명 ③ **5·18 광주 민주화운동 당시 전남도경국장**으로서 전남경찰들에게 '분산되는 자는 너무 추적하지 말 것, **부상자가 발생하지 않도록 할 것**' 등을 지시하고, '**연행과정에서 학생의 피해가 없도록 유의하라.**'고 지시하여 **비례의 원칙**에 입각한 경찰권 행사 및 시위대 인권보호 강조
이준규 총경 [21 경간]	① 민주·인권경찰의 표상 ② 1980년 5·18 당시 **목포경찰서장**으로 재임. 안병하 국장 방침에 따라 경찰 총기 대부분을 군부대 등으로 사전에 이동시켰으며, 자체 방호 위해 가지고 있던 소량의 총기마저 격발할 수 없도록 방아쇠 뭉치 모두 제거해 원천적으로 시민들과 유혈충돌을 피하도록 조치하여 광주와 달리 목포에서는 사상자가 거의 나오지 않았다.
최중락 총경	① 대한민국 수사경찰의 표상, 1970~80년대 MBC드라마 '수사반장'의 실제모델 ② 재직 중 1,300여 명의 범인을 검거하는 등 **수사경찰의 상징적인 존재**
김학재 경사	① 부천남부서 형사였던 김학재 경사(당시 경장)는 1998년 5월 강도강간 신고출동 현장에서 피의자로부터 좌측 흉부를 칼로 피습당한 가운데에서도 끝까지 격투를 벌여 범인 검거 후 순직함 ② 2018년 문형순 서장과 함께 경찰영웅으로 선정됨

제2장
외국경찰의 역사와 제도

제1절 영국의 경찰

1. 영국경찰의 조직 및 제도

> 영국은 전통적으로 전국적으로 통일된 경찰제도가 없고, 지역별로 각각 독특한 경찰제도 운영

2. 잉글랜드 웨일스

수도경찰청	① 1829년 로버트필에 의해 창설 → 영국의 일반경찰 중 가장 오래된 역사
	② 영국경찰의 전통적 자치경찰과는 다른 내무부장관 관리하의 특수한 경찰형태를 취했으나 2000년부터 자치경찰화
	③ **수도경찰청장** : 수도라는 특수성 때문에 선거로 선출되는 지역치안관리관을 두는 대신 전국의 고위 경찰간부나 민간인 중 내무부장관의 추천으로 국왕이 직접 경찰청장을 임명
	④ 업무
	    ㉠ 왕궁 및 의사당의 경비
	    ㉡ 중요한 강력범죄사건의 수사활동
	    ㉢ 국가안전에 관한 범죄·외사범죄 등에 대한 수사 및 정보수집 등
	    ㉣ 국가상황실관리, 대테러업무 등

런던시경찰청	① 대런던(런던특별시)의 중심부에 위치한 지역 담당 ② 수도경찰청과는 독립된 별개의 자치제 경찰
지방경찰	① **자치단체가 관리**하는 자치경찰제 : 주민참여에 의해 치안정책이 결정되고 집행된다. ② 과거 3원체제(**지방경찰위원회** 내무부장관, 지방경찰청장)를 → 4원체제(**지역치안평의회, 지역치안위원장**, 내무부장관, 지방경찰청장)로 변경

2-2. 4원체제 [22 경간]

지역치안 관리관 (지역치안위원장)	① 지역실정에 맞는 치안에 대한 계획 수립·시행 ② 지방경찰청장 및 차장 임명 및 해임권 행사 ③ **지방경찰의 예산 및 재정 총괄권**을 가진다.
지역치안평의회	① 지역치안관리관을 출석하게 하여 치안문제들에 대해 질의하고 답변요구 ② 지역경찰의 **예산지출에 대한 감사권** 행사 ③ 지역치안관리관이 작성하는 지역치안계획을 검토 ④ 지역치안관리관의 지방경찰청장 임명과 관련하여 인사청문회 개최 ⑤ 지역치안관리관의 직권남용에 대한 조사의뢰와 주민소환투표 실시
내무부장관	① **국가적인 조직범죄**에 대한 대응을 위하여 지방경찰에 대한 임무 부여 및 조정하는 역할 담당 ② **지방경찰의 예산 50%를 부담**하며 이에 대한 감사 담당
지방경찰청장	① 지역치안위원장 밑에 지방경찰청장이 지방경찰을 독자적으로 운영 ② 지방경찰에 대한 독립적인 지휘 및 통제권 행사 ③ 지방경찰청 차장 이외의 모든 경찰에 대한 인사권 행사 ④ 일상적인 예산운용권

3. 스코틀랜드·북아일랜드

스코틀랜드	2012년 스코틀랜드의회법의 통과로 2013년 4월 1일부터 Police Scotland로 단일화
북아일랜드	① 내무부장관 직속의 강력한 국가경찰제도 ② 아일랜드 독립후 영국령으로 있으면서 신구교도간의 분쟁이 계속되고 북아일랜드 공화국(IRA)이 각종 테러를 계속하여 치안유지에 어려움이 많다. ③ 무장반란과 폭동의 진압업무를 담당하는 헌병대조직 보유

4. 수사

상호협력관계	① 검사와 경찰의 관계 : 상호협력관계 ② **사법경찰이 독자적 수사권 보유**하여 조직과 업무상 완전한 독립이나 항상 긴밀한 협조관계를 유지한다.
검사(기소)	① 검사는 수사에 대하여 직접적 지휘감독을 할 수 없고, 법률적 조언을 하거나 송치 사건을 검토하여 공소제기 및 공소유지권 행사 ② 영국경찰은 1985년 이전까지는 기소업무도 담당하였으나, 「범죄기소법」 제정에 의해 국립기소청(검찰청) 창설하여 범죄에 대한 기소는 검사가 담당 ▶ 국립기소청 : **독립적으로** 경찰이 입건한 형사사건에 대한 기소담당(경찰에 종속X)
영장청구권	경찰은 직접 영장청구권을 행사한다.

5. 로버트 필경(Sir Robert Peel)의 경찰개혁안 12가지

1828년 당시 잉글랜드 내무장관이었던 로버트 필이 수도경찰법(the Metropolitan Police Act)을 국회에 제출, 1829년 법안이 통과됨으로써 급여를 지급받고, 공적이고, 정규적으로 근무하는 경찰력이 창설하게 된다. 그와 함께 필경은 다음과 같은 12가지 경찰개혁안을 제시하였다.

① 경찰은 안정되고, 능률적이고, **군대식으로 조직화**되어야 한다.
② 경찰은 **정부의 통제하**에 있어야 한다.
③ 경찰의 능률성은 **범죄의 부재**(absence of crime)에 의해 가장 잘 나타날 것이다.
④ 범죄발생 사항은 반드시 **전파**되어야 한다.
⑤ **시간과 지역에 따른 경찰력의 배치**가 필요하다.
⑥ **자기감정을 조절**할 줄 아는 것이 가장 중요한 경찰관의 자질이다.
⑦ **단정한 외모**가 시민의 존중을 산다.
⑧ 적임자를 선발하여 **적절한 훈련**을 시키는 것이 능률성의 근간이다.
⑨ 공공의 안전을 위해 **모든 경찰관에게는 식별할 수 있도록 번호가 부여**되어야 한다.
⑩ 경찰서는 **시내중심지에 위치**하여야 하며, **주민의 접근이 용이**해야 한다.
⑪ 경찰은 **반드시 시보기간을 거친 후에 채용**되어야 한다.
⑫ 경찰은 **항상 기록을 남겨** 차후 경찰력 배치를 위한 기준으로 삼아야 한다.

> **참고**
>
> **로버트 필경의 9가지 경찰원칙**
> ① 경찰은 군대의 폭압이나 엄한 법적 처벌이 이루어지지 않도록, **미연에 범죄와 무질서를 방지**하기 위해 노력해야 한다.
> ② 경찰 임무를 수행하기 위한 필요한 힘은 **시민의 지지와 승인 및 존중**에 전적으로 의존한다는 것을 결코 잊어서는 안 된다.
> ③ 경찰에 대한 시민의 지지와 승인 및 존중을 확보한다는 것은 법을 지키는 경찰의 업무에 대한 **시민의 적극적인 협력 확보**를 의미한다는 것을 인식해야 한다.
> ④ 시민의 협력을 확보하는 만큼 경찰 목적달성을 위한 강제와 물리력 사용의 필요성이 감소한다는 점을 명심해야 한다.
> ⑤ 시민의 지지와 승인은 결코 여론에 영합해 얻어지는 것이 아니라 지속적으로 **공정하고 결코 치우침 없는 법 집행**을 통해 확보된다.
> ⑥ 경찰 물리력은 반드시 자발적 협력을 구하는 설득과 조언과 경고가 통하지 않을 때만 사용해야 하며, 그때도 필요한 최소한 정도에 그쳐야 한다.
> ⑦ 경찰이 곧 시민이고 시민이 곧 경찰이라는 인식을 바탕으로 **경찰과 시민간 협력관계**를 유지해야 한다. 경찰은 공동체의 복지와 존재의 이익을 위해 봉사하는 임무를 수행하고자 보수를 받는 공동체의 일원일 뿐이다.
> ⑧ 언제나 경찰은 법을 집행하는 역할이라는 점을 잊어서는 안 되며, 유무죄를 판단해 단죄하는 사법부의 권한을 행사하는 것처럼 보여서는 아니 된다.
> ⑨ 언제나 경찰의 **효율성은 범죄와 무질서의 감소나 부재로 판단**되는 것이지, **범죄나 무질서를 진압하는 가시적인 모습으로 인정받는 것은 아니라는 점을 명심해야 한다.** [23 경간]
> ▶ 모방범죄의 예방을 위해 범죄정보는 유출되어서는 안 된다. (X) [22 경간]

제2절 미국의 경찰

1. 미국경찰의 조직 및 제도

경찰제도가 분권화되어 전국적으로 경찰을 지휘·통제하는 통일된 기구는 존재하지 않는다.
▶ 연방경찰, 주경찰, 지방경찰 상호간은 독립적이며 대등한 협력관계

1-2. 연방법집행기관

① 연방경찰은 **연방법만** 집행(주법이나 지방자치법 집행X)한다.
② 연방법에 규정된 특정분야에 대한 수사권을 미국 전지역에서 행사한다.
③ 연방법집행기관은 각 기관에 소속되어 있으며, 다수의 연방법집행기관이 존재한다.

법무부 소속	연방범죄 수사국(FBI)	① 2001년 9.11 테러 이후 FBI는 대테러 업무에 최우선 순위를 두며, 그 다음으로 대간첩, 사이버범죄, 공직부패, 조직범죄 등 담당 ② 범죄통계작성과 지방경찰직원의 교육훈련 등의 업무도 담당
	마약단속국 (DEA)	마약등 금지약물통제와 관련된 연방법령을 집행 및 마약확산방지업무
	연방보안관 (U.S. Marshals) [22 경간]	① **최초의 연방법집행기관** ② 관할법원의법정관리, 연방범죄 피의자 호송, 증인보호 프로그램 운영 등의 임무 수행
	알코올·담배· 총기·폭발물국 (ATF)	총기 및 폭발물 산업규제관련 연방법 집행하고, 총기 및 폭발물 관련 범죄, 방화범죄, 주류 및 담배의 밀거래 등 수사
국토 안보부 소속		① 2001년 9·11테러 이후 연방경찰기관에 중복적으로 산재해있던 **대테러 기능**을 통합 운영하기 위해 설치 ② 소속 연방법집행기관 : Secret Service, **해안경비대** 등
	Secret Service	1865년 **화폐 위·변조 단속** 위해 창설되었으나, 현재는 **대통령 및 부통령의 경호담당**

1-3. 주(州)경찰

① 주는 미국의 가장 큰 지방행정조직이나 경찰권은 지방(county, city 등)경찰이 독립적으로 행사하므로, 주경찰의 역할은 크지 않다.
② 주에 따라 다양한 형태의 주경찰기관이 존재 : 보통은 주경찰(State Police), 고속도로 순찰대(Highway Patrol), 주수사국(Bureau of Criminal Investigation)을 두고 있다.
▶ **텍사스 레인저**(Texas Rangers) : **주경찰의 기원**

1-4. 지방경찰

① 자치체경찰의 주력으로 미국의 법집행기관 중 가장 규모가 크고 중요한 역할
② 범죄수사와 순찰 등 전형적인 경찰업무 담당
③ 3만명에서 10명 이하까지 다양(도시경찰 중 가장 규모가 큰 것은 뉴욕시 경찰청)
▶ **보스턴시** : 오늘날 도시경찰의 **원형**이라고 할 수 있는 **미국 최초의 근대경찰** 탄생

2. 수사

① 경찰과 검사는 **상호독립관계**
② 분권적 수사구조, **경찰은 독립된 수사주체**
③ 경찰이 수사종결하여 검찰송치 후 비로소 검사가 기소여부결정하고 소추절차진행

2-2. 적법절차의 원리

맵(Mapp)판결	불법수색과 불법압수로 수집한 증거는 피고인에게 불리하게 사용될 수 없다.
에스코베도 (Escobedo) 판결	변호인과 접견교통권을 침해하여 획득한 자백은 증거능력이 없다.
미란다(Miranda) 판결	경찰관이 신문전 피의자에게 묵비권 고지, 진술이 법정에서 불리하게 작용될 수 있음, 변호인선임권 등의 피의자의 권리 고지

제3절 독일의 경찰

1. 독일경찰의 조직 및 제도

전국적인 특수상황에 대처 위하여 연방경찰이 있으나, 헌법에 의하면 경찰조직은 각 주(Land)의 입법사항
▶ 연방경찰은 업무범위가 한정되고, **사실상의 지역치안은 주경찰이 전담**

1-2. 연방기관(모두 연방 내무부 소속)

연방헌법 보호청(BFV) [22 경간]	① 극좌·극우의 합법·비합법 단체, 스파이 등 「기본법」 위반 혐의가 있는 모든 행위에 대한 감시업무와 정보수집·분석업무를 담당 ② **법집행권·수사권 없는** 단순 정보수집·처리기관
연방범죄 수사청(BKA)	① 범죄 관련 정보 총괄하고 반헌정질서범죄 및 광역적·국제적범죄 수사권 행사 ② 국제 무기·마약거래, 조직범죄, 화폐위조사건, 국제테러범죄 등 **연방관련 주요 사건만 담당** ▶ **주 수사경찰을 지휘·감독한다.(X) 독일 수사경찰의 총본부(X)** ③ **연방 내무부장관의 지휘**를 받는다. ④ 경찰분야의 전산 업무 및 수사경찰의 교육 업무 담당 ⑤ 독일인터폴 총국 설치 : 외국과의 수사협조업무수행
연방경찰 (Bundes polizei)	① 국경수비, 국가비상사태 방지 및 경찰력지원, 국경을 통해 발생하는 밀수, 인신매매 등 조직범죄수사, 국제협력 등 담당 ② 연방의회, 국회, 대통령, 연방정부, 헌법재판소 등과 외국대사관 등에 대한 경비업무 수행 ③ 대테러기구인 GSG - 9 운영

1-3. 주경찰(주정부 내무부 소속)

① 주경찰은 각 주의 자체법에 의해 독자적으로 운영
② 주 내무부 정점으로 파출소에 이르는 피라미드 구조
③ **주 내무부장관**이 경찰에 관한 일반적인 지휘권 행사

2. 수사

① 전통적으로 검사는 일반적 수사권과 기소권을 가지며, **사법경찰은 보조자**에 해당한다.
② 검사

    ㉠ 기소법정주의
    ㉡ 원칙적으로 검사는 경찰수사의 모든 단계에서 지시·감독 가능하다.
    ㉢ **팔없는 머리(검사)** : 검사는 자체수사인력·수사장비 등 물적 자원이나 조직·기술이 없다.

③ 사실상 수사활동의 대부분은 **경찰이 독자적으로 수행**

제4절 프랑스의 경찰

1. 프랑스 경찰의 조직 및 제도

① 프랑스는 강력한 국가경찰제도 시행하고 있으나, 경찰청장이나 경찰청 국장을 경찰관이 아닌 일반공무원을 임용하여 경찰을 통제하는 역할을 수행한다.
② 조직구조상 **이원적 구조** : 국가경찰 원칙, 자치경찰은 제한적으로 실시한다.
③ **행정경찰과 사법경찰을 엄격히 구분**한다.
④ 경찰에게 **노동조합결성권** 인정한다. ▶ **동맹파업권**은 금지
⑤ 경찰의 업무에 위생사무가 포함, 지리적 특수성으로 인해 정치·정보경찰의 비중이 높다.

1-2. 국가경찰

국가경찰		
국립경찰	국립경찰청	① 내무부장관의 지휘 하에 있는 **경찰청장**이 전국을 통일적으로 지휘·감독 ② **인구 2만 이상**의 코뮌에서 도지사의 관장 아래에 있는 **국립경찰은 일반적 경찰 업무 담당**
	파리경찰청	① 내무부 직속 기관으로 창설(1800년 나폴레옹) ② **내무부장관의 지휘**를 받는다. (**경찰청장 지휘X**) ③ 파리지역에는 국립경찰과 군경찰을 중첩 배치한다. → 상호견제를 통한 정확하고 상세한 정보수집 목적
	지방경찰	지방경찰은 경찰청의 각 기능에 따라 별도의 지방기관을 설치하고 있다.
군경찰		① 국립경찰이 배치되지 않은 **인구 2만명 미만** 코뮌에서 일반경찰업무를 담당한다. ② 군경찰의 신분은 군인으로서 국방임무를 수행하면서, 행정경찰과 사법경찰의 기능 수행

1-3. 자치경찰

자치경찰은 **인구 2만 미만**이거나 인구가 적은 지역의 기초자치단체의 장이 지방의회의 동의를 얻어 자치단체 내의 공공의 안전과 질서를 유지하기 위하여 설치한다. ▶ 기초자치단체 단위로 선택적 운영

※ 경찰관련 조직

경찰기동대 (공화국안전대 – CRS)	국립경찰청장 소속으로 우리의 전투경찰 임무 수행하는 경비부대로서 시위나 폭동의 진압 업무수행
군경찰특공대(GIGN)	군경찰 소속의 대테러 특수부대

2. 수사

① 수사경찰은 일반경찰과 분리되어 독립적으로 운영한다.
② 수사의 주체는 수사판사와 검사이고, **경찰은 수사의 보조자이다.**
③ 검사와 수사판사는 수사의 주체이지만, 현실적으로 수사지원 인력이 없기 때문에 직접 수사는 물리적으로 불가능하고 **수사지휘권**을 통하여 **경찰의 수사를 통제한다.**
④ 일부 중대한 범죄에만 검사가 개입하고 대부분 범죄는 경찰이 독자적 수사를 함으로써 실질적으로 **수사의 주도권은 경찰에게 있다.**

제5절 일본의 경찰

1. 일본 경찰의 조직 및 제도

① 이원적 체제 : 국가경찰과 지방경찰의 2중체제로 구성된다.
② 소할(所轄) : 형식적으로 당해 **기관의 소속**하에 있으나, 실질적인 **지휘·감독권이 없다.**

국가경찰	국가경찰로는 경찰청과 경찰이 있고 이를 감독하는 기관으로 내각총리 대신 소하의 국가공안위원회가 있다.	
	경찰청	① 경찰청장관은 국가공안위원회가 내각총리대신의 동의를 얻어 임명 ② 경찰청장관은 경찰청 소장사무의 범위 내에서 도도부현 경찰을 지휘·감독
	관구경찰국 [22 경간]	① 지방자치체의 경찰행정에 관한 전국적 조정을 위해 설치한 경찰청의 지방기관 ② 전국에 6개의 관구경찰국 有
지방경찰	지방경찰은 동경도 경시청과 도부현경찰본부가 있으며, 이를 감독하는 기관으로 지사 소할하의 도도부현 공안위원회가 있다.	

2. 공안위원회

목적		① 경찰행정의 민주적 관리(능률성 X) ② 경찰운영의 관료화와 독선방지 ③ 경찰의 정치적 중립유지
국가공안 위원회	소할	내각총리대신
	구성	① 위원장과 내각총리대신이 의회의 동의를 얻어 임명하는 위원으로 구성 ② 위원장은 대신(大臣)의 지위를 갖는다.
	운영	① 위원장은 회의만을 주재하고 위원으로서의 의결권 없음(다만 가부동수인 경우에는 위원장이 결정) ② 총리의 하부기관이나 총리의 지휘·감독 받지 않음
도도부현 공안위원회	소할	도도부현 경찰의 관리기관으로 도도부현 지사의 소할 하에 도도부현 공안위원회를 설치
	위원	① 위원은 지사가 도도부현 의회의 동의 얻어 임명 ② 도도부현 지사는 도도부현 공안위원회에 대한 지휘·감독권이 없어 정치적 중립성 보장

3. 수사

수사구조	① 경찰과 검찰의 관계는 원칙적으로 **상호 대등한 협력관계** ▶ 사법경찰과 검사는 각각 독립된 수사기관 ② **1차적** 수사기관은 사법경찰직원, **2차적** 수사기관은 검사
사법경찰	① 경찰은 일반적으로 **수사의 개시·진행권** 보유, **수사종결권**은 검찰에게만 있다. ② 사법경찰관(경부 이상)은 **체포·압수·수색·검증(구속X)** 영장청구권 보유 ③ **공소제기권**은 없다.

제6절 중국의 경찰

1. 중국 경찰의 조직 및 제도

① 중앙집권과 지방분권의 결합체
② 지방에서 경찰력의 부족을 보완하기 위해 민간조직의 도움을 많이 받고 있다.

1-2. 경찰조직

국무원 공안부	① 국무원 공안부는 전국의 치안활동을 지도·감독하는 공안업무 총괄기관 ▶ 우리나라의 경찰청에 해당 ② 공안부장은 국무원의 구성원이며, 국무총리가 제청하여 전국인민대표회의에서 임명
지방조직	국무원 공안부 밑에 성과 자치구의 공안청 또는 시공안국(직할시) → 각 지구공안국 → 현공안국, 시공안국 → 공안분국(경찰서) → 공안파출소(경찰기관의 최하위 조직)의 단계를 이루고 있다.

> **참고**
>
> **인민무장경찰대**
> 국가안전보위 임무를 담당하는 무장부대로 인민해방군 중앙경호국이라고도 하며, 우리의 전투 경찰대와 유사

2. 수사

사법경찰	원칙적 수사주재자 : 특별규정이 없으면 경찰이 수사권 행사(**모든 범죄 수사권X**)
검사	① 예외적 수사주재자 및 공소제기자 → 공안기관은 검찰이 관할하는 약간의 범죄(공무원 부패범죄 등)를 제외한 범죄에 대하여 수사권을 보유한다. ▶ 공안기관의 수사범죄와 검찰의 수사범죄가 명확하게 구분 ② 검찰기관은 자신이 **직접 수사하는 경우**에도 **체포 및 구속의 집행권**은 없다. ③ 검찰은 공안기관의 수사에 대하여 법률적인 감독을 할 수 있다. ④ 제청에 대한 비준, 보충수사요구권을 통해 공안기관을 감독한다.
권한	① 검사와 경찰의 관계는 상호협력관계 ② 검찰과 공안기관간의 업무배분이 명확

제7절 경찰제도의 패러다임

	중앙집권화	지방분권화	통합형
강조	효율성 강조	민주성 강조	효율성과 민주성의 조화
권한과 책임의 소재	국가(중앙정부)	지방자치단체(지방정부)	국가 + 지방자치단체
경찰기관의 수	적음	많음	중간
국가	프랑스, 이스라엘, 대만 등	미국, 캐나다, 스위스, 벨기에 등	영국, 독일, 일본 등

MEMO

이주아 경찰학 기본서

POLICE SCIENCE

제3편

경찰행정법

제1장 / 경찰조직법
제2장 / 경찰공무원법
제3장 / 경찰관직무집행법
제4장 / 행정기본법
제5장 / 행정입법
제6장 / 행정행위
제7장 / 경찰상 의무이행 확보수단
제8장 / 행정절차법, 공공기관의 정보공개에 관한 법률, 개인정보보호법
제9장 / 경찰권의 근거와 한계
제10장 / 개인적 공권
제11장 / 행정구제법

제1장
경찰조직법

제1절 경찰행정주체 및 경찰행정기관

1. 행정주체

① 행정법 관계에서 행정권을 행사하고 그 행위의 법적 효과가 궁극적으로 귀속되는 당사자
② 국가, 공공단체, 공무수탁사인
  ■ 부정判) 소득세원천징수의무자 : 공무수탁사인X(행정주체X) → 처분X
③ 경찰행정주체 : 국가, 제주특별자치도, 각 시·도자치단체

2. 경찰행정기관

경찰행정기관이란 경찰행정주체인 국가나 지방자치단체를 위하여 현실적으로 직무를 수행하는 기관을 의미한다. 경찰행정기관이 행하는 행위의 효과는 법률상 오로지 행정주체인 국가와 지방자치단체에 귀속된다.

경찰행정
관청
	① 경찰행정주체의 법률상 **의사를 결정하여 외부에 표시하는 권한**을 가지는 행정기관
	② **경찰청장, 시·도경찰청장, 경찰서장**(국가경찰위원회 위원장X)이 경찰행정관청이다.
	  ▶ **지역경찰관서장**(지구대장, 파출소장) : **경찰서장의 보조기관**(행정관청X)
	③ **소청심사위원회**(인사혁신처 소속)는 **합의제 행정관청**이다.
	  ▶ **시·도자치경찰위원회**(시·도지사 소속)는 **합의제 행정기관**이다.

경찰
의결기관
	① 행정관청의 의사를 구속하는 의결을 행하는 합의제 행정기관
	  ㉠ 의결을 외부에 표시할 수 있는 권한은 없다.
	  ㉡ 행정관청이 의결(참여)기관의 의결을 거치지 않고 행한 행위는 무효가 된다.
	② **국가경찰위원회**(행정안전부 소속), 징계위원회, 보안관찰심사위원회(법무부 소속) 등

경찰 자문기관	① 행정청으로부터 자문을 받아 그 의견을 제시하는 기관 ㉠ 자문기관의 자문은 법적 구속력이 없다. → 경찰행정관청을 구속하지 못한다. ② **경찰공무원인사위원회**(경찰청 소속), **경찰청 인권위원회** 등
경찰 집행기관	① 경찰행정목적을 실현하기 위하여 **실력을 행사**하는 기관 ② **순경에서 치안총감까지의 전 경찰공무원**을 의미한다.
경찰 보조기관	① 조직의 장의 직무를 보조하기 위하여 일상적 직무를 수행하는 기관 ② **차장, 국장, 부장, 과장, 계장** 등
경찰 보좌기관	① 행정기관이 그 기능을 원활하게 수행할 수 있도록 그 기관장이나 보조기관을 보좌하는 기관 ② 비서실, 홍보관리관, 감사관, 조정실, 담당관 등
경찰 부속기관	① 경찰행정권의 직접적 행사를 임무로 하는 기관에 부속하여 그 기관을 지원하는 행정기관 ② 경찰대학, 경찰인재개발원, 중앙경찰학교, 경찰수사연수원, 경찰병원 : 경찰청장 소속 ▶ 국립과학수사연구원 : 행정안전부 소속

제2절 경찰국

1. 경찰국

(1) 경찰국 국장(치안감)(행정안전부와 그 소속기관 직제 [시행 2022. 9. 20.] (대통령령 제32907호))

> ① 국장은 **치안감**으로 보한다.
> ② 국장은 다음 사항을 분장한다.
>
> > ㉠ **행정안전부장관의 경찰청장에 대한 지휘·감독**에 관한 사항(정부조직법 제7조 제4항)
> > ㉡ **국가경찰위원회 위원의 임명 제청** 및 **경찰청장의 임명 제청**에 관한 사항
> > ㉢ **국가경찰위원회 안건 부의(附議)** 및 국가경찰위원회의 심의·의결 사항에 대한 재의 요구
> > ㉣ **총경 이상 경찰공무원의 임용 제청, 계급정년 연장 승인을 위한 경유** 및 **징계를 위한 경유**에 관한 사항(경찰공무원법 제7조 제1항)
> > ㉤ **시·도자치경찰위원회의 의결에 대한 재의 요구** 및 **시·도경찰청장의 임용 제청**에 관한 사항
> > ㉥ 그 밖에 다른 법령에 따른 **경찰행정** 및 **자치경찰사무 지원**에 관한 사항

(2) 행정안전부장관의 경찰청장 지휘(행정안전부장관의 소속청장 지휘에 관한 규칙 [시행 2022. 8. 2.] (행정안전부령 제348호))

중요 정책사항 등의 승인 및 보고 (제2조)	① **경찰청장 및 소방청장**은 다음 각 호의 사항에 관하여 **미리 행정안전부장관의 승인**(보고X)을 받아야 한다. 　1. **법령 제정·개정**이 필요한 경찰·소방 분야 기본계획의 수립과 그 변경에 관한 사항 　2. **국제협력**에 관한 중요 계획의 수립과 그 변경에 관한 사항 　3. **국제기구의 가입**과 **국제협정의 체결**에 관한 사항 ② 청장은 다음 각 호의 사항에 관하여 **미리 장관에게 보고**해야 한다. 　1. 국무회의에 상정할 사항 　2. 청장의 국제회의 참석 및 국외출장에 관한 사항 ③ 청장은 다음 각 호의 사항에 관하여 **장관에게 보고**해야 한다. 　1. 대통령·국무총리 및 장관의 지시사항에 대한 추진계획과 그 실적 　2. 중요 정책 및 계획의 추진실적 　3. 대통령·국무총리 및 그 직속기관과 국회 및 감사원 등에 보고하거나 제출하는 자료 중 중요한 사항 　4. 감사원의 감사 결과 및 처분 요구사항 중 중요 정책과 관련된 사항 　5. 그 밖에 법령에 규정된 권한 행사 및 책무 수행에 필요하다고 인정하여 **장관**이 요청하는 사항
예산 보고 (제3조)	청장은 기획재정부에 제출하는 **예산 관련 자료 중 중요 사항**을 장관에게 보고해야 한다.
법령 질의 (제4조)	청장은 소관 법령의 해석에 관하여 다른 중앙행정기관의 장에게 질의하여 회신을 받았을 때에는 **지체 없이** 그 사본을 장관에게 제출해야 한다.
정책협의회 (제5조)	**장관**(경찰청장X)은 중요 정책에 대한 업무협의를 위하여 필요한 때에는 **청장과 정책협의회를 개최**할 수 있다.

제3절 국가경찰과 자치경찰의 조직 및 운영에 관한 법률(약칭 : 경찰법)

▶ 국가 행정조직 기본법 : 「정부조직법」
▶ 경찰조직 기본법 : 「국가경찰과 자치경찰의 조직 및 운영에 관한 법률」
▶ 경찰작용 기본법 : 「경찰관직무집행법」

1. 총칙

목적 (제1조)	이 법은 경찰의 **민주적**인 관리·운영과 **효율적**인 임무수행을 위하여 **경찰의 기본조직 및 직무 범위**와 그 밖에 필요한 사항을 규정함을 목적으로 한다.	
책무 (제2조)	**국가와 지방자치단체**는 국민의 생명·신체 및 재산을 보호하고 공공의 안녕과 질서유지에 **필요한 시책**을 **수립·시행하여야** 한다.	
경찰의 임무 (제3조)	경찰의 임무는 다음 각 호와 같다. 1. 국민의 생명·신체 및 재산의 보호 2. 범죄의 예방·진압 및 수사 3. 범죄**피해자** 보호 4. 경비·요인경호 및 대간첩·대테러 작전 수행 5. **공공안녕에 대한 위험의 예방과 대응을 위한 정보**의 수집·작성 및 배포 6. 교통의 단속과 위해의 방지 7. 외국 정부기관 및 국제기구와의 국제협력 8. 그 밖에 공공의 안녕과 **질서유지**	
경찰의 사무 (제4조)	국가경찰	제3조에서 정한 경찰의 임무를 수행하기 위한 사무. 다만, **자치경찰사무는 제외**한다.
	자치경찰	제3조에서 정한 경찰의 임무 범위에서 관할 지역의 **생활안전·교통·경비·수사** 사무
권한남용의 금지 (제5조)	경찰은 그 직무를 수행할 때 헌법과 법률에 따라 국민의 자유와 권리 및 모든 개인이 가지는 **불가침의 기본적 인권을 보호**하고, 국민 전체에 대한 **봉사자**로서 **공정·중립을 지켜야 하며**, 부여된 **권한을 남용하여서는 아니 된다.**	
직무수행 (제6조)	① 경찰공무원은 상관의 지휘·감독을 받아 직무를 수행하고, 그 직무수행에 관하여 **서로 협력하여야 한다.** ② 경찰공무원은 구체적 사건수사와 관련된 제1항의 지휘·감독의 **적법성** 또는 **정당성**에 대하여 이견이 있을 때에는 **이의를 제기할 수 있다.** ③ 경찰공무원의 직무수행에 필요한 사항은 따로 **법률**로 정한다.	

2. 경찰청

경찰청 (제12조)	치안에 관한 사무를 관장하게 하기 위하여 **행정안전부장관 소속**으로 **경찰청**을 둔다.
하부조직 (제17조)	① 경찰청의 하부조직은 본부·**국**·**부** 또는 **과**로 한다. ② 경찰청장·차장·국가수사본부장·국장 또는 부장 밑에 정책의 기획이나 계획의 입안 및 연구·조사를 통하여 그를 직접 **보좌하는 담당관**을 둘 수 있다. ③ 경찰청의 하부조직의 명칭 및 분장 사무와 공무원의 정원은 「정부조직법」 제2조 제4항 및 제5항을 준용하여 **대통령령** 또는 **행정안전부령**으로 정한다.

> **참고**

「경찰청과 그 소속기관 직제」(대통령령) [시행 2022. 5. 9.]

소속기관 (제2조)	① 경찰청장의 관장사무를 지원하기 위하여 **경찰청장 소속**으로 **경찰대학·경찰인재개발원·중앙경찰학교 및 경찰수사연수원**을 둔다. ② 경찰청장의 관장사무를 지원하기 위하여 「책임운영기관의 설치·운영에 관한 법률」 제4조 제1항, 같은 법 시행령 제2조 제1항 및 별표 1에 따라 **경찰청장 소속의 책임운영기관으로 경찰병원**을 둔다. ▶ 주의) 국립과학수사연구원 : 행정안전부 소속(경찰청장 소속X)
하부조직 (제4조)	① 경찰청에 생활안전국·교통국·경비국·공공안녕정보국·외사국 및 국가수사본부를 둔다.
생활안전국 (제11조)	③ 국장은 다음 사항을 분장한다. 1. 범죄예방에 관한 기획·조정·연구 등 예방적 경찰활동 총괄 2. **경비업에 관한 연구 및 지도** 3. 범죄예방진단 및 범죄예방순찰 기획·운영 4. 풍속 및 성매매(아동·청소년 대상 성매매는 제외한다) 사범에 대한 지도 및 단속 5. 총포·도검·화약류 등의 지도·단속 6. 즉결심판청구업무의 지도 7. **각종 안전사고의 예방에 관한 사항** 8. 소년비행 방지에 관한 업무 9. 소년 대상 범죄의 예방에 관한 업무 10. 아동학대의 예방 및 피해자 보호에 관한 업무 11. 가출인 및 「실종아동등의 보호 및 지원에 관한 법률」 제2조 제2호에 따른 실종아동등("실종아동등")과 관련된 업무 12. 실종아동등 찾기를 위한 신고체계 운영 13. 여성 대상 범죄와 관련된 주요 정책의 총괄 수립·조정 14. 여성 대상 범죄 유관기관과의 협력 업무 15. 성폭력 및 가정폭력 예방 및 피해자 보호에 관한 업무 16. 스토킹·성매매 예방 및 피해자 보호에 관한 업무
교통국 (제12조)	③ 국장은 다음 사항을 분장한다. 1. 도로교통에 관련되는 종합기획 및 심사분석 2. 도로교통에 관련되는 법령의 정비 및 행정제도의 연구 3. 교통경찰공무원에 대한 교육 및 지도 4. 교통안전시설의 관리 5. 자동차운전면허의 관리 6. 도로교통사고의 예방을 위한 홍보·지도 및 단속 7. 고속도로순찰대의 운영 및 지도

경비국 (제13조)	③ 국장은 다음 사항을 분장한다. 1. 경비에 관한 계획의 수립 및 지도 2. 경찰부대의 운영·지도 및 감독 3. 청원경찰의 운영 및 지도 4. 민방위업무의 협조에 관한 사항 5. 경찰작전·경찰전시훈련 및 비상계획에 관한 계획의 수립·지도 6. 중요시설의 방호 및 지도 7. 예비군의 무기 및 탄약 관리의 지도 8. 대테러 예방 및 진압대책의 수립·지도 9. 의무경찰의 복무 및 교육훈련 10. 의무경찰의 인사 및 정원의 관리 11. 경호 및 주요 인사 보호 계획의 수립·지도 12. 경찰항공기의 관리·운영 및 항공요원의 교육훈련 13. 경찰업무수행과 관련된 항공지원업무
공공안녕 정보국 (제14조)	③ 국장은 다음 사항을 분장한다. 1. 공공안녕에 대한 위험의 예방과 대응을 위한 정보업무 기획·지도 및 조정 2. 국민안전과 국가안보를 저해하는 위험 요인에 관한 정보활동 3. 국가중요시설 및 주요 인사의 안전·보호에 관한 정보활동 4. 집회·시위 등 공공갈등과 다중운집에 따른 질서 및 안전 유지에 관한 정보활동 5. 국민의 생명·신체의 안전이나 재산의 보호 등 생활의 평온과 관련된 정책에 관한 정보활동 6. 국가기관·지방자치단체·공공기관의 장이 요청한 신원조사 및 사실확인에 관한 정보활동 7. 그 밖에 범죄·재난·공공갈등 등 공공안녕에 대한 위험의 예방과 대응을 위한 정보활동으로서 제2호부터 제6호까지에 준하는 정보활동
외사국 (제15조)	③ 국장은 다음 사항을 분장한다. 1. 외사경찰업무에 관한 기획·지도 및 조정 2. 재외국민 및 외국인에 관련된 신원조사 3. 외국경찰기관과의 교류·협력 4. 국제형사경찰기구에 관련되는 업무 5. 외사정보의 수집·분석 및 관리 6. 외사보안업무의 지도·조정 7. 국제공항 및 국제해항의 보안활동에 관한 계획 및 지도
국가수사본부 (제16조)	① 국가수사본부는 경찰수사 관련 정책의 수립·총괄·조정, 경찰수사 및 수사 지휘·감독 기능을 수행한다.

2-2. 경찰청장(제14조)

① 경찰청에 경찰청장을 두며, 경찰청장은 **치안총감**(治安總監)으로 보한다.
② 경찰청장은 **국가경찰위원회의 동의**(추천X)를 받아 행정안전부장관의 제청으로 국무총리를 거쳐 대통령이 임명한다. 이 경우 국회의 인사청문을 거쳐야 한다.

③ 경찰청장은 국가경찰사무를 총괄하고 경찰청 업무를 관장하며 소속 공무원 및 각급 경찰기관의 장을 지휘·감독한다.
④ 경찰청장의 임기는 **2년**으로 하고, **중임(重任)할 수 없다.** [20 채용]
⑤ 경찰청장이 직무를 집행하면서 **헌법이나 법률을 위배**하였을 때에는 **국회**는 탄핵 소추를 **의결**할 수 있다.
⑥ 경찰청장은 경찰의 수사에 관한 사무의 경우에는 **개별 사건의 수사에 대하여 구체적으로 지휘·감독할 수 없다.** 다만, 국민의 생명·신체·재산 또는 공공의 안전 등에 중대한 위험을 초래하는 **긴급하고 중요한 사건의 수사**에 있어서 경찰의 자원을 대규모로 동원하는 등 통합적으로 현장 대응할 필요가 있다고 판단할 만한 상당한 이유가 있는 때에는 제16조에 따른 **국가수사본부장을 통하여 개별 사건의 수사에 대하여 구체적으로 지휘·감독할 수 있다.**
⑦ 경찰청장은 제6항 단서에 따라 개별 사건의 수사에 대한 구체적 지휘·감독을 개시한 때에는 이를 **국가경찰위원회(행안부장관X)**에 보고하여야 한다.
⑧ 경찰청장은 제6항 단서의 사유가 해소된 경우에는 개별 사건의 수사에 대한 구체적 지휘·감독을 중단하여야 한다.
⑨ 경찰청장은 제16조에 따른 국가수사본부장이 제6항 단서의 **사유가 해소**되었다고 판단하여 개별 사건의 수사에 대한 구체적 지휘·감독의 **중단을 건의**하는 경우 특별한 이유가 없으면 **이를 승인하여야 한다.**
⑩ 제6항 단서에서 규정하는 긴급하고 중요한 사건의 범위 등 필요한 사항은 **대통령령**으로 정한다.

참고

경찰청 차장(국가경찰과 자치경찰의 조직 및 운영에 관한 법률 제15조)

① 경찰청에 차장을 두며, **차장은 치안정감(治安正監)**으로 보한다.
② 차장은 경찰청장을 보좌하며, 경찰청장이 부득이한 사유로 직무를 수행할 수 없을 때에는 그 직무를 대행한다.

[국자법 제14조 제10항에 따른 긴급하고 중요한 사건의 범위 등에 관한 규정](시행 2021. 1. 1. 대통령령 제31350호)

긴급하고 중요한 사건의 범위 등 (제2조)	① 국자법 제14조 제6항 단서에 따른 긴급하고 중요한 사건은 다음 각 호의 어느 하나에 해당하는 사건 및 이와 **직접적인 관련**이 있는 사건으로 한다. 　1. 전시·사변 또는 이에 준하는 국가 비상사태가 발생하거나 발생이 임박하여 전국적인 치안 유지가 필요한 사건 　2. 재난, 테러 등이 발생하여 공공의 안전에 대한 급박한 위해나 범죄로 인한 피해의 급속한 확산을 방지하기 위해 신속한 조치가 필요한 사건 　3. 국가중요시설의 파괴·기능마비, 대규모 집단의 폭행·협박·손괴·방화 등에 대하여 경찰의 자원을 대규모로 동원할 필요가 있는 사건 　4. 전국 또는 일부 지역에서 연쇄적·동시다발적으로 발생하거나 광역화된 범죄에 대하여 경찰력의 집중적인 배치, 경찰 각 기능의 종합적 대응 또는 국가기관·지방자치단체·공공기관과의 공조가 필요한 사건 ② 경찰청장은 법 제14조 제6항 단서에 따라 개별 사건의 수사에 대해 구체적 지휘·감독을 하려는 경우에는 그 필요성 등을 신중하게 판단해야 한다.
수사지휘의 방식 (제3조)	① 경찰청장은 법 제14조 제6항 단서에 따라 국가수사본부장에게 개별 사건의 수사에 대한 구체적 지휘를 하는 경우에는 **서면**으로 지휘해야 한다. ② 경찰청장은 제1항에도 불구하고 서면 지휘가 불가능하거나 현저히 곤란한 경우에는 구두나 전화 등 서면 외의 방식으로 지휘할 수 있다. 이 경우 사후에 신속하게 서면으로 지휘내용을 송부해야 한다.

[비상사태 등 전국적 치안유지를 위한 경찰청장의 지휘·명령](제32조)

① **경찰청장**은 다음 각 호의 경우에는 제2항에 따라 자치경찰사무를 수행하는 경찰공무원(제주특별자치도의 **자치경찰공무원을 포함한다**)을 **직접** 지휘·명령할 수 있다. [20 채용]

> 1. 전시·사변, 천재지변, 그 밖에 이에 준하는 국가 비상사태, 대규모의 테러 또는 소요사태가 발생하였거나 발생할 우려가 있어 **전국적인 치안유지를 위하여** 긴급한 조치가 필요하다고 인정할 만한 충분한 사유가 있는 경우
> 2. **국민안전에 중대한 영향을 미치는 사안**에 대하여 **다수의 시·도에 동일하게 적용되는 치안정책을 시행할 필요**가 있다고 인정할 만한 충분한 사유가 있는 경우
> 3. **자치경찰사무와 관련**하여 해당 시·도의 경찰력으로는 국민의 생명·신체·재산의 보호 및 공공의 안녕과 질서유지가 어려워 경찰청장의 지원·조정이 필요하다고 인정할 만한 충분한 사유가 있는 경우

② 경찰청장은 제1항에 따른 조치가 필요한 경우에는 **시·도자치경찰위원회**에 자치경찰사무를 담당하는 경찰공무원을 직접 지휘·명령하려는 사유 및 내용 등을 **구체적으로 제시하여 통보**하여야 한다.
③ 제2항에 따른 통보를 받은 시·도자치경찰위원회는 정당한 사유가 없으면 즉시 자치경찰사무를 담당하는 경찰공무원에게 경찰청장의 지휘·명령을 받을 것을 명하여야 하며, 제1항에 규정된 사유에 해당하지 아니한다고 인정하면 시·도자치경찰위원회의 의결을 거쳐 경찰청장에게 그 지휘·명령의 중단을 요청할 수 있다.
④ 경찰청장이 제1항에 따라 지휘·명령을 하는 경우에는 **국가경찰위원회에 즉시 보고**하여야 한다. 다만, **제1항 제3호의 경우에는 미리 국가경찰위원회의 의결을 거쳐야** 하며 긴급한 경우에는 우선 조치 후 지체 없이 국가경찰위원회의 의결을 거쳐야 한다.
⑤ 제4항에 따라 보고를 받은 국가경찰위원회는 제1항에 규정된 사유에 해당하지 아니한다고 인정하면 그 지휘·명령을 중단할 것을 의결하여 경찰청장에게 통보할 수 있다.
⑥ 경찰청장은 제1항에 따라 지휘·명령할 수 있는 사유가 해소된 때에는 경찰공무원에 대한 지휘·명령을 즉시 중단하여야 한다.
⑦ 시·도자치경찰위원회는 **제1항 제3호**에 해당하는 경우 의결로 지원·조정의 범위·기간 등을 정하여 경찰청장에게 지원·조정을 요청할 수 있다.
⑧ 경찰청장은 제주특별자치도경찰청의 관할구역에서 제1항의 지휘·명령권을 제주특별자치도경찰청장에게 위임할 수 있다.

[치안에 필요한 연구개발의 지원 등](제33조)

① **경찰청장**은 치안에 필요한 연구·실험·조사·기술개발("연구개발사업") 및 전문인력 양성 등 치안분야의 **과학기술진흥을 위한 시책을 마련하여 추진하여야 한다.**
② 경찰청장은 연구개발사업을 효율적으로 추진하기 위하여 국공립 연구기관 또는 단체 등과 협약을 맺어 **연구개발사업을 실시하게 할 수 있다.**
③ 경찰청장은 연구개발사업을 실시하는 데 필요한 경비의 전부 또는 일부를 **출연하거나 보조할 수 있다.**
④ 연구개발사업의 실시와 출연금의 지급·사용 및 관리 등에 필요한 사항은 **대통령령**으로 정한다.

3. 국가수사본부장(제16조)

① **경찰청에 국가수사본부**를 두며, 국가수사본부장은 **치안정감**으로 보한다.
② 국가수사본부장은 「형사소송법」에 따른 경찰의 수사에 관하여 각 시·도경찰청장과 경찰서장 및 수사부서 소속 공무원을 지휘·감독한다.
③ 국가수사본부장의 임기는 **2년**으로 하며, **중임할 수 없다.**
④ 국가수사본부장은 임기가 끝나면 당연히 퇴직한다.
⑤ 국가수사본부장이 직무를 집행하면서 **헌법이나 법률을 위배**하였을 때에는 **국회는 탄핵 소추를 의결**할 수 있다.
⑥ 국가수사본부장을 경찰청 **외부를 대상**으로 모집하여 임용할 필요가 있는 때에는 다음 각 호의 자격을 갖춘 사람 중에서 임용한다.

> 1. **10년 이상 수사업무**에 종사한 사람 중에서 「국가공무원법」 제2조의2에 따른 고위공무원단에 속하는 공무원, **3급 이상 공무원** 또는 **총경 이상** 경찰공무원으로 재직한 경력이 있는 사람
> 2. 판사·검사 또는 변호사의 직에 10년 이상 있었던 사람
> 3. 변호사 자격이 있는 사람으로서 국가기관, 지방자치단체, 「공공기관의 운영에 관한 법률」 제4조에 따른 공공기관("국가기관등")에서 법률에 관한 사무에 10년 이상 종사한 경력이 있는 사람
> 4. 대학이나 공인된 연구기관에서 법률학·경찰학 분야에서 **조교수 이상**의 직이나 이에 상당하는 직에 10년 이상 있었던 사람
> 5. 제1호부터 제4호까지의 경력 기간의 **합산**이 **15년** 이상인 사람

⑦ 국가수사본부장을 경찰청 **외부를 대상**으로 모집하여 임용하는 경우 다음 각 호의 어느 하나에 해당하는 사람은 국가수사본부장이 될 수 없다.

> 1. 「경찰공무원법」 제8조 제2항 각 호의 결격사유에 해당하는 사람
> 2. 정당의 당원이거나 당적을 이탈한 날부터 **3년**이 지나지 아니한 사람
> 3. 선거에 의하여 취임하는 공직에 있거나 그 공직에서 퇴직한 날부터 **3년**이 지나지 아니한 사람
> 4. 제6항 제1호에 해당하는 공무원 또는 제6항 제2호의 판사·검사의 직에서 퇴직한 날로부터 **1년**이 지나지 아니한 사람
> 5. 제6항 제3호에 해당하는 사람으로서 국가기관등에서 퇴직한 날로부터 **1년**이 지나지 아니한 사람

4. 국가경찰위원회

국가경찰 위원회의 설치 (제7조)	① 국가경찰행정에 관하여 심의·의결하기 위하여 **행정안전부**에 국가경찰위원회를 둔다. ② 국가경찰위원회는 위원장 1명을 포함한 **7명**의 위원으로 구성하되, **위원장 및 5명의 위원은 비상임**(非常任)으로 하고, **1명의 위원은 상임**(常任)으로 한다. [21 채용, 법학] **[위원장]**(국가경찰위원회규정(대통령령) 제2조) ① 위원장은 위원회를 대표하며, 위원회의 사무를 총괄한다. ② **위원장**은 **비상임** 위원중에서 **호선**한다. ③ 위원장이 사고가 있을 때에는 **상임위원**, 위원 중 **연장자순**으로 위원장의 직무를 대리한다. ③ 제2항에 따른 위원 중 **상임위원**은 정무직으로 한다.
위원의 임명 및 결격사유 등 (제8조)	① 위원은 **행정안전부장관의 제청**으로 국무총리를 거쳐 대통령이 임명한다. ② 행정안전부장관은 위원 임명을 제청할 때 경찰의 **정치적 중립이 보장**되도록 하여야 한다. ③ 위원 중 2명은 법관의 자격이 있는 사람이어야 한다. [21 채용, 법학] ④ 위원은 **특정 성(性)이 10분의 6을 초과하지 아니하도록 노력**하여야 한다. ⑤ 다음 각 호의 어느 하나에 해당하는 사람은 **위원이 될 수 없으며**, 위원이 다음 각 호의 어느 하나에 해당하는 경우에는 **당연퇴직**한다. 1. **정당의 당원**이거나 당적을 이탈한 날부터 **3년**이 지나지 아니한 사람 2. **선거에 의하여 취임하는 공직**에 있거나 그 공직에서 퇴직한 날부터 **3년**이 지나지 아니한 사람 3. **경찰, 검찰, 국가정보원 직원 또는 군인**의 직에 있거나 그 직에서 **퇴직한 날부터 3년**이 지나지 아니한 사람 4. 「**국가공무원법**」 제33조 각 호의 어느 하나에 **해당**하는 사람. 다만, 「국가공무원법」 제33조 제2호 및 제5호에 해당하는 경우에는 같은 법 제69조 제1호 단서에 따른다. ⑥ 위원에 대해서는 「국가공무원법」 제60조(비밀엄수의무) 및 제65조(정치운동금지)를 준용한다. **[간사]**(국가경찰위원회규정 제8조) ① 위원회에 간사 1인을 두되, 간사는 **경찰청 혁신기획조정담당관**이 된다.
위원의 임기 및 신분보장 (제9조)	① 위원의 임기는 3년으로 하며, **연임(連任)할 수 없다**. 이 경우 보궐위원의 임기는 **전임자 임기의 남은 기간**으로 한다. ② 위원은 중대한 신체상 또는 정신상의 장애로 직무를 수행할 수 없게 된 경우를 제외하고는 **그 의사에 반하여 면직되지 아니한다**. **[위원의 면직]**(국가경찰위원회규정 제4조) ① 법 제9조 제2항에 따라 위원이 중대한 심신상의 장애로 직무를 수행할 수 없게 되어 면직하는 경우에는 **위원회의 의결**이 있어야 한다. [21 법학] ② 제1항의 **의결요구**는 위원장 또는 행정안전부장관(경찰청장X)이 한다.
회의 (국가경찰 위원회 규정 제7조)	① 위원회의 회의는 **정기회의**와 **임시회의**로 구분한다. ② **정기회의**는 특별한 사유가 있는 경우를 제외하고는 **매월 2회** 위원장이 소집한다. ③ 위원장은 필요한 경우 임시회의를 소집할 수 있으며, **위원 3인이상**과 **행정안전부장관** 또는 **경찰청장**(위원장X)은 위원장에게 임시회의의 **소집을 요구할 수 있다**. [21 승진] ④ 임시회의 소집 요구가 있는 경우에는 위원장은 특별한 사유가 없는 한 회의를 **소집하여야 한다**.

심의·
의결 사항 등
(제10조)
	① 다음 각 호의 사항은 국가경찰위원회의 심의·의결을 거쳐야 한다.
	  1. 국가경찰사무에 관한 인사, 예산, 장비, 통신 등에 관한 주요정책 및 경찰 업무 발전에 관한 사항
	  2. 국가경찰사무에 관한 인권보호와 관련되는 경찰의 운영·개선에 관한 사항
	  3. 국가경찰사무 담당 공무원의 부패 방지와 청렴도 향상에 관한 주요 정책사항
	  4. 국가경찰사무 **외에(관련X)** 다른 국가기관으로부터의 업무협조 요청에 관한 사항
	  5. 제주특별자치도의 자치경찰에 대한 경찰의 지원·협조 및 협약체결의 조정 등에 관한 주요 정책사항
	  6. 제18조에 따른 시·도자치경찰위원회 위원 추천, 자치경찰사무에 대한 주요 법령·정책 등에 관한 사항, 제25조 제4항에 따른 시·도자치경찰위원회 의결에 대한 재의 요구에 관한 사항
	  7. 제2조에 따른 시책 수립에 관한 사항
	  8. 제32조에 따른 비상사태 등 전국적 치안유지를 위한 경찰청장의 지휘·명령에 관한 사항
	  9. 그 밖에 **행정안전부장관** 및 **경찰청장(위원장X)**이 중요하다고 인정하여 국가경찰위원회의 회의에 부친 사항
	
	[의견청취 등](국가경찰위원회규정(대통령령) 제9조)
	① 위원장은 위원회의 심의를 위하여 필요한 경우에는 관계공무원 또는 관계전문가의 **출석·발언**이나 자료의 제출을 요구할 수 있다.
	② 위원장은 위원회의 심의를 위하여 필요한 경우에는 관계 경찰공무원에게 필요한 사항의 보고를 요구할 수 있으며, **그 관계 경찰공무원은 성실히 이에 응하여야 한다.**
	③ 위원회에 출석한 관계공무원 또는 관계전문가에 대하여는 예산의 범위 안에서 **수당과 여비**를 지급할 수 있다. 다만, 공무원이 그 소관업무와 직접적으로 관련되어 출석하는 경우에는 그러하지 아니한다.
	
	② **행정안전부장관**은 제1항에 따라 심의·의결된 내용이 적정하지 아니하다고 판단할 때에는 **재의(再議)**를 요구할 수 있다. [21 법학]
	
	[재의요구](국가경찰위원회규정(대통령령) 제6조)
	① 행정안전부장관이 재의를 요구하는 경우에는 **의결한 날부터 10일 이내**에 재의요구서를 위원회에 제출하여야 한다.
	② 위원장은 재의요구가 있는 경우에는 **그 요구를 받은 날부터 7일 이내**에 회의를 소집하여 다시 의결하여야 한다.

운영 등 (제11조)	① 국가경찰위원회의 **사무**는 **경찰청**에서 수행한다. ② 국가경찰위원회의 회의는 **재적위원 과반수의 출석과 출석위원 과반수의 찬성**으로 의결한다. ③ 이 법에 규정된 것 외에 국가경찰위원회의 운영 및 제10조 제1항 각 호에 따른 심의·의결사항의 구체적 범위, 재의 요구 등에 필요한 사항은 **대통령령**으로 정한다. [운영세칙](국가경찰위원회규정(대통령령) 제11조) 이 영에 규정된 사항 **외**에 위원회의 운영을 위하여 필요한 사항은 위원회의 의결을 거쳐 **위원장**이 정한다. [21 승진]

5. 시·도자치경찰위원회

설치 (제18조)	① 자치경찰사무를 관장하게 하기 위하여 특별시장·광역시장·특별자치시장·도지사·특별자치도지사("시·도지사") 소속으로 시·도자치경찰위원회를 둔다. 다만, 제13조 후단에 따라 시·도에 **2개의 시·도경찰청**을 두는 경우 시·도지사 소속으로 **2개의 시·도자치경찰위원회**를 둘 수 있다. ② 시·도자치경찰위원회는 **합의제 행정기관**으로서 그 권한에 속하는 **업무를 독립적으로 수행**한다. ③ 제1항 단서에 따라 2개의 시·도자치경찰위원회를 두는 경우 해당 시·도자치경찰위원회의 명칭, 관할구역, 사무분장, 그 밖에 필요한 사항은 **대통령령**으로 정한다.
구성 (제19조)	① 시·도자치경찰위원회는 위원장 1명을 포함한 **7명의 위원**으로 구성하되, **위원장과 1명의 위원은 상임**으로 하고, **5명의 위원은 비상임**으로 한다. ② 위원은 **특정 성(性)이 10분의 6을 초과하지 아니하도록** 노력하여야 한다. ③ 위원 중 **1명은 인권**문제에 관하여 전문적인 지식과 경험이 있는 사람이 임명될 수 있도록 노력하여야 한다.

위원의 임명
및 결격사유
(제20조)
	① 시·도자치경찰위원회 위원은 다음 각 호의 사람을 **시·도지사가 임명**한다.
	
	  1. **시·도의회**가 추천하는 **2명**
	  2. **시·도자치경찰위원회 위원추천위원회**가 **추천**하는 **2명**
	  3. 해당 시·도 교육감이 추천하는 1명
	  4. 시·도지사가 **지명**하는 1명
	  5. 국가경찰위원회가 추천하는 1명
	
	② 시·도자치경찰위원회 **위원**은 다음 각 호의 어느 하나에 해당하는 자격을 갖추어야 한다.
	
	  1. 판사·검사·변호사 또는 경찰의 직에 **5년** 이상 있었던 사람
	  2. 변호사 자격이 있는 사람으로서 국가기관등에서 법률에 관한 사무에 **5년** 이상 종사한 경력이 있는 사람
	  3. 대학이나 공인된 연구기관에서 법률학·행정학 또는 경찰학 분야의 **조교수 이상**의 직이나 이에 상당하는 직에 **5년** 이상 있었던 사람
	  4. 그 밖에 관할 지역주민 중에서 지방자치행정 또는 경찰행정 등의 분야에 경험이 풍부하고 학식과 덕망을 갖춘 사람
	
	③ 시·도자치경찰위원회 **위원장**은 위원 중에서 **시·도지사가 임명**하고, **상임위원**은 **시·도자치경찰위원회의 의결**을 거쳐 위원 중에서 **위원장의 제청**으로 **시·도지사가 임명**한다. 이 경우 위원장과 상임위원은 지방자치단체의 공무원으로 한다.
	④ 위원은 **정치적 중립을 지켜야** 하며, 권한을 남용하여서는 아니 된다.
	⑤ 공무원이 아닌 위원에 대해서는 「지방공무원법」 제52조 및 제57조를 준용한다.
	⑥ 공무원이 아닌 위원은 그 소관 사무와 관련하여 형법이나 그 밖의 법률에 따른 벌칙을 적용할 때에는 공무원으로 본다.
	⑦ 다음 각 호의 어느 하나에 해당하는 사람은 **위원이 될 수 없다.** 위원이 각 호의 어느 하나에 해당한 경우에는 **당연퇴직한다.**
	
	  1. 정당의 당원이거나 당적을 이탈한 날부터 **3년**이 지나지 아니한 사람
	  2. 선거에 의하여 취임하는 공직에 있거나 그 공직에서 퇴직한 날부터 **3년**이 지나지 아니한 사람
	  3. **경찰, 검찰, 국가정보원 직원 또는 군인**의 직에 있거나 그 직에서 퇴직한 날부터 **3년**이 지나지 아니한 사람

위원의 임명 및 결격사유 (제20조)	4. 국가 및 지방자치단체의 공무원(국립 또는 공립대학의 **조교수** 이상의 직에 있는 사람은 **제외**한다) 이거나 공무원이었던 사람으로서 퇴직한 날부터 **3년**이 지나지 아니한 사람. 다만, 제20조 제3항 후단에 따라 위원장과 상임위원이 지방자치단체의 공무원이 된 경우에는 당연퇴직하지 아니한다. 5. 「**지방공무원법**」(국가공무원법X) 제31조 각 호의 어느 하나에 해당하는 사람. 다만, 「지방공무원법」 제31조 제2호 및 제5호에 해당하는 경우에는 같은 법 제61조 제1호 단서에 따른다. ⑧ 그 밖에 위원의 임명방법 등에 관하여 필요한 사항은 대통령령으로 정하는 기준에 따라 **시·도조례**로 정한다.
위원추천위원회 (제21조)	① 시·도자치경찰위원회 위원 추천을 위하여 **시·도지사** 소속으로 시·도자치경찰위원회 위원추천위원회를 둔다. ② 시·도지사는 시·도자치경찰위원회 위원추천위원회에 각계각층의 관할 지역주민의 의견이 수렴될 수 있도록 위원을 구성하여야 한다. ③ 시·도자치경찰위원회 위원추천위원회 위원의 수, 자격, 구성, 위원회 운영 등에 관하여 필요한 사항은 대통령령으로 정한다.
위원장의 직무 (제22조)	① 시·도자치경찰위원회 위원장은 시·도자치경찰위원회를 대표하고 회의를 주재하며 시·도자치경찰위원회의 의결을 거쳐 업무를 수행한다. ② 시·도자치경찰위원회 위원장이 부득이한 사유로 직무를 수행할 수 없을 때에는 **상임위원**, 시·도자치경찰위원회 위원 중 **연장자순**으로 그 직무를 대행한다.
위원의 임기 및 신분보장 (제23조)	① 위원장과 위원의 임기는 3년으로 하며, **연임할 수 없다**. ② 보궐위원의 임기는 **전임자 임기의 남은 기간**으로 하되, **전임자의 남은 임기가 1년 미만인 경우 그 보궐위원은 1회에 한하여 연임할 수 있다**. ③ 위원은 **중대한 신체상 또는 정신상의 장애로** 직무를 수행할 수 없게 된 경우를 제외하고는 그 **의사에 반하여 면직되지 아니한다**.
시·도자치경찰 위원회의 소관 사무 (제24조)	① 시·도자치경찰위원회의 소관 사무는 다음 각 호로 한다. 1. 자치경찰사무에 관한 목표의 수립 및 평가 2. 자치경찰사무에 관한 인사, 예산, 장비, 통신 등에 관한 주요정책 및 그 운영지원 3. 자치경찰사무 담당 공무원의 임용, 평가 및 인사위원회 운영 4. 자치경찰사무 담당 공무원의 부패 방지와 청렴도 향상에 관한 주요 정책 및 인권침해 또는 권한남용 소지가 있는 규칙, 제도, 정책, 관행 등의 개선 5. 제2조(국가와 지방자치단체는 국민의 생명·신체 및 재산을 보호하고 공공의 안녕과 질서 유지에 필요한 시책을 수립·시행하여야 한다)에 따른 시책 수립 6. 제28조 제2항에 따른 시·도경찰청장의 임용과 관련한 경찰청장과의 협의, 제30조 제4항에 따른 평가 및 결과 통보 7. 자치경찰사무 감사 및 감사의뢰 8. 자치경찰사무 담당 공무원의 주요 비위사건에 대한 감찰요구 9. 자치경찰사무 담당 공무원에 대한 징계요구 10. 자치경찰사무 담당 공무원의 고충심사 및 사기진작 11. 자치경찰사무와 관련된 중요사건·사고 및 현안의 점검 12. 지방경찰사무에 관한 규칙의 제정·개정 또는 폐지 13. 지방행정과 치안행정의 업무조정과 그 밖에 필요한 협의·조정 14. 제32조에 따른 비상사태 등 전국적 치안유지를 위한 경찰청장의 지휘·명령에 관한 사무

시·도자치경찰 위원회의 소관 사무 (제24조)	15. 국가경찰사무·자치경찰사무의 협력·조정과 관련하여 경찰청장과 협의 16. 국가경찰위원회에 대한 심의·조정 요청 17. 그 밖에 **시·도지사, 시·도경찰청장**이 중요하다고 인정하여 시·도자치경찰위원회의 회의에 부친 사항에 대한 심의·의결 ② 시·도자치경찰위원회의 업무와 관련하여 시·도지사는 정치적 목적이나 개인적 이익을 위해 관여하여서는 아니 된다.
심의·의결 (제25조)	② 회의는 **재적위원 과반수의 출석과 출석위원 과반수의 찬성으로 의결**한다. ③ **시·도지사**는 시·도자치경찰위원회의 의결이 적정하지 아니하다고 판단할 때에는 재의를 요구할 수 있다. ④ 위원회의 의결이 법령에 위반되거나 공익을 현저히 해친다고 판단되면 **행정안전부장관은 미리 경찰청장의 의견을 들어 국가경찰위원회를 거쳐 시·도지사에게 재의를 요구**하게 할 수 있고, **경찰청장은 국가경찰위원회와 행정안전부장관을 거쳐 시·도지사에게 재의를 요구**하게 할 수 있다. ⑤ 시·도자치경찰위원회의 위원장은 **재의요구를 받은 날부터 7일 이내**에 회의를 소집하여 재의결하여야 한다. 이 경우 재적위원 과반수의 출석과 출석위원 **3분의2 이상의 찬성**으로 전과 같은 의결을 하면 그 의결사항은 확정된다.
운영 등 (제26조)	① 시·도자치경찰위원회의 회의는 **정기적으로 개최**하여야 한다. 다만 **위원장**이 필요하다고 인정하는 경우, **위원 2인 이상**이 요구하는 경우 및 **시·도지사**가 필요하다고 인정하는 경우에는 **임시회의**를 개최할 수 있다. ② 시·도자치경찰위원회는 회의 안건과 관련된 이해관계기인이 있는 경우 그 의견을 듣거나 회의에 참석하게 할 수 있다. ③ 시·도자치경찰위원회의 위원 중 공무원이 아닌 위원에게는 예산의 범위 안에서 직무활동에 필요한 비용 등을 지급할 수 있다. ④ 그 밖에 시·도자치경찰위원회의 운영 등에 필요한 사항은 대통령령으로 정하는 기준에 따라 **시·도조례**로 정한다.
사무기구 (제27조)	① 시·도자치경찰위원회의 사무를 처리하기 위하여 시·도자치경찰위원회에 필요한 사무기구를 둔다. ② 사무기구에는 「지방자치단체에 두는 국가공무원의 정원에 관한 법률」에도 불구하고 대통령령으로 정하는 바에 따라 **경찰공무원을 두어야 한다**. ③ 제주특별자치도에는 「제주특별자치도 설치 및 국제자유도시 조성을 위한 특별법」 제44조 제3항에도 불구하고 같은 법 제6조 제1항 단서에 따라 이 법 제27조 제2항을 우선하여 적용한다. ④ 사무기구의 조직·정원·운영 등에 관하여 필요한 사항은 경찰청장의 의견을 들어 대통령령으로 정하는 기준에 따라 **시·도조례**로 정한다.

6. 보칙

자치경찰사무에 대한 재정적 지원 (제34조)	**국가**는 지방자치단체가 이관받은 사무를 원활히 수행할 수 있도록 인력, 장비 등에 소요되는 비용에 대하여 <u>**재정적 지원을 하여야 한다**</u>.
예산 (제35조)	① 자치경찰사무의 수행에 필요한 예산은 시·도자치경찰위원회의 심의·의결을 거쳐 시·도지사가 수립한다. 이 경우 시·도자치경찰위원회는 **경찰청장**(시도경찰청장X)의 의견을 들어야 한다. ② **시·도지사**는 자치경찰사무 담당 공무원에게 조례에서 정하는 예산의 범위에서 **재정적 지원 등을 할 수 있다**. ③ 시·도의회는 관련 예산의 효율적인 관리를 위하여 의결로써 자치경찰사무에 대해 시·도자치경찰위원장의 출석 및 자료 제출을 요구할 수 있다.

정리 위원회 정리

	국가경찰위원회	시·도자치경찰위원회
소속	행정안전부	시·도지사
구성	7명 1명 : 상임, 위원장 및 5명 : 비상임 2명 법관	7명 위원장과 1명 : 상임, 5명 : 비상임 시위추위 추천 2명, 시도의회 추천 2명, 국가위 추천 1명, 시도교육감 추천 1명, 시도지사 지명 1명 1명 인권
위원장	비상임 위원 중 호선	시·도지사가 임명
상임위원	정무직	위원장+1명 시·도자치경찰위원회의 의결 위원장의 제청 시·도지사가 임명
위원 임명	행정안전부장관의 제청 국무총리를 거쳐 대통령이 임명	시·도지사가 임명 판검변경 5년, 변관 5년, 조교수이상 5년
결격사유	① 정당 당원, 당적을 이탈한 날부터 3년이 지나지 아니한 사람 ② 선거 취임 공직, 그 공직에서 퇴직한 날부터 3년이 지나지 아니한 사람 ③ **경찰, 검찰, 국가정보원 직원 또는 군인**, 그 직에서 퇴직한 날부터 **3년**이 지나지 아니한 사람 ④ 「**국가공무원법**」 제33조 각 호의 어느 하나에 해당하는 사람. 다만, 「국가공무원법」 제33조 제2호 및 제5호에 해당하는 경우에는 같은 법 제69조 제1호 단서에 따른다.	① 정당 당원, 당적을 이탈한 날부터 3년이 지나지 아니한 사람 ② 선거 취임 공직, 그 공직에서 퇴직한 날부터 3년이 지나지 아니한 사람 ③ **경찰, 검찰, 국가정보원 직원 또는 군인**, 그 직에서 퇴직한 날부터 **3년**이 지나지 아니한 사람 ④ 국가 및 지방자치단체의 공무원(국립 또는 공립대학 **조교수** 이상 **제외**), 공무원이었던 사람으로서 퇴직한 날부터 **3년**이 지나지 아니한 사람. 다만, 제20조 제3항 후단에 따라 위원장과 상임위원이 지방자치단체의 공무원이 된 경우에는 당연퇴직하지 아니한다. ⑤ 「**지방공무원법**」 제31조 각 호의 어느 하나에 해당하는 사람. 다만, 「지방공무원법」 제31조 제2호 및 제5호에 해당하는 경우에는 같은 법 제61조 제1호 단서에 따른다.
임기	3년, 연임X	
보궐위원	전임자 임기의 남은 기간	전임자 임기의 남은 기간 1년 미만인 경우 1회 연임O
면직	중대한 신체상 또는 정신상의 장애 → 위원장, 행정안전부장관이 의결요구	중대한 신체상 또는 정신상의 장애

의결	재과출 출과찬	
재의 요구	행안부장관 10일 이내	시도지사
재의	7일 이내	7일 이내 **재과출 출2/3찬**
정기회의	매월 2회 위원장이 소집	월 1회(3일 전까지 통지)
임시회의	위원 3인 이상, 행정안전부장관, 경찰청장(위원장X)	위원장, 위원 2명 이상, 시도지사

7. 시·도경찰청 및 경찰서 등

경찰사무의 지역적 분장기관 (제13조)	경찰의 사무를 지역적으로 분담하여 수행하게 하기 위하여 특별시·광역시·특별자치시·도·특별자치도("시·도")에 시·도경찰청을 두고, 시·도경찰청장 소속으로 **경찰서를 둔다**. 이 경우 인구, 행정구역, 면적, 지리적 특성, 교통 및 그 밖의 조건을 고려하여 **시·도에 2개의 시·도경찰청을 둘 수 있다**.
시·도경찰청장 (제28조)	① 시·도경찰청에 시·도경찰청장을 두며, 시·도경찰청장은 **치안정감·치안감 또는 경무관**으로 보한다. ② 시·도경찰청장은 **경찰청장**이 **시·도자치경찰위원회와 협의**하여 **추천**한 사람 중에서 행정안전부장관의 제청으로 국무총리를 거쳐 대통령이 임용한다. ③ 시·도경찰청장은 **국가경찰사무**에 대해서는 **경찰청장**(시·도지사X)의 **지휘·감독**을, 자치경찰사무에 대해서는 **시·도자치경찰위원회**(시·도지사X)의 **지휘·감독**을 받아 관할구역의 소관 사무를 관장하고 소속 공무원 및 소속 경찰기관의 장을 지휘·감독한다. 다만, **수사**에 관한 사무에 대해서는 **국가수사본부장의 지휘·감독**을 받아 관할구역의 소관 사무를 관장하고 소속 공무원 및 소속 경찰기관의 장을 지휘·감독한다. ④ 제3항 본문의 경우 시·도자치경찰위원회는 자치경찰사무에 대해 심의·의결을 통하여 시·도경찰청장을 지휘·감독한다. 다만, 시·도자치경찰위원회가 심의·의결할 시간적 여유가 없거나 심의·의결이 곤란한 경우 대통령령으로 정하는 바에 따라 시·도자치경찰위원회의 지휘·감독권을 **시·도경찰청장**(경찰청장X)에게 위임한 것으로 본다.
시·도경찰청 차장 (제29조)	① 시·도경찰청에 **차장을 둘 수 있다. (둔다X)** ② 차장은 시·도경찰청장을 보좌하여 소관 사무를 처리하고 시·도경찰청장이 부득이한 사유로 직무를 수행할 수 없을 때에는 그 직무를 대행한다. → 협의의 법정대리
경찰서장 (제30조)	① 경찰서에 경찰서장을 두며, 경찰서장은 **경무관, 총경 또는 경정**으로 보한다. ② 경찰서장은 **시·도경찰청장의 지휘·감독**을 받아 관할구역의 소관 사무를 관장하고 소속 공무원을 지휘·감독한다. ③ **경찰서장 소속으로 지구대 또는 파출소**를 두고, 그 설치기준은 치안수요·교통·지리 등 관할구역의 특성을 고려하여 **행정안전부령**(대통령령X)으로 정한다. 다만, 필요한 경우에는 **출장소를 둘 수 있다**. ④ **시·도자치경찰위원회**는 정기적으로 경찰서장의 자치경찰사무 수행에 관한 평가결과를 **경찰청장**(시·도경찰청장X)에게 통보하여야 하며 **경찰청장은 이를 반영하여야 한다**.
직제 (제31조)	시·도경찰청 및 경찰서의 명칭, 위치, 관할구역, 하부조직, 공무원의 정원, 그 밖에 필요한 사항은 「정부조직법」 제2조 제4항 및 제5항을 준용하여 **대통령령 또는 행정안전부령**으로 정한다.

참고

「경찰청과 그 소속기관 직제」(대통령령) [시행 2022. 5. 9.]

지구대 등 (제43조)	① **시·도경찰청장**은 경찰서장의 소관사무를 분장하기 위하여 **행정안전부령**으로 정하는 바에 따라 **경찰청장의 승인**을 받아 지구대 또는 파출소를 둘 수 있다. ② 시·도경찰청장은 제1항에 따른 사무분장이 임시로 필요한 경우에는 **출장소를 둘 수 있다**. ③ 지구대·파출소 및 출장소의 **명칭·위치** 및 **관할구역**과 그 밖에 필요한 사항은 **시·도경찰청장**이 정한다.

참고

「지역경찰의 조직 및 운영에 관한 규칙」(경찰청예규) [시행 2022. 5. 31.]

정의 (제2조)	이 규칙에서 사용하는 용어의 정의는 다음과 같다. 1. "**지역경찰관서**"란 「국가경찰과 자치경찰의 조직 및 운영에 관한 법률」 제30조 제3항 및 「경찰청과 그 소속기관 직제」 제43조에 규정된 **지구대 및 파출소**를 말한다. 2. "지역경찰"이란 지역경찰관서 소속 경찰공무원을 말한다. 3. "지역경찰업무 담당부서"란 지역경찰관서 및 지역경찰과 관련된 사무를 처리하는 경찰청, 시·도경찰청, 경찰서 소속의 모든 부서를 말한다. 4. "일근근무"란 「국가공무원 복무규정」 제9조 제1항에 규정된 근무형태를 말한다. 5. "상시·교대근무"란 「경찰기관 상시근무 공무원의 근무시간 등에 관한 규칙」 제2조에 규정된 "상시근무"와 "교대근무"를 포괄하는 형태의 근무를 말한다.
설치 및 폐지 (제4조)	① **시·도경찰청장**은 인구, 면적, 행정구역, 교통·지리적 여건, 각종 사건사고 발생 등을 고려하여 경찰서의 관할구역을 나누어 **지역경찰관서를 설치한다**.

지역경찰관서장
(제5조)
	① 지역경찰관서의 사무를 통할하고 소속 지역경찰을 지휘·감독하기 위해 지역경찰관서에 **지구대장 및 파출소장**("지역경찰관서장")을 둔다.
	③ 지역경찰관서장은 다음 각 호의 직무를 수행한다.
	  1. 관내 치안상황의 분석 및 대책 수립
	  2. 지역경찰관서의 **시설·예산·장비의 관리**
	  3. 소속 지역경찰의 근무와 관련된 **제반사항에 대한 지휘 및 감독**
	  4. 경찰 중요 시책의 홍보 및 협력치안 활동

> **참고**

「경찰청과 그 소속기관 조직 및 정원관리 규칙」(경찰청훈령) [시행 2022. 8. 1.]

지구대, 파출소 및 출장소 (제10조)	① 시·도경찰청장이 지구대 또는 파출소를 설치하고자 할 때에는 별표1 제4호에 준한 서류를 첨부하여 **경찰청장**에게 승인을 요청하여야 한다. ② **지구대장은 경정 또는 경감, 파출소장은 경정·경감 또는 경위**로 한다. ③ **시·도경찰청장**은 임시로 필요한 때에는 출장소를 둘 수 있으며, 출장소를 설치한 때에는 **경찰청장**에게 보고하여야 한다. ④ 출장소장은 경위 또는 경사로 한다. ⑤ 시·도경찰청장이 지구대 또는 파출소를 **폐지**하거나 명칭·위치 및 관할구역을 **변경**하였을 때에는 **경찰청장에게 보고**하여야 한다.
치안센터 (제10조의2)	① 시·도경찰청장은 지역치안을 효율적으로 수행하기 위하여 **치안센터를 둘 수 있다.** ② 치안센터의 운영에 관한 사항은 **지역경찰 조직 및 운영에 관한 규칙**이 정하는 바에 따른다.

8. 자치경찰 사무(제4조 제1항)

가. 지역 내 주민의 **생활안전 활동**에 관한 사무

> 1) 생활안전을 위한 순찰 및 시설의 운영
> 2) 주민참여 방범활동의 지원 및 지도
> 3) 안전사고 및 재해·재난 시 긴급구조지원
> 4) 아동·청소년·노인·여성·장애인 등 사회적 보호가 필요한 사람에 대한 보호 업무 및 가정폭력·학교폭력·성폭력 등의 예방
> 5) 주민의 일상생활과 관련된 사회질서의 유지 및 그 위반행위의 지도·단속. 다만, 지방자치단체 등 다른 행정청의 사무는 제외한다.
> 6) 그 밖에 지역주민의 생활안전에 관한 사무

나. 지역 내 **교통활동**에 관한 사무

> 1) 교통법규 위반에 대한 지도·단속
> 2) 교통안전시설 및 무인 교통단속용 장비의 심의·설치·관리
> 3) 교통안전에 대한 교육 및 홍보
> 4) 주민참여 지역 교통활동의 지원 및 지도
> 5) 통행 허가, 어린이 통학버스의 신고, 긴급자동차의 지정 신청 등 각종 허가 및 신고에 관한 사무
> 6) 그 밖에 지역 내의 교통안전 및 소통에 관한 사무

다. 지역 내 **다중운집 행사 관련 혼잡 교통 및 안전 관리**
▶ 가목부터 다목까지의 자치경찰사무에 관한 구체적인 사항 및 범위 등은 대통령령으로 정하는 기준에 따라 **시·도조례**로 정한다(제4조 제2항).

라. 다음의 어느 하나에 해당하는 **수사사무**

> 1) 학교폭력 등 소년범죄
> 2) 가정폭력, 아동학대 범죄
> 3) 교통사고 및 교통 관련 범죄
> 4) 「형법」 제245조에 따른 공연음란 및 「성폭력범죄의 처벌 등에 관한 특례법」 제12조에 따른 성적 목적을 위한 다중이용장소 침입행위에 관한 범죄
> 5) 경범죄 및 기초질서 관련 범죄
> 6) 가출인 및 「실종아동등의 보호 및 지원에 관한 법률」 제2조제2호에 따른 실종아동등 관련 수색 및 범죄

▶ 라목(수사사무)의 자치경찰사무에 관한 구체적인 사항 및 범위 등은 **대통령령**으로 정한다(제4조 제3항).

제4절 자치경찰사무와 시·도자치경찰위원회의 조직 및 운영 등에 관한 규정(대통령령)

목적 (제1조)	이 영은 「국가경찰과 자치경찰의 조직 및 운영에 관한 법률」 제4조, 제18조, 제20조, 제21조 및 제26조부터 제28조까지의 규정에서 **위임된 사항**과 그 시행에 필요한 사항을 규정함을 목적으로 한다.
자치경찰 사무의 범위 등 (제2조)	「국가경찰과 자치경찰의 조직 및 운영에 관한 법률」 제4조 제1항 제2호 가목부터 다목까지의 규정에 따른 자치경찰사무에 관한 구체적인 사항 및 범위 등을 같은 조 제2항에 따라 특별시·광역시·특별자치시·도·특별자치도("**시·도**")의 **조례**로 정하는 경우 **지켜야 하는 기준**은 다음 각 호와 같다. 1. 법 제3조 경찰의 임무 범위와 별표에 따른 생활안전, 교통, 경비 관련 **자치경찰사무의 범위를 준수할 것** 2. 치안 여건과 보유 인력·장비 등을 고려하여 **자치경찰사무를 적정한 규모로 정할 것** 3. 자치경찰사무가 **국가경찰사무와 유기적으로 연계되고 균형이 이루어지도록 하는 사항을 포함할 것** 4. 국민의 생명·신체 및 재산을 보호하고 공공의 안녕과 질서를 유지하는 데 **효율적인 것으로 정할 것**

수사 관련
자치경찰사무의
범위 등
(제3조)
	법 제4조 제1항 제2호 라목에 따른 자치경찰사무에 관한 구체적인 사항 및 범위는 다음 각 호와 같다.
	1. 학교폭력 등 소년범죄 : 소년(19세 미만인 사람)이 한 다음 각 목의 범죄. 다만, 그 소년이 해당 사건에서 19세 이상인 사람과 「형법」 제30조부터 제32조까지의 규정에 따른 공범관계에 있는 경우는 제외한다.
	  가. 「형법」 제225조, 제229조(제225조의 죄에 의하여 만들어진 문서 또는 도화의 행사죄로 한정), 제230조 및 제235조(제225조, 제229조 또는 제230조의 미수범으로 한정)
	  나. 「형법」 제257조, 제258조, 제258조의2 및 제260조부터 제264조까지(제262조는 같은 조의 죄를 범하여 사람을 상해에 이르게 한 경우로 한정)
	  다. 「형법」 제266조
	  라. 「형법」 제276조부터 제281조까지(제281조는 같은 조의 죄를 범하여 사람을 상해에 이르게 한 경우로 한정)
	  마. 「형법」 제283조부터 제286조까지
	  바. 「형법」 제287조, 제294조(제287조의 미수범으로 한정) 및 296조(제287조의 예비 또는 음모로 한정)
	  사. 「형법」 제307조부터 제309조까지 및 제311조
	  아. 「형법」 제319조, 제320조, 제322조 (제319조 또는 제320조의 미수범으로 한정)
	  자. 「형법」 제324조 및 제324조의5(제324조의 미수범으로 한정)
	  차. 「형법」 제329조부터 제331조까지, 제331조의2 및 제342조(제329조부터 제331조까지 또는 제331조2의 미수범으로 한정) 다만, 같은 소년이 본문에 규정된 죄를 3회 이상 범한 사건은 제외한다.
	  카. 「형법」 제347조, 제350조, 제350조의2, 제351조(제347조, 제350조 또는 제350조의2의 상습범으로 한정) 및 제352조(제347조, 제350조, 제350조의2 또는 제351조의 미수범으로 한정)
	  타. 「형법」 제360조
	  파. 「형법」 제366조, 제368조(제366조의 죄를 범하여 사람의 생명 또는 신체에 대하여 위험을 발생하게 하거나 사람을 상해에 이르게 한 경우로 한정), 제369조 제1항 및 제371조(제366조 또는 제369조 제1항의 미수범으로 한정)
	  하. 「정보통신망 이용촉진 및 정보보호 등에 관한 법률」 제70조 제1항·제2항 및 제74조 제1항 제2호·제3호
	  거. 가목부터 하목까지의 범죄로서 다른 법률에 따라 가중처벌되는 범죄

수사 관련 자치경찰사무의 범위 등 (제3조)	2. **가정폭력 및 아동학대 범죄** : 다음 각 목의 범죄
	    가. 「가정폭력범죄의 처벌 등에 관한 특례법」 제2조 제3호에 따른 가정폭력범죄
	    나. 「아동학대범죄의 처벌 등에 관한 특례법」 제2조 제4호에 따른 아동학대범죄
	3. **교통사고 및 교통 관련 범죄** : 다음 각 목의 범죄. 다만, 「도로교통법」 제2조 제3호의 **고속도로에서 발생한 교통사고 및 교통 관련 범죄는 제외**한다.
	    가. 「교통사고처리 특례법」 제3조 제1항의 범죄. 다만, 차의 운전자가 같은 항의 죄를 범하고도 피해자를 구호하는 등 「도로교통법」 제54조 제1항에 따른 조치를 하지 않고 도주하거나 피해자를 사고 장소로부터 옮겨 유기하고 도주한 경우는 제외한다.
	    나. 「도로교통법」 제148조(**특정범죄 가중처벌 등에 관한 법률」 제5조의3이 적용되는 죄를 범한 경우는 제외**), 제148조의2, 제151조, 제151조의2 제2호, 제152조 제1호, 제153조 제2항 제2호 및 제154조부터 제157조까지
	    다. 「자동차손해배상보장법」 제46조 제2항의 범죄
	    라. 「특정범죄 가중처벌 등에 관한 법률」 제5조의11 및 제5조의13의 범죄
	4. 「형법」 제245조(**공연음란**) 및 「성폭력처벌특례법」 제12조(**성적 목적을 위한 다중이용장소 침입행위**)
	5. 경범죄 및 기초질서 관련 범죄 : 「경범죄처벌법」 제3조에 따른 **경범죄**
	6. 가출인 및 「실종아동등의 보호 및 지원에 관한 법률」 제2조 제2호에 따른 **실종아동등 관련 수색 및 범죄**
	    가. 가출인 또는 실종아동등의 조속한 발견을 위한 수색. 다만, 제1호부터 제5호까지 또는 나목의 범죄가 아닌 **범죄로 인해 실종된 경우는 제외**한다.
	    나. 「실종아동등의 보호 및 지원에 관한 법률」 제17조 및 제18조

복수위원회의 설치 등 (제4조)	법 제18조제1항 단서에 따라 경기도지사 소속으로 경기도남부자치경찰위원회와 경기도북부자치경찰위원회를 두며, 해당 시·도자치경찰위원회의 관할구역은 다음 각 호의 구분에 따른다. 1. 경기도남부자치경찰위원회 : 「경찰청과 그 소속기관 직제」 제38조에 따른 경기도남부경찰청의 관할구역 2. 경기도북부자치경찰위원회 : 「경찰청과 그 소속기관 직제」 제38조에 따른 경기도북부경찰청의 관할구역
시·도자치경찰위원회 위원의 임명방법 및 절차 등 (제4조의2)	① 특별시장·광역시장·특별자치시장·도지사·특별자치도지사("시·도지사")는 법 제18조 제1항에 따른 시·도자치경찰위원회의 위원을 임명하기 위하여 법 제20조 제1항 제1호부터 제4호까지의 규정에 따른 위원 추천권자에게 위원으로 임명할 사람의 추천을 요청해야 한다. ② 시·도지사는 시·도자치경찰위원회 위원의 임기가 만료되는 경우에는 그 **임기 만료 30일 전까지** 추천권자에게 위원으로 임명할 사람의 **추천을 요청**해야 한다. ③ 시·도지사는 시·도자치경찰위원회 위원 중 결원이 생겼을 때에는 지체 없이 결원된 위원을 추천한 추천권자에게 위원으로 임명할 사람의 추천을 요청해야 한다. ④ 시·도자치경찰위원회 위원장 및 상임위원의 신분과 직급은 「지방자치단체의 행정기구와 정원 기준 등에 관한 규정」에 따르며, 위원의 임명절차 등에 관한 구체적인 사항은 시·도의 조례로 정한다.

시·도자치경찰
위원회 위원
추천위원회의
구성
(제5조)
	① 법 제21조 제1항에 따른 시·도자치경찰위원회 위원추천위원회("**추천위원회**")는 시·도자치경찰위원회 위원을 추천할 때마다 **위원장 1명을 포함**하여 **5명의 위원**으로 구성한다.
	② 추천위원회 위원("추천위원")은 시·도지사가 다음 각 호에 해당하는 사람을 임명하거나 위촉하며, 추천위원회 위원장은 추천위원 중에서 **호선**한다.
	  1. 「지방자치법 시행령」 제103조 제1항에 따라 각 시·도별로 두는 시·군·자치구의회의 **의장 전부가 참가하는 지역협의체가 추천**하는 1명
	  2. 「지방자치법 시행령」 제103조 제1항에 따라 각 시·도별로 두는 시장·군수·자치구의 **구청장 전부가 참가하는 지역협의체가 추천**하는 1명
	  3. 재직 중인 경찰공무원이 아닌 사람 중에서 **경찰청장이 추천**하는 1명
	  4. 시·도경찰청의 소재지를 관할하는 **지방법원장이 추천**하는 1명
	  5. 시·도 본청 소속 **기획 담당 실장**
	③ 제2항 제1호 및 제2호에도 불구하고 **세종특별자치시와 제주특별자치도**의 추천위원은 해당 시·도 의회 및 해당 시·도 교육감이 각각 **1명씩 추천**한다.

추천위원의 제척 및 회피 (제6조)	① 추천위원은 **자기 또는 자기의 친족**이 심사대상자가 되거나 그 밖에 해당 안건의 심사·의결에 **공정을 기할 수 없는 현저한 사유**가 있는 경우에는 그 **심사·의결에 관여할 수 없다**. ② 추천위원회는 추천위원에게 제1항의 사유가 있다고 인정하는 경우에는 의결로 해당 추천위원의 **제척** 결정을 해야 한다. ③ 추천위원은 제1항의 사유가 있는 경우 추천위원회 위원장의 허가를 받아 추천위원회 심사 참여를 **회피**할 수 있다.
추천위원회 위원장 (제7조)	① 추천위원회 위원장은 추천위원회를 대표하고, 추천위원회의 업무를 총괄한다. ② 추천위원회 위원장이 부득이한 사유로 직무를 수행할 수 없을 때에는 **시·도지사가 지명**하는 추천위원이 그 직무를 대행한다.
추천위원회의 회의 (제8조)	① 추천위원회 위원장은 **시·도지사 또는 추천위원 3분의 1 이상**이 요청하거나 **추천위원회 위원장**이 필요하다고 인정하는 경우 추천위원회의 회의를 소집하고 그 의장이 된다. ② 추천위원회는 **재적위원 과반수의 찬성**으로 의결한다. ③ 추천위원회 위원장은 회의를 소집하려면 회의 **개최 3일 전까지** 회의의 일시·장소 및 안건 등을 각 추천위원에게 알려야 한다. 다만, 긴급한 사정이나 그 밖의 부득이한 사유가 있는 경우에는 그렇지 않다. ④ 추천위원회의 회의는 **공개하지 않는다**.
추천위원회의 추천 (제9조)	① 추천위원회는 법 제20조 제1항제4호에 따른 시·도자치경찰위원회 위원 추천을 위한 심사를 한다. ② 추천위원은 시·도자치경찰위원회 위원으로 적합하다고 판단되는 사람을 추천위원회에 **심사대상자로 제시한다**. ③ 제2항에 따라 각 **추천위원이 제시하는 심사대상자의 수**는 추천위원회에서 의결로 정한다. ④ 추천위원회는 심사대상자에게 자격요건 충족 여부 및 결격사유 유무 등의 심사에 필요한 자료의 제출을 요구할 수 있다. ⑤ 추천위원회는 심사를 거쳐 법 제20조 제2항에 따른 자격을 갖추고 같은 조 제7항 각 호에 따른 결격사유가 없는 심사대상자 중 가장 적합하다고 인정하는 사람을 시·도지사에게 **서면**으로 **추천**해야 한다. ⑥ 추천위원회는 제5항에 따라 위원을 추천할 때에는 특정 성(性)에 치우치지 않게 추천할 수 있도록 노력해야 한다. ⑦ 추천위원회는 제5항에 따라 위원을 추천하였을 때에는 **그 결과를 즉시 시·도자치경찰위원회에 통보해야 한다**. ⑧ 추천위원회는 제5항에 따른 추천과 제7항에 따른 통보를 완료한 때에 해산된 것으로 본다.

비밀엄수 의무 등 (제10조)	① 추천위원 또는 추천위원이었던 사람은 직무상 알게 된 **비밀을 누설**하거나 심사와 관련된 개인 의견을 **외부에 공표해서는 안 된다.** ② 추천위원회는 제9조 제8항에 따라 해산되는 경우에는 지체 없이 심사대상자의 개인정보 등 **신상자료를 폐기해야 한다.**
수당·여비 (제11조)	시·도지사는 추천위원회에 참석한 위원에게 예산의 범위에서 **수당과 여비를 지급할 수 있다.**
운영세칙 (제12조)	이 영에서 규정한 사항 외에 추천위원회의 운영 등에 **필요한 사항은 추천위원회의 의결로 정한다.**
시·도자치경찰 위원회의 회의 (제13조)	① 시·도자치경찰위원회 위원장은 법 제26조제1항에 따라 정기회의와 임시회의를 소집·개최한다. 이 경우 정기회의는 특별한 사유가 있는 경우를 제외하고는 **월 1회 이상** 소집·개최한다. ② 시·도자치경찰위원회 위원장은 회의를 소집하려면 **회의 개최 3일 전까지** 회의의 일시·장소 및 안건 등을 위원에게 알려야 한다. 다만, 긴급한 사정이나 그 밖의 부득이한 사유가 있는 경우에는 그렇지 않다. ③ 시·도자치경찰위원회는 회의록을 작성하고, 회의의 내용 및 결과와 출석한 위원의 성명을 적어야 한다. ④ 제3항의 회의록에는 위원장과 출석한 위원이 서명·날인해야 한다.
의견 청취 등 (제14조)	① 시·도자치경찰위원회 위원장은 시·도자치경찰위원회의 심의를 위하여 필요한 경우에는 관계 공무원 또는 관계 전문가의 **출석·발언이나 자료의 제출**을 요구할 수 있다. ② 시·도자치경찰위원회에 출석한 관계 공무원 또는 관계 전문가에 대하여는 예산의 범위에서 **수당과 여비를 지급할 수 있다.** 다만, 공무원이 **소관 업무와 직접적으로 관련되어 출석하는 경우에는 지급하지 않는다.**
실무협의회 (제15조)	① 시·도자치경찰위원회는 자치경찰사무의 원활한 수행, 국가경찰사무·자치경찰사무의 협력·조정 및 그 밖에 필요한 사항을 협의하기 위하여 **경찰청 등 관계 기관과 실무협의회를 구성·운영할 수 있다.** ② 제1항에서 규정한 사항 외에 실무협의회 운영 등에 필요한 사항은 **시·도의 조례**로 정한다.
위원의 수당 등 (제16조)	① 시·도자치경찰위원회에 출석한 공무원이 아닌 위원에게는 법 제26조 제3항에 따라 예산의 범위에서 상임위원에 준하여 수당과 여비, 그 밖에 필요한 경비를 지급할 수 있다. ② 제1항에 따른 수당 등의 지급기준은 시·도의 조례로 정한다.
운영규정 (제17조)	이 영에서 정한 사항 외에 시·도자치경찰위원회의 운영 등에 필요한 사항은 **시·도의 조례**로 정한다.
사무기구 (제18조)	① 법 제27조 제1항에 따른 시·도자치경찰위원회 사무기구의 조직에 관한 사항은 「지방자치단체의 행정기구와 정원기준 등에 관한 규정」에 따른다. ② 사무기구의 장은 시·도자치경찰위원회 위원장의 명을 받아 소관 사무를 처리하고 소속 직원을 지휘·감독한다. ③ 법 제27조 제2항에 따라 사무기구에 두는 경찰공무원의 시·도별 정원과 계급별 정원은 「시·도자치경찰위원회에 두는 경찰공무원의 정원에 관한 규정」에 따르며, 사무기구에 두는 **경찰공무원은 경찰청 소속 공무원으로 충원해야 한다.**
자치경찰사무 지휘·감독권의 위임 (제19조)	법 제28조 제4항 단서에 따라 **시·도자치경찰위원회**는 자치경찰사무에 대한 지휘·감독이 실시간으로 이루어질 수 있도록 미리 **경찰청장과 협의**하여 시·도경찰청장에게 위임되는 자치경찰사무 지휘·감독권의 범위 및 위임 절차 등을 **시·도자치경찰위원회의 의결**을 거쳐 정해야 한다.

제5절 훈령과 직무명령

1. 개관

상하관청관계	권한의 감독관계(감사권, **훈령권**, **주관(권한)쟁의 결정권**, 인가권, 취소·정지권), 권한의 위임관계, 권한의 대리관계
대등관청관계	권한의 존중관계(권한의 불가침, **주관(권한)쟁의**), 권한의 협력관계(협의, 위탁(촉탁), 경찰응원)

▶ **행정행위(처분)**는 행정청이 국민을 상대로 하는 것이므로 **경찰관청상호간의 관계(X)**

구분	훈령	직무명령
의의	**상급관청**이 **하급관청**의 권한행사 지휘명령	**상관**이 **부하공무원**에게 발하는 명령
법적 근거	법적근거 **불요**	
형식	**불요**식(**문서** or **구두**)	
공포절차	**불요**(도달주의)	
범위	행정청의 소관사무에 국한	직무와 **관련된** 개인의 사생활까지도 가능
구성자 교체시 효력	기관 의사를 구속 → 관청구성자 교체시 **훈령의 효력에는 영향이 없다.**	기관을 구성하는 공무원 개개인을 구속 → 기관구성자 교체시 **직무명령 효력 상실**
양자의 관계	훈령은 직무명령을 **겸할 수 있다.**	직무명령은 훈령을 **겸할 수 없다.**

2. 훈령 : 상급경찰관청이 하급경찰기관의 권한행사를 지휘하기 위하여 발하는 명령

성질	법규성 부정	① 경찰조직 내부에서 하급경찰관청에 대하여 발하는 명령에 그치므로 법규가 아니다. ② **대외적 구속력 부정** → 일반국민 구속X ③ **재판규범성 부정** → 법원 구속X
	외부화 현상	훈령 중 행정사무처리의 기준을 제시하는 행정규칙인 재량준칙은 신뢰보호원칙과 평등원칙에 근거한 자기구속의 법리에 의해 법규성이 인정되어 대외적 효력을 가지는 경우가 있다.
형식	특별한 **법적 근거 불요**, **형식 불요**(문서·구두 가능), **공포절차 불요**(도달주의)	
종류	협의의 훈령	상급경찰관청이 하급경찰관청의 권한행사를 상당히 **장기간**에 걸쳐 **일반적**으로 지휘하기 위하여 발하는 명령
	지시	상급경찰관청이 하급경찰관청에 대하여 **개별적·구체적**으로 발하는 명령(예규X)
	예규	반복적 경찰사무의 **기준**을 제시하기 위하여 발하는 명령(지시X)
	일일명령	당직·출장·휴가 등의 **일일업무**에 관하여 발하는 명령
요건	형식적 요건	① 훈령권 있는 상급관청이 발할 것 ② 하급관청의 권한 내에 속하는 것일 것 ③ 법정의 형식과 절차가 있으면 이를 구비할 것 ④ 하급관청의 권한행사의 **독립성**이 보장되어 있는 사항에 관한 것이 **아닐** 것
	실질적 요건	① 훈령의 내용 법규에 저촉되지 않을 것 ② 훈령의 내용이 공익에 반하지 않을 것 ③ 훈령의 내용이 실현 가능하고 명백할 것

심사	형식적 요건심사	① 하급경찰관청이 **심사권을 갖는다.** ② 요건이 구비되어 있지 않을 경우에는 **복종거부가 가능**하다. ③ 요건이 구비되지 않았는데 복종하여 발생하는 문제는 하급경찰관청의 책임이다.
	실질적 요건심사	① 원칙적으로 하급경찰관청은 실질적 요건에 대한 **심사권이 없다.** ② 따라서, 형식적 요건이 구비되어 있다면 **일단 복종해야 한다.** ③ 다만, 훈령의 내용이 **중대·명백한 하자**가 있거나 **명백하게 범죄행위를 구성**하는 경우에는 복종거부해야 한다. ④ 만일 ③의 경우 하급관청이 상급관청의 훈령에 복종하였다면 **복종한 하급관청도 책임**을 지게 된다.
위반 효과		법규성 부정되므로, **위반시 위법이 아니며 행위 자체의 효력에는 영향이 없다.** 무효나 취소사유에도 해당하지 않는다. 단, **징계사유는 될 수 있다.**
경합		① 서로 모순되는 두 개 이상의 상급관청의 훈령이 경합할 때에 하급관청은 **주관상급관청**에 따라야 한다. ② 주관상급관청이 상하관계의 경우에는 **직근상급관청**의 훈령에 따라야 한다. ③ 주관상급관청이 **불분명**할 때에는 **주관쟁의 방법**에 의해 해결해야 한다.

3. 직무명령 : 상관이 직무에 관하여 부하에게 발하는 명령

형식		상위 법령의 근거 불요, **형식 불요**(서면 or 구두), 공포절차 불요
범위		① 직무집행과 직접 **관련되는** 사항 ② 직무집행과 간접적으로 **관련되는** 사생활(복장, 두발 등) ▶ 직무과 **관련 없는** 사생활(X)
요건	형식적 요건	① 권한이 있는 상관이 발한 것일 것 ② 부하공무원의 **권한 범위 내에 속하는** 사항일 것 ③ 부하공무원의 직무상 독립의 범위에 속하는 사항이 아닐 것 ④ 직무명령을 발하는 데 있어 법정의 형식과 절차가 있으면 그를 구비할 것
	실질적 요건	① 내용이 법령에 저촉되지 않을 것 ② 내용이 공익에 적합할 것 ③ 내용이 실현 가능하고 명확할 것

제6절 권한의 대리와 위임

정리 ▶ 권한의 대리와 위임 비교

	임의대리	법정대리	권한의 위임
권한의 이전	권한 자체의 이전을 가져오지는 않는다. (대리기관이 권한을 대신 행사할 뿐)		권한 자체가 **이전된다**.
법적 근거	X	O	O
발생	**피대리관청의 일방적 수권행위에 의해 발생** (대리기관 동의 불요)	**법정사실의 발생**에 의해	**법령에 근거한 위임기관의 일방적 위임행위에 의해 발생** *법령 : 정부조직법
범위	**일부**	**전부**	**일부**
감독	O	X	O
복대리·재위임	X	O	O
상대방	보조기관		하급관청
권한행사 명의	**대리기관명의**(피대리관청을 위한 것임을 표시)		수임기관
효과의 귀속	피대리관청		수임기관
행정소송 피고	피대리관청		수임기관
소멸	수권행위의 철회 등	원인된 법률관계의 소멸	위임의 해제, 근거법령의 소멸 등

정리 ▶ 내부위임, 대결·전결 비교

	대결	전결	내부위임
의의	**내부적 사실행위만** 하고 **외부관계 행위시 본인 명의가 아닌 위임자 또는 본래관청의 명의**로 업무를 대행한다.		
법적근거	X		
상대방	보조기관, 하급관청 ▶ **원래의 전결권자가 아닌 보조기관**이 처분권자 이름으로 : **유효**		수임기관
권한행사 명의	피대리관청		**위임기관**
항고소송 피고			위임기관 ▶ **수임기관 명의 처분 : 수임기관**

1. 권한의 대리

의의			경찰관청(본인)의 권한의 **전부 또는 일부**를 다른 행정기관(주로 보조기관)이 피대리관청(본인)을 위한 것임을 표시하여 **자기(대리인)의 이름**으로 행사하고, 그 행위는 **피대리관청(본인)의 행위**로서 효과를 발생하는 것을 말한다.
종류	임의대리 (수권대리)	의의	행정청의 수권(授權)에 의해 대리관계가 발생하는 경우를 의미한다. 수권대리 또는 위임대리라고도 한다.
		법적근거X	법령의 **명시적 근거가 없어도 가능**하다.
		범위(일부)	일반적·포괄적 권한의 **일부에 대해서만 대리가 허용**된다. (전부X)
		지휘·감독O	피대리관청은 대리기관의 권한행사를 지휘·감독할 수 있다.
		책임	**피대리관청**이 대리기관의 행위에 대한 책임을 부담한다.
		상대방	대리의 상대방은 피대리관청의 **보조기관**이 되는 것이 보통이다.
		복대리X	임의대리는 원칙적으로 **복대리가 인정되지 않는다**.
		명의	**대리자가 자신의 명의로** 권한을 행사한다. (피대리관청을 위한 것임을 표시)
		효과	대리기관의 행위는 **피대리관청**의 행위로서 효과가 발생한다.
		소송의 피고	**피대리관청**이 행정소송의 피고가 된다.
	법정대리	의의	법령의 규정에 의하여 일정한 사실발생에 따라 당연히 혹은 일정한 자의 지정에 의하여 비로소 성립하는 대리이다.
		종류 — 협의의 법정대리	① 법정사실의 발생에 의해 **당연히 대리관계가 발생**한다. ② 경찰청장이 부득이한 사유로 직무를 수행할 수 없을 때에는 경찰청차장이 직무를 대행한다. (국가경찰과 자치경찰의 조직 및 운영에 관한 법률 제12조)
		종류 — 지정대리	① 일정한 자의 지정에 의해 대리관계가 발생한다. ② 손실보상심의위원회 위원장이 부득이한 사유로 직무를 수행할 수 없을 때에는 **위원장이 미리 지명한 위원**이 그 직무를 대행한다. (경찰관직무집행법시행령 제12조 제3항)
		법적근거O	반드시 **법령상 근거**가 있어야 한다. → 「직무대리규정」(대통령령)
		범위(전부)	대리기관의 대리권은 피대리관청의 권한의 **전부**에 대하여 미친다.
		지휘·감독X	피대리관청은 **원칙적으로 대리기관을 지휘·감독할 수 없다**.
		책임	대리권행사의 책임은 전적으로 **대리기관이 부담**한다.
		상대방	대리기관은 **피대리관청의 보조기관**인 것이 보통이다.
		복대리O	법정대리는 **복대리가 가능**하다.
		명의	**대리자가 자신의 명의로** 권한을 행사한다. (피대리관청을 위한 것임을 표시)
		효과	대리기관의 행위는 **피대리관청**의 행위로서 효력을 발생한다.
		소송의 피고	**피대리관청**이 행정소송의 피고가 된다.

2. 복대리

의의	경찰관청의 대리권자가 그 대리권의 행사를 다시 타인으로 하여금 대리하게 하는 것이다. ▶ 복대리인 : **'피대리관청'의 대리인**이다. (대리권자의 대리인X)
허용여부	임의대리는 복대리가 허용되지 아니하나, **법정대리**는 복대리가 가능하다.
성질	복대리는 **언제나 임의대리**에 해당한다.

3. 권한의 위임

의의	경찰관청이 자기에게 주어진 권한을 스스로 행사하지 아니하고 법령에 근거하여 권한의 **일부**를 보조기관 또는 하급관청에게 실질적으로 이전하여 행사하게 하는 것이다.
법적 근거O	권한의 위임은 권한이 수임기관의 권한으로 변경되므로 **반드시 법적 근거가 있어야** 한다. ▶ 정부조직법 등
범위(일부)	경찰관청 권한의 **일부**에 대해서만 가능하다. (권한의 전부나 주요부분에 대한 위임X)
감독O	위임기관은 수임기관을 **감독할 수 있다.**
비용부담	위임사무 처리에 소요되는 비용 등은 법령에 특별규정이 없으면 **위임기관**이 **부담**한다.
상대방	주로 **하급경찰관청**이 상대방이 된다.
재위임O	권한의 위임에 의해 그 권한은 수임기관의 권한이 되므로 수임기관은 위임받은 권한의 일부를 보조기관이나 하급행정청에 **재위임할 수 있다.**
명의	**수임기관 명의**로 권한을 행사한다.
효과	**수임기관**이 위임받은 권한 내지 특정사무를 자신의 이름과 책임으로 처리·행사한다. (위임청의 권한이 **수임청의 권한으로** 귀속된다. → 위임기관은 권한을 상실한다.)
소송의 피고	행정소송의 피고는 **수임기관**이다. (위임기관X)

4. 내부위임, 대결(代決)·위임전결

내부위임	의의	① 내부위임, 전결, 대결은 **내부적 사실행위만** 하고 외부관계 행위시 본인 명의가 아닌 **위임자 또는 본래관청의 명의**로 업무를 대행한다. ② 행정청 내부의 **사무처리규정에 불과한** 전결규정에 위반하여 원래의 전결권자가 아닌 보조기관 등이 **처분권자인 행정청의 이름으로** 행정처분을 하였다고 하더라도 **유효**하다. (대판 1998.2.27, 97누1105)
	법적근거X	내부위임, 전결, 대결은 **법령상의 근거를 요하지 않는다.**
	권한행사	내부위임은 대외적(외부관계)으로 **위임자 명의**로 행사한다.
	항고소송 피고	① 위임기관이 항고소송의 피고가 된다. ② **수임기관**이 **자기의 이름으로 처분**을 하였다면 내부위임 받은 **수임기관**이 된다.
대결		행정관청이 결재권자의 휴가·출장·사고 등의 일시 부재시에 보조기관에 사무처리에 관한 결재를 맡기지만, 대외적인 권한행사는 본래의 행정청의 이름으로 권한행사를 하는 것을 말한다.
위임전결		행정관청이 자기의 권한을 보조기관에게 외부에 표시함이 없이 **결재권만 위임**하는 것을 말한다.

> **참고**

「직무대리규정」(대통령령)

목적 (제1조)	이 영은 기관장, 부기관장이나 그 밖의 공무원에게 사고가 발생한 경우에 직무상 공백이 생기지 아니하도록 하고 직무대리자의 책임을 명확하게 하기 위하여 직무대리자 결정 방식 및 직무대리 운영 원칙 등을 규정함을 목적으로 한다.

정의
(제2조)
	이 영에서 사용하는 용어의 뜻은 다음과 같다.
	1. "직무대리"란 기관장, 부기관장이나 그 밖의 공무원에게 사고가 발생한 경우에 직무상 공백이 생기지 아니하도록 해당 공무원의 직무를 대신 수행하는 것을 말한다.
	2. "기관장"이란 중앙행정기관 또는 이에 준하는 기관(대통령 소속기관 및 국무총리 소속기관을 포함한다. 이하 "중앙행정기관등"이라 한다)의 장을 말한다.
	3. "부기관장"이란 기관장의 바로 아래 보조기관을 말한다.
	4. "사고"란 다음 각 목의 어느 하나에 해당하는 경우를 말한다.
	   가. 전보, 퇴직, 해임 또는 임기 만료 등으로 후임자가 임명될 때까지 해당 직위가 공석인 경우
	   나. 휴가, 출장 또는 결원 보충이 없는 휴직 등으로 일시적으로 직무를 수행할 수 없는 경우

운영 (제6조)	① 제4조와 제5조에 따라 **직무대리를 할 때 한 사람은 하나의 직위에 대해서만 직무대리**를 할 수 있다. ② 직무대리지정권자는 제5조에 따라 직무대리자를 지정할 때에는 별지 서식에 따른 직무대리 명령서를 직무대리자에게 발급하여야 한다. ③ 제2항에도 불구하고 사고 기간이 15일 이하인 경우에는 직무대리 명령서의 발급을 생략할 수 있다. 이 경우 직무대리지정권자는 직무대리자로 지정된 사실을 전자인사관리시스템이나 내부통신망 등을 통하여 직무대리자에게 명확하게 통지하여야 한다. ④ 직무대리자는 사고가 발생한 공무원의 사고 기간(직무대리 명령서를 발급받은 경우에는 직무대리 명령서에 기재된 기간을 말한다) 동안 직무대리를 하되, 공석 등으로 인한 직무대리의 경우 임용권자는 직무대리자의 업무 부담이 장기화되지 아니하도록 빠른 시일 내에 결원을 보충하여야 한다. ⑤ 직무대리자는 본래 담당한 직위의 업무를 수행하면서 직무대리 업무를 수행하는 것을 원칙으로 한다. ⑥ 직무대리자는 직무대리하여야 할 업무를 다른 공무원에게 **다시 직무대리하게 할 수 없다.**
대리권범위 (제7조)	직무대리자는 사고가 발생한 공무원의 모든 권한을 가지며, 그 권한에 상응하는 책임을 진다.
위임규정 (제8조)	기관장은 이 영의 범위에서 조직과 인사 운영의 특성을 고려하여 해당 중앙행정기관등 및 그 소속기관에서의 직무대리에 관한 규칙을 정하여 운영할 수 있다.

> **참고**

「경찰청 직무대리 운영 규칙」(경찰청훈령)

소속기관장 등 직무대리 (제4조)	① 차장을 두지 않은 **시·도경찰청장**에게 사고가 있을 경우에는 「경찰청과 그 소속기관 직제」에 규정된 순서에 따른 **부장**이 대리한다.
경찰서장의 직무대리 (제6조)	**경찰서장**에게 사고가 있을 때에는 직제 시행규칙에서 정한 순서에 따른 **직근 하위 계급의 과장**이 대리한다.
직할대장의 직무대리 (제7조)	직할대장에게 사고가 있을 때에는 소속기관의 하부조직을 설치하는 규정에서 정한 순서에 따른 직근 하위 계급자가 대리한다.
직무대리의 지정 (제8조)	제4조부터 제7조까지에 규정한 사항 외의 공무원에게 사고가 발생하였거나 규정된 직무대리가 적절치 않다고 인정되는 경우에는 직무대리지정권자가 해당 공무원의 직근 하위 계급자 중에서 직무의 비중, 능력, 경력 또는 책임도 등을 고려하여 직무대리자를 지정한다.
직무대리의 특례 (제9조)	제8조에도 불구하고 직무대리지정권자는 대리하게 할 업무가 특수하거나 그 밖의 부득이한 사유가 있는 경우, 사고가 발생한 공무원과 동일한 계급자를 직무대리자로 지정할 수 있다.
직무대리의 운영 (제10조)	① 직무를 대리하는 경우 한 사람은 하나의 직위에 대해서만 직무대리를 할 수 있다. ② 제8조에 따라 직무대리를 지정할 때에는 별지 서식에 따른 직무대리 명령서를 직무대리자에게 발급하여야 한다. ③ 제2항에도 불구하고 사고 기간이 15일 이하인 경우에는 직무대리 명령서의 발급을 생략할 수 있다. 이 경우 직무대리지정권자는 직무대리자로 지정된 사실을 전자인사관리시스템이나 내부통신망 등을 통하여 직무대리자에게 명확하게 통지하여야 한다. ④ 직무대리자는 본래 담당한 직위의 업무를 수행하면서 직무대리 업무를 수행하는 것을 원칙으로 하되, 사고가 발생한 공무원의 직위에 보할 수 있는 승진후보자에게 그 사고가 발생한 공무원의 직무대리를 하게 하는 경우에는 본래 담당한 직위의 업무를 수행하지 아니하고 직무대리 업무만을 수행하게 할 수 있다. ⑤ 직무대리자는 직무대리하여야 할 업무를 다른 공무원에게 **다시 직무대리하게 할 수 없다**.
직무대리권의 범위 (제11조)	직무대리자는 사고가 발생한 공무원의 모든 권한을 가지며, 그 권한에 상응하는 책임을 진다.

> **참고**

「행정권한의 위임 및 위탁에 관한 규정」(약칭 : 행정위임위탁규정)

정의 (제2조)	이 영에서 사용하는 용어의 뜻은 다음과 같다. 1. "**위임**"이란 법률에 규정된 행정기관의 장의 권한 중 일부를 그 **보조기관 또는 하급행정기관의 장이나 지방자치단체의 장에게 맡겨** 그의 권한과 책임 아래 행사하도록 하는 것을 말한다. 2. "**위탁**"이란 법률에 규정된 행정기관의 장의 권한 중 일부를 **다른 행정기관의 장에게 맡겨** 그의 권한과 책임 아래 행사하도록 하는 것을 말한다.
위임 및 위탁의 기준 등 (제3조)	① 행정기관의 장은 허가·인가·등록 등 민원에 관한 사무, 정책의 구체화에 따른 집행사무 및 일상적으로 반복되는 사무로서 그가 직접 시행하여야 할 사무를 제외한 **일부** 권한("행정권한")을 그 보조기관 또는 하급행정기관의 장, 다른 행정기관의 장, 지방자치단체의 장에게 **위임 및 위탁**한다. ② 행정기관의 장은 행정권한을 위임 및 위탁할 때에는 위임 및 위탁하기 **전**에 수임기관의 수임능력 여부를 점검하고, **필요한 인력 및 예산을 이관**하여야 한다. ③ 행정기관의 장은 행정권한을 위임 및 위탁할 때에는 위임 및 위탁하기 전에 단순한 사무인 경우를 **제외**하고는 수임 및 수탁기관에 대하여 수임 및 수탁사무 처리에 필요한 **교육**을 하여야 하며, 수임 및 수탁사무의 처리지침을 통보하여야 한다.
위임 및 위탁사무의 처리 (제5조)	수임 및 수탁기관은 수임 및 수탁사무를 처리할 때 법령을 준수하고, 수임 및 수탁사무를 성실히 **수행**하여야 한다.
지휘·감독 (제6조)	위임 및 위탁기관은 수임 및 수탁기관의 수임 및 수탁사무 처리에 대하여 지휘·감독하고, 그 처리가 **위법**하거나 **부당**하다고 인정될 때에는 이를 **취소하거나 정지시킬 수 있다**.
사전승인 등 제한 (제7조)	수임 및 수탁사무의 처리에 관하여 위임 및 위탁기관은 수임 및 수탁기관에 대하여 **사전승인을 받거나 협의를 할 것을 요구할 수 없다**.
책임의 소재 및 명의표시 (제8조)	① 수임 및 수탁사무의 처리에 관한 책임은 수임 및 수탁기관에 있으며, 위임 및 위탁기관의 장은 그에 대한 **감독책임을 진다**. ② 수임 및 수탁사무에 관한 권한을 행사할 때에는 **수임 및 수탁기관의 명의**로 하여야 한다.
감사 (제9조)	위임 및 위탁기관은 위임 및 위탁사무 처리의 적정성을 확보하기 위하여 필요한 경우에는 수임 및 수탁기관의 수임 및 수탁사무 처리 상황을 **수시로 감사할 수 있다**.
경찰청 소관 (제28조)	① 경찰청장은 다음 각 호의 사항에 관한 권한을 시·도경찰청장에게 위임한다. 3. 「국가유공자 등 예우 및 지원에 관한 법률」 제6조 제3항 후단 및 같은 법 시행령 제9조 제1항·제2항 또는 「보훈보상대상자 지원에 관한 법률」 제4조 제3항 후단 및 같은 법 시행령 제6조 제1항·제2항에 따른 소관 경찰공무원 및 의무경찰에 대한 국가유공자 등 요건 관련 사실의 확인 및 통보. 다만, 사망 또는 상이 당시 경찰청·경찰병원·경찰대학·경찰인재개발원·중앙경찰학교 및 경찰수사연구원 소속 공무원이었던 사람에 대한 관련 사실의 확인 및 통보는 제외한다. ② 경찰청장은 시·도경찰청장, 경찰대학장, 경찰인재개발원장, 중앙경찰학교장 및 경찰수사 연수원장에게 해당 소속기관의 4급 및 5급 공무원의 전보권과 6급 이하 공무원의 임용권을 각각 위임한다.

제2장 경찰공무원법

제1절 개관

1. 경찰공무원의 의의

의의	경찰공무원은 「경찰공무원법」의 대상이 되는 국가의 공무원으로서 경찰의 직무에 종사하는 자를 말하며, 보통은 순경에서 치안총감에 이르는 계급을 가진 공무원이 이에 해당한다.
특징	① **경력직**공무원 중 **특정직**(일반직X)공무원이다. 　▶ 조직상 경찰기관에 근무하는 **일반직** 공무원X 　▶ **의무경찰순경**X (→ 경찰공무원법X, 형법 - 공무집행방해죄O, 국가배상법O) ② 「**국가공무원법**」 및 「**경찰공무원법**」의 적용을 받는다. 　▶ 자치경찰제 도입하였으나, 경찰공무원은 국가직 공무원의 신분 유지한다. (단, 기존 제주특별자치도 자치경찰은 지방직공무원)

> **참고**
>
> 「국가공무원법」상 공무원의 분류
> ① **경력직공무원** - 일반직, **특정직**
> ② **특수경력직공무원** - 정무직, 별정직

2. 「경찰공무원법」(특별법)과 「국가공무원법」(일반법)의 관계

> **「경찰공무원법」 제1조(목적)**
> 이 법은 경찰공무원의 책임 및 직무의 중요성과 신분 및 근무 조건의 특수성에 비추어 그 임용, 교육훈련, 복무(服務), 신분보장 등에 관하여 「**국가공무원법**」에 대한 **특례**를 규정함을 목적으로 한다.

> ① **특별법**과 일반법의 **관계**이다.
> ② 경찰공무원의 '임용, 교육훈련, 신분보장, 복무규율' 등에 있어 「**경찰공무원법**」을 **우선 적용**한다. 단, 「경찰공무원법」의 규정이 없는 사항에 대해서는 「국가공무원법」의 많은 규정을 준용한다.
> ③ 세부적으로 필요한 사항은 대통령령으로 보완한다.

| 제2절 | 시작기 (임용, 경과, 권리와 의무, 전보) |

1. 임용

(1) 임용의 의의

"임용"이란 신규채용·승진·전보·파견·휴직·직위해제·정직·강등·복직·면직·해임 및 파면을 말한다. (감봉, 견책X)

경찰공무원법 제2조(정의)

이 법에서 사용하는 용어의 정의는 다음과 같다.

1. "임용"이란 신규채용·승진·전보·파견·휴직·직위해제·정직·강등·복직·면직·해임 및 파면을 말한다.
2. "전보"란 경찰공무원의 동일 직위 및 자격 내에서의 근무기관이나 부서를 달리하는 임용을 말한다.
3. "복직"이란 휴직·직위해제 또는 정직(강등에 따른 정직을 포함) 중에 있는 경찰공무원을 직위에 복귀시키는 것을 말한다.

정리 | 기타 용어

전과	경과(科)를 변경하는 것
전직	직렬을 달리하는 임명을 말하며, 경찰공무원에게는 적용되지 아니한다.
강임	같은 직렬 내에서 하위 직급에 임명하거나 하위 직급이 없어 다른 직렬의 하위 직급으로 임명하거나 고위공무원단에 속하는 일반직공무원을 고위공무원단 직위가 아닌 하위 직위에 임명하는 것을 말한다. 경찰공무원에게는 적용되지 아니한다.
파견	업무수행 또는 그와 관련된 행정지원이나 연수, 기타 능력개발 등을 위하여 공무원을 다른 기관으로 일정기간 이동시켜 근무하게 하는 것을 말한다.
복직	휴직 또는 직위해제 중에 있는 경찰공무원을 직위에 복귀시키는 것이다.

(2) 임용권자

「경찰공무원법」제7조

① **총경 이상** 경찰공무원은 **경찰청장 또는 해양경찰청장의 추천**을(제청으로X) 받아 **행정안전부장관 또는 해양수산부장관**의 제청으로 국무총리를 거쳐 **대통령**이 임용한다. 다만, **총경의 전보, 휴직, 직위해제, 강등, 정직 및 복직**은 **경찰청장 또는 해양경찰청장**이 한다. [20 채용, 22 승진]
② **경정 이하**의 경찰공무원은 **경찰청장 또는 해양경찰청장**이 임용한다. 다만, **경정으로의 신규채용, 승진임용 및 면직**은 **경찰청장 또는 해양경찰청장의 제청**(추천X)으로 국무총리를 거쳐 **대통령**이 한다.
③ 경찰청장은 대통령령으로 정하는 바에 따라 경찰공무원의 임용에 관한 권한의 일부를 특별시장·광역시장·도지사·특별자치시장 또는 특별자치도지사("시·도지사"), 국가수사본부장, 소속기관의 장, 시·도경찰청장에게 위임할 수 있다. 이 경우 시·도지사는 위임받은 권한의 일부를 대통령령으로 정하는 바에 따라 **시·도자치경찰위원회, 시·도경찰청장에게** 다시 위임할 수 있다.
⑤ 경찰청장, 해양경찰청장 또는 임용권을 위임받은 자는 행정안전부령 또는 해양수산부령으로 정하는 바에 따라 소속 경찰공무원의 인사기록을 작성·보관하여야 한다.

「경찰공무원 임용령」 제4조(임용권의 위임)

① 경찰청장은 시·도지사에게 해당 시·도의 자치경찰사무를 담당하는 경찰공무원[시·도자치경찰위원회, 시·도경찰청 및 경찰서(**지구대 및 파출소는 제외**)에서 근무하는 경찰공무원을 말한다] 중 경정의 전보·파견·휴직·직위해제 및 복직에 관한 권한과 경감이하 임용권(**신규채용 및 면직에 관한 권한은 제외**한다)을 위임한다.
② 경찰청장은 국가수사본부장에게 국가수사본부 안에서의 **경정 이하에 대한 전보권**을 위임한다.
③ 경찰청장은 경찰대학·경찰인재개발원·중앙경찰학교·경찰수사연수원·경찰병원 및 시·도경찰청("소속기관등")의 장에게 그 소속 경찰공무원 중 **경정의 전보·파견·휴직·직위해제 및 복직**에 관한 권한과 **경감 이하의 임용권**을 위임한다.
④ 제1항에 따라 임용권을 위임받은 시·도지사는 **경감 또는 경위로의 승진임용**에 관한 권한을 **제외**한 임용권을 시·도자치경찰위원회에 **다시 위임**한다.
⑤ 제4항에 따라 임용권을 위임받은 시·도자치경찰위원회는 **시·도지사와 시·도경찰청장의 의견**을 들어 그 권한의 일부를 **시·도경찰청장에게 다시 위임할 수 있다.** [20 채용]
⑥ 제3항 및 제5항에 따라 임용권을 위임받은 시·도경찰청장은 소속 **경감 이하** 경찰공무원에 대한 해당 경찰서 안에서의 **전보권을 경찰서장에게 다시 위임할 수 있다.**
⑦ 경찰청장은 수사부서에서 총경을 보직하는 경우에는 국가수사본부장의 추천을 받아야 한다.
⑧ 시·도자치경찰위원회는 임용권을 행사하는 경우에는 시·도경찰청장의 추천을 받아야 한다.
⑨ 시·도경찰청장 및 경찰서장은 지구대장 및 파출소장을 보직하는 경우에는 **시·도자치경찰위원회의 의견**을 사전에 들어야 한다. [22 승진]
⑩ 소속기관등의 장은 **경감 또는 경위를 신규채용**하거나 **경위 또는 경사를 승진**시키려면 미리 **경찰청장의 승인**을 받아야 한다. [20 채용]
⑪ 위임에도 불구하고 경찰청장은 경찰공무원의 정원 조정, 승진임용, 인사교류 또는 파견을 위하여 필요한 경우에는 임용권을 행사할 수 있다. [20 채용]

(3) 경찰공무원인사위원회

1) 「경찰공무원법」 제5~6조

설치	① 경찰공무원의 인사에 관한 중요 사항에 대하여 경찰청장 또는 해양경찰청장의 **자문에 응하게** 하기 위하여 **경찰청**과 **해양경찰청**에 경찰공무원인사위원회를 둔다. ② 인사위원회의 구성 및 운영에 필요한 사항은 대통령령으로 정한다.
심의사항	① 경찰공무원의 인사행정에 관한 방침과 기준 및 기본계획 ② 경찰공무원의 인사에 관한 법령의 제정·개정 또는 폐지에 관한 사항 ③ 그 밖에 경찰청장, 해양경찰청장이 인사위원회의 회의에 부치는 사항 ▶ 고충심사와 인사상담에 관한 사항 : 고충심사위원회 ▶ 승진심사에 관한 사항 : 승진심사위원회

2) 「경찰공무원 임용령」 제9~13조

구성	① 경찰공무원인사위원회 위원장을 포함한 **5인 이상 7인 이하**의 위원으로 구성한다. ② 인사위원회의 위원장은 **경찰청 인사담당국장**이 되고, 위원은 경찰청 소속 **총경이상** 경찰공무원 중에서 **경찰청장**(위원장 X)이 임명한다.
위원장	① 위원장은 인사위원회를 대표하며, 인사위원회의 사무를 총괄한다. ② 위원장이 부득이한 사유로 직무를 수행할 수 없는 때에는 위원 중에서 **최상위계급 또는 선임** 경찰공무원이 그 직무를 한다.

회의 및 보고	① 위원장은 인사위원회의 회의를 소집하고 그 의장이 된다. ② 회의는 **재적위원 과반수의 찬성**(출석X)으로 의결한다. ③ 위원장은 인사위원회에서 심의된 사항을 지체 없이 경찰청장에게 보고하여야 한다.
간사	① 인사위원회에 **2명 이하**의 **간사**를 둔다. ② 간사는 경찰청 소속 경찰공무원 중에서 **위원장**이 **지명**한다. ③ 간사는 위원장의 명을 받아 인사위원회의 사무를 처리한다.

2. 경찰공무원관계

(1) 경찰공무원관계의 발생(임명)

임명의 법적 성질	① **쌍방적 행정행위**(**특허**)로 본다. ▶ 상대방의 동의 없는 임명행위는 무효이다. (상대방의 동의를 전제하는 행정행위) ② 임명에 대한 분쟁은 **항고소송의 대상**이 된다.
임용형식	임용은 임용장을 교부함으로서 행하는 것이 원칙이다. ▶ 임용장의 교부가 임용의 **유효요건은 아니다**.
효력발생시기	「**경찰공무원임용령**」(경찰공무원법X) 제5조 ① 임용시기는 임용장 또는 임용통지서에 적힌 날짜에 임용된 것으로 보며, 임용일자를 소급해서는 아니 된다. ② 사망으로 인한 면직은 **사망한 다음날**(사망한 날 X)에 면직된 것으로 본다. [21 법학] ③ 임용일자는 그 임용장이 피임용자에게 송달되는 기간 및 사무인계에 필요한 기간을 참작하여 정하여야 한다.
임용자격	경찰공무원은 신체 및 사상이 건전하고 품행이 방정(方正)한 사람 중에서 임용한다.

결격사유
(제8조)
	② 다음 각 호의 어느 하나에 해당하는 사람은 경찰공무원으로 임용될 수 없다. [20 채용, 21 경간]
	1. 대한민국 국적을 가지지 아니한 사람
	2. 「국적법」 제11조의2 제1항에 따른 **복수국적자**(일반공무원 결격사유X)
	3. 피성년후견인 또는 **피한정후견인**(피성년후견인은 일반공무원 결격사유X)
	4. 파산선고를 받고 복권되지 아니한 사람
	5. 자격정지 이상의 형(刑)을 선고받은 사람
	6. 자격정지 이상의 형의 선고유예를 받고 그 선고유예기간 중에 있는 자
	7. 공무원으로 재직기간 중 직무와 관련하여 「형법」 제355조(**횡령, 배임**) 및 제356조(업무상 횡령과 배임)에 규정된 죄를 범한 사람으로서 **300만원** 이상의 벌금형을 선고받고 그 형이 확정된 후 **2년**이 **지나지 아니한** 사람(지난 사람X)
	8. 「성폭력범죄의 처벌 등에 관한 특례법」 제2조에 규정된 죄(**성폭력범죄**를 범한 사람으로서 **100만원 이상의 벌금형**을 선고받고 그 형이 확정된 후 **3년**이 지나지 아니한 사람
	9. 미성년자에 대한 다음 각 목의 어느 하나에 해당하는 죄를 저질러 형 또는 치료감호가 확정된 사람(집행유예를 선고받은 후 그 집행유예기간이 경과한 사람을 포함한다)
	  가. 「성폭력범죄의 처벌 등에 관한 특례법」 제2조에 따른 성폭력범죄
	  나. 「아동·청소년의 성보호에 관한 법률」 제2조 제2호에 따른 아동·청소년대상 성범죄
	10. 징계에 의하여 **파면** 또는 **해임**의 처분을 받은 자(일반공무원 결격사유X)

벌금형의 분리 선고 (제9조)	「형법」 제38조에도 불구하고 제7조 제2항 제7호 또는 제8호에 규정된 죄와 다른 죄의 경합범에 대하여 벌금형을 선고하는 경우에는 이를 분리 선고하여야 한다.

> **참고**
>
> **「국가공무원법」 제33조(공무원 결격사유) (개정 2022. 12. 27.)**
> 다음 각 호의 어느 하나에 해당하는 자는 공무원으로 임용될 수 없다.
>
> 1. **피성년후견인**(피한정후견인 X)
> 2. **파산선고**를 받고 **복권되지 아니한** 자
> 3. 금고 이상의 **실형**을 선고받고 그 집행이 종료되거나 집행을 받지 아니하기로 확정된 후 **5년**이 지나지 아니한 자
> 4. 금고 이상의 형을 선고받고 그 **집행유예 기간**이 끝난 날부터 **2년**이 지나지 아니한 자
> 5. 금고 이상의 형의 선고유예를 받은 경우에 그 선고유예 기간 중에 있는 자
> 6. 법원의 판결 또는 다른 법률에 따라 자격이 상실되거나 정지된 자
> 6의2. 공무원으로 재직기간 중 직무와 관련하여 「형법」 제355조 및 제356조에 규정된 죄를 범한 자로서 **300만원 이상의 벌금형**을 선고받고 그 형이 확정된 후 **2년**이 지나지 아니한 자
> 6의3. 다음 각 목의 어느 하나에 해당하는 죄를 범한 사람으로서 **100만원 이상의 벌금형**을 선고받고 그 형이 확정된 후 **3년**이 지나지 아니한 사람
>   가. 「성폭력범죄의 처벌 등에 관한 특례법」 제2조에 따른 **성폭력범죄**
>   나. 「**정보통신망 이용촉진 및 정보보호 등에 관한 법률**」 제74조 제1항 제2호 및 제3호에 규정된 죄
>   다. 「스토킹범죄의 처벌 등에 관한 법률」 제2조 제2호에 따른 **스토킹범죄**
> 6의4. 미성년자에 대한 다음 각 목의 어느 하나에 해당하는 죄를 저질러 파면·해임되거나 형 또는 치료감호를 선고받아 그 형 또는 치료감호가 확정된 사람(집행유예를 선고받은 후 그 집행유예 기간이 경과한 사람을 포함한다)
>   가. 「성폭력범죄의 처벌 등에 관한 특례법」 제2조에 따른 **성폭력범죄**
>   나. 「아동·청소년의 성보호에 관한 법률」 제2조 제2호에 따른 **아동·청소년대상 성범죄**
> 7. 징계로 파면처분을 받은 때부터 **5년**이 지나지 아니한 자
> 8. 징계로 해임처분을 받은 때부터 **3년**이 지나지 아니한 자
>
> ▶ 헌법불합치, 2020헌마1181, 2022.11.24, 국가공무원법(2018. 10. 16. 법률 제15857호로 개정된 것) 제33조 제6호의4 나목 중 아동복지법(2017. 10. 24. 법률 제14925호로 개정된 것) 제17조 제2호 가운데 '아동에게 성적 수치심을 주는 성희롱 등의 성적 학대행위로 형을 선고받아 그 형이 확정된 사람은 국가공무원법 제2조 제2항 제1호의 일반직공무원으로 임용될 수 없도록 한 것'에 관한 부분은 헌법에 합치되지 아니한다. 위 법률조항들은 2024. 5. 31.을 시한으로 입법자가 개정할 때까지 계속 적용된다.

(2) 신규채용

공개경쟁채용 (제10조)	① 경정 및 순경의 신규채용은 공개경쟁시험으로 한다. ② 경위의 신규채용은 경찰대학을 졸업한 사람 및 대통령령으로 정하는 자격을 갖추고 공개경쟁 시험으로 선발된 사람(경찰간부후보생)으로서 교육훈련을 마치고 정하여진 시험에 합격한 사람 중에서 한다.
경력경쟁채용 (제10조 제3항)	다음 각 호의 어느 하나에 해당하는 경우에는 경력 등 응시요건을 정하여 같은 사유에 해당하는 다수인을 대상으로 경쟁의 방법으로 채용하는 시험(경력경쟁채용시험)으로 경찰공무원을 신규채용할 수 있다. 1. 「국가공무원법」 제70조 제1항 제3호의 사유로 퇴직하거나 같은 법 제71조 제1항 제1호의 **휴직** 기간 만료로 퇴직한 경찰공무원을 퇴직한 날부터 **3년**(「공무원재해보상법」 **공무상** 부상 또는 질병으로 인한 휴직의 경우에는 **5년**) 이내에 퇴직 시에 재직한 계급의 경찰공무원으로 재임용하는 경우 2. 공개경쟁시험으로 임용하는 것이 부적당한 경우에 임용예정 직무에 관련된 자격증 소지자를 임용하는 경우

경력경쟁채용 (제10조 제3항)	3. 임용예정직에 상응하는 근무실적 또는 연구실적이 있거나 전문지식을 가진 사람을 임용하는 경우 4. 「국가공무원법」에 따른 5급 공무원의 공개경쟁채용시험이나 사법시험법」에 따른 사법시험에 합격한 사람을 경정 이하의 경찰공무원으로 임용하는 경우 5. 섬, 외딴곳 등 특수지역에서 근무할 사람을 임용하는 경우 6. 외국어에 능통한 사람을 임용하는 경우 7. 제주특별자치도의 자치경찰공무원을 그 계급에 상응하는 경찰공무원으로 임용하는 경우 8. 「국가경찰과 자치경찰의 조직 및 운영에 관한 법률」 제16조에 따라 경찰청 외부를 대상으로 모집하여 국가수사본부장을 임용하는 경우
부정행위자 (제11조)	경찰청장 또는 해양경찰청장은 경찰공무원의 채용시험 또는 경찰간부후보생 공개경쟁선발 시험에서 부정행위를 한 응시자에 대하여는 해당 시험을 **정지** 또는 **무효**로 하고, 그 처분이 있은 날부터 **5년**간 시험응시자격을 정지한다. [20 채용]

(3) 채용후보자

등록	「경찰공무원**임용령**」 제17조 ① 공개경쟁채용시험, 경찰간부후보생 공개경쟁선발시험 및 경력경쟁채용시험중에 합격한 사람은 행정안전부령 또는 해양수산부령으로 정하는 바에 따라 임용권자 또는 임용제청권자에게 채용후보자 등록을 하여야 한다. ② 채용후보자등록을 하지 아니한 사람은 경찰공무원으로 임용될 의사가 없는 것으로 본다.
채용후보자 명부	「경찰공무원법」 제12조 ① 경찰청장 또는 해양경찰청장은 신규채용시험에 합격한 사람(경찰대학을 졸업한 사람과 경찰간부후보생을 포함)을 대통령령으로 정하는 바에 따라 성적 순위에 따라 채용후보자 명부에 등재하여야 한다. ② 경찰공무원의 신규채용은 채용후보자 명부의 등재 순위에 따른다. 다만, 채용후보자가 경찰교육기관에서 신임교육을 받은 경우에는 그 교육성적 순위에 따른다. ③ 채용후보자 명부의 유효기간은 **2년**의 범위에서 대통령령으로 정한다. 다만, 경찰청장 또는 해양경찰청장은 필요에 따라 **1년**의 범위에서 그 기간을 연장할 수 있다. ▶ **최장 유효기간은 3년**이다. (「경찰공무원법」 제12조 제3항) [22 경간] ④ 신규채용시험에 합격한 사람이 채용후보자 명부에 등재된 이후 그 유효기간 내에 「병역법」에 따른 병역복무를 위하여 군에 입대한 경우(대학생 군사훈련 과정 이수자 포함)의 의무복무기간은 ②에 따른 기간에 넣어 계산하지 아니한다. ⑤ 경찰청장 또는 해양경찰청장은 채용후보자 명부의 유효기간을 연장하기로 결정한 경우에는 그 사실을 공고하여야 한다.
임용 또는 임용제청의 유예 [22 경간]	① 임용권자 또는 임용제청권자는 채용후보자 명부에 등재된 채용후보자가 다음에 해당하는 경우에는 채용후보자 명부의 유효기간의 범위에서 기간을 정하여 임용 또는 임용제청을 유예할 수 있다. 다만, 유예기간 중이라도 그 사유가 소멸한 경우에는 임용 또는 임용제청을 할 수 있다. 　㉠ 「병역법」에 따른 병역복무를 위하여 징집 또는 소집되는 경우 　㉡ 학업을 계속하는 경우 　㉢ **6개월** 이상의 장기 요양이 필요한 질병이 있는 경우 　㉣ 임신하거나 출산한 경우 　㉤ 그 밖에 임용 또는 임용제청의 유예가 부득이하다고 인정되는 경우 ② 임용 또는 임용제청의 유예를 원하는 사람은 해당 사유를 증명할 수 있는 자료를 첨부하여 임용권자 또는 임용제청권자가 정하는 기간 내에 신청해야 한다. 이 경우 원하는 유예기간을 분명하게 적어야 한다.

자격상실	① 채용후보자가 임용 또는 임용제청에 불응한 때 ② 채용후보자로서 받아야 할 교육훈련에 불응한 때 ③ 채용후보자로서 받은 교육훈련성적이 수료점수에 미달되는 경우 ④ 채용후보자로서 교육훈련을 받는 중에 **퇴학처분**을 받은 경우. 다만, **질병** 등 교육훈련을 계속할 수 없는 불가피한 사정으로 퇴학처분을 받은 경우 **제외**
시보임용 예정자 등 교육훈련	「**경찰공무원임용령**」 제21조 ① 임용권자 또는 임용제청권자는 **시보임용경찰공무원 또는 시보임용예정자**에게 일정기간 교육훈련을 시킬 수 있다. 이 경우 시보임용예정자에게 교육훈련을 받는 기간 동안 예산의 범위에서 임용예정계급의 **1호봉**에 해당하는 **봉급의 80%**에 해당하는 금액 등을 지급할 수 있다. ② 임용권자 또는 임용제청권자는 시보임용예정자가 교육훈련성적이 만점의 **60% 미만**(이하X)이거나 생활기록이 극히 불량할 때에는 시보임용을 **하지 아니할 수 있다**.

(4) 시보임용

의의	경찰관으로서의 적격성을 보유하고 있는지를 확인 및 부족한점을 보완하고, 경찰실무를 습득하기 위해 일정기간 동안 시험보직을 명하게 하는 제도
기간	① **경정 이하**의 경찰공무원을 신규채용할 때에는 **1년간** 시보로 임용하고, 그 **기간이 만료된 다음 날**(만료된 날 X)에 정규 경찰공무원으로 임용한다. ② **휴직기간·직위해제기간** 및 징계에 의한 **정직** 또는 **감봉**처분(견책X)을 받은 기간은 시보임용 기간에 산입하지 않는다.
예외	다음의 경우에는 시보임용을 거치지 아니한다. ㉠ 경찰대학을 졸업한 사람 또는 경찰간부후보생으로서 정하여진 교육을 마친 사람을 경위로 임용하는 경우 ㉡ 경찰공무원으로서 대통령령으로 정하는 상위계급으로의 승진에 필요한 자격 요건을 갖추고 임용예정 계급에 상응하는 공개경쟁 채용시험에 합격한 사람을 해당 계급의 경찰공무원으로 임용하는 경우 ㉢ 퇴직한 경찰공무원으로서 퇴직 시에 재직하였던 계급의 채용시험에 합격한 사람을 **재임용**하는 경우 ㉣ **자치경찰공무원을 그 계급에 상응**하는 경찰공무원으로 임용하는 경우 [22 승진]
지도·감독	임용권자 또는 임용제청권자는 시보임용경찰공무원에 대하여 근무사항을 **항상 지도·감독하여야 한다**. (할 수 있다X)
신분보장X	시보임용기간 중에 있는 경찰공무원이 근무성적 또는 교육훈련성적이 불량할 때에는 「국가공무원법」 제68조 및 이 법 제22조에도 불구하고 **면직**시키거나 **면직**을 제청할 수 있다. ▶ 시보임용기간 중에는 정규공무원으로서의 신분보장을 받지 못한다. 「국가공무원법」 제68조(의사에 반한 신분 조치) 공무원은 형의 선고, 징계처분 또는 이 법에서 정하는 사유에 따르지 아니하고는 본인의 의사에 반하여 휴직·강임 또는 면직을 당하지 아니한다. [22 승진]

면직	① 임용권자 또는 임용제청권자는 시보임용경찰공무원이 다음 사유에 해당하여 정규경찰 공무원으로 임용함이 부적당하다고 인정되는 경우에는 **정규임용심사위원회의 심사를 거쳐**(징계절차를 거쳐 X) 당해 시보임용경찰공무원을 면직시키거나 면직을 제청할 수 있다. 　㉠ 징계사유에 해당할 때 　㉡ 제21조 제1항의 규정에 의한 **교육훈련성적이 만점의 60%**(50%X) **미만**(이하X)이거나 생활기록이 극히 불량할 때 　㉢ 「경찰공무원 승진임용 규정」 제7조 제2항의 규정에 의한 **제2평정 요소**에 대한 근무 성적평정점이 만점의 **50% 미만**(이하X)일 때 [20 승진] ② 시보임용경찰공무원의 면직 또는 면직제청에 따른 동의의 절차는 해당 징계위원회의 파면(해임) 의결에 관한 절차를 준용한다.

(5) 정규임용심사위원회

「경찰공무원 임용령」 제20조(시보임용경찰공무원)
③ 시보임용경찰공무원을 정규 경찰공무원으로 임용하는 경우 그 적부를 심사하게 하기 위하여 임용권자 또는 임용제청권자 소속으로 정규임용심사위원회를 둔다.
④ 정규임용심사위원회의 구성 및 운영에 관하여 필요한 사항은 **행정안전부령** 또는 해양수산부령으로 정한다.

「경찰공무원 임용령 시행규칙」 제9조(정규임용심사위원회)
① 「경찰공무원 임용령」 제20조 제3항에 따른 정규임용 심사위원회는 위원장 1명을 포함한 위원 **5명 이상 7명 이하**로 구성한다.
② **위원장**은 위원 중 **가장 계급이 높은** 경찰공무원이 된다. 다만, 가장 계급이 높은 경찰공무원이 둘 이상인 경우 그 중 **해당 계급에 승진임용된 날이 가장 빠른** 경찰공무원이 된다.
③ 위원은 소속 경감 이상 경찰공무원 중에서 위원회가 설치된 기관의 장이 임명하되, 심사대상자 보다 상위 계급자로 한다.
④ 위원회는 재적위원 **3분의 2** 이상 출석과 출석위원 과반수 찬성으로 의결한다.
⑤ 이 규칙에서 정한 사항 **외**에 위원회의 운영에 관하여 필요한 사항은 **위원회의 의결**을 거쳐 **위원장**이 정한다.

3. 경찰공무원의 분류(계급, 경과)

분류	「경찰공무원법」에서는 경찰공무원을 계급, 경과로 분류한다.
계급	① 계급은 경찰공무원이 가지는 개인의 특성, 즉 학력, 경력, 자격을 기준으로 하여 유사한 개인적 특성을 가진 공무원을 여러 범주와 집단으로 구분하는 것이다. ② 치안총감·치안정감·치안감·경무관·총경·경정·경감·경위·경사·경장·순경으로 한다. ③ 계급에 따라 책임과 보수의 차이가 있다.
경과	경과는 경찰관 개인의 특성을 활용하기 위하여 경찰을 **수평적으로 분류**한 것이며, 경과에 따라 개인이 담당하는 직무의 종류가 결정된다.

3-2. 경과

법 제4조	「경찰공무원법」 제4조 ① 경찰공무원은 그 직무의 종류에 따라 경과(科)에 의하여 구분할 수 있다. ② 경과의 구분에 필요한 사항은 대통령령(경찰공무원 임용령)으로 정한다.
경공법 임용령 (제3조)	「**경찰공무원 임용령**」 제3조 ① **총경 이하** 경찰공무원에게 부여하는 경과는 다음 각 호와 같다. 다만, 수사경과와 **보안경과**는 **경정**(총경 X) **이하** 경찰공무원에게만 부여한다. [21 법학, 22 승진] 　1. 일반경과 　2. 수사경과 　3. 보안경과 　4. 특수경과 　　다. 항공경과 　　라. 정보통신경과 ② 임용권자(임용권 위임 받은 자 포함) 또는 임용제청권자(「경찰공무원법」 제7조 제1항에 따른 추천이 필요한 경우에는 경찰청장을 포함) 경찰공무원을 **신규채용할 때**에 경과를 부여해야 한다. ④ **경찰청장**은 전시·사변 또는 이에 준하는 비상사태가 발생한 경우에는 경과의 일부를 **폐지** 또는 **병합**하거나 **신설할 수 있다**. ⑤ 경과별 직무의 종류 및 전과 등에 관하여 필요한 사항은 **행정안전부령**으로 정한다.

경공법 임용령 시행규칙	경과부여 (제22조)	신규채용된 경찰공무원에게는 일반경과를 부여한다. 다만, 수사, 보안, 항공, 정보통신분야로 채용된 경찰공무원에게는 임용예정 직위의 업무와 관련된 경과를 부여한다.
	전과의 유형 (제27조)	① 전과는 일반경과에서 수사경과 보안경과 또는 특수경과로의 전과만 인정한다. 다만, 정원감축 등 경찰청장이 정하는 사유가 있는 경우 보안경과·수사경과 또는 정보통신경과에서 일반경과의 전과를 인정할 수 있다.
	전과의 대상자 및 제한 (제28조)	① 전과는 다음 각 호의 어느 하나에 해당하는 사람에 대해서만 인정한다. 　1. 현재 경과보다 다른 경과에서 더욱 발전할 수 있다고 인정되는 사람 　2. 정원감축, 직제개편 등 부득이한 사유로 기존 경과를 유지하기 어려워진 사람 　3. 전과하려는 경과와 관련된 자격증을 소지한 사람 　4. 전과하려는 경과와 관련된 분야의 시험에 합격한 사람 ② 제1항에도 불구하고 다음 각 호의 어느 하나에 해당하는 사람은 전과를 할 수 없다. 　1. 현재 경과를 부여받고 1년이 지나지 아니한 사람 　2. 특정한 직무분야에 근무할 것을 조건으로 채용된 경찰공무원으로서 채용 후 5년이 지나지 아니한 사람

3-3. 수사경찰 인사운영규칙

근무부서 (제3조)	① 이 규칙이 적용되는 **수사경찰의 근무부서**는 다음 각 호와 같다. 1. 경찰청 수사기획조정관의 업무지휘를 받고 있는 경찰관서의 수사부서 2. 경찰청 수사국장의 업무지휘를 받고 있는 경찰관서의 수사부서 3. 경찰청 형사국장의 업무지휘를 받고 있는 경찰관서의 수사부서 4. 경찰청 사이버수사국장의 업무지휘를 받고 있는 경찰관서의 수사부서 5. 경찰청 과학수사관리관의 업무지휘를 받고 있는 경찰관서의 수사부서 6. 경찰청 안보수사국장의 업무지휘를 받고 있는 경찰관서의 수사부서 7. 경찰청 생활안전국장의 업무지휘를 받고 있는 경찰관서의 지하철범죄 및 생활질서사범 수사부서 8. 경찰교육기관의 수사직무 관련 학과 9. 국립과학수사연구원 등 직제상 정원에 경찰공무원이 포함되어 있는 정부기관내 수사관련 부서 10. 「국가공무원법」 제32조의4 및 「경찰공무원임용령」 제30조 파견부서 중 수사직무관련 부서 11. 기타 경찰청장이 특별한 필요에 따라 지정하는 부서
선발원칙 (제10조)	① 수사업무 수행을 위한 업무역량, 전문성 등을 고려하여 **경정 이하**의 경찰공무원을 대상으로 수사경과자를 선발한다. ② 수사경과자의 선발인원은 수사경찰의 전문성 향상과 인사운영의 효율성 등을 고려하여 수사부서 **총정원의 1.5배**의 범위 내에서 **경찰청장**이 정한다.
수사경과 부여 (제13조)	① 경찰청장은 다음 각 호에 해당되는 사람에 대하여 **수사경과를 부여한다**. 1. 제12조에 따라 **선발**된 사람 2. 수사전문성 확보를 위해 **경력경쟁채용시험으로 신규채용**된 사람 3. 변호사·공인회계사 및 이에 준하는 자격을 취득한 사람이 그 자격을 취득한 날로부터 **3년** 이내 수사경과 부여를 요청하는 경우 ② 제1항에 해당하는 사람이 「경찰공무원 임용령 시행규칙」 제28조 제2항에 따라 **전과가** 제한되는 경우 그 제한이 해소되는 때에 수사경과로 **전과**된다. ③ 수사경과 부여일을 기준으로 다음 각 호에는 수사경과자 부여 대상에서 **제외**한다. 1. 제15조 제1항 제1호의 사유가 있은 날부터 **5년**이 경과되지 않은 사람 2. 제15조 제2항 제1호의 사유가 있은 날부터 **3년**이 경과하지 않은 사람 3. 그 밖에 **수사업무 능력이 부족**한 경우 등 **경찰청장**이 정하는 사유에 해당하는 사람
유효기간 및 갱신 (제14조)	① 수사경과 유효기간은 수사경과를 부여일 또는 갱신일로부터 **5년**으로 한다. ② 수사경과자는 수사경과 **유효기간 내**에 다음 각 호의 어느 하나에 해당하는 방법으로 언제든지 수사경과를 **갱신**할 수 있다. 다만, 휴직 등 경찰청장이 정하는 사유로 수사경과 갱신을 할 수 없는 경우에는 그 **연기**를 받을 수 있다. 1. 경찰청장이 지정하는 수사 관련 **직무교육 이수**(사이버교육을 포함한다.) 2. 수사경과 **갱신**을 위한 **시험에 합격**

해제사유
(제15조)
	① 다음 각 호의 어느 하나에 해당하는 경우에는 수사경과를 **해제**하여야 한다.
	
	   1. **직무 관련 청렴의무위반·인권침해** 또는 **부정청탁**에 따른 **직무수행**으로 **징계처분** 받은 경우
	   2. **5년간 연속**으로 제3조 제1항 **외**의 부서에서 근무하는 경우
	   3. 제14조에 따른 **유효기간 내**에 **갱신이 되지 않은** 경우
	
	② 다음 각 호의 어느 하나에 해당하는 경우에는 수사경과를 **해제할 수 있다.**
	
	   1. 제1항 제1호 외의 사유로 **징계처분**을 받은 경우
	   2. 인권침해, 편파수사 이유로 다수의 진정을 받는 등 **공정한 수사업무수행을 기대하기 곤란**한 경우
	   3. 수사업무 **능력 의욕이 현저하게 부족**한 경우
	   4. 수사경과 **해제**를 **희망**하는 경우

4. 전보

의의	① 경찰공무원의 **동일 직위 및 자격 내에서의 근무기관이나 부서를 달리**하는 임용을 말한다. (경찰공무원법 제2조 제2호) ▶ 계급 변화X, 보직만 바꾸는 것O ② 임용권자 또는 임용제청권자는 장기근무 또는 잦은 전보로 인한 업무 능률 저하를 방지하기 위하여 특별한 사정이 없으면 **정기적으로 전보를 실시하여야 한다.** (경찰공무원 임용령 제26조)
제한	① 임용권자 또는 임용제청권자는 소속공무원이 해당 직위에 **임용된 날부터 1년** 이내(감사 업무를 담당하는 경찰공무원의 경우에는 **2년** 이내)에 다른 직위에 전보할 수 없다. ② 교육훈련기관의 교수요원으로 임용된 사람은 그 **임용일부터 1년 이상 3년 이하**의 범위에서 **경찰청장**이 정하는 기간 안에는 다른 직위에 전보할 수 없다. 다만, 기구의 개편, 직제·정원의 변경이나 교육과정의 개편 또는 폐지가 있거나 교수요원으로서 부적당하다고 인정될 때에는 그렇지 않다. ③ 법 제10조 제3항 제5호(섬, 외딴곳 등 특수지역에서 근무할 사람을 임용하는 경우)에 따라 채용된 경찰공무원은 그 **채용일부터 5년**의 범위에서 경찰청장이 정하는 기간(**휴직**기간, **직위해제**기간 및 **정직**기간은 **포함하지 않는다**) 안에는 채용조건에 해당하는 기관 또는 부서 외의 기관 또는 부서로 전보할 수 없다.
제한의 예외	① 직제상 최저단위인 보조기관 또는 보좌기관 내에서 전보하는 경우 ② 경찰청 및 해양경찰청과 소속기관등 또는 소속기관등 상호간의 교류를 위하여 전보하는 경우 ③ 기구의 개편, 직제 또는 정원의 변경으로 인한 해당 경찰공무원을 전보하는 경우 ④ 승진임용된 경찰공무원을 전보하는 경우 ⑤ 전문직위로 경찰공무원을 전보하는 경우 ⑥ 징계처분을 받은 경우 ⑦ 형사사건에 관련되어 수사기관에서 조사를 받고 있는 경우 ⑧ 경찰공무원으로서의 품위를 크게 손상하는 비위로 인한 감사 또는 조사가 진행 중이어서 해당 직위를 유지하는 것이 부적절하다고 판단되는 경찰공무원을 전하는 경우 ⑨ 경찰기동대 기타 경비부서에서 정기적으로 교체하는 경우 ⑩ 교육훈련기관의 교수요원으로 보직하는 경우 ⑪ 시보임용중인 경우 ⑫ 신규채용된 경찰공무원을 해당 계급의 보직관리기준에 따라 전보하는 경우 및 이와 관련한 전보의 경우 ⑬ 감사담당 경찰공무원 가운데 부적격자로 인정되는 경우 ⑭ 경정 이하의 경찰공무원을 배우자 또는 직계존속이 거주하는 시·군·자치구 지역의 경찰기관으로 전보하는 경우 ⑮ 임신 중인 경찰공무원 또는 출산 후 1년이 지나지 않은 경찰공무원의 모성보호, 육아 등을 위하여 필요한 경우

5. 경찰공무원의 권리와 의무 [20 경간]

권리	신분상	일반	직무집행권, 신분 및 직위보유권, 쟁송제기권
		특수	제복착용권, 무기휴대 및 사용권, 장구사용권
	재산상		보수청구권, 연금청구권, 실비변상청구권, 실물대여청구권, 보상청구권
의무	「국가공무원법」		선서의무, 성실의무
		신분상	비밀엄수의무, 정치운동금지의무, 집단행동금지의무, 청렴의무, 품위유지의무, 영예 등의 제한 (친절공정의무X)
		직무상	법령준수의무, 복종의무, 친절공정의무, 종교중립의무, 직무전념의무(직장이탈금지, 영리업무금지, 겸직금지)
	「경찰공무원법」	신분상	정치관여금지의무
		직무상	제복착용의무, 거짓보고 및 직무유기금지의무, 지휘권남용 등의 금지의무
	「경찰공무원 복무규정」		지정장소 외에서의 직무수행금지의무, 근무시간 중 음주금지의무, 민사분쟁에의 부당개입 금지의무
	「공직자윤리법」		재산등록의무, 재산공개의무, 선물신고의무, 취업제한 등

▶ 경찰공무원은 헌법상의 단결권, 단체교섭권, 단체행동권의 제약을 받는다.

(1) 신분상의 권리

	직무수행권	경찰공무원은 자기에게 맡겨진 직무를 수행할 권리가 있다.
일반 공무원 공통	신분 및 직위보유권	① 경찰공무원은 형의 선고, 징계처분 또는 국가공무원법 및 경찰공무원법에서 정하는 사유에 의하지 아니하고는 그 의사에 반하여 그 신분 및 직위를 상실당하지 아니한다. ② **치안총감, 치안정감** 및 **시보임용기간 중**의 공무원은 **신분보장을 받지 못한다.** ▶「국가공무원법」제68조(의사에 반한 신분 조치) 　공무원은 형의 선고, 징계처분 또는 이 법에서 정하는 사유에 따르지 아니하고는 본인의 의사에 반하여 휴직·강임 또는 면직을 당하지 아니한다. [22 승진] ▶「경찰공무원법」제36조(「국가공무원법」과의 관계) 　① 치안총감과 치안정감에 대해서는 「국가공무원법」 제68조 본문을 적용하지 아니한다. ▶「경찰공무원법」제13조(시보임용) 　③ 시보임용기간 중에 있는 경찰공무원이 근무성적 또는 교육훈련성적이 불량할 때에는 「국가공무원법」 제68조 및 이 법 제28조에도 불구하고 면직시키거나 면직을 제청할 수 있다.
	쟁송제기권	① 경찰공무원이 위법·부당하게 신분보장이 침해된 경우에 소청심사위원회에 소청을 청구할 수 있으며, 또한 행정소송을 통해 신분을 보장받을 권리가 있다. ② 징계처분, 휴직처분, 면직처분, 그 밖에 의사에 반하는 불리한 처분에 대한 행정소송은 경찰청장 또는 해양경찰청장을 피고로 한다. 다만, 임용권을 위임한 경우에는 그 위임받은 자를 피고로 한다. (「경찰공무원법」 제34조)
특수한 권리	장구사용권	수갑·경찰봉·포승·방패 등을 사용할 수 있는 권리(「경찰관직무집행법」)
	무기휴대 및 사용권	① 무기휴대의 법적 근거 : **「경찰공무원법」** ② 무기사용의 법적 근거 : **「경찰관직무집행법」**(「경찰공무원 복무규정」X) 　▶ 무기휴대 및 사용권 : 권리O, 의무X
	제복착용권	제복착용 : 권리O, 의무O

(2) 재산상의 권리

보수 청구권	보수 의의	공무원의 보수란 봉급과 기타 각종 수당을 합산한 금액을 말한다. ▶ 근로의 대가+공무원의 생활보장적 성격
	근거	**대통령령**(법률X, 행정안전부령X)인 「**공무원보수규정**」에서 규정하고 있다.
	시효	① 판례는 보수청구권 소멸시효를 **3년**으로 판시하였다. ② 사권으로 본 민법상 **3년** 견해와 공권으로 본 국가재정법상 **5년** 견해의 대립이 있다.
	압류	보수의 압류는 **봉급액의 1/2**로 제한된다.
연금 청구권	근거	「**공무원연금법**」(공무원재해보상법X) 제1조 이 법은 공무원의 퇴직, 장해 또는 사망에 대하여 적절한 급여를 지급하고 후생복지를 지원함으로써 공무원 또는 그 유족의 생활안정과 복지 향상에 이바지함을 목적으로 한다.
	절차	① 각종 급여는 그 급여를 받을 권리를 가진 자의 **신청**에 따라 **인사혁신처장**의(기획재정부장관X) 결정으로 공무원연금 공단이 지급한다. 다만, 급여제한사유 해당 여부 등 대통령령으로 정하는 사항은 「공무원재해보상법」에 따른 **공무원재해보상심의회의 심의**를 거쳐야 한다. ② ①에 따른 급여의 결정에 관한 **인사혁신처장의 권한**은 대통령령으로 정하는 바에 따라 **공단에 위탁할 수 있다.**
	이의 신청	① 급여에 관한 결정, 기여금의 징수, 그 밖에 이 법에 따른 급여에 관하여 **이의가 있는 사람**은 대통령령으로 정하는 바에 따라 「공무원재해보상법」 제52조에 따른 **공무원재해보상연금위원회**에 심사를 청구할 수 있다. ② 급여에 관한 결정 등이 **있었던 날부터 180일**, 그 사실을 **안 날부터 90일** 이내에 심사를 청구하여야 한다.
	시효	**급여받을 권리**는 급여사유가 발생한 날부터 **5년간**(3년X) 불행사시 소멸한다.
보상 청구권		「**공무원 재해 보상법**」 제1조(목적) 이 법은 공무원의 공무로 인한 부상·질병·장해·사망에 대하여 적합한 보상을 하고, 공무상 재해를 입은 공무원의 재활 및 직무복귀를 지원하며, 재해예방을 위한 사업을 시행함으로써 공무원이 직무에 전념할 수 있는 여건을 조성하고, 공무원 및 그 유족의 복지 향상에 이바지함을 목적으로 한다. 제54조 제1항(시효) 이 법에 따른 급여를 받을 권리는 **그 급여의 사유가 발생한 날부터** 요양급여·재활급여·간병급여·부조급여는 **3년간**(5년X), 그 밖의 급여는 **5년간**(3년X) 행사하지 아니하면 시효로 인하여 소멸한다. [21 승진]
보훈 (경찰공무원법 제21조)		경찰공무원으로서 전투나 그 밖의 직무수행 또는 교육훈련 중 사망한 사람(공무상 질병으로 사망한 사람 포함) 및 부상(공무상 질병 포함)을 입고 퇴직한 사람과 그 유족 또는 가족은 「국가유공자 등 예우 및 지원에 관한 법률」 또는 「보훈보상대상자 지원에 관한법률」에 따라 예우 또는 지원을 받는다.
실비변상 청구권		공무집행상 특별한 비용을 요할 때에는 따로 실비변상을 받는다. ▶ 양도·대리·포기 O
실물대여 청구권		제복 기타 물품의 실물대여를 받을 권리를 말한다.

(3) 「국가공무원법」상 의무

기본적 의무	선서 (제55조)	공무원은 취임할 때에 소속 기관장 앞에서 대통령령등으로 정하는 바에 따라 선서하여야 한다. 다만, 불가피한 사유가 있으면 취임 후에 선서하게 할 수 있다.
	성실 (제56조)	① 모든 공무원은 법령을 준수하며 성실히 직무를 수행하여야 한다. ② 모든 의무의 원천이 되는 기본적 의무이다. [20 승진]

신분상 의무 [20승진]	비밀엄수 (제60조)	① 공무원은 **재직 중**은 물론 **퇴직 후에도** 직무상 취득한 비밀을 엄수하여야 한다. ② 비밀엄수의무의 위반은 징계사유가 됨은 물론이고 법령에 의한 직무상 비밀을 누설한 경우에는 형사상의 피의사실공표죄 및 공무상비밀누설죄를 구성하여 처벌받게 된다. ▶ **퇴직 후에도** 형사처벌 가능 O ※ 비밀 ① 실질적으로 보호할 가치가 있는 것만 비밀에 해당한다. (실질설) ② 직무상 비밀의 내용은 공무원 본인이 취급한 직무에 관한 비밀뿐만 아니라 **직무상 이와 관련하여 알게 된 비밀도 포함**한다.
	청렴 (제61조)	① 공무원은 **직무와 관련하여 직접적이든 간접적이든** 사례·증여 또는 향응을 주거나 받을 수 없다. → 대외적 청렴의무 ② 공무원은 **직무상의 관계가 있든 없든** 그 소속 **상관**에게 증여하거나 소속 공무원으로부터 증여를 받아서는 아니 된다. → 내부적 청렴의무
	영예 등의 제한 (제62조)	공무원은 외국정부로부터 영예(榮譽) 또는 증여를 받는 경우는 **대통령의 허가**를 얻어야 한다.
	품위유지 (제63조) [20 승진]	공무원은 **직무의 내외를 불문**하고 그 품위를 손상하는 행위를 하여서는 안 된다. ※ **품위** : 국민의 수임자로서 직책을 맡아 수행하는 데 손색이 없는 인품

	정치운동 금지 (제65조) [20승진]	① 공무원은 **정당**이나 그 밖의 **정치단체 결성에 관여**하거나 이에 **가입할 수 없다**.
		② 공무원은 선거에서 특정정당 또는 특정인을 **지지 또는 반대**하기 위한 다음의 행위를 **하여서는 아니 된다**.
		  1. 투표를 하거나 하지 아니하도록 권유운동을 하는 것
		  2. 서명운동을 기획·주재하거나 권유하는 것
		  3. 문서 또는 도서를 공공시설 등에 게시하거나 게시하게 하는 것
		  4. 기부금을 모집 또는 모집하게 하거나 공공자금을 이용 또는 이용하게 하는 것
		  5. 타인으로 하여금 정당 기타 정치단체에 가입하게 하거나 가입하지 아니하도록 권유운동을 하는 것
		③ 공무원은 다른 공무원에게 제1항과 제2항에 위배되는 행위를 하도록 요구하거나, 정치적 행위에 대한 보상 또는 보복으로서 이익 또는 불이익을 약속하여서는 아니 된다.
		「국가공무원법」 제84조
		공무원이 **정치운동의 금지의무를 위반**하면 3년 이하의 징역과 3년 이하의 자격정지에 처하며, 공소시효의 기간은 10년으로 한다.
		▶ 비교)「경찰공무원법」제23조 정치**관여**금지

	집단행동 금지의무 (제66조)	① 공무원은 노동운동이나 그 밖에 공무 외의 일을 위한 집단 행위를 하여서는 아니 된다. 다만, 사실상 노무에 종사하는 공무원은 예외로 한다. ② 사실상 노무에 종사하는 공무원으로서 노동조합에 가입된 자가 조합 업무에 전임하려면 **소속장관**의(소속기관장X) 허가를 받아야 한다. ③ 경찰공무원은 노동3권(단결권, 단체교섭권, 단체행동권)이 제약된다. 「경찰공무원법」제37조 경찰공무원이 **집단행동 금지의무를 위반**하면 **2년** 이하의 징역 또는 **200만원** 이하의 벌금에 처한다.

> **참고**
>
> 「형사소송법」 제147조(공무상 비밀과 증인자격) 제1항
>
> 공무원 또는 공무원이었던 자가 그 직무에 관하여 알게 된 사실에 관하여 본인 또는 당해공무소가 직무상 비밀에 속하는 사항임을 신고한 때에는 그 소속공무소 또는 감독관공서의 승낙 없이는 증인으로 신문하지 못한다.

> **참고**
>
> 「민사소송법」 제306조(공무원의 신문)
>
> 공무원 또는 공무원이었던 사람을 증인으로 하여 직무상 비밀에 관한 사항을 신문할 경우에 법원은 그 소속 관청 또는 감독 관청의 동의를 받아야 한다.

(4) 「경찰공무원법」상 신분상 의무

정치관여금지 (제23조)	① 경찰공무원은 정당이나 정치단체에 **가입**하거나 정치활동에 **관여**하는 행위를 하여서는 아니 된다. ② 정치활동에 **관여**하는 행위란 다음 각 호의 어느 하나에 해당하는 행위를 말한다. 　1. 정당이나 정치단체의 결성 또는 가입을 지원하거나 **방해**하는 행위 　2. 그 직위를 이용하여 특정 정당이나 특정 정치인에 대하여 지지 또는 반대 의견을 유포하거나, 그러한 여론을 조성할 목적으로 특정 정당이나 특정 정치인에 대하여 찬양하거나 비방하는 내용의 의견 또는 사실을 유포하는 행위 　3. 특정 정당이나 특정 정치인을 위하여 기부금 모집을 지원하거나 방해하는 행위 또는 국가·지방자치단체 및 「공공기관의 운영에 관한 법률」에 따른 공공기관의 자금을 이용하거나 이용하게 하는 행위 　4. 특정 정당이나 특정인의 선거운동을 하거나 선거 관련 대책회의에 **관여**하는 행위 　5. 「정보통신망 이용촉진 및 정보보호 등에 관한 법률」에 따른 정보통신망을 이용한 제1호부터 제4호까지의 규정에 해당하는 행위 　6. 소속 직원이나 다른 공무원에 대하여 제1호부터 제5호까지의 행위를 하도록 요구하거나 그 행위와 관련한 보상 또는 보복으로서 이익 또는 불이익을 주거나 이를 약속 또는 고지하는 행위 「경찰공무원법」 제37조 제3항 경찰공무원으로서 정당이나 정치단체에 **가입**하거나 정치활동에 **관여**하는 행위시 **5년 이하 징역**과 **5년 이하 자격정지**, 공소시효 기간은 **10년**

(5) 「국가공무원법」상 직무상 의무

법령준수 (제56조)	① 경찰공무원은 법령을 준수하며 성실히 직무를 수행하여야 한다. ② 경찰공무원은 **적법한 외관을 갖춘 한** 해당법령을 준수할 의무가 있다. 　→ 법령의 **형식적 심사·적용배제권**은 있으나, 실질적 심사·적용배제권은 없다. ③ 경찰공무원이 법령에 **위반**하면 **위법**행위로서 **무효 또는 취소의 원인**이 된다. ④ 경찰공무원이 법령에 **위반**하면 **징계책임**뿐만 아니라 **형사책임과 민사책임**을 진다.

복종 (제57조)		① 공무원은 직무를 수행할 때 소속 상관의 직무상 명령에 복종하여야 한다. ② 직무명령은 수명공무원의 **직무범위 내에 속하는 사항**에 대하여 발하여야 한다. 직무집행에 직접 관계되는 것뿐만 아니라 간접적으로 관련되는 **복장·두발**도 대상이다. ③ **직무와 관련 없는 사생활**에까지 미치는 것은 아니다. ④ 직무의 성질상 **독립성이 보장되는 직무수행**에는 복종의무가 인정되지 않는다. ⑤ 직무명령에 대한 **위반**의 경우 **위법은 아니**지만 **징계사유**가 될 수 있다. ⑥ 직무상 명령을 수행하는 것이 명백히 범죄 등의 **불법**이 되는 경우는 **당연무효**이므로 **복종할 의무가 없**다. 만약, 거부하지 않고 **복종**하면 그 결과에 대한 **법적 책임**을 진다. 「국가경찰과 자치경찰의 조직 및 운영에 관한 법률」제6조(직무수행) ① 경찰공무원은 상관의 지휘·감독을 받아 직무를 수행하고, 그 직무수행에 관하여 서로 협력하여야 한다. ② 경찰공무원은 구체적 사건수사와 관련된 제1항의 지휘·감독의 **적법성 또는 정당성**에 대하여 이견이 있을 때에는 **이의를 제기할 수 있다.**
친절·공정 (제59조)		① 공무원은 국민 전체의 봉사자로서 친절하고 공정하게 직무를 수행하여야 한다. ② 친절·공정의무는 국가공무원법에 규정된 **법적인 의무**이다.
종교중립 (제59조의2)		① 공무원은 종교에 따른 차별 없이 직무를 수행하여야 한다. ② 공무원은 소속 상관이 **종교중립** 의무에 위배되는 직무상 명령을 한 경우에는 이에 따르지 **아니할 수 있**다. (따르지 아니하여야 한다X)
직무전념 (제58조, 제64조)	직장이탈 금지	① 공무원은 **소속 상관**(기관장X)**의 허가** 또는 정당한 사유가 없으면 직장을 이탈하지 못한다. [20 승진] ② 수사기관이 공무원을 **구속**하려면 그 **소속 기관의 장**에게 미리 통보하여야 한다. 다만, **현행범**은 그러하지 아니하다. [20 승진]
	영리업무 및 겸직금지	① 공무원은 공무 외에 영리를 목적으로 하는 업무에 종사하지 못하며 **소속 기관장**(상관X)**의 허가** 없이 다른 직무를 겸할 수 없다. ② 영리를 목적으로 하는 업무의 한계는 대통령령등으로 정한다.

(6) 「경찰공무원법」상 직무상 의무 [20 승진]

거짓보고등 금지 (제24조)	① 경찰공무원은 직무에 관하여 거짓으로 보고나 통보를 하여서는 아니 된다. ② 경찰공무원은 직무를 게을리 하거나 유기해서는 아니 된다.
지휘권남용등 금지 (제25조)	전시·사변, 그 밖에 이에 준하는 비상사태이거나 작전수행 중인 경우 또는 많은 인명 손상이나 국가재산 손실의 우려가 있는 위급한 사태가 발생한 경우, 경찰공무원을 지휘·감독하는 사람은 정당한 사유 없이 그 직무 수행을 거부 또는 유기하거나 경찰공무원을 지정된 근무지에서 진출·퇴각 또는 이탈하게 하여서는 아니 된다.
제복착용 의무 (제26조)	① 경찰공무원은 제복을 착용하여야 한다. ③ 경찰공무원의 **복제(服制)**에 관한 사항은 **행정안전부령** 또는 **해양수산부령**으로 정한다.

> **참고**
>
> **「경찰공무원법」상 제37조(벌칙)**
>
> | 근거 | 위반사항 | 내용 |
> |---|---|---|
> | 「국가공무원법」 | 직장이탈금지 | 3년 이상의 징역이나 금고 |
> | 「경찰공무원법」 | 직무유기금지
지휘권남용금지 | |
> | 「국가공무원법」 | 복종의무 | 7년 이하의 징역이나 금고 |
> | 「경찰공무원법」 | 거짓보고금지 | |
> | 「국가공무원법」 | 시험 또는 임용의 방해행위 금지 | 1년 이하의 징역 또는 100만원 이하의 벌금 |
> | | 인사에 관한 부정행위 금지 | |
> | | 집단행동금지 | 2년 이하의 징역 또는 200만원 이하의 벌금 |
>
> ① 경찰공무원으로서 전시·사변, 그 밖에 이에 준하는 비상사태이거나 작전수행 중인 경우에 제24조 제 2항(직무유기금지) 또는 제25조(지휘권남용금지), 「국가공무원법」 제58조 제1항(직장이탈금지)을 위반한 사람은 **3년 이상의 징역이나 금고**에 처하며, 제24조 제1항(거짓보고금지), 「국가공무원법」 제57조(복종의무)를 위반한 사람은 **7년 이하의 징역이나 금고**에 처한다.
> ④ 경찰공무원으로서 「국가공무원법」 제44조(시험 또는 임용의 방해행위 금지) 또는 제45조(인사에 관한 부정행위 금지)를 위반한 사람은 **1년 이하의 징역 또는 100만원 이하의 벌금**에 처하고, 같은 법 제66조(집단행동금지)를 위반한 사람은 **2년 이하의 징역 또는 200만원 이하의 벌금**에 처한다.

> **참고**
>
> **「국가공무원법」 제44조(시험 또는 임용의 방해행위 금지)**
>
> 누구든지 시험 또는 임용에 관하여 고의로 방해하거나 부당한 영향을 주는 행위를 하여서는 아니 된다.

> **참고**
>
> **「국가공무원법」 제45조(인사에 관한 부정행위 금지)**
>
> 누구든지 채용시험·승진·임용, 그 밖에 인사기록에 관하여 거짓이나 부정하게 진술·기재·증명·채점 또는 보고하여서는 아니 된다.

(7) 「경찰공무원 복무규정」(대통령령)

1) 제1장 총칙

목적 (제1조)	이 영은 경찰공무원의 복무에 관한 사항을 규정함을 목적으로 한다.

기본강령
(제3조)
	경찰공무원은 다음의 기본강령에 따라 복무해야 한다.
	1. **경찰사명**
	   경찰공무원은 국가와 민족을 위하여 충성과 봉사를 다하며, 국민의 생명·신체 및 재산을 보호하고, 공공의 안녕과 질서를 유지함을 그 사명으로 한다.
	2. **경찰정신**
	   경찰공무원은 국민의 수임자로서 일상의 직무수행에 있어서 국민의 자유와 권리를 존중하는 호국·봉사·정의의 정신을 그 바탕으로 삼는다.
	3. **규율**
	   경찰공무원은 법령을 준수하고 직무상의 명령에 복종하며, 상사에 대한 존경과 부하에 대한 존중으로써 규율을 지켜야 한다.
	4. **단결**
	   경찰공무원은 주어진 사명을 다하기 위하여 긍지를 가지고 한마음 한뜻으로 굳게 뭉쳐 임무수행에 모든 역량을 기울여야 한다.
	5. **책임**
	   경찰공무원은 창의와 노력으로써 소임을 완수하여야 하며, 직무수행의 결과에 대하여 책임을 진다.
	6. **성실·청렴**
	   경찰공무원은 성실하고 청렴한 생활태도로써 국민의 모범이 되어야 한다.

2) 제2장 복무자세

예절 (제4조)	① 경찰공무원은 고운말을 사용하도록 노력하여야 하며, 국민에게 겸손하고 친절하여야 한다. ② 경찰공무원은 상·하급자 및 동료간에 서로 예절을 지켜야 한다.
용모·복장 (제5조)	경찰공무원은 용모와 복장을 단정히 하여 품위를 유지하여야 한다.
환경정돈 (제6조)	경찰공무원은 사무실과 그 주변 환경을 항상 깨끗하게 정리·정돈하여 명랑한 분위기를 유지하여야 한다.
일상행동 (제7조)	경찰공무원은 공·사생활을 막론하고 국민의 모범이 되어야 하며, 다음과 같이 행동하여야 한다. 1. 상·하급자 및 동료를 비난·악평하거나 서로 다투는 행위를 하여서는 아니되며, 항상 협동심과 상부상조의 동료애를 발휘하여야 한다. 2. 경솔하거나 난폭한 행동을 하여서는 아니되며, 항상 명랑·활달하여야 한다. 3. 건전하지 못한 오락행위를 하여서는 아니된다.

3) 제3장 복무등

지정장소외 직무수행금지 (제8조)	경찰공무원은 **상사의 허가**를 받거나 그 **명령**에 의한 경우를 **제외**하고는 직무와 관계없는 장소에서 직무수행을 하여서는 아니 된다. [21 채용]
근무시간 중 음주금지 (제9조)	경찰공무원은 근무시간 중 음주를 하여서는 아니 된다. 다만, 특별한 사정이 있는 경우에는 예외로 하되, 이 경우 주기가 있는 상태에서 직무를 수행하여서는 아니 된다.
민사분쟁 부당개입금지 (제10조)	경찰공무원은 직위 또는 직권을 이용하여 부당하게 타인의 민사분쟁에 개입하여서는 아니 된다. [21 채용, 22 승진]

상관에 대한 신고 (제11조)	경찰공무원은 신규채용·승진·전보·파견·출장·연가·교육훈련기관에의 입교 기타 신분관계 또는 근무관계 또는 근무관계의 변동이 있는 때에는 **소속상관**(소속 기관장X)에게 신고를 하여야 한다. [21 채용]
보고 및 통보 (제12조)	경찰공무원은 치안상 필요한 상황의 보고 및 통보를 신속·정확·간결하게 하여야 한다.
여행의 제한 (제13조)	경찰공무원은 휴무일 또는 근무시간외에 **2시간** 이내에 직무에 복귀하기 어려운 지역으로 여행을 하고자 할 때에는 **소속 경찰기관의 장**에게 **신고**를 하여야 한다. 다만, 치안상 특별한 사정이 있어 경찰청장 또는 경찰기관의 장이 지정하는 기간중에는 **소속경찰관의 장의 허가**를 받아야 한다. [21 채용]
비상소집 (제14조)	① 경찰기관의 장은 비상사태에 대처하기 위하여 필요하다고 인정할 때에는 소속경찰공무원을 긴급히 소집("비상소집")하거나 일정한 장소에 대기하게 할 수 있다. ② 제1항의 규정에 의한 비상소집의 요건·종류·절차등에 관하여 필요한 사항은 **경찰청장 또는 해양경찰청장**이 정한다.

4) 제4장 사기진작 및 휴가등

사기진작 (제16조)	경찰기관의 장은 소속 경찰공무원에 대한 인사상담·고충처리 기타의 방법으로 직무의욕을 고취시키고 사기진작에 노력하여야 한다.
건강관리 (제17조)	① 경찰기관의 장은 소속 경찰공무원의 건강유지와 체력향상에 관한 보건대책을 강구하여야 한다. ② 경찰공무원은 항상 보건위생에 유의하여 건강을 유지하고 체력을 증진하는데 노력하여야 한다.
포상휴가 (제18조)	경찰기관의 장은 근무성적이 탁월하거나 다른 경찰공무원의 모범이 될 공적이 있는 경찰공무원에 대하여 **1회 10일** 이내의 포상휴가를 허가할 수 있다. 이 경우의 포상휴가기간은 **연가일수에 산입하지 아니한다**.
연일근무자 휴무 (제19조)	경찰기관의 장은 특별한 사정이 없는 한 다음과 같이 **휴무를 허가하여야 한다.** (할 수 있다X) 1. 연일근무자 및 공휴일근무자 : **그 다음날 1일의 휴무** 2. 당직 또는 철야근무자 : **다음 날 오후 2시 기준으로 하여 오전 또는 오후의 휴무**

(8) 「공직자윤리법」상 재산등록의무 및 공개의무

등록 의무자	**경사이상** 경찰공무원
	「공직자윤리법」 제3조(등록의무자) ① 다음 각 호의 어느 하나에 해당하는 공직자는 이 법에서 정하는 바에 따라 재산의무자 등록하여야 한다. 　　9. **총경**(자치총경포함)(경위X) 이상의 경찰공무원 　　13. 그 밖에 국회규칙, 대법원규칙, 헌법재판소규칙, 양선거관리위원회규칙 및 대통령령 정하는 특정 분야의 공무원과 공직유관단체의 직원
	「공직자윤리법 시행령」 제3조(등록의무자) ⑤ 법 제3조 제1항 제13호에서 "대통령령으로 정하는 특정 분야의 공무원과 공직유관단체직원"이란 다음 각 호의 사람을 말한다. 　　6. 경찰공무원 중 경정, 경감, 경위, 경사와 자치경찰공무원 중 자치경정, 자치경감자치경위, 자치경사 　　[22 승진]

공개 의무자	공직자윤리위원회는 치안감 이상의 경찰공무원 및 특별시·광역시·도·특별자치도의 시·도공개 본인과 배우자 및 본인의 직계존속·직계비속의 재산에 관한 등록사항과 변동사항 신고내용을 의무자 **등록기간 또는 신고기간 만료 후 1개월** 이내에 관보 또는 공보에 게재하여 **공개하여야 한다**.

등록대상재산
(제4조)
	① 등록의무자가 등록할 재산은 다음 각 호의 어느 하나에 해당하는 사람의 재산(소유 명의와 관계없이 사실상 소유하는 재산, 비영리법인에 출연한 재산과 외국에 있는 재산을 포함)으로 한다.
	  1. 본인
	  2. 배우자(사실상 혼인관계 포함)
	  3. 본인의 직계존속·직계비속, 다만, 혼인한 직계비속인 여성과 외증조부모, 외조부모, 외손자녀 및 외증손자녀는 제외한다.

등록기관 등록시기 (제5조)	① 공직자는 **등록의무자가 된 날부터 2개월**이 되는날이 속하는 달의 **말일**까지 등록의무자가 된 날 현재의 재산을 다음 각 호의 구분에 따른 기관(등록기관)에 등록하여야 한다. 다만, **등록의무자가 된 날부터 2개월이 되는 날이 속하는 달의 말일까지 등록의무를 면제**받은 경우에는 **그러하지 아니하다**. 5. 정부의 부·처·청(대통령령으로 정하는 위원회 등의 행정기관을 포함) 소속 공무원 : 그 부·처·청
외국 정부로부터 받은 선물신고 (제15조)	① 공무원(지방의회의원 포함) 또는 공직유관 단체의 임직원은 외국으로부터 선물을 받거나 그 직무와 관련하여 외국인(외국단체를 포함)에게 선물을 받으면 지체 없이 소속 기관·단체의 장에게 신고하고 그 선물을 인도하여야 한다. 이들의 가족이 외국으로부터 선물을 받거나 그 공무원이나 공직유관단체 임직원의 직무와 관련하여 외국인에게 선물을 받은 경우에도 또한 같다. [21 승진] ② 제1항에 따라 신고할 선물의 가액은 대통령령으로 정한다. ※ 신고해야 할 선물(대통령령) : 증정한 국가 또는 외국인이 속한 국가의 시가로 **미국화폐 100달러** 이상이거나 **국내 시가로 10만원** 이상인 선물 [21 승진]
선물 국고 귀속 (제16조)	① 제15조 제1항에 따라 신고된 선물은 신고 즉시 국가 또는 지방자치단체에 귀속된다. ② 신고된 선물의 관리·유지 등에 관한 사항은 대통령령 또는 조례로 정한다.
퇴직공직자 취업제한 (제17조)	① 제3조 제1항 제1호부터 제12호까지의 어느 하나에 해당하는 공직자와 부당한 영향력 행사 가능성 및 공정한 직무수행을 저해할 가능성 등을 고려하여 국회규칙, 대법원규칙, 헌법재판소규칙, 중앙선거관리위원회규칙 또는 대통령령으로 정하는 공무원과 공직유관단체의 직원(취업심사대상자)은 **퇴직일부터 3년**간 취업심사대상기관에 **취업할 수 없다**. 다만, 관할 공직자윤리위원회로부터 취업심사대상자가 **퇴직 전 5년 동안 소속하였던** 부서 또는 기관의 업무와 취업심사대상기관 간에 밀접한 관련성이 없다는 확인을 받거나 취업승인을 받은 때에는 취업할 수 있다. [21 승진]

제3절 도약기(승진, 대우공무원)

1. 경찰공무원 관계 변경의 의의
경찰공무원으로서의 신분을 유지하면서 직위·직급·직렬 등 경찰공무원관계의 내용의 일부 또는 전부를 변경하는 것을 말한다. ▶ 전직·강임·겸임X(일반공무원의 임용O, 경찰공무원 임용X)

2. 승진

의의	동일직렬 내의 하위직급에서 상위직급으로 임용되는 것을 말한다.
종류	심사승진(**경무관 이하**), 시험승진(**경정 이하**), **특별**승진, 근속승진
승진원칙 (제15조)	① 경찰공무원은 바로 아래 하위계급에 있는 경찰공무원 중에서 근무성적평정, 경력평정, 그 밖의 능력을 실증하여 승진임용한다. ② **경무관 이하** 계급으로의 승진은 승진**심사**에 의하여 한다. 다만, **경정 이하** 계급으로의 승진은 대통령령으로 정하는 비율(특별승진임용 예정인원을 뺀 인원의 **50%**씩)에 따라 승진시험과 승진**심사**를 **병행**할 수 있다. ※ [대통령령] 특별승진임용 예정인원을 뺀 인원의 **50%**씩을 각각 심사승진임용 예정인원과 시험승진임용 예정인원으로 한다. [20 승진] ③ **총경 이하** 경찰공무원에 대하여는 대통령령으로 정하는 바에 따라 계급별로 '**승진대상자 명부**'를 작성하여야 한다. ④ 경찰공무원의 승진에 필요한 계급별 최저근무연수, 승진 제한에 관한사항, 그 밖에 승진에 관하여 필요한 사항은 대통령령으로 정한다.
근속승진 (제16조)	「경찰공무원법」 제16조 ① 경찰청장 또는 해양경찰청장은 해당 계급에서 다음 각 호의 기간 동안 재직한 사람을 경장, 경사, 경위, 경감으로 각각 근속승진임용할 수 있다. 1. 순경을 경장으로 근속승진임용 : 해당 계급에서 **4년** 이상 근속자 2. 경장을 경사로 근속승진임용 : 해당 계급에서 **5년** 이상 근속자 [20 채용] 3. 경사를 경위로 근속승진임용 : 해당 계급에서 **6년 6개월** 이상 근속자 4. 경위를 경감으로 근속승진임용 : 해당 계급에서 **8년** 이상 근속자 ③ 근속승진임용의 기준, 절차 등에 관하여 필요한 사항은 대통령령으로 정한다. 「경찰공무원 승진임용규정」 제26조 ② 법 제16조 제1항 각 호 외의 부분 단서에 따라 다음 각 호의 경찰공무원을 근속승진임용하는 경우에는 해당 각 호의 구분에 따른 기간을 근속승진기간에서 단축할 수 있다. 1. 「공무원임용령」 제48조 제1항 제1호에 따른 인사교류 경력이 있는 경찰공무원 : **인사교류 기간의 2분의 1에 해당하는 기간** 2. 국정과제 등 주요 업무의 추진실적이 우수한 경찰공무원 또는 적극행정 수행 태도가 돋보인 경찰공무원 : **1년**

근속승진 (제16조)	③ 제2항 제2호에 따라 근속승진기간을 단축하는 경찰공무원의 인원수는 인사혁신처장이 제한할 수 있다. ④ 임용권자는 경감으로의 근속승진임용을 위한 심사를 **연 2회**(1회X) 실시 할 수 있다. [20 승진] 이 경우 해당 기관의 근속승진 대상자의 **100분의 40**에 해당하는 인원수(소수점 **이하**가 있는 경우에는 **1명**을 가산한다)를 **초과할 수 없다**. ⑤ 임용권자는 제4항 전단에 따라 심사를 실시하는 경우 **근속승진임용일 20일 전**까지 해당 기관의 근속승진 대상자 및 근속승진임용 예정 인원을 **경찰청장에게** 보고해야 한다.
특별유공자 등의 특별승진 (제19조)	① 다음 각 호의 어느 하나에 해당되는 사람에 대하여는 **1계급** 특별승진 시킬 수 있다. 1. 「국가공무원법」 제40조의4 제1항 제1호부터 제4호까지의 규정 중 어느 하나에 해당되는 사람 2. 전사하거나 순직한 사람 3. 직무 수행 중 현저한 공적을 세운 사람 다만, **경위**(경감X) **이하**의 경찰공무원으로서 모든 경찰공무원의 귀감이 되는 공을 세우고 전사하거나 순직한 사람에 대하여는 **2계급** 특별승진시킬 수 있다. [20 승진]
승진소요 최저근무연수	① **총경 4년**, 경정·경감은 3년, 경위·경사는 2년, 경장·순경은 1년이다. ② 휴직·직위해제·징계처분기간은 승진소요최저근무연수에 **산입하지 않는다**. [21 승진]
승진임용의 제한	다음에 해당하는 경찰공무원은 승진임용을 할 수 없다. ① **징계의결요구·징계처분·직위해제·휴직 또는 시보임용기간 중에 있는 자** ② 징계처분의 집행이 끝난 날부터 다음에 따른 기간(금품·향응 수수, 공금 횡령·유용으로 인한 징계처분과 소극행정, 음주운전(음주측정거부 포함), 성폭력, 성희롱 및 성매매에 따른 징계처분의 경우에는 각각 6개월을 더한 기간)이 지나지 아니한 사람 ㉠ **강등, 정직 : 18개월** ㉡ **감봉 : 12개월** ㉢ **견책 : 6개월**
승진대상자 명부	① 영 제11조 제1항에 따른 승진대상자 명부는 같은 조 제6항에 따른 승진대상자 명부 작성 기준일부터 **20일 이내**에 별지 제4호서식에 따라 **작성**하여야 한다. (제17조) ② 승진대상자 명부는 그 작성기준일 다음 날부터 효력을 가진다. (제19조) 다만, 제18조에 따라 승진대상자 명부를 조정한 경우에는 조정한 날부터 효력을 가진다. ③ 영 제17조 제1항 단서에 따라 경찰서의 보통승진심사위원회에서 할 경위 이하 계급으로의 승진심사를 시·도경찰청의 보통승진심사위원회에서 하게 되는 경우에 경찰서장은 소속 경찰공무원 중 경위 이하 계급으로의 승진대상자 명부를 시·도경찰청장에게 작성기준일부터 25일 이내에 제출하여야 한다. ④ 경찰청의 각 국장급 부서장은 소속 경찰공무원 중 경위 이하 계급으로의 승진대상자 명부를 경찰청장에게 작성기준일부터 25일 이내에 제출하여야 한다.

3. 「경찰공무원법」 승진심사위원회

제17조(승진심사위원회)
① 승진심사를 위하여 경찰청과 해양경찰청에 **중앙**승진심사위원회를 두고, 경찰청, 해양경찰청, 시·도경찰청과 대통령령으로 정하는 경찰기관·지방해양경찰관서에 **보통**승진심사위원회를 둔다.
② 승진심사위원회는 승진대상자 명부의 선순위자(승진**시험에 합격**된 승진후보자는 **제외**)순으로 승진시키려는 결원의 **5배수**의 범위에 있는 사람 중에서 승진후보자를 심사선발한다.
③ 승진심사위원회의 구성·관할 및 운영에 필요한 사항은 대통령령으로 정한다.

제18조(승진후보자 명부 등)
① **경찰청장**(제7조 제3항 및 제4항에 따라 **임용권 위임받은 자 포함**)은 승진시험에 합격한 사람과 승진후보자로 선발된 사람을 대통령령으로 정하는 바에 따라 승진후보자 명부에 등재하여야 한다.
② **경무관 이하** 계급으로의 승진은 승진후보자 명부의 **등재 순위에 따른다.**

3-2. 「경찰공무원승진임용규정」 승진심사위원회

구분 (제3조)	경찰공무원의 승진임용은 **심사**승진임용·**시험**승진임용 및 **특별**승진임용으로 구분한다. [22 채용]
중앙승진심사 위원회 구성 (제15조)	① 중앙승진심사위원회는 위원장을 포함한 **5명 이상 7명 이하**의 위원으로 구성한다. ② 경무관으로의 승진심사를 위하여 구성되는 중앙승진심사위원회 회의에 부칠 사항을 사전에 심의하기 위하여 중앙승진심사위원회에 복수의 승진심의위원회를 둘 수 있으며, 각각의 승진심의위원회 위원장을 포함한 **5명 이상 7명 이하**의 위원으로 구성한다. ④ 제1항 및 제2항의 위원은 회의 소집일 전에 승진심사대상자보다 상위계급인 경찰공무원 중에서 경찰청장이 임명하되, 제2항에 따라 승진심의위원회를 두는 경우 중앙승진심사위원회 위원은 승진심의위원회 위원 중에서 임명한다. ⑤ 위원장은 위원 중 **최상위계급 또는 선임**인 경찰공무원이 된다.
보통승진심사 위원회 구성 (제16조)	① 보통승진심사위원회는 경찰청 소속기관 및 경찰서에 둔다. ② 보통승진심사위원회는 위원장을 포함한 **5명 이상 7명 이하**의 위원으로 구성한다. ③ 보통승진심사위원회 위원은 그 보통승진심사위원회가 설치된 경찰기관의 장이 승진심사대상자보다 **상위계급인 경위** 이상 소속 경찰공무원 중에서 임명하며, 위원장은 위원 중 **최상위계급 또는 선임**인 경찰공무원이 된다. ④ 제3항에도 불구하고 시·도경찰청 및 경찰서에 두는 보통승진심사위원회 위원 중 **2명**은 승진심사대상자보다 **상위계급인 경위** 이상 소속 경찰공무원 중에서 시·도자치경찰위원회의 추천을 받아 그 보통심사위원회가 설치된 경찰기관의 장이 임명한다.
승진심사 위원회의 관할 (제17조)	① 승진심사위원회는 다음 각 호의 구분에 따라 경찰공무원의 승진심사를 관할한다. 다만, 경찰청장은 승진예정 인원 등을 고려하여 부득이할 때에는 제2호의 승진심사 중 경찰서의 보통승진심사위원회에서 실시할 경위 이하 계급으로의 승진심사를 시·도경찰청의 보통승진심사위원회에서 하게 할 수 있다. 1. **총경 이상** 계급으로의 승진심사 : **중앙**승진심사위원회 2. **경정 이하** 계급으로의 승진심사 : 해당 경찰관이 소속한 경찰기관의 **보통**승진심사위원회(제3호의 경우는 제외한다) 3. **경찰서 소속 경찰공무원의 경감 이상** 계급으로의 승진심사 : **시·도경찰청 보통**승진심사위원회

회의 (제18조)	① 중앙승진심사위원회의 회의는 경찰청장이 소집하며, 보통승진심사위원회의 회의는 해당 **경찰기관의 장**이 **경찰청장**(경찰서 보통승진심사위원회 회의는 시·도경찰청장)의 **승인**을 받아 소집한다. ② 승진심사위원회의 회의는 **재적위원 과반수의 찬성**으로 의결한다. ③ 승진심사위원회의 회의는 **비공개**로 한다.
심사승진후보자 명부 작성 (제24조)	① 임용권자나 임용제청권자는 승진심사위원회에서 승진임용예정자로 선발된 사람에 대하여 심사승진후보자 명부를 작성하여야 한다. ③ 임용권자나 임용제청권자는 심사승진후보자 명부에 기록된 사람이 승진임용되기 전에 정직 이상의 징계처분을 받은 경우 심사승진후보자명부에서 그 사람을 **제외하여야 한다**. (할 수 있다X) [22 채용, 22 승진]

4. 「경찰공무원승진임용규정」 대우공무원(제43조)

① 임용권자 또는 임용제청권자는 소속 경찰공무원 중 해당 계급에서 승진소요 최저근무연수 이상 근무하고 승진임용의 제한사유가 없으며 근무실적이 우수한 자를 바로 상위계급의 대우공무원으로 선발할 수 있다.
② 대우공무원 선발에 필요한 사항은 행정안전부령으로 정한다.
③ 대우공무원에게는 「공무원수당 등에 관한 규정」에서 정하는 바에 따라 수당을 지급할 수 있다.

4-2. 「경찰공무원승진임용규정 시행규칙」 대우공무원

근무기간 (제35조)	① 대우공무원으로 선발되기 위해서는 승진소요최저근무연수가 지난 **총경 이하** 경찰공무원으로서 해당 계급에서 다음 각 호의 구분에 따른 기간 동안 근무하여야 한다. 다만, 국정과제를 담당하여 높은 성과를 내거나 적극적인 업무수행으로 경찰공무원의 업무행태 개선에 기여하는 등 직무수행능력이 탁월하고 경찰행정 발전에 공헌했다고 경찰청장 또는 소속기관등의 장이 인정하는 경우 그 기간을 1년 단축할 수 있다. 1. **총경·경정 : 7년 이상** 2. **경감 이하 : 5년 이상**
절차 및 시기 (제36조)	① 임용권자나 임용제청권자는 **매 월말 5일** 전까지 대우공무원 발령일을 기준으로 하여 대우공무원 선발요건을 충족하는 대상자를 결정하여야 하고, **그 다음 달 1일**에 **일괄하여** 대우공무원으로 발령하여야 한다.
수당 지급 (제37조)	① 대우공무원으로 선발된 경찰공무원에게는 「공무원수당 등에 관한 규정」에 따라 대우공무원수당을 지급한다. ② 대우공무원이 **징계 또는 직위해제** 처분을 받거나 휴직하여도 대우공무원 **수당은 계속 지급한다**. 다만, 「공무원수당등에 관한 규정」에서 정하는 바에 따라 대우공무원 **수당을 줄여 지급한다**.
자격 상실 (제38조)	대우공무원이 다음 각 호의 어느 하나에 해당하는 경우 그 해당일에 대우공무원의 자격은 별도 조치 없이 **당연히 상실된다**. 1. 상위계급으로 승진임용되는 경우 : **승진임용일** 2. 강등되는 경우 : **강등일**

4-3. 「공무원수당등에관한규정」 대우공무원

대우공무원으로 선발된 사람에게는 예산의 범위에서 해당 공무원 월봉급액의 **4.1%**를 대우공무원수당으로 지급할 수 있다.

제4절 암흑기(직위해제, 징계 등)

1. 직위해제

의의	공무원의 직위를 계속 유지시킬 수 없는 사유가 있는 경우에 제재적 성격을 갖는 보직해제이다. ▶ **복직 보장X**(직위해제 : 복직보장X ↔ 휴직 : 복직보장O) [20·21 승진] ▶ **징계처분과 병과 가능O**(일사부재리 원칙 위반X) ※ 직위해제는 공무원에 대한 불이익한 처분이기는 하지만 징계처분과는 성질이 다르므로, 동일한 사유로 직위해제와 징계처분을 병과해도 일사부재리의 원칙에 위배된다 할 수 없다.
사유 [20 승진]	임용권자는 다음에 해당하는 자에게는 **직위를 부여하지 아니할 수 있다.** ㉠ 직무수행**능력**이 **부족**하거나 근무성적이 극히 **나쁜** 자 [21 채용] ㉡ **파면·해임·강등·정직(중징계)**에(감봉X) 해당하는 징계**의결**이 **요구 중**인 자 [20 승진] ㉢ **형사사건**으로 **기소된** 자 (**약식명령청구**는 제외) [21 채용] ㉣ 고위공무원단에 속하는 일반직공무원으로서 제70조의2 제1항 제2호 및 제3호의 사유로 적격심사를 요구받은 자 ㉤ 금품비위, 성범죄 등 대통령령으로 정하는 비위행위로 인하여 감사원 및 검찰·경찰 등 수사기관에서 조사나 수사 중인 자로서 비위의 정도가 중대하고 이로 인하여 정상적인 업무수행을 기대하기 현저히 어려운 자 [22 승진]
특징	① 임용권자는 직무수행**능력**이 **부족**하거나 근무**성적**이 극히 **나빠** 직위해제된 자에게 **3개월**의 범위에서 **대기를 명한다.** [21 채용, 20 승진] ② 임용권자 또는 임용제청권자는 ①의 대기명령을 받은 자에게 능력 회복이나 근무성적의 향상을 위한 교육훈련 또는 특별한 연구과제의 부여 등 **필요한 조치를 하여야 한다.** [20 승진] ▶ 대기명령 기간 중 능력이나 근무성적 향상을 기대하기 어렵다고 인정되는 경우에는 **징계위원회의 동의를 얻어 직권면직시킬 수 있다.** ③ 직위해제 **사유가 소멸**한 때에는 임용권자는 **지체없이 직위를 부여하여야 한다.** [21 채용, 20 승진] ④ 직위 해제된 자는 직무에 종사하지 못하고 **출근의무도 없다.** (있다X) ⑤ 직위해제된 사람에게는 봉급의 일부를 지급한다. ㉠ 직무수행**능력**이 **부족**하거나 근무**성적**이 극히 **나쁜** 자 : 봉급의 **80%** 지급 ㉡ 고위공무원단에 속하는 일반직공무원으로서 제70조의2 제1항 제2호 및 제3호의 사유로 적격심사를 요구받은 자 : 봉급의 **70%** 다만, 직위해제일부터 3개월 지나도 직위를 부여받지 못한 경우에는 **3개월이 지난 후의 기간 중에는 봉급의 40%**(50%X) 지급 [21 승진] ㉢ **파면·해임·강등·정직(중징계)**에 해당하는 **징계의결이 요구 중**인 자, **형사사건 기소된** 자(**약식명령청구 제외**), 금품비위, 성범죄 등 대통령령으로 정하는 비위행위로 인하여 감사원 및 검찰·경찰 등 수사기관에서 조사나 수사 중인 자로서 비위의 정도가 중대하고 이로 인하여 정상적인 업무수행을 기대하기 현저히 어려운 자 : 봉급의 **50%** 지급 다만, 직위해제일부터 3개월 지나도 직위를 부여받지 못한 경우에는 **3개월이 지난 후의 기간 중에는 봉급의 0%** 지급 [20 승진] ▶ ㉠과 ㉡, ㉢ 또는 ㉤의 직위해제 사유 경합시 ㉡, ㉢ 또는 ㉤의 직위해제 처분을 하여야 한다.

특징	⑥ 직위해제기간은 승진소요최저근무연수에 **산입하지 않는** 것이 원칙이다. 다만, 다음의 경우 **직위해제기간은 승진소요최저근무연수에 산입**한다. (산입하지 않는다X) 　㉠ 중징계로 징계의결요구되어 직위해제처분을 받은 사람에 대한 징계의결요구에 대하여 관할 징계위원회가 징계하지 아니하기로 의결한 경우와 해당 직위해제 처분의 사유가 된 징계처분이 소청심사위원회의 결정 또는 법원의 판결에 따라 **무효 또는 취소로 확정**된 경우 　㉡ 형사사건으로 기소되어 직위해제처분을 받은 사람의 처분 사유가 된 형사사건이 법원의 판결에 따라 **무죄로 확정**된 경우

2. 징계

(1) 개관

1) 경찰공무원의 책임

의의		경찰공무원의 책임이란 경찰공무원이 그 의무에 위반함으로써 법률의 제재 또는 불이익을 받게 되는 지위를 말한다.
유형	행정상 책임	징계책임, 변상책임
	형사상 책임	형법상의 책임
	민사상 책임	손해배상책임

2) 징계벌과 형사벌

	징계벌	형사벌
목적	특별권력관계 내부질서유지	일반사회의 질서유지
병과O	양자는 목적이 다르므로 양자를 병과해도 일사부재리원칙에 반하는 것이 아니다.	

3) 감사원의 조사와의 관계 등(「국가공무원법」 제83조)

① **감사원에서 조사 중인 사건**에 대하여는 제3항에 따른 조사개시 통보를 받은 날부터 징계 의결의 요구나 그 밖의 **징계 절차를 진행하지 못한다.**
② **검찰·경찰, 그 밖의 수사기관에서 수사 중인 사건**에 대하여는 제3항에 따른 수사개시 통보를 받은 날부터 징계 의결의 요구나 그 밖의 **징계 절차를 진행하지 아니할 수 있다.**
③ 감사원과 검찰·경찰, 그 밖의 수사기관은 조사나 수사를 **시작한 때**와 이를 마친 때에는 **10일** 내에 소속 기관의 장에게 그 사실을 **통보하여야 한다.**

(2) 징계의 의의 등

의의	공무원의 의무위반 또는 비행이 있는 경우 내부관계의 질서유지를 위하여 **특별**(일반X)행정법관계 에 의해 과해지는 제재이다. ▶ 징계의 목적 : 특별행정법관계 내부질서 유지
징계권자	① 경찰공무원의 징계는 징계위원회의 의결을 거쳐 징계위원회가 설치된 소속기관의 장이 행하되,「국가공무원법」에 의하여 국무총리 소속하에 설치된 징계위원회에서 의결한 징계는 경찰청장 또는 해양경찰청장이 행한다. ② **파면·해임·강등 및 정직**은 징계위원회의 의결을 거쳐 해당 경찰공무원의 **임용권자**가 하되, **경무관 이상의 강등 및 정직과 경정 이상의 파면 및 해임**은 **경찰청장** 또는 **해양경찰청장**의 **제청**으로 행정안전부장관 또는 해양수산부장관과 국무총리를 거쳐 대통령이 하고, **총경 및 경정의 강등 및 정직**은 **경찰청장** 또는 **해양경찰청장**이 한다. [20 채용]

사유	「국가공무원법」 제78조(징계의 사유)
	① 공무원이 다음 각 호의 어느 하나에 해당하면 징계의결을 요구하여야 하고 그 징계의결 결과에 따라 징계처분을 하여야 한다.
	
	  1.「국가공무원법」이나 「국가공무원법」에 의한 명령을 위반하였을 때
	  2. 직무상 의무(다른 법령에서 공무원의 신분으로 인하여 부과된 의무를 포함)를 위반하거나 직무를 태만히 한 때
	  3. 직무의 내외를 불문하고 그 체면 또는 위신을 손상하는 행위를 한 때
	
	② 공무원(특수경력직공무원 및 지방공무원 포함)이었던 사람이 다시 공무원으로 임용된 경우에 재임용 전에 적용된 법령에 따른 징계 사유는 그 사유가 발생한 날부터 이 법에 따른 징계사유가 발생한 것으로 본다.
	④ 제1항의 징계 의결 요구는 5급 이상 공무원 및 고위공무원단에 속하는 일반직공무원은 소속 장관이, 6급 이하의 공무원은 소속 기관의 장 또는 소속 상급기관의 장이 한다. 다만, 국무총리·인사혁신처장 및 대통령령 등으로 정하는 각급 기관의 장은 다른 기관 소속 공무원이 징계 사유가 있다고 인정하면 관계 공무원에 대하여 관할 징계위원회에 **직접** 징계를 **요구할 수 있다.**

(3) 퇴직을 희망하는 공무원의 징계사유 확인

「국가공무원법」 제78조의4(퇴직을 희망하는 공무원의 징계사유 확인)
① 임용권자 또는 임용제청권자는 공무원이 퇴직을 희망하는 경우에는 제78조 제1항에 따른 징계사유가 있는지 및 제2항 각 호의 어느 하나에 해당하는지 여부를 감사원과 검찰·경찰 등 조사 및 수사기관의 장에게 확인하여야 한다.
② 제1항에 따른 확인 결과 퇴직을 희망하는 공무원이 파면, 해임, 강등 또는 정직에 해당하는 징계사유가 있거나 다음 각 호의 어느 하나에 해당하는 경우(제1호·제3호 및 제4호의 경우에는 해당 공무원이 **파면·해임·강등 또는 정직**의 징계에 해당한다고 판단되는 경우에 한정한다) 제78조 제4항에 따른 소속 장관 등은 지체없이 징계의결등을 요구하여야 하고, 퇴직을 허용하여서는 아니 된다.

  1. 비위(非違)와 관련하여 형사사건으로 기소된 때
  2. 징계위원회에 파면·해임·강등 또는 정직에 해당하는 징계 의결이 요구 중인 때
  3. 조사 및 수사기관에서 비위와 관련하여 조사 또는 수사 중인 때
  4. 각급 행정기관의 감사부서 등에서 비위와 관련하여 내부 감사 또는 조사 중인 때

③ 제2항에 따라 징계의결등을 요구한 경우 임용권자는 제73조의3 제1항 제3호에 따라 해당 공무원에게 직위를 부여하지 아니할 수 있다.
④ 관할 징계위원회는 제2항에 따라 징계의결등이 요구된 경우 다른 징계사건에 우선하여 징계 의결등을 하여야 한다.
⑤ 그 밖에 퇴직을 제한하는 절차 등 필요한 사항은 대통령령등으로 정한다.

(4) 징계의 종류와 내용 [21 채용, 20 승진]

구분		퇴직급여	퇴직수당	보수	징계기간	승진·승급 제한기간
중징계	파면	5년이상 : 1/2감액 5년미만 : 1/4감액	1/2감액			
	해임	제한X 5년이상 : 1/4감액 5년미만 : 1/8감액	제한X 1/4감액			
	강등			전액	3개월	18개월간(+6개월)
	정직				1~3개월	
경징계	감봉			1/3		12개월간(+6개월)
	견책					6개월간(+6개월)

중징계	파면	① 경찰관의 신분박탈, 향후 경찰관 임용**불가**, 향후 일반공무원 임용제한(5년간) ② 퇴직**급여**제한(재직기간 5년 이상 : 1/2 감액, 5년 **미만 : 1/4** 감액 지급) [20 승진] ③ 퇴직수당제한(재직기간과 상관없이 1/2 감액 지급)
	해임	① 경찰관의 신분박탈, 향후 경찰관 임용**불가**, 향후 일반공무원 임용제한(3년간) ② 퇴직급여 제한받지 않음[단, 금품·향응수수, 공금횡령·유용 등으로 해임된 경우는 퇴직**급여**제한(재직기간 **5년 이상 : 1/4**감액, **5년 미만 : 1/8** 감액 지급)] [20 승진] ③ 퇴직수당 제한 받지 않음[단, 금품·향응수수·공금횡령·유용 등으로 해임된 경우는 퇴직**수당**제한(재직기간과 상관없이 1/4감액 지급)]
	강등	① **1계급 아래로** 직급을 내리고 공무원신분은 보유하나 **3개월간** 직무에 종사하지 못하며 그 기간 중 보수는 **전액**을 감한다. [20 승진] ② 집행이 끝난 날부터 **18개월간** 승진·승급 제한[금품·향응수수, 공금횡령·유용, 음주운전(측정거부포함), 소극행정, 성폭력, 성희롱 및 성매매로 인한 강등의 경우는 **6개월** 더한 기간 승진·승급 제한]
	정직	① **1개월 이상 3개월 이하**의 기간 직무 정지 [21 채용] ② 정직기간 중 보수는 **전액** 감액 [21 채용] ③ 정직기간이 끝난 날부터 **18개월간** 승진·승급 제한[금품·향응수수, 공금횡령·유용, 음주운전(측정거부포함), 소극행정, 성폭력, 성희롱 및 성매매로 인한 강등의 경우는 **6개월** 더한 기간 승진·승급 제한]
경징계	감봉	① 1월 이상 3월 이하의 기간 ② 보수의 1/3 감액 ③ 감봉기간이 끝난 날부터 **12개월간** 승진·승급 제한[금품·향응수수, 공금횡령·유용, 음주운전(측정거부포함), 소극행정, 성폭력, 성희롱 및 성매매로 인한 강등의 경우는 **6개월** 더한 기간 승진·승급 제한]
	견책	① 과실에 대하여 훈계하고 회개하게 하는 처분 ② 보수는 전액 지급 ③ 집행일로부터 **6개월간** 승진·승급 제한[금품·향응수수, 공금횡령·유용, 음주운전(측정거부포함), 소극행정, 성폭력, 성희롱 및 성매매로 인한 강등의 경우는 **6개월** 더한 기간 승진·승급 제한]

(5) 징계절차

1) 경찰기관장의 징계 의결요구 (「경찰공무원징계령」)

「경찰공무원징계령」 제9조(징계등 의결의 요구)

① 경찰기관장은 소속 경찰공무원이 징계사유 있다고 인정한 때와 하급기관으로부터 징계 의결요구 신청을 받은 때에는 지체없이 **징계의결을 요구하여야 한다.** (할 수 있다X) 이 경우 경찰공무원 징계 의결 또는 징계부가금 부과 의결 요구서와 확인서("징계의결서등")를 관할 징계위원회에 제출하여야 한다.
② 경찰기관장은 그 소속 경찰공무원에 대한 징계등 사건이 상급경찰기관에 설치된 징계위원회의 관할에 속한 경우에는 그 상급경찰기관의 장에게 징계 등 의결의 요구를 신청하여야 한다.
③ 징계등 의결 요구 또는 그 신청은 징계 사유에 해당하는 사실을 충분히 조사한 후에 하여야 한다.
④ 경찰기관의 장이 징계 의결요구 또는 그 신청을 할 때에는 중징계 또는 경징계로 구분하여 요구하거나 신청하여야 한다. 다만, 「감사원법」에 따라 감사원장이 징계의 종류를 구체적으로 지정하여 징계요구를 한 경우에는 그러하지 아니하다.
⑤ 경찰기관의 장은 징계의결을 요구할 때에는 경찰공무원 징계의결 또는 징계부가금 부과 의결요구서 사본을 징계등 심의대상자에게 보내야 한다. 다만, 징계등 심의대상자가 그 위 수령을 거부하는 경우에는 그러하지 아니한다.

「경찰공무원징계령」 제10조(징계등 사건의 통지)

① 경찰기관의 장은 그 소속이 아닌 경찰공무원에게 징계사유가 있다고 인정될 때에는 해당 경찰기관의 장에게 그 사실을 증명할 만한 충분한 사유를 명확히 밝혀 이를 통지하여야 한다.
② 제1항에 따라 징계사유를 통지받은 경찰기관의 장은 타당한 이유가 없으면 **통지를 받은 날로부터 30일 이내**(지체없이 X)에 징계위원회에 징계 등 의결을 요구하거나 그 상급 경찰기관의 장에게 징계등 의결의 요구를 신청하여야 한다.
③ 제1항에 따라 징계 사유를 통지받은 경찰기관의 장은 해당 사건의 처리 결과를 징계 사유를 통지한 경찰기관의 장에게 회답하여야 한다.

2) 징계부가금 (「국가공무원법」 제78조의2)

① 공무원의 징계 의결을 요구하는 경우 그 징계 사유가 다음 각 호의 어느 하나에 해당하는 경우에는 해당 징계 외에 다음 각 호의 행위로 취득하거나 제공한 금전 또는 재산상 이득 (금전 아닌 재산상 이득 : 금전으로 환산한 금액)의 **5배** 내의 징계부가금 부과 의결을 징계위원회에 요구하여야 한다.

1. 금전, 물품, 부동산, 향응 또는 그 밖에 대통령령으로 정하는 재산상 이익을 취득하거나 제공한 경우
2. 다음 각 목에 해당하는 것을 횡령, 배임, 절도, 사기 또는 유용한 경우
   가. 「국가재정법」에 따른 예산 및 기금
   나. 「지방재정법」에 따른 예산 및 「지방자치단체 기금관리기본법」에 따른 기금
   다. 「국고금 관리법」 제2조 제1호에 따른 국고금
   라. 「보조금 관리에 관한 법률」 제2조 제1호에 따른 보조금
   마. 「국유재산법」 제2조 제1호에 따른 국유재산 및 「물품관리법」 제2조 제1항에 따른 물품
   바. 「공유재산 및 물품 관리법」 제2조 제1호 및 제2호에 따른 공유재산 및 물품
   사. 그 밖에 가목부터 바목까지에 준하는 것으로서 대통령령으로 정하는 것

② 징계위원회는 징계부가금 부과 의결을 하기 전에 징계부가금 부과 대상자가 제1항 각 호의 어느 하나에 해당하는 사유로 다른 법률에 따라 형사처벌을 받거나 변상책임 등을 이행한 경우(몰수나 추징을 당한 경우 포함) 또는 다른 법령에 따른 환수나 가산징수 절차에 따라 환수금이나 가산징수금을 납부한 경우에는 대통령령으로 정하는 바에 따라 조정된 범위에서 징계부가금 부과를 의결하여야 한다.
③ 징계위원회는 징계부가금 부과 의결을 한 후에 징계부가금 부과 대상자가 형사처벌을 받거나 변상 책임 등을 이행한 경우(몰수나 추징을 당한 경우를 포함) 또는 환수금이나 가산징수금을 납부한 경우에는 대통령령으로 정하는 바에 따라 이미 의결된 징계부가금 감면 등의 조치를 하여야 한다.
④ 징계부가금 부과처분을 받은 사람이 납부기간 내에 그 부가금을 납부하지 아니한 때에는 처분권자(대통령이 처분권자인 경우 처분 제청권자)는 국세강제징수의 예에 따라 징수할 수 있다. 이 경우 체납액 징수가 사실상 곤란하다고 판단되는 경우에는 징수 대상자의 주소지를 관할하는 세무서장에게 징수를 위탁한다.
⑤ 처분권자(대통령이 처분권자인 경우에는 처분 제청권자)는 관할 세무서장에게 징계부가금 징수를 의뢰한 후 **체납일부터 5년이 지난 후에도 징수가 불가능**하다고 인정될 때에는 관할 징계위원회에 징계부가금 **감면의결을 요청할 수 있다.**

3) 징계 및 징계부가금 부과사유의 시효(「국가공무원법」 제83조의2)

징계의결등의 요구는 징계 등 사유가 발생한 날부터 다음 각 호의 구분에 따른 기간이 지나면 하지 못한다.
1. 징계 등 사유가 다음 각 목의 어느 하나에 해당하는 경우 : **10년**

> 가. 「성매매알선 등 행위의 처벌에 관한 법률」 제4조에 따른 금지행위
> 나. 「성폭력범죄의 처벌 등에 관한 특례법」 제2조에 따른 성폭력범죄
> 다. 「아동·청소년의 성보호에 관한 법률」 제2조 제2호에 따른 아동·청소년대상 성범죄
> 라. 「양성평등기본법」 제3조 제2호에 따른 성희롱

2. 징계 등 사유가 제78조의2 제1항 각 호의 어느 하나(금전, 물품, 부동산, 향응수수 등, 예산 및 기금등을 횡령, 배임, 절도, 사기 또는 유용 등)에 해당하는 경우 : **5년**
3. 그 밖의 징계 등 사유에 해당하는 경우 : **3년**

4) 징계위원회의 의결

의결	징계처분은 **반드시 징계위원회의 의결을 거쳐서** 행해야 하며, 징계위원회의 **의결을 거치지 않고** 행한 징계처분은 **무효**이다.
징계등 심의 대상자 출석	① 징계위원회가 징계등 심의 대상자의 출석을 요구할 때에는 별지 제2호 서식의 **출석통지서**로 하되, 징계위원회 개최일 **5일 전까지** 그 징계등 심의 대상자에게 도달되도록 하여야 한다. [20 승진] ② 징계위원회는 징계등 심의 대상자가 그 징계위원회에 출석하여 진술하기를 원하지 아니할 때에는 진술권 포기서를 제출하게 하여 이를 기록에 첨부하고 서면심사로 징계등 의결을 할 수 있다. ③ 징계위원회는 **출석 통지**(3회이상 출석통지X)를 하였음에도 불구하고 징계등 심의대상자가 정당한 사유 없이 출석하지 아니하였을 때에는 그 사실을 기록에 분명히 적고 서면심사로 징계 의결을 할 수 있다. 다만, 징계등 심의 대상자의 소재가 분명하지 아니할 때에는 출석 통지를 관보에 게재하고, **그 게재일부터 10일**이 지나면 출석 통지가 송달된 것으로 보며, 징계등 의결을 할 때에는 관보 게재의 사유와 그 사실을 기록에 분명히 적어야 한다. [21 채용, 21 법학, 20 승진]

징계등 심의 대상자 출석	④ ③에도 불구하고 징계위원회는 징계등 심의 대상자가 징계등 사건 또는 형사사건의 사실 조사를 기피할 목적으로 도피하였거나 출석 통지서의 수령을 거부하여 징계등 심의 대상자나 그 가족에게 직접 출석 통지서를 전달하는 것이 곤란하다고 인정될 때에는 징계등 심의 대상자가 소속된 기관의 장에게 출석 통지서를 보내 이를 전달하게 하고, 전달이 불가능하거나 수령을 거부할 때에는 그 사실을 증명하는 서류를 첨부하여 보고하게 한 후 기록에 분명히 적고 서면심사로 징계등 의결을 할 수 있다. ⑤ 징계위원회는 징계등 심의 대상자가 국외 체류 또는 국외 여행 중이거나 그 밖의 부득이한 사유로 징계등 의결 요구서를 받은 날부터 상당한 기간 내에 출석할 수 없다고 인정될 때에는 적당한 기간을 정하여 서면으로 진술하게 하여 징계등 의결을 할 수 있다. 이 경우 그 기간 내에 **서면**으로 진술하지 아니할 때에는 **진술없이 징계등 의결을 할 수 있다.**
심문과 진술권	① 징계의결시 징계대상자 또는 대리인에게 출석 및 의견진술의 기회를 부여해야 하며, 이를 결여한 징계는 무효이다. ② 징계위원회는 출석한 징계등 심의 대상자에게 징계 사유에 해당하는 사실에 관한 심문을 하고 심사를 위하여 필요하다고 인정될 때에는 관계인을 출석하게 하여 심문할 수 있다. [21 채용] ③ 징계위원회는 징계등 심의 대상자에게 진술할 수 있는 기회를 충분히 주어야 하며, 징계등 심의 대상자는 의견서 또는 말로 자기에게 이익이 되는 사실을 진술하거나 증거를 제출할 수 있다. ④ 징계등 심의 대상자는 증인의 심문을 신청할 수 있다. 이 경우 징계위원회는 의결로써 그 채택 여부를 결정하여야 한다. ⑤ 징계등 의결을 요구한 자 또는 징계등 의결의 요구를 신청한 자는 징계위원회에 출석하여 의견을 진술하거나 서면으로 의견을 진술할 수 있다. 다만, 중징계나 중징계 관련 징계부가금 요구사건의 경우에는 특별한 사유가 없는 한 징계위원회에 출석하여 의견을 진술해야 한다. ⑥ 징계위원회는 필요하다고 인정할 때에는 사실 조사를 하거나 특별한 학식·경험이 있는 사람에게 검증 또는 감정을 의뢰할 수 있다.
의결기한	① 징계 등 의결요구를 받은 징계위원회는 **그 요구서를 받은 날로부터 30일** 이내에 징계 등에 관한 **의결을 하여야 한다.** 다만, 부득이한 사유가 있을 때에는 해당 징계 등 의결을 요구한 **경찰기관의 장의 승인을 받아**(고지하고X) **30일** 이내의 범위에서 그 기한을 **연기할 수 있다.** [21 채용, 20 승진] ② 징계 등 의결이 요구된 사건에 대한 징계 등 절차의 진행이 감사원이나 수사기관의 조사·수사개시 통지에 따라 **중지**되었을 때에는 그 중지된 기간은 징계 등 의결 기한에서 **제외**한다.
의결 정족수	징계위원회의 의결은 위원장을 포함한 위원 **과반수의 출석**과 **출석위원 과반수의 찬성**으로 의결하되, 의견이 나뉘어 **출석위원 과반수의 찬성**을 얻지 못한 경우에는 **출석위원 과반수**가 될 때까지 징계 등 심의 대상자에게 **가장 불리한 의견을 제시한 위원의 수를 그 다음으로 불리한 의견을 제시한 위원의 수에 차례로 더하여** 그 의견을 합의된 의견으로 본다. [21 채용]
형식	의결은 별지 제3호 서식의 징계 또는 징계부가금 **의결서**로 한다.
서면의결	① 징계위원회는 다음 사항에 대해서는 서면으로 의결할 수 있다. ㉠ 제5조 제4항에 따른 징계등 사건의 관할 이송에 관한 사항 ㉡ 제11조 제1항에 따른 징계등 의결의 기한 연기에 관한 사항 ② ①에 따른 서면 의결의 절차·방법 등에 관한 사항은 경찰청장이 정한다.
비공개	징계위원회의 의결 내용은 **공개하지 아니한다.**

원격영상회의 방식의 활용	① 징계위원회는 위원과 징계등 심의 대상자, 징계등 의결을 요구하거나 요구를 신청한 자, 증인, 관계인 등 이 영에 따라 회의에 출석하는 사람("출석자")이 동영상과 음성이 동시에 송수신되는 장치가 갖추어진 서로 다른 장소에 출석하여 진행하는 원격영상회의 방식으로 심의·의결할 수 있다. 이 경우 징계위원회의 위원 및 출석자가 같은 회의장에 출석한 것으로 본다. ② 징계위원회는 ①에 따라 원격영상회의 방식으로 심의·의결하는 경우 위원 및 출석자의 신상정보, 회의 내용·결과 등이 유출되지 않도록 보안에 필요한 조치를 해야 한다. ③ ① 및 ②에서 규정한 사항 외에 원격영상회의 운영에 필요한 사항은 경찰청장이 정한다. (「경찰공무원 징계령」 제14조의2)
징계등의 정도	징계위원회는 징계등 사건을 의결할 때에는 징계등 심의 대상자의 비위행위 당시 계급 및 직위, 비위행위가 공직 내외에 미치는 영향, 평소 행실, 공적(功績), 뉘우치는 정도나 그 밖의 정상과 징계등 의결을 요구한 자의 의견을 고려하여야 한다. (「경찰공무원징계령」 제16조) [21 채용]
징계등 의결의 통지	징계위원회는 징계 의결을 하였을 때에는 지체 없이 징계등 의결을 요구한 자에게 의결서 정본(正本)을 보내어 통지하여야 한다. (「경찰공무원징계령」 제17조)

5) 징계의 집행 (「경찰공무원징계령」 제18조~제20조)

경징계등 집행	① 징계등 의결을 요구한 자는 경징계의 징계 등 의결을 통지받았을 때에는 통지받은 날부터 **15일** 이내에 **징계 등을 집행**하여야 한다. [21 법학, 20 승진] ② 징계등 의결을 요구한 자는 징계 등 의결을 집행할 때에는 의결서 사본에 처분 사유 설명서를 첨부하여 징계 처분 대상자에게 보내야 한다. ③ 징계등 의결을 요구한 경찰기관의 장은 경징계의 징계 등 의결을 집행하였을 때에는 지체 없이 그 결과에 의결서의 사본을 첨부하여 해당 임용권자에게 보고하고, 징계등 처분을 받은 사람의 소속 경찰기관의 장에게 통지하여야 한다.
중징계 처분 제청과 집행	① 징계등 의결을 요구한 자는 중징계의 징계등 의결을 통지받았을 때에는 지체 없이 징계 처분 대상자의 임용권자에게 의결서 정본을 보내어 해당 징계 처분을 제청하여야 한다. 다만, **경무관 이상의 강등 및 정직, 경정 이상의 파면 및 해임 처분**의 제청, **총경 및 경정의 강등 및 정직의 집행**은 **경찰청장**이 한다. ② 중징계 처분의 제청을 받은 임용권자는 **15일** 이내에 의결서 **사본**에 처분 사유설명서를 첨부하여 징계 등 처분 대상자에게 보내야 한다.
보고 및 통지	징계등 의결을 요구한 경찰기관의 장은 **경징계**의 징계 의결을 집행하였을 때에는 **지체 없이** 그 결과에 의결서의 사본을 첨부하여 해당 임용권자에게 **보고**하고, 징계등 처분을 받은 사람의 소속 경찰기관의 장에게 **통지하여야 한다**.

6) 징계위원회

법적성격 (의결기관)	징계위원회는 경찰공무원의 징계에 관한 의결을 행할 뿐, 그 대외적 표시는 징계권자가 행하므로 징계위원회의 법적 성격은 **의결기관**이다. 「경찰공무원법」 제32조(징계위원회) ① **경무관 이상** 경찰공무원에 대한 징계의결은 「국가공무원법」에 따라 **국무총리 소속**으로 설치된 징계위원회에서 한다. [21 채용] ② 총경 이하의 경찰공무원에 대한 징계의결을 하기 위하여 대통령령으로 정하는 경찰기관 및 해양경찰관서에 경찰공무원 징계위원회를 둔다. ③ 경찰공무원 징계위원회의 구성·관할·운영, 징계의결의 요구 절차, 그 밖에 필요한 사항은 대통령령으로 정한다.

종류 및 설치	경찰공무원 중앙징계위원회	경찰청 및 해양경찰청에 둔다.
	경찰공무원 보통징계위원회	경찰청, 해양경찰청, 시·도경찰청, 지방해양경찰청, 경찰대학, 경찰인재개발원, 중앙경찰학교, 경찰수사연수원, 해양경찰교육원, 경찰병원, 경찰서, 경찰기동대, 의무경찰대, 해양경찰서, 해양경찰정비창, 경비함정 및 경찰청장 또는 해양경찰청장이 지정하는 **경감이상**의 경찰공무원을 장으로 하는 기관에 둔다.
관할	국무총리 소속 징계위원회	**경무관 이상** 경찰공무원에 대한 징계등 사건을 심의·의결한다.
	경찰공무원 중앙징계위원회	**총경과 경정**에 대한 징계등 사건을 심의·의결한다.
	경찰공무원 보통징계위원회	① 해당 징계위원회가 설치된 경찰기관 소속 경감 이하 경찰공무원에 대한 징계등 이 사건을 심의·의결 ② 다만, 다음 기관에 설치된 보통징계위원회는 다음에 따른 경찰공무원에 대한 징계등 사건을 심의·의결한다. 　㉠ 경정 이상의 경찰공무원을 장으로 하는 경찰서, 경찰기동대·해양경찰서 등 **총경 이상**의 경찰공무원을 장으로 하는 경찰기관 및 정비창 소속 **경위 이하**의 경찰공무원 　㉡ 의무경찰대 및 경비함정 등 경찰청장 또는 해양경찰청장이 지정하는 **경감 이상**의 경찰공무원을 **장**으로 하는 경찰기관 소속 **경사 이하**의 경찰공무원
관련사건 관할		① 상위 계급과 하위 계급의 경찰공무원이 관련된 징계등 사건은 상위 계급의 경찰공무원을 관할하는 징계위원회에서 심의·의결하고, 상급 경찰기관과 하급 경찰기관에 소속된 경찰공무원이 관련된 징계등 사건은 상급 경찰기관에 설치된 징계위원회에서 심의·의결한다. 상위 계급의 경찰공무원이 감독상 과실책임만으로 관련된 경우에는 제4조에 따른 관할 징계위원회에서 각각 심의·의결할 수 있다. ② **소속이 다른 2명 이상**의 경찰공무원이 관련된 징계등 사건으로서 관할 징계위원회가 서로 다른 경우에는 모두를 관할하는 **바로 위 상급**의 **경찰기관**에 설치된 징계위원회에서 심의·의결한다.
구성		경찰공무원 중앙징계위원회와 경찰공무원 보통징계위원회는 모두 위원장 1명을 포함하여 **11명 이상 51명 이하**의 공무원위원과 민간위원으로 구성한다.
위원장		① 위원장은 위원 중 **최상위 계급 또는 이에 상응하는 직급**에 있거나 **최상위 계급 또는 이에 상응하는 직급에 먼저 승진임용된** 공무원이 된다. ② 위원장이 부득이한 사유로 직무를 수행할 수 없거나 위원장이 필요하다고 인정하는 경우에는 출석한 위원 중 최상위 계급 또는 이에 상응하는 직급에 있거나 최상위 계급 또는 이에 상응하는 직급에 먼저 승진임용된 공무원이 위원장이 된다.
공무원 위원		「경찰공무원 징계령」제6조 제2항 ㉠ 징계위원회가 설치된 경찰기관의 장은 징계등 심의 대상자보다 상위계급인 **경위**(경감 X) **이상**의 소속 경찰공무원 또는 상위 직급에 있는 6급 이상의 소속 공무원 중에서 징계위원회의 공무원위원을 임명한다. ㉡ 다만, 보통징계위원회의 경우 징계등 심의 대상자보다 상위 계급인 **경위 이상**의 소속 경찰공무원 또는 상위 직급에 있는 6급 이상의 소속 공무원의 수가 미달되는 등의 사유로 보통징계위원회를 구성하는 것이 곤란한 경우에는 징계등 심의 대상자보다 상위 계급인 **경사 이하**의 소속 경찰공무원 또는 상위 직급에 있는 7급 이하의 소속 공무원 중에서 임명할 수 있으며, 이 경우에는 **3개월 이하의 감봉 또는 견책**에 해당하는 징계등 사건만을 심의·의결한다.

민간위원	① 징계위원회가 설치된 경찰기관의 장은 징계위원회 구성에 따른 **위원수의 2분의1** 이상을 다음에 해당하는 사람 중에서 민간위원으로 위촉한다. 이 경우 **특정 성별의 위원**이 민간위원수의 **10분의 6**을 초과하지 않도록 해야 한다. ㉠ 중앙징계위원회 　ⓐ **법관·검사 또는 변호사로 10년** 이상 근무한 사람 　ⓑ 대학에서 경찰 관련 학문을 담당하는 **정교수** 이상으로 재직 중인 사람 　ⓒ **총경** 또는 4급 이상의 공무원으로 근무하고 퇴직한 사람[퇴직 전 **5년부터** 퇴직할 때까지 근무했던 적이 있는 경찰기관(해당 경찰기관이 소속된 중앙행정기관 및 그 중앙행정기관의 다른 소속기관에서 근무했던 경우를 포함)의 경우에는 **퇴직일부터 3년이 경과**한 사람을 말한다] 　ⓓ 민간부문에서 인사·감사 업무를 담당하는 임원급 또는 이에 상응하는 직위에 근무한 경력이 있는 사람 ㉡ 보통징계위원회 　ⓐ **법관·검사 또는 변호사로 5년** 이상 근무한 사람 　ⓑ 대학에서 경찰 관련 학문을 담당하는 **부교수** 이상으로 재직 중인 사람 　ⓒ 공무원으로 **20년** 이상 근속하고 퇴직한 사람[퇴직 전 **5년부터** 퇴직할 때까지 근무했던 적이 있는 경찰기관(해당 경찰기관이 소속된 중앙행정기관 및 그 중앙행정기관의 다른 소속기관에서 근무했던 경우 포함)의 경우에는 **퇴직일부터 3년이 경과**한 사람을 말한다] 　ⓓ 민간부문에서 인사·감사 업무를 담당하는 임원급 또는 이에 상응하는 직위에 근무한 경력이 있는 사람 ② 위촉되는 민간위원의 임기는 **2년, 한차례 연임**할 수 있다. ※「공무원 징계령」 제4조(중앙징계위원회의 구성 등) 　① 중앙징계위원회는 위원장 1명을 포함하여 **17명 이상 33명 이하**의 공무원위원과 민간위원으로 구성한다. 이 경우 **민간위원의 수**는 위원장을 **제외**한 위원 수의 2분의1 이상이어야 한다.
회의	① 징계위원회의 회의는 위원장과 징계위원회가 설치된 경찰기관의 장이 **회의마다** 지정하는 **4명 이상 6명 이하**의 위원으로 **성별을 고려하여 구성**하되, 민간위원의 수는 위원장을 **포함**한 위원 수의 **2분의 1** 이상이어야 한다. ② 징계사유가 다음에 해당하는 징계 사건이 속한 징계위원회의 회의를 구성하는 경우에는 피해자와 같은 성별의 위원이 **위원장을 제외**한 위원 수의 **3분의 1** 이상 포함되어야 한다. 　㉠「성폭력범죄의 처벌 등에 관한 특례법」에 따른 성폭력범죄 　㉡「양성평등기본법」에 따른 성희롱 ③ 징계위원회의 위원장은 위원회의 사무를 총괄하며 위원회를 대표한다. [18 채용] ④ 징계위원회의 회의는 위원장이 소집한다. ⑤ 위원장은 **표결권을 가진다**.(표결권을 가지지 않는다X) ⑥ 징계위원회의 회의에 참석한 사람은 직무상 알게 된 비밀을 누설해서는 아니 된다.

회의	⑦ 회의 참석자의 준수사항 ㉠ 징계위원회의 회의에 참석하는 사람은 다음 물품을 소지할 수 없다. 　ⓐ 녹음기, 카메라, 휴대전화 등 녹음·녹화·촬영이 가능한 기기 　ⓑ 흉기 등 위험한 물건 결정하다 판결을 받은 　ⓒ 그 밖에 징계등 사건의 심의와 관계없는 물건 ㉡ 징계위원회의 회의에 참석하는 사람은 다음 행위를 해서는 안 된다. 　ⓐ 녹음, 녹화, 촬영 또는 중계방송계의 　ⓑ 회의의 질서를 해치는 행위 　ⓒ 다른 사람의 생명·신체·재산 등에 위해를 가하는 행위
제척, 기피 및 회피	「경찰공무원징계령」제15조 ① 징계위원회의 위원장 또는 위원이 다음 각 호의 어느 하나에 해당하는 경우에는 그 징계등 사건의 심의·의결에 관여하지 못한다. 　1. 징계등 심의 대상자의 친족 또는 직근 상급자(징계 사유가 발생한 기간 동안 직근 상급자였던 사람을 포함)인 경우 　2. 그 징계 사유와 관계가 있는 경우 　3. 「국가공무원법」제78조의3 제1항 제3호의 사유로 다시 징계등 사건의 심의·의결을 할 때 해당 징계등 사건의 조사나 심의·의결에 관여한 경우 ② 징계등심의대상자는 징계위원회의 위원장 또는 위원이 다음 각 호의 어느 하나에 해당하는 경우에는 징계위원회에 그 사실을 서면으로 밝히고 해당 위원장 또는 위원의 **기피를 신청할 수 있다.** 　1. 제1항 각 호의 어느 하나에 해당하는 경우 　2. 불공정한 의결을 할 우려가 있다고 의심할 만한 타당한 사유가 있는 경우 ③ 징계위원회는 기피 신청을 받은 때에는 해당 징계등 사건을 심의하기 전에 의결로써 해당 위원장 또는 위원의 **기피 여부를 결정하여야 한다.** 이 경우 **기피 신청을 받은 위원장 또는 위원은 그 의결에 참여하지 못한다.** ④ 징계위원회의 위원장 또는 위원은 제1항에 해당하면 스스로 해당 징계 등 사건의 심의·의결을 **회피해야 하며,** 불공정한 의결을 할 우려가 있다고 의심할 만한 타당한 사유가 있는 경우에는 **회피할 수 있다.** ⑤ 징계위원회는 제척, 기피 또는 회피로 인하여 징계위원회를 구성하지 못하게 되었을 때에는 해당 경찰기관의 장에게 위원의 **보충 임명을 요청하여야 한다.** ⑥ 제5항의 경우에 해당 경찰기관의 장은 **지체 없이** 위원을 **보충 임명하여야 한다.** 다만, 위원의 **보충 임명**이 곤란할 때에는 그 징계등 **의결의 요구를 철회하고,** 그 **상급 경찰기관의 장에게 징계등 의결의 요구를 신청하여야 한다.**

7) 징계에 대한 구제

소청	징계처분을 받은 자는 **처분사유설명서를 받은 날로부터 30일** 이내에 소청심사위원회의 심사를 청구할 수 있다.
행정소송의 피고	「경찰공무원법」제34조 징계처분, 휴직처분, 면직처분, 그 밖에 의사에 반하는 불리한 처분에 대한 행정소송의 경우에는 **경찰청장 또는 해양경찰청장을 피고로 한다.** 다만, 제7조 제3항 및 제4항에 따라 임용권을 위임한 경우에는 그 **위임을 받은 자를 피고로 한다.**

8) 정상참작사유(「경찰공무원징계령세부시행규칙」 제4조, 제5조)

본인 정상참작 사유	징계요구권자 또는 징계위원회는 다음에 해당하는 사유가 있을 때에는 징계책임을 감경하여 징계의결 요구 또는 징계의결하거나 징계책임을 묻지 아니할 수 있다. ㉠ 과실로 인하여 발생한 의무위반행위가 다른 법령에 의해 처벌사유가 되지 않고 비난 가능성이 없는 때 ㉡ 국가 또는 공공의 이익을 증진하기 위해 성실하고 능동적으로 업무를 처리하는 과정에서 부분적인 절차상 하자 또는 비효율, 손실 등의 잘못이 발생한 때 ㉢ 업무매뉴얼에 규정된 직무상의 절차를 충실히 이행한 때 [20 승진] ㉣ 의무위반행위의 발생을 방지하기 위해 최선을 다하였으나 부득이한 사유로 결과가 발생하였을 때 ㉤ 발생한 의무위반행위에 대하여 자진신고하거나 사후조치에 최선을 다하여 원상회복에 크게 기여한 때 ㉥ 간첩 또는 사회이목을 집중시킨 중요사건의 범인을 검거한 공로가 있을 때 ㉦ 제8조 제3항에 따른 감경 제외 대상이 아닌 의무위반행위 중 직무와 관련이 없는 사고로 인한 의무위반행위로서 사회통념에 비추어 공무원의 품위를 손상하지 아니한 때
감독자 문책시 정상참작 사유	징계요구권자 또는 징계위원회는 감독자에게 다음에 해당하는 사유가 있을 때에는 징계책임을 감경하여 징계의결 요구 또는 징계의결하거나 징계책임을 묻지 아니할 수 있다. ㉠ 부하직원의 의무위반행위를 사전에 발견하여 적법 타당하게 조치한 때 [20 승진] ㉡ 부하직원의 의무위반행위가 감독자 또는 행위자의 비번일, 휴가기간, 교육기간 등에 발생하거나, 소관업무와 직접 관련 없는 등 감독자의 실질적 감독범위를 벗어났다고 인정된 때 ㉢ **부임기간이 1개월 미만**으로 부하직원에 대한 실질적인 감독이 곤란하다고 인정된 때 [20 승진] ㉣ 교정이 불가능하다고 판단된 부하직원의 사유를 명시하여 인사상 조치(전출 등)를 상신하는 등 성실히 관리한 이후에 같은 부하직원이 의무위반행위를 야기하였을 때 ㉤ 기타 부하직원에 대하여 평소 철저한 교양감독 등 감독자로서의 임무를 성실히 수행하였다고 인정된 때 [20 승진]

9) 재징계의결요구(「국가공무원법」 제78조의3)

사유	처분권자는 다음에 해당하는 사유로 소청심사위원회 또는 법원에서 징계처분의 무효 또는 취소의 결정이나 판결을 받은 경우에는 **다시 징계의결을 요구하여야 한다**. 다만, ㉢의 사유로 무효 또는 취소의 결정이나 판결을 받은 감봉, 견책처분에 대하여는 징계의결을 **요구하지 아니할 수 있다**. ㉠ 법령의 적용, 증거 및 사실 조사에 명백한 흠이 있는 경우 ㉡ 징계위원회의 구성 또는 징계의결, 그 밖에 절차상의 흠이 있는 경우 ㉢ 징계양정 및 징계부가금이 과다한 경우
기간	처분권자는 재징계의결을 요구하는 경우에는 소청심사위원회의 결정 또는 법원의 판결이 **확정된 날부터 3개월** 이내에 관할 징계위원회에 징계의결을 **요구하여야 하며**, 관할 징계위원회에서는 **다른 징계사건에 우선**하여 징계에 관한 **의결을 하여야 한다**.

3. 변상책임

(1) 「국가배상법」상 변상책임

> ① 「**국가배상법**」 **제2조 제2항** 공무원이 그 직무를 집행하면서 고의 또는 과실로 법령을 위반하여 타인에게 손해가 발생한 경우에는 국가나 지방자치단체가 손해를 배상할 책임을 진다. 이때 국가나 지방자치단체는 공무원에게 고의 또는 중대한 과실이 있는 경우 당해 공무원에 대하여 구상권을 행사할 수 있다. ▶ 공무원이 국가에 지는 책임이 변상책임
> ② 「**국가배상법**」 **제5조** 공공의 영조물의 설치·관리에 하자가 있기 때문에 타인에게 손해가 발생한 경우에는 국가나 지방자치단체는 피해자에게 그 손해를 배상할 책임이 있지만, 손해의 원인에 대하여 책임을 질 자가 따로 있으면 국가나 지방자치단체는 그 자에게 구상할 수 있다.

(2) 「회계관계직원 등의 책임에 관한 법률」상의 변상책임(제4조)

> ① 회계관계직원은 고의 또는 중대한 과실로 법령 그 밖의 관계규정과 예산에 정하여진 바에 위반하여 국가·지방자치단체 그 밖에 감사원의 감사를 받는 단체 등의 재산에 대하여 손해를 끼친 때에는 변상의 책임이 있다.
> ② 현금 또는 물품을 출납·보관하는 회계관계직원은 선량한 관리자로서의 주의를 게을리하여 그가 보관하는 현금 또는 물품이 망실되거나 훼손된 때에는 변상의 책임이 있다.
> ③ 현금 또는 물품을 출납·보관하는 회계관계직원은 스스로 사무를 집행하지 아니한 것을 이유로 그 책임을 면할 수 없다.
> ④ 손해가 2명 이상의 회계관계직원의 행위로 인하여 발생한 경우에는 각자의 행위가 손해발생에 미친 정도에 따라 각각 변상책임을 진다. 이 경우 손해발생에 미친 정도가 분명하지 아니하면 그 정도가 같은 것으로 본다.
> ⑤ 변상책임의 유무 및 변상액은 감사원이 판정한다.
> ⑥ 중앙관서의 장, 지방자치단체의 장 등은 회계관계직원이 변상책임이 있다고 인정되는 경우에는 감사원이 판정하기 전이라도 해당 회계관계직원에 대하여 변상을 명할 수 있다.

4. 민·형사책임

민사상 책임	직무수행 중 불법행위로 타인에게 손해를 끼친 당해 공무원에게 **고의·중과실**(경과실X)이 있는 경우에는 국가나 공무원 누구에게라도 선택적 청구를 인정하고 있다. ▶ 민사책임 인정O ▶ **경과실** : 선택적 청구 **부정**
형사상 책임	(= 형법상 책임) 형법 등의 형사법에 위반한 범죄행위에 대하여 부담하는 책임을 형사책임이라 한다.

제5절 경찰공무원의 권익보장(소청, 고충, 직장협의회 등)

1. 처분사유 설명서의 교부(「국가공무원법」 제75조)

① 공무원에 대하여 징계처분 등을 할 때나 강임·휴직·직위해제 또는 면직처분을 할 때에는 그 처분권자 또는 처분제청권자는 처분사유를 적은 설명서를 교부하여야 한다. 다만, 본인의 원(願)에 따른 강임·휴직 또는 면직처분은 그러하지 아니하다.
② 처분권자는 피해자가 요청하는 경우 「성폭력범죄의 처벌 등에 관한 특례법」 제2조에 따른 성폭력 범죄 및 「양성평등기본법」 제3조 제2호에 따른 성희롱에 해당하는 사유로 처분사유 설명서를 교부할 때에는 그 징계처분결과를 피해자에게 함께 통보하여야 한다.

2. 고충심사

(1) 「국가공무원법」 제76조의2(고충 처리)

① 공무원은 인사·조직·처우 등 각종 직무 조건과 그 밖에 신상 문제와 관련한 고충에 대하여 상담을 신청하거나 심사를 청구할 수 있으며 [22 승진] 누구나 기관 내 성폭력 범죄 또는 성희롱 발생 사실을 알게 된 경우 이를 신고할 수 있다. 이 경우 상담 신청이나 심사 청구 또는 신고를 이유로 불이익한 처분이나 대우를 받지 아니한다.
② 중앙인사관장기관의 장, 임용권자 또는 임용제청권자는 ①에 따른 상담을 신청받은 경우에는 소속 공무원을 지정하여 상담하게 하고, 심사를 청구받은 경우에는 관할 고충심사위원회에 부쳐 심사하도록 하여야 하며, 그 결과에 따라 고충의 해소 등 공정한 처리를 위하여 노력하여야 한다.
③ 중앙인사관장기관의 장, 임용권자 또는 임용제청권자는 기관 내 성폭력 범죄 또는 성희롱 발생 사실의 신고를 받은 경우에는 지체 없이 사실 확인을 위한 조사를 하고 그에 따라 필요한 조치를 하여야 한다. (노력할 수 있다X) [22 승진]
④ 공무원의 고충을 심사하기 위하여 중앙인사관장기관에 중앙고충심사위원회를, 임용권자 또는 임용 제청권자 단위로 보통고충심사위원회를 두되, 중앙고충심사 위원회의 기능은 소청심사위원회에서 관장한다.
⑤ 고충상담 신청, 성폭력 범죄 또는 성희롱 발생 사실의 신고에 대한 처리절차, 고충심사위원회의 구성·권한·심사절차, 그 밖에 필요한 사항은 대통령령등으로 정한다.

(2) 「경찰공무원법」 제31조(고충심사위원회)

① 경찰공무원의 인사상담 및 고충을 심사하기 위하여 경찰청, 해양경찰청, 시·도자치 경찰위원회, 시·도경찰청, 대통령령으로 정하는 경찰기관 및 지방해양경찰관서에 경찰공무원 고충심사위원회를 둔다.
② 경찰공무원 고충심사위원회의 심사를 거친 재심청구와 **경정 이상**의 경찰공무원의 인사상담 및 고충심사는 「국가공무원법」에 따라 설치된 **중앙**고충심사위원회에서 한다. [22 승진]
③ 경찰공무원 고충심사위원회의 구성, 심사 절차 및 운영에 필요한 사항은 대통령령으로 정한다.

(3) 「공무원고충처리규정」

경찰공무원
고충심사
위원회
(제3조의2)
	① 「경찰공무원법」 제31조 제1항에서 "대통령령이 정하는 경찰기관"이라 함은 경찰대학·경찰인재개발원·중앙경찰학교·경찰수사연수원·경찰서·경찰기동대·경비함정 기타 **경감 이상**의 경찰공무원을 **장**으로 하는 기관 중 **행정안전부장관 또는 해양수산부장관이 지정하는 경찰기관**을 말한다.
	② 「경찰공무원법」 제31조 제1항에 따른 경찰공무원 고충심사위원회는 위원장 1명을 포함하여 **7명 이상 15명 이내**의 공무원위원과 민간위원으로 구성한다. 이 경우 **민간위원의 수**는 위원장을 **제외**한 위원 수의 **2분의 1 이상**이어야 한다.
	③ 경찰공무원고충심사위원회의 위원장은 설치기관 소속 공무원 중에서 인사 또는 감사 업무를 담당하는 과장 또는 이에 상당하는 직위를 가진 사람이 된다.
	④ 경찰공무원고충심사위원회의 공무원위원은 청구인보다 상위 계급 또는 이에 상당하는 소속 공무원 중에서 설치기관의 장이 임명한다.
	⑤ 경찰공무원고충심사위원회의 민간위원은 다음 각 호의 사람 중에서 설치기관의 장이 위촉한다.
	
	   1. 경찰공무원으로 **20년** 이상 근무하고 퇴직한 사람
	   2. 대학에서 법학·행정학·심리학·정신건강의학 또는 **경찰학**을 담당하는 사람으로서 **조교수** 이상으로 재직 중인 사람
	   3. 변호사 또는 공인노무사로 **5년** 이상 근무한 사람
	   4. 「의료법」에 따른 의료인
	
	⑥ 경찰공무원고충심사위원회 민간위원의 임기는 **2년**으로 하며, **한 번만 연임**할 수 있다.
	⑦ 경찰공무원고충심사위원회의 회의는 위원장과 위원장이 회의마다 지정하는 **5명이상 7명이내**의 위원으로 **성별을 고려**하여 구성한다. 이 경우 **민간위원이 3분의 1 이상** 포함되어야 한다.

고충심사절차 (제7조)	① 고충심사위원회가 청구서를 접수한 때에는 **30일** 이내에 고충 심사에 대한 결정을 해야 한다. 다만, 부득이하다고 인정되는 경우에는 고충심사위원회의 의결로 **30일**의 범위에서 그 기한을 연기할 수 있다. [22 승진]
심사일의 통지 등 (제8조)	① 고충심사위원회는 **심사일 5일 전까지** 청구인 및 처분청에 심사일시 및 장소를 알려야 한다. ② 고충심사위원회는 제1항에 따른 통지를 하는 경우 청구인 및 처분청에 심사에 출석하여 의견을 진술하거나 서면으로 의견을 제출할 기회를 주어야 한다. ③ 고충심사위원회는 제1항에 따른 통지를 받은 청구인 및 처분청이 심사일에 특별한 **이유 없이 출석하지 아니한 때에는 진술 없이 심사·결정할 수 있다.** 다만, **서면**으로 **진술할 때에는** 결정서에 서면진술의 **요지를 기재하여야 한다.**
결정 (제10조)	① 경찰공무원 고충심사위원회의 결정은 제3조의2 제7항 전단에 따른 **위원 5명 이상의 출석과 출석위원 과반수의 합의**에 따른다.

3. 소청(「국가공무원법」)

(1) 소청의 의의 및 대상

의의	① 소청이란 징계처분, 기타 그의 의사에 반하는 불이익 처분을 받은 자가 관할 소청심사위원회에 심사를 청구하는 행정심판이다. ② 「행정심판법」상의 일반행정심판에 대한 「국가공무원법」상의 특별행정심판절차이다.
대상	징계처분·강임·휴직·직위해제·면직처분 기타 본인의 의사에 반하는 불리한 처분이다.

(2) 소청심사위원회(「국가공무원법」 제9조)

① 행정기관 소속 공무원의 징계처분, 그 밖에 그 의사에 반하는 불리한 처분이나 부작위에 대한 소청을 심사·결정 하게하기 위하여 인사혁신처에 소청심사위원회를 둔다.
② 국회, 법원, 헌법재판소 및 선거관리위원회 소속 공무원의 소청에 관한 사항을 심사·결정하게 하기 위하여 국회사무처, 법원행정처, 헌법재판소사무처 및 중앙선거관리위원회사무처에 각각 해당 소청심사위원회를 둔다.
③ 국회사무처, 법원행정처, 헌법재판소사무처 및 중앙선거관리위원회사무처에 설치된 소청심사위원회는 위원장 1명을 포함한 위원 5명 이상 7명 이하의 비상임위원으로 구성하고, 인사혁신처에 설치된 소청심사위원회는 위원장 1명을 포함한 **5명 이상 7명 이하**의 **상임위원**과 상임위원 수의 2분의1이상인 **비상임위원**으로 구성하되, **위원장**은 **정무직**으로 보한다.
④ 제1항에 따라 설치된 소청심사위원회는 다른 법률로 정하는 바에 따라 특정직공무원의 소청을 심사·결정할 수 있다.
⑤ 소청심사위원회의 조직에 관하여 필요한 사항은 대통령령등으로 정한다.

(2)-2 인사혁신처에 두는 소청심사위원회

설치	행정기관 소속 공무원의 징계처분, 그 밖에 그 의사에 반하는 불리한 처분이나 부작위에 대한 소청을 심사·결정하게 하기 위하여 인사혁신처에 소청심사위원회를 둔다.
구성	위원장 1명 포함한 **5명 이상 7명 이내**의 **상임위원**과 상임위원 수의 2분의1이상인 비상임위원으로 구성하되, **위원장**은 **정무직**으로 보한다.
임명절차	**위원장**과 **위원**은 **인사혁신처장의 제청**으로 국무총리를 거쳐 **대통령이 임명**한다.

자격	① 소청심사위원회 위원(위원장 포함)은 아래의 사항 중 어느 하나에 해당하고 인사행정에 식견이 있는 자 중에서 **대통령이 임명**한다.
	    ㉠ **법관·검사 또는 변호사**의 직에 **5년**이상 근무한 자
	    ㉡ 대학에서 **행정학·정치학 또는 법률학**을 담당한 **부교수** 이상의 직에 **5년**이상 근무한 자
	    ㉢ **3급** 이상 공무원 또는 고위공무원단에 속하는 공무원으로 **3년** 이상근무한 자 ▶ **상임**
	② **비상임위원**은 위의 ㉠ 및 ㉡의 어느 하나에 해당하는 자 중에서 임명하여야 한다.

임기 등	① **상임위원**의 **임기**는 **3년**으로 하며, **한 번만 연임**할 수 있다. ② 소청심사위원회의 상임위원은 다른 직무를 **겸할 수 없다**. ③ 소청심사위원회의 공무원이 아닌 위원은 「형법」이나 그 밖의 법률에 따른 벌칙을 적용할 때 공무원으로 본다.

결격사유	① 다음에 해당하는 자는 소청심사위원회의 **위원이 될 수 없다**.
	    ㉠ **공무원결격사유**에 해당하는 자
	    ㉡ 「**정당법**」에 따른 **정당의 당원**
	    ㉢ 「**공직선거법**」에 따라 실시하는 **선거에 후보자로 등록**한 자
	② 소청심사위원회위원이 **결격사유**에 해당하게 된 때에는 **당연히 퇴직**한다.

신분보장	소청심사위원회 위원은 **금고**(자격정지X) 이상의 **형벌** 또는 장기의 심신쇠약으로 직무를 수행할 수 없게 된 때를 **제외하고는** 그의 의사에 반하여 면직되지 아니한다. ▶ 비상임위원도 신분보장O
임시위원 임명	소청심사위원회 위원의 제척·기피 또는 회피 등으로 심사·결정에 참여할 수 있는 위원 수가 **3명미만**이 된 경우에는 **3명이 될 때까지** 국회사무총장, 법원행정처장, 헌법재판소사무처장, 중앙선거관리 위원회사무총장 또는 인사혁신처장은 임시위원을 임명하여 해당 사건의 심사·결정에 참여하도록하여야 한다.

(3) 소청의 절차

청구	제75조에 따른 처분사유 설명서를 받은 공무원이 그 처분에 불복할 때에는 그 설명서를 받은 날부터, 공무원이 제75조에서 정한 처분(징계처분·강임·휴직·직위해제·면직처분) 외에 본인의 의사에 반한 불리한 처분을 받았을 때에는 그 처분이 있은 것을 안 날 (처분이 있은 날 X)로부터 30일 이내에 소청심사위원회에 이에 대한 심사를 청구할 수 있다. 이 경우 변호사를 대리인으로 선임할 수 있다.
심사	① 소청심사위원회는 소청을 접수하면 지체 없이 심사하여야 한다. ② 소청심사위원회는 심사를 할 때 필요하면 검증·감정, 그 밖의 사실조사를 하거나 증인을 소환하여 질문하거나 관계서류를 제출하도록 명할 수 있다. ③ 소청심사위원회가 소청 사건을 심사하기 위하여 징계 요구 기관이나 관계 기관의 소속 공무원을 증인으로 소환하면 해당 기관의 장은 이에 따라야 한다. (따를 수 있다X) ④ 소청심사위원회는 필요하다고 인정하면 소속 직원에게 사실조사를 하게 하거나 특별한 학식·경험이 있는 자에게 검증이나 감정을 의뢰할 수 있다. ⑤ 소청심사위원회가 증인을 소환하여 질문할 때에는 대통령령으로 정하는 바에 따라 일당과 여비를 지급하여야 한다.
소청인 진술권	소청심사위원회가 소청사건을 심사할 때에는 소청인 또는 대리인에게 **반드시 진술의 기회를 주어야** 하며, **진술 기회를 주지 않은 결정은 무효**(취소 X)이다.

제척·기피·회피	① 소청심사위원회의 위원은 그 위원회에 계류(繫留)된 소청 사건의 증인이 될 수 없으며, 다음 사항에 관한 소청 사건의 심사 결정에서 **제척된다**.
	    ㉠ 위원 본인과 관계있는 사항
	    ㉡ 위원 본인과 친족 관계에 있거나 친족 관계에 있었던 자와 관계있는 사항
	② 소청 사건의 당사자는 다음에 해당하는 때에는 그 이유를 구체적으로 밝혀 그 위원에 대한 기피를 신청할 수 있고, 소청심사위원회는 해당 위원의 **기피 여부를 결정하여야 한다**. 이 경우 기피신청을 받은 위원은 그 기피 여부에 대한 결정에 참여할 수 없다.
	    ㉠ 소청심사위원회의 위원에게 제척사유가 있는 경우
	    ㉡ 심사결정의 공정을 기대하기 어려운 사정이 있는 경우
	③ 소청심사위원회 위원은 **기피사유에 해당**하는 때에는 스스로 그 사건의 심사·결정에서 **회피할 수 있다**.

결정 정족수	① 소청 사건의 결정은 재적 위원 **3분의2** 이상의 출석과 출석 위원 과반수의 합의에 따르되, 의견이 나뉘어 출석 위원(재적위원X) 과반수의 합의에 이르지 못하였을 때에는 과반수에 이를 때까지 소청인에게 가장 불리한 의견에 차례로 유리한 의견을 더하여 그 중 **가장 유리한** 의견을 합의된 의견으로 본다. ② ①에도 불구하고 파면·해임·강등 또는 정직에 해당하는 **징계처분을 취소 또는 변경**하려는 경우와 **효력 유무 또는 존재 여부에 대한 확인**을 하려는 경우에는 재적위원 **3분의2** 이상의 출석과 출석위원 **3분의2** 이상의 합의가 있어야 한다. 이 경우 구체적인 결정의 내용은 출석위원 과반수의 합의에 따르되, 의견이 나뉘어 출석위원 과반수의 합의에 이르지 못하였을 때에는 과반수에 이를 때까지 소청인에게 가장 불리한 의견에 차례로 유리한 의견을 더하여 **그 중 가장 유리한 의견**을 합의된 의견으로 본다.

결정	소청심사위원회의 결정은 다음과 같이 구분한다.
	    ㉠ 심사 청구가 이 법이나 다른 법률에 **적합하지 아니한** 것이면 그 청구를 **각하**(却下)한다.
	    ㉡ 심사 청구가 **이유 없다고 인정**되면 그 청구를 **기각** 한다.
	    ㉢ 처분의 취소 또는 변경을 구하는 심사 청구가 이유 있다고 인정되면 처분을 취소 또는 변경하거나 처분 행정청에 **취소 또는 변경할 것을** 명한다.

결정		㉣ 처분의 효력 유무 또는 존재 여부에 대한 확인을 구하는 심사 청구가 이유 있다고 인정되면 처분의 **효력 유무 또는 존재 여부를 확인**한다. ㉤ 위법 또는 부당한 **거부처분이나 부작위**에 대하여 의무 이행을 구하는 심사 청구가 이유 있다고 인정되면 지체 없이 청구에 따른 처분을 하거나 **이를 할 것을 명**한다.
결정기한		소청심사위원회는 **접수일로부터 60일** 이내에 결정을 해야 한다. 다만, 소청심사위원회의 **의결로 30일** 범위 내에서 **연장**할 수 있다.
불이익변경 금지		소청심사위원회가 징계처분 또는 징계부가금 부과처분을 받은 자의 청구에 따라 소청을 심사할 경우에는 **원징계처분보다 무거운 징계** 또는 **원징계 부가금 부과처분보다 무거운** 징계부가금을 부과하는 결정을 하지 못한다.
효과		① 소청심사위원회의 취소명령 또는 변경명령 결정은 그에 따른 징계나 그 밖의 처분이 있을 때까지는 종전에 행한 징계처분 또는 징계부가금 부과처분에 영향을 미치지 아니한다. ② 소청심사위원회의 결정은 그 이유를 구체적으로 밝힌 결정서로 하여야 한다. ③ 소청심사위원회의 결정은 처분 행정청을 기속한다.
불복	재심청구X	소청심사위원회의 결정에 불복한 경우 인사혁신처장은 **재심을 청구할 수 없다.**
	행정소송O	경찰공무원은 소청심사위원회의 결정이 위법하다고 인정될 때 또는 소청제기 후 **60일**이 경과해도 소청심사위원회의 결정이 없는 경우에는 **행정소송을 제기할 수 있다.**
	필요적 행정심판 전치주의	징계 처분 등, 그 밖에 본인의 의사에 반한 불리한 처분이나 부작위에 관한 행정소송은 **소청심사위원회의 심사결정을 거치지 아니하면 제기할 수 없다.**
	행정소송 대상	**원징계처분**을 소송대상으로 한다. ▶ 행정소송법상 원처분주의가 채택O ▶ **소청심사위원회의 결정**을 소송대상으로(X)
	행정소송의 피고	「경찰공무원법」 제28조 징계처분, 휴직처분, 면직처분, 그 밖에 의사에 반하는 불리한 처분에 대한 행정소송의 경우에는 **경찰청장 또는 해양경찰청장**(소속기관의 장X)을 피고로 한다. 다만, 임용권을 위임한 경우에는 **그 위임을 받은 자를 피고**로 한다. 「국가공무원법」 제16조 제2항 행정소송을 제기할 때에는 대통령의 처분 또는 부작위의 경우에는 **소속 장관**(대통령령으로 정하는 기관의 장 포함)을 **피고**로 한다.
후임자의 보충발령의 유예제도X		「경찰공무원법」 제36조 제1항 경찰공무원의 징계에 관하여서는 국가공무원법 제76조 조항의 적용을 배제하고 있다. 「국가공무원법」 제76조 본인의 의사에 반하여 파면 또는 해임이나 제70조 제1항 제5호의 규정에 의한 면직처분을 하였을 때에는 그 처분을 **한날부터 40일** 이내에는 **후임자의 보충발령을 하지 못한다.** 다만, 인력관리상 후임자를 보충하여야 할 불가피한 사유가 있는 경우(제3항의 규정에 의한 가결정을 행한 경우를 제외한다)에는 국회사무총장·법원행정처장·헌법재판소사무처장·중앙선거관리위원회사무총장 또는 중앙인사위원회의 협의를 거쳐 후임자의 보충발령을 할 수 있다.

정리 **국가경찰위원회와 인사혁신처 소청심사위원회의 비교**

	국가경찰위원회	인사혁신처 소청심사위원회
설치근거	「국가경찰과 자치경찰의 조직 및 운영에 관한 법률」	「국가공무원법」
성질	심의·의결기관	합의제 행정관청
소속	행정안전부	인사혁신처
구성	위원장 1인 포함 7인 1인 상임위원 (정무직) 위원장 및 5인은 비상임위원	위원장 1인 포함 5명 이상 7인 이하의 상임위원과 상임위원수의 2분의 1 이상인 비상임위원
위원장	비상임 중 호선	대통령이 임명 (정무직)
위원의 임명절차	행정안전부장관의 제청 → 국무총리 경유 → 대통령이 임명	인사혁신처장의 제청 → 국무총리 경유 → 대통령이 임명
임기	3년, 연임X	3년, 1차 연임O
의결	재적위원 과반수 이상 출석과 출석위원 과반수 찬성	재적위원 2/3 이상 출석과 출석위원 과반수 합의
재의결		① 재적위원 2/3 이상 출석과 출석위원 2/3 합의 ② 가장 유리한 의견
재의 및 재심청구	행정안전부장관 10일내 재의요구O	인사혁신처장의 재심청구X

4. 공무원직장협의회(「공무원직장협의회의 설립·운영에 관한 법률」)

목적 (제1조)	이 법은 공무원의 **근무환경 개선, 업무능률 향상 및 고충처리** 등을 위한 직장협의회의 설립과 운영에 관한 기본적인 사항을 규정함을 목적으로 한다.
설립 (제2조)	① 국가기관, 지방자치단체 및 그 하부기관에 근무하는 공무원은 직장협의회("협의회")를 설립할 수 있다. ② 협의회는 기관 단위로 설립하되, 하나의 기관에는 **하나의 협의회만**을 설립할 수 있다. ③ 협의회를 설립한 경우 그 대표자는 **소속 기관의 장**에게 설립 사실을 통보하여야 한다.
가입 범위 (제3조)	① 협의회에 가입할 수 있는 공무원의 범위는 다음 각 호와 같다. 〈개정 2022. 4. 26.〉 1. 일반직공무원 2. 특정직공무원 중 다음 각 목의 어느 하나에 해당하는 공무원 　가. 외무영사직렬·외교정보기술직렬 외무공무원 　나. **경찰공무원** 　다. 소방공무원 3. 삭제 〈2012. 12. 11.〉 4. 삭제 〈2011. 5. 23.〉 5. 별정직공무원

가입 범위 (제3조)	② 제1항에도 불구하고 다음 각 호의 어느 하나에 해당하는 공무원은 협의회에 가입할 수 없다. 〈개정 2022. 4. 26.〉 1. 삭제 〈2022. 4. 26.〉 2. 업무의 주된 내용이 **지휘·감독권**을 행사하거나 다른 공무원의 업무를 총괄하는 업무에 종사하는 공무원 3. 업무의 주된 내용이 **인사, 예산, 경리, 물품출납, 비서, 기밀, 보안, 경비** 및 그 밖에 이와 유사한 업무에 종사하는 공무원 ③ 기관장은 해당 기관의 직책 또는 업무 중 제2항 제2호 및 제3호에 따라 협의회에의 가입이 금지되는 직책 또는 업무를 협의회와 협의하여 지정하고 이를 공고하여야 한다.
가입 및 탈퇴의 자유 (제4조)	공무원은 **자유로이** 협의회에 가입하거나 협의회를 탈퇴할 수 있다.
협의회등의 기능 (제5조)	① 협의회 및 연합협의회("협의회등")는 소속 기관장 또는 제2조의2 제1항 각 호의 기관의 장과 다음 각 호의 사항을 협의한다. 〈개정 2022. 4. 26.〉 1. 해당 기관 고유의 **근무환경 개선**에 관한 사항 2. **업무능률 향상**에 관한 사항 3. 소속 공무원의 공무와 관련된 **일반적(개별적 X) 고충**에 관한 사항 4. 소속 공무원의 **모성보호 및 일과 가정생활의 양립을 지원**하기 위한 사항 5. 기관 내 **성희롱, 괴롭힘 예방** 등에 관한 사항 6. 그 밖에 **기관의 발전**에 관한 사항 ② 협의회등은 제1항에 따른 협의를 할 때 협의회등 구성원의 직급 등을 고려하여 협의회등 구성원의 의사를 고루 대변할 수 있는 협의위원을 선임(選任)하여야 한다. 〈개정 2022. 4. 26.〉
협의회등의 활동 (제5조의2)	협의회등의 활동은 근무시간 **외**에 수행하여야 한다. 다만, 다음 각 호의 사항은 근무시간 중에 수행할 수 있다. 1. 협의회등과 기관장 또는 제2조의2 제1항 각 호의 기관의 장과의 협의 2. 그 밖에 대통령령으로 정하는 사항
기관장 의무 (제6조)	① 기관장 또는 제2조의2 제1항 각 호의 기관의 장은 협의회등이 문서로 명시하여 협의를 요구하면 성실히 **협의하여야 한다**. 〈개정 2022. 4. 26.〉 ② 기관장 또는 제2조의2 제1항 각 호의 기관의 장은 협의회등과 문서로 합의한 사항에 대하여는 최대한 이를 이행하도록 **노력하여야 한다**. 〈개정 2022. 4. 26.〉 ③ 기관장 또는 제2조의2 제1항 각 호의 기관의 장은 협의회등의 조직 및 운영과 관련하여 소속 공무원에게 불리한 조치를 하여서는 아니 된다. 〈개정 2022. 4. 26.〉 ④ 기관장 또는 제2조의2 제1항 각 호의 기관의 장은 협의회등과의 합의사항이 있는 경우 그 이행현황을 **공개하여야 하고**, 구체적인 방법은 대통령령으로 정한다. 〈개정 2022. 4. 26.〉
협의회등의 구성 및 운영 등에 관한 세부사항 (제7조)	협의회등의 설립 단위, 가입 범위, 그 밖에 협의회등의 구성에 관한 사항과 협의위원의 선임, 협의회등의 협의절차·시기·방법, 그 밖에 협의회등의 운영에 필요한 사항은 국회규칙, 대법원규칙, 헌법재판소규칙, 중앙선거관리위원회규칙, 대통령령 또는 조례로 정한다. 〈개정 2022. 4. 26.〉

5. 「성희롱·성폭력 근절을 위한 공무원 인사관리규정」

성희롱·성폭력 발생 사실 신고 (제3조)	행정부 소속 국가공무원은 누구나 공직 내 성희롱 또는 성폭력 발생 사실을 알게 된 경우 그 사실을 임용권자 또는 임용제청권자에게 **신고할 수 있다.** [21 승진]
사실 확인 조사 (제4조)	① 임용권자등은 제3조에 따른 신고를 받거나 공직 내 성희롱 또는 성폭력 발생 사실을 알게 된 경우에는 지체 없이 그 사실 확인을 위한 조사를 하여야 하며, 수사의 필요성이 있다고 인정하는 경우 **수사기관에 통보하여야 한다.** [21 승진] ② 임용권자등은 조사 과정에서 성희롱 또는 성폭력과 관련하여 피해를 입은 사람 또는 피해를 입었다고 주장하는 사람(피해자등)이 **성적 불쾌감 등을 느끼지 아니하도록 하고,** 사건 내용이나 신상 정보의 누설 등으로 인한 **피해가 발생하지 아니하도록 하여야 한다.** ③ 임용권자등은 제1항에 따른 조사 기간 동안 피해자들이 요청한 경우로서 피해자 등을 보호하기 위하여 필요하다고 인정하는 경우 그 피해자들이나 성희롱 또는 성폭력과 관련하여 가해 행위를 했다고 신고된 사람에 대하여 근무 장소 변경, 휴가사용 권고 등 **적절한 조치를 하여야 한다.** [21 승진]
피해자 또는 신고자 보호 (제5조)	① 임용권자등은 제4조 제1항에 따른 조사 결과 공직 내 성희롱 또는 성폭력 발생 사실이 확인되면 피해자에게 다음 각 호의 어느 하나에 해당하는 조치를 할 수 있다. 다만, 임용권자 등은 피해자의 의사에 반(反)하여 조치를 하여서는 아니 된다. [21 승진] 1. 「공무원임용령」 제41조에 따른 교육훈련 등 파견근무 2. 「공무원임용령」 제45조에도 불구하고 다른 직위에의 전보 3. 근무 장소의 변경, 휴가 사용 권고 및 그 밖에 임용권자등이 필요하다고 인정하는 적절한 조치 ② 임용권자등은 성희롱 또는 성폭력 발생 사실을 신고한 사람이 그 신고를 이유로 집단 따돌림, 폭행 또는 폭언으로 인한 정신적·신체적 피해를 호소하는 경우에는 제1항의 어느 하나에 해당하는 조치를 할 수 있다. 다만, 임용권자등은 **신고자의 의사에 반하여** 조치를 하여서는 **아니 된다.**
가해자에 대한 인사조치 (제6조)	임용권자등은 제4조 제1항에 따른 조사 결과 공직 내 성희롱 또는 성폭력 발생 사실이 확인되면 가해자에게 다음 각 호의 어느 하나에 해당하는 **조치를 할 수 있다.** 1. 직위해제 사유에 해당된다고 인정하는 경우에는 직위해제 2. 징계 사유에 해당된다고 인정하는 경우에는 관할 징계위원회에 징계 의결 요구 3. 제2호에 따른 징계 의결 요구 전 승진임용 심사 대상에서 제외 4. 「공무원임용령」 제45조에도 불구하고 다른 직위에의 전보 5. 「공무원 성과평가 등에 관한 규정」 제10조 제3항 또는 제16조 제1항에 따른 최하위등급 부여 6. 감사·감찰·인사·교육훈련 분야 등의 보직 제한

5-2. 「경찰청 성희롱·성폭력 예방 및 처리에 관한 규칙」(경찰청 훈령)

경찰기관의장 책무 (제4조)	① **경찰기관의 장**은 성희롱·성폭력 예방 및 2차 피해 방지를 위해 다음 각 호의 제반 조치를 마련하고 시행하고, 성희롱·성폭력 및 2차 피해 발생 시 **필요한 조치를 적절하고 신속하게 이행해야 한다.**
	  1. 성희롱·성폭력 및 2차 피해 예방교육("예방교육")과 예방교육 만족도 조사 실시
	  2. 성희롱·성폭력 및 2차 피해 상담창구의 설치·운영
	  3. 성희롱·성폭력 및 2차 피해 조사 등 처리 절차와 매뉴얼 마련
	  4. 성희롱·성폭력 및 2차 피해 근절의지 천명과 행위자 무관용 원칙에 따른 징계 등 제재
	  5. 소속 직원 및 교육생에 대한 성희롱·성폭력 및 2차 피해 예방 홍보
	  6. 성희롱·성폭력 및 2차 피해 예방 관련 예산 확보
	  7. 성희롱·성폭력 및 2차 피해의 실태 조사
	  8. 그 밖에 성평등한 조직문화의 정착을 위한 노력
	② 경찰기관의 장은 제1항에 따른 조치를 이행하기 위해 매년 초에 성희롱·성폭력 및 2차 피해 예방계획을 수립해야 한다.
	③ 경찰기관의 장은 피해자에게 치료 및 상담 등 피해 회복을 지원한다.

신고센터 (제5조)	① **경찰청장**은 소속 구성원 및 교육생의 성희롱·성폭력 및 2차 피해 관련 상담·조사등 처리를 위해 경찰청 인권보호담당관실에 **경찰청 성희롱·성폭력 신고센터**("신고센터")를 둔다.
	② 신고센터는 다음 각 호와 같이 구성한다.
	  1. 신고센터장 : 인권보호담당관
	  2. 조사팀장 : 인권조사계장
	  3. 조사팀원 : 인권조사계 소속 조사관 및 심리전문가
	③ 신고센터의 업무는 다음 각 호와 같다.
	  1. 성희롱·성폭력 및 2차 피해에 대한 상담 및 신고의 접수
	  2. 성희롱·성폭력 및 2차 피해에 대한 전담 조사 및 처리
	  3. 피해자 보호 및 치료 등 지원 안내
	  4. 제5조의2에 따른 온라인신고센터의 운영 및 관리
	  5. 제6조에 따른 상담원의 업무 지원 및 교육
	▶ **경찰청장**은 성희롱·성폭력 피해 신고의 편의성을 위하여 **온라인신고센터**를 설치·운영한다. (제5조의2)

상담원 (제6조)	① 경찰기관의 장은 성희롱·성폭력 및 2차 피해 상담원("상담원")을 2명 이상 지정하고, **남성과 여성 경찰공무원이 반드시 각 1명 이상 포함되도록 해야** 한다. 이 경우 기관 실정에 따라 행정관 또는 주무관 중 1명을 추가로 지정할 수 있다. ② 상담원은 직장 내 성희롱·성폭력 및 2차 피해 관련 상담 및 신고 접수, 조사 등 처리 절차 안내 등 업무를 수행한다. ③ 경찰기관의 장은 성희롱·성폭력 및 2차 피해 관련 상담 및 처리 업무 역량강화를 위해 상담원의 외부 전문기관 교육수강을 적극 지원해야 한다. ④ 신규로 임명된 상담원은 임명된 날부터 3개월 이내에 성희롱·성폭력 및 2차 피해 상담 교육 등 업무와 관련된 전문교육을 이수해야 한다. ⑤ 경찰기관의 장은 상담원이 업무를 공정하고 독립적으로 행할 수 있도록 보호하고 지원해야 한다.

예방교육
(제7조)
	① 경찰기관의 장은 제4조 제2항의 예방계획에 따라 매년 연초 예방교육의 실시 시기·내용·방법 등에 관한 **세부 실시계획을 수립해야 한다.**
	② 예방교육은 **연 1회 1시간 이상**의 **대면교육을 원칙**으로 하되, 특별한 사정이 있는 경우에는 시청각 또는 사이버 교육으로 대체할 수 있다.
	③ 예방교육은 다음 각 호의 내용을 포함해야 한다.
	   1. 성희롱·성폭력 및 2차 피해 관련 규정 및 지침
	   2. 성희롱·성폭력 및 2차 피해 발생 시의 처리 절차 및 조치기준
	   3. 성희롱·성폭력 및 2차 피해 피해자에 대한 상담·조사 및 지원절차
	   4. 성희롱·성폭력 피해자에 대한 2차 피해 방지 등 보호조치
	   5. 성희롱·성폭력 및 2차 피해 행위자에 대한 징계 등 제재조치
	   6. 민원인, 고객 등에 의한 성희롱·성폭력 예방과 발생 시 대처방안
	   7. 그 밖에 성희롱·성폭력 및 2차 피해 예방에 관한 사항
	④ 경찰기관의 장은 신규 임용된 소속 직원에게 **신규임용된 날부터 2개월 이내에 예방교육을 실시하여야 한다.**
	⑤ 경찰기관의 장은 제1항의 예방교육 실시계획에 명시된 관리자를 대상으로 **연 1회** 별도 예방교육을 실시할 수 있다.
	⑥ 예방교육을 실시한 경찰기관의 담당부서의 장은 교육일시 및 방법, 교육 참석자 명단, 교육내용 등에 관한 결과를 소속 경찰기관의 장에게 보고해야 한다.

상담신청
(제8조)
	① 성희롱·성폭력 및 2차 피해 관련 상담을 원하는 소속 직원 및 교육생(소속 직원 및 교육생이었던 사람을 포함한다)은 서면, 전화, 온라인 및 방문 등의 방법으로 신고센터 또는 상담원에게 상담을 신청할 수 있다.
	② 신고센터 소속 조사관("조사관")과 상담원은 상담 신청을 받은 경우 **지체 없이 상담에 응해야** 하며, 다음 각 호의 내용을 안내해야 한다.
	   1. 성희롱·성폭력 및 2차 피해 조사 등 처리 절차
	   2. 상담·치료지원 등 피해자 지원 및 보호조치
	③ 조사관과 상담원은 피해자가 2차 피해 방지를 위해 제반조치를 요청하는 경우 이행에 필요한 사항을 조력해야 한다.

조사신청 (제9조)	① 성희롱·성폭력 및 2차 피해 조사를 원하는 피해자등은 별지 제2호 서식의 성희롱·성폭력 및 2차 피해 조사 신청서를 상담원 또는 조사관에게 제출해야 하며, 상담원 또는 조사관은 **지체없이 이를 접수해야 한다.** ② 제1항에도 불구하고 피해자가 아닌 사람이 조사를 신청하는 경우에는 피해자 본인의 의사를 확인한 후 조사를 진행해야 한다.. ③ 상담원은 제1항에 따른 조사신청을 접수한 경우 사건 개요를 파악한 후 즉시 신고센터장에게 보고하고, 신고센터 소속 심리전문가 또는 외부전문가와 논의해 피해자가 조사관과 접촉할 때까지 피해자의 심적 안정 유지를 위해 노력한다.
조사 (제10조)	① 조사관은 제9조의 **신청을 접수한 날로부터 20일** 이내에 조사를 완료해야 한다. 다만, 특별한 사정이 있는 경우 신고센터장에게 보고 후 **20일** 범위 내에서 조사 기간을 연장할 수 있다.

피해자보호 및 비밀유지 (제11조)	① 경찰기관의 장은 조사기간 동안 피해자의 의사를 고려해 성희롱·성폭력 및 2차 피해 행위자와의 업무·공간 분리, 휴가 등 적절한 조치를 취해야 한다.
	② 경찰기관의 장은 조사 완료 후 행위자의 혐의가 인정되는 경우에는 피해자의 의사를 고려해 제1항의 조치를 해야 한다.
	③ 제1항 및 제2항에 따른 분리 조치는 사안의 경중에 따라 다른 시·도경찰청 또는 경찰서로도 할 수 있다.
	④ 경찰기관의 장은 특별한 사유가 없는 한 행위자가 견책 이상의 징계처분을 받은 때에는 2차 피해 방지를 위해 징계 처분일로부터 10년 동안 피해자와 동일한 관서에 근무하지 않도록 해야 하며, 피해자와 직무상 연관된 보직에 배치해서는 안 된다.
	⑤ 경찰기관의 장은 피해자등에게 상담, 조사 신청, 협력 등을 이유로 다음 각 호의 어느 하나에 해당하는 **불리한 처우를 해서는 안 된다.**
	  1. 파면, 해임, 그 밖에 신분상실에 해당하는 불이익 조치
	  2. **징계, 승진 제한 등 부당한 인사조치**
	  3. 직무 미부여, 직무 재배치, 그 밖에 본인의 의사에 반하는 인사조치
	  4. 성과평가 또는 동료평가 등에서 차별이나 그에 따른 임금 또는 상여금 등의 차별 지급
	  5. **직업능력 개발 및 향상을 위한 교육훈련 기회의 제한**
	  6. 집단 따돌림, 폭행 또는 폭언 등 정신적·신체적 손상을 가져오는 행위를 하거나 이를 방치하는 행위
	  7. 그 밖에 피해자등 의사에 반하는 불리한 처우
	⑥ 성희롱·성폭력과 관계된 사안을 직무상 알게 된 사람은 사안의 조사 및 처리를 위해 필요한 경우를 제외하고는 동 사안 관계자의 신원은 물론 그 내용 등에 대하여 이를 누설해서는 안 된다.

조사결과보고 (제12조)	① 신고센터장은 성희롱·성폭력 및 2차 피해 조사를 완료한 즉시 그 결과를 해당 행위자가 소속된 경찰기관의 장에게 통보해야 한다. ② 신고센터장은 성희롱·성폭력 및 2차 피해의 공정한 처리를 위해 필요한 경우 제13조에 따른 성희롱·성폭력 심의위원회에 상정하여 처리할 수 있다.
징계 (제16조)	① 경찰기관의 장은 성희롱·성폭력 및 2차 피해에 대한 조사 또는 심의 결과, 성희롱·성폭력 및 2차 피해 행위가 징계사유에 해당한다고 판단하는 경우 엄중한 징계 등 제재절차가 이루어지도록 해야 한다. ② 경찰기관의 장은 조사 중인 성희롱·성폭력 및 2차 피해 행위가 중징계에 해당된다고 판단되는 경우에는 해당 행위자에게 의원면직을 허용해서는 안 된다. ③ 상급자가 성희롱·성폭력 관련 사안을 인지하고도 사건을 방조·은폐·비호하거나 2차 피해에 대하여 아무런 조치를 취하지 않은 경우 상급 경찰기관의 장 또는 소속 경찰기관의 장은 사안의 경중을 고려하여 징계 요구를 하거나 직무 관련 범죄의 고발 등을 할 수 있다. ④ 제1항에 따라 징계 등 제재 절차를 진행하는 경우에는 피해자에게 의견 진술 기회를 주어야 한다.

재발방지조치 (제17조)	① 경찰기관의 장은 성희롱·성폭력 및 2차 피해 발생 시 재발방지 대책을 수립·시행해야 한다.
	② 경찰기관의 장은 성희롱·성폭력 및 2차 피해 재발 방지를 위해 필요하다고 인정되는 경우 특별 예방교육, 성희롱·성폭력의 실태 또는 인식에 대한 조사 등을 실시할 수 있다.
	③ 경찰기관의 장은 성희롱·성폭력 및 2차 피해 행위자에게 재발방지 교육을 실시해야 한다.
	④ 경찰기관의 장은 다음 각 호의 경우에는 조직문화 개선 대책을 수립·시행할 수 있다.
	  1. 최근 1년간 여러 건의 성희롱·성폭력 또는 2차 피해 사안이 발생한 경우
	  2. 성희롱·성폭력 또는 2차 피해의 정도가 심한 경우
	  3. 성희롱·성폭력 또는 2차 피해 행위자가 여러 명인 경우

자료 협조 (제18조)	**경찰청 양성평등정책담당관**은 성희롱·성폭력 및 2차 피해 예방 정책 수립 등에 필요한 경우, 성희롱·성폭력 등에 대한 신고센터 상담·신고 접수·처리 현황, 징계 현황 등의 **자료**를 담당부서에 **요청할 수 있다**. 이 경우 **요청받은 부서의 장은** 특별한 사정이 없는 한 **협조해야 한다.**
성희롱·성폭력 심의위원회 설치 및 구성 (제13조)	① 성희롱·성폭력 및 2차 피해 사안을 심의하기 위해 **경찰청**에 성희롱·성폭력 심의위원회("위원회")를 둔다. ② 위원회는 위원장 1명을 포함한 **7명의 위원**으로 구성한다. 이 경우 **외부위원은 3명 이상**이 되도록 하며, **특정 성별**이 위원장을 제외하고 **4인을 초과해서는 안 된다.** ③ 위원장은 **경찰청 경무인사기획관**으로 한다. ④ 외부위원은 성희롱·성폭력 예방에 관한 학식과 경험이 풍부한 사람 중에서 경찰청장이 위촉한다. 이 경우 외부위원의 **임기는 2년**으로 하되 연임할 수 있다. ⑤ 위원회의 개최 등 위원회의 사무를 처리하기 위하여 **간사 1명**을 두되, 간사는 **경찰청 인권조사계장**으로 한다. ⑥ 경찰청장은 외부위원이 심의과정에서 피해자에게 2차 피해를 주는 행위를 했다고 판단되는 경우에는 지체 없이 해당 위원을 해촉해야 한다.

위원회 운영
(제14조)
	① 위원회의 회의는 **신고센터장의 요청**하거나 **위원장이 필요**하다고 인정할 때 위원장이 소집한다.
	② 위원이 다음 각 호의 어느 하나에 해당하는 경우에는 위원회의 심의·의결에서 제척된다.
	   1. 위원이 해당 사안의 당사자(피해자 및 행위자를 말한다. 이하 이 조에서 같다)가 되는 경우
	   2. 위원이 해당 사안의 당사자와 친족이거나 친족이었던 경우
	   3. 위원이 해당 사안에 대하여 증언, 진술, 자문, 연구, 용역 또는 감정을 한 경우
	   4. 위원이나 위원이 속한 법인이 해당 사안의 당사자의 대리인이거나 대리인이었던 경우
	③ 당사자는 제2항에 따른 제척사유가 있거나 위원에게 공정한 심의·의결을 기대하기 어려운 사정이 있는 경우에는 위원회에 기피 신청을 할 수 있고, 위원회는 의결로 기피 여부를 결정한다. 이 경우 기피 신청의 대상인 위원은 그 의결에 참여하지 못한다.
	④ 위원은 제1항 또는 제2항의 사유에 해당하는 경우에는 스스로 해당 안건의 심의·의결에서 회피해야 한다.
	⑤ 위원회는 다음 각 호에 관하여 심의한다.
	   1. 성희롱·성폭력 성립 여부의 판단
	   2. 2차 피해 성립 여부의 판단
	   3. 피해자에 대한 보호 조치
	   4. 그 밖에 성희롱·성폭력 및 2차 피해의 재발 방지에 관한 사항
	⑥ 위원회의 회의는 **재적위원 과반수 찬성**으로 의결한다.

6. 「양성평등기본법」

정의 (제3조)	1. "양성평등"이란 성별에 따른 **차별, 편견, 비하 및 폭력** 없이 인권을 동등하게 보장받고 모든 영역에 동등하게 참여하고 대우받는 것을 말한다. 2. "성희롱"이란 업무, 고용, 그 밖의 관계에서 국가기관·지방자치단체 또는 대통령령으로 정하는 공공단체("국가기관등")의 종사자, 사용자 또는 근로자가 다음 각 목의 어느 하나에 해당하는 행위를 하는 경우를 말한다. 　가. 지위를 이용하거나 업무 등과 관련하여 성적 언동 또는 성적 요구 등으로 상대방에게 성적 굴욕감이나 혐오감을 느끼게 하는 행위 　나. 상대방이 성적 언동 또는 성적 요구에 따르지 아니한다는 이유로 불이익을 주거나 그에 따르는 것을 조건으로 이익 공여의 의사표시를 하는 행위

제6절 휴식기(휴직)

1. 휴직의 의의
경찰공무원으로서의 신분은 보유하나 직무에 종사하지 않는 경우로서 직위해제와 달리 제재적 성격이 없는 것이다. ▶ 휴직은 복직이 보장된다. (휴직 : 복직보장O ↔ 직위해제 : 복직보장X)

2. 휴직의 유형(「국가공무원법」 제71조(휴직))

직권휴직
[20 승진]
	공무원이 다음에 해당하면 임용권자는 본인의 의사에도 불구하고 휴직을 명하여야 한다.
	
	㉠ 신체·정신상의 장애로 장기 요양이 필요할 때 : **1년** 이내(부득이한 경우 **1년 연장가능**), **공무상 질병 또는 부상 : 3년**(5년X) 이내, 의학적 소견 등을 고려하여 대통령령등으로 정하는 바에 따라 **2년**의 범위에서 연장 가능) [21 채용]
	    ⓐ 「공무원 재해보상법」 제22조 제1항에 따른 요양급여지급 대상 부상 또는 질병
	    ⓑ 「산업재해보상보험법」 제40조에 따른 요양급여 결정 대상 질병 또는 부상
	㉡ 「병역법」에 따른 병역 복무를 마치기 위하여 징집 또는 소집된 때 : 복무기간
	㉢ 천재지변이나 전시·사변, 그 밖의 사유로 **생사 또는 소재가 불명확 : 3개월** 이내 [20 승진]
	㉣ 그 밖에 법률의 규정에 따른 의무를 수행하기 위하여 직무를 이탈 : 복무기간
	㉤ 「공무원노동조합설립및운영등에관한법률」 제7조 노동조합 전임자로 종사 : 전임기간

의원휴직 [22 승진]	임용권자는 공무원이 다음에 해당하는 사유로 휴직을 원하면 **휴직을 명할 수 있다**. 다만, ㉣의 경우에는 대통령령으로 정하는 특별한 사정이 없으면 **휴직을 명하여야 한다**. ㉠ 국제기구, 외국기관, 국내외의 대학·연구기관, 다른 국가기관 또는 대통령령이 정하는 민간기업, 그 밖의 기관에 임시로 채용 : 채용기간(**민간기업, 그 밖의 기관에 채용 : 3년** 이내) ㉡ 국외 유학 : **3년** 이내(부득이한 경우 2년 연장 가능) [20 승진] ㉢ 중앙인사관장기관의 장이 지정하는 연구기관이나 교육기관 등에서 연수 : **2년** 이내 [22 승진] ㉣ 만 8세 이하 또는 초등학교 2학년 이하의 자녀를 양육하기 위하여 필요하거나 여성공무원이 임신 또는 출산하게 된 때 : **자녀 1명**에 대하여 **3년** 이내 ㉤ 조부모, 부모(배우자의 부모 포함), 배우자, 자녀 또는 손자녀를 부양하거나 돌보기 위하여 필요한 경우. 다만, 조부모나 손자녀의 돌봄을 위하여 휴직할 수 있는 경우는 본인 외에 돌볼 사람이 없는 등 대통령령등으로 정하는 요건을 갖춘 경우로 한정한다. : **1년** 이내로 하되, 재직 기간 중 **총3년**을 넘을 수 없다. ㉥ **외국**에서 근무·유학 또는 연수하게 되는 배우자를 동반하게 된 때 : **3년** 이내(2년 연장가능) ㉦ 대통령령 등으로 정하는 기간 동안 재직한 공무원이 직무 관련 연구과제 수행 또는 자기개발을 위하여 학습·연구 등을 하게 된 때 : **1년** 이내 [20 승진]

제7절 | 졸업기(정년, 퇴직, 면직)

1. 경찰공무원 관계의 소멸(퇴직, 면직)
경찰공무원 관계의 소멸이란 경찰공무원으로서의 신분이 해소되어 공무원으로서의 법적 지위에서 완전히 벗어나는 것을 말한다.

2. 정년

연령정년	60세
계급정년	① 치안감 4년 ② 경무관 6년 ③ 총경 11년 ④ 경정 14년 ① 강등(경감으로 강등된 경우 포함)된 계급의 계급정년은 **강등되기 전 계급 중 가장 높은 계급**의 계급정년으로 하고, 계급정년을 산정할 때에는 **강등되기 전 계급**의 근무연수와 **강등 이후**의 근무연수를 **합산**한다. ② 수사, 정보, 외사, 보안, 자치경찰사무 등 특수부문에 근무하는 경찰공무원으로서 대통령령으로 정하는 바에 따라 지정을 받은 사람은 총경 및 경정의 경우에는 4년의 범위에서 대통령령으로 정하는 바에 따라 계급정년을 연장할 수 있다. ③ **경찰청장 또는 해양경찰청장**은 전시·사변이나 그 밖에 이에 준하는 **비상사태**에서는 **2년**의 범위에서 계급정년을 연장할 수 있다. 이 경우 **경무관 이상**은 **행정안전부장관 또는 해양수산부장관과 국무총리를 거쳐 대통령의 승인**을 받아야 하고, **총경·경정은**(경무관X) **국무총리를 거쳐 대통령의 승인**을 받아야 한다. [20 채용] ④ 경찰공무원은 그 정년이 된 날이 **1월에서 6월** 사이에 있으면 **6월 30일**에 당연퇴직하고, **7월에서 12월** 사이에 있으면 **12월 31일**에 당연퇴직한다. ⑤ 계급정년을 산정할 때 자치경찰공무원으로 근무한 경력이 있는 경찰공무원의 경우에는 그 계급에 상응하는 자치경찰공무원으로 근무한 연수를 산입한다.

3. 당연퇴직

의의	임용권자의 의사와 관계없이 일정한 법정사유가 발생한 경우 별도의 행위를 기다릴 것 없이 **당연히** 경찰공무원 관계가 **소멸**하는 것을 말한다.

당연퇴직 사유	경찰공무원이 다음의 신규채용결격사유의 어느 하나에 해당하게 된 경우에는 **당연히 퇴직한다.**
	
	㉠ 대한민국 국적을 가지지 아니한 사람
	㉡ 「국적법」 제11조의2 제1항에 따른 복수국적자
	㉢ 피성년후견인 또는 피한정후견인
	㉣ 파산선고를 받고 복권되지 아니한 사람 - 파산선고를 받은 사람으로서 「채무자 회생 및 파산에 관한 법률」에 따라 신청기한 내에 면책신청을 하지 아니하였거나 면책불허가 결정 또는 면책취소가 확정된 경우만 해당
	㉤ **자격정지 이상의 형을 선고받은 사람**
	㉥ **자격정지 이상의 형의 선고유예**를 선고받고 그 유예기간 중에 있는 사람
	
	    ⓐ 「형법」 제129조부터 제132조까지(수뢰, 사전수뢰, 제3자 뇌물공여, 수뢰후부정처사, 사후수뢰, 알선수뢰)
	    ⓑ 「성폭력범죄의 처벌 등에 관한 특례법」 제2조(성폭력범죄)
	    ⓒ 「아동·청소년의 성보호에 관한 법률」 제2조 제2호(아동청소년대상 성범죄) 및 직무와 관련하여 「형법」 제355조 또는 제356조에 규정된 죄(횡령, 배임, 업무상 횡령과 배임)를 범한 사람으로서 **자격정지** 이상의 형의 선고유예를 받은 경우
	
	㉦ 공무원으로 재직기간 중 직무와 관련하여 「형법」 제355조 및 제356조에 규정된 죄(횡령, 배임, 업무상 횡령과 배임)를 범한 사람으로서 **300만원** 이상의 벌금형을 선고받고 그 형이 **확정된 후 2년**이 지나지 아니한 사람
	㉧ 「성폭력범죄의 처벌 등에 관한 특례법」 제2조에 규정된 죄 (성폭력범죄)를 범한 사람으로서 **100만원** 이상의 벌금형을 선고받고 그 형이 **확정된 후 3년**이 지나지 아니한 사람
	㉨ **미성년자에 대한** 다음 중 어느 하나에 해당하는 죄를 저질러 형 또는 **치료감호가 확정**된 사람(집행유예를 선고받은 후 그 **집행유예기간이 경과한 사람을 포함**한다)
	
	    ⓐ 「성폭력범죄의 처벌 등에 관한 특례법」 제2조에 따른 **성폭력범죄**
	    ⓑ 「아동·청소년의 성보호에 관한 법률」 제2조 제2호에 따른 **아동·청소년대상 성범죄**
	
	㉩ 징계에 의하여 **파면 또는 해임**처분을 받은 사람

처분X 행정소송X	당연퇴직 인사발령은 퇴직된 사실을 알리는 **관념의 통지에 불과**하여 **처분성이 부정**되어 행정소송의 대상이 되지 않는다.
퇴직급여X	당연퇴직으로 공무원신분을 상실한 자가 사실상 공무원으로 근무하였더라도 공무원연금법상 **퇴직급여를 청구할 수 없다.**

> **참고**
>
> **국가공무원법 제69조(당연퇴직) (개정 2022. 12. 27.)**
> 공무원이 다음 각 호의 어느 하나에 해당할 때에는 당연히 퇴직한다.
>
> 1. 제33조 각 호의 어느 하나에 해당하는 경우. 다만, 제33조 제2호는 파산선고를 받은 사람으로서 「채무자 회생 및 파산에 관한 법률」에 따라 신청기한 내에 면책신청을 하지 아니하였거나 면책불허가 결정 또는 면책 취소가 확정된 경우만 해당하고, 제33조 제5호는 「형법」 제129조부터 제132조까지, 「성폭력범죄의 처벌 등에 관한 특례법」 제2조, **「정보통신망 이용촉진 및 정보보호 등에 관한 법률」 제74조 제1항 제2호·제3호, 「스토킹범죄의 처벌 등에 관한 법률」 제2조 제2호**, 「아동·청소년의 성보호에 관한 법률」 제2조 제2호 및 직무와 관련하여 「형법」 제355조 또는 제356조에 규정된 죄를 범한 사람으로서 금고 이상의 형의 선고유예를 받은 경우만 해당한다.
> 2. **임기제공무원의 근무기간이 만료된 경우**

4. 면직

의의	공무원관계의 소멸이 공무원 본인이나 임용권자의 의사에 의해서 일어나는 경우이다.		
종류	의원면직		① 경찰공무원 **본인의 의사표시**에 기초하여 **임용권자가 이를 수리**함으로써 경찰공무원 관계를 소멸시키는 쌍방적 행정행위이다. 　㉠ 사직의 의사표시는 **진정한 의사**에 의한 것이어야 한다. 　㉡ **상사 등의 강요**에 의해 반려될 것으로 기대하고 사직원을 제출한 경우 정식 수리되더라도 면직처분은 **무효**이다. 　　判) 상사인 세무서장이 사직원 제출을 강력히 요구하므로 사직원을 제출할 의사가 없으면서 행정쟁송을 제기할 의사로 사직원을 제출하였다면 이에 기초한 면직처분은 **무효**이다. 　㉢ 범법행위 저지른 공무원이 수사기관 등으로부터 **사직종용을 받고** 형사처벌을 받아 **징계파면될 것을 염려**하여 사직서를 제출한 경우 그 사직의사 결정을 **강요에 의한 것으로 볼 수 없다.** ② 의원면직의 효과는 **서면에 의한 사직서를 제출**하고 이를 임용권자가 승인한 때 발생한다. 따라서 공무원이 사직원을 제출하였다 하더라도 그것이 **수리되기 전**에 직장을 **무단이탈**하면 **징계 및 형사책임**의 원인이 된다. (대판 1991.11.21. 91누3666)
	징계면직		공무원이 **징계사유(파면, 해임)**에 해당하는 경우 **절차를 거쳐** 공무원신분을 박탈하는 것이다.
	직권면직		법정사유 있는 경우 공무원의 의사와 관계없이 **임용권자가 직권으로** 행하는 면직처분이다.
		징계위원회 동의 필요	① **직위해제되어 대기명령**을 받은 자가 그 기간 중 **능력 또는 근무성적의 향상을 기대하기 어렵다**고 인정된 때 ② 경찰공무원으로는 부적합할 정도로 **직무 수행능력이나 성실성이 현저하게 결여**된 사람으로서 대통령령으로 정하는 다음 사유에 해당 된다고 인정될 때 [22 채용, 21·22 승진] 　㉠ **지능저하 또는 판단력 부족**으로 경찰업무를 감당할 수 없는 경우 　㉡ **책임감의 결여**로 직무수행에 **성의가 없고** 위험한 직무를 **고의로 기피하거나 포기**하는 경우 ③ 직무를 수행하는 데에 **위험을 일으킬 우려가 있을 정도의 성격적 또는 도덕적 결함**이 있는 사람으로서 대통령령으로 정하는 다음 사유에 해당된다고 인정될 때 [22 채용] 　㉠ 인격장애, 알코올·약물중독 그 밖의 정신장애로 인하여 경찰업무를 감당할 수 없는 경우 　㉡ 사행행위 또는 재산의 낭비로 인한 채무과다, 부정한 이성 관계 등 도덕적 결함이 현저하여 타인의 비난을 받는 경우
		징계위원회 동의 불요	① 직제와 정원의 개폐 또는 예산의 감소 등에 따라 **폐직 또는 과원**이 되었을 때 ② 휴직기간이 끝나거나 휴직사유가 소멸된 후에도 직무에 복귀하지 아니하거나 **직무를 감당할 수 없을 때** [22 채용] ③ 해당 경과에서 직무를 수행하는데 필요한 **자격증의 효력이 상실되거나 면허가 취소**되어 담당직무를 수행할 수 없게 되었을 때 [22 채용]

제3장
경찰관직무집행법

제1절 「경찰관직무집행법」

1. 개관

(1) 「경찰관 직무집행법」의 성격

> ① 제정(1953)시 영미법적 사고(국민의 생명·신체·재산보호) 최초로 반영
> ② 경찰**작용**의 일반법·기본법
>   ▶ 경찰**조직**의 일반법 : 「국가경찰과 자치경찰의 조직 및 운영에 관한 법률」
> ③ **즉시강제**의 일반법
>   ▶ 강제집행의 일반법 : 「행정대집행법」과 「국세징수법」
> ④ 경찰장구 사용의 근거법
> ⑤ 분사기 및 최루탄 사용의 근거법
> ⑥ **무기사용**의 근거법
>   ▶ 무기휴대의 근거법 : 「경찰공무원법」
> ⑦ 유치장설치의 근거법
> ⑧ 경찰관의 직권남용에 대한 처벌규정 존재

(2) 즉시강제의 일반법

대인적 즉시강제	① 불심검문(법 제3조) ② 보호조치(법 제4조) ③ 범죄예방 및 제지(법 제6조) ④ 경찰장구의사용(법 제10조의2) ⑤ 분사기 등의 사용(법 제10조의3) ⑥ 무기의 사용(법 제10조의4)
대물적 즉시강제	임시영치(법 제4조 제3항)
대가택적 즉시강제	위험방지를 위한 출입(법 제7조) : 긴급출입, 예방출입, 대간첩작전 지역 내 출입
대인·대물·대가택적 즉시강제	위험발생의 방지조치(법 제5조)
임의적 사실행위	① 사실확인의 행위(법 제8조 제1항) ② 출석요구(법 제8조 제2항)

(3) 「경찰관직무집행법」 제·개정과정

제정(1953)	대륙법계와 영·미 법계 경찰개념이 모두 반영
1차(1981)	① '직무의 범위(제2조)' 규정 신설, '유치장(제9조)'의 설치 근거 마련 ② 경찰장구사용, 사실조회 규정 신설
2차(1988)	① 임의동행시 동행을 거부할 권리와 언제든지 경찰관서로부터 퇴거할 권리가 있음을 고지해야 하는 규정 신설 ② 임의동행을 한 경우에 변호인의 도움을 받을 권리가 있음을 고지해야 하는 규정 신설 ③ 임의동행시 동행시간 3시간 이내로 제한 ④ 임시영치기간 10일로 기간 축소 ⑤ 경찰관의 직권남용에 대한 벌칙을 1년 이하의 징역·금고로 강화
3차(1989)	최루탄 사용조항 신설
4차(1991)	① 2차개정시 신설된 임의동행시 동행을 거부할 권리와 언제든지 경찰관서로부터 퇴거할 권리가 있음을 고지해야 하는 규정을 삭제 ② 임의동행시간을 6시간으로 연장
6차(1999)	경찰장비규정 신설
8차(2006)	제주에 자치경찰도입으로 인해 경찰을 국가경찰과 자치경찰로 구분
9차(2011)	「경직법」 제2조에 있는 경찰의 직무를 「경찰법」 제3조와 일치
10차(2013)	'재산상 손실에 대한 손실보상' 규정 신설
14차(2016)	범인검거 공로자 보상금 규정 신설
16차(2018)	범죄피해자 보호가 경찰의 직무에 추가
17차(2019)	'재산상 손실 외에 생명 또는 신체상 손실에 대하여도 손실보상' 하는 규정 신설
18차(2020)	'경찰관의 인권보호 의무(제1조)'가 처음으로 명시

2. 「경찰관직무집행법」의 목적과 직무의 범위

목적 (제1조)	① 이 법은 국민의 자유와 권리 및 모든 개인이 가지는 불가침의 기본적 인권을 보호하고 사회공공의 질서를 유지하기 위한 경찰관(경찰공무원만 해당)의 직무 수행에 필요한 사항을 규정함을 목적으로 한다. [22 승진] ② 이 법에 규정된 경찰관의 직권은 그 직무수행에 **필요한 최소한도에서** 행사되어야 하여 **남용되어서는 아니 된다.** ▶ 비례의 원칙 명문화 [20 승진]
직무범위 (제2조)	1. 국민의 생명·신체 및 재산의 보호 2. 범죄의 예방·진압 및 수사 2의2. 범죄**피해자**(피의자 X) 보호 [20 승진] 3. 경비, 주요 인사 경호 및 대간첩·대테러작전 수행 4. **공공안녕에 대한 위험의 예방과 대응을 위한 정보**(치안정보X)의 수집·작성 및 배포 5. 교통의 단속과 교통 위해의 방지 6. 외국 정부기관 및 국제기구와의 국제협력 7. 그 밖에 **공공의 안녕과 질서 유지**(위해의 방지X)

「경찰관 직무집행법」상 기본원칙

필요성	이 법에 규정된 직권은 직무수행에 **필요한 최소한도**에서 행사되어야 한다.
상당성	무기의 사용·보호조치 등의 경우에 그러한 조치를 취해야 할 **상당한 이유가 있어야** 즉시강제가 가능하다.
보충성	무기를 사용하지 않고는 **다른 수단이 없을** 한하여 무기사용이 가능하다. 다만, 대간첩작전의 수행 시 무**장간첩이 경찰관의 투항명령을 받고도 이에 불응하는 경우에는** 보충성을 요하지 않는다.

출입국관리공무원 외의 수사기관이 출입국사범에 관한 사건을 입건하였을 때에는 지체없이 관할 지방출입국·외국인관서의 장에게 인계하여야 하지만(출입국관리법 제101조 제2항), 동 규정이 일반사법경찰관리의 출입국사범에 대한 수사권한을 배제하는 것은 아니다. (대판 2011.3.10. 2008도7724)

참고

「주민등록법」제26조(주민등록증의 제시요구)

① 사법경찰관리가 범인을 체포하는 등 그 직무를 수행할 때에 17세 이상인 주민의 신원이나 거주 관계를 확인할 필요가 있으면 주민등록증의 제시를 요구할 수 있다. 이 경우 사법경찰관리는 주민등록증을 제시하지 아니하는 자로서 신원을 증명하는 증표나 그 밖의 방법에 따라 신원이나 거주 관계가 확인되지 아니하는 자에게는 범죄의 혐의가 있다고 인정되는 상당한 이유가 있을 때에 한정하여 인근 관계 관서에서 신원이나 거주 관계를 밝힐 것을 요구할 수 있다.
② 사법경찰관리는 제1항에 따라 신원 등을 확인할 때 친절과 예의를 지켜야 하며, 정복근무 중인 경우 외에는 미리 신원을 표시하는 증표를 지니고 이를 관계인에게 내보여야 한다.

3. 불심검문(▶ 법적성질 : 즉시강제)

불심검문
(제3조)
	① 경찰관은 다음 각 호의 어느 하나에 해당하는 **사람**(심신상실자, 형사책임무능력자O)을 정지시켜 질문**할 수 있다.** (하여야 한다X)
	
	    1. 수상한 행동이나 그 밖의 주위 사정을 합리적으로 판단하여 볼 때 어떠한 **죄**(위험X)를 **범**하였거나 **범하려** 하고 있다고 의심할 만한 상당한 이유가 있는 사람 [20 승진]
	    2. 이미 행하여진 범죄나 행하여지려고 하는 범죄행위에 관한 사실을 **안다고** 인정되는 사람
	
	▶ 사람 : **심신상실자**나 **형사책임무능력자**도 대상이 된다.
	▶ 정지 : **자동차**도 정지시킬 수 있다.
	▶ 질문을 받는 당해 당사자는 그 의사에 반하여 **답변을 강요당하지 않는다.**
	▶ 불심검문에 불응시, **강제에 이르지 않는 유형력 행사**는 허용된다. (팔이나 어깨를 잡거나 앞을 가로막는 행위, 팔꿈치를 가볍게 끄는 행위 등)
	▶ 죄 : 위험방지를 위한 불심검문은 규정에 없다.
	▶ 안다고 인정되는 사람 : **제3자**에 대하여도 불심검문할 수 있다.
	② 경찰관은 제1항에 따라 같은 항 각 호의 사람을 정지시킨 장소에서 질문을 하는 것이 그 사람에게 **불리**하거나(신원확인 불가능X) **교통에 방해**가 된다고 인정될 때에는 질문을 하기 위하여 가까운 경찰서·지구대·파출소 또는 출장소(지방해양경찰관서를 포함)로 **동행할 것을 요구할 수 있다.** 이 경우 동행을 요구받은 사람은 그 **요구를 거절할 수 있다.** (특별한 사정이 존재하여야만 거절할 수 있다X) [22 승진]
	▶ 임의동행하기 전, 동행중이라도 언제든지 떠날 수 있음을 고지할 의무는 규정에 없다.
	③ 경찰관은 제1항 각 호의 어느 하나에 해당하는 사람에게 **질문**(동행요구X)을 할 때에 그 사람이 **흉기**(일반소지품X)를 가지고 있는지를 **조사할 수 있다.** (하여야 한다X)
	▶ 흉기 소지 여부를 조사하기 위하여 **외표검사**는 허용된다.
	▶ 당해인은 경찰관의 **흉기소지여부 조사시 거부할 수 있다**는 명문규정은 없다.
	④ 경찰관은 제1항이나 제2항에 따라 질문을 하거나 동행을 요구할 경우 자신의 신분을 표시하는 **증표**(공무원증O, 흉장X)를 제시하면서 소속과 성명을 밝히고 질문이나 동행의 목적과 이유를 설명하여야 하며, 동행을 요구하는 경우에는 **동행 장소를 밝혀야 한다.** (변호인의 도움을 받을 권리가 있음을 알려야 한다X)
	▶ 증표제시는 사복 경찰관 뿐만 아니라 **제복착용 경찰관도 해야 한다.**
	⑤ 경찰관은 제2항에 따라 동행한 사람의 가족이나 친지 등에게 동행한 경찰관의 신분, 동행 장소, 동행 목적과 이유를 알리거나 본인으로 하여금 즉시 연락할 수 있는 **기회를 주어야 하며, 변호인의 도움을 받을 권리가** 있음을 알려야 한다. (진술거부권 고지X)
	▶ 변호인 도움 받을 권리 있음 고지 의무 : **임의동행한 후**(질문시X, 임의동행요구시X)
	▶ 진술거부권 고지 의무는 규정에 없다.
	⑥ 경찰관은 제2항에 따라 동행한 사람을 **6시간**을 **초과**하여 경찰관서에 **머물게 할 수 없다.** [21 법학]
	▶ 동행 후에도 상대방은 **언제든지** 퇴거할 수 있다. (감금X 강제X)
	⑦ 제1항부터 제3항까지의 규정에 따라 질문을 받거나 동행을 요구받은 사람은 **형사소송에 관한 법률**(경찰관직무집행법X)에 따르지 아니하고는 신체를 **구속당하지 아니하며,** 그 의사에 반하여 답변을 강요 당하지 아니한다.
	▶ 불심검문에 불응시 경찰관의 대응조치나 처벌규정은 「경찰관 직무집행법」에 규정 없다.

3-2. 불심검문 관련 판례

1. 수사관이 수사과정에서 당사자의 동의를 받는 형식으로 피의자를 수사관서 등에 동행하는 것은 상대방의 신체의 자유가 현실적으로 제한되어 실질적으로 체포와 유사한 상태에 놓이게 됨에도 영장에 의하지 아니하고 그 밖에 강제성을 띤 동행을 억제할 방법도 없어서 제도적으로는 물론 현실적으로도 임의성이 보장되지 않을 뿐만 아니라, 아직 정식의 체포·구속단계 이전이라는 이유로 상대방에게 헌법 및 형사소송법이 체포·구속된 피의자에게 부여하는 각종의 권리보장장치가 제공되지 않는 등 형사소송법의 원리에 반하는 결과를 초래할 가능성이 크므로, 수사관이 동행에 앞서 피의자에게 동행을 거부할 수 있음을 알려 주었거나 동행한 피의자가 언제든지 자유로이 동행과정에서 이탈 또는 동행장소로부터 퇴거할 수 있었음이 인정되는 등 오로지 피의자의 **자발적인 의사**에 의하여 수사관서 등에 동행이 이루어졌음이 **객관적인 사정에 의하여 명백하게 입증된 경우에 한하여**, 그 적법성이 인정되는 것으로 봄이 상당하다. (대판 2006.7.6. 2005도6810)

1-2. 임의동행은 상대방의 동의 또는 승낙을 그 요건으로 하는 것이므로 경찰관으로부터 임의동행 요구를 받은 경우 상대방은 이를 거절할 수 있을 뿐만 아니라 임의동행 후 언제든지 경찰관서에서 퇴거할 자유가 있다 할 것이고, 경찰관직무집행법 제3조 제6항이 임의동행한 경우 당해인을 6시간을 초과하여 경찰관서에 머물게 할 수 없다고 규정하고 있다고 하여 그 규정이 **임의동행한 자를 6시간 동안 경찰관서에 구금**하는 것을 허용하는 것은 아니다. (대판 1997.8.22. 97도1240)

2. 경찰관은 수상한 거동 기타 주위의 사정을 합리적으로 판단하여 어떠한 죄를 범하였거나 범하려고 하고 있다고 의심할 만한 상당한 이유가 있는 자 또는 이미 행하여진 범죄나 행하여지려고 하는 범죄행위에 관하여 그 사실을 안다고 인정되는 자를 정지시켜 질문할 수 있고, 또 범죄를 실행중이거나 실행 직후인 자를 현행범인으로, 누구임을 물음에 대하여 도망하려 하는 자를 준현행범인으로 각 체포할 수 있으며, 이와 같은 정지 조치나 질문 또는 체포 직무의 수행을 위하여 필요한 경우에는 대상자를 추적할 수도 있으므로, 경찰관이 교통법규 등을 위반하고 도주하는 차량을 순찰차로 추적하는 직무를 집행하는 중에 그 도주차량의 주행에 의하여 제3자가 손해를 입었다고 하더라도 그 추적이 당해 직무 목적을 수행하는 데에 불필요하다거나 또는 도주차량의 도주의 태양 및 도로교통상황 등으로부터 예측되는 피해발생의 구체적 위험성의 유무 및 내용에 비추어 추적의 개시·계속 혹은 추적의 방법이 상당하지 않다는 등의 특별한 사정이 없는 한 그 추적행위를 위법하다고 할 수는 없다. (대판 2000.11.10. 2000다26807)

2-2. 검문 중이던 경찰관들이 자전거를 이용한 날치기 사건 범인과 흡사한 인상착의의 피고인이 자전거를 타고 다가오는 것을 발견하고 정지를 요구하였으나 멈추지 않아 **앞을 가로막고** 소속과 성명을 고지한 후 검문에 협조해 달라는 취지로 말하였음에도 불응하고 그대로 전진하자. 따라가서 재차 앞을 막고 검문에 응하라고 요구하였는데, 이에 피고인이 경찰관들의 멱살을 잡아 밀치거나 욕설을 하는 등 항의하여 공무집행방해 등으로 기소된 사안에서, 범행의 경중, 범행과의 관련성, 상황의 긴박성 혐의 정도 질문의 필요성 등에 비추어 경찰관들은 목적 달성에 필요한 최소한의 범위 내에서 사회통념상 용인될 수 있는 상당한 방법을 통하여 경찰관직무집행법 제3조 제1항에 규정된 자에 대해 의심되는 사항을 질문하기 위하여 정지시킨 것으로 보아야 하는데도, 이와 달리 경찰관들의 불심검문이 위법하다고 보아 피고인에게 무죄를 선고한 원심판결에 불심검문의 내용과 한계에 관한 법리오해의 위법이 있다고 한 사례. (대판 2012.9.13. 2010도6203)

3. 대법원은 상해사건 신고를 받고 출동한 정복착용 경찰관들이 사건당사자인 피검문자의 경찰관신분 확인의 요구가 없는 상황에서 경찰공무원증 제시없이 불심검문하자 피검문자가 경찰관들을 폭행한 사안에서 당시 **정황상 객관적으로 경찰관의 공무집행임을 누구나 인식할 수 있었고, 피검문자들이 경찰관에 대한 신분확인을 요구하지 않았다면** 경찰관이 신분증을 제시하지 않았더라도 불심검문은 **적법**한 공무집행에 해당한다. (대판 2004.10.14. 2004도4029)

4. 경찰관 직무집행법 제3조 제4항은 경찰관이 불심검문을 하고자 할 때에는 자신의 신분을 표시하는 증표를 제시하여야 한다고 규정하고, 경찰관직무집행법 시행령 제5조는 위 법에서 규정한 신분을 표시하는 증표는 경찰관의 공무원증이라고 규정하고 있는데, 불심검문을 하게 된 경위, 불심검문 당시의 현장상황과 검문을 하는 경찰관들의 복장, 피고인이 공무원증 제시나 신분 확인을 요구하였는지 여부 등을 **종합적으로 고려**하여 검문하는 사람이 경찰관이고 검문하는 이유가 범죄행위에 관한 것임을 피고인이 충분히 알고 있었다고 보이는 경우에는 신분증을 제시하지 않았다고 하여 그 불심검문이 위법한 공무집행이라고 할 수 없다. (대판 2014.12.11. 2014도7976)

5. 경찰관이 법 제3조 제1항에 규정된 대상자("불심검문 대상자") 해당 여부를 판단할 때에는 불심검문 당시의 구체적 상황은 물론 사전에 얻은 정보나 전문적 지식 등에 기초하여 불심검문 대상자인지를 객관적·합리적인 기준에 따라 판단하여야 하나, 반드시 불심검문 대상자에게 형사소송법상 체포나 구속에 이를 혐의가 있을 것을 요한다고 할 수는 없다. 그리고 경찰관은 불심검문 대상자에게 질문을 하기 위하여 범행의 경중, 범행과의 관련성, 상황의 긴박성, 혐의의 정도, 질문의 필요성 등에 비추어 목적 달성에 필요한 최소한의 범위 내에서 사회통념상 용인될 수 있는 상당한 방법으로 대상자를 정지시킬 수 있고 질문에 수반하여 흉기의 소지 여부도 조사할 수 있다. (대판 2014.2.27. 2011도13999)

4. 보호조치(▶ 법적성질 : 대인적 즉시강제)

| 보호조치
(제4조) | ① 경찰관은 수상한 행동이나 그 밖의 주위 사정을 합리적으로 판단해 볼 때 다음 각 호의 어느 하나에 해당하는 것이 명백하고 응급구호가 필요하다고 믿을만한 상당한 이유가 있는 사람("구호대상자")을 발견하였을 때에는 보건의료기관이나 공공구호기관에 긴급구호를 요청하거나 경찰관서에 보호하는 등 **적절한 조치를 할 수 있다.** (하여야 한다X) [20 채용, 경간]

  1. **정신착란**을 일으키거나 술에 취하여 **자신 또는 다른 사람의 생명·신체·재산에 위해를 끼칠 우려가** 있는 사람 [20 채용]
  2. **자살을 시도**하는 사람
  3. **미아, 병자, 부상자** 등으로서 적당한 보호자가 없으며 응급구호가 필요하다고 인정되는 사람. [21 채용, 21 법학] 다만, **본인이 구호를 거절하는 경우**는 **제외**한다. [20 채용, 20·22 승진]

② 제1항에 따라 긴급구호를 요청받은 보건의료기관이나 공공구호기관은 정당한 이유 없이 **긴급구호를 거절할 수 없다.** [21 채용]
▶ 긴급구호 거절시 「경찰관 직무집행법」에는 처벌규정이 없다. (있다X) [20 승진]
▶ 응급환자의 경우 정당한 이유없이 보건의료기관이 거절하면 「응급의료에 관한 법률」 제60조 제3항 의해 처벌O → 3년 이하의 징역 또는 3천만원 이하의 벌금 [21 승진]
③ 경찰관은 제1항의 조치를 하는 경우에 구호대상자가 휴대하고 있는 무기·흉기 등 위험을 일으킬 수 있는 것으로 인정되는 물건을 경찰관서에 임시로 영치(置)하여 놓을 수 있다. [20 채용, 20·21 승진, 20 경간]
▶ 임시영치 법적성질 : 대물적 즉시강제(상대방 동의 불요)
▶ 소속 경찰관서장은 그 물건을 소지하였던 자에게 임시영치증명서를 교부한다.
▶ 임시영치의 기간(10일)이 만료되면 반환한다.
④ 경찰관은 제1항의 조치를 하였을 때에는 지체 없이 구호대상자의 가족, 친지 또는 그 밖의 연고자에게 그 사실을 알려야 하며, 연고자가 발견되지 아니할 때에는 구호대상자를 적당한 공공보건의료기관이나 공공구호기관에 **즉시 인계하여야 한다.** (할 수 있다X) [20·21 채용, 21 승진, 20 경간]
⑤ 경찰관은 제4항에 따라 구호대상자를 공공보건의료기관이나 공공구호기관에 **인계**하였을 때에는 즉시 그 사실을 **소속 경찰서장이나 해양경찰서장에게 보고하여야 한다.** [20 경간] |

| 보호조치 (제4조) | ⑥ 제5항에 따라 보고를 받은 **소속 경찰서장이나 해양경찰서장은**(해당 경찰관은X) 대통령령으로 정하는 바에 따라 구호대상자를 인계한 사실을 지체 없이 해당 공공보건의료기관 또는 공공구호 기관의 장 및 그 감독행정청에 **통보하여야 한다.**
⑦ 제1항에 따라 구호대상자를 경찰관서에서 **보호하는 기간은 24시간**을 초과할 수 없고, 제3항에 따라 물건을 경찰관서에 **임시로 영치하는 기간은 10일**을 초과할 수 없다. [20·21 채용, 20·21 승진, 20 경간] |

4-2. 보호조치 관련 판례

1. 경찰관직무집행법 제4조 제1항 제1호("이 사건 조항")에서 규정하는 술에 취한 상태로 인하여 자기 또는 타인의 생명·신체와 재산에 위해를 미칠 우려가 있는 피구호자에 대한 보호조치는 경찰행정상 즉시강제에 해당하므로, 그 조치가 불가피한 최소한 내에서만 행사되도록 발동·행사 요건을 신중하고 엄격하게 해석하여야 한다. 따라서 이 사건 조항의 '술에 취한 상태'란 피구호자가 술에 만취하여 정상적인 판단능력이나 의사능력을 상실할 정도에 이른 것을 말하고, 이 사건 조항에 따른 보호조치를 필요로 하는 피구호자에 해당하는 자는 구체적인 상황을 고려하여 경찰관 평균인을 기준으로 판단하되, 그 판단은 보호조치의 취지와 목적에 비추어 현저하게 불합리하여서는 아니 되며, **피구호자의 가족 등에게 피구호자를 인계할 수 있다면** 특별한 사정이 없는 한 **경찰관서에서 피구호자를 보호하는 것은 허용되지 않는다.** (대판 2012.12.13. 2012도11162)

2. 경찰관직무집행법 제4조의 **보호조치 요건이 갖추어지지 않았음에도, 경찰관이 실제로는 범죄수사를 목적**으로 피의자에 해당하는 사람을 이 사건 조항의 피구호자로 삼아 그의 의사에 반하여 경찰관서에 데려간 행위는, 달리 현행범체포나 임의동행 등의 적법 요건을 갖추었다고 볼 사정이 없다면, **위법**한 체포에 해당한다고 보아야 한다. (대법원 2012.12.13. 2012도11162)

2-2. 화물차 운전자인 피고인이 경찰의 음주단속에 불응하고 도주하였다가 다른 차량에 막혀 더 이상 진행하지 못하게 되자 운전석에서 내려 다시 도주하려다 경찰관에게 검거되어 지구대로 보호조치된 후 2회에 걸쳐 음주측정요구를 거부하였다고 하여 「도로교통법」 위반(음주측정거부)으로 기소된 사안에서, 당시 피고인이 술에 취한 상태이기는 하였으나 술에 만취하여 정상적인 판단능력이나 의사능력을 상실할 정도에 있었다고 보기 어려운 점, 당시 상황에 비추어 평균적인 경찰관으로서는 피고인이 경찰관직무집행법 제4조 제1항 제1호("이 사건 조항")의 보호조치를 필요로 하는 상태에 있었다고 판단하지 않았을 것으로 보이는 점, 경찰관이 피고인에 대하여 이 사건 조항에 따른 보호조치를 하고자 하였다면, 당시 옆에 있었던 피고인 처에게 피고인을 인계하였어야 하는데도, 피고인 처의 의사에 반하여 지구대로 데려간 점 등 제반 사정을 종합할 때, 경찰관이 피고인과 피고인 처의 의사에 반하여 피고인을 지구대로 데려간 행위를 적법한 보호조치라고 할 수 없고, 나아가 달리 적법 요건을 갖추었다고 볼 자료가 없는 이상 경찰관이 피고인을 지구대로 데려간 행위는 위법한 체포에 해당하므로, 그와 같이 위법한 체포 상태에서 이루어진 경찰관의 음주측정요구도 위법하다고 볼 수밖에 없어 그에 불응하였다고 하여 피고인을 음주측정거부에 관한 도로교통법 위반죄로 처벌할 수는 없다. (대판 2012.12.13. 2012도11162)

3. 경찰공무원은 교통의 안전과 위험방지를 위하여 필요하다고 인정하거나 운전자가 술에 취한 상태에서 자동차등을 운전하였다고 인정할 만한 상당한 이유가 있고 운전자의 음주운전 여부를 확인하기 위하여 필요한 경우에는 사후의 음주측정에 의하여 음주운전 여부를 확인할 수 없음이 명백하지 않는 한 당해 운전자에 대하여 구 도로교통법 제44조 제2항에 의하여 음주측정을 요구할 수 있고, 당해 운전자가 이에 불응한 경우에는 같은 법 제148조의2 제2호 소정의 음주측정불응죄가 성립한다. 이와 같은 법리는 당해 운전자가 경찰관직무집행법 제4조에 따라 보호조치된 사람이라고 하여 달리 볼 것이 아니므로, 경찰공무원이 보호조치된 운전자에 대하여 음주측정을 요구하였다는 이유만으로 그 음주측정 요구가 위법하다거나 보호조치가 당연히 종료된다고 볼 수는 없다. (대판 2012.3.29. 2011도10012)

4. 경찰관이 응급의 구호를 요하는 자를 보건의료기관에게 긴급구호요청을 하고, 보건의료기관이 이에 따라 치료행위를 하였다고 하더라도 국가와 보건의료기관 사이에 국가가 그 치료행위를 보건의료기관에 위탁하고 보건의료기관이 이를 승낙하는 내용의 **치료위임계약이 체결된 것으로는 볼 수 없다.** (대판 1994.2.22. 93다4472)

5. 주취자가 극도의 만취상태여서 병원후송조치까지는 필요가 없어 파출소에 보호하더라도 **지속적으로** 관찰하여 생명·신체에 위해가 생기지 않도록 보호조치를 취하여야 할 **주의 의무가 있다.** (대판 2001다24839)
6. 긴급구호권한과 같은 경찰관의 조치권한은 일반적으로 경찰관의 전문적 판단에 기한 합리적인 재량에 위임되어 있는 것이나, 그렇다고 하더라도 구체적 상황 하에서 경찰관에게 그러한 조치권한을 부여한 취지와 목적에 비추어 볼 때 그 불행사가 현저하게 불합리하다고 인정되는 경우에는, 그러한 불행사는 법령에 위반하는 행위에 해당하게 되어 국가배상법상의 다른 요건이 충족되는 한, 국가는 그로 인하여 피해를 입은 자에 대하여 국가배상책임을 부담한다.
7. 정신질환자의 평소 행동에 포함된 범죄 내용이 경미하거나 범죄라고 볼 수 없는 비정상적 행동에 그치고 그 거동 기타 주위의 사정을 합리적으로 판단하여 보더라도 정신질환자에 의한 집주인 살인범행에 앞서 그 구체적 위험이 객관적으로 존재하고 있었다고 보기 어려운 경우, 경찰관이 그때그때의 상황에 따라 그 정신질환자를 훈방하거나 일시 정신병원에 입원시키는 등 경찰관직무집행법의 규정에 의한 긴급구호조치를 취하였고, 정신질환자가 퇴원하자 정신병원에서의 장기 입원치료를 받는데 도움이 되도록 생활보호대상자 지정의뢰를 하는 등 그 나름대로의 조치를 취한 이상, 더 나아가 경찰관들이 정신질환자의 살인범행 가능성을 막을 수 있을 만한 다른 조치를 취하지 아니하였거나 입건수사하지 아니하였다고 하여 이를 법령에 위반하는 행위에 해당한다고 볼 수 없다는 이유로, 사법경찰관리의 수사 미개시 및 긴급구호권 불행사를 이유로 제기한 국가배상청구를 배척한 사례(대판 1996.10.25. 95다45927)

5. 위험발생의 방지조치(▶ 법적 성질 : 대인적 및 대물적·대가택적 즉시강제)

| 위험발생
방지조치
(제5조) | ① 경찰관은 **사람의 생명 또는 신체에 위해를 끼치거나 재산에 중대한 손해를 끼칠 우려가 있는 천재(天災), 사변(事變), 인공구조물의 파손이나 붕괴, 교통사고, 위험물의 폭발, 위험한 동물 등의 출현, 극도의 혼잡, 그 밖의 위험한 사태가 있을 때에는 다음 각 호의 조치를 할 수 있다.** → 적용요건 가장 포괄적 ▶ 개괄적 수권조항이라는 견해가 있다.

1. 그 장소에 모인 사람, 사물(事物)의 관리자, 그 밖의 관계인에게 필요한 **경고**를 하는 것
2. 매우 긴급한 경우에는 위해를 입을 우려가 있는 사람을 필요한 한도에서 **억류**하거나 **피난**시키는 것
3. 그 장소에 있는 사람, 사물의 관리자, 그 밖의 관계인에게 **위해를 방지**하기 위하여 필요하다고 인정되는 **조치를 하게 하거나 직접 그 조치를 하는 것**

▶ 경고 : 비권력적 사실행위로서 **행정지도**의 성질
▶ 억류·피난 및 위험방지조치 : **대인적·대물적·대가택적 즉시강제**의 성질
② 경찰서의 장은 대간첩 작전의 수행이나 소요 사태의 진압을 위하여 필요하다고 인정되는 상당한 이유가 있을 때에는 대간첩 작전지역이나 경찰관서·무기고 등 국가중요시설에 대한 **접근 또는 통행을 제한하거나 금지할 수 있다.** (하여야 한다 X)
③ 경찰관은 제1항의 조치를 하였을 때에는 지체 없이 그 사실을 소속 경찰관서의 장에게 보고하여야 한다.
④ 제2항의 조치를 하거나 제3항의 보고를 받은 경찰관서의 장은 관계 기관의 협조를 구하는 등 적절한 조치를 하여야 한다. |

5-2. 위험발생의 방지조치 관련 판례

경찰관이 농민들의 시위를 진압하고 시위과정에 도로 상에 방치된 트랙터 1대에 대하여 이를 도로 밖으로 옮기거나 후방에 안전표지판을 설치하는 것과 같은 **위험발생방지조치를 취하지 아니한 채 그대로 방치하고 철수하여 버린 결과, 야간에 그 도로를 진행하던 운전자가 위 방치된 트랙터를 피하려다가 다른 트랙터에 부딪혀 상해를 입은 사안에서 국가배상책임을 인정한다.** (대판 1998.8.25. 98다16890)

6. 범죄의 예방과 제지 [22 승진] (▶ 법적성질 : 대인적 즉시강제)

범죄예방과 제지 (제6조)	경찰관은 범죄행위가 **목전**에 행하여지려고 하고 있다고 인정될 때에는 이를 예방하기 위하여 관계인에게 필요한 **경고**를 하고 그 행위로 인하여 사람의 생명·신체에 위해를 끼치거나 재산에 중대한 손해를 끼칠 우려가 있는 **긴급한 경우**에는(즉시X) 그 행위를 제지할 수 있다.

6-2. 범죄의 예방과 제지 관련 판례

1. 경찰관의 제지에 관한 부분은 범죄 예방을 위한 경찰 행정상 즉시강제, 즉 눈앞의 급박한 경찰상 장해를 제거할 필요가 있고 의무를 명할 시간적 여유가 없거나 의무를 명하는 방법으로는 그 목적을 달성하기 어려운 상황에서 의무불이행을 전제로 하지 않고 경찰이 직접 실력을 행사하여 경찰상 필요한 상태를 실현하는 **권력적 사실행위**에 관한 근거조항이다. (대판 2018.12.13. 2016두19417)

2. 경찰관직무집행법 제6조 제1항에 규정된 경찰관의 경고나 제지는 그 문언과 같이 범죄의 예방을 위하여 범죄행위에 관한 실행의 착수 전에 행하여질 수 있을 뿐만 아니라, 이후 범죄행위가 계속되는 중에 그 진압을 위하여도 당연히 행하여질 수 있다고 보아야 한다. (대판 2013.9.26. 2013도643)

3. 경찰관 직무집행법 제6조에 다른 경찰관의 제지 조치가 적법한 직무집행으로 평가되기 위해서는 형사처벌의 대상이 되는 행위가 눈앞에서 막 이루어지려고 하는 것이 객관적으로 인정될 수 있는 상황이고, 그 행위를 당장 제지하지 않으면 곧 인명·신체에 위해를 미치거나 재산에 중대한 손해를 끼칠 우려가 있는 상황이어서, 직접 제지하는 방법 외에는 위와 같은 결과를 막을 수 없는 절박한 사태이어야 한다. 다만, 경찰관의 제지 조치가 적법한지는 제지 조치 당시의 구체적 상황을 기초로 판단하여야 하고 사후적으로 순수한 객관적 기준에서 판단할 것은 아니다. (대판 2018.12.13. 2016도19417)

4. 주거지에서 음악 소리를 크게 내거나 큰 소리로 떠들어 이웃을 시끄럽게 하는 행위는 경범죄 처벌법 제3조 제1항 제21호에서 경범죄로 정한 '인근소란 등'에 해당한다. 경찰관은 경찰관 직무집행법에 따라 경범죄에 해당하는 행위를 예방·진압·수사하고, 필요한 경우 제지할 수 있다. 경찰관이 112신고를 받고 출동하여 눈앞에서 벌어지고 있는 범죄행위를 막고 주민들의 피해를 예방하기 위해 피고인을 만나려 하였으나 피고인은 문조차 열어주지 않고 소란행위를 멈추지 않았던 상황이라면 피고인의 행위를 제지하고 수사하는 것은 경찰관의 직무상 권한이자 의무라고 볼 수 있으므로, 위와 같은 상황에서 **경찰관이 피고인의 집으로 통하는 전기를 일시적으로 차단한 것은 피고인을 집 밖으로 나오도록 유도한 것으로서**, 피고인의 범죄행위를 진압·예방하고 수사하기 위해 필요하고도 적절한 조치로 보이고, 경찰관직무집행법 제6조에서 정한 즉시강제의 요건을 충족한 **적법**한 직무집행으로 볼 여지가 있다. (대판 2018.12.13. 2016도19417) [22 채용]

5. 조합원들이 어떠한 범죄행위를 목전에서 저지르려고 하거나 이들의 행위로 인하여 인명·신체에 위해를 미치거나 재산에 중대한 손해를 끼칠 우려 등 긴급한 사정이 있는 경우가 아닌데도 **방패를 든 전투경찰대원들이 위 조합원들을 둘러싸고 이동하지 못하게 가둔 행위**는 구 경찰관직무집행법 제6조 제1항에 근거한 **제지 조치라고 볼 수 없고**, 이는 형사소송법상 체포에 해당한다. (대판 2017.3.15. 2013도2168)

6. 구 집회 및 시위에 관한 법률에 의하여 금지되어 그 주최 또는 참가행위가 형사처벌의 대상이 되는 위법한 집회·시위가 장차 특정지역에서 개최될 것이 예상된다고 하더라도, 이와 **시간적·장소적으로 근접하지 않은 다른 지역에서** 그 집회·시위에 참가하기 위하여 출발 또는 이동하는 행위를 **함부로 제지**하는 것은 경찰관직무집행법 제6조 제1항의 행정상 즉시강제인 경찰관의 **제지의 범위를 명백히 넘어 허용될 수 없다.** 따라서 이러한 제지 행위는 공무집행방해죄의 보호대상이 되는 공무원의 **적법한 직무집행이 아니다.** (대판 2008.11.13. 20079794)

7. 위험방지를 위한 출입(▶ 법적성질 : 대가택적 즉시강제)

위험방지 위한 출입 (제7조)	① 경찰관은 제5조 제1항·제2항 및 제6조에 따른 **위험**한 사태가 발생하여 사람의 생명·신체 또는 재산에 대한 위해가 임박한 때에 그 **위해를 방지**하거나 **피해자를 구조**하기 위하여(범죄 수사 위하여X) 부득이하다고 인정하면 합리적으로 판단하여 필요한 한도에서 다른 사람의 토지·건물·배 또는 차에 출입할 수 있다. [22 승진] ▶ **시간제한X, 동의필요X** ② 흥행장(興行場), 여관, 음식점, 역, 그 밖에 많은 사람이 출입하는 장소의 관리자나 그에 준하는 관계인은 경찰관이 범죄나 사람의 생명·신체·재산에 대한 위해를 예방하기 위하여 해당 장소의 **영업시간이나 해당 장소가 일반인에게 공개된 시간**에 그 장소에 출입하겠다고 요구하면 정당한 이유 없이 그 **요구를 거절할 수 없다**. ▶ **시간제한O, 동의필요O(거절X)** ③ 경찰관은 **대간첩 작전 수행**에 필요할 때에는 작전지역에서 제2항에 따른 장소를 검색할 수 있다. ▶ **시간제한X, 동의필요X** ④ 경찰관은 제1항부터 제3항까지의 규정에 따라 필요한 장소에 출입할 때에는 그 **신분을 표시하는 증표**를 제시하여야 하며, 함부로 관계인이 하는 **정당한 업무를 방해해서는 아니 된다**. [22 승진]

정리 위험방지를 위한 출입 정리

긴급출입	요건	① 위험한 사태가 발생 ② 인명·신체 또는 재산에 대한 위해 절박한 때 ③ 위해를 방지하거나 피해자를 구조하기 위하여 부득이하다고 인정할 때
	목적	위해방지와 피해자 구조 목적(범죄수사 목적X)
	장소	타인의 토지·건물 또는 선차 내
	시간제한X	주·야간 제한이 없다.
	동의X	관리자의 동의는 불요
예방출입	목적	범죄의 예방 또는 인명·신체와 재산에 대한 위해 예방 목적
	장소	흥행장·여관·음식점·역 기타 다수인이 출입하는 장소
	시간제한O	영업 또는 공개시간에 한한다.
	동의O(거절X)	상대방의 동의가 있어야 하지만, 정당한 이유 없이 출입을 **거절할 수 없다.** ▶ 강제출입권의 성질
작전지역 검색목적	목적	대간첩작전의 수행
	장소	흥행장·여관·음식점·역 기타 다수인이 출입하는 장소
	시간제한X	주·야간을 불문하고 가능하며, 원칙적으로 영장도 필요치 않다.
	동의X	관리자의 동의 불요

8. 사실의 조회·확인 및 출석요구(▶ 성질 : 비권력적 사실행위)

사실 조회확인 출석요구 (제8조)	① 경찰관서의 장은 직무 수행에 필요하다고 인정되는 상당한 이유가 있을 때에는 국가기관이나 공사(公私)단체 등에 직무수행에 관련된 사실을 조회할 수 있다. 다만, 긴급한 경우에는 소속 경찰관으로 하여금 현장에 나가 해당 기관 또는 단체의 장의 협조를 받아 그 사실을 확인하게 할 수 있다. [22 채용] ② 경찰관은 다음 각 호의 직무를 수행하기 위하여 필요하면 관계인에게 출석하여야 하는 사유 일시 및 장소를 명확히 적은 출석요구서를 보내 경찰관서에 출석할 것을 요구할 수 있다. 1. 미아를 인수할 보호자 확인 2. 유실물을 인수할 권리자 확인 3. 사고로 인한 사상자(死者) 확인 4. 행정처분(형사처분X)을 위한 교통사고(고소사건X) 조사에 필요한 사실 확인

9. 정보의 수집 등

정보수집 (제8조의2)	① 경찰관은 범죄·재난·공공갈등 등 공공안녕에 대한 위험의 예방과 대응을 위한 정보의 수집·작성·배포와 이에 수반되는 사실의 확인을 할 수 있다. ② 제1항에 따른 정보의 구체적인 범위와 처리 기준, 정보의 수집·작성·배포에 수반되는 사실의 확인 절차와 한계는 대통령령으로 정한다.

9-2. 「경찰관의 정보수집 및 처리 등에 관한 규정」(대통령령)

정보활동 기본원칙 (제2조)	① 공공안녕에 대한 위험의 예방과 대응을 위한 정보의 수집·작성·배포와 이에 수반되는 사실의 확인을 위해 경찰관이 수행하는 활동("정보활동")은 국민의 자유와 권리를 보호하는 것을 목적으로 해야 하며, 필요 최소한의 범위에 그쳐야 한다. ② 경찰관은 정보활동과 관련하여 다음의 행위를 해서는 안 된다. 1. 정치에 관여하기 위해 정보를 수집·작성·배포하는 행위 2. 법령의 직무 범위를 벗어나 개인의 동향 등을 파악하기 위해 사생활에 관한 정보를 수집·작성·배포하는 행위 3. 상대방의 명시적 의사에 반해 자료 제출이나 의견 표명을 강요하는 행위 4. 부당한 민원이나 청탁을 직무 관련자에게 전달하는 행위 5. 직무상 알게 된 정보를 누설하거나 개인의 이익을 위해 사용하는 행위 6. 직무와 무관한 비공식적 직함을 사용하는 행위

정보의 구체적인 범위 (제3조)	경찰관이 「경찰관직무집행법」 제8조의2 제1항에 따라 수집·작성·배포할 수 있는 정보의 구체적인 범위는 다음 각 호와 같다. 1. **범죄의 예방과 대응**에 필요한 정보(범죄수사에 필요한 정보 X) 2. 정보의 대상자인 수형자·가석방자의 재범방지 및 피해자의 보호에 필요한 정보 3. 국가중요시설의 안전 및 주요 인사의 보호에 필요한 정보 4. 방첩·대테러활동 등 국가안전을 위한 활동에 필요한 정보 5. 재난·안전사고 등으로부터 국민안전을 확보하기 위한 정보 6. 집회·시위 등으로 인한 공공갈등과 다중운집에 따른 질서 및 안전 유지에 필요한 정보 7. 국민의 생명·신체·재산의 보호와 공공안녕에 대한 위험의 예방과 대응을 위한 정책에 관한 정보(해당 정책의 입안·집행·평가를 위해 객관적이고 필요한 사항에 관한 정보로 한정하며, 이와 직접적·구체적으로 관련이 없는 사생활신조 등에 관한 정보는 제외한다) 8. 도로 교통의 위해 방지·제거 및 원활한 소통 확보를 위한 정보 9. 경찰청장이 위탁받은 신원조사 또는 「공공기관의 정보공개에 관한 법률」 제2조 제3호에 따른 공공기관의 장이 법령에 근거하여 요청한 사실의 확인을 위한 정보 10. 그 밖에 제1호부터 제9호까지에서 규정한 사항에 준하는 정보
정보 수집 및 사실 확인 절차 (제4조)	① 경찰관은 법 제8조의2 제1항에 따라 정보를 수집하거나 정보의 수집·작성·배포에 수반되는 사실을 확인하려는 경우에는 상대방에게 자신의 신분을 밝히고 정보수집 또는 사실 확인의 목적을 설명해야 한다. 이 경우 강제적인 방법을 사용해서는 안 된다. ② 제1항 전단에도 불구하고 다음 각 호의 어느 하나에 해당하는 경우에는 같은 항 전단에서 규정한 절차를 생략할 수 있다. 1. 국민의 생명·신체의 안전이나 국가안보에 긴박한 위험이 발생할 우려가 있는 경우 2. 범죄의 대응을 위한 정보활동에 현저한 지장을 초래할 우려가 있는 경우
출입 한계 (제5조)	경찰관은 다음 각 호의 장소에 상시적으로 출입해서는 안 되며, 정보활동을 위해 필요한 경우에 한정하여 일시적으로만 출입해야 한다. 1. 언론·교육·종교·시민사회 단체 등 민간단체 2. 민간기업 3. 정당의 사무소
정보작성 (제6조)	경찰관은 수집한 정보를 작성할 때 객관적 사실에 기초해 중립적으로 작성해야 하며, 정치에 관여하는 등 특정한 목적을 가지고 그 내용을 왜곡해서는 안 된다.
수집·작성한 정보처리 (제7조)	① 경찰관은 수집·작성한 정보를 그 목적 외의 용도로 사용해서는 안 된다. ② 경찰관은 공공안녕에 대한 위험의 예방과 대응을 위해 필요한 경우에는 수집·작성한 정보를 관계 기관 등에 통보할 수 있다. ③ 경찰관은 수집·작성한 정보가 그 목적이 달성되어 불필요하게 되었을 때에는 지체없이 그 정보를 폐기해야 한다. 다만, 다른 법령에 따라 보존해야 하는 경우는 제외한다.
위법한 지시 금지·거부 (제8조)	① 누구든지 정보활동과 관련하여 경찰관에게 이 영과 그 밖의 법령에 반하여 지시해서는 안 된다. ② 경찰관은 명백히 위법한 지시라고 판단되는 경우에는 그 집행을 거부할 수 있다. ③ 경찰관은 명백히 위법한 지시를 거부했다는 이유로 인사·직무 등과 관련한 어떠한 불이익도 받지 않는다.

10. 국제협력

국제협력 (제8조의3)	경찰청장 또는 해양경찰청장은 이 법에 따른 경찰관의 직무수행을 위하여 외국 정부기관, 국제기구 등과 자료 교환, 국제협력 활동 등을 할 수 있다.

11. 유치장

유치장 (제9조)	법률에서 정한 절차에 따라 체포·구속된 사람 또는 신체의 자유를 제한하는 판결이나 처분을 받은 사람을 수용하기 위하여 **경찰서**와 해양경찰(**지구대 X**)에 유치장을 둔다. [21 법학]

12. 경찰장비 및 경찰장구의 사용

경찰장비 사용 등 (제10조)	① 경찰관은 직무수행 중 경찰장비를 사용할 수 있다. 다만, 사람의 생명이나 신체에 위해를 끼칠 수 있는 경찰장비("위해성 경찰장비")를 사용할 때에는 필요한 안전교육과 안전검사를 받은 후 사용하여야 한다. [20 경간] ② 제1항 본문에서 "경찰장비"란 무기, 경찰장구, 최루제와 그 발사장치, 살수차, 감식기구, 해안 감시기구, 통신기기, 차량·선박·항공기 등 경찰이 직무를 수행할 때 필요한 장치와 기구를 말한다. [20 경간] ③ 경찰관은 경찰장비를 함부로 개조하거나 경찰장비에 임의의 장비를 부착하여 일반적인 사용법과 달리 사용함으로써 다른 사람의 생명·신체에 위해를 끼쳐서는 아니 된다. [20 경간] ④ 위해성 경찰장비는 필요한 최소한도에서 사용하여야 한다. ⑤ 경찰청장은 위해성 경찰장비를 새로 도입하려는 경우에는 대통령령으로 정하는 바에 따라 안전성 검사를 실시하여 그 안전성 검사의 결과보고서를 **국회 소관 상임위원회**(**국가경찰위원회X**)에 **제출하여야 한다.** [22 승진] 이 경우 안전성 검사에는 **외부 전문가를 참여시켜야 한다.** [20 경간] ⑥ 위해성 경찰장비의 종류 및 그 사용기준, 안전교육·안전검사의 기준 등은 대통령령(「위해성경찰장비의 사용기준 등에 관한 규정」)으로 정한다. 위해성 경찰장비인 살수차와 물포는 필요한 최소한의 범위에서만 사용되어야 하고, 특히 인명 또는 신체에 위해를 가할 가능성이 더욱 커지는 직사살수는 타인의 법익이나 공공의 안녕질서에 직접적이고 명백한 위험이 현존하는 경우에 한해서만 사용이 가능하다고 보아야 한다. (대판 2019.1.17. 2015다236196)

경찰장구
사용
(제10조의2)
[20 채용]
	▶ **법적 성질 : 대인적 즉시강제**
	① 경찰관은 다음 각 호의 직무를 수행하기 위하여 필요하다고 인정되는 상당한 이유가 있을 때에는 그 사태를 합리적으로 판단하여 **필요한 한도에서 경찰장구를 사용할 수 있다.** [20 채용]
	  1. **현행범**이나 사형·무기 또는 **장기 3년 이상**의 징역이나 금고에 해당하는 죄를 범한 범인의 **체포 또는 도주 방지**
	  2. 자신이나 다른 사람의 **생명·신체**(**재산X**)의 방어 및 보호
	  3. **공무집행**에 대한 **항거 제지**
	② 제1항에서 "**경찰장구**"란 경찰관이 휴대하여 범인 검거와 범죄 진압 등의 직무 수행에 사용하는 **수갑, 포승, 경찰봉, 방패**(**무기X, 분사기X**) 등을 말한다. [21 법학]

13. 분사기 및 최루탄의 사용(경찰관직무집행법 제10조의3) [22 승진]

분사기 및 최루탄 사용 (제10조의3)	경찰관은 다음 각 호의 직무를 수행하기 위하여 부득이한 경우에는 **현장책임자**(**해당 경찰관X**)가 판단하여 필요한 최소한의 범위에서 **분사기**(「총포·도검·화약류 등의 안전관리에 관한 법률」에 따른 분사기를 말하며, 그에 사용하는 **최루 등의 작용제를 포함**한다.) 또는 **최루탄**을 사용할 수 있다. 1. **범인**의 체포 또는 범인의 도주 방지 2. **불법집회·시위**로 인한 자신이나 다른 사람의 생명·신체와 재산 및 공공시설 안전에 대한 현저한 위해 발생 억제

14. 무기의 사용(▶ 법적 성질 : 대인적 즉시강제)

무기사용 (제10조의4)	① 경찰관은 범인의 체포, 범인의 도주 방지, 자신이나 다른 사람의 생명·신체의 방어 및 보호, 공무집행에 대한 항거의 제지를 위하여 필요하다고 인정되는 상당한 이유가 있을 때에는 그 사태를 합리적으로 판단하여 필요한 한도에서 무기를 사용할 수 있다. [22 승진] 다만, 다음 각 호의 어느 하나에 해당할 때를 제외하고는 사람에게 위해를 끼쳐서는 아니 된다.
	  1. 「형법」에 규정된 **정당방위**(**정당행위X**)와 **긴급피난**에 해당할 때
	  2. 다음 각 목의 어느 하나에 해당하는 때에 그 행위를 방지하거나 그 행위자를 체포하기 위하여 무기를 사용하지 아니하고는 다른 수단이 없다고 인정되는 상당한 이유가 있을 때
	    가. 사형·무기 또는 **장기 3년 이상**의 징역이나 금고에 해당하는 죄를 범하거나 범하였다고 의심할 만한 충분한 이유가 있는 사람이 경찰관의 직무집행에 항거하거나 도주하려고 할 때
	    나. **체포·구속영장과 압수수색영장을 집행하는 과정**에서 경찰관의 직무집행에 **항거**하거나 **도주**하려고 할 때
	    다. 제3자가 가목 또는 나목에 해당하는 사람을 **도주시키려고** 경찰관에게 **항거**할 때
	    라. **범인이나 소요를 일으킨 사람**이 무기·흉기 등 위험한 물건을 지니고 경찰관으로부터 **3회 이상** 물건을 버리라는 명령이나 항복하라는 명령을 받고도 따르지 아니하면서 **계속 항거**할 때
	  3. 대간첩 작전 수행 과정에서 무장간첩이 항복하는 경찰관의 명령을 받고도 따르지 아니할 때
	② 제1항에서 "**무기**"란 사람의 생명이나 신체에 위해를 끼칠 수 있도록 제작된 **권총·소총·도검** 등(**경찰봉X, 최루탄X**)을 말한다.
	③ **대간첩·대테러 작전** 등 국가안전에 관련되는 작전을 수행할 때에는 **개인화기**(個人火器) 외에 **공용화기**(共用火器)를 **사용할 수 있다**.

14-2. 무기사용의 한계

합리성	사태를 합리적으로 판단하여 사용할 수 있다.
필요성	필요한 최소한도 내에서만 사용할 수 있다.
상당성	상당한 이유가 존재하여야 한다.
보충성	무기를 사용하지 않고서는 다른 수단이 없다고 인정되는 불가피한 경우에 사용할 수 있다.

14-3. 무기사용 위법 관련 판례

1. 경찰관이 범인을 제압하는 과정에서 총기를 사용하여 범인을 사망에 이르게 한 사안에서, 경찰관이 총기사용에 이르게 된 동기나 목적, 경위 등을 고려하여 형사사건에서 **무죄판결이 확정되었더라도** 당해 경찰관의 과실의 내용과 그로 인하여 발생한 결과의 중대함에 비추어 민사상 **불법행위책임을 인정**한다. (대법원 2008.21. 선고 20066713)
2. 50cc 소형 오토바이 1대를 절취하여 **운전중인 15~16세의 절도 혐의자** 3인이 경찰관의 검문에 불응하며 도주하자, 경찰관이 체포 목적으로 **오토바이의 바퀴를 조준하여 실탄을 발사**하였으나 오토바이에 타고 있던 1인이 총상을 입게 된 경우, 제반 사정에 비추어 경찰관의 총기 사용이 사회통념상 허용범위를 벗어나 **위법**하다. (대법원 2004.5.13. 선고 2003다57956)
3. 타인의 집대문 앞에 은신하고 있다가 경찰관의 명령에 따라 순순히 손을 들고 나오면서 그대로 도주하는 범인을 경찰관이 뒤따라 추격하면서 등부위에 권총을 발사하여 사망케 한 경우, 위와 같은 총기 사용은 현재의 부당한 침해를 방지하거나 현재의 위난을 피하기 위한 상당성있는 행위라고 볼 수 없는 것으로서 범인의 체포를 위하여 필요한 한도를 **넘어** 무기를 사용한 것이다. (대판 1991.5.28. 91다10084)
4. 야간에 술이 취한 상태에서 병원에 있던 과도로 대형 유리창문을 쳐 깨뜨리고 **자신의 복부에 칼을 대고 할복자살하겠다고 난동을 부린 피해자**가 출동한 2명의 경찰관들에게 칼을 들고 항거하였다고 하여도 위 경찰관 등이 공포를 발사하거나 소지한 가스총과 경찰봉을 사용하여 위 망인의 항거를 억제할 시간적 여유와 보충적 수단이 있었다고 보여지고, 또 부득이 총을 발사할 수밖에 없었다고 하더라도 하체부위를 향하여 발사함으로써 그 위해를 최소한도로 줄일 여지가 있었다고 보여지므로, **칼빈소총을 1회 발사하여 피해자의 왼쪽 가슴 아래 부위를 관통하여 사망케 한 경찰관의 총기사용 행위는 경찰관직무집행법 제11조 소정의 총기사용 한계를 벗어난 것이다.** (대법원 1991.9.10. 91다19913).
5. 경찰관이 **길이 40cm 가량의 칼로 반복적으로 위협하며 도주하는 차량 절도 혐의자를 추적하던 중**, 도주하기 위하여 등을 돌린 혐의자의 **몸 쪽을 향하여** 약 2m 거리에서 **실탄을 발사**하여 혐의자를 복부 관통상으로 사망케 한 경우, 경찰관의 총기사용은 사회통념상 허용범위를 벗어난 위법한 행위이다. (대판 1999.3.23. 98다63445).
6. 경찰관이 신호위반을 이유로 한 정지명령에 불응하고 도주하던 차량에 탑승한 동승자를 추격하던 중 몸에 지닌 각종 장비 때문에 거리가 점점 멀어져 추격이 힘들게 되자 수차례에 걸쳐 경고하고 공포탄을 발사했음에도 불구하고 계속 도주하자 실탄을 발사하여 사망케 한 경우, 위 사망자가 아무런 흉기를 휴대하지 아니한 상태에서 경찰관을 공격하거나 위협하는 등 거칠게 항거하지 않고 단지 계속하여 도주하였다면 그러한 상황은 형법에 규정된 정당방위나 긴급피난의 요건에 해당한다고 보기 어렵고, 위 사망자가 경찰관의 정지명령에 응하지 아니하고 계속 도주하였다는 사실만으로 경찰관직무집행법 제10조의4에서 규정하는 범죄를 범하였거나 범하였다고 의심할 충분한 이유가 있다고 보기도 어려우며, 동료 경찰관이 총기를 사용하지 않고도 함께 도주하던 다른 일행을 계속 추격하여 체포한 점에 비추어 볼 때, 경찰관이 추격에 불필요한 장비를 일단 놓아둔 채 계속 추격을 하거나 공포탄을 다시 발사하는 방법으로 충분히 위 사망자를 제압할 여지가 있었다고 보이므로, 경찰관이 그러한 방법을 택하지 아니하고 실탄을 발사한 행위는 경찰관직무집행법 제11조에 정해진 총기 사용의 허용범위를 벗어난 위법행위이다. (대판 1999.6.22. 98다61470)

정리 경찰장구, 분사기 및 최루탄, 무기사용의 요건 정리

경찰장구	분사기 및 최루탄	무기
① **현행범**이나 사형·무기 또는 **장기 3년 이상**의 징역이나 금고에 해당하는 죄를 범한 **범인**의 체포 또는 도주 방지 ② 자신이나 다른 사람의 **생명·신체**의 방어 및 보호 ③ 공무집행에 대한 항거 제지	① **범인**의 체포 또는 범인의 도주 방지 ② **불법집회·시위**로 인한 자신이나 다른 사람의 **생명·신체**와 **재산** 및 **공공시설 안전**에 대하나 다른 사람의 현저한 위해 발생 억제 (공무집행에 대한 항거 제지X)	① **범인**의 체포, 범인의 도주방지 ② 자신이나 다른 사람의 **생명·신체**의 방어 및 보호 ③ 공무집행에 대한 항거 제지

정리

무기사용의 요건 정리

위해수반 X	① 범인의 체포, 범인의 도주 방지 ② 자신이나 다른 사람의 생명·신체의 방어 및 보호 ③ 공무집행에 대한 항거의 제지

위해수반 O	① 「형법」에 규정된 정당방위와 긴급피난에 해당할 때(정당행위 X, 자구행위 X)
	② 다음의 어느 하나에 해당하는 때에 그 행위를 방지하거나 그 행위자를 체포하기 위하여 무기를 사용하지 아니하고는 다른 수단이 없다고 인정되는 상당한 이유가 있을 때
	
	   ㉠ 사형·무기 또는 장기 3년 이상의 징역이나 금고에 해당하는 죄를 범하거나 범하였다고 의심할 만한 충분한 이유가 있는 사람이 경찰관의 직무집행에 항거하거나 도주하려고 할 때
	   ㉡ 체포·구속영장과 압수수색영장을 집행하는 과정에서 경찰관의 직무집행에 항거하거나 도주하려고 할 때
	   ㉢ 제3자가 ㉠ 또는 ㉡에 해당하는 사람을 도주시키려고 경찰관에게 항거할 때
	
	③ 범인이나 소요를 일으킨 사람이 무기·흉기 등 위험한 물건을 지니고 경찰관으로부터 3회 이상 물건을 버리라는 명령이나 항복하라는 명령을 받고도 따르지 아니하면서 계속 항거할 때
	④ 대간첩 작전 수행 과정에서 무장간첩이 항복하라는 경찰관의 명령을 받고도 따르지 아니할 때

15. 사용기록 보관 [20 채용, 21 법학]

사용기록 보관 (제11조)	살수차, 분사기, 최루탄 또는 무기를(경찰장구X) 사용하는 경우 그 책임자(사용자X)는 사용일시·장소·대상, 현장책임자, 종류, 수량 등을 기록하여 보관하여야 한다.

16. 손실보상(경찰관직무집행법 제11조의2)

손실보상 (제11조의2)	① 국가는 경찰관의 적법한 직무집행으로 인하여 다음 각 호의 어느 하나에 해당하는 손실을 입은 자에 대하여 정당한(상당한X) 보상을 하여야 한다. (하지 않을 수 있다X) [21 채용, 20 승진, 경간]
	  1. 손실발생 원인에 책임이 없는 자가 생명·신체 또는 재산상의 손실을 입은 경우(손실발생의 원인에 대하여 책임이 없는 자가 경찰관의 직무집행에 자발적으로 협조하거나 물건을 제공하여 생명·신체 또는 재산상의 손실을 입은 경우 포함)
	  2. 손실발생의 원인에 대하여 책임이 있는 자가 자신의 책임에 상응하는 정도를 초과하는 생명·신체 또는 재산상의 손실을 입은 경우 [20 승진]
	② 제1항에 따른 보상을 청구할 수 있는 권리는 손실이 있음을 안 날부터 3년, 손실이 발생한 날부터 5년간 행사하지 아니하면 시효의 완성으로 소멸한다. [22 채용, 20 승진]
	③ 제1항에 따른 손실보상신청 사건을 심의하기 위하여 손실보상심의위원회를 둔다. [22 채용]
	④ 경찰청장 또는 시·도경찰청장은 손실보상심의위원회의 심의·의결에 따라 보상금을 지급하고, 거짓 또는 부정한 방법으로 보상금을 받은 사람에 대하여는 해당 보상금을 환수하여야 한다. (할 수 있다 X) [20·21 채용]
	⑤ 보상금이 지급된 경우 손실보상심의위원회는 대통령령으로 정하는 바에 따라 국가경찰위원회에 심사자료와 결과를 보고하여야 한다. 이 경우 국가경찰위원회는 손실보상의 적법성 및 적정성 확인을 위하여 필요한 자료의 제출을 요구할 수 있다.
	⑥ 경찰청장 또는 시·도경찰청장은 제4항에 따라 보상금을 반환하여야 할 사람이 대통령령으로 정한 기한까지 그 금액을 납부하지 아니한 때에는 국세 체납처분의 예에 따라 징수할 수 있다.
	⑦ 제1항에 따른 손실보상의 기준, 보상금액, 지급 절차 및 방법, 제3항에 따른 손실보상심의위원회의 구성 및 운영, 제4항 및 제6항에 따른 환수절차, 그 밖에 손실보상에 관하여 필요한 사항은 대통령령(행정안전부령X)으로 정한다.

16-2. 「경찰관 직무집행법 시행령」

손실보상기준 및 보상금액 (제9조)	① 법 제11조의2 제1항에 따라 손실보상을 할 때 물건을 멸실·훼손한 경우에는 다음 각 호의 기준에 따라 보상한다.
	    1. 손실을 입은 물건을 **수리할 수 있는** 경우 : 수리비에 상당하는 금액 [20 경간]
	    2. 손실을 입은 물건을 **수리할 수 없는** 경우 : **손실을 입은 당시**(보상당시X)의 해당 물건의 교환가액 [20 경간]
	    3. 영업자가 손실을 입은 물건의 수리나 교환으로 인하여 영업을 계속할 수 없는 경우 : 영업을 계속할 수 없는 기간 중 영업상 이익에 상당하는 금액 [20 경간]
	② 물건의 멸실·훼손으로 인한 손실 외의 재산상 손실에 대해서는 직무집행과 상당한 인과관계가 있는 범위에서 보상한다. [20 승진, 20 경간]
	④ 보상금을 지급받을 사람이 동일한 원인으로 다른 법령에 따라 보상금 등을 지급받은 경우 그 보상금 등에 상당하는 금액을 제외하고 보상금을 지급한다.

지급절차 및 방법 (제10조)	① 법 제11조의2에 따라 경찰관의 적법한 직무집행으로 인하여 발생한 손실을 보상받으려는 사람은 별지 제4호서식의 보상금 지급 청구서에 손실내용과 손실금액을 증명할 수 있는 서류를 첨부하여 손실보상청구 사건 발생지를 관할하는 국가경찰관서의 장에게 제출하여야 한다. [22 승진]
	② 제1항에 따라 보상금 지급 청구서를 받은 국가경찰관서의 장은 해당 청구서를 제11조 제1항에 따른 손실보상청구 사건을 심의할 손실보상심의위원회가 설치된 경찰청, 해양경찰청, 시·도경찰청 및 지방해양경찰청의 장에게 보내야 한다.
	③ 보상금 지급 청구서를 받은 경찰청장등은 손실보상심의위원회의 심의·의결에 따라 보상 여부 및 보상금액을 결정하되, 다음 각 호의 어느 하나에 해당하는 경우에는 그 청구를 각하하는 결정을 하여야 한다. [22 채용]
	    1. 청구인이 같은 청구 원인으로 보상신청을 하여 보상금 지급 여부에 대하여 결정을 받은 경우. 다만, 기각 결정을 받은 청구인이 손실을 증명할 수 있는 새로운 증거가 발견되었음을 소명하는 경우는 제외한다.
	    2. 손실보상청구가 요건과 절차를 갖추지 못한 경우, 다만, 그 잘못된 부분을 시정할 수 있는 경우는 제외한다.
	④ 경찰청장등은 제3항에 따른 **결정일부터 10일**(7일X) **이내**에 통지서에 결정 내용을 적어서 청구인에게 통지하여야 한다. [21 채용]
	⑤ 보상금은 다른 법률에 특별한 규정이 있는 경우를 제외하고는 현금으로 지급하여야 한다. [20 경간]
	⑥ 보상금은 일시불로 지급하되, 예산 부족 등의 사유로 일시금으로 지급할 수 없는 특별한 사정이 있는 경우에는 청구인의 동의를 받아 분할하여 지급할 수 있다. [22 채용, 20 승진]
	⑦ 보상금을 지급받은 사람은 보상금을 지급받은 원인과 동일한 원인으로 인한 부상이 악화되거나 새로 발견되어 다음 각 호의 어느 하나에 해당하는 경우에는 보상금의 추가 지급을 청구할 수 있다. 이 경우 보상금 지급 청구, 보상금액 결정, 보상금 지급 결정에 대한 통지, 보상금 지급 방법 등에 관하여는 제1항부터 제6항까지의 규정을 준용한다.
	    1. 별표 제2호에 따른 부상등급이 변경된 경우(부상등급 외의 부상에서 제1급부터 제8급까지의 등급으로 변경된 경우를 포함)
	    2. 별표 제2호에 따른 부상등급 외의 부상에 대해 부상등급의 변경은 없으나 보상금의 추가 지급이 필요한 경우
	⑧ 제1항부터 제7항까지에서 규정한 사항 **외**에 손실보상의 청구 및 지급에 필요한 사항은 **경찰청장 또는 해양경찰청장**이 정한다.

16-3. 손실보상심의위원회

설치 및 구성
(제11조)
	① 법 제11조의2 제3항에 따라 소속 경찰공무원의 직무 집행으로 인하여 발생한 손실보상청구 사건을 심의하기 위하여 **경찰청**, 해양경찰청, **시·도경찰청** 및 지방해양경찰청(**경찰서X**)에 손실보상심의위원회를 설치한다. [20 승진]
	② 위원회는 위원장 1명을 포함한 **5명 이상 7명 이하의 위원**으로 구성한다. [20 승진]
	③ 위원회의 위원은 소속 경찰공무원과 다음 각 호의 어느 하나에 해당하는 사람 중에서 **경찰청장**이 위촉하거나 임명한다. 이 경우 위원의 **과반수 이상**은 **경찰공무원이 아닌** 사람으로 하여야 한다. [21 채용]
	   1. 판사·검사 또는 변호사로 **5년** 이상 근무한 사람
	   2. 「고등교육법」 제2조에 따른 학교에서 **법학** 또는 행정학을 가르치는 **부교수**(**정교수X**) 이상으로 **5년** 이상 재직한 사람
	   3. 경찰 업무와 손실보상에 관하여 학식과 경험이 풍부한 사람
	④ 위촉위원의 **임기는 2년**으로 한다.

위원장 (제12조)	① 위원장은 위원 중에서 **호선**한다. (**경찰청장이 지명한다X**) ② 위원장은 위원회를 대표하며, 위원회의 업무를 총괄한다. ③ 위원장이 부득이한 사유로 직무를 수행할 수 없는 때에는 **위원장이 미리 지명한 위원**이 그 직무를 대행한다. [21 채용]
운영 (제13조)	① **위원장**은 위원회의 **회의를 소집**하고, 그 **의장**이 된다. ② 위원회의 회의는 **재적위원 과반수의 출석**으로 개의하고, **출석위원 과반수의 찬성**으로 의결한다.
국가경찰 위원회 보고 (제17조의3)	① 법 제11조의2 제5항에 따라 위원회(경찰청 및 시·도경찰청에 설치된 위원회만 해당)는 보상금 지급과 관련된 **심사자료와 결과를 반기별**로 국가경찰위원회에 보고해야 한다. ② 국가경찰위원회는 필요하다고 인정하는 때에는 수시로 보상금 지급과 관련된 심사자료와 결과에 대한 보고를 위원회에 요청할 수 있다. 이 경우 위원회는 그 요청에 따라야 한다.

17. 범인검거 등 공로자 보상

범인검거
공로자 보상
(제11조의3)
	① 경찰청장, 시·도경찰청장 또는 경찰서장은 다음 각 호의 어느 하나에 해당하는 사람에게 **보상금을 지급할 수 있다**.
	   1. 범인 또는 범인의 소재를 신고하여 검거하게 한 사람
	   2. 범인을 검거하여 경찰공무원에게 인도한 사람
	   3. 테러범죄의 예방활동에 현저한 공로가 있는 사람
	   4. 그 밖에 제1호부터 제3호까지의 규정에 준하는 사람으로서 대통령령으로 정하는 사람
	② 경찰청장, 시·도경찰청장 및 경찰서장은 제1항에 따른 보상금 지급의 심사를 위하여 대통령령으로 정하는 바에 따라 각각 **보상금심사위원회**를 설치·운영**하여야 한다**. (**할 수 있다X**)
	③ 제2항에 따른 보상금심사위원회는 위원장 1명을 포함한 **5명** 이내의 위원으로 구성한다. [22 채용]
	④ 제2항에 따른 보상금심사위원회의 **위원**은 소속 경찰공무원 중에서 **경찰청장, 시·도경찰청장 또는 경찰서장**이 임명한다.
	⑤ 경찰청장, 시·도경찰청장 또는 경찰서장은 제2항에 따른 보상금심사위원회의 심사, 의결에 따라 보상금을 지급하고, **거짓 또는 부정한 방법**으로 보상금을 받은 사람에 대하여는 해당 **보상금을 환수**한다. [22 채용]
	⑥ 경찰청장, 시·도경찰청장 또는 경찰서장은 제5항에 따라 보상금을 반환하여야 할 사람이 대통령령으로 정한 기한까지 그 금액을 **납부하지 아니한 때**에는 **국세 체납처분의 예에 따라** 징수할 수 있다.
	⑦ 제1항에 따른 보상 대상, 보상금의 지급 기준 및 절차, 제2항 및 제3항에 따른 보상금심사위원회의 구성 및 심사사항, 제5항 및 제6항에 따른 환수절차, 그 밖에 보상금 지급에 관하여 필요한 사항은 대통령령으로 정한다.

17-2. 「경찰관 직무집행법 시행령」

보상금 지급 대상자 (제18조)	법 제11조의3 제1항 제4호에서 "대통령령으로 정하는 사람"이란 다음 각 호의 어느 하나에 해당하는 사람을 말한다. 1. 범인의 신원을 특정할 수 있는 정보를 제공한 사람 2. 범죄사실을 입증하는 증거물을 제출한 사람 3. 그 밖에 범인 검거와 관련하여 경찰 수사 활동에 협조한 사람 중 보상금 지급 대상자에 해당한다고 법 제11조의3 제2항에 따른 보상금심사 인정하는 사람
보상금 심사위원회 구성 및 심사사항 (제19조)	① 법 제11조의3 제2항에 따라 경찰청에 두는 보상금심사위원회의 **위원장**은 경찰청 소속 **과장급** 이상의 경찰공무원 중에서 **경찰청장**이 **임명하는 사람**으로 한다. ② 시·도경찰청 및 경찰서에 두는 보상금심사위원회의 **위원장**에 관하여는 제1항을 **준용**한다. 이 경우 "경찰청"은 각각 "시·도경찰청" 또는 "경찰서"로, "경찰청장"은 각각 "시·도경찰청장" 또는 "경찰서장"으로 본다. ④ 보상금심사위원회의 회의는 **재적위원 과반수의 찬성**으로 의결한다. (**재적위원 과반수의 출석과 출석위원 과반수의 찬성X**)
지급기준 (제20조)	보상금의 **최고액**은 **5억원**으로 하며, 구체적인 보상금 지급 기준은 **경찰청장**이 정하여 고시한다.
지급절차 (제21조)	① 경찰청장, 시·도경찰청장 또는 경찰서장은 보상금 지급사유가 발생한 경우에는 직권으로 또는 보상금을 지급받으려는 사람의 신청에 따라 소속 보상금심사 위원회의 심사·의결을 거쳐 보상금을 지급한다. ② 보상금심사위원회는 제20조에 따라 경찰청장이 정하여 고시한 보상금 지급 기준에 따라 보상 금액을 심사·의결한다. 이 경우 보상금심사위원회는 다음 각 호의 사항을 고려하여 보상금액을 결정할 수 있다. 1. 테러범죄 예방의 기여도 2. 범죄피해의 규모 3. 범인 신고 등 보상금 지급 대상 행위의 난이도 4. 보상금 지급 대상자가 다른 법령에 따라 보상금 등을 지급받을 수 있는지 여부 5. 그 밖에 범인검거와 관련한 제반 사정 ③ 경찰청장, 시·도경찰청장 및 경찰서장은 소속 보상금심사위원회의 보상금 심사를 위하여 필요한 경우에는 보상금 지급 대상자와 관계 공무원 또는 기관에 사실조사나 자료의 제출 등을 요청할 수 있다.

17-3. 「범인검거 등 공로자 보상에 관한 규정」(경찰청고시)

지급 기준 (제6조)	① 시행령 제20조에 따른 보상금 지급기준 금액은 다음 각 호와 같다. 1. 사형, 무기징역 또는 무기금고, **장기 10년 이상의 징역 또는 금고**에 해당하는 범죄 : **100만원** 2. 장기 10년 미만의 징역 또는 금고에 해당하는 범죄 : **50만원** 3. 장기 5년 미만의 징역 또는 금고, 장기 10년 이상의 자격정지 또는 벌금형 : **30만원** ⑤ 동일한 사람에게 지급결정일을 기준으로 **연간**(1월 1일부터 12월 31일까지) **5회를 초과하여** 보상금을 지급할 수 없다.
이중지급X (제9조)	보상금 지급 심사·의결을 거쳐 지급이 이루어진 이후에는 동일한 사건에 대하여 보상금을 지급할 수 없다.
배분 지급O (제10조)	범인검거 등 공로자가 2명 이상인 경우에는 각자의 공로, 당사자 간의 분배 합의 등을 감안해서 **배분하여** 지급할 수 있다.

정리 손실보상심의위원회와 보상금심사위원회 비교

	손실보상심의위원회	보상금심사위원회
설치	경찰청, 시·도경찰청(경찰서X)	경찰청, 시·도경찰청, 경찰서
구성	① 위원장 1명 포함 5명 이상 7명 이하 ② 과반수 이상은 경찰이 아닌 사람	위원장 1명 포함 5명 이내
위원장	위원 중 호선(위원장이 부득이한 사유로 직무수행 못할 때는 위원장이 미리 지명한 위원이 대행한다.)	소속 과장급 이상 경찰공무원 중 경찰청장, 시·도경찰청장, 경찰서장이 임명
위원	① 판사·검사 또는 변호사로 5년 이상 근무 ② 법학 또는 행정학 부교수(정교수X) 이상으로 5년 이상 재직한 사람 ③ 경찰 업무와 손실보상에 학식과 경험 풍부	소속 경찰공무원 중에서 경찰청장, 시·도경찰청장, 경찰서장이 임명
임기	2년	규정X
의결	재과출출과찬	재과찬

18. 소송지원 등(경찰관직무집행법 제11조의4)

소송지원 (제11조의4)	경찰청장과 해양경찰청장은 경찰관이 제2조각 호에 따른 직무의 수행으로 인하여 민·형사상 책임과 관련된 소송을 수행할 경우 변호인 선임 등 소송 수행에 필요한 지원을 할 수 있다. (하여야 한다X) [22 채용]
형 감면 (제11조의5)	우려가 명백하고 긴급한 상황에서, 경찰관이 그 위해를 예방하거나 진압하기 위한 행위 또는 범인의 다음 각 호의 범죄가 행하여지려고 하거나 행하여지고 있어 타인의 생명·신체에 대한 위해 발생의 검거 과정에서 경찰관을 향한 직접적인 유형력 행사에 대응하는 행위를 하여 그로 인하여 타인에게 피해가 발생한 경우, 그 경찰관의 직무수행이 불가피한 것이고 필요한 최소한의 범위에서 이루어졌으며 해당 경찰관에게 고의 또는 중대한 과실이 없는 때에는 그 정상을 참작하여 형을 감경하거나 면제할 수 있다. 1. 「형법」 제2편 제24장 살인의 죄, 제25장 상해와 폭행의 죄, 제32장 강간과 추행의 죄 중 강간에 관한 범죄, 제38장 절도와 강도의 죄 중 강도에 관한 범죄 및 이에 대하여 다른 법률에 따라 가중처벌하는 범죄 2. 「가정폭력범죄의 처벌 등에 관한 특례법」에 따른 가정폭력범죄, 「아동학대범죄의 처벌 등에 관한 특례법」에 따른 아동학대범죄
벌칙 (제12조)	이 법에 규정된 경찰관의 의무를 위반하거나 직권 남용하여 다른 사람에게 해를 끼친 사람은 1년 이하의 징역이나 금고에 처한다.

제2절 「위해성 경찰장비의 사용기준등에 관한 규정」(대통령령)

	인명 또는 신체에 위해를 가할 수 있는 경찰장비의 종류	
경찰장비 종류 (제2조)	경찰장구	수갑·포승·호송용포승·경찰봉·호신용경봉·전자충격기·방패 및 전자방패
	무기	권총·소총·기관총(기관단총 포함)·산탄총·유탄발사기·박격포·3인치포·함포·크레모아·수류탄·폭약류 및 도검
	분사기· 최루탄등	근접분사기·가스분사기·가스발사총(고무탄 발사겸용 포함) 및 최루탄(그 발사장치 포함)
	기타장비	가스차·살수차·특수진압차·물포·석궁·다목적 발사기 및 도주차량차단장비
영장집행시 수갑등 사용기준 (제4조)	경찰관(경찰공무원에 한한다)은 체포·구속 영장 집행하거나 신체자유 제한하는 판결 또는 처분 받은 자를 법률이 정한 절차에 따라 호송하거나 수용하기 위하여 필요한 때는 최소한 범죄안에서 수갑·포승 또는 호송용포승을 **사용할 수 있다.**	
자살방지등 수갑등 사용기준· 사용보고 (제5조)	경찰관은 **범인·술에 취한 사람** 또는 **정신착란자 자살 또는 자해기도 방지** 위하여 필요한 때에는 수갑·포승 또는 호송용포승을 **사용할 수 있다.** 이 경우 경찰관은 **소속 국가경찰관서장에게 보고해야 한다.**	
불법집회등 경찰봉등 사용기준 (제6조)	경찰관은 불법집회·시위로 인하여 발생할 수 있는 타인 또는 경찰관 생명·신체 위해와 재산·공공시설 위험 방지 위하여 필요한 때는 최소한 범위에서 경찰봉 또는 호신용경봉을 사용할 수 있다.	
전자충격기 사용제한 (제8조)	① 경찰관은 **14세미만의 자** 또는 **임산부**에 대하여 **전자충격기 또는 전자방패를 사용하여서는 아니된다.** ② 경찰관은 전극침(電極針) 발사장치가 있는 전자충격기를 사용하는 경우 **상대방의 얼굴을 향하여 전극침을 발사하여서는 아니된다.**	
총기사용 경고 (제9조)	경찰관은 법 제10조의4에 따라 사람을 향하여 권총 또는 소총을 발사하고자 하는 때에는 **미리** 구두 또는 공포탄에 의한 사격으로 **상대방에게 경고하여야 한다.** 다만, 다음 각 호의 어느 하나에 해당하는 경우로서 부득이한 때에는 **경고하지 아니할 수 있다.** 　1. 경찰관을 급습하거나 타인의 생명·신체에 대한 중대한 위험을 야기하는 범행이 목전에 실행되고 있는 등 상황이 급박하여 특히 경고할 시간적 여유가 없는 경우 　2. 인질·간첩 또는 테러사건에 있어서 은밀히 작전을 수행하는 경우	
권총·소총 사용제한 (제10조)	② 경찰관은 총기 또는 폭발물을 가지고 대항하는 경우를 제외하고는 **14세미만의 자** 또는 **임산부**에 대하여 권총 또는 소총을 발사하여서는 아니된다.	
가스발사총 사용제한 (제12조)	① 경찰관은 범인의 체포 또는 도주방지, 타인 또는 경찰관의 생명·신체에 대한 방호, 공무집행에 대한 항거의 억제를 위하여 필요한 때에는 최소한의 범위안에서 가스발사총을 사용할 수 있다. 이 경우 경찰관은 **1미터 이내의 거리**에서 상대방의 **얼굴을** 향하여 이를 **발사하여서는 아니된다.** ② 경찰관은 **최루탄발사기**로 최루탄을 발사하는 경우 **30도이상의 발사각을 유지**하여야 하고, 가스차·살수차 또는 특수진압차의 **최루탄발사대**로 최루탄을 발사하는 경우에는 **15도 이상의 발사각을 유지**하여야 한다.	

안전교육 (제17조)	법 제10조 제1항 단서에 따라 직무수행 중 위해성 경찰장비를 사용하는 경찰관은 위해성 경찰장비 사용을 위한 **안전교육을 받아야 한다.**
안전검사 (제18조)	위해성 경찰장비 사용하는 경찰관이 소속한 **국가경찰관서장**은 소속 경찰관이 사용할 위해성 경찰장비에 대한 **안전검사**를 별표 2의 기준에 따라 **실시하여야 한다.**

신규도입
장비
안전검사
(제18조의2)
	① 경찰청장은 위해성 경찰장비를 새로 도입하려는 경우에는 법 제10조 제5항에 따라 안전성 검사를 실시하여 새로 도입하려는 장비("신규 도입 장비")가 사람의 생명이나 신체에 미치는 영향을 평가하여야 한다.
	② 제1항에 따른 안전성 검사는 신규 도입 장비와 관련된 분야의 외부 전문가가 신규 도입 장비의 주요 특성이나 작동원리에 기초하여 제시하는 검사방법 및 기준에 따라 실시하되, 신규 도입 장비에 대하여 일반적으로 인정되는 합리적인 검사방법이나 기준이 있을 경우 그 검사방법이나 기준에 따라 안전성 검사를 실시할 수 있다.
	③ 법 제10조 제5항 후단에 따라 안전성 검사에 참여한 **외부 전문가**는 안전성 검사가 끝난 후 **30일** 이내에 신규 도입 장비의 안전성 여부에 대한 의견을 **경찰청장에게 제출하여야 한다.**
	④ **경찰청장**은 신규 도입 장비에 대한 안전성 검사를 실시한 후 **3개월 이**내에 다음 각 호의 내용이 포함된 안전성 검사 결과보고서를 **국회 소관 상임위원회**에 제출하여야 한다.
	  1. 신규 도입 장비의 주요 특성 및 기본적인 작동 원리
	  2. 안전성 검사의 방법 및 기준
	  3. 안전성 검사에 참여한 외부 전문가의 의견
	  4. 안전성 검사 결과 및 종합 의견

개조등 (제19조)	국가경찰관서의 장은 폐기대상인 위해성 경찰장비 또는 성능이 저하된 위해성 경찰장비를 개조할 수 있으며, 소속경찰관으로 하여금 이를 본래의 용법에 준하여 사용하게 할 수 있다.
사용기록 보관 등 (제20조)	① 제2조 제2호부터 제4호까지의 위해성 경찰장비(제4호의 경우에는 살수차만 해당한다)를 사용하는 경우 그 **현장책임자 또는 사용자**는 별지 서식의 사용보고서를 작성하여 **직근 상급 감독자에게 보고**하고, 직근상급 감독자는 이를 **3년간 보관하여야 한다.** ② 제1항의 규정에 의하여 제2조 제2호의 무기 사용보고를 받은 직근상급 감독자는 지체 없이 지휘계통을 거쳐 경찰청장 또는 해양경찰청장에게 보고하여야 한다.
부상자 긴급조치 (제21조)	경찰관이 위해성 경찰장비를 사용하여 부상자가 발생한 경우에는 즉시 구호, 그 밖에 필요한 긴급조치를 하여야 한다.

제3절 「경찰 물리력 행사의 기준과 방법에 관한 규칙」

1. 대상자의 행위와 경찰관의 대응수준

대상자의 행위			경찰관의 대응수준	
순응	대상자가 경찰관의 지시, 통제에 **따르는** 상태	협조적 통제	'순응' 이상의 상태인 대상자에 대해 사용할 수 있는 물리력 수준으로서, 대상자의 **협조**를 유도하거나 협조에 따른 물리력을 말한다.	
소극적 저항	대상자가 경찰관의 지시, 통제를 따르지 않고 **비협조적**이지만 경찰관 또는 제3자에 대해 직접적인 위해를 가하지 않는 상태	접촉 통제	'소극적 저항' 이상의 상태인 대상자에 대해 사용할 수 있는 물리력 수준으로서, 대상자 신체 접촉을 통해 경찰목적 달성을 강제하지만 **신체적 부상**을 야기할 가능성은 **극히 낮은** 물리력을 말한다.	
적극적 저항	대상자가 자신에 대한 경찰관의 체포·연행 등 정당한 공무집행을 방해하지만 경찰관 또는 제3자에 대해 **위해 수준이 낮은 행위만**을 하는 상태	저위험 물리력	'적극적 저항' 이상의 상태인 대상자에 대해 사용할 수 있는 물리력 수준으로서, 대상자가 통증을 느낄 수 있으나 **신체적 부상**을 당할 가능성은 **낮은** 물리력을 말한다.	
폭력적 공격	대상자가 경찰관 또는 제3자에 대해 신체적 **위해**를 가하는 상태	중위험 물리력	'폭력적 공격' 이상의 상태의 대상자에 대해 사용할 수 있는 물리력 수준으로서, 대상자에게 신체적 부상을 입힐 수 있으나 생명·신체에 대한 **중대한 위해** 발생 가능성은 **낮은** 물리력을 말한다.	
치명적 공격	대상자가 경찰관 또는 제3자에 대해 **사망 또는 심각한 부상**을 초래할 수 있는 행위를 하는 상태	고위험 물리력	'치명적 공격' 상태의 대상자로 인해 경찰관 또는 제3자의 생명·신체에 급박하고 중대한 위해가 초래될 가능성이 있는 경우 최후의 수단으로 사용할 수 있는 물리력 수준으로서, 대상자의 **사망 또는 심각한 부상**을 초래할 수 있는 물리력을 말한다.	

2. 물리력의 종류

저위험 물리력	① **목을 압박**하여 제압하거나 **관절을 꺾는** 방법, 팔·다리를 이용해 **움직이지 못하도록 조르는** 방법, 다리를 걸거나 들쳐 메는 등 **균형을 무너뜨려** 넘어뜨리는 방법, 대상자가 넘어진 상태에서 움직이지 못하게 **위에서 눌러** 제압하는 방법 ② **분사기 사용**(다른 저위험 물리력 이하의 수단으로 제압이 어렵고, 경찰관이나 대상자의 부상 등의 방지를 위해 필요한 경우)
중위험 물리력	① 손바닥, 주먹, 발 등 신체부위를 이용한 가격 ② 경찰봉으로 중요부위가 아닌 신체 부위를 찌르거나 가격 ③ 방패로 강하게 압박하거나 세게 미는 행위 ④ 전자충격기 사용
고위험 물리력	① 권총 등 총기류 사용 ② 경찰봉, 방패, 신체적 물리력으로 대상자의 신체 중요 부위 또는 급소 부위 가격, 대상자의 목을 강하게 조르거나 신체를 강한 힘으로 압박하는 행위

3. 분사기 사용한계 및 유의사항

경찰관은 **정당방위나 긴급피난의 요건이 충족되지 않는 한**, 다음 어느 하나에 해당하는 상황에서는 분사기를 사용하여서는 아니 된다.

① 밀폐된 공간에서의 사용(**경찰 순찰차의 운행을 방해하는 대상자를 제압하기 위해 다른 물리력 사용이 불가능한 경우** 제외)
② 대상자가 수갑 또는 포승으로 결박되어 있는 경우(다만, 대상자의 행위로 인해 **경찰관 또는 제3자에 대한 신체적 위해 발생 가능성 있는 경우**는 제외한다.)
③ 대상자의 '**소극적 저항**' 상태가 장시간 지속될 뿐 이를 즉시 중단시켜야 할 정도로 급박하거나 위험하지 않은 상황
④ 경찰관이 대상자가 14세 미만이거나 임산부 또는 호흡기 질환을 가지고 있음을 인지한 경우(다만, **대상자의 저항 정도가 고위험 물리력을 사용할 수밖에 없는 상황**은 제외한다.)

4. 전자충격기 사용시 유의사항

① 경찰관은 근무 시작 전 전자충격기의 배터리 충전 여부와 전기 불꽃 작동 상태를 반드시 확인하여야 한다.
② 경찰관은 공무수행에 필요하다고 믿을 만한 상황이 아닌 경우에는 전자충격기를 뽑아 들거나 다른 사람을 향하도록 하여서는 아니 되며, **반드시 전자충격집에 휴대**하여야 한다.
③ 경찰관은 전자충격기 사용 필요성이 인정되고 시간적 여유가 있는 경우에는 신속히 이 사실을 **직근상급 감독자**에게 보고하고, **동료** 경찰관에게 **전파**하여야 한다. 이를 인지한 직근상급 감독자는 필요한 지휘를 하여야 한다.
④ 경찰관이 대상자에게 전자충격기 전극침을 발사하는 경우에는 **사전 구두 경고**를 하여야 한다. 다만, **현장상황이 급박한 경우**에는 **생략**할 수 있다.
⑤ 경찰관이 사람을 향해 전자충격기를 사용하는 경우에는 **적정사거리(3~4.5m)**에서 후면부(후두부 제외)나 전면부의 흉골 이하(안면, 심장, 급소 부위 제외)를 조준하여야 한다. 다만, 대상자가 두껍거나 헐렁한 상의를 착용하여 전극침의 효과가 없다고 판단되는 경우 대상자의 하체를 조준하여야 한다.
⑥ 경찰관은 전자충격기 전극침 불발, 명중 실패, 효과 미발생 시 예상되는 대상자의 추가적인 공격에 대한 적절한 대비책(스턴 방식 사용, 경찰봉 사용 준비, 동료 경찰관의 물리력 사용 태세 완비, 경력 지원 요청 등)을 미리 준비하여야 한다.
⑦ 전자충격기 **전극침이 대상자에 명중한 경우**에는 필요 이상의 전류가 흐르지 않도록 즉시 **방아쇠로부터 손가락을 떼야** 하며, 1 사용주기(방아쇠를 1회 당겼을 때 전자파장이 지속되는 시간)가 경과한 후 대상자의 상태, 저항 정도를 확인하여 추가적인 전자충격을 줄 필요가 있다고 판단되는 경우 다시 방아쇠를 당겨 사용할 수 있다.
⑧ 한 명의 대상자에게 동시에 두 대 이상의 전자충격기 전극침을 발사하거나 스턴 기능을 사용해서는 아니 된다.
⑨ 수갑을 사용하는 경우, **먼저 전자충격기를 전자충격기집에 원위치 시킨 이후 양손으로 시도**하여야 한다. 전자충격기를 파지한 상태에서 다른 한 손으로 수갑을 사용할 수밖에 없는 불가피한 상황에서는 안전사고 및 전자충격기 파탈방지에 각별히 유의하여야 한다.

5. 권총 사용시 유의사항

① 경찰관은 공무수행 중 필요하다고 믿을 만한 경우가 아닌 경우에는 권총을 뽑아 들거나 다른 사람을 향하도록 하여서는 안 되며, 반드시 권총을 권총집에 휴대하여야 한다.
② 권총 장전 시 반드시 안전고무(안전장치)를 장착한다.
③ 경찰관은 권총 사용의 필요성이 인정되고 시간적 여유가 있는 경우에는 신속히 이 사실을 **직근상급 감독자에게 보고**하고, **동료 경찰관에게 전파**하여야 한다. 이를 인지한 직근상급감독자는 신속히 현장으로 진출하여 지휘하여야 한다.
④ 경찰관이 권총을 뽑아드는 경우, 격발 순간을 제외하고는 **항상 검지를 방아쇠울에서 빼 곧게 뻗어 실린더 밑 총신에 일자로 대는 '검지 뻗기' 상태를 유지**하여 의도하지 않은 격발을 방지하여야 한다.
⑤ 경찰관이 권총집에서 권총을 뽑은 상태에서 사격을 하지 않은 경우, **총구는 항상 지면 또는 공중을 향하게** 하여야 한다.
⑥ 경찰관은 사람을 향하여 권총을 발사하고자 하는 때에는 **사전 구두 경고를 하거나 공포탄으로 경고**하여야 한다. 다만, 현장상황이 급박하여 대상자에게 경고할 시간적 여유가 없는 경우나 인질·간첩 또는 테러사건에 있어서 은밀히 작전을 수행하는 경우 등 부득이한 때에는 생략할 수 있다.
⑦ 경찰관이 공포탄 또는 실탄으로 경고 사격을 하는 때는 **경찰관의 발 앞쪽 70도에서 90도 사이** 각도의 **지면 또는 장애물이 없는 허공**을 향하여야 한다.
⑧ 경찰관은 사람을 향해 권총을 조준하는 경우에는 **가급적 대퇴부 이하** 등 상해 최소 부위를 향한다.
⑨ 경찰관이 리볼버 권총을 사용하는 경우 안전을 위해 **가급적 복동식(단동식X) 격발 방법**을 사용하여야 하며, 단동식 격발 방법을 사용하는 경우 격발에 근접한 때가 아닌 한 권총의 공이치기를 미리 젖혀놓지 않도록 하여야 한다.
⑩ 수갑을 사용하는 경우, 먼저 권총을 권총집에 원위치 시킨 이후 양손으로 시도하여야 한다. 권총을 파지한 상태에서 다른 한 손으로 수갑을 사용할 수밖에 없는 불가피한 상황에서는 오발 사고 및 권총 피탈 방지에 각별히 유의하여야 한다.

제4장

행정기본법 [시행 2023. 3. 24.] [법률 제17979호, 2021. 3. 23., 제정]

1. 목적 및 정의 등

구분	내용
목적 (제1조)	이 법은 행정의 원칙과 기본사항을 규정하여 행정의 **민주성**과 **적법성**을 확보하고 **적정성**과 **효율성**을 향상시킴으로써 **국민의 권익 보호**에 이바지함을 목적으로 한다.
정의 (제2조)	1. "**법령등**"이란 다음 각 목의 것을 말한다. 　가. **법령**: 다음의 어느 하나에 해당하는 것 　　1) **법률 및 대통령령·총리령·부령** 　　2) **국회규칙·대법원규칙·헌법재판소규칙·중앙선거관리위원회규칙 및 감사원규칙** 　　3) 1) 또는 2)의 **위임을 받아** 중앙행정기관(「정부조직법」 및 그 밖의 법률에 따라 설치된 중앙행정기관을 말한다. 이하 같다)의 장이 정한 **훈령·예규 및 고시 등 행정규칙** 　나. **자치법규**: 지방자치단체의 **조례 및 규칙** 2. "**행정청**"이란 다음 각 목의 자를 말한다. 　가. 행정에 관한 의사를 결정하여 표시하는 **국가 또는 지방자치단체의 기관** 　나. 그 밖에 법령등에 따라 행정에 관한 의사를 결정하여 표시하는 권한을 가지고 있거나 그 권한을 **위임 또는 위탁받은 공공단체 또는 그 기관**이나 **사인(私人)** 3. "**당사자**"란 **처분의 상대방**을 말한다. 4. "**처분**"이란 행정청이 구체적 사실에 관하여 행하는 **법 집행**으로서 공권력의 행사 또는 그 거부와 그 밖에 이에 준하는 **행정작용**을 말한다. 5. "**제재처분**"이란 법령등에 따른 의무를 위반하거나 이행하지 아니하였음을 이유로 당사자에게 **의무를 부과하거나 권익을 제한하는 처분**을 말한다. 다만, 제30조 제1항 각 호에 따른 **행정상 강제는 제외**한다.
국가와 지방자치단체의 책무 (제3조)	① 국가와 지방자치단체는 국민의 삶의 질을 향상시키기 위하여 **적법절차에 따라** 공정하고 합리적인 행정을 수행할 책무를 진다. ② 국가와 지방자치단체는 행정의 능률과 실효성을 높이기 위하여 지속적으로 법령등과 제도를 정비·개선할 책무를 진다.
행정의 적극적 추진 (제4조)	① 행정은 공공의 이익을 위하여 **적극적으로 추진되어야** 한다. ② 국가와 지방자치단체는 소속 공무원이 공공의 이익을 위하여 적극적으로 직무를 수행할 수 있도록 제반 여건을 조성하고, 이와 관련된 시책 및 조치를 추진하여야 한다. ③ 제1항 및 제2항에 따른 행정의 적극적 추진 및 적극행정 활성화를 위한 시책의 구체적인 사항 등은 대통령령으로 정한다.
다른 법률과의 관계 (제5조)	① 행정에 관하여 다른 법률에 특별한 규정이 있는 경우를 제외하고는 이 법에서 정하는 바에 따른다. ② 행정에 관한 **다른 법률을 제정하거나 개정**하는 경우에는 이 법의 목적과 원칙, 기준 및 취지에 부합되도록 **노력하여야** 한다.

2. 행정의 법 원칙

법치행정원칙 (제8조)	행정작용은 **법률에 위반되어서는 아니 되며**, 국민의 권리를 제한하거나 의무를 부과하는 경우와 그 밖에 국민생활에 중요한 영향을 미치는 경우에는 **법률에 근거하여야 한다**.
평등원칙 (제9조)	행정청은 합리적 이유 없이 국민을 차별하여서는 아니 된다.
비례원칙 (제10조)	행정작용은 다음 각 호의 원칙에 따라야 한다. 1. 행정목적을 달성하는 데 **유효**하고 **적절할 것** 2. 행정목적을 달성하는 데 **필요한 최소한도**에 그칠 것 3. 행정작용으로 인한 **국민의 이익 침해**가 그 행정작용이 의도하는 **공익보다 크지 아니할 것**
성실의무 및 권한남용금지 원칙 (제11조)	① 행정청은 법령등에 따른 의무를 성실히 수행하여야 한다. ② 행정청은 행정권한을 남용하거나 그 권한의 범위를 넘어서는 아니 된다.
신뢰보호 원칙 (제12조)	① 행정청은 공익 또는 제3자의 이익을 현저히 해칠 우려가 있는 경우를 제외하고는 행정에 대한 국민의 정당하고 합리적인 신뢰를 보호하여야 한다. ② 행정청은 권한 행사의 기회가 있음에도 불구하고 장기간 권한을 행사하지 아니하여 국민이 그 권한이 행사되지 아니할 것으로 믿을 만한 정당한 사유가 있는 경우에는 그 권한을 행사해서는 아니 된다. 다만, 공익 또는 제3자의 이익을 현저히 해칠 우려가 있는 경우는 예외로 한다.
부당결부금지 원칙 (제13조)	행정청은 행정작용을 할 때 상대방에게 해당 행정작용과 실질적인 관련이 없는 의무를 부과해서는 아니 된다.

▶ 자기구속의 법리 : 행정기본법에 규정 X

3. 기간의 계산

행정에 관한 기간의 계산 (제6조)	① 행정에 관한 기간의 계산에 관하여는 이 법 또는 **다른 법령등에 특별한 규정이 있는 경우를 제외하고는** 「민법」을 준용한다.
	② 법령등 또는 처분에서 국민의 권익을 제한하거나 의무를 부과하는 경우 권익이 제한되거나 의무가 지속되는 기간의 계산은 다음 각 호의 기준에 따른다. 다만, 다음 각 호의 기준에 따르는 것이 국민에게 불리한 경우에는 그러하지 아니하다.
	  1. 기간을 일, 주, 월 또는 연으로 정한 경우에는 **기간의 첫날을 산입한다.**
	  2. 기간의 말일이 **토요일 또는 공휴일**인 경우에도 기간은 **그 날로 만료한다.**

법령등 시행일의 기간 계산 (제7조)	법령등(훈령·예규·고시·지침 등을 포함한다. 이하 이 조에서 같다)의 시행일을 정하거나 계산할 때에는 다음 각 호의 기준에 따른다.
	  1. 법령등을 공포한 날부터 시행하는 경우에는 **공포한 날을 시행일로 한다.**
	  2. 법령등을 공포한 날부터 일정 기간이 경과한 날부터 시행하는 경우 **법령등을 공포한 날을 첫날에 산입하지 아니한다.**
	  3. 법령등을 공포한 날부터 일정 기간이 경과한 날부터 시행하는 경우 그 기간의 말일이 **토요일 또는 공휴일**인 때에는 그 말일로 기간이 만료한다.
	
	[비교] 법령 등 공포에 관한 법률
	제13조(시행일) 대통령령, 총리령 및 부령은 특별한 규정이 없으면 **공포한 날부터 20일이 경과함으로써** 효력을 발생한다.
	제13조의2(법령의 시행유예기간) 국민의 권리 제한 또는 의무 부과와 직접 관련되는 법률, 대통령령, 총리령 및 부령은 긴급히 시행하여야 할 특별한 사유가 있는 경우를 제외하고는 **공포일부터 적어도 30일 경과한 날부터 시행**되도록 하여야 한다.

법 적용의 기준 (제14조)	① **새로운 법령등**은 법령등에 특별한 규정이 있는 경우를 제외하고는 그 법령등의 효력 발생 전에 완성되거나 종결된 사실관계 또는 법률관계에 대해서는 적용되지 아니한다. → 소급효금지원칙 ② **당사자의 신청**에 따른 처분은 법령등에 특별한 규정이 있거나 처분 당시의 법령등을 적용하기 곤란한 특별한 사정이 있는 경우를 제외하고는 **처분 당시의 법령등**에 따른다. ③ **법령등을 위반**한 행위의 성립과 이에 대한 제재처분은 법령등에 특별한 규정이 있는 경우를 제외하고는 법령등을 위반한 **행위 당시의 법령등**에 따른다. 다만, 법령등을 위반한 행위 후 법령등의 변경에 의하여 그 행위가 법령등을 위반한 행위에 해당하지 아니하거나 제재처분 기준이 가벼워진 경우로서 해당 법령등에 특별한 규정이 없는 경우에는 변경된 법령등을 적용한다.
수리 여부에 따른 신고의 효력 (제34조)	법령등으로 정하는 바에 따라 행정청에 일정한 사항을 통지하여야 하는 신고로서 **법률에 신고의 수리가 필요하다고 명시되어 있는 경우**(행정기관의 내부 업무 처리 절차로서 수리를 규정한 경우는 **제외**한다)에는 **행정청이 수리하여야 효력이 발생한다.**

4. 행정작용

(1) 처분

부관
(제17조)
	① 행정청은 처분에 **재량이 있는 경우**에는 **부관**을 붙일 수 있다.
	② 행정청은 처분에 **재량이 없는 경우**에는 **법률에 근거가 있는 경우**에 **부관**을 붙일 수 있다.
	③ 행정청은 부관을 붙일 수 있는 처분이 다음 각 호의 어느 하나에 해당하는 경우에는 그 처분을 한 후에도 부관을 새로 붙이거나 종전의 부관을 **변경할 수 있다.**
	  1. **법률에 근거가 있는 경우**
	  2. **당사자의 동의가 있는 경우**
	  3. **사정이 변경**되어 부관을 새로 붙이거나 종전의 부관을 변경하지 아니하면 해당 처분의 **목적을 달성할 수 없다고 인정되는 경우**
	④ 부관은 다음 각 호의 요건에 적합하여야 한다.
	  1. 해당 처분의 **목적에 위배되지 아니할 것**
	  2. 해당 처분과 **실질적인 관련**이 있을 것
	  3. 해당 처분의 목적을 달성하기 위하여 **필요한 최소한의 범위일 것**

자동적 처분 (제20조)	행정청은 법률로 정하는 바에 따라 **완전히 자동화된 시스템**(인공지능 기술을 적용한 시스템을 포함)으로 처분을 할 수 있다. 다만, **처분에 재량이 있는 경우는 그러하지 아니하다.**
재량행사의 기준 (제21조)	행정청은 **재량이 있는 처분**을 할 때에는 관련 **이익을 정당하게 형량하여야** 하며, 그 **재량권의 범위를 넘어서는 아니 된다.**
처분의 효력 (제15조)	처분은 권한이 있는 기관이 취소 또는 철회하거나 기간의 경과 등으로 **소멸되기 전까지는 유효한 것으로 통용**된다. 다만, **무효**인 처분은 **처음부터** 그 효력이 **발생하지 아니한다.**

위법 또는
부당한 처분의
취소
(제18조)
	① 행정청은 위법 또는 부당한 처분의 전부나 일부를 소급하여 취소할 수 있다. 다만, 당사자의 신뢰를 보호할 가치가 있는 등 정당한 사유가 있는 경우에는 장래를 향하여 취소할 수 있다.
	② 행정청은 제1항에 따라 당사자에게 권리나 이익을 부여하는 처분을 취소하려는 경우에는 취소로 인하여 당사자가 입게 될 불이익을 취소로 달성되는 **공익과 비교·형량하여야 한다.** 다만, 다음 각 호의 어느 하나에 해당하는 경우에는 그러하지 아니하다.
	  1. 거짓이나 그 밖의 부정한 방법으로 처분을 받은 경우
	  2. 당사자가 처분의 위법성을 알고 있었거나 중대한 과실로 알지 못한 경우

적법한 처분의
철회
(제19조)
	① 행정청은 적법한 처분이 다음 각 호의 어느 하나에 해당하는 경우에는 그 처분의 전부 또는 일부를 **장래를 향하여 철회할 수 있다.**
	  1. 법률에서 정한 **철회 사유**에 해당하게 된 경우
	  2. **법령등의 변경**이나 **사정변경**으로 처분을 더 이상 존속시킬 필요가 없게 된 경우
	  3. **중대한 공익**을 위하여 필요한 경우
	② 행정청은 제1항에 따라 처분을 철회하려는 경우에는 철회로 인하여 당사자가 입게 될 불이익을 철회로 달성되는 공익과 **비교·형량하여야 한다.**

(2) 인허가 결격사유 및 제재처분

결격사유
(제16조)
	① 자격이나 신분 등을 취득 또는 부여할 수 없거나 인가, 허가, 지정, 승인, 영업등록, 신고 수리 등("인허가")을 필요로 하는 영업 또는 사업 등을 할 수 없는 사유("결격사유")는 **법률로 정한다**.
	② 결격사유를 규정할 때에는 다음 각 호의 기준에 따른다.
	   1. 규정의 필요성이 **분명**할 것
	   2. 필요한 항목만 **최소한**으로 규정할 것
	   3. 대상이 되는 자격, 신분, 영업 또는 사업 등과 **실질적인 관련**이 있을 것
	   4. 유사한 다른 제도와 **균형**을 이룰 것

제재처분의
기준
(제22조)
	① 제재처분의 근거가 되는 법률에는 **제재처분의 주체, 사유, 유형 및 상한을 명확하게 규정**하여야 한다. 이 경우 제재처분의 유형 및 상한을 정할 때에는 해당 위반행위의 특수성 및 유사한 위반행위와의 형평성 등을 종합적으로 고려하여야 한다.
	② 행정청은 재량이 있는 제재처분을 할 때에는 다음 각 호의 사항을 고려하여야 한다.
	   1. 위반행위의 **동기, 목적 및 방법**
	   2. 위반행위의 **결과**
	   3. 위반행위의 **횟수**
	   4. 그 밖에 제1호부터 제3호까지에 준하는 사항으로서 대통령령으로 정하는 사항

제재처분의
제척기간
(제23조)
	① 행정청은 법령등의 위반행위가 **종료된 날부터 5년**이 지나면 해당 위반행위에 대하여 **제재처분**(인허가의 정지·취소·철회, 등록 말소, 영업소 폐쇄와 정지를 갈음하는 과징금 부과)을 **할 수 없다**.
	② 다음 각 호의 어느 하나에 해당하는 경우에는 제1항을 적용하지 아니한다.
	   1. 거짓이나 그 밖의 부정한 방법으로 인허가를 받거나 신고를 한 경우
	   2. 당사자가 인허가나 신고의 위법성을 알고 있었거나 중대한 과실로 알지 못한 경우
	   3. 정당한 사유 없이 행정청의 조사·출입·검사를 기피·방해·거부하여 제척기간이 지난 경우
	   4. 제재처분을 하지 아니하면 국민의 안전·생명 또는 환경을 심각하게 해치거나 해칠 우려가 있는 경우
	③ 행정청은 제1항에도 불구하고 행정심판의 재결이나 법원의 판결에 따라 제재처분이 취소·철회된 경우에는 **재결이나 판결이 확정된 날부터 1년**(합의제행정기관은 **2년**)이 지나기 전까지는 그 취지에 따른 새로운 **제재처분을 할 수 있다**.
	④ 다른 법률에서 제1항 및 제3항의 기간보다 짧거나 긴 기간을 규정하고 있으면 그 법률에서 정하는 바에 따른다.

(3) 공법상 계약

공법상 계약의 체결 (제27조)	① 행정청은 법령등을 위반하지 아니하는 범위에서 행정목적을 달성하기 위하여 필요한 경우에는 공법상 법률관계에 관한 계약(**공법상 계약**)을 체결할 수 있다. 이 경우 계약의 목적 및 내용을 명확하게 적은 **계약서를 작성하여야 한다**. ② 행정청은 공법상 계약의 상대방을 선정하고 계약 내용을 정할 때 공법상 계약의 **공공성**과 **제3자의 이해관계를 고려하여야 한다**.

(4) 행정상 강제

행정상 강제 (제30조)	① 행정청은 행정목적을 달성하기 위하여 필요한 경우에는 **법률**로 정하는 바에 따라 필요한 최소한의 범위에서 다음 각 호의 어느 하나에 해당하는 조치를 할 수 있다.
	  1. **행정대집행** : 의무자가 행정상 의무(법령등에서 직접 부과하거나 행정청이 법령등에 따라 부과한 의무)로서 **타인이 대신하여 행할 수 있는 의무를 이행하지 아니하는 경우** 법률로 정하는 다른 수단으로는 그 이행을 확보하기 곤란하고 그 불이행을 방치하면 공익을 크게 해칠 것으로 인정될 때에 행정청이 의무자가 하여야 할 행위를 스스로 하거나 제3자에게 하게 하고 그 비용을 의무자로부터 징수하는 것
	  2. **이행강제금의 부과** : **의무자가 행정상 의무를 이행하지 아니하는 경우** 행정청이 적절한 이행기간을 부여하고, 그 기한까지 행정상 의무를 이행하지 아니하면 **금전급부의무를 부과**하는 것
	  3. **직접강제** : 의무자가 행정상 의무를 이행하지 아니하는 경우 행정청이 의무자의 **신체나 재산에 실력을 행사**하여 그 행정상 의무의 **이행이 있었던 것과 같은 상태를 실현**하는 것
	  4. **강제징수** : 의무자가 행정상 의무 중 금전급부의무를 이행하지 아니하는 경우 행정청이 의무자의 **재산에 실력을 행사**하여 그 행정상 의무가 실현된 것과 같은 상태를 실현하는 것
	  5. **즉시강제** : 현재의 급박한 행정상의 장해를 제거하기 위한 경우로서 다음 각 목의 어느 하나에 해당하는 경우에 행정청이 곧바로 국민의 신체 또는 재산에 실력을 행사하여 행정목적을 달성하는 것
	    가. 행정청이 미리 행정상 의무 이행을 명할 시간적 여유가 없는 경우
	    나. 그 성질상 행정상 의무의 이행을 명하는 것만으로는 행정목적 달성이 곤란한 경우
	② 행정상 강제 조치에 관하여 이 법에서 정한 사항 외에 필요한 사항은 따로 **법률**로 정한다.
	③ 형사(刑事), 행형(行刑) 및 보안처분 관계 법령에 따라 행하는 사항이나 외국인의 출입국·난민인정·귀화·국적회복에 관한 사항에 관하여는 이 절을 적용하지 아니한다.

직접강제 (32조)	① 직접강제는 **행정대집행이나 이행강제금 부과의 방법으로는 행정상 의무 이행을 확보할 수 없거나 그 실현이 불가능한 경우**에 실시하여야 한다. ② 직접강제를 실시하기 위하여 현장에 파견되는 집행책임자는 그가 집행책임자임을 표시하는 증표를 보여 주어야 한다. ③ 직접강제의 계고 및 통지에 관하여는 제31조 제3항 및 제4항을 준용한다.
즉시강제 (제33조)	① 즉시강제는 **다른 수단으로는 행정목적을 달성할 수 없는 경우에만 허용**되며, 이 경우에도 **최소한으로만** 실시하여야 한다. ② 즉시강제를 실시하기 위하여 현장에 파견되는 집행책임자는 그가 집행책임자임을 표시하는 증표를 보여 주어야 하며, 즉시강제의 이유와 내용을 고지하여야 한다.

이행강제금의 부과 (제31조)	① 이행강제금 부과의 근거가 되는 법률에는 이행강제금에 관한 다음 각 호의 사항을 명확하게 규정하여야 한다. 다만, 제4호 또는 제5호를 규정할 경우 입법목적이나 입법 취지를 훼손할 우려가 크다고 인정되는 경우로서 대통령령으로 정하는 경우는 제외한다.
	  1. 부과·징수 주체
	  2. 부과 요건
	  3. 부과 금액
	  4. 부과 금액 산정기준
	  5. 연간 부과 횟수나 횟수의 상한

이행강제금의
부과
(제31조)
	② 행정청은 다음 각 호의 사항을 고려하여 이행강제금의 부과 금액을 가중하거나 감경할 수 있다.
	  1. 의무 불이행의 동기, 목적 및 결과
	  2. 의무 불이행의 정도 및 상습성
	  3. 그 밖에 행정목적을 달성하는 데 필요하다고 인정되는 사유
	③ 행정청은 이행강제금을 부과하기 전에 미리 의무자에게 적절한 이행기간을 정하여 그 기한까지 행정상 의무를 이행하지 아니하면 이행강제금을 부과한다는 뜻을 문서로 계고(戒告)하여야 한다.
	④ 행정청은 의무자가 제3항에 따른 계고에서 정한 기한까지 행정상 의무를 이행하지 아니한 경우 이행강제금의 부과 금액·사유·시기를 문서로 명확하게 적어 의무자에게 통지하여야 한다.
	⑤ 행정청은 의무자가 행정상 의무를 이행할 때까지 이행강제금을 반복하여 부과할 수 있다. 다만, 의무자가 의무를 이행하면 새로운 이행강제금의 부과를 즉시 중지하되, 이미 부과한 이행강제금은 징수하여야 한다.
	⑥ 행정청은 이행강제금을 부과받은 자가 납부기한까지 이행강제금을 내지 아니하면 국세강제징수의 예 또는 「지방행정제재·부과금의 징수 등에 관한 법률」에 따라 징수한다.

(5) 과징금

과징금의 기준
(제28조)
	① 행정청은 법령등에 따른 의무를 위반한 자에 대하여 **법률**로 정하는 바에 따라 그 위반행위에 대한 제재로서 **과징금을 부과할 수 있다.**
	② 과징금의 근거가 되는 법률에는 과징금에 관한 다음 각 호의 사항을 명확하게 규정하여야 한다.
	  1. 부과·징수 주체
	  2. 부과 사유
	  3. 상한액
	  4. 가산금을 징수하려는 경우 그 사항
	  5. 과징금 또는 가산금 체납 시 강제징수를 하려는 경우 그 사항

과징금의
납부기한 연기
및 분할 납부
(제29조)
	과징금은 **한꺼번에** 납부하는 것을 **원칙**으로 한다. 다만, 행정청은 과징금을 부과받은 자가 다음 각 호의 어느 하나에 해당하는 사유로 과징금 전액을 한꺼번에 내기 어렵다고 인정될 때에는 그 납부기한을 **연기**하거나 분할 납부하게 할 수 있으며, 이 경우 필요하다고 인정하면 담보를 제공하게 할 수 있다.
	  1. 재해 등으로 재산에 현저한 손실을 입은 경우
	  2. 사업 여건의 악화로 사업이 중대한 위기에 처한 경우
	  3. 과징금을 한꺼번에 내면 자금 사정에 현저한 어려움이 예상되는 경우
	  4. 그 밖에 제1호부터 제3호까지에 준하는 경우로서 대통령령으로 정하는 사유가 있는 경우

5. 행정의 입법활동 등

행정의 입법활동 (제38조)	① **국가나 지방자치단체**가 법령등을 제정·개정·폐지하고자 하거나 그와 관련된 활동("행정의 입법활동", 법률안의 국회 제출과 조례안의 지방의회 제출을 포함)을 할 때에는 **헌법과 상위 법령을 위반해서는 아니 되며**, 헌법과 법령등에서 정한 절차를 준수하여야 한다. ② 행정의 입법활동은 다음 각 호의 기준에 따라야 한다. 　1. 일반 국민 및 이해관계자로부터 의견을 수렴하고 관계 기관과 충분한 협의를 거쳐 책임 있게 추진되어야 한다. 　2. 법령등의 내용과 규정은 다른 법령등과 조화를 이루어야 하고, 법령등 상호 간에 중복되거나 상충되지 아니하여야 한다. 　3. 법령등은 일반 국민이 그 내용을 쉽고 명확하게 이해할 수 있도록 알기 쉽게 만들어져야 한다. ③ **정부**는 **매년** 해당 연도에 추진할 법령안 입법계획(**정부입법계획**)을 수립하여야 한다. ④ 행정의 입법활동의 절차 및 정부입법계획의 수립에 관하여 필요한 사항은 정부의 법제업무에 관한 사항을 규율하는 대통령령으로 정한다.
행정법제의 개선 (제39조)	① **정부**는 권한 있는 기관에 의하여 위헌으로 결정되어 법령이 헌법에 위반되거나 법률에 위반되는 것이 명백한 경우 등 대통령령으로 정하는 경우에는 **해당 법령을 개선하여야 한다.** ② **정부**는 행정 분야의 법제도 개선 및 일관된 법 적용 기준 마련 등을 위하여 필요한 경우 대통령령으로 정하는 바에 따라 관계 기관 협의 및 관계 전문가 의견 수렴을 거쳐 개선조치를 할 수 있으며, 이를 위하여 **현행 법령에 관한 분석을 실시할 수 있다.**
법령해석 (제40조)	① 누구든지 법령등의 내용에 의문이 있으면 법령을 소관하는 중앙행정기관의 장(법령소관기관)과 자치법규를 소관하는 지방자치단체의 장에게 **법령해석을 요청할 수 있다.** ② 법령소관기관과 자치법규를 소관하는 지방자치단체의 장은 각각 소관 법령등을 헌법과 해당 법령등의 취지에 부합되게 해석·집행할 책임을 진다. ③ 법령소관기관이나 법령소관기관의 **해석에 이의가 있는 자**는 대통령령으로 정하는 바에 따라 **법령해석 업무를 전문으로 하는 기관에 법령해석을 요청할 수 있다.** ④ 법령해석의 절차에 관하여 필요한 사항은 대통령령으로 정한다.

제5장 행정입법

제1절 법치행정

1. 법치행정(법치주의)의 내용

법률의 법규창조력 (조직규범)	국민의 권리를 제한하거나 새로운 의무를 부과하는 경우에는 **의회가 제정한 법률**이나 법률의 위임에 의한 **법규명령**(행정규칙X)에 의해서만 규율한다. → 모든 경찰기관의 활동은 **조직규범**(국가경찰과 자치경찰의 조직 및 운영에 관한 법률 제3조, 제4조)에서 정해진 권한의 **범위 내에서 행해져야 경찰기관의 행위**가 된다.
법률우위원칙 (제약규범)	어떠한 경찰활동도 경찰활동을 제약하는 **법률의 규정에 위반해서는 안 된다**. → **경찰조직 내부에서도** 법의 취지에 반하는 직무명령을 발해서는 안 된다.
법률유보원칙 (근거규범)	근거(수권) 규범이 없으면 경찰기관은 자기의 판단에 따라 **독창적으로 행위**를 할 수 없다. → **작용법적**(조직법적X) 근거 요구

2. 법률우위의 원칙과 법률유보의 원칙 비교

	법률의 우위	법률의 유보
의의	법률에 위반되어서는 아니 된다. ▶ 경찰활동 < '법률' 소극적으로 행정작용이 법규에 위배되어서는 안 된다는 것을 의미 ▶ 법치주의의 소극적 측면	행정작용이 행해지기 위해서는 **법률에 근거하여야** 한다. ▶ **작용법적**(조직법적X) 근거 요구 적극적으로 행정작용을 발동하기 위해서는 법률적 근거가 있어야 한다는 것을 의미 ▶ 법치주의의 적극적 측면
법률 의미	형식적 의미 법률뿐만 아니라 **법규명령, 불문법 포함 O**	형식적 의미 법률, 법률에 의한 위임받은 사항 정한 법규명령은 포함되나 **불문법은 포함X**
적용범위	모든 행정영역에 적용 O	모든 행정영역에 적용 X ▶ 권력적 활동, 국민생활에 중대한 영향 미치는 경우 : 적용 O ▶ 순수한 서비스활동 등 **비권력적 활동 : 적용X**

「행정기본법」 제8조(법치행정의 원칙)

행정작용은 **법률에 위반되어서는** 아니 되며(→ **법률우위원칙**), 국민의 권리를 제한하거나 의무를 부과하는 경우와 그 밖에 국민생활에 중요한 영향을 미치는 경우에는 **법률에 근거**하여야 한다. → **법률유보원칙**

제2절 경찰법의 법원

1. 의의

경찰행정법의 법원이란 경찰행정(조직과 작용)에 관한 법이 어떻게 성립하고 어떠한 형식으로 존재하는지에 대한 경찰의 조직과 작용에 관한 **법의 존재형식 또는 인식근거**를 말한다.
▶ 경찰법의 법원은 **통일된 단일법전이 존재하지 않는다**.

2. 경찰법원의 종류

(1) 성문법원(원칙)

헌법	헌법은 국가의 기본적인 통치구조를 정한 기본법으로서, 행정의 조직이나 작용의 기본 원칙을 정한 부분은 그 한도 내에서 경찰행정법원이 된다.
법률	경찰권 발동은 법률에 근거가 있어야 하므로, **법률은 가장 중심적인 법원**에 해당한다.
조약 및 국제법규	① '체결·공포된 조약'과 '일반적으로 승인된 국제법규'는 **국내법과 동일한 효력**을 가지므로, 조약이나 국제법규도 경찰법의 법원이 된다. ② **조약과 국제법규**가 우리나라에서 시행하기 위해서는 **별도의 국내법을 제정할 필요가 없다**. ③ 조약의 동의 또는 비준은 그 내용 **전체**에 대하여 하여야 하며, 일부에 대하여는 할 수 없다. ④ 조약의 '**국제법적 효력**'은 국회의 동의는 필요 없고 **대통령의 비준만으로 발생**하며, '**국내법적 효력**'은 **국회의 동의와 대통령의 비준 후에 그 효력이 발생**한다. → 국회의 동의를 얻지 못한 조약은 국내법적 효력은 상실하나 국제법적 효력을 상실하는 것은 아니다. ⑤ 국회의 동의를 얻는 조약은 국회의 동의를 받으면 법률과 동일한 효력이 있고, 국회의 동의를 얻지 않아도 효력이 발생하는 조약은 명령과 동일한 효력이 있다고 본다. **부정 判)** ㉠ 지방자치단체의 조례안이 '1994년 관세 및 무역에 관한 일반협정'(GATT)에 위반되어 그 효력이 없다. (2004추10) → 조약은 조례보다 상위의 효력(**조약 > 조례**) ㉡ 남북 사이의 화해와 불가침 및 교류협력에 관한 합의서는 국가 간의 조약 또는 이에 준하는 것으로 볼 수 없고, 따라서 국내법과 동일한 효력이 인정되는 것도 **아니다**. (98두14525)
명령	① 국회의 의결을 거치지 않고 행정기관에 의하여 제정된 성문법규를 법규명령이라 한다. ② 구분 : 법규명령에는 대통령령(시행령), 총리령·부령(시행규칙)으로 구분된다. ▶ 「헌법」 제95조 **국무총리 또는 행정각부의 장**은 소관사무에 관하여 법률이나 대통령령의 위임 또는 **직권으로 총리령 또는 부령을 발할 수 있다**. [20 승진]
자치법규 (조례와 규칙) [20 승진]	**조례(조례와 규칙X)**는 지방의회가 제정, 규칙은 지방자치단체의 **장(長)**이 제정하는 법규이다.

자치법규	조례	원칙	지방자치단체는 **법령의 범위 안**에서 그 사무에 관하여 조례를 제정할 수 있다.
		예외	다만, 주민의 권리제한 또는 의무부과에 관한 사항이나 벌칙을 정할 때에는 **법률의 위임이 있어야** 한다. (지방자치법 제28조)
		벌칙	지방자치단체는 **조례를 위반**한 행위에 대하여 조례로서 **1천만원 이하의 과태료**를 정할 수 있다. (지방자치법 제34조)
	규칙		지방자치단체의 **장**은 **법령 또는 조례의 범위**(조례가 위임한 범위X)에서 그 권한에 속하는 사무에 관하여 규칙을 제정할 수 있다. (지방자치법 제29조)

(2) 불문법원(성문법원에 대한 보충적 효력)

관습법	① 오랜 기간 반복되어 행해진 관습이 법적 확신을 얻어 법적 규율로서 인정된 것을 의미한다. ② **훈령**(법규성 부정)**에 의한 행정선례법의 변경은 불가능**하다. (법률에 개정에 의한 변경은 가능)	
판례법	동일한 내용의 판결이 반복되면 그 내용이 법으로서 승인되기에 이르는 경우를 의미한다.	
	대법원 판례	상급법원의 재판에 있어서의 판단은 **해당 사건에 관하여 하급심을 기속**한다. → 유사한 사건 재판하는 하급심 법원 법관은 **판례 견해를 존중하여 재판**한다. ㉠ 대법원판결이 법원이라는 규정은 없다. ㉡ 판례가 사안이 서로 다른 사건에 관하여 기속하는 것은 아니다.
	헌법재판소 위헌결정	헌법재판소의 위헌결정은 법원과 그 밖의 국가기관 및 지방자치단체를 기속한다. → 헌법재판소의 **위헌결정은 법원성을 갖는다.**
조리	① 일반사회의 정의감에 비추어 반드시 그러할 것이라고 인정되는 **법의 일반원칙**을 말한다. ② 조리는 **불문법원**이며 **최후의 보충적 법원**으로서 **점차 성문화되어 가는** 추세이다. ③ 위반 효과 : 경찰관청의 행위가 형식상 적법하더라도 조리에 위반할 경우에는 위헌 또는 위법의 문제가 발생하여 **무효 또는 취소사유**가 될 수 있다.	

제3절 행정입법

1. 행정입법
행정권이 만드는 **일반적·추상적인 규범**, **법규명령(위임명령, 집행명령)과 행정규칙** [21 경간]

2. 법규명령 [20 승진, 21 승진, 경간]

의의	국회의 의결을 거치지 않고 행정기관에 의하여 제정된 성문법규를 법규명령이라고 한다.
분류	① 형식(발동권자)에 의한 분류 : 대통령령(시행령), 총리령·부령(시행규칙) ▶ **감사원규칙은 헌법에 근거가 없는 법규명령이다.** ② 내용(성질)에 의한 분류 : 위임명령, 집행명령
성질	국민의 권리·의무에 관하여 **국민과 행정청을 구속**하고 **재판규범이 되는 행정입법**이다. ㉠ **양면적 구속력** : 법규의 성질을 갖는 일반적·추상적인 규율로서 양면적 구속력이 있어 **발령자와 수명자를 구속**하고 재판규범성도 있다. ㉡ **법률유보의 원칙 및 법률우위의 원칙이 적용**된다.
효력발생	대통령령, 총리령 및 부령은 특별한 규정이 없으면 **공포한 날부터 20일**이 경과함으로써 **효력을 발생**한다. (법령등의 공포에 관한 법률 제13조)
위반효과	법규명령에 위반한 행정청의 행위는 위법행위로서 **무효 또는 취소사유**가 된다. 법규명령은 국민을 구속하는 대외적 구속력을 갖는 법규에 해당하며, 법규명령에 위반한 행정청의 처분은 위법이 된다.
구제	자신의 권익이 침해된 국민은 **행정쟁송이나 국가배상**을 통하여 권리를 구제받을 수 있다.

2-2. 위임명령과 집행명령 [21 승진]

	위임명령	집행명령
공통점	양자 모두 **법규명령**으로서 **법규성(대외적 구속력)을 가짐**	
개념	상위법령에 의해 **개별적·구체적으로 위임된 사항을** 보충하기 위하여 발하는 명령	상위법령 시행하기 위한 **집행에 필요한 절차나 형식** 등 세부사항을 규율하는 명령
목적	법률의 **내용 보충(보충명령)**	법률의 **집행(절차나 형식)**
위임	구체적·개별적 위임 **필요**	구체적·개별적 위임 **불요**
수권규범	법률의 명시적 수권 **필요**	법률의 명시적 수권 **불요**
입법사항	**국민의 권리·의무에 관한 새로운 입법 가능**	국민의 권리·의무에 관한 새로운 입법 **불가**

한계	① **일반적·포괄적** 위임 금지 　▶ 예외) 위임 완화 　　**조례, 급부행정영역, 수시로 변화** 예상 ② **전면적 재위임** 금지 　▶ 위임받은 일반적인 사항을 규정하고, **세부적 사항**을 하위명령에 재위임 **가능** ③ **국회의 전속적 입법사항**의 위임 금지 　▶ **세부적 사항**에 관하여 **구체적으로 범위를 정한다면** 위임이 **가능** ④ **처벌규정(벌칙)** 위임 금지	법률이나 상위명령의 위임이 **없어도** 제정할 수 있지만, 상위법령의 집행에 필요한 절차나 형식을 정하는 데에 그치므로 새로운 **법규사항을 정할 수 없다.** [21 승진]

2-3. 위임명령과 집행명령 관련 판례

1. 법령의 위임관계는 반드시 하위 법령의 개별 조항에서 **위임의 근거가 되는** 상위 법령의 해당 조항을 구체적으로 명시하고 있어야만 하는 것은 아니다. (대판 1999.12.24. 99두5658)
1-2. 법령의 시행령이나 시행규칙 내용이 모법의 입법 취지와 관련 조항 전체를 유기적·체계적으로 살펴보아 모법 해석상 가능한 것을 명시한 것에 지나지 아니하거나 모법 조항 취지에 근거하여 이를 구체화하기 위한 것인 때에는 모법의 규율 범위를 벗어난 것으로 볼 수 없으므로, 모법에 이에 관하여 **직접 위임하는 규정을 두지 아니하였다고 하더라도** 이를 **무효라고 볼 수는 없다.**
1-3. 위임입법의 구체성·명확성의 요구 정도는 각종 법률이 규제하고자 하는 대상의 종류와 성질에 따라 달라질 것이지만, 특히 **처벌법규나 조세법규와 같이 국민의 기본권을 직접적으로 제한하거나 침해할 소지가 있는 법규에서는 구체성·명확성의 요구가 강화**되어 그 위임의 요건과 범위가 일반적인 급부행정법규의 경우보다 더 엄격하게 제한적으로 규정되어야 하는 반면에, **규율대상이 지극히 다양하거나 수시로 변화하는 성질의 것일 때에는 위임의 구체성·명확성의 요건이 완화**된다. (헌재 2012.2.23. 2011헌가13)
1-4. 현대 생활에 있어 자동차등은 일상생활에 없어서는 안 될 필수품으로 자리잡고 있으며, 실제로 자동차등의 보급률 및 운전면허 소지자의 수는 해마다 증가하여 왔다. 이와 같이 자동차등의 이용이 일상생활에 있어 보편화되면서 자동차등에 대한 의존도가 높아지고 자동차등 운전이 차지하는 비중이 점차 커짐에 따라 자동차등을 이용한 범죄행위의 태양이 날로 다양해지고 변화의 속도도 빨라지고 있으므로, 현실의 변화에 대응하여 유연하게 규율하도록 하기 위해서는 **자동차등을 이용한 범죄행위의 세부적인 유형을 탄력성이 있는 행정입법에 위임할 필요성이 인정되고, 그 위임의 구체성과 명확성의 요구는 완화된다** 할 것이다. (헌재 2015.5.28. 2013헌가6)
1-5. 「질서위반행위규제법」제17조 제2항은 과태료를 부과하는 서면에 명시하여야 할 사항으로 '질서위반행위', '과태료 금액'을 규정하고, 그 밖에 명시하여야 할 사항을 대통령령으로 정하도록 위임하였는바, 누구라도 위 법률조항의 위임받은 **대통령령에서는 과태료 부과주체, 부과대상자, 과태료 납부에 관한 사항, 불복절차 및 방법 등을 규정할 것이라고 예측할 수 있으므로 위 법률 조항이 위임의 한계를 벗어나 위헌이라고 할 수 없다.** (대판 2014.10.16. 2014아132)
2. 집행명령은 근거법령인 상위법령이 **폐지**되면 특별한 규정이 없는 이상 **실효**되는 것이나, **상위법령이 개정**됨에 그친 경우에는 개정법령과 성질상 모순·저촉되지 아니하고 개정된 상위법령의 시행에 필요한 사항을 규정하고 있는 이상 그 집행명령은 상위법령의 개정에도 불구하고 당연히 실효되지 아니하고 개정법령의 시행을 위한 집행명령이 제정, 발효될 때까지는 **여전히 그 효력을 유지**한다. (대판 1989.9.12. 88누6962)
3. 구법에 위임의 근거가 없어 무효였더라도 사후에 법 개정으로 위임의 근거가 부여되면 **그때부터는 유효**한 법규명령이 되나, 반대로 **구법의 위임에 의한 유효한 법규명령이 법 개정으로 위임의 근거가 없어지게 되면 그때부터**(소급하여X) **무효인 법규명령**이 된다. (대판 1995.6.30. 93추83)

2-4. 법규명령에 대한 통제

입법적 통제	대통령령 제출등 (국회법 제98조의2)		중앙행정기관의 장은 법률에서 위임한 사항이나 법률을 집행하기 위하여 필요한 사항을 규정한 대통령령·총리령·부령·훈령·예규·고시 등이 **제정·개정 또는 폐지되었을 때에는 10일 이내에 이를 국회 소관상임위원회에 제출**하여야 한다. 다만, 대통령령의 경우에는 입법예고를 할 때(입법예고를 생략하는 경우에는 법제처장에게 심사 요청할 때)에도 그 입법예고안을 10일 이내에 제출하여야 한다.
	행정입법 부작위	의의	행정입법부작위란 행정기관이 행정입법을 제정할 법적 **의무가 있음에도** 불구하고 특별한 이유 없이 **행정입법을 제정하지 않고 있는 것**을 의미한다.
		구제 방법	① **부작위위법확인소송**의 대상이 될 수 **없다.** ★ → 행정입법부작위는 그 자체로서 국민의 구체적인 권리의무에 직접적 변동 초래하는 것이 아니어서 그 소송의 대상이 될 수 없다. ② 행정입법부작위는 **헌법소원**의 대상이 될 수 있다. ③ 행정입법부작위로 손해를 입은 자는 **국가배상**을 청구할 수 있다.
행정적 통제			중앙행정심판위원회는 심판청구를 심리·재결할 때에 처분 또는 부작위의 근거가 되는 명령 등(대통령령·총리령·부령·훈령·예규·고시·조례·규칙 등)이 법령에 근거가 없거나 상위 법령에 위배되거나 국민에게 과도한 부담을 주는 등 크게 불합리하면 관계 행정기관에 그 명령 등의 개정·폐지 등 적절한 시정조치를 요청할 수 있다. (「행정심판법」 제59조 제1항)
사법적 통제	헌법 제107조 제2항		명령·규칙 또는 처분이 「헌법」이나 법률에 위반되는 여부가 재판의 전제가 된 경우에는 대법원은 이를 최종적으로 심사할 권한을 가진다. ㉠ 명령·규칙이 「헌법」이나 법률에 위반되는 여부가 재판의 전제가 된 경우에는 **대법원이 명령·규칙이 「헌법」이나 법률에 위반되는지를 최종적으로 심사할 권한을 가진다.** 주의할 것은 **대법원 이외의 법원도 심사권**은 있다. ㉡ 대법원이 구체적 사건과 관련하여 법규명령이 「헌법」이나 법률에 위반된다는 판단을 하면 **법규명령 자체가 효력이 당연히 소멸되는 것이 아니라 그 당해사건에서만 적용되지 않는다.**
	항고소송X (처분성X)	원칙	법규명령은 처분이 아니므로 **항고소송의 대상**이 될 수 없다.
		예외	判) 조례가 집행행위의 개입 없이도 <u>그 자체로서 직접 국민의 구체적인 권리의무나 법적 이익에 영향을 미치는 등의 법률상 효과를 발생</u>하는 경우 그 조례는 <u>항고소송의 대상</u>이 되는 행정처분에 해당한다. (대판 1996.9.20. 95누8003) ★
	헌법소원 가능성		**헌법재판소는 대법원규칙인 법무사법시행규칙에 대한 헌법소원사건**에서 헌법재판소는 법무사법시행규칙이 별도의 집행행위를 기다리지 않고 **법규명령 자체가 직접 기본권을 침해**하는 경우에는 **헌법소원의 대상**이 **된다**고 보았다. 「헌법재판소법」 제68조(청구 사유) ① **공권력의 행사 또는 불행사**로 인하여 「헌법」상 보장된 기본권을 침해받은 자는 법원의 재판을 제외하고는 헌법재판소에 헌법소원심판을 청구할 수 있다. 다만, 다른 법률에 구제절차가 있는 경우에는 그 절차를 모두 거친 후에 청구할 수 있다.

3. 행정규칙

의의	행정기관이 행정조직 내부 또는 특별권력관계 내부에서 조직과 활동을 규율하는 일반적·추상적 명령으로서 행정기관 내부에서 일면적 구속력만을 가지며, **법규의 성질을 갖지 않는 행정입법**이다.
유형	**훈령, 고시, 예규, 일일명령, 지시** [19 승진]
법규성	① 원칙 : 법규성이 부정되어 대내적 효력만 있고 **대외적 효력은 없다.** ② 예외 : 법규성(대외적구속력) 인정 　㉠ 재량준칙(그 자체X)+관행 성립 　㉡ 법령보충규칙(법령대위규칙)

3-2. 재량준칙

개념	하급행정기관이 재량처분을 함에 있어서 어느 정도의 재량을 행사할 것인가에 대한 재량권행사의 통일적인 일반적 기준을 제시하기 위해 발하는 **행정규칙**이다. [19 경간]
근거	재량준칙은 **별도의 법적 근거 없이도 제정이 가능**하다.
한계	재량준칙의 제정은 행정청에게 재량권이 인정되는 경우에만 가능하고, 행정청이 기속권만을 갖는 경우에는 인정될 수 없다.
법규성	① 원칙 : 법규성이 없다. ② 예외 : 평등의 원칙과 행정의 자기구속의 법리를 매개로 하여 간접적으로 대외적 효력을 갖는다는 것이 일반적인 견해이다. 즉, **재량준칙에 따른 관행이 성립되어 행정이 자기구속을 받는 경우**에는 행정청이 합리적 이유 없이 재량준칙에 의해 성립된 관행에 위반한 행위를 하여서는 아니된다. 만일 행정청이 관행이 성립된 **재량준칙에 위반한 경우 손해(차별)을 입은 상대방은 행정규칙(재량준칙) 위반이 아니라 평등의 원칙, 자기구속의 원칙의 위반을 이유로 위법성을 주장할 수 있다.** (대판 2013.11.14. 2011두28783)

3-3. 행정규칙 관련 판례

행정규칙이 이를 정한 행정기관의 재량에 속하는 사항에 관한 것인 때에는 그 규정 내용이 객관적 합리성을 결여하였다는 등의 특별한 사정이 없는 한 법원은 이를 존중하는 것이 바람직하다. 그러나 행정규칙의 내용이 상위법령이나 법의 일반원칙에 반하는 것이라면 법치국가원리에서 파생되는 법질서의 통일성과 모순금지 원칙에 따라 그것은 법질서상 당연무효이고, 행정내부적 효력도 인정될 수 없다. 이러한 경우 법원은 해당 행정규칙이 법질서상 부존재하는 것으로 취급하여 행정기관이 한 조치의 당부를 상위법령의 규정과 입법목적 등에 따라서 판단하여야 한다. (대판 2020.5.28. 2017두66541)

4. 법규명령과 행정규칙의 비교

	법규명령	행정규칙
규정내용	국민의 권리와 의무관계 규율	기관 내부 규칙, 재량행사의 지침 → 국민의 권리·의무에 관한 사항은 규정할 수 없다.
법규성	O	X (예외 : 재량준칙+관행성립, 법령보충규칙O)
대외적 구속력	O (대내적구속력 O)	X (대내적구속력 O)
법률유보 원칙	O (법률우위원칙 O)	X (법률우위원칙 O)
근거 필요	O	X
형식 필요	O (문서)	X (문서 or 말)
효력발생	공포일로부터 20일 경과 후	공포절차X (하급기관에 도달시 발생)
위반 효과	위법O	위법X (징계 대상 O)

4-2. 법규명령형식의 행정규칙과 행정규칙형식의 법규명령

(1) 법규명령형식의 행정규칙

형식	내용	법적성질
법규명령(대통령령)	행정규칙	법규명령
법규명령(부령)	행정규칙	행정규칙

(2) 행정규칙형식의 내용은 법규명령(= 법령보충규칙) → 법규명령

형식	내용	법적성질
행정규칙	법규명령	법규명령(= 법령보충규칙)

4-3. 법규명령과 행정규칙 비교 관련 판례

1. 구「청소년보호법」제49조 제1항, 제2항에 따른 같은 법 시행령 제40조(별표6)의 위반행위의 종별에 따른 **과징금처분기준**은 **법규명령**이기는 하나 여러 요소를 종합적으로 고려하여 사안에 따라 적정한 과징금의 액수를 정하여야 할 것이므로 그 수액은 정액이 아니라 **최고한도액**이다.

Ⅰ. 행정규칙

2. 법령의 위임이 없음에도 법령에 규정된 처분 요건에 해당하는 사항을 부령에서 변경하여 규정한 경우에는 **그 부령의 규정**은 행정청 내부의 사무처리기준 등을 정한 것으로서 행정조직 내에서 적용되는 **행정명령의 성격**을 지닐 뿐 국민에 대한 대외적 구속력은 없다고 보아야 한다.
3. 상위법령에서 세부사항 등을 **시행규칙**으로 정하도록 **위임**하였음에도 이를 고시 등 행정규칙으로 정하였다면 그 역시 대외적 구속력을 가지는 **법규명령**으로서 효력이 인정될 수 **없다**. (대판 2012.7.5. 2010다72076)
4. 자동차운수사업법 제31조 제5호에 규정한 중대한 교통사고에 해당하는지의 여부는 교통사고를 야기한 사람의 과실 정도, 피해자의 과실, 사고의 경위, 피해상황, 일반사회에 미친 영향등 행위의 내용과 결과를 모두 고찰하여 그와 같은 교통사고가 통상 생길 수 있는 교통사고가 아닌 중대한 교통사고로 볼 수 있는지를 판단하여 결정하여야 한다.
4-2. 자동차운수사업법 제31조 등의 규정에 의한 사업면허의 취소 등의 처분에 관한 규칙(1982.7.31 교통부령 제724호)은 **부령의 형식**으로 되어 있으나 이는 교통부장관이 관계행정기관 및 직원에 대하여 그 직무권한 행사의 지침을 정하여 주기 위하여 발한 행정조직 내부에 있어서의 **행정규칙의 성질**을 가지는 것이다.
5. 「도로교통법 시행규칙」제53조 제1항이 정한 [별표 16]의 운전면허행정처분 기준은 **부령의 형식**으로 되어 있으나, 그 규정의 성질과 내용이 운전면허의 취소처분 등에 관한 사무처리기준과 처분절차 등 **행정청 내부의 사무처리준칙을 규정한 것에 지나지 아니하므로 대외적으로 국민이나 법원을 기속하는 효력이 없다**.

Ⅱ. 법령보충적 행정규칙 → 법규명령

6. 법령의 규정이 특정 행정기관에 그 법령 내용의 구체적 사항을 정할 수 있는 권한을 부여하면서 그 권한 행사의 절차나 방법을 특정하고 있지 아니하여 수임행정기관이 행정규칙의 형식으로 그 법령의 내용이 될 사항을 구체적으로 정하고 있는 경우에는 그 행정규칙은 그것이 당해 법령의 위임한계를 벗어나지 아니하는 한 당해 법령과 결합하여 대외적으로 구속력이 있는 법규명령으로서 효력을 가진다. (대판 2019.10.17. 2014두3020)
7. 「경찰관직무집행법시행령」제22조는 '범인검거 등 공로자 보상금의 지급 등에 필요한 사항은 경찰청장이 정하여 고시한다'고 규정하고 있는 바, 이에 따라 제정된「범인검거 등 공로자 보상에 관한 규정(경찰청고시)」은 경찰청장이 제정한 행정규칙이지만, 이 고시 규정들은 경찰관직무집행법과 시행령의 위임에 따라서 보상금의 내용을 보충하는 이른바 **법률보충적 행정규칙으로서 법규명령**으로서의 효력을 가진다. (대판 2020.5.28. 2017두66541)

제4절 행정법의 일반원칙(조리)

1. 비례원칙(과잉금지원칙)

의의	행정주체가 구체적인 행정목적을 실현함에 있어서 '**목적실현과 수단 선택 사이에 합리적인 비례관계**'가 유지되어야 한다는 원칙을 말한다.
성질	① 원칙 : 행정법의 **모든 영역**에 적용된다. 　㉠ **침**익적 작용뿐만 아니라 **수**익적 작용에서도 적용된다. 　㉡ 일반적 수권조항(일반조항)은 물론 **개별적 수권조항**에 근거하여 경찰권 발동시에도 적용된다. ② 예외 : **불법**한 행위에는 적용되지 아니한다.
법적근거	①「헌법」제37조 제2항 　국민의 모든 자유와 권리는 국가안전보장·질서유지 또는 공공복리를 위하여 **필요한 경우에 한하여** 법률로써 제한할 수 있으며, 제한하는 경우에도 자유와 권리의 본질적인 내용을 침해할 수 없다. ②「경찰관직무집행법」제1조 제2항 　경찰관의 직권은 그 직무수행에 **필요한 최소한도 내에서 행사되어야** 하며 이를 남용하여서는 아니 된다. ③「행정기본법」제10조(비례의 원칙) 행정작용은 다음 각 호의 원칙에 따라야 한다. 　1. 행정목적을 달성하는 데 **유효**하고 **적절**할 것 　2. 행정목적을 달성하는 데 **필요한 최소한도**에 그칠 것 　3. 행정작용으로 인한 **국민의 이익** 침해가 그 행정작용이 의도하는 **공익보다 크지 아니**할 것
내용	적합성	달성하고자 하는 **목적**에 유효하고 적절한 것이어야 한다.(수단의 적정성)
	필요성 (최소침해원칙)	그 상대방에 대하여 **가장 적은 침해**를 가져오는 것이어야 한다. ▶ 경찰관은 무기를 사용할 수 있으나 **목적달성에 필요**하다고 인정되는 **상당한 이유**가 있을 때 **필요한 한도** 내에서 사용하여야 한다. (98다63445)
	상당성 (협의의 비례원칙)	공익과 침해되는 사익 간에 상당한 비례관계가 유지되어야 한다. ▶ **경찰은 참새를 잡기 위해 대포를 쏘아서는 안 된다 → 상당성 원칙**(필요성X)
	▶ 적합성 → 필요성 → 상당성의 순서로 고려된다. ▶ 적합성, 필요성, 상당성 세가지 내용이 모두 **충족되어야** 적법한 경찰작용이다. (하나만 충족되어도X)	
위반효과	비례원칙을 **위반**하는 행위는 **위헌·위법**이 되며, 상대방은 행정소송이나 손해배상(국가배상) 등을 통해 구제받을 수 있다.	

1-2. 비례원칙 관련 판례

Ⅰ. 적합성의 원칙(수단의 적정성)
1. 특정대기유해물질 배출시설 설치에 행정청의 허가를 받도록 한 것은 대기오염으로 인한 국민 건강이나 환경에 관한 위해를 예방하고 대기환경을 적정하고 지속가능하게 관리 보전하여 모든 국민이 건강하고 쾌적한 환경에서 생활할 수 있게 하기 위한 구 대기환경보전법의 **입법 목적에 부합**하므로 그 목적의 정당성이 인정되고, 배출시설 설치 허가제는 위 목적을 달성하는 데 적합한 수단이다. (2018두34497)

Ⅱ. 필요성의 원칙(침해의 최소성)

2. 경찰관은 **무기를 사용할 수 있으나 목적달성에 필요**하다고 인정되는 **상당한 이유**가 있을 때 **필요한 한도 내**에서 사용하여야 한다. (98다63445)

Ⅲ. 상당성의 원칙(법익의 균형성)

3. **기본권을 제한하는 규정**은 기본권 행사의 '방법'에 관한 규정과 기본권행사의 '여부'에 관한 규정으로 구분할 수 있다. 침해의 최소성의 관점에서, 입법자는 그가 의도하는 공익을 달성하기 위하여 우선 기본권을 보다 적게 제한하는 단계인 기본권행사의 **'방법'**에 관한 규제로써 공익을 실현할 수 있는가를 **시도**하고 이러한 방법으로는 **공익달성이 어렵다고 판단되는 경우**에 비로소 그 다음 단계인 기본권행사의 **'여부'**에 관한 규제를 선택해야 한다. (96헌가5)

Ⅳ. 비례의 원칙

4. 수입 녹용 회분함량이 기준치를 0.5% 초과하였다는 이유로 수입녹용 전부에 대하여 전량 폐기 또는 반송 처리를 지시한 경우, 녹용 수입업자가 입게될 불이익이 의약품의 안전성과 유효성을 확보함으로써 국민의 보건의 향상을 기하고 고가의 한약재인 녹용에 대하여 부적합한 수입품의 무분별한 유통을 방지하려는 공익상 필요보다 크다고는 할 수 없으므로 위 폐기 등 지시처분이 **재량권을 일탈 남용한 경우에 해당하지 않는다.** (2004두3854)
   ▶ 공익(국민보건의 향상, 무분별한 유통 방지)>사익(녹용 수입업가 입게 될 피해)

5. **사법시험**의 제2차시험에서 '매 과목 4할이상'으로 **과락결정의 기준**을 정한것을 두고 과락점수를 비합리적으로 높게 설정하여 **지나치게 엄격한 기준에 해당한다고 볼 정도는 아니므로** 비례원칙 내지 과잉금지에 위반하였다고 볼 수 없다. (2004두10432)

6. 구「집회 및 시위에 관한 법률」제6조 제1항은 평화적이고 효율적인 집회를 보장하고, 공공질서를 보호하기 위한 것으로 그 입법목적이 정당하고, 집회에 대한 사전신고를 통하여 행정관청과 주최자가 상호정보를 교환하고 협력하는 것은 위와 같은 목적달성을 위한 적절한 수단에 해당하며, 위 조항이 열거하고 있는 **신고사항이나 신고시간 등은 지나치게 과다하거나 신고불가능하다고 볼 수 없으므로 최소침해성 원칙에 반한다고 보기 어렵다.** 나아가 위 조항이 정하는 사전신고의무로 인하여 집회개최자가 겪어야 하는 불편함이나 번거로움 등 제한되는 사익과 신고로 인해 보호되는 공익은 법익균형성 요건도 충족하므로 위 조항 중 '옥외집회'에 관한 부분이 과잉금지원칙에 위배하여 집회의 자유를 침해한다고 볼 수 없다. (2007헌바22)

Ⅴ. 자동차운전 관련 판례

7. 달성하려고 하는 공익의 목적과 **면허취소처분**으로 인하여 **상대방이 입게 될 불이익을 비교교량**하여 판단하여야 한다. (96누914)

8. **음주운전**으로 인한 운전면허취소처분의 재량권 일탈·남용 여부를 판단할 때, 운전면허의 취소로 입게 될 당사자의 불이익보다 음주운전으로 인한 교통사고를 방지하여야 하는 **일반예방적 측면이 더 강조되어야** 한다. (2017두59949)

9. 원고가 음주한 시점으로부터 **약 5시간 이상 경과**한 때에 측정된 혈중알코올농도가 0.129%로서 도로교통법 시행규칙상 취소처분 개별기준을 훨씬 초과하는 점, 원고가 음주운전을 하다가 **교통사고를 일으킬** 뻔하여 상대방 운전자와 실랑이를 벌이다 신고를 받고 출동한 경찰이 원고에 대하여 음주측정을 한 점을 알 수 있다. 이러한 사정을 앞서 본 법리에 비추어 보면, 원심이 들고 있는 위 사정만으로 이 사건 **운전면허취소처분이 재량권의 한계를 일탈하거나 남용한 위법한 처분이라고 할 수 없다.** (2017두59949)

10. 서울 근교에서 채소재배업에 종사하면서 주취운전으로 인하여 **운전면허가 취소된 전력이 있는 자**가 혈중알콜농도 0.109%의 주취상태에서 승용차를 운전한 경우, 자동차운전면허취소처분으로 교통사고를 야기하지 않은 음주운전자가 입게 되는 불이익보다는 공익목적의 실현이라는 필요가 더욱 크다고 보아 **면허취소사유에 해당**한다. (97누13214)

11. 도로교통법 제148조의2 제1항 제1호에서 정하고 있는 '도로교통법 제44조 제1항(0.03% 이상 술에 취한 상태에서 자동차등 노면전차 또는 자전거를 운전금지)을 **2회 이상 위반한** 것에 **개정된 도로교통법**이 시행된 2011.12.9. **이전에** 구 도로교통법 제44조 제1항을 위반한 음주운전 전과까지 포함되는 것으로 해석하는 것이 형벌불소급의 원칙이나 일사부재리의 원칙 또는 **비례의 원칙에 위배된다고 할 수 없다.** (2012도10269)
    ▶ 도로교통법 개정 전 위반한 음주운전 전과까지 포함할 수 있다.

[비교]
12. **자동차 등을 이용하여 범죄행위**를 하면 무조건 운전면허를 취소하도록 하는 것은 **최소침해성의 원칙**에 위반된다. (2004헌가28)
13. **대리운전금지조건 위배**로 1회 운행정지처분을 받은 사실을 알지 못한 채 개인택시운송사업면허를 양수한 원고가 지병인 만성신부전증 등으로 몸이 아파 쉬면서 **생계유지를 위하여 일시 대리운전**을 하게 하고, 또 전날 과음한 탓으로 쉬면서 대리운전을 하게 하여 2회 적발되었는데, 원고는 그의 개인택시영업에 의한 수입만으로 **가족의 생계를 유지**하고 있는 사정 등을 참작하면 원고에 대한 **자동차운송사업면허취소의 처분이 재량권을 일탈**한 위법한 처분이다. (91누4973)

Ⅵ. 공무원신분관련 판례

14. **공무원으로 재직**하면서 다른 징계를 받은 바 없고, 2회에 걸쳐 장관급 표창을 받은 것과 가정형편을 감안하더라도, 직무와 관련한 부탁을 받거나 때로는 스스로 사례를 요구하여 5차례에 걸쳐 합계 금 3,100,000원을 수수하였다면 이에 대하여 행하여진 해임처분이 **징계권의 범위를 일탈한 것이 아니다.** (96누2903)
15. 경찰공무원이 그 단속의 대상이 되는 신호위반자에게 먼저 **적극적으로 돈을 요구**하고 다른 사람이 볼 수 없도록 돈을 접어 건네주도록 전달방법을 구체적으로 알려주었으며 동승자에게 신고시 범칙금 처분을 받게 된다는 등 **비위신고를 막기 위한 말**까지 하고 금품을 수수한 경우, 비록 그 받은 돈이 1만원에 불과하더라도 위 금품수수행위를 징계사유로 하여 당해 경찰공무원을 해임처분한 것은 **징계재량권의 일탈 남용이 아니다.** (2006두16274)
16. 소매치기 혐의로 수사 중이던 피의자들을 **선처**하여 준다는 명목으로 금품을 수수한 경찰관에 대한 해임처분에 재량권 남용의 **위법이 없다.** (90누1625)
17. 8년여를 경찰관으로 근무하면서 8회에 걸쳐 표창 등을 받은 사정을 참작한다고 하더라도 **도박 행위를 묵인**하여 준 뒤 금 200,000원을 수수한 경찰관에 대한 해임처분은 정당하다. (96누3302)

[비교]
18. 공정한 업무처리에 대한 **사의**로 두고 간 돈 30만원을 피동적으로 수수하였다가 돌려 준 20여년 근속의 **경찰공무원**에 대한 해임처분이 재량권 남용에 해당한다. (90누8954)

1-3. 비례원칙 위반 관련 판례

1. **가스총을 근접 발사**하여 가스와 함께 발사된 고무마개가 범인의 눈에 맞아 실명한 경우 **국가배상책임을 인정**한다. (2002다57218)
2. **경찰관**이 길이 40cm 가량의 칼로 반복적으로 위협하며 도주하는 차량절도혐의자를 **추적하던 중**, 도주하기 위하여 등을 돌린 혐의자의 몸 쪽을 향하여 약 2m의 거리에서 실탄을 발사하여 혐의자를 복부관통상으로 사망케 한 경우, **경찰관의 총기사용은 사회통념상 허용범위를 벗어난 위법행위에 해당**한다. (98다69445) (다리쐈어야지)
3. 50cc 소형 오토바이 1대를 절취하여 운전중인 15~16세의 절도 혐의자 3인이 경찰관의 검문에 불응하여 도주하자, 경찰관이 체포 목적으로 오토바이의 **바퀴를 조준하여 실탄을 발사**하였으나 오토바이에 타고 있던 1인이 총상을 입게 된 경우, 제반 사정에 비추어 경찰관의 총기사용이 사회통념상 **허용범위를 벗어나 위법**하다. (2003다57956)
4. **자동차 등을 이용하여 범죄행위**를 하면 무조건 운전면허를 취소하도록 하는 것은 **최소침해성의 원칙**에 위반된다. (2004헌가28)
5. **대리운전금지조건 위배**로 1회 운행정지처분을 받은 사실을 알지 못한 채 개인택시운송사업면허를 양수한 원고가 지병인 만성신부전증 등으로 몸이 아파 쉬면서 **생계유지를 위하여 일시 대리운전**을 하게 하고, 또 전날 과음한 탓으로 쉬면서 대리운전을 하게 하여 2회 적발되었는데, 원고는 그의 개인택시영업에 의한 수입만으로 **가족의 생계를 유지**하고 있는 사정 등을 참작하면 원고에 대한 **자동차운송사업면허취소의 처분이 재량권을 일탈**한 위법한 처분이다. (91누4973)

6. 공정한 업무처리에 대한 **사의**로 두고 간 돈 30만원을 **피동적으로 수수**하였다가 돌려 준 20여년 근속의 **경찰공무원**에 대한 **해임처분**이 **재량권 남용**에 해당한다. (90누8954)
7. **여객운송사업자가 지입제 경영**을 한 경우 구체적 사안의 개별성과 특수성을 전혀 고려하지 않고 그 사업면허를 **필요적으로 취소**하도록 한 여객자동차운송사업법 제76조 제1항 단서 중 제8호 부분이 **피해최소성의 원칙에 반한다**. (99헌가11·12)
8. 주유소 영업의 양도인이 등유가 섞인 **유사휘발유를 판매**한 바를 모르고 **이를** 양수한 석유판매영업자에게 전 운영자인 **양도인의 위법사유를 들어** 사업정지기간 중 **최장기인 6월의 사업정지**에 처한 영업정지처분이 석유사업법에 의하여 실현시키고자 하는 공익목적의 실현보다는 양수인이 입게 될 손실이 훨씬 커서 재량권을 일탈한 것으로서 **위법**하다. (91누13106)
9. **근무지 무단이탈**하여 외부에 자신의 **상사를 비판하는 기자회견문을 발표한 검사장**에 대하여 **면직**처분을 한 것에 대하여, 원고가 그에 이르게 된 동기와경위, 그러한 비행의 내용과 그로 인하여 검찰조직과 국민에게 끼친 영향의 정도, 원고의 직위와 그 동안의 행적 및 근무성적, 징계처분으로 인한 불이익의 정도 등 기록에 나타난 **제반 사정 등을 종합해** 보면, 이 사건 징계처분은 **비례의 원칙에 위반된** 재량권 남용으로서 **위법**하다. (2000두7704)
10. 공무원의 **1회 요정출입**으로 **파면**처분은 비례의 원칙에 어긋난 것이다. (67누24)
11. **청소년유해매체물**로 지정·고시 8일 후 그것을 모르고 있던 도서대여업자가 청소년에게 **만화**를 대여한 것을 사유로 **700만 원의 과징금이 부과**된 경우, 금지의무의 해태를 탓하기는 가혹하다는 이유로 그 과징금 부과처분은 **재량권을 일탈 남용**한 것으로서 위법하다. (99두9490)
12. **미결수용자**에게 시설 안에서 **재소자용 의류**를 입게 하는 것은 구금 목적의 달성, 시설의 규율과 안전 유지를 위한 필요 최소한의 제한으로서 정당성 합리성을 갖춘 재량의 범위 내의 조치이다. **수사 및 재판단계**에서 유죄가 확정되지 아니한 미결수용자에게 재소자용 의류를 입게 하는 것은 기본권 제한에서의 비례원칙에 위반되는 것으로서, 무죄추정의 원칙에 반하고 인간으로서의 존엄과 가치에서 유래하는 인격권과 행복추구권, 공정한 재판을 받을 권리를 침해하는 것이다. (97헌마137·98헌마5)
13. **구 기부금품모집금지법**이 의도하는 목적인 국민의 재산권보장과 생활안정은 **모집목적의 제한보다도 기본권을 적게 침해하는 모집행위의 절차 및 그 방법과 사용목적에 따른 통제**를 통해서도 **충분히 달성될 수 있다** 할 것이므로, 모집목적의 제한을 통하여 모집행위를 원칙적으로 금지하는 법 제3조는 입법목적을 달성하기에 필요한 수단의 범위를 훨씬 넘어 **국민의 기본권을 과도하게 침해하는 위헌적인 규정**이다. (96헌가5)
14. 공무원인사법 제27조(당연퇴직) 등 이 사건 법률조항은 범죄의 종류와 내용을 가리지 않고 **금고 이상**의 형의 **선고유예** 판결을 받은 경우를 **모두 당연퇴직** 사유로 규정함으로써 입법목적을 달성하기 위하여 필요한 최소한의 정도를 넘어 **청구인들의 기본권을 과도하게** 제한하였고, 공직제도의 신뢰성이라는 공익과 공무원의 기본권이라는 사익을 적절하게 조화시키지 못하고 **공무담임권을 침해**하였다 할 것이다. (2007헌가3)
15. **서울광장 차벽설치**로 서울광장에의 출입을 완전히 통제하는 경우 일반시민들의 통행이나 여가 문화 활동 등의 이용까지 제한되므로 서울광장의 몇 군데라도 통로를 개설하여 **통제하에** 출입하게 하거나 대규모의 **불법 폭력 집회**가 행해질 가능성이 적은 시간대라든지 서울광장 인근 건물에의 출근이나 왕래가 많은 **오전 시간대에는 일부 통제를 푸는 등** 시민들의 통행이나 여가 문화 활동에 과도한 제한을 초래하지 않으면서도 목적을 **상당부분 달성할 수 있는 수단이나 방법**을 고려하였어야 함에도 불구하고 모든 시민의 통행을 전면적으로 제지한 것은 침해의 최소성을 충족한다고 할 수 없다. (2009헌마406)

2. 신뢰보호원칙

의의	「행정기본법」제12조(신뢰보호의 원칙) ① 행정청은 **공익 또는 제3자의 이익을 현저히 해칠 우려가 있는 경우를 제외**하고는 행정에 대한 국민의 정당하고 합리적인 신뢰를 보호하여야 한다. ② 행정청은 권한 행사의 기회가 있음에도 불구하고 장기간 권한을 행사하지 아니하여 국민이 그 권한이 행사되지 아니할 것으로 믿을 만한 정당한 사유가 있는 경우에는 그 권한을 행사해서는 아니 된다. 다만, **공익 또는 제3자의 이익을 현저히 해칠 우려가 있는 경우는 예외**로 한다. ▶ **위법**행위일지라도 신뢰보호 원칙을 주장 가능(자기구속의 원칙, 평등의 원칙은 주장 **不可**) ◉ 「행정절차법」제4조 제2항 ◉ 법적 안정성설(多·判)	
적용요건	① 선행조치 (공적 견해표명)	㉠ 공적인 견해 표명은 적극적·소극적, 묵시적·명시적, 법률·사실행위, 권력적·비권력적 행위, 적법·위법행위 등을 **모두 포함**한다. ▶ **명시적 의사표시**뿐만 아니라 **묵시적 의사표시도 포함**된다. ㉡ 형식적인 권한 분장에 구애될 것 아니고, **실질**에 의하여 **판단**하여야 한다. ▶ **처분청 소속의 보조기관이 행한 조치도** 선행조치에 해당한다. 부정判) 헌법재판소의 위헌결정, 재량준칙의 공표, 서울지방병무청 총무과 민원팀장, 납세자의 추상적 질의에 대한 일반론적인 견해표명, 문화관광부장관(현 문화체육관광부장관)의 지방자치단체장에 대한 회신, 폐기물처리업 사업계획에 대한 적정통보와 국토이용관리 법령에 의한 국토이용계획변경, 폐기물처리업 사업계획에 대한 적정통보 중에 토지에 대한 형질변경신청을 허가
	② 보호가치 있는 신뢰 (귀책사유X)	㉠ 보호가치 있는 신뢰가 형성되었다고 하려면 행정청의 견해 표명이 정당하다고 신뢰한 데 대하여 그 개인에게 귀책사유가 없어야 한다. ▶ 귀책사유란 사기 등 부정행위에 의한 것뿐만 아니라 행정청 견해표명에 **하자가 있음을 알았거나 중대한 과실로 알지 못한 경우까지 포함**한다. ㉡ 귀책사유의 유무는 상대방과 그로부터 신청행위를 위임받은 수임인 등 **관계자 모두를 기준으로 판단**한다.
	③ 처리(행위)	상대방은 그 견해표명을 신뢰하고 어떠한 **행위**를 하였어야 한다.
	④ 견해표명에 반하는 처분	행정청이 **선행조치에 위반하는 처분**을 함으로써 그 견해표명을 신뢰한 사람의 **이익이 침해**되어야 한다.
	▶ ①·②·③·④의 요건을 충족하더라도 공익 또는 제3자의 정당한 이익을 현저히 해칠 우려가 있는 경우에는 적용되지 않는다.	
위반효과	신뢰보호원칙을 위반한 행정작용은 **위법**한 것이 된다. 신뢰보호에 반하는 행정행위는 **무효 또는 취소할 수 있는 행위**가 된다.	

2-2. 신뢰보호원칙 관련 판례

1. 국민이 종전의 법률관계나 제도가 장래에도 지속될 것이라는 합리적인 신뢰를 바탕으로 이에 적응하여 법적 지위를 형성하여 온 경우 국가 등은 법치국가의 원칙에 의한 **법적 안정성**을 위하여 **권리·의무에 관련된 법규·제도의 개폐**에 있어서 **국민의 기대와 신뢰를 보호하지 않으면 안 된다.** (헌재 2014.4.24. 2010헌마747)

Ⅰ. 선행조치(공적 견해표명)

2. 선행조치인 공적인 견해표명에는 **명시적 의사표시**뿐만 아니라 **묵시적 의사표시도 포함**된다. (대판 1984.12.26. 81누266)
3. 형식적인 권한 분장에 구애될 것 아니고, **실질**에 **의하여 판단**하여야 한다. (2006두10931)
4. 행정청의 선행조치는 반드시 처분청 자신의 견해표명일 필요는 없으며 **처분청 소속의 보조기관이 행한 조치**도 선행조치에 해당한다. (대판 1987.9.8. 87누373)
5. 4년 동안 면허세를 부과할 수 있다는 사정을 알면서도 **수출확대라는 공익상 필요**에서 한 건도 부과한 일이 없었다면 **과세관청이 비과세**라는 선행조치를 한 것으로 볼 수 있다.
6. **헌법재판소의 위헌결정**은 행정청이 개인에 대하여 신뢰의 대상이 되는 공적인 견해를 표명한 것이라고 할 수 없으므로 그 결정에 관련한 개인의 행위에 대하여는 신뢰보호의 원칙이 적용되지 아니한다. (대판 2003.6.27. 2002두6965)
7. 행정규칙인 **재량준칙의 공표**만으로는 신청인이 보호가치 있는 신뢰를 갖게 되었다고 볼 수 없다. (2009두7967)
8. 서울지방병무청 **총무과 민원팀장**이 국외영주권을 취득한 사람의 상담에 응하여 법령의 내용을 숙지하지 못한 채 민원봉사 차원에서 현역입영대상자가 아니라고 답변한 경우 그것이 서울지방병무청장의 공적인 견해표명이라 할 수 없다. (2003두1875)
9. 납세자의 추상적 질의에 대한 **일반론적인 견해표명**은 신뢰보호원칙이 적용되는 행정청의 선행조치라고 볼 수 없다. (90누70384).
10. **문화관광부장관**(현 문화체육관광부장관)**의 지방자치단체장에 대한 회신**은 사인의 신뢰이익을 보호하기 위한 공적 견해표명에 해당되지 않는다. (대판 2006.4.28. 2005두6539).
11. 폐기물처리업 사업계획에 대하여 적정통보를 한 것만으로 **그 사업부지 토지에 대한 국토이용계획 변경신청을 승인**하여 주겠다는 취지의 공적인 견해표명을 한 것으로 볼 수 없다.
11-2. 폐기물관리 법령에 의한 폐기물처리업 사업계획에 대한 적정통보와 **국토이용관리 법령에 의한 국토이용계획변경**은 각기 그 제도적 취지와 결정단계에서 고려해야 할 사항들이 다르다는 이유로 공적인 견해 표명을 한 것으로 볼 수 없다. (대판 2005.4.28. 2004 8828).
12. 폐기물처리업 사업계획에 대한 적정통보 중에 **토지에 대한 형질변경신청을 허가**하는 취지의 공적 견해표명이 있다고 볼 수 없다. (대판 1998.9.25. 98두6494).

Ⅱ. 보호가치 있는 신뢰(귀책사유X)

13. 귀책사유란 사기 등 부정행위에 의한 것뿐만 아니라 **행정청의 견해표명에 하자가 있음을 알았거나 중대한 과실로 알지 못한 경우까지 포함**한다. (대판 2002.11.8. 2001두1512)
14. 수익적 행정처분의 하자가 당사자의 사실은폐나 기타사위의 방법에 의한 신청행위에 기인한 것이라면 당사자는 처분에 의한 이익이 위법하게 취득되었음을 알아 취소가능성도 예상하고 있었다할 것이므로, 자신이 처분에 관한 신뢰이익을 원용할 수 없음은 물론 행정청이 이를 고려하지 아니하였더라도 재량권의 남용이 되지 아니한다. (2013두16111)
15. 공무원임용결격자에 대한 공무원 임용행위는 **무효**이며 임용결격자는 신뢰보호원칙을 주장할 수 없다.
15-2. 국가가 공무원임용결격사유가 있는 자에 대하여 결격사유가 있는 것을 알지 못하고 공무원으로 임용하였다가 사후에 결격사유가 있는 자임을 발견하고 공무원 임용행위를 취소하는 것은 당사자에게 원래의 임용행위가 당초부터 **당연무효**이었음을 통지하여 확인시켜 주는 행위에 지나지 아니하는 것이므로, 그러한 의미에서 당초의 임용 처분을 취소함에 있어서는 신의칙 내지 신뢰의 원칙을 적용할 수 없고 또 그러한 의미의 취소권은 시효로 소멸하는 것도 아니다. (대판 1987.4.14. 86누459)

15-3. 임용 당시 임용결격사유가 있는 경우라면 **임용권자의 과실**에 의해 임용결격자임을 밝혀내지 못하였다 하더라도 임용행위는 **당연무효**로 보아야 한다. (대판 2005.7.28. 2003두469)

Ⅲ. 기타
16. 신뢰보호의 이익과 공익이 **충돌**하는 경우 **양자의 이익을 비교·형량하여야 한다.**

Ⅳ. 신뢰보호의 원칙 적법 판례
17. 과세관청이 비과세대상에 해당하는 것으로 잘못 알고 일단 비과세 결정을 하였으나 그 후 과세표준과 세액의 탈루 또는 오류가 있는 것을 발견한 때에는 이를 조사하여 다시 결정을 할 수 있다. (90누9360)
17-2. 소득세법 제17조 과세표준과 세액의 **조사결정에 탈루 또는 오류가 있음**을 발견하면 징세기관은 즉시 **경정 결정을 하도록 규정**하고 있으므로 피고가 일단 비과세 결정을 하였다가 이를 번복하고 다시 과세처분을 하였다는 사실만으로 피고의 과세처분이 신의성실의 원칙에 반하는 위법한 것이라 할 수 없다. (87누681)
18. 자동차운수사업법(현 '여객자동차 운수사업법') 제31조 제1항 제5호 소정의 중대한 교통사고를 이유로 사고로부터 1년 10개월 후 사고택시에 대하여 한 운송사업면허 취소는 신뢰보호원칙에 위반되지 않는 적법한 처분이다. (88누6283)

Ⅴ. 신뢰보호의 원칙 위반 판례
19. 위반사실이 있은 후 **3년**이 지나 운전면허를 취소하는 행정처분을 한 경우 신뢰보호원칙에 위반된다. (87누373)
20. 운전면허취소사유에 해당하는 음주운전을 적발한 경찰관의 소속 경찰서장이 사무착오로 위반자에게 **운전면허정지처분을 한 상태**에서 위반자의 주소지 관할 시·도경찰청장이 위반자에게 **운전면허취소처분**을 한 것은 선행처분에 대한 당사자의 신뢰 및 법적 안정성을 저해하는 것으로서 허용될 수 없다. (대판 2000.2.25. 99두106202)
21. **도시계획구역 내 생산녹지로 답인 토지**에 대하여 **종교회관 건립을 이용목적**으로 하는 토지거래계약의 허가를 받으면서 **담당공무원이 관련 법규상 허용된다**하여 이를 신뢰하고 건축준비를 하였으나, 그 후 **토지형질변경허가신청을 불허가**한 것은 신뢰보호원칙에 반한다. (대판 1997.9.12. 96누18380)
22. **폐기물처리업**에 대하여 관할관청의 사전 적정통보를 받고 막대한 비용을 들여 허가요건을 갖춘 다음 허가신청을 하였음에도 청소업자의 난립으로 효율적인 청소업무의 수행에 지장이 있다는 이유로 한 **불허가처분**은 신뢰보호의 원칙을 위반한 위법한 처분이다. (대판 1998.5.8. 98두4061)
23. 변리사 제1차 시험을 **절대평가제에서 상대평가제로** 환원하는 내용의 변리사법 시행령 개정조항을 즉시 시행하도록 정한 부칙 부분은 헌법상 신뢰보호원칙에 위반되어 무효이다. (2003두12899(전합))
24. **공무원의 허위 아파트입주권 부여대상 확인**을 믿고 **아파트입주권을 매입**한 경우, 공무원의 허위 확인행위와 매수인의 손해 사이에는 **상당인과관계**가 있다. (대판 1996.11.29. 95다21709)

3. 평등원칙

의의	「행정기본법」 제9조 [평등의 원칙] 행정청은 합리적 이유 없이 국민을 차별하여서는 아니 된다. ▶ 불법에서의 평등은 인정되지 않는다.

3-2. 평등원칙 관련 판례

Ⅰ. 적법
1. 유예기간 없이 개인택시 운송사업면허 기준을 변경하고 그에 기한 행정청의 면허신청 접수 거부처분(95누12897)
2. 일반직 직원의 정년을 58세로 규정하면서 **전화 교환직 직원만은 정년을 53세로 규정**(94누13589)
3. 잘못을 시인한 교사, 잘못을 시인하지 아니한 교사들에게 **서로 다른 징계**(99두2611)

II. 위법

4. **화투놀이**를 한 4명 중 3명에게 견책처분을 하고, 1명에게만 **파면처분**(72누194)
5. **국·공립사범대학 출신자**를 사립사범대학 출신자보다 **우선적으로** 교육공무원으로 **채용**하도록 한 규정(89헌마89)
6. 공무원시험에서 **국가유공자의 가족들에게 10%의 가산점**을 부여하고 있는 규정
   → 일반 공직시험 응시자들의 **평등권과 공무담임권을** 침해한다. (2004헌마675·981·1022 병합)
7. 공무원시험에서 **제대군인에 대해 만점의 5% 또는 3%의 가산점**을 부여한 규정
   → 여성 및 제대군인이 아닌 남성을 부당한 방법으로 지나치게 **차별**하는 것으로서 헌법 제11조에 위배되며, 이로 인하여 청구인들의 **평등권**이 침해된다. (헌재 1999.12.23. 98헌마363)
8. 지방의회 조사·감사를 위하며 채택된 증인의 불출석 등에 대한 **과태료**를 **사회적 신분에 따라 차등 부과**할 것을 규정한 조례(대판 1997.2.25. 96추213)
9. **청원경찰의 인원감축**을 위한 **면직처분대상자**를 선정함에 있어서 초등학교 졸업 이하 학력소지자 집단과 중학교 중퇴 이상 학력소지자 집단으로 나누어 각 집단별로 같은 감원비율 상당의 인원을 선정한 것은 합리성과 공정성을 결여하고, **평등의 원칙**에 위배하여 그 **하자가 중대**하다 할 것이나, 그 하자가 객관적으로 명백하다고 보기는 어렵다. (2000두4075) → 무효는 아니다.
10. **개발제한구역 훼손부담금의 부과율**을 규정함에 있어서 전기공급시설 등과는 달리 집단에너지 공급시설에 차등을 두는 구 「개발제한구역의 지정 및 관리에 관한 특별조치법 시행령」 제35조 제1항 제3호의 규정
    ▶ 집단에너지공급시설에 대한 훼손부담금의 부과율을 전기공급시설 등에 대한 훼손부담금의 부과율인 100분의 20의 **다섯 배**에 이르는 100분의 100으로 정함
       → 집단에너지공급시설 부담금(100분의 100) > 전기공급시설 부담금(100분의 20)
11. **사회단체등록**신청에 형식상의 요건불비가 없는데 등록청이 이미 설립목적 및 사업내용을 같이 하는 **선 등록단체**가 있다 하여 그 단체와 제휴하거나 또는 등록 없이 자체적으로 설립목적을 달성하는 것이 바람직하다는 이유로 원고의 **등록신청을 반려**하였다면 그 반려처분은 헌법이 규정한 **평등의 원칙**에 위반된다. (87누308)
12. 구 자원의 절약과 재활용촉진에 관한 법률 시행령 제11조 [별표 2] 제7호에서 **플라스틱제품**의 수입업자가 부담하는 **폐기물부담금**의 산출기준을 아무런 제한 없이 그 **수입가만을** 기준으로 한 것은, 합성수지 투입량을 기준으로 한 제조업자에 비하여 **과도하게 차등**을 둔 것으로서 **합리적 이유 없는 차별**에 해당하므로, '수입의 경우 수입가의 0.7%' 부분은 헌법상 **평등원칙을 위반한 입법**으로서 **무효**이다. (2007두8287)

4. 자기구속의 법리 → 행정기본법에 규정없음

의의		재량행위의 영역에서 행정청이 같은 사안에서 이미 제3자에게 한 것과 동일한 결정을 상대방에게도 하도록 **행정청이 스스로 구속을 받음**을 의미한다. ▶ 자기구속의 법리는 **재량준칙의 법규성**과 관련하여 문제가 된다.
		判) 재량준칙이 되풀이 시행되어 행정관행이 이루어지게 되면 **평등의 원칙이나 신뢰보호의 원칙에 따라** 행정기관은 그 상대방에 대한 관계에서 그 규칙에 따라야 할 자기구속을 받게 되므로, 그를 위반하는 처분은 평등의 원칙이나 신뢰보호의 원칙에 위배되어 위법하다.
요건	행정선례존재	자기구속의 원칙이 적용되기 위해서는 적어도 **1회 이상의 선례**가 필요하다.
	행정선례가 적법할 것	행정관행이 **적법한 경우에만** 적용된다. ▶ 행정처분이 수차례에 걸쳐 반복적으로 행하여졌다 하더라도 그러한 처분이 **위법한 것**인 때에는 행정청에 대하여 **자기구속력을 갖게 된다고 할 수 없다.**
위반효과		행정의 자기구속에 위반한 처분 등은 **위헌·위법**이 된다.

4-2. 자기구속의 원칙 관련 판례

Ⅰ. 대외적 구속력(법규성)
1. 행정규칙인 재량준칙이 정한 바에 따라 행정관행이 이룩되게 되면 평등원칙이나 신뢰보호원칙에 따라 행정기관은 그 규칙에 따라야 할 자기구속을 당하게 되고 그러한 경우 **행정규칙은 대외적 구속력을 가지게 된다.**
1-2. 행정규칙이 법령의 규정에 의하여 행정관청에 법령의 구체적 내용을 보충할 권한을 부여한 경우, 또는 재량권 행사의 준칙인 규칙이 그 정한 바에 따라 되풀이 시행되어 행정관이 이룩되게 되면, **평등의 원칙이나 신뢰보호의 원칙에 따라 행정기관은 그 상대방에 대한 관계에서 그 규칙에 따라야 할 자기구속을 당하게 되고, 그러한 경우에는 대외적인 구속력을 가지게 된다** 할 것이다. (헌재 1990.9.3. 90헌마13)

Ⅱ. 적법한 선례의 존재
2. 자기구속의 원칙은 통설에 따르면 평등원칙에서 유래하는 것이므로 **자기구속원칙 역시 선행행정작용이 위법한 경우에는 인정되지 않는다.**
2-2. 평등의 원칙은 본질적으로 같은 것을 자의적으로 다르게 취급함을 금지하는 것이고, **위법한 행정처분이 수차례에 걸쳐 반복적으로 행하여졌다 하더라도 그러한 처분이 위법한 것인 때에는 행정청에 대하여 자기구속력을 갖게 된다고 할 수 없다.** (대판 2009.6.25. 2008두13132)
3. 특정인에 대해서만 재량처분기준을 과도하게 초과하는 처분을 한 경우에는 재량권의 한계를 일탈(위법성 인정)하였다고 볼 만한 여지가 충분하다. (대판 1993.6.29. 93누5635)
4. 실제의 공원구역과 다르게 경계측량 및 표지를 설치한 <u>십수 년 후 착오를 발견하여 지형도를 수정한 조치가 신뢰보호의 원칙에 위배되거나 행정의 자기구속의 법리에 반하는 것이라 할 수 없다.</u> (대판 1992.10.13. 92누2325)

Ⅲ. 위반시 위헌·위법
5. 상급행정기관이 하급행정기관에 대하여 업무처리지침이나 법령의 해석·적용에 관한 기준을 정하여 발하는 이른바 '**행정규칙이나 내부지침**'은 일반적으로 행정조직 내부에서만 효력을 가질 뿐 대외적인 구속력을 갖는 것은 아니므로 **행정처분이 그에 위반하였다고 하여 그러한 사정만으로 곧바로 위법하게 되는 것은 아니다.**
5-2. 그러나, 재량권행사의 준칙인 행정규칙이 그 정한 바에 따라 되풀이 시행되어 행정관이 이루어지게 되면 평등의 원칙이나 신뢰보호의 원칙에 따라 행정기관은 그 상대방에 대한 관계에서 그 규칙에 따라야 할 자기구속을 받게 되므로, 이러한 경우에는 특별한 사정이 없는 한 그를 위반하는 처분은 평등의 원칙이나 신뢰보호의 원칙에 위배되어 재량권을 일탈·남용한 위법한 처분이 된다. (대판 2009.12.24. 2009두7967)

5. 부당결부금지원칙

의의	「행정기본법」 제13조(부당결부금지의 원칙) 행정청은 행정작용을 할 때 상대방에게 해당 행정작용과 실질적인 관련이 없는 의무를 부과해서는 아니 된다. → 위반시 **위헌·위법**

5-2. 부당결부금지의 원칙 관련 판례

Ⅰ. 위법

1. 주택사업계획승인을 하면서 주택사업과는 **아무런 관련이 없는 토지를 기부채납하도록** 하는 **부관**을 붙인 경우 그 부관은 부당결부금지원칙에 위반되어 **위법**하다. (대판 1997.3.11. 96다49650) → **취소사유(무효X)**이다.
2. **2종 소형면허 1종 대형면허, 1종보통면허를 소지한 자가 220cc 이륜자동차를 음주운전**하다가 적발된 경우 220cc 이륜자동차의 운전은 2종 소형면허로 운전할 수 있을 뿐 1종 대형면허 1종보통면허로 운전을 할 수 없다. 따라서 이륜 자동차의 운전과 1종 대형면허 1종보통면허는 아무런 관련이 없으므로 **1종 대형면허, 1종 보통면허**를 취소한 것은 부당결부금지원칙에 반하는 **위법**한 처분이 된다. (대판 1992.9.22. 91누8289)
2-2. 한 사람이 여러 종류의 자동차운전면허를 취득한 경우 이를 취소 또는 정지할 때 서로 별개의 것으로 취급하는 것이 원칙이다. (대판 2012.5.24. 2012두1891)
2-3. 제1종 대형, 제1종 보통 자동차운전면허를 가지고 있는 甲이 **배기량400cc의 오토바이를 절취**하였다는 이유로 시·도경찰청장이 甲의 제1종 대형, 제1종 보통 자동차운전면허를 모두 취소한 사안에서, 위 오토바이를 훔쳤다는 사유만으로 **제1종 대형면허나 보통면허를 취소할 수 없다.** (대판 2012.5.24. 20121891)

Ⅱ. 적법

3. 취소사유가 특정 면허에 관한 것이 아니고 다른 면허와 공통된 것이거나 운전면허를 받은 사람에 관한 것일 경우, 여러 면허를 전부 취소할 수 있다. (대판 2012.5.24. 2012두1891)
3-2. **제1종 보통면허로 운전할 수 있는 승합차를 음주운전**한 경우 제1종보통면허 외에 **제1종 대형면허**까지 취소한 것은 위법한 처분이 아니다. (대판 1997.3.11. 9615176)
3-3. **제1종 보통면허로 운전할 수 있는 차량을 음주운전**한 경우에 이와 관련된 면허인 **제1종 대형면허와 원동기장치자전거 면허**까지 취소할 수 있다(제1종 보통면허의 취소에는 원동기장치자전거의 운전까지 금지하는 취지가 포함되어 있다고 본다). (대판 1994.11.25. 949672)
3-4. 승용자동차를 **면허 없이 운전**한 사람에 대하여 그 사람이 소지한 **제2종 원동기장치자전거면허**를 취소할 수 있다. (대판 2012.6.28. 2011두358)
4. 조세체납자의 관허사업 제한을 명시하고 있는 「국세징수법」제7조의 규정은 관허사업의 제한규정이 체납된 조세와 직접 관련이 없는 사업에 대한 인·허가라 하더라도 이를 거부하거나 철회할 수 있도록 하고 있어 부당결부금지 원칙에 위반된다는 비판이 있다. 하지만, 판례가 위헌이라고 판시한 적은 없다.
5. 고속국도 관리청이 고속도로 부지와 접도구역에 송유관 매설을 허가하면서 상대방과 체결한 협약에 따라 송유관 시설을 이전하게 될 경우 그 비용을 상대방에게 부담하도록 한 경우 위협약에 포함된 부관이 부당결부금지의 원칙에 반하지 않는다. (대판 2009.2.12. 2005다65500)
6. 부당결부금지의 원칙에 위반한 위법한 부관이라도 그 하자가 중대하고 명백하지 않은 경우 당연무효사유라고는 볼 수 없다. (대판 1997.3.11. 96다49650)

6. 성실의무 및 권한남용금지의 원칙

① 행정청은 법령등에 따른 의무를 성실히 수행하여야 한다.
② 행정청은 행정권한을 남용하거나 그 권한의 범위를 넘어서는 아니 된다.

제6장
행정행위

POLICE SCIENCE

제1절 　행정행위(처분)의 의의

1. 행정행위의 의의

'행정청이 행하는 개별적·구체적 사실에 관한 법집행 작용으로서 외부적 법적 효력을 갖는 권력적·단독적 공법행위'로 학문상(실정법상X) 개념이다.

행정청	① 행정청이란 행정주체의 의사를 결정하고 이를 자신의 이름으로 외부적으로 표시할 수 있는 권한을 가진 행정기관을 말한다. ② 국가로부터 공권력을 위임받은 **공무수탁사인**의 행위도 위임받은 범위 내에서는 행정청이 될 수 있다. → 기능적 개념O(조직법상 의미의 행정청X)
구체적사실에 대한 법집행	① 행정행위는 **개별적**(특정인 대상), **구체적**(특정사안 대상) 사실에 관한 **법집행** 작용이다. ▶ 행정입법 : **일반적**(불특정 다수인을 대상), **추상적**(불특정 사안을 대상) 법 정립 작용 ② 일반처분(일반적·구체적 규율)도 항고소송의 대상이 되는 처분으로 보고 있다. (通, 判)
외부에 직접 법적 효과 발생	행정행위는 **행정조직 밖**의 국민의 권리·의무에 **직접적인 법적효과를 가져오는** 행위를 말한다. ▶ **행정조직 내부행위**(상급관청의 지시, 명령), **법적효과없는 단순한 사실행위** : 행정행위X
권력적 단독	행정행위는 행정주체가 행정객체에 대해 **일방적 우월한 지위**에서 행하는 공권력 작용이다. ▶ 상대방과의 의사의 합치에 의해 성립하는 **공법상 계약**과 **합동행위** : 행정행위X
공법(公法)	행정행위는 **공법**행위이므로 **사법(私法)**작용과도 구별된다.

> ① 구청장의 **주민등록번호 변경신청 거부행위**는 항고소송의 대상이 되는 행정처분에 해당한다. (대판 2017.6.15. 2013두2945) [22 채용]
> ② **경찰청장의 횡단보도 설치 기본계획 수립**은 행정계획에 불과하고 처분에 해당하지 않는다. [22 채용]
> ③ 구 민원사무처리법 제18조 제1항에서 정한 거부처분에 대한 **이의신청에 대한 기각결정**은 처분이 아니다. (대법원 2022.3.17.선고 2021두53894)

2. 행정쟁송의 대상

(1) 행정행위는 행정쟁송의 대상이 되며, 공정력·강제력·확정력과 같은 우월한 힘이 인정된다.

> 갑 등이 인터넷 포털사이트 등의 개인정보 유출사고로 자신들의 주민등록번호 등 개인정보가 불법 유출되자 이를 이유로 관할 구청장에게 주민등록번호를 변경해 줄 것을 신청하였으나 구청장이 '주민등록번호가 불법 유출된 경우 주민등록법상 변경이 허용되지 않는다'는 이유로 주민등록번호 변경을 거부하는 취지의 통지를 한 사안에서, 피해자의 의사와 무관하게 주민등록번호가 유출된 경우에는 조리상 주민등록번호의 변경을 요구할 신청권을 인정함이 타당하고, **구청장의 주민등록번호 변경신청 거부행위는 항고소송의 대상이 되는 행정처분에 해당**한다. (대판 2017.6.15. 2013두2945)

(2) 처분 > 행정행위
① 「행정쟁송법」(행정심판법과 행정소송법)에서는 항고소송의 대상으로 실체법상 개념인 행정행위가 아닌 처분의 개념을 규정
② 학설은 양자의 개념을 동일한 것으로 본다는 일원설(실체법상 처분개념설)과 이원설(쟁송법상 처분개념설)이 있으나, 「행정쟁송법」상 처분개념은 광범위한 권리보호를 위하여 도입된 개념으로 효과적인 권리 구제를 위해서 **처분의 개념을 행정행위 개념보다 넓게 보는 이원설이 통설**이다.

> **참고**
>
> **「행정기본법」 제2조(정의)**
> 4. **"처분"**이란 행정청이 구체적 사실에 관하여 행하는 법 집행으로서 공권력의 행사 또는 그 거부와 그 밖에 이에 준하는 행정작용을 말한다.
> 5. **"제재처분"**이란 법령등에 따른 의무를 위반하거나 이행하지 아니하였음을 이유로 당사자에게 의무를 부과하거나 권익을 제한하는 처분을 말한다. 다만, 제30조 제1항 각 호에 따른 **행정상 강제는 제외**한다.

3. 행정행위의 분류

(1) 법률행위적 행정행위

개념		법률행위적 행정행위란 **행정청의 의사표시(효과의사)를 구성요소로 하는 행위**로서, 그 표시된 (효과)의사의 내용에 따라 **법적 효과가 발생**하는 행위를 말한다.
종류	**명령적 행위**	명령적 행위(하명·허가·면제)란 주로 질서유지를 위해 국민에 대하여 일정한 **작위·부작위·급부· 수인 의무를 명하거나 해제해 주는 행정행위**를 말한다. [21 경간]
	형성적 행위	형성적 행위(특허·인가·대리)란 개인이 원래 가지고 있었던 것이 아닌 새로운 **권리상·법률상의 지위나 힘(또는 포괄적 법률관계)을 발생·변경·소멸시키는 행정행위**를 말한다. [21 경간]
명령적 행위	하명	의의: ① 작위·부작위·급부·수인 등 의무를 명하는 행위 ② **교통경찰관의 수신호, 교통신호등에 의한 신호** [22 채용]
		작위하명: 위법건축물의 철거명령, 불법주차 차량이동명령
		부작위하명: 도로통행금지, 영업정지처분
		수인하명: 강제격리, 강제입원
		급부하명: 조세부과처분

명령적 행위	허가	의의	① 법령으로 제한된 **일반적·상대적 금지(부작위 의무)를 해제**하여 본래의 자유를 회복시켜 주는 행정행위 ② 허가가 기속행위인지 재량행위인지 여부는 개별법령이 정하는 바에 의한다.
		예	음식점 영업허가, 건축허가, 운전면허 등
	면제	의의	법령으로 부과된 **작위·급부·수인의 의무를 특정한 경우 해제**해 주는 행정행위
		예	병역면제결정, 체납처분의 집행면제, 조세면제처분 등
형성적 행위	특허 (설권)	의의	① **특정인**에 대하여 새로운 권리, 능력 또는 포괄적 법률관계를 설정하는 행위, 설권행위라고도 한다. ▶ **불특정 다수인**을 상대로 하는 일반처분(X) ② 특허는 상대방의 신청(출원)을 효력발생요건으로 하며 출원이 없거나 그 취지에 반하는 특허는 완전한 효력을 발생할 수 없게 된다. ▶ 특허가 직접 법률에 의하여 이루어지는 법규특허(예, 공법인·특수법인 등의 설립)의 경우에는 그 성질상 출원이 있을 수 없다. [22 채용] ③ 수정특허X
		권리설정 (협의의 특허)	**도로점용허가, 체류자격변경허가, 광업허가, 국유재산 등의 관리청이 행정재산의 사용·수익에 대하여 하는 허가, 공유수면매립면허**, 어업면허, 개인택시운송사업면허, 자동차운수사업면허, 전기공급사업면허 등
		능력설정	공법인을 설립하는 행위, **주택재건축사업조합의 설립인가**
		법적지위설정	**공무원임용, 귀화허가, 체류자격변경허가** 등
	인가 (보충)	의의	① 제3자의 법률적 행위를 **보충하여** 그 법률상의 **효과를 완성시키는** 행정행위, **보충행위**라고도 한다. ② 대상 : **법률행위에 한정**된다. (사실행위X) ③ 무인가행위 : **인가없이 행한 행위**는 효력이 발생하지 않는 **무효**가 된다.
		예	**재단법인 정관변경허가, 사립학교 법인임원취임에 대한 승인**, 사립대학 설립인가, 특허기업 양도인가, **토지거래허가구역 내 토지거래허가**, 주택재건축정비사업조합의 사업시행 계획 인가, 조합설립추진위원회 구성승인
	대리	의의	**제3자가 해야 할 일을 행정청이 대신하여 행함**으로써 제3자가 스스로 행한 것과 같은 법적 효과를 발생시키는 행정행위를 말한다.
		예	조세체납처분으로서의 공매행위, 사자(死者)·행려병사자의 유류품 처분 등

(2) 준법률행위적 행정행위

의의	준법률행위적 행정행위란 행정청의 의사표시(효과의사) **이외**의 정신작용(판단, 인식) 등을 구성요소로 하는 행정행위로서 그 효과가 행정청의 의사가 **아닌** 법률의 규정에 의해 발생하는 행위를 말하며, 확인, 공증, 통지 및 수리행위가 이에 해당한다. [21 경간]
확인	① 특정한 사실 또는 법률관계의 존부나 정당성 여부에 대하여 **의문이나 다툼이 있는 경우** 행정청이 공적인 권위로써 행하는 판단의 표시행위 ② **발명특허**, 국가시험합격자 결정, 당선인 결정, **행정심판의 재결, 친일반민족행위자재산조사위원회의 친일재산 국가귀속결정** 등

공증	① 특정한 사실 또는 법률관계의 존재를 **공적으로 증명**하는 인식행위(**의문이나 다툼 없는 경우**) ② 각종 등기·등록·증명서발급, 여권, 운전면허증, 합격증서·당선증서, 각종 영수증 발급 등
통지	① 행정청이 특정인 또는 불특정인 다수인에게 **특정한 사실 또는 의사를 알리는 행위** ② **대집행 계고, 납세의 독촉, 특허출원공고, 귀화 고시**, 토지수용시 사업인정고시 등
수리	① 행정청에 대한 행위를 유효한 행위로서 **수령**하는 행위 ② **사표의 수리**, 행정심판청구서의 수리 등 **判**) 체육시설의 회원을 모집하고자 하는 자의 시·도지사 등에 대한 **회원모집계획서 제출은 수리를 요하는 신고**에서의 신고에 해당하며, **시·도지사 등의 검토결과 통보는 수리행위로서 행정처분에** 해당한다. (대판 2009.2.26., 2006두16243)

(3) 기속행위와 재량행위

기속행위	법이 정한 요건이 충족된 경우 일정한 행정행위를 반드시 하도록 되어 있는 행정행위
재량행위	행정청에 선택의 자유가 인정되어 있는 행정행위 ㉠ 결정재량 : 관계 법률상 행정청에 당해 행정행위를 할 것인가의 여부 ㉡ 선택재량 : 법적으로 허용되는 다수의 행위 중에서 어떠한 행위를 할 것인가
구별기준	기속행위인지 재량행위인지 여부는 **처분의 근거가 된 규정 형식이나 체제 또는 문언에 따라 개별적으로 판단**한다.
재량행위의 한계	재량권 일탈·유월 / 재량권의 **외적** 한계, **법규상** 한계 초과 재량권 남용 / 재량권의 **내적** 한계, **조리상** 한계 초과 재량권 불행사 (해태, 흠결) / 재량권 행사시 고려하여야 하는 구체적 사정을 전혀 고려하지 않은 경우
사법심사 방식	재량행위의 경우 행정청의 재량에 기한 공익판단의 여지를 감안하여 **법원은 독자의 결론을 도출함이 없이 당해 행위에 재량권의 일탈·남용이 있는지 여부만을 심사**하게 되고, 이러한 재량권의 일탈·남용 여부에 대한 심사는 사실오인, 비례·평등의 원칙 위배, 당해 행위의 목적 위반이나 동기의 부정 유무 등을 그 판단 대상으로 한다.
재량행위의 통제	① 행정청은 재량이 있는 처분을 할 때에는 관련 이익을 정당하게 형량하여야 하며, 그 재량권의 범위를 넘어서는 아니 된다. (행정기본법 제21조) ▶ 재량권의 일탈·남용에 대해서는 행정심판과 행정소송의 대상이 되며, 단순히 재량권 행사에서 합리성을 결여하는 등 재량을 그르친 경우(부당)에는 행정심판의 대상이 된다. [22 채용] ② 행정청의 재량에 속하는 처분이라도 재량권의 한계를 넘거나 그 남용이 있는 때에는 **법원은 이를 취소할 수 있다.** (행정소송법 제27조) ③ 행정청의 **재량권 행사가 위법하면 취소소송등 항고소송**을 통해 구제받을 수 있고, 행정청의 재량권을 행사하여야 함에도 불구하고 행사를 하지 않는 **부작위(불행사)가 위법**하면 부작위법확인소송이나 **경찰개입청구권을 청구할 수 있다.**

(3)-2 기속행위와 재량행위 관련 판례

> 1. 술에 취한 상태에 있다고 인정할 만한 상당한 이유가 있음에도 불구하고 경찰공무원의 측정에 응하지 아니한 때에는 필요적으로 운전면허를 취소하도록 되어 있어 처분청이 그 취소 여부를 선택할 수 있는 재량의 여지가 없음이 그 법문상 명백하므로, 위 법조의 요건에 해당하였음을 이유로 한 운전면허취소처분에 있어서 **재량권의 일탈 또는 남용의 문제는 생길 수 없다.** (대판 2004.11.12. 2003두12042)
> 2. 경찰공무원이 그 단속의 대상이 되는 신호위반자에게 먼저 적극적으로 돈을 요구하고 다른 사람이 볼 수 없도록 돈을 접어 건네주도록 전달방법을 구체적으로 알려주었으며 동승자에게 신고시 범칙금 처분을 받게 된다는 등 비위신고를 막기 위한 말까지 하고 금품을 수수한 경우, 비록 그 **받은 돈이 1만원에 불과하더라도 위 금품수수행위를 징계사유로 하여 당해 경찰공무원을 해임처분한 것은 징계재량권의 일탈·남용이 아니다.** (대판 2006.12.21. 2006두16274)

(4) 대인적·대물적·혼합적 행정행위

대인적 행정행위	의의	① 주관적인 사정에 착안하여 행하여지는 행정행위 ② 의사면허, 자동차운전면허 등
	이전성X	대인적 행정행위는 **일신전속적**이므로 효과는 다른 사람에게 **이전될 수 없다.**
대물적 행정행위	의의	① 물건의 객관적 사정에 착안하여 행하여지는 행정행위 ② 자동차 사용정지명령, 건물사용승인, 건축허가 등
	이전성O	대물적 행정행위의 효과는 **이전 또는 상속이 인정된다.**
혼합적 행정행위	의의	① 인적·주관적 사정과 물적·객관적 사정을 모두 고려하여 행하여지는 행정행위 ② 석유사업허가, 총포·화약류 제조허가, 풍속영업허가 등
	이전성△	혼합적 행정행위는 이를 이전하려는 관계 법규상 다시 양수자의 주관적 및 객관적 사정에 대한 **행정청의 승인·허가를 받도록** 하고 있는 것이 보통이다.

(5) 수익적·침익적·복효적 행정행위

수익적 행정행위	상대방에게 수익적 효과를 발생시키는 행정행위
침익적 행정행위	상대방에게 침익적 효과를 발생시키는 행정행위
복효적 행정행위	하나의 행위가 수익적 효과와 침익적 효과를 동시에 발생시키는 행정행위 ㉠ 혼합효 행정행위 : 복수의 효과가 동일인에게 발생 ㉡ 제3자효 행정행위 : 1인에게는 수익적 효과를 발생, 제3자에게 침익적 효과를 발생

(6) 일방적·쌍방적(협력을 요하는) 행정행위

일방적 행정행위	① 상대방의 협력을 필요로 하지 않고 행정청이 **직권으로** 발하는 행정행위 ② 과세처분, 영업정지·취소처분 등 주로 침익적 행정행위
쌍방적 행정행위	① 신청·동의 등 **상대방의 협력을 필요**로 하는 행정행위 ② 영업허가, 운전면허 등 주로 수익적 행정행위

제2절 경찰하명과 경찰허가

법률행위적 행정행위	명령적 행정행위	① 상대방에게 의무를 부과하거나 기존의 의무를 해제하는 행정행위 ② **하명·허가·면제**
	형성적 행정행위	① 상대방에 대하여 권리 그 밖의 법률상의 힘을 설정·변경·소멸시키거나 법적 지위를 설정하는 행정행위 ② **특허·인가·대리**
준법률행위적 행정행위		확인, 공증, 통지, 수리

1. 경찰하명

의의	① 일반통치권에 기인하여 경찰목적을 달성하기 위해 국민에 대하여 **작위·부작위·급부·수인** 등의 **의무의 일체를 명하는 법률행위적 행정행위**를 말한다. [20 승진, 21 경간] ② 경찰관의 수신호나 교통신호등의 신호도 의무를 부과하는 행위로서 경찰하명에 해당한다. [22 채용]
작위하명	① **적극적으로 어떠한 행위를 하도록 의무를 명하는** 경찰하명을 말한다. ② 집회신고의무, 사체신고의무, 화재발견시 소방서 또는 경찰서에 신속히 통지할 의무 등
부작위하명	**의의**: 소극적으로 어떤 행위를 하지 아니할 의무를 명하는 경찰하명(**경찰금지**)을 말한다. **유형** ・절대적 금지: ① 어떠한 경우에도 해제의 대상이 될 수 없는 금지(**예외X**) ② **부작위**하명에 따른 **절대적** 금지는 **법규**하명의 형식으로 행하여 진다. ③ 살인청부금지, 인신매매금지, 청소년에 술이나 담배 판매금지 등 ・상대적 금지: ① 일정한 경우에는 해제의 대상이 될 수 있는 금지(**예외O**) ② 건축금지, 주차금지구역의 지정, 유흥업소 영업금지 등
수인하명	① 경찰권 발동으로 인하여 **자신의 신체·재산에 가하여지는 사실상의 침해를 저항하지 말고 이를 받아 들여야 할 의무를 명하는** 것을 말한다. ② 영업장소에 출입하거나 장부를 검사할 때 영업주가 출입을 허용하고 검사에 응하는 것 등
급부하명	① 금전 또는 물품의 급부 의무를 과하는 하명이다. ② 조세부과처분, 면허시험의 수수료 납부의무부과 등

1-2. 하명의 효과 : 의무 발생

하명의 대상	사실행위	도로청소, 교통장해물 제거
	법률행위	무기매매의 금지
형식	법규하명	① 국민에 대한 의무부과가 법규에 의하여 행정기관의 별도의 행정처분을 기다리지 않고 이루어지는 하명을 말한다. 법규하명은 일반성·추상성을 특징으로 한다. ② 「집회 및 시위에 관한 법률」상 옥외집회·시위 신고의무, 「도로교통법」상 운전자의 야간등화의무 등
	처분하명	① 법령에 근거한 행정청이 구체적 처분에 의하여 의무를 명하는 경우를 말한다. ② 「도로교통법」상 통행의 금지 및 제한, 제한속도 지정고시 등

의무의 발생	① 경찰하명을 받은 특정인 또는 불특정 다수인은 일정한 공법상 의무를 지게 된다. ② 경찰하명이 있는 경우, **상대방은 행정주체에 대하여만 의무를 이행할 책임이** 있고 그 이외의 제3자에 대하여 법상 의무를 부담하지 않는다.
하명처분의 효과	원칙적으로 그 수명자에게만 발생하는 것이나, 대물적 하명의 경우에는 그 대상인 물건에 대한 법적 지위를 승계한 자에게도 그 효과가 미친다.
위반의 효과	① 경찰**의무 불이행시 행정상 강제집행**, 경찰**의무 위반시 행정벌** ② **경찰하명에 위반하여 이루어진 행위는 원칙적으로 그 법적 효력에는 아무런 영향을 받지 않는다.** (무효 X, 취소사유X) ▶ 영업정지명령에 **위반**하여 영업을 계속하였을 경우에도 당해 영업 거래행위의 **효력**은 **인정**(부인X) 된다. [21 경간]
하자의 효과	경찰하명이 **무효**라면 이를 위반하여도 처벌할 수 없고, 저항하여도 정당방위에 해당하여 공무집행방해죄가 성립되지 않는다. [21 법학] 다만, **취소사유**가 있는 하명은 권한있는 기관에 의하여 **취소되기 전까지 공정력**에 의해 관계자를 구속한다.
구제	① 적법한 하명 : 손실보상 ② 위법·부당한 하명 : **손해배상**(손실보상X), 행정심판, 행정소송 [20 승진, 21 법학]

2. 경찰허가

의의		① 공공의 안녕과 질서유지를 위하여 법령에 의한 **일반적·상대적 금지**(부작위의무)를 특정한 경우 **해제**하여 **적법**하게 일정한 행위를 할 수 있도록 자연적 자유를 회복하여 주는 행정행위 ② **상대적 금지**만 허가의 대상이 되고, **절대적 금지**는 허가(해제)의 대상이 될 수 **없다**. ③ 법규에 의한 허가는 인정되지 않고, 항상 구체적 **처분의 형식**으로 이루어진다. ④ 경찰허가는 특정행위를 사실상 적법하게 할 수 있도록 하는 **적법요건**(유효요건X)이다.
성질	기속행위	원칙) 기속행위 → 관계법규에서 정한 사유 **이외의 사유를 들어 허가를 거부할 수 없다**.
	쌍방적 행정행위	① 허가는 원칙적으로 상대방의 신청에 의하여 행하여지는 **쌍방적 행정행위**이다. → 신청을 필요로 하는 허가의 경우, 신청이 없는 허가는 무효에 해당한다. ② 예외적으로 **신청(출원)없이 직권**에 의하여 행하는 허가도 존재한다. ③ 判) **수정허가O** : 신청(출원)과 다른 허가는 당연무효는 아니다.
기준		허가 신청시와 처분시의 법이 다른 경우의 허가기준이 되는 법령은 **처분시법**(신청시법X)이다.
종류	대인적 허가 (이전성X)	① 사람의 경력·자격 기타 신청인의 **주관적 사정**을 심사하여 행하여지는 허가 ② 의사면허, 마약취급면허, 운전면허·총포류 소지허가
	대물적 허가 (이전성O)	① 신청인의 물적 설비, 지리적 환경 기타 **객관적 사정**을 심사하여 행하여지는 허가 ② **건축허가, 자동차검사 합격처분, 목욕장영업허가, 석유판매업** 등 判) 대물적 허가의 성질을 갖는 석유판매업이 양도된 경우, 양도인에게 허가를 취소할 위법 사유가 있다면 이를 이유로 양수인에게 제재조치를 취할 수 있다. (대판 1986. 7.22. 86누203)
	혼합적 허가 (이전성△)	① 신청인의 **주관적 사정과 객관적 사정을 아울러 고려**하여 행하여지는 허가 ② **자동차운전면허학원 허가, 풍속영업허가, 총포류 제조·판매허가**

2-2. 허가의 효과 : 일반적·상대적 금지 해제

경찰금지 해제	① 허가의 효과는 **일반적 금지를 해제**함에 그친다. 　→ 배타적이거나 독점적 권리 또는 능력을 설정하는 것은 아니다. ② **그 근거가 된 법령에 의한 금지를 해제**할 뿐이다. 　→ **다른 법률상**의 경찰금지 또는 경찰 이외의 목적을 위해 금지를 해제하는 것은 **아니다**. 　→ 공무원이 음식점 영업허가를 받아도 「**식품위생법**」상의 금지만을 해제한 것이고, 공무원 법상의 영리 업무금지까지 해제하는 것은 아니므로 「국가(지방)공무원법」상 영리업무 및 겸직금지 규정 때문에 영업을 할 수 없다. ③ 허가는 특정행위를 적법하게 할 수 있도록 하는 행위의 **적법요건**이지, 유효요건이 아니다.
반사적 이익	① 허가에 의하여 기존업자가 어떤 이익을 얻는다 하더라도 새로운 권리를 설정 받은 것이 아니라 제한되었던 자유를 회복시켜주는 데에 불과하므로 **원칙적으로 반사적 이익**에 불과하다. 따라서, 이미 허가한 영업시설과 동종의 영업허가를 함으로써 기존업자의 영업이익에 피해가 발생한 경우 기존업자는 신규 허가의 취소소송을 제기할 수 있는 원고적격이 부정되는 것이 원칙이다. ② 다만, 처분의 상대방이 받는 이익은 법률상 이익이며, 이러한 이익이 침해되면 상대방은 행정소송을 통한 구제가 가능하다.
지역적 범위	① 경찰허가의 효과는 원칙적으로 당해 경찰관청의 **관할구역 내로 한정**된다. ② '**운전면허**'와 같이 **법령의 규정이나 성질상 관할구역 밖에까지 미쳐야 할 경우**에는 관할구역 밖에서도 **효력이 있다**.
무허가 효력 (유효)	① 허가는 행위의 **적법요건**일 뿐이며 **유효(효력)요건이 아니다**. ② 경찰허가는 일정한 사실행위를 적법하게 할 수 있도록 하는데 지나지 않음으로 허가를 받았다고 하여 사법상의 법률행위의 효력에 영향을 미치는 것은 아니다. 　㉠ 무허가행위는 **강제집행이나 경찰벌의 대상**이 되지만, **무허가행위 자체의 효력은 유효**하다. 　　→ 무면허 음식물 판매행위의 판매자는 처벌의 대상이 되지만, 판매행위의 효력은 **유효**하다. 　㉡ 무허가행위의 **사법상 법률행위는 유효**하다. 　　→ 무허가로 유흥주점영업을 한 경우 손님들과 체결된 계약은 **유효**하다.
위법사유승계	양도인에 대한 **제재처분의 사유**가 양수인에게 승계되는지와 관련하여 **명문규정이 없어도 대물적 허가**의 경우 행정제재사유 **승계된다**고 본다.
실효	허가는 **기한의 도래**로 인해 **실효**되는 것이 원칙이다. 判) 종전 허가의 유효기간이 지나서 다시 기간연장신청에 대한 허가는 종전의 허가처분과는 **별도의 새로운 영업허가**를 내용으로 하는 행정처분이다.
갱신	① 허가의 기간에 제한이 있는 경우에 **기존허가의 동일성을 유지하면서 효력을 지속시키기 위해서는** 허가의 갱신이 필요하다. 허가의 갱신이 있으면 기존허가의 효력은 동일성을 유지하면서 장래에 향하여 지속된다. ② **갱신 받기 전의 사유로 갱신 받은 후의 허가를 취소할 수 있다.** 허가의 갱신은 기존허가 효력은 동일성을 유지하면서 장래에 향하여 지속되기 때문에 갱신이 있은 후에도 갱신 전의 법위반 사실을 근거로 갱신 후의 허가를 취소할 수 있다. ③ 갱신기간 후에 갱신허가신청에 따른 허가는 갱신이 아니라 **신규허가**이다. 　→ 허가요건 충족여부를 새로이 판단하여야 한다.

2-3. 허가 관련 판례

Ⅰ. 허가기준이 되는 법령 : **처분시법**(신청시법X)
1. 허가 신청 후 행정처분 전에 법령의 개정으로 허가기준이 변경된 경우 허가는 원칙적으로 신청 당시의 법령이 아니라 **개정법(처분시의 법령)**(신청당시법령X)에 따라야 한다. (대판 1996.8.20. 95누10877)
2. 행정행위는 처분 당시에 시행중인 법령과 허가기준에 의하여 하는 것이 원칙이고, 인·허가신청 후 처분 전에 관계 법령이 개정 시행된 경우 신법령 부칙에 그 시행 전에 이미 허가신청이 있는 때에는 종전의 규정에 의한다는 취지의 경과규정을 두지 아니한 이상 당연히 허가신청 당시의 법령에 의하여 허가 여부를 판단하여야 하는 것은 아니며, 소관 행정청이 허가신청을 수리하고도 정당한 이유 없이 처리를 늦추어 그 사이에 법령 및 허가기준이 **변경된 것이 아닌 한 변경된 법령 및 허가기준에 따라서 한 불허가처분은 위법하다고 할 수 없다.** (대판 2005.7.29. 2003두3550)

Ⅱ. 허가의 성질 : 원칙) 기속행위, 예외) 재량행위
3. 「식품위생법」상 일반음식점 영업허가는 성질상 일반적 금지의 해제에 불과하므로 허가권자는 허가 신청이 **법에서 정한 요건을 구비한 때에는 허가하여야 하고** 관계 법령에서 정하는 제한사유 외에 공공복리 등의 사유를 들어 **허가신청을 거부할 수는 없다.** → 기속행위(대판 2000.3.24. 97누12532)
4. **기한부 허가**는 종기의 도래에 의하여 효력을 상실하나 기한의 갱신을 신청할 수 있는 경우에는 경찰상 장해가 발생할 새로운 사정이 없는 한 허가를 해주는 것이 원칙이다. (기속행위 원칙) 다만, 예외적으로 **재량허가**(사행행위허가, 토지형질변경허가 등)의 경우에는 허가의 성질을 재량행위로 보기 때문에 **반드시 허가할 필요는 없다.** (대판 1992.10.23. 92누4543)
5. **산림훼손행위**는 국토의 유지와 환경의 보전에 직접적으로 영향을 미치는 행위이므로 법령이 규정하는 산림훼손 금지 또는 제한지역에 해당하는 경우는 물론 금지 또는 제한지역에 해당하지 않더라도 허가관청은 산림훼손허가신청 대상 토지의 현상과 위치 및 주위의 상황 등을 고려하여 국토 및 자연의 유지와 환경의 보전 등 **중대한 공익상 필요가 있다고 인정될 때에는 법규에 명문의 근거가 없더라도 거부처분을 할 수 있다.** (대판 1997.9.12. 97누1228)

Ⅲ. 수정허가(유효)
6. 개축허가신청에 대하여 행정청이 착오로 대수선 및 용도변경허가를 하였다하더라도 취소 등 적법한 조치없이 그 **효력을 부인할 수 없음은 물론, 이를 다른 처분으로 볼 근거도 없다.** → 수정허가 **유효**(대판 1985.11.26. 85누382)

Ⅳ. 대물적 허가 하자 승계(인정)
7. 석유판매업(주유소)허가는 소위 **대물적 허가**의 성질을 갖는 것이어서 그 사업의 양도도 가능하고 이 경우 **양수인은 양도인의 지위를 승계하게 됨**에 따라 양도인의 위 허가에 따른 권리의무가 양수인에게 **이전**되는 것이므로 만약 양도인에게 그 허가를 취소할 위법사유가 있다면 허가관청은 이를 이유로 **양수인에게 응분의 제재조치를 취할 수 있다** 할 것이고, 양수인이 그 양수 후 허가관청으로부터 석유판매업허가를 다시 받았다 하더라도 이는 석유판매업의 양수도를 전제로 한 것이어서 이로써 양도인의 지위승계가 부정되는 것은 아니므로 **양도인의 귀책사유는 양수인에게 그 효력이 미친다.** (대판 1986.7.22. 86누203) → 대물적 허가 하자 승계 인정

Ⅴ. 허가기한의 도래(실효)
8. 허가는 **기한의 도래**로 인해 **실효**되는 것이 원칙이다. 그러므로 종전 허가의 유효기간이 지나서 다시 기간연장신청에 대한 허가는 종전의 허가처분을 전제로 하여 단순히 유효기간을 연장하여 주는 행정처분이라기보다는 종전의 허가처분과는 **별도의 새로운 영업허가를 내용으로 하는 행정처분이므로 허가권자는 허가요건의 적합 여부를 새로이 판단하여 허가 여부를 결정하여야 한다.** (대판 1993.6.29. 92누15314)

제3절 행정행위의 효력

1. 구속력

의의	① 행정행위의 구속력이란 **유효한 행정행위의 내용상 구속력**을 말한다. 　㉠ 행정행위는 효력이 있는 한 처분청 및 관계 행정청 그리고 상대방 및 이해관계인에 대하여 미친다. 　㉡ 무효인 행정행위는 구속력이 없다. ② 공정력은 위법하더라도 무효가 아닌 한 유효한 행위로 하는 효력이고, **구속력은 적법한 행위를 전제**로 유효한 행정행위의 내용상의 구속력으로 서로 다르다. ③ 행정행위가 철회 또는 취소되거나 실효되면 행정행위는 효력과 **구속력을 상실**한다.
자기 구속력	자기구속력이란 행정행위가 내용에 따라 처분행정청을 구속하는 힘을 말한다. 　㉠ 처분청은 **자신이 한 행정행위의 내용에 구속되며 그 내용과 모순되는 결정을 하여서는 안 된다**는 효력이다. 자기구속력은 **자박력(自縛力)**이라고도 한다. 　判) 행정결정이 되풀이 시행되어 관행이 성립된 경우에는 자기구속력을 갖는다.

2. 공정력

의의	공정력이란 행정행위가 중대·명백한 하자로 당연무효로 되는 경우를 제외하고는 권한있는 기관에 의하여 **취소되기 전까지는** 상대방과 행정청 및 제3자에 대하여 **유효**(적법X)한 것으로 통용되는 힘을 말한다.
근거	「**행정기본법**」제15조 (처분의 효력) 처분은 권한이 있는 기관이 취소 또는 철회하거나 기간의 경과 등으로 **소멸되기 전까지는 유효**한 것으로 통용된다. 다만, **무효**인 처분은 **처음부터** 그 효력이 발생하지 아니한다. ※ 법적 안정성설(행정정책설) : 공정력은 행정행위의 상대방이나 제3자의 신뢰보호, 행정법관계의 안정성, 행정의 원활한 운영이라는 정책적 관점에서 인정한다.
한계	① **비권력적 행위**(공법상 계약, 사실행위, 사인의 공법·사법행위 등)에서는 공정력 **부정**된다. 　→ 공정력은 행정청의 권력작용인 행정행위의 효력이기 때문이다. ② **무효**인 행정행위에 대해서는 공정력 **부정**된다.
입증책임	공정력은 행정행위 유효성 추정이지 적법성 추정이 아니므로 입증책임의 소재결정에 영향을 미치지 아니하고 공정력과 취소소송에서의 입증책임은 무관하다.
공정력과 선결문제	「행정소송법」제11조(선결문제) ① 처분 등의 **효력 유무 또는 존재 여부**(위법여부X)가 민사소송의 선결문제로 되어 당해 민사소송의 수소법원이 이를 심리·판단하는 경우에는 제17조, 제25조, 제26조 및 제33조의 규정을 준용한다. ② 제1항의 경우 당해 수소법원은 그 처분 등을 행한 행정청에게 그 선결문제로 된 사실을 통지하여야 한다.

2-2. 공정력과 선결문제

효력유무	행정행위 효력유무(유효, 무효)가 선결문제인 경우
	→ 행정행위가 유효인가 무효인가에 따라 민·형사소송의 판결결과가 달라지는 경우
	    ㉠ 행정행위가 **당연무효**에 **해당**한다면 민·형사법원은 행정행위의 **효력을 부인할 수 있다.** (**무효**)
	    ㉡ 행정행위가 **취소사유**에 **해당**한다면 민·형사법원은 행정행위의 **효력을 부인할 수 없다.** (**유효**)

	判) 과세처분이 당연무효라고 볼 수 없는 한 과세처분에 **취소할 수 있는 위법사유**가 있다 하더라도 그 과세처분은 행정행위의 공정력 또는 집행력에 의하여 그것이 적법하게 취소되기 전까지는 유효하다 할 것이므로, 그 과세처분의 **효력을 부인할 수 없다.** (대판 1999.8.20. 99다20179)

위법성 여부	행정행위가 **위법성 여부**(위법인가 적법인가)가 선결문제인 경우
	→ 행정행위가 위법인가 적법인가에 따라 민·형사소송의 판결결과가 달라지는 경우
	    ㉠ 행정행위가 **당연무효**에 해당한다면 민·형사법원은 **위법**이라고 판단하여 판결할 수 있다.
	    ㉡ 행정행위가 **취소사유**에 해당다면 민·형사법원은 **위법**이라고 판단하여 판결할 수 있다.
	    ▶ 취소사유 : 공정력에 의해 유효로 추정O, **적법 추정X** → 판단 가능O

	判) 위법한 행정대집행이 **완료**되면 그 처분의 무효확인 또는 취소를 구할 소의 이익은 없다 하더라도, 미리 그 행정처분의 **취소판결**이 있어야만, 그 행정처분의 위법임을 이유로 한 **손해배상청구를** 할 수 있는 것은 아니다. (대판 1972.4.28. 72다337)

3. 확정력(불가쟁력, 불가변력)

구분	불가쟁력	불가변력
객체	상대방 및 이해관계인에 대한 구속력	행정청에 대한 구속력
발생범위	모든 행정행위에 발생	특수한 행정행위 (준사법적 행정행위, 확인행위)에만 발생
	무효X	
성질	절차법적 효력(쟁송법상 효력)	실체법상 효력
양자의 관계	① 불가쟁력과 불가변력의 관계는 독립적 관계 ② 불가쟁력이 발생 → 행정청은 직권취소 가능 ③ 불가변력이 발생 → 상대방은 쟁송제기 가능	

불가쟁력 **(형식적** **확정력)**	의의	불가쟁력이란 행정행위에 하자가 있을지라도 **쟁송제기기간**이 경과하였거나 쟁송수단을 다 거친 경우에는 행정행위의 **상대방 기타 이해관계인**이 더 이상 행정행위의 **효력**을 다툴 수 없게 하는 **효력**이다.
	주체	**상대방 기타 이해관계인**이 더 이상 행정행위를 다툴 수 없는 효력이다. ▶ **처분청**은 불가쟁력이 발생한 행정행위를 직권으로 취소하거나 철회할 수 있다.
	인정 범위	① 모든 행정행위에 인정된다. ② 하자가 **취소사유**인 경우 ▶ 하자가 **무효**인 행정행위는 쟁송제기기간이 제한을 받지 않으므로 불가쟁력X
	효과	① 불가쟁력이 발생한 처분에 대하여 취소소송을 제기하면 법원은 **부적법 각하** 판결을 하게 된다. ② 불가쟁력이 발생한 행정행위라도 **위법성이 확인**되면 「국가배상법」에 따른 국가배상청구는 할 수 있다. → 불가쟁력 발생으로 **위법성이 치유**되어 적법하게 되는 것 아니기 때문이다.
불가변력 **(실질적** **확정력)**	의의	원칙적으로 처분청은 자신이 행한 행정행위에 하자가 있는 경우 자유로이 취소 또는 철회를 할 수 있지만, 일정한 행정행위는 **행정청 자신도 스스로 취소 또는 철회할 수 없는 구속**을 받게 된다. 이를 **행정행위의 불가변력**이라 한다.
	주체	행정행위를 행한 **행정청(처분청)** 자신
	인정 범위	① 일정한 행정행위(준사법적 행정행위 : 행정심판의 재결, 확인행위 등)에만 인정된다. (모든 행정행위X) ② **당해 행정행위**에 대하여서만 인정 ▶ 동종의 행정행위라 하더라도 **그 대상을 달리할 때**에는 불가변력X ③ **무효**인 행정행위에는 불가변력이 발생하지 않는다.

4. 강제력

자력 집행력	의의	자력집행력이란 행정행위에 의하여 부과된 의무를 상대방이 이행하지 아니하면, 행정청이 스스로 그 이행을 강제할 수 있는 효력을 말한다.
	인정범위	자력집행력은 상대방에게 의무를 부과하는 하명에서만 문제된다.
	법적근거	자력집행을 위해서는 의무를 부과하는 근거와는 별도의 근거규범이 필요하다.
제재력		행정행위에 의하여 부과된 의무를 상대방이 위반한 경우 행정형벌이나 질서벌 부과할 수 있는 효력을 말한다.

5. 성립요건과 효력발생

성립요건			일반적으로 행정처분이 주체·내용·절차와 형식이라는 내부적 성립요건과 외부에 대한 표시라는 외부적 성립요건을 모두 갖춘 경우에는 행정처분이 존재한다고 할 수 있다. 행정처분의 외부적 성립은 행정의사가 외부에 표시되어 행정청이 자유롭게 취소·철회할 수 없는 구속을 받게 되는 시점을 확정하는 의미를 가지므로, 어떠한 처분의 외부적 성립 여부는 행정청에 의해 행정의사가 공식적인 방법으로 외부에 표시되었는지를 기준으로 판단하여야 한다. (대판 2017.7.11. 2016두35120)
효력발생	도달 주의		행정행위는 상대방에게 도달이 되어야 효력이 발생한다. 도달이란 상대방의 현실적인 인식유무와는 상관없이 상대방이 알 수 있는 객관적 상태에 두는 것을 의미한다.
	송달	보통 우편	보통우편의 방법으로 발송되었다는 사실만으로는 그 우편물이 상당한 기간 내에 도달하였다고 추정할 수 없고, 송달의 효력을 주장하는 측에서 증거에 의하여 이를 입증하여야 한다. (대판 2009.12.10. 2007두20140)
		등기 우편	우편물이 등기취급의 방법으로 발송된 경우 반송되는 등의 특별한 사정이 없는 한 그 무렵 수취인에게 배달되었다고 보아야 한다. (대판 1992.3.27. 91누3819)

제4절 행정행위의 하자

1. 행정행위 하자의 의의

하자의 의의	행정행위가 적법요건(성립요건 및 효력요건)을 갖추지 못하여 완전한 효력을 발생하지 못하게 되는 것을 행정행위의 하자라고 한다. ▶ **단순한 오기나 오산** : 하자X

2. 무효와 취소의 비교

구별기준	[중대·명백설(通,判)] 하자의 법규의 중요한 부분을 위반한 중대한 것이면서 동시에 객관적으로 명백하면 무효인 행정행위이고, 그 외의 하자는 취소사유이다.
무효인 행정행위	하자가 중대하고 명백하여 **처음부터** 행정행위로서의 법률적 **효력이 발생하지 않는** 행정행위
취소사유인 행정행위	성립시 하자가 있음에도 불구하고 **일단 유효한 행정행위로 통용**되어 다른 국가기관 또는 상대방을 기속하는 행정행위 → 행정쟁송 또는 행정청의 직권에 의하여 취소시 효력상실 가능

구분	무효	취소
효력	처음부터 효력X	취소될 때까지는 유효
공정력	X	O
존속력(불가쟁력, 불가변력)	X	O
제소기간의 적용	X (제소기간 제한없음)	O (일정한 제소기간 도과시 불가쟁력 발생)
하자의 치유	X	O
하자의 전환	O	X
하자의 승계 (선행행위의 하자가 후행정행위에 승계되는가의 문제)	X	O
선결문제 논의 여부	X	O
사정판결·사정재결	X	O
신뢰보호의 적용	X	O
필요적 행정심판전치	원칙, 적용X 예외, 무효를 구하는 취소소송에는 적용O	규정이 있으면 적용O

① **집행부정지원칙** : 무효확인소송이든 취소소송이든 양자 모두 집행부정지원칙이다.
② 행정상 손해배상(국가배상)의 **인용여부** : 양자 모두 위법이므로 국가배상 인정여부에 차이 없다.

2-2. 무효와 취소사유 관련 판례

무효	① 체납자가 아닌 제3자의 소유물건을 대상으로 한 압류처분 ② 시장으로부터 압류처분권한을 내부위임받은 구청장이 자신의 명의로 한 압류처분 ③ 음주운전자를 적발한 단속경찰관 명의로 행한 운전면허정지처분 ④ 임용권자의 과실에 의한 **임용결격자에 대한 경찰공무원 임용행위** ⑤ 환경영향평가법상 환경영향평가를 실시하여야 할 사업에 대하여 환경영향평가를 거치지 아니하였음에도 승인 등 처분을 한 경우 ⑥ 「행정절차법」상 문서주의에 위반하여 행해진 행정처분 ⑦ 부동산을 양도한 사실이 없음에도 세무당국이 부동산 양도로 오인한 양도소득세 부과처분 ⑧ 적법한 건축물에 대한 철거명령과 후행행위인 건축물철거계고처분 ⑨ 과세처분 이후 조세 부과의 근거가 되었던 법률규정에 대하여 위헌결정이 내려진 경우, 그 조세채권의 집행을 위한 체납처분
취소사유	① 「주민등록법」상 최고, 공고의 절차를 거치지 않고 한 주민등록말소처분 ② 임면권자가 아닌 국가정보원장이 5급 이상의 국가정보원직원에 대하여 한 의원면직처분 ③ 구 「학교보건법」상 학교환경위생정화구역에서의 금지행위 및 시설의 해제 여부에 관한 행정처분을 함에 있어 **학교환경위생정화위원회의 심의절차를 누락한 행정처분** ④ 적법한 권한 위임없이 세관출장소장이 행한 관세부과처분

3. 행정행위의 취소

의의		행정행위의 취소란 일단 유효하게 성립한 행정행위의 효력을 권한있는 행정청이 성립상의 하자를 이유로 소멸시키는 별개의 행정행위를 의미한다.
종류	직권취소	권한있는 행정기관의 직권으로 행정행위효력을 상실시키는 행위
	쟁송취소	위법·부당한 행정행위로 그 권익침해된 자에 의한 쟁송(행정심판, 행정소송)의 제기에 의하여 권한있는 기관(행정심판위원회, 법원)이 행정행위 효력을 소멸시키는 행위
근거		① 직권취소의 경우 **처분청**은 따로 취소에 관한 **법적 근거가 없더라도** 흠 있는 행정행위를 당연히 취소할 수 있다. ② 감독청이 취소에 관한 명문의 근거규정이 없어도 하급행정청의 처분을 당연히 취소할 수 있는가에 관하여는 학설이 대립한다.
제한		**「행정기본법」 제18조 제2항** 행정청은 당사자에게 권리나 이익을 부여하는 처분을 취소하려는 경우에는 취소로 인하여 당사자가 입게 될 불이익을 취소로 달성되는 공익과 비교·형량하여야 한다. 다만, 다음 어느 하나에 해당하는 경우에는 그러하지 아니하다. 1. **거짓이나 그 밖의 부정한 방법으로 처분을 받은 경우** 2. 당사자가 **처분의 위법성을 알고 있었거나 중대한 과실로 알지 못한 경우**

절차		수익적 행정행위의 직권취소는 상대방에 대한 불이익 처분이므로 「행정절차법」상 의견청취절차를 거쳐야 한다.
효과		「행정기본법」 제18조 제1항 행정청은 위법 또는 부당한 처분의 전부나 일부를 **소급하여 취소할 수 있다**. 다만, 당사자의 신뢰를 보호할 가치가 있는 등 정당한 사유가 있는 경우에는 **장래를 향하여 취소할 수 있다**.
취소의 취소		직권취소에 취소사유인 흠이 있는 경우 직권취소를 취소하여 원행정행위를 소생시킬 수 있는가가 문제된다.
	원칙X	부담적 행정행위를 직권취소 후 직권취소를 재취소하여 원행정행위를 소생시킬 수 **없다**. ▶ 과세관청은 부과의 취소를 다시 취소함으로써 원부과처분을 소생시킬 수 없다.
	예외O	수익적 행정행위를 직권취소 후 새로운 이해관계인이 생기기 전까지는 직권취소를 재취소하여 원행정행위를 소생시킬 수 **있다**.

4. 하자있는 행정행위의 치유와 전환

(1) 하자있는 행정행위의 치유

의의	하자있는 행정행위의 치유란 행정행위 성립 당시에 하자있는 행정행위를 사후에 요건이 충족되거나, 위법성이 경미하여 취소 원인이 될 만한 가치를 상실한 경우에 이를 적법한 행위로 취급하는 것을 말한다.
인정여부 (제한적 긍정설)	① **원칙적으로 허용될 수 없다**. ② 예외적으로 행정행위의 무용한 반복을 피하고 당사자의 법적 안정성을 위해 이를 허용하는 때에도 국민의 권리나 이익을 침해하지 않는 범위에서 구체적 사정에 따라 합목적적으로 인정된다. (대판 1992.05.08. 91누13274)
대상 (취소사유)	① **취소사유**인 경우에만 인정된다. (무효인 경우X) ② 징계처분이 중대하고 명백한 흠 때문에 **당연무효**의 것이라면 징계처분을 받은 자가 이를 용인하였다하여 그 흠이 **치유되지 않는다**.
인정되는 영역	① **형식 내지 절차하자**의 경우(청문이나 이유부기를 결한 행정처분)이다. ② 행정처분의 **내용상의 하자**에 대해서는 하자의 치유를 인정하지 아니한다.
시기	① 늦어도 과세처분에 대한 **불복여부의 결정 및 불복신청에 편의를 줄 수 있는 상당한 기간 내**에 보정행위를 하여야 그 하자가 치유된다. ② 행정청이 청문서 도달기간을 다소 어겼다하더라도 영업자가 이에 대하여 이의하지 아니한 채 **스스로 청문일에 출석하여 그 의견을 진술하고 변명하는 등 방어의 기회를 충분히 가졌다면** 청문서 도달기간을 준수하지 아니한 **하자는 치유되었다**고 본다. (대판 1992.10.23. 92누2844)
효과 (소급효)	행정행위의 하자가 치유되면 당해 행정행위는 **처분시(소급효)부터** 하자없는 적법한 행정행위로 효력을 발생하게 된다고 본다.

(2) 하자있는 행정행위의 전환

의의	행정청이 본래 의도한 행정행위로서는 무효인 행정행위이나, 그것이 다른 행정행위로서의 성립·효력 요건을 갖춘 경우에는, 무용한 절차의 반복을 피하기 위하여 유효한 다른 행정행위로서의 효력을 인정하자는 것을 말한다. ▶ 死者에 대한 재산세부과처분을 상속인에 대한 처분으로 인정
대상	**무효**인 **행정행위에만 인정**된다. (취소사유 있는 행정행위X)
요건	① 전환될 행정행위의 성립·효력요건 갖출 것 ② 하자있는 행정행위와 전환될 행위 사이에 실질적 공통성이 있을 것 ③ 행정청의 의도에 반하지 않을 것 ④ 당사자가 그 전환을 의욕하는 것으로 인정될 것 ⑤ 당사자에게 원처분보다 새로운 불이익을 가하는 것이 아닐 것 ⑥ 제3자의 이익을 침해하는 것이 아닐 것 ⑦ 행정 중복 회피의 의미 있을 것
효과 (소급효)	행정행위 하자 전환으로 인하여 발생한 새로운 행정행위는 종전의 행정행위의 발령 당시로 **소급하여** 효력이 발생한다.

5. 행정행위 하자의 승계

(1) 하자 승계의 논의

① 두 개 이상의 행정행위가 연속하여 행하여졌고 위법한 선행 행정행위에 대해 제소기간 내에 다투지 않아 불가쟁력이 발생하여 더 이상 효력을 다툴 수 없게 된 경우, 제소기간을 도과하지 않은 후행 행정행위에 대해 취소소송을 제기하면서 불가쟁력이 발생한 위법한 선행위의 하자를 후행행위의 위법사유로서 주장할 수 있는지 여부가 하자승계의 문제이다.
② 선행행위의 하자가 후행행위에의 승계를 인정하게 되면 후행행위 자체에는 하자가 없는 경우에도 후행처분을 다툴 수 있게 된다.

전제	① 선행행위와 후행행위 모두 항고소송의 대상이 되는 처분일 것 ② 후행행위에는 하자가 없고, 선행행위에만 하자가 있을 것 ③ 선행행위에는 무효가 아닌 취소사유에 해당하는 하자가 있을 것 ④ 선행행위에 불가쟁력이 발생할 것

(2) 하자의 승계 여부

선행행위가 무효	선행행위의 하자는 후행행위에 **승계**된다.

선행행위가 취소사유	선행행위와 후행행위가 **결합**하여 **하나**의 법률효과를 완성하는 경우
	→ 선행행위의 하자가 후행행위에 **승계**된다.
	
	① 선행행위와 후행행위가 **독립**하여 **별개**의 법적 효과를 목적으로 하는 경우
	   → 선행행위의 하자가 후행행위에 **승계되지 않는다**.
	② **예외적으로** ㉠㉡㉢ 판례는 선행행위와 후행행위가 독립하여 별도의 법적 효과를 발생하는 경우에도 예측가능성과 수인가능성이 없으면 하자의 승계를 인정할 수 있다고 판시하고 있다.
	   ㉠ **개별공시지가결정과 이를 기초로 한 과세처분**
	   ㉡ **표준지공시지가 결정과 수용재결**(수용 보상금증액청구소송)
	   ㉢ **친일반민족행위자결정과 독립유공자예우에 관한 법률 적용배제자 결정**

(3) 하자의 승계 관련 판례

승계O	① **대집행**에 있어서 **계고·통지·실행·비용납부명령** 사이 ② 독촉절차와 체납처분(압류 → 매각 → 청산)사이 ③ 안경사시험합격취소처분과 안경사면허취소처분 ④ 한지의사시험자격인정과 한지의사면허처분 ⑤ 개별공시지가결정과 과세처분 ⑥ 표준지공시지가결정과 수용재결 ⑦ 친일반민족행위자 결정과 독립유공자 예우에 관한 법률에 의한 법적용 배제결정
승계X	① 과세처분과 체납처분 ② 건물**철거명령**과 **대집행계고처분** ③ 직위해제처분과 면직처분 ④ 표준공시지가결정과 과세처분 ⑤ 사업인정과 토지수용재결처분 ⑥ 수강거부처분과 수료처분 ⑦ 「병역법」상 **보충역편입처분과 공익근무요원소집처분** ⑧ 도시계획결정과 수용재결

[주의]
① 승계X : 계고처분의 후속절차인 **대집행**에 위법이 있다고 하더라도, 그와 같은 **후속절차에 위법성이 있다는 점을 들어 선행절차인 계고처분이 부적법하다는 사유로 삼을 수는 없다.** (대판 1997.2.14. 96누15428)
② 승계O : **적법한 건축물에 대한 철거명령은 그 하자가 중대하고 명백하여 당연무효**라고 할 것이고 그 후행행위인 건축물철거 대집행계고처분 역시 **당연무효**라고 할 것이다. (대판 1999.4.27. 97누6780)

제5절 행정행위의 취소와 철회

1. 행정행위의 취소와 철회 비교

구분	행정행위의 취소	행정행위의 철회
사유	성립시 하자	후발적 사유
권한자	**처분청**뿐만 아니라 **감독청**도 직권취소권자	**처분청**(감독청은 철회권 없음)
효력	원칙적으로 소급효	장래에 향하여서만 발생

2. 행정행위의 철회

의의	하자 없이 유효하게 성립된 행정행위에 대해 공익상 그 **효력을 존속시킬 수 없는 새로운 사유가 발생했을 때**, 장래를 향해 그 효력을 잃게 하는 것을 말한다. '행정행위의 폐지'라고도 한다.
철회권자	① 그 처분을 한 **행정청(처분청)**만이 할 수 있다. ② **감독청**은 법률에 명문의 근거가 없는 한 하급행정청의 처분을 **철회할 수 없다**.
근거불요	행정행위를 한 처분청은 비록 그 처분 당시에 별다른 하자가 없었고, 또 그 처분 후에 이를 철회할 **별도의 법적 근거가 없다 하더라도** 원래의 처분을 존속시킬 필요가 없게 된 사정변경이 생겼거나 또는 중대한 공익상의 필요가 발생한 경우에는 그 효력을 상실케 하는 별개의 행정행위로 이를 철회할 수 있다.

요건	① 행정청은 적법한 처분이 다음에 해당하는 경우에는 그 처분의 전부 또는 일부를 **장래를 향하여 철회할 수 있다.** (「행정기본법」 제19조 제1항)
	    ㉠ **법률**에서 정한 철회 사유에 해당하게 된 경우
	    ㉡ 법령등의 변경이나 사정변경으로 처분을 **더 이상 존속시킬 필요가 없게 된** 경우
	    ㉢ **중대한 공익**을 위하여 필요한 경우
	② 행정청은 위의 사유에 따라 처분을 철회하려는 경우에는 철회로 인하여 당사자가 입게 될 불이익을 철회로 달성되는 공익과 비교·형량하여야 한다.

제한	① 부담적 행정행위 : 철회자유(상대방의 불이익 제거) ② 수익적 행정행위 : 철회제한(행정법의 일반원칙)
절차	행정행위의 철회도 행정행위이므로 수익적 행정행위의 철회는 「행정절차법」에 규정되어 있는 의견청취 절차를 거쳐야 한다.
효과 (장래효)	① 행정행위를 철회하면 **장래에 향하여** 행정행위의 **효력이 소멸**된다. ② 수익적 행정행위의 철회에 의하여 상대방이 본인의 귀책사유 없이 특별한 손실을 입은 경우에는 그 손실을 보상하여야 한다.

3. 행정행위의 실효

의의	행정행위의 실효란 하자 없이 성립·발효한 행정행위가 이후 일정한 사정의 발생으로 행정청의 별도의 의사표시 없이도 그 효력이 **당연히 소멸**되는 것을 말한다. ▶ 운전면허를 받은 사람의 사망으로인한 운전면허 실효
효과	행정행위의 실효사유가 발생하면 행정청의 **별도의 행위 없이도** 그 때부터 장래에 향하여 당해 행위의 효력이 소멸한다. 일단 실효된 행정행위는 다시 되살아날 수 없다.

제6절 행정행위의 부관

1. 부관의 의의

의의	① 부관이란 **행정행위의 일반적 효과를 제한**하거나 **새로운 의무를 부과**하기 위하여 부가된 경찰관청의 의사표시를 말한다. ② 직접 법규에 의해 이루어지는 **법정부관**과 **기간**은 부관에 해당하지 않는다.
조건	① 행정행위의 효력발생이나 소멸을 장래의 도래가 **불확실**한 사실에 의존케 하는 경찰관청의 의사표시를 말한다. ② 정지조건이 성취되면 행정행위의 효력을 **당연히 발생**하고, 해제조건이 성취되면 행정행위의 효력을 **당연히 소멸**한다.

	정지조건	① 행정행위의 **효력발생**을 장래 도래가 **불확실**한 사실에 의존시키는 부관 ② 시설완성을 조건으로 한 호텔영업허가, 진입도로의 완공을 조건으로 한 주유소영업허가
	해제조건	① 행정행위의 **효력소멸**을 장래 도래가 **불확실**한 사실에 의존시키는 부관 ② 3개월 이내에 공사에 착수할 것을 조건으로 한 공유수면매립면허

기한	① 행정행위의 효력발생이나 소멸을 장래의 도래가 **확실**한 사실에 의존케 하는 경찰관청의 의사표시를 말한다. ② 시기가 도래하면 행정행위의 효력은 당연히 발생하며, 종기가 도래하면 행정행위의 효력은 당연히 소멸한다. (기한은 행정행위 효력의 존속기간) ③ 허가에 붙은 기한이 그 허가된 사업의 성질상 부당하게 짧은 경우에는 **허가자체**의 존속기간이 아니라 그 **허가조건**의 존속기간(갱신기간)으로 보아 그 기한이 도래함으로써 그 조건의 개정을 고려한다.

효력발생 소멸여부	시기	행정행위 **효력발생**을 장래 도래가 확실한 사실에 의존시키는 부관
	종기	행정행위 **효력소멸**을 장래 도래가 확실한 사실에 의존시키는 부관
기한도래 확정여부	확정	기한도래 확실, 그 시점도 확실(2023년 12월 31일까지 영업하라)
	불확정	기한도래 확실, 기한도래의 시점이 불확실 (A 사망시까지 연금지급)

부담	① 상대방에게 일정한 **작위·부작위·수인·급부의 의무를 과하는** 경찰관청의 의사표시이다. ② 부담은 본체인 행정행위에 부수해서 상대방에게 일정한 의무를 과할 뿐이다. 　㉠ 부담이 붙여져도 행정행위의 효력은 처음부터 완전히 발생한다. 　㉡ 부담 불이행시 당연히 주된 행정행위의 효력이 소멸되는 것은 아니다. 　㉢ **부담의 내용 자체는 하나의 독립된 행정행위이므로 부담만의 독립쟁송이 가능하다.** (부담은 행정행위의 일반적인 효과를 제한하는 것X), 불이행시 강제집행도 가능하다. 　▶ 부담 그 자체가 독립적으로 행정쟁송 및 경찰강제의 대상이 될 수 없다. (X) [21 경간] ③ 영업허가 하면서 종업원의 정기건강진단의무 부과, 도로점용시점용료 납부의무 부과
철회권 유보	① 행정행위에 부가하여 특정한 경우에 행정행위를 **철회할 수 있는 권리**를 유보하는 경찰관청의 의사표시를 말한다. ② 유보된 철회사유가 발생한 경우에도 **당연히 효력이 소멸**되는 것이 아니라, **행정청의 철회의 의사표시가 있어야 효력**이 소멸한다. ③ 행정청이 종교단체에 대하여 기본재산전환인가를 함에 있어 **인가조건**을 부가하고 그 불이행시 인가를 취소할 수 있도록 한 경우, 인가조건의 의미는 **철회권을 유보**한 것이다. (대판 2003.5.30. 2003다6422)
법률효과 일부배제	① 행정행위의 주된 의사표시에 부가하여 **법령에 일반적으로 그 행위에 부여**하고 있는 법률효과의 일부의 발생을 배제하는 경찰관청의 의사표시를 말한다. ② 법률이 부여한 행정행위 효과를 배제하는 것이므로 반드시 **법령의 근거**가 있어야 한다. ③ 도로사용을 허가하면서 사용시간을 야간으로 한정하는 경우, 버스 노선을 지정하여 자동차운수사업을 허가하는 경우, 택시영업을 허가할 때 격일제 운행을 부가하는 경우

1-2. 조건과 부담 비교

① 정지조건부 행정행위는 조건이 성취되기 전까지는 그 효력이 발생하지 않으나, 부담부 행정행위는 처음부터 완전히 효력을 발생한다.
② 해제조건부 행정행위는 조건성취에 의하여 당연히 그 효력을 상실하지만, 부담부 행정행위는 상대방이 그 의무를 이행하지 않는 경우에도 당연히 그 효력이 상실되지 않으며, 행정청의 철회의 의사표시가 있어야 효력이 소멸한다.
③ 조건인지 부담인지가 불분명한 경우에는 상대방에게 유리한 부담(조건X)으로 해석해야 한다.

1-3. 부담 관련 판례

1. 행정처분에 붙인 부담인 부관이 무효가 되면 그 부담의 이행으로 한 사법상 법률행위도 당연히 무효가 되는 것은 아니다.
2. 행정청이 수익적 행정처분을 하면서 부가한 부담의 위법 여부는 처분당시 법령을 기준으로 판단하여야 하고, 부담이 처분당시 법령을 기준으로 적법하다면 처분 후 부담의 전제가 된 주된 행정처분의 근거법령이 개정됨으로써 행정청이 더 이상 부관을 붙일 수 없게 되었다 하더라도 곧바로 위법하게 되거나 그 효력이 소멸하게 되는 것은 아니다. (대판 2009.2.12. 2005다65500)
3. 부담은 행정청이 행정처분을 하면서 일방적으로 부가할 수도 있지만 부담을 부가하기 이전에 상대방과 협의하여 부담의 내용을 협약의 형식으로 미리 정한 다음 행정처분을 하면서 이를 부가할 수도 있다. (대판 2009.2.12. 2005다65500)
4. 행정처분과 부관 사이에 실제적 관련성이 있다고 볼 수 없는 경우 공무원이 위와 같은 공법상의 제한을 회피할 목적으로 행정처분의 상대방과 사이에 사법상 계약을 체결하는 형식을 취하였다면 이는 법치행정의 원리에 반하는 것으로서 위법하다. (대판 2009.12.10. 2007다63966)

1-4. 법률효과 일부배제 관련 판례

행정행위의 부관은 부담의 경우를 제외하고는 독립하여 행정소송의 대상이 될 수 없는 것인바, 행정청이 한 공유수면매립 준공인가 중 매립지 일부에 대하여 한 국가귀속처분은 매립준공인가를 함에 있어서 매립의 면허를 받은 자의 매립지에 대한 소유권취득을 규정한 「공유수면매립법」제14조의 효과 일부를 배제하는 부관을 붙인 것이므로 이러한 행정행위의 부관에 대하여는 독립하여 행정소송의 대상으로 삼을 수 없다. (대판 1991.12.13. 90누8503)

2. 수정부담

① 상대방이 신청한 것과 다르게 경찰허가의 내용을 정하는 부관으로, 상대방이 수정된 내용에 동의하여야 효력이 발생한다.
② 수정부담은 신청을 거부하고 그러한 신청이 있는 것을 전제로 하여 신청과 다른 내용의 행정행위를 한 것이라는 점에서 부관으로 볼 수 없고 하나의 새로운 행정행위(수정허가)로 보아야 할 것이다.
▶ 수정부담은 새로운 의무를 부가하는 것이 아니라 상대방이 신청한 것과 다르게 행정행위의 내용을 정하는 부관을 말하며 상대방의 동의가 있어야 효력이 발생한다. (O) [21 경간]
③ 화물차량의 A도로 통행허가 신청에 대하여 B도로 통행을 허가한 경우

3. 부관의 가능성

재량행위	처분에 재량이 있는 경우에는 부관(조건, 기한, 부담, 철회권의 유보 등)을 붙일 수 있다.
기속행위	① 처분에 재량이 없는 경우(기속행위)에는 **법률에 근거가 있는 경우**에 부관을 붙일 수 있다. ② 법률에 근거없이 기속행위에 부관을 붙이면 그 부관은 **무효**이다. 건축허가를 하면서 일정 토지를 기부채납하도록 하는 내용의 허가조건은 부관을 붙일 수 없는 기속 행위 내지 기속적 재량행위인 건축허가에 붙인 부담이거나 또는 **법령상 아무런 근거가 없는 부관**이어서 **무효**이다. (대판 1995.6.13. 94다56883)

4. 부관의 요건(「행정기본법」 제17조 제4항)

부관은 다음 각 호의 요건에 적합하여야 한다.

1. 해당 처분의 목적에 위배되지 아니할 것
2. 해당 처분과 실질적인 관련이 있을 것
3. 해당 처분의 목적을 달성하기 위하여 필요한 최소한의 범위일 것

5. 사후부관 및 부관의 사후변경

① 원칙 : 행정행위시
② 예외(「행정기본법」) : 행정청은 부관을 붙일 수 있는 처분이 다음에 해당하는 경우에는 그 처분을 한 후에도 부관을 새로 붙이거나 종전의 부관을 변경할 수 있다.

　㉠ 법률에 근거가 있는 경우
　㉡ 당사자의 동의가 있는 경우
　㉢ 사정이 변경되어 부관을 새로 붙이거나 종전의 부관을 변경하지 아니하면 해당 **처분의 목적을 달성할 수 없다**고 인정되는 경우

6. 부관의 하자

무효인 부관과 행정행위 효력	① 중대하고 명백한 하자로 인하여 무효인 부관은 원칙적으로 부관이 없는 행정행위로서 효력을 발생한다. 즉, **부관의 무효**는 본체인 행정행위에 **영향을 미치지 않는다**. ② 그러나, 그 부관이 중대하여 그 부관이 없었다면, 경찰허가를 하지 않았을 것이라고 인정되면 **경찰허가 자체도 무효**가 된다. 도로점용허가의 점용기간은 행정행위의 본질적 요소에 해당하는 것이어서, **부관인 점용기간을 정함에 위법이 있으면 도로점용허가 전부가 위법**이 된다. (대판 1985.7.9. 84누604)
취소할 수 있는 부관	① 부관이 권한이 있는 경찰기관에 의하여 **취소될 때까지는** 행정행위의 효력은 **유효**하다. ② 부관이 **취소되게 되면** 무효의 경우와 동일하게 된다.
하자있는 부관에 대한 쟁송	① 원칙적으로 부관 자체만을 따로 떼어서 행정쟁송의 대상으로 할 수 없다. ② 다만, 그 부관이 부담인 경우에는 부담만의 독립쟁송이 가능하다.

제7절 그 밖의 행정작용

1. 확약(「행정절차법」제40조의2)

의의	법령등에서 당사자가 신청할 수 있는 처분을 규정하고 있는 경우 행정청은 당사자의 신청에 따라 장래에 어떤 처분을 하거나 하지 아니할 것을 내용으로 하는 의사표시("확약")를 할 수 있다.
형식	① 확약은 문서로 하여야 한다. ② 행정청은 다른 행정청과의 협의 등의 절차를 거쳐야 하는 처분에 대하여 확약을 하려는 경우에는 확약을 하기 전에 그 절차를 거쳐야 한다.
기속의 예외	행정청은 다음에 해당하는 경우에는 확약에 기속되지 아니한다. ㉠ 확약을 한 후에 확약의 내용을 이행할 수 없을 정도로 **법령등이나 사정이 변경된 경우** ㉡ **확약이 위법한 경우**
불이행통지	행정청은 확약이 기속의 예외에 해당하여 확약을 이행할 수 없는 경우에는 **지체 없이 당사자에게 그 사실을 통지**하여야 한다.
확약의 성질	**어업권면허에 선행하는 우선순위결정**은 행정청이 우선권자로 결정된 자의 신청이 있으면 어업권면허 처분을 하겠다는 것을 약속하는 행위로서 **강학상 확약에 불과하고 행정처분은 아니므로, 우선순위결정에 공정력이나 불가쟁력과 같은 효력은 인정되지 아니**한다. (대판 1995.1.20. 94누6529)

2. 공법상 계약

의의	공법상 계약이란 공법적 효과의 발생을 목적으로 하는 복수 당사자 사이에 반대방향의 의사표시의 합치로 성립하는 비권력적·쌍방적 공법행위이다.
법률우위원칙 O	공법상 계약도 법령을 위반하여서는 아니 된다.
법률유보원칙 X	공법상 계약은 원칙적으로 **법적 근거가 없이** 의사의 합치만 있으면 체결할 수 있다.
체결	「행정기본법」제27조 ① 행정청은 **법령등을 위반하지 아니하는 범위**에서 행정목적을 달성하기 위하여 필요한 경우에는 공법상 법률관계에 관한 계약("공법상 계약")을 체결할 수 있다. 이 경우 **계약의 목적 및 내용을 명확하게 적은 계약서를 작성하여야 한다.** ② 행정청은 공법상 계약의 상대방을 선정하고 계약 내용을 정할 때 **공법상 계약의 공공성과 제3자의 이해관계를 고려하여야 한다.**
행정절차법 X	① 공법상 계약에는 「행정절차법」이 적용되지 않는다. ② **계약직공무원 채용계약해지의 의사표시는 행정처분과 같이 「행정절차법」에 의하여 근거와 이유를 제시하여야 하는 것은 아니다.**
처분성 X 항고소송 X	① 공법상 계약은 처분성이 인정되지 않으므로 공법상 계약과 관련하여 다툼이 발생하면 **항고소송**을 제기할 수 없고, **공법상 당사자소송**에 의한다.
공법상 당사자소송 O	② **전문직공무원인 공중보건의사의 채용계약 해지의 의사표시**에 대하여는 대등한 당사자간의 소송형식인 **공법상의 당사자소송**으로 그 의사표시의 무효확인을 청구할 수 있는 것이지, 이를 항고소송의 대상이 되는 행정처분이라는 전제하에서 그 취소를 구하는 항고소송을 제기할 수는 없다.

2-2. 공법상 계약 관련 판례

1. 계약직공무원 **채용계약해지의 의사표시**는 일반공무원에 대한 징계처분과는 달라서 항고소송의 대상이 되는 처분 등의 성격을 가진 것으로 인정되지 아니하고, 일정한 사유가 있을 때에 국가 또는 지방자치단체가 채용계약 관계의 한쪽 당사자로서 대등한 지위에서 행하는 의사표시로 취급되는 것으로 이해되므로, 행정처분과 같이 「행정절차법」에 의하여 근거와 이유를 제시하여야 하는 것은 아니다. (대판 1994.3.22. 93누22517) ▶ 공법상 계약에는 「행정절차법」이 적용되지 않는다.
2. 전문직공무원인 공중보건의사의 **채용계약 해지의 의사표시**에 대하여는 대등한 당사자간의 소송형식인 **공법상의 당사자소송**으로 그 의사표시의 무효확인을 청구할 수 있는 것이지, 이를 항고소송의 대상이 되는 행정처분이라는 전제하에서 그 취소를 구하는 항고소송을 제기할 수는 없다. (대판 1996.5.31. 95누10617) ▶ 공법상 계약은 처분성이 인정되지 않으므로 항고소송을 제기할 수 없고, 공법상 당사자소송에 의한다.

3. 행정상 사실행위

의의		① 직접적으로 사실상의 결과만을 가져오는 행위를 의미한다.(일정한 법적 효과 발생 목적X) ② 경찰강제(강제집행, 즉시강제), 단순한 교통경찰관의 지시, 교통정리, 교통안전시설의 설치관리
유형	권력적 사실행위	① 강제집행이나 즉시강제처럼 행정주체가 국민의 신체·재산 등에 대하여 강제력을 행사하여 행정목적을 실현하는 사실행위 ② 법률유보가 적용되어 **작용법적 근거가 요구**된다. ③ 권력적 사실행위는 그 침해가 단기간에 끝나는 경우가 대부분이므로 협의의 소익이 부정되어 항고쟁송에 구제는 적합하지 않는 것이 대부분이다.
	비권력적 사실행위	① 행정지도, 순찰 등과 같이 권력적 수단을 사용하지 아니하고 행하는 사실행위 ② **작용법적 근거가 요구되지 않는다.** ③ 비권력적 사실행위는 처분성이 부정되어 항고쟁송의 대상이 될 수 없다.
구제	항고쟁송X	권력적 사실행위는 그 침해가 단기간에 끝나는 경우가 대부분이므로 협의의 소익이 부정, 비권력적 사실행위는 처분성이 부정되어 항고쟁송의 대상이 될 수 없다.
	손해배상O	위법한 사실행위에 의해 상대방에게 손해가 발생한 경우 「국가배상법」상 요건이 충족되면 행정상 손해배상을 청구할 수 있다.

4. 행정지도

의의	"행정지도"란 행정기관이 그 소관 사무의 범위에서 일정한 행정목적을 실현하기 위하여 특정인에게 일정한 행위를 하거나 하지 아니하도록 지도, 권고, 조언 등을 하는 행정작용을 말한다.
성질	① **비권력적 사실행위** → **작용법적 근거필요X, 행정소송(항고소송)의 대상X** ② **형식X**(서면, 구술 모두O) ▶ 행정지도는 문서로 하는 것이 원칙이다. (X) [19 채용]
원칙	① 행정지도는 그 목적달성에 필요한 최소한도에 그쳐야 하며, 상대방의 의사에 반하여 부당하게 강요하여서는 아니 된다. ▶ **비례원칙(과잉금지원칙), 임의성원칙** ② 행정기관은 행정지도의 상대방이 행정지도에 따르지 아니하였다는 것을 이유로 **불이익한 조치를 하여서는 아니 된다.** ▶ **불이익조치금지원칙**
방식	① 행정지도를 행하는 자는 그 상대방에게 당해 행정지도의 취지·내용 및 **신분을 밝혀야 한다.** ▶ **행정지도실명제** ② 행정지도가 **구술**로 이루어지는 경우에 서면의 **교부를 요구**하는 때에는 직무수행에 특별한 지장이 없는 한 이를 **교부하여야 한다.** (구술과 서면 모두 가능)
의견제출	상대방은 당해 행정지도의 방식·내용 등에 관하여 행정기관에 **의견제출**을 할 수 있다.
구제	**위법**한 행정지도로 국민이 손해를 입으면 **국가배상책임이 인정될 수 있다.**

5. 행정계획

의의		행정계획이라 함은 행정에 관한 전문적·기술적 판단을 기초로 하여 도시의 건설·정비·개량 등과 같은 특정한 행정목표를 달성하기 위하여 서로 관련되는 행정수단을 종합·조정함으로써 장래의 일정한 시점에 있어서 일정한 질서를 실현하기 위한 활동기준으로 설정된 것이다.
종류	구속적 행정계획	구속적 계획이란 국민 또는 행정기관에 대해 일정한 구속력을 가지는 일체의 행정계획을 말한다.
	비구속적 행정계획	대외적으로 일반국민, 대내적으로 어떠한 행정기관에 대해서도 구속력이 발생하지 않는 계획을 말한다.
계획수립		「행정절차법」 제40조의 4(행정계획의 수립) 행정청은 행정청이 수립하는 계획 중 국민의 권리·의무에 직접 영향을 미치는 계획을 수립하거나 변경·폐지할 때에는 관련된 여러 이익을 정당하게 형량하여야 한다.

제7장
경찰상 의무이행 확보수단

1. 경찰상 의무이행 확보수단(행정의 실효성 확보수단)의 개관

전통적 의무이행 확보수단	경찰강제	즉시강제		직접적 강제수단
		강제집행	대집행	
			직접강제	
			강제징수	
			집행벌(이행강제금)	
	경찰벌	경찰**형벌**		
		경찰**질서벌**(과태료)		
새로운 의무이행 확보수단	① 금전상 제재(**과징금**, 가산금, 가산세, 부당이득세 등) ② 공표제도(명단공개) ③ 수익적 행정행위의 취소·철회(영업허가 취소) ④ 관허사업의 제한 ⑤ 국외여행 제한 ⑥ 취업제한 ⑦ 공급거부(단전·단수 조치) ⑧ 각종 신고포상금제도			간접적 강제수단

2. 경찰상 강제집행

의의 및 근거	① **경찰하명**에 의한 **경찰의무의 불이행**에 대하여 경찰권 자신이 강제적으로 의무를 이행시키거나 이행된 것과 동일한 상태를 실현시키는 작용 ② **일반법 : 행정대집행법, 국세징수법** 　개별법 : 도로교통법, 출입국관리법, 관세법, 식품위생법, 건축법 등 ③ 강제집행의 수단 : 대집행, 집행벌(이행강제금), 직접강제, 강제징수

정리 | 경찰상 강제집행과 즉시강제 비교

	경찰상 강제집행	경찰상 즉시강제
법적 근거	일반법 : 행정대집행법, 국세징수법	일반법 : 경찰관 직무집행법
의무 존부	선행의무의 존재와 그 **불이행을 전제**로 한다.	**의무 불이행 전제X**
특징	**최후의 수단**	목전에 급박한, 시간적 여유가 없을 때

2-2. 경찰상 강제집행의 수단

▶ 경찰상의 강제집행을 하기 위해서는 경찰의무를 부과하는 경찰하명의 근거가 되는 법률 이외에 경찰상의 강제집행을 위한 별도의 법적 근거가 있어야 한다. (O) [23 경간]

대집행	① 공법상(사법상X)의 대체적(비대체적X) 작위(부작위X)의무의 불이행이 있는 경우, 그 당해 경찰관청이 스스로 또는 제3자로 하여금 의무자가 하여야 할 행위를 하게 함으로써 의무의 이행이 있는 것과 같은 상태를 실현시킨 후 그에 관한 비용을 의무자로부터 징수하는 경찰상의 강제집행이다. ▶ 예) 불법주차차량 강제견인조치, 무허가건물철거, 쓰레기 제거, 벽보 제거, 광고물 제거

	대상O	공법상(사법상X) 대체적(비대체적X) 작위(부작위X)의무 불이행
		① 비대체적 의무 : 사람이 점유하고 있는 토지나 건물의 인도·명도의무, 증인출석의무 등
		구「공공용지의 취득 및 손실보상에 관한 특례법」에 따른 토지 등의 협의취득은 공공기관이 사경제주체로서 행하는 사법상 매매 내지 사법상 계약의 성질을 가지는 것이므로, 그 협의취득시 건물소유자가 매매대상 건물에 대한 철거의무를 부담하겠다는 취지의 약정을 하였다고 하더라도 이러한 철거의무는 공법상의 의무가 될 수 없고, 위와 같은 철거의무는「행정대집행법」에 의한 대집행의 대상이 되지 않는다. (대판 2006.10.13. 2006두7096)
대집행	대상X	② 부작위 의무 : 장례식장 사용중지의무
		관계 법령에 위반하여 장례식장 영업을 하고 있는 자의 장례식장 사용 중지 의무는「행정대집행법」제2조의 규정에 의한 대집행의 대상이 아니다. (대판 2005.9.28. 2005두7464)
		▶ 부작위 의무 불이행을 시정하기 위해서 바로 대집행을 할 수 없다. → 하명을 통하여 대체적 작위의무를 부과하고 그 의무를 이행하지 않는 경우 대집행을 할 수 있다. 이 경우 하명을 통하여 대체적 작위의무를 부과하기 위한 법률적 근거가 필요하다.

▶ 공법상 의무 부여 방법 : 법률(법률의 위임에 의한 명령, 지방자치단체의 조례 포함)에서 직접 부여될 수도 있고, 법률에 의거한 행정청의 명령에 의해 부여될 수도 있다.
② 주체 : 대집행의 대상이 되는 의무를 부과한 행정청 또는 직접 법령에 의하여 의무가 부과된 경우에는 그 법령의 집행책임을 지고 있는 관할 행정청
③ 일반법 :「행정대집행법」
④ 요건

> ㉠ 공법상 대체적 작위의무 불이행이 있을 것
> ㉡ 보충성 원칙 : 다른 수단으로는 이행을 확보하기 곤란할 것
> ㉢ 의무불이행을 방치함이 심히 공익을 해할 것
> ㉣ 대집행(재량) : 대집행의 요건을 충족한 경우 대집행을 할 것인지 여부에 관련하여 규정 형식을 근거로 재량에 속한다고 보는 견해가 다수설이다.

⑤ 대집행 행사 방해시 제재 : 형법상 공무집행방해죄 성립

> 행정청이 행정대집행의 방법으로 건물철거의무의 이행을 실현할 수 있는 경우에는 건물철거 대집행 과정에서 부수적으로 건물의 점유자들에 대한 퇴거조치를 할 수 있고, 점유자들이 적법한 행정대집행을 위력을 행사하여 방해하는 경우 형법상 공무집행방해죄가 성립하므로, 필요한 경우에는 '경찰관 직무집행법'에 근거한 위험발생 방지조치 또는 형법상 공무집행방해죄의 범행방지 내지 현행범 체포의 차원에서 경찰의 도움을 받을 수도 있다. (대판 2017.4.28. 2016다213916)

대집행 절차		대집행의 **계고** → 대집행영장에 의한 **통지** → 대집행의 **실행** → **비용**의 징수
계고	의의	상당한 이행기간을 정하여 그 기간까지 이행되지 않을 때에는 대집행을 한다는 뜻을 미리 문서로 알리는 것이다.
	생략O	비상시 또는 위험이 절박한 경우 계고를 할 여유가 없을 때에는 계고를 생략할 수 있다.
	성질	① 계고는 **준법률행위적 행정행위**로서 **통지**에 해당한다. ② 처분성이 인정되어 항고소송의 대상이 된다. ③ 반복된 계고의 경우는 **제1차 계고만** 항고소송의 대상이 된다.
	요건	① **상당한 이행기간**을 부여하여야 한다. ▶ 이행기간이 상당하지 않은 계고 : 위법 ② **문서**로 하여야 한다. ▶ **구두**에 의한 계고 : 무효 ③ **대집행할 행위의 내용과 범위를 구체적으로 특정**하여야 한다. ▶ 대집행할 행위의 내용과 범위를 **구체적으로 특정하지 않은** 계고 : 위법 ④ 행정처분과 계고 결합 가능 의무를 부과하는 처분을 할 때에 이미 대집행 요건이 충족될 것이 확실하고 또는 그 급속한 실시를 위해 긴급한 필요가 있는 경우에는 행정처분과 계고가 결합될 수 있다는 입장이다. (대판 1990.9.14. 90누2048)
통지	의의	계고의 지정기한까지 그 의무불이행시 행정청은 대집행영장으로써 대집행을 할 시기, 대집행책임자의 성명, 대집행에 요하는 비용의 개산(槪算)액을 의무자에게 통지하여야 한다.
	생략O	비상시 또는 위험이 절박한 경우에 당해 행위의 급속한 실시를 위한 경우에는 통지를 생략할 수 있다.
	성질	① 통지는 **준법률행위적 행정행위**로서 **통지**에 해당한다. ② 처분성이 인정되어 항고소송의 대상이 된다.
실행	의의	의무자가 지정된 기한까지 의무를 이행하지 않는 경우에 당해 행정청이 스스로 또는 제3자로 하여금 집행의 결과를 실현하는 것이다.
	성질	대집행의 실행은 **권력적 사실행위**로서 **처분성이 인정**된다.
	시기	해가 뜨기 전이나 해가 진 후에는 대집행을 하여서는 아니 된다. 다만, 다음에 해당하는 경우에는 그러하지 아니하다. ㉠ 의무자가 동의한 경우 ㉡ 해가 지기 전에 대집행을 착수한 경우 ㉢ 해가 뜬 후부터 해가 지기 전까지 대집행을 하는 경우에는 대집행의 목적달성이 불가능한 경우 ㉣ 그 밖에 비상시 또는 위험이 절박한 경우
비용징수		① 대집행의 비용은 **의무자**가 부담한다. ② 대집행에 요한 비용의 징수에 있어서는 실제에 요한 비용액과 그 납기일을 정하여 의무자에게 문서로써 그 납부를 명하여야 한다. ③ 납부를 하지 않을 때에는 「**국세징수법**」에 따라 **강제징수**할 수 있다.
하자승계		① 승계O : 계고·영장에 의한 통지·대집행실행·비용납부명령 사이 ② 승계X : 대체적 작위의무 부과처분(무허가 건물 철거명령 등)과 계고처분 사이

대집행에 대한 구제	행정심판 O	위법 또는 부당한 대집행으로 인하여 권리나 이익을 침해당한 자는 행정심판을 제기할 수 있다.
	행정쟁송 O	① 대집행의 각 절차(계고, 통지, 실행, 비용납부명령)는 모두 처분성이 인정되므로 항고소송의 대상이 된다. ② 대집행실행이 이미 완료된 경우 소의 이익이 부정되어 청구는 각하된다.
	국가배상 O	① 위법한 대집행으로 손해를 입은 경우 「국가배상법」상의 손해배상을 청구할 수 있다. ② 위법한 행정대집행이 완료되면 그 처분의 무효확인 또는 취소를 구할 소의 이익은 없다 하더라도, 미리 그 행정처분의 취소판결이 있어야만 그 행정처분의 위법임을 이유로 한 손해배상 청구를 할 수 있는 것은 아니다.

● 참고 ●

행정대집행 관련 판례

1. 계고가 반복적으로 부과된 경우 제1차 계고가 행정처분이라면 **같은 내용이 반복된 제2차 계고는 새로운 의무를 부과하는 것이 아니어서 행정처분이 아니다.** (대판 1991.1.25. 90누5962)
2. 대집행의 내용과 범위는 대집행의 계고서에 의해서만 특정되어야 하는 것이 아니고, **계고처분 전후에 송달된 문서나 기타 사정을 종합하여 행위의 내용이 특정되면 족하다.** (대판 1992.3.10. 91누4140)
3. 계고서라는 명칭의 1장의 문서로서 일정기간 내에 위법건축물의 자진철거를 명함과 동시에 그 소정기한 내에 자진철거를 하지 아니할 때에는 대집행할 뜻을 미리 계고한 경우라도 건축법에 의한 **철거명령과 「행정대집행법」에 의한 계고처분은 독립하여 있는 것으로서 각 그 요건이 충족되었다고 볼 것이다.** 철거명령에서 주어진 일정기간이 자진철거에 필요한 상당한 기간이라면 그 기간 속에는 계고시에 필요한 '상당한 이행기간'도 포함되어 있다고 보아야 할 것이다. (대판 1992.6.12. 91누13564)
4. 행정대집행을 실행할 때 대집행 **상대방이 저항하는 경우에 대집행 책임자가 실력행사를 하여 직접강제를 할 수 있는 지**에 대해 명문의 규정이 없으며, 이에 대한 명시적 판례도 존재하지 않는다.

집행벌 (이행강제금)	① **부작위**의무 또는 **비대체적** 작위의무의 불이행이 있는 경우, 의무의 이행을 강제하기 위한 수단으로서 **강제금을 과하는 벌**을 말한다. 　▶「건축법」은 **대체적** 작위의무 불이행의 경우에도 이행강제금을 부과할 수 있다. ② **간접적·심리적(직접적X)** 의무이행확보수단이다. ③ 근거 : 「**건축법**」 제80조(이행강제금) 　▶ **일반법**은 없다. ④ 병과O : 집행벌(이행강제금)은 **행정벌** 등과 **병과**될 수 있다. (없다X) ⑤ 반복부과O : 의무이행이 있을 때까지 **반복**하여 과할 수 있다. [20·21 승진, 21 경간] ⑥ **승계X** 　구「건축법」상의 이행강제금은 구「건축법」의 위반행위에 대하여 시정명령을 받은 후 시정기간 내에 당해 시정명령을 이행하지 아니한 건축주 등에 대하여 부과되는 간접강제의 일종으로서 그 이행강제금 납부의무는 상속인 기타의 사람에게 **승계될 수 없는**(승계될 수 있다X) **일신전속적인 성질의 것**이므로 **이미 사망한 사람에게 이행강제금을 부과**하는 내용의 처분이나 결정은 **당연무효**이다. (대결 2006.12.8. 2006마470) 　↔ 과징금 : 승계O ⑦ 구제 | 항고소송O | 「건축법」에는 이행강제금부과에 대한 불복규정이 없다. → 처분성이 인정되어 항고소송의 대상이 된다. | | 항고소송X | 개별법에 이행강제금부과에 관한 규정을 두고 있는 경우 → 처분성이 인정되지 않아 항고소송의 대상이 되지 않는다. |
직접강제	① 경찰법상의 의무불이행에 대한 **최후의 수단**으로서, 직접적으로 의무자의 신체·재산에 실력을 행사하여 **의무의 이행이 있었던 것과 동일한 상태를 실현**하는 경찰상의 강제집행의 일종이다. 　▶ 예) 외국인의 강제퇴거, 무허가 영업소에 대한 폐쇄, 해산명령 불이행에 따른 해산조치 ② 대상 : 대체적, 비대체적, 부작위, 수인의무 등 **일체의 의무불이행**에 대해서 할 수 있다. ③ 근거 : 개별법에서 극히 예외적으로 인정하고 있다. 　㉠ 해산명령 후의 집회자 해산 　㉡ 불법영업소의 폐쇄조치 　㉢ 사증없이 입국한 외국인의 강제퇴거 　　「출입국관리법」에 따른 강제퇴거명령을 받은 외국인의 '보호'는 퇴거명령에 따른 의무불이행을 전제로 하므로 즉시강제가 아니라 **강제집행 중 직접강제에 해당**한다. 또한 보호기간의 상한을 법률에서 규정하지 않은 것은 헌법에 위반되지 않는다는 것이 헌법재판소 판례이다. (헌재 2018.2.22. 2017헌가29) 　▶ **일반법**은 없다. ④ 최후의 수단 : **과잉금지의 원칙, 보충성 원칙** 적용. 직접강제는 강제집행수단 중 **가장 강력한 수단**으로 국민의 기본권 침해 가능성이 높으므로 이를 행사할 때에는 과잉금지의 원칙, 보충성의 원칙이 적용되어 최후의 수단으로 사용하여야 한다.

강제징수	① 경찰법상의 **금전급부의무**의 불이행이 있는 경우 경찰관청이 강제적으로 의무가 이행된 것과 동일한 상태를 실현하는 경찰상 강제집행의 일종이다. ② 일반법 : **국세징수법**(국세기본법X)에 의한 체납처분절차에 의한다. ③ 절차 : **독촉 → 압류 → 매각 → 청산** 공매처분을 하면서 체납자 등에게 공매통지를 하지 않았거나 공매통지를 하였더라도 그것이 적법하지 아니한 경우에는 절차상 흠이 있어 그 공매처분이 위법하게 되는 것이다. (대판 2011.3.24. 2010두25527) ④ 처분성O : **독촉은 처분성이 인정**된다. ▶ 반복된 독촉의 경우 **최초(제1회) 독촉만** 처분성이 인정된다.

> **참고**

「행정대집행법」 [시행 2015. 11. 19.]

목적 (제1조)	행정의무의 이행확보에 관하여서는 따로 법률로써 정하는 것을 제외하고는 본법의 정하는 바에 의한다.
대집행과 비용징수 (제2조)	법률(법률의 위임에 의한 명령, 지방자치단체의 **조례를 포함한다**.)에 의하여 직접명령되었거나 또는 법률에 의거한 행정청의 명령에 의한 행위로서 **타인이 대신하여 행할 수 있는 행위**를 의무자가 이행하지 아니하는 경우 **다른 수단으로써 그 이행을 확보하기 곤란하고 또한 그 불이행을 방치함이 심히 공익을 해할 것으로 인정될 때**에는 당해 행정청은 스스로 의무자가 하여야 할 행위를 하거나 또는 제삼자로 하여금 이를 하게 하여 그 비용을 의무자로부터 징수할 수 있다.
대집행 절차 (제3조)	① 전조의 규정에 의한 처분(대집행)을 하려함에 있어서는 상당한 이행기한을 정하여 그 기한까지 이행되지 아니할 때에는 대집행을 한다는 뜻을 **미리 문서로써 계고**하여야 한다. 이 경우 행정청은 상당한 이행기한을 정함에 있어 의무의 성질·내용 등을 고려하여 사회통념상 해당 의무를 이행하는데 필요한 기간이 확보되도록 하여야 한다. ② 의무자가 전항의 계고를 받고 지정기한까지 그 의무를 이행하지 아니할 때에는 당해 행정청은 대집행영장으로써 대집행을 할 시기, 대집행을 시키기 위하여 파견하는 집행책임자의 성명과 대집행에 요하는 비용의 개산에 의한 **견적액을 의무자에게 통지**하여야 한다. ③ 비상시 또는 위험이 절박한 경우에 있어서 당해 행위의 급속한 실시를 요하여 전2항에 규정한 수속을 취할 여유가 없을 때에는 그 수속을 거치지 아니하고 대집행을 할 수 있다.

대집행
실행
(제4조)
	① 행정청(제2조에 따라 대집행을 실행하는 제3자를 포함한다.)은 **해가 뜨기 전이나 해가진 후에는 대집행을 하여서는 아니 된다**. 다만, 다음 각 호의 어느 하나에 해당하는 경우에는 **그러하지 아니하다**.
	  1. **의무자가 동의**한 경우
	  2. 해가 지기 **전**에 대집행을 **착수**한 경우
	  3. 해가 뜬 후부터 해가 지기 **전까지** 대집행을 하는 경우에는 대집행의 **목적 달성이 불가능**한 경우
	  4. 그 밖에 **비상시 또는 위험이 절박**한 경우
	② 행정청은 대집행을 할 때 대집행 과정에서의 안전 확보를 위하여 필요하다고 인정하는 경우 현장에 긴급 의료장비나 시설을 갖추는 등 필요한 조치를 하여야 한다.
	③ 대집행을 하기 위하여 현장에 파견되는 집행책임자는 그가 집행책임자라는 것을 표시한 증표를 휴대하여 대집행시에 이해관계인에게 제시하여야 한다.

비용납부 명령서 (제5조)	대집행에 요한 비용의 징수에 있어서는 실제에 요한 비용액과 그 납기일을 정하여 의무자에게 문서로써 그 납부를 명하여야 한다.
비용징수 (제6조)	① **대집행에 요한 비용은 국세징수법의 예에 의하여 징수할 수 있다.** ② 대집행에 요한 비용에 대하여서는 행정청은 사무비의 소속에 따라 국세에 다음가는 순위의 선취득권을 가진다. ③ 대집행에 요한 비용을 징수하였을 때에는 그 징수금은 사무비의 소속에 따라 국고 또는 지방자치단체의 수입으로 한다.
행정심판 (제7조)	대집행에 대하여는 **행정심판을 제기할 수 있다**.

3. 경찰상 즉시강제

의의	① **목전의 급박한** 경찰상 장해를 미연에 제거하고 장해발생을 예방하기 위하여 미리 의무를 명할 **시간적 여유가 없을 때** 또는 그 성질상 의무를 명하는 것으로는 그 목적을 달성하기 곤란할 때 **직접** 국민의 신체 또는 재산에 **실력을 가하여** 경찰상 필요한 상태를 실현시키는 작용이다. ▶ 예) 자연재해로 인한 강제피난조치, 감염병 환자의 즉각적인 강제격리 [20 채용] ② **행정상의 의무존재와 의무불이행**을 전제로 하지 않는다.	
근거	① 행정상 즉시강제는 반드시 법적 근거가 있어야 한다. [23 경간] ② 행정상 즉시강제 일반법은 없다. 　┌─ ㉠ 경찰행정상 즉시강제 일반법 : 「**경찰관 직무집행법**」 　│　　ⓐ 「경찰관 직무집행법」 제6조 제1항 중 경찰관의 제지에 관한 부분은 범죄의 예방을 위한 경찰행정상 **즉시강제**에 관한 근거조항이다. 　│　　ⓑ 「경찰관 직무집행법」 제4조 제1항 제1호에서 규정하는 "술에 취하여 자신 또는 다른 사람의 생명·신체·재산에 위해를 끼칠 우려가 있는 사람"에 대한 보호조치는 행정상 **즉시강제**에 해당한다. 　└─ ㉡ 개별법 : 마약류 관리에 관한 법률, 감염병의 예방 및 관리에 관한 법률, 식품위생법 등	
수단	대인적 즉시강제	감염병환자의 즉각적인 강제격리, 불심검문, 보호조치, 위험발생 방지조치, 범죄의 예방·제지 조치, 무기사용, 경찰장구의 사용, 분사기 등의 사용
	대물적 즉시강제	**물건 등의 임시영치**, 위험발생 방지조치
	대가택적 즉시강제	위험방지를 위한 가택출입·검색
한계	법규상 한계	엄격한 실정법적 근거가 필요하다. [22 채용]
	조리상 한계	① **급박성** : 행정상 장해가 목전에 급박하여야 한다. ② **보충성** : 사회공공의 안녕·질서의 유지를 위해 필요한 한도 내에 그쳐야 한다. ③ **비례성** : 적합성, 필요성, 상당성의 원칙을 충족해야 한다. ④ **소극성** : 다른 수단으로는 행정목적을 달성할 수 없어야 한다. 강제집행으로 목적달성이 가능하다면 즉시강제는 불가능하다.
	절차상 한계	判, 多 (영장주의O) : ① **원칙** : **영장주의 적용**된다. ② **예외** : 행정목적의 달성을 위하여 불가피하다고 인정할 만한 합리적 이유가 있는 경우에 한하여 영장없이 즉시강제가 가능하다. 헌법재판소 (영장주의X) : **원칙** : **영장주의 적용되지 않는다.**

		즉시강제를 규정한 법령의 목적을 달성하기 위해 구체적 상황에 따른 최소한의 강제력 행사가 가능하다. 단, 필요이상의 실력행사는 위법이므로 국가배상책임이 발생할 수 있다. [20 채용]
구제	적법한 즉시강제	
	긴급피난O	일정한 요건 하에서 형법상 위법성조각사유에 해당하는 경우 긴급피난이 가능하다.
	손실보상O	적법한 즉시강제로 인한 피해가 특별한 희생에 해당한다면 손실보상청구가 가능하다.
	위법한 즉시강제	
	공무집행방해죄X	위법한 즉시강제에 항거시 공무집행방해죄를 구성하지 않는다.
	정당방위O	자기 또는 타인의 법익에 대한 현재의 위법한 침해에 해당하는 경우 정당방위가 가능하다.
	행정쟁송	① 즉시강제는 권력적 사실행위로서 처분성이 인정되면 행정쟁송 제기가 가능하다. ② 다만, 즉시강제는 성질상 단기간 내 종료되는 것이 대부분이어서, **이미 종료된 상태**라면 행정쟁송 제기가 **불가**하다.
	손해배상O (손실보상X)	권리나 이익의 침해를 받은 개인은 「**국가배상법**」에 의한 **배상**을 통해서 구제할 수 있다. ▶ 위법한 즉시강제에 의한 수인 한도를 넘는 특별한 희생을 받은 경우 손실보상 청구가 가능하며, 이러한 내용은 개정된 「경찰관 직무집행법」 제11조의2에서 명시적으로 규정하고 있다. (X) [22 채용]

3-2. 경찰상 즉시강제 관련 판례

1. 불법게임물 행정상 즉시강제 사건
이 사건에서 법률조항은 앞에서 본 바와 같이 **급박한 상황에 대처하기 위한 것**으로서 그 불가피성과 정당성이 충분히 인정되는 경우이므로 이 사건 법률조항이 **영장 없는 수거를** 인정한다고 하더라도 이를 두고 「**헌법**」상 **영장주의에 위배**되는 것으로는 볼 수 없고, 위 구 「음반·비디오물 및 게임물에 관한 법률」 제24조 제4항에서 관계공무원이 당해 게임물 등을 수거한 때에는 그 소유자 또는 점유자에게 수거증을 교부하도록 하고 있고, 동조 제6항에서 수거 등 처분을 하는 관계공무원이나 협회 또는 단체의 임·직원은 **그 권한을 표시하는 증표를 지니고 관계인에게 이를 제시하도록** 하는 등의 **절차적 요건을 규정**하고 있으므로, 이 사건 법률조항이 **적법절차의 원칙에 위배되는 것으로 보기 어렵다.** (헌재 2002.10.31. 2000헌가12)

2. 시간적·장소적으로 근접하지 않은 다른 지역에서 집회·시위에 참가하기 위하여 출발 또는 이동하는 행위를 **함부로 제지**하는 것은 공무원의 적법한 직무집행에 포함될 수 없다.

정리 | 강제집행과 즉시강제의 비교

	강제집행	즉시강제
의무불이행	의무불이행 전제O	의무불이행 전제X
일반법	「행정대집행법」, 「국세징수법」	「경찰관 직무집행법」
수단	대집행, 집행벌, 직접강제, 강제징수	즉시강제 (대인적, 대물적, 대가택적)
공통점	① 권력적 사실행위 : 상대방의 신체·재산 등에 대한 실력행사 ② 장래의 의무이행 실현 작용 ③ 행정권의 자력 집행	

4. 경찰벌

경찰형벌	① 경찰형벌이란 **경찰법규 위반에 대한 제재**로서 사형, 징역, 금고, 자격상실, 자격정지, 벌금, 구류, 과료, 몰수 등 **형법 제41조**에 규정된 형을 과하는 경찰벌을 말한다.
	② 원칙적으로 **형사소송법**에 의한 절차를 따르되, 예외적으로 **즉결심판절차** 또는 **통고처분절차**에 의해서 과하여지는 경우도 있다.
	③ **죄형법정주의가 적용**되며, **법적 근거가 필요**하다.
	▶ 원칙적으로 **형법총칙의 규정이 적용**되며, 개별법에 특별한 규정이 있는 경우에는 그에 따른다.
	④ **고의·과실**이 있어야 한다.
	▶ 과실 : 명문규정이 없는 경우에도 행정벌 **규정 해석상 과실범을 처벌한다는 뜻이 도출되는 경우**에는 과실범을 처벌할 수 있다.
	⑤ 법인 : **과실 책임**(무과실 책임X)
	    ㉠ 헌법재판소는 종업원 등의 범죄행위와 관련하여 선임·감독상의 주의의무를 다하여 아무런 잘못이 없는 영업주도 처벌하도록 규정하고 있는 양벌규정을 법치국가의 원리 및 죄형법정주의로부터 도출되는 형벌에 관한 책임주의에 반하므로 위헌이라고 본다.
	    ㉡ 양벌규정에 의한 영업주 처벌은 금지위반행위자인 종업원의 처벌에 종속하는 것이 아니라 독립하여 그 **자신의 종업원에 대한 선임감독상의 과실로 인하여 처벌**(무과실 책임X)되는 것이므로 **종업원의 범죄성립이나 처벌이 영업주 처벌의 전제조건이 될 필요는 없다.**

경찰질서벌 (과태료)	① 경찰질서벌이란 **경찰법상의 의무위반에 대한 제재**로서 형법상의 형명이 없는 벌, 즉 **과태료**를 과하는 경찰벌을 말한다. ② 경찰질서벌은 신고·보고·등록·서류비치·장부기재의무 등의 위반과 같이 직접적으로 경찰 목적을 침해하는 것이 아니라 간접적으로 질서유지에 장애를 줄 위험이 있는 경우에 과하는 제재이며, 일종의 금전벌이다. ③ 과벌절차는 **질서위반행위규제법** 및 **비송사건절차법**이 정하는 바에 의한다. ④ **죄형법정주의**가 적용되지 않는다. ▶ **형법총칙**이 적용되지 않는다.
조례에 의한 과태료	① 지방자치법에 의거하여 지방자치단체의 조례로서 정하는 과태료이다. ② 경찰질서벌의 성질을 가진 것과 경찰형벌의 성질을 가진 것이 있다. ③ 특별한 규정이 없는 한 지방세 징수의 예에 따라 지방자치단체의 장 또는 그 위임을 받은 자가 부과·징수하는 점에서 경찰질서벌과 다르다.

• 참고 •

「지방자치법」 제34조(조례 위반에 대한 과태료)

① 지방자치단체는 조례를 위반한 행위에 대하여 조례로써 1천만원 이하의 과태료를 정할 수 있다.
② 제1항에 따른 과태료는 해당 지방자치단체의 장이나 그 관할 구역의 지방자치단체의 장이 부과·징수한다.

4-2. 경찰벌 관련 판례

1. 자동차의 임시운행허가를 받은 자가 임시운행허가기간을 넘어 운행한 경우라면 과태료의 제재만을 받게 되겠지만, 무등록 차량에 관하여 임시운행허가기간을 넘어 운행한 경우라면 과태료와 별도로 형사처벌의 대상이 된다. (대판 1996.4.12. 96도158)
2. 집시법 제19조 제2항에서 금지통고된 옥외집회·시위 등을 주최한 경우는 단순히 행정질서에 장해를 줄 위험성이 있는 정도의 의무위반 내지 의무위반이 아니고 직접적으로 행정목적을 침해하고 나아가 공익을 침해할 고도의 개연성을 띤 행위라고 볼 수 있으므로 이에 대하여 행정형벌을 과하도록 한 집시법 제19조 제2항이 위의 법리를 어긴 것이어서 헌법 제21조 제1항, 제2항에 위반된다고 할 수 없고, 또 그 행정형벌의 내용으로서 2년 "이하의" 징역이나 200만원 "이하의" 벌금형에 처하도록 한 것이 위 입법재량의 한계를 벗어난 과중한 처벌이라고도 볼 수 없다. 그리고 형량이 높다고 하여 신고제가 사실상 허가제화한다거나 형량이 낮다고 하여 그 반대가 된다고도 볼 수 없다. 따라서 집시법 제19조 제2항은 헌법 제21조 제1항, 제2항에 위반되지 아니한다. (헌재 1994.4.28. 91헌바14)
3. 국가가 본래 그의 사무의 일부를 지방자치단체의 장에게 위임하여 그 사무를 처리하게 하는 **기관 위임사무의 경우**에는 지방자치단체는 국가기관의 일부로 보기 때문에 처벌대상이 되는 **법인에 해당하지 않는다. (해당한다X)** 다만, 지방자치단체가 그 고유의 자치사무를 처리하는 경우에는 지방자치단체는 국가기관의 일부가 아니라 국가기관과는 별도의 독립된 공법인이므로, 지방자치단체 소속 공무원이 지방자치단체 고유의 자치사무를 수행하던 중 「도로법」 제81조 내지 제85조의 규정에 의한 위반행위를 한 경우에는 지방자치단체는 「도로법」 제86조의 양벌규정에 따라 처벌 대상이 되는 법인에 해당한다. (대판 2005.11.10. 2004도2657)

> **정리** 경찰형벌과 경찰질서벌 비교

구분	경찰형벌	경찰질서벌
의의	형법상의 형벌을 과하는 경찰벌	과태료를 과하는 경찰벌
형벌총칙 적용여부	적용O (고의·과실 필요) ▶ 죄형법정주의원칙 적용O	① 원칙 : 적용X(고의·과실 불요) ② 예외 : 질서위반행위규제법 대상(고의·과실 필요)
처벌절차	① 원칙 : 형사소송법 적용 ② 예외 : 통고처분, 즉결심판절차	질서위반행위규제법, 비송사건절차법 적용

병과 가능 여부	① 문제점 : 하나의 위반행위에 대하여 양자가 병과 가능한지가 문제이다.
	② 학설
	   ⊙ 긍정설(대법원 입장) : 병과 가능O
	       행정형벌과 행정질서벌은 그 성질이나 목적을 달리하는 별개의 것이므로 행정질서벌인 과태료를 납부한 후에 형사처벌을 한다고 하여 이를 일사부재리의 원칙에 반하는 것이라고 할 수는 없다. (대판 1996.4.12. 96도158)
	   ⊙ 부정설(헌재 입장) : **병과X**
	       행정형벌과 행정질서벌은 **목적·기능이 중복**되는 면이 있어 동일한 행위를 대상으로 하여 병과하는 경우 **이중처벌금지의 기본정신에 배치될 여지가 있다**는 것이 헌법재판소의 입장이다. (헌재 1994.6.30. 92헌바38)	

정리 경찰벌(경찰형벌, 경찰질서벌)과 집행벌(이행강제금) 비교

구분	경찰벌	집행벌(이행강제금)
의의	과거의 의무위반에 대한 제재	의무 불이행이 있는 경우 이행 강제하기 위한 금전부담(이행강제금)
성질	일시적·과거적 성질	계속적·장래적 성질
병과O	경찰벌과 집행벌은 목적이 다르므로 양자 병과가 가능하다.	

정리 경찰벌(경찰형벌, 경찰질서벌)과 징계벌 비교

구분	경찰벌	징계벌
권력의 기초	일반통치권	특별권력
목적	사회질서유지	내부질서유지
대상	일반국민	공무원
병과O	경찰벌과 징계벌은 목적이 다르므로 양자 병과가 가능하다.	

4-3. 경찰벌의 부과

(1) 경찰형벌의 부과

원칙	**형사소송법**이 정하는 절차에 따라 검사의 공소제기에 의해 형사법원이 부과한다.
예외	즉결심판, 통고처분

(2) 즉결심판

의의	즉결심판은 **범증이 명백하고 죄질이 경미**한 범죄사건을 통상적인 형사소송절차에 의하지 아니하고 **관할 경찰서장의 청구**에 의해 지방법원 또는 시·군법원에서 심판하는 특별형사소송절차이다.
대상	지방법원, 지원 또는 시·군법원의 판사는 즉결심판절차에 의하여 피고인에게 **20만원 이하**(미만X)의 **벌금, 구류** 또는 **과료**(몰수X)에 처할 수 있다.
제출	**경찰서장**은 즉결심판의 청구와 동시에 즉결심판을 함에 필요한 서류 또는 증거물을 **판사에게 제출**하여야 한다. → 공소장일본주의의 예외
청구기각	① 판사는 사건이 즉결심판을 할 수 없거나 즉결심판절차에 의하여 심판함이 적당하지 아니하다고 인정할 때에는 **결정으로 즉결심판의 청구를 기각**하여야 한다. ② 청구기각결정시 경찰서장은 지체없이 사건을 관할 지방검찰청 또는 지청의 장에게 송치하여야 한다. ▶ 경찰서장은 판사가 즉결심판 청구기각을 하거나 무죄·면소·공소기각의 선고·고지를 한 경우에 그 결정·선고·고지를 한 날로부터 7일 이내에 정식재판을 청구할 수 있다. (X) [20 승진]
개정	즉결심판절차에 의한 **심리와 재판의 선고는 공개된 법정**에서 행하되, 그 법정은 **경찰관서 외**(내X)의 장소에 설치되어야 한다.
정식재판 포기	피고인이 범죄사실을 자백하고 정식재판의 청구를 포기한 경우에는 제11조의 기록작성을 생략하고 즉결심판서에 선고한 주문과 적용법조를 명시하고 판사가 기명·날인한다.

정식재판 청구	경찰서장	무죄선고·면소판결 또는 공소기각(청구기각X)을 선고하였을 때는 경찰서장은 선고·고지를 한 날부터 7일 이내에 정식재판을 청구할 수 있다. 이 경우 경찰서장은 관할지방검찰청 또는 지청의 검사의 승인을 얻어 정식재판청구서를 판사(검사X)에게 제출하여야 한다.
	피고인	정식재판을 청구하고자 하는 피고인은 즉결심판의 선고·고지를 받은 날부터 7일 이내에 정식재판청구서를 경찰서장(판사X)에게 제출하여야 한다. 정식재판청구서를 받은 경찰서장은 지체없이 이를 판사에게 송부하여야 한다.
유치명령		판사는 구류의 선고를 받은 피고인이 일정한 주소가 없거나 또는 도망할 염려가 있을 때에는 5일을 초과하지 아니하는 기간 경찰서유치장에 유치할 것을 명할 수 있다. 다만, 이 기간은 선고기간을 초과할 수 없다.

(3) 통고처분

의의	① 정식재판에 갈음하여 행정청이 과료·벌금에 해당하는 금액의 납부를 명하는 준사법적 행정작용이다. (행정처분O, 형사처분X) ② 통고처분시 납부하는 범칙금은 행정제재금의 성질을 갖는다.
처분권자	경범죄 처벌법과 도로교통법상 통고처분권자는 경찰서장, 제주특별자치도지사이다.
범칙금 납부효력	통고처분을 받은 범칙자가 소정기간 내에 통고처분의 내용을 이행하면 확정판결과 동일한 효력이 발생하며, 일사부재리의 원칙이 적용된다. 따라서 범칙금을 납부한 사람은 그 범칙행위에 대하여 다시 처벌받지 아니한다.
불이행 효력	① 통고처분을 받은 범칙자가 소정의 기간 내에 통고처분의 내용을 이행하지 않으면 당해 통고처분은 별도의 행위를 기다릴 것 없이 당연히 그 효력을 상실한다. 이후 관계행정청의 고발에 의하여 통상의 형사소송절차로 이행한다. 단, 경범죄 처벌법과 도로교통법은 형사소송절차에 앞서 즉결심판을 제기하게 된다. ② 통고처분의 효력은 상실되므로 강제집행할 수 없다. ③ 검사는 관계행정청의 고발 없이 기소할 수 없다.
행정소송X	통고처분을 받은 자는 그 처분에 이의가 있는 경우에도 행정소송을 제기할 수 없다.

(3)-2 통고처분 관련 판례

1. 통고처분을 할 것인지의 여부는 권한행정청의 재량에 속한다. (대판 2007.5.11. 2006도1993)
1-2. 통고처분을 할 것인지의 여부는 관세청장 또는 세관장의 재량에 맡겨져 있고, 따라서 관세청장 또는 세관장이 관세범에 대하여 통고처분을 하지 아니한 채 고발하였다는 것만으로는 그 고발 및 이에 기한 공소의 제기가 부적법하게 되는 것은 아니다. (대판 2007.5.11. 2006도1993)
   ▶ 관세법상 통고처분 여부는 관세청장의 재량에 맡겨져 있지만, 경범죄처벌법 및 도로교통법상 통고처분은 재량의 여지가 없다. (X) [22 채용]
2. 경찰서장이 범칙행위에 대하여 통고처분을 한 이상, 범칙금 납부기간까지는 원칙적으로 경찰서장은 즉결심판을 청구할 수 없고, 검사도 동일한 범칙행위에 대하여 공소를 제기할 수 없다. (대판 2020.4.29. 2017도13409)
2-2. 지방국세청장 또는 세무서장이 조세범칙행위에 대하여 고발을 한 후에 동일한 조세범칙행위에 대하여 통고처분을 하였더라도, 이는 법적 권한 소멸 후에 이루어진 것으로서 특별한 사정이 없는 한 효력이 없고, 조세범칙행위자가 이러한 통고처분을 이행하였더라도 조세범 처벌절차법에서 정한 일사부재리의 원칙이 적용될 수 없다. (대판 2016.9.28. 2014도10748)

3. 통고처분은 상대방의 임의의 승복을 그 발효요건으로 하기 때문에 그 자체만으로는 통고이행을 강제하거나 상대방에게 아무런 권리의무를 형성하지 않으므로 **행정심판이나 행정소송의 대상으로서의 처분성을 부여할 수 없고**, 통고처분에 대하여 이의가 있으면 통고 내용을 이행하지 않음으로써 고발되어 형사재판절차에서 통고처분의 위법·부당함을 얼마든지 다툴 수 있기 때문에 「관세법」 제38조 제3항 제2호가 법관에 의한 재판받을 권리를 침해한다든가 적법절차의 원칙에 저촉된다고 볼 수 없다. (헌재결 1998.5.28. 96헌바14)

3-2. 「도로교통법」에서 규정하고 있는 경찰서장의 통고처분은 행정소송의 대상이 되는 **행정처분이 아니므로 그 처분의 취소를 구하는 소송은 부적법하다.** (대판 1995.6.29. 95누4674)

3-3. 「도로교통법」에 따라 통고처분을 받은 사람은 그 통고처분에 대해 **항고소송을 제기하지 못한다.** (서울고법 1984.11.1. 84구2119)

3-4. 통고처분에 대하여 대법원(대판 1962.1.31. 4294행상40)과 헌법재판소의 판례(헌재 1998.5.28. 96헌바4)는 행정소송의 대상으로서의 **처분성을 부정하고 있어 취소소송의 대상으로 보지 않는다.**

4. '조세범 처벌절차법'에 따른 통고처분이 있는 경우 **공소시효의 진행은 중단된다.** (「조세범 처벌절차법」 제16조)

(4) 경찰질서벌의 부과(「질서위반행위규제법」상 과태료)

목적 (제1조)	이 법은 법률상 의무의 효율적인 이행을 확보하고 국민의 권리와 이익을 보호하기 위하여 질서위반행위의 성립요건과 **과태료**의 부과·징수 및 재판 등에 관한 사항을 규정하는 것을 목적으로 한다.
정의 (제2조)	1. "**질서위반행위**"란 법률(지방자치단체의 **조례**를 포함한다.)상의 의무를 위반하여 과태료를 부과하는 행위를 말한다. 2. "**행정청**"이란 행정에 관한 의사를 결정하여 표시하는 국가 또는 지방자치단체의 기관, 그 밖의 법령 또는 자치법규에 따라 행정권한을 가지고 있거나 위임 또는 위탁받은 공공단체나 그 기관 또는 사인(私人)을 말한다. 3. "**당사자**"란 질서위반행위를 한 자연인 또는 **법인**(법인이 아닌 사단 또는 재단으로서 대표자 또는 관리인이 있는 것을 **포함**한다.)을 말한다.
법 적용 시간적 범위 (제3조)	① 질서위반행위의 성립과 과태료 처분은 **행위 시**(처분 시X)의 법률에 따른다. ② 질서위반행위 후 법률이 변경되어 그 행위가 질서위반행위에 **해당하지 아니**하게 되거나 과태료가 **변경되기 전의 법률보다 가볍게 된 때**에는 법률에 특별한 규정이 없는 한 **변경된 법률을 적용**한다. ③ 행정청의 과태료 처분이나 법원의 과태료 **재판이 확정된 후** 법률이 변경되어 그 행위가 질서위반행위에 해당하지 아니하게 된 때에는 변경된 법률에 특별한 규정이 없는 한 **과태료의 징수 또는 집행을 면제한다.**
법 적용 장소적 범위 (제4조)	① 이 법은 대한민국 영역 안에서 질서위반행위를 한 자에게 적용한다. ② 이 법은 대한민국 영역 밖에서 질서위반행위를 한 대한민국의 국민에게 적용한다. ③ 이 법은 대한민국 영역 밖에 있는 대한민국의 선박 또는 항공기 안에서 질서위반행위를 한 외국인에게 적용한다.
타 법률관계 (제5조)	과태료의 부과·징수, 재판 및 집행 등의 절차에 관한 다른 법률의 규정 중 이 법의 규정에 저촉되는 것은 **이 법으로 정하는 바에 따른다.**
법정주의 (제6조)	법률에 따르지 아니하고는 어떤 행위도 질서위반행위로 과태료를 부과하지 아니한다.
고의·과실 (제7조)	**고의 또는 과실이 없는** 질서위반행위는 과태료를 **부과하지 아니한다.**
위법성 착오 (제8조)	자신의 행위가 위법하지 아니한 것으로 오인하고 행한 질서위반행위는 그 오인에 정당한 이유가 있는 때에 한하여 과태료를 부과하지 아니한다.

책임연령 (제9조)	14세가 되지 아니한 자의 질서위반행위는 과태료를 부과하지 아니한다. 다만, 다른 법률에 특별한 규정이 있는 경우에는 그러하지 아니하다.
심신장애 (제10조)	① 심신장애로 인하여 행위의 옳고 그름을 판단할 능력이 없거나 그 판단에 따른 행위를 할 능력이 없는 자의 질서위반행위는 과태료를 부과하지 아니한다. ② 심신장애로 인하여 제1항에 따른 능력이 미약한 자의 질서위반행위는 과태료를 감경한다. (할 수 있다X) ③ 스스로 심신장애 상태를 일으켜 질서위반행위를 한 자에 대하여는 제1항 및 제2항을 적용하지 아니한다.
법인 처리등 (제11조)	① 법인의 대표자, 법인 또는 개인의 대리인·사용인 및 그 밖의 종업원이 업무에 관하여 법인 또는 그 개인에게 부과된 법률상의 의무를 위반한 때에는 법인 또는 그 개인에게 과태료를 부과한다.
다수인 가담 (제12조)	① 2인 이상이 질서위반행위에 가담한 때에는 각자가 질서위반행위를 한 것으로 본다. ② 신분에 의하여 성립하는 질서위반행위에 신분이 없는 자가 가담한 때에는 신분이 없는 자에 대하여도 질서위반행위가 성립한다. ③ 신분에 의하여 과태료를 감경 또는 가중하거나 과태료를 부과하지 아니하는 때에는 그 신분의 효과는 신분이 없는 자에게는 미치지 아니한다.
수개의 행위 (제13조)	① 하나의 행위가 2 이상의 질서위반행위에 해당하는 경우에는 각 질서위반행위에 대하여 정한 과태료 중 가장 중한 과태료를 부과한다. ② 제1항의 경우를 제외하고 2 이상의 질서위반행위가 경합하는 경우에는 각 질서위반 행위에 대하여 정한 과태료를 각각 부과한다. 다만, 다른 법령(지방자치단체의 조례를 포함한다.)에 특별한 규정이 있는 경우에는 그 법령으로 정하는 바에 따른다.
과태료 시효 (제15조)	① 과태료는 행정청의 과태료 부과처분이나 법원의 과태료 재판이 확정된 후 5년간 징수하지 아니하거나 집행하지 아니하면 시효로 인하여 소멸한다.
사전통지 및 의견제출 등 (제16조)	① 행정청이 질서위반행위에 대하여 과태료를 부과하고자 하는 때에는 미리 당사자(제11조 제2항에 따른 고용주등을 포함한다.)에게 대통령령으로 정하는 사항을 통지하고, 10일 이상의 기간을 정하여 의견을 제출할 기회를 주어야 한다. 이 경우 지정된 기일까지 의견 제출이 없는 경우에는 의견이 없는 것으로 본다. ② 당사자는 의견 제출 기한 이내에 대통령령으로 정하는 방법에 따라 행정청에 의견을 진술하거나 필요한 자료를 제출할 수 있다. ③ 행정청은 제2항에 따라 당사자가 제출한 의견에 상당한 이유가 있는 경우에는 과태료를 부과하지 아니하거나 통지한 내용을 변경할 수 있다.
과태료 부과 (제17조)	① 행정청은 제16조의 의견 제출 절차를 마친 후에 서면(당사자가 동의하는 경우에는 전자문서를 포함한다.)으로 과태료를 부과하여야 한다. ② 제1항에 따른 서면에는 질서위반행위, 과태료 금액, 그 밖에 대통령령으로 정하는 사항을 명시하여야 한다.
이의제기 (제20조)	① 행정청의 과태료 부과에 불복하는 당사자는 제17조제1항에 따른 과태료 부과 통지를 받은 날부터 60일 이내에 해당 행정청에 서면으로 이의제기를 할 수 있다. ② 이의제기가 있는 경우에는 행정청의 과태료 부과처분은 그 효력을 상실한다.

가산금 징수 및 체납처분 (제24조)	① 행정청은 당사자가 납부기한까지 과태료를 납부하지 아니한 때에는 납부기한을 경과한 날부터 체납된 과태료에 대하여 **100분의 3**에 상당하는 **가산금을 징수**한다. ② 체납된 과태료를 납부하지 아니한 때에는 납부기한이 **경과한 날부터 매 1개월**이 경과할 때마다 체납된 과태료의 **1천분의 12**에 상당하는 가산금("중가산금")을 제1항에 따른 가산금에 가산하여 징수한다. 이 경우 중가산금을 가산하여 **징수하는 기간은 60개월**을 초과하지 못한다. ③ 행정청은 당사자가 제20조 제1항에 따른 기한 이내에 이의를 제기하지 아니하고 제1항에 따른 **가산금을 납부하지 아니한** 때에는 **국세 또는 지방세 체납처분의 예**에 따라 징수한다.
상속재산 등에 대한 집행 (제24조의2)	① 과태료는 당사자가 과태료 부과처분에 대하여 이의를 제기하지 아니한 채 제20조 제1항에 따른 기한이 종료한 후 사망한 경우에는 그 상속재산에 대하여 집행할 수 있다.
과태료의 징수유예 등 (제24조의3)	① 행정청은 당사자가 다음 각 호의 어느 하나에 해당하여 과태료를 납부하기가 곤란하다고 인정되면 **1년의 범위**에서 대통령령으로 정하는 바에 따라 과태료의 분할납부나 납부기일의 연기("징수유예등")를 결정할 수 있다. [21 승진] **6. 납부의무자 또는 그 동거 가족이 질병이나 중상해로 1개월 이상의 장기 치료를 받아야 하는 경우**
관할 법원 (제25조)	과태료 사건은 다른 법령에 특별한 규정이 있는 경우를 제외하고는 **당사자의 주소지의 지방법원 또는 그 지원의 관할**로 한다.
행정청 통보사실의 통지 (제30조)	법원은 제21조 제1항 및 제2항에 따른 행정청의 통보가 있는 경우 이를 즉시 검사에게 통지하여야 한다.
심문 등 (제31조)	① 법원은 심문기일을 열어 당사자의 진술을 들어야 한다. ② 법원은 검사의 의견을 구하여야 하고, 검사는 심문에 참여하여 의견을 진술하거나 서면으로 의견을 제출하여야 한다. ③ 법원은 당사자 및 검사에게 제1항에 따른 심문기일을 통지하여야 한다.
결정의 고지 (제37조)	① 결정은 당사자와 검사에게 고지함으로써 효력이 생긴다.
항고 (제38조)	① 당사자와 검사는 과태료 재판에 대하여 **즉시항고**를 할 수 있다. 이 경우 항고는 **집행정지의 효력이 있다**.
과태료 재판의 집행 (제42조)	① 과태료 재판은 **검사의 명령으로써 집행**한다. 이 경우 이 명령은 집행력 있는 집행권원과 동일한 효력이 있다.
약식재판 (제44조)	법원은 상당하다고 인정하는 때에는 제31조 제1항에 따른 심문 없이 과태료 재판을 할 수 있다.

5. 새로운 의무이행 확보수단

(1) 과징금

의의	전형적 과징금	행정법상 의무위반 행위로 인하여 얻은 불법적인 경제적 이익을 박탈하여 그 경제적 이익을 환수하기 위해 마련된 금전적 제재이다.
	변형된 과징금	① 공공성이 강한 사업을 시행하는 자가 행정법규를 위반한 경우 그 위반자에 대해 의무위반을 이유로 그 인·허가 사업 등에 대해 정지처분을 하게 되면 국민 생활에 불편이 야기될 것을 고려하여 이러한 정지처분에 갈음하여 사업을 계속하게 하되, 사업을 계속함으로써 얻는 경제적 이득을 박탈하는 제도이다. ② 「여객자동차운수사업법」상의 과징금
법적근거O		① 과징금 부과는 침익적 행정행위인 급부하명이므로 법률의 구체적 근거가 있는 경우에만 부과할 수 있다. ② 「행정기본법」에 과징금의 일반규정을 마련하였다.

기준		「행정기본법」 제28조
		① 행정청은 법령등에 따른 의무를 위반한 자에 대하여 법률에 정하는 바에 따라 그 위반행위에 대한 제재로서 과징금을 부과할 수 있다.
		② 과징금의 근거가 되는 법률에는 과징금에 관한 다음 사항을 명확하게 규정하여야 한다.
		  1. 부과·징수 주체
		  2. 부과 사유
		  3. 상한액
		  4. 가산금을 징수하려는 경우 그 사항
		  5. 과징금 또는 가산금 체납 시 강제징수를 하려는 경우 그 사항

기한연기·분할납부		「행정기본법」 제29조
		과징금은 한꺼번에 납부하는 것을 원칙으로 한다. 다만, 행정청은 과징금을 부과받은 자가 다음에 해당하는 사유로 과징금 전액을 한꺼번에 내기 어렵다고 인정될 때에는 그 납부기한을 연기하거나 분할납부하게 할 수 있으며, 이 경우 필요하다고 인정하면 담보를 제공할 수 있다.
		  1. 재해 등으로 재산에 현저한 손실을 입은 경우
		  2. 사업 여건의 악화로 사업이 중대한 위기에 처한 경우
		  3. 과징금을 한꺼번에 내면 자금 사정에 현저한 어려움이 예상되는 경우
		  4. 그 밖에 제1호부터 제3호까지에 준하는 경우로서 대통령령으로 정하는 사유가 있는 경우

(2) 위반사실등의 공표(「행정절차법」제40조의3)

① 행정청은 법령에 따른 의무를 위반한 자의 성명·법인명, 위반사실, 의무 위반을 이유로 한 처분사실 등("위반사실등")을 **법률로 정하는 바에 따라 일반에게 공표할 수 있다.**
② 행정청은 위반사실등의 **공표를 하기 전에** 사실과 다른 공표로 인하여 당사자의 명예·신용 등이 훼손되지 아니하도록 객관적이고 타당한 증거와 근거가 있는지를 확인하여야 한다.
③ 행정청은 위반사실등의 공표를 할 때에는 **미리 당사자에게 그 사실을 통지하고 의견제출의 기회를 주어야 한다.** 다만, 다음 각 호의 어느 하나에 해당하는 경우에는 그러하지 아니하다.

> 1. 공공의 안전 또는 복리를 위하여 긴급히 공표를 할 필요가 있는 경우
> 2. 해당 공표의 성질상 의견청취가 현저히 곤란하거나 명백히 불필요하다고 인정될 만한 타당한 이유가 있는 경우
> 3. 당사자가 의견진술의 기회를 포기한다는 뜻을 명백히 밝힌 경우

④ 제3항에 따라 의견제출의 기회를 받은 당사자는 공표 전에 관할 행정청에 서면이나 말 또는 정보통신망을 이용하여 의견을 제출할 수 있다.
⑤ 제4항에 따른 의견제출의 방법과 제출 의견의 반영 등에 관하여는 제27조 및 제27조의2를 준용한다. 이 경우 "처분"은 "위반사실등의 공표"로 본다.
⑥ 위반사실등의 공표는 관보, 공보 또는 인터넷 홈페이지 등을 통하여 한다.
⑦ 행정청은 위반사실등의 공표를 하기 전에 당사자가 공표와 관련된 의무의 이행, 원상회복, 손해배상 등의 조치를 마친 경우에는 위반사실등의 공표를 하지 아니할 수 있다.
⑧ 행정청은 **공표된 내용이 사실과 다른 것으로 밝혀지거나 공표에 포함된 처분이 취소된 경우에는 그 내용을 정정하여, 정정한 내용을 지체 없이 해당 공표와 같은 방법으로 공표된 기간 이상 공표하여야 한다.** 다만, 당사자가 원하지 아니하면 공표하지 아니할 수 있다.

6. 경찰상 조사

의의	경찰상의 필요한 자료나 정보를 얻기 위하여 행하여지는 권력적 조사작용을 말한다. ▶ 행정조사 : 행정기관이 향후 행정작용에 필요한 자료 및 정보를 얻기 위한 준비적·보조적 작용이다. [22 채용]	
근거	일반법	행정조사기본법
	개별법	경찰관직무집행법, 총포·도검·화약류 등의 안전관리에 관한 법률 등
종류	대상	① 대인적 조사 ② 대물적 조사 ③ 대가택적 조사
	방법	① 직접 조사(적극적 조사) ② 간접 조사(소극적 조사)
	성질(수단)	① 행정행위 또는 행정강제 수단에 의하여 행해지는 권력적 조사 ② 비권력적 사실행위에 의하여 행해지는 비권력적 조사

6-2. 경찰상 조사 관련 판례

1. 경찰공무원이 도로교통법 규정에 따라 호흡측정 또는 혈액 검사 등의 방법으로 운전자가 술에 취한 상태에서 운전하였는지를 조사하는 것은, 수사기관과 경찰행정조사자의 지위를 겸하는 주체가 형사소송에서 사용될 증거를 수집하기 위한 수사로서의 성격을 가짐과 아울러 교통상 위험의 방지를 목적으로 하는 **운전면허 정지·취소의 행정처분을 위한 자료를 수집하는 행정조사의 성격을 동시에 가지고 있다**고 볼 수 있다.
1-2. 수사기관이 범죄 증거를 수집할 목적으로 운전자의 동의 없이 혈액을 취득·보관하는 행위는 형사소송법상 '감정에 필요한 처분' 또는 '압수'로서 법원의 감정처분허가장이나 압수영장이 있어야 가능하고, 다만 음주운전 중 교통사고를 야기한 후 운전자가 의식불명 상태에 빠져 있는 등으로 호흡조사에 의한 음주측정이 불가능하고 채혈에 대한 동의를 받을 수도 없으며 법원으로부터 감정처분허가장이나 사전 압수영장을 발부받을 시간적 여유도 없는 긴급한 상황이 발생한 경우에는 수사기관은 예외적인 요건 하에 음주운전 범죄의 증거 수집을 위하여 운전자의 동의나 사전 영장 없이 혈액을 채취하여 압수할 수 있으나 이 경우에도 형사소송법에 따라 사후에 지체 없이 법원으로부터 압수영장을 받아야 한다.
1-3. 음주운전 여부에 대한 조사과정에서 운전자 본인의 동의를 받지 아니하고 또한 법원의 영장도 없이 채혈조사를 한 결과를 근거로 한 운전면허 정지·취소처분은 도로교통법 제44조 제3항을 위반한 것으로서 특별한 사정이 없는 한 **위법**한 처분으로 볼 수밖에 없다. (대판 2016.12.27. 2014두46850)
2. 행정조사절차에는 수사절차에서의 진술거부권 고지의무에 관한 형사소송법 규정이 준용되지 않는다. (대판 2020.5.14. 2020두31323)
3. 납세자에 대한 **부가가치세부과처분**이, 종전의 부가가치세 경정조사와 같은 세목 및 같은 과세기간에 대하여 중복하여 실시된 **위법한 세무조사에 기초하여 이루어진 것이어서 위법하다.** (대판 2006.6.2. 2004두12070)
   ▶ 위법한 행정조사로 수집된 정보가 정당한 것이 아님에도 그러한 사실에 기초하여 발령된 행정처분은 위법하다.

6-3. 「행정조사기본법」 [시행 2022. 7. 5.]

정의 (제2조)	이 법에서 사용하는 용어의 정의는 다음과 같다. 1. "**행정조사**"란 행정기관이 정책을 결정하거나 직무를 수행하는 데 필요한 정보나 자료를 수집하기 위하여 현장조사·문서열람·시료채취 등을 하거나 조사대상자에게 보고요구·자료제출요구 및 출석·진술요구를 행하는 활동을 말한다. ▶ 행정조사 : 행정기관이 향후 행정작용에 필요한 자료 및 정보를 얻기 위한 준비적·보조적 작용이다. [22 채용] 2. "**행정기관**"이란 법령 및 조례·규칙("법령등")에 따라 행정권한이 있는 기관과 그 권한을 위임 또는 위탁받은 법인·단체 또는 그 기관이나 개인을 말한다. 3. "**조사원**"이란 행정조사업무를 수행하는 행정기관의 공무원·직원 또는 개인을 말한다. 4. "**조사대상자**"란 행정조사의 대상이 되는 법인·단체 또는 그 기관이나 개인을 말한다.

적용범위
(제3조)
	① 행정조사에 관하여 다른 법률에 특별한 규정이 있는 경우를 제외하고는 이 법으로 정하는 바에 따른다.
	▶ **행정조사의 일반법**
	② 다음 각 호의 어느 하나에 해당하는 사항에 대하여는 **이 법을 적용하지 아니한다.**
	
	  1. 행정조사를 한다는 사실이나 조사내용이 공개될 경우 국가의 존립을 위태롭게 하거나 국가의 중대한 이익을 현저히 해칠 우려가 있는 국가안전보장·통일 및 외교에 관한 사항
	    ▶ 「보안업무규정(대통령령)」상 국가정보원장이 국가 기밀을 취급하는 인원에 대한 신원조사 : 「행정조사기본법」 적용(X)
	  2. 국방 및 안전에 관한 사항 중 다음 각 목의 어느 하나에 해당하는 사항
	    가. 군사시설·군사기밀보호 또는 방위사업에 관한 사항
	    나. 「병역법」·「예비군법」·「민방위기본법」·「비상대비에 관한 법률」에 따른 징집·소집·동원 및 훈련에 관한 사항
	  3. 「공공기관의 정보공개에 관한 법률」 제4조제3항의 정보에 관한 사항
	  4. 「근로기준법」 제101조에 따른 근로감독관의 직무에 관한 사항
	  5. 조세·형사·행형 및 보안처분에 관한 사항 [22 채용]
	    ▶ 「경찰수사규칙(행정안전부령)」상 입건 전 조사 : 「행정조사기본법」 적용(X)
	  6. 금융감독기관의 감독·검사·조사 및 감리에 관한 사항
	  7. 「독점규제 및 공정거래에 관한 법률」, 「표시·광고의 공정화에 관한 법률」, 「하도급 거래 공정화에 관한 법률」, 「가맹사업거래의 공정화에 관한 법률」, 「방문판매 등에 관한 법률」, 「전자상거래 등에서의 소비자보호에 관한 법률」, 「약관의 규제에 관한 법률」 및 「할부거래에 관한 법률」에 따른 공정거래위원회의 법률위반행위 조사에 관한 사항
	
	③ 제2항에도 불구하고 제4조(행정조사의 기본원칙), 제5조(행정조사의 근거) 및 제28조(정보통신수단을 통한 행정조사)는 제2항 각 호의 사항에 대하여 적용한다.

기본원칙 (제4조)	① 행정조사는 조사목적을 달성하는데 필요한 최소한의 범위 안에서 실시하여야 하며, 다른 목적 등을 위하여 조사권을 남용하여서는 아니 된다. ▶ 경찰작용은 행정작용의 일환이므로 경찰의 수사에도 「행정조사기본법」이 적용되는 것이 원칙이다. (X) [22 채용] ② 행정기관은 조사목적에 적합하도록 조사대상자를 선정하여 행정조사를 실시하여야 한다. ③ 행정기관은 유사하거나 동일한 사안에 대하여는 공동조사 등을 실시함으로써 행정조사가 중복되지 아니하도록 하여야 한다. ④ 행정조사는 **법령등의 위반에 대한 처벌보다는 법령등을 준수하도록 유도하는 데 중점**을 두어야 한다. ⑤ 다른 법률에 따르지 아니하고는 행정조사의 대상자 또는 행정조사의 내용을 공표하거나 직무상 알게 된 비밀을 누설하여서는 아니된다. ⑥ 행정기관은 행정조사를 통하여 알게 된 정보를 다른 법률에 따라 내부에서 이용하거나 다른 기관에 제공하는 경우를 제외하고는 원래의 조사목적 이외의 용도로 이용하거나 타인에게 제공하여서는 아니 된다.
근거 (제5조)	행정기관은 법령등에서 행정조사를 규정하고 있는 경우에 한하여 행정조사를 실시할 수 있다. 다만, 조사대상자의 자발적인 협조를 얻어 실시하는 행정조사의 경우에는 그러하지 아니하다. ▶ 「행정조사기본법」상 조사대상자의 자발적 협조를 얻어 조사를 실시하는 경우에는 법령의 근거를 요하지 아니하며 조직법상의 권한 범위 밖에서도 가능하다. (X) [22 채용]

조사 주기 (제7조)	행정조사는 법령등 또는 행정조사운영계획으로 정하는 바에 따라 **정기적으로** 실시함을 원칙으로 한다. 다만, 다음 각 호 중 어느 하나에 해당하는 경우에는 **수시조사**를 할 수 있다. 1. 법률에서 수시조사를 규정하고 있는 경우 2. 법령등의 위반에 대하여 혐의가 있는 경우 3. 다른 행정기관으로부터 법령등의 위반에 관한 혐의를 통보 또는 이첩받은 경우 4. 법령등의 위반에 대한 신고를 받거나 민원이 접수된 경우 5. 그 밖에 행정조사의 필요성이 인정되는 사항으로서 대통령령으로 정하는 경우
출석·진술 요구 (제9조)	③ 출석한 조사대상자가 제1항에 따른 출석요구서에 기재된 내용을 이행하지 아니하여 행정조사의 목적을 **달성할 수 없는 경우를 제외하고는** 조사원은 **조사대상자의 1회 출석으로 당해 조사를 종결하여야 한다.**
공동조사 (제14조)	① 행정기관의 장은 다음 각 호의 어느 하나에 해당하는 행정조사를 하는 경우에는 공동조사를 하여야 한다. 1. 당해 행정기관 내의 2 이상의 부서가 동일하거나 유사한 업무분야에 대하여 동일한 조사대상자에게 행정조사를 실시하는 경우 2. 서로 다른 행정기관이 대통령령으로 정하는 분야에 대하여 동일한 조사대상자에게 행정조사를 실시하는 경우
중복조사 제한 (제15조)	① 제7조에 따라 정기조사 또는 수시조사를 실시한 행정기관의 장은 동일한 사안에 대하여 **동일한 조사대상자를 재조사 하여서는 아니 된다.** 다만, 당해 행정기관이 이미 조사를 받은 조사대상자에 대하여 위법행위가 의심되는 새로운 증거를 확보한 경우에는 그러하지 아니하다. ② 행정조사를 실시할 행정기관의 장은 행정조사를 실시하기 전에 다른 행정기관에서 동일한 조사대상자에게 동일하거나 유사한 사안에 대하여 행정조사를 실시하였는지 여부를 확인할 수 있다.
사전통지 (제17조)	① 행정조사를 실시하고자 하는 행정기관의 장은 제9조에 따른 출석요구서, 제10조에 따른 보고요구서·자료제출요구서 및 제11조에 따른 현장출입조사서("출석요구서등")를 **조사개시 7일 전까지** 조사대상자에게 **서면으로 통지하여야 한다.** 다만, 다음 각 호의 어느 하나에 해당하는 경우에는 행정조사의 개시와 동시에 출석요구서등을 조사대상자에게 제시하거나 행정조사의 목적 등을 조사대상자에게 **구두로 통지**할 수 있다. 1. 행정조사를 실시하기 전에 관련 사항을 **미리 통지하는 때**에는 증거인멸 등으로 행정조사의 **목적을 달성할 수 없다고 판단**되는 경우 2. 「통계법」 제3조 제2호에 따른 지정통계의 작성을 위하여 조사하는 경우 3. 제5조 단서에 따라 조사대상자의 **자발적인 협조를** 얻어 실시하는 행정조사의 경우 ② 행정기관의 장이 출석요구서등을 조사대상자에게 발송하는 경우 출석요구서등의 내용이 외부에 공개되지 아니하도록 필요한 조치를 하여야 한다.
연기신청 (제18조)	③ 행정기관의 장은 제2항에 따라 행정조사의 연기요청을 받은 때에는 **연기요청을 받은 날부터 7일** 이내에 조사의 **연기 여부를 결정**하여 **조사대상자에게 통지하여야 한다**

제3자 보충조사 (제19조)	① 행정기관의 장은 조사대상자에 대한 조사만으로는 당해 행정조사의 목적을 달성할 수 없거나 조사대상이 되는 행위에 대한 사실 여부 등을 입증하는 데 과도한 비용 등이 소요되는 경우로서 다음 각 호의 어느 하나에 해당하는 경우에는 **제3자에 대하여 보충조사를 할 수 있다.** 　　1. 다른 법률에서 제3자에 대한 조사를 허용하고 있는 경우 　　2. 제3자의 동의가 있는 경우 ② 행정기관의 장은 제1항에 따라 제3자에 대한 보충조사를 실시하는 경우에는 **조사개시 7일 전까지** 보충조사의 일시·장소 및 보충조사의 취지 등을 **제3자에게 서면으로** 통지하여야 한다. ③ 행정기관의 장은 제3자에 대한 보충조사를 하기 전에 그 사실을 원래의 조사대상자에게 통지하여야 한다. 다만, 제3자에 대한 보충조사를 사전에 통지하여서는 조사목적을 달성할 수 없거나 조사목적의 달성이 현저히 곤란한 경우에는 제3자에 대한 조사결과를 확정하기 전에 그 사실을 통지하여야 한다. ④ 원래의 조사대상자는 제3항에 따른 통지에 대하여 의견을 제출할 수 있다.
자발적인 협조 행정조사 (제20조)	① 행정기관의 장이 제5조 단서에 따라 조사대상자의 자발적인 협조를 얻어 행정조사를 실시하고자 하는 경우 조사대상자는 문서·전화·구두 등의 방법으로 당해 행정조사를 거부할 수 있다. ② 제1항에 따른 행정조사에 대하여 **조사대상자가 조사에 응할 것인지에 대한 응답을 하지 아니하는 경우에는 법령등에 특별한 규정이 없는 한 그 조사를 거부한 것으로 본다.** ③ 행정기관의 장은 제1항 및 제2항에 따른 조사거부자의 인적 사항 등에 관한 기초자료는 특정 개인을 식별할 수 없는 형태로 통계를 작성하는 경우에 한하여 이를 이용할 수 있다.
의견제출 (제21조)	① 조사대상자는 제17조에 따른 사전통지의 내용에 대하여 행정기관의 장에게 의견을 제출할 수 있다. ② 행정기관의 장은 제1항에 따라 조사대상자가 제출한 의견이 상당한 이유가 있다고 인정하는 경우에는 이를 행정조사에 반영하여야 한다.
조사원 교체신청 (제22조)	① 조사대상자는 조사원에게 공정한 행정조사를 기대하기 어려운 사정이 있다고 판단되는 경우에는 행정기관의 장에게 당해 조사원의 교체를 신청할 수 있다. ② 제1항에 따른 교체신청은 **그 이유를 명시한 서면으로 행정기관의 장에게** 하여야 한다. ③ 제1항에 따른 교체신청을 받은 행정기관의 장은 즉시 이를 심사하여야 한다. ④ 행정기관의 장은 제1항에 따른 교체신청이 타당하다고 인정되는 경우에는 다른 조사원으로 하여금 행정조사를 하게 하여야 한다. ⑤ 행정기관의 장은 제1항에 따른 교체신청이 조사를 지연할 목적으로 한 것이거나 그 밖에 교체신청에 타당한 이유가 없다고 인정되는 때에는 그 신청을 기각하고 그 취지를 신청인에게 통지하여야 한다.
결과 통지 (제24조)	행정기관의 장은 법령등에 특별한 규정이 있는 경우를 제외하고는 행정조사의 **결과를 확정한 날부터 7일** 이내에 그 **결과를 조사대상자에게 통지하여야 한다.**
자율신고제도 (제25조)	① 행정기관의 장은 법령등에서 규정하고 있는 조사사항을 조사대상자로 하여금 스스로 신고하도록 하는 제도를 운영할 수 있다.

제8장

행정절차법, 공공기관의 정보공개에 관한 법률, 개인정보보호법

제1절 행정절차법 [시행 2023. 3. 24.]

1. 행정절차

(1) 의의 및 목적

의의	행정절차란 행정활동을 함에 있어서 거치는 사전통지, 의견청취 등 **사전**절차를 말한다.
목적 (제1조)	이 법은 행정절차에 관한 공통적인 사항을 규정하여 국민의 행정 참여를 도모함으로써 행정의 **공정성·투명성 및 신뢰성**을 확보하고 국민의 권익을 보호함을 목적으로 한다.

(2) 정의(제2조)

행정청	① 행정에 관한 의사를 결정하여 표시하는 **국가** 또는 **지방자치단체의 기관** ② 그 밖에 법령 또는 자치법규("**법령등**")에 따라 **행정권한을 가지고 있거나 위임 또는 위탁받은 공공단체 또는 그 기관이나 사인(私人)**
처분	**행정청이** 행하는 **구체적 사실에 관한 법 집행으로서의 공권력의 행사** 또는 그 거부와 그 밖에 이에 준하는 **행정작용(行政作用)**을 말한다.
행정지도	행정기관이 그 소관 사무의 범위에서 일정한 행정목적을 실현하기 위하여 특정인에게 일정한 행위를 하거나 하지 아니하도록 **지도, 권고, 조언** 등을 하는 행정작용을 말한다.
당사자등	① 행정청의 **처분에 대하여 직접 그 상대가 되는 당사자** ② 행정청이 **직권**으로 또는 **신청**에 따라 행정절차에 참여하게 한 **이해관계인**
청문	행정청이 **어떠한 처분을 하기 전**에 당사자등의 의견을 **직접 듣고** 증거를 조사하는 절차를 말한다.
공청회	행정청이 공개적인 토론을 통하여 어떠한 행정작용에 대하여 당사자등, 전문 지식과 경험을 가진 사람, 그 밖의 일반인으로부터 **의견을 널리 수렴**하는 절차를 말한다.
의견제출	행정청이 **어떠한 행정작용을 하기 전**에 **당사자등이 의견을 제시**하는 절차로서 **청문이나 공청회에 해당하지 아니하는** 절차를 말한다.
전자문서	컴퓨터 등 정보처리능력을 가진 장치에 의하여 **전자적인 형태**로 작성되어 **송신·수신 또는 저장된 정보**를 말한다.
정보통신망	전기통신설비를 활용하거나 전기통신설비와 컴퓨터 및 컴퓨터 이용기술을 활용하여 정보를 수집·가공·저장·검색·송신 또는 수신하는 **정보통신체제**를 말한다.

(3) 적용범위(제3조)

① 처분, 신고, 확약, 위반사실 등의 공표, 행정계획, 행정상 입법예고, 행정예고 및 행정 지도의 절차("**행정절차**")(**행정조사절차X, 행정계약절차X**)에 관하여 다른 법률에 특별한 규정이 있는 경우를 제외하고는 이 법에서 정하는 바에 따른다.

적용O	처분절차, 신고절차, 확약절차, 위반사실 등의 공표절차, 행정계획절차, 행정상 입법예고절차, 행정예고절차, 행정지도절차
적용X	행정조사절차, 공법상 계약절차

② 이 법은 다음 각 호의 어느 하나에 해당하는 사항에 대하여는 **적용하지 아니한다**.

> 1. **국회** 또는 **지방의회**의 **의결**을 거치거나 **동의** 또는 **승인**을 받아 행하는 사항
> 2. **법원** 또는 **군사법원의 재판**에 의하거나 그 **집행**으로 행하는 사항
> 3. **헌법재판소의 심판**을 거쳐 행하는 사항
> 4. 각급 **선거관리위원회의 의결**을 거쳐 행하는 사항
> 5. **감사원**이 감사위원회의 **결정**을 거쳐 행하는 사항
> 6. **형사(刑事), 행형(行刑)** 및 **보안처분** 관계 법령에 따라 행하는 사항
> 7. 국가안전보장·국방·외교 또는 통일에 관한 사항 중 행정절차를 거칠 경우 국가의 중대한 이익을 현저히 해칠 우려가 있는 사항
> 8. 심사청구, 해양안전심판, 조세심판, 특허심판, 행정심판, 그 밖의 불복절차에 따른 사항
> 9. 「**병역법**」에 따른 징집·소집, 외국인의 출입국·난민인정·귀화, 공무원 인사 관계 법령에 따른 징계와 그 밖의 처분, 이해 조정을 목적으로 하는 법령에 따른 알선·조정·중재(仲裁)·재정(裁定) 또는 그 밖의 처분 등 해당 행정작용의 성질상 행정절차를 거치기 곤란하거나 거칠 필요가 없다고 인정되는 사항과 행정절차에 준하는 절차를 거친 사항으로서 대통령령으로 정하는 사항

(4) 행정절차의 일반원칙 등

신의성실·신뢰보호 (제4조)	① 행정청은 직무를 수행할 때 **신의(信義)에 따라 성실히 하여야 한다.** ② 행정청은 **법령등의 해석** 또는 **행정청의 관행**이 일반적으로 국민들에게 받아들여졌을 때에는 공익 또는 제3자의 정당한 이익을 현저히 해칠 우려가 있는 경우를 제외하고는 **새로운 해석 또는 관행에 따라 소급하여 불리하게 처리하여서는 아니 된다.** [22 채용]
투명성 (제5조)	① 행정청이 행하는 행정작용은 그 내용이 **구체적이고 명확하여야 한다.** ② 행정작용의 근거가 되는 법령등의 내용이 **명확하지 아니한 경우** 상대방은 해당 행정청에 그 해석을 **요청할 수 있으며**, 해당 행정청은 특별한 사유가 없으면 그 **요청에 따라야 한다.** ③ 행정청은 상대방에게 행정작용과 관련된 정보를 **충분히 제공하여야 한다.**
행정업무 혁신 (제5조의2)	① 행정청은 모든 국민이 균등하고 질 높은 행정서비스를 누릴 수 있도록 노력하여야 한다. ② 행정청은 정보통신기술을 활용하여 행정절차를 적극적으로 혁신하도록 노력하여야 한다. 이 경우 행정청은 국민이 경제적·사회적·지역적 여건 등으로 인하여 **불이익을 받지 아니하도록 하여야 한다.** ③ 행정청은 행정청이 생성하거나 취득하여 관리하고 있는 데이터(정보처리능력을 갖춘 장치를 통하여 생성 또는 처리되어 기계에 의한 판독이 가능한 형태로 존재하는 정형 또는 비정형의 정보를 말한다)를 행정과정에 활용하도록 노력하여야 한다. ④ 행정청은 **행정업무 혁신 추진에 필요한 행정적·재정적·기술적 지원방안을 마련하여야 한다.**

(5) 관할 및 협조

관할 (제6조)	① 행정청이 그 관할에 속하지 아니하는 사안을 접수하였거나 이송받은 경우에는 지체 없이 이를 관할 행정청에 이송하여야 하고 그 사실을 신청인에게 통지하여야 한다. 행정청이 접수하거나 이송받은 후 관할이 변경된 경우에도 또한 같다. ② 행정청의 관할이 **분명하지 아니한 경우**에는 해당 행정청을 공통으로 감독하는 **상급** 행정청이 그 관할을 결정하며, **공통으로 감독하는 상급 행정청이 없는** 경우에는 **각 상급 행정청이 협의**하여 그 관할을 결정한다.
협조 (제7조)	① 행정청은 행정의 원활한 수행을 위하여 서로 협조하여야 한다. ② 행정청은 업무의 효율성을 높이고 행정서비스에 대한 국민의 만족도를 높이기 위하여 필요한 경우 행정협업(다른 행정청과 공동의 목표를 설정하고 행정청 상호 간의 기능을 연계하거나 시설·장비 및 정보 등을 공동으로 활용하는 것)의 방식으로 적극적으로 협조하여야 한다. ③ 행정청은 행정협업을 활성화하기 위한 시책을 마련하고 그 추진에 필요한 행정적·재정적 지원방안을 마련하여야 한다. ④ 행정협업의 촉진 등에 필요한 사항은 대통령령으로 정한다.

응원
(제8조)
	① 행정청은 다음 각 호의 어느 하나에 해당하는 경우에는 다른 행정청에 행정응원을 요청할 수 있다.
	   1. 법령등의 이유로 독자적인 직무 수행이 어려운 경우
	   2. 인원·장비의 부족 등 사실상의 이유로 독자적인 직무 수행이 어려운 경우
	   3. 다른 행정청에 소속되어 있는 전문기관의 협조가 필요한 경우
	   4. 다른 행정청이 관리하고 있는 문서(전자문서를 포함한다.)·통계 등 행정자료가 직무 수행을 위하여 필요한 경우
	   5. 다른 행정청의 응원을 받아 처리하는 것이 보다 능률적이고 경제적인 경우
	② 제1항에 따라 행정응원을 요청받은 행정청은 다음 각 호의 어느 하나에 해당하는 경우에는 응원을 거부할 수 있다.
	   1. 다른 행정청이 보다 능률적이거나 경제적으로 응원할 수 있는 명백한 이유가 있는 경우
	   2. 행정응원으로 인하여 고유의 직무 수행이 현저히 지장받을 것으로 인정되는 명백한 이유가 있는 경우
	③ 행정응원은 해당 직무를 직접 응원할 수 있는 행정청에 요청하여야 한다.
	④ 행정응원을 요청받은 행정청은 응원을 거부하는 경우 그 사유를 응원을 요청한 행정청에 통지하여야 한다.
	⑤ 행정응원을 위하여 파견된 직원은 응원을 요청한 행정청의 지휘·감독을 받는다. 다만, 해당 직원의 복무에 관하여 다른 법령등에 특별한 규정이 있는 경우에는 그에 따른다.
	⑥ 행정응원에 드는 비용은 응원을 요청한 행정청이 부담하며, 그 부담금액 및 부담방법은 응원을 요청한 행정청과 응원을 하는 행정청이 협의하여 결정한다.

(6) 의견청취(제22조)

① 행정처분의 상대방 등 이해관계인에게 **행정처분을 하기 전**에 의견진술의 기회를 주는 행정절차를 이해관계인의 입장에서 보면 의견진술절차라고 할 수 있고 행정청의 입장에서 보면 의견청취절차라고 할 수 있다.
② 행정절차법은 **제22조(의견청취)**에 청문, 공청회, 의견제출을 규정하고 있다.

청문	① 청문이란 당사자등의 의견을 들을 뿐만 아니라 증거를 조사하는 등 재판에 준하는 절차를 거쳐 행하는 의견진술절차를 말한다. (제2조 제5호) ② **행정청이 처분을 할 때** 다음의 어느 하나에 해당하는 경우에는 **청문**을 한다. 　㉠ **다른 법령등에서 청문을 하도록 규정**하고 있는 경우 　㉡ **행정청이 필요하다고 인정**하는 경우 　㉢ 다음의 각 처분을 하는 경우 　　ⓐ 인허가 등의 취소 　　ⓑ 신분·자격의 박탈 　　ⓒ 법인이나 조합 등의 설립허가의 취소 ③ 행정청은 청문을 하려면 **청문이 시작되는 날부터 10일 전까지** 제1항 각 호의 사항을 당사자등에게 통지하여야 한다. (제21조 제2항) ④ 판례는 청문절차의 **결여를 취소사유에 해당**한다고 본다. (대판 2007.11.16. 2005두15700) ⑤ 당사자등은 청문의 경우에는 **청문의 통지가 있는 날부터 청문이 끝날 때까지**, 의견제출의 경우에는 **처분의 사전 통지가 있는 날부터 의견제출기한까지** 행정청에 해당 사안의 조사 결과에 관한 문서와 그 밖에 해당 처분과 관련되는 문서의 **열람 또는 복사**를 요청할 수 있다. 이 경우 행정청은 다른 법령에 따라 공개가 제한되는 경우를 제외하고는 그 요청을 거부할 수 없다. (제37조)
청문 주재자 (제28조)	① 행정청은 소속 직원 또는 대통령령으로 정하는 자격을 가진 사람 중에서 청문 주재자를 공정하게 선정하여야 한다. ② 행정청은 다음 각 호의 어느 하나에 해당하는 처분을 하려는 경우에는 **청문 주재자를 2명 이상으로 선정**할 수 있다. 이 경우 선정된 청문 주재자 중 **1명**이 청문 주재자를 **대표**한다. 　1. 다수 국민의 **이해가 상충되는** 처분 　2. 다수 국민에게 **불편이나 부담을 주는** 처분 　3. 그 밖에 **전문적이고 공정한** 청문을 위하여 행정청이 청문 주재자를 2명 이상으로 선정할 필요가 있다고 인정하는 처분 ③ 행정청은 **청문이 시작되는 날부터 7일 전까지** 청문 주재자에게 청문과 관련한 필요한 자료를 **미리 통지**하여야 한다. ④ 청문 주재자는 **독립하여 공정하게 직무를 수행**하며, 그 직무 수행을 이유로 본인의 의사에 반하여 **신분상 어떠한 불이익도 받지 아니한다.**

공청회	① 행정청이 **공개적인 토론**을 통하여 어떠한 행정작용에 대하여 당사자등, 전문지식과 경험을 가진 사람, 그 밖의 일반인으로부터 **의견을 널리 수렴하는 절차**를 말한다. ② 행정청이 처분을 할 때 다음의 어느 하나에 해당하는 경우에는 **공청회**를 개최한다. ㉠ 다른 **법령등**에서 공청회를 개최하도록 **규정**하고 있는 경우 ㉡ 해당 처분의 영향이 광범위하여 **널리 의견을 수렴할 필요가 있다고 행정청이 인정**하는 경우 ㉢ **국민생활에 큰 영향을 미치는 처분**으로서 대통령령으로 정하는 처분에 대하여 대통령령으로 정하는 수(30명) 이상의 **당사자**등이 공청회 개최를 **요구**하는 경우 ③ 행정청은 공청회를 개최하려는 경우에는 **공청회 개최 14일 전까지** 일정 사항을 당사자등에게 통지하고 관보, 공보, 인터넷 홈페이지 또는 일간신문 등에 공고하는 등의 방법으로 널리 알려야 한다. 다만, 공청회 개최를 알린 후 예정대로 개최하지 못하여 새로 일시 및 장소 등을 정한 경우에는 **공청회 개최 7일 전까지** 알려야 한다. ④ 행정청은 처분을 할 때에 공청회, 온라인공청회 및 정보통신망 등을 통하여 제시된 사실 및 의견이 상당한 이유가 있다고 인정하는 경우에는 **이를 반영하여야 한다.** (제39조의2) ⑤ 행정청은 공청회를 마친 후 처분을 할 때까지 새로운 사정이 발견되어 공청회를 다시 개최할 필요가 있다고 인정할 때에는 공청회를 **다시 개최할 수 있다.** (제39조의3)

온라인
공청회
(제38조
의2)
	① 행정청은 **공청회와 병행**하여서만 정보통신망을 이용한 공청회("**온라인공청회**")를 실시할 수 있다. 다만, 다음 각 호의 어느 하나에 해당하는 경우에는 온라인공청회를 **단독**으로 개최할 수 있다.
	 1. 국민의 생명·신체·재산의 보호 등 국민의 안전 또는 권익보호 등의 이유로 제38조에 따른 **공청회를 개최하기 어려운** 경우
	 2. 제38조에 따른 공청회가 행정청이 책임질 수 없는 사유로 개최되지 못하거나 개최는 되었으나 정상적으로 진행되지 못하고 **무산된 횟수가 3회 이상**인 경우
	 3. 행정청이 널리 의견을 수렴하기 위하여 온라인공청회를 **단독**으로 **개최할 필요가 있다고 인정**하는 경우. 다만, 제22조 제2항 제1호 또는 제3호에 따라 공청회를 실시하는 경우는 **제외**한다.
	  ┌─────────────────────────────────┐
	  제22조 제2항
	  1. 다른 **법령등**에서 공청회를 개최하도록 **규정**하고 있는 경우
	  3. **국민생활에 큰 영향을 미치는 처분**으로서 대통령령으로 정하는 처분에 대하여 대통령령으로 정하는 수 이상의 **당사자**등이 공청회 개최를 **요구**하는 경우
	  └─────────────────────────────────┘
	③ 행정청은 온라인공청회를 실시하는 경우 의견제출 및 토론 참여가 가능하도록 적절한 전자적 처리능력을 갖춘 정보통신망을 구축·운영하여야 한다.
	④ 온라인공청회를 실시하는 경우에는 누구든지 정보통신망을 이용하여 의견을 제출하거나 제출된 의견 등에 대한 토론에 참여할 수 있다.
	⑤ 제1항부터 제4항까지에서 규정한 사항 외에 온라인공청회의 실시 방법 및 절차에 관하여 필요한 사항은 대통령령으로 정한다.

의견제출	① 의견제출절차란 행정청이 **어떠한 행정작용을 하기 전**에 **당사자등이 의견을 제시**하는 절차로서 청문이나 공청회에 해당하지 아니하는 절차를 말한다. (제2조 제7호) ② 행정청이 당사자에게 의무를 부과하거나 권익을 제한하는 처분을 할 때 **청문** 또는 **공청회**를 개최하는 경우 **외**에는 당사자등에게 **의견제출의 기회를 주어야 한다.** ③ **제21조 제4항 각 호의 어느 하나에 해당**하는 경우와 **당사자가 의견진술의 기회를 포기한다는 뜻을 명백히 표시한 경우**에는 **의견청취를 하지 아니할 수 있다.** > 제21조 ④ 다음 각 호의 어느 하나에 해당하는 경우에는 제1항에 따른 통지를 하지 아니할 수 있다. > 1. 공공의 안전 또는 복리를 위하여 긴급히 처분을 할 필요가 있는 경우 > 2. 법령등에서 요구된 자격이 없거나 없어지게 되면 반드시 일정한 처분을 하여야 하는 경우에 그 자격이 없거나 없어지게 된 사실이 법원의 재판 등에 의하여 객관적으로 증명된 경우 > 3. 해당 처분의 성질상 의견청취가 현저히 곤란하거나 명백히 불필요하다고 인정될만한 상당한 이유가 있는 경우 ④ 당사자등은 처분 전에 그 처분의 관할 행정청에 **서면이나 말로 또는 정보통신망**을 이용하여 의견제출을 할 수 있다. (제27조 제1항) ⑤ 당사자등이 정당한 이유 없이 **의견제출기한 내에 의견제출을 하지 아니한 경우**에는 **의견이 없는 것으로 본다.** ⑥ 의견제출기회를 주지 않고 행한 처분은 위법에 해당한다.
반영 등 (제27조의2)	① 행정청은 처분을 할 때에 당사자등이 제출한 의견이 상당한 이유가 있다고 인정하는 경우에는 **이를 반영하여야 한다.** ② 행정청은 당사자등이 **제출한 의견을 반영하지 아니하고 처분을** 한 경우 당사자등이 처분이 있음을 안 날로부터 **90일** 이내에 그 이유의 설명을 요청하면 **서면**으로 그 이유를 **알려야 한다.** 다만, 당사자등이 동의하면 **말, 정보통신말 또는 그 밖의 방법**으로 알릴 수 있다.

(7) 처분

공통적으로 적용되는 절차	수익적처분에만 적용되는 절차	불이익처분에만 적용되는 절차
① 처분기준의 설정·공표(제20조) ② 처분의 이유제시(제23조) ③ 처분의 방식 : 문서주의(제24조) ④ 처분의 정정(제25조) ⑤ 고지제도	① 처분의 신청(제17조) ② 다수의 행정청이 관여하는 처분(제18조) ③ 처리기간의 설정·공표(제19조)	① 처분의 사전통지(제21조) ② 의견제출 ③ 청문 ④ 공청회

의의	행정절차법상 '**처분**'이란 행정청이 행하는 구체적 사실에 관한 **법 집행으로서의 공권력의 행사 또는 그 거부와 그 밖에 이에 준하는 행정작용**을 말한다. (제2조 제2호)
처분신청 (제17조)	① 행정청에 처분을 구하는 신청은 **문서**로 하여야 한다. 다만, 다른 법령등에 특별한 규정이 있는 경우와 행정청이 미리 다른 방법을 정하여 공시한 경우에는 그러하지 아니하다. ② 처분을 신청할 때 전자문서로 하는 경우에는 **행정청의 컴퓨터 등에 입력된 때**에 신청한 것으로 본다. ③ 행정청은 신청에 필요한 구비서류, 접수기관, 처리기간, 그 밖에 필요한 사항을 게시(인터넷 등을 통한 게시를 포함한다)하거나 이에 대한 편람을 갖추어 두고 누구나 열람할 수 있도록 하여야 한다. ④ 행정청은 신청을 받았을 때에는 다른 법령등에 특별한 규정이 있는 경우를 제외하고는 그 접수를 보류 또는 거부하거나 부당하게 되돌려 보내서는 아니 되며, 신청을 접수한 경우에는 **신청인에게 접수증을 주어야 한다**. 다만, 대통령령으로 정하는 경우에는 접수증을 주지 아니할 수 있다. ⑤ 행정청은 신청에 구비서류의 미비 등 흠이 있는 경우에는 보완에 필요한 상당한 기간을 정하여 **지체 없이 신청인에게 보완을 요구하여야 한다.** ⑥ 행정청은 신청인이 제5항에 따른 기간 내에 보완을 하지 아니하였을 때에는 그 이유를 구체적으로 밝혀 접수된 신청을 되돌려 보낼 수 있다. ⑦ 행정청은 신청인의 편의를 위하여 **다른 행정청에 신청을 접수하게 할 수 있다**. 이 경우 행정청은 다른 행정청에 접수할 수 있는 신청의 종류를 미리 정하여 공시하여야 한다. ⑧ 신청인은 처분이 있기 전에는 그 신청의 내용을 보완·변경하거나 취하(取下)할 수 있다. 다만, 다른 법령 등에 특별한 규정이 있거나 그 신청의 성질상 보완·변경하거나 취하할 수 없는 경우에는 그러하지 아니하다.
처분기준 설정·공표 (제20조)	① 행정청은 필요한 **처분기준**을 해당 처분의 성질에 비추어 되도록 **구체적으로** 정하여 공표하여야 한다. 처분기준을 변경하는 경우에도 또한 같다. ② 「행정기본법」 제24조에 따른 인허가의제의 경우 관련 인허가 행정청은 관련 인허가의 처분기준을 주된 인허가 행정청에 제출하여야 하고, 주된 인허가 행정청은 제출받은 관련 인허가의 처분기준을 통합하여 공표하여야 한다. 처분기준을 변경하는 경우에도 또한 같다. ③ 제1항에 따른 처분기준을 공표하는 것이 해당 처분의 **성질상 현저히 곤란하거나 공공의 안전 또는 복리를 현저히 해치는 것으로 인정될 만한 상당한 이유가 있는 경우에는 처분기준을 공표하지 아니할 수 있다.** ④ 당사자등은 공표된 처분기준이 명확하지 아니한 경우 해당 행정청에 그 **해석 또는 설명을 요청할 수 있다.** 이 경우 해당 행정청은 특별한 사정이 없으면 **그 요청에 따라야 한다.**

(7)-2 처분의 사전 통지(제21조)

① 행정청은 당사자에게 **의무를 부과**하거나 **권익을 제한**하는 처분을 하는 경우에는 미리 다음 각 호의 사항을 **당사자등에게 통지하여야 한다.**

> 1. 처분의 제목
> 2. 당사자의 성명 또는 명칭과 주소
> 3. 처분하려는 원인이 되는 사실과 처분의 내용 및 법적 근거
> 4. 제3호에 대하여 의견을 제출할 수 있다는 뜻과 의견을 제출하지 아니하는 경우의 처리방법
> 5. 의견제출기관의 명칭과 주소
> 6. 의견제출기한
> 7. 그 밖에 필요한 사항
> ▶ **신청에 대한 거부처분(X)** → 당사자의 권익을 제한하는 처분에 해당하지 않으므로 사전통지 대상이 아니다.

② 행정청은 청문을 하려면 **청문이 시작되는 날부터 10일 전까지** 제1항 각 호의 사항을 당사자등에게 통지하여야 한다.
③ 제1항 제6호에 따른 기한은 **의견제출에 필요한 기간을 10일** 이상으로 고려하여 정하여야 한다.
④ 다음 각 호의 어느 하나에 해당하는 경우에는 제1항에 따른 통지를 하지 아니할 수 있다.

> 1. **공공의 안전 또는 복리를** 위하여 **긴급히 처분을 할 필요**가 있는 경우
> 2. 법령등에서 요구된 자격이 없거나 없어지게 되면 반드시 일정한 처분을 하여야 하는 경우에 그 자격이 없거나 없어지게 된 사실이 법원의 재판 등에 의하여 객관적으로 증명된 경우
> 3. 해당 처분의 성질상 의견청취가 현저히 곤란하거나 명백히 불필요하다고 인정될 만한 상당한 이유가 있는 경우

⑤ 처분의 전제가 되는 사실이 법원의 재판 등에 의하여 객관적으로 증명된 경우 등 제4항에 따른 사전 통지를 하지 아니할 수 있는 구체적인 사항은 대통령령으로 정한다.
⑥ 제4항에 따라 사전 통지를 하지 아니하는 경우 행정청은 처분을 할 때 당사자등에게 통지를 하지 아니한 사유를 알려야 한다. 다만, 신속한 처분이 필요한 경우에는 처분 후 그 사유를 알릴 수 있다.
⑦ 제6항에 따라 당사자등에게 알리는 경우에는 제24조를 준용한다.
▶ 행정청은 청문·공청회 또는 의견제출을 거쳤을 때에는 **신속히 처분하여 해당 처분이 지연되지 아니 하도록 하여야 한다.** (제22조 제5항)
▶ 행정청은 **처분 후 1년 이내에 당사자등이 요청**하는 경우에는 청문·공청회 또는 의견제출을 위하여 **제출받은 서류나 그 밖의 물건을 반환하여야 한다.** (제22조 제6항)

(7)-3 처분의 이유제시 및 방식 등

이유제시
(제23조)
	① 행정청은 처분을 할 때에는 다음 각 호의 어느 하나에 해당하는 경우를 **제외**하고는 당사자에게 **그 근거와 이유를 제시**하여야 한다.
	   1. 신청 내용을 **모두 그대로 인정**하는 처분인 경우
	   2. **단순·반복**적인 처분 또는 **경미**한 처분으로서 당사자가 그 이유를 명백히 알 수 있는 경우
	   3. **긴급히** 처분을 할 필요가 있는 경우
	② 행정청은 제1항 제2호 및 제3호의 경우에 처분 후 당사자가 요청하는 경우에는 그 근거와 이유를 제시하여야 한다.

방식
(제24조)
	① 행정청이 처분을 할 때에는 다른 법령등에 특별한 규정이 있는 경우를 제외하고는 **문서**로 하여야 하며, 다음 각 호의 어느 하나에 해당하는 경우에는 **전자문서로 할 수 있다.**
	   1. 당사자등의 **동의**가 있는 경우
	   2. 당사자가 전자문서로 처분을 **신청**한 경우
	② 제1항에도 불구하고 공공의 안전 또는 복리를 위하여 긴급히 처분을 할 필요가 있거나 사안이 경미한 경우에는 말, 전화, 휴대전화를 이용한 문자 전송, 팩스 또는 전자우편 등 문서가 아닌 방법으로 처분을 할 수 있다. 이 경우 당사자가 요청하면 지체 없이 처분에 관한 문서를 주어야 한다.
	③ 처분을 하는 문서에는 그 처분 행정청과 담당자의 소속·성명 및 연락처(전화번호, 팩스번호, 전자우편주소 등을 말한다)를 적어야 한다.

정정 (제25조)	행정청은 처분에 오기, 오산 또는 그 밖에 이에 준하는 명백한 잘못이 있을 때에는 직권으로 또는 신청에 따라 지체 없이 정정하고 그 사실을 당사자에게 통지하여야 한다.
고지 (제26조)	행정청이 처분을 할 때에는 당사자에게 그 처분에 관하여 행정심판 및 행정소송을 제기할 수 있는지 여부, 그 밖에 불복을 할 수 있는지 여부, 청구절차 및 청구기간, 그 밖에 필요한 사항을 알려야 한다.

(8) 송달(제14조 및 제15조)

교부송달	① 수령확인서를 받고 **문서를 교부**하는 송달을 말한다. ② 송달은 다른 법령등에 특별한 규정이 있는 경우를 제외하고는 해당 문서가 **송달받을 자에게 도달**됨으로써 그 효력이 발생한다.
전자송달	① 정보통신망을 이용한 송달은 **송달받을 자가 동의한 경우에만** 한다. ② 정보통신망을 이용하여 전자문서로 송달하는 경우에는 **송달받을 자가 지정한 컴퓨터 등에 입력**된 때에 도달된 것으로 본다.

공시송달	① 다음 중 어느 하나에 해당하는 경우에는 송달받을 자가 알기 쉽도록 **관보, 공보, 게시판, 일간신문(인터넷X)** 중 하나 이상에 공고하고 **인터넷**에도 공고하여야 한다.
	   ㉠ 송달받을 자의 주소등을 통상적인 방법으로 확인할 수 없는 경우
	   ㉡ 송달이 불가능한 경우
	② 공시송달의 경우에는 다른 법령등에 특별한 규정이 있는 경우를 제외하고는 **공고일부터 14일**이 지난 **때**에 그 효력이 발생한다. 다만, 긴급히 시행하여야 할 특별한 사유가 있어 효력 발생 시기를 달리 정하여 공고한 경우에는 그에 따른다.

2. 행정상 입법예고(제41조)

의의	행정상 입법예고는 국민의 일상생활과 밀접하게 관련되는 **법령안**의 내용을 미리 국민에게 알림으로써 국민들의 참여기회를 보장하고 법령의 실효성을 높이기 위한 절차이다.
원칙	법령등을 **제정·개정 또는 폐지**("입법")하려는 경우에는 해당 입법안을 마련한 행정청은 이를 **예고하여야 한다**. 다만, 다음 중 어느 하나에 해당하는 경우에는 **예고를 하지 아니할 수 있다.** ㉠ 신속한 국민의 권리 보호 또는 예측 곤란한 특별한 사정의 발생 등으로 입법이 **긴급**을 요하는 경우 ㉡ 상위 법령등의 **단순한 집행**을 위한 경우 ㉢ 입법내용이 **국민의 권리·의무 또는 일상생활과 관련이 없는** 경우 ㉣ **단순한 표현·자구를 변경**하는 경우 등 입법내용의 성질상 예고의 필요가 없거나 곤란하다고 판단되는 경우 ㉤ 예고함이 공공의 안전 또는 복리를 현저히 해칠 우려가 있는 경우
방법 (제42조)	① 행정청은 입법안의 취지, 주요 내용 또는 전문(全文)을 **관보나 공보의 방법으로 공고하여야 하며**, 추가로 인터넷, 신문 또는 방송 등을 통하여 공고할 수 있다. ② 행정청은 **대통령령**을 입법예고하는 경우 국회 소관 상임위원회에 이를 제출하여야 한다.
예고기간 (제43조)	입법예고기간은 예고할 때 정하되, **특별한 사정이 없으면 40일**(자치법규는 **20일**) 이상으로 한다.

3. 행정예고(제46조)

의의	행정예고란 많은 국민의 권익과 관계된 사항을 국민에게 미리 알림으로써 **행정**에 대한 예측 가능성을 보장해 주고, 행정시책에 대한 참여를 증진시키기 위한 절차이다.

원칙 및 방법
(제47조)
	① 행정청은 정책, 제도 및 계획("정책등")을 **수립·시행**하거나 **변경**하려는 경우에는 이를 **예고하여야 한다**. 다만, 다음 각 호의 어느 하나에 해당하는 경우에는 **예고를 하지 아니할 수 있다.**
	  1. 신속하게 국민의 권리를 보호하여야 하거나 예측이 어려운 특별한 사정이 발생하는 등 **긴급한 사유로 예고가 현저히 곤란한 경우**
	  2. 법령등의 **단순한 집행**을 위한 경우
	  3. 정책등의 내용이 **국민의 권리·의무 또는 일상생활과 관련이 없는** 경우
	  4. 정책등의 **예고가 공공의 안전 또는 복리를 현저히 해칠 우려가 상당**한 경우
	② 행정청은 정책등안(案)의 취지, 주요 내용 등을 관보·공보나 인터넷·신문·방송 등을 통하여 공고하여야 한다.
	③ 행정예고의 방법, 의견제출 및 처리, 공청회 및 온라인공청회에 관하여는 행정상 입법 예고에 관한 규정을 준용한다.
	④ 법령등의 입법을 포함하는 행정예고는 입법예고로 갈음할 수 있다.

기간	**행정예고기간**은 예고 내용의 성격 등을 고려하여 정하되, (**특별한 사정이 없으면** 20일X) **20일** 이상으로 한다. 다만, 긴급한 필요가 있는 경우에는 **행정예고기간을 단축할 수 있다**. 이 경우 **단축된 행정예고기간을 10일** 이상으로 한다.

4. 행정지도

의의	① 행정주체가 일정한 행정 목적을 달성하기 위해 상대방인 국민에게 임의적인 협력을 요청하는 **비권력적 사실행위**이다. ② 원칙적으로 **행정소송의 대상**이 되지 않으며, 반드시 **법률의 근거**를 요하지 않는다. ③ **위법**한 행정지도로 국민이 손해를 입으면 **국가배상책임**이 인정될 수 있다.
원칙 (제48조)	① 행정지도는 그 목적 달성에 **필요한 최소한도**에 그쳐야 하며, 행정지도의 상대방의 의사에 반하여 **부당**하게 강요하여서는 아니 된다. ② 행정기관은 행정지도의 상대방이 행정지도에 **따르지 아니하였다는 것을 이유로 불이익한 조치를 하여서는 아니 된다.**
방식 (제49조)	① 행정지도를 하는 자는 그 상대방에게 그 행정지도의 **취지 및 내용과 신분을 밝혀야 한다.** ② 행정지도는 **문서, 구두 모두 가능**하다. 행정지도가 말로 이루어지는 경우에 상대방이 행정지도의 사항을 적은 서면의 교부를 요구하면 그 행정지도를 하는 자는 직무 수행에 특별한 지장이 없으면 **이를 교부하여야 한다.**
의견제출 (제50조)	상대방은 해당 행정지도의 방식·내용 등에 관하여 행정기관에 **의견제출**을 할 수 있다.
다수인대상 (제51조)	행정기관이 같은 행정목적을 실현하기 위하여 많은 **상대방에게 행정지도**를 하려는 경우에는 특별한 사정이 없으면 행정지도에 **공통적인 내용**이 되는 사항을 공표하여야 한다.

5. 확약(제40조의2)

① 법령등에서 당사자가 신청할 수 있는 처분을 규정하고 있는 경우 행정청은 **당사자의 신청**에 따라 장래에 **어떤 처분을 하거나 하지 아니할 것을 내용으로 하는 의사표시**("확약")를 할 수 있다.
② 확약은 **문서**로 하여야 한다.
③ 행정청은 다른 행정청과의 협의 등의 절차를 거쳐야 하는 처분에 대하여 확약을 하려는 경우에는 **확약을 하기 전에 그 절차를 거쳐야 한다.**
④ 행정청은 다음 각 호의 어느 하나에 해당하는 경우에는 **확약에 기속되지 아니한다.**

> 1. 확약을 한 후에 확약의 내용을 이행할 수 없을 정도로 **법령등이나 사정**이 **변경**된 경우
> 2. 확약이 **위법**한 경우

⑤ 행정청은 확약이 제4항 각 호의 어느 하나에 해당하여 **확약을 이행할 수 없는 경우**에는 지체 없이 당사자에게 그 사실을 통지하여야 한다.

6. 위반사실 등의 공표(제40조의3)

① 행정청은 법령에 따른 의무를 위반한 자의 성명·법인명, 위반사실, 의무 위반을 이유로 한 처분사실등("위반사실등")을 **법률로 정하는 바에 따라 일반에게 공표할 수 있다.**
② 행정청은 위반사실등의 공표를 하기 전에 사실과 다른 공표로 인하여 당사자의 명예·신용 등이 훼손되지 아니하도록 **객관적이고 타당한 증거와 근거가 있는지를 확인하여야 한다.**
③ 행정청은 위반사실등의 공표를 할 때에는 미리 당사자에게 그 사실을 통지하고 **의견제출의 기회를 주어야 한다.** 다만, 다음 각 호의 어느 하나에 해당하는 경우에는 **그러하지 아니하다.**

> 1. 공공의 안전 또는 복리를 위하여 **긴급히 공표를 할 필요**가 있는 경우
> 2. 해당 공표의 성질상 **의견청취가 현저히 곤란**하거나 **명백히 불필요**하다고 인정될 만한 타당한 이유가 있는 경우
> 3. **당사자가 의견진술의 기회를 포기한다는 뜻을 명백히 밝힌** 경우

④ 의견제출의 기회를 받은 당사자는 공표 전에 관할 행정청에 **서면**이나 말 또는 **정보통신망**을 이용하여 **의견을 제출할 수 있다.**
⑤ 위반사실등의 공표는 **관보, 공보 또는 인터넷 홈페이지** 등을 통하여 한다.
⑦ 행정청은 위반사실등의 공표를 하기 전에 당사자가 **공표와 관련된 의무의 이행, 원상회복, 손해배상 등의 조치를 마친 경우**에는 위반사실등의 **공표를 하지 아니할 수 있다.**
⑧ 행정청은 공표된 내용이 사실과 다른 것으로 밝혀지거나 공표에 포함된 처분이 취소된 경우에는 그 내용을 정정하여, 정정한 내용을 지체 없이 해당 공표와 같은 방법으로 공표된 기간 이상 공표하여야 한다. 다만, 당사자가 원하지 아니하면 공표하지 아니할 수 있다.

7. 행정계획(제40조의4)

행정청은 행정청이 수립하는 계획 중 국민의 권리·의무에 직접 영향을 미치는 계획을 수립하거나 변경·폐지할 때에는 관련된 여러 이익을 **정당하게 형량하여야 한다.**

8. 행정절차법 관련 판례

1. 구 「행정절차법」 제14조 제1항은 문서의 송달방법의 하나로 우편송달을 규정하고 있고, 같은 법 제16조 제2항은 외국에 거주 또는 체류하는 자에 대한 기간 및 기한은 행정청이 그 우편이나 통신에 소요되는 일수를 감안하여 정하여야 한다고 규정하고 있는 점 등에 비추어 보면, 공정거래위원회는 국내에 주소·거소·영업소 또는 사무소가 **없는 외국사업자**에 대하여도 우편송달의 방법으로 **문서**를 송달할 수 있다. (대판 2006.3.24. 2004두11275)
2. **공무원연금관리공단의 퇴직연금의 환수결정**은 당사자에게 의무를 과하는 처분이기는 하나, 관련 법령에 따라 **당연히 환수금액이 정하여지는 것**이므로 퇴직연금의 환수결정에 앞서 **당사자에게 의견진술의 기회를 주지 아니하여도** 「행정절차법」 제22조 제3항이나 신의칙에 **어긋나지 아니한다**. (대판 2000.11.28. 99두5443)
3. '**고시**'의 방법으로 불특정 다수인을 상대로 의무를 부과하거나 권익을 제한하는 처분은 성질상 의견 제출의 기회를 주어야 하는 상대방을 특정할 수 없으므로, 이와 같은 처분에 있어서까지 구 「행정절차법」 제22조 제3항에 의하여 그 상대방에게 **의견제출의 기회**를 주어야 한다고 해석할 것은 **아니다**. (대판 2014.10.27. 2012두7745)
4. 특별한 사정이 없는 한 신청에 대한 거부처분이라고 하더라도 직접 당사자의 권익을 제한하는 것은 아니어서 **신청에 대한 거부처분**을 여기에서 말하는 '당사자의 권익을 제한하는 처분'에 해당한다고 할 수 없는 것이어서 처분의 **사전통지 대상**이 된다고 할 수 **없다**. (대판 2003.11.28. 2003두674)
5. 행정청이 문서에 의하여 처분을 한 경우 그 처분서의 문언이 불분명하다는 등의 특별한 사정이 없는 한, 그 문언에 따라 어떤 처분을 하였는지 여부를 확정하여야 할 것이고, 처분서의 문언만으로도 행정청이 어떤 처분을 하였는지가 분명함에도 불구하고 처분경위나 처분 이후의 상대방의 태도 등 다른 사정을 고려하여 처분서의 문언과는 달리 다른 처분까지 포함되어 있는 것으로 **확대해석**하여서는 **아니 된다**. (대판 2005.7.28. 2003두469)
6. 공무원 인사관계 법령에 의한 처분에 관한 사항 전부에 대하여 「행정절차법」의 적용이 배제되는 것이 아니라 **성질상 행정절차를 거치기 곤란하거나 불필요하다고 인정되는 처분이나 행정절차에 준하는 절차를 거치도록 하고 있는 처분의 경우에만 「행정절차법」의 적용이 배제된다**. (대판 2007.9.21. 2006두20631)
7. 행정청이 당사자와 사이에 도시계획사업의 시행과 관련한 협약을 체결하면서 관계 법령 및 「행정절차법」에 규정된 청문의 실시 등 의견청취절차를 배제하는 조항을 두었다고 하더라도 위와 같은 협약의 체결로 청문의 실시에 관한 규정의 적용을 배제할 수 있다고 볼 만한 법령상의 규정이 없는 한, **이러한 협약이 체결되었다고 하여 청문의 실시에 관한 규정의 적용이 배제된다거나 청문을 실시하지 않아도 되는 예외적인 경우에 해당한다고 할 수 없다**. (대판 2004.7.8. 2002두8350)
8. 세액산출근거가 누락된 납세고지서에 의한 과세처분의 하자의 치유를 허용하려면 늦어도 과세처분에 대한 불복여부의 결정 및 불복신청에 편의를 줄 수 있는 상당한 기간 내에 하여야 한다고 할 것이므로 위 과세처분에 대한 전심절차가 모두 끝나고 상고심의 계류 중에 세액산출근거의 통지가 있었다고 하여 이로써 위 과세처분의 하자가 치유되었다고 볼 수 **없다**. (대판 1984.4.10. 83누393)
9. 행정처분의 상대방이 통지된 청문일시에 불출석하였다는 이유만으로 행정청이 관계 법령상 그 실시가 요구되는 청문을 실시하지 아니한 채 침해적 행정처분을 할 수는 없을 것이므로, 행정처분의 상대방에 대한 청문통지서가 반송되었다거나, 행정처분의 상대방이 청문일시에 불출석하였다는 이유로 청문을 실시하지 아니하고 한 침해적 행정처분은 **위법**하다. (대판 2001.4.13. 2000두3337)
10. 행정청이 구 「학교보건법」 소정의 학교환경위생정화구역 내에서 금지행위 및 시설의 해제 여부에 관한 행정처분을 하면서 절차상 위와 같은 **심의를 누락**한 흠이 있다면 그와 같은 흠을 가지켜 위 행정처분의 효력에 아무런 영향을 주지 않는다거나 경미한 정도에 불과하다고 볼 수는 없으므로, 특별한 사정이 없는 한 이는 행정처분을 **위법**하게 하는 취소사유가 된다. (대판 2007.3.15. 2006두15806)
11. 행정청이 **침해적** 행정처분을 함에 있어서 당사자에게 위와 같은 **사전통지를 하거나 의견제출의 기회를 주지 아니하였**다면 사전통지를 하지 않거나 의견제출의 기회를 주지 아니하여도 되는 예외적인 경우에 해당하지 아니하는 한 그 처분은 **위법**하여 취소를 면할 수 없다. (대판 2004.5.28. 2004두1254)
12. 행정청이 청문서 도달기간을 다소 어겼다 하더라도 영업자가 이에 대하여 **이의하지 아니한 채 스스로 청문일에 출석하여 그 의견을 진술하고 변명**하는 등 방어의 기회를 충분히 가졌다면 청문서 도달기간을 준수하지 아니한 하자는 **치유**되었다고 봄이 상당하다. (대판 1992.10.23. 92누2844)

제2절 공공기관의 정보공개에 관한 법률

정의 (제2조)	이 법에서 사용하는 용어의 뜻은 다음과 같다. 1. **"정보"**란 공공기관이 직무상 작성 또는 취득하여 관리하고 있는 **문서(전자문서를 포함)** 및 전자매체를 비롯한 모든 형태의 매체 등에 기록된 사항을 말한다. 2. **"공개"**란 공공기관이 이 법에 따라 정보를 열람하게 하거나 그 사본·복제물을 제공하는 것 또는 「전자정부법」제2조 제10호에 따른 정보통신망("정보통신망")을 통하여 정보를 제공하는 것 등을 말한다. 3. **"공공기관"**이란 다음 각 목의 기관을 말한다. 　가. 국가기관 　　1) 국회, 법원, 헌법재판소, 중앙선거관리위원회 　　2) 중앙행정기관(대통령 소속 기관과 국무총리 소속 기관을 포함) 및 그 소속 기관 　　3) 「행정기관 소속 위원회의 설치·운영에 관한 법률」에 따른 위원회 　나. **지방자치단체** 　다. 「공공기관의 운영에 관한 법률」제2조에 따른 공공기관 　라. 「지방공기업법」에 따른 지방공사 및 지방공단 　마. 그 밖에 대통령령으로 정하는 기관
공개원칙 (제3조)	공공기관이 보유·관리하는 정보는 국민의 알권리 보장 등을 위하여 이 법에서 정하는 바에 따라 **적극적으로 공개하여야 한다. (할 수 있다X)**
적용범위 (제4조)	① 정보의 공개에 관하여는 다른 법률에 특별한 규정이 있는 경우를 제외하고는 이 법에서 정하는 바에 따른다. ② 지방자치단체는 그 소관 사무에 관하여 법령의 범위에서 정보공개에 관한 조례를 정할 수 있다.
청구권자 (제5조)	① **모든 국민**은 정보의 공개를 청구할 권리를 가진다. ② **외국인**의 정보공개 청구에 관하여는 대통령령으로 정한다. (외국인은 공개를 청구할 수 **없다X**)
공공기관 의무 (제6조)	① 공공기관은 정보의 공개를 청구하는 국민의 권리가 존중될 수 있도록 이 법을 운영하고 소관 관계 법령을 정비하며, 정보를 투명하고 적극적으로 공개하는 조직문화 형성에 노력하여야 한다. ② 공공기관은 정보의 적절한 보존 및 신속한 검색과 국민에게 유용한 정보의 분석 및 공개 등이 이루어지도록 정보관리체계를 정비하고, 정보공개 업무를 주관하는 부서 및 담당하는 인력을 적정하게 두어야 하며, 정보통신망을 활용한 정보공개시스템 등을 구축하도록 노력하여야 한다. ③ 행정안전부장관은 공공기관의 정보공개에 관한 업무를 종합적·체계적·효율적으로 지원하기 위하여 통합정보공개시스템을 구축·운영하여야 한다. ④ **공공기관**(국회·법원·헌법재판소·중앙선거관리위원회는 **제외한다**)이 제2항에 따른 공개시스템을 구축하지 아니한 경우에는 제3항에 따라 행정안전부장관이 구축·운영하는 통합정보공개시스템을 통하여 정보공개청구 등을 처리하여야 한다. ⑤ 공공기관은 소속 공무원 또는 임직원 전체를 대상으로 국회규칙·대법원규칙·헌법재판소규칙·중앙선거관리위원회규칙 및 대통령령으로 정하는 바에 따라 이 법 및 정보공개제도 운영에 관한 교육을 실시하여야 한다.

| 비공개
대상정보
(제9조) | ① 공공기관이 보유·관리하는 정보는 공개 대상이 된다. 다만, 다음 각 호의 어느 하나에 해당하는 정보는 **공개하지 아니할 수 있다.**

1. 다른 법률 또는 법률에서 위임한 명령(국회규칙·대법원규칙·헌법재판소규칙·중앙선거관리위원회규칙·대통령령 및 조례로 한정한다)에 따라 비밀이나 비공개 사항으로 규정된 정보
2. 국가안전보장·국방·통일·외교관계 등에 관한 사항으로서 공개될 경우 국가의 중대한 이익을 현저히 해칠 우려가 있다고 인정되는 정보
3. 공개될 경우 국민의 생명·신체 및 재산의 보호에 현저한 지장을 초래할 우려가 있다고 인정되는 정보
4. **진행 중인 재판에 관련된 정보와 범죄의 예방, 수사, 공소의 제기 및 유지, 형의 집행, 교정(矯正), 보안처분에 관한 사항으로서 공개될 경우 그 직무수행을 현저히 곤란하게 하거나 형사피고인의 공정한 재판을 받을 권리를 침해한다고 인정할 만한 상당한 이유가 있는 정보**
5. 감사·감독·검사·시험·규제·입찰계약·기술개발·인사관리에 관한 사항이나 의사결정 과정 또는 내부 검토 과정에 있는 사항 등으로서 공개될 경우 업무의 공정한 수행이나 연구·개발에 현저한 지장을 초래한다고 인정할 만한 상당한 이유가 있는 정보. 다만, 의사결정 과정 또는 내부검토 과정을 이유로 비공개할 경우에는 제13조 제5항에 따라 통지를 할 때 의사결정 과정 또는 내부검토 과정의 단계 및 종료 예정일을 함께 안내하여야 하며, 의사결정 과정 및 내부검토 과정이 종료되면 제10조에 따른 청구인에게 이를 통지하여야 한다.
6. 해당 정보에 포함되어 있는 성명·주민등록번호 등 「개인정보 보호법」 제2조 제1호에 따른 개인정보로서 공개될 경우 사생활의 비밀 또는 자유를 침해할 우려가 있다고 인정되는 정보. 다만, 다음 각 목에 열거한 사항은 제외한다.

 가. 법령에서 정하는 바에 따라 열람할 수 있는 정보
 나. 공공기관이 공표를 목적으로 작성하거나 취득한 정보로서 사생활의 비밀 또는 자유를 부당하게 침해하지 아니하는 정보
 다. 공공기관이 작성하거나 취득한 정보로서 공개하는 것이 공익이나 개인의 권리 구제를 위하여 필요하다고 인정되는 정보
 라. 직무를 수행한 공무원의 성명·직위
 마. 공개하는 것이 공익을 위하여 필요한 경우로서 법령에 따라 국가 또는 지방자치단체가 업무의 일부를 위탁 또는 위촉한 개인의 성명·직업

7. 법인·단체 또는 개인("법인등")의 경영상·영업상 비밀에 관한 사항으로서 공개될 경우 법인등의 정당한 이익을 현저히 해칠 우려가 있다고 인정되는 정보. 다만, 다음 각 목에 열거한 정보는 제외한다.

 가. 사업활동에 의하여 발생하는 위해(危害)로부터 사람의 생명·신체 또는 건강을 보호하기 위하여 공개할 필요가 있는 정보
 나. 위법·부당한 사업활동으로부터 국민의 재산 또는 생활을 보호하기 위하여 공개할 필요가 있는 정보

8. 공개될 경우 부동산 투기, 매점매석 등으로 특정인에게 이익 또는 불이익을 줄 우려가 있다고 인정되는 정보

② 공공기관은 제1항 각 호의 어느 하나에 해당하는 정보가 기간의 경과 등으로 인하여 **비공개의 필요성이 없어진 경우에는 그 정보를 공개 대상으로 하여야 한다.**
③ 공공기관은 제1항 각 호의 범위에서 해당 공공기관의 업무 성격을 고려하여 비공개 대상 정보의 범위에 관한 세부 기준("비공개 세부 기준")을 수립하고 이를 정보통신망을 활용한 정보공개시스템 등을 통하여 공개하여야 한다.
④ 공공기관(국회·법원·헌법재판소 및 중앙선거관리위원회는 제외한다)은 제3항에 따라 수립된 비공개 세부 기준이 제1항 각 호의 비공개 요건에 부합하는지 3년마다 점검하고 필요한 경우 비공개 세부 기준을 개선하여 그 점검 및 개선 결과를 행정안전부장관에게 제출하여야 한다. |

청구방법 (제10조)	① 정보의 공개를 청구하는 자("청구인")는 해당 정보를 보유하거나 관리하고 있는 공공기관에 다음 각 호의 사항을 적은 **정보공개 청구서**를 제출하거나 **말**로써 정보의 **공개를 청구할 수 있다.** (청구하여야 한다X) 1. 청구인의 성명·생년월일·주소 및 연락처(전화번호·전자우편주소 등을 말한다). 다만, 청구인이 법인 또는 단체인 경우에는 그 명칭, 대표자의 성명, 사업자등록번호 또는 이에 준하는 번호, 주된 사무소의 소재지 및 연락처를 말한다. 2. 청구인의 주민등록번호(본인임을 확인하고 공개 여부를 결정할 필요가 있는 정보를 청구하는 경우로 한정한다) 3. 공개를 청구하는 정보의 내용 및 공개방법
공개여부 결정 (제11조)	① 공공기관은 제10조에 따라 정보공개의 청구를 받으면 그 **청구를 받은 날부터 10일** 이내에 공개 여부를 **결정하여야 한다.** ② 공공기관은 부득이한 사유로 제1항에 따른 기간 이내에 공개 여부를 결정할 수 없을 때에는 그 **기간이 끝나는 날의 다음 날부터 기산하여 10일**의 범위에서 공개 여부 결정기간을 **연장할 수 있다.** 이 경우 공공기관은 연장된 사실과 연장 사유를 청구인에게 **지체 없이 문서**(구두X)로 통지하여야 한다. ③ 공공기관은 공개 청구된 공개 대상 정보의 전부 또는 일부가 제3자와 관련이 있다고 인정할 때에는 그 사실을 제3자에게 **지체 없이 통지하여야 하며,** 필요한 경우에는 **그의 의견을 들을 수 있다.** (들어야 한다X) ④ 공공기관은 다른 공공기관이 보유·관리하는 정보의 공개 청구를 받았을 때에는 지체 없이 이를 소관 기관으로 이송하여야 하며, 이송한 후에는 지체 없이 소관 기관 및 이송 사유 등을 분명히 밝혀 청구인에게 문서로 통지하여야 한다. ⑤ 공공기관은 정보공개 청구가 다음 각 호의 어느 하나에 해당하는 경우로서 「민원 처리에 관한 법률」에 따른 민원으로 처리할 수 있는 경우에는 민원으로 처리할 수 있다. 1. 공개 청구된 정보가 공공기관이 보유·관리하지 아니하는 정보인 경우 2. 공개 청구의 내용이 진정·질의 등으로 이 법에 따른 정보공개 청구로 보기 어려운 경우

> **참고**
>
> **정보공개심의회(공공기관의 정보공개에 관한 법률 제12조)**
> ① 국가기관, 지방자치단체, 「공공기관의 운영에 관한 법률」제5조에 따른 공기업 및 준정부기관, 「지방공기업법」에 따른 지방공사 및 지방공단("국가기관등")은 제11조에 따른 **정보공개 여부 등을 심의하기 위하여** 정보공개심의회("심의회")를 설치·운영한다. 이 경우 국가기관등의 규모와 업무성격, 지리적 여건, 청구인의 편의 등을 고려하여 소속 상급기관(지방공사·지방공단의 경우에는 해당 지방공사·지방공단을 설립한 지방자치단체)에서 협의를 거쳐 심의회를 통합하여 설치·운영할 수 있다.
> ② 심의회는 **위원장 1명을 포함하여 5명 이상 7명 이하의 위원**으로 구성한다.
> ③ 심의회의 위원은 소속 공무원, 임직원 또는 외부 전문가로 지명하거나 위촉하되, 그 중 **3분의 2는 해당 국가기관등의 업무 또는 정보공개의 업무에 관한 지식을 가진 외부 전문가로 위촉하여야 한다.** 다만, 제9조 제1항 제2호 및 제4호에 해당하는 업무를 주로 하는 국가기관은 그 국가기관의 장이 외부 전문가의 위촉 비율을 따로 정하되, **최소한 3분의 1 이상은 외부 전문가로 위촉하여야 한다.**
> ④ 심의회의 **위원장**은 위원 중에서 **국가기관등의 장이 지명하거나 위촉**한다.
> ⑤ 심의회의 위원에 대해서는 제23조 제4항 및 제5항을 준용한다.
>
>> 제23조(정보공개위원회의 구성 등)
>> ④ 위원장·부위원장 및 위원은 정보공개 업무와 관련하여 알게 된 정보를 누설하거나 그 정보를 이용하여 본인 또는 타인에게 이익 또는 불이익을 주는 행위를 하여서는 아니 된다.
>> ⑤ 위원장·부위원장 및 위원 중 공무원이 아닌 사람은 「형법」이나 그 밖의 법률에 따른 벌칙을 적용할 때에는 공무원으로 본다.
>
> ⑥ 심의회의 운영과 기능 등에 관하여 필요한 사항은 국회규칙·대법원규칙·헌법재판소규칙·중앙선거관리위원회규칙 및 대통령령으로 정한다.

결정 통지 (제13조)	① 공공기관은 제11조에 따라 정보의 공개를 결정한 경우에는 공개의 일시 및 장소 등을 분명히 밝혀 청구인에게 통지하여야 한다. ② 공공기관은 청구인이 사본 또는 복제물의 교부를 원하는 경우에는 이를 교부하여야 한다. ③ 공공기관은 공개 대상 정보의 **양이 너무 많아 정상적인 업무수행에 현저한 지장을 초래할 우려가 있는 경우**에는 해당 정보를 일정 기간별로 나누어 제공하거나 사본·복제물의 교부 또는 열람과 병행하여 제공할 수 있다. ④ 공공기관은 제1항에 따라 정보를 공개하는 경우에 그 정보의 원본이 더럽혀지거나 파손될 우려가 있거나 그 밖에 상당한 이유가 있다고 인정할 때에는 그 정보의 사본·복제물을 공개할 수 있다. ⑤ 공공기관은 제11조에 따라 정보의 비공개 결정을 한 경우에는 그 사실을 청구인에게 지체 없이 문서로 통지하여야 한다. 이 경우 제9조 제1항 각 호 중 어느 규정에 해당하는 비공개 대상 정보인지를 포함한 비공개 이유와 불복의 방법 및 절차를 구체적으로 밝혀야 한다.
부분공개 (제14조)	공개 청구한 정보가 제9조 제1항 각 호의 어느 하나에 해당하는 부분과 공개 가능한 부분이 혼합되어 있는 경우로서 공개 청구의 취지에 어긋나지 아니하는 범위에서 두 부분을 분리할 수 있는 경우에는 제9조 제1항 각 호의 어느 하나에 해당하는 부분을 제외하고 공개하여야 한다.

전자적공개 (제15조)	① 공공기관은 전자적 형태로 보유·관리하는 정보에 대하여 청구인이 전자적 형태로 공개하여 줄 것을 요청하는 경우에는 그 정보의 성질상 현저히 곤란한 경우를 제외하고는 청구인의 요청에 따라야 한다. ② 공공기관은 전자적 형태로 보유·관리하지 아니하는 정보에 대하여 청구인이 전자적 형태로 공개하여 줄 것을 요청한 경우에는 정상적인 업무수행에 현저한 지장을 초래하거나 그 정보의 성질이 훼손될 우려가 없으면 그 정보를 전자적 형태로 변환하여 공개할 수 있다. ③ 정보의 전자적 형태의 공개 등에 필요한 사항은 국회규칙·대법원규칙·헌법재판소규칙·중앙선거관리위원회규칙 및 대통령령으로 정한다.
비용부담 (제17조)	① 정보의 공개 및 우송 등에 드는 비용은 실비(實費)의 범위에서 **청구인**이 **부담**한다. ② 공개를 청구하는 정보의 사용 목적이 **공공복리의 유지·증진**(질서유지X)을 위하여 필요하다고 인정되는 경우에는 제1항에 따른 **비용을 감면할 수 있다.** ③ 제1항에 따른 비용 및 그 징수 등에 필요한 사항은 국회규칙·대법원규칙·헌법재판소규칙·중앙선거관리위원회규칙 및 대통령령으로 정한다.

이의신청
(제18조)
	① 청구인이 정보공개와 관련한 공공기관의 비공개 결정 또는 부분 공개 결정에 대하여 **불복이 있거나 정보공개 청구 후 20일이 경과하도록 정보공개 결정이 없는 때**에는 공공기관으로부터 **정보공개 여부의 결정 통지를 받은 날 또는 정보공개 청구 후 20일이 경과한 날부터 30일** 이내에 해당 공공기관에 **문서**로 **이의신청을 할 수 있다.**
	② 국가기관등은 제1항에 따른 이의신청이 있는 경우에는 심의회를 개최하여야 한다. 다만, 다음 각 호의 어느 하나에 해당하는 경우에는 심의회를 개최하지 아니할 수 있으며 개최하지 아니하는 사유를 청구인에게 **문서로 통지하여야 한다.**
	  1. 심의회의 심의를 이미 거친 사항
	  2. 단순·반복적인 청구
	  3. 법령에 따라 비밀로 규정된 정보에 대한 청구
	③ 공공기관은 **이의신청을 받은 날부터 7일** 이내에 그 이의신청에 대하여 **결정**하고 그 결과를 청구인에게 지체 없이 문서로 통지하여야 한다. 다만, 부득이한 사유로 정하여진 기간 이내에 결정할 수 없을 때에는 **그 기간이 끝나는 날의 다음 날부터 기산하여 7일의 범위에서 연장할 수 있으며,** 연장 **사유를 청구인에게 통지하여야 한다.**
	④ 공공기관은 이의신청을 각하 또는 기각하는 결정을 한 경우에는 청구인에게 행정심판 또는 행정소송을 제기할 수 있다는 사실을 제3항에 따른 결과 통지와 함께 알려야 한다.

행정심판 (제19조)	① 청구인이 정보공개와 관련한 공공기관의 결정에 대하여 불복이 있거나 정보공개 청구 후 20일이 경과하도록 정보공개 결정이 없는 때에는「행정심판법」에서 정하는 바에 따라 행정심판을 청구할 수 있다. ② 청구인은 **이의신청 절차를 거치지 아니하고 행정심판을 청구할 수 있다.**
행정소송 (제20조)	① 청구인이 정보공개와 관련한 공공기관의 결정에 대하여 불복이 있거나 정보공개 청구 후 20일이 경과하도록 정보공개 결정이 없는 때에는「행정소송법」에서 정하는 바에 따라 행정소송을 제기할 수 있다.
제3자의 비공개요청 (제21조)	① 공개 청구된 사실을 통지받은 제3자는 **그 통지를 받은 날부터 3일**(5일X) 이내에 해당 공공기관에 대하여 **자신과 관련된 정보를 공개하지 아니할 것을 요청할 수 있다.** ② 제1항에 따른 비공개 요청에도 불구하고 공공기관이 공개 결정을 할 때에는 공개 결정 이유와 공개 실시일을 분명히 밝혀 **지체 없이 문서로 통지하여야 하며,** 제3자는 해당 공공기관에 **문서로 이의신청을 하거나 행정심판 또는 행정소송을 제기할 수 있다.** 이 경우 **이의신청은 통지를 받은 날부터 7일** 이내에 하여야 한다. ③ 공공기관은 제2항에 따른 **공개 결정일과 공개 실시일 사이에 최소한 30일의 간격**을 두어야 한다.

> **참고**

정보공개위원회(공공기관의 정보공개에 관한 법률)

제22조(정보공개위원회의 설치)
다음 각 호의 사항을 심의·조정하기 위하여 **국무총리**(행안부장관X) 소속으로 정보공개위원회를 둔다.

> 1. 정보공개에 관한 정책 수립 및 제도 개선에 관한 사항
> 2. 정보공개에 관한 기준 수립에 관한 사항
> 3. 제12조에 따른 심의회 심의결과의 조사·분석 및 심의기준 개선 관련 의견제시에 관한 사항
> 4. 제24조 제2항 및 제3항에 따른 공공기관의 정보공개 운영실태 평가 및 그 결과 처리에 관한 사항
> 5. 정보공개와 관련된 불합리한 제도·법령 및 그 운영에 대한 조사 및 개선권고에 관한 사항
> 6. 그 밖에 정보공개에 관하여 대통령령으로 정하는 사항

제23조(위원회의 구성 등)
① 위원회는 성별을 고려하여 **위원장과 부위원장 각 1명을 포함**한 **11명**의 위원으로 구성한다.
② 위원회의 위원은 다음 각 호의 사람이 된다. 이 경우 **위원장을 포함한 7명**은 **공무원이 아닌 사람**으로 위촉하여야 한다.

> 1. 대통령령으로 정하는 관계 중앙행정기관의 차관급 공무원이나 고위공무원단에 속하는 일반직공무원
> 2. 정보공개에 관하여 학식과 경험이 풍부한 사람으로서 국무총리가 위촉하는 사람
> 3. 시민단체(「비영리민간단체 지원법」 제2조에 따른 비영리민간단체를 말한다)에서 추천한 사람으로서 국무총리가 위촉하는 사람

③ 위원장·부위원장 및 위원(제2항 제1호의 위원은 제외한다)의 **임기는 2년**으로 하며, **연임할 수 있다**.
④ 위원장·부위원장 및 위원은 정보공개 업무와 관련하여 알게 된 정보를 누설하거나 그 정보를 이용하여 본인 또는 타인에게 이익 또는 불이익을 주는 행위를 하여서는 아니 된다.
⑤ 위원장·부위원장 및 위원 중 공무원이 아닌 사람은 「형법」이나 그 밖의 법률에 따른 벌칙을 적용할 때에는 공무원으로 본다.
⑥ 위원회의 구성과 의결 절차 등 위원회 운영에 필요한 사항은 대통령령으로 정한다.

제도 총괄 (제24조)	① **행정안전부장관**은 이 법에 따른 정보공개제도의 정책 수립 및 제도 개선 사항 등에 관한 기획·총괄 업무를 관장한다. ② **행정안전부장관**은 위원회가 정보공개제도의 효율적 운영을 위하여 필요하다고 요청하면 **공공기관**(**국회·법원·헌법재판소 및 중앙선거관리위원회**는 **제외**한다)의 정보공개제도 운영실태를 평가할 수 있다.

제3절 개인정보보호법 [시행 2020. 8. 5.]

정의 (제2조)	이 법에서 사용하는 용어의 뜻은 다음과 같다. 1. **"개인정보"**란 **살아 있는 개인**에 관한 정보로서 다음 각 목의 어느 하나에 해당하는 정보를 말한다. [22 채용] ▶ **사자(死者)X, 법인X** ▶ **이미 공개된 개인정보까지 포함**한다. (O) <ul><li>가. 성명, 주민등록번호 및 영상 등을 통하여 개인을 알아볼 수 있는 정보</li><li>나. 해당 정보만으로는 특정 개인을 알아볼 수 없더라도 다른 정보와 쉽게 결합하여 알아볼 수 있는 정보. 이 경우 쉽게 결합할 수 있는지 여부는 다른 정보의 입수 가능성 등 개인을 알아보는 데 소요되는 시간, 비용, 기술 등을 합리적으로 고려하여야 한다.</li><li>다. 가목 또는 나목을 제1호의2에 따라 가명처리함으로써 원래의 상태로 복원하기 위한 추가 정보의 사용·결합 없이는 특정 개인을 알아볼 수 없는 정보("**가명정보**")</li></ul>1의2. **"가명처리"**란 개인정보의 일부를 삭제하거나 일부 또는 전부를 대체하는 등의 방법으로 추가 정보가 없이는 특정 개인을 알아볼 수 없도록 처리하는 것을 말한다. [22 채용] 2. "처리"란 개인정보의 수집, 생성, 연계, 연동, 기록, 저장, 보유, 가공, 편집, 검색, 출력, 정정(訂正), 복구, 이용, 제공, 공개, 파기(破棄), 그 밖에 이와 유사한 행위를 말한다. 3. **"정보주체"**란 처리되는 정보에 의하여 알아볼 수 있는 사람으로서 그 **정보의 주체**가 되는 사람을 말한다. ▶ 정보처리 기술을 활용하여 기존의 다양한 정보를 가공해서 만들어 낸 새로운 정보에 관한 독점적 권리를 가지는 사람을 "정보주체"라 한다. (X) [22 채용] 4. "개인정보파일"이란 개인정보를 쉽게 검색할 수 있도록 일정한 규칙에 따라 체계적으로 배열하거나 구성한 개인정보의 집합물(集合物)을 말한다. 5. **"개인정보처리자"**란 **업무를 목적**으로 **개인정보파일을 운용**하기 위하여 스스로 또는 다른 사람을 통하여 **개인정보를 처리**하는 공공기관, 법인, 단체 및 개인 등을 말한다. 6. "공공기관"이란 다음 각 목의 기관을 말한다. <ul><li>가. 국회, 법원, 헌법재판소, 중앙선거관리위원회의 행정사무를 처리하는 기관, 중앙행정기관(대통령 소속 기관과 국무총리 소속 기관을 포함한다) 및 그 소속 기관, 지방자치단체</li><li>나. 그 밖의 국가기관 및 공공단체 중 대통령령으로 정하는 기관</li></ul>7. **"영상정보처리기기"**란 일정한 공간에 지속적으로 설치되어 사람 또는 사물의 영상 등을 촬영하거나 이를 **유·무선망을 통하여 전송하는 장치**로서 네트워크 카메라와 같은 장치를 말한다. [22 채용] 8. "과학적 연구"란 기술의 개발과 실증, 기초연구, 응용연구 및 민간 투자 연구 등 과학적 방법을 적용하는 연구를 말한다.

영상처리 기기 설치·운영 제한 (제25조)	① 누구든지 다음 각 호의 경우를 제외하고는 공개된 장소에 영상정보처리기기를 설치·운영하여서는 아니 된다. 　1. 법령에서 구체적으로 허용하고 있는 경우 　2. 범죄의 예방 및 수사를 위하여 필요한 경우 　3. 시설안전 및 화재 예방을 위하여 필요한 경우 　4. 교통단속을 위하여 필요한 경우 　5. 교통정보의 수집·분석 및 제공을 위하여 필요한 경우 ② 누구든지 불특정 다수가 이용하는 목욕실, 화장실, 발한실(發汗室), 탈의실 등 개인의 사생활을 현저히 침해할 우려가 있는 장소의 내부를 볼 수 있도록 영상정보처리기기를 설치·운영하여서는 아니 된다. 다만, 교도소, 정신보건 시설 등 법령에 근거하여 사람을 구금하거나 보호하는 시설로서 대통령령으로 정하는 시설에 대하여는 그러하지 아니하다. ⑤ 영상정보처리기기운영자는 영상정보처리기기의 설치 목적과 다른 목적으로 영상정보처리기기를 임의로 조작하거나 다른 곳을 비춰서는 아니 되며, 녹음기능은 사용할 수 없다.

> **참고**
>
> **개인정보 보호위원회(「개인정보보호법」)**
>
> 제7조(개인정보 보호위원회)
> ① 개인정보 보호에 관한 사무를 독립적으로 수행하기 위하여 **국무총리** 소속으로 개인정보 보호위원회를 둔다.
>
> 제7조의2(보호위원회의 구성 등)
> ① 보호위원회는 **상임위원 2명**(위원장 1명, 부위원장 1명)을 포함한 **9명**의 위원으로 구성한다.
> ② 보호위원회의 위원은 개인정보 보호에 관한 경력과 전문지식이 풍부한 다음 각 호의 사람 중에서 **위원장과 부위원장은 국무총리의 제청으로**, 그 외 위원 중 **2명은 위원장의 제청으로**, **2명은 대통령이 소속되거나 소속되었던 정당의 교섭단체 추천으로**, **3명은 그 외의 교섭단체 추천으로 대통령**이 임명 또는 위촉한다.
>
> > 1. 개인정보 보호 업무를 담당하는 **3급** 이상 **공무원**(고위공무원단에 속하는 공무원을 포함한다)의 직에 있거나 있었던 사람
> > 2. 판사·검사·변호사의 직에 **10년** 이상 있거나 있었던 사람
> > 3. 공공기관 또는 단체(개인정보처리자로 구성된 단체를 포함한다)에 **3년** 이상 임원으로 재직하였거나 이들 기관 또는 단체로부터 추천받은 사람으로서 **개인정보 보호 업무를 3년** 이상 담당하였던 사람
> > 4. **개인정보 관련 분야**에 전문지식이 있고「고등교육법」제2조 제1호에 따른 학교에서 **부교수** 이상으로 **5년** 이상 재직하고 있거나 재직하였던 사람
>
> ③ 위원장과 부위원장은 정무직 공무원으로 임명한다.
>
> 제7조의4(위원의 임기)
> ① 위원의 **임기는 3년**으로 하되, **한 차례만 연임**할 수 있다.
> ② 위원이 궐위된 때에는 지체 없이 새로운 위원을 임명 또는 위촉하여야 한다. 이 경우 후임으로 임명 또는 위촉된 위원의 임기는 새로이 개시된다.
>
> 제7조의10(회의)
> ① 회의는 위원장이 필요하다고 인정하거나 재적위원 **4분의 1** 이상의 요구가 있는 경우에 **위원장**이 소집한다.
> ② **위원장 또는 2명** 이상의 위원은 보호위원회에 의안을 제의할 수 있다.
> ③ **재적위원 과반수의 출석**으로 개의하고, **출석위원 과반수의 찬성**으로 의결한다.

제9장
경찰권의 근거와 한계

1. 개관

경찰작용법	경찰작용법은 **경찰권 발동의 근거와 한계**, 경찰행정의 유형, 경찰처분의 법적 효력, 경찰강제 등 경찰행정의 내용을 규율하는 법규이다.
경찰권 발동	경찰권(**권력작용**) 발동시 국회가 제정한 법률이나 법률에서 구체적으로 범위를 정하여 위임한 법규명령에 **근거가 있어야** 한다.

2. 경찰권발동의 근거

이론적 근거	조직법적 근거	① **조직법적 근거**(= 조직규범 = 국자법 제3조) : 경찰의 임무범위를 의미 ② **모든** 경찰기관의 활동은 **조직법적 근거**(= 조직규범 = 국자법 제3조)에 정해진 권한의 범위 **내**에서 행해야 한다. → 권력적 작용, 비권력적 작용 모두O ▶ 조직법적 근거의 권한 범위 **외** : 경찰의 직무행위X, 효과도 국가에 귀속X
	작용법적 근거	① 작용법적 근거 : 수권조항(근거규범) ② 개인의 자유와 권리를 침해하는 **권력적 활동**은 그 권한을 정당화할 수 있는 별도의 **법적 근거가 있어야** 한다. → 법률유보의 원칙
실정법적 근거	일반법	경찰권 발동에 관한 일반법 : 「**경찰관직무집행법**」
	개별법	「청소년보호법」, 「도로교통법」, 「교통사고처리특례법」, 「경범죄처벌법」 등

2-2. 법이 경찰활동을 규율하는 3가지 측면

조직규범		조직법적 근거(= 조직규범, = 국자법 제3조) : 모든 경찰기관의 활동 범위
제약규범		① 어떠한 경찰활동도 경찰활동을 제약하는 법률의 규정을 **위반해서는 안 된다.** ② 경찰활동을 제약하는 제약규범을 위반하는 것은 **법률우위의 원칙에 반한다.**
근거규범 (수권조항)		① 경찰권의 발동에는 민주적 정당성이 요청되므로 법률이 일정한 행위를 일정한 요건하에 수행하도록 하는 **수권(근거)규정(작용법적 근거)**이 있어야 경찰권을 발동할 수 있다. ② **수권(근거)규정이 없이, 권력적 경찰작용**을 했다면 **법률유보의 원칙에 반한다.** ③ 수권조항은 개괄적 수권조항(일반조항)과 개별적 수권조항(경직법 제3조~제10조의4)으로 구분할 수 있다.
	개괄적(일반적) 수권조항	① 구체적 범위를 정하지 않고 포괄적으로 수권을 하는 조항을 의미한다. ② 「독일경찰법 모범초안」 제8조 : 경찰은 공공의 안녕이나 질서에 대한 개별적 경우에 존재하는 위험을 방지하기 위하여 필요한 조치를 할 수 있다.
	개별적(구체적) 수권조항	① 경찰권발동의 요건, 내용, 대상, 효과 등에 대하여 구체적인 범위를 규정하고 있는 조항을 의미한다. ② 「**경찰관직무집행법**」 제3조(불심검문)부터 제10조의4(무기사용)까지

2-3. 「경찰관직무집행법」 제2조 제7호가 개괄적 수권조항(일반조항)에 해당하는지 여부

긍정설 (判)	① 경찰권 발동의 요건이나 한계를 **입법기관**이 일일이 규정한다는 것은 불가능하다. ② 일반조항으로 인한 경찰권발동의 남용은 **조리상의 한계, 보충성** 등으로 통제가 가능하다. ③ 독일에서는 학설과 판례가 일반조항을 인정하고 있다.
부정설 (多)	① 경찰작용은 대표적으로 권력적·침해적 작용이므로 개별적인 법률의 근거가 필요하다. ② 「경찰관직무집행법」 제2조 제7호는 단지 직무범위만을 정한 것으로 **조직법적 성질**의 규정이다. 발동근거에 대한 개괄적 조항이 아니다.

3. 경찰권 발동의 한계

법규상 한계		경찰권의 발동은 **법규에 의하여 허용되는 한도 내**에서 행해져야 하며 **법규에 위반되어서는 안 된다.** → 경찰 법규는 **경찰권 발동의 근거**이자 동시에 **한계**로서의 기능을 수행한다.
조리상 한계	경찰**소극목적**의 원칙	① **크로이쯔베르크(Kreuzberg)판결**에 의하여 확립되었다. ② 경찰권은 공공의 안녕과 질서의 유지에 대한 **위해의 방지·제거**라는 **소극적 목적**을 위해 발동되어야 한다는 원칙이다. ▶ **복리증진**을 위한 **적극적 목적X** ③ "경찰허가를 함에 있어서 특별한 정함이 없이는 동업자 간의 경쟁관계를 고려할 수 없다." → 경찰소극목적의 원칙과 관련된다.
	경찰**공공**의 원칙	① 경찰은 공공의 안녕과 질서 유지를 목적으로 하는 작용이므로 개인의 **사익**에 관한 사항은 경찰권이 발동 되지 아니한다는 원칙이다. ② 사생활불가침, 사주소불가침, 민사관계불가침
	경찰**비례**의 원칙 (과잉금지)	① 경찰권은 공공의 안녕과 질서유지를 위하여 **필요한 최소한도 내**에서 발동되어야 하고, 이를 남용해서는 안 된다는 원칙이다. ▶ 경찰권발동의 **조건과 정도** ② 근거 : 「헌법」 제37조 제2항, 「경찰관직무집행법」 제1조 제2항 ③ 내용 : 적합성 → 필요성 → 상당성 세 가지 원칙 중 하나라도 충족이 안되면 비례원칙 위반에 해당한다. ④ 위반의 효과 : 경찰관청의 행위가 형식상 적법하다고 하더라도 비례원칙에 위반하는 경우에는 **위헌·위법**의 문제가 발생한다. → 행정소송O, 국가배상O
	경찰**책임**의 원칙	① 경찰위반 사태에 직접적으로 책임질 지위에 있는 자에게만 발동할 수 있다는 원칙이다. ▶ 경찰권발동의 **대상**과 관련되는 원칙 ② 내용 : 경찰책임의 주체, 종류(행위책임, 상태책임, 복합적책임), 경찰긴급권 ③ 위반의 효과 : **위법**(무효 또는 취소사유)이다.

3-2. 경찰공공의 원칙

사생활 불가침	① 경찰권이 사회공공의 질서와 직접 관계없는 **개인의 생활이나 행동에 개입할 수 없다.** ② 사생활이라도 동시에 **사회공공의 질서에 영향을 미치는 경우**에는 **질서행정권이 발동**된다. ▶ 주취자에 대한 보호조치, 고성방가 단속 등
사주소 불가침	① 경찰은 일반사회와 접촉되지 않는 **사주소 내의 활동에 대하여는 개입할 수 없다.** ▶ 사주소 : 직접 공중과 접촉되지 않는 장소를 말하며, 개인의 거주용 주택뿐만 아니라 비주거건축물인 공장·사무소·창고·연구실 등을 포함한다. ▶ 사주소X : 공개된 장소인 흥행장·음식점·여관·역 등 불특정 다수인에게 개방된 장소는 사주소에 포함되지 않는다. ② 사주소 내의 활동이라도 **사회공공의 안녕과 질서에 장해가 되는 경우**에는 개입할 수 있다. ▶ 외부에서 보이는 사주소 내의 나체, 피아노 연주소음 등
민사관계 불가침	① 개인의 재산권 행사·친족권의 행사·민사상의 계약 등 **사적 관계**에 개입할 수 없다. ▶ 위반 : 경찰관이 사인간의 **가옥임대차에 관한 분쟁에 개입**하는 경우, 경찰관이 범죄행위와 관련된 가해자와 피해자간의 **합의를 종용**하는 경우, 경찰관이 **민사상의 채권집행에 관여**하는 경우 등 ② 민사상 법률관계라도 **동시에** 공중의 안전·위생·풍속·교통 **기타 사회공공의 안녕과 질서에 영향**을 미치는 경우에는 **개입할 수 있다.** ▶ 총포·도검·화약류의 단속, 미성년자에게 술이나 담배 등을 판매하는 것 등

3-3. 경찰책임의 원칙

경찰책임	① **객관적·외형적** 책임 : 사회공공의 안녕과 질서에 대한 '**객관적인 위험상황**'이 존재하면 된다. ▶ 자신의 생활범위(지배범위)로부터 위험 발생하였는지 여부가 판단 기준이 된다. ※ 경찰주체 　① 경찰책임은 그 위험상태가 **객관적으로만** 존재하면 된다. → 객관적 책임O 　▶ **행위자의 국적, 자연인·법인의 여부, 고의·과실·위법성유무, 위험에 대한 인식여부, 행위자의 행위능력·불법행위능력·형사책임능력, 정당한 권원의 유무** 등은 고려X → 주관적 요소X 　② **자기의 지배 하에 있는 자(타인)의 행위**에 대해서도 책임이 발생할 수 있다. → 지배자 책임O 　③ 사법상의 **법인**뿐만 아니라 사법상 권리능력 없는 **사단·재단**도 경찰책임을 진다. 　④ 사회공공의 안녕과 질서에 대한 위험을 야기한 **다른 행정기관**이나 행정주체에 대하여는 적법한 기능행사가 침해되지 않는 범위 내에서 경찰권발동이 가능하다. (절충설) ② 경찰위반상태는 행위 또는 상태의 특별한 **위법성**을 요하지 않는다. ▶ 경찰책임의 위반 : 공공의 안녕 혹은 질서를 위협하는 행위나 상태로부터 나온다. (법규위반(위법)으로부터 직접적으로 나오는 것X) ③ 위반의 효과 : 경찰책임원칙에 위반하는 경찰권발동은 **위법(무효 또는 취소사유)**이다.

3-4. 경찰책임의 종류

행위책임		공공에 대한 위험이나 장해가 **자기 또는 자기의 지배하에 속하는 사람의 행위**로 인하여 질서 위반상태가 발생한 경우에 지는 책임을 말한다.
	지배자 책임	① 타인의 행위를 지배하는 권한을 가진 자(친권자, 사용주 등)는 자신의 지배를 받는 자의 행위로부터 행위로부터 발생하는 경찰위반의 상태에 대하여도 책임을 진다. ② 지배자책임의 성질은 대위책임이 아니라 **자기책임**이다. ③ 타인의 행위에 대하여 경찰책임이 인정되는 경우에도 **행위자의 경찰책임이 면제되는 것은 아니다.**
	인과 관계	① 경찰책임이 인정되기 위해서는 책임자의 행위와 발생된 위험 사이에 **인과관계가 존재**해야 한다. ② 이에 대하여 원칙적으로 경찰위반상태를 **직접 야기한 행위자만**이 경찰책임을 지고 **간접적인 원인제공자**는 경찰책임을 지지 않는다. ▶ 자기 집 정원에서 그림을 그리는 화가를 구경하기 위하여 통행인이 모여들어 교통장애가 야기된 경우, 그 화가에게 행위책임을 귀속시킬 수 없다.
상태책임		물건 또는 동물의 소유자, 점유자 기타 이를 **사실상 관리하고 있는** 자가 그 범위 안에서 그 물건 또는 동물로 인하여 안녕·질서위반의 상태가 발생한 경우에 지는 **경찰책임**을 말한다.
	책임자	상태책임자가 되기 위해서는 물건 또는 동물의 소유자뿐만 아니라 경우에 따라 **정당한 권원 없이** 부당하게 사실상의 지배권을 행사하는 자도 **상태책임을 부담할 수 있다.**
복합적 책임		경찰위반 사실이 **다수인**의 행위 또는 다수인이 지배하는 물건의 상태에 기인하였거나, **행위책임과 상태책임이 결합**되어 사회질서를 위반한 때의 책임을 말한다.
	책임의 경합	**다수인**의 행위 또는 다수인이 지배하는 물건의 상태로 인하여 **하나**의 질서위반 상태가 발생한 경우, **일부** 또는 **전체**에 대하여 경찰권발동이 가능하다.
	경찰 책임자 선택	① 복합적 책임을 누구에게 어느 정도의 책임을 지우는가는 **경찰기관의 재량**에 속한다. ② 행위책임과 상태책임의 경합시 위험방지의 **효율성과 비례의 원칙을 고려**하여 위해를 가장 신속하고 효과적으로 제거할 수 있는 위치에 있는 자에게 경찰권을 발동한다. ③ 행위책임과 상태책임의 경합시 일반적으로 행위책임자에게 먼저 경찰권을 발동하는 것이 효과적이나, 반드시 그런 것은 아니다.

3-5. 경찰책임의 예외(경찰긴급권)

의의	① 경찰권은 직접적인 질서위반을 한 자에게만 발동되는 것이 원칙이다. 그러나 이에 대한 예외로서 **긴급한 필요가 있는 경우에는 직접적으로 질서위반책임이 없는 자에게도** 경찰권 발동이 인정되는 경우가 있는데, 이를 경찰긴급권이라 한다. ② 화재현장에서의 소화작업동원, 고속도로상에서 대형 교통사고가 발생한 경우 등이다.
법적 근거	① 경찰긴급권은 예외적인 것으로 목전에 급박한 위해를 제거하는 경우에 한하여 **반드시 법령에 근거하여 행하여져야 한다.** (자연법적 근거만으로는 발동X) ② 경찰긴급권에 대한 **일반법**은 **없고**, **개별법**(소방기본법, 경범죄처벌법, 수상에서의 수색·구조 등에 관한 법률, 경찰관직무집행법 등)에 일부규정이 있을 뿐이다.
요건	① 급박성 : 경찰위반의 상태가 현존·급박한 경우 ② 보충성 : 1차적 경찰책임자에 대한 경찰권발동이나 경찰자신만의 행위로는 위해 제거를 기대할 수 없는 경우 ③ 경찰권발동의 대상이 된 **비책임자**가 입은 **손실에 대한 보상**이 있을 것 ④ 제3자 중대한 법익 침해 불가 : 생명·건강 등 제3자 중대한 법익 침해가 없어야 한다. ⑤ **제3자의 승낙**은 **필요하지 않다.**

제10장
개인적 공권

1. 개인적 공권의 의의

① 개인적 공권이란 행정상 법률관계에서 **개인이 행정주체에게 자신의 이익을 위하여** 작위·부작위·수인·급부 등의 **특정한 행위를 요구할 수 있는 법률상의 힘**을 말한다.
② 개인적 공권의 영역이 **확대**되고 있다.
→ 과거에는 행정처분에 대한 상대방이 아닌 제3자의 이익을 반사적 이익에 불과하다고 보는 경우가 많았으나 오늘날에는 법률상 이익으로 보는 경향이 있다.

1-2. 개인적 공권의 성립요건

강행법규에 의한 행정청의 의무존재 (기속행위)	① 개인적 공권도 그에 상응하는 **행정청의 의무를 전제로 하는 것**이므로 개인적 공권이 성립하기 위해 먼저 「행정법」상의 **강행법규**에 의하여 행정주체에게 일정한 행위를 해야 할 의무가 부과되어야 한다. ② **기속행위** : 행정주체에게 일정한 행위를 해야 할 의무가 있으므로 **성립할 수 있다.** ③ **재량행위** : 행정주체에게 의무가 존재하지 않아 개인적 공권이 **성립하기 어렵다.** 다만, 하자없이 재량권을 행사할 의무는 있으므로 **무하자재량행사청구권**이 인정되고, **재량권이 0으로 수축하는 경우**에는 재량행위에도 행정개입청구권이 인정된다.
근거법령의 사익보호성	① 강행법규에 의해 행정주체에게 일정한 의무가 부과되고 그로 인해 일정한 이익을 받고 있는 경우에도 당해 의무를 부과한 근거법규의 목적, 취지가 적어도 관계인의 **개인적 이익도 보호하고자 하는 경우에만** 비로소 개인적 공권이 인정된다. ② 근거법규의 목적, 취지가 **오로지 공익만 보호**할 경우에는 그로부터 개인이 일정한 이익을 얻고 있더라도 이는 반사적 이익에 불과하다.
이익관철 의사력 (소구가능성)	① 이익을 행정주체에 대해 궁극적으로 **소송**을 통해 관철할 수 있는 의사력 또는 법적 힘이 사인에게 부과되어야 한다는 것이다. ② 별도의 **성립요건** 불요 : 「헌법」상 재판청구권이 일반적으로 보장되어 있고 행정소송은 **개괄주의**를 채택하고 있기 때문에 별도의 성립요건으로 보지 않게 되었다.

1-3. 개인적 공권의 특성

이전성X	개인적 공권은 일신전속적 성질을 가지므로 대부분 **양도·상속·압류 등이 제한 또는 금지된다**. 다만, 일신전속적 성질을 갖지 않거나 경제적 가치를 내용을 하는 경우에는 이전이 인정된다.
포기X	① 개인적 공권은 임의로 **포기**할 수 없는 것이 원칙이다. (선거권, 소권 등) ② **개인적 공권의 포기와 불행사는 구별**해야 한다. (포기X, 불행사O)
대행X	개인적 공권은 일신전속성을 가지므로 **대행이나 위임이 제한 또는 금지된다**. (투표권 등) 다만, 일신전속성이 없는 개인적 공권의 경우는 대행이 가능하다.
구제O	개인적 공권이 침해된 경우 행정상 손해전보나 행정쟁송 등 특수한 구제방법이 인정된다.

2. 개인적 공권과 반사적 이익

구별실익	개인적 공권이 침해된 자는 **국가배상청구나 행정쟁송을 제기**하여 구제받을 수 있으나, **반사적 이익**이 침해된 자는 **국가배상청구나 행정쟁송을 제기**할 수 없다.

2-2. 반사적 이익

의의	행정상의 강행법규에 의하여 행정주체에게 일정한 의무가 부과되거나 행정청의 행위에 일정한 제한이 가해져 있는 경우에 개인이 그로 인하여 일정한 이익을 받는 경우가 있다. 그러나 관계법규가 **전적으로 공익목적만을 위한 것**인 때에는 사인이 받는 이러한 이익은 공익적 견지에서 행정주체에 제한 또는 의무를 부과한 **반사적 효과로서의 이익**에 불과하다.
예	① 영업허가 등에 의해 사실상 독점적으로 얻는 이익 ② 제3자의 법적 규제에 의해 얻는 이익 : 의사의 진료의무에 의한 환자의 진료이익 ③ 공무원의 **행정규칙(행정명령)**이나 직무명령 준수로 **인하여 파생된 이익** ▶ **연탄공장설치허가**에 관한 사건에서 「도시계획법」과 「건축법」의 보호이익은 단순한 반사적 이익이나 사실상의 이익이 아니라, **법률에 의하여 보호되는 이익**이라고 하였다. (判)

3. 개인적 공권과 헌법상 기본권

① 「헌법」상 기본권에 의해서도 개인적 공권이 성립할 수 있다. 다만, 「헌법」상 기본권이 행정상 당연히 개인적 공권이 되는 것은 아니다.
② 「헌법」상 기본권에서 직접 개인적 공권이 성립하는 경우

　㉠ 자유권적 기본권인 「헌법」 제21조(언론의 자유)를 근거로 **문서열람복사청구권** 인정
　㉡ 「헌법」 제10조(인간의 존엄과 가치 및 행복추구권)을 근거로 **피고인 등의 접견교통권**을 인정

③ 「헌법」상 기본권에서 직접 개인적 공권이 성립하지 않는 경우

　㉠ 「헌법」 제35조(**환경권**)을 근거로 개인적 공권이 인정되지는 않는다.
　㉡ 근로자의 퇴직급여 청구권, 의료보험수급권, 연금수급권, 직장존속청구권 같은 **사회적 기본권**은 「헌법」 규정에 의해 바로 도출되는 개인적 공권이 아니다.

4. 새로운 형태의 개인적 공권

(1) 무하자 재량행사청구권

의의	행정청에게 재량권이 인정되는 경우에 개인이 행정청에 대해서 재량권의 법적 한계를 준수하여 **하자없는 재량권을 행사해 줄 것을 청구**할 수 있는 권리를 의미한다.
인정범위	① 무하자 재량행사청구권은 **행정청에게 재량권이 인정되는 경우에만** 인정된다. ② 행정청에게 재량권이 인정되지 않는 **기속행위**의 경우에는 인정되지 않는다.
성질	① **적극적 공권** : 행정청에 대하여 적법한 재량처분을 할 것을 구하는 **적극적 공권**이다. ▶ 단순히 위법한 처분을 배제하는 소극적 또는 방어적 권리(X) ② **형식적 권리** : 재량권 행사시 **하자 없이 행사해달라고 청구하는 권리**이므로 형식적 권리이다. ▶ **특정한 내용**의 처분을 하여 줄 것을 청구하는 권리(X)
성립요건	무하자재량행사청구권도 개인적 공권이므로 개인적 공권의 성립요건인 ① **강행법규성(처분의무)** ② **사익보호성**을 갖추어야 한다.
판례	검사임용 여부는 자유재량이나 응답 여부는 편의재량이 아니다. 따라서, 법령에 명문의 규정이 없어도 조리상 **검사임용권자**는 재량권의 한계일탈이나 남용이 없는 위법하지 않은 **응답을 할 의무**가 있고 신청자는 권리가 있다.

(2) 행정(경찰)개입청구권

의의	행정개입청구권이란 행정법관계에서 사인이 자기의 이익을 위하여 **제3자에게 행정권을 발동**하여 줄 것을 청구할 수 있는 권리를 말한다.
연혁	독일의 학설·판례에 의하여 성립·발전하였다.
판례	① 경찰개입청구권을 인정한 판결의 효시는 독일의 **띠톱판결**이다. ② 우리나라에서는 1968. 1. 21. **무장공비침투사건(김신조 사건)**에서 경찰개입청구권의 법리를 인정한 바 있다.
구별	① **실체적인 공권** : 행정청에 대하여 특정한 처분을 해줄 것을 요구할 수 있다. ▶ 형식적 권리인 무하자재량행사청구권과 구별된다. ② 무하자재량행사청구권은 하자 없는 재량권 행사를 해줄 것을 요구하는 일정한 행위 청구권으로서 형식적 권리에 지나지 않으나, **재량이 0으로 수축되는 상황**에서 행정청에 재량이 인정되지 않고 특정행위를 해야 할 의무가 발생하며, 무하자재량행사청구권이 특정행위 청구권인 **행정개입청구권으로 전환**된다.
행사방법	개입의무가 있음에도 경찰권을 발동하지 않는 경우 **의무이행심판, 부작위위법확인소송 제기** 가능, 개입의무를 해태함으로 인하여 손해가 발생한 경우에는 **손해배상청구**가 가능하다.
성립요건	① 개입의무 존재 ② 사익보호성

(2)-2 행정(경찰)개입청구권의 성립요건

개입의무 존재	① 행정개입청구권이 성립하기 위해서는 **행정주체에게 강행법규에 의한 개입의무가 인정되어야** 한다. ② **기속행위** : 행정청의 개입의무를 인정한다. ③ **재량행위** : **재량권이 0으로 수축된 경우에만** 개입의무가 인정된다. ▶ 경찰편의주의에 의하여 경찰권의 발동여부는 경찰의 재량이나, 국민의 생명·신체 및 재산 등 중대한 법익이 위험에 처해 있을 때는 **오직 경찰의 개입이라는 한 가지 결정만이 타당한 결정**이 된다. → 내용상 재량행위는 기속행위로 전환된다. 이를 '**재량권이 0으로 수축**'된다고 한다. ④ 국민의 생명·신체 및 재산 등 중요한 법익이 현실적으로 위험에 직면하여 재량권이 0으로 수축한 경우, 상대방은 경찰에게 개입해달라고 청구할 수 있는 권리(행정개입청구권)가 발생한다.
사익 보호성	① 공권이 성립되기 위해서는 강행법규에 의거한 행정주체의 행위의무가 공익을 추구하기 위한 것일뿐만 아니라 **특정인의 사익도 보호하기 위해 규정**된 것으로 해석되어야만 한다. ② 경찰개입청구권은 공권성립을 전제로 한 개념으로, 경찰권행사로 국민이 받는 이익이 **반사적 이익**인 경우에는 **경찰개입청구권이 인정되지 않는다**. ③ 개인적 공권의 확대화 경향으로 인하여 **경찰개입청구권 인정범위도 확대**되고 있다.

(2)-3 행정(경찰)개입청구권의 성립요건 관련 판례

1. **단속경찰관의 주취운전자에 대한 권한 불행사가 직무상 위법행위인가(위법)**
   구체적인 직무를 수행하는 경찰관으로서는 제반 상황에 대응하여 자신에게 부여된 여러 가지 권한을 적절하게 행사하여 필요한 조치를 취할 수 있는 것이고, 그러한 권한은 일반적으로 경찰관의 전문적 판단에 기한 합리적인 재량에 위임되어 있는 것이나, 경찰관에게 권한을 부여한 취지와 목적에 비추어 볼 때 구체적인 사정에 따라 경찰관이 그 권한을 행사하여 필요한 조치를 취하지 아니하는 것이 현저하게 불합리하다고 인정되는 경우에는 그러한 권한의 불행사는 직무상의 의무를 위반한 것이 되어 위법하게 된다.

2. **군산 윤락업소 화재사건(위법)**
   윤락녀들이 윤락업소에 감금된 채로 윤락을 강요받으면서 생활하고 있음을 쉽게 알 수 있는 상황이었음에도, 경찰관이 이러한 감금 및 윤락강요행위를 제지하거나 윤락업주들을 체포·수사하는 등 필요한 조치를 취하지 아니하고 오히려 업주들로부터 뇌물을 수수하며 그와 같은 행위를 방치한 것은 경찰관의 직무상 의무에 위반하여 위법하므로 국가는 이로 인한 정신적 고통에 대하여 위자료를 지급할 의무가 있다.

3. **경찰관에게 부여된 권한의 불행사가 직무상의 의무를 위반하여 위법하게 되는 경우(위법)**
   경찰관이 폭행사고 현장에 도착한 후 가해자를 피해자와 완전히 격리하고, 흉기의 소지 여부를 확인하는 등 적절한 다른 조치를 하지 않은 것이 피해자에게 발생한 피해의 심각성 및 절박한 정도 등에 비추어 현저하게 불합리하여 위법하므로, 국가는 위 경찰관의 직무상 과실로 말미암아 발생한 후속 살인사고로 인하여 피해자 및 그 유족들이 입은 손해를 배상할 책임이 있다.

5. 특별권력관계(특별행정법관계)

(1) 전통적 특별권력관계와 일반권력관계와의 차이

구분	일반권력관계	전통적 특별권력관계
성립원인	당연히 성립(출생, 귀화 등)	특별한 법률원인
권력의 기초	일반통치권	포괄적인 특별권력(명령권, 징계권)
법치주의	적용	제한
사법심사	전면적 허용	제한

(2) 특별권력관계

의의	① **특별권력관계란 특별한 행정목적**을 달성하기 위하여 성립된 관계로서 그 성립목적에 필요한 한도 내에서 **특별권력주체에게 포괄적인 지배권**이 부여되고 특별한 신분에 있는 **상대방은 이에 복종하여야 하는 관계**를 말한다. ② 특별권력관계는 행정주체와 일반국민 사이에 성립되는 일반권력관계(일반통치권)에 대응하는 개념이다.	
성립	**법률**에 의한 직접적 성립	군입대 관계, 수형자의 교도소 수감 등
	동의에 의한 성립	① **자유로운 의사**에 의한 동의 : 공무원 임명, 국공립학교 입학 등 ② **법률**에 의해 **강제**되는 동의 : 학령아동의 취학
종류	공법상 근무관계	① 공무원의 근무관계 ② 군복무관계
	공법상 영조물 이용관계	① 국·공립대학 재학관계 ② 국·공립병원 강제입원관계 ③ 국·공립도서관 이용관계 ④ 교도소 재소관계
	공법상 특별감독관계	특허기업과 공공조합·공무수탁사인에 대한 국가의 특별감독관계
	공법상 사단관계	공공조합과 조합원과의 관계
특징	① **기본권 제한시 법률유보의 원칙 적용** 특별행정법관계의 성립 및 특별행정법관계에서의 기본권의 제한도 일반행정법관계의 경우와 마찬가지로 법률의 근거를 요한다고 보아야 한다. 우리 대법원의 입장 또한 같다. ② **행정소송의 대상**이 된다. 대법원은 특별권력관계에서의 행위가 처분의 개념에 해당한다면 전면적으로 행정소송의 대상이 된다고 판시하고 있다. 　㉠ **농지개량조합과 그 직원과의 관계** : 공법상의 **특별권력관계**(사법상 근로계약관계X). 그 조합의 직원에 대한 징계처분의 취소를 구하는 소송은 **행정소송사항**에 속한다. 　㉡ **서울특별시 지하철공사의 임원과 직원의 근무관계** : **사법관계**(공법상 특별권력관계X) → 징계처분에 대한 불복절차는 **민사소송** 　㉢ **국립대학교인 서울교육대학교 학생**에 대한 **퇴학처분**의 처분성 인정 　㉣ **교도소장의 이송처분**에 대해서도 항고소송의 대상이 되는 처분성 인정	

제11장 행정구제법

제1절 개관

1. 행정구제법의 의의

손해전보	손실보상	공공필요에 의한 **적법**한 공권력행사로 사인의 재산권에 가해진 특별한 손해에 대하여 전체적인 공평부담의 견지에서 행하여지는 재산적 보상
	손해배상	공무원의 **위법**한 직무집행행위, 공공영조물의 설치·관리 하자로 인하여 개인에게 가하여진 손해를 국가 또는 공공단체가 전보해 주는 제도
행정쟁송	행정심판	행정에 대한 분쟁이 있을 때 **행정기관**이 분쟁을 해결하는 제도
	행정소송	행정에 대한 분쟁이 있을 때 **법원**이 분쟁을 해결하는 제도

2. 손실보상제도

의의	「헌법」 제23조 제3항 공공필요에 의한 재산권의 수용·사용 또는 제한 및 그에 대한 보상은 법률로써 하되, **정당한 보상**을 지급해야 한다.
요건	① 공공필요 ② 재산권 침해 ③ 재산권 침해의 적법성 ④ 특별한 희생 ⑤ 보상규정 존재
정당한 보상	피수용재산의 객관적인 재산 가치를 완전하게 보상하는 것이어야 한다는 완전보상을 의미

3. 「국가배상법」 손해배상제도

의의	공무원의 위법한 **직무집행행위** 또는 국가나 공공단체의 **공공영조물**의 설치·관리 하자로 인하여 개인에게 가하여진 손해를 국가 또는 공공단체가 전보해 주는 제도
주체·유형 비교	<table><tr><td>구분</td><td>「헌법」</td><td>「국가배상법」</td></tr><tr><td>주체</td><td>국가 또는 **공공단체**</td><td>국가 또는 **지방자치단체**(공공단체X)</td></tr><tr><td>유형</td><td>직무행위로 인한 손해배상청구권</td><td>① 직무행위로 인한 손해배상청구권 ② 영조물의 하자로 인한 손해배상청구권</td></tr></table>
배상청구절차	判) 국가배상청구소송은 **민사소송절차**에 의해야 한다. ※ 배상심의회 <table><tr><td colspan="2">임의적결정전치주의</td><td>손해배상의 소송은 배상심의회에 **배상신청을 하지 아니하고도 제기**할 수 있다.</td></tr><tr><td rowspan="2">심의</td><td>법무부</td><td>국가나 지방자치단체에 대한 배상신청사건</td></tr><tr><td>국방부</td><td>군인이나 군무원이 타인에게 입힌 손해에 대한 배상신청사건</td></tr></table>① 본부심의회와 특별심의회는 대통령령으로 정하는 바에 따라 지구심의회를 둔다. ② 본부심의회와 특별심의회와 지구심의회는 **법무부장관의 지휘**를 받아야 한다.
공무원	공무원 또는 공무를 위탁받은 사인 ① 공무원 : 조직법상 의미의 공무원뿐만 아니라 **기능적 의미 공무원 포함** ② 공무를 위탁받은 사인 : **일시적이고 한정적인 사항이어도 포함** ③ **가해공무원이 특정되지 않더라도** 공무원의 행위에 의한 것인 이상 국가배상책임 **인정** <table><tr><td>공무원O</td><td>시청소차 운전수, **교통할아버지, 국가나 지방자치단체에서 근무하는 청원경찰**</td></tr><tr><td>공무원X</td><td>시영버스 운전수, 의용소방대원, 법령에 의해 대집행 권한을 위탁받은 한국토지공사</td></tr></table>
고의·과실	공무원의 위법한 직무행위로 인한 국가배상책임이 인정되기 위해서는 원칙적으로 직무행위를 한 공무원에게 고의·과실(중과실, 경과실)이 인정되어야 한다. 공무원에게 고의·과실이 인정되면 **국가나 지방자치단체가 공무원의 선임감독에 상당한 주의를 한 경우에도** 배상책임을 면할 수 없다. ▶ 과실 : 당해직무를 담당하는 **평균인이 보통 갖추어야 할 주의의무를 게을리**한 것이다. (대판 1987.9.22. 87다카1164) <table><tr><td>고의·과실O</td><td>**공무원이 관계법규를 알지 못하거나 필요한 지식을 갖추지 못하고** 법규의 해석을 그르쳐 행정처분을 하였다면 그가 법률전문가가 아닌 행정직 공무원이라고 하여 과실이 없다고 할 수 없다. (대판 1981.8.25. 80다1598)</td></tr><tr><td>고의·과실X</td><td>① 일반적으로 공무원이 직무를 집행함에 있어서 법령에 대한 해석이 그 문언 자체만으로는 명백하지 아니하여 여러 견해가 있을 수 있는 데다가 이에 대한 선례나 학설, 판례 등도 귀일된 바 없이 이의가 없을 수 없는 경우, 관계 **국가공무원이 그 나름대로 신중을 다하여 합리적인 근거를 찾아 그 중 어느 한 견해를 따라 내린 해석**이 후에 대법원이 내린 입장과 같지 않아 **결과적으로 잘못된 해석**에 돌아가고, 이에 따른 처리가 역시 결과적으로 위법하게 되어 그 법령의 부당집행이라는 결과를 가져오게 되었다고 하더라도 「국가배상법」상 공무원의 **과실을 인정할 수는 없다.** [22 채용] ② 어떤 행정처분이 후에 **항고소송에서 취소된 사실만으로** 당해 행정처분이 곧바로 공무원의 고의 또는 과실로 인한 것으로 불법행위를 구성한다고 단정할 수 없다.</td></tr></table>

위법한		법령에 위반이란 형식적 의미의 법률뿐만 아니라 불문법과 인권존중·권력남용금지·신의성실과 같은 행정법의 일반원칙 위반도 포함하여 그 행위가 **객관적으로 정당성을 결여**한 것을 의미한다.
	위법O	① 헌법재판소 재판관이 청구기간 내에 제기된 헌법 소원심판청구 사건에서 **청구기간을 오인하여 각하결정**을 한 경우, **설령 본안판단을 하였더라도 어차피 청구가 기각되었을 것이라는 사정이 있더라도** 국가배상(위법성) 인정된다. ② 경찰관의 주취운전자에 대한 권한 행사가 관계 법률의 규정 형식상 경찰관의 재량에 맡겨져 있다고 하더라도, 그러한 권한을 행사하지 아니한 것이 구체적인 상황하에서 현저하게 합리성을 잃어 사회적 타당성이 없는 경우에는 경찰관의 직무상 의무를 위배한 것으로서 위법하게 된다. 음주운전으로 적발된 주취운전자가 도로 밖으로 차량을 이동하겠다며 단속 경찰관으로부터 보관중이던 차량열쇠를 반환받아 몰래 차량을 운전하여 가던 중 사고를 일으킨 경우, 국가배상책임을 인정한다. (대판 1998.5.8. 선고 97다54482)
	위법X	① 공무원의 직무집행이 **법령이 정한 요건과 절차에 따라 이루어진 것이라면** 특별한 사정이 없는 한 이는 법령에 적합한 것이고, 그 과정에서 개인의 권리가 침해되는 일이 생긴다고 하여 그 **법령적합성이 곧바로 부정되는 것은 아니다**. ② 경찰관이 구체적 상황에 비추어 그 인적·물적 능력의 범위 내에서 적절한 조치라는 판단에 따라 범죄의 진압 및 수사에 관한 직무를 수행한 경우에는 그러한 직무수행이 객관적 정당성을 상실하여 현저하게 불합리한 것으로 인정되지 않는 한 이를 위법하다고 할 수 없다. (대판 2010.11.11. 2010도7621) ③ 불법시위를 진압하는 경찰관들의 직무집행이 법령에 위반한 것이라고 하기 위하여는 그 시위진압이 불필요하거나 또는 불법시위의 태양 및 시위 장소의 상황 등에서 예측되는 피해 발생의 구체적 위험성의 내용에 비추어 시위진압의 계속 수행 내지 그 방법 등이 현저히 합리성을 결하여 이를 위법하다고 평가할 수 있는 경우이어야 한다. 경찰관들의 시위 진압에 대항하여 시위자들이 던진 화염병에 의하여 발생한 화재로 인하여 손해를 입은 주민이 국가를 상대로 국가배상을 청구한 경우에는 국가의 배상책임이 인정되지 않는다. (대판 1997.7.25. 94다2480) [23 경간]
직무집행 하면서 (외형설)		① 직무 : 권력적 작용뿐만 아니라 **비권력적 작용, 부작위 포함O (사경제주체로서 하는 활동X)** ② 직무집행 : 직무행위 자체 및 **직무와 밀접한 관련이 있는 행위** 모두 포함
	직무O	[외형설] 행위 자체의 **외관이 객관적으로 공무원의 직무행위로 보여질 때에는** 비록 그것이 **실질적으로 직무행위에 속하지 않거나, 주관적으로 공무집행의 의사가 없었다고 하더라도** 그 행위는 공무원의 직무관련성을 인정한다.
	직무X	**사경제주체**로서 하는 활동

타인에 손해	① 타인 : 가해공무원이나 그 행위에 가담한 자 이외의 일체의 피해자 ▶ 피해자가 **외국인**인 경우 해당 국가와 **상호보증**이 있는 경우에 한하여 국가배상청구권 인정 상호보증은 외국의 법령, 판례 및 관례 등에 의하여 발생요건을 비교하여 인정되면 충분하고 **반드시 당사국과의 조약이 체결되어 있을 필요는 없으며,** 당해 외국에서 구체적으로 우리나라 국민에게 국가배상청구를 인정한 사례가 없더라도 실제로 인정될 것이라고 기대할 수 있는 상태이면 충분하다. (대판 2015.6.11. 2013다208388) ▶ 반드시 당사국과의 조약이 체결되어 있어야 한다. (X) [22 채용] ② 손해 : 적극적, 소극적, **정신적(위자료)**O, 생명·신체·재산에 대한 **모든 손해 포함**O ③ 가해행위와 손해발생 사이에 **상당인과관계 필요**O **공무원에게 부과된 직무상 의무의 내용**이 단순히 공공일반의 이익을 위한 것이거나 행정기관의 내부의 질서를 규율하기 위한 것이 아니고, **전적으로 또는 부수적으로 사회구성원 개인의 안전과 이익을 보호**하기 위하여 설정된 것인 이상, 공무원이 그와 같은 직무상 의무를 위반함으로 인하여 피해자가 입은 손해에 대하여는 **상당인과관계가 인정되는 범위** 내에서 공무원이 소속한 국가나 지방자치단체가 배상책임을 지는 것이고, 이 때 상당인과관계의 유무를 판단함에 있어서는 일반적으로 결과 발생의 개연성은 물론 직무상의 의무를 부과하는 행동규범의 목적이나 가해행위의 태양 및 피해의 정도 등을 종합적으로 고려하여야 한다. (대판 1999.12.21. 98다29797)

공무원의 부작위로 인한 국가배상책임을 인정하기 위하여는 공무원의 작위로 인한 국가배상책임을 인정하는 경우와 마찬가지로 '공무원이 그 직무를 집행함에 당하여 고의 또는 과실로 법령에 위반하여 타인에게 손해를 가한 때'라고 하는 국가배상법 제2조 제1항의 요건이 충족되어야 할 것인바, 여기서 **'법령에 위반하여'**라고 하는 것이 엄격하게 형식적 의미의 법령에 명시적으로 공무원의 작위의무가 규정되어 있는데도 이를 위반하는 경우만을 의미하는 것은 아니고, 국민의 생명·신체·재산 등에 대하여 절박하고 중대한 위험상태가 발생하였거나 발생할 우려가 있어서 국민의 생명·신체·재산 등을 보호하는 것을 본래적 사명으로 하는 국가가 초법규적, 일차적으로 그 위험 배제에 나서지 아니하면 국민의 생명·신체·재산 등을 보호할 수 없는 경우에는 형식적 의미의 법령에 근거가 없더라도 국가나 관련 공무원에 대하여 그러한 위험을 배제할 작위의무를 인정할 수 있을 것이나, 그와 같이 절박하고 중대한 위험상태가 발생하였거나 발생할 우려가 있는 경우가 아닌 한, 원칙적으로 공무원이 관련 법령대로만 직무를 수행하였다면 그와 같은 공무원의 부작위를 가지고 고의 또는 과실로 법령에 위반'하였다고 할 수는 없을 것이므로, 공무원의 부작위로 인한 국가배상책임을 인정할 것인지 여부가 문제되는 경우에 관련 공무원에 대하여 작위의무를 명하는 법령의 규정이 없다면 공무원의 부작위로 인하여 침해된 국민의 법익 또는 국민에게 발생한 손해가 어느 정도 심각하고 절박한 것인지, 관련 공무원이 그와 같은 결과를 예견하여 그 결과를 회피하기 위한 조치를 취할 수 있는 가능성이 있는지 등을 종합적으로 고려하여 판단하여야 한다. (대판 2001.4.24. 2000다57856)

배상책임	피고	① 피고 : 「국가배상법」상 국가 또는 **지방자치단체** (공공단체X, 경찰청장X) 국가나 지방자치단체(공공단체X)는 공무원 또는 공무를 위탁받은 사인이 직무를 집행하면서 고의 또는 과실로 법령을 위반하여 타인에게 손해를 입히거나, 「자동차손해배상보장법」에 따라 손해배상의 책임이 있을 때에는 이 법에 따라 그 손해를 배상하여야 한다. ② 선임감독자와 비용부담자가 **동일하지 아니하**면 **그 비용을 부담하는 자**도 손해를 배상할 책임이 있다. 지방자치단체장이 설치하여 시·도경찰청장에게 관리 권한이 위임된 교통신호기의 고장으로 인하여 교통사고가 발생한 경우, **지방자치단체뿐**만 아니라 **국가**도 손해배상책임을 진다. (대판 1999.6.25. 99다11120) ③ 손해의 원인에 대하여 **책임을 질 자가 따로 있으면** 국가나 지방자치단체는 그 자에게 **구상**할 수 있다.
	(피해자의) 선택적 청구권	공무원에게 **고의 또는 중과실**(경과실X)이 있었다면 피해자의 선택적 청구 허용O ▶ 경과실만 있는 경우 부정 공무원이 직무수행 중 불법행위로 타인에게 손해를 입힌 경우에 국가 등이 국가배상책임을 부담하는 외에 **공무원 개인도 고의 또는 중과실이 있는 경우**에는 불법행위로 인한 손해배상책임을 진다고 할 것이지만, 공무원에게 경과실뿐인 경우에는 공무원 개인은 손해배상책임을 부담하지 아니한다. (대판 1996.2.15. 95다38677 전합)
	(국가 또는 지자체의) 구상권	공무원에게 **고의 또는 중과실**(경과실X)이 있었다면 국가 또는 지방자치단체가 공무원에게 구상할 수 있다. ▶ 경과실만 있는 경우 부정 직무수행 중 **경과실**로 피해자에게 손해를 입힌 공무원이 피해자에게 손해를 배상하였다면, 공무원은 국가가 피해자에 대하여 부담하는 손해배상책임의 범위 내에서 **자신이 변제한 금액에 관하여 구상권을 취득**한다.
양도·압류	양도·압류 O	**재산권** 침해에 대한 배상청구권은 양도·압류할 수 있다.
	양도·압류 X	**생명·신체** 침해에 대한 배상청구권은 양도하거나 압류하지 못한다.

군인등 특례	「국가배상법」 이중배상금지(군인등에 대한 특례) 군인·군무원·경찰공무원 또는 예비군대원이(**전투경찰O / 공익근무요원, 경비교도대원X**) 전투·훈련 등 직무 집행과 관련하여 전사·순직하거나 공상을 입은 경우에 본인이나 그 유족이 다른 법령에 따라 재해보상금·유족연금·상이연금 등의 보상을 지급받을 수 **있을** 때에는 「국가배상법」 및 「민법」에 따른 국가배상 청구할 수 없다. ▶ 공익근무요원, 경비교도대원 : 군인등X → 이중배상 가능 ① 경찰공무원 등이 '전투·훈련 등 직무집행과 관련하여' 순직 등을 한 경우 같은 법 및 민법에 의한 손해배상책임을 청구할 수 없다고 정한 국가배상법 제2조 제1항 단서의 면책조항은 구 국가배상법 (2005.7.13. 법률 제7584호로 개정되기 전의 것) 제2조 제1항 단서의 면책조항과 마찬가지로 전투·훈련 또는 이에 준하는 직무집행뿐만 아니라 '일반 직무집행'에 관하여도 국가나 지방자치단체의 배상책임이 제한된다. (대판 2011.3.10. 2010다85942) ② 전투·훈련 등 직무집행과 관련하여 공상을 입은 군인·군무원·경찰공무원 또는 향토예비군대원이 **먼저 국가배상법에 따라 손해배상금을 지급받은 다음** 보훈보상자법이 정한 보상금 등 **보훈급여금의 지급을 청구하는 경우**, 국가보훈처장은 국가배상법에 따라 손해배상을 받았다는 사정을 들어 보상금 등 **보훈급여금의 지급을 거부할 수 없다.** (2015두60075)
공공의 영조물	① 인공공물, 자연공물, 부동산, **동산(경찰차량), 동물(경찰견)** 포함한다. [23 경간] ② **일반재산** 포함X
설치·관리 하자	영조물 사실상 관리하고 있는 경우 포함한다.
무과실 책임O	① 영조물의 설치·관리상 하자의 책임은 공무원의 **과실을 불문한다.** (**무과실책임**) ② 다만, **불가항력** 사유가 있는 경우 **책임이 면제**된다. | 책임X	불가항력O, 책임면제O	100년만에 오는 비
책임O	불가항력X, 책임면제X	50년만에 오는 비(대판 2000.5.26. 99다53247), **예산부족**	
비용부담자	① 국가나 지방자치단체가 손해를 배상할 책임이 있는 경우에 영조물의 설치·관리를 맡은 자와 영조물의 설치·관리 비용을 부담하는 자가 동일하지 아니하면 그 비용을 부담하는 자도 손해를 배상하여야 한다. ② 영조물 하자로 인한 손해의 원인에 대하여 책임을 질 자가 따로 있을 때는 국가 또는 지방자치단체는 그 자에 대하여 구상할 수 있다.

▶ 타인의 손해발생, 설치·관리 하자와 손해 사이에 상당인과관계가 있을 것

4. 「행정심판법」 행정심판

종류	취소심판, 무효등확인심판, 거부·부작위 - 의무이행심판 (당사자심판X)	
특별 행정심판	이 법에 따른 행정심판을 갈음하는 특별한 행정불복절차	
	관계 행정기관의 장이 특별행정심판 또는 이 법에 따른 행정심판 절차에 대한 특례를 신설하거나 변경하는 법령을 제정·개정할 때에는 **미리 중앙행정심판위원회와 협의**하여야 한다.	
중앙 행정심판 위원회	설치	국민권익위원회
	구성	위원장 1명 포함 **70명** 이내 위원, 위원 중 **상임위원**은 **4명** 이내
	대상	**경찰청, 시·도경찰청장, 경찰서장**이 행한 **행정처분**
	위원장	국민권익위원회의 **부위원장** 중 1명
	상임위원	① **위원장 제청**으로 국무총리 거쳐 대통령이 임명 ② 임기는 **3년, 1차 연임가능** ③ 일반직 공무원
	비상임위원	① 위원장 제청으로 **국무총리**가 성별 고려하여 **위촉** ② 임기는 2년, 2차(1차X) 연임가능 [22 법학경채]
대상	**행정청**의 위법·**부당**한 처분 또는 **부작위**(대통령의 처분 또는 부작위X)	
당사자	청구인	① 취소심판은 처분의 취소 또는 변경을 구할 법률상 이익이 있는 자가 청구할 수 있다. ② 법인이 아닌 사단 또는 재단으로서 대표자가 관리인이 정하여져 있는 경우에는 그 사단이나 재판의 이름으로 심판청구를 할 수 있다.
	피청구인	① 행정심판은 **처분을 한 행정청**(의무이행심판의 경우, 청구인의 신청을 받은 행정청)을 피청구인으로 하여 청구하여야 한다. ② 다만, 심판청구의 대상과 관계되는 권한이 다른 행정청에 **승계**된 경우에는 권한을 **승계한 행정청**을 피청구인으로 하여야 한다.
청구기간	적용O (기간제한O)	취소심판, 거부처분에 대한 의무이행심판
	적용X (기간제한X)	무효등확인심판, 부작위 - 의무이행심판
	▶ 처분이 있음을 **알게 된 날부터 90일**, 처분이 **있었던 날부터 180일** 지나면 청구하지 못한다. ▶ 청구인이 천재지변, 전쟁, 사변, 그 밖의 불가항력으로 인하여 심판청구를 할 수 없었을 때에는 그 사유가 소멸한 날부터 **14일**이내에 행정심판을 청구할 수 있다. 다만, **국외**에서 행정심판을 청구하는 경우에는 그 기간을 **30일**로 한다.	
청구방식	형식	심판청구는 **서면**으로 하여야 한다. ▶ 判) 엄격한 형식을 요하지 않는 서면행위
	제출	심판청구서를 작성하여 **피청구인**이나 **위원회**에 제출하여야 한다. (피청구인인 행정청을 거쳐 행정심판위원회에 제출X)(처분청 경유주의 채택X)

청구효과	원칙 : 집행부정지	행정심판을 청구하더라도 행정처분의 효력에 아무런 영향을 주지 않으며, 그 **집행 또는 절차의 속행**도 영향을 받지 않고 계속 진행 가능하다.
	예외 : 집행정지	중대한 손해를 방지하기 위하여 **일정한 요건** 하에 당사자의 **신청** 또는 **직권**으로 행정심판위원회는 처분의 효력이나 그 집행 또는 절차속행의 전부·일부를 **정지**할 수 있다. ▶ **일정한 요건** (공공복리에 중대한 영향을 미칠 우려가 있을 때X) ① 적법한 행정심판**청구가 계속**되어 있어야 한다. ② 집행정지의 대상인 **처분이 존재**하여야 한다. (부작위인 경우X, 처분 효력발생 전X, 처분 목적 달성하여 소멸 후X) ③ **중대한 손해**가 생기는 것을 **예방할 필요성**이 있을 것 ④ 급박하여 재결을 기다릴 **시간적 여유가 없을** 것
	임시처분	행정심판위원회는 처분 또는 부작위가 위법·부당하다고 상당히 의심되는 경우로서 처분 또는 부작위 때문에 당사자가 받을 우려가 있는 **중대한 불이익이나 당사자에게 생길 급박한 위험을 막기 위하여** 임시지위를 정하여야 할 필요가 있는 경우에는 **직권**으로 또는 당사자의 **신청**에 의하여 임시처분을 결정할 수 있다.
		임시처분은 집행정지로 목적을 달성할 수 있는 경우에는 허용되지 아니한다.
심리	불고불리 원칙	행정심판위원회는 심판청구의 대상이 되는 처분 또는 부작위 **외** 사항에 대해서는 재결하지 못한다. 다만, 위원회는 필요하면 당사자가 주장하지 아니한 사실에 대해서도 심리할 수 있다. (예외O)
	불이익변경 금지원칙	심판청구의 대상이 되는 처분보다 불이익한 재결을 하지 못한다.
재결		심판청구사건에 대한 행정심판위원회의 종국적 판단으로서의 의사표시
	기간	재결은 피청구인 또는 위원회가 **심판청구서를 받은 날부터 60일**이내에 하여야 한다. 다만, 부득이한 사정이 있는 경우에는 **위원장이 직권으로 30일을 연장할 수 있다.** 연장시 7일전까지 **당사자에게 통지**하여야 한다.
	종류	각하, 기각, 인용, **사정재결**
사정재결		① 사정재결은 청구인의 심판청구가 이유있다고 인정되는 경우에도 이를 인용하는 것이 현저히 공공복리에 적합하지 않다고 인정하는때에 행정심판위원회의 의결에 의하여 심판청구를 **기각**(각하X)하는 재결이다. 따라서 사정재결 이후에도 행정심판의 대상인 처분등의 효력은 유지된다. ② **사정재결은 취소심판**과 **의무이행심판**에서만 할 수 있고, **무효등확인심판**에서는 사정재결을 할 수 없다.
불복	재심판청구 X	심판청구에 대한 재결이 있는 경우에는 당해 재결 및 동일한 처분 또는 부작위에 대하여 **다시 심판청구를 할 수 없다.**
	행정소송 제기O	재결에 불복하면 **원처분을 대상**으로 행정소송을 제기할 수 있다. 행정심판이 기각된 경우 그 기각재결을 행정소송의 대상으로 할 수 없다.
		재결자체에 고유한 위법이 있는 때에는 재결의 취소를 구하는 행정소송을 제기할 수 있다.

5. 「행정소송법」 행정소송

(1) 행정소송의 종류

종류			
	항고소송 (의무이행 소송X)	취소소송	행정청의 **위법한 처분 등의 취소·변경**을 구하는 소송
		무효등확인소송	행정청의 처분 등의 **효력유무 또는 존재여부**를 확인하는 소송
		부작위위법확인소송	행정청의 **부작위가 위법함**을 확인하는 소송
	당사자 소송		행정청의 처분 등을 원인으로 하는 법률관계에 관한 소송 그 밖에 공법상 법률관계에 관한 소송으로서 그 법률관계의 한쪽 당사자를 피고로 하는 소송
	민중 소송		국가 또는 공공단체의 기관이 법률에 위반되는 행위를 한 경우에 직접 자기의 법률상 이익과 관계없이 그 시정을 구하기 위하여 제기하는 소송
	기관 소송		국가 또는 공공단체의 행정기관 상호간에 그 권한의 존부 또는 그 권한행사에 관하여 분쟁이 있을 때 이에 대하여 제기하는 소송

(2) 취소소송

취소 소송			
	관할		**피고인**(원고X)의 소재지를 관할하는 행정법원
	대상		행정청의 **위법**(부당X)한 처분 등
	행정심판 임의전치		행정소송은 행정심판을 **거치지 않고도 제기할 수 있는 것**이 원칙이다. 다만, 개별 법률이 행정심판을 거치지 않으면 행정소송을 제기할 수 없다고 규정하고 있는 경우에는 행정심판을 거쳐야 한다.
	제기기간	행정심판을 거치는 경우	그 재결서의 **정본의 송달을 받은 날로부터 90일**이내, **재결이 있은 날로부터 1년** 이내에 소송제기
		행정심판을 거치지 아니 하는 경우	**처분이 있음을 안 날로부터 90일**이내, **처분이 있은 날부터 1년**이내
	원고적격		처분등의 취소를 구할 **법률상 이익이 있는 자**
	피고적격		그 **처분 등을 행한 행정청**을 피고로 한다. 다만, 권한이 승계된 때에는 이를 **승계한 행정청**을 피고로 한다.
	당사자 소익	O	① 자격정지처분에 대해 집행정지결정이 있더라도 처분시 표시된 자격정지기간이 경과한 경우 소의 이익이 **있다**. ② 선행의 업무정지처분이 법률에 의해 후행의 가중적 제재처분의 요건이 될 때에는 정지처분의 **효력이 소멸되더라도** 그 정지처분을 다툴 수 **있다**. ③ 부령에서 정하는 가중처벌 규정은 행정규칙에 불과한 것이므로 **법규성이 없다고 하면서도** 이로 인한 장래의 불이익을 이유로 소멸된 제재처분의 취소를 구할 소의 이익이 **있다**.
		X	사법시험 1차 시험에 불합격처분을 받은 자가 다음에 실시되는 **1차 시험에 합격했다면 불합격**을 다툴 소의 이익 **없다**.

취소소송	소송제기 효과 (임시처분X)	원칙: 집행부정지	취소소송의 제기는 처분 등의 효력이나 그 **집행 또는 절차의 속행**에 영향을 주지 **아니**한다. (절차속행은 정지된다X)
		예외: 집행정지	당사자 **신청** 또는 법원 **직권**에 의해서 **집행정지 결정**할 수 있다. ▶ 요건 ① 적법한 **본안소송이 계속**되어 있어야 한다. ② 집행정지의 **대상**인 **처분이 존재**하여야 한다. → 부관 중 **부담O**(거부처분이나 **부작위**인 경우X) ③ 회복하기 어려운 **손해발생의 우려** 　→ 손해 : 사회통념상 금전보상이나 원상회복이 불가능하다고 인정 ④ 집행정지결정이 **공공복리**에 **중대한 영향**이 미칠 우려 없을 것 ⑤ 본안의 승소가능성(判) ▶ **즉시항고O(정지X)** 집행정지결정 또는 기각결정에 대하여는 **즉시항고**할 수 있다. 집행정지결정에 대한 즉시항고에는 결정의 집행을 **정지하는 효력이 없다.** | 정지O | 취소소송, 무효등확인소송 | | 정지X | 부작위위법확인소송, 거부처분취소소송 |

(3) 그 밖의 소송

무효등 확인소송	적용O	집행정지가 허용된다.
	적용X	**소송의 제기기간, 행정심판전치주의, 사정판결**이 적용되지 아니한다.
부작위 위법확인 소송	의의	행정청이 상대방의 신청에 대하여 어떠한 처분도 하지 아니하고 이를 방치하고 있는 경우에 이러한 행정청의 부작위가 위법한 것임을 확인하는 소송
	부작위	행정청의 부작위란 행정청이 당사자의 신청에 대하여 상당한 기간 내에 일정한 처분을 하여야 할 법률상 의무가 있음에도 불구하고 이를 하지 아니하는 것을 말한다.
	원고 적격	부작위의 위법의 확인을 구할 **법률상 이익이 있는 자**만이 제기할 수 있다. 부작위의 **직접상대방이 아닌 제3자도** 법률상 이익이 있다면 원고적격이 인정될 수 있다.
당사자 소송		당사자소송이란 행정청의 처분 등을 원인으로 하는 법률관계에 관한 소송, 그 밖에 공법상의 법률관계에 관한 소송으로서 그 법률관계의 일방당사자를 피고로 하는 소송
객관적 소송	민중소송	국가 또는 공공단체의 기관이 법률에 위반되는 행위를 한 때에 직접 자기의 법률상 이익과 관계없이 그 시정을 구하기 위하여 제기하는 소송
	기관소송	국가 또는 공공단체의 기관 상호간에 있어서의 권한의 존부 또는 그 행사에 관한 다툼이 있을 때에 이에 대하여 제기하는 소송
		민중소송 및 기관소송은 법률이 정한 경우에 법률에 정한 자에 한하여 제기할 수 있다.

(4) 행정소송 관련 판례

Ⅰ. 행정소송 대상O
1. 도시계획구역 내 토지 등을 소유하고 있는 사람과 같이 당해 도시계획시설결정에 이해관계가 있는 주민으로서는 도시시설계획의 입안권자 내지 결정권자에게 **도시시설계획의 입안 내지 변경을 요구**할 수 있는 **법규상 또는 조리상의 신청권**이 있고, 이러한 신청에 대한 **거부행위**는 항고소송의 대상이 되는 **행정처분에 해당**한다고 할 것이다.
2. 피해자의 의사와 무관하게 주민등록번호가 유출된 경우에는 조리상 주민등록번호의 변경을 요구할 신청권을 인정함이 타당하고, **구청장의 주민등록번호 변경신청 거부행위**는 항고소송의 대상이 되는 **행정처분에 해당**한다.
3. **진정에 대한 국가인권위원회의 각하 및 기각결정**은 피해자인 진정인의 권리행사에 중대한 지장을 초래하는 것으로 항고소송의 대상이 되는 **행정처분에 해당**하므로, 그에 대한 다툼은 우선 행정심판이나 행정소송에 의하여 할 것이다.

Ⅱ. 행정소송 대상X
4. 예산회계법 또는 지방재정법에 따라 **지방자치단체가 당사자가 되어 체결하는 계약**은 사법상의 계약일 뿐, 공권력을 행사하는 것이거나 공권력 작용과 일체성을 가진 것은 아니라고 할 것이므로 이에 관한 분쟁은 **행정소송의 대상이 될 수 없다**.

Ⅲ. 기준시점
5. 사정판결에 있어서 처분의 **위법 여부 판단**의 기준시점은 **처분시**이나, 사정판결은 처분이후의 사정변경을 고려하는 취지에서 인정되는 것이므로 사정판결의 **필요성 판단**의 기준시점은 **변론종결시**이다.
6. 처분이 있음을 안 날부터 90일 이내에 행정심판을 청구하지도 않고 취소소송을 제기하지도 않은 경우에는 **그 후 제기된 취소소송**은 제소기간을 경과한 것으로서 **부적법**하고, 처분이 있음을 안날로부터 90일을 넘겨 청구한 부적법한 행정심판청구에 대한 재결이 있은 후 재결서를 송달받은 날부터 90일 이내에 **원래의 처분에 대하여 취소소송을 제기**하였다고 하여 취소소송이 다시 제소기간을 준수한 것으로는 되는 것은 아니다.
7. 처분 당시에는 취소소송의 제기가 법제상 허용되지 않아 소송을 제기할 수 없다가 위헌결정으로 인하여 비로소 취소소송을 제기할 수 있게 된 경우, **객관적으로는 '위헌결정이 있는 날', 주관적으로 '위헌결정이 있음을 안날'** 비로소 취소소송을 제기할 수 있게 되어 이때를 제소기간의 기산점으로 삼아야 한다.

Ⅳ. 집행정지 요건(승소가능성)
8. 집행정지는 행정처분의 집행부정지원칙의 예외로서 인정되는 것이고 또 본안에서 **원고가 승소할 수 있는 가능성을 전제로 한 권리보호수단**이라는 점에 비추어 보면 집행정지사건 자체에 의하여도 신청인의 **본안청구가 적법한 것이어야 한다는 것을 집행정지의 요건에 포함**시켜야 할 것이다.

MEMO

이주아 경찰학 기본서

POLICE SCIENCE

제4편

경찰행정학

제1장 / 경찰관리
제2장 / 경찰 홍보 및 통제

제1장
경찰관리

제1절 경찰관리일반론

1. 경찰관리의 의의

① 경찰관리란 **경찰목적의 신속하고 효율적인 달성을 위하여 경찰조직과 그 밖의 인적·물적 자원관리하는 것**을 말한다. 즉, 조직을 구성하고 있는 인력과 장비 및 예산을 확보하여 이를 적재적소에 배치하여 직무 수행을 원활하게 하는 작용이다.
② **경영주의** : 경찰의 기본이념 중 경찰관리와 가장 밀접한 관련이 있다.

2. 경찰관리자의 의의

경찰조직의 목적을 달성하기 위하여 조직의 인적·물적 자원을 활용하여 경찰업무를 조직적·체계적으로 추진해 나가는 **사람**을 의미한다.

2-2. 관리자의 유형

	고위관리자	중간관리자
범위	행정안전부장관, 국가경찰위원회, 경찰청장, 국가수사본부장 등	국장, 과장, 계장급 등
역할 및 기능	① 조직의 목표 및 정책설정 ② 환경에 대한 적응성 확보 ③ 조정과 통합 ④ 직원의 지도·육성(부하의 양성) ⑤ 직원의 사기관리 및 생활지도	① 상사의 보좌 ② 의사소통(Communication) ③ 업무의 실시와 평가단계에서 감독업무추진

3. 경찰기획과 정책결정

경찰기획	① 기획은 일정한 목표를 설정하고 이를 효율적으로 실현하기 위한 수단과 행동절차를 예정하는 장기적·포괄적인 설계로서 합리적인 경찰의 정책결정을 위해 필요한 것이다. ② **기획** : 계획을 세워가는 **절차와 과정**이다. ▶ 계획 : 기획활동과정을 거쳐서 나온 최종 산출물 목표의 설정 → 상황의 분석 → 기획전제의 설정(미래 예측과 가정) → 대안의 탐색과 평가 → 최종안의 선택
정책결정	정책결정이란 설정된 경찰목표를 달성하기 위해 복잡하고 동태적인 과정을 거쳐 합리적이고 바람직한 대안을 선택하는 과정을 의미한다.

3-2. 정책결정모델 [22 경간]

합리모델	① 정책결정자가 고도의 합리성을 기반으로 모든 대안을 검토한 후 가장 최선의 대안을 결정한다. ② 의사결정자의 **완전한 경제적 합리성**을 전제로, 우선순위를 보여주는 일련의 목표를 설정할 능력이 있다고 가정한다. ▶ 한계 : 정책결정자의 의사결정만을 미시적으로 강조한다. ▶ 인간의 **주관적·감정적인 요소**는 배제, **정치적 현실의 역동성**을 고려하지 않는다. ③ 미래에 발생할 현상을 예측하고 모든 대안을 검토한 후, **가장 만족스러운 대안**을 채택한다. ④ 부분적이 아닌 **전체적 최적화**를 위해 체계적·포괄적 대안탐색과 분석을 실시하여 포괄적인 가치변화를 추구한다.
만족모델	① 현실적으로 정책결정자는 **최선의 합리성을 추구**하는 것이 아니라 **제한된 합리성**을 기반으로 시간적·공간적·재정적 측면에서 여러 요인을 고려하여 **주관적이고 현실적인 판단에 근거하여 만족스러운 수준**에서(최선 X) 대안을 결정한다. ② 만족모델은 실제 의사결정자들이 **모든 대안의 탐색**이 아닌, 무작위적이고 순차적으로 **몇 개의 대안만을 탐색하여 만족할 만한 결과를 도출하면 의사결정을 종료**한다. 주관적으로 만족할 만한 대안을 선택하고 최적대안을 선택하는 것은 극히 예외적이다.
점증모델	① 정책결정시 **정치적 합리성**을 기반으로 기존 정책의 문제점을 **부분적으로 수정**하거나 약간의 향상을 가져오는 결정이다. ② 윌다브스키에 따르면, **예산 결정**은 과거의 지출 수준을 토대로 점증적으로 결정될 가능성이 크다. [21 경간] ③ 점증적인 정책대안 선택이 가능한 **가분적**인 정책이다. 비가분적 정책에 적용하기 어렵다. [20 경간] ▶ 한계 : 정책의 목표와 수단이 뚜렷하게 구분되지 않으므로 **목표와 수단 사이의 관계 분석에 한계**가 있다.
혼합탐사 모델	① **합리**모델과 **점증**모델을 절충한 혼합형 ② **기본적 결정은 합리**모델을 따르고, 세부적인 결정은 **점증**모델을 따른다. ③ 점증모델의 단점을 합리모델과의 **통합**을 통해서 **보완**한다. ④ 거시적이고 장기적인 안목에서 대안의 방향성을 탐색하는 한편 그 방향성 안에서 심층적이고 대안적인 변화를 시도하는 것이 바람직하다. ▶ 한계 : 기술적 타당성을 높이는 구체적 방법을 제시하지 못하였으며 합리모형과 점증모형의 결함을 극복해 주지도 못하였다.

최적모델	① 합리모델의 비현실성과 점증모델의 보수성을 극복하기 위하여 **이상주의와 현실주의의 통합을 시도**하였다. ② 기존의 정책을 바탕으로 이루어지는 **점증주의 성향을 비판**하면서, 새로운 결정을 내릴때마다 정책방향도 다시 검토할 것을 주장한다. ③ 정책결정과정을 체제론적 관점에서 파악하고 정책결정체제의 산출이 투입보다 크도록 정책성과를 최적화하기 위해 **경제적 합리성뿐만 아니라 직관, 창의성, 판단력, 예견력, 영감, 추측, 암시 등의 초합리적 요소까지도 고려**하는 이론모형이다. 최적화가 가능하려면 미시적으로 정책결정만 볼 것이 아니라 정책결정체제가 **전체적으로 잘 설계되어야 된다는 점에서 정책결정체제를 모형 속에 포함**시킨다. ④ 메타정책결정단계(meta-policy making stage)에 해당하는 것은 정책결정전략의 결정, 자원의 조사·처리 및 개발 등이 있다. **정책집행을 위한 동기부여는 후정책결정단계(post-policymaking)에 해당**한다.

쓰레기통 모델	① **정책문제, 해결책, 선택기회, 참여자**의 네 요소가 **독자적**으로 움직이다가 어떤 계기로 교차하여 만나게 될 때 의사결정이 이루어진다고 본다.
	② **대형 참사를 계기로 그동안 해결하지 못했던 정책문제에 관한 대책을 마련하게 되는 상황을 설명하는 정책결정모형**이다. (세월호, 이태원 핼러윈)
	③ 쓰레기통 모형의 **전제조건**
	  ㉠ **문제성 있는 선호** : 불분명한 선호와 목표
	  ㉡ **불명확한 기술(인과기술)** : 목표와 수단간 인과관계가 명확하지 않음
	  ㉢ **일시적 참여자** : 시간적 제한으로 부분적, 간헐적, 일시적 참여
	  ㉣ **조직화된 무정부상태**
	④ 조직의 구성단위나 구성원 사이의 **응집성이 아주 약한 혼란상태(조직화된 혼란 상태)**에서 이루어지는 의사결정이다.
	▶ **위계적인 조직구조에서는 적용이 어렵다.**
	⑤ 의사결정 방식에는 **끼워넣기**(다른 관련 문제가 제기되기 전에 재빨리 의사결정을 하는 날치기 통과)와 **미뤄두기**(걸림돌이 되는 문제가 사라질 때까지 결정을 미루는 진빼기)가 **포함**된다.

사이버네틱스 모델	① 설정된 목표를 달성하기 위해 **정보분석과 환류과정**을 통해 자신의 행동을 **스스로 조정**해 나간다고 가정하는 모델이다. 시간의 흐름에 따라 환류되는 정보를 분석하여 잘못된 점이 있으면 수정·보완한다. ② 결과예측 후 합리적 대안을 선택하는 '**인과적 학습**'이 아니라, '**도구적 학습**'에 의존한다. 시행 착오적인 도구적 학습을 거쳐 터득된 표준운영절차(SOP)에 따라 점진적, 자동적으로 적응해나가는 의사결정을 한다. ③ 의사결정은 확립된 의사결정규칙(SOP)에 의하여 이루어지므로 결국 의사결정의 질은 사전에 설정된 표준운영절차(SOP)가 얼마나 정교한지에 의해 결정된다고 할 수 있다.
앨리슨 모델	① 쿠바 미사일 위기에 따른 미국 정부의 정책결정 과정을 설명하기 위해서 고안된 것으로, 집단적 의사결정을 유형화하여 정부의 정책결정과정을 **합리적 행위자모형, 조직과정모형, 관료정치모형**을 통해 분석하였다. ② 관료정치모형은 조직 상위계층에의 적용 가능성이 높고, 조직과정모형은 조직 하위계층에의 적용 가능성이 높다. ③ 원래 **국제정치적 사건과 위기적 사건에 대응**하는 정책결정을 설명하기 위한 모형으로 고안되었으나, **일반정책에도 적용이 가능**하다. ④ 세 가지 모형은 상호 배타적인 관계이지만 실제 하나의 조직에 모두 적용될 수 있다.

4. 롤스(J. Rawls)의 정의론 [20 경간, 21 승진]

특징	① 정의를 **공평**(fairness)으로 인식하였다. [21 승진] ② 순수한 절차적 정의가 보장되는 **원초 상태(original position)에서 합의된 일련의 원칙**이 곧 사회 정의의 원칙이 된다고 주장하였다. [21 승진] ③ 구성원들이 개별적 유·불리를 모르는 **무지의 베일(veil of ignorance)에 가려진 원초적 상태(original position)에서 합의하는 규칙**을 곧 사회 정의의 원칙으로 전제하는 사회계약론적 입장이다. [20 경간] ④ 자유방임주의에 의거한 전통적 자유주의와 생산수단의 사회적 소유를 주장하는 사회주의의 양극단을 지양하며, **자유·평등의 조화를 추구하는 중도주의적 입장**이다. [20 경간] ⑤ 롤스에 따르면 어느 누구도 자신의 재능을 당연한 것으로 여겨서는 안 되며 노력을 기울이는 능력조차도 자연적인 운이 가져다준 결과이므로 당연히 가져야 하는 것으로 생각해서는 안 된다고 본다. 그래서 **자연적 재능을 개인의 소유가 아니라 공동의 자산**으로 삼고 공동의 자산이 가져다주는 **공동의 이익을 공유하여야 한다**고 주장한다. [21 승진]
정의의 제1원리	평등한 자유의 원칙 ① 개인의 기본적 자유란 선거권이나 피선거권 같은 정치적 자유, 언론과 집회의 자유, 양심과 사상의 자유, 신체의 자유와 사유 재산권 등 **기본권**을 말한다. ② '평등한 자유의 원칙'은 "다수가 누릴 보다 큰 이득"을 확보하기 위해 "소수에게 희생을 강요해도 좋다"는 식의 공리주의의 논리를 거부하고 **기본권의 평등한 보장을 강조**하였다.
정의의 제2원리	불평등한 분배 원칙 ① **차등의 원리** : 불평등한 상황의 조정은 저축의 원리와 양립하는 범위 내에서 **가장 불우한 사람들의 편익을 최대화해야 한다는 결과의 공평**을 중시한다. [20 경간] ② **기회균등의 원리** : 사회·경제적 불평등의 원인이 되는 모든 직무와 지위에 대해 접근의 기회는 균등하게 제공되어야 한다는 기회의 공평을 중시한다. [20 경간] ③ 불평등한 분배가 정당화되려면 최소 수혜자 집단에게 더 많은 혜택이 돌아가도록 해야 한다고 주장하였다. [21 승진]

5. 정부혁신 관련 이론

(1) 공공선택론

개념	공공재의 공급에서 시민의 선택을 중시하는 접근방법이다.
등장배경	① **뷰캐넌**을 비롯한 **경제학자들과 수학자들에 의해** 창시되었다. ② **오스트롬**은 「미국 행정학의 지적 위기」의 출간을 통해 **공공선택론의 관점을 행정학에 접목**을 시도하였다.
주요특성	① 공공선택론은 **경제학적 접근방법을 통한 비시장적 의사결정 부분**의 연구에 활용한다. 　▶ 비시장적 의사결정부분 : 정책결정구조, 투표규칙, 투표자형태, 정당정치 관료행태 등 ② **정부는 공공재의 생산자, 시민들은 공공재의 소비자**로 규정한다. ③ **비관료제적 조직** : **전통적 정부관료제의 실패(정부실패)를 비판**하며, 분권화되고, 협동화된 다원조직체를 선호한다. 　▶ 전통적 정부관료제 : 공공서비스를 독점 공급하고, 소비자의 선택 억압 ④ **시민 개개인의 선호와 선택의 존중이 핵심가치** : **개인을 분석의 기초단위**로 삼고, 인간을 합리적 경제인이며 개인의 효용극대화를 추구하는 존재로 가정하는 **방법론적 개체주의의 연역적 연구방법**이다. ⑤ **공공부문의 시장경제화를 처방** : 경쟁을 통한 생산공급을 처방하며, 행정의 대응성 향상과 공공재 배분 결정의 합리성 제고를 추구한다.
주요모형	① **니스카넨**은 예산극대화모형에서 **관료는 총편익곡선과 총비용곡선이 교차하는 점에서 공공서비스를 공급**하려고 한다고 본다. ② **애로우**는 불가능성의 정리에서 바람직한 집합적 의사결정 방법의 기본조건으로 **어느 누구도 집합적인 선택의 과정에 대해서 결정적인 영향력을 행사해서는 안 된다**고 주장한다. ③ **던리비**의 **관청형성모형**에서 합리적 고위관료들은 책임과 통제가 수반되는 일상적인 기능은 준정부조직이나 외부계약으로 떼어내고 **가능한 권력중심에 있는 부서에서 참모적 기능수행을 선고**한다고 주장한다. ④ **티부가설**에서 공공재는 정치적 과정을 통해 중앙정부에 의해서만 공급될 수 있다는 **사무엘슨의 공공재 이론에 대한 반론**으로 제시되었다. ⑤ **오스트롬**의 민주행정 패러다임은 관료도 다른 인간과 마찬가지로 부패할 수 있으며, 따라서 권력의 분산이나 상호통제가 이뤄지지 않는다면 **정치권력은 독점되고 이기적 목적에 의해 남용될 가능성이 커진다**고 주장한다.

(2) 신제도론

제도의 개념		제도란 개인들 상호간의 구체적인 관계에 **질서를 부여하기 위해 사용하는 규칙들**을 의미한다. 개인과 집단의 행동에 대해 인위적으로 설정한 제약이라고 할 수 있다. ▶ 신제도론은 제도를 **비공식적·규범·규칙까지 포괄**하는 개념으로 이해한다.
신제도론의 분파	역사적 신제도론	① 제도를 장기간의 역사적 과정(맥락)에서 형성된 인간행동의 정형화된 패턴으로 인식한다. ② **형성된 제도는 지속성**과 **경로의존성**을 갖고 현재의 정책선택을 제약하게 된다. ③ 제도변화는 위기상황에 대처하는 과정에서 **매우 급격**하고, **간헐적**으로 일어난다고 본다.
	사회적 신제도론	① 조직이나 제도의 변화는 사회적으로 정당하다고 인정받는 구조와 기능을 닮아가는 **제도적 동형화 과정의 결과물**로 설명한다. ② **방법론적 전체주의**에 의한 **거시이론적 성격**을 나타내며, **귀납적 접근**에 의한 연구를 전개한다.
	합리적 선택 신제도론	① 개인을 합리적 행위자로 전제하고, 제도는 **개인들간의 전략적 상호작용의 결과로 형성된 균형**으로 인식한다. ② 제도의 형성과 변화과정에서 **개인의 합리성·전략적 선택**을 중시한다.

(3) 신공공관리론(NPM)

개념	신공공관리론은 **내부적으로 '신관리주의'**를 통해 성과주의의 행정을 구현하고 **외부적으로는 '시장주의'**를 통해 정부역할의 감소와 공공서비스 공급에서의 경쟁구조, 고객지향의 행정을 추구하는 정부 운영 및 개혁에 관한 이론이다.
등장배경	① **전통 관료적 정부조직의 폐단에 대한 불만이 고조**되었다. ▶ 전통 관료적 정부조직의 폐단 : 경직성, 독점, 높은 거래비용, 공급자 중심적 관리 등 ② 신공공관리의 패러다임과 전략은 **공공선택이론, 주인-대리인이론, 거래비용경제학** 등 신제도주의 경제이론의 원리와 처방에 의존하였다.
특징	① **오스본 등이 주장**하였으며, 행정의 **탈정치화**를 주장한 정치행정이원론으로 **시장주의**에 입각하여 성과와 효율을 중시하였다. [20 경간] ② 정책과 집행의 분리, 책임 운영기관 등 **행정의 분절화**를 강조한다. ③ 유연한 정부에 의하여 **관리자에게 많은 권한과 재량을 부여**함으로써 신축성과 유연성이 높은 행정을 강조한다. ④ Hayek의 '노예에로의 길'(1944)은 시장에 대한 국가의 개입이나 국가기획을 반대한 입장으로 **신자유주의나 대처리즘, 신공공관리론의 철학적 기초**가 되었다. ⑤ 현재까지 진행되고 있는 정부개혁의 논리로서 비대해진 정부조직 개혁의 이론적 근거를 제공하고, **국민을 고객 또는 소비자로 인식**하면서 **행정의 대응성을 제고**하는데 기여하였다.
한계	① 기업경영의 원리와 기법을 그대로 정부에 이식하려는 시도는 **공공부문의 특수성을 고려하지 못하는 문제**를 유발시킨다. ② 가격과 경쟁에 의한 행정서비스 공급으로 **공공서비스의 형평성 저해** 가능성이 발생한다. ③ 민영화와 같이 정부의 영역을 벗어나 시장 기능에 공적 활동의 역할이 맡겨졌을 경우 **행정의 책임성 확보가 어렵다.** ④ **정부와 관료제를 지나치게 폄하**하고 정부 감축은 공무원의 사기를 떨어뜨려 생산성 제고에 지장을 준다. ⑤ **고객만능적 사고는 시민으로서의 의무를 경시**하게 된다.

(3)-2 신공공관리와 뉴거버넌스 비교

	신공공관리	뉴거버넌스
공통점	① 정부의 역할에 있어 **노젓기**(rowing)보다는 **방향잡기(steering)를 중시**한다. ② 투입보다는 **산출에 대한 통제**를 강조한다. ③ 공공부문과 민간부분의 **구분 필요성에 회의적**이다.	
차이점	① **결과**에 초점 ② **조직 내 관계**를 다룬다. ③ 국민을 **공리주의**에 입각한 고객으로 본다. ④ **행정의 경영화**에 의한 **정치행정이원론**의 성격이 강하다.	① **과정**에 초점 ② **조직간 관계**를 다룬다. ③ 국민을 **시민주의**에 바탕을 두고 덕성을 지닌 시민으로 본다. ④ **행정의 정치성**을 중요시한다.

6. 전통적 접근방법

과학적 관리론 (관리주의)	① F. Taylor는 과학적 관리법의 창시자로서 최대관심사는 '**능률**'과 '**이윤**'이었으며, 이를 위한 **훈련과 작업분석**을 강조하였다. ② 조직 내의 인간은 **경제적 유인**에 의해 동기가 유발되는 **타산적 존재**라고 보았다. ▶ **X론적 인간관** ③ 과학적 분석을 통해 업무수행에 적용할 '**유일 최선의 방법**'을 발견할 수 있다고 보았다.
인간 관계론 (인간주의)	① 메이요(mayo)의 호손 공장의 연구가 이론적 기반이 되었다. ② **인간을 사회적 유인**에 따라 움직이는 존재로 파악하고 조직 내에서 사회적 능률을 향상시킬 수 있는 관리방법을 연구한 관리이론이다. ③ 노동자의 생산력을 결정하는 요인은 물리적, 경제적, 육체적 조건보다는 **인간관계의 사회 심리적 요인**이 더 중요하다. ▶ **Y론적 인간관** ④ 인간중심의 유연한 관리를 강조하여 **민주적 리더십, 비공식적 의사전달망** 등을 중시하였다.
행태론적 접근방법	① 행태론은 인간행태의 규칙성 및 인과성을 경험적·실증적으로 입증하고 설명할 수 있다고 보며, **현상과 현상 사이에 존재하는 인과관계 법칙을 규명**하는 것이 연구의 목적이 된다. ② 법칙 발견을 위해 인과관계에 대한 가설을 설정하고 이를 검증하여야 하는데 **설정되는 가설은 이미 확립된 기존의 이론으로부터 연역적으로 도출되어야** 한다. ③ **사이먼**은 귤릭이나 어윅이 제시한 고전적 조직 원리들은 검증되지 않은 속담이나 격언에 불과하다고 비판하였다. ④ 논리실증주의에 입각하여 **검증 불가능한 가치와 검증 가능한 사실을 '분리'**시키고 '**사실**'에 대한 과학적 연구를 강조하므로 가치중립성을 '지향'한다. ⑤ 가설검증을 위해 현상들을 **경험적으로 관찰**하여야 하고, **관찰할 수 없는 현상**은 연구대상에서 제외한다. ⑥ 행정의 본질을 '**의사결정**'이라 하고, 조직 구성원의 객관적이고 **외면적으로 관찰가능한 개인의 행동을 연구대상**으로 한다. ⑦ **특정 질문에 따른 반응**을 통해 파악해 볼 수 있는 **태도, 의견, 개성 등도 행태에 포함**시키고 있다. ⑧ 행태주의는 사회문제 해결의 **적실성, 실천성이 결여되었다**는 한계가 있다.
신행정학	① 신행정학에서는 1968년에 시라큐스대학에서 왈도(Waldo)를 중심으로 개최된 미노부르크 회의를 신행정학의 출발점으로 보고 있다. ② 행태주의와 실증주의를 비판하며, **인간의 주관적 인식과 신념 등 주체성을 강조**하는 **현상학적 접근방법**을 제시하였다. ③ **가치지향적** 연구·처방성·적실성, 규범성을 강조하고 '**사회적 형평성**'의 가치를 추구하였다. ▶ '사회적 형평성' : 1960년대 후반 미국 사회의 혼란과 더불어 제기된 신행정학의 주요 이념의 하나이다.
생태론	① **행정생태론**은 **환경결정론 관점**에서 행정을 생태계 내의 유기체로 인식하고 행정현상을 자연·사회·문화적 환경과 관련시켜 이해하려는 접근법이다. ② 다양한 국가별 비교의 어려움으로 행정의 보편적 이론보다 중범위 이론의 구축에 자극을 주어 **행정학의 과학화와 후진국의 행정현상을 설명**하는데 크게 기여했다.

7. 비판적 접근방법

신공공 서비스론	개념	① **시민적 담론과 공익에 기반을 두고 거기에 충실하게 통합된 행정을 행정개혁의 목표로 하여 이를 처방하는 시민중심적·사회공동체중심적·서비스중심적 접근방법**이다. ② 7가지 기본원칙 　㉠ **시민에 대한 봉사** : 공무원들은 공동사회에 대한 책무를 다하려는 시민에게 봉사해야 한다. 　㉡ **공익의 중시** : 공익이란 공유된 가치의 담론의 결과물로 인식해야 하며, 공동의 이익과 공동의 책임을 창출하는 것을 목표로 해야 한다. 　㉢ **시민의식의 중시** : 기업가나 관리자보다는 사회공동체에 의미있는 기여를 하려는 공무원과 시민에 의해 공익은 증진될 수 있다. 　㉣ **전략적 사고와 민주적 행동** : 공공정책과 공공사업은 집단적 노력과 협력적 과정에 의해서만 책임있고, 효율적으로 실현될 수 있으며 이를 위해서는 **전략적 계획과 민주적 책임이 필요하다.** 　㉤ **책임의 다원성** : 복잡하고 다원적인 행정책임을 받아들이고, 행정이 가치갈등상황에 직면한 경우 **선택결정은 시민참여와 토론을 거쳐야 한다.** 　㉥ **조종이 아닌 봉사** : 정부와 공무원은 사회를 조종하는 것이 아니라 봉사해야 하며, **시민들이 공동이익을 추구하는데 조력하는 역할이 요구된다.** 　㉦ **인간존중** : 인간을 존중하고 인간을 통한 관리를 강조하고, 공공조직이나 공공조직이 참여하는 네트워크는 인간존중에 바탕을 둔 **공유적 리더십과 협동의 과정을 통해 운영될 때 성공가능성이 높아진다.**
	제안 배경	신공공관리는 사회의 진정한 소유주가 누구인지를 잊고 있으며, 시민에게 힘을 실어주고 봉사해야 한다는 책무를 망각하고 있다는 점에서 비판하였다. ▶ 신공공관리 : 시장기제와 기업가적 운영방식의 도입을 강조
	한계	① 규범적 가치에 대한 이론을 제시하고 있지만, 이러한 가치를 실현하기 위한 **구체적 처방을 제시하지 못한다.** [20 경간] ② 민주적 목표의 성취를 위한 **수단적·기술적 전문성을 소홀히 다룬다.**
현상학	개념	① 일상활동의 **상식적 생각 속에서 인간행위를 이해하고, 그 내면적 동기나 의도에 대한 해석을 중요시하는 접근법**이다. ② 사회현상은 사회 속에 참여하는 사람들의 의식·생각·언어 등으로 구성되고, 상호주관적 경험으로 이루어지는 것으로 인식한다.
	주요 특성	**물상화의 배격** **(인본주의)** : 인간을 **자유의지**를 지닌 **자발적·능동적 자아**로 인식한다. **상호주관성과** **감정이입** : ① 사회를 상호인식과 인간의 상호주관성이 이루어지는 세계로 전제한다. ② 행정에서의 **감정이입과 대면접촉**을 중시하고, 이는 소외적 사회구성원들에 대한 형평성 강조로 연결된다. **행태가 아닌** **행위를 중시** : 표출된 행위와 의도된 행위는 다르므로 **외면적 행태**만 연구하는 것은 무의미하며, **의도가 결부된** '의미있는 행동'과 '타인과의 사회적 상호작용'을 연구해야 한다. **반실증주의와** **철학적 연구방법론** : ① 실증주의와 계량주의 방법을 비판한다. ② 철학적 연구방법론을 채택한다. **개별사례중심** : 인간의 의지와 동기를 중시 → **개별사례나 문제 중심적 방법을 추구한다.** ▶ **미시적 접근**

제1장 | 경찰관리 323

제2절 경찰조직관리

1. 경찰조직상의 이념

① 「국가경찰과 자치경찰의 조직 및 운영에 관한 법률」 제1조 "경찰의 **민주적**인 관리·운영과 **효율적**인 임무수행을 위하여 경찰의 기본조직 및 직무범위 기타 필요한 사항을 규정함을 목적으로 한다."
  ▶ **경찰조직의 이념 : 민주성과 효율성**(능률성X)
② **민주성과 능률성** : 양자택일의 문제가 아닌 **양자조화**가 요구된다.
③ **효율성** : 경찰조직의 일사불란한 지휘체계를 갖는 국가경찰체제를 채택
④ **능률성과 기동성** : 사회안전과 질서유지라는 신속을 요하는 작용
⑤ **정치적 중립성** : 경찰조직은 불편부당, 공평중립을 요한다.

2. 관료제

(1) 이념형 관료제의 구조적 특성(M. Weber) [20 승진]

① 관료제의 직무조직은 **계층제적 구조**로 되어 있다. → 가장 중요한 특징
  ▶ M. Weber는 관료제의 계층제적 측면을 가장 중시하였다.
② 관료의 권한과 직무범위는 **법규**(관례X)에 의하여 정해진다.
③ 직무의 수행은 **문서**로 이루어지며 기록은 **장기간**(단기간X) **보존**된다.
④ 직무수행과정에 있어서 개인적 감정이나 주관에 의하지 않고 **객관적인 법규**에 의해 임무수행을 한다.
⑤ 관료들의 직무수행의 대가로 보수가 지급되며, 경찰관청의 직무시간이 제한되어 있다고 하더라도 직무활동은 경찰관의 전 노동력을 요구하는 전임직이기에, 원칙적으로 겸직을 허용하지 않는다.
⑥ 모든 직무는 **전문적 지식과 기술을 가진 관료**에 의해 이루어지며, 채용에 있어서도 시험과 자격에 의하여 공개적으로 행해진다.
  ▶ 관료제 조직의 **획일적 명령체계**는 비판을 요구하는 **전문화**를 **저해**할 수 있다.

(2) 관료제의 문제점(Robert K. Merton)

동조과잉 (목표·수단의 전환)	법규의 엄격한 적용과 준수가 강요되기 때문에 관료는 목표를 달성하기 위한 **수단의 규칙이나 절차에 지나치게** 영합하고 동조하는 경향이 있다. 결국 궁극적인 목표가 소홀히 되고 수단이 중시되는 **목표와 수단의 전환** 현상이 발생한다.
할거주의적 경향	**소속기관이나 부서에만 충성**함으로써 다른 조직이나 다른 부서와의 조정이나 협조가 곤란할 수 있다. [22 채용]
번문욕례 (red-tape)	문서주의와 규칙을 중시하여 행정의 궁극적인 목적이 아닌 **서류절차에 과도하게 집착**하는 형식주의를 초래할 수 있다.
권력구조의 이원화	상관의 계서적 권한과 부하의 전문적 **권력이 이원화됨**에 따라 **조직 내에서 갈등**이 발생하게 되어 **조직구성원들의 불만이 증대**된다.
권위주의적 행태 조장	권한과 능력의 괴리, 상위직으로 갈수록 모호해지는 업적평가기준, 조직의 공식적 규범을 엄격하게 준수해야 한다는 압박감 등으로 조직구성원들이 불안해지므로 더욱 더 권위주의적인 행태를 가지게 된다.

변화에 대한 저항	신분유지를 위해 새로운 기술이나 새로운 지식을 받아들이지 않고 **보수화** 될 우려가 있다.
전문가적 무능	**특정분야의 전문성만 갖춘 관료**의 편협한 시각 및 타 분야에 대한 이해부족으로 조정이나 통합을 저해하고 파벌의식을 초래할 수 있다.
무사안일주의와 상급자의 권위에 의존	**상급자 권위에 지나치게 의존**하고 소극적인 일처리와 **책임회피현상**이 나타날 수 있다.
인간성(인격)의 상실	① 집권적이고 권위주의적인 통제와 법규우선주의, 몰인격적 역할관계로 인해 조직 구성원의 사회적 욕구충족을 저해하며 그들의 성장과 성숙을 방해하고, 대규모 조직에 부속품화되어 인격적 관계를 상실한다. ② **지나친 공과 사의 구별**로 인해 **냉담과 무관심·불안의식**이 나타나는 현상이다. (**무사안일주의X**)
무능력자의 승진 (피터의 원리)	내부인력에 너무 많이 그리고 오랫동안 의존하게 되면 조직구성원들은 자신의 '**무능력의 한계까지 승진**'함으로써 결국 조직체는 무능한 사람들로 구성된다.

▶ 파킨슨의 법칙 : 관료조직의 인력, 예산, 하위조직 등이 **업무량과 무관하게 점차 비대**해지는 현상

3. 경찰조직의 편성원리

(1) 계층제의 원리

의의	계층제란 조직목적수행을 위하여 권한 **책임(책임과 난이도)**에 따라 직무를 **상·하로 등급화**시키고 상위로 갈수록 권한과 책임이 무거운 임무를 수행하도록 편성하고, 등급 간의 명령복종과 지휘·감독 체계를 확립하는 것을 말한다. [22 채용, 20 승진]
장점	① 경찰행정의 **능률성과 책임성의 명확성**을 보장하는 수단 ② 지휘계통을 확립하고 대규모 **경찰조직의 일체감과 통일성을 확보** [21 법학] ③ 권한과 책임을 계층에 따라 분배하여 의사결정의 검토가 이루어져 **신중한 업무처리** [20 승진]
단점	① 조직의 경직화를 초래, 새로운 기술이나 지식의 도입 곤란 [21 법학] ② 환경에 **신축적인 대응이 곤란**, 업무처리과정이 지연, 관리비용의 증가 ③ 행정의 능률성과 **종적(횡적X) 조정을 저해** [20 채용]

(2) 통솔범위의 원리

의의	① 1인의 상관 또는 감독자가 효과적으로 직접 통솔할 수 있는 부하의 수를 정하는 원리이다. ② 통솔범위가 지나치게 넓으면 통솔력이 약화된다. 따라서 통솔 범위에 영향을 미치는 여러 요인들을 고려하여 적정한 통솔범위를 정하여야 한다. ③ 통솔범위원리는 **구조조정의 문제**와 깊은 관련성이 있다.	
결정요인	조직의 역사 (시간적 요인)	신설조직보다는 **기성조직**이 통솔범위가 넓다.
	조직의 규모	조직의 규모가 클수록 통솔의 범위는 좁아짐에 반하여 조직의 규모가 작을수록 통솔범위는 넓어지게 된다. **조직의 규모가 작으면** 공식적 접촉 이외에 비공식적 접촉이 많이 이루어지므로 감독범위가 넓어진다. [21 법학]
	공간적 요인	여러 곳에 분산되어 있는 것보다 **한 장소에 모여**있는 경우 통솔범위는 넓어진다. 또한 교통이나 통신이 발달할수록 통솔범위가 넓어진다. [21 법학]
	업무의 성질	업무의 종류가 **단순**할수록 통솔범위는 넓어지며 업무의 종류가 복잡할수록 통솔범위는 좁아진다.

결정요인	감독자나 부하의 능력	감독자나 부하의 **능력이 우수**할수록 통솔범위가 넓다.
	참모기관과 정보관리체제	능률적인 참모제도나 정보관리체제의 발달은 통솔범위를 넓혀준다.
	▶ **청사의 규모**는 통솔범위원리와 관련이 멀다.	

(3) 명령통일의 원리

의의	① **한 사람의 상관으로부터만 명령을 받고, 보고도 한 사람에게만 하여야 한다**는 것 ② 둘 이상의 상관으로부터 지시나 명령을 받게 될 경우의 혼선을 방지할 수 있다. ③ 명령통일의 원리를 철저하게 지키면 **상관의 사고 등으로 인한 공석 발생시 혼란 유발** → 통솔범위의 한계를 재조정 및 완화할 수 있는 **권한의 위임 제도, 대행체제** 등이 있다.

(4) 분업의 원리

의의	분업의 원리는 **업무를 그 종류와 성질별로 구분**하여 조직구성원에게 가능한 한 한가지의 **주된 업무를 분담**시킴으로써 조직 관리상의 효율성과 능률성을 향상시키려는 것이다.
장점	① 능률적인 업무수행 ② **특정분야의 전문화 확보** ③ 업무의 세분화로 인한 시간·경비의 절약 등
단점	① 부처간 할거주의(이기주의)의 만연 ② **전체적인 통찰력 약화** ③ 구성원의 부품화로 인한 소외감 등

(5) 조정과 통합의 원리

의의	① 구성원이나 단위기관의 활동을 **전체적인 관점에서 통일**하여 조직의 목표달성을 높이려는 원리이다. ▶ 조직의 최종적인 목표달성과 직결되는 가장 중요한 원리 ② Mooney는 조정의 원리를 **제1의 원리**라고 하였다. ③ 조정의 기능은 조직의 목표를 달성하기 위한 **최종적인 원리**로서 **구성원의 행동통일을 위해** 필요하다.
내용	① 갈등의 원인이 **세분화된 업무처리**에 있다면 업무처리과정을 통합하든지 연결하는 장치나 **대화채널을 확보**해주는 것이 필요하다. ② **한정된 인력이나 예산을** 가지고 갈등이 생기는 경우에는 가능하면 예산과 인력을 확보하고 **업무추진의 우선순위**를 관리자가 정해주어야 한다. [21 승진] ③ 부서간의 갈등이 일어나고 있을 때는 **더 높은 상위목표를 제시**하고, **서로 이해하고 양보**하도록 하여야 한다. ④ 시간적으로 급박할 경우 최후의 수단으로 상관의 판단과 명령에 의해 해결한다. ⑤ 문제해결이 곤란한 경우에는 관리자가 갈등을 초래할 수 있는 결정을 보류 또는 회피하는 방식을 사용한다. ⑥ 장기적인 대응방안으로는 조직구조, 보상체계, 인사 등의 제도개선과 조직원의 행태를 합리적으로 개선하는 방법이 있다.

4. 동기부여이론

의의		동기부여란 조직구성원에게 바람직한 행동을 유발시키고 목표를 향해 유도해 나가는 말한다. 또한 행동의 방향을 설정하거나 그 행동을 유지 및 지속시키는 역할을 한다.
내용이론	의의	**인간의 마음 속**에 있는 **특정 욕구**가 동기부여를 한다.
	내용	① 매슬로우(Maslow)의 인간욕구 5단계설 ② 앨더퍼(Alderfer)의 ERG이론 ③ 허즈버그(동기)위생요인이론 ④ 맥클랜드(McClelland)의 성취욕구(동기)이론 ⑤ 맥그리거의 X이론·Y이론 ⑥ 아지리스의 성숙·미성숙이론 ⑦ E. Schein의 인간관이론 등
과정이론	의의	인간의 특정 욕구가 직접적으로 동기부여하는 것이 아니라 **욕구와는 별도의 요인**들이 동기부여 과정에 작용한다는 이론이다.
	내용	① 포터&롤러(Porter&Lawler)의 업적만족이론 ② 브룸(Vroom)의 기대이론 ③ (Adams)의 공정성이론 ④ 로크의 목표설정이론 등

4-2. 동기부여의 내용이론

(1) 매슬로우(Maslow)의 인간욕구 5단계설

구분	내용	충족방안
생리적 욕구	의·식·주 및 건강에 대한 욕구 ▶ **가장 강한 욕구**	적정보수제도, 휴양제도
안전의 욕구	현재 및 장래의 신분이나 생활에 대한 불안 해소	신분보장, 연금제도
사회적 욕구 (애정욕구)	동료, 상사, 조직 전체에 대한 친근감, 귀속감	**인간관계의 개선**, 고충처리 및 인사 상담
존경의 욕구	다른 사람의 **인정·존중·신망**을 받으려는 욕구	**참여확대, 권한의 위임**, 제안제도, 포상제도
자기실현의 욕구	① 자기발전·자기완성의 욕구 및 성취감 충족 ② 조직목표와 조화되기 어려워 갈등이 커짐	공정하고 합리적인 승진, 공무원 단체 활용(권한의 위임과 참여확대X)
내용 및 사례	① 욕구는 최하위 단계인 생리적 욕구부터 최고 단계인 자기실현욕구까지 단계를 이루고 있다. ② 인간은 5가지 욕구를 언제나 **모두 충족할 수 없기** 때문에 욕구충족을 위해 노력을 된다. ③ 인간의 욕구는 **한 단계 욕구가 어느 정도**(완전X) **충족되어야 다음 단계** 욕구를 충족하고자 노력하며, **이미 충족된 욕구는** 더 이상 동기부여 요인으로의 의미가 없어진다. ④ 하위 단계 욕구가 충족되지 않았다면 **다음단계 욕구를 충족시키려고 노력하지 않을 것**이다. ▶ 매슬로의 이론에 의하면 충분한 휴식을 취하지 못한 생리적 욕구가 강한 경찰관도 존경의 욕구를 충족하게 위해 열심히 일하는 경우가 있다. (X)	

(2) 앨더퍼(Alderfer)의 ERG이론

① 매슬로우의 5단계 욕구 이론을 수정한 이론이다.
② 인간의 핵심적 욕구를 **존재욕구**(E : existence needs), **관계욕구**(R : relatedness needs), **성장욕구**(G : growthneeds) 의 세 가지로 분류하여 계층을 이룬다고 하였다.

(3) 허즈버그(F. Herzverg)의 동기위생이론

의의	인간에게는 동기유발요인(만족요인)과 위생요인(불만족요인)이 동시에 존재한다.
동기유발요인 (만족요인)	① 업무성취, 주변의 인정, 본인과 잘맞는 업무내용, 승진가능성, 개인적 성장과 발전가능성 등 이러한 동기유발요인이 충족되면 개인의 생산력 증대된다. ② 동기유발요인이 **충족되지 않아도 불만은 없다.**
위생요인 (불만족요인)	① 조직의 엄격한 정책, 경직된 감독행위, 긴장을 주는 대인관계, 열악한 근무환경, 낮은 급여, 낮은 신분 등이 **개인의 환경과 관련**된 불만요인(위생요인)이다. ② **위생요인이 있으면 불만이 발생**하지만, 위생요인이 **없다고 해서 동기가 부여되지는 않는다.** ③ 조직구성원의 동기유발요인을 이끌어내기 위해 사용자나 운영자가 개선하여야 할 요소이다.

(4) 맥클랜드(D.C.McClelland)의 성취동기이론

의의		맥클랜드(D.C. McClelland)는 Maslow와 다르게 욕구의 서열은 인간마다 다르다고 보았다.
욕구	권력욕구	다른 사람들에게 통제력과 영향력을 행사하려는 욕구
	친교욕구	다른 사람이 자신을 한 인간으로 받아들여 주기를 원하는 것과 다른 사람과 활발히 소통하고자 하는 욕구
	성취욕구	도전적인 목표를 설정하면 이를 달성하려는 욕구 ▶ 성취욕구가 높은 사람이 **가장 강한 수준의 동기**를 갖고 직무를 수행한다.

(5) 아지리스(Chris Argyris)의 성숙 → 미성숙이론

의의	① 인간의 인성이 **미성숙한 상태에서 성숙한 상태로 진화**해 나간다는 가정하에 조직이 개인의 이러한 변화과정을 인식하고 이에 맞는 경영환경을 제시해 주어야만 개인과 조직간의 갈등이 줄어들 것이라고 주장한다. ② 일에 대한 **성숙(성장)의 기회**가 **목표달성에 강력한 동기부여**가 된다. → 구성원들을 성숙된 인간으로 보아 개인의 책임의 폭을 확대시키는 것이 조직과 구성원 모두에게 유익하다.
내용	※ 미성숙 → 성숙 ① 수동상태 → 능동적·적극적 ② 의존상태 → 독립 ③ 단순 → 다양하고 복잡한 행동양식 ④ 피상적인 관심 → 깊고 강한 관심 ⑤ 단기적인 전망 → 장기적이고 거시적인 전망 ⑥ 복종 → 평등 또는 우월한 상태 ⑦ 자기인식의 결핍상태 → 자기인식과 자아통제상태

(6) 맥그리거(McGregor)의 X이론·Y이론 [20 채용]

X이론	① 인간은 근본적으로 **게으르고, 부정직**하며, 책임감이 없고, 변화를 싫어하며, 금전적 보상이나 제재 등 외부적 유인에 반응한다. ② 의욕을 강화시키기 위해 경영자는 **금전적 보상과 포상제도를** 유인으로 사용하고 엄격한 감독, 상세한 명령으로 통제를 강화해야 한다.
Y이론	① 인간은 노동을 통해 자기의 능력을 발휘하고 자아를 실현하고자 한다. ② 상급자의 일방적 지시와 명령을 줄이고 의사결정 과정에 일선경찰관들의 참여를 확대시키며, **경영자는 자율적이고 창의적으로 일할 수 있는 여건을 제공해야 한다.** [20 채용]

(7) E. Schein의 인간관이론

의의	조직 내에서의 **개인(부하)의 성격**과 **조직관리자의 리더십(가치관)에 따라 생산성이 달라진다**는 내용의 동기부여이론이다.
합리적 경제적 인간관	① 인간은 경제적 득실을 계산하고 행동한다. ② 관리자는 보수나 수당같은 **경제적 보상**을 통해 인간을 통제하고 관리할 수 있다.
사회인간관	① 인간은 경제적 이득보다는 **인간관계가 동기유발에 중요**하다. ② 관리자는 구성원의 원만한 인간관계 형성에 도움을 주도록 노력해야 한다.
자아실현 인간관	① 인간은 **자아실현욕구**를 가지고 있으며, 자신을 스스로 통제할 수 있다고 본다. ② 관리자는 구성원이 보람을 느낄 수 있도록 하는 촉매자의 역할을 해야 한다.
복잡인간관	① 인간은 어떤 특정한 욕구가 아닌 **다양한 욕구와 특성**을 가지고 있다. ② 관리자는 구성원들의 다양한 욕구와 특성을 파악해서 관리해야 한다.

4-3. 동기부여의 과정이론

(1) 포터&롤러(Porter&Lawler)의 업적만족이론

> ① 업족만족이론은 욕구의 충족이 직무 성취 또는 업적의 달성을 가져오는 것이 아니라, 거꾸로 직무 성취의 수준이 직무 만족의 원인이 된다는 이론이다.
> ② 사람은 **과거에 습득한 경험**이나 미래에 대한 **기대감**에서 동기가 부여된다고 하고, **보상의 공평성**에 대한 지각이 동기부여의 결정적 변인이다. (자기가 당연히 받아야 한다고 믿는 보상 수준에 합치되는 보상을 받을 때에는 만족감, 그렇지 못한 경우는 부정적 반응)

(2) 브룸(Vroom)의 기대이론

개념	개인의 동기는 그 자신의 노력이 **어떤 성과를 가져오리라는 기대**와 그러한 성과가 보상을 가져다 주리라는 **수단성에 대한 기대감**의 복합적 함수에 의해 결정된다는 이론이다.
3가지 변수	기대감(노력), 수단성(성과), 유의성(보상)

(3) 아담스(Adams)의 공정성이론

① 개인이 자신의 노력과 그 **노력의 결과로 주어진 보상 사이에 차이를 인지하면 그 차이를 줄이기 위하여 동기가 유발된다**는 이론이다.
② 그 **차이가 크면 클수록** 그것을 감소시키려고 **더욱 동기가 부여된다**.
③ 다른 사람과의 상대적인 관계에서 동기요인들이 작용한다는 것을 강조한다.

5. 목표에 의한 관리(MBO : Management By Objective)와 총체적 품질관리(Total Quality Management)

목표에 의한 관리 (MBO)		① **조직구성원의 참여과정**을 통하여 조직의 공통된 **목표**를 체계적으로 수행한다. ② 양적으로 측정이 가능하고 단기적인 목표를 세워 그 수행결과를 평가하고 환류시켜 궁극적으로 조직의 효율성을 향상시키기 위한 관리기법이다.
	장점	① 조직목표에 조직활동을 집중시킴으로 인한 효과성 제고 ② 조직목표와 개인목표의 통합 ③ 참여적 방법에 의한 조직성원의 사기제고 ④ 갈등의 극소화 ⑤ 조직의 동태화로 인한 관료제의 부정적 측면 제거
	단점	① 급격한 변화. 복잡한 환경에서는 목표설정이 곤란 ② 단기적·양적 목표에 치중 ③ 구성원간의 합의도출 어려움 ④ 목표성과의 측정이 어려움
총체적 품질관리 (TQM)		고객의 만족을 목표로 설정하고 전체 구성원의 자발적 참여에 의해 지속적인 개혁을 추구하며, 집단적 과정을 통해 장기적인 문제해결을 추구하는 관리원칙을 말한다.

6. 경찰개혁

행정개혁의 의의		행정개혁이란 **행정을 보다 나은 상태·방향으로 개선시키기 위해 행정부가 의도적으로 추구하는 계획된 변화**이며, 행정조직의 구조변동과 새로운 정책, 행정기술, 방법의 채택·적용뿐만 아니라, 행정인의 가치관, 신념, 태도 등의 행태변화도 포함한다.
추진전략	급진적·전면적 전략	① 근본적인 변화를 일시에 달성하려는 광범위하고 빠른 속도의 전략 ▶ **개발도상국**에서 주로 사용 ② 신속한 변화가 가능하지만, 저항이 심하다.
	점진적·부분적 전략	① 개혁의 영향, 수용태세, 동원자원을 감안하여 완만하게 추진하는 전략 ② 신속한 변화가 힘들지만, 저항을 최소화할 수 있다.
	명령·하향적 전략	① 상층부에서 일방적으로 추진하는 전략 ② 저항이 심하고, 지속이 곤란하다.
	참여적·상향적 전략	① 구성원의 아이디어를 수집하고 의견을 반영하여 추진하는 전략 ② 저항을 최소화하지만, 신속한 변화가 곤란하다.

6-2. 개혁에 대한 저항과 극복방안

저항원인	① 기득권의 침해 ② 개혁내용의 불명확성 ③ 개혁과정의 폐쇄성 ④ 피개혁자의 능력부족 ⑤ 관료제의 경직성과 보수적 경향 ⑥ 개혁에의 참여부족·무관심	
극복방안 (A. Etzioni)	공리적·기술적 전략	① 기득권이 침해되지 않도록 보장하는 방법 ② 개혁의 점진적 추진, 개혁내용의 명확화, 손실보상 명확화 등
	규범적·이상적 전략	① 윤리적 규범이나 가치에 호소하는 방법 ② 참여의 확대 및 의사소통의 촉진, 개혁지도자의 카리스마, 개혁의 논리와 당위성에 대한 여론, 개혁의 공공성 강조, 개혁 추진세력의 신념·솔선수범, 설득·정신교육·집단토론 등
	강제적 전략	① 저항에 대한 제재를 이용하는 방법 ② 물리적 제재나 신분상의 불이익, 의도적인 긴장조성, 전격적 추진 ③ **최후의 수단**으로 사용하는 것이 바람직하다.

제3절 경찰인사관리

1. 경찰인사관리의 의의

① 인사관리는 경찰인력을 효율적이고 공정하게 운용하는 동태적인 과정이다.
② 체계적·합리적인 기준에 따라 분류·채용·배치전환·교육훈련·동기부여·행동통제 등을 통해 경찰업무를 의욕적으로 수행할 수 있도록 하는 활동을 말한다.

2. 인사행정의 2대원칙(엽관주의·실적주의)

엽관주의	① 공직임용에 있어서 **정당에의 충성심, 당파성 등에 기준**을 두는 인사제도를 말한다. ② **행정을 단순하게 보아 누구나 수행할 수 있는 것**으로 보는 것이 특징이다. ③ 미국의 자유민주정치발전 과정에서 도입되었다. 19세기 초반(1828년) **미국 대통령**에 당선된 **잭슨**은 공직집단이 부패하고 변화를 거부하는 보수엘리트화한 것에 대하여, 선거에 승리한 정당이 공직을 정당원들에게 개방함으로써 보수엘리트의 공직독점을 막고 국민의 참여를 유도하였다.
실적주의	① 객관적인 제도를 통하여 **개인의 자격과 능력**에 따라 공직에 임용하는 것으로 **공무원의 신분보장**을 통한 **직업공무원제의 확립**을 위한 기반이 되었다. ② 엽관주의 공직제도의 폐해를 극복하고자 영국에서는 제2차 「추밀원령」(1870) 제정, 미국에서는 「펜들턴법」(1883) 제정하여 실적주의 공직임용 체제로 전면 수정 되었다.

▶ 우리나라 포함한 대부분의 국가에서 **실적주의를 기반**으로 하여 **엽관주의를 보충적으로 가미**하고 있다.

2-2. 장·단점

구분	엽관주의	실적주의
장점	① **정당정치의 발전에 기여** → 국민의 지지에 따라 정부가 구성됨 → 정책추진 용이, **의회와 행정부의 조정 원활** ② **공무원에 대한 민주적 통제 강화** → 국민의 요구에 대한 대응성 높아짐 ③ 관직의 특권화 배제와 관료제의 침체방지 ④ 공무원의 적극적인 충성심 유도	① 공무원의 정치적 중립과 부패방지에 기여 ② **신분보장**으로 인한 행정의 전문성·독자성·계속성 확보 공무원은 법령에 저촉되지 않는 한 일체의 신분상 불이익을 받지 않음 ③ **공직에의 균등한 기회보장** ④ 행정능력 향상에 기여
단점	① 인사행정의 정실화 → 행정 능률의 저하 우려 ② 관료가 정당을 위해 봉사 → **행정의 공정성 확보 곤란**(용이X) ③ 인사 기준 불명확 → 인사의 공정성 저해, **인사부패** 가능성 높음 ④ 신분보장X → 장기적 행정수행이 곤란 → 행정의 계속성·안정성 저해 ⑤ 불필요한 관직의 증설로 예산낭비	① 정책의 효율적 집행 곤란 ② 정당이념의 행정에 반영곤란 ③ 인사행정의 소극화·형식화·집권화 ④ **인사관리의 경직성** ⑤ 공무원의 보수화와 특권의식화 ⑥ 공무원에 대한 **민주적 통제 곤란** → 국민의 요구에 대한 대응성 낮아짐

3. 직업공무원제도 [20 채용]

의의	직업공무원제도는 젊고 유능한 인재들이 공직에 들어와 이를 **평생의 직업**으로 성실히 근무하도록 설계되고 운영되는 인사제도를 말한다.
특징	① 젊은 인재를 최하위 직급으로 임용하여 평생동안 근무하게 한다. ② 응시자의 학력과 연령을 엄격히 제한한다. ③ 선발기준은 장기적인 발전가능성을 중시한다. ④ 상위계급은 원칙적으로 승진에 의해 충원되며 외부로부터 유입은 허용하지 않는다. ⑤ 실적주의는 직업공무원제로 발전되어가는 기반이 되지만, 실적주의가 바로 직업공무원제도를 의미하는 것은 아니다. ▶ 실적주의로 공직에의 기회균등, 실적과 능력에 의한 임용, 신분보장이 확보되었더라도 직업으로서의 공직을 높게 평가할 수 없는 상황이라면 직업공무원제의 실현이 어렵다.
장점	① 장기근무를 유도하므로 공직을 하나의 **전문 직업 분야로 확립**하여, 행정의 안정성, 계속성, 독립성, 중립성 확보가 용이하다. ② 공직에 대한 자부심과 일체감이 강화됨으로써 **높은 수준의 봉사정신과 행동규범 유지**
단점	① **폐쇄적 임용**으로 인해 공직분위기를 침체시키고 관료주의화를 야기할 수 있다. ② 강력한 **신분보장**으로 공무원에 대한 **민주적 통제가 곤란**하여 **행정책임 확보가 곤란**하다. ▶ 행정통제 및 행정책임 확보가 용이하다. (X) ③ 젊은 인재의 채용을 위한 연령제한으로 공직 임용의 기회균등을 저해한다.

3-2. 직업공무원제도 확립요건

공직에 대한 사회의 높은 평가	국민에 대한 봉사자로서 명예롭고 긍지를 지닐수 있는 직업이어야 한다.
유능한 젊은 인재의 채용	젊고 유능한 인재들이 공무원에 채용되어 실적에 따라 높은 상위직까지 일생을 근무하면서 승진할 수 있는 절차가 마련되어야 한다.
공정한 능력발전 기회의 제공	승진·전보·교육훈련 등을 통한 능력발전의 기회가 공정하게 주어져야 한다.
보수 및 연금제도의 적정화	공무원의 보수는 민간기업의 임금수준과 생계비를 고려하여 적정수준에서 책정되어야 하며 퇴직 후의 불안해소와 생계보장을 위해 적절한 연금제도가 확립되어야 한다.
장기적 인력수급계획 수립	장기적인 시각에서 공무원의 이직률근무연한 등을 파악하여 인력수급 계획을 수립함으로써 인사행정상의 침체를 사전에 막아야 한다.

4. 공직의 분류(계급제와 직위분류제)

(1) 의의 및 특징

계급제	① 개인의 **자격·능력·학력을 기준**으로 계급을 부여하고 일정한 신분을 보장해 주는 공직 분류방식이다. ② **인간중심의 분류방식**으로서널리 일반적 교양·능력을 가진 일반행정가 확보가 용이하다. ③ 외부충원이 힘든 **폐쇄형충원방식**을 취한다. ④ 영국·독일·프랑스·한국·일본 등이 운용하고 있다.

직위 분류제	① 직무의 특성에 중점을 두고 **직무의 종류와 책임, 난이도를 기준**으로 하여 공직을 분류하는 제도이다. ② 임용·보수 및 인사행정의 합리화를 위한 수단으로, 1909년 미국 시카고시에서 처음 실시되어 캐나다 등으로 전파되었다. ③ 동일한 직무를 장기간 담당하게 되어 **행정의 전문화에 기여**한다. ④ 유능한 **일반행정가 확보가 곤란**하다.

▶ 상호보완적인 관계
▶ 우리나라의 공직의 분류 : **계급제 위주**에 **직위분류제적 요소를 가미**한 혼합 형태

(2) 비교

구분	계급제	직위분류제
발달	독일, 프랑스, 일본 등에서 시행	1909년 미국 시카고시에서 처음 실시되어 캐나다 등에서 실시
인간·직무	사람중심의 분류방법	직무중심의 분류방법
인사배치	인사배치의 신축성, 융통성 확보	인사배치의 자의성·정실화 방지
행정가	일반행정가 양성	전문행정가 양성
조정·협조	기관간의 **횡적협조 용이**	기관간의 **횡적협조 곤란**
신분보장	**강력한 신분보장** 직업공무원제의 정착에 유리	신분보장 미약
보수	보수의 합리적 기준제시X	동일직무에 대한 동일보수의 원칙확립으로 **보수의 합리적 기준제시**
인사행정	인사행정의 합리화X	**인사행정의 합리화** 시험·채용·전직 등 인사배치 기준제공
권한 및 책임	권한과 책임의 한계가 명확하지 않음	**권한과 책임의 한계가 명확**
임용	**폐쇄형** 충원방식	개방형 충원방식

5. 근무성적 평정

근무성적 평정대상	총경이하 경찰공무원
평정요소	① 제1평정요소(30점) - 객관적 평정요소 ② 제2평정요소(20점) - 주관적 평정요소 ※ 총경의 근무성적평정은 제2평정요소(주관요소)에 의해서만 평정한다.
평정시기	10월 31일을 기준으로 연 1회 실시한다.

> **참고**

「경찰공무원 승진임용규정」

근무성적 평정
(제7조)
	① **총경 이하**의 경찰공무원에 대해서는 **매년** 근무성적을 평정하여야 하며, 근무성적 평정의 결과는 승진 등 인사관리에 반영하여야 한다.
	② 근무성적은 다음 각 호의 평정요소에 따라 평정한다. 다만, 총경의 근무성적은 제2평정요소로만 평정한다.
	
	    1. 제1평정요소
	        가. 경찰업무 발전에 대한 기여도
	        나. 포상 실적
	        다. 그 밖에 행정안전부령으로 정하는 평정 요소
	
	    2. 제2평정요소
	        가. 근무실적
	        나. 직무수행능력
	        다. 직무수행태도
	
	③ 제2평정요소에 따른 근무성적 평정은 평정대상자의 계급별로 평정 결과가 다음 각 호의 분포비율에 맞도록 하여야 한다. 다만, 평정 결과 제4호에 해당하는 사람이 없는 경우에는 제4호의 비율을 제3호의 비율에 가산하여 적용한다.
	
	    1. 수 : 20퍼센트
	    2. 우 : 40퍼센트
	    3. 양 : 30퍼센트
	    4. 가 : 10퍼센트
	
	④ 제11조 제2항 단서에 해당하는 경찰공무원과 경찰서 수사과에서 고소·고발등에 대한 조사업무를 직접 처리하는 경위 계급의 경찰공무원을 평정할 때에는 제3항의 비율을 적용하지 아니할 수 있다.
	⑤ 근무성적 평정 결과는 공개하지 아니한다. 다만, 경찰청장은 근무성적 평정이 완료되면 평정 대상 경찰공무원에게 해당 근무성적 평정 결과를 통보할 수 있다.
	⑥ 근무성적 평정의 기준, 시기, 방법, 그 밖에 필요한 사항은 행정안전부령으로 정한다.

예외 (제8조)	① 휴직·직위해제 등의 사유로 해당 연도의 평정기관에서 6개월 이상 근무하지 아니한 경찰공무원에 대해서는 근무성적을 평정하지 아니한다. ③ 교육훈련 외의 사유로 국가기관, 지방자치단체 또는 인사혁신처장이 지정하는 기관에 2개월 이상 파견근무하게 된 경찰공무원에 대해서는 파견받은 기관의 의견을 고려하여 근무성적을 평정하여야 한다. ④ 평정대상자인 경찰공무원이 전보된 경우에는 그 경찰공무원의 근무성적 평정표를 전보된 기관에 이관하여야 한다. 다만, 평정기관을 달리하는 기관으로 전보된 후 2개월 이내에 정기평정을 할 때에는 전출기관에서 전출 전까지의 근무기간에 대한 근무성적을 평정하여 이관하여야 하며, 전기관에서는 받은 평정 결과를 고려하여 평정하여야 한다. ⑤ 정기평정 이후에 신규채용되거나 승진임용된 경찰공무원에 대해서는 2개월이 지난 후부터 근무성적을 평정하여야 한다.

경력평정 (제9조)	① 경찰공무원의 경력평정은 제5조에 따른 승진소요 최저근무연수가 지난 총경이하의 경찰공무원(제11조 제2항 단서에 해당하는 경찰공무원은 제외한다)이 해당 계급에서 근무한 연수(年數)에 대하여 실시하며, 경력 평정 결과는 승진대상자 명부 작성에 반영한다. ② 경력 평정은 해당 경찰공무원의 인사기록을 기준으로 하여 실시하며, 필요하다고 인정될 때에는 인사기록이 정확한지를 조회·확인할 수 있다. ③ 경력 평정은 기본경력과 초과경력으로 구분하여 실시하되, 계급별로 기본경력과 초과경력에 포함되는 기간은 다음 각 호와 같다. 1. 기본경력 　가. 총경·경정·경감: 평정기준일부터 최근 4년간 　나. 경위·경사: 평정기준일부터 최근 3년간 　다. 경장: 평정기준일부터 최근 2년간 　라. 순경: 평정기준일부터 최근 1년 6개월간 2. 초과경력 　가. 총경: 기본경력 전 3년간 　나. 경정·경감: 기본경력 전 5년간 　다. 경위: 기본경력 전 4년간 　라. 경사: 기본경력 전 1년 6개월간 　마. 경장: 기본경력 전 1년간 　바. 순경: 기본경력 전 6개월간 ④ 경력 평정의 시기, 방법, 기간 계산, 그 밖에 필요한 사항은 행정안전부령으로 정한다.

> **참고**

「경찰공무원 승진임용규정 시행규칙」

근무성적 평정 시기 (제4조)	① 영 제7조에 따른 근무성적 평정, 영 제9조에 따른 **경력 평정**은 **연 1회** 실시한다. ② 근무성적 평정은 **10월 31일**을 기준으로 하고, **경력 평정**은 **12월 31일**을 기준으로 한다. 다만, **총경과 경정의 경력 평정은 10월 31일**을 기준으로 한다.
근무성적 평정자 (제6조)	① 근무성적 평정자는 3명으로 하되, 제1차평정자는 평정대상자의 바로 위 감독자가 되고, 제2차평정자는 제1차평정자의 바로 위 감독자가 되며, 제3차평정자는 제2차평정자의 바로 위 감독자가 된다. ② 제1항에도 불구하고 경찰청장은 평정자를 특정하기가 곤란하다고 인정하는 경우에는 따로 평정자를 지정할 수 있다.

근무성적 평정 방법 (제7조)	① 근무성적의 총평정점은 **50점을 만점**으로 한다.
	② 총경인 경찰공무원의 근무성적 평정점은 영 제7조 제2항 제2호에 따른 **제2평정요소**에 대하여 제1차평정자가 20점을 최고점으로 하여 평정한 점수와 제2차평정자와 제3차평정자가 각각 15점을 최고점으로 하여 평정한 점수를 합산한다.
	③ **경정 이하 경찰공무원**의 근무성적 평정점은 다음 각 호의 방법으로 영 제7조 제2항 제1호에 따른 제1평정요소와 제2평정요소에 대한 평정점을 산정하여 합산한다.
	  1. 제1평정요소에 대한 평정점은 30점을 최고점으로 하고, 제2평정요소에 대한 평정점은 20점을 최고점으로 한다.
	  2. 제1평정요소에 대해서는 제1차평정자가 30점을 최고점으로 하여 평정한 점수를 제2차평정자와 제3차평정자가 확인한다. 이 경우 평정 기준은 별표 1의 기준을 따른다.
	  3. 제2평정요소에 대해서는 제1차평정자가 10점을 최고점으로 하여 평정한 점수와 제2차평정자와 제3차평정자가 각각 5점을 최고점으로 하여 평정한 점수를 합산한다.

근무성적 평정 결과 통보 및 이의신청 (제9조의2)	① 경찰청장은 다음 각 호의 근무성적 평정 결과를 평정 대상 경찰공무원에게 통보할 수 있다.
	  1. 제1평정요소에 대한 평정점(경정 이하 경찰공무원에 한한다)
	  2. 제2평정요소에 대한 평정점의 분포비율에 따른 등급
	  3. 그 밖에 경찰청장이 통보가 필요하다고 인정하는 사항
	② 평정 대상 경찰공무원은 제1항 제1호의 근무성적 평정 결과에 이의가 있는 경우에는 제2차평정자에게 이의를 신청할 수 있다.
	③ 제2항에 따라 이의신청을 받은 제2차평정자는 이의신청의 내용이 타당하다고 판단하는 경우에는 해당 경찰공무원에 대한 제1항제1호의 근무성적 평정 결과를 조정할 수 있으며, 이의신청을 받아들이지 않는 경우에는 그 사유를 해당 경찰공무원에게 설명하여야 한다.

경력평정 기간계산 (제10조)	① 경력 평정 대상 기간 중 다음 각 호의 기간은 평정에서 **제외**한다.
	  1. 제2항 제1호 및 제2호에 해당하는 휴직기간 및 직위해제기간을 제외한 **휴직기간·정직기간 또는 직위해제기간**
	  2. 경찰대학을 졸업하고 경위로 임용된 사람이 「의무경찰대 설치 및 운영에 관한 법률」 제2조의3 제2항에 따라 의무경찰대 대원으로 복무한 기간

경력평정 기간계산 (제10조)	② 다음 각 호의 기간은 해당 계급의 경력 평정 대상 기간에 **산입한다.** 　1. 영 제5조 제2항 제1호에 따라 승진소요 최저근무연수에 산입되는 휴직기간 　2. 영 제5조 제2항 제2호에 따른 직위해제기간 　3. 퇴직한 경찰공무원이 퇴직 당시의 계급 또는 그 이하의 계급에 재임용되는 경우 제4조 제2항에 따른 경력 평정 기준일 전 10년 이내의 기간 중 재임용된 계급 이상으로 근무하였던 기간 　4. 시보임용기간 　5. 영 제5조 제4항부터 제8항까지의 규정에 따라 승진소요연수에 산입되는 기간 ③ 경력 평정 대상 기간은 경력기간을 월 단위로 계산하되, 15일 이상은 1개월로 하고 15일 미만은 경력에 산입하지 아니한다.
경력 평정자와 확인자 (제11조)	경력의 평정자는 **평정대상자**가 속한 소속기관등의 **인사담당 경찰공무원**이 되고, **확인자**는 **평정자의 바로 위 감독자**가 된다.
재평정 (제12조)	경력 평정을 한 후에 평정사실과 다른 사실이 발견되었을 때에는 다시 평정하여야 한다.
근무성적 평정표 제출 등 (제16조)	① 경찰서장은 소속 경찰공무원에 대한 별지 제1호 서식 및 별지 제2호 서식의 근무성적 평정표와 별지 제3호서식의 경력·가점 평정표를 평정일부터 **20일 이내에 소속 시·도경찰청장에게 제출하여야 한다.** ② 총경 및 경정에 대하여 평정을 한 소속기관등의 장은 각 평정표(제1항에 따라 제출받은 각 평정표를 포함한다)를 지체 없이 경찰청장에게 제출하여야 한다. ③ 경찰기관의 장은 평정대상자가 요구할 때에는 경력 평정 결과를 본인에게 알려 주어야 한다.

6. 다면평가제

> **「경찰공무원 승진임용 규정」 제22조의2(동료·민원인 등의 평가 반영)**
> ① 임용권자나 임용제청권자(법 제7조 제1항에 따른 추천이 필요한 경우에는 경찰청장을 포함)는 승진심사를 거쳐 소속 경찰공무원을 승진임용하거나 승진임용을 제정할 때 승진심사대상자에 대한 동료 평가 및 민원 평가를 실시하여 그 결과를 반영할 수 있다. 이 경우 동료 평가는 승진심사대상자의 상위·동일·하위 계급의 경찰공무원이 하고, 민원 평가는 승진심사대상자의 업무와 관련된 민원인 등이 한다.

구분	내용
의의	① 공무원의 근무성적평정시 직속 상사만이 평가하는 기존의 전통적 평정방식에서 벗어나 **상사뿐만 아니라 동료·하급자·민원인 등의 평가를 받는 제도**이다. ② 다면평가제는 **고위직의 평가**에 더 적합한 평가방식이다.
장점	① 피평가자의 다양한 면을 평가할 수 있으므로 **공정하고 객관적인 평가가 가능**하다. ② 구성원 상하간의 의사소통을 통한 조직활성화 및 행정의 분권화와 조직관리자의 민주적리더십 향상에 기여한다. ③ 구성원들의 자기발전을 촉진시킨다. ④ 상사에게만 잘 보이면 된다는 식의 특정상관에 의존하는 권위적·관료적 행태의 병폐를 시정하고, 국민중심적·고객중심적인 행태의 변화를 가져올 수 있다.
단점	① 상호평가로 인해 **조직내 갈등이나 불신 유발 가능성**이 높다. ② 평정단 선정에 객관성 확보가 어렵고, **구성원의 유동성이 심한 경우**에 평정의 신뢰성이 떨어질 수 있다. ③ **시간과 비용의 소모가 크다.** ④ 인사부서의 **업무량 증가**로 인사부서의 비대화 및 형식적 평가에 그칠 위험성이 있다.
단점 극복방안	① 상급자에 대한 하급자의 소신있는 평가를 위해 **평가자료의 익명성 유지** ② 평가를 위한 교육의 실시와 평가기준의 객관화 요구 ③ 평가조사업무를 외부기관에 위탁함으로써 인사부서의 업무량을 감소시키고, 평가의 객관성과 신뢰성 향상을 기할 수 있다.

제4절 경찰예산관리

1. 예산의 의의

의의	예산이란 일정기간(1회계연도)에 있어서 국가의 수입과 지출의 예정적 계획이다. 즉, 정부가 수행하여야 할 국가재정활동의 지침 내지 사업계획의 윤곽을 나타내는 것이다.
일반회계	① 국가 활동에 관한 세입·세출을 포괄적으로 편성한 것으로, **경찰예산은 대부분 일반회계**에 해당한다. ② 치안·사법·국토방위 등 국가의 안녕과 질서유지를 위한 기본적인 기능은 물론 주택·사회보장·보건의료 등의 사회개발과 국토자원 보존개발·수송·전력 및 동력·과학기술 등의 경제개발사업은 대부분 일반회계를 통하여 이루어지고 있다.

특별회계	① **특정한 세입**으로 **특정한 세출에 충당**하기 위해 일반회계예산과 별도로 편성되는 회계이다.
	② 특별회계는 원칙적으로 이를 설치한 소관부서가 관리하며 기획재정부의 직접적인 통제를 받지 않는다.
	   ▶ 경찰의 특별회계로 책임운영기관 특별회계가 있다.
	③ 오늘날 경제적 기능이 강화됨으로써 특별회계의 적용은 점차 증가하는 추세에 있다.
	
	「국가재정법」 제4조
	③ 특별회계는 국가에서 특정한 사업을 운영하고자 할 때, 특정한 자금을 보유하여 운용하고자 할 때, 특정한 세입으로 특정한 세출에 충당함으로써 일반회계와 구분하여 회계 처리할 필요가 있을 때에 법률로써 설치하되, 별표 1에 규정된 법률에 의하지 아니하고는 이를 설치할 수 없다.
	    ㉠ 국가에서 특정한 목적의 사업을 운영할 때
	    ㉡ 특별한 자금을 보유하여 운영할 때
	    ㉢ 기타 특정한 세입을 특정한 세출에 충당함으로써 일반 세입, 세출과 구분하여 회계처리할 필요가 있을 때

2. 예산성립 과정을 기준으로 한 분류

본예산		정상적인 편성과 심의를 거쳐 **최초로 확정**된 예산을 말한다.
수정예산		① 정부가 예산안을 편성, **국회에 예산을 제출한 이후 예산이 성립되기 전**에 국제 정세나 국내외 사회경제적 여건의 변동으로 예산안의 일부내용을 변경하여 국회에 제출하는 예산이다. ② 정부는 예산안을 **국회에 제출한 후** 부득이한 사유로 인하여 그 내용의 일부를 수정하고자 하는 때에는 국무회의의 심의를 거쳐 대통령의 승인을 얻은 수정예산안을 국회에 제출할 수 있다.
추가경정예산		국회에서 **예산이 의결·성립된 후**에 생긴 사유로 인하여 필요한 경비의 부족이나 이미 성립한 예산에 변경을 가할 필요가 있을 때 편성하는 예산을 말한다.
준예산	의의	새로운 회계연도가 개시될 때까지 예산이 국회를 통과하지 못하였을 경우에 당해 연도 예산이 국회에서 의결될 때까지 **전년도에 준하여 지출**하는 예산
	취지	예산집행의 신축성을 부여하고 예산 불성립으로 인한 행정중단의 방지를 도모하기 위해서 준예산이 필요하다.
	지출용도	① 「헌법」이나 법률에 의해 설치된 기관 및 시설의 유지·운영을 위한 경비 ② 법률상 지출의무가 있는 경비(공무원 보수, 사무 처리의 기본경비) ③ 이미 예산으로 승인된 사업의 계속을 위한 경비 등

3. 예산제도

품목별 예산제도		① 정부가 구입하는 **물품, 품목(인건비, 급여 수당, 시설비)**마다 그 비용이 얼마인가에 따라 예산을 배정하는 **통제지향적** 예산제도이다. ② 예산담당 공무원들에게 필요한 핵심적 기술은 회계기술이다.
	장점	① 운영이 용이 ② 감독부서 및 국회의 **통제**가 비교적 용이 ③ 회계집행내용과 **책임**의 소재 명확 ④ **인사행정에 유용한 자료제공**(인사행정에 필요한 각 품목들을 계산하여 소요예산 등을 손쉽게 산출)
	단점	① **계획과 지출의 불일치** ② **성과측정 곤란** ③ **기능의 중복**을 피하기 곤란 ④ 지출대상 및 금액이 명확히 설정되어 있어 예산 집행의 신축성 제약 ⑤ 의사결정 위한 충분한 자료제시 부족 ⑥ 품목과 비용을 따지는 미시적 관리로 정부 전체 활동의 통합조정에 필요한 수단을 제공하지 못한다.
성과주의 예산		① **정부가 수행하는 업무에 중점을 두는 관리지향적** 예산제도이다. ② 사업계획을 세부사업으로 분류하고 각 세부사업별로 "**단위원가 × 업무량 = 예산액**"으로 표시하여 편성하는 예산제도이다.
	장점	① **일반국민이 정부사업에 대한 이해 용이** ② 업무단위의 설정과 단위원가의 산출에 의하여 편성함으로써 자원배분을 합리화 ③ **예산집행의 신축성** ④ 해당 부서의 업무능률을 측정하여 다음 연도 예산에 반영
	단점	① 가장 기본 요소인 **업무측정단위의 선정 곤란** ② 단위 **원가 산출** 곤란 ③ 품목별에 비하여 **입법통제**가 곤란, 회계**책임**이 불분명 ④ 인건비 등 **경직성 경비**의 적용이 어려워 기본경비에 대한 적용이 곤란
계획예산		장기적인 기획과 단기적인 예산을 프로그램작성을 통하여 유기적으로 결합하여 자원배분에 관한 의사결정을 일관성 있게 합리화하려는 제도이다. 일명 **프로그램예산제도**라고도 한다.
영기준 예산		① 조직체의 모든 사업·활동을 총체적으로 분석·평가하고 **우선순위**를 **결정**한 뒤 예산을 결정하는 제도이다. ② 작은정부시대에 각광받는 예산제도이다.
	장점	① 사업의 전면적 평가를 통한 자원배분의 합리화 ② 모든 관리자의 참여 ③ 예산운영의 효율성·탄력성 ④ 조세부담증가의 방지와 자원난 극복
	단점	① 업무부담의 과중 ② 장기적 계획이 위축 ③ 소규모 조직의 불이익 가능성 ④ 정부사업의 폐지·축소 곤란

3-2. 일몰법과 자본예산

일몰법	① 일몰법이란 **특정의**(모든X) 행정기관이나 사업이 일정기간이 지나면 **의무적·자동적으로 폐지**되게 하는 법률을 말한다. ② 일몰법은 법률이므로 **입법부인 국회**(행정부X)가 제정한다.
자본예산	① 정부예산을 경상지출과 자본지출로 구분한다. ② 경상지출은 경상수입으로 충당시켜 균형을 이룬다. ③ 자본지출은 적자재정과 공채발행으로 그 수입이 충당케 함으로써 불균형 예산을 편성한다.

4. 예산의 과정

> 예산의 편성 → 예산의 심의·의결 → 예산집행 → 예산결산
>
> 예산은 매 회계연도마다 행정부가 편성하고, 국회의 심의·의결을 거쳐 확정되면 관계 기관에서 집행한다.

(1) 예산의 편성(「국가재정법」) [22 채용, 20 승진]

사업계획서의 제출	각 중앙관서의 장(경찰청장)은 매년 1월 31일까지 **당해**(다음X) 회계연도부터 **5회계연도 이상**의 기간 동안의 신규사업 및 **기획재정부장관**이 정한 주요 계속사업에 대한 중기사업 계획서를 **기획재정부장관**에게 제출하여야 한다. [22 채용, 20 승진]
예산안 편성지침	① 기획재정부장관은 **국무회의**(국회X)의 심의를 거쳐 대통령의 승인을 얻어 **다음 연도**의 예산편성지침을 **매년 3월 31일까지 각 중앙관서의 장(경찰청장)**에게 통보하여야 한다. ② 기획재정부장관은 각 중앙관서의 장에게 통보한 예산안편성지침을 국회 예산결산특별위원회에 보고하여야 한다.
예산요구서의 작성	① 각 중앙관서의 장(경찰청장)은 예산편성지침에 따라 그 소관에 속하는 다음 연도의 세입세출예산·계속비·명시이월비 및 국고채무부담행위 요구서("예산요구서")를 작성하여 **매년 5월 31일까지** 기획재정부장관에게 제출하여야 한다. [22 채용, 20 승진] ② 예산요구서에는 대통령령으로 정하는 바에 따라 예산의 편성 및 예산관리기법의 적용에 필요한 서류를 첨부하여야 한다. ③ 기획재정부장관은 제출된 예산요구서가 예산안편성지침에 부합하지 아니하는 때에는 기한을 정하여 이를 수정 또는 보완하도록 요구할 수 있다.
정부안의 확정 및 국회제출	① **기획재정부장관**(경찰청장X)은 예산요구서에 따라 예산안을 편성하여 국무회의의 심의를 거친 후 대통령의 승인을 얻어야 한다. [20·21 승진] ② 정부는 대통령의 승인을 얻은 예산안을 **회계연도 개시 120일 전까지** 국회에 제출하여야 한다. [22 채용]

(2) 국회의 심의·의결

> 대통령의 시정 연설·기획재정부장관의 제안설명 → 상임위원회의 예비심사 → 예산결산특별위원회의 종합심사 → 본회의 의결

① 예산안이 국회에 제출되면 예산안 심의를 위한 국회가 개최되고 예산안 종합심사를 위하여 예산결산특별위원회가 활동한다.
② 예산결산특별위원회의 종합심사 : '종합정책질의 → 부처별 심의 → 계수조정소위원회의 계수 조정 → 예결위 전체회의에서 소위원회의 조정안 승인'의 순서로 심사
③ 예산결산특별위원회 종합심사가 끝나면 예산안은 본회의 의결을 거쳐 확정된다.
④ 행정부에서 편성된 예산은 국민대표기관인 국회의 심의·의결을 거쳐야 하는데, 그 기간은 새로운 회계연도개시 30일 전까지이다.

(3) 예산의 집행

> ① 국회에서 확정된 예산에 따라 재원을 조달하고 경비를 지출하는 재정활동이다.
> ② 예산의 집행은 **예산의 배정**으로부터 시작된다.

예산배정 요구서 제출	각 중앙관서의 장은 예산이 확정된 후 **사업운영계획 및 이에 따른 세입세출예산·계속비와 국고채무부담행위를 포함한 예산배정요구서를 기획재정부장관에게 제출**하여야 한다.
예산 배정 (제43조)	① 기획재정부장관은 예산배정요구서에 따라 분기별 예산배정계획을 작성하여 국무회의의 심의를 거친 후 대통령의 승인을 얻어야 한다. [20 승진] ② 기획재정부장관은 각 중앙관서의 장에게 예산을 배정한 때에는 감사원에 통지하여야 한다. [22 채용] ③ 기획재정부장관은 필요한 때에는 대통령령이 정하는 바에 따라 **회계연도 개시 전에 예산을 배정할 수 있다.** ▶ 정부예산사업의 수행과 경비지출을 위한 지출원인행위는 배정된 예산의 범위 내에서 해야 한다. 따라서, 예산이 국회를 통과해서 확정되었더라도 당해 예산이 **배정되지 않은 상태에서는 지출원인 행위를 할 수 없다.** [20 승진] ④ 기획재정부장관은 예산의 효율적인 집행관리를 위하여 필요한 때에는 분기별 예산배정계획에도 불구하고 개별사업계획을 검토하여 그 결과에 따라 예산을 배정할 수 있다. ⑤ 기획재정부장관은 재정수지의 적정한 관리 및 예산사업의 효율적인 집행관리 등을 위하여 필요한 때에는 분기별 예산배정계획을 조정하거나 예산배정을 유보할 수 있으며, 배정된 예산의 집행을 보류하도록 조치를 취할 수 있다.
집행지침 통보	기획재정부장관은 예산집행의 효율성을 높이기 위하여 매년 예산집행에 관한 지침을 작성하여 각 중앙관서의 장에게 통보하여야 한다.
목적 외 사용금지	각 중앙관서의 장은 세출예산이 정한 **목적 외**에 경비를 **사용할 수 없다.**

(3)-2 예산의 탄력적 집행제도

예산의 전용 (제46조)	① 중앙관서의 장은 예산의 목적범위 안에서 재원의 효율적 활용을 위하여 대통령령이 정하는 바에 따라 기획재정부장관의 승인을 얻어 각 세항 또는 목의 금액을 전용할 수 있다. ② 각 중앙관서의 장은 회계연도마다 기획재정부장관이 위임하는 범위 안에서 각 세항 또는 목의 금액을 자체적으로 **전용할 수 있다.**
예산의 이용·이체 (제47조)	① 중앙관서의 장은 예산이 정한 각 기관 간 또는 각 장·관·항 간에 **상호 이용**할 수 없다. 다만, 다음 각 호의 어느 하나에 해당하는 경우에 한정하여 미리 예산으로써 국회의 의결을 얻은 때에는 기획재정부장관의 승인을 얻어 이용하거나 기획재정부장관이 위임하는 범위 안에서 자체적으로 이용할 수 있다. 　1. 법령상 지출의무의 이행을 위한 경비 및 기관운영을 위한 필수적 경비의 부족액이 발생하는 경우 　2. 환율변동, 유가변동 등 사전에 예측하기 어려운 불가피한 사정이 발생하는 경우 　3. 재해대책 재원 등으로 사용할 시급한 필요가 있는 경우 　4. 그 밖에 대통령령으로 정하는 경우 ② 기획재정부장관은 정부조직 등에 관한 법령의 제정·개정 또는 폐지로 인하여 중앙관서의 직무와 권한에 변동이 있는 때에는 그 중앙관서의 장의 요구에 따라 그 예산을 상호 이용하거나 이체할 수 있다.

(3)-3 지출의 특례 : 관서운영경비

의의	지출절차에 따라 지출할 경우 업무수행에 지장을 가져올 우려가 있는 **경비**에 대하여 사무비를 **출납공무원으로 하여금 지출관으로부터 교부받아 지급하게 함**으로써 그 책임과 계산 하에 사용하게 하는 경비를 말한다.
범위	① 운영비·특수활동비 및 업무추진비 : 관서운영경비로 지급할 수 있는 경비의 최고금액은 **건당 500만원**으로 한다. 다만, 다음에 해당하는 경우에는 그러하지 아니하다. 　㉠ 기업특별회계상 당해 사업에 직접 소요되는 경비 　㉡ 운영비 중 공과금 및 위원회참석비 　㉢ 특수활동비중 수사활동에 소요되는 경비 　㉣ 안보비 중 정보활동에 소요되는 경비 　㉤ 그 밖에 기획재정부장관이 정하는 경비 ② 외국에 있는 채권자가 외국에서 지급받고자 하는 경우에 지급하는 경비(재외공관 및 외국에 설치된 국가기관에 지급하는 경비포함) ③ 여비 ④ 그 밖에 지출절차에 따라 지출할 경우 업무수행에 지장을 가져올 우려가 있는 경비로서 기획재정부령이 정하는 경비 ▶ **봉급**(X) → 관서운영경비로 지급할 수 있는 비목 아님
취급자	관서운영경비는 관서운영경비 출납공무원이 아니면 지급할 수 없으며, 관서운영경비 출납공무원은 관서운영경비를 금융기관에 예치하여 관리하여야 한다.
지급	관서운영경비출납공무원이 관서운영경비를 지급하고자 하는 때에는 정부구매카드를 사용하여야 한다. 다만, 경비의 성질상 정부구매카드를 사용할 수 없는 경우에는 대통령령으로 정하는 바에 따라 현금지급의 방법으로 지급할 수 있다.
반납	관서운영경비출납공무원은 매 회계연도의 관서운영경비 사용 잔액을 다음회계연도 1월 20일까지 해당 지출관에게 반납하여야 한다. 다만 지급원인행위를 하고 지급하지 아니한 금액, 직전 회계연도에 사용한 정부구매카드사용금액 중 그 대금을 지급하지 아니한 금액. 재외공관의 시설비 중 지급원인행위를 하고 지급되지 아니한 경비의 사용잔액은 다음 연도로 이월하여 사용할 수 있다. (국고금관리법시행령 제37조)

(4) 예산의 결산

결산의 원칙 (제56조)	정부는 결산이 「국가회계법」에 따라 재정에 관한 유용하고 적정한 정보를 제공할 수 있도록 객관적인 자료와 증거에 따라 공정하게 이루어지게 하여야 한다.
성인지 결산서 작성 (제57조)	① 정부는 여성과 남성이 동등하게 예산의 수혜를 받고 예산이 성차별을 개선하는 방향으로 집행되었는지를 평가하는 보고서("성인지 결산서")를 작성하여야 한다.
중앙관서 결산보고서 작성 및 제출 (제58조)	① 각 중앙관서의 장은 「국가회계법」에서 정하는 바에 따라 회계연도마다 작성한 결산보고서("중앙관서결산보고서")를 **다음 연도 2월 말일까지** 기획재정부장관에게 제출하여야 한다.
국가결산보고서 작성 및 제출 (제59조)	기획재정부장관은 「국가회계법」에서 정하는 바에 따라 회계연도마다 작성하여 대통령의 승인을 받은 국가결산보고서를 **다음 연도 4월 10일까지** 감사원에 제출하여야 한다.
결산검사 (제60조)	감사원은 국가결산보고서를 검사하고 그 보고서를 **다음 연도 5월 20일까지** 기획재정부장관에게 송부하여야 한다.
국회제출 (제61조)	정부는 제60조에 따라 감사원의 검사를 거친 국가결산보고서를 **다음 연도 5월 31일까지** 국회에 제출하여야 한다.

▶ 정부는 회계검사를 마친 결산서류를 국회에 제출하고, 국회의 결산승인이 나면 정부의 예산입행책임은 해제되고 당해 연도예산의 기능은 완결된다.

제5절 보안관리

1. 보안

의의	보안이란 국가안전보장을 위해 국가가 보호를 필요로 하는 비밀이나 인원·문서·자재·시설 및 지역 등을 보호하는 소극적인 예방활동과 국가안전보장을 해하는 간첩·태업·전복 및 불순분자들에 대하여 이를 경계하고 방지하며 탐지·조사·체포하는 등의 적극적인 예방활동을 말한다.
법적근거	「국가정보원법」, 「정보및보안업무기획·조정규정」, 「보안업무규정」, 「보안업무규정시행규칙」, 「보안업무규정 시행 세부규칙」 등 (**국가보안법X**)

2. 보안업무의 원칙

알 사람만 알아야 한다는 원칙	① = **한정의 원칙** ② 보안 대상을 전파할 때 전파의 필요성 여부를 신중히 검토한 후에 이루어져야 한다. ③ 가장 중요하고 기본적인 원칙
부분화의 원칙	한번에 다량의 비밀이나 정보가 유출되지 않도록 해야 한다는 원칙 [20 승진]
보안과 효율의 조화원칙	① 보안과 업무효율은 반비례의 관계가 있으므로 양자의 적절한 조화를 유지하는 방법을 강구해야 한다는 원칙 ② 지나치게 보안을 강조하면 알 필요가 있는 사람이 알지 못하게 되어 업무에 지장을 줄 수 있다.

↔ **문서비밀분류의 원칙** : 과도 또는 과소분류금지의 원칙, 독립분류의 원칙, 외국비밀존중의 원칙

3. 보안의 대상

인원	① 중요인물로서 보호가 요구되는 자 ▶ 내방중인 외국인도 대상에 포함(O) ② 인원보안의 수단으로 신원조사·보안교육 등이 있다.
문서 및 자재	II급 비밀에 해당하지 않은 문서라도, 국가기밀에 해당하는 문서는 모두 보안 대상이다.
시설	① 중요산업시설로서 특별히 보호를 요하는 시설은 소유관계를 불문하고 보안대상이 된다. ② 보안책임자는 시설보안을 위해 중요시설을 보호구역으로 설정할 수 있다.
지역	국가안전보장상 특별히 보호를 요하는 지역은 보안의 대상이 된다.

▶ **국가**는 보안의 주체이며 보안의 대상이 아니다.

4. 문서 및 자재보안

(1) 비밀의 구분 : 중요성과 가치의 정도에 따라 구분(「보안업무규정」 제4조)

I급 비밀	누설될 경우 대한민국과 외교관계가 단절되고 전쟁을 일으키며, 국가의 방위계획·정보활동 및 국가방위상에 반드시 필요한 과학과 기술의 개발을 위태롭게 하는 등의 우려가 있는 비밀
II급 비밀	누설될 경우 국가안전보장에 **막대한 지장**을 끼칠 우려가 있는 비밀 [22 채용]
III급 비밀	누설되는 경우 국가안전보장에 **해**를 끼칠 우려가 있는 비밀

▶ **대외비**는 비밀이 아니다.

(2) 문서비밀분류의 원칙(보안업무규정 제12조)

과도 또는 과소분류금지의 원칙	비밀은 적절히 보호할 수 있는 **최저**(최고X) 등급으로 분류하되 과도하거나 과소하게 분류해서는 아니 된다. [22 채용]
독립분류의 원칙	비밀은 그 자체의 내용과 가치의 정도에 따라 분류하여야 하며 다른 비밀과 관련하여 분류해서는 안 된다.
외국비밀존중의 원칙	외국정부나 국제기구로부터 접수한 비밀은 그 **생산기관**(접수기관X)이 필요로 하는 정도로 보호할 수 있도록 분류하여야 한다.

(3) 비밀분류의 주체

> 비밀을 생산하거나 관리하는 사람은 비밀의 작성을 완료하거나 비밀을 접수하는 즉시 그 비밀을 분류하거나 재분류할 책임이 있다.

(4) 비밀취급 인가

I급비밀 및 I·II급비밀 소통용 암호자재 취급인가권자 (보안업무규정) [21 법학]	① 대통령 ② 국무총리 ③ 감사원장 ④ 국가인권위원회위원장 ⑤ **고위공직자범죄수사처장** ⑥ 각 부처의 장 ⑦ 국무조정실장, 방송통신위원회 위원장, 공정거래위원회 위원장, 금융위원회위원장, 국민권익위원회 위원장, 개인정보 보호위원회 위원장 및 원자력안전위원회 위원장 ⑧ 대통령 비서실장 ⑨ 국가안보실장 ⑩ 대통령 경호처장 ⑪ 국가정보원장 ⑫ **검찰총장** ⑬ 합동참모의장, 각군 참모총장 및 지상작전사령관 및 육군 제2작전사령관 ⑭ 국방부장관이 지정하는 각군 부대장

II급 및 III급비밀 취급 인가권자 (보안업무규정 시행세부규칙)	① **경찰청장** ② 경찰대학장 ③ 경찰인재개발원장 ④ 중앙경찰학교장 ⑤ 경찰수사연수원장 ⑥ 경찰병원장 ⑦ 시·도경찰청장 ▶ **경찰청국장**(X)
인가권의 위임 (보안업무규정 시행세부규칙)	① **시·도경찰청장**은 경찰서장, 기동대장에게 II급 및 III급 비밀 취급 인가권을 위임한다. 이때 **경정 이상**의 경찰공무원을 장으로 하는 경찰 기관의 장에게도 II급 및 III급 비밀 취급 인가권을 위임할 수 있다. ② II급 및 III급 비밀취급인가권을 위임받은 기관의 장은 이를 **다시** 위임할 수 없다.

(5) 특별인가(보안업무규정 시행 세부규칙 제15조)

① 모든 경찰공무원(의무경찰순경을 포함한다)은 **임용과 동시 III급 비밀취급권**을 가진다. [22 승진]
② 경찰공무원 중 다음 각 호의 부서에 근무하는 자(의무경찰순경을 포함한다)는 그 보직발령과 동시에 **II급 비밀취급권을 인가받은 것으로 한다**. [22 승진]

> 1. 경비, 경호, 작전, 항공, 정보통신 담당부서(기동대, 전경대의 경우는 행정부서에 한한다)
> 2. 정보, 보안, 외사부서
> 3. 감찰, 감사 담당부서
> 4. 치안상황실, 발간실, 문서수발실
> 5. 경찰청 각 과의 서무담당자 및 비밀을 관리하는 보안업무 담당자
> 6. 부속기관, 시·도경찰청, 경찰서 각 과의 서무담당자 및 비밀을 관리하는 보안업무 담당자

③ 제1항 및 제2항에 따라 비밀의 취급인가를 받은 자에 대하여는 별도로 비밀취급인가증을 발급하지 않는다. 다만, 업무상 필요한 경우에는 발급할 수 있다.
④ 각 경찰기관의 장은 제2항 각 호의 부서에 근무하는 경찰공무원 중 신원특이자에 대하여 **위원회 또는 자체 심의기구**(**각 기관장X**)에서 II급 비밀취급의 인가여부를 심의하고, 비밀취급이 불가능하다고 의결된 자에 대하여는 즉시 인사조치한다.

(6) 비밀의 보관(보안업무규정 시행규칙)

보관기준	① 비밀은 일반문서나 암호자재와 혼합하여 보관하여서는 아니 된다. ② **I급비밀은 반드시 금고**에 보관하여야 하며, **다른 비밀과 혼합**하여 보관하여서는 아니 된다. ③ **II급비밀 및 III급비밀**은 금고 또는 이중 철제캐비닛 등 **잠금장치가 있는 안전한 용기에 보관**하여야 하며, 보관책임자가 **II급비밀 취급 인가**를 받은 때에는 II급비밀과 III급비밀을 같은 용기에 **혼합하여 보관할 수 있다**. ④ 보관용기에 넣을 수 없는 비밀은 제한구역 또는 통제구역에 보관하는 등 그 **내용이 노출되지 아니하도록 특별한 보호대책**을 마련하여야 한다.

보관용기	① 비밀의 보관용기 외부에는 비밀의 보관을 알리거나 나타내는 어떠한 표시도 해서는 아니 된다. ② 보관용기의 잠금장치의 종류 및 사용방법은 보관책임자 외의 사람이 알지 못하도록 특별한 통제를 하여야 하며, 다른 사람이 알았을 때에는 즉시 이를 변경하여야 한다.

(7) 비밀의 관리방법(보안업무규정시행규칙)

비밀취급의 한계 (제11조)	① 비밀취급 인가를 받은 사람이 취급할 수 있는 비밀의 범위는 그 사람이 수행하는 관계 업무로 한정한다. ② 비밀취급 인가를 받지 아니한 사람("비인가자")이 비밀을 취득하였을 때에는 지체 없이 해당 비밀취급 인가를 받은 사람에게 그 비밀을 인도하여야 한다.
비밀취급 인가의 제한 (제12조)	① 비밀취급 인가권자는 임무 및 직책상 해당 등급의 비밀을 항상 취급하는 사람에 한정하여 비밀취급을 인가하여야 한다. ② 비밀취급 인가권자는 소속 직원의 인사기록 카드에 기록된 비밀취급의 인가 및 인가해제 사유와 임용 시의 신원조사회보서에 따라 새로 신원조사를 하지 아니하고 비밀취급을 인가할 수 있다. 다만, Ⅰ급비밀 취급을 인가할 때에는 새로 신원조사를 하여야 한다. ③ 신원조사 결과 국가안전보장에 유해한 정보가 있음이 확인된 사람은 비밀취급 인가를 받을 수 없다. ④ 비밀취급 인가가 해제된 사람은 비밀을 취급하는 직책으로부터 해임되어야 한다.
비밀취급 인가의 특례 (제13조)	① 비밀취급 인가권자는 업무 상 조정·감독을 받는 기업체나 단체에 소속된 사람에 대하여 소관 비밀을 계속적으로 취급하게 하여야 할 필요가 있을 때에는 **미리 국가정보원장과의 협의를 거쳐 해당하는 사람에게 Ⅱ급 이하의 비밀취급을 인가할 수 있다.** [23 경간] ② 비밀취급 인가권자는 제1항에 따라 비밀취급을 인가하는 경우 그 비밀을 최대한 보호할 수 있는 보안대책을 마련하여야 한다. ③ 제1항에 따라 비밀취급 인가를 받은 사람은 영 및 이 훈령이 정하는 바에 따라 비밀을 취급해야 한다.
비밀의 대출·열람 (제45조)	① 비밀보관책임자는 보관비밀을 대출하는 때에는 별지 제15호서식의 비밀대출부에 관련 사항을 기록 유지한다. [20 경간] ② 개별 비밀에 대한 열람자 범위를 파악하기 위하여 각각의 비밀문서 끝 부분에 별지 제16호서식의 비밀열람기록전을 첨부한다. 이 경우 문서 형태 외의 비밀에 대한 열람기록은 따로 비밀열람기록전(철)을 비치하고 기록 유지한다. ③ 제2항에 따른 **비밀열람기록전은 그 비밀의 생산기관이 첨부하며, 비밀을 파기하는 때에는 비밀에서 분리하여 따로 철하여 보관하여야 한다.** [20 경간] ④ 비밀열람자는 비밀을 열람하기에 앞서 비밀열람기록전에 정해진 사항을 기재하고 서명 또는 날인한 후 비밀을 열람하여야 한다. ⑤ 비밀의 발간업무에 종사하는 사람은 작업일지에 작업에 관한 사항을 기록·보관해야 한다. 이 경우 작업일지는 비밀열람기록전을 갈음하는 것으로 본다.

자료보관
(제70조)
	① 다음 각 호의 자료는 비밀과 함께 철하여 보관·활용하고, 비밀의 보호기간이 만료되면 비밀에서 분리한 후 각각 편철하여 **5년간 보관**해야 한다. [20 경간]
	  1. 비밀접수증
	  2. 비밀열람기록전
	  3. 배부처
	② 다음 각 호의 자료는 새로운 관리부철로 옮겨서 관리할 경우 기존 관리부철을 **5년간 보관해야 한다.** [20 경간]
	  1. 비밀관리기록부
	  2. 비밀 접수 및 발송대장
	  3. 비밀대출부
	  4. 암호자재 관리기록부
	③ 서약서는 서약서를 작성한 비밀취급인가자의 인사기록카드와 함께 철하여 인가 해제 시까지 보관하되, 인사기록카드와 함께 철할 수 없는 경우에는 별도로 편철하여 보관해야 한다.
	④ 암호자재 증명서는 해당 **암호자재를 반납**하거나 **파기한 후 5년간 보관**해야 한다.
	⑤ 암호자재 점검기록부는 최근 5년간의 점검기록을 보관해야 한다.
	⑥ 제1항부터 제5항까지의 규정에 따른 보관기간이 지나면 해당 자료는 「공공기록물관리에 관한 법률」에 따른 기록물관리기관으로 이관해야 한다.

4-2. 보호지역의 구분(보안업무규정 시행규칙 제54조)

제한지역	비밀 또는 국·공유재산의 보호를 위하여 울타리 또는 방호·경비인력에 의하여 영 제34조 제3항에 따른 승인을 받지 않은 사람의 **접근이나 출입에 대한 감시**가 필요한 지역
제한구역	비인가자가 비밀, 주요시설 및 Ⅲ급 비밀 소통용 암호자재에 접근하는 것을 방지하기 위하여 **안내**를 받아 출입하여야 하는 구역 [20·22 승진]
통제구역	보안상 매우 중요한 구역으로서 **비인가자의 출입이 금지**되는 구역

> **참고**
>
> **보호지역 설정기준(보안업무규정 시행 세부규칙 제60조)** [21 채용, 20 승진]
>
> | 제한구역 | 통제구역 |
> |---|---|
> | 가. 전자교환기(통합장비)실, 정보통신실
나. 발간실
다. 송신 및 중계소, 정보통신관제센터
라. 경찰청 및 시·도경찰청 항공대
마. 작전·경호·정보·보안업무 담당부서 전역
바. 과학수사센터 | 가. 암호취급소
나. 정보보안기록실
다. 무기창·무기고 및 탄약고
라. 종합상황실·치안상황실
마. 암호장비관리실
바. 정보상황실
사. 비밀발간실
아. 종합조회처리실 |

4-3. 「보안업무규정」

정의 (제2조)	1. "비밀"이란 「국가정보원법」 제4조 제1항 제2호에 따른 국가 기밀로서 이 영에 따라 비밀 분류된 것을 말한다. 4. "암호자재"란 비밀의 보호 및 정보통신 보안을 위하여 암호기술이 적용된 장치나 수단으로서 Ⅰ급, Ⅱ급 및 Ⅲ급비밀 소통용 암호자재로 구분되는 장치나 수단을 말한다.
보안책임 (제3조)	다음 각 호의 어느 하나에 해당하는 사항을 관리하는 사람 및 관계 기관(각급기관과 제33조 제3항에 따른 관리기관을 말한다.)의 장은 해당 관리 대상에 대하여 보안책임을 진다. 1. 국가 기밀에 속하는 문서·자재·시설·지역 2. 국가안전보장에 한정된 국가 기밀을 취급하는 인원
보안심사 위원회 (제3조의3)	① 중앙행정기관등에 비밀의 공개 등 해당 기관의 보안 업무 수행에 관한 중요사항을 심의하기 위하여 보안심사위원회를 둔다. ② 제1항에 따른 보안심사위원회의 구성·운영 등에 필요한 세부사항은 국가정보원장이 정한다.
비밀구분 (제4조)	비밀은 그 **중요성과 가치의 정도**에 따라 다음 각 호와 같이 구분한다. [20·22 승진] 1. Ⅰ급비밀 누설될 경우 대한민국과 외교관계가 단절되고 **전쟁**을 일으키며, 국가의 방위계획·정보활동 및 국가방위에 반드시 필요한 과학과 기술의 개발을 위태롭게 하는 등의 우려가 있는 비밀 2. Ⅱ급비밀 누설될 경우 국가안전보장에 **막대한 지장**을 끼칠 우려가 있는 비밀 3. Ⅲ급비밀 누설될 경우 국가안전보장에 **해**를 끼칠 우려가 있는 비밀
비밀보호 관리원칙 (제5조)	각급기관의 장은 비밀의 작성·분류·취급·유통 및 이관 등의 모든 과정에서 비밀이 누설되거나 유출되지 아니하도록 보안대책을 수립하여 시행하여야 한다. 이 경우 비밀의 제목 등 해당 비밀의 내용을 유추할 수 있는 정보가 포함된 자료는 공개하지 않는다.
암호자재 제작·공급 및 반납 (제7조)	① **국가정보원장**은 **암호자재를** 제작하여 **필요한 기관에 공급한다. 다만, 국가정보원장이 필요하다고 인정**하는 암호자재의 경우 **그 암호자재를 사용하는 기관**은 국가정보원장이 인가하는 암호체계의 범위에서 **암호자재를 제작할 수 있다.** ② **암호자재를 사용하는 기관의 장은 사용기간이 끝난** 암호자재를 **지체 없이** 그 제작기관의 장에게 반납하여야 한다. ③ 국가정보원장은 암호자재 제작 등 암호자재와 관련된 기술을 확보하기 위하여 「과학기술분야 정부출연연구기관 등의 설립·운영 및 육성에 관한 법률」 제8조 제1항에 따라 설립된 정부출연연구기관으로 하여금 관련 연구개발 및 기술지원을 수행하게 할 수 있다.
비밀취급 (제8조)	비밀은 해당 등급의 **비밀취급인가를 받은 사람만 취급할 수 있으며,** 암호자재는 해당 등급의 비밀 소통용 암호자재취급 인가를 받은 사람만 취급할 수 있다.

인가 및 인가해제 (제10조)	① 비밀취급인가권자는 비밀을 취급하거나 비밀에 접근할 사람에게 해당 등급의 비밀취급을 인가하고, 필요한 경우에는 인가 등급을 변경한다. ② 비밀취급인가는 인가 대상자의 직책에 따라 **필요한 최소한의 인원으로 제한**하여야 한다. ③ 비밀취급인가를 받은 사람이 다음 각 호의 어느 하나에 해당하는 경우에는 그 인가를 해제해야 한다. 1. 고의 또는 중대한 과실로 보안사고를 저질렀거나 이 영을 위반하여 보안업무에 지장을 주는 경우 2. 비밀취급이 불필요하게 되었을 경우 ④ 암호자재취급 인가권자는 비밀취급 인가를 받은 사람 중에서 암호자재 취급이 필요한 사람에게 해당 등급의 비밀 소통용암호자재취급을 인가하고 필요한 경우에는 인가 등급을 변경한다. 이 경우 암호자재취급 인가 등급은 비밀취급인가 등급보다 높을 수 없다. ⑤ 암호자재취급 인가를 받은 사람이 다음 각 호의 어느 하나에 해당하는 경우에는 그 인가를 해제해야 한다. 1. 비밀취급 인가가 해제되었을 경우 2. 암호자재와 관련하여 보안사고를 저질렀거나 이 영을 위반하여 보안 업무에 지장을 주는 경우 3. 암호자재의 취급이 불필요하게 되었을 경우 ⑥ **비밀취급 및 암호자재취급의 인가와 인가 등급의 변경 및 인가 해제는 문서로 하여야 하며, 직원의 인사 기록사항에 그 사실을 포함하여야 한다.**
비밀분류 (제11조)	① 비밀취급인가를 받은 사람은 인가받은 비밀 및 그 이하 등급 비밀의 분류권을 가진다. ② 같은 등급 이상의 비밀취급인가를 받은사람 중 직속 상급직위에 있는 사람은 그 하급직위에 있는 사람이 분류한 비밀등급을 조정할 수 있다. ③ 비밀을 생산하거나 관리하는 사람은 비밀의 작성을 완료하거나 비밀을 접수하는 즉시 그 비밀을 분류하거나 재분류할 책임이 있다.
분류원칙 (제12조)	① 비밀은 적절히 보호할 수 있는 **최저등급**으로 분류하되, 과도하거나 과소하게 분류해서는 아니 된다. [20 승진] ② 비밀은 그 자체의 내용과 가치의 정도에 따라 분류하여야 하며, **다른 비밀과 관련하여 분류해서는 아니 된다.** [20 승진] ③ 외국 정부나 국제기구로부터 접수한 비밀은 **그 생산기관이 필요로 하는 정도**로 보호할 수 있도록 분류하여야 한다. [20 승진]
분류지침 (제13조)	각급기관의 장은 비밀 분류를 통일성 있고 적절하게 하기 위하여 세부 분류지침을 작성하여 시행하여야 한다. 이 경우 세부 분류지침은 공개하지 않는다.
재분류등 (제15조)	① 비밀을 효율적으로 보호하기 위하여 비밀등급 또는 예고문 변경 등의 재분류를 한다. ② 비밀의 재분류는 그 비밀의 예고문에 따르거나 생산자의 직권으로 한다. 다만, 다음 각 호의 어느 하나에 해당하는 경우에는 예고문의 비밀 보호기간 및 보존기간과 관계없이 비밀을 파기할 수 있다. 1. 전시·천재지변 등 긴급하고 부득이한 사정으로 비밀을 계속 보관할 수 없거나 안전하게 반출할 수 없는 경우 2. 국가정보원장의 요청이 있는 경우 3. 비밀 재분류를 통하여 예고문에 따른 파기 시기까지 계속 보관할 필요가 없게 된 경우로서 해당 비밀취급 인가권자의 사전 승인을 받은 경우 ③ 외국 정부나 국제기구로부터 접수된 비밀 중 예고문이 없거나 기재된 예고문이 비밀 관리에 적당하지 아니하다고 인정되는 경우에는 접수한 기관의 장이 그 비밀을 최대한 보호할 수 있는 범위에서 재분류할 수 있다.

표시 (제16조)	비밀은 그 취급자 또는 관리자에게 경고하고 비밀취급인가를 받지 아니한 사람의 접근을 방지하기 위하여 분류(재분류 포함)와 동시에 등급에 따라 구분된 표시를 하여야 한다.
비밀 접수·발송 (제17조)	① 비밀을 접수하거나 발송할 때에는 그 비밀을 최대한 보호할 수 있는 방법을 이용하여야 한다. ② 비밀은 암호화되지 아니한 상태로 정보통신 수단을 이용하여 접수하거나 발송해서는 아니 된다. ③ 모든 비밀을 접수하거나 발송할 때에는 그 사실을 확인하기 위하여 접수증을 사용한다.
보관 (제18조)	비밀은 도난·유출·화재 또는 파괴로부터 보호하고 비밀취급인가를 받지 아니한 사람의 접근을 방지할 수 있는 적절한 시설에 보관하여야 한다.
출장중의 비밀보관 (제19조)	비밀을 휴대하고 출장 중인 사람은 비밀을 안전하게 보호하기 위하여 국내 경찰 기관 또는 재외공관에 보관을 위탁할 수 있으며, 위탁받은 기관은 그 비밀을 보관하여야 한다.
보관책임자 (제20조)	각급기관의 장은 소속 직원 중에서 이 영에 따른 비밀 보관 업무를 수행할 보관책임자를 임명하여야 한다.
전자적 관리 (제21조)	① 각급기관의 장은 전자적 방법을 사용하여 비밀을 관리할 수 있으며, 이를 위하여 전자적 비밀관리시스템을 구축·운영할 수 있다. ② 각급기관의 장은 제1항에 따라 비밀을 관리할 경우 국가정보원장이 안전성을 확인한 암호자재를 사용하여 비밀의 위조·변조 훼손 및 유출 등을 방지하기 위한 보안대책을 마련하여 시행하여야 한다. ③ 국가정보원장은 관리하는 비밀이 적은 각급기관이 공동으로 활용할 수 있도록 통합 비밀관리시스템을 구축·운영할 수 있다.
비밀관리 기록부 (제22조)	① 각급기관의 장은 비밀의 작성·분류·접수·발송 및 취급 등에 필요한 모든 관리사항을 기록하기 위하여 비밀관리기록부를 작성하여 갖추어 두어야 한다. 다만, **Ⅰ급**비밀관리 기록부는 **따로 작성**하여 갖추어 두어야 하며, 암호자재는 암호자재 관리기록부로 관리한다. ② 비밀관리기록부와 암호자재관리기록부에는 모든 비밀과 암호자재에 대한 보안책임 및 보안관리 사항이 정확히 기록·보존되어야 한다. [20 경간]

비밀의
복제·복사
제한
(제23조)
	① 비밀의 일부 또는 전부나 암호자재에 대해서는 모사·타자·인쇄·조각·녹음·촬영·인화·확대 등 그 원형을 재현하는 행위를 할 수 없다. 다만, 다음 각 호의 구분에 따른 비밀의 경우에는 그러하지 아니하다.
	   1. Ⅰ급 비밀 : 그 **생산자의 허가**를 받은 경우
	   2. Ⅱ급 비밀 및 Ⅲ급 비밀 : 그 생산자가 특정한 제한을 하지 아니한 것으로서 해당 등급의 비밀취급인가를 받은 사람이 공용(用)으로 사용하는 경우
	   3. 전자적 방법으로 관리되는 비밀 : 해당 비밀을 보관하기 위한 용도인 경우
	② 각급기관의 장은 보안 업무의 효율적인 수행을 위하여 필요하다고 인정되는 경우에는 해당 비밀의 보존기간 내에서 제1항 단서에 따라 그 사본을 제작하여 보관할 수 있다.
	③ 제2항에 따라 비밀의 사본을 보관할 때에는 그 예고문이나 비밀등급을 변경해서는 아니 된다. 다만, 「공공기록물 관리에 관한 법률 시행령」 제68조 제6항에 따라 비밀을 재분류하는 경우에는 그러하지 아니하다.
	④ 비밀을 복제하거나 복사한 경우에는 그 원본과 동일한 비밀등급과 예고문을 기재하고, 사본 번호를 매겨야 한다.
	⑤ 제4항에 따른 예고문에 재분류 구분이 "파기"로 되어 있을 때에는 파기시기를 원본의 보호기간보다 앞당길 수 있다.

비밀열람 (제24조)	① 비밀은 **해당 등급의 비밀취급인가를 받은 사람** 중 그 비밀과 **업무상 직접 관계가 있는 사람만** 열람할 수 있다. ② 비밀취급인가를 받지 아니한 사람에게 비밀을 열람하거나 취급하게 할 때에는 **국가정보원장**이 정하는 바에 따라 **소속 기관의 장**(군사 관련 비밀인 경우 **국방부장관**)이 미리 열람자의 인적사항과 열람하려는 비밀의 내용 등을 확인하고 열람시 비밀 보호에 필요한 자체 **보안대책을 마련하는 등의 보안조치를 하여야** 한다. 다만, **1급비밀의 보안조치에 관하여는 국가정보원장과 미리 협의하여야** 한다.
비밀공개 (제25조)	① 중앙행정기관등의 장은 다음 각 호의 어느 하나에 해당하는 사유가 있을 때에는 그가 생산한 비밀을 제3조의3에 따른 보안심사위원회의 심의를 거쳐 공개할 수 있다. 다만, **Ⅰ급비밀의 공개에 관하여는 국가정보원장과 미리 협의해야** 한다. 　1. 국가안전보장을 위하여 국민에게 긴급히 알려야 할 필요가 있다고 판단될 때 　2. 공개함으로써 국가안전보장 또는 국가이익에 현저한 도움이 된다고 판단될 때 ② 공무원 또는 공무원이었던 사람은 **법률**에서 정하는 경우를 제외하고는 소속 기관의 장이나 소속되었던 기관의 장의 **승인** 없이 비밀을 공개해서는 아니 된다.
비밀반출 (제27조)	비밀은 보관하고 있는 시설 밖으로 반출해서는 아니 된다. 다만, 공무상 반출이 필요할 때에는 **소속 기관의 장의 승인**을 받아야 한다.
안전반출· 파기계획 (제28조)	관계 기관의 장은 비상시에 대비하여 비밀을 안전하게 반출하거나 파기할 수 있는 계획을 수립하고, 소속 직원에게 주지(知)시켜야 한다.
비밀문서의 통제 (제29조)	각급기관의 장은 비밀문서의 접수·발송·복제·열람 및 반출 등의 통제에 필요한 규정을 따로 작성·운영할 수 있다.
비밀이관 (제30조)	비밀은 일반문서보관소로 이관해서는 아니 된다. 다만, 「공공기록물관리에 관한 법률」 제33조 제2항 및 같은 법 시행령 제68조에 따라 기록물관리기관으로 이관하는 경우에는 그러하지 아니하다.
비밀소유 현황통보 (제31조)	① 각급기관의 장은 **연 2회** 비밀 소유 현황을 조사하여 **국가정보원장에게 통보하여야** 한다. ② 제1항에 따라 조사 및 통보된 **비밀 소유 현황은 공개하지 않는다.**
국가보안시설 국가보호장비 지정 (제32조)	① 국가정보원장은 파괴 또는 기능이 침해되거나 비밀이 누설될 경우 전략적·군사적으로 막대한 손해가 발생하거나 국가안전보장에 연쇄적 혼란을 일으킬 우려가 있는 시설 및 항공기·선박 등 중요 장비를 각각 국가보안시설 및 국가보호장비로 지정할 수 있다. ② 국가정보원장은 관계 중앙행정기관 및 지방자치단체의 장과 협의하여 제1항에 따라 국가보안시설 및 국가보호장비를 지정하는 데 필요한 기준("지정기준")을 마련해야 한다. ③ 전력시설 및 항공기 등 국가정보원장이 정하는 국가안전보장에 중요한 시설 또는 장비의 보안관리상태를 감독하는 기관의 장은 해당 시설 또는 장비가 지정기준에 부합한다고 판단할 경우 국가정보원장에게 해당 시설 또는 장비를 제1항에 따라 국가보안시설 또는 국가보호장비로 지정해줄 것을 요청해야 한다. ④ 국가정보원장은 제3항에 따른 지정 요청을 받은 경우 지정기준에 부합하는지를 심사하여 해당 시설 또는 장비의 국가보안시설 또는 국가보호장비 지정 여부를 결정하고, 그 결과를 요청 기관의 장에게 통보해야 한다. ⑤ 국가정보원장은 제1항부터 제4항까지의 규정에 따라 지정된 국가보안시설 또는 국가보호장비의 보안관리상태를 감독하는 기관("**감독기관**")**의 장과 협의**하여 지정기준을 수정·보완할 수 있다.

국가보안시설 국가보호장비 보호대책수립 (제33조)	① **국가정보원장**은 국가보안시설 및 국가보호 장비를 보호하기 위하여 국가보안시설 및 국가보호장비 보호대책("**기본 보호대책**")을 수립해야 한다. ② **감독기관의 장**은 기본 보호대책에 따라 소관 분야의 국가보안시설 및 국가보호장비에 대한 보호대책("**분야별 보호대책**")을 수립·시행해야 한다. ③ 국가보안시설 또는 국가보호장비를 관리하는 기관("관리기관")의 장은 감독기관의 장이 수립한 분야별 보호대책에 따라 해당 시설 및 장비에 대한 세부 보호대책을 수립·시행해야 한다. ④ 국가정보원장과 감독기관의 장은 관리기관의 장이 기본 보호대책 및 분야별 보호대책을 이행하고 있는지 확인하고, 필요한 조치를 요청할 수 있다. ⑤ 국가정보원장은 기본 보호대책의 수립을 위하여 관리기관의 장에게 필요한 자료의 제공을 요청할 수 있다. ⑥ 분야별 보호대책 및 세부 보호대책의 수립 및 시행에 필요한 세부사항은 **국가정보원장이 정한다.**
보호지역 (제34조)	① 각급기관의 장과 관리기관 등의장은 국가안전보장에 관련되는 인원·문서·자재·시설의 보호를 위하여 필요한 장소에 일정한 범위의 보호지역을 설정할 수 있다. ② **보호지역은 그 중요도에 따라 제한지역, 제한구역 및 통제구역으로 나눈다.** ③ 보호지역에 접근하거나 출입하려는 사람은 **각급기관의 장 또는 관리기관 등의 장의 승인을 받아야 한** 다. [21 법학] ④ 보호지역을 관리하는 사람은 제3항에 따른 승인을 받지 않은 사람의 보호지역 접근이나 출입을 제한하거나 금지할 수 있다.
보안측정 (제35조)	① 국가정보원장은 보안사고를 예방하기 위하여 국가보안시설, 국가보호장비 및 보호지역에 대하여 보안측정을 한다. ② 보안측정은 국가정보원장이 직권으로 하거나 관계 기관의 장의 요청에 따라 한다. ③ 국가정보원장은 보안측정을 위하여 관계 기관에 필요한 협조를 요구할 수 있다. ④ 보안측정의 절차 및 내용 등에 관하여 필요한 세부 사항은 국가정보원장이 정한다.
보안측정 결과처리 (제35조의2)	① 국가정보원장은 보안측정 결과 및 개선대책을 해당 관계 기관의 장에게 통보한다. ② 제1항에 따라 보안측정 결과 및 개선대책을 통보받은 관계 기관의 장은 이를 성실히 이행해야 한다. ③ 국가정보원장과 각급기관의 장은 관리기관의 장이 제1항에 따른 개선대책을 이행하고 있는지 확인하고, 필요한 조치를 요청할 수 있다.

제6절 기타관리

1. 물품관리 (「물품관리법」)

총괄기관 (제7조)	① **기획재정부장관**은 물품관리의 제도와 정책에 관한 사항을 관장하며, 물품관리에 관한 정책의 결정을 위하여 필요하면 조달청장이나 각 중앙관서의 장으로 하여금 물품관리 상황에 관한 보고를 하게 하거나 필요한 조치를 할 수 있다. ② **조달청장**은 각 중앙관서의 장이 수행하는 **물품관리에 관한 업무를 총괄·조정**한다.
관리기관 (제8조)	각 중앙관서의 장은 그 소관 물품을 관리한다.
물품관리관 (제9조)	① 각 중앙관서의 장은 대통령령으로 정하는 바에 따라 그 **소관 물품관리에 관한 사무를 소속 공무원에게 위임할 수 있고**, 필요하면 다른 중앙관서의 소속 공무원에게 **위임할 수 있다**. ② 각 중앙관서의 장으로부터 **물품관리에 관한 사무를 위임받은 공무원**을 **물품 관리관**이라 한다.
물품출납 공무원 (제10조)	① 물품관리관은 대통령령으로 정하는 바에 따라 그가 소속된 관서의 공무원에게 그 관리하는 **물품의 출납과 보관에 관한 사무**(출납명령에 관한 사무는 제외)를 **위임하여야 한다**. ② 물품의 출납과 보관에 관한 사무를 위임받은 공무원을 **물품출납공무원**이라 한다.
물품운용관 (제11조)	① 물품관리관은 대통령령으로 정하는 바에 따라 그가 소속된 관서의 공무원에게 국가의 사무 또는 사업의 목적과 용도에 따라서 **물품을 사용하게 하거나 사용 중인 물품의 관리에 관한 사무**("물품의 사용에 관한 사무")를 **위임하여야 한다**. ② 제1항에 따라 물품의 사용에 관한 사무를 위임받은 공무원을 물품운용관이라 한다.
관리기관의 분임·대리 (제12조)	① 각 중앙관서의 장은 **물품관리관의 사무의 일부를 분장하는 공무원(분임물품관리관)**을, 물품관리관은 **물품출납공무원의 사무의 일부를 분장하는 공무원(분임물품출납공무원)**을 대통령령으로 정하는 바에 따라 **각각 둘 수 있다**. ② 각 중앙관서의 장은 물품관리관이 부득이한 사유로 직무를 수행할 수 없을 때에는 그 사무를 대리하는 공무원을, 물품관리관은 물품출납공무원 또는 물품운용관이 부득이한 사유로 직무를 수행할 수 없을 때에는 그 사무를 대리하는 공무원을 대통령령으로 정하는 바에 따라 각각 지정할 수 있다.

2. 장비관리

(1) 장비관리의 목표

능률성·효과성·경제성(민주성X)

2-2. 무기 및 탄약관리(경찰장비관리규칙) [22 채용]

정의	집중 무기고	경찰인력 및 경찰기관별 무기책정기준에 따라 배정된 개인화기와 공용화기를 집중보관·관리하기 위하여 각 경찰기관에 설치된 시설
	간이 무기고	경찰기관의 각 기능별 운용부서에서 효율적 사용을 위하여 집중무기고로부터 무기·탄약의 일부를 대여 받아 별도로 보관·관리하는 시설
	탄약고	경찰탄약을 집중 보관하기 위하여 타용도의 사무실, 무기고 등과 분리 설치된 보관시설

무기고 및 탄약고 설치	① 무기고와 탄약고는 견고하게 만들고 환기·방습장치와 방화시설 및 총기시설 등이 완비되어야 한다.
	② **탄약고는 무기고와 분리**되어야 하며 **가능한 본 청사와 격리된 독립 건물**로 하여야 한다.
	③ 무기고와 탄약고의 환기통 등에는 손이 들어가지 않도록 쇠창살 시설을 하고, **출입문은 2중**으로 하여 각 1개소 이상씩 **자물쇠**를 설치하여야 한다. [22 채용]
	④ 무기·탄약고 비상벨은 상황실과 숙직실 등 초동조치 가능장소와 연결하고, **외곽에는 철조망장치와 조명등 및 순찰함**을 설치하여야 한다. [22 채용]
	⑤ 집중무기고는 다음의 경찰기관에 설치한다.
	   ㉠ 경찰청
	   ㉡ 시·도경찰청
	   ㉢ 경찰대학, 경찰인재개발원, 중앙경찰학교 및 경찰수사연수원
	   ㉣ 경찰서
	   ㉤ 경찰기동대, 방범순찰대 및 경비대
	   ㉥ 의무경찰대
	   ㉦ 경찰특공대
	   ㉧ 기타 경찰청장이 지정하는 경찰관서
	⑥ **탄약고 내에는 전기시설을 하여서는 아니되며**, 조명은 건전지 등으로 하고 방화시설을 완비하여야 한다. 단, **방폭설비를 갖춘 경우 전기시설을 설치할 수 있다.** [22 채용]

무기·탄약고 열쇠의 보관	① 무기고와 탄약고의 열쇠는 관리 책임자가 보관한다.
	② 집중무기·탄약고와 간이무기고는 다음의 관리자가 보관 관리한다. 다만, 휴가, 비번 등으로 관리책임자 공백시는 별도 관리책임자를 지정하여야 한다.
	   ㉠ 집중무기·탄약고의 경우
	      ⓐ 일과시간의 경우 무기관리부서의 장(정보화장비과장, 운영지원과장, 총무과장, 경찰서 경무과장 등)
	      ⓑ 일과시간 후 또는 토요일·공휴일의 경우 당직 업무(청사방호) 책임자(상황관리관 등 당직근무자)
	   ㉡ 간이무기고의 경우
	      ⓐ 상황실 간이무기고는 112 종합 상황실(팀)장
	      ⓑ 지구대 등 간이무기고는 지역경찰관리자
	      ⓒ 그 밖의 간이무기는 일과시간의 경우 설치부서 책임자, 일과시간 후 또는 토요일·공휴일의 경우 당직 업무(청사방호) 책임자

무기·탄약 등의 대여	① 경찰기관의 장은 공무집행을 위해 필요할 때에는 관리하고 있는 무기·탄약을 대여할 수 있다. ② 무기·탄약을 대여하고자 할 때에는 무기·탄약 대여신청서에 따라 경찰관서장의 사전허가를 받은 후 감독자의 입회하에 대여하고 무기탄약출납부, 무기탄약출·입고서에 이를 기재하여야 한다. ③ 상황실 등의 간이무기고에 대여 또는 배정받은 무기탄약을 입출고할 때에는 휴대 사용자의 대여 신청에 따라 소속부서 책임자의 허가를 받아 무기탄약출·입고부에 기록한 후 관리책임자 입회하에 입출고하여야 한다. ④ 지구대 등의 간이무기의 경우는 소속 경찰관에 한하여 무기를 지급하되 감독자 입회(감독자가 없을 경우 반드시 타 선임 경찰관 입회)하에 무기탄약 입출고부에 기재한 뒤 입출고하여야 한다. 다만, **긴급상황 발생시 경찰서장의 사전허가**를 받은 경우의 대여는 예외로 한다. ⑤ 무기탄약을 대여 받은 자는 그 무기를 휴대하고 근무하는 경우를 제외하고는 무기고에 보관하여야 하며, 근무 종료시에는 감독자 입회아래 무기탄약 입출고부에 기재한 뒤 즉시 입고하여야 한다.

무기·탄약의 회수	① 경찰기관의 장은 무기를 휴대한 자 중에서 다음에 해당하는 자가 발생한 때에는 즉시 대여한 무기·탄약을 **회수하여야 한다.** [20 승진] ㉠ 직무상 비위 등으로 인하여 **징계대상**이 된 자 ㉡ **형사사건의 조사의 대상**이 된 자 [20 승진] ㉢ **사의를 표명**한 자 [20 승진] ② 경찰기관의 장은 무기를 휴대한 자 중에서 다음에 해당하는 자가 있을 때에는 무기 소지 적격 심의위원회("심의위원회")의 심의를 거쳐 대여한 무기·탄약을 **회수할 수 있다.** [20 승진] ㉠ 경찰공무원 직무적성검사 결과 고위험군에 해당되는 자 [20 승진] ㉡ 정신건강상 문제가 우려되어 치료가 필요한 자 [20 승진] ㉢ 정서적 불안 상태로 인하여 무기 소지가 적합하지 않은 자로서 소속 부서장의 요청이 있는 자 ㉣ 그 밖에 경찰기관의 장이 무기 소지 적격 여부에 대해 심의를 요청하는 자
무기고 보관	경찰기관의 장은 무기를 휴대한 자 중에서 다음에 해당하는 경우에는 대여한 무기·탄약을 **무기고에 보관**하도록 하여야 한다. ㉠ **술자리 또는 연회 장소**에 출입할 경우 ㉡ **상사의 사무실**을 출입할 경우 ㉢ 기타 정황을 판단하여 필요하다고 인정되는 경우

> **참고**
>
> **권총사용시 안전수칙(「경찰장비관리규칙」)**
> ① **총구**는 **공중 또는 지면(안전지역)**(정면X)을 향한다.
> ② 실탄 장전시 반드시 안전장치(방아쇠울에 설치 사용)를 장착한다.
> ③ **1탄은 공포탄, 2탄 이하는 실탄**을 장전한다. 다만, 대간첩작전, 살인 강도 등 중요범인이나 무기·흉기 등을 사용하는 범인의 체포 및 위해의 방호를 위하여 불가피한 경우에 1탄부터 실탄을 장전할 수 있다.
> ④ 조준시는 **대퇴부 이하**를 향한다.

3. 차량관리(「경찰장비관리규칙」)

차량의 구분 (제88조)	① 차량의 차종은 승용·승합·화물·특수용으로 구분하고, 차형은 차종별로 대형·중형·소형·경형·다목적형으로 구분한다. ② 차량은 용도별로 **전용·지휘용·업무용·순찰용·특수용**(수사용X) 차량으로 구분한다.
차량소요계획 제출 (제90조)	① 부속기관 및 시·도경찰청의 장은 다음 년도에 소속기관의 차량정수를 증감시킬 필요가 있을 때에는 **매년 3월**(11월X)**말**까지 다음 년도 차량정수 소요계획을 경찰청장에게 제출하여야 한다. ② 예기치 못한 치안수요의 발생 등 특별한 사유로 조기에 증감 필요가 있을 경우에는 차량 제작기간 등을 감안 사전에 경찰청장에게 요구할 수 있다.
차량의 교체 (제93조)	① 부속기관 및 시·도경찰청은 소속기관 차량 중 다음 년도 교체대상 차량을 **매년 11월**(3월X) **말**까지 경찰청장에게 보고하여야 한다. ② 차량교체는 차량의 최단운행 기준연한("내용연수")에 따라 부속기관 및 시·도경찰청의 장이 보고한 교체대상 차량 중 책정된 예산범위 내에서 매년 초에 수립하는 "경찰청 물품수급관리계획"에 따라 실시한다.

교체대상 차량의 불용처리 (제94조)	① 차량교체를 위한 불용 대상차량은 부속기관 및 시·도경찰청에 배정되는 수량의 범위 내에서 내용연수 경과 여부 등 **차량사용기간(주행거리X)**을 최우선적으로 고려하여 선정한다. ② 사용기간이 동일한 경우에는 주행거리와 차량의 노후상태, 사용부서 등을 종합적으로 검토 예산낭비 요인이 없도록 신중하게 선정한다. ③ 단순한 내용연수 경과를 이유로 일괄교체 또는 불용처분하는 것을 지양하고 성능이 양호하여 운행가능한 차량은 교체순위에 불구하고 연장 사용할 수 있다. ④ 불용처분된 차량은 부속기관 및 시·도경찰청별로 실정에 맞게 공개매각을 원칙으로 하되, 공개매각이 불가능한 때에는 폐차처분을 할 수 있다. 다만, 매각을 할 때에는 경찰표시도색을 제거하는 등 필요한 조치를 하여야 한다.
차량의 집중관리 (제95조)	① 각 경찰기관의 업무용차량은 운전요원의 부족 등 불가피한 사유가 없는 한 집중 관리를 원칙으로 한다.

차량의 관리 (제96조)	① 차량열쇠는 다음 각 호의 관리자가 지정된 열쇠함에 집중보관 및 관리하고, 예비열쇠의 확보 등을 위한 무단 복제와 운전원의 임의 소지 및 보관을 금한다. 다만, 휴가, 비번 등으로 관리책임자 공백시는 별도 관리책임자를 지정하여야 한다.
	  1. 일과시간의 경우 : 차량관리부서의 장(정보화장비과장, 운영지원과장, 총무과장, 경찰서 경무과장 등)
	  2. 일과시간 후 또는 토요일·공휴일의 경우 : 당직 업무(청사방호) 책임자(상황관리관 등 당직근무자, 지구대·파출소는 지역경찰관리자)
	② 차량은 지정된 운전자 이외의 사람이 무단으로 운행하여서는 아니 되며, 운전자는 교통법규를 준수하여 사고를 방지하여야 한다.
	③ 차량을 주·정차할 때에는 엔진시동 정지, 열쇠분리 제거. 차량문을 잠그는 등 도난 방지에 유의하여야 하며, 범인 등으로부터의 피탈이나 피습에 대비하여야 한다.
	④ 근무교대시 전임 근무자는 차량의 청결상태, 각종 장비의 정상작동 여부 등을 점검한 후 다음 근무자에게 인계하여야 한다.
	⑤ 각 경찰기관의 장은 차고시설을 갖추도록 하되, 차고시설을 갖추지 못한 경우에는 눈·비를 가리는 천막 등 시설을 하여야 한다.

차량의 관리책임 (제98조)	② 경찰기관의 장은 차량이 책임 있게 관리되도록 차량별 관리담당자를 지정하여야 한다. ③ 차량운행시 책임자는 **1차 운전자**, **2차 선임탑승자(사용자)**, **3차 경찰기관의 장**으로 한다.
차량운행 절차 (제99조)	① 차량을 운행하고자 할 때는 사용자가 경찰배차관리시스템을 이용하여 주간에는 해당 경찰기관장의 운행허가를 받아야 하고, 일과 후 및 공휴일에는 상황관리(담당)관 경찰서는 상황실장을 말한다)의 허가를 받아야 한다. 다만, 시스템을 이용할 수 없는 때에는 운행허가서로 갈음할 수 있다. ② 차량을 운행할 때에는 경찰배차관리시스템에 운행사항을 입력하여야 한다.
운전원 교육 및 출동태세 확립 (제102조)	① 차량을 배정받은 경찰기관의 장은 안전운행을 위한 자체계획을 수립하여 교육을 실시하여야 한다. ② 전·의경 신임운전요원은 **4주 이상** 운전교육을 실시한 후에 운행하도록 하여야 한다. ③ 112타격대 기타 작전용 차량 등 긴급출동 차량에 대하여는 사전에 철저한 정비와 운전원 확보를 통해 출동에 차질 없도록 대비하여야 한다.

4. 문서관리

(1) 「행정효율과 협업 촉진에 관한 규정」상 용어정의

공문서	행정기관에서 공무상 작성하거나 시행하는 문서(도면·사진·디스크·테이프 필름·슬라이드·전자문서 등의 특수매체기록을 포함)와 행정기관이 접수한 모든 문서
전자문서	컴퓨터 등 정보처리능력을 가진 장치에 의하여 전자적인 형태로 작성되거나 송신·수신 또는 저장된 문서
서명	기안자·검토자·협조자·결재권자[제10조에 따라 결재, 위임전결 또는 대결하는 자를 말한다. 이하 같다] 또는 발신명의인이 공문서(전자문서는 제외한다)에 자필로 자기의 성명을 다른 사람이 알아볼 수 있도록 한글로 표시하는 것
전자문서 시스템	문서의 기안·검토·협조·결재·등록·시행·분류·편철·보관·보존·이관·접수·배부·공람·검색·활용 등 모든 처리절차가 전자적으로 처리되는 시스템
업무관리 시스템	행정기관이 업무처리의 모든 과정을 제22조 제1항에 따른 과제관리카드 및 문서관리카드 등을 이용하여 전자적으로 관리하는 시스템
행정정보 시스템	행정기관이 행정정보를 생산·수집·가공·저장·검색·제공 송신·수신하고 활용할 수 있도록 하드웨어·소프트웨어·데이터베이스 등을 통합한 시스템

(2) 「행정효율과 협업 촉진에 관한 규정」상 공문서의 종류

법규문서	헌법·법률·대통령령·총리령·부령·조례·규칙 등에 관한 문서 [22 채용]
지시문서	훈령·지시·예규·일일명령 등 행정기관이 그 하급기관이나 소속 공무원에 대하여 일정한 사항을 **지시하는** 문서 [22 채용]
공고문서	고시·공고 등 행정기관이 일정한 사항을 **일반에게 알리는** 문서 [22 채용]
비치문서	행정기관이 일정한 사항을 기록하여 행정기관 **내부에 비치**하면서 업무에 활용하는 대장 카드 등의 문서 [22 채용]
민원문서	**민원인이** 행정기관에 허가, 인가, 그 밖의 처분 등 특정한 행위를 요구하는 문서와 그에 대한 처리문서(일반문서X) [22 채용]
일반문서	위에 속하지 않는 모든 문서 [22 채용]

(3) 「행정효율과 협업 촉진에 관한 규정」상 문서의 성립 및 효력 발생

① 문서는 결재권자가 해당 문서에 **서명**(전자이미지서명, 전자문자서명 및 행정전자서명을 포함)의 방식으로 **결재함으로써 성립**한다.
② 문서는 **수신자에게 도달**(전자문서의 경우는 수신자가 관리하거나 지정한 전자적 시스템 등에 **입력**)됨으로써 효력을 발생한다.
③ 공고문서는 그 문서에서 효력발생 시기를 구체적으로 밝히고 있지 않으면 그 고시 또는 공고 등이 **있은 날부터 5일**이 경과한 때에 효력이 발생한다.

(4) 「행정효율과 협업 촉진에 관한 규정」상 문서작성의 일반원칙

① 문서는 「국어기본법」 제3조 제3호에 따른 어문규범에 맞게 한글로 작성하되, **뜻을 정확하게 전달하기 위하여 필요한 경우에는 괄호 안에 한자나 그 밖의 외국어를 함께 적을 수 있으며**, 특별한 사유가 없으면 가로로 쓴다.
② 문서의 내용은 간결하고 명확하게 표현하고 일반화되지 않은 약어와 전문용어 등의 사용을 피하여 이해하기 쉽게 작성하여야 한다.
③ **문서에는 음성정보나 영상정보 등이 수록되거나 연계된 바코드 등을 표기할 수 있다.**
④ 문서에 쓰는 숫자는 특별한 사유가 없으면 아라비아 숫자를 쓴다.
⑤ 문서에 쓰는 날짜는 숫자로 표기하되, 연·월·일의 글자는 생략하고 그 자리에 온점을 찍어 표시하며, 시·분은 24시각제에 따라 숫자로 표기하되, 시·분의 글자는 생략하고 그 사이에 쌍점을 찍어 구분한다. 다만, 특별한 사유가 있으면 다른 방법으로 표시할 수 있다.
⑥ 문서 작성에 사용하는 용지는 특별한 사유가 없으면 가로 210밀리미터, 세로 297밀리미터의 직사각형 용지로 한다.

(5) 「행정효율과 협업 촉진에 관한 규정」 및 「행정효율과 협업 촉진에 관한 규정시행 규칙」상 문서 기안

① 문서의 기안은 전자문서로 하는 것을 원칙으로 한다. 다만, 업무의 성질상 전자문서로 기안하기 곤란하거나 그 밖의 특별한 사정이 있으면 그러하지 아니하다.
② 기안문에는 영 제8조제4항에 따라 발의자와 보고자의 직위나 직급의 앞 또는 위에 **발의자는 ★표시를 보고자는 ◉표시**를 한다.
③ 기안문에 첨부되는 계산서·통계표·도표 등 작성상의 책임을 밝힐 필요가 있다고 인정되는 첨부물에는 작성자를 표시하여야 한다.
④ 기안자, 검토자 또는 협조자는 기안문의 해당란에 직위나 직급을 표시하고 서명하되, 검토자나 협조자가 영 제9조 제3항 또는 제4항에 따라 다른 의견을 표시하는 경우에는 직위나 직급 다음에 "(의견 있음)"이라고 표시하여야 한다.
⑤ 총괄책임자(영 제60조에 따른 처리과의 업무분장상 여러 개의 단위업무를 총괄하는 책임자를 말한다.)는 총괄책임자가 총괄하는 단위업무를 분담하는 사람이 기안한 경우 그 기안문을 검토하고 검토자란에 서명을 하되, 다른 의견이 있으면 직위 직급 다음에 "(의견 있음)"이라고 표시하고 기안문 또는 별지에 그 의견을 표시할 수 있다. 다만, 총괄책임자가 출장 등의 사유로 검토할 수 없는 등 부득이한 경우에는 검토를 생략할 수 있으며 서명란에 출장 등 검토할 수 없는 사유를 적어야 한다.

(6) 「행정효율과 협업 촉진에 관한 규정」 및 「행정효율과 협업 촉진에 관한 규정시행규칙」상 문서 결재

① 문서는 해당 행정기관의 장의 결재를 받아야 한다. 다만, 보조기관 또는 보좌기관의 명의로 발신하는 문서는 그 보조기관 또는 보좌기관의 결재를 받아야 한다.
② 결재권자의 서명란에는 서명날짜를 함께 표시한다.
③ 위임전결하는 경우에는 전결하는 사람의 서명란에 "전결" 표시를 한 후 서명하여야 한다.
④ 대결(代決)하는 경우에는 대결하는 사람의 서명란에 "대결" 표시를 하고 서명하되, 위임전결 사항을 대결하는 경우에는 전결하는 사람의 서명란에 "전결" 표시를 한 후 대결하는 사람의 서명란에 "대결" 표시를 하고 서명하여야 한다.
⑤ ①과 ③의 경우에는 서명 또는 "전결" 표시를 하지 아니하는 사람의 서명란은 만들지 아니한다.

제2장
경찰 홍보 및 통제

제1절 경찰홍보

1. 경찰홍보의 의의

의의	① **협의의 경찰홍보** : 경찰의 활동이나 업무와 관련된 사항을 널리 알려서 경찰목적 달성에 유리한 환경을 조성하는 행위이다. ② **광의의 경찰홍보** : **지역 주민의 경찰활동에 대한 참여를 확대**하고 **각종 기관·단체 및 언론 등과의 상호 협조체제를 강화**하여 이를 **경찰이 수행하는 모든 업무에 연계시키는 것까지를 포함**한다.

전략	소극적 홍보전략	① 현행 공보실과 기자실의 운영방식 ② 비밀주의와 공개최소화 원칙 ③ 언론접촉규제 ④ 홍보와 다른 기능의 분리
	적극적 홍보전략	① 대중매체의 적극적 이용 ② 공개주의와 비밀최소화의 원칙 ③ 모든 경찰관의 홍보요원화 ④ 홍보와 다른 기능의 연계를 통한 총체적 홍보전략

유형	협의의 홍보 (PR : Public Relations)	인쇄매체, 유인물 등 각종 매체를 통하여 개인이나 단체의 긍정적인 점을 일방적으로 알리는 활동을 의미한다.		
	지역공동체관계 (CR : Community Relations)	경찰이 지역사회내의 각종 기관(미디어, 공공기관, 교육기관, 병원 등), 단체 및 주민들과 유기적인 연락을 통한 협조체계를 구축·유지하여 지역사회 각계각층의 다양한 요구에 잘 대응하는 경찰활동을 하는 동시에, 경찰의 활동 중 긍정적인 측면을 지역사회에 폭넓게 알려주는 종합적인 지역사회 홍보체계를 의미한다.		
	언론 관계 (Press Relations)	신문, 잡지, TV나 라디오 등 대중매체의 보도를 돕기 위한 것으로 대개 사건·사고에 대한 기자들의 질의·질문에 응답하는 대응적이고 소극적인 홍보활동이다.		
		R Mark	"단란하고 행복스럽지 않지만 오래 지속되는 **결혼생활**"에 비유한다.	
		G Crandon	경찰과 대중매체는 상호 필요성 때문에 **공생관계**로 발전한다고 강조한다.	
		R Ericson	경찰과 대중매체는 서로 얽혀서 범죄와 정의, 사회질서를 해석 규정하는 역할을 수행하고 있다. 즉, 경찰과 대중매체는 **서로 연합**하여 그 사회의 일탈에 대한 개념을 규정하며, 도덕성과 정의를 규정 짓는 **사회적 엘리트 집단을 구성**한다고 주장한다.	

유형	대중매체 관계 (Media Relations)	언론관계(Press Relations)보다는 그 대상과 범위가 확대되고 발전한 것으로 보다 종합적인 홍보활동을 말한다. 단순히 기자들의 질문에 응답만 하는 것이 아니라 신문·방송 등 각종 대중매체의 제작자와 긴밀한 협조관계를 구축·유지하여 대중매체에서 원하는 바를 충족시켜주는 것과 동시에, 경찰의 긍정적인 측면을 널리 알리는 활동이다.
	기업 이미지식 경찰홍보	① 오늘날 모든 행정이 **시민**을 '**소비자(consumer)**'로 보고 **시민 위주의 행정**이라는 사고방식에서 발달한 개념이다. ② 영미를 중심으로 발달한 적극적인 홍보활동으로 경찰이 더 이상 독점적 치안기구가 아니라는 인식에 근거한 개념이다. ③ 일반기업이 이미지 제고를 위해 유료광고를 내고 친근한 상징물(character)을 개발·전파하는 것과 마찬가지로 우리 경찰도 **포돌이·포순이** 등 친근한 캐릭터를 이용하여 조직 이미지를 고양시키는 홍보활동이다. 즉, 국민의 지지도를 향상시켜 필요한 예산을 획득하고 타 기관과의 협력을 확보하여 경찰목적을 달성하려는 종합적이고 계획적인 홍보활동을 의미한다.

2.「언론중재 및 피해구제 등에 관한 법률」

정의 (제2조)	이 법에서 사용하는 용어의 뜻은 다음과 같다. 1. "언론"이란 방송, 신문, 잡지 등 정기간행물, 뉴스통신 및 인터넷신문을 말한다. 12. "언론사"란 방송사업자, 신문사업자, 잡지 등 정기간행물사업자, 뉴스통신사업자 및 인터넷신문사업자를 말한다. 16. "**정정보도**"란 언론의 보도 내용의 전부 또는 일부가 진실하지 아니한 경우 이를 **진실에 부합되게 고쳐서** 보도하는 것을 말한다. 17. "**반론보도**"란 언론의 보도 내용의 진실 여부에 관계없이 그와 **대립되는 반박적 주장**을 보도하는 것을 말한다.
사실적 주장의 판단과 증명책임 [대판 2011.9.2. 2009다 52649(전합)]	① 사실적 주장이란 의견표명에 대치되는 개념으로서 사실적 주장과 의견표명이 혼재할 경우 양자를 구별할 때에는 해당 언론보도의 객관적인 내용과 아울러 해당 언론보도가 게재한 문맥의 **보다 넓은 의미나 배경이 되는 사회적 흐름 및 시청자에게 주는 전체적인 인상**도 함께 고려하여야 한다. [21 경간] ② 복잡한 사실관계를 알기 쉽게 단순하게 만드는 과정에서 일부 특정한 사실관계를 압축, 강조하거나 대중의 흥미를 끌기 위해 실제 사실관계에 장식을 가하는 과정에서 **다소의 수사적 과장이 있더라도 전체적인 맥락**에서 보아 보도내용의 중요 부분이 진실에 합치한다면 그 보도의 진실성은 인정된다. [21 경간] ③ 정정보도를 청구하기 위하여는 **피해자**가 사실적 주장에 관한 언론보도가 진실하지 아니하다는 점을 적극적으로 **증명**할 것이 필요하고, 그 언론보도가 사실이라는 증명이 없다는 것만으로는 정정보도를 청구할 수는 없다고 할 것이다.

언론중재
위원회
(제7조)
	① 언론 등의 보도 또는 매개로 인한 분쟁의 조정·중재 및 침해사항을 심의하기 위하여 언론 중재위원회를 둔다.
	② 중재위원회는 다음 각 호의 사항을 심의한다.
	   1. 중재부의 구성에 관한 사항
	   2. 중재위원회규칙의 제정·개정 및 폐지에 관한 사항
	   3. 제11조 제2항에 따른 사무총장의 임명 동의
	   4. 제32조에 따른 시정권고의 결정 및 그 취소결정
	   5. 그 밖에 중재위원회 위원장이 회의에 부치는 사항
	③ 중재위원회는 **40명 이상 90명 이내**의 중재위원으로 구성하며, 중재위원은 다음 각 호의 사람 중에서 **문화체육관광부장관**이 위촉한다. 이 경우 제1호부터 제3호까지의 위원은 각각 중재위원 정수의 **5분의 1 이상**이 되어야 한다.
	   1. 법관의 자격이 있는 사람 중에서 법원행정처장이 추천한 사람
	   2. 변호사의 자격이 있는 사람 중에서「변호사법」제78조에 따른 대한변호사협회의 장이 추천한 사람
	   3. 언론사의 취재·보도 업무에 10년 이상 종사한 사람
	   4. 그 밖에 언론에 관하여 학식과 경험이 풍부한 사람
	④ 중재위원회 **위원장** 1명과 **2명** 이내의 부위원장 및 **2명** 이내의 감사를 두며, 각각 중재위원 중에서 **호선**한다.
	⑤ 위원장·부위원장·감사 및 중재위원의 **임기는 각각 3년**으로 하며, **한 차례만 연임할 수 있다.**
	⑥ 위원장은 중재위원회를 대표하고 중재위원회의 업무를 총괄한다.
	⑦ 부위원장은 위원장을 보좌하며, 위원장이 부득이한 사유로 직무를 수행할 수 없을 때에는 중재위원회규칙으로 정하는 바에 따라 그 직무를 대행한다.
	⑧ 감사는 중재위원회의 업무 및 회계를 감사한다.
	⑨ 중재위원회의 회의는 재적위원 과반수의 출석과 출석위원 과반수의 찬성으로 의결한다.
	⑩ 중재위원은 명예직으로 한다. 다만, 대통령령으로 정하는 바에 따라 수당과 실비보상을 받을 수 있다.
	⑪ 중재위원회의 구성·조직 및 운영에 필요한 사항은 중재위원회규칙으로 정한다.

2-2. 정정보도청구권

의의	언론의 보도내용의 전부 또는 일부가 진실하지 아니한 경우 이를 진실에 부합되게 고쳐서 보도하도록 청구하는 것을 말한다.
요건	① 사실적 주장에 관한 언론보도등이 진실하지 아니함으로 인하여 피해를 입은 자("피해자")는 해당 언론보도등이 있음을 **안 날부터 3월** 이내에 언론사, 인터넷뉴스 서비스사업자 및 인터넷 멀티미디어 방송사업자("언론사등")에게 그 언론보도 등의 내용에 관한 **정정보도를 청구할 수 있다.** 다만, 해당 언론보도등이 있은 후 **6월**이 지났을 때에는 그러하지 아니하다. ② 정정보도청구에는 **언론사 등의 고의·과실**이나 **위법성**을 필요로 하지 아니한다. [21 채용] ③ 국가·지방자치단체, 기관 또는 단체의 장은 해당 업무에 대하여 그 기관 또는 단체를 대표하여 정정보도를 청구할 수 있다.

행사	① 정정보도 청구는 언론사 등의 **대표자에게 서면**으로 하여야 하며, 청구서에는 피해자의 성명·주소·전화번호 등의 연락처를 적고, 정정의 대상인 언론보도등의 내용 및 정정을 청구하는 이유와 청구하는 정정보도문을 명시하여야 한다. 다만, 인터넷신문 및 인터넷뉴스 서비스의 언론보도등의 내용이 해당 인터넷 홈페이지를 통하여 계속 보도 중이거나 매개 중인 경우에는 그 내용의 정정을 함께 청구할 수 있다. [20 승진] ② ①의 청구를 받은 언론사 등의 대표자는 **3일** 이내에 그 수용 여부에 대한 **통지**를 청구인에게 발송하여야 한다. 이 경우 정정의 대상인 언론보도등의 내용이 방송이나 인터넷신문, 인터넷뉴스서비스 및 인터넷 멀티미디어 방송의 보도과정에서 성립한 경우에는 해당 언론사이 그러한 사실이 없었음을 입증하지 아니하면 그 사실의 존재를 부인하지 못한다. ③ 언론사 등이 정정보도청구를 수용할 때에는 지체 없이 피해자 또는 그 대리인과 정정보도의 내용 크기 등에 관하여 협의한 후, **그 청구를 받은 날부터 7일** 내에 정정보도문을 방송하거나 게재하여야 한다. 다만, 신문 및 잡지 등 정기간행물의 경우 이미 편집 및 제작이 완료되어 부득이할 때에는 다음 발행 호에 이를 게재하여야 한다.
거부	다음에 해당하는 사유가 있는 경우에는 언론사등은 **정정보도 청구를 거부**할 수 있다. ㉠ 피해자가 정정보도청구권을 행사할 정당한 이익이 없는 경우 승진 ㉡ 청구된 정정보도의 내용이 명백히 사실과 다른 경우 ㉢ 청구된 정정보도의 내용이 명백히 위법한 내용인 경우 ㉣ **상업적인(공익적인X)** 광고만을 목적으로 하는 경우 ㉤ 청구된 정정보도의 내용이 국가·지방자치단체 또는 공공단체의 공개회의와 법원의 **공개(비공개X)** 재판 절차의 사실보도에 관한 것인 경우 [20 승진, 20 경간]

2-3. 반론보도청구권

의의	언론중재 및 피해구제 등에 관한 법률에 근거해서 언론의 보도로 피해를 받은 자가 해당 언론사에 **자신이 작성한 반론문을 게재 또는 방송해 줄 것을 요구**하는 것을 말한다.
요건	① 사실적 주장에 관한 언론보도등으로 인하여 피해를 입은 자는 그 보도 내용에 관한 반론보도를 언론사 등에 청구할 수 있다. [22 채용] ② 반론보도청구에는 언론사 등의 **고의·과실**이나 **위법성**을 필요로 하지 아니하며, 보도 내용의 **진실 여부**와 **상관없이** 그 청구를 할 수 있다. [22 채용] ③ 반론보도 청구에 관하여는 정정보도 청구에 관한 규정을 준용한다.

2-4. 추후보도청구권

① 언론등에 의하여 범죄혐의가 있거나 형사상의 조치를 받았다고 보도 또는 공표된 자는 그에 대한 형사절차가 무죄판결 또는 이와 동등한 형태로 종결되었을 때에는 그 사실을 **안 날부터 3개월** 이내에 언론사에 이 사실에 관한 추후보도의 게재를 청구할 수 있다.
② 추후보도에는 청구인의 명예나 권리 회복에 필요한 설명 또는 해명이 포함되어야 한다.
③ 추후보도청구권에 관하여는 ① 및 ②에 규정된 것을 제외하고는 정정보도청구권에 관한 이 법의 규정을 준용한다.
④ 추후보도청구권은 특별한 사정이 있는 경우를 제외하고는 이 법에 따른 정정보도청구권이나 반론보도청구권의 행사에 영향을 미치지 아니한다.

2-5. 조정

조정신청	① 이 법에 따른 정정보도청구등과 관련하여 분쟁이 있는 경우 **피해자 또는 언론사** 등은 중재위원회에 조정을 신청할 수 있다. [21 채용, 20 승진] ② 피해자는 언론보도 등에 의한 피해의 배상에 대하여 정정보도청구기간 이내(보도가 **있음을 안 날부터 3월 이내**, 보도가 있은 후 **6월 이내**)에 중재위원회에 조정을 신청할 수 있다. 이 경우 피해자는 손해배상액을 명시하여야 한다. ③ 정정보도청구등과 손해배상의 조정신청은 신청기간 이내에 서면 또는 구술이나 그 밖에 대통령령으로 정하는 바에 따라 전자문서 등으로 하여야 하며, 피해자가 언론사에 먼저 정정보도 등을 청구한 때에는 피해자와 언론사간의 **협의가 불성립된 날**(언론사가 피해자의 청구를 거부한다는 명시적인 의사표시를 기재한 문서를 피해자가 수령한 날)부터 **14일 이내**에 하여야 한다.
조정결정	① 조정은 관할 중재부에서 한다. 관할구역을 같이 하는 중재부가 여럿일 경우에는 중재위원회 위원장이 중재부를 지정한다. ② 조정은 **신청 접수일부터 14일** 이내에 하여야 하며, 중재부의 장은 조정신청을 접수하였을 때에는 지체 없이 조정기일을 정하여 당사자에게 출석을 요구하여야 한다. ③ 출석요구를 받은 **신청인**이 2회에 걸쳐 출석하지 아니한 경우에는 조정신청을 **취하**한 것으로 보며, 피신청 **언론사** 등이 2회에 걸쳐 출석하지 아니한 경우에는 조정신청 취지에 따라 정정보도 등을 이행하기로 **합의**한 것으로 본다. [22 채용] ④ 출석요구를 받은 자가 천재지변이나 그 밖의 정당한 사유로 출석하지 못한 경우에는 그 사유가 소멸한 날부터 **3일 이내**에 해당 중재부에 이를 소명하여 기일 속행신청을 할 수 있다. ⑤ 조정기일에 중재위원은 조정 대상인 분쟁에 관한 사실관계와 법률관계를 당사자들에게 설명·조언하거나 절충안을 제시하는 등 **합의를 권유할 수 있다**. ⑥ 조정은 **비공개를 원칙**으로 하되, 참고인의 진술청취가 필요한 경우 등 필요하다고 인정되는 경우에는 중재위원회규칙으로 정하는 바에 따라 참석이나 방청을 허가할 수 있다.
직권 조정결정	① 당사자 사이에 합의가 이루어지지 아니한 경우 또는 신청인의 주장이 이유 있다고 판단되는 경우 중재부는 당사자들의 이익이나 그 밖의 모든 사정을 고려하여 신청취지에 반하지 아니하는 한도에서 직권조정결정을 할 수 있다. 이 경우 그 결정은 **조정신청 접수일부터 21일** 이내에 하여야 한다. ② 직권조정결정에 불복하는 자는 **결정 정본을 송달받은 날부터 7일 이내**에 불복 사유를 명시하여 서면으로 중재부에 이의 신청을 할 수 있다. 이 경우 그 결정은 효력을 상실한다.
합의효력	초청결과 당사자간에 합의가 성립한 경우, 합의가 이루어진 것으로 보는 경우, 직권조정결정에 대하여 이의 신청이 없는 경우에는 **재판상 화해와 같은 효력**이 있다.

2-6. 중재 [21 채용]

① 당사자 양쪽은 정정보도청구 등 또는 손해배상의 분쟁에 관하여 중재부의 종국적 결정에 따르기로 **합의하고** 중재를 신청할 수 있다.
② 중재신청은 **조정절차 계속 중에도 할 수 있다.**
③ 중재결정은 확정판결과 동일한 효력이 있다.

2-7. 소송

① 피해자는 언론보도가 있음을 안 날부터 3월, 있은 날부터 6월 이내에 법원에 정정보도청구 등의 소를 제기할 수 있다.
② 정정보도청구 등의 소는 접수 후 3개월 이내에 판결을 선고하여야 한다.
③ 법원은 언론보도 등에 의하여 피해를 받았음을 이유로 하는 재판은 다른 재판에 우선하여 신속히 하여야 한다.

제2절 경찰통제

1. 경찰통제

의의	경찰의 업무성격상 유혹을 받기 쉬우며, 업무범위가 광범위하고 다양한 특성을 갖고있어 경찰조직과 활동을 철저하게 감시함으로써 조직과 활동의 적정성을 도모하기 위한 제도적 장치를 경찰통제라 한다.
필요성	① 경찰의 **민주적 운용** ② 경찰의 **정치적 중립**확보 ③ 경찰활동의 **법치주의** 도모 ④ 국민의 **인권보호** ⑤ 조직 자체의 **부패를 방지**하고 건강성 유지 ▶ 경찰통제는 경찰의 **능률성** 확보를 위한 것이다. (X) ▶ 경찰통제는 국민의 경찰이라는 관점에서, **경찰의 민주성 추구**라는 이념과 **배치**된다. (X)

기본요소		
	경찰정보 공개	정보의 공개는 행정통제의 근본 또는 전제요소로써 행정의 공정성, 투명성 및 신뢰성을 확보하고 국민의 권익보호를 위해 「공공기관의 정보공개에 관한 법률」에 근거하여 이루어진다.
	권한의 분산	① 권한이 중앙이나 일부계층에 집중되어 있을 때 남용의 위험이 크기 때문에 자치경찰제 실시와 같은 권한의 분산이 이루어져야 한다. ② 권한의 분산은 자치경찰제의 시행 뿐만 아니라 경찰의 중앙조직과 지방조직간의 권한의 분산, 상위계급자와 하위급자간의 권한의 분산 등도 필요하다.
	절차적 참여보장	국민의 행정참여를 도모함으로써 행정의 공정성, 투명성 및 신뢰성을 확보하고 국민의 권익보호를 위해 「행정절차법」에 의한 절차적 권리가 인정된다.
	책임	① 경찰은 그 구성원 개인의 위법행위나 비위에 대해서 형사책임·민사책임·징계책임·변상책임을 져야 한다. ▶ 경찰공무원 개인의 징계책임은 지나치게 무겁다는 평가가 있다. ② 경찰기관의 행정에 대해서 조직으로서 책임을 져야 한다. ▶ 조직의 과오에 대하여 정책결정의 책임보다는 경찰공무원 개인의 책임으로 돌리는 경우가 많다.
	환류 (피드백)	경찰행정의 목표와 관련하여 그 수행과정의 적정 여부를 확인하는 과정으로 그 확인결과에 따라 책임을 추궁하고, 환류(피드백)를 통하여 발전한다.

1-2. 민주적 통제와 사법적 통제

민주적 통제	사법적 통제
① **영미법계**에서 발달 [21 법학] ② **국가경찰위원회제도, 국민감사청구제도, 경찰책임자 선거, 자치경찰제 시행, 경찰책임자 선거** 등 제도적 장치를 통하여 시민으로 하여금 직접 또는 그 대표기관을 통한 참여와 감시를 가능케 하는 시스템을 말한다. [20 채용] ③ 우리나라에서는 경찰 조직이 민주성 확보를 위해서 경찰위원회제도와 자치경찰제도가 시행되고 있으나, 선거제도는 시행하고 있지 않다.	① **대륙법계**에서 발달 (주로 사후적 통제) ② **행정소송, 국가배상제도** 등 사법심사를 통하여 통제하는 시스템이다.

• 참고 •

① 국민감사청구제도 : **18세 이상**의 국민은 공공기관의 사무처리가 법령위반 또는 부패행위로 인하여 공익을 현저히 해하는 경우 **300인 이상**의 국민의 **연서**로 감사원에 감사를 청구할 수 있다.
② 행정소송 : 열기주의에서 개괄주의로 전환함으로써 법원에 의한 경찰의 통제범위 확대하였다.

1-3. 사전통제와 사후통제 [22 채용, 20 경간]

사전 통제	사후 통제
① **행정절차법** [21 법학, 20 승진] → 의견제출, 청문, 입법예고, 행정예고 등 ② 입법기관인 **국회의 입법권·예산심의권** 등 ③ 국가경찰위원회의 심의·의결	① 국회에 의한 예산결산권, 국정감사·조사권 ② 행정부 내의 행정심판·징계책임 ③ 사법부에 의한 사법심사(행정소송) ④ **상급기관의 하급기관에 대한 감독권** 등

1-4. 내부통제와 외부통제

내부 통제	외부 통제	
① **감사관**제(청문감사인권관) ② 훈령권 및 직무명령권 ③ 이의 신청의 재결권	입법 통제	국회의 입법권, 예산의 심의·의결권, 예산결산권, 경찰청장에 대한 탄핵소추의결, 국정조사·감사권 등
	행정 통제	① 대통령에 의한 통제 : 경찰청장 및 국가경찰위원회 위원 임명권 ② 감사**원**에 의한 통제 : 세입·세출의 결산확인, 직무감찰 등 ③ **행정안전부장관**에 의한 통제 : 경찰청장과 국가경찰위원회 위원의 임명제청권 등 ④ **국민권익위원회**에 의한 통제 : 부패방지와 국민의 권익보호 ⑤ **국가인권위원회**에 의한 통제 ⑥ 중앙**행정심판**위원회에 의한 통제 : 경찰관청의 위법·부당한 처분에 대한 행정심판 재결권 ⑦ **국가경찰위원회**에 의한 통제 ⑧ **소청심사위원회**(인사혁신처 소속)에 의한 통제 ⑨ 국가정보원(정보·보안 업무), 국방부(대간첩작전), 검찰(수사)에 의한 통제
	사법 통제	행정소송 등 (**행정심판**에 의한 통제는 사법통제이다X)
	민중 통제	여론, 국민감사청구제도, 이익집단, 언론기관, 정당, NGO 등을 통한 직·간접 통제

• 참고 •

① 감사관제(청문감사인권관) : 경찰서의 감찰·감사업무도 관장하면서 민원인의 고충상담과 경찰서 내의 인권보호 상황을 확인·점검하는 임무를 수행한다.
② **국가경찰위원회**에 의한 통제 : 행정안전부장관의 재의요구권 때문에 명실상부한 민주적 통제장치로 보기 어렵다.
③ 법원의 사법심사를 통한 통제(행정소송 등) : 위법한 행정작용을 억제하는 효과가 있으며 국민의 권리구제에도 기여한다. 하지만, 사법통제는 **사후통제**이기 때문에 행정결정에 대하여 효과적인 구제책이 되지 못하고, 소송절차가 복잡하고 시간과 경비가 많이 소요되며, 위법성 여부만을 다룰 수 있을 뿐이며 행정의 비능률성이나 부작위, 부당한 재량행위는 다룰 수 없다는 점 등이 문제점으로 제기되고 있다.

2. 「경찰 감찰 규칙」 (경찰청훈령)

목적 (제1조)	이 규칙은 경찰청 및 그 소속기관("경찰기관")에 소속하는 경찰공무원 별정·일반직 공무원(무기계약 및 기간제 근로자를 포함한다), 의무경찰 등("소속공무원")의 공직기강확립과 경찰행정의 **적정성 확보**를 위한 감찰에 필요한 사항을 규정함을 목적으로 한다.
정의 (제2조)	2. "감찰"이란 복무기강 확립과 경찰행정의 적정성을 확보하기 위해 경찰기관 또는 경찰공무원들의 제반업무와 활동 등을 조사·점검·확인하고 그 결과를 처리하는 감찰관의 직무활동을 말한다. 3. "감찰관"이란 제2호에 따른 감찰을 담당하는 경찰공무원을 말한다.
감찰관 행동준칙 (제4조)	감찰관이 감찰활동을 할 때에는 다음 각 호의 준칙에 따라 행동하여야 한다. 1. 감찰관은 적법절차를 준수하고 감찰대상자 소속기관장이나 관계인의 의견을 충분히 수렴한다. 2. 감찰관은 감찰활동을 함에 있어서 소속공무원의 인권을 존중하며, 친절하고 겸손한 자세로 직무를 수행한다. 3. 감찰관은 감찰활동 전 과정에 있어 소속공무원의 사생활의 비밀과 자유를 부당하게 침해하지 않는다. 4. 감찰관은 직무와 무관한 사상·신념, 정치적 성향 등 불필요한 정보를 수집하지 않는다. 5. 감찰관은 의무위반행위의 유형과 경중에 따른 적정한 방법으로 감찰활동을 수행한다. 6. 감찰관은 객관적인 증거와 조사로 사실관계를 명확히 하고, 공정하게 직무를 수행한다. 7. 감찰관은 직무상 알게 된 사항에 대하여 비밀을 엄수한다. 8. 감찰관은 선행·수범 직원을 발견하는데 적극 노력한다.
감찰관의 결격사유 (제5조)	다음 각 호의 어느 하나에 해당하는 사람은 감찰관이 될 수 없다. 1. **직무와 관련한 금품 및 향응 수수, 공금횡령·유용,「성폭력범죄의 처벌 등에 관한 특례법」에 따른 성폭력범죄로 징계처분을 받은 사람** 2. **제1호 이외의 사유로 징계처분을 받아 말소기간이 경과하지 아니한 사람** 3. 질병 등으로 감찰관으로서의 업무수행이 어려운 사람 4. 기타 감찰관으로서 적합하지 아니하다고 판단되는 사람
감찰관 선발 (제6조)	① 경찰기관의 장은 감찰관 **보직공모에 응모한 지원자 및 3인 이상의 동료로부터 추천받은 자**를 대상으로 적격심사를 거쳐 감찰관을 선발한다. ② 제1항에 따른 감찰관 선발을 위한 적격심사에 관한 세부사항은 경찰청장이 별도로 정한다.
감찰관의 신분보장 (제7조)	① 경찰기관의 장은 감찰관이 제5조에 따른 결격사유에 해당되는 것으로 밝혀졌을 경우와 다음 각 호의 어느 하나에 해당하는 경우를 제외하고는 **2년 이내에 본인의 의사에 반하여 전보하여서는 아니 된다**. 다만, 승진 등 인사관리상 필요한 경우에는 그러하지 아니하다. 1. 징계사유가 있는 경우 2. 형사사건에 계류된 경우 3. 질병 등으로 감찰업무를 수행할 수 없거나 직무수행 능력이 현저히 부족하다고 판단되는 경우 4. 고압·권위적인 감찰활동을 반복하여 물의를 야기한 경우 ② 경찰기관장은 **1년 이상** 성실히 근무한 감찰관에 대해서는 **희망부서를 고려하여 전보**한다.
적격심사 (제8조)	① 경찰기관의 장은 소속 감찰관에 대하여 감찰관 **보직 후 2년마다** 적격심사를 실시하여 인사에 반영하여야 한다.

제척 (제9조)	감찰관은 다음 경우에 당해 감찰직무(감찰조사 및 감찰업무에 대한 지휘를 포함한다)에서 제척된다. 1. 감찰관 본인이 의무위반행위로 인해 감찰대상이 된 때 2. 감찰관 본인이 의무위반행위로 인해 피해를 받은 자("피해자")인 때 3. 감찰관 본인이 의무위반행위로 인해 감찰대상이 된 소속공무원("조사대상자")이나 피해자의 친족이거나 친족관계가 있었던 자인 때 4. 감찰관 본인이 조사대상자나 피해자의 법정대리인이나 후견감독인인 때
기피 (제10조)	① 조사대상자 피해자는 다음 경우에 별지 제1호서식의 감찰관 기피 신청서를 작성하여 그 감찰관이 소속된 경찰기관의 감찰업무 담당 부서장("감찰부서장")에게 해당 감찰관의 기피를 신청할 수 있다. 1. 감찰관이 제9조 각 호의 사유에 해당되는 때 2. 감찰관이 이 규칙을 위반하거나 불공정한 조사를 할 염려가 있다고 볼만한 객관적·구체적 사정이 있는 때 ② 제1항에 따른 감찰관 기피 신청을 접수받은 감찰부서장은 기피 신청이 이유 있다고 인정하는 때에는 담당 감찰관을 재지정하여야 하며, 기피 신청이 이유 있다고 인정하지 않는 때에는 제37조에 따른 감찰처분심의회의 심의를 거쳐 기피 신청 수용 여부를 결정하여야 한다. ③ 제2항의 경우 감찰부서장은 기피 신청자에게 결과를 통보하여야 한다.
회피 (제11조)	① 감찰관은 제9조의 사유에 해당하면 스스로 감찰직무를 회피하여야 하며, 제9조 이외의 사유로 감찰직무를 수행함에 있어 공정성을 잃을 염려가 있다고 인정하는 경우 회피할 수 있다. ② 회피하려는 감찰관은 소속 경찰기관의 감찰부서장에게 별지 제2호 서식을 작성하여 제출하여야 한다.
감찰활동 관할 (제12조)	감찰관은 소속 경찰기관의 관할구역 안에서 활동하여야 한다. 다만, 상급 경찰기관의 장의 지시가 있는 경우에는 관할구역 밖에서도 활동할 수 있다.
특별감찰 (제13조)	경찰기관의 장은 의무위반행위가 자주 발생하거나 그 발생 가능성이 높다고 인정되는 시기, 업무분야 및 경찰관서 등에 대하여는 일정기간 동안 전반적인 조직관리 및 업무추진실태 등을 집중 점검할 수 있다.
교류감찰 (제14조)	경찰기관의 장은 상급 경찰기관의 장의 지시에 따라 소속 감찰관으로 하여금 일정기간 동안 다른 경찰기관 소속 직원의 복무실태, 업무추진 실태 등을 점검하게 할 수 있다.
감찰활동의 착수 (제15조)	① 감찰관은 소속공무원의 의무위반행위에 관한 단서(현장인지, 진정·탄원 등을 포함)를 수집·접수한 경우 소속 경찰기관의 감찰부서장(소속 경찰기관의 장X)에게 보고하여야 한다. ② 감찰부서장은 제1항에 따른 보고를 받은 경우 감찰 대상으로서의 적정성을 검토한 후 감찰활동 착수 여부를 결정하여야 한다.
감찰계획의 수립 (제16조)	① 감찰관은 제15조에 따른 감찰활동에 착수할 때에는 감찰기간과 대상, 중점감찰사항 등을 포함한 감찰계획을 소속 경찰기관의 감찰부서장에게 보고하여 승인을 받아야 한다. ② 감찰관은 사전에 계획하고 보고한 범위에 한하여 감찰활동을 수행하여야 한다. ③ 제1항에 따른 감찰기간은 6개월의 범위 내에서 감찰부서장이 정한다. ④ 감찰관은 계속 감찰활동이 필요한 경우 그 사유를 소명하여 소속 경찰기관의 감찰부서장의 승인을 받아 6개월의 범위 내에서 감찰기간을 연장할 수 있다.

자료제출 요구 등 (제17조)	① 감찰관은 직무상 다음 각 호의 요구를 할 수 있다. 다만, 제2호 및 제3호의 경우에는 필요 최소한의 범위 내에서 요구하여야 한다. 　1. 조사를 위한 출석 　2. 질문에 대한 답변 및 진술서 제출 　3. 증거품 등 자료 제출 　4. 현지조사의 협조 ② 소속공무원은 감찰관으로부터 제1항에 따른 요구를 받은 때에는 정당한 사유가 없는 한 그 요구에 응하여야 한다. [20 승진] ③ 감찰관은 직무수행 중 알게 된 정보나 제출 받은 자료를 감찰 목적 외의 용도로 이용할 수 없다.
감찰관 증명서 등 제시 (제18조)	감찰관은 제17조에 따른 요구를 할 경우 소속 경찰기관의 장이 발행한 별지 제3호서식의 감찰관 증명서 또는 경찰공무원증을 제시하여 신분을 밝히고 감찰활동의 목적을 설명하여야 한다.
감찰활동 결과 보고 및 처리 (제19조)	① 감찰관은 감찰활동 결과 소속공무원의 의무위반행위, 불합리한 제도·관행, 선행·수범 직원 등을 발견한 경우 이를 소속 경찰기관의 장에게 보고하여야 한다. ② 경찰기관의장은 제1항의 결과에 대하여 문책 요구, 시정·개선, 포상 등 필요한 조치를 하여야 한다.
감찰정보의 수집 (제20조)	① 감찰관은 감찰업무와 관련된 다음 각 호의 어느 하나에 해당하는 **감찰정보를 매월 1건** 이상 수집·제출하여야 하며, 감찰관이 아닌 소속공무원도 감찰정보를 수집한 경우에는 이를 감찰부서에 제출할 수 있다. 　1. 비위정보 : 소속공무원의 비위와 관련한 정보 　2. 제도개선자료 : 불합리한 제도·시책, 관행 등의 개선에 관한 자료 　3. 기타자료 : 관리자의 조직관리·운영 실태, 주요 치안시책 등에 대한 현장여론, 비위우려자의 복무 실태 등 인사·조직 운영에 참고가 될 만한 자료 ② 감찰관은 수집한 감찰정보를 별지 제4호 서식의 감찰정보보고서에 따라 작성한 후 경찰청 또는 소속 시·도경찰청의 감찰부서장에게 제출하여야 한다.
감찰정보의 처리 (제21조)	감찰정보를 접수한 감찰부서장은 다음 각 호의 기준에 따라 감찰정보를 구분한다. 　1. 즉시조사대상 : 신속한 진상확인 및 조사·처리가 필요한 사항 　2. 감찰대상 : 사실관계 확인 또는 감찰활동 착수 등 감찰활동이 필요한 사항 　3. 이첩대상 : 해당 경찰기관에서 직접 처리하는 것보다 다른 경찰기관이나 부서 등에서 처리·활용하는 것이 효과적이라고 판단되는 사항 　4. 참고대상 : 감찰업무에 도움이 될 것으로 판단되는 사항 　5. 폐기대상 : 익명 제보 등 출처가 불분명한 정보 또는 이미 제출된 정보와 동일한 정보 등 그 내용상 감찰대상으로서의 가치가 없거나 감찰업무 활용도가 매우 낮을 것으로 예상되는 정보
감찰정보심의회 (제22조)	① 감찰부서장은 다음 각 호의 사항을 결정하기 위하여 감찰정보심의회를 설치·운영할 수 있다. 　1. 제21조에 따른 감찰정보의 구분 　2. 제15조에 따른 감찰활동 착수와 관련된 사항 ② 감찰정보심의회는 위원장을 포함한 3명 이상 5명 이하의 위원으로 구성하며, 위원장은 감찰부서장이 되고 위원은 감찰부서장이 소속 공무원 중에서 지명한다.

구분	내용
평가 및 포상 (제23조)	① 감찰정보 실적은 개인별 평가를 원칙으로 하며, 정보 수집·처리 구분에 따라 점수를 부여하여 평가한다. ② 개인별 감찰정보 실적은 분기별로 종합 평가하고 평가실적이 우수한 직원에 대하여는 포상 등을 제24조(감찰정보시스템) 경찰청 감찰담당관은 감찰정보의 수집·처리, 감찰결과 등의 효율적 관리를 위하여 감찰정보시스템을 구축·운영할 수 있다.
감찰정보시스템 (제24조)	경찰청 감찰담당관은 감찰정보의 수집·처리, 감찰결과 등의 효율적 관리를 위하여 감찰정보시스템을 구축·운영할 수 있다.
출석요구 (제25조)	① 감찰관은 감찰조사를 위해서 조사대상자의 출석을 요구할 때에는 **조사기일 3일** 전까지 별지 제5호서식의 출석요구서 또는 구두로 조사일시, 의무위반행위사실 요지 등을 통지하여야 한다. 다만, **사안이 급박한 경우 또는 조사대상자의 요청**이 있는 경우에는 즉시 조사에 착수할 수 있다. ② 제1항의 경우 조사일시 등을 정할 때에는 조사대상자의 의사를 존중하여야 한다. ③ 감찰관은 의무위반행위와 관련된 내용을 조사할 때에는 사전에 준비를 철저히 하여 잦은 출석으로 인한 피해를 주지 않도록 하여야 한다. ④ 감찰관은 조사대상자의 방어권 보장을 위하여 필요한 경우 조사대상자의 동의를 받아 조사대상자의 소속 부서장에게 제1항에 따른 출석요구 사실을 통지할 수 있다.
변호인의 선임 (제26조)	① 조사대상자는 변호사를 변호인으로 선임할 수 있다. 다만, 감찰부서장의 승인을 받은 경우에는 변호사가 아닌 사람을 특별변호인으로 선임할 수 있다. ② 조사대상자의 변호인으로 선임된 사람은 그 위임장을 미리 감찰관에게 제출하여야 한다.
조사대상자 진술거부권 (제27조)	① 조사대상자는 진술하지 아니하거나 개개의 질문에 대하여 진술을 거부할 수 있다. ② 감찰관은 조사대상자에게 제1항과 같이 진술을 거부할 수 있음을 사전에 고지하여야 한다.

조사참여
(제28조)
	① 감찰관은 조사대상자가 다음 각 호의 사항을 신청할 경우 이에 해당하는 사람을 **참여하게 하거나 동석하도록 하여야 한다.**
	  1. 다음 각 목의 사람의 참여
	    가. 다른 감찰관
	    나. 변호인
	  2. 다음 각 목의 사람의 동석
	    가. **조사대상자의 동료공무원**
	    나. 조사대상자의 직계친족, 배우자, 가족 등 조사대상자의 심리적 안정과 원활한 의사소통에 도움을 줄 수 있는 자
	② 감찰관은 다음 각 호의 사유가 발생한 경우에는 참여자의 참여를 제한하거나 동석자의 퇴거를 요구할 수 있다.
	  1. 참여자 또는 동석자가 조사 과정에 부당하게 개입하거나 조사를 제지·중단시키는 경우
	  2. 참여자 또는 동석자가 조사대상자에게 특정한 답변을 유도하거나 진술 번복을 유도하는 경우
	  3. 그 밖의 참여자 또는 동석자의 언동 등으로 조사에 지장을 초래하는 경우
	③ 감찰관은 참여자의 참여를 제한하거나 동석자를 퇴거하게 한 경우 그 사유를 조사대상자에게 설명하고 그 구체적 정황을 청문보고서 등 조사서류에 기재하여 기록에 편철하여야 한다.

감찰조사 전 고지 (제29조)	① 감찰관은 **감찰조사를 실시하기 전에** 조사대상자에게 **의무위반행위 사실의 요지를 알려야 한다.** ② 제1항의 경우 감찰관은 조사대상자에게 제28조제1항 각 호의 사항을 신청할 수 있다는 사실을 고지하여야 한다.
영상녹화 (제30조)	① 감찰관은 조사대상자가 영상녹화를 요청하는 경우에는 그 조사과정을 영상녹화 하여야 한다. ② 영상녹화의 범위 및 영상녹화사실의 고지, 영상녹화물의 관리와 관련된 사항은 「범죄수사규칙」의 영상녹화 관련 규정을 준용한다.
조사시 유의사항 (제31조)	① 감찰관은 조사시 엄정하고 공정하게 진실 발견에 노력하여야 한다. ② 감찰관은 조사지 조사대상자의 이익이 되는 주장 및 제출자료 등에 대해서도 사실관계를 명확히 하여 조사내용에 반영하여야 한다. ③ 감찰관은 조사시 조사대상자의 연령, 성별 등을 고려하여 언행에 유의하여야 한다. ④ 감찰관은 감찰에 필요한 정보 등을 제공한 자 또는 피해자에 대해서는 가명조서를 작성하는 등의 방법으로 비밀을 유지하고 그 신원을 보호하여야 한다. ⑤ 감찰부서장은 성폭력·성희롱 피해 여성에 대하여는 피해자의 의사에 반하지 않는 한 **여성** 경찰공무원이 조사하도록 하여야 하고 조사 과정에서 피해자의 인격이나 명예가 손상되거나 사적인 비밀이 침해되지 않도록 하여야 한다. ⑥ 감찰관은 피해자를 조사할 경우 피해자의 심리상태를 확인하여야 하고, 필요 시 소속 경찰기관의 감찰부서장에게 보고하여 피해자 심리 전문요원의 조치를 받을 수 있도록 하여야 한다.
심야조사의 금지 (제32조)	① 감찰관은 **심야**(**자정부터 오전 6시까지**를 말한다)에 조사를 하여서는 아니 된다. [20 승진] ② 감찰관은 조사대상자 또는 그 변호인의 별지 제6호 서식에 의한 **심야조사 요청**이 있는 경우에는 **예외적으로 심야조사를 할 수 있다.** 이 경우 심야조사의 사유를 조서에 명확히 기재하여야 한다.
휴식시간 부여 (제33조)	① 감찰관은 조사에 장시간이 소요되는 경우 특별한 사정이 없는 한 조사 도중에 **최소한 2시간마다 10분 이상**의 휴식시간을 **부여**하여 조사대상자가 피로를 회복할 수 있도록 노력하여야 한다. ② 감찰관은 조사대상자가 조사 도중에 휴식시간을 요청하는 때에는 조사에 소요된 시간, 조사대상자의 건강상태 등을 고려하여 적정하다고 판단될 경우 휴식시간을 부여하여야 한다. ③ 감찰관은 조사 중인 조사대상자의 건강상태에 이상 징후가 발견되면 의사의 진료를 받게 하거나 휴식을 취하게 하는 등 필요한 조치를 취하여야 한다.
감찰조사 후 처리 (제34조)	① 감찰관은 감찰조사를 종료한 때에는 소속 경찰기관의 장에게 별지 제7호 서식의 진술조서, 증빙자료 등과 함께 감찰조사 결과를 보고하여야 한다. ② 제1항의 경우 감찰관은 조사대상자에게 감찰조사 결과 요지를 서면 또는 전화, 문자메시지(SMS) 전송 등의 방법으로 통지하여야 한다. ③ 감찰관은 조사한 의무위반행위사건이 소속 경찰기관의 징계관할이 아닌 때에는 관할경찰기관으로 이송하여야 한다. ③ 의무위반행위사건을 이송 받은 경찰기관의 감찰부서장은 필요시 해당 사건에 대하여 추가 조사 등을 실시할 수 있다.

민원사건의 처리 (제35조)	① 감찰관은 소속 공무원 등의 의무위반사실에 대한 **민원을 접수**하였을 때에는 **접수일로부터 2개월 내에 신속히 처리하여야 한다.** 다만, 부득이한 사유로 민원을 기한내에 처리할 수 없을 때에는 소속 경찰기관의 감찰부서장에게 보고하여 그 처리 기간을 연장할 수 있다. ② 민원사건을 배당받은 감찰관은 민원인, 피민원인 등 관련자에 대한 감찰조사 등을 거쳐 사실관계를 명확히 하여야 한다. ③ 감찰관은 불친절 또는 경미한 복무규율위반에 관한 민원사건에 대해서는 민원인에게 정식 조사절차 또는 조정절차를 선택할 수 있음을 고지하고 민원인이 조정절차를 선택한 때에는 해당 소속공무원의 사과, 해명 등의 조정절차를 진행하여야 한다. 다만, 조정이 이루어지지 아니한 때에는 지체없이 조사절차를 진행하여야 한다. ④ 감찰관은 민원사건을 접수한 경우 접수 후 **매 1개월이 경과한 때**와 감찰조사를 종결하였을 때에 민원인 또는 피해자에게 사건처리 진행상황을 통지하여야 한다. 다만, 진행상황에 대한 통지가 감찰조사에 지장을 주거나 피해자 또는 사건관계인의 명예와 권리를 부당히 침해할 우려가 있는 때에는 통지하지 않을 수 있다. ⑤ 제4항에 따른 통지는 문서로 하여야 한다. 다만, 신속하거나 민원인이 요청하는 경우에는 구술 또는 전화로 통지할 수 있다.
기관통보 사건처리 (제36조)	① 감찰관은 다른 경찰기관 또는 검찰, 감사원 등 다른 행정기관으로부터 통보받은 소속 공무원의 의무위반행위에 대해서는 **통보받은 날로부터 1개월** 이내에 신속히 처리하여야 한다. ② 감찰관은 검찰·경찰, 그 밖의 수사기관으로부터 수사개시 통보를 받은 경우에는 징계의결 요구권자의 결재를 받아 해당 기관으로부터 수사결과의 통보를 받을 때까지 감찰조사, 징계의결요구 등의 절차를 진행하지 아니 할 수 있다.

감찰처분심의회 (제37조)	① 감찰부서장은 다음 각 호의 사항을 심의하기 위하여 감찰처분심의회를 설치·운영할 수 있다.
	  1. 감찰결과 처리 및 양정과 관련한 사항
	  2. 감찰결과에 대한 이의 신청 처리와 관련한 사항
	  3. 감찰결과의 공개와 관련한 사항
	  4. 감찰관 기피 신청과 관련한 사항
	② 처분심의회는 위원장을 포함한 3명 이상 7명 이하의 위원으로 구성하며 위원장은 감찰부서장이 되고 위원은 감찰부서장이 소속 공무원 중에서 지명하거나 학식과 경험을 고루 갖춘 해당 분야의 외부전문가 중에서 위촉할 수 있다.

감찰결과에 대한 이의신청 (제38조)	① 제34조 제2항에 따른 통지를 받은 조사대상자는 그 **통지를 받은 날부터 10일** 이내에 감찰을 주관한 경찰기관의 장에게 이의 신청을 할 수 있다. 다만, 감찰결과 징계요구된 사건에 대해서는 징계위원회에서의 의견진술 등의 절차로 이의 신청을 갈음할 수 있다. ② 제1항의 이의 신청을 접수한 경찰기관의 장은 처분심의회의 심의를 거쳐 이의 신청이 이유 없다고 인정될 때에는 이를 기각하고 이유 있다고 인정될 때에는 그 감찰조사 결과를 취소하거나 변경하여야 한다.

감찰결과의 공개 (제39조)	① 감찰결과는 **원칙적으로 공개하지 아니한다.** 다만, 유사한 비위의 재발을 방지하기 위하여 다음 각 호의 경우에는 **감찰결과 요지를 공개할 수 있다.** 1. 중대한 비위행위 (금품·향응수수, 공금횡령·유용, 정보유출, 독직폭행, 음주운전 등) 2. 언론 등 사회적 관심이 집중되어 사생활 보호의 이익보다 국민의 알권리 충족 등 공공의 이익이 현저하게 크다고 판단되는 사안 ② 감찰결과의 공개 여부는 경찰기관의 장이 처분심의회의 의견을 들어 최종 결정한다. ③ 경찰기관의 장은 감찰결과를 공개할 경우 사건관계인의 사생활과 명예가 보호될 수 있도록 다음 각 호의 사항이 공개되지 않도록 보호조치를 하여야 한다. 1. 성명, 소속 등 사건관계인의 개인정 2. 비위혐의와 직접 관련이 없는 개인의 신상 및 사생활에 관한 내용 3. 사건관계인의 징계경력 또는 감찰조사경력 자료 4. 감찰사건 기록의 원본 또는 사본
감찰관의 징계 등 (제40조)	① 경찰기관장은 감찰관이 이 규칙에 위배하여 직무를 태만히 하거나 권한을 남용한 경우 및 직무상 취득한 비밀을 누설한 경우에는 해당 사건의 담당 감찰관 교체, 징계요구 등의 조치를 한다. ② 감찰관의 의무위반행위에 대해서는 「경찰공무원 징계령 세부시행규칙」의 **징계양정에 정한 기준보다 가중하여 징계조치한다.**
감찰활동 방해 등 (제41조)	경찰기관장은 조사대상자가 정당한 이유 없이 출석 거부, 현지조사 불응, 협박 등의 방법으로 감찰조사를 방해하는 경우에는 징계요구 등의 조치를 할 수 있다.

3. 「경찰청 감사 규칙」(경찰청훈령) [22 채용]

감사대상기관 (제3조)	① 경찰청장의 감사 대상기관은 다음 각 호와 같다. 　1. 경찰청과 그 소속기관 직제에 따른 경찰청 및 그 소속기관 　2. 「공공기관 운영에 관한 법률」에 따라 경찰청 소관으로 지정·고시된 공공기관 　3. 법령에 의하여 경찰청장이 기관 임원의 임명·승인, 정관의 승인, 감독 등을 하는 법인 또는 단체 　4. 「행정안전부 및 그 소속청 비영리법인의 설립 및 감독에 관한 규칙」에 따라 경찰청장이 주무관청이 되는 비영리법인 　5. 제1호부터 제4호까지의 감사 대상기관으로부터 보조금 등 예산지원을 받는 법인 또는 단체 ② 감사는 감사대상기관의 바로 위 감독관청이 실시하는 것을 원칙으로 하되, 필요한 경우에는 경찰청에서 직접 실시할 수 있다.
감사종류와 주기 (제4조)	① 감사의 종류는 종합감사, 특정감사, 재무감사, 성과감사, 복무감사, 일상감사로 구분한다. ② 종합감사의 주기는 **1년에서 3년까지** 하되 치안수요 등을 고려하여 조정 실시한다. 다만, 직전 또는 당해 연도에 감사원 등 다른 감사기관이 감사를 실시한(실시 예정인 경우를 포함한다) 감사대상기관에 대해서는 감사의 일부 또는 전부를 실시하지 아니할 수 있다. ③ 일상감사의 대상·기준 및 절차 등에 관한 세부사항은 경찰청장이 따로 정한다.
감사계획의 수립 (제5조)	① 경찰청 감사관은 감사계획 수립에 필요한 경우 시·도자치경찰위원회 및 시·도경찰청장과 감사일정을 협의하여야 한다. ② 감사관은 **매년 2월말**까지 연간 감사계획을 수립하여 감사대상기관에 통보한다.
감사단의 편성 (제6조)	③ 감사관은 전문지식 또는 실무경험이 필요하다고 인정되는 업무에 대한 감사를 할 경우에는 **업무담당자나 외부전문가를 감사에 참여시킬 수 있다.**
감사담당자 제외 등 (제7조)	① 감사담당자등(감사관 및 감사담당자를 말한다)은 다음 각 호의 어느 하나에 해당하여 감사수행의 독립성을 유지하기 어렵다고 판단될 때에는 감사관은 경찰청장에게, 감사담당자는 감사관에게 지체 없이 보고하여야 한다. 　1. 본인 또는 본인의 친족(「민법」 제777조에 따른 친족을 말한다.)이 감사대상이 되는 기관 부서업무와 관련이 있는 사람과 개인적인 연고나 이해관계 등이 있어 공정한 감사수행에 영향을 미칠 우려가 있는 경우 　2. 본인 또는 본인의 친족이 감사대상이 되는 기관·부서·업무와 관련된 주요 의사결정 과정에 직·간접적으로 관여한 경우 　3. 그 밖에 공정한 감사수행이 어려운 특별한 사정이 있는 경우 ② 경찰청장 또는 감사관은 제1항에 따른 보고를 받거나 감사담당자들이 제1항 각 호의 어느 하나에 해당한다고 인정하는 경우에는 해당 감사담당자들을 감사에서 제외하는 등 적정한 조치를 하여야 한다.
감사담당자 우대 (제8조)	경찰청장은 관계 법령에서 정하는 범위 내에서 감사담당자에 대하여 근무성적평정, 전보·수당 등의 우대방안을 적극 추진하도록 노력하여야 한다.

감사절차 (제9조)	감사는 다음 각 호의 순서로 진행함을 원칙으로 하되 감사관 또는 감사단장이 감사의 종류 및 현지실정에 따라 조정할 수 있다.	
	감사개요 통보	감사관 또는 감사단장은 감사대상기관의 장에게 감사계획의 개요를 통보한다.
	감사의 실시	감사담당자는 개인별 감사사무분장에 따라 감사를 실시한다.
	감사의 종결	감사관 또는 감사단장은 감사기간 내에 감사를 종결하여야 한다. 다만, 감사목적의 달성을 위하여 필요한 경우 감사기간을 연장할 수 있다.
	감사결과의 설명	감사관 또는 감사단장은 감사의 목적을 달성하기 위하여 필요한 경우 감사대상기관 또는 부서를 대상으로 주요 감사결과를 설명하고 이에 대한 의견을 들을 수 있다.
감사결과처리 기준 (제10조)	감사관은 감사결과를 다음 각 호의 기준에 따라 처리하여야 한다.	
	징계 또는 문책 요구	국가공무원법과 그 밖의 법령에 규정된 징계 또는 문책 사유에 해당하거나 정당한 사유 없이 자체감사를 거부하거나 자료의 제출을 게을리한 경우
	시정 요구	감사결과 **위법 또는 부당**하다고 인정되는 사실이 있어 **추징·회수·환급·추급 또는 원상복구 등이 필요**하다고 인정되는 경우 [22 채용]
	경고·주의 요구	감사결과 위법 또는 부당하다고 인정되는 사실이 있으나 그 정도가 징계 또는 문책사유에 이르지 아니할 정도로 **경미**하거나, 감사대상기관 또는 부서에 대한 제재가 필요한 경우 [22 채용]
	개선 요구	감사결과 법령상·제도상 또는 행정상 모순이 있거나 그 밖에 개선할 사항이 있다고 인정되는 경우 [22 채용]
	권고	감사결과 문제점이 인정되는 사실이 있어 그 **대안을 제시**하고 감사대상기관의 장 등으로 하여금 **개선방안을 마련**하도록 할 필요가 있는 경우
	통보	감사결과 비위 사실이나 위법 또는 부당하다고 인정되는 사실이 있으나 제1호부터 제5호까지의 요구를 하기에 부적합하여 **감사대상기관 또는 부서에서 자율적으로 처리할 필요**가 있다고 인정되는 경우
	변상명령	「회계관계직원 등의 책임에 관한 법률」이 정하는 바에 따라 변상책임이 있는 경우 [22 채용]
	고발	감사결과 범죄 혐의가 있다고 인정되는 경우
	현지조치	감사결과 경미한 지적사항으로서 현지에서 즉시 시정·개선조치가 필요한 경우
감사결과 통보·처리 (제13조)	① **경찰청장**은 제12조에 따라 보고받은 감사결과를 감사대상기관의 장에게 통보하여야한다. ② 감사결과를 통보받은 감사대상기관의 장은 정당한 사유가 없으면 감사**결과의 조치사항을 이행**하고 **30일** 이내에 그 이행결과를 **경찰청장**에게 통보하여야 한다.	

> **참고**

경찰청 시민감찰위원회 규칙 [시행 2022. 10. 7.]

목적 (제1조)	이 규칙은 경찰 감찰행정의 공정성과 투명성을 제고하기 위해, 시민감찰위원회("위원회")를 설치하고, 위원회의 구성·임무·운영 및 그 밖에 필요한 사항을 정함을 목적으로 한다.
위원회의 설치 (제2조)	경찰청 및 각 시·도경찰청에 위원회를 둔다.
위원회의 임무 (제3조)	① 위원회는 다음 각 호의 사항을 심의하여 그 결과를 경찰청장 또는 시·도경찰청장("청장")에게 제시하고 필요한 조치를 권고할 수 있다. 1. 주요 비위사건의 처리 및 그 후속 조치에 관한 사항 2. 「부정청탁 및 금품등 수수의 금지에 관한 법률 시행령」 제39조 제1항 각 호에서 규정한 사항 3. 그 밖에 청장이 필요하다고 인정하는 비위사건이나 감찰업무에 관한 사항 ② 다음 각 호의 사건을 "주요 비위사건"이라 한다. 1. 사회적 이목을 끄는 비위사건 중 청장이나 위원장이 심의대상으로 회부한 비위사건 2. 경찰청은 경정 이상, 시·도경찰청은 경감이 심의대상 비위(직무관련 금품·향응 수수, 공금횡령·유용, 성희롱·성폭력, 정보유출, 가혹행위 등)를 범한 사건 ③ 청장은 제2항 각 호의 사건 중 신속한 조치가 필요하다고 판단되는 사건의 경우 위원회의 심의를 거치지 않고 처리할 수 있다. 다만, 이 경우 사유와 조치 결과를 위원회에 통보하여야 한다.
위원회의 구성 (제4조)	① 위원회는 위원장 1명을 포함하여 **7명 이상 13명 이내**의 **비상임**위원으로 구성하되, 특정 성별이 위원 수의 10분의 6을 초과하지 아니하도록 하여야 한다. 다만, 해당 분야 특정 성별의 전문인력 부족 등 부득이한 사유가 있는 경우에는 그러하지 아니하다. ② 위원은 다음 각 호의 어느 하나에 해당하는 사람 중에서 **청장**이 **위촉**한다. 1. 판사·검사 또는 변호사로서 **3년** 이상 근무한 경력이 있는 사람 2. 「고등교육법」 제2조 제1호부터 제6호까지의 규정에 따른 학교에서 **조교수** 이상으로 **3년** 이상 근무한 경력이 있는 사람 3. 공무원 또는 공직유관단체나 공공기관 종사자로서 **3년** 이상 부패방지, 인권보호, 성평등과 관련된 업무를 하였던 사람 4. 그 밖에 언론·여성·시민단체(NGO)·경제·문화예술 등 사회 각계각층의 인사 중 사회적 신망이 높고 반부패·청렴·인권·성평등에 관한 지식과 경험이 풍부한 사람 ③ 위원장은 위원회에서 **호선(互選)**한다. ④ 「공직선거법」에 따라 실시하는 선거에 후보자(예비후보자 포함)로 등록한 사람, 「공직선거법」에 따른 선거사무관계자 및 선거에 의하여 취임한 공무원, 「정당법」에 따른 정당의 당원은 위원이 될 수 없다. ⑤ 위원이 제4항에 해당하게 된 때에는 당연 해촉된다.

분과위원회의 설치 (제4조의2)	① 위원회의 업무를 효율적으로 수행하기 위하여 위원회에 감찰행정분과위원회와 청렴자문분과위원회를 둘 수 있다.
	② 분과위원회별 소관은 다음 각 호와 같다.
	   1. 감찰행정분과위원회: 제3조 제1항 제1호 및 제3호에 해당하는 사항
	   2. 청렴자문분과위원회: 제3조 제1항 제2호에 해당하는 사항
	③ 분과위원장은 분과위원 중에서 **호선**한다.

위원의 임기 (제5조)	위원의 임기는 **2년**으로 하되, **한 차례**만 **연임**할 수 있다.
위원의 해촉 (제6조)	청장은 위원이 부득이한 사유로 직무를 수행할 수 없게 되거나, 직무상 의무를 위반하는 등 위원으로서 자격유지가 부적합하다고 인정될 때에는 위원회의 의견을 들어 그 위원을 해촉할 수 있다.
위원장의 직무 (제7조)	① 위원장은 위원회를 대표하고, 위원회의 업무를 총괄한다. ② 위원장이 부득이한 사유로 인하여 직무를 수행할 수 없을 때에는 위원 중에서 연장자의 순서로 위원장의 직무를 대행한다.

위원의 회피 (제8조)	① 위원이 다음 각 호의 사유에 해당하는 경우 위원회의 해당안건 회의에 참석하지 아니한다.
	   1. 심의사항이 본인과 관련되는 경우
	   2. 심의대상이 된 감찰대상자와 친·인척 등 특별한 관계에 있을 경우
	   3. 기타 공정한 심의가 어려운 사정이 있는 경우
	② 위와 같은 사유가 있는 위원은 위원장 또는 위원회 간사에게 구두 또는 서면으로 그 사유를 통지하여야 한다.

간사 (제9조)	① 위원회에 위원회의 사무를 처리할 간사 1명을 두되, 경찰청 위원회의 간사는 경찰청 감찰담당관이, 시·도경찰청 위원회의 간사는 시·도경찰청 감찰계장이 된다.
	② 간사는 위원장의 명을 받아 다음 각 호의 사항을 처리한다.
	   1. 위원회 운영에 관한 사무처리
	   2. 심의 안건 및 회의록 작성 보관
	   3. 그 밖에 위원회 운영에 필요한 사항

회의 (제10조)	① 위원회의 회의는 정기회의와 임시회의로 구분한다. ② 정기회의는 특별한 사유가 있는 경우를 제외하고는 **2개월마다 1회 위원장**이 소집한다. ③ 임시회의는 필요한 경우 **위원장**이 소집할 수 있으며 **청장** 또는 **재적위원 3분의1 이상**은 위원장에게 임시회의의 소집을 요구할 수 있다. ④ 위원회 회의는 재적위원 과반수의 출석으로 개의(開議)하고, 출석위원 과반수의 찬성으로 의결한다. ⑤ 위원회 회의는 비공개로 한다. ⑥ 분과위원회의 회의 운영에 관하여는 제3항부터 제5항까지를 준용한다. 이 경우 "위원장"은 "분과위원장"으로, "위원회"는 "분과위원회"로 본다.

심의절차 (제11조)	① 모든 안건은 위원회에서 심의·의결함을 원칙으로 한다. 다만, 안건의 특성 등을 고려하여 위원장이 지정한 안건은 분과위원회에서 심의·의결한다. ② 위원장은 심의 대상 안건에 관하여 심층적인 검토가 필요하다고 판단하는 경우 소관 분과위원장에게 사전 검토를 요청할 수 있다 ③ 제2항의 요청을 받은 분과위원장은 분과 위원 중에서 전담위원을 지정하여 해당 안건을 검토하도록 하여야 하며, 필요한 경우 분과위원회 회의에 회부하여 논의할 수 있다. ④ 전담위원은 위원회 회의소집 전에 간사에게 심의 안건과 관련된 자료를 요청하거나 질문할 수 있다. 다만, 감찰조사기록 등 보안상 외부 유출이 곤란한 서류는 해당 서류를 보관하고 있는 장소에서만 열람할 수 있다. ⑤ 전담위원은 심의 대상 비위사건의 조사내용과 방법에 대해 의견을 제시할 수 있다. ⑥ 분과위원장은 제1항 단서에 따른 의결 결과 및 제2항에 따른 사전 검토결과를 위원회에 보고하여야 한다. ⑦ 전담위원은 검토를 위하여 제출받은 자료 및 알게 된 내용이 외부로 유출되지 않도록 하며, 제출받은 자료는 해당 회의가 끝난 후 간사에게 반환하여야 한다.
의견 진술 (제12조)	경찰청 감사관 및 시·도경찰청 청문감사인권담당관 등 감찰·감사 담당공무원은 위원회에 참석하여 심의사항에 대해 설명하거나 의견을 진술할 수 있다.
의견청취 등 (제13조)	위원회는 위원회의 효율적 직무수행을 위해 필요한 경우에는 관계 공무원 또는 관계인을 위원회에 참석하게 하여 의견을 들을 수 있으며, 경찰청 및 그 소속기관 등에 자료 또는 의견의 제출 등 필요한 협조를 요청할 수 있다.
심의결과의 반영 (제14조)	청장은 위원회의 권고사항을 최대한 존중하도록 노력하여야 한다.
비밀 준수 의무 등 (제15조)	위원회의 위원은 직무상 알게 된 내용을 누설하거나 직무와 관련하여 금품이나 향응을 주고 받아서는 아니된다.
수당 등 (제16조)	위원회의 위원 및 위원회에 출석한 관계인 등에 대해서는 예산의 범위에서 수당과 여비를 지급할 수 있다. 다만, 공무원이 그 소관 업무와 직접적으로 관련되어 위원회에 출석하는 경우에는 그러하지 아니하다.
운영세칙 (제17조)	이 규칙에서 규정한 것 외에 위원회의 운영에 관한 사항은 위원회의 의결을 거쳐 위원장이 정한다.

4. 「부패방지 및 국민권익위원회의 설치와 운영에 관한 법률」

정의 (제2조)	4. "부패행위"란 다음 각 목의 어느 하나에 해당하는 행위를 말한다. 　가. 공직자가 직무와 관련하여 그 지위 또는 권한을 남용하거나 법령을 위반하여 자기 또는 제3자의 이익을 도모하는 행위 　나. 공공기관의 예산사용, 공공기관 재산의 취득·관리·처분 또는 공공기관을 당사자로 하는 계약의 체결 및 그 이행에 있어서 법령에 위반하여 공공기관에 대하여 재산상 손해를 가하는 행위 　다. 가목과 나목에 따른 행위나 그 은폐를 강요, 권고, 제의, 유인하는 행위
국민권익 위원회의 설치 (제11조)	① 고충민원의 처리와 이에 관련된 불합리한 행정제도를 개선하고, 부패의 발생을 예방하며 부패행위를 효율적으로 규제하도록 하기 위하여 **국무총리 소속으로** 국민권익위원회를 둔다. ② 위원회는 「정부조직법」 제2조에 따른 중앙행정기관으로서 그 권한에 속하는 사무를 **독립적으로 수행**한다.
위원회의 구성 (제13조)	① 위원회는 위원장 1명을 포함한 **15명의 위원(부위원장 3명·상임위원 3명을 포함)**으로 구성한다. ③ **위원장 및 부위원장**은 국무총리의 제청으로 **대통령이 임명**하고, 상임위원은 위원장의 제청으로 **대통령이 임명**하며, 상임이 아닌 위원은 **대통령이 임명 또는 위촉**한다.
직무상 독립과 신분보장 (제16조)	① 위원회는 그 권한에 속하는 업무를 독립적으로 수행한다. ② **위원장과 위원의 임기는 각각 3년**으로 하되 1차에 한하여 **연임**할 수 있다.
위원회의 의결 (제19조)	① 위원회는 **재적위원 과반수의 출석**으로 개의하고 **출석위원 과반수의 찬성**으로 의결한다. 다만, 제20조 제1항 제4호의 사항은 **재적위원 과반수의 찬성**으로 의결한다.
부패행위신고 (제55조)	누구든지 부패행위를 알게 된 때에는 이를 위원회에 신고할 수 있다.
공직자의 부패 행위 신고의무 (제56조)	공직자는 그 직무를 행함에 있어 다른 공직자가 부패행위를 한 사실을 알게 되었거나 부패행위를 강요 또는 제의받은 경우에는 지체 없이 이를 수사기관·감사원 또는 위원회에 신고하여야 한다.
신고자의 성실의무 (제57조)	제55조 및 제56조에 따른 **부패행위 신고를 한자가 신고의 내용이 허위라는 사실을 알았거나 알 수 있었음에도 불구하고 신고한 경우에는 이 법의 보호를 받지 못한다.** [20 경간]
신고의 방법 (제58조)	신고를 하려는 자는 본인의 인적사항과 신고취지 및 이유를 기재한 **기명의 문서로써 하여야 하며, 신고대상과 부패행위의 증거 등을 함께 제시하여야 한다.** [20 경간]
비실명 대리신고 (제58조의2)	① 제58조에도 불구하고 신고자는 자신의 인적사항을 밝히지 아니하고 변호사를 선임하여 신고를 대리하게 할 수 있다. 이 경우 신고자의 인적사항 및 기명의 문서는 변호사의 인적사항 및 변호사 이름의 문서로 갈음한다. ② 제1항에 따른 신고는 위원회에 하여야 하며, 신고자 또는 신고자를 대리하는 변호사는 그 취지를 밝히고 신고자의 인적사항 신고자임을 입증할 수 있는 자료 및 위임장을 위원회에 함께 제출하여야 한다. ③ 위원회는 제2항에 따라 제출된 자료를 봉인하여 보관하여야 하며, 신고자 본인의 동의 없이 이를 열람하여서는 아니 된다.

신고내용확인 및 이첩 등 (제59조)	③ 위원회는 접수된 신고사항에 대하여 조사가 필요한 경우 이를 감사원, 수사기관 또는 해당 공공기관의 감독기관(감독기관이 없는 경우에는 해당 공공기관. "조사기관"이라 한다)에 이첩하여야 한다. ④ 위원회는 접수된 신고사항이 제3항에 따른 이첩 또는 종결처리의 대상인지 명백하지 아니한 경우로서 조사기관에서 처리하는 것이 타당하다고 인정하는 경우에는 이를 조사기관에 송부할 수 있다. ⑤ 위원회는 신고자를 상대로 제1항에 따라 사실관계를 확인하였음에도 불구하고 제3항에 따른 이첩 여부를 결정할 수 없는 경우에는 그 결정에 필요한 범위에서 피신고자의 의사에 반하지 아니하는 때에 한정하여 피신고자에게 의견 또는 자료 제출 기회를 부여할 수 있다. ⑥ 위원회에 신고가 접수된 당해 부패행위의 혐의대상자가 다음 각 호에 해당하는 고위공직자로서 부패혐의의 내용이 형사처벌을 위한 수사 및 공소제기의 필요성이 있는 경우에는 **위원회의 명의**로 검찰 수사처, 경찰 등 관할 **수사기관에 고발을 하여야 한다**. 　　1. 차관급 이상의 공직자 　　2. 특별시장, 광역시장, 특별자치시장, 도지사 및 특별자치도지사 　　3. **경무관급 이상**의 경찰공무원 　　4. 법관 및 검사 　　5. 장성급 　　6. 국회의원 ⑦ 제6항에 따라 고발한 경우 관할 수사기관은 수사결과를 위원회에 통보하여야 한다. 위원회가 고발한 사건이 이미 수사 중이거나 수사 중인 사건과 관련된 사건인 경우에도 또한 같다. ⑧ 위원회는 접수된 신고사항을 그 **접수일부터 60일 이내**에 처리하여야 한다. 이 경우 제1항 제1호에 따른 보완 등을 위하여 필요하다고 인정되는 경우에는 그 **기간을 30일 이내에서 연장할 수 있다**.
조사결과의 처리 (제60조)	① 조사기관은 신고를 **이첩 또는 송부받은 날부터 60일** 이내에 감사·수사 또는 조사를 종결하여야 한다. 다만, 정당한 사유가 있는 경우에는 그 **기간을 연장할 수 있**으며, 위원회에 그 **연장사유 및 연장기간을 통보하여야 한다**. [20 경간] ② 제59조 제3항 또는 제4항에 따라 신고를 이첩 또는 송부받은 조사기관은 감사·수사 또는 조사결과를 감사·수사 또는 조사 **종료 후 10일** 이내에 **위원회에 통보하여야 한다**. ③ 위원회는 제2항에 따라 감사·수사 또는 조사결과를 통보받은 경우 즉시 신고자에게 그 요지를 통지하여야 하고, 필요한 경우 조사기관에 대하여 통보내용에 대한 설명을 요구할 수 있다. ④ 신고자는 제3항에 따른 통지를 받은 경우 위원회에 감사·수사 또는 조사결과에 대한 이의를 신청할 수 있다. ⑤ 위원회는 제59조 제3항에 따라 신고를 이첩받은 조사기관의 감사·수사 또는 조사가 충분하지 아니하다고 인정되는 경우에는 감사·수사 또는 조사**결과를 통보받은 날부터 30일** 이내에 새로운 증거자료의 제출 등 합리적인 이유를 들어 조사기관에 대하여 재조사를 요구할 수 있다. ⑥ 재조사를 요구받은 조사기관은 **재조사를 종료한 날부터 7일** 이내에 그 결과를 위원회에 통보하여야 한다. 이 경우 위원회는 통보를 받은 즉시 신고자에게 재조사 결과의 요지를 통지하여야 한다.
감사청구권 (제72조)	① **18세(19세X) 이상**의 국민은 공공기관의 사무처리가 법령위반 또는 부패행위로 인하여 "공익을 현저히 해하는 경우" 대통령령으로 정하는 일정한 수**(300명) 이상**의 국민의 연서로 감사원에 감사를 청구할 수 있다. 다만, 국회·법원·헌법재판소·선거관리위원회 또는 감사원의 사무에 대하여는 국회의장·대법원장·헌법재판소장·중앙선거관리위원회 위원장 또는 감사원장("당해 기관의 장")에게 감사를 청구하여야 한다.

5. 「감사원법」 ▶ 외부통제

감찰사항 (제24조)	① 감사원은 다음 각 호의 사항을 감찰한다. 1. 「정부조직법」 및 그 밖의 법률에 따라 설치된 행정기관의 사무와 그에 소속한 공무원의 직무 2. 지방자치단체의 사무와 그에 소속한 지방공무원의 직무 3. 제22조 제1항 제3호 및 제23조 제7호에 규정된 자의 사무와 그에 소속한 임원 및 감사원의 검사 대상이 되는 회계사무와 직접 또는 간접으로 관련이 있는 직원의 직무 4. 법령에 따라 국가 또는 지방자치단체가 위탁하거나 대행하게 한 사무와 그 밖의 법령에 따라 공무원의 신분을 가지거나 공무원에 준하는 자의 직무 ② 제1항 제1호의 행정기관에는 군기관과 교육기관을 포함한다. 다만, 군기관에는 소장급 이하의 장교가 지휘하는 전투를 주된 임무로 하는 부대 및 중령급 이하의 장교가 지휘하는 부대는 제외한다. ③ 제1항의 공무원에는 국회·법원 및 헌법재판소에 소속한 공무원은 제외한다. [22 채용] ④ 제1항에 따라 감찰을 하려는 경우 다음 각 호의 어느 하나에 해당하는 사항은 감찰할 수 없다. 1. 국무총리로부터 국가기밀에 속한다는 소명이 있는 사항 2. 국방부장관으로부터 군기밀이거나 작전상 지장이 있다는 소명이 있는 사항

6. 경찰 인권보호 규칙[시행 2022. 10. 7.][경찰청훈령 제1063호]

목적 (제1조)	이 규칙은 경찰청과 그 소속기관에서 인권보호 업무를 하는 데 필요한 사항을 규정함으로써 **모든 사람의 기본적 인권을 보호**함을 목적으로 한다.
정의 (제2조)	이 규칙에서 사용하는 용어의 정의는 다음과 같다. 1. "**경찰관등**"이란 경찰청과 그 소속기관의 경찰공무원, **일반직공무원, 무기계약근로자** 및 **기간제근로자**, **의무경찰**을 의미한다. 2. "**인권침해**"란 **경찰관등이 직무를 수행하는 과정**에서 **모든 사람에게 보장된 인권을 침해**하는 것을 말한다. 3. "조사담당자"란 인권침해를 내용으로 하는 진정을 조사하고 이에 따른 구제 업무 등을 수행하는 경찰청과 그 소속기관에 근무하는 공무원을 말한다.
설치 (제3조)	경찰 활동 전반에 걸친 민주적 통제를 구현하여 경찰력 오·남용을 예방하고, 경찰 행정의 인권지향성을 높여 인권을 존중하는 경찰 활동을 정립하기 위해 경찰청장 및 시·도경찰청장의 **자문기구**로서 각각 **경찰청 인권위원회, 시·도경찰청 인권위원회**(경찰서 X)를 설치하여 운영한다.
업무 (제4조)	위원회는 다음 각 호의 사항에 대한 권고 또는 의견표명을 할 수 있다. 1. 인권과 관련된 경찰의 제도·정책·관행의 개선 2. 경찰의 인권침해 행위의 시정 3. 국가인권위원회·국제인권규약 감독 기구·국가별 정례인권검토의 권고안 및 국가인권정책기본계획의 이행 4. 인권영향평가 및 인권침해 사건 진상조사단("진상조사단")에 관한 사항

구성
(제5조)
	① 위원회는 위원장 1명을 포함하여 **7명 이상 13명 이하**의 위원으로 구성한다. 이때, 특정 성별이 전체 위원 수의 10분의 6을 초과하지 아니해야 한다.
	② 위원장은 위원회에서 **호선**(互選)하며, 위원은 당연직 위원과 위촉 위원으로 구분한다.
	③ 당연직 위원은 경찰청은 감사관, 시·도경찰청은 청문감사인권담당관으로 한다.
	④ 위촉 위원은 인권 분야에 전문적인 지식과 경험이 있고 아래 각 호의 어느 하나에 해당하는 사람 중에서 경찰청장 또는 시·도경찰청장("청장")이 위촉한다. 이때, 각 호에 해당하는 사람이 **반드시 1명 이상 포함되어야 한다.**
	  1. 판사·검사 또는 변호사로 **3년** 이상의 경력이 있는 사람
	  2. 「초·중등교육법」 제2조 제1호부터 제4호, 「고등교육법」 제2조 제1호부터 제6호까지의 규정에 따른 학교에서 교원 또는 교직원으로 **3년** 이상 근무한 경력이 있는 사람
	  3. 「비영리민간단체지원법」 제2조 제1호부터 제3호, 제5호부터 제6호까지의 규정에 따른 단체에서 인권 분야에 **3년** 이상 활동한 경력이 있거나 그러한 단체로부터 인권위원으로 위촉되기에 적합하다고 추천을 받은 사람
	  4. 그 밖에 사회적 약자 등 다양한 사회 구성원의 목소리를 반영할 수 있는 사람

위촉 위원의
결격사유
(제6조)
	① 다음 각 호의 어느 하나에 해당하는 사람은 위원이 될 수 없다.
	  1. 「공직선거법」에 따라 실시하는 선거에 **후보자**(예비후보자 포함)로 **등록**한 사람
	  2. 「공직선거법」에 따라 실시하는 선거에 의하여 취임한 공무원이거나 그 직에서 퇴직한 날부터 **3년**이 지나지 아니한 사람
	  3. 경찰의 직에 있거나 그 직에서 퇴직한 날부터 **3년**이 지나지 아니한 사람
	  4. 「공직선거법」에 따른 선거사무관계자 및 「정당법」에 따른 **정당의 당원**
	② 위촉 위원이 제1항 각 호의 어느 하나에 해당하게 된 때에는 당연히 퇴직한다.

임기 (제7조)	① 위원장과 위촉 위원의 임기는 위촉된 날로부터 **2년**으로 하며 **위원장**의 직은 **연임할 수 없고**, 위촉 위원은 **두 차례만 연임**할 수 있다. ② 위촉 위원에 결원이 생긴 경우 새로 위촉할 수 있고, 이 경우 새로 위촉된 위원의 임기는 **위촉된 날부터** 기산한다.

위원의 해촉
(제8조)
	다음 각 호의 어느 하나에 해당하는 경우에는 청장은 위원회의 의견을 들어 위원을 해촉할 수 있다.
	  1. 입건 전 조사·수사 중인 사건에 청탁 또는 경찰 인사에 관여하는 행위를 하거나 기타 직무 관련 비위 사실이 있는 경우
	  2. 위원회의 명예를 실추시키거나 위원으로서의 품위를 손상시키는 행위를 한 경우
	  3. 특별한 사유 없이 **연속으로** 정기회의에 **3회** 불참 등 직무를 태만히 한 경우
	  4. 위원 스스로 직무를 수행하는 것이 곤란하다고 의사를 밝힌 경우
	  5. 그 밖에 부득이한 사유로 업무를 수행할 수 없는 경우

위원의 제척·기피·회피 (제9조)	① 위원은 다음 각 호의 어느 하나에 해당하는 경우에는 위원회의 회의에서 제척된다. 　1. 위원 또는 그 배우자나 배우자였던 자가 해당 사안의 당사자인 경우 　2. 위원이 해당 사안의 당사자와 친족 관계에 있거나 있었던 경우 　3. 위원이 해당 사안에 증언, 감정, 법률자문을 한 경우 　4. 위원이 해당 사안에 감사, 수사 또는 조사, 재판 등을 한 경우 　5. 위원이 해당 사안의 당사자의 대리인이거나 대리인이었던 경우 ② 해당 사안의 당사자는 다음 각 호의 어느 하나에 해당하는 경우에는 위원장에게 해당 위원에 대한 기피 신청을 할 수 있다. 　1. 제1항 각 호의 어느 사유가 발생한 경우 　2. 위원에게 공정을 기대하기 어려운 특별한 사정이 있는 경우 ③ 위원이 제2항 각 호의 어느 하나의 사유에 해당하는 경우에는 회피하여야 한다. ④ 위원회는 특정 위원에 대해 제1항 각 호의 어느 하나에 해당하는 사유가 있거나 제2항에 따른 기피신청이 있는 경우 당해 위원의 제척사유 유무, 기피사유 유무에 대해서 심사한다. 이 경우 제척사유가 있거나 기피 신청 대상이 된 위원은 심사권을 행사하지 못한다.
위원장의 직무 등 (제10조)	① 위원장은 위원회를 대표하며, 위원회의 업무를 총괄한다. ② 위원장이 일시적인 사유로 그 직무를 수행할 수 없을 경우에는 위원 중에서 위촉 일자가 빠른 순으로 그 직무를 대행한다. 다만, 위촉 일자가 같을 때에는 연장자 순으로 대행한다. ③ 위원장이 직무를 계속하여 수행할 수 없는 사유가 발생하거나 직무를 수행할 수 없다는 의사 표시를 한 경우에는 제2항의 대행자는 그 사유가 발생하거나 의사를 표시한 날로부터 **30일** 이내에 회의를 개최하여 위원장을 선출하여야 한다. 단, 위원장의 잔여 임기가 **6개월 미만**일 때에는 위원장을 **선출하지 않을 수 있다.** ④ 제3항에 따라 선출된 위원장의 임기는 전임 위원장의 잔여 임기로 한다.
회의 (제11조)	① 위원회의 회의는 정기회의와 임시회의로 구분하며, 재적위원 과반수의 출석으로 개의(開議)하고, 출석위원 과반수의 찬성으로 의결한다. ② 정기회의는 **경찰청은 월 1회, 시·도경찰청은 분기 1회** 개최한다. ③ 임시회의는 위원장이 필요하다고 인정하거나 청장 또는 재적위원 3분의 1 이상이 소집을 요구하는 경우 **위원장이 소집**한다.
분과위원회 (제12조)	① 위원회의 활동을 효율적으로 수행하기 위하여 **3명 이상 5명 이하**의 위원으로 구성하는 분과위원회를 둘 수 있다. ② 분과위원회의 위원장 및 위원은 위원장이 지정한다. ③ 분과위원회는 분과위원회 위원장이 필요하다고 인정하거나 위원장 또는 분과위원회 위원 2명 이상의 요청이 있는 경우에 개최한다. ④ 분과위원회의 회의는 구성위원 **3명 이상의 출석**과 출석위원 **과반수의 찬성**으로 의결한다. ⑤ 분과위원회의 구성 및 그 밖에 운영에 필요한 사항은 위원회의 의결을 거쳐 위원장이 정한다.
간사 (제13조)	① 간사는 의안에 대한 자료 수집, 조사 연구, 각 위원과의 연락, 회의 소집 통지, 개최 준비, 회의록 작성 및 그 밖에 위원회의 운영에 관한 사무를 총괄한다. ② 간사는 다음 각 호와 같이 정한다. 　1. 경찰청 : **인권보호담당관** 　2. 시·도경찰청 : **피해자보호계장** 또는 소관 업무 계장

권고 또는 의견표명에 대한 조치 (제14조)	① 제4조에 따라 권고 또는 의견표명("권고등")을 받은 청장은 그 권고 등 사항을 존중하고 이행하기 위하여 노력하여야 한다. ② 청장은 권고등의 내용을 이행할 경우, 구체적인 이행 계획을 권고등을 받은 날로부터 **30일** 이내에 위원회에 서면으로 제출해야 하며, 권고등의 내용을 이행하지 않을 경우 그 이유를 위원회에 서면으로 제출하여야 한다. ③ 위원회는 제2항에 따라 제출 받은 서면을 토대로 이행 계획 또는 불수용 이유의 타당성 등을 검토하여 청장에게 의견표명을 할 수 있다.
협조 요청 (제15조)	위원회는 업무 수행에 필요한 경우에는 다음 각 호의 사항에 관해 협조해 줄 것을 청장에게 요청할 수 있다. 1. 안건과 관련 있는 경찰관등의 위원회 출석 2. 안건과 관련 있는 자료 및 의견의 제출 3. 경찰 관련 시설의 방문
수당 등의 지급 (제16조)	회의에 출석한 위원에게는 예산의 범위 안에서 수당 또는 여비를 지급할 수 있다.
운영 세칙 (제17조)	이 규칙에 규정된 사항 이외의 위원회의 운영에 필요한 사항은 위원회의 의결을 거쳐 **위원장**이 정한다.
경찰 인권정책 기본계획의 수립 (제18조)	① **경찰청장**은 국민의 인권보호와 증진을 위하여 경찰 인권정책 **기본계획**("기본계획")을 **5년**마다 수립해야 한다. ② 기본계획에는 다음 각 호의 사항이 포함돼야 한다. 　1. 경찰 인권정책의 기본방향과 추진목표 　2. 추진목표별 세부과제 및 실행계획 　3. 인권취약계층에 대한 인권보호 방안 　4. 인권에 관한 교육 및 홍보 등 인권의식 향상을 위한 시책 　5. 인권보호 및 증진에 관한 협력체계 구축 방안 　6. 그 밖에 국민의 인권보호 및 증진에 필요한 사항
경찰 인권교육 계획의 수립 (제18조의2)	① **경찰청장**은 경찰관등(경찰공무원으로 신규 임용될 사람을 포함한다. 이하 이 조, 제20조, 제20조의2 및 제20조의3에서 같다)이 근무하는 동안 지속적·체계적으로 교육을 받을 수 있도록 **3년** 단위로 다음 각 호의 사항을 포함한 인권교육**종합계획**을 수립하여 시행해야 한다. 　1. 경찰 인권교육의 기본방향과 추진목표 　2. 인권교육 전문강사 양성 및 지원 　3. 경찰 인권교육 실태조사·평가 　4. 교육기관 및 대상별 인권교육 실시 　5. 그 밖에 경찰관등의 인권 보호와 향상을 위하여 필요한 사항 ② **경찰관서의 장**은 제1항의 내용을 반영하여 **매년** 인권교육 계획을 수립하여 시행하여야 한다.
인권교육의 방법 (제19조)	경찰관등은 대면 교육, 사이버 교육 등 다양한 방법을 통해 교육을 이수할 수 있고, 학습자의 능동적인 학습권을 보장하기 위해 토론식, 참여식 교육을 권장한다.

인권교육의 실시 (제20조)	① 경찰관등은 인권의식을 함양하고 인권친화적 경찰활동을 위해 인권교육을 이수해야 한다. ② 경찰관서의 장은 소속 경찰관등에게 다음 각 호의 내용을 포함하여 인권교육을 실시한다. 　1. 인권의 개념 및 역사의 이해 　2. 인권보장의 필요성, 경찰과 인권의 관계 　3. 인권보호 모범 및 침해 사례 　4. 인권 관련 법령, 정책 및 제도의 이해 　5. 그 밖에 경찰관서의 장이 인권교육에 필요하다고 인정하는 내용
교육대상 (제20조의2)	인권교육은 다음 각 호의 구분에 따라 실시한다. 　1. 신규 임용예정 경찰관등에 대한 인권교육 　2. 재직경찰관등에 대한 인권교육 　3. 경찰관서의 장(지역경찰관서의 장과 기동부대의 장을 포함한다)에 대한 인권교육 　4. 교육기관에 입교한 경찰관등에 대한 인권교육 　5. 인권 강사 경찰관등에 대한 인권교육
교육시기 및 이수시간 (제20조의3)	경찰관등에 대한 인권교육은 교육대상에 따라 다음 각 호와 같이 실시해야 한다. 　1. **신규 임용예정** 경찰관등 : 각 교육기관 교육기간 중 **5시간** 이상 　2. **경찰관서의 장**(지역경찰관서의 장과 기동부대의 장을 포함한다) 및 각 경찰관서 재직 경찰관등 : **연 6시간** 이상 　3. **교육기관에 입교**한 경찰관등 : 보수·직무교육 등 교육과정 중 **1시간** 이상 　4. **인권 강사** 경찰관등 : **연 40시간** 이상
인권영향평가의 실시 (제21조)	① 경찰청장은 인권침해를 예방하고, 인권친화적인 치안 행정이 구현되도록 다음 각 호의 사항에 대하여 인권영향평가를 실시하여야 한다. 　1. 제·개정하려는 법령 및 행정규칙 　2. 국민의 인권에 영향을 미치는 정책 및 계획 　3. 참가인원, 내용, 동원 경력의 규모, 배치 장비 등을 고려하여 인권침해 가능성이 높다고 판단되는 집회 및 시위 ② 제1항에도 불구하고 다음 각 호의 어느 하나에 해당하는 경우 평가 대상에서 제외한다. 　1. 제·개정하려는 법령 및 행정규칙의 내용이 경미한 경우 　2. 사전에 청문, 공청회 등 의견 청취 절차를 거친 정책 및 계획
평가의 기준 (제22조)	**경찰청장**은 다음 각 호의 기준에 따라 인권영향평가를 실시한다. 　1. 법률유보의 원칙 　2. 비례의 원칙, 평등의 원칙 등 불문법원칙 　3. 적법절차의 원칙 　4. 그 밖에 인권침해를 유발할 수 있는 재량권의 존재 여부 및 이를 통제할 수 있는 장치의 존재 여부

평가 절차
(제23조)
	① 경찰청장은 다음 각 호의 구분에 따른 기한 내에 인권영향평가를 실시하여야 한다.
	
	    1. 제21조 제1항 제1호 : 해당 안건을 **경찰위원회에 상정하기 60일 이전**
	    2. 제21조 제1항 제2호 : 해당 사안이 **확정되기 이전**
	    3. 제21조 제1항 제3호 : 집회 및 시위 종료일로부터 **30일 이전**
	
	② 제1항에도 불구하고 제1항 각 호의 기한에 평가를 실시할 수 없는 부득이한 사유가 발생한 경우에는 기한에 관계없이 평가를 실시할 수 있다.
	③ 경찰청장은 인권영향평가를 실시하는 경우에 경찰청 인권위원회에 자문 할 수 있다.
	④ 경찰청장은 제3항에 따라 경찰청 인권위원회가 제시한 의견을 존중하여야 한다.

점검 (제24조)	**인권보호담당관**은 **반기** 1회 이상 인권영향평가의 이행 여부를 점검하고, 이를 경찰청 인권위원회에 제출하여야 한다.

진단사항
(제25조)
	인권보호담당관은 인권침해를 예방하고 제도를 개선하기 위해 **연 1회 이상** 다음 각 호의 사항을 진단하여야 한다.
	
	    1. 인권 관련 정책 이행 실태
	    2. 인권교육 추진 현황
	    3. 경찰청과 소속기관의 청사 및 부속 시설 전반의 인권침해적 요소의 존재 여부

방법 (제26조)	진단은 대상 경찰관서를 방문하여 관찰, 서류 점검, 면담, 설문 등의 방법으로 실시하되, 방문 진단이 곤란하다고 인정하는 경우에는 서면으로 할 수 있다.
비밀 엄수 및 절차준수 (제27조)	① 조사담당자는 직무를 수행하는 과정에서 알게 된 비밀을 정당한 사유 없이 다른 사람에게 누설하거나 조사 외 다른 목적으로 사용해서는 아니 되며, 진정인·피해자·피진정인 및 관계인("진정인등")의 인권을 존중하여야 한다. ② 조사담당자는 진정인등에게 법령을 공정하게 적용하고, 적법절차를 지키며, 피진정인이 소속된 기관의 장이나 진정인등의 의견을 충분히 수렴하여야 한다. ③ 조사담당자는 진정을 조사하는 동안 진정인등에게 처리 과정과 결과를 친절하게 안내하고 설명하여, 진정인등이 이해하고 납득할 수 있도록 성실하게 노력하여야 한다.
진정의 접수 및 처리 (제28조)	① 인권침해 진정은 문서(우편·팩스 및 컴퓨터 통신에 의한 것을 포함한다. 이하 같다)나 전화 또는 구두로 접수 받으며, 담당 부서는 경찰청 인권보호담당관실로 한다. ② 경찰청 인권보호담당관실은 진정이 제기되지 아니하였더라도 경찰청장이 직접 조사를 명하거나 중대하고 긴급한 조치가 필요하다고 판단한 사안 또는 인권침해의 단서가 되는 사실을 알게 되었을 경우에는 직접 조사할 수 있다. ③ 제1항에도 불구하고 사건의 내용을 확인하여 처리 관서 또는 부서가 특정되거나 「경찰청 사무분장 규칙」에 따른 사무가 확인될 경우에는 경찰청 인권보호담당관실에 접수된 진정을 이첩할 수 있다.

진정의 각하
(제29조)
	① 경찰청 및 그 소속기관의 장은 다음 각 호의 어느 하나에 해당할 경우에는 그 진정을 **각하**할 수 있다.
	
	  1. 진정 내용이 인권침해에 해당하지 아니하는 것이 명백한 경우
	  2. 진정 내용이 명백히 사실이 아니거나 이유가 없다고 인정되는 경우
	  3. 피해자가 아닌 사람이 한 진정으로서 피해자가 조사를 원하지 않는다는 의사표시를 명백하게 한 경우
	  4. 진정의 원인이 된 사실이 공소시효, 징계시효 및 민사상 시효 등이 모두 완성된 경우
	  5. 진정의 원인이 된 사실에 관하여 법원이나 헌법재판소의 재판, 수사기관의 수사 또는 그 밖에 법률에 따른 권리 구제절차가 진행 중이거나 종결된 경우(기간의 경과 등 형식 요건을 제대로 갖추지 못하여 종결된 경우는 제외한다)
	  6. 진정이 익명(匿名)이나 가명(假名)으로 제출된 경우
	  7. 진정인이 진정을 취소한 경우
	  8. 기각 또는 각하된 진정과 동일한 내용으로 다시 진정한 경우
	  9. 진정 내용이 추상적이거나 관계자를 근거 없이 비방하는 등 업무를 방해할 의도로 진정한 것으로 판단되는 경우
	  10. 진정의 취지가 그 진정의 원인이 된 사실에 관한 법원의 확정 판결이나 헌법재판소의 결정에 반대되는 경우
	  11. 국가인권위원회에서 진정서의 내용과 같은 사실을 이미 조사 중이거나 조사한 사실이 확인된 경우(진정인의 진정 취소를 이유로 각하 처리된 사건은 제외한다)
	
	② 제1항 각 호의 어느 하나에 해당하더라도 인권침해를 방지하고 제도 개선을 위한 사실관계 확인을 위하여 조사가 필요한 경우에는 각하하지 아니할 수 있다.
	③ 진정에 대해 조사를 시작한 후에도 제1항 각 호의 어느 하나의 사유가 확인된 경우 해당 진정을 각하할 수 있다.

조사의 촉탁 (제30조)	① 제28조 제3항에 의해 사건을 이첩 받은 경찰청 소속 국·관 또는 소속기관의 장은 필요한 경우 별지 제3호의 서식에 따라 조사 촉탁서를 기록에 첨부하여 관련 부서의 장에게 사건의 조사를 촉탁할 수 있다. ② 제1항에 따라 조사를 촉탁받은 관련 부서의 장은 사건을 신속히 조사하여 **1개월** 이내에 그 조사 결과를 촉탁한 장에게 송부하여야 하고, 조사기간이 **1개월**이 초과되는 경우에는 그 사건 조사의 진행 경과를 통보하여야 한다.

조사 대상자에 대한 협조 요청
(제31조)
	조사담당자는 피진정인을 포함한 경찰관등에게 사건 조사를 위하여 사건과 관련된 경찰관등에 대하여 다음 각 호의 사항에 대해 협조를 요청할 수 있다.
	
	  1. 출석요구, 진술청취 및 진술서 제출
	  2. 관련자료 또는 물건의 제출
	  3. 사건 관련 장소에서의 현장조사
	  4. 그 밖에 조사업무 수행에 필요한 사항

물건 등의 보관 등 (제32조)	① 조사담당자는 사건 조사 과정에서 진정인·피진정인 또는 참고인 등이 임의로 제출한 물건 중 사건 조사에 필요한 물건은 보관할 수 있다.
	② 조사담당자는 제1항에 따라 제출받은 물건의 목록을 작성하여 제출자에게 내주고 사건기록에 그 물건 등의 번호·명칭 및 내용, 제출자 및 소유자의 성명과 주소를 적고 서명 또는 기명날인하게 하여야 한다.
	③ 조사담당자는 제출받은 물건에 사건번호와 표제, 제출자 성명, 물건 번호, 보관자 성명 등을 적은 표지를 붙인 후 봉투에 넣거나 포장하여 안전하게 보관하여야 한다.
	④ 조사담당자는 제출자가 보관 중인 물건의 반환을 요구하는 경우에는 반환하여야 하며, 다음 각 호의 어느 하나에 해당하는 경우에는 제출자가 요구하지 않더라도 반환할 수 있다.
	  1. 진정인이 진정을 취소한 사건에서 진정인이 제출한 물건이 있는 경우
	  2. 사건이 종결되어 더 이상 보관할 필요가 없는 경우
	  3. 그 밖에 물건을 계속 보관하는 것이 적절하지 않은 경우

사건의 분리 및 병합 (제33조)	조사담당자는 필요하다고 인정하는 경우에는 진행 중인 사건들을 분리하거나 병합하여 처리할 수 있다.

조사중지 (제35조)	① 조사담당자는 인권침해 사건을 조사하는 과정에서 다음 각 호의 어느 하나에 해당하는 사유로 사건 조사를 진행할 수 없는 경우에는 조사를 중지할 수 있다. 다만, 확인된 인권침해 사실에 대한 구제 절차는 계속하여 이행할 수 있다.
	  1. 진정인이나 피해자의 소재를 알 수 없는 경우
	  2. 사건 해결과 진상 규명에 핵심적인 중요 참고인의 소재를 알 수 없는 경우
	  3. 그 밖에 제1호 또는 제2호와 유사한 사정으로 더 이상 사건 조사를 진행할 수 없는 경우
	  4. 감사원의 조사, 경찰·검찰 등 수사기관에서 조사 또는 수사가 개시된 경우
	② 조사중지 사유가 해소된 경우에는 조사담당자는 별지 제4호 서식의 사건 표지에 새롭게 사건을 재개한 사유를 적고 즉시 조사를 다시 시작하여야 한다.

진정의 취소 (제36조)	① 진정인은 진정을 취소하려는 경우에는 그 뜻을 분명히 밝힌 취소장(전자우편 등 전자문서 형식의 취소장을 포함한다. 이하 같다)을 제출하여야 한다. 다만, 진정인이 경찰관등에게 구두로 진정의 취소의사를 표시하는 경우에는 직원 등이 대신 작성하여 진정인의 서명이나 날인을 받은 취소조서를 취소장으로 갈음할 수 있으며, 전화로 진정취소 의사를 밝힌 경우에는 담당 직원의 전화통화 보고서를 취소장으로 갈음할 수 있다. ② 진정인 또는 피해자가 유치인이거나 기타 시설 수용자인 경우에 진정을 취소하거나 조사를 원하지 않는다는 뜻을 표시하려면 진정인 또는 피해자가 취소장을 작성하고 서명 및 날인(손도장을 포함한다)하여 제출하여야 한다.

진정의 기각 (제37조)	경찰청 및 그 소속기관의 장은 진정 내용을 조사한 결과 다음 각 호의 어느 하나에 해당하는 경우에는 그 진정을 **기각**할 수 있다.
	  1. 진정 내용이 **사실이 아니거나 사실 여부를 확인하는 것이 불가능**한 경우
	  2. 진정 내용이 이미 피해회복이 이루어지는 등 따로 **구제조치가 필요하지 아니**하다고 인정되는 경우
	  3. 진정 내용은 사실이나 인권침해에 해당하지 아니하는 경우

인용 및 구제조치 (제38조)	① 경찰청 및 그 소속기관의 장은 조사 결과 인권침해 사실이 인정되는 경우 다음 각 호의 조치를 하거나 관련 부서에 그 조치를 하도록 지시할 수 있다.
	  1. 조사 결과 인권침해 행위의 내용이 범죄행위에 해당하고 형사처벌이 필요하다고 인정되는 경우 고발 또는 수사의뢰
	  2. 인권침해 행위 중지 및 기타 적절한 조치
	  3. 피해자의 권리구제를 위하여 필요하다고 인정되는 경우 국가배상이나 법률구조 등 안내
	  4. 인권침해 행위를 한 당사자나 책임자에 대한 관계 법령에 따른 징계의결 요구
	  5. 인권침해 사실과 관련된 제도 개선
	② 경찰청 및 그 소속기관의 장은 인권침해의 의심이 있고, 이를 방치하면 회복하기 어려운 피해가 발생할 우려가 있다고 인정할 경우 다음 각 호의 조치를 하거나 관련 부서에 그 조치를 하도록 지시할 수 있다.
	  1. 의료·식사 및 옷 등의 제공
	  2. 유치장소의 변경
	  3. 인권침해 행위의 즉시 중지 명령
	  4. 인권침해 행위를 일으키고 있다고 판단되는 경찰관등의 그 직무로부터의 배제
	  5. 그 밖에 피해자의 생명과 신체의 안전을 위하여 필요한 사항
	③ 제1항 및 제2항 각 호의 조치는 함께 할 수 있다.
	④ 경찰청 및 그 소속기관의 장은 제1항 각 호의 조치를 하기 전에 피진정인 및 관련부서의 장에게 의견을 진술하거나 필요한 자료를 제출할 기회를 주어야 한다.
	⑤ 경찰청 및 그 소속기관의 장으로부터 제1항 제2호·제4호 또는 제5호 또는 제2항 각 호의 조치를 지시받은 해당 부서의 장은 즉시 지시 내용을 이행하고, 결과를 보고하여야 한다.

인권침해 사건에 대한 자문 (제39조)	경찰청 및 그 소속기관의 장, 진상조사단장("단장")은 인권침해 사건과 관련하여 필요하다고 인정하는 경우 위원회에 자문할 수 있다.

사건 결정의 통지 등 (제40조)	다음 각 호의 어느 하나에 해당하는 경우에는 지체 없이 별지 제1호 서식에 결정내용과 그 사유를 적어 진정인에게 통지하고, 별지 제2호 서식에 결정사항 및 그 사유를 적어 기록에 편철하여야 한다. 이 경우 별지 제2호 서식에 그 통지여부를 표시하여야 한다.
	  1. 제28조 제3항에 따라 진정을 이첩하는 경우
	  2. 제29조 제1항 또는 제3항에 따라 진정을 각하하는 경우
	  3. 〈삭제〉
	  4. 제35조 제1항에 따라 조사를 중지하는 경우
	  5. 제37조에 따라 진정을 기각하는 경우
	  6. 제38조 제1항에 따라 조치를 하는 경우

기록 등의 열람·복사 (제41조)	진정인은 사유를 소명하여 본인이 진술하거나 제출한 서류를 열람 또는 복사할 수 있도록 인권보호담당관실에 청구할 수 있다.

7. 경찰관 인권행동강령

인권보호 원칙 (제1조)	경찰관은 국민이 국가의 주인임을 명심하고 모든 사람의 인권과 인간으로서의 존엄과 가치를 존중하고 보호할 책임이 있다.
적법절차 준수 (제2조)	경찰관은 헌법과 법령에 의하여 적법절차에 따라 공정하고 객관적으로 직무를 수행하여야 하며, 권한을 남용하거나 그 권한의 범위를 넘어서는 아니 된다.
비례 원칙 (제3조)	경찰권 행사는 그 목적을 달성하는 데 필요한 한도에 그쳐야 하며 이로 인한 사익의 침해가 경찰권 행사가 추구하는 공익보다 크지 아니하여야 한다. 특히 물리력 행사는 법령에 정하여진 엄격한 요건을 충족하는 경우에 한하여 필요 최소한의 범위 내에서 이루어져야 한다.
무죄추정 원칙 및 가혹행위 금지 (제4조)	경찰관은 누구든지 유죄가 확정되기 전에는 유죄로 간주하는 언행이나 취급을 하여서는 아니 되고, 직무를 수행하는 과정에서 고문을 비롯한 비인도적인 신체적·정신적 가혹 행위를 하여서도 아니 되며, 이러한 행위들을 용인하여서도 아니 된다.
부당 지시 거부 및 불이익 금지 (제5조)	**경찰관은 인권을 침해하는 행위를 하도록 지시받거나 강요받았을 경우 이를 거부해야 하고,** 법령에 정한 절차에 따라 이의를 제기할 수 있으며, 이를 이유로 불이익한 처우를 받지 아니한다.
차별 금지 및 약자·소수자 보호 (제6조)	경찰관은 직무를 수행하는 과정에서 합리적인 이유 없이 **성별, 종교, 장애, 병력(病歷), 나이, 사회적 신분, 국적, 민족, 인종, 정치적 견해** 등을 이유로 누구도 차별하여서는 아니 되고, 신체적·정신적·경제적·문화적인 차이 등으로 특별한 보호가 필요한 사람의 인권을 보호하여야 한다.
개인 정보 및 사생활 보호 (제7조)	경찰관은 직무를 수행하는 과정에서 취득한 개인 정보와 사생활의 비밀을 보호하고, 명예와 신용이 훼손되지 않도록 유의하여야 한다.
범죄피해자 보호 (제8조)	경찰관은 범죄피해자의 명예와 사생활의 평온을 보호하고, 추가적인 피해 방지와 **신체적·정신적·경제적 피해**의 조속한 회복 및 권익증진을 위하여 노력하여야 한다.
위험 발생의 방지 및 조치 (제9조)	경찰관은 사람의 생명·신체에 위해를 끼치거나 재산에 중대한 손해를 끼칠 우려가 있는 때에는 이를 방지하기 위한 필요한 조치를 하여야 한다. 특히 자신의 책임 및 보호하에 있는 사람의 건강 보호를 위해 노력하여야 하며, 필요한 경우 지체 없이 응급조치, 진료의뢰 등 보호받는 사람의 생명권 및 건강권을 보장하기 위한 조치를 하여야 한다.
인권교육 (제10조)	경찰관은 인권 의식을 함양하고 인권 친화적인 경찰 활동을 할 수 있도록 인권교육을 이수하여야 하며, 경찰관서의 장은 정례적으로 소속 직원에게 인권교육을 하여야 한다.

이주아 경찰학 기본서

POLICE SCIENCE

제5편

각론

제1장 / 생활안전경찰
제2장 / 수사경찰
제3장 / 교통경찰
제4장 / 경비경찰
제5장 / 정보경찰
제6장 / 안보경찰
제7장 / 외사경찰

제1장
생활안전경찰

제1절 개관

생활안전경찰	생활안전경찰은 경찰활동의 대상이 되는 모든 범죄를 미연에 방지하여 평온한 시민생활을 확보하기 위한 예방경찰로서의 활동을 주 임무로 한다. 즉, 진압경찰에 대비되는 개념으로서 범죄의 원인을 제거하는 일체의 경찰활동을 말한다.
지역경찰	지구대 및 파출소를 활동거점으로 하여 일정한 담당구역을 가지는 경찰관이 제반 경찰사고에 즉각 대응하는 활동체제로 경찰업무를 일반적이며 일차적(초기적)으로 수행하는 경찰활동과 이와 같은 임무와 활동을 적정하고 효율적으로 실시하기 위한 관리업무를 의미한다. ㉠ 「지역경찰조직 및 운영에 관한 규칙」(경찰청훈령) ㉡ 「경비업법」 등
생활질서업무	생활질서업무란 지역경찰의 업무 중 사회공공의 안녕과 질서를 유지하기 위하여 실시하는 업무를 말하는 것을 의미한다. ㉠ 풍속사범의 단속 ㉡ 기초질서위반 단속 ㉢ 총포·도검류 등 단속 등
청소년 및 여성보호	① 「청소년 보호법」의 목적(제1조) : 청소년에게 유해한 매체물과 약물 등이 청소년에게 유통되는 것과 청소년이 유해한 업소에 출입하는 것 등을 규제하고, 청소년을 유해한 환경으로부터 보호·구제함으로써 청소년이 건전한 인격체로 성장할 수 있도록 함을 목적으로 한다. ② 「아동·청소년의 성보호에 관한 법률」 제25조의2~제25조의9 : 아동·청소년대상 디지털 성범죄 수사 ③ 「실종아동 등의 보호 및 지원에 관한 법률」

제2절 「지역경찰조직 및 운영에 관한 규칙」(경찰청훈령)

1. 지역경찰관서의 정의(제2조) [20 경간]

지역경찰관서	**지구대** 및 **파출소**(치안센터X)
지역경찰관서장	① 지역경찰관서의 사무를 통할하고 소속 지역경찰을 지휘·감독하기 위해 지역경찰관서에 지구대장 및 파출소장을 둔다. ② **지구대장은 경정 또는 경감**, **파출소장은 경감 또는 경위**로 보한다. 「경찰청과 그 소속기관 조직 및 정원관리규칙」(경찰청 훈령) 지구대장은 **경정 또는 경감**, 파출소장은 **경정·경감 또는 경위**로 한다.
지휘 및 감독	지역경찰관서에 대한 지휘 및 감독은 다음에 따른다. ㉠ 경찰서장 : 지역경찰관서의 운영에 관하여 총괄 지휘·감독 ㉡ 경찰서 각 과장등 부서장 : 각 부서의 소관업무와 관련된 지역경찰의 업무에 관하여 경찰서장을 보좌 ㉢ 지역경찰관서장 : 지역경찰관서의 시설·장비·예산 및 소속 지역경찰의 근무에 관한 제반사항을 지휘·감독 ㉣ 순찰팀장 : 근무시간 중 소속 지역경찰을 지휘·감독
지역경찰	지역경찰관서 소속 경찰공무원 및 전투경찰순경
근무 형태	**일근근무** : 「국가공무원 복무규정」 제9조 제1항에 규정된 근무형태
	상시근무 : 일상적으로 **24시간 계속**하여 대응·처리해야 하는 업무를 수행하거나 긴급하고 중대한 치안상황에 대비하기 위하여 야간, 토요일 및 공휴일에 관계없이 상시적으로 업무를 수행하는 근무형태
	교대근무 : **근무조를 나누어** 일정한 계획에 의한 반복주기에 따라 교대로 업무를 하는 근무형태

1-2. 조직 및 구성

설치 및 폐지	**시·도경찰청장**은 인구, 면적, 행정구역, 교통·지리적 여건, 각종 사건사고 발생 등을 고려하여 경찰서의 관할구역을 나누어 지역경찰관서를 설치한다. [20 경간]
하부조직	① 지역경찰관서에는 관리팀과 상시 교대근무로 운영하는 복수의 순찰팀을 둔다. ② **관리팀 및 순찰팀의 인원**은 지역 치안수요 및 인력여건 등을 고려하여 **경찰서장**이 결정한다.(시·도경찰청장이 결정X) [20 승진]
	순찰팀 : ① **순찰팀의 수**는 지역 치안수요 및 인력여건 등을 고려하여 **시·도경찰청장**이 결정한다. [20 경간] ② 순찰팀은 범죄예방 순찰, 각종 사건사고에 대한 초동조치 등 현장 치안 활동을 담당하며, 팀장은 경감 또는 경위로 보한다. ③ 순찰팀장을 보좌하고 순찰팀장 부재시 업무를 대행하기 위해 순찰팀별로 부팀장을 둘 수 있다.
	관리팀 : 관리팀은 문서의 접수 및 처리, 시설 및 장비의 관리, 예산의 집행 등 지역경찰관서의 행정업무를 담당한다.

2. 지역경찰관서장과 순찰팀장의 직무비교 [20 승진, 경간]

지역경찰관서장(지구대장, 파출소장)	순찰팀장
① 관내 치안상황의 **분석 및 대책** 수립 ② 지역경찰관서의 **시설·예산·장비의 관리** ③ 소속 지역경찰의 근무와 관련된 **제반사항에 대한 지휘 및 감독** ④ 경찰 중요 시책의 **홍보 및 협력치안 활동**	① 근무 교대시 주요 취급사항 및 장비등 **인수인계 확인** ② 관리, 순찰팀원에 대한 **일일근무 지정 및 지휘·감독** ③ 관내 중요 사건 발생시 현장 지휘 ④ 지역경찰관서장 부재시 업무 대행 ⑤ 순찰팀원의 업무역량 향상을 위한 교육

3. 치안센터

설치 및 폐지		① **시·도경찰청장**은 지역치안을 효율적으로 수행하기 위하여 **지역경찰관서장 소속하에 치안 센터를 설치**할 수 있다. ② 치안센터의 명칭은 "OO지구대(파출소)OO치안센터"로 한다.
소속 및 관할		① 치안센터는 지역경찰관서장의 소속 하에 두며, 치안센터의 인원, 장비, 예산 등은 지역경찰관서에서 통합 관리한다. ② 치안센터의 관할구역은 소속 지역경찰관서 관할구역의 일부로 한다. ③ **치안센터 관할구역의 크기**는 설치목적, 배치 인원 및 장비, 교통·지리적 요건 등을 고려하여 **경찰서장**이 정한다.
운영시간		① 치안센터는 **24시간 상시** 운영을 원칙으로 한다. ② **경찰서장**은 지역 치안여건 및 인원여건을 고려, 운영시간을 **탄력적으로 조정할 수 있다**.
근무자의 배치		① 치안센터 운영시간에는 치안센터 관할구역에 근무자를 배치함을 원칙으로 한다. ② **경찰서장**은 치안센터의 종류 및 지리적 여건 등을 고려하여 필요한 경우 치안센터에 **전담근무자를 배치**할 수 있다
종류		치안센터는 설치목적에 따라 검문소형과 출장소형으로 구분한다.
	검문소형	① 적의 침투 예상로 또는 주요 간선도로의 취약요소 등에 교통통제 요소 등을 고려하여 설치한다. ② 다만, 시도경찰청 및 경찰서 관할의 경계에는 인접 관서장과 협의하여 단일 치안센터를 설치하는 것을 원칙으로 한다.

종류	출장소형	① 출장소형 치안센터는 지역 치안활동의 효율성 및 주민 편의 등을 고려하여 필요한 지역에 설치한다.
		② 출장소형 치안센터는 지리적 여건·치안수요 등을 고려하여 필요한 경우 **직주일체형으로 운영할 수 있다.**
		※ 직주일체형 치안센터
		  ① 출장소형 치안센터 중 **근무자가 치안센터 내에서 거주**하면서 근무하는 형태의 치안센터를 말한다.
		  ② **배우자와 함께 거주함을 원칙**으로 하며, 배우자는 근무자 부재시 방문민원 접수·처리 등 보조역할을 수행한다.
		  ③ 직주일체형 치안센터에 배치된 근무자는 근무 종료 후에도 관할구역 내에 위치하며 지역경찰관서와 연락체계를 유지하여야 한다. 다만, 휴무일은 제외한다. (휴무일 포함X)
		  ④ **시·도경찰청장**은 직주일체형 치안센터에 배우자가 함께 거주하지 않는 경우에는 **전투경찰순경을 상주배치하여야 한다.**
		  ⑤ **경찰서장**은 직주일체형 치안센터에서 거주하는 근무자의 **배우자에게 조력 사례금을 지급하여야 하며,** 지급 기준 및 금액은 **경찰청장**이 정한다.
		  ⑥ 근무기간은 **1년 이상**으로 하며, 임기를 마친 경찰관은 희망부서로 배치하고, 차기 경비부서의 차출순서에서 **1회 면제**한다.

4. 지역경찰의 근무

복장 및 휴대장비 (제20조)	① 지역경찰은 근무 중 「경찰복제에 관한 규칙」 제15조 제1항에 규정된 근무장을 착용하는 것을 원칙으로 한다. ② 지역경찰은 근무 중 근무수행에 필요한 경찰봉, 수갑 등 **경찰장구, 무기 및 무전기 등을 휴대하여야 한다.** ③ 지역경찰관서장 및 순찰팀장(지역경찰관리자)은 필요한 경우 **지역경찰의 복장 및 휴대장비를 조정할 수 있다.**
근무형태 및 시간 (제21조) [21 채용]	① **지역경찰관서장**은 **일근근무**를 원칙으로 한다. 다만, 경찰서장은 필요하다고 인정되는 경우에는 지역경찰관서장의 근무시간을 조정하거나, 시간외 휴일 근무 등을 명할 수 있다. ② **관리팀**은 **일근근무**를 원칙으로 한다. 다만, 지역경찰관서장은 필요하다고 인정되는 경우에는 근무시간을 조정하거나, 시간외 휴일 근무 등을 명할 수 있다. ③ **순찰팀장 및 순찰팀원**은 **상시·교대근무**를 원칙으로 하며, 근무교대 시간 및 휴게시간, 휴무 횟수등 구체적인 사항은 「국가공무원복무규정」 및 「경찰기관 상시근무 공무원의 근무시간 등에 관한 규칙」이 규정한 범위 안에서 시·도경찰청장이 정한다.

근무 종류 [21 채용, 20 경간]	행정근무	① 문서의 접수 및 처리 ② 시설·장비의 관리 및 예산의 집행 ③ 각종 현황, 통계, 자료, 부책 관리 [21 채용] ④ 기타 행정업무 및 지역경찰관서장이 지시한 업무
	상황근무	① 시설 및 장비의 작동여부 확인 [21 채용] ② 방문민원 및 각종 신고사건의 접수 및 처리 ③ 요보호자 또는 피의자에 대한 보호·감시 ④ 중요 사건·사고 발생시 보고 및 전파 ⑤ 기타 필요한 문서의 작성

	순찰근무	① 그 수단에 따라 112 순찰, 방범오토바이 순찰, 자전거 순찰 및 도보 순찰 등으로 구분
		② **112 순찰**근무 및 **야간 순찰**근무는 반드시 **2인 이상** 합동으로 지정하여야 한다.
		③ 순찰근무를 지정받은 지역경찰의 수행업무
		    ㉠ 주민여론 및 범죄첩보 수집
		    ㉡ **각종 사건사고 발생시 초동조치 및 보고, 전파**
		    ㉢ 범죄 예방 및 위험발생 방지 활동
		    ㉣ 경찰사법의 단속 및 검거 [21 채용]
		    ㉤ 경찰방문 및 방범진단 [21 채용]
		    ㉥ 통행인 및 차량에 대한 검문검색 등

	경계근무	① **경계**근무는 반드시 **2인 이상** 합동으로 지정하여야 한다.
		② 경계근무를 지정받은 지역경찰의 수행업무
		    ㉠ **범법자 등 색출을 위한 통행인 및 차량, 선박 등에 대한 검문검색** 및 후속조치
		    ㉡ **비상 및 작전사태 등 발생시 차량, 선박 등의 통행 통제** [20 승진]

	대기근무	① 대기근무의 장소는 지역경찰관서 및 치안센터 내로 한다. 단, 식사시간을 대기 근무로 지정한 경우에는 식사 장소를 대기근무 장소로 지정할 수 있다. [22 승진] ② 대기근무를 지정받은 지역경찰은 지정된 장소에서 휴식을 취하되, 무전기를 청취하며 **10분 이내 출동이 가능한 상태**를 유지하여야 한다.
	기타근무	치안상황에 효과적으로 대응하기 위하여 지역경찰 관리자가 지정하는 근무로써 위의 근무에 해당하지 않는 형태의 근무

4-2. 지역경찰의 동원(제31조)

	시·도경찰청장 또는 경찰서장은 다음에 정한 사유에 해당하는 경우로서 특히 필요하다고 인정되는 때에 한하여 지역경찰의 기본근무에 지장을 초래하지 않는 범위 내에서 지역경찰을 **다른 근무에 동원할 수 있다.**
동원사유	㉠ 다중범죄 진압, 대간첩작전 기타의 비상사태 ㉡ 경호경비 또는 각종 집회 및 행사의 경비 ㉢ 중요범인의 체포를 위한 긴급배치 ㉣ 화재, 폭발물, 풍수설해 등 중요사고의 발생 ㉤ 기타 다수 경찰관의 동원을 필요로 하는 행사 또는 업무

동원의 원칙	① 지역경찰 동원은 **근무자 동원을 원칙**으로 하되, 불가피한 경우에 한하여 **1. 비번자, 2. 휴무자** 순으로 동원할 수 있다. [22 승진] ② 시·도경찰청장 또는 경찰서장은 비번자 또는 휴무자를 동원한 때에는 「경찰기관 상시근무 공무원의 근무시간등에 관한 규칙」 제5조가 정하는 바에 따라 초과 근무수당을 지급하거나 추가 휴무를 부여하여야 한다.

4-3. 정원관리 및 교육

정원 관리	① **경찰서장**은 지역경찰관서의 관할면적, 치안수요 등을 고려하여 지역경찰관서에 **적정한 인원**을 배치하여야 한다. ② **경찰서장**은 지역경찰의 정원을 다른 부서에 **우선하여 충원하여야 한다.** ③ **시·도경찰청장**은 소속 지방경찰청의 지역경찰 정원 충원 현황을 **연 2회** 이상 점검하고 현원이 **정원에 미달할 경우, 지역경찰 정원충원 대책을 수립, 시행하여야 한다.**
교육	① **시·도경찰청장** 및 **경찰서장**은 지역경찰의 올바른 직무수행 및 자질 향상을 위해 필요한 교육을 실시하여야 한다. ② 교육시간, 방법, 내용 등 지역경찰 교육과 관련된 세부적인 기준은 **경찰청장**이 따로 정한다.

5. 생활안전국장의 분장사항(「경찰청과 그 소속기관 직제」) [22 채용]

생활안전국 (제11조)	③ 국장은 다음 사항을 분장한다. 1. 범죄예방에 관한 기획·조정·연구 등 예방적 경찰활동 총괄 2. **경비업**에 관한 연구 및 지도 3. 범죄예방진단 및 범죄예방순찰 기획·운영 4. **풍속 및 성매매**(**아동·청소년 대상 성매매는 제외**한다) 사범에 대한 지도 및 단속 5. 총포·도검·화약류 등의 지도·단속 6. 즉결심판청구업무의 지도 7. **각종 안전사고의 예방**에 관한 사항 8. 소년비행 방지에 관한 업무 9. 소년 대상 범죄의 예방에 관한 업무 10. 아동학대의 **예방**(**수사X**) 및 피해자 보호에 관한 업무 11. 가출인 및 「실종아동등의 보호 및 지원에 관한 법률」 제2조 제2호에 따른 실종아동등("실종아동등")과 관련된 업무 12. 실종아동등 찾기를 위한 신고체계 운영 13. 여성 대상 범죄와 관련된 주요 정책의 총괄 수립·조정 14. 여성 대상 범죄 유관기관과의 협력 업무 15. 성폭력 및 가정폭력 예방 및 피해자 보호에 관한 업무 16. 스토킹·성매매 예방 및 피해자 보호에 관한 업무 ▶ 청원경찰의 운영 및 지도 (X) → 경비국장 [22 채용] ▶ 교통사고·교통범죄에 관한 수사 지휘·감독 (X) [22 채용]

6. 「112종합상황실 운영 및 신고처리 규칙」

112요원 근무자 선발 등 (제6조)	① 시·도경찰청장 및 경찰서장은 112요원을 배치할 때에는 관할구역 내 지리감각, 언어능력 및 상황 대처 능력이 뛰어난 경찰공무원을 선발·배치하여야 한다. ② 112요원의 근무기간은 **2년**(1년X) **이상**으로 한다. ③ 시·도경찰청장 및 경찰서장은 보임·전출입 등 인사 시 112요원의 장기근무를 유도하기 위해 노력하여야 한다.
근무방법 (제7조)	① 112요원은 **4개조**로 나누어 교대 근무를 실시하는 것을 원칙으로 한다. 다만, 인력 상황에 따라 **3개조**로 할 수 있다. ② 시·도경찰청장 및 경찰서장은 근무수행에 지장이 없는 범위 내에서 「경찰기관 상시근무 공무원의 근무시간 등에 관한 규칙」 제4조에 따라 112요원에 대한 휴게를 지정하여야 한다. ③ 시·도경찰청장 및 경찰서장은 인력운영, 긴급사건에 대한 즉응태세 유지 등을 위해 필요시 「경찰기관 상시근무 공무원의 근무시간 등에 관한 규칙」 제2조 제6호에 따라 112요원에 대한 대기근무를 지정할 수 있다. ④ 제3항의 대기근무로 지정된 112요원은 지정된 장소에서 무전기를 청취하며 즉응태세를 유지하여야 한다. ⑤ 112요원은 근무복을 착용하는 것을 원칙으로 하며, 시·도경찰청장 또는 경찰서장은 상황에 따라 다른 복장의 착용을 지시할 수 있다.
신고접수 (제8조)	① 112신고는 현장출동이 필요한 지역의 **관할과 관계없이** 신고를 받은 112종합상황실에서 접수한다. ② 국민이 112신고 이외 경찰관서별 일반전화 또는 직접 방문 등으로 경찰관의 현장출동을 필요로 하는 사건의 신고를 한 경우 해당 신고를 받은 자가 접수한다. 이때 접수한 자는 112시스템에 신고내용을 입력하여야 한다. ③ 112신고자가 그 처리 결과를 통보받고자 희망하는 경우에는 신고처리 종료 후 그 결과를 통보하여야 한다.
112신고 분류 (제9조)	① 112요원은 초기 신고내용을 최대한 합리적으로 판단하여 112신고를 분류하여 업무처리를 한다. ② 접수자는 신고내용을 토대로 사건의 긴급성과 출동필요성에 따라 다음 각 호와 같이 112신고의 대응코드를 분류한다. 　1. code 1 신고 : 다음 각 목의 사유로 인해 **최우선 출동**이 필요한 경우 　　가. 범죄로부터 인명·신체·재산 보호 　　나. 심각한 공공의 위험 제거 및 방지 　　다. 신속한 범인검거 　2. code 2 신고 : 경찰 출동요소에 의한 **현장조치 필요성은 있으나** code 1 신고에 속하지 않는 경우 　3. code 3 신고 : 경찰 출동요소에 의한 **현장조치 필요성이 없는** 경우 ③ 접수자는 불완전 신고로 인해 정확한 신고내용을 파악하기 힘든 경우라도 신속한 처리를 위해 우선 임의의 코드로 분류하여 하달 할 수 있다. ④ 시·도경찰청·경찰서 지령자 및 현장 출동 경찰관은 접수자가 제2항부터 제4항과 같이 코드를 분류한 경우라도 추가 사실을 확인하여 코드를 변경할 수 있다.
지령 (제10조)	① 112요원은 접수한 신고 내용이 code 1 및 code 2의 유형에 해당하는 경우에는 1개 이상의 출동요소에 출동장소, 신고내용, 신고유형 등을 고지하고 처리하도록 지령하여야 한다. ② 112요원은 접수한 신고의 내용이 code 3의 유형에 해당하는 경우에는 출동요소에 지령하지 않고 **자체 종결**하거나, 소관기관이나 담당 부서에 신고내용을 통보하여 처리하도록 조치하여야 한다.

자료보존기간
(제23조)
	① 112종합상황실 자료의 보존기간은 다음 각 호의 기준에 따른다.
	    1. 112신고 접수처리 입력자료는 1년간 보존
	    2. 112신고 접수 및 무선지령내용 녹음자료는 **24시간 녹음**하고 **3개월간 보존**
	    3. 그 밖에 문서 및 일지는 「공공기관의 기록물 관리에 관한 법률」에서 정하는 바에 따라 보존
	② 시·도경찰청장 또는 경찰서장은 문서 및 녹음자료의 보존기간을 연장할 특별한 사유가 있는 경우에는 보존기간을 연장하여 특별 관리할 수 있다.	

7. 경비업법

경비업의 종류 [22 채용, 20 경간]	시설경비	국가중요시설, 산업시설, 공공시설 등 경비를 필요로 하는 시설 및 장소에서 도난·화재 등 혼잡 등으로 위험발생을 방지하는 업무
	호송경비	**운반 중**에 있는 현금·유가증권·귀금속·상품 그 밖의 물건에 대하여 도난 및 화재발생을 방지하는 업무(신변보호X)
	신변보호	사람의 **생명**이나 **신체**(재산X)에 대한 위해의 발생을 방지하고 그 신변을 보호하는 업무(호송경비X)
	기계경비	**경비대상시설에 설치한 기기**에 의하여 감지·송신된 정보를 그 경비대상 **시설 외**(내X)의 장소에 설치한 **관제시설의 기기로 수신**하여 도난·화재 등 위험발생을 방지하는 업무
	특수경비	**공항**(항공기 포함(제외X)) 등 대통령령이 정하는 국가중요시설의 경비 및 도난·화재 그 밖의 위험발생을 방지하는 업무

집단민원현장	① 「노동조합 및 노동관계조정법」에 따라 노동관계 당사자가 노동쟁의 조정신청을 한 사업장 또는 쟁의행위가 발생한 사업장
	② 「도시 및 주거환경정비법」에 따른 정비사업과 관련하여 이해대립이 있어 다툼이 있는 장소
	③ 특정 시설물의 설치와 관련하여 민원이 있는 장소
	④ 주주총회와 관련하여 이해대립이 있어 다툼이 있는 장소
	⑤ 건물·토지 등 부동산 및 동산에 대한 소유권·운영권·관리권·점유권 등 법적 권리에 대한 이해대립이 있어 다툼이 있는 장소
	⑥ **100명 이상의 사람이 모이는** 국제·문화·예술·체육 행사장
	⑦ 「행정대집행법」에 따라 대집행을 하는 장소
	  ▶ 여러 사람이 공동의 목적을 가지고 광장 등 일반인이 자유로이 통행할 수 있는 곳에서 행진 등으로 불특정한 여러 사람의 의견에 영향을 주고 있는 장소(X)
	  ▶ 「집회 및 시위에 관한 법률」에 따른 **집회 또는 시위가 금지되는 장소**(X)	

허가	① 경비업은 **법인**(개인X)이 아니면 이를 영위할 수 없다. ② 경비업을 영위하고자 하는 법인은 **도급**받아 행하고자 하는 경비업무를 특정하여 그 법인의 주사무소의 소재지를 관할하는 **시·도경찰청장의 허가**(신고X)를 받아야 한다. 도급받아 행하고자 하는 경비업무를 **변경**하는 경우에도 또한 같다.	

신고	경비업 허가를 받은 법인은 다음에 해당하는 때 **시·도경찰청장에게 신고**(허가X)하여야 한다. ㉠ 영업을 폐업하거나 휴업한 때 ㉡ 법인의 명칭이나 대표자 임원을 변경한 때 ㉢ 법인의 주사무소나 출장소를 신설·이전 또는 폐지한 때 ㉣ 기계경비업무의 수행을 위한 관제시설을 신설·이전 또는 폐지한 때 ㉤ 특수경비업무를 개시하거나 종료한 때 ㉥ 그 밖에 대통령령으로 정하는 중요사항을 변경한 때
유효기간	경비업 허가의 유효기간은 **허가받은 날부터**(다음날 부터X) **5년**으로 한다. 유효기간이 만료된 후 계속하여 경비업을 하고자 하는 법인은 **행정안전부령**으로 정하는 바에 따라 **갱신허가를 받아야 한다**.
경비업자의 의무	① 경비업자는 경비대상시설의 시설주의 관리권의 범위안에서 경비업무를 수행하여야 하며, 다른 사람의 자유와 권리를 침해하거나 그의 정당한 활동에 간섭하여서는 아니된다. ② 경비업자는 경비업무를 성실하게 수행하여야 하고, 도급을 의뢰받은 경비업무가 위법 또는 부당한 것일 때에는 이를 거부하여야 한다. ③ 경비업자는 불공정한 계약으로 경비원의 권익을 침해하거나 경비업의 건전한 육성과 발전을 해치는 행위를 하여서는 아니 된다. ④ 경비업자의 임·직원이거나 임·직원이었던 자는 다른 법률에 특별한 규정이 있는 경우를 제외하고는 그 직무상 알게 된 비밀을 누설하거나 다른 사람에게 제공하여 이용하도록 하는 등 부당한 목적을 위하여 사용하여서는 아니 된다. ⑤ 경비업자는 허가받은 경비업무외의 업무에 경비원을 종사하게 하여서는 아니 된다. ⑥ 경비업자는 집단민원현장에 경비원을 배치하는 때에는 경비지도사를 선임하고 그 장소에 배치하여 행정안전부령으로 정하는 바에 따라 경비원을 지도·감독하게 하여야 한다. ⑦ 특수경비업자는 특수경비업무의 개시 신고를 하는 때에는 국가중요시설에 대한 특수경비업무의 수행이 중단되는 경우 시설주의 동의를 얻어 다른 특수경비업자 중에서 경비업무를 대행할 자를 지정하여 허가관청에 신고하여야 한다.
경비업무 도급인등의 의무	① 누구든지 제4조 제1항에 따른 허가를 받지 아니한 자에게 경비업무를 도급하여서는 아니 된다. ② 누구든지 집단민원현장에 경비인력을 20명 이상 배치하려고 할 때에는 그 경비인력을 직접 고용하여서는 아니 되고, 경비업자에게 경비업무를 도급하여야 한다. 다만, 시설주 등이 집단민원현장 발생 3개월 전까지 직접 고용하여 경비업무를 수행하는 피고용인의 경우에는 그러하지 아니하다. ③ 경비업무를 도급하는 자는 그 경비업무를 수급한 경비업자의 경비원 채용시 무자격자나 부적격자 등을 채용하도록 관여하거나 영향력을 행사해서는 아니 된다.

경비지도사 및 일반경비원 결격사유	① **18세 미만**인 사람 또는 피성년후견인
	② 파산선고를 받고 복권되지 아니한 자
	③ **금고 이상**의 실형의 선고를 받고 그 집행이 종료(집행이 종료된 것으로 보는 경우 포함)**되거나** 집행이 면제된 날부터 **5년**이 지나지 아니한 자
	④ 금고 이상의 형의 집행유예선고를 받고 그 유예기간중에 있는 자
	⑤ 다음 중 어느 하나에 해당하는 죄를 범하여 **벌금형**을 선고받은 날부터 **10년**이 지나지 아니하거나 **금고 이상**의 형을 선고받고 그 집행이 종료된(종료된 것으로 보는 경우 포함) 날 또는 집행이 유예·면제된 날부터 **10년**이 지나지 아니한 자
	    ㉠ 「형법」 제114조의 죄
	    ㉡ 「폭력행위 등 처벌에 관한 법률」 제4조의 죄
	    ㉢ 「형법」 제297조, 제297조의2, 제298조부터 제301조까지, 제301조의2, 제302조, 제303조, 제305조, 제305조의2의 죄
	    ㉣ 「성폭력범죄의 처벌 등에 관한 특례법」 제3조부터 제11조까지 및 제15조(제3조부터 제9조까지의 미수범만 해당한다)의 죄
	    ㉤ 「아동·청소년의 성보호에 관한 법률」 제7조 및 제8조의 죄
	    ㉥ 다목부터 마목까지의 죄로서 다른 법률에 따라 가중처벌되는 죄
	⑥ 다음 중 어느 하나에 해당하는 죄를 범하여 **벌금형**을 선고받은 날부터 **5년**이 지나지 아니하거나 **금고 이상**의 형을 선고받고 그 집행이 유예된 날부터 **5년**이 지나지 아니한 자
	    ㉠ 「형법」 제329조부터 제331조까지, 제331조의2 및 제332조부터 제343조까지의 죄
	    ㉡ 가목의 죄로서 다른 법률에 따라 가중처벌되는 죄
	⑦ ⑤의 ㉢부터 ㉥까지의 어느 하나에 해당하는 죄를 범하여 **치료감호**를 선고받고 그 집행이 종료된 날 또는 집행이 면제된 날부터 **10년**이 지나지 아니한 자 또는 ⑥의 어느 하나에 해당하는 죄를 범하여 **치료감호**를 선고받고 그 집행이 면제된 날부터 **5년**이 지나지 아니한 자
	⑧ 이 법이나 이 법에 따른 명령을 위반하여 **벌금형**을 선고받은 날부터 **5년**이 지나지 아니하거나 **금고이상**의 형을 선고받고 그 집행이 유예된 날부터 **5년**이 지나지 아니한 자

특수경비원 결격사유	① **18세 미만**이거나 **60세 이상**인 사람 또는 **피성년후견인** ② 심신상실자, 알코올 중독자 등 대통령령으로 정하는 정신적 제약이 있는 자 ③ 제1항 제2호부터 제8호까지의 어느 하나에 해당하는 자 ④ **금고 이상**의 형의 선고유예를 받고 그 유예기간중에 있는 자 ⑤ **행정안전부령**으로 정하는 신체조건에 미달되는 자

제3절 생활질서업무

1. 풍속사범의 단속

정의	① 풍속사범 : 사회의 선량한 풍속과 건전한 생활관습 및 환경에 해로운 영향을 미치는 일체의 범법 행위 ② 풍속영업자 : 풍속영업을 영위하는 자 ▶ **허가 또는 인가를 받지 아니**하거나 **등록 또는 신고를 하지 아니**하고 풍속영업하는 자 **포함(O)** ③ 풍속영업의 종사자 : 명칭에 관계없이 영업자를 대리하거나 영업자의 지시를 받아 상시 또는 일시적으로 영업행위를 하는 대리인·사용인 그 밖의 종업원 ▶ 무도학원의 경우 강사·강사보조원을 포함한다.
풍속영업 종류	① 「게임산업진흥에 관한 법률」에 따른 **게임제공업 및 복합유통게임제공업** ② 「영화 및 비디오물의 진흥에 관한 법률」에 따른 **비디오물감상실업** ③ 「음악산업진흥에 관한 법률」에 따른 **노래연습장업** ④ 「공중위생관리법」에 따른 **숙박업, 목욕장업, 이용업** 중 대통령령으로 정하는 것 ⑤ 「식품위생법」에 따른 식품접객업 중 대통령령으로 정하는 것 : **단란주점영업, 유흥주점영업** ⑥ 「체육시설의 설치·이용에 관한 법률」에 따른 **무도학원업 및 무도장업** ⑦ 그 밖에 선량한 풍속을 해치거나 청소년의 건전한 성장을 저해할 우려가 있는 영업으로 대통령령으로 정하는 것 ▶ 「사행행위 등 규제 및 처벌 특례법」상 사업(X)

풍속영업자 및 종사자의 준수사항	처벌
풍속영업소에서 **성매매알선등행위** 금지	3년 이하 징역 또는 3천만원 이하 벌금
풍속영업소에서 **음란행위**를 하게 하거나 이를 알선·제공하는 행위 금지	3년 이하 징역 또는 2천만원 이하 벌금
풍속영업소에서 **음란한 문서·도화·영화·음반·비디오물**, 그 밖의 **음란한 물건**에 대한 다음 행위금지 ㉠ 반포·판매·대여하거나 **이를 하게 하는** 행위 ㉡ 관람·열람하게 하는 행위 ㉢ 반포·판매·대여·관람·열람의 목적으로 **진열**하거나 **보관**하는 행위	3년 이하 징역 또는 2천만원 이하 벌금
풍속영업소에서 **도박** 그 밖의 **사행행위**를 하게 하는 행위 금지	3년 이하 징역 또는 2천만원 이하 벌금

준수사항 및 처벌	▶ **실제로 하고 있는 영업**(허가받은 영업X)형태에 따라 정해진다. ▶ **접대부(남녀를 불문한다)를 고용알선 또는 호객행위 금지(X)** → 「풍속영업의규제에 관한 법률」상 풍속영업자 및 종사자의 준수사항이 아니다.
풍속영업통보	허가관청은 풍속영업소의 소재지를 관할하는 경찰서장에게 풍속영업자의 성명 및 주소, 풍속영업소의 명칭 및 주소, 풍속영업의 종류를 알려야 한다.
위반사항통보	경찰서장은 풍속영업자나 대통령령으로 정하는 종사자가 제3조를 위반하면 그 사실을 허가관청에 알리고 과세에 필요한 자료를 국세청장에게 통보하여야 한다.

출입	① 경찰서장은 특별히 필요한 경우 경찰공무원에게 풍속영업소에 출입하여 풍속영업자와 종사자가 준수사항을 지키고 있는 지를 검사하게 할 수 있다. ② 풍속영업소에 출입하여 검사하는 경찰공무원은 그 권한을 표시하는 증표를 지니고 이를 관계인에게 내보내야 한다. ③ 「풍속영업 규제에 관한 법률」 제9조(출입)에서 경찰공무원의 준수사항 이행여부 등을 검사하기 위해 출입할 수 있는 근거조항이 마련되어 있지만, 업주나 종사자가 이를 거부할 경우 동법에서는 벌칙조항을 별도로 규정하고 있지 않다.

1-2. 풍속사범 관련 판례

1. 풍속영업자가 지켜야 할 준수사항도 **실제로 하고 있는 영업형태에 따라** 정하여지는 것이지, 그 자가 받은 영업 허가 등에 의하여 정하여지는 것은 아니므로, 유흥주점영업허가를 받았다고 하더라도 실제로는 노래연습장 영업을 하고 있다면 유흥주점영업에 따른 영업자준수사항을 지켜야 할 의무가 있다고 할 수 없다. (대판1997.9.30. 971873) [20 경간]
2. 풍속영업소인 **숙박업소에서 음란한 외국의 위성방송프로그램을 수신**하여 투숙객 등으로 하여금 시청하게 하는 행위는 풍속영업의 규제에 관한 법률상 '음란한 물건'을 관람하게 하는 행위에 해당한다. (대판 2010.7.15. 2009도4545) [20 경간]
3. 모텔에 동영상 파일 재생장치인 **디빅 플레이어(DivX Player)를 설치**하고 투숙객에게 그 비밀번호를 가르쳐 주어 저장된 음란 동영상을 관람하게 한 경우, 이는 「풍속영업의 규제에 관한 법률」이 금지하고 있는 음란한 비디오물을 풍속영업소에서 관람하게 한 행위에 해당한다. (대법원2008.8.21. 2008도3975)
4. 유흥주점 여종업원들이 **웃옷을 벗고 브래지어만 착용**하거나 치마를 허벅지가 다 드러나도록 걷어 올리고 가슴이 보일 정도로 어깨끈을 밑으로 내린 채 손님을 접대한 경우, 위 종업원들의 행위는 풍속영업의 규제에 관한 법률상 '음란행위'에 해당한다고 보기 어렵다. (대판 2009.2.26. 2006도3119).
5. 풍속영업자가 자신이 운영하는 여관에서 친구들과 **일시 오락 정도에 불과**한 도박을 한 경우, 형법상 도박죄는 성립하지 아니하고 풍속영업의 규제에 관한 법률 위반죄의 구성요건에는 해당하나 사회상규에 위배되지 않는 행위로서 위법성이 조각된다. (대판 2004.4.9. 2003도6351)

1-3. 식품위생법

(1) 식품접객업(「식품위생법 시행령」 제21조 제8호)

휴게음식점 영업	① 주로 다류(茶類), 아이스크림류 등을 조리·판매하거나 패스트푸드점, 분식점 형태의 영업 등 음식류를 조리·판매하는 영업으로서 음주행위가 허용되지 아니하는 영업 ② 편의점, 슈퍼마켓, 휴게소, 그 밖에 음식류를 판매하는 장소(만화가게 및 인터넷 컴퓨터게임시설제공업을 하는 영업소 등 음식류를 부수적으로 판매하는 장소를 포함)에서 컵라면, 일회용 다류 또는 그 밖의 음식류에 물을 부어 주는 경우는 **제외**한다.
일반음식점 영업	음식류를 조리·판매하는 영업으로서 식사와 함께 부수적으로 음주행위가 허용되는 영업
단란주점 영업	주로 주류를 조리·판매하는 영업으로서 손님이 노래를 부르는 행위가 허용되는 영업
유흥주점 영업	주로 주류를 조리·판매하는 영업으로서 **유흥종사자**를 두거나 유흥시설을 설치할 수 있고 손님이 노래를 부르거나 춤을 추는 행위가 허용되는 영업

(2) 식품위생법 관련 판례

> 1. '음식류의 조리·판매보다는 주로 주류의 조리·판매를 목적으로 하는 소주방·호프카페 등의 영업형태로 운영되는 영업'은 식품위생법상 식품접객업의 종류 중에서는 **일반음식점영업 허가를 받은 영업자가 적법**하게 할 수 있는 행위의 범주에 속한다고 보는 것이 타당하다.
> 1-2. 그러므로 일반음식점 영업자가 위와 같은 형태로 영업하였다고 하여 이를 '주류만을 판매하는 행위'를 하여서는 아니 된다고 규정한 일반음식점 영업자의 준수사항을 위반한 것이라고 보는 것은 죄형법정주의 정신과 위 법령 규정의 체계에 어긋나는 것이다. (대판 2012.6.28. 2011도15097)
> ▶ 일반음식점 영업자가 주로 술과 안주를 판매한 경우 구「식품위생법」상 준수사항 중 '**주류만을 판매하는 행위**'에 **안주류와 함께 주로 주류를 판매**하는 행위도 포함된다고 해석할 수 없다.
> ▶ 해당 영업자는 단란주점 영업행위에 해당한다. (X) → 일반음식점 영업행위에 해당한다. (O)

1-4. 노래연습장업자의 준수사항(「음악산업진흥에 관한 법률」 제22조)

> ① 노래연습장업자는 다음 각 호의 사항을 지켜야 한다.
> > 1. 영업소 안에 화재 또는 안전사고 예방을 위한 조치를 할 것
> > 2. 해당 영업장소에 대통령령이 정하는 출입시간(오전 9시부터 오후 10시) 외에 청소년이 출입하지 아니하도록 할 것. 다만, 부모 등 보호자를 동반하거나 그의 출입동의서를 받은 경우 그 밖에 대통령령이 정하는 경우에는 그러하지 아니하다.
> > 3. 주류를 판매·제공하지 아니할 것
> > 4. 접대부(남녀를 불문한다)를 고용알선하거나 호객행위를 하지 아니할 것
> > 5. 「성매매알선 등 행위의 처벌에 관한 법률」 제2조 제1항의 규정에 따른 성매매 등의 행위를 하게 하거나 이를 알선·제공하는 행위를 하지 아니할 것
> > 6. 건전한 영업질서의 유지 등에 관하여 대통령령이 정하는 사항을 준수할 것
>
> ② 누구든지 영리를 목적으로 노래연습장에서 손님과 함께 술을 마시거나 노래 또는 춤으로 손님의 유흥을 돋우는 접객행위를 하거나 타인에게 그 행위를 알선하여서는 아니 된다.
> ▶ 영리를 목적으로 노래연습장에서 손님과 함께 술을 마시거나 노래 또는 춤으로 손님의 유흥을 돋우는 접객행위를 하거나 타인에게 그 행위를 알선한 자는 1년 이하의 징역 또는 300만원 이하의 벌금에 처한다. (「음악산업진흥에 관한 법률」 제34조 제4항)

1-5. 「게임산업진흥에 관한 법률」

청소년	18세 미만자(「초·중등교육법」 제2조의 규정에 의한 **고등학교에 재학 중인 학생**을 포함) ▶ 밤 10시경 **만 18세**인 대학생이 일반게임장 출입 시 이 법에 위반된다. (X)
게임물 관련사업자 준수사항	① 제9조 제3항의 규정에 의한 유통질서 등에 관한 교육을 받을 것 ② **게임물을 이용하여 도박** 그 밖의 사행행위를 하게 하거나 하도록 내버려두지 아니할 것 ③ 게임머니의 화폐단위를 한국은행에서 발행되는 화폐단위와 동일하게 하는 등 게임물의 내용구현과 밀접한 관련이 있는 운영방식 또는 기기·장치 등을 통하여 사행성을 조장하지 아니할 것 ④ 경품 등을 제공하여 사행성을 조장하지 아니할 것. 다만, **청소년**(일반X)게임제공업의 전체이용가 게임물에 대하여 대통령령이 정하는 경품의 종류(완구류 및 문구류 등. 다만, 현금·상품권 및 유가증권은 제외)·지급기준·제공방법 등에 의한 경우에는 **그러하지 아니하다**. (**어떠한 경우에도** 경품을 제공하여서는 아니 된다X) ⑤ 청소년게임제공업을 영위하는 자는 청소년이용불가 게임물을 제공하지 아니할 것 ⑥ **일반게임제공업 또는 복합유통게임제공업**을 영위하는 자는 게임장에 청소년을 출입시키지 아니할 것 ⑦ 게임물 및 컴퓨터 설비 등에 문화체육관광부장관이 고시하는 **음란물 및 사행성게임물 차단 프로그램 또는 장치를 설치할 것**. 다만, 음란물 및 사행성게임물 차단 프로그램 또는 장치를 설치하지 아니하여도 음란물 및 사행성 게임물을 접속할 수 없게 되어 있는 경우에는 그러하지 아니하다. ⑧ 대통령령이 정하는 영업시간 및 청소년의 출입시간을 준수할 것 ⑨ 그 밖에 영업질서의 유지 등에 관하여 필요한 사항으로서 대통령령이 정하는 사항을 준수할 것 ▶ 게임제공업 등록을 하고 손님이 게임물을 이용하여 도박을 하게 한 업주 처벌 가능(O)

▶ 게임물을 이용한 **사행행위를 신고**한 사람에 대하여 **포상금을 지급할 수 있다.**

1-6. 「성매매알선 등 행위의 처벌에 관한 법률」

▶ 이 법에서 규정한 사항에 관하여 「아동·청소년의 성보호에 관한 법률」 및 「대중문화예술산업발전법」에 특별한 규정이 있는 경우에는 **그 법**에서 정하는 바에 따른다.

성매매 [21 채용]	불특정인을 상대로 금품이나 그 밖의 재산상의 이익을 수수하거나 수수하기로 약속하고 다음에 해당하는 행위를 하거나 그 **상대방이 되는 것**을 말한다. ㉠ **성교**행위 ㉡ 구강, 항문 등 신체의 일부 또는 도구를 이용한 **유사 성교**행위
성매매알선 등 행위 [21 채용]	① 성매매를 알선, 권유, 유인 또는 **강요**하는 행위 ② 성매매의 **장소를 제공**하는 행위 ③ 성매매에 제공되는 사실을 알면서 **자금, 토지 또는 건물**(정보통신망X)을 **제공**하는 행위
성매매 피해자 [21 채용]	① 위계, 위력, 그 밖에 이에 준하는 방법으로 성매매를 강요당한 사람 ② 업무관계, 고용관계, 그 밖의 관계로 인하여 보호 또는 감독하는 사람에 의하여 「마약류 관리에 관한 법률」 제2조에 따른 마약·향정신성의약품 또는 대마에 중독되어 성매매를 한 사람 ③ 청소년, 사물을 변별하거나 의사를 결정할 능력이 없거나 미약한 사람 또는 대통령령으로 정하는 중대한 장애가 있는 사람으로서 성매매를 하도록 알선·유인된 사람 ④ 성매매 목적의 인신매매를 당한 사람

성매매 피해자 처벌특례와 보호	① 성매매피해자의 **성매매는 처벌하지 아니한다.** (형을 감면한다X) ② 검사 또는 사법경찰관은 수사과정에서 피의자 또는 참고인이 성매매피해자에 해당한다고 볼 만한 상당한 이유가 있을 때에는 지체 없이 법정대리인, 친족 또는 변호인에게 통지하고, 신변보호, 수사의 비공개, 친족 또는 지원시설·성매매피해상담소의 인계 등 그 보호에 필요한 조치를 하여야 한다. 다만, 피의자 또는 참고인의 사생활 보호 등 부득이한 사유가 있는 경우에는 통지하지 아니할 수 있다. [21 채용]
외국인여성 특례	외국인여성이 이 법에 규정된 범죄를 신고한 경우나 외국인여성을 성매매피해자로 수사하는 경우에는 다음의 어느 하나에 해당하는 때까지 「출입국관리법」 제46조에 따른 강제퇴거명령 또는 같은 법 제51조에 따른 보호의 집행을 하여서는 아니 된다. ㉠ 사법경찰관이 해당 사건에 대하여 불송치결정을 한 때. 이 경우 「형사소송법」 제245조의5 제2호에 따라 관계 서류 등을 **송부받은 날부터 90일 이내**에 같은 법 제245조의8에 따른 재수사요청이 없었던 경우(재수사요청이 있었으나 **그 재수사결과를 통보받은 날부터 30일 이내**에 사건송치 요구가 없었던 경우를 포함한다)로서 해당 기간 만료일까지 같은 법 제245조의7에 따른 이의 신청이 없었던 경우로 한정한다. ㉡ 검사가 해당 사건에 대하여 불기소처분을 하거나 공소를 제기한 때
신뢰관계자 동석	① 수사기관은 신고자등을 조사할 때에는 **직권**으로 또는 본인·법정대리인의 **신청**에 의하여 신뢰관계에 있는 사람을 **동석하게 할 수 있다.** [21 법학] ② 법원 또는 수사기관은 청소년, **사물을 변별하거나 의사를 결정할 능력이 없거나 미약**한 사람 또는 대통령령으로 정하는 중대한 장애가 있는 사람에 대하여 신청을 받은 경우에는 재판이나 수사에 지장을 줄 우려가 있는 등 특별한 사유가 없으면 신뢰관계에 있는 사람을 **동석하게 하여야 한다.**
금지행위	누구든지 다음에 해당하는 행위를 하여서는 아니 된다. ㉠ **성매매** ㉡ 성매매알선 등 행위 ㉢ 성매매 목적의 인신매매 ㉣ **성을 파는 행위를 하게 할 목적**으로 다른 사람을 **고용·모집**하거나 성매매가 행하여진다는 사실을 알고 **직업을 소개·알선**하는 행위 ㉤ ㉠, ㉡, ㉢의 행위 및 그 행위가 행하여지는 **업소에 대한 광고행위** ▶ 업주의 **성매매 알선** 후 성매매가 이루어졌으나 **성행위가 미수**에 그친 경우 업주는 「성매매알선등행위의 처벌에관한 법률」상 성매매 알선 **기수**에 해당한다.
신고	① 「성매매방지 및 피해자보호 등에 관한 법률」상 지원시설 및 성매매피해상담소의 장이나 종사자가 업무와 관련하여 성매매 피해사실을 알게 되었을 때에는 **지체 없이 수사기관에 신고하여야 한다.** 　▶ 신고의무 불이행시 500만원 이하의 벌금형에 처한다. (X) 　→ 신고의무 불이행시 처벌 규정 없다. ② 누구든지 이 법에 규정된 범죄를 신고한 사람에게 그 신고를 이유로 불이익을 주어서 아니 된다. ③ 다른 법률에 규정이 있는 경우를 제외하고는 신고자등의 인적사항이나 사진 등 그 신원을 알 수 있는 정보나 자료를 인터넷 또는 출판물에 게재하거나 방송매체를 통하여 하여서는 아니 된다.
심리비공개	① 법원은 신고자등의 사생활이나 신변을 보호하기 위하여 필요하면 결정으로 **심리를 공개하지 아니할 수 있다.** ② 증인으로 소환받은 신고자등과 그 가족은 사생활이나 신변을 보호하기 위하여 증인신문의 **비공개를 신청할 수 있다.**

불법원인 채권	① 다음에 해당하는 사람이 그 행위와 관련하여 성을 파는 행위를 하였거나 할 사람에게 가지는 채권은 그 계약의 형식이나 **명목에 관계없이 무효**로 한다. (**취소할 수 있다X**) 그 채권을 양도하거나 그 채무를 인수한 경우에도 또한 같다. 　㉠ 성매매알선 등 행위를 한 사람 　㉡ 성을 파는 행위를 할 사람을 고용·모집하거나 그 직업을 소개·알선한 사람 　㉢ 성매매 목적의 인신매매를 한 사람 ② 검사 또는 사법경찰관은 ①의 불법원인과 관련된 것으로 의심되는 채무의 불이행을 이유로 고소·고발된 사건을 수사할 때에는 금품이나 그 밖의 재산상의 이익 제공이 성매매의 유인·강요 수단이나 성매매 업소로부터의 이탈방지 수단으로 이용되었는지를 확인하여 수사에 참작하여야 한다. ③ 검사 또는 사법경찰관은 성을 파는 행위를 한 사람이나 성매매피해자를 조사할 때에는 ①의 채권이 무효라는 사실과 지원시설 등을 이용할 수 있음을 본인 또는 법정대리인 등에게 고지하여야 한다.
보호사건 처리	① 검사는 성매매를 한 사람에 대하여 사건의 성격·동기, 행위자의 성행 등을 고려하여 이 법에 따른 보호처분을 하는 것이 적절하다고 인정할 때에는 특별한 사정이 없으면 보호사건으로 관할법원에 송치하여야 한다. ② 법원은 성매매 사건의 심리 결과 이 법에 따른 보호처분을 하는 것이 적절하다고 인정할 때에는 결정으로 사건을 보호사건의 관할법원에 송치할 수 있다.
벌칙 (제19조)	② 다음 각 호의 어느 하나에 해당하는 사람은 **7년 이하**의 징역 또는 **7천만원 이하**의 벌금에 처한다. [21 법학] 　1. 영업으로 성매매**알선** 등 행위를 사람 　2. 성을 파는 행위를 할 사람을 **모집**하고 그 **대가를 지급받은** 사람 　3. 성을 파는 행위를 하도록 직업을 **소개·알선**하고 그 **대가를 지급받은** 사람
벌칙 (제21조)	① 성매매를 한 사람은 **1년 이하**의 징역이나 **300만원 이하**의 벌금·구류 또는 과료에 처한다.
미수범 (제23조)	제18조부터 제20조까지에 규정된 죄의 미수범은 처벌한다.
징역· 벌금 병과 (제24조)	제18조 제1항, 제19조, 제20조 및 제23조(제18조 제2항부터 제4항까지에 규정된 죄의 미수범은 제외한다)의 경우에는 징역과 벌금을 병과할 수 있다.
몰수·추징 (제25조)	제18조부터 제20조까지에 규정된 죄를 범한 사람이 그 범죄로 인하여 얻은 금품이나 그 밖의 재산은 몰수하고, 몰수할 수 없는 경우에는 그 가액(價)을 추징한다.
형의 감면 (제26조)	이 법에 규정된 죄를 범한 사람이 수사기관에 **신고**하거나 **자수**한 경우에는 **형을 감경하거나 면제할 수 있다.** (**하여야 한다X**)
보상금 (제28조)	① 제18조 제2항 제3호, 같은 조 제3항 제4호, 같은 조 제4항, 제22조의 범죄 및 **성매매** 목적의 **인신매매**의 범죄를 수사기관에 **신고**한 사람에게는 **보상금을 지급할 수 있다.**

1-7. 음란행위의 단속

음란이란 성욕을 흥분 또는 자극하여 사람의 성적 수치심을 해하며, 선량한 성적 도덕관념에 반하는 행위를 말한다.

1-8. 「사행행위 등 규제 및 처벌특례법」

사행행위란 여러 사람으로부터 재물이나 재산상의 이익을 모아 우연적 방법으로 득실을 결정하여 재산상의 이익이나 손실을 주는 행위를 말한다.

2. 기초질서위반사범의 단속(「경범죄처벌법」)

목적 (제1조)	이 법은 경범죄의 종류 및 처벌에 필요한 사항을 정함으로써 국민의 자유와 권리를 보호하고 사회공공의 질서유지에 이바지함을 목적으로 한다.
남용금지 (제2조)	이 법을 적용할 때에는 국민의 권리를 부당하게 침해하지 아니하도록 세심한 주의를 기울여야 하며, 본래의 목적에서 벗어나 다른 목적을 위하여 이 법을 적용하여서는 아니 된다.

2-2. 경범죄의 종류와 처벌(제3조)

(1) 10만원 이하의 벌금, 구류 또는 과료의 형으로 처벌한다.

> 빈집 등에의 침입, **흉기의 은닉휴대**, **폭행 등 예비**, 시체 현장변경 등, 도움이 필요한 사람 등의 신고불이행, 관명사칭 등, 물품강매·호객행위, **광고물 무단부착 등**, **마시는 물 사용방해**, 쓰레기 등 투기, 노상방뇨 등, 의식방해, 단체가입 강요, 자연훼손, 타인의 가축·기계 등 무단조작, 물길의 흐름 방해, 구걸행위 등, 불안감조성, 음주소란 등, **인근소란 등**, 위험한 불씨 사용, 물건 던지기 등 위험행위, 인공구조물 등의 관리소홀, 위험한 동물의 관리 소홀, 동물 등에 의한 행패 등, 무단소등, 공중통로 안전관리소홀, 공무원 원조불응, 거짓 인적사항 사용, 미신요법, 야간통행제한 위반, 과다노출, 지문채취 불응, 자릿세 징수 등, **행렬방해**, 무단 출입, 총포 등 조작장난, 무임승차 및 무전취식, **장난전화 등**, 지속적 괴롭힘

(2) 20만원 이하의 벌금, 구류 또는 과료의 형으로 처벌한다.

> ① **출판물의 부당게재 등** : 올바르지 아니한 이익을 얻을 목적으로 다른 사람 또는 단체의 사업이나 사사로운 일에 관하여 신문, 잡지, 그 밖의 출판물에 어떤 사항을 싣거나 싣지 아니할 것을 약속하고 돈이나 물건을 받은 사람
> ② **거짓 광고** : 여러 사람에게 물품을 팔거나 나누어 주거나 일을 해주면서 다른 사람을 속이거나 잘못 알게 할 만한 사실을 들어 광고한 사람
> ③ **업무방해** : 못된 장난 등으로 다른 사람, 단체 또는 공무수행 중인 자의 업무를 방해한 사람
> ④ **암표매매** : 흥행장, 경기장, 역, 나루터, 정류장, 그 밖에 정하여진 요금을 받고 입장시키거나 승차 또는 승선시키는 곳에서 웃돈을 받고 입장권·승차권 또는 승선권을 다른 사람에게 되판 사람

(3) 60만원 이하의 벌금, 구류 또는 과료의 형으로 처벌한다.

▶ **현행범 체포가 가능**하다.

> ① **관공서에서의 주취소란** : 술에 취한 채로 관공서에서 몹시 거친 말과 행동으로 추정하거나 시끄럽게 한 사람
> ② **거짓신고** : 있지 아니한 범죄나 재해 사실을 공무원에게 거짓으로 신고한 사람

2-3. 「경범죄처벌법」의 특징

① 사람을 벌함에 있어서는 그 사정과 형편을 헤아려서 그 형을 **면제**(감면X, 감경X, 가중X)하거나 또는 구류와 과료를 함께 과할 수 있다.
② 죄를 짓도록 시키거나 도와준 사람(**방조**)은 죄를 지은 사람(**정범**)에 준하여(감경하여X) 벌한다.
③ **미수범** 처벌규정이 없다. [21 채용]
④ 특정 다수인에게 적용되는 일반법이다.
⑤ 「형법」의 보충법이다. 따라서, 형법이 경범죄처벌법보다 우선 적용된다.
⑥ 「경범죄처벌법」은 형사 실체법이지만, 절차법적 규정도 가지고 있다.

2-4. 「경범죄처벌법」 용어 정의

범칙행위	제3조 **제1항** 각 호(10만원 이하의 벌금, 구류 또는 과료의 형으로 처벌할 수 있는 행위) 및 **제2항**(제3항X) 각 호(20만원 이하의 벌금, 구류 또는 과료의 형으로 처벌할 수 있는 행위)의 어느 하나에 해당하는 위반행위를 말한다.
범칙자	범칙행위를 행한 사람으로서 다음에 해당하지 **아니한** 사람을 말한다. [20 채용, 20·22 승진] ㉠ 범칙행위를 **상습적**으로 행하는 사람 ㉡ 죄를 범한 동기나 수단 및 결과를 헤아려 **구류처분함이 상당**하다고 인정되는 사람 ㉢ **피해자가 있는** 행위를 한 사람 ㉣ **18세 미만**인 사람
통고처분	경찰서장, 해양경찰서장 및 제주특별자치도지사 또는 철도특별사법경찰대장은 범칙자로 인정되는 사람에 대하여 그 이유를 명백히 나타낸 서면으로 범칙금을 납부할 것을 통고할 수 있다. 다만, 다음에 해당하는 사람에 대하여는 통고처분할 수 없다. [21 채용] ㉠ 통고처분서 받기를 **거부**한 사람 ㉡ **주거 또는 신원**이 확실하지 아니한 사람 ㉢ 그 밖에 **통고처분하기가 매우 어려운** 사람
범칙금	범칙자가 통고처분에 따라 국고 또는 제주특별자치도의 금고에 납부하여야 할 금전을 말한다.

2-5. 범칙금 납부

① 통고처분서를 받은 사람은 그 **통고처분서를 받은 날로부터 10일** 이내에 경찰청장·해양경찰청장 또는 철도특별사법경찰대장이 지정한 은행, 그 지점이나 대리점, 우체국 또는 제주특별자치도지사가 지정하는 은행, 그 지점이나 대리점, 우체국에 **범칙금을 납부하여야 한다.** ▶ 기간계산 : 초일불산입
다만, 천재지변이나 그 밖의 부득이한 사유로 말미암아 그 기간 내에 범칙금을 납부할 수 없을 때에는 그 부득이한 사유가 없어지게 된 날부터 **5일**이내에 납부하여야 한다.
② 위의 납부기간 내에 범칙금을 납부하지 아니한 사람은 납부기간이 만료되는 날의 다음 날부터 **20일** 이내에 통고받은 범칙금액에 그 **100분의 20**을 더한 금액을 납부하여야 한다.
③ **범칙금을 납부한** 사람은 그 범칙행위에 대하여 **다시 벌 받지 아니한다.**

> **• 참고 •**
>
> **「경범죄처벌법」 제8조의2(범칙금의 납부)**
>
> ① 범칙금은 제8조에 따른 납부 방법 외에 대통령령으로 정하는 범칙금 납부대행기관을 통하여 **신용카드, 직불카드 등으**
> 로 낼 수 있다.
>
> > ▶ 범칙금은 신용카드, 직불카드 등으로 낼 수 있고, 분할하여 납부할 수도 있다. (X) → **분할납부 불가**
>
> 이 경우 "범칙금 납부대행기관"이란 정보통신망을 이용하여 신용카드등에 의한 결제를 수행하는 기관으로서 대통령령
> 으로 정하는 바에 따라 범칙금 납부대행기관으로 지정받은 자를 말한다.
> ② 제1항에 따라 신용카드등으로 내는 경우에는 범칙금 납부대행기관의 승인일을 납부일로 본다.

2-6. 즉결심판 청구

> ① 경찰서장, 해양경찰서장 및 제주특별자치도지사는 **통고처분 제외사유**에 해당하는 사람과 납부기간 내에 **범칙금을 납부하지 아니한 사람**에 대하여는 **지체 없이 즉결심판**을 청구하여야 한다. 다만, 범칙금 납부기간 내에 범칙금을 납부하지 아니한 사람은 즉결심판이 청구되기 전까지 통고받은 범칙금액에 그 **100분의 50**을 더한 금액을 납부하면 즉결심판 청구하지 않는다.
> ② 즉결심판이 청구된 피고인이 **즉결심판 선고 전까지** 통고받은 범칙금액에 그 **100분의 50**을 더한 금액을 납부하고 증빙서류를 제출한 때에는 경찰서장은 그 피고인에 대한 즉결심판 청구를 **취소하여야 한다**. (취소할 수 있다X)
> ③ **범칙금을 납부**한 사람은 그 범칙행위에 대하여 **다시 벌받지 아니한다**.

2-7. 「경범죄처벌법」 관련 판례

> 1. 지하철 전동차 내에서 선교활동을 하기 위해 큰 소리로 '하나님을 믿으면 천국에 갈 수 있고 하나님을 믿어라'라고 한 **행위**는 헌법 제20조 제1항이 보장하는 종교의 자유의 내용인 자기가 신봉하는 종교선전의 자유, 선교의 자유에 의한 행위로서, 이러한 선교행위가 경범죄처벌법 제1조 제26호 소정의 인근소란 행위의 구성요건에 해당되어 형사처벌의 대상이 된다고 판단하기 위해서는 당해 선교행위가 이루어진 구체적인 시기와 장소, 선교의 대상자, 선교행위의 개별적인 내용과 방법 등 제반 정황을 종합하여 그러한 행위가 통상 선교의 범위를 일탈하여 다른 법익의 침해에 이를 정도가 된 것인지 여부 등 법익간의 비교교량을 통하여 사안별로 엄격하게 판단해야 할 문제이므로, 위 소정의 행위가 **경범죄처벌법에 위반되는 행위라고 단정할 수 없다**. (대판 2003.10.9. 2003도4148)
> 2. 버스정류장 등지에서 소매치기할 생각으로 은밀히 성명불상자들의 뒤를 따라 다닌 경우, 경범죄처벌법 제1조 제24호 **(불안감조성)에 해당하지 않는다.** (대판 1999.8.24. 99도2034)

3. 「총포·도검·화약류 등의 안전관리에 관한 법률」

(1) 규율대상 ▶ 유해화학물질(X)

총포	권총, 소총, 기관총, 포, 엽총, 금속성 탄알이나 가스 등을 쏠 수 있는 장약총포, 공기총(가스를 이용하는 것을 포함) 및 **총포신·기관부 등 그 부품**(부품은 제외한다.X)으로서 대통령령으로 정하는 것을 말한다. [20 승진]
도검	칼날의 길이가 **15센티미터 이상** 되는 칼·검·창·치도(雉刀)·비수 등으로서 성질상 **흉기**로 쓰여지는 것과 칼날의 길이가 **15센티미터 미만**이라 할지라도 **흉기**로 **사용될 위험성이 뚜렷**이 있는 것 중에서 **대통령령**이 정하는 것을 말한다.
화약류	**화약·폭약 및 화공품**(화공품 : 화약 및 폭약을 써서 만든 공작물을 말한다)을 말한다.
분사기	사람의 활동을 일시적으로 곤란하게 하는 **최루 또는 질식 등의 작용제를 분사**할 수 있는 기기로서 대통령령이 정하는 것을 말한다.
전자 충격기	사람의 활동을 일시적으로 곤란하게 하거나 인명에 위해를 가하는 **전류를 방류**할 수 있는 기기로서 대통령령이 정하는 것을 말한다.
석궁	활과 총의 원리를 이용하여 화살등의 물체를 발사하여 인명에 위해를 줄 수 있는 것으로서 대통령령이 정하는 것을 말한다.

(2) 제조업

제조업 허가	① **총포·화약류의 제조업**을 하려는 자는 제조소마다 행정안전부령으로 정하는 바에 따라 **경찰청장**의 **허가**를 받아야 한다. ② **도검·분사기·전자충격기·석궁의 제조업**을 하려는 자는 제조소마다 행정안전부령으로 정하는 바에 따라 제조소의 소재지를 관할하는 **시·도경찰청장**의 **허가**를 받아야 한다.
제조업 허가 결격사유	다음에 해당하는 자는 총포·도검·화약류·분사기·전자충격기·석궁 제조업의 허가를 받을 수 없다. ㉠ **금고**(자격정지X) **이상 실형**을 선고받고 그 집행이 끝나거나 집행을 받지 아니하기로 확정된 후 **3년**이 지나지 아니한 자 ㉡ **금고 이상**의 형의 **집행유예**를 선고받고 그 유예기간이 끝난 날부터 **1년**이 지나지 아니한 자 ㉢ 심신상실자, 마약·대마·향정신성의약품 또는 알코올 중독자, 그 밖에 이에 준하는 정신장애인 ㉣ **20세 미만**인 자 ㉤ 피성년후견인 및 피한정후견인 ㉥ 파산선고를 받고 복권되지 아니한 자 ㉦ 제45조 제1항에 따라 허가가 취소(제4호부터 제6호까지의 어느 하나에 해당하여 허가가 취소된 경우는 제외한다)된 후 3년이 지나지 아니한 자 ㉧ 임원 중에 제1호부터 제7호까지의 어느 하나에 해당하는 자가 있는 법인 또는 단체

(3) 판매업

판매업 허가	총포·도검·화약류·분사기·전자충격기·석궁의 판매업을 하려는 자는 판매소마다 행정안전부령으로 정하는 바에 따라 **판매소의 소재지를 관할**하는 **시·도경찰청장의 허가**를 받아야 한다.

(4) 수출입 허가 및 신고

> ① 총포·화약류를 수출 또는 수입하려는 자는 행정안전부령으로 정하는 바에 따라 수출 또는 수입하려는 때마다 관련 증명서류 등을 경찰청장에게 제출하고 **경찰청장의 허가**를 받아야 한다.
> ② 도검·분사기·전자충격기·석궁을 수출 또는 수입하려는 자는 행정안전부령으로 정하는 바에 따라 수출 또는 수입하려는 때마다 주된 사업장의 소재지를 관할하는 **시·도경찰청장의 허가**를 받아야 한다.
> ③ **화약류를 수입한 자**는 지체 없이 행정안전부령으로 정하는 바에 따라 수입지를 관할하는 **경찰서장에게 신고**하여야 한다.

(5) 소지 및 사용

소지 허가	총포·도검·화약류·분사기·전자충격기·석궁을 소지하려는 경우에는 행정안전부령으로 정하는 바에 따라 다음에 따라 **허가를 받아야** 한다. ㉠ 총포(제2호에서 정하는 것은 제외한다) : 주소지를 관할하는 **시·도경찰청장** ㉡ 총포 중 엽총·가스발사총·공기총·마취총·도살총·산업용총·구난구명총 또는 그 부품 : 주소지를 관할하는 **경찰서장** ㉢ 도검·화약류·분사기·전자충격기 및 석궁 : 주소지를 관할하는 **경찰서장** [20 승진]
소지허가의 결격사유	다음에 해당하는 자는 총포·도검·화약류·분사기·전자충격기·석궁의 **소지허가를 받을 수 없다.** ㉠ **20세 미만**인 자. 다만, 대한체육회장이나 특별시·광역시·특별자치시·도 또는 특별 자치도의 체육회장이 추천한 선수 또는 후보자가 사격경기용총을 소지하려는 경우는 제외한다. ㉡ 심신상실자, 마약·대마·향정신성의약품 또는 알코올 중독자, 정신질환자 또는 뇌전증 환자로서 대통령령으로 정하는 사람 ㉢ **금고 이상의 실형**을 선고받고 그 집행이 끝나거나(집행이 끝난 것으로 보는 경우 포함) 면제된 날부터 **5년**이 지나지 아니한 자 ㉣ 이 법을 위반하여 **벌금형**을 선고받고 **5년**이 지나지 아니한 자 ㉤ 「특정강력범죄의 처벌에 관한 특례법」 제2조 제1항 각 호의 어느 하나에 해당하는 특정강력범죄를 범하여 벌금형의 선고 또는 징역 이상의 형의 집행유예를 선고받고 그 유예기간이 끝난 날부터 5년이 지나지 아니한 자 ㉥ 이 법을 위반하여 **금고 이상의 형의 집행유예**를 선고받고 그 유예기간이 끝난 날부터 **3년**이 지나지 아니한 자 ㉦ 다음 각 목의 어느 하나에 해당하는 죄를 범하여 벌금형을 선고받고 5년이 지나지 아니하거나 금고 이상의 형의 집행유예를 선고받고 그 유예기간이 끝난 날부터 5년이 지나지 아니한 사람 　ⓐ 「형법」 제114조의 죄 　ⓑ 「형법」 제257조 제1항·제2항, 제260조 및 제261조의 죄 　ⓒ 「아동·청소년의 성보호에 관한 법률」 제7조 및 제8조의 죄 ㉧ 음주운전으로 **벌금 이상**의 형을 선고받은 날부터 **5년** 이내에 다시 음주운전 등으로 **벌금 이상**의 형을 선고받고 그 집행이 종료(집행이 종료된 것으로 보는 경우를 포함)되거나 집행이 면제된 날부터 **5년**이 지나지 아니한 사람 ㉨ 제45조 또는 제46조 제1항에 따라 **허가가 취소**된 후 **1년**이 지나지 아니한 자
갱신	총포소지허가를 받은 자는 허가를 받은 날부터 **3년**마다 이를 갱신하여야 한다.

화약류 사용	화약류를 발파하거나 연소시키려는 자는 행정안전부령으로 정하는 바에 따라 화약류의 사용장소를 관할하는 경찰서장의 화약류 사용허가를 받아야 한다.
화약류 폐기	화약류를 폐기하려는 자는 행정안전부령으로 정하는 바에 따라 그 폐기하려는 곳을 관할하는 경찰서장에게 신고하여야 한다.
화학류 양도·양수	화약류를 양도하거나 양수하려는 자는 행정안전부령으로 정하는 바에 따라 그 주소지 또는 화약류의 사용장소를 관할하는 경찰서장의 허가를 받아야 한다.
발견·습득의 신고	누구든지 유실·매몰 또는 정당하게 관리되고 있지 아니하는 총포·도검·화약류·분사기·발견·습득의 전자충격기·석궁이라고 인정되는 물건을 발견하거나 습득하였을 때에는 24시간 이내에 신고 가까운 경찰관서에 신고하여야 하며, 국가경찰공무원(의무경찰을 포함)의 지시 없이 이를 만지거나 옮기거나 두들기거나 해체하여서는 아니 된다.

(6) 관리 및 감독

화약류운반 신고	화약류를 운반하려는 사람은 행정안전부령으로 정하는 바에 따라 발송지를 관할하는 경찰서장에게 신고(운반개시 1시간 전까지)하여야 한다. 다만, 대통령령으로 정하는 수량 이하의 화약류를 운반하는 경우에는 그러하지 아니하다.
도난·분실 신고	총포·도검·화약류·분사기·전자충격기·석궁을 도난당하거나 잃어버렸을 때에는 그 소유자 또는 관리자는 지체 없이 경찰서에 신고하여야 한다.
완성검사	제조업자, 판매업자 또는 화약류저장소설치자는 그 허가를 받은 날부터 1년 이내에 그 시설 또는 설비에 대하여 허가관청의 검사를 받아야 하며, 그 검사에 합격한 후가 아니면 업무를 시작하거나 시설 또는 설비를 사용할 수 없다. 다만, 허가관청은 부득이한 사유가 있는 경우에는 1년을 초과하지 아니하는 범위에서 그 기간을 연장할 수 있다.
출입	허가관청은 재해 예방 또는 공공의 안전유지를 위하여 필요하다고 인정되면 관계 공무원으로 하여금 총포·도검·화약류·분사기·전자충격기·석궁의 제조소·판매소 또는 임대소, 화약류저장소, 화약류의 사용장소, 그 밖에 필요한 장소에 출입하여 장부·서류나 그 밖에 필요한 물건을 검사하게 하거나 관계자에 대하여 질문을 하도록 할 수 있다.

4. 「유실물법」

습득물 조치 (제1조)	① 타인이 유실한 물건을 습득한 자는 이를 신속하게 유실자 또는 소유자, 그 밖에 물건회복의 청구권을 가진 자에게 반환하거나 경찰서(지구대·파출소 등 소속 경찰관서 포함) 또는 제주특별자치도에 자치경찰단 사무소에 제출하여야 한다. 다만, 법률에 따라 소유 또는 소지가 금지되거나 범행에 사용되었다고 인정되는 물건은 신속하게 경찰서 또는 자치경찰단에 제출하여야 한다. ② 물건을 경찰서에 제출한 경우에는 경찰서장이, 자치경찰단에 제출한 경우에는 제주특별자치도지사가 물건을 반환받을 자에게 반환하여야 한다. 이 경우에 반환을 받을 자의 성명이나 주거를 알 수 없을 때에는 대통령령으로 정하는 바에 따라 공고하여야 한다.
보관방법 (제2조)	① 경찰서장은 보관한 물건이 멸실되거나 훼손될 우려가 있을 때 또는 보관에 과다한 비용이나 불편이 수반될 때(물건의 보관 중 경제적 가치가 떨어질 때 X)에는 대통령령이 정하는 방법에 의하여 이를 매각할 수 있다.

보상금 (제4조, 제6조)	① 물건의 반환을 받는 자는 물건가액의 **100분의 5 이상 100분의 20 이하**(미만X)의 범위 내에서 보상금을 습득자에게 지급하여야 한다. 국가·지방자치단체 기타 대통령령이 정하는 공공기관은 보상금을 청구할 수 없다. ② 보상금은 물건을 **반환한 후 1개월을 경과**하면 이를 **청구할 수 없다.** ※ 유실물습득자가 보상금청구가 불가능한 경우 ① 습득물이나 그 밖에 유실물법의 규정을 준용하는 물건을 횡령함으로써 처벌을 받은 자 ② **습득일부터 7일** 이내에 유실자 등에게 반환하지 아니하거나 경찰관서에 제출하지 아니한 자 ③ 국가·지방자치단체 기타 대통령령이 정하는 공공기관이 습득한 경우 ④ 착오로 인하여 타인의 물건을 습득한 경우
습득자 권리상실 (제9조)	습득물이나 그 밖에 이 법의 규정을 준용하는 물건을 횡령함으로써 처벌을 받은 자 및 습득일부터 **7일** 이내에 유실자 등에게 반환하지 아니하거나 경찰관서에 제출하지 아니한 자는 보상금을 받을 권리 및 습득물의 소유권을 취득할 **권리를 상실한다.**
관리자 인계 (제10조)	① 관리자가 있는 선박, 차량, 건축물, 그 밖에 일반인의 통행을 금지한 구내에서 타인의 물건을 습득한 자는 그 물건을 **관리자에게 인계하여야 한다.** ② ①의 경우 선박, 차량, 건축물 등의 점유자를 습득자로 한다. 자기가 관리하는 장소에서 타인의 물건을 습득한 경우에도 또한 같다. ③ 보상금은 **점유자와 실제로 물건을 습득한 자가 절반**하여야 한다. ④ 소유권을 취득하는 경우 습득자와 사실상의 습득자는 반씩 나누어 그 소유권을 취득한다.
장물습득 (제11조)	① 범죄자가 놓고 간 것으로 인정되는 물건을 습득한 자는 급속히 그 물건을 경찰서에 제출하여야 한다. ② 제1항의 물건에 관하여는 법률에서 정하는 바에 따라 몰수할 것을 제외하고는 이 법 및 「민법」 제253조를 준용한다. 다만, 공소권이 소멸되는 날부터 6개월간 환부받는 자가 없을 때에만 습득자가 그 소유권을 취득한다. ④ 경찰서장은 제1항에 따라 제출된 습득물이 장물이 아니라고 판단되는 **상당한 이유가 있고, 재산적 가치가 없거나 타인이 버린 것이 분명하다고 인정될 때에는 이를 습득자에게 반환할 수 있다.**
준유실물 (제12조)	착오로 인하여 점유한 물건, 타인이 놓고 간 물건이나 일실한 가축에는 본법 및 민법 제253조의 규정을 준용한다. 단, **착오**로 인하여 점유한 물건에 대하여는 **비용과 보상금을 청구할 수 없다.** ▶ 타인이 놓고 간 물건의 습득자는 보상금 청구할 수 있다. (없다X)
소유권 취득	유실물은 법률에 정한 바에 의하여 공고한 후 6개월 내에 그 소유자가 권리를 주장하지 아니하면 습득자가 그 소유권을 취득한다. (「민법」 제253조)
소유권 상실 (제14조)	물건의 소유권을 취득한 자가 그 취득한 날로부터 **3개월 이내**에 물건을 경찰서 또는 자치경찰단으로부터 받아가지 아니할 때에는 **그 소유권을 상실한다.**
국고귀속 (제15조)	이 법의 규정에 따라 경찰서 또는 자치경찰단이 보관한 물건으로서 교부받을 자가 없는 경우에는 그 소유권은 국고 또는 제주특별자치도의 금고에 귀속한다.

4-2. 적용법

대상	적용법
습득물, 유실물(점유이탈물포함), 준유실물, 매장물	유실물법
유기동물	**동물보호법(유실물법X)**
표류물, 침몰물	수상에서의 수색·구조 등에 관한 법률
장물	형법, 형사소송법

5. 청소년 보호

(1) 연령 정리

소년	19세 미만	소년법
청소년	9세 이상 24세 이하	청소년 기본법
	19세 미만 다만, 만 19세가 되는 해의 1월 1일 맞이한 사람은 제외	청소년 보호법, 아동·청소년의 성보호에 관한 법률
	18세 미만의 자 (고등학교 재학 중인 학생 포함)	음악산업진흥에 관한 법률, 게임산업진흥에 관한 법률, 영화 및 비디오물의진흥에 관한 법률
아동	18세 미만	아동복지법, 가정폭력범죄의 처벌등에 관한 특례법, 아동학대범죄의 처벌등에 관한 특례법
아동·청소년	24세 이하	다문화가족지원법

5-2. 「청소년 보호법」

목적 (제1조)	이 법은 청소년에게 유해한 매체물과 약물 등이 청소년에게 유통되는 것과 청소년이 유해한 업소에 출입하는 것 등을 규제하고 청소년을 유해한 환경으로부터 보호·구제함으로써 청소년이 건전한 인격체로 성장할 수 있도록 함을 목적으로 한다.
정의 (제2조)	1. "청소년"이란 만 19세 미만인 사람을 말한다. 다만, 만 19세가 되는 해의 1월 1일을 맞이한 사람은 제외한다. 청소년을 각종 유해한 환경으로부터 보호·구제함으로써 청소년이 건전한 인격체로 성장할 수 있도록 한다는 청소년 보호법의 입법 목적 등에 비추어 볼 때, 이때의 연령은 호적 등 공부상의 나이가 아니라 **실제의 나이를 기준**으로 하여야 한다. 따라서, 공부상 출생일과 다른 실제의 출생일을 기준으로 청소년 보호법상의 청소년에서 제외되는 자임이 역수상 명백하다고 하여, 피고인을 주류판매에 관한 청소년 보호법 위반죄로 처벌할 수 없다. (대구지법 2009.9.11, 20091765) 5. "청소년유해업소"란 청소년의 출입과 고용이 청소년에게 유해한 것으로 인정되는 다음 "청소년 출입·고용금지업소"와 청소년의 출입은 가능하나 고용이 청소년에게 유해한 것으로 인정되는 "청소년고용금지업소"를 말한다. 이 경우 업소의 구분은 그 업소가 영업을 할 때 다른 법령에 따라 요구되는 허가·인가·등록·신고 등의 여부와 관계없이 **실제로 이루어지고 있는 영업행위를 기준**으로 한다.
우선적용 (제6조)	「청소년 보호법」은 청소년유해환경의 규제에 관한 형사처벌을 할 때 다른 법률보다 우선하여 적용한다.

고용X, 출입X	고용X, 출입O
① 「게임산업진흥에 관한 법률」: **일반게임제공업, 복합유통**게임제공업 ② 「사행행위 등 규제 및 처벌 특례법」: **사행행위영업** ③ 「식품위생법」 식품접객업 중 대통령: **단란주점**영업 및 **유흥주점**영업 ④ 「영화 및 비디오물의 진흥에 관한 법률」: 비디오물**감상실업** 및 제한관람가비디오물 소극장업 및 복합영상물제공업 ⑤ 「음악산업진흥에 관한 법률」: **노래연습장업**(청소년실에 한정하여 청소년의 출입을 허용) ⑥ 「체육시설의 설치·이용에 관한 법률」: **무도학원업 및 무도장업** ⑦ 전기통신설비를 갖추고 불특정한 사람들 사이의 음성대화 또는 화상대화를 매개하는 것을 주된 목적으로 하는 영업: **전화방, 화상전화방** ⑧ 불특정한 사람 사이의 신체적인 접촉 또는 은밀한 부분의 노출 등 성적 행위가 이루어지거나 이와 유사한 행위가 이루어질 우려가 있는 서비스를 제공하는 영업으로서 청소년 보호위원회가 결정, 여성가족부장관이 고시: **성적서비스제공업** ⑨ 청소년유해매체물 및 청소년유해약물 등을 제작·생산·유통하는 영업 등 청소년의 출입과 고용이 청소년에게 유해하다고 인정되는 영업으로서 대통령령 기준 청소년보호위원회가 결정하고 여성가족부장관이 고시한 것 ⑩ 「한국마사회법」: **장외발매소** ⑪ 「경륜·경정법」: **장외 매장**	① 「게임산업진흥에 관한 법률」: **청소년**게임제공업 및 **인터넷컴퓨터게임시설제공업** ② 「공중위생관리법」 숙박업, 목욕장업, 이용업 중 대통령령으로 정하는 것 　㉠ 숙박업: 휴양콘도미니엄업과 「농어촌정비법」 또는 「국제회의산업육성에 관한 법률」을 적용받는 숙박시설에 의한 숙박업은 제외 　㉡ 목욕장: 안마실을 설치하여 영업을 하거나 개별실로 구획하여 하는 영업 　㉢ 이용업: 다른 법령에 따라 취업이 금지되지 아니한 남자청소년을 고용하는 경우는 제외 ③ 「식품위생법」 식품접객업 중 대통령령 　㉠ 휴게음식점영업으로서 주로 차 종류를 조리·판매하는 영업 중 종업원에게 영업장을 벗어나 차 종류 등을 배달·판매하게 하면서 소요시간에 따라 대가를 받게 하거나 이를 조장 또는 묵인하는 형태로 운영되는 영업: **티켓다방** 　㉡ 일반음식점영업 중 음식류의 조리·판매보다 주로 주류의 조리·판매를 목적으로 하는 **소주방·호프카페** 등의 형태로 운영되는 영업 ④ 「영화 및 비디오물의진흥에 관한 법률」: **비디오물소극장업** ⑤ 「화학물질관리법」에 따른 유해화학물질영업. 다만, 유해화학물질 사용과 직접 관련이 없는 영업으로서 대통령령으로 정하는 영업은 제외 ⑥ 회비 등을 받거나 유료로 만화를 빌려 주는 **만화대여업** ⑦ **청소년유해매체물 및 청소년유해약물** 등을 **제작·생산·유통하는 영업** 등 청소년의 고용이 청소년에게 유해하다고 인정되는 영업으로서 대통령령으로 정하는 기준에 따라 청소년 보호위원회가 결정하고 여성가족부장관이 고시한 것

判) 일반음식점의 실제의 영업형태 중에서는 **주간에는 주로 음식류를 조리·판매**하고 **야간에는 주로 주류를 조리·판매**하는 형태도 있을 수 있는데, 이러한 경우 음식류의 조리·판매보다는 주로 주류를 조리·판매하는 야간의 영업형태에 있어서의 그 업소는 위 청소년 보호법의 입법취지에 비추어 볼 때 청소년보호법상의 **청소년고용금지업소에 해당**한다. (대판 2004.2.12, 2003도6282)
▶ 주야간의 영업형태를 불문하고 청소년고용금지업소에 해당한다.(X)

5-3. 「청소년 보호법」 주요내용(제30조)

누구든지 청소년에게 다음 어느 하나에 해당하는 행위를 하여서는 아니 된다.

행위 유형	처벌
① 영리를 목적으로 청소년으로 하여금 신체적인 접촉 또는 은밀한 부분의 노출 등 성적 접대행위를 하게 하거나 이러한 행위를 알선·매개하는 행위	1년 이상 10년 이하의 징역
② 영리를 목적으로 청소년으로 하여금 손님과 함께 술을 마시거나 노래 또는 춤 등으로 손님의 유흥을 돋우는 접객행위를 하게 하거나 이러한 행위를 알선·매개하는 행위 ③ 영리나 흥행을 목적으로 청소년에게 음란한 행위를 하게 하는 행위	10년 이하의 징역
④ 영리나 흥행을 목적으로 청소년의 장애나 기형 등의 모습을 일반인들에게 관람시키는 행위 ⑤ 청소년에게 구걸을 시키거나 청소년을 이용하여 구걸하는 행위 ▶ 지하철 내에서 18세의 소년을 앵벌이 시킨 자 처벌 : 「청소년 보호법」 근거 ⑥ 청소년을 학대하는 행위	5년 이하의 징역
⑦ 영리를 목적으로 청소년으로 하여금 거리에서 손님을 유인하는 행위를 하게 하는 행위 ⑧ 청소년을 남녀 혼숙하게 하는 등 풍기를 문란하게 하는 영업행위를 하거나 이를 목적으로 장소를 제공하는 행위 ⑨ 주로 차 종류를 조리·판매하는 업소에서 청소년으로 하여금 영업장을 벗어나 차 종류를 배달하는 행위를 하게 하거나 이를 조장하거나 묵인하는 행위	3년 이하의 징역 또는 3천만원 이하의 벌금

▶ 청소년으로 하여금 시장·군수·구청장이 지정한 **청소년 통행금지구역 또는 청소년 통행제한구역을 통행**하게 하는 행위(X) → 「청소년 보호법」상 청소년유해행위가 아니다.

청소년통행 금지·제한 구역의 지정 (제31조)	특별자치시장·특별자치도지사·시장·군수·구청장(구청장은 자치구의 구청장을 말하며, 이하 "시장·군수·구청장"이라 한다)은 청소년 보호를 위하여 필요하다고 인정할 경우 청소년의 정신적·신체적 건강을 해칠 우려가 있는 구역을 청소년 통행금지구역 또는 청소년 통행제한 구역으로 지정하여야 한다.
채권효력 제한 (제32조)	① 청소년유해행위를 한 자가 유해행위와 관련하여 청소년에게 가지는 채권은 그 계약의 형식이나 **명목에 관계없이** 이를 **무효**로 한다. ② 청소년고용·출입금지업소, 청소년고용금지업소의 업주가 고용과 관련하여 청소년에게 가지는 채권은 그 계약의 형식이나 **명목에 관계없이** 이를 **무효**로 한다.

5-4. 「청소년 보호법」 관련 판례

1. 청소년이 이른바 '**티켓걸**'로서 노래연습장 또는 유흥주점에서 손님들의 흥을 돋우어 주고 시간당 보수를 받은 사안에서 업소주인이 청소년을 시간제 접대부로 고용한 것으로보고 업소주인을 **청소년 보호법 위반죄로 처단**한 원심의 조치를 정당하다. (대판 2005.7.29. 2005도3801)
2. 18세 미만의 청소년에게 술을 판매함에 있어서 가사 그의 민법상 법정대리인의 동의를 받았다고 하더라도 그러한 사정만으로 위 행위가 정당화될 수는 없다. (대판 1999.7.13. 99도21) [20 경간]
3. 청소년 보호법의 입법 취지에 비추어 볼 때, 청소년출입금지업소의 업주 및 종사자에게는 청소년의 보호를 위하여 청소년을 당해 업소에 출입시켜서는 아니 될 매우 엄중한 책임이 부여되어 있다 할 것이므로 청소년 출입금지업소의 업주 및 종사자는 객관적으로 보아 출입자를 청소년으로 의심하기 어려운 사정이 없는 한 청소년일 개연성이 있는 연령대의 출입자에 대하여 주민등록증이나 이에 유사한 정도로 연령에 관한 공적 증명력이 있는 증거에 의하여 대상자의 연령을 확인하여야 할 것이고, 업주 및 종사자가 이러한 연령확인 의무에 위배하여 연령확인을 위한 아무런 조치를 취하지 아니함으로써 청소년이 당해 업소에 출입한 것이라면, 특별한 사정이 없는 한 업주 및 종사자에게 최소한 위 법률 조항 위반으로 인한 청소년 보호법 위반죄의 미필적 고의는 인정된다고 할 것이다. (대판 2007.11.16. 2007도7770)
4. 유흥주점 운영자가 업소에 들어온 미성년자의 신분을 의심하여 주문받은 술을 들고 룸에 들어가 신분증의 제시를 요구하고 밖으로 데리고 나온 사안에서, 미성년자가 실제주류를 마시거나 마실 수 있는 상태에 이르지 않았으므로 술값의 선불지급 여부 등과 무관하게 주류판매에 관한 청소년보호법 위반죄가 성립하지 않는다. (성립한다X) (대판 2008.7.24. 2008도3211). [20 승진]
5. 술을 내어 놓을 당시에는 성년자들만이 자리에 앉아서 그들끼리만 술을 마시다가 나중에 청소년이 들어와서 합석하게 된 경우에는 처음부터 음식점 운영자가 나중에 그렇게 청소년이 합석하리라는 것을 예견할 만한 사정이 있었거나, 청소년이 합석한 후에 이를 인식하면서 추가로 술을 내어 준 경우가 아닌 이상, 합석한 청소년이 상 위에 남아 있던 소주를 일부 마셨다고 하더라도 음식점 운영자가 청소년에게 술을 판매하는 행위를 하였다고는 할 수 없다. (대판 2009.4.9. 2008도11282)
6. 단란주점의 업주가 청소년들을 고용하여 영업을 한 이상 그 중 일부가 대기실에서 대기중이었을 뿐 실제 접객행위를 한 바 없다 하더라도, 고용된 청소년 전부에 대하여 「청소년 보호법 시행령」에 따라 과징금을 부과한 것은 정당하다. (대판 2002.7.12. 2002두219) [20 승진]
7. 「청소년 보호법」 제30조 제8호가 규정하는 '이성혼숙'은 '이성혼숙'은 남녀 중 **일방이 소년이면 족하고**, 반드시 남녀 쌍방이 청소년임을 요하는 것은 아니다. (대판 2003.12.26. 20035980)
   ▶ 일방이 청소년이면 부족하고 반드시 남녀 쌍방이 청소년임을 요한다. (X)

6. 「아동·청소년의 성보호에 관한 법률」

정의 (제2조)	4. "아동·청소년의 성을 사는 행위" (1) 아동·청소년, 아동·청소년의 **성(性)을 사는 행위를 알선**한 자 (2) 아동·청소년을 실질적으로 보호·감독하는 자 등에게 금품이나 그 밖의 재산상 이익, 직무·편의제공 등 대가를 제공하거나 약속하고 다음 각 목의 어느 하나에 해당하는 행위를 아동·청소년을 대상으로 하거나 아동·청소년으로 하여금 하게 하는 것을 말한다. 　가. **성교 행위** 　나. 구강·항문 등 신체의 일부나 도구를 이용한 **유사 성교 행위** 　다. 신체의 전부 또는 일부를 접촉·노출하는 행위로서 **일반인의 성적 수치심이나 혐오감을 일으키는 행위** 　라. **자위 행위** 5. "**아동·청소년성착취물**"이란 아동·청소년 또는 아동·청소년으로 명백하게 인식될 수 있는 사람이나 표현물이 등장하여 제4호 각 목의 어느 하나에 해당하는 행위를 하거나 그 밖의 성적 행위를 하는 내용을 표현하는 것으로서 필름·비디오물·게임물 또는 컴퓨터나 그 밖의 통신매체를 통한 화상·영상 등의 형태로 된 것을 말한다.
해석등 주의 (제3조)	이 법을 해석·적용할 때에는 아동·청소년의 권익을 우선적으로 고려하여야 하며, 이해관계인과 그 가족의 권리가 부당하게 침해되지 아니하도록 주의하여야 한다.
국가등 의무 (제4조)	① 국가와 지방자치단체는 아동·청소년대상 성범죄를 예방하고, 아동·청소년을 성적 착취와 학대 행위로부터 보호하기 위하여 필요한 조사·연구·교육 및 계도와 더불어 법적·제도적 장치를 마련하며 필요한 재원을 조달하여야 한다. ② 국가는 아동·청소년에 대한 성적 착취와 학대 행위가 국제적 범죄임을 인식하고 범죄 정보의 공유, 범죄 조사·연구, 국제사법 공조, 범죄인 인도 등 국제협력을 강화하는 노력을 하여야 한다.
사회의 책임 (제5조)	모든 국민은 아동·청소년이 이 법에서 정한 범죄의 피해자가 되거나 이 법에서 정한 범죄를 저지르지 아니하도록 사회 환경을 정비하고 아동·청소년을 보호·지원·교육하는 데에 최선을 다하여야 한다.
홍보 영상 (제6조)	① 여성가족부장관은 아동·청소년대상 성범죄의 예방과 계도, 피해자의 치료와 재활 등에 관한 홍보영상을 제작하여 방송편성책임자에게 배포하여야 한다. ② 여성가족부장관은 지상파방송사업자에게 대통령령으로 정하는 비상업적 공익광고 편성비율의 범위에서 제1항의 홍보영상을 채널별로 송출하도록 요청할 수 있다.

6-2. 「아동·청소년의 성보호에 관한 법률」상 규제대상

① 아동·청소년에 대한 **강간·강제추행** 등(미수범O, 예비·음모O)
② 장애인인 아동·청소년에 대한 간음
③ 13세 이상 16세 미만 아동·청소년에 대한 간음등
④ 강간 등 상해·치상
⑤ 강간 등 살인·치사
⑥ 아동·청소년 성착취물 제작·배포·소지 등(제작·수입·수출만 : 미수범O)
⑦ 아동·청소년 **매매**행위(미수범O)
⑧ 아동·청소년의 성을 사는 행위 등
　▶ 성을 사기 위하여 아동·청소년을 유인하거나 성을 팔도록 권유해도 처벌한다.
⑨ 아동·청소년에 대한 **강요**행위 (미수범O)
⑩ 알선영업행위 등
⑪ 피해자 등에 대한 강요행위
　▶ **청소년의 성적 접대행위**(목욕보조, 알몸접대 등)(X) → 「청소년 보호법」상 규제대상이다.
　▶ 미수범 처벌 : 아동·청소년 **강간·강제추행, 강요, 매매, 성착취물 제작·수입·수출**

아동·청소년 강간·강제 추행 (제7조)	① 폭행 또는 협박으로 아동·청소년을 강간한 사람은 무기징역 또는 5년 이상의 유기징역에 처한다. ② 아동·청소년에 대하여 폭행이나 협박으로 다음 각 호의 어느 하나에 해당하는 행위를 한 자는 5년 이상의 유기징역에 처한다. 　1. 구강·항문 등 신체(성기는 제외한다)의 내부에 성기를 넣는 행위 　2. 성기·항문에 손가락 등 신체(성기는 제외한다)의 일부나 도구를 넣는 행위 ③ 아동·청소년에 대하여 강제추행의 죄를 범한 자는 2년 이상의 유기징역 또는 1천만원 이상 3천만원 이하의 벌금에 처한다. ④ 아동·청소년에 대하여 준강간, 준강제추행의 죄를 범한 자는 제1항부터 제3항까지의 예에 따른다. ⑤ 위계(僞計) 또는 위력으로써 아동·청소년을 간음하거나 아동·청소년을 추행한 자는 제1항부터 제3항까지의 예에 따른다. ⑥ 제1항부터 제5항까지의 미수범은 처벌한다. ▶ 제7조의 죄를 범할 목적으로 예비 또는 음모한 사람은 3년 이하의 징역에 처한다. (제7조의2)

▶ 13세 미만 아동 강간·강제추행은 법정형이 중한 「성폭력범죄의 처벌등에 관한 특례법」으로 처벌한다.

참고

구분	성폭력범죄의 처벌 등에 관한 특례법	아동·청소년의 성보호에 관한 법률
강간	무기징역 또는 10년 이상의 유기징역	무기징역 또는 5년 이상 유기징역
강제추행	5년 이상의 유기징역	2년 이상 유기징역 또는 1천만원 이상 3천만원 이하 벌금

장애인 간음 (제8조)	① 19세 이상의 사람이 13세 이상의 **장애 아동·청소년**(「장애인복지법」 제2조 제1항에 따른 장애인으로서 신체적인 또는 정신적인 장애로 사물을 변별하거나 의사를 결정할 능력이 미약한 아동·청소년을 말한다.)을 **간음**하거나 13세 이상의 장애 아동·청소년으로 하여금 **다른 사람을 간음하게 하는 경우**에는 3년 이상의 유기징역에 처한다. ② 19세 이상의 사람이 13세 이상의 **장애 아동·청소년을 추행**한 경우 또는 13세 이상의 장애 아동·청소년으로 하여금 **다른 사람을 추행하게 하는 경우**에는 10년 이하의 징역 또는 5천만원 이하의 벌금에 처한다.
13세 이상 16세 미만 간음 (제8조의2)	① 19세 이상의 사람이 13세 이상 16세 미만인 아동·청소년(제8조에 따른 장애 아동·청소년으로서 16세 미만인 자는 제외한다.)의 **궁박(窮迫)한 상태를 이용**하여 해당 아동·청소년을 **간음**하거나 해당 아동·청소년으로 하여금 **다른 사람을 간음하게 하는 경우**에는 3년 이상의 유기징역에 처한다. ② 19세 이상의 사람이 13세 이상 16세 미만인 아동·청소년의 궁박한 상태를 이용하여 해당 아동·청소년을 **추행**한 경우 또는 해당 아동·청소년으로 하여금 **다른 사람을 추행하게 하는** 경우에는 10년 이하의 징역 또는 5천만원 이하의 벌금에 처한다.
강간 등 상해·치상 (제9조)	제7조의 죄를 범한 사람이 다른 사람을 상해하거나 상해에 이르게 한 때에는 무기징역 또는 7년 이상의 징역에 처한다.
강간 등 살인·치사 (제10조)	① 제7조의 죄를 범한 사람이 다른 사람을 살해한 때에는 사형 또는 무기징역에 처한다. ② 제7조의 죄를 범한 사람이 다른 사람을 사망에 이르게 한 때에는 사형, 무기징역 또는 10년 이상의 징역에 처한다.
성착취물 제작·배포등 (제11조)	① 아동·청소년성착취물을 **제작·수입 또는 수출**한 자는 무기징역 또는 5년 이상의 유기징역에 처한다. ② 영리를 목적으로 아동·청소년성착취물을 판매·대여·배포·제공하거나 이를 목적으로 소지·운반·광고·소개하거나 공연히 전시 또는 상영한 자는 5년 이상의 징역에 처한다. ③ 아동·청소년성착취물을 배포·제공하거나 이를 목적으로 광고·소개하거나 공연히 전시 또는 상영한 자는 3년 이상의 징역에 처한다. ④ 아동·청소년성착취물을 제작할 것이라는 정황을 알면서 아동·청소년을 아동·청소년 성착취물의 제작자에게 알선한 자는 3년 이상의 징역에 처한다. ⑤ 아동·청소년성착취물을 구입하거나 아동·청소년성착취물임을 알면서 이를 소지·시청한 자는 1년 이상의 징역에 처한다. ⑥ **제1항**(아동·청소년성착취물을 **제작·수입 또는 수출**한 자)은 **미수범**은 처벌한다 ⑦ **상습적으로 제1항**의 죄를 범한 자는 그 죄에 대하여 정하는 **형의 2분의 1까지 가중**한다.
매매행위 (제12조)	① 아동·청소년의 성을 사는 행위 또는 아동·청소년성착취물을 **제작**하는 행위의 대상이 될 것을 알면서 아동·청소년을 **매매** 또는 국외에 이송하거나 국외에 거주하는 아동·청소년을 국내에 이송한 자는 무기징역 또는 5년 이상의 징역에 처한다. ② 제1항의 **미수범**은 처벌한다.
성을 사는 행위 (제13조)	① **아동·청소년의 성을 사는 행위를 한 자는 1년 이상 10년 이하의 징역 또는 2천만원 이상 5천만원 이하의 벌금에 처한다.** ② **아동·청소년의 성을 사기 위하여 아동·청소년을 유인하거나 성을 팔도록 권유한 자는 3년 이하의 징역 또는 3천만원 이하의 벌금에 처한다.** ③ 16세 미만의 아동·청소년 및 장애 아동·청소년을 대상으로 제1항 또는 제2항의 죄를 범한 경우에는 그 죄에 정한 형의 2분의 1까지 가중처벌한다.

강요행위 (제14조)	① 다음 각 호의 어느 하나에 해당하는 자는 **5년 이상의 유기징역**에 처한다. 1. **폭행이나 협박으로** 아동·청소년으로 하여금 아동·청소년의 성을 사는 행위의 상대방이 되게 한 자 2. **선불금, 그 밖의 채무를 이용**하는 등의 방법으로 아동·청소년을 곤경에 빠뜨리거나 **위계 또는 위력으로** 아동·청소년으로 하여금 아동·청소년의 성을 사는 행위의 상대방이 되게 한 자 3. **업무·고용이나 그 밖의 관계로** 자신의 보호 또는 감독을 받는 것을 이용하여 아동·청소년으로 하여금 아동·청소년의 성을 사는 행위의 상대방이 되게 한 자 4. **영업으로** 아동·청소년을 아동·청소년의 성을 사는 행위의 상대방이 되도록 유인·권유한 자 ② 제1항 제1호부터 제3호까지의 죄를 범한 자가 그 대가의 전부 또는 일부를 받거나 이를 요구 또는 약속한 때에는 7년 이상의 유기징역에 처한다. ③ 아동·청소년의 성을 사는 행위의 **상대방이 되도록 유인·권유한 자**는 7년 이하의 징역 또는 5천만원 이하의 벌금에 처한다. ④ 제1항과 제2항의 **미수범은 처벌**한다.
알선영업등 (제15조)	① 다음 각 호의 어느 하나에 해당하는 자는 **7년 이상의 유기징역**에 처한다. 1. 아동·청소년의 성을 사는 행위의 장소를 제공하는 행위를 업으로 하는 자 2. 아동·청소년의 성을 사는 행위를 알선하거나 정보통신망(「정보통신망 이용촉진 및 정보보호 등에 관한 법률」 제2조 제1항 제1호의 정보통신망을 말한다.)에서 알선정보를 제공하는 행위를 업으로 하는 자 3. 제1호 또는 제2호의 범죄에 사용되는 사실을 알면서 자금·토지 또는 건물을 제공한 자 4. 영업으로 아동·청소년의 성을 사는 행위의 장소를 제공·알선하는 업소에 아동·청소년을 고용하도록 한 자 ② 다음 각 호의 어느 하나에 해당하는 자는 **7년 이하의 징역 또는 5천만원 이하의 벌금**에 처한다. 1. **영업으로 아동·청소년의 성을 사는 행위를 하도록 유인·권유 또는 강요한 자** 2. 아동·청소년의 성을 사는 행위의 장소를 제공한 자 3. 아동·청소년의 성을 사는 행위를 알선하거나 정보통신망에서 알선정보를 제공한 자 4. 영업으로 제2호 또는 제3호의 행위를 약속한 자 ③ **아동·청소년의 성을 사는 행위를 하도록 유인·권유 또는 강요한 자**는 5년 이하의 징역 또는 3천만원 이하의 벌금에 처한다.
성착취목적 대화 등 (제15조의2)	① 19세 이상의 사람이 성적 착취를 목적으로 **정보통신망을 통하여** 아동·청소년에게 다음 각 호의 어느 하나에 해당하는 행위를 한 경우에는 3년 이하의 징역 또는 3천만원 이하의 벌금에 처한다. 1. 성적 욕망이나 수치심 또는 혐오감을 유발할 수 있는 대화를 지속적 또는 반복적으로 하거나 그러한 대화에 지속적 또는 반복적으로 참여시키는 행위 2. 제2조 제4호 각 목의 어느 하나에 해당하는 행위를 하도록 유인·권유하는 행위 ② **19세 이상의 사람**이 정보통신망을 통하여 **16세 미만인 아동·청소년**에게 제1항 각 호의 어느 하나에 해당하는 행위를 한 경우 제1항과 동일한 형으로 처벌한다.
피해자등 강요행위 (제16조)	폭행이나 협박으로 아동·청소년대상 성범죄의 피해자 또는 「아동복지법」 제3조 제3호에 따른 보호자를 상대로 합의를 강요한 자는 7년 이하의 유기징역에 처한다.

신고의무자 가중처벌 (제18조)	제34조 제2항 각 호의 기관·시설 또는 단체의 장과 그 종사자가 자기의 보호·감독 또는 진료를 받는 아동·청소년을 대상으로 성범죄를 범한 경우에는 그 죄에 정한 형의 **2분의 1까지 가중처벌**한다.
감경규정 특례 (제19조)	음주 또는 약물로 인한 심신장애 상태에서 아동·청소년대상 성폭력범죄를 범한 때에는 「형법」 제10조 제1항·제2항 및 제11조를 **적용하지 아니할 수 있다.** (아니 한다X)

공소시효
특례
(제20조)
	① 아동·청소년대상 성범죄의 공소시효는 「형사소송법」 제252조 제1항에도 불구하고 해당 성범죄로 피해를 당한 아동·청소년이 **성년에 달한 날부터 진행**한다.
	② 제7조의 죄는 **디엔에이(DNA)증거** 등 그 죄를 증명할 수 있는 과학적인 증거가 있는 때에는 **공소시효가 10년 연장**된다.
	③ 13세 미만의 사람 및 신체적인 또는 정신적인 장애가 있는 사람에 대하여 다음 각 호의 죄를 범한 경우에는 제1항과 제2항에도 불구하고 「형사소송법」 제249조부터 제253조까지 및 「군사법원법」 제291조부터 제295조까지에 규정된 **공소시효를 적용하지 아니한다.**
	  1. 「형법」상 강간, 강제추행, 준강간, 준강제추행, 강간등 상해·치상, 강간등 살인·치사, 미성년자에 대한 간음, 추행
	  2. 「아동·청소년의 성보호에 관한 법률」상 상해·치상, 강간 등 살인·치사
	  3. 「성폭력범죄의 처벌 등에 관한 특례법」상 신체적인 또는 정신적인 장애가 있는 사람이나 13세 미만의 사람에 대하여 폭행이나 협박으로 구강·항문 등 신체(성기는 제외)의 내부에 성기를 넣는 행위, 성기·항문에 손가락 등 신체(성기는 제외)의 일부나 도구를 넣는 행위, 위계 또는 위력으로 13세 미만 사람을 간음하거나 추행, 강간 등 상해·치상, 강간 등 살인·치사
	④ 다음 각 호의 죄를 범한 경우에는 제1항과 제2항에도 불구하고 「형사소송법」 제249조부터 제253조까지 및 「군사법원법」 제291조부터 제295조까지에 규정된 공소시효를 적용하지 아니한다.
	  1. 「형법」 제301조의2(강간등 살인·치사)의 죄(강간등 살인에 한정한다)
	  2. 「아동·청소년의 성보호에 관한 법률」 제10조의 제1항의 죄(강간 등 살인), 제11조 제1항의 죄 (아동·청소년성착취물을 제작·수입 또는 수출)
	  3. 「성폭력범죄의 처벌 등에 관한 특례법」 제9조 제1항의 죄(강간 등 살인)

수강명령 병과 (제21조)	① 법원은 아동·청소년대상 성범죄를 범한 「**소년법**」 제2조의 소년에 대하여 형의 선고를 유예하는 경우에는 **반드시 보호관찰을 명하여야 한다.** ② 법원은 아동·청소년대상 성범죄를 범한 자에 대하여 유죄판결을 선고하거나 약식명령을 고지하는 경우에는 **500시간**의 범위에서 재범예방에 필요한 수강명령 또는 성폭력 치료프로그램의 이수명령을 병과(倂科)하여야 한다. 다만, 수강명령 또는 이수명령을 부과할 수 없는 특별한 사정이 있는 경우에는 그러하지 아니하다. ③ 아동·청소년대상 성범죄를 범한 자에 대하여 제2항의 수강명령은 형의 집행을 유예할 경우에 그 집행유예기간 내에서 병과하고, 이수명령은 벌금 이상의 형을 선고하거나 약식명령을 고지할 경우에 병과한다. 다만, 이수명령은 아동·청소년대상 성범죄자가 「전자장치 부착 등에 관한 법률」 제9조의2 제1항 제4호에 따른 성폭력 치료 프로그램의 이수명령을 부과받은 경우에는 병과하지 아니한다.
친권상실 청구 (제23조)	① 아동·청소년대상 성범죄 사건을 수사하는 검사는 그 사건의 가해자가 피해아동·청소년의 친권자나 후견인인 경우에 법원에 **친권상실선고 또는 후견인 변경 결정을 청구하여야 한다.** (할 수 있다X) 다만, 친권상실선고 또는 후견인 변경 결정을 하여서는 아니 될 특별한 사정이 있는 경우에는 그러하지 아니하다.

수사 및 재판 절차에서의 배려 (제25조)	① 수사기관과 법원 및 소송관계인은 아동·청소년대상 성범죄를 당한 피해자의 나이, 심리상태 또는 후유장애의 유무 등을 신중하게 고려하여 조사 및 심리·재판 과정에서 피해자의 인격이나 명예가 손상되거나 사적인 비밀이 침해되지 아니하도록 주의하여야 한다. ② 수사기관과 법원은 아동·청소년대상 성범죄의 피해자를 조사하거나 심리·재판할 때 피해자가 편안한 상태에서 진술할 수 있는 환경을 조성하여야 하며, 조사 및 심리·재판 횟수는 필요한 범위에서 최소한으로 하여야 한다. ③ 수사기관과 법원은 제2항에 따른 조사나 심리·재판을 할 때 피해아동·청소년이 13세 미만이거나 신체적인 또는 정신적인 장애로 의사소통이나 의사표현에 어려움이 있는 경우 조력을 위하여 「성폭력범죄의 처벌 등에 관한 특례법」 제36조부터 제39조까지를 준용한다. 이 경우 "성폭력범죄"는 "아동·청소년대상 성범죄"로, "피해자"는 "피해아동·청소년"으로 본다.
영상물의 촬영보존법 (제26조)	① 아동·청소년대상 성범죄 피해자의 진술내용과 조사과정은 비디오녹화기 등 **영상물 녹화장치로 촬영·보존하여야 한다.** ② 제1항에 따른 영상물 녹화는 **피해자 또는 법정대리인이 이를 원하지 아니하는 의사를 표시한 때에는 촬영을 하여서는 아니 된다.** 다만, 가해자가 친권자 중 일방인 경우는 그러하지 아니하다. ③ 제1항에 따른 영상물 녹화는 조사의 개시부터 종료까지의 전 과정 및 객관적 정황을 녹화하여야 하고, 녹화가 완료된 때에는 지체 없이 그 원본을 피해자 또는 변호사 앞에서 봉인하고 피해자로 하여금 기명날인 또는 서명하게 하여야 한다. ④ 검사 또는 사법경찰관은 피해자가 제1항의 녹화장소에 도착한 시각, 녹화를 시작하고 마친 시각, 그 밖에 녹화과정의 진행경과를 확인하기 위하여 필요한 사항을 조서 또는 별도의 서면에 기록한 후 수사기록에 편철하여야 한다. ⑤ 검사 또는 사법경찰관은 피해자 또는 법정대리인이 신청하는 경우에는 영상물 촬영과정에서 작성한 조서의 사본을 신청인에게 교부하거나 **영상물을 재생하여 시청하게 하여야 한다.** ⑥ 제1항부터 제4항까지의 절차에 따라 촬영한 영상물에 수록된 피해자의 진술은 공판준비기일 또는 공판기일에 피해자 또는 조사과정에 동석하였던 신뢰관계에 있는 자의 진술에 의하여 **그 성립의 진정함이 인정된 때에는 증거로 할 수 있다.** ⑦ 누구든지 제1항에 따라 촬영한 영상물을 수사 및 재판의 용도 외에 다른 목적으로 사용하여서는 아니 된다.
증거보전 특례 (제27조)	① 아동·청소년대상 성범죄의 피해자, 그 법정대리인 또는 경찰은 피해자가 공판기일에 출석하여 증언하는 것에 현저히 곤란한 사정이 있을 때에는 그 사유를 소명하여 제26조에 따라 촬영된 영상물 또는 그 밖의 다른 증거물에 대하여 해당 성범죄를 수사하는 검사에게 「형사소송법」 제184조 제1항에 따른 증거보전의 청구를 할 것을 요청할 수 있다. ② 제1항의 요청을 받은 검사는 그 요청이 상당한 이유가 있다고 인정하는 때에는 증거보전의 청구를 하여야 한다.
신뢰관계인 동석 (제28조)	① 법원은 아동·청소년대상 성범죄의 피해자를 증인으로 신문하는 경우에 검사, 피해자 또는 법정대리인이 신청하는 경우에는 재판에 지장을 줄 우려가 있는 등 부득이한 경우가 아니면 **피해자와 신뢰관계에 있는 사람을 동석하게 하여야 한다.** ② 제1항은 수사기관이 제1항의 피해자를 조사하는 경우에 관하여 준용한다. ③ 제1항 및 제2항의 경우 법원과 수사기관은 피해자와 신뢰관계에 있는 사람이 피해자에게 불리하거나 피해자가 원하지 아니하는 경우에는 동석하게 하여서는 아니 된다.
서류등 열람·등사 (제29조)	아동·청소년대상 성범죄의 피해자, 그 법정대리인 또는 변호사는 재판장의 허가를 받아 소송계속 중의 관계 서류 또는 증거물을 열람하거나 등사할 수 있다.

변호사선임 특례 (제30조)	① 아동·청소년대상 성범죄의 피해자 및 그 법정대리인은 형사절차상 입을 수 있는 피해를 방어하고 법률적 조력을 보장하기 위하여 변호사를 선임할 수 있다. ② 제1항에 따른 변호사에 관하여는 「성폭력범죄의 처벌 등에 관한 특례법」 제27조 제2항부터 제6항까지를 준용한다.
비밀누설 금지 (제31조)	① 아동·청소년대상 성범죄의 수사 또는 재판을 담당하거나 이에 관여하는 공무원 또는 그 직에 있었던 사람은 피해아동·청소년의 주소·성명·연령·학교 또는 직업·용모 등 그 아동·청소년을 특정할 수 있는 인적사항이나 사진 등 또는 그 아동·청소년의 사생활에 관한 비밀을 공개하거나 타인에게 누설하여서는 아니 된다. ② 제45조 및 제46조의 기관·시설 또는 단체의 장이나 이를 보조하는 자 또는 그 직에 있었던 자는 직무상 알게 된 비밀을 타인에게 누설하여서는 아니 된다. ③ 누구든지 피해아동·청소년의 주소·성명·연령·학교 또는 직업·용모 등 그 아동·청소년을 특정하여 파악할 수 있는 인적사항이나 사진 등을 신문 등 인쇄물에 싣거나 「방송법」 제2조 제1호에 따른 방송("방송") 또는 정보통신망을 통하여 공개하여서는 아니 된다. ④ 제1항부터 제3항까지를 위반한 자는 7년 이하의 징역 또는 5천만원 이하의 벌금에 처한다. 이 경우 징역형과 벌금형은 병과할 수 있다.
신고 (제34조)	① **누구든지** 아동·청소년대상 성범죄의 발생 사실을 알게 된 때에는 수사기관에 신고**할 수 있다**. ② **유치원, 학교, 의료기관, 아동복지시설, 장애인복지시설, 어린이집의 장과 그 종사자**는 직무상 아동·청소년대상 성범죄의 발생 사실을 알게 된 때에는 **즉시** 수사기관에 신고**하여야 한다**.
피해자 조치 (제38조)	① 「성매매알선 등 행위의 처벌에 관한 법률」 제21조 제1항에도 불구하고 제13조 제1항의 죄의 상대방이 된 아동·청소년에 대하여는 보호를 위하여 **처벌하지 아니한다**.
유죄확정자 신상정보 공개 (제49조)	① **법원**은 다음 각 호의 어느 하나에 해당하는 자에 대하여 판결로 제4항의 공개정보를 「성폭력범죄의 처벌 등에 관한 특례법」 제45조 제1항의 등록기간 동안 정보통신망을 이용하여 공개하도록 하는 명령(이하 "공개명령"이라 한다)을 등록대상 사건의 판결과 동시에 **선고**하여야 한다. 다만, 피고인이 아동·청소년인 경우, 그 밖에 신상정보를 공개하여서는 아니 될 특별한 사정이 있다고 판단하는 경우에는 그러하지 아니하다. ② 제1항에 따른 등록정보의 공개기간(「형의 실효 등에 관한 법률」 제7조에 따른 기간(**10년**)을 초과하지 못한다)은 판결이 확정된 때부터 기산한다. ④ 고지명령의 **집행**은 **여성가족부장관**이 한다. (제51조) ⑥ **공개정보를 정보통신망을 이용하여 열람**하고자 하는 자는 **실명인증 절차를 거쳐야 한다**.
실태조사 (제53조의2)	① **여성가족부장관**은 아동·청소년성착취물과 관련한 범죄 예방과 재발 방지 등을 위하여 **정기적으로** 아동·청소년성착취물 관련 범죄에 대한 **실태조사를 하여야 한다**.
포상금 (제59조)	① **여성가족부장관**은 제8조(장애인인 아동·청소년에 대한 간음 등), 제8조의2(13세 이상 16세 미만 아동·청소년에 대한 간음 등) 및 제11조 제1항·제2항·제4항 및 제13조부터 제15조(아동·청소년의 성을 사는 행위 등, 아동·청소년에 대한 강요행위 등, 알선영업행위 등)까지에 해당하는 범죄를 저지른 사람을 수사기관에 신고한 사람에 대하여는 예산의 범위에서 **포상금을 지급할 수 있다**.

6-3. 「아동·청소년의 성보호에 관한 법률」상 디지털 성범죄 수사

수사 특례
(제25조의2)
	① 사법경찰관리는 다음 각 호의 어느 하나에 해당하는 범죄("디지털 성범죄")에 대하여 신분을 비공개하고 범죄현장(정보통신망 포함) 또는 범인으로 추정되는 자들에게 접근하여 범죄행위의 증거 및 자료 등을 수집("**신분비공개수사**")할 수 있다.
	   1. 제11조 및 제15조의2의 죄
	   2. 아동·청소년에 대한 「성폭력범죄의 처벌 등에 관한 특례법」 제14조 제2항 및 제3항의 죄
	② 사법경찰관리는 디지털 성범죄를 계획 또는 실행하고 있거나 실행하였다고 의심할 만한 충분한 이유가 있고, 다른 방법으로는 그 범죄의 실행을 저지하거나 범인의 체포 또는 증거의 수집이 어려운 경우에 한정하여 수사 목적을 달성하기 위하여 부득이한 때에는 다음 각 호의 행위("**신분위장수사**")를 할 수 있다.
	   1. 신분을 위장하기 위한 문서, 도화 및 전자기록 등의 작성, 변경 또는 행사
	   2. 위장 신분을 사용한 계약·거래
	   3. 아동·청소년성착취물 또는 「성폭력범죄의 처벌 등에 관한 특례법」 제14조 제2항의 촬영물 또는 복제물(복제물의 복제물을 포함한다)의 소지, 판매 또는 광고
	③ 제1항에 따른 수사의 방법 등에 필요한 사항은 대통령령으로 정한다.

절차 (제25조의3)	① 사법경찰관리가 신분비공개수사를 진행하고자 할 때에는 사전에 **상급 경찰관서 수사부서의 장의 승인**을 받아야 한다. 이 경우 그 **수사기간은 3개월을 초과할 수 없다.** ② 제1항에 따른 승인의 절차 및 방법 등에 필요한 사항은 대통령령으로 정한다. ③ 사법경찰관리는 신분위장수사를 하려는 경우에는 **검사에게 신분위장수사에 대한 허가를 신청하고, 검사는 법원에 그 허가를 청구**한다. ④ 제3항의 신청은 필요한 신분위장수사의 종류·목적·대상·범위·기간·장소·방법 및 해당 신분위장수사가 제25조의2 제2항의 요건을 충족하는 사유 등의 신청사유를 기재한 서면으로 하여야 하며, 신청사유에 대한 소명자료를 첨부하여야 한다. ⑤ 법원은 제3항의 신청이 이유 있다고 인정하는 경우에는 신분위장수사를 허가하고, 이를 증명하는 서류("허가서")를 신청인에게 발부한다. ⑥ 허가서에는 신분위장수사의 종류·목적·대상·범위·기간·장소·방법 등을 특정하여 기재하여야 한다. ⑦ **신분위장수사의 기간은 3개월을 초과할 수 없으며**, 그 수사기간 중 수사의 목적이 달성되었을 경우에는 즉시 종료하여야 한다. ⑧ 제7항에도 불구하고 제25조의2 제2항의 요건이 존속하여 그 수사기간을 연장할 필요가 있는 경우에는 사법경찰관리는 소명자료를 첨부하여 **3개월의 범위에서 수사기간의 연장을 검사에게 신청하고, 검사는 법원에 그 연장을 청구**한다. 이 경우 **신분위장수사의 총 기간은 1년을 초과할 수 없다.**
긴급신분 위장수사 (제25조의4)	① 사법경찰관리는 제25조의2 제2항의 요건을 구비하고, 제25조의3 제3항부터 제8항까지에 따른 절차를 거칠 수 없는 긴급을 요하는 때에는 **법원의 허가 없이 신분위장수사를 할 수 있다.** ② 사법경찰관리는 제1항에 따른 신분위장수사 개시 후 지체 없이 검사에게 허가를 신청하여야 하고, **사법경찰관리는 48시간 이내에 법원의 허가를 받지 못한 때에는 즉시 신분위장수사를 중지하여야 한다.** ③ 제1항 및 제2항에 따른 신분위장수사 기간에 대해서는 제25조의3 제7항 및 제8항을 준용한다.

신분비공개· 위장수사 수집증거 제한 (제25조의5)	사법경찰관리가 제25조의2부터 제25조의4까지에 따라 수집한 증거 및 자료 등은 다음 각 호의 **어느 하나에 해당하는 경우 외에는 사용할 수 없다.** 1. 신분비공개수사 또는 신분위장수사의 목적이 된 디지털 성범죄나 이와 관련되는 범죄를 수사·소추하거나 그 범죄를 예방하기 위하여 사용하는 경우 2. 신분비공개수사 또는 신분위장수사의 목적이 된 디지털 성범죄나 이와 관련되는 범죄로 인한 징계절차에 사용하는 경우 3. 증거 및 자료 수집의 대상자가 제기하는 손해배상청구소송에서 사용하는 경우 4. 그 밖에 다른 법률의 규정에 의하여 사용하는 경우
통제 (제25조의6)	① **국가수사본부장은 신분비공개수사가 종료된 즉시 대통령령으로 정하는 바에 따라 국가경찰위원회에 수사 관련 자료를 보고하여야 한다.** ② 국가수사본부장은 대통령령으로 정하는 바에 따라 **국회 소관 상임위원회에 신분비공개수사 관련 자료를 반기별로 보고하여야 한다.**
비밀준수 의무 (제25조의7)	① 제25조의2부터 제25조의6까지에 따른 신분비공개수사 또는 신분위장수사에 대한 승인·집행·보고 및 각종 서류작성 등에 관여한 공무원 또는 그 직에 있었던 자는 직무상 알게 된 신분비공개수사 또는 신분위장수사에 관한 사항을 외부에 공개하거나 누설하여서는 아니 된다. ② 제1항의 비밀유지에 관하여 필요한 사항은 대통령령으로 정한다.
면책 (제25조의8)	① 사법경찰관리가 신분비공개수사 또는 신분위장수사 중 부득이한 사유로 위법행위를 한 경우 그 행위에 **고의나 중대한 과실이 없는 경우에는 벌하지 아니한다.** ② 제1항에 따른 위법행위가 「국가공무원법」 제78조 제1항에 따른 징계 사유에 해당하더라도 그 행위에 **고의나 중대한 과실이 없는 경우에는 징계 요구 또는 문책 요구 등 책임을 묻지 아니한다.** ③ 신분비공개수사 또는 신분위장수사 행위로 타인에게 손해가 발생한 경우라도 사법경찰관리는 그 행위에 고의나 중대한 과실이 없는 경우에는 그 손해에 대한 책임을 지지 아니한다.
수사지원 및 교육 (제25조의9)	상급 경찰관서 수사부서의 장은 신분비공개수사 또는 신분위장수사를 승인하거나 보고받은 경우 사법경찰관리에게 수사에 필요한 인적·물적 지원을 하고, 전문지식과 피해자 보호를 위한 수사방법 및 수사절차 등에 관한 교육을 실시하여야 한다.

7. 「실종아동 등의 보호 및 지원에 관한 법률」

정의 (제2조)	1. "**아동등**"이란 다음 각 목의 어느 하나에 해당하는 사람을 말한다. 　가. **실종(신고X) 당시 18세 미만인 아동** 　나. 「장애인복지법」 제2조의 장애인 중 지적장애인, 자폐성장애인 또는 정신장애인 　다. 「치매관리법」 제2조 제2호의 치매환자 2. "**실종아동등**"(아동등X)이란 약취(略取)·유인(誘引) 또는 유기(遺棄)되거나 사고를 당하거나 가출하거나 길을 잃는 등의 사유로 인하여 보호자로부터 이탈(離脫)된 아동등을 말한다. 3. "**보호자**"란 친권자, 후견인이나 그 밖에 다른 법률에 따라 아동등을 보호하거나 부양할 의무가 있는 사람을 말한다. 다만, 제4호의 **보호시설의 장 또는 종사자는 제외(포함X)**한다. 4. "**보호시설**"이란 「사회복지사업법」 제2조제4호에 따른 사회복지시설 및 인가·신고 등이 없이 아동등을 보호하는 시설로서 사회복지시설에 준하는 시설을 말한다. 5. "**유전자검사**"란 개인 식별(識別)을 목적으로 혈액·머리카락·침 등의 검사대상물로부터 유전자를 분석하는 행위를 말한다. 6. "**유전정보**"란 유전자검사의 결과로 얻어진 정보를 말한다. 7. "**신상정보**"란 이름·나이·사진 등 특정인(特定人)임을 식별하기 위한 정보를 말한다.
실종아동의 날과 주간 (제3조의2)	① 실종아동등에 대한 사회적 책임을 환기하고 아동의 실종을 예방하기 위하여 매년 5월 25일을 실종아동의 날로 하고, 실종아동의 날부터 1주간을 실종아동주간으로 한다. ② 국가와 지방자치단체는 실종아동의 날과 실종아동주간의 취지에 적합한 행사와 교육·홍보사업을 실시할 수 있다. ③ 제2항에 따른 실종아동의 날과 실종아동주간 관련 행사·교육 및 홍보사업에 관하여 필요한 사항은 대통령령으로 정한다.
타법률관계 (제4조)	실종아동등에 관하여 다른 법률에 제11조부터 제15조까지의 규정과 다른 규정이 있는 경우에는 **이 법의 규정에 따른다**.

신고의무
(제6조)
	① 다음 각 호의 어느 하나에 해당하는 사람은 그 직무를 수행하면서 실종아동등임을 알게 되었을 때에는 **경찰청장이 구축하여 운영하는 신고체계("경찰신고체계")로 지체 없이 신고하여야 한다.**
	  1. 보호시설의 장 또는 그 종사자
	  2. 「아동복지법」 제13조에 따른 **아동복지전담공무원**
	  3. 「청소년 보호법」 제35조에 따른 **청소년 보호·재활센터의 장 또는 그 종사자**
	  4. 「사회복지사업법」 제14조에 따른 **사회복지전담공무원**
	  5. 「의료법」 제3조에 따른 **의료기관의 장 또는 의료인**
	  6. **업무·고용 등의 관계**로 사실상 아동등을 보호·감독하는 사람
	    ▶ **업무와 관계없이** 아동을 보호하는 자(X)
	    ▶ **지방자치단체의 장**(X)
	② 지방자치단체의 장이 관계 법률에 따라 아동등을 보호조치할 때에는 아동등의 신상을 기록한 신고접수서를 작성하여 경찰신고체계로 제출하여야 한다.
	③ 보호시설의 장 또는 「정신건강증진 및 정신질환자 복지서비스 지원에 관한 법률」 제3조 제5호에 따른 정신의료기관의 장이 보호자가 확인되지 아니한 아동등을 보호하게 되었을 때에는 지체 없이 아동등의 신상을 기록한 카드("신상카드")를 작성하여 지방자치단체의 장과 전문기관의 장에게 각각 제출하여야 한다.
	④ 지방자치단체의 장은 출생 후 6개월이 경과된 아동의 출생신고를 접수하였을 때에는 지체 없이 해당 아동의 신상카드를 작성하여 그 사본을 경찰청장에게 보내야 하며, 경찰청장은 실종아동등인지 여부를 확인하여 그 결과를 해당 지방자치단체의 장에게 보내야 한다. 지방자치단체의 장은 경찰청장이 해당 아동을 실종아동등으로 확인한 경우 전문기관의 장에게 해당 실종아동등의 신상카드의 사본을 보내야 한다.

미신고 보호 금지 (제7조)	① 누구든지 정당한 사유 없이 실종아동등을 경찰관서의 장에게 신고하지 아니하고 보호할 수 없다. ▶ **정당한 사유 없이 실종아동 등을 경찰관서의 장에게 신고하지 아니하고 보호한 자는 5년 이하의 징역 또는 5천만원 이하의 벌금에 처한다. (제17조)**
지문정보 (제7조의 2, 3, 4)	① 경찰청장은 실종아동등의 조속한 발견과 복귀를 위하여 아동등의 보호자가 신청하는 경우 아동등의 지문 및 얼굴 등에 관한 정보("지문등정보")를 제8조의2에 따른 정보시스템에 등록하고 아동등의 보호자에게 사전신고증을 발급할 수 있다. ② 경찰청장은 제1항에 따라 지문등정보를 등록한 후 해당 신청서(서면으로 신청한 경우로 한정한다)는 지체 없이 파기하여야 한다. ③ 경찰청장은 제1항에 따라 등록된 지문등정보를 데이터베이스로 구축·운영할 수 있다. ④ 경찰청장은 보호시설의 입소자 중 보호자가 확인되지 아니한 아동등으로부터 서면동의를 받아 아동등의 지문등정보를 등록·관리할 수 있다. 이 경우 해당 아동등이 미성년자·심신상실자 또는 심신미약자인 때에는 본인 외에 법정대리인의 동의를 받아야 한다. 다만, 심신상실·심신미약 또는 의사무능력 등의 사유로 본인의 동의를 얻을 수 없는 때에는 본인의 동의를 생략할 수 있다. ⑤ 누구든지 정당한 사유 없이 지문등정보를 실종아동등을 찾기 위한 목적 외로 이용하여서는 아니 된다.

수사등 실시 (제9조)	① 경찰관서의 장은 실종아동등의 발생 신고를 접수하면 **지체 없이 수색 또는 수사의 실시 여부를 결정하여야 한다.** ② 경찰관서의 장은 실종아동등(**범죄로 인한 경우를 제외**한다.)의 조속한 발견을 위하여 필요한 때에는 다음 각 호의 어느 하나에 해당하는 자에게 실종아동등의 위치 확인에 필요한 「위치정보의 보호 및 이용 등에 관한 법률」 제2조 제2호에 따른 개인위치정보, **인터넷주소** 통신사실확인자료("개인위치정보등")의 **제공을 요청할 수 있다.** 이 경우 경찰관서의 장의 요청을 받은 자는 「통신비밀보호법」 제3조에도 불구하고 **정당한 사유가 없으면 이에 따라야 한다.** ③ 제2항의 요청을 받은 자는 그 **실종아동등의 동의 없이 개인위치정보등을 수집할 수 있으며,** 실종아동등의 동의가 없음을 이유로 경찰관서의 장의 요청을 거부하여서는 아니 된다. ④ 경찰관서와 경찰관서에 종사하거나 종사하였던 자는 실종아동등을 찾기 위한 목적으로 제공받은 개인위치정보등을 실종아동등을 찾기 위한 목적 외의 용도로 이용하여서는 아니 되며, 목적을 달성하였을 때에는 지체 없이 파기하여야 한다. ▶ 개인위치정보를 실종아동등을 찾기 위한 목적 외의 용도로 이용한 자는 5년 이하의 징역 또는 5천만 원 이하의 벌금에 처한다.
공개 수사 운영등 (제9조의2)	① 경찰청장은 실종아동등의 조속한 발견과 복귀를 위하여 실종아동등의 공개 수색·수사 체계를 구축·운영할 수 있다.
출입·조사 (제10조)	① 경찰청장이나 지방자치단체의 장은 실종아동등의 발견을 위하여 필요하면 관계인에 대하여 필요한 보고 또는 자료제출을 명하거나 소속 공무원으로 하여금 관계 장소에 출입하여 관계인이나 아동등에 대하여 필요한 조사 또는 질문을 하게 할 수 있다. ② 경찰청장이나 지방자치단체의 장은 제1항에 따른 출입·조사를 실시할 때 정당한 이유가 있는 경우 소속 공무원으로 하여금 실종아동등의 가족 등을 동반하게 할 수 있다. ③ 제1항에 따라 출입·조사 또는 질문을 하려는 관계공무원은 그 권한을 표시하는 증표를 지니고 이를 관계인 등에게 내보여야 한다.

유전자 검사
(제11조,
제12조)
	① 경찰청장은 실종아동등의 발견을 위하여 다음 각 호의 어느 하나에 해당하는 자로부터 유전자검사대상물을 채취할 수 있다.
	
	   1. 보호시설의 입소자나 「정신건강증진 및 정신질환자 복지서비스 지원에 관한 법률」 제3조 제5호에 따른 정신의료기관의 입원환자 중 보호자가 확인되지 아니한 아동등
	   2. 실종아동등을 찾고자 하는 가족
	   3. 그 밖에 보호시설의 입소자였던 무연고아동
	
	② 경찰청장은 제1항에 따라 검사대상물을 채취하려면 미리 검사대상자의 서면동의를 받아야 한다. 이 경우 검사대상자가 미성년자, 심신상실자 또는 심신미약자일 때에는 본인 외에 법정대리인의 동의를 받아야 한다. 다만, 심신상실, 심신미약 또는 의사무능력 등의 사유로 본인의 동의를 받을 수 없을 때에는 본인의 동의를 생략할 수 있다.
	③ 누구든지 실종아동등을 발견하기 위한 목적 외의 용도로 검사대상물을 채취하거나 유전자검사를 실시하거나 유전정보를 이용할 수 없다.
	④ 검사대상물의 채취, 유전자검사 또는 유전정보관리에 종사하고 있거나 종사하였던 사람은 채취한 검사대상물 또는 유전정보를 외부로 유출하여서는 아니 된다.

7-2. 「실종아동등 및 가출인 업무처리 규칙」

(1) 정의

아동등	「실종아동등의 보호 및 지원에 관한 법률」 제2조 제1호에 따른 실종 당시 18세 미만 아동, 지적·자폐성·정신장애인, 치매환자
실종아동등	법 제2조 제2호에 따른 사유로 인하여 보호자로부터 이탈된 아동
찾는실종 아동등	「실종아동등의 보호 및 지원에 관한 법률」 제2조 제2호에 따른 실종아동등 중 보호자가 찾고 있는 아동 등
보호실종 아동등	실종아동 등 중 **보호자가 확인되지 않아**(확인된X) 경찰관이 보호하고 있는 아동등
장기실종 아동등	보호자로부터 **신고를 접수한 지**(실종된 지X, 보호자로부터 이탈한 지X) 48시간이 경과한 후에도 발견되지 않은 찾는 실종아동 등
가출인	"가출인"이란 신고 당시 보호자로부터 이탈된 만 **18세 이상**의 사람
발생지	① 실종아동등 및 가출인이 **실종·가출 전 최종적으로 목격**되었거나 목격되었을 것으로 추정하여 신고자 등이 진술한 장소 ② 신고자 등이 최종 목격 장소를 진술하지 못하거나, 목격되었을 것으로 추정되는 장소가 대중교통시설 등일 경우 또는 실종·가출 발생 후 **1개월**이 경과한 때에는 실종아동등 및 가출인의 실종 전 **최종 주거지**
발견지	① 실종아동등 또는 가출인을 발견하여 보호 중인 장소 [22 승진] ② 발견한 장소와 보호 중인 장소가 서로 다른 경우에는 **보호 중인 장소**(발견한 장소X)
국가경찰 수사범죄	「자치경찰사무와 시·도자치경찰위원회의 조직 및 운영 등에 관한 규정」 제3조 제1호부터 제5호까지 또는 제6호 나목의 범죄가 아닌 범죄를 말한다.
실종·유괴 경보	실종·유괴경보가 발령된 경우 「실종아동등의 보호 및 지원에 관한 법률 시행령」에 따른 문자메시지 공개정보를 시민들에게 널리 알리기 위하여 휴대폰에 전달하는 문자메시지를 말한다.

(2) 실종아동찾기센터 및 장기실종자추적팀(제4조, 제5조)

구분	실종아동찾기 센터	장기실종자 추적팀
설치	실종아동등의 조속한 발견 등 관련 업무를 효율적으로 수행하기 위해 경찰청에 설치한다.	장기실종아동등에 대한 전담 추적조사를 위해 경찰청 또는 시·도경찰청에 설치할 수 있다.
업무	① 전국에서 발생하는 실종아동등의 신고접수·등록·조회 및 등록해제 등 실종아동등 발견·보호·지원을 위한 업무 ② 실종·가출 신고용 특수번호 "182"의 운영 ③ 그 밖의 실종아동등과 관련하여 경찰청장이 지시하는 사항	① 장기실종아동등에 대한 전담 조사 ② 실종아동등·가출인 관련사건 수색·수사지도 ③ 그 밖의 소속 경찰관서의 장이 지시하는 실종아동등 관련 업무

(3) 정보시스템

입력대상	입력제외대상
① 실종아동 등 ② 가출인 ③ 보호시설 입소자 중 보호자가 **확인되지 않은**(확인된X) 사람 ▶ 보호시설 무연고자	신고대상자가 다음에 해당하는 경우에는 신고 내용을 실종아동 등 프로파일링시스템에 **입력하지 않을 수 있다.** ㉠ 채무관계 해결, 형사사건 당사자 소재 확인 등 실종아동등 및 가출인 발견 **외** 다른 목적으로 신고된 사람 ㉡ 수사기관으로부터 **지명수배 또는 지명통보**된 사람 ㉢ 허위로 신고된 사람 ㉣ 보호자가 가출 시 **동행**한 실종아동등 ㉤ 그 밖에 신고 내용을 종합하였을 때 명백히 입력 대상이 아니라고 판단되는 사람

운영	① 경찰청 생활안전국장은 정보시스템으로 **실종아동등 프로파일링시스템 및 실종아동찾기 센터 홈페이지**("인터넷 안전드림")를 운영한다. ② 실종아동등 프로파일링시스템은 **경찰관서 내에서만 사용**할 수 있도록 제한하고, 인터넷 안전드림은 **누구든 사용**할 수 있도록 공개 하는 등 **분리하여 운영**한다. 다만, 자료의 전송 등을 위해 필요한 경우 상호 연계할 수 있다. ③ 경찰관서의 장은 **실종아동등 프로파일링시스템**에 업무담당자 등 필요하다고 인정되는 사람만 접근할 수 있도록 권한을 부여하는 등의 방법으로 통제·관리하여야 한다. ④ 인터넷 안전드림은 실종아동등의 신고 또는 예방·홍보 등과 관련된 정보를 제공한다.
정보관리	① 실종아동 등 프로파일링시스템에 등록된 자료의 보존기간 ▶ 대상자가 사망하거나 보호자가 삭제를 요구한 경우는 즉시 삭제한다. ㉠ 발견된 18세 미만 아동 및 가출인 : 수배해제 후로부터 **5년간**(10년X) 보관 ㉡ 발견된 지적·자폐성·정신장애인 등 및 치매환자 : 수배 해제 후로부터 10년간 보관 ㉢ 미발견자 : 소재 발견 시까지 보관 ㉣ 보호시설 무연고자 : 본인 요청 시 즉시 삭제 ② 경찰관서의 장은 본인 또는 보호자의 동의를 받아 실종아동 등 프로파일링시스템에서 데이터베이스로 관리하는 실종아동 등 및 보호시설 무연고자 자료를 인터넷 안전드림에 공개할 수 있다. ③ 실종아동등 또는 가출인에 대한 **신고를 접수**하거나, 실종아동등 프로파일링시스템에 신고 내용이 입력되어 있는 것을 확인한 경찰관은 보호자가 요청하는 경우에는 신고접수증을 발급할 수 있다.
실종아동등 프로파일링 시스템 등록	① 경찰관서의 장은 제7조 제1항 각 호의 대상에 대하여 실종아동등 프로파일링시스템 입력자료를 시스템에 등록한다. ② 경찰관서의 장은 다음에 해당하는 경우에는 별지 제3호서식에 따른 수정·해제자료를 작성하여 실종아동등 프로파일링시스템에 등록된 자료를 해제하여야 한다. 다만, ㉥에 해당하는 경우에는 해제 요청 사유의 진위 여부를 확인한 후 해제한다. ㉠ 찾는실종아동등 및 가출인의 **소재를 발견**한 경우 ㉡ 보호실종아동등의 **신원을 확인**하거나 보호자를 확인한 경우 ㉢ 삭제 ㉣ **허위 또는 오인신고**인 경우 ㉤ **지명수배 또는 지명통보 대상자**임을 확인한 경우 ㉥ **보호자가 해제를 요청**한 경우

(4) 실종아동등

신고접수	① 실종아동등 신고는 관할에 관계없이 실종아동찾기센터, 각 시·도경찰청 및 경찰서에서 전화, 서면, 구술 등의 **방법으로** 접수하며, 신고를 접수한 경찰관은 **범죄와의 관련 여부 등을 확인해야 한다.** ② 경찰청 실종아동찾기센터는 실종아동등에 대한 신고를 접수하거나, 신고 접수에 대한 보고를 받은 때에는 즉시 실종아동등 프로파일링시스템에 입력, 관할경찰관서를 지정하는 등 필요한 조치를 하여야 한다. 이 경우 관할 경찰관서는 발생지 관할 경찰관서 등 실종아동 등을 신속히 발견할 수 있는 관서로 지정해야 한다.
조치	① 경찰관서의 장은 찾는실종아동 등에 대한 신고를 접수한 때에는 정보시스템의 자료를 조회하는 등의 방법으로 실종아동 등을 찾기 위한 조치를 취하고, 실종아동 등을 발견한 경우에는 즉시 보호자에게 인계하는 등 필요한 조치를 하여야 한다. ② 경찰관서의 장은 보호실종아동 등에 대한 신고를 접수한 때에는 보호자를 찾기 위한 조치를 취하고, 보호자가 확인된 경우에는 즉시 보호자에게 인계하는 등 필요한 조치를 하여야 하며, 보호자를 발견하지 못한 경우에는 관할 지방자치단체의 장에게 보호실종아동 등을 인계한다. ③ 경찰관서의 장은 정보시스템 검색, 다른 자료와의 대조, 주변인물과의 연락 등 실종아동 등의 조속한 발견을 위하여 지속적인 추적을 하여야 한다. ④ 경찰관서의 장은 실종아동 등에 대하여 현장 탐문 및 수색 후 그 결과를 즉시 보호자에게 통보하여야 한다. 이후에는 실종아동 등 프로파일링시스템에 **등록한 날로부터 1개월까지는 15일에 1회, 1개월이 경과한 후부터는 분기별 1회** 보호자에게 추적 진행사항을 통보한다. ⑤ 경찰관서의 장은 찾는실종아동 등을 발견하거나, 보호실종아동 등의 보호자를 발견한 경우에는 실종아동찾기센터에 보고하는 등 수배 해제를 위한 조치를 취하고, 해당 실종아동 등에 대한 발견 관서와 관할 관서가 다른 경우에는 발견과 관련된 사실을 관할 경찰관서의 장에게 지체 없이 알려야 한다.
출생 신고 지연 아동의 확인	경찰관서의 장은 지방자치단체의 장으로부터 출생 후 6개월이 경과한 아동의 신상카드 사본을 제출받은 경우에는 지체 없이 정보시스템에서 관리하는 자료와의 비교·검색 등을 통해 해당 아동이 실종아동인지를 확인하여 그 결과를 지방자치단체의 장에게 통보하여야 한다.
아동 등 지문 등 정보의 사전등록 및 관리	① 경찰관서의 장은 보호자가 사전등록을 신청하는 때에는 신청서를 제출받아 실종아동 등 프로파일링시스템에 등록한 후「개인정보보호법」제21조 제1항에 따라 지체없이 폐기한다. ② 경찰관서의 장은 가족관계 기록사항에 관한 증명서, 장애인등록증 등 필요한 서류를 확인하는 등의 방법으로 아동 등이 사전등록 대상에 해당하는지를 확인하여야 한다. ③ 경찰관서의 장은 보호자의 신청을 받아 아동 등의 지문·얼굴사진정보를 수집 및 인적사항 등 신청서상 기재된 개인정보를 확인하여 사전등록시스템에 입력할 수 있다. 다만, 보호자가 지문 또는 얼굴사진 정보의 수집을 거부하는 때에는 그 의사에 반하여 정보를 수집할 수 없다. ④ 경찰관서의 장은 보호실종아동 등을 발견한 때에는 해당 아동등의 지문·얼굴사진정보를 수집 및 신체특징을 확인한 후 사전등록시스템의 데이터베이스와 비교 검색하는 등의 방법으로 신원을 확인하기 위한 조치를 하여야 한다. 다만, 해당 아동등이 지문 또는 얼굴사진 정보의 수집을 진정한 의사에 의해 명시적으로 거부할 때에는 그 의사에 반하여 정보를 수집할 수 없다. ⑤ 경찰관서의 장은 사전 등록된 데이터베이스를 폐기하는 때에는 어떠한 방법으로도 복구할 수 없도록 기술적 조치를 하여야 한다. ⑥ 경찰관서의 장은 보호자가 사전 등록된 데이터베이스의 폐기를 요청하는 때에는 즉시 해당 데이터베이스를 폐기하고, 제출받은 요청서는 **10년간 보관**하여야 한다.

(5) 가출인

신고 접수기관	① 가출인 신고는 **관할에 관계없이 접수**하여야 하며, 신고를 접수한 경찰관은 범죄와 관련 여부를 확인하여야 한다. ② 경찰서장은 가출인에 대한 신고를 접수한 때에는 정보시스템의 자료 조회, 신고자의 진술을 청취하는 방법 등으로 가출인을 발견하기 위한 조치를 하여야 하며, 가출인을 발견하지 못한 경우에는 즉시 실종아동 등 프로파일링시스템에 가출인에 대한 사항을 입력, 수배한다. ③ 경찰서장은 접수한 가출인 신고가 다른 관할인 경우 ②의 조치 후 지체 없이 가출인의 발생지를 관할하는 경찰서장에게 이첩하여야 한다.
조치	① 가출인 사건을 관할하는 경찰서장은 정보시스템 자료의 조회, 다른 자료와의 대조, 주변 인물과의 연락 등 가출인을 발견하기 위해 지속적으로 추적하고, 실종아동등 프로파일링 시스템에 등록한 날로부터 **반기별 1회** 보호자에게 귀가 여부를 확인한다. ② **경찰서장은 가출인을 발견한 때에는 등록을 해제하고, 해당 가출인을 발견한 경찰서와 관할하는 경찰서가 다른 경우에는 발견 사실을 관할 경찰서장에게 지체 없이 알려야 한다.** ③ 경찰서장은 가출청소년을 발견한 경우에는 가출신고가 되어 있음을 고지하고, 즉시 보호자에게 통보 또는 인계한다. 다만, 보호자가 인수를 거부하거나 인계함이 부적당하다고 판단될 경우에는 청소년보호 관련기관에 보호를 의뢰하는 등 필요한 조치를 취할 수 있다. ④ 경찰서장은 가출성인을 발견한 경우에는 가출신고가 되어 있음을 고지하고, 보호자에게 통보한다. 다만, 가출인이 거부하는 때에는 보호자에게 가출인의 소재(所)를 알 수 있는 사항을 통보하여서는 아니 된다.

(6) 초동조치 및 추적수사

현장 탐문 및 수색	찾는실종아동등 및 가출인발생신고를 접수 또는 이첩 받은 발생지 관할 경찰서장은 즉시 현장출동 경찰관을 지정하여 탐문 수색하도록 하여야 한다. 다만, 경찰관서장이 판단하여 수색의 실익이 없거나 현저히 곤란한 경우에는 탐문수색을 생략하거나 중단할 수 있다.
추적 및 수사	① 찾는실종아동등 및 가출인에 대한 발생지 관할경찰서장은 신고자·목격자 조사, 최종 목격지 및 주거지 수색, 위치추적 등 통신수사, 유전자검사, 실종아동등 프로파일링시스템 정보조회 등의 방법을 통해 실종아동등 및 가출인을 발견하기 위한 추적에 착수한다. ② 경찰서장은 실종아동등 및 가출인이 범죄관련 여부가 의심되는 경우, 신속히 수사에 착수하여야 한다.
실종수사 조정위원회	① 경찰서장은 실종아동등 및 가출인의 수색·추적 중 인지된 강력범죄의 업무를 조정하기 위하여 실종수사 조정위원회를 구성하여 운영할 수 있다. ② 위원회는 위원장을 경찰서장으로 하고, 위원은 여성청소년과장(미직제시 생활안전과장), 형사과장 (미직제시 수사과장) 등 과장 3인 이상으로 구성한다. ③ 위원회는 경찰서 여성청소년과장의 안건 회부 후 24시간 내에 서면으로 결정하여야 한다. ④ 경찰서장은 위원회 결정에 따라 실종아동등 및 가출인 발견을 위해 신속히 추적 또는 수사에 착수하여야 한다.

(7) 실종·유괴경보 발령

① 경찰청장은 실종·유괴경보 정책 수립 및 제도 개선 등에 관한 사항을 총괄한다.
② 시·도경찰청장은 실종아동등의 조속한 발견과 복귀를 위하여 실종·유괴경보의 발령이 필요하다고 판단되는 경우 별표 1의 발령 요건기준에 따라 실종·유괴경보를 발령할 수 있다.
③ 경찰청장은 주요 전기통신사업자에게 실종유괴경보 문자메시지의 송출을 요청하기 위한 시스템을 직접 구축·운영하거나 행정안전부장관과 사전 협의하여 재난문자방송 송출시스템을 이용할 수 있다.
④ 시·도경찰청장은 실종·유괴경보를 발령함에 있어 실종·유괴경보 문자메시지의 송출이 필요하다고 판단되는 경우 별표 2의 송출 기준에 따라 별표3의 송출 문안을 정하여 실종아동찾기센터로 송출을 의뢰할 수 있다. 다만, 유괴경보 문자메시지의 송출을 의뢰하는 경우에는 국가수사본부장의 사전 승인을 받아야 한다.

제2장 수사경찰

제1절 수사기관

1. 수사기관의 종류

> 「형사소송법」 제195조(검사와 사법경찰관의 관계 등)
> ① 검사와 사법경찰관은 수사, 공소제기 및 공소유지에 관하여 서로 **협력하여야 한다**.

(1) 검사

> 「형사소송법」 제196조(검사의 수사)
> 검사는 범죄의 혐의가 있다고 사료하는 때에는 범인, 범죄사실과 증거를 수사한다.

> 「검찰청법」 제4조(검사의 직무)
> ① 검사는 공익의 대표자로서 다음 각 호의 직무와 권한이 있다.
>   1. 범죄수사, 공소의 제기 및 그 유지에 필요한 사항. 다만, 검사가 수사를 개시할 수 있는 범죄의 범위는 다음 각 목과 같다.
>   > 가. **부패범죄, 경제범죄** 등 대통령령으로 정하는 중요 범죄
>   > 나. 경찰공무원이 범한 범죄
>   > 다. 가목·나목 범죄 및 사법경찰관이 송치한 범죄와 관련하여 인지한 각 해당 범죄와 직접 관련성이 있는 범죄

(2) 사법경찰관리

> 「형사소송법」 제197조(사법경찰관리)
> ① 경무관, 총경, 경정, 경감, 경위는 **사법경찰관**으로서 범죄의 혐의가 있다고 사료하는 때에는 범인, 범죄사실과 증거를 수사한다.
> ② 경사, 경장, 순경은 **사법경찰리**로서 수사의 **보조**를 하여야 한다.

2. 검사와 사법경찰의 관계

(1) 「검사와 사법경찰관의 상호협력과 일반적 수사준칙에 관한 규정」 [21 채용]

상호협력의 원칙 (제6조)	① 검사와 사법경찰관은 상호 존중해야 하며, 수사, 공소제기 및 공소유지와 관련하여 협력해야 한다. ② 검사와 사법경찰관은 수사와 공소제기 및 공소유지를 위해 필요한 경우 수사·기소·재판 관련 자료를 서로 요청할 수 있다. ③ 검사와 사법경찰관의 협의는 신속히 이루어져야 하며, 협의의 지연 등으로 수사 또는 관련 절차가 지연되어서는 안 된다.
중요사건 협력절차 (제7조)	검사와 사법경찰관은 공소시효가 임박한 사건이나 내란, 외환, 선거, 테러, 대형참사, 연쇄살인 관련 사건, 주한 미합중국 군대의 구성원·외국인군무원 및 그 가족이나 초청계약자의 범죄 관련 사건 등 많은 피해자가 발생하거나 국가적·사회적 피해가 큰 중요한 사건("중요사건")의 경우에는 송치 전에 수사할 사항, 증거수집의 대상, 법령의 적용 등에 관하여 상호 의견을 제시·교환할 것을 요청할 수 있다.

검사와 사법경찰관의 협의 (제8조)	① 검사와 사법경찰관은 수사와 사건의 송치, 송부 등에 관한 이견의 조정이나 협력 등이 필요한 경우 서로 **협의를 요청할 수 있다.** 다만, 다음 각 호의 어느 하나에 해당하는 경우에는 상대방의 **협의 요청에 응해야 한다.**
	  1. 중요사건에 관하여 상호 의견을 제시·교환하는 것에 대해 이견이 있거나, 제시·교환한 의견의 내용에 대해 이견이 있는 경우
	  2. 「형사소송법」 제197조의2 제2항 및 제3항에 따른 정당한 이유의 유무에 대해 이견이 있는 경우
	  3. 법 제197조의3 제4항 및 제5항에 따른 정당한 이유의 유무에 대해 이견이 있는 경우
	  4. 법 제197조의4 제2항 단서에 따라 사법경찰관이 계속 수사할 수 있는지 여부나 사법경찰관이계속 수사할 수 있는 경우 수사를 계속할 주체 또는 사건의 이송 여부 등에 대해 이견이 있는 경우
	  5. 법 제222조에 따라 변사자 검시를 하는 경우에 수사의 착수 여부나 수사할 사항 등에 대해 이견의 조정이나 협의가 필요한 경우
	  6. 법 제245조의8 제2항에 따른 재수사의 결과에 대해 이견이 있는 경우
	  7. 법 제316조 제1항에 따라 사법경찰관이 조사자로서 공판준비 또는 공판기일에서 진술하게 된 경우

변시자의 검시 등 (제17조)	① 사법경찰관은 변사자 또는 변사한 것으로 의심되는 사체가 있으면 변사사건 발생사실을 검사에게 **통보**(**보고X**)해야 한다. [22 해경간]
수사경합에 따른 사건송치 (제49조)	① 검사는 법 제197조의4 제1항에 따라 사법경찰관에게 **사건송치를 요구**할 때에는 그 내용과 이유를 구체적으로 적은 **서면**으로 해야 한다. ② 사법경찰관은 제1항에 따른 **요구를 받은 날부터 7일 이내**에 사건을 검사에게 송치해야 한다. 이 경우 관계 서류와 증거물을 함께 송부해야 한다. [21 채용]
중복수사의 방지 (제50조)	검사는 법 제197조의4 제2항 단서에 따라 사법경찰관이 범죄사실을 계속 수사할 수 있게 된 경우에는 **정당한 사유가 있는 경우를 제외**하고는 그와 동일한 범죄사실에 대한 사건을 이송하는 등 **중복수사를 피하기 위해 노력해야 한다.**
사법경찰관의 결정 (제51조)	④ 사법경찰관은 **수사중지**(피의자중지, 참고인중지) 결정을 한 경우 **7일**이내에 사건기록을 **검사에게 송부해야 한다.** 이 경우 검사는 사건기록을 송부받은 날부터 **30일**이내에 반환해야 하며, 그 기간 내에 법 제197조의3에 따라 **시정조치 요구를 할 수 있다.** ⑤ 사법경찰관은 제4항 전단에 따라 검사에게 사건기록을 송부한 후 피의자 등의 소재를 발견한 경우에는 **소재 발견 및 수사 재개 사실을 검사에게 통보해야 한다.** 이 경우 통보를 받은 검사는 **지체 없이** 사법경찰관에게 사건기록을 반환해야 한다.

보완수사 요구 대상·범위 (제59조)	① 검사는 사법경찰관으로부터 송치받은 사건에 대해 보완수사가 필요하다고 인정하는 경우에는 특별히 **직접 보완수사를 할 필요가 있다고 인정되는 경우를 제외하고는 사법경찰관에게 보완수사를 요구하는 것을 원칙으로 한다.** [21 채용]
보완수사 요구의 방법과 절차 (제60조)	① 검사는 법 제197조의2 제1항에 따라 보완수사를 요구할 때에는 그 이유와 내용 등을 구체적으로 적은 서면과 관계 서류 및 증거물을 사법경찰관에게 함께 송부해야 한다. 다만, 보완수사 대상의 성질, 사안의 긴급성 등을 고려하여 관계 서류와 증거물을 송부할 필요가 없거나 송부하는 것이 적절하지 않다고 판단하는 경우에는 해당 관계 서류와 증거물을 **송부하지 않을 수 있다.** ② 보완수사를 요구받은 사법경찰관은 제1항 단서에 따라 송부받지 못한 관계 서류와 증거물이 보완수사를 위해 필요하다고 판단하면 해당 서류와 증거물을 대출하거나 그 전부 또는 일부를 등사할 수 있다. ③ 사법경찰관은 보완수사를 이행한 경우에는 그 이행 결과를 검사에게 서면으로 통보해야 하며, 제1항 본문에 따라 관계 서류와 증거물을 송부받은 경우에는 그 서류와 증거물을 함께 반환해야 한다. 다만, 관계 서류와 증거물을 반환할 필요가 없는 경우에는 보완수사의 이행 결과만을 검사에게 통보할 수 있다. ④ 사법경찰관은 보완수사를 이행한 결과 법 제245조의5 제1호에 해당하지 않는다고 판단한 경우에는 사건을 송치하거나 수사중지할 수 있다.

재수사요청의 절차 등 (제63조)	① 검사는 사법경찰관에게 재수사를 요청하려는 경우에는 관계 서류와 증거물을 **송부받은 날부터 90일** 이내에 해야 한다. 다만, 다음 각 호의 어느 하나에 해당하는 경우에는 관계 서류와 증거물을 송부받은 날부터 90일이 지난 후에도 **재수사를 요청할 수 있다.**
	  1. 불송치 결정에 영향을 줄 수 있는 명백히 새로운 증거 또는 사실이 발견된 경우
	  2. 증거 등의 허위, 위조 또는 변조를 인정할 만한 상당한 정황이 있는 경우

재수사 결과 처리 (제64조)	① 사법경찰관은 재수사를 한 경우 다음 각 호의 구분에 따라 처리한다.
	  1. 범죄의 혐의가 있다고 인정되는 경우 : 검사에게 사건을 송치하고 관계 서류와 증거물을 송부
	  2. 기존의 불치 결정을 유지하는 경우 : 재수사 결과서에 그 내용과 이유를 구체적으로 적어 검사에게 통보
	② 검사는 사법경찰관이 제1항 제2호에 따라 **재수사 결과를 통보한 사건에 대해서 다시 재수사를 요청을 하거나 송치 요구를 할 수 없다.** 다만, 사법경찰관의 재수사에도 불구하고 관련 법리에 위반되거나 송부받은 관계 서류 및 증거물과 **재수사 결과만으로도 공소제기를 할 수 있을 정도로 명백히 채증법칙에 위반되거나 공소시효 또는 형사소추의 요건을 판단하는 데 오류가 있어 사건을 송치하지 않은 위법 또는 부당이 시정되지 않은 경우에는 재수사 결과를 통보받은 날부터 30일** 이내에 법 제197조의3에 따라 사건 송치를 요구할 수 있다.

재수사 중 이의 신청 (제65조)	사법경찰관은 재수사 중인 사건에 대해 **이의 신청**이 있는 경우에는 **재수사를 중단해야 하며,** 해당 사건을 **지체 없이** 검사에게 **송치하고** 관계 서류와 증거물을 **송부해야 한다.**

(2) 「형사소송법」

보완수사
요구
(제197조의2)
	① 검사는 다음 각 호의 어느 하나에 해당하는 경우에 사법경찰관에게 **보완수사를 요구할 수 있다.**
	  1. 송치사건의 공소제기 여부 결정 또는 공소의 유지에 관하여 필요한 경우
	  2. 사법경찰관이 신청한 영장의 청구 여부 결정에 관하여 필요한 경우

시정조치 요구 등 (제197조의3)	① 검사는 사법경찰관리의 수사과정에서 법령위반, 인권침해 또는 현저한 수사권 남용이 의심되는 사실의 신고가 있거나 그러한 사실을 인식하게 된 경우에는 사법경찰관에게 사건기록 **등본의 송부를 요구할 수 있다.** ② 송부 요구를 받은 **사법경찰관**은 지체 없이 검사에게 사건기록등본을 **송부하여야 한다.** ③ 송부를 받은 **검사**는 필요하다고 인정되는 경우에는 사법경찰관에게 **시정조치를 요구할 수 있다.** ④ 사법경찰관은 제3항의 시정조치 요구가 있는 때에는 정당한 이유가 없으면 **지체 없이** 이를 **이행하고,** 그 결과를 검사에게 **통보하여야 한다.** ⑤ 제4항의 통보를 받은 검사는 제3항에 따른 시정조치 요구가 정당한 이유 없이 이행되지 않았다고 인정되는 경우에는 사법경찰관에게 사건을 송치할 것을 요구할 수 있다. ⑥ 제5항의 **송치 요구를 받은** 사법경찰관은 검사에게 **사건을 송치하여야 한다.** ⑦ 검찰총장 또는 각급 검찰청 검사장은 사법경찰관리의 수사과정에서 법령위반, 인권침해 또는 현저한 수사권 남용이 있었던 때에는 권한 있는 사람에게 해당 사법경찰관리의 **징계를 요구할 수 있고,** 그 징계절차는 「공무원 징계령」 또는 「경찰공무원징계령」에 따른다. ⑧ 사법경찰관은 **피의자를 신문하기 전에** 수사과정에서 법령위반, 인권침해 또는 현저한 수사권 남용이 있는 경우 검사에게 구제를 신청할 수 있음을 피의자에게 알려주어야 한다.
수사의 경합 (제197조의4)	① **검사**는 사법경찰관과 동일한 범죄사실을 수사하게 된 때에는 사법경찰관에게 **사건을 송치할 것을 요구할 수 있다.** ② 제1항 요구를 받은 **사법경찰관**은 지체 없이 검사에게 **사건을 송치하여야 한다.** 다만, **검사가 영장을 청구하기 전에** 동일한 범죄사실에 관하여 **사법경찰관이 영장을 신청한 경우**에는 해당 영장에 기재된 범죄사실을 **계속 수사할 수 있다.**

제2절 임의수사와 강제수사

1. 인권보호(「검사와 사법경찰관의 상호협력과 일반적 수사준칙에 관한 규정」)

심야조사 제한 (제21조)	① 검사 또는 사법경찰관은 조사, 신문, 면담 등 그 명칭을 불문하고 피의자나 사건관계인에 대해 **오후 9시부터 오전 6시까지** 사이에 조사("심야조사")를 해서는 안 된다. 다만, 이미 작성된 조서의 열람을 위한 절차는 자정 이전까지 진행할 수 있다.
	② 제1항에도 불구하고 다음 각 호의 어느 하나에 해당하는 경우에는 심야조사를 할 수 있다. 이 경우 심야조사의 사유를 조서에 명확하게 적어야 한다.
	  1. 피의자를 **체포한 후 48시간 이내**에 **구속영장의 청구 또는 신청 여부를 판단**하기 위해 불가피한 경우
	  2. **공소시효가 임박**한 경우
	  3. 피의자나 사건관계인이 출국, 입원, 원거리 거주, 직업상 사유 등 재출석이 곤란한 구체적인 사유를 들어 **심야조사를 요청**한 경우(**변호인이 심야조사에 동의하지 않는다는 의사를 명시한 경우는 제외**한다)로서 해당 요청에 상당한 이유가 있다고 인정되는 경우
	  4. 그 밖에 사건의 성질 등을 고려할 때 심야조사가 불가피하다고 판단되는 경우 등 **법무부장관, 경찰청장 또는 해양경찰청장이 정하는 경우**로서 검사 또는 사법경찰관의 소속 기관의 장이 지정하는 **인권보호 책임자의 허가** 등을 받은 경우

장시간 조사 제한 (제22조)	① 검사 또는 사법경찰관은 조사, 신문, 면담 등 그 명칭을 불문하고 피의자나 사건관계인을 조사하는 경우에는 대기시간, 휴식시간, 식사시간 등 모든 시간을 합산한 조사시간("총조사시간")이 **12시간**을 초과하지 않도록 해야 한다. 다만, 다음 각 호의 어느 하나에 해당하는 경우에는 예외로 한다.
	  1. **피의자나 사건관계인의 서면 요청에 따라 조서를 열람하는 경우**
	  2. 제21조 제2항 각 호의 어느 하나에 해당하는 경우
	② 검사 또는 사법경찰관은 특별한 사정이 없으면 총조사시간 중 식사시간, 휴식시간 및 조서의 열람시간 등을 제외한 **실제 조사시간이 8시간**을 초과하지 않도록 해야 한다.
	③ 검사 또는 사법경찰관은 피의자나 사건관계인에 대한 **조사를 마친 때부터 8시간이 지나기 전에는 다시 조사할 수 없다.** 다만, 제1항 제2호에 해당하는 경우에는 예외로 한다

휴식시간 부여 (제23조)	① 검사 또는 사법경찰관은 조사에 상당한 시간이 소요되는 경우에는 특별한 사정이 없으면 피의자 또는 사건관계인에게 조사 도중에 **최소한 2시간**마다 **10분** 이상의 휴식시간을 주어야 한다.

1-2. 「범죄수사규칙」

수사관서 이외의 장소에서의 조사 및 임의성확보 (제62조, 제63조)	① 경찰관은 조사를 할 때에는 경찰관서 사무실 또는 조사실에서 하여야 하며 **부득이한 사유**로 그 이외의 장소에서 하는 경우에는 **소속 경찰관서장의 사전 승인을 받아야 한다**. ② 경찰관은 조사를 할 때에는 고문, 폭행, 협박, 신체구속의 부당한 장기화 그 밖에 진술의 임의성에 관하여 의심받을 만한 방법을 취하여서는 아니 된다. ③ 경찰관은 조사를 할 때에는 희망하는 진술을 상대자에게 시사하는 등의 방법으로 진술을 유도하거나 진술의 대가로 이익을 제공할 것을 약속하거나 그 밖에 진술의 진실성을 잃게 할 염려가 있는 방법을 취하여서는 아니 된다. (제63조 제2항)

진술거부권 고지 (제64조)	「형사소송법」 제244조의3에 따른 진술거부권의 고지는 조사를 **상당 시간 중단**하거나 **회차를 달리**하거나 **담당 경찰관이 교체**된 경우에도 **다시 하여야 한다.**
피신조서 작성시 주의사항 (제73조)	② 경찰관은 조사가 진행 중인 동안에는 수갑·포승 등을 해제하여야 한다. 다만, 자살, 자해, 도주, 폭행의 우려가 현저한 사람으로서 담당경찰관 및 유치인 보호 주무자가 수갑·포승 등 사용이 반드시 필요하다고 인정한 사람에 대하여는 예외로 한다.

2. 「통신비밀보호법」

(1) 개관

구분	통신제한조치	통신사실확인자료	통신자료
대상	① 「통신비밀보호법」상 대상범죄 ② 통화내용(우편물검열, 전기통신 감청 등)	① 모든 범죄 ② 통화내역	① 모든 범죄 ② 이용자의 인적사항
근거	통신비밀보호법		전기통신사업법
절차	① 법원허가 ② 사후통지의무O		① 경찰서장 명의 협조공문 ② 사후통지의무X

▶ 타인 사이에 만나서 나누는 대화를 녹음하거나 전자장치 등 기계 이용 청취하는 행위 : 통신제한조치
▶ **위치추적 : 통신사실확인자료(감청X)**
▶ 감청 : 전기통신의 **송수신과 동시에 이루어지는 경우만**을 의미한다. **이미 수신이 완료된** 전기통신 내용을 지득하는 행위는 포함되지 않는다.

통신사실확인자료(통신비밀보호법)	통신자료(전기통신사업법)
1. 가입자의 전기통신일시 2. 전기통신 개시·종료시간 3. 발·착신 통신번호 등 상대방의 가입자번호 4. 사용도수 5. 컴퓨터통신 또는 인터넷의 사용자가 전기통신역무를 이용한 사실에 관한 **컴퓨터통신 또는 인터넷의 로그기록자료** 6. 정보통신망에 접속된 정보통신기기의 위치를 확인할 수 있는 발신기지국의 위치추적자료 7. 컴퓨터통신 또는 인터넷의 사용자가 정보통신망에 접속하기 위하여 사용하는 정보통신기기의 위치를 확인할 수 있는 접속지의 추적자료	1. 이용자의 성명 2. 이용자의 주민등록번호 3. 이용자의 주소 4. 이용자의 전화번호 5. 이용자의 아이디(컴퓨터시스템·통신망의 정당한 이용자임을 알아보기 위한 이용자 식별부호) 6. 이용자의 가입일 또는 해지일

(2) 통신제한조치 (「통신비밀보호법」)

1) 범죄수사를 위한 통신제한조치(제6조)

신청	사법경찰관은 검사에 대하여 **각 피의자별 또는 각 피내사자별**로 통신제한조치에 대한 허가를 신청하고, 검사는 법원에 대하여 그 허가를 청구할 수 있다.
관할법원	관할법원은 그 통신제한조치를 받을 통신당사자의 **쌍방 또는 일방의 주소지·소재지, 범죄지 또는 통신당사자와 공범관계에 있는 자의 주소지·소재지**를 관할하는 지방법원 또는 지원(군사법원을 포함한다)으로 한다.
기간	① 통신제한조치의 기간은 **2개월을 초과하지 못하고**, 그 기간 중 통신제한조치 **목적이 달성되었을 경우**에는 즉시 **종료**하여야 한다. 다만, 허가요건이 존속하는 경우에는 소명자료를 첨부하여 **2개월의 범위**에서 통신제한조치기간의 연장을 청구할 수 있다. ② 검사 또는 사법경찰관이 제7항 단서에 따라 통신제한조치의 연장을 청구하는 경우에 통신제한조치의 **총 연장기간은 1년을 초과할 수 없다.** 다만, 다음 각 호의 어느 하나에 해당하는 범죄의 경우에는 통신제한조치의 **총 연장기간이 3년을 초과할 수 없다.** 　1. 「형법」 제2편 중 제1장 **내란**의 죄, 제2장 **외환**의 죄 중 제92조부터 제101조까지의 죄, 제4장 국교에 관한 죄 중 제107조, 제108조, 제111조부터 제113조까지의 죄, 제5장 공안을 해하는 죄 중 제114조, 제115조의 죄 및 제6장 폭발물에 관한 죄 　2. 「군형법」 제2편 중 제1장 반란의 죄, 제2장 이적의 죄, 제11장 군용물에 관한 죄 및 제12장 위령의 죄 중 제78조·제80조·제81조의 죄 　3. 「국가보안법」에 규정된 죄 　4. 「군사기밀보호법」에 규정된 죄 　5. 「군사기지 및 군사시설보호법」에 규정된 죄

2) 국가안보를 위한 통신제한조치(제7조)

절차	1. **통신의 일방 또는 쌍방당사자가 내국인**인 때에는 **고등법원 수석판사의 허가**를 받아야 한다. 다만, 군용전기통신법 제2조의 규정에 의한 군용전기통신(작전수행을 위한 전기통신에 한한다)에 대하여는 그러하지 아니하다. ▶ 정보수사기관의 장 신청 → 고등검찰청 검사 청구 → **고등법원 수석판사의 허가** 2. 대한민국에 적대하는 국가, 반국가활동의 혐의가 있는 외국의 기관·단체와 외국인, 대한민국의 통치권이 사실상 미치지 아니하는 한반도내의 집단이나 외국에 소재하는 그 산하단체의 구성원의 통신인 때 및 군용전기통신에 대한 경우에는 서면으로 **대통령의 승인**을 얻어야 한다.
기간	통신제한조치의 기간은 **4월을 초과하지 못하고**, 그 기간중 통신제한조치의 **목적이 달성되었을 경우**에는 즉시 **종료**하여야 하되, 제1항의 요건이 존속하는 경우에는 소명자료를 첨부하여 고등법원 수석판사의 허가 또는 대통령의 승인을 얻어 **4월의 범위 이내**에서 통신제한조치의 **기간을 연장할 수 있다.** ▶ **연장 횟수에 제한 없다.**

3) 긴급통신제한조치(제8조)

① **검사, 사법경찰관 또는 정보수사기관의 장**은 국가안보를 위협하는 음모행위, 직접적인 사망이나 심각한 상해의 위험을 야기할 수 있는 범죄 또는 조직범죄등 중대한 범죄의 계획이나 실행 등 긴박한 상황에 있고 제5조 제1항 또는 제7조 제1항 제1호의 규정에 의한 요건을 구비한 자에 대하여 제6조 또는 제7조 제1항 및 제3항의 규정에 의한 절차를 거칠 수 없는 **긴급**한 사유가 있는 때에는 **법원의 허가없이** 통신제한조치를 할 수 있다.
② **검사, 사법경찰관 또는 정보수사기관의 장**은 긴급통신제한조치의 집행에 착수한 후 **지체 없이** 법원에 허가청구를 하여야 한다. 〈개정 2022. 12. 27.〉
③ **사법경찰관**이 긴급통신제한조치를 할 경우에는 **미리 검사의 지휘**를 받아야 한다. 다만, 특히 급속을 요하여 미리 지휘를 받을 수 없는 사유가 있는 경우에는 긴급통신제한조치의 집행착수후 **지체없이** 검사의 **승인**을 얻어야 한다.
④ **검사, 사법경찰관 또는 정보수사기관의 장**이 긴급통신제한조치를 하고자 하는 경우에는 **반드시** 긴급검열서 또는 긴급감청서("긴급감청서등")에 의하여야 하며 소속기관에 **긴급통신제한조치대장을 비치**하여야 한다.
⑤ **검사, 사법경찰관 또는 정보수사기관의 장**은 긴급통신제한조치의 집행에 착수한 때부터 **36시간** 이내에 **법원의 허가를 받지 못한 경우**에는 해당 조치를 **즉시 중지**하고 해당 조치로 취득한 자료를 **폐기**하여야 한다. 〈개정 2022. 12. 27.〉
⑥ **검사, 사법경찰관 또는 정보수사기관의 장**은 제5항에 따라 긴급통신제한조치로 취득한 자료를 폐기한 경우 폐기이유·폐기범위·폐기일시 등을 기재한 자료폐기결과보고서를 작성하여 폐기일부터 **7일** 이내에 제2항에 따라 허가청구를 한 법원에 송부하고, 그 부본(副本)을 피의자의 수사기록 또는 피내사자의 내사사건기록에 첨부하여야 한다. 〈개정 2022. 12. 27.〉
⑦ **정보수사기관의 장**은 국가안보를 위협하는 음모행위, 직접적인 사망이나 심각한 상해의 위험을 야기할 수 있는 범죄 또는 조직범죄등 중대한 범죄의 계획이나 실행 등 긴박한 상황에 있고 제7조 제1항 제2호에 해당하는 자에 대하여 대통령의 승인을 얻을 시간적 여유가 없거나 통신제한조치를 긴급히 실시하지 아니하면 국가안전보장에 대한 위해를 초래할 수 있다고 판단되는 때에는 **소속 장관**(국가정보원장을 포함한다)의 **승인**을 얻어 통신제한조치를 할 수 있다.
⑨ **정보수사기관의 장**은 제8항에 따른 통신제한조치의 집행에 착수한 후 **지체 없이** 제7조에 따라 **대통령의 승인**을 얻어야 한다. 〈개정 2022. 12. 27.〉
⑩ **정보수사기관의 장**은 제8항에 따른 통신제한조치의 집행에 착수한 때부터 **36시간** 이내에 대통령의 승인을 얻지 못한 경우에는 해당 조치를 **즉시 중지**하고 해당 조치로 취득한 자료를 **폐기**하여야 한다. 〈신설 2022. 12. 27.〉

4) 통신제한조치의 집행 및 통지(제9조)

집행	통신제한조치의 집행을 위탁하거나 집행에 관한 협조를 요청하는 자는 통신기관등에 **통신제한조치허가서 또는 긴급감청서등의 표지의 사본을 교부하여야 하며**, 이를 위탁받거나 이에 관한 협조요청을 받은 자는 통신제한조치허가서 또는 긴급감청서등의 표지 사본을 대통령령이 정하는 기간(**3년**)동안 보존하여야 한다. ▶ 표지 사본을 교부하지 아니하고 집행 위탁시 **10년 이하의 징역**에 처한다. ▶ 표지 사본을 교부하지 아니하고 집행 위탁하거나 협조 요청하였으나, 상대방이 거부한 경우 위탁·요청자는 **기수(미수X)**에 해당한다.
통지	사법경찰관은 통신제한조치를 집행한 사건에 관하여 검사로부터 공소를 제기하거나 제기하지 아니하는 처분(기소중지 또는 참고인중지 결정은 제외한다)의 통보를 받거나 검찰송치를 하지 아니하는 처분(수사중지 결정은 제외한다) 또는 내사사건에 관하여 입건하지 아니하는 처분을 한 때에는 **그 날부터 30일 이내에** 우편물 검열의 경우에는 그 대상자에게, 감청의 경우에는 그 대상이 된 전기통신의 가입자에게 통신제한조치를 집행한 사실과 집행기관 및 그 기간 등을 서면으로 **통지하여야 한다**. ▶ 통지하지 않은 경우 **3년 이하의 징역 또는 1천만원 이하의 벌금**에 처한다.

5) 통신제한조치로 취득한 자료의 사용제한(제12조)

통신제한조치의 집행으로 인하여 취득된 우편물 또는 그 내용과 전기통신의 내용은 다음 각 호의 경우 **외에는 사용할 수 없다.**

1. 통신제한조치의 목적이 된 제5조 제1항에 규정된 범죄나 이와 관련되는 범죄를 수사·소추하거나 그 범죄를 예방하기 위하여 사용하는 경우
2. 제1호의 범죄로 인한 징계절차에 사용하는 경우
3. 통신의 당사자가 제기하는 손해배상소송에서 사용하는 경우
4. 기타 다른 법률의 규정에 의하여 사용하는 경우

(3) 통신사실확인자료(「통신비밀보호법」)

절차
(제13조)
	① 검사 또는 사법경찰관은 **수사 또는 형의 집행을 위하여** 필요한 경우 전기통신사업법에 의한 전기통신사업자에게 통신사실 확인자료의 열람이나 제출을 **요청할 수 있다.**
	② 검사 또는 사법경찰관은 수사를 위하여 **통신사실확인자료 중 다음 각 호의 어느 하나에 해당하는 자료(모든 자료X)**가 필요한 경우에는 **다른 방법으로는 범죄의 실행을 저지하기 어렵거나 범인의 발견·확보 또는 증거의 수집·보전이 어려운 경우에만** 전기통신사업자에게 해당 자료의 열람이나 제출을 요청할 수 있다.
	   1. 제2조 제11호 바목·사목 중 **실시간 추적자료**
	   2. **특정한 기지국에 대한 통신사실확인자료**
	③ 통신사실 확인자료제공을 요청하는 경우에는 **요청사유, 해당 가입자와의 연관성 및 필요한 자료의 범위**를 기록한 서면으로 관할 지방법원(군사법원을 포함) 또는 지원의 **허가**를 받아야 한다. 다만, 관할 지방법원 또는 지원의 허가를 받을 수 없는 긴급한 사유가 있는 **때**에는 통신사실 확인자료제공을 요청한 후 **지체 없이 그 허가를 받아** 전기통신사업자에게 송부하여야 한다.
	④ 제3항 단서에 따라 긴급한 사유로 통신사실확인자료를 제공받았으나 지방법원 또는 지원의 **허가를 받지 못한 경우에는 지체 없이** 제공받은 통신사실확인자료를 **폐기하여야 한다.**

통지
(제13조의3)
	① 검사 또는 사법경찰관은 제13조에 따라 통신사실 확인자료제공을 받은 사건에 관하여 다음 각 호의 구분에 따라 정한 기간 내에 통신사실 확인자료제공을 받은 사실과 제공요청기관 및 그 기간 등을 통신사실 확인자료제공의 대상이 된 당사자에게 서면으로 통지하여야 한다.
	   1. 공소를 제기하거나, 공소제기·검찰송치를 하지 아니하는 처분(기소중지·참고인중지 또는 수사중지 결정은 제외한다) 또는 입건을 하지 아니하는 처분을 한 경우 : 그 처분을 한 날부터 30일 이내. 다만, 다음 각 목의 어느 하나에 해당하는 경우 그 통보를 받은 날부터 30일 이내
	     가. 수사처검사가 「고위공직자범죄수사처 설치 및 운영에 관한 법률」 제26조 제1항에 따라 서울중앙지방검찰청 소속 검사에게 관계 서류와 증거물을 송부한 사건에 관하여 이를 처리하는 검사로부터 공소를 제기하거나 제기하지 아니하는 처분(기소중지 또는 참고인 중지 결정은 제외한다)의 통보를 받은 경우
	     나. 사법경찰관이 「형사소송법」 제245조의5 제1호에 따라 검사에게 송치한 사건으로서 검사로부터 공소를 제기하거나 제기하지 아니하는 처분(기소중지 또는 참고인중지 결정은 제외한다)의 통보를 받은 경우

(4) 통신자료 (「전기통신사업법」)

통신비밀보호 (제83조)	③ **전기통신사업자**는 법원, 검사 또는 수사관서의 장, 정보수사기관의 장이 재판, 수사, 형의 집행 또는 국가안전보장에 대한 위해를 방지하기 위한 정보수집을 위하여 통신자료제공을 요청하면 그 **요청에 따를 수 있다**. ④ 제3항에 따른 통신자료제공 요청은 **요청사유, 해당 이용자와의 연관성, 필요한 자료의 범위**를 기재한 **서면**("자료제공요청서")으로 하여야 한다. 다만, 서면으로 요청할 수 없는 긴급한 사유가 있을 때에는 서면에 의하지 아니하는 방법으로 요청할 수 있으며, 그 사유가 없어지면 지체 없이 전기통신사업자에게 자료제공요청서를 제출하여야 한다

3. 「특정강력범죄의 처벌에 관한 특례법」 제8조의2(피의자의 얼굴 등 공개)

① **검사와 사법경찰관**은 다음 각 호의 요건을 모두 갖춘 특정강력범죄사건의 피의자의 얼굴, 성명, 나이 등 **신상**에 관한 **정보를 공개할 수 있다**.

> 1. 범행수단이 잔인하고 **중대한 피해**가 발생한 **특정강력범죄사건일 것**
> 2. 피의자가 그 죄를 범하였다고 믿을 만한 **충분한 증거**(상당한 증거 X)가 있을 것
> 3. 국민의 알권리 보장, 피의자의 재범방지 및 범죄예방 등 **오로지 공공의 이익**을 위하여 필요할 것
> 4. **피의자가 「청소년 보호법」** 제2조 제1호의 **청소년에 해당하지 아니할 것**

4. (경찰청) 경찰수사사건등의 공보에 관한 규칙

공개금지원칙 (제4조)	사건관계인의 명예, 신용, 사생활의 비밀 등 인권을 보호하고 수사내용의 보안을 유지하기 위하여, 수사사건등에 관하여 관련 법령과 규칙에 따라 공개가 허용되는 경우를 제외하고는 피의사실, 수사사항 등("피의사실등")을 공개하여서는 안 된다.
공보의 방식 (제10조)	① 수사사건등에 대한 공보는 **서면**으로 하여야 한다.
브리핑 등 공보 (제11조)	① 제10조에도 불구하고 공보책임자는 다음 각 호의 어느 하나의 사유에 해당하는 경우에는 **브리핑 또는 인터뷰** 방식으로 수사사건등을 공보할 수 있다. 　3. 언론의 취재에 대하여 즉시 답변하지 않으면 사건관계인의 명예, 신용 또는 사생활의 비밀 등 인권을 침해할 우려가 있거나 수사에 지장을 초래할 우려가 있는 오보 또는 추측성 보도를 방지할 필요가 있는 경우
유의사항 (제13조)	③ 피의자 또는 피조사자가 혐의사실을 부인하는 사건에 관하여 공보하는 경우에는 피의자 또는 피조사자가 혐의를 부인하고 있다는 사실을 공보 내용에 포함하여야 한다.

5. 「디지털 증거의 처리 등에 관한 규칙」

정의 (제2조)	1. "전자정보"란 전기적 또는 자기적 방법으로 저장되거나 네트워크 및 유·무선 통신 등을 통해 전송되는 정보를 말한다. 2. "디지털포렌식"이란 전자정보를 수집·보존·운반·분석·현출·관리하여 범죄사실 규명을 위한 증거로 활용할 수 있도록 하는 과학적인 절차와 기술을 말한다. 3. "디지털 증거"란 범죄와 관련하여 증거로서의 가치가 있는 전자정보를 말한다. 4. "정보저장매체등"이란 전자정보가 저장된 컴퓨터용 디스크, 그 밖에 이와 비슷한 정보저장매체를 말한다. 5. "**정보저장매체등 원본**"이란 전자정보 압수·수색·검증을 목적으로 **반출의 대상이 된** 정보저장매체등을 말한다. 6. "**복제본**"이란 정보저장매체등에 저장된 전자정보 **전부(일부X)**를 하드카피 또는 이미징 등의 기술적 방법으로 별도의 다른 정보저장매체에 저장한 것을 말한다. 7. "디지털 증거분석 의뢰물"이란 범죄사실을 규명하기 위해 디지털 증거분석관에게 분석 의뢰된 전자정보, 정보저장매체등 원본, 복제본을 말한다. 8. "디지털 증거분석관"이란 제6조의 규정에 따라 선발된 사람으로서 디지털 증거분석 의뢰를 받고 이를 수행하는 사람을 말한다. 9. "디지털포렌식 업무시스템"이란 디지털 증거분석 의뢰와 분석결과 회신 등을 포함한 디지털포렌식 업무를 종합적으로 관리하기 위하여 구축된 전산시스템을 말한다.
영장 신청 (제12조)	① 경찰관은 압수·수색·검증영장을 신청하는 때에는 **전자정보와 정보저장매체등을 구분하여 판단하여야 한다**.
집행 (제14조)	① 경찰관은 압수·수색·검증 현장에서 전자정보를 압수하는 경우에는 범죄 혐의사실과 **관련된 전자정보에 한하여** 문서로 출력하거나 휴대한 정보저장매체에 해당 전자정보만을 복제하는 방식("**선별압수**")으로 하여야 한다. 이 경우 해시값 확인 등 디지털 증거의 동일성, 무결성을 담보할 수 있는 적절한 방법과 조치를 취하여야 한다.

복제본
획득·반출
(제15조)
	① 경찰관은 다음 각 호의 사유로 인해 압수·수색·검증 현장에서 제14조 제1항 전단에 따라 선별압수 하는 방법이 불가능하거나 압수의 목적을 달성하기에 현저히 곤란한 경우에는 **복제본을 획득하여 외부로 반출한 후** 전자정보의 압수·수색·검증을 진행할 수 있다.
	   1. 피압수자 등이 협조하지 않거나, 협조를 기대할 수 없는 경우
	   2. 혐의사실과 관련될 개연성이 있는 전자정보가 삭제·폐기된 정황이 발견되는 경우
	   3. 출력·복제에 의한 집행이 피압수자 등의 영업활동이나 사생활의 평온을 침해한다는 이유로 피압수자 등이 요청하는 경우
	   4. 그 밖에 위 각 호에 준하는 경우

원본 반출
(제16조)
	① 경찰관은 압수·수색·검증현장에서 다음 각 호의 사유로 인해 제15조 제1항에 따라 복제본을 획득·반출 하는 방법이 불가능하거나 압수의 목적을 달성하기에 현저히 곤란한 경우에는 **정보저장매체등 원본을** 외부로 **반출한 후** 전자정보의 압수·수색·검증을 진행할 수 있다.
	   1. 영장 집행현장에서 하드카피·이미징 등 복제본 획득이 물리적·기술적으로 불가능하거나 극히 곤란한 경우
	   2. 하드카피·이미징에 의한 집행이 피압수자 등의 영업활동이나 사생활의 평온을 침해한다는 이유로 피압수자 등이 요청하는 경우
	   3. 그 밖에 위 각 호에 준하는 경우

6. 「디엔에이신원확인정보의 이용 및 보호에 관한 법률」

디엔에이신원 확인정보의 사무관장 (제4조)	① **검찰총장**은 제5조(수형인)에 따라 채취한 디엔에이감식 시료로부터 취득한 디엔에이 신원확인정보에 관한 사무를 총괄한다. ② **경찰청장**은 제6조(구속피의자) 및 제7조(범죄현장등으로부터의 디엔에이감식시료 채취)에 따라 채취한 디엔에이 감식시료로부터 취득한 디엔에이신원확인정보에 관한 사무를 총괄한다. ③ **검찰총장 및 경찰청장**은 데이터베이스를 **서로 연계하여 운영할 수 있다**.
디엔에이 감식시료채취 영장 (제8조)	① 검사는 관할 지방법원 판사(군판사 포함)에게 청구하여 발부받은 **영장**에 의하여 제5조 또는 제6조에 따른 디엔에이감식시료의 채취대상자로부터 디엔에이감식시료를 **채취할 수 있다**. ② 사법경찰관은 검사에게 신청하여 검사의 청구로 관할 **지방법원판사가 발부한 영장**에 의하여 제6조에 따른 디엔에이감식시료의 채취대상자로부터 디엔에이감식시료를 **채취할 수 있다**. ③ 제1항과 제2항의 **채취대상자가 동의**하는 경우에는 **영장 없이 디엔에이감식시료를 채취할 수 있다**. 이 경우 미리 채취대상자에게 채취를 **거부할 수 있음을** 고지하고 **서면으로 동의를 받아야 한다**.
감식시료폐기 (제12조)	① 디엔에이신원확인정보담당자가 디엔에이신원확인정보를 데이터 베이스에 수록한 때에는 제5조 및 제6조에 따라 채취된 디엔에이감식시료와 그로부터 추출한 디엔에이를 **지체 없이 폐기하여야 한다**.

디엔에이신원
확인정보 삭제
(제13조)
	② 디엔에이 신원확인정보담당자는 구속피의자등이 다음 각 호의 어느 하나에 해당하는 경우에는 직권 또는 본인의 신청에 의하여 제6조에 따라 채취되어 데이터베이스에 수록된 디엔에이 **신원확인정보를 삭제하여야 한다**.
	  1. 검사의 혐의없음, 죄가안됨 또는 공소권없음의 처분이 있거나, 제5조 제1항 각 호의 범죄로 구속된 피의자의 죄명이 수사 또는 재판 중에 같은 항 각 호 외의 죄명으로 변경되는 경우. 다만 죄가안됨 처분을 하면서 「치료감호법」 제7조 제1호에 따라 치료감호의 독립청구를 하는 경우는 제외한다.
	  2. 법원의 무죄, 면소, 공소기각 판결 또는 공소기각 결정이 확정된 경우. 다만, 무죄 판결을 하면서 치료감호를 선고하는 경우는 제외한다.
	  3. 법원의 「치료감호법」 제7조 제1호에 따른 치료감호의 독립청구에 대한 청구기각 판결이 확정된 경우

▶ **살인, 강도, 절도(단순절도 제외), 강간, 강제추행** 등은 감식시료 채취 대상범죄에 해당한다. (O)

제3절 「성폭력범죄의 처벌 등에 관한 특례법」

1. 규제내용

미수범 처벌O, 예비음모 처벌O	미수범 처벌O	미수범 처벌X
① 특수강도강간 등(제3조) ② 특수강간·특수강제추행(제4조) ③ 친족관계에 의한 강간·강제추행(제5조) ④ 장애인에 대한 강간·강제추행 등(제6조) ⑤ 13세 미만 미성년자 강간·강제추행, 준강간·준강제추행, 위계·위력 간음·추행 등(제7조)	① 강간 등 상해·치상(제8조) ② 강간 등 살인·치사(제9조) ③ 카메라등이용촬영(제14조) ④ 허위영상물 등의 반포(제14조의2) ⑤ 촬영물 등 이용한 협박, 강요(제14조의3)	① 업무상위력 등에 의한 추행(제10조) ② 공중밀집장소 추행(제11조) ③ 성적 목적을 위한 다중이용장소 침입행위(제12조) ④ 통신매체이용음란행위(제13조)

◎ **친족관계에 의한 강간·강제추행(제5조)**
  ▶ 친족 : **4촌이내의 혈족 및 인척과 동거하는 친족**(사실상 친족 포함)
◎ 13세미만 미성년자 강간·강제추행, 준강간·준강제추행, 위계·위력 간음·추행 등(제7조)
  ↔ 13세 미만 미성년자를 단순히 **간음**한 경우 : 「**형법**」상 미성년자의제강간(형법 제305조)

카메라 등을 이용한 촬영 (제14조)	① 카메라나 그 밖에 이와 유사한 기능을 갖춘 기계장치를 이용하여 성적 욕망 또는 수치심을 유발할 수 있는 사람의 신체를 촬영대상자의 의사에 반하여 촬영한 자는 **7년 이하의 징역** 또는 **5천만원 이하의 벌금**에 처한다. ② 제1항에 따른 촬영물 또는 복제물(복제물의 복제물을 포함한다.)을 반포·판매·임대·제공 또는 공공연하게 전시·상영한 자 또는 제1항의 촬영이 촬영 당시에는 촬영대상자의 의사에 반하지 아니한 경우에도 사후에 그 촬영물 또는 복제물을 촬영대상자의 의사에 반하여 반포등을 한 자는 **7년 이하의 징역** 또는 **5천만원 이하의 벌금**에 처한다.
형벌과 수강명령 병과 (제16조)	① 법원이 성폭력범죄를 범한 사람에 대하여 형의 선고를 유예하는 경우에는 1년 동안 보호관찰을 받을 것을 명할 수 있다. 다만, **성폭력범죄를 범한** 「**소년법**」 제2조에 따른 **소년**에 대하여 형의 선고를 유예하는 경우에는 **반드시 보호관찰을 명하여야 한다.** ② 법원이 성폭력범죄를 범한 사람에 대하여 유죄판결(**선고유예는 제외**)을 선고하거나 약식명령을 고지하는 경우에는 **500시간**의 범위에서 재범예방에 필요한 수강명령 또는 성폭력 치료프로그램의 이수명령을 **병과하여야 한다**.
고소 (제18조)	성폭력범죄에 대하여는 **자기 또는 배우자의 직계존속을 고소할 수 있다.**
「형법」상 감경규정에 관한 특례 (제20조)	**음주 또는 약물로 인한 심신장애 상태**에서 제3조부터 제11조까지의 죄를 범한 때에는 「형법」 제10조 제1항·제2항(심신장애인 감면규정) 및 제11조(청각 및 언어장애인 감경규정)를 **적용하지 아니할 수 있다.**

공소시효 (제21조)	① 미성년자에 대한 성폭력범죄의 공소시효는 해당 성폭력범죄로 피해를 당한 미성년자가 **성년에 달한 날부터 진행**한다. ② 「형법」상 강간, 강제추행, 준강간, 준강제추행 등의 죄, 제3조부터 제9조까지의 죄는 디엔에이(DNA)증거 등 그 죄를 증명할 수 있는 과학적인 증거가 있는 때에는 **공소시효가 10년 연장**된다. [20 승진] ③ **13세 미만**의 사람 및 **신체적인 또는 정신적인 장애**가 있는 사람에 대하여 강간, 강제추행, 준강간, 준강제추행, 강간등 상해·치상, 강간등 살인·치사, 미성년자에 대한 간음, 추행 등의 죄를 범한 경우에는 공소시효를 적용하지 아니한다. [20 승진, 20 경간] ④ **강간 등 살인죄**를 범한 경우에는 **공소시효를 적용하지 아니한다.** [20 승진]
피의자 얼굴 공개 (제25조)	검사와 사법경찰관은 성폭력범죄의 피의자가 죄를 범하였다고 믿을 만한 충분한 증거가 있고, 국민의 알 권리 보장, 피의자의 재범 방지 및 범죄예방 등 오로지 공공의 이익을 위하여 필요할 때에는 얼굴, 성명 및 나이 등 피의자의 신상에 관한 정보를 **공개할 수 있다.** 다만, 피의자가 「청소년 보호법」 제2조 제1호의 **청소년**에 해당하는 경우에는 **공개하지 아니한다.**
성폭력범죄 피해자 전담조사제 (제26조)	② **경찰청장**은 각 경찰서장으로 하여금 성폭력범죄 **전담** 사법경찰관을 **지정**하도록 하여 특별한 사정이 없으면 이들로 하여금 피해자를 조사하게 **하여야 한다.** [20 채용, 20 경간]
피해자 변호사 선임 특례법 (제27조)	① 성폭력범죄의 피해자 및 그 법정대리인("피해자등")은 형사절차상 입을 수 있는 피해를 방어하고 법률적 조력을 보장하기 위하여 변호사를 선임할 수 있다. ② 제1항에 따른 변호사는 검사 또는 사법경찰관의 피해자등에 대한 조사에 참여하여 의견을 진술할 수 있다. 다만, 조사 도중에는 검사 또는 사법경찰관의 승인을 받아 의견을 진술할 수 있다. ⑥ 검사는 피해자에게 변호사가 없는 경우 국선변호사를 선정하여 형사절차에서 피해자의 권익을 보호할 수 있다.
수사·재판 절차에서의 배려 (제29조)	① 수사기관과 법원 및 소송관계인은 성폭력범죄를 당한 피해자의 나이, 심리 상태 또는 후유장애의 유무 등을 신중하게 고려하여 조사 및 심리·재판 과정에서 피해자의 인격이나 명예가 손상되거나 사적인 비밀이 침해되지 아니하도록 주의하여야 한다. ② 수사기관과 법원은 성폭력범죄의 피해자를 조사하거나 심리·재판할 때 피해자가 편안한 상태에서 진술할 수 있는 환경을 조성하여야 하며, 조사 및 심리·재판 횟수는 필요한 범위에서 **최소한**으로 하여야 한다. [20 채용]
영상물의 촬영·보존법 (제30조)	① 성폭력범죄의 피해자가 **19세 미만**이거나 **신체적인 또는 정신적인 장애**로 사물을 변별하거나 의사를 결정할 능력이 **미약**한 경우에는 피해자의 진술 내용과 조사 과정을 비디오녹화기 등 **영상물 녹화 장치로 촬영·보존하여야 한다.** ② 제1항에 따른 영상물 녹화는 피해자 또는 법정대리인이 이를 원하지 아니하는 의사를 표시한 경우에는 촬영을 하여서는 아니 된다. 다만, 가해자가 친권자 중 일방인 경우는 그러하지 아니하다. ③ 영상물 녹화는 조사의 개시부터 종료까지의 전 과정 및 객관적 정황을 녹화하여야 하고, 녹화가 완료된 때에는 지체 없이 그 원본을 피해자 또는 변호사 앞에서 봉인하고 피해자로 하여금 기명날인 또는 서명하게 하여야 한다. ④ 검사 또는 사법경찰관은 피해자가 녹화장소에 도착한 시각, 녹화를 시작하고 마친 시각, 그 밖에 녹화과정의 진행경과를 확인하기 위하여 필요한 사항을 조서 또는 별도의 서면에 기록한 후 수사기록에 편철하여야 한다. ⑤ 검사 또는 사법경찰관은 피해자 또는 법정대리인이 신청하는 경우에는 영상물 촬영과정에서 작성한 조서의 사본을 신청인에게 발급하거나 영상물을 재생하여 시청하게 하여야 한다.

영상물의 촬영·보존법 (제30조)	⑥ 제1항에 따라 촬영한 영상물에 수록된 피해자의 진술((19세 미만X) **신체적인 또는 정신적인 장애**로 사물을 변별하거나 의사를 결정할 능력이 미약한 피해자의 진술)은 공판준비기일 또는 공판기일에 피해자 조사 과정에 동석하였던 신뢰관계에 있는 사람 또는 진술조력인의 진술에 의하여 그 성립의 진정함이 인정된 경우에 증거로 할 수 있다. [20 경간] ■ 헌법재판소 판례 제30조 제6항 중 '제1항에 따라 촬영한 영상물에 수록된 피해자의 진술은 공판준비기일 또는 공판기일에 조사 과정에 동석하였던 신뢰관계에 있는 사람 또는 진술조력인의 진술에 의하여 그 성립의 진정함이 인정된 경우에 증거로 할 수 있다' 부분 가운데 **19세 미만** 성폭력범죄 피해자에 관한 부분은 **헌법**에 **위반**된다. (헌재결 2021.12.23. 2018헌바524)
심리의 비공개 (제31조)	① 성폭력범죄에 대한 심리는 그 피해자의 사생활을 보호하기 위하여 결정으로써 **공개하지 아니할 수 있다.** ② 증인으로 소환받은 성폭력범죄의 피해자와 그 가족은 사생활보호 등의 사유로 증인신문의 **비공개를 신청할 수 있다.**
전문가의 의견 조회 (제33조)	① 법원은 정신건강의학과의사, 심리학자, 사회복지학자, 그 밖의 관련 전문가로부터 행위자 또는 피해자의 정신·심리 상태에 대한 진단 소견 및 피해자의 진술 내용에 관한 **의견을 조회할 수 있다.** ② 제1항의 내용은 수사기관이 성폭력범죄를 수사하는 경우에 준용한다. 다만, 피해자가 **13세 미만** 이거나 **신체적인 또는 정신적인 장애**로 사물을 변별하거나 의사를 결정할 능력이 **미약**한 경우에는 관련 전문가에게 피해자의 정신·심리 상태에 대한 진단 소견 및 진술 내용에 관한 **의견을 조회하여야 한다**.
신뢰관계 있는 자 등의 동석 (제34조) [20 채용 2차]	① 수사기관은 범죄의 피해자를 증인으로 신문하는 경우에 피해자 또는 법정대리인이 **신청**할 때에는 수사에 지장을 줄 우려가 있는 등 부득이한 경우가 아니면 피해자와 **신뢰관계에 있는 사람을 동석하게 하여야 한다.** ② 수사기관은 피해자와 신뢰관계에 있는 사람이 피해자에게 불리하거나 피해자가 원하지 아니하는 경우에는 동석하게 하여서는 아니 된다.
진술조력인 수사과정 참여 (제36조)	① 검사 또는 사법경찰관은 성폭력범죄의 피해자가 **13세 미만**의 아동이거나 **신체적인 또는 정신적인 장애**로 의사소통이나 의사표현에 어려움이 있는 경우 원활한 조사를 위하여 **직권**이나 피해자, 그 법정대리인 또는 변호사의 **신청**에 따라 진술조력인으로 하여금 조사과정에 참여하여 의사소통을 중개하거나 **보조하게 할 수 있다. (하여야 한다 X)** 다만, **피해자** 또는 그 **법정대리인**이 이를 원하지 아니하는 의사를 표시한 경우에는 **그러하지 아니하다.** ② 검사 또는 사법경찰관은 제1항의 피해자를 조사하기 전에 피해자, 법정대리인 또는 변호사에게 진술조력인에 의한 의사소통 중개나 보조를 신청할 수 있음을 고지하여야 한다. ③ 진술조력인은 조사 전에 피해자를 면담하여 진술조력인 조력 필요성에 관하여 평가한 의견을 수사기관에 제출할 수 있다.
증거보전의 특례법 (제41조)	① 피해자나 그 법정대리인 또는 경찰은 피해자가 공판기일에 출석하여 증언하는 것에 현저히 곤란한 사정이 있을 때에는 그 사유를 소명하여 제30조에 따라 촬영된 영상물 또는 그 밖의 다른 증거에 대하여 해당 성폭력범죄를 수사하는 검사에게 증거보전의 청구를 할 것을 요청할 수 있다. 이 경우 피해자가 **16세 미만**이거나 **신체적인 또는 정신적인 장애**로 사물을 변별하거나 의사를 결정할 능력이 **미약**한 경우에는 **공판기일에 출석하여 증언하는 것에 현저히 곤란한 사정이 있는 것으로 본다.**

2. 신상정보 등록

대상자	등록대상 성범죄로 유죄판결이 확정된 자 또는 공개명령이 확정된 자는 신상정보 등록대상자가 된다. 다만, 제12조(성적목적을 위한 다중이용장소 침입행위)·제13조 (통신매체 이용 음란행위)의 범죄 및 「아동·청소년의 성보호에 관한 법률」 제11조 제3항(아동·청소년 성착취물 판매·대여·배포·제공하거나 이를 목적으로 소지·운반·광고·소개하거나 공연히 전시 또는 상영) 및 제5항(아동·청소년성착취물 구입하거나 아동·청소년성착취물임을 알면서 이를 소지·시청)의 범죄로 **벌금형**을 선고받은 자는 **제외**한다.
신상정보 제출 의무	① 등록대상자는 판결이 확정된 날부터 **30일** 이내에 다음의 신상정보(기본신상정보)를 자신의 **주소지를 관할**하는 **경찰관서의 장**에게 제출하여야 한다. 　㉠ 성명 　㉡ 주민등록번호 　㉢ 주소 및 실제거주지 　㉣ 직업 및 직장 등의 소재지 　㉤ 연락처(전화번호, 전자우편주소) 　㉥ 신체정보(키와 몸무게) 　㉦ 소유차량의 등록번호 ② 등록대상자는 제출한 **신상정보가 변경**된 경우에는 그 사유와 변경내용을 변경사유가 발생한 날부터 **20일** 이내에 제출하여야 한다
출입국시 신고의무	① 등록대상자가 **6개월 이상 국외에 체류**하기 위하여 출국하는 경우에는 미리 관할경찰관서의 장에게 체류국가 및 체류기간 등을 신고하여야 한다. [20 경간] ② 신고한 등록대상자가 입국하였을 때에는 특별한 사정이 없으면 **14일** 이내에 관할경찰관서의 장에게 입국 사실을 신고하여야 한다. 신고를 하지 아니하고 출국하여 **6개월 이상 국외에 체류**한 등록대상자가 입국하였을 때에도 또한 같다. ③ 관할경찰관서의 장은 신고를 받았을 때에는 **지체 없이** 법무부장관에게 해당 정보를 송달하여야 한다.
등록	법무부장관은 등록대상자 정보를 등록하여야 한다.
등록정보의 보존·관리	① 성범죄로 사형, 무기징역·무기금고형, 10년 **초과**의 징역·금고형 선고 : 30년 ② 성범죄로 **3년 초과 10년 이하**의 징역·금고형 선고 : 20년 ③ 성범죄로 **3년 이하**의 징역·금고형 선고 또는 「아동·청소년의 성보호에 관한 법률」 제49조 제1항 제4호에 따라 **공개명령이 확정** : 15년 ④ 신상정보 등록의 원인이 된 성범죄로 **벌금형**을 선고 : 10년
등록의 면제	신상정보 등록의 원인이 된 성범죄로 형의 선고를 유예받은 사람이 선고유예를 받은 등록의 면제 날부터 **2년**이 **경과**하여 「형법」 제60조에 따라 **면소된 것으로 간주**되면 신상정보등록을 **면제**한다. [18 채용]
등록의 종료	① 신상정보의 등록은 등록기간이 지난 때, 등록이 면제된 때에 종료된다. ② 법무부장관은 등록이 종료된 신상정보를 **즉시 폐기하여야 한다**. ③ 법무부장관은 제2항에 따라 등록정보를 폐기하는 경우에는 등록대상자가 정보통신망을 이용하여 폐기된 사실을 열람할 수 있도록 하여야 한다. 다만, 등록대상자가 신청하는 경우에는 폐기된 사실을 통지하여야 한다.
등록정보 공개	① 등록정보의 **공개**는 **여성가족부장관**이 집행한다. ② 법무부장관은 등록정보 공개에 필요한 정보를 여성가족부장관에게 **송부하여야 한다**.

3. 「성폭력범죄의 수사 및 피해자 보호에 관한 규칙」(경찰청훈령)

목적 (제1조)	이 규칙은 성폭력범죄 수사의 전문성을 제고하고 피해자 보호를 강화하는 것을 목적으로 한다.
정의 (제2조)	이 규칙에서 사용하는 용어의 정의는 다음과 같다. 1. "성폭력범죄"란 「성폭력범죄의 처벌 등에 관한 특례법」 제2조의 성폭력범죄를 말한다. 2. "아동·청소년대상 성폭력범죄"란 「아동·청소년의 성보호에 관한 법률」 제2조 제3호의 아동·청소년 대상 성폭력범죄를 말한다. 3. "피해아동·청소년"이란 「아동·청소년의 성보호에 관한 법률」 제2조 제6호의 피해아동·청소년을 말한다. 4. "범죄신고자등"이란 「특정범죄신고자 등 보호법」 제2조 제3호의 범죄신고자등을 말한다. 5. "피해자등"이란 성폭력범죄의 피해자와 그 법정대리인을 말한다. 6. "통합지원센터"란 「성폭력방지 및 피해자보호 등에 관한 법률」 제18조의 통합지원센터를 말한다. 7. "성폭력 전담의료기관"이란 「성폭력방지 및 피해자보호 등에 관한 법률」 제27조 제1항의 전담의료기관을 말한다.
적용범위 (제3조)	성폭력범죄의 수사에 관하여 다른 법령에 특별한 규정이 있는 경우를 제외하고는 이 규칙이 정하는 바에 따른다.
다른 규칙과의 관계 (제4조)	성폭력범죄의 수사에 관하여 이 규칙으로 정하고 있지 않은 사항에 대해서는 범죄수사규칙을 준용한다.
전담수사부서의 운영 (제5조)	① 경찰서장은 성폭력범죄 전담수사부서에서 성폭력범죄의 수사를 전담하게 한다. 다만, 성폭력범죄 전담수사부서가 설치되지 않은 경우 다른 수사부서에서 성폭력범죄의 수사를 담당하게 한다. ② 지방경찰청장은 제1항의 규정에도 불구하고 피해자가 13세 미만이거나 신체적인 또는 정신적인 장애로 사물을 변별하거나 의사를 결정할 능력이 미약한 경우에는 특별한 사정이 없는 한 지방경찰청에 설치된 성폭력범죄 전담수사부서에서 성폭력범죄의 수사를 담당하게 한다.
전담조사관의 지정 (제6조)	① 지방경찰청장 및 경찰서장은 소속 경찰공무원 중에서 성폭력범죄 전담조사관을 지정하여 성폭력범죄 피해자의 조사를 전담하게 한다. ② 지방경찰청장 및 경찰서장은 특별한 사정이 없는 한 수사경과자 중에서 제7조 제1항의 성폭력수사 전문화 교육을 이수한 사람에 한해서 성폭력범죄 전담조사관을 지정하되, 1인 이상을 여성경찰관으로 지정하여야 한다. ③ 성폭력범죄 전담수사부서가 설치되지 않은 경찰서의 경찰서장은 수사를 담당하는 부서에 근무하는 경찰관 중에서 성폭력범죄 전담조사관을 지정한다.
교육 (제7조)	① 경찰수사연수원장은 성폭력범죄의 수사에 필요한 수사기법과 피해자 보호를 위한 수사방법 및 절차 등에 관한 성폭력수사 전문화 교육과정을 운영한다. ② 지방경찰청장 및 경찰서장은 제1항에서 규정한 교육을 이수하지 않은 사람을 성폭력범죄 전담조사관으로 지정한 경우에는 지정한 날부터 6개월 이내에 교육을 이수하도록 한다. ③ 지방경찰청장은 해당 지방경찰청 및 경찰서 소속 성폭력범죄 전담조사관을 대상으로, 경찰서장은 해당 경찰서 소속 경찰관을 대상으로 매년 1회 이상 성폭력범죄의 수사 및 피해자 보호에 관하여 교육한다. ④ 성폭력범죄 전담조사관은 제6조에 의하여 지정된 날부터 1개월 이내에 경찰청에서 운영하는 사이버교육 중 성폭력 수사 교육을 이수하여야 한다.

피해자 보호지원관의 운영 (제8조)	① 지방경찰청장 및 경찰서장은 소속 지방경찰청 및 경찰서에 근무하는 성폭력범죄 전담조사관 중에서 1인을 피해자 보호지원관으로 지정한다. ② 피해자 보호지원관은 수사과정 및 수사종결 후의 피해자 보호·지원 업무와 소속 지방경찰청·경찰서에 근무하는 경찰관을 대상으로 하는 피해자 보호에 관한 교육 업무를 담당한다. ③ 지방경찰청장 및 경찰서장은 원활한 피해자 보호·지원을 위하여 사건담당 경찰관으로 하여금 피해자 보호지원관을 도와 피해자 보호·지원업무를 수행하도록 하여야 한다.
현장 임장 (제9조)	성폭력범죄 전담조사관은 특별한 사정이 없는 한 성폭력 사건이 발생한 경우 지체없이 현장에 임장한다.
현장출동 시 유의사항 (제10조)	① 경찰관은 피해자의 성폭력 피해사실이 제3자에게 알려지지 않도록 출동 시 신속성을 저해하지 않는 범위에서 경광등을 소등하거나 인근에서 하차하여 도보로 이동하는 등 피해자 보호를 위하여 노력하여야 한다. ② 경찰관은 현장에서 성폭력범죄 피의자를 검거한 경우에는 즉시 피해자와 분리조치하고, 경찰관서로 동행할 때에도 분리하여 이동한다. ③ 경찰관은 친족에 의한 아동성폭력 사건의 피의자를 체포할 경우에는 특별한 사정이 없는 한 피해자와 분리조치 후 체포하여야 한다. ④ 경찰관은 용의자를 신속히 검거하기 위하여 제11조의 조치에 지장이 없는 범위에서 피해자로부터 간이진술을 청취하거나 피해자와 동행하여 현장 주변을 수색할 수 있다. 이 경우 경찰관은 반드시 피해자의 명시적 동의를 받아야 한다.
피해자 후송 (제11조)	① 경찰관은 피해자의 치료가 필요한 경우에는 즉시 피해자를 가까운 통합지원센터 또는 성폭력 전담의료기관으로 후송한다. 다만, 피해자가 원하지 않는 경우에는 그러하지 아니하다. ② 경찰관은 성폭력범죄의 피해자가 13세 미만이거나 신체적인 또는 정신적인 장애로 사물을 변별하거나 의사를 결정할 능력이 미약한 경우에는 통합지원센터나 성폭력 전담의료기관과 연계하여 치료, 상담 및 조사를 병행한다. 다만, 피해자가 원하지 않는 경우에는 그러하지 아니하다. [22 채용] ③ 제1항 및 제2항에도 불구하고 통합지원센터나 성폭력 전담의료기관의 거리가 멀어 신속한 치료가 어려운 경우에는 가까운 의료기관과 연계할 수 있다.

신변안전조치
(제12조)
	① 지방경찰청장 및 경찰서장은 성폭력범죄의 피해자·신고자 및 그 친족 또는 동거인, 그 밖의 밀접한 인적 관계에 있는 사람이 보복을 당할 우려가 있는 경우에는 소속 경찰관으로 하여금 안전을 위하여 필요한 조치를 하도록 하여야 한다.
	② 경찰관은 성폭력범죄의 수사·조사 및 상담 과정에서 성폭력범죄의 피해자·신고자 및 그 친족 또는 동거인, 그 밖의 사람이 보복을 당할 우려가 있는 경우에는 신변안전에 필요한 조치를 하거나 대상자의 주거지 또는 현재지를 관할하는 경찰서의 경찰서장에게 신변안전조치를 요청하여야 한다. 다만, 대상자가 원하지 않는 경우에는 그러하지 아니하다.
	③ 신변안전조치의 종류는 다음 각 호의 어느 하나와 같다.
	  1. 일정기간 동안의 특정시설에서의 보호
	  2. 일정기간 동안의 신변경호
	  3. 참고인 또는 증인으로 출석·귀가 시 동행
	  4. 대상자의 주거·직장에 대한 주기적 순찰
	  5. 비상연락망 구축 등 그 밖의 신변안전에 필요하다고 인정되는 조치

피해아동· 청소년의 보호 (제13조)	① 경찰관은 아동·청소년대상 성폭력범죄를 저지른 자가 피해아동·청소년과 「가정폭력범죄의 처벌 등에 관한 특례법」 제2조 제2호의 가정구성원인 관계이면서 피해아동·청소년을 보호할 필요가 있는 때에는 피해아동·청소년 또는 그 법정대리인의 신청에 의하거나 직권으로 성폭력범죄를 저지른 자에 대하여 같은 법 제29조 제1항 제1호부터 제3호의 임시조치를 검사에게 신청할 수 있다. ② 경찰관은 성폭력범죄를 저지른 자가 제1항의 임시조치를 위반하여 다시 성폭력범죄를 저지를 우려가 있다고 인정하는 경우에는 「가정폭력범죄의 처벌 등에 관한 특례법」 제29조 제1항 제5호의 임시조치를 검사에게 신청할 수 있다.
인적사항의 공개 금지 (제15조)	① 경찰관은 성폭력범죄의 피해자등과 상담하거나 피해자를 조사할 때 국선변호인 선임, 피해자와 신뢰관계에 있는 자("신뢰관계자")의 동석, 진술조력인 참여, 신문·사생활 비밀보장, 신변안전조치 및 상담·법률·의료지원에 관한 사항을 피해자등에게 고지하여야 한다. ② 경찰관은 제1항의 내용을 고지할 때 피해자등의 인지능력·생활환경·심리상태 등을 감안하여 구체적인 내용을 설명하여 피해자등이 권리·지원내용을 충분히 이해할 수 있도록 하여야 한다.
증거수집 (제16조)	경찰관은 피해자의 신체에서 증거를 채취할 때에는 반드시 피해자의 명시적인 동의를 받아야 하며, 특별한 사정이 없는 한 의사 또는 간호사의 도움을 받아 증거를 수집하여야 한다.
조사의 준비 (제17조)	① 경찰관은 피해자를 조사하기 전에 피해자의 연령, 인지능력, 가족관계 및 생활환경 등을 확인하여야 한다. ② 경찰관은 제1항과 같이 확인한 결과를 토대로 피해자의 의견, 건강 및 심리 상태 등을 충분히 고려하여 조사의 시기·장소 및 방법을 결정하여야 한다. ③ 경찰관은 조사의 시기·장소 및 방법을 결정할 때 제27조의 전문가 및 제28조의 진술조력인의 의견을 들을 수 있다.
조사 시 유의사항 (제18조)	① 지방경찰청장 및 경찰서장은 특별한 사정이 없는 한 성폭력 피해여성을 여성 성폭력범죄 전담조사관이 조사하도록 하여야 한다. 다만, 피해자가 원하는 경우에는 신뢰관계자, 진술조력인 또는 다른 경찰관으로 하여금 입회하게 하고 별지 제1호 서식에 의해 서면으로 동의를 받아 남성 성폭력범죄 전담조사관으로 하여금 조사하게 할 수 있다. [22 채용] ② 경찰관은 성폭력 피해자를 조사할 때에는 제17조의 준비를 거쳐 1회에 수사상 필요한 모든 내용을 조사하는 등 조사 횟수를 최소화하기 위하여 노력하여야 한다. ③ 경찰관은 피해자의 입장을 최대한 존중하여 가급적 피해자가 원하는 시간에 진술녹화실 등 평온하고 공개되지 않은 장소에서 조사하고, 공개된 장소에서의 조사로 인하여 신분이 노출되지 않도록 유의하여야 한다. ④ 경찰관은 성폭력 피해자에 대한 조사와 피의자에 대한 신문을 분리하여 실시하고, 대질신문은 반드시 필요한 경우에만 예외적으로 실시하되, 시기·장소 및 방법에 관하여 피해자의 의사를 최대한 존중하여야 한다. ⑤ 경찰관은 피해자로 하여금 가해자를 확인하게 할 때는 반드시 범인식별실 또는 진술녹화실을 활용하여 피해자와 가해자가 대면하지 않도록 하고, 동시에 다수의 사람 중에서 가해자를 확인하도록 하여야 한다.
변호사 선임의 특례 (제19조)	① 경찰관은 성폭력범죄의 피해자등에게 변호사를 선임할 수 있고 국선변호사 선정을 요청할 수 있음을 고지하여야 한다. ② 경찰관은 피해자등이 국선변호사 선정을 요청한 때에는 검사에게 통보하여야 한다. ③ 경찰관은 성폭력범죄의 피해자가 변호사를 선임하거나 검사가 국선변호사를 선정한 경우 변호사가 조사과정에 참여하게 하여야 한다. ④ 경찰관은 조사 중에 변호사가 의견 진술을 요청할 경우, 조사를 방해하는 등의 특별한 사정이 없는 한 승인하여야 한다.

인적사항의 기재 생략 (제20조)	① 경찰관은 성폭력 사건처리와 관련하여 조서나 그 밖의 서류를 작성할 때 피해자 또는 범죄신고자등의 신원이 알려질 수 있는 사항에 대해서는 그 전부 또는 일부를 기재하지 아니할 수 있고, 이 때 범죄신고자등 신원관리카드에 인적사항을 등재한다. ② 제1항에 따라 인적사항을 기재하지 않을 때에는 피해자, 범죄신고자등의 서명은 가명(假名)으로, 간인(間印) 및 날인(捺印)은 무인(拇印)으로 하게 하여야 한다.
신뢰관계자의 동석 (제21조)	① 경찰관은 피해자를 조사할 때 신뢰관계자를 동석하게 할 수 있다. 이 경우 신뢰관계자로부터 신뢰관계자 동석 확인서 및 피해자와의 관계를 소명할 서류를 제출받아 이를 기록에 편철한다. ② 경찰관은 아동·청소년대상 성폭력범죄의 피해자나 법정대리인이 신청하는 경우와 「성폭력범죄의 처벌 등에 관한 특례법」 제3조부터 제8조, 같은 법 제10조 및 제15조(같은 법 제9조의 미수범은 제외한다)의 범죄의 피해자를 조사하는 경우에는 수사에 지장을 줄 우려가 있는 부득이한 경우가 아니면 신뢰관계자를 동석하게 하여야 한다. ③ 경찰관은 피해자가 19세 미만이거나 신체적인 또는 정신적인 장애가 있는 경우에 피해자의 동의를 받아 성폭력 상담을 지원하는 상담소의 상담원 등을 신뢰관계자로 동석하게 할 수 있다. ④ 제1항부터 제3항에 해당하는 경우 경찰관은 신뢰관계자라도 피해자에게 불리한 영향을 미칠 우려가 현저하거나 피해자가 원하지 아니하는 경우에는 동석하게 하여서는 아니 된다.
영상물의 촬영·보존 (제22조)	① 경찰관은 성폭력범죄의 피해자를 조사할 때에는 진술내용과 조사과정을 영상물 녹화장치로 촬영·보존할 수 있다. 다만, 피해자가 19세 미만이거나 신체적인 또는 정신적인 장애로 사물을 변별하거나 의사를 결정할 능력이 미약한 경우에는 반드시 촬영·보존하여야 한다. ② 경찰관은 영상녹화를 할 때에는 피해자등에게 영상녹화의 취지 등을 설명하고 동의 여부를 확인하여야 하며, 피해자등이 녹화를 원하지 않는 의사를 표시한 때에는 촬영을 하여서는 아니 된다. 다만, 가해자가 친권자 중 일방인 경우에는 그러하지 아니하다. [22 채용]
영상녹화의 방법 (제23조)	경찰관은 영상물을 녹화할 때에는 조사의 시작부터 조서에 기명날인 또는 서명을 마치는 시점까지의 모든 과정을 영상녹화하고, 녹화완료 시 그 원본을 피해자 또는 변호사 앞에서 봉인하고 피해자로 하여금 기명날인 또는 서명하게 하여야 한다.
영상녹화 시 유의사항 (제24조)	경찰관은 피해자등의 진술을 녹화하는 경우에 다음 각 호의 사항에 유의하여야 한다. 1. 피해자의 신원에 관한 사항은 녹화 전에 서면으로 작성하고 녹화 시 진술하지 않게 하여 영상물에 포함되지 않도록 한다. 2. 신뢰관계자 또는 진술조력인이 동석하여 녹화를 할 때에는, 신뢰관계자 또는 진술조력인이 조사실을 이탈할 경우 녹화를 일시적으로 중단하고 조사실로 돌아온 후 녹화를 재개한다. 3. 피해자등이 신청하는 경우 영상물 촬영과정에서 작성한 조서의 사본을 발급하거나 영상물을 재생하여 시청하게 하고, 그 내용에 대하여 이의를 진술하는 때에는 그 취지를 기재한 서면을 첨부한다.
속기사의 참여 (제25조)	① 경찰관은 영상녹화를 하는 경우에는 속기사로 하여금 영상물에 대한 속기록을 작성하도록 할 수 있다. 다만, 피해자등이 이를 원하지 아니할 때에는 그러하지 아니하다. ② 경찰관은 속기사가 영상녹화에 참여할 때에는 속기사로 하여금 진술녹화실 외부에서 속기록을 작성하도록 한다. 다만, 속기사가 영상녹화에 참여하지 않은 경우에는 피해자등의 명시적 동의를 받아 속기사로 하여금 영상물에 대한 속기록을 작성하도록 할 수 있다.

속기록의 작성 (제26조)	① 속기록에 사용하는 문서는 별지 제2호 서식 및 제3호 서식과 같다. ② 경찰관은 진술자에게 열람하게 하거나 읽어 들려주는 방법으로 진술자로 하여금 속기록을 확인하게 하고, 진술자가 속기록에 대하여 이의가 없을 때에는 진술자로 하여금 속기록 말미에 기명날인 또는 서명하게 한다. 다만, 진술자가 기명날인 또는 서명할 수 없거나 이를 거부하는 경우에는 그 취지를 기재한 서면을 첨부한다. ③ 경찰관은 속기록에 작성년월일과 계급을 기재하고 기명날인 또는 서명하고, 속기사로 하여금 속기록에 간인한 후 기명날인 또는 서명하게 한다.
전문가의 의견 조회 (제27조)	① 경찰관은 정신건강의학과 의사, 심리학자, 사회복지학자 그 밖의 관련 전문가 중 경찰청장이 지정한 전문가로부터 행위자 또는 피해자의 정신·심리상태에 대한 진단소견 및 피해자의 진술내용에 관한 의견을 조회할 수 있다. 다만, 피해자가 13세 미만이거나 신체적인 또는 정신적인 장애로 사물을 변별하거나 의사를 결정할 능력이 미약한 경우에는 반드시 전문가로부터 의견을 조회하여야 한다. ② 경찰관은 피해자가 신체적인 또는 정신적인 장애로 사물을 변별하거나 의사를 결정할 능력이 미약한지 여부가 명확하지 않은 경우에는 전문가로부터 사물을 변별하거나 의사를 결정할 능력이 있는지 여부에 대한 의견을 조회하여야 한다.
진술조력인의 참여 (제28조)	① 경찰관은 성폭력범죄의 피해자가 13세 미만이거나 신체적인 또는 정신적인 장애로 의사소통이나 의사표현에 어려움이 있는 경우 직권이나 피해자등 또는 변호사의 신청에 따라 진술조력인이 조사과정에 참여하게 할 수 있다. 다만, 피해자등이 이를 원하지 않을 때는 그러하지 아니하다. [22 채용] ② 경찰관은 제1항의 피해자를 조사하기 전에 피해자등 또는 변호사에게 진술조력인에 의한 의사소통 중개나 보조를 신청할 수 있음을 고지하여야 한다. ③ 경찰관은 피의자 또는 피해자의 친족이거나 친족이었던 사람, 법정대리인, 대리인 또는 변호사를 진술조력인으로 선정해서는 아니 된다. ④ 경찰관은 「성폭력범죄의 처벌 등에 관한 특례법 시행규칙」 제13조 제1항 제1호·제2호에 해당할 때에는 해당 사건의 진술조력인 선정을 취소하여야 하고, 같은 항 제3호부터 제6호에 해당할 때에는 취소할 수 있다. ⑤ 경찰관은 진술조력인이 조사에 참여한 경우에는 진술조서에 그 취지를 기재하고, 진술조력인으로 하여금 진술조서 및 영상녹화물에 기명날인 또는 서명을 하도록 하여야 한다.

제4절 「가정폭력범죄의 처벌 등에 관한 특례법」(약칭 : 가정폭력처벌법)[시행 2021. 1. 21.]

가정폭력	가정구성원 사이의 신체적, 정신적 또는 **재산상** 피해를 수반하는 행위
가정구성원	① 배우자(사실혼 포함) 또는 배우자관계에 있었던 자 ② 자기 또는 배우자와 직계존비속관계(사실상 양친자관계 포함)에 있거나 있었던 자 ③ 계부모와 자의 관계 또는 적모와 서자의 관계에 있거나 있었던 자 ④ 동거하는 친족관계에 **있는** 자 ▶ 동거하는 친족관계에 **있었던** 자(X)
가정폭력 범죄	① 「형법」상 폭행, 체포·감금, 모욕, 유기(영아유기), 명예훼손(사자명예훼손, 출판물명예훼손 포함), 학대, 아동혹사, 공갈, 재물손괴(특수손괴 포함), 주거침입, 퇴거불응, 주거·신체 수색, 강요, 협박, 상해, 강간, 강제추행, 준강간, 준강제추행, 강간 등 상해·치상, 강간 등 살인·치사, 미성년자에 대한 간음, 미성년자 의제강간 ▶ **살인, 강도, 절도, 사기, 횡령, 배임, 약취·유인 업무방해, 상해치사, 폭행치사상, 유기치사상, 체포감금치사상, 인질강요, 중손괴(X)** ② 「성폭력범죄의 처벌 등에 관한 특례법」 제14조(**카메라등이용촬영**), 「정보통신망 이용촉진 및 정보보호 법률」 제74조 제1항 제3호(**불안감유발**)
가정폭력행위자	가정폭력범죄를 범한 사람 및 가정구성원인 공범
피해자	가정폭력범죄로 인하여 직접적으로 피해를 입은 자 [20 승진]
아동	「아동복지법」 제3조 제1호에 따른 아동(**18세 미만**)

타법률관계 (제3조)	가정폭력범죄에 대하여는 **이 법을 우선 적용**한다. 다만, **아동학대범죄**에 대하여는 「아동학대범죄의 처벌 등에 관한 특례법」을 우선 적용한다. [21 채용]
형벌과 수강명령 등의 병과 (제3조의2)	① 법원은 가정폭력행위자에 대하여 유죄판결(**선고유예 제외**)을 선고하거나 약식명령을 고지하는 경우에는 **200시간**의 범위에서 재범예방에 필요한 수강명령(「보호관찰 등에 관한 법률」에 따른 수강명령) 또는 가정폭력 치료프로그램의 이수명령을 **병과할 수 있다.** [21 채용]

신고
(제4조)
	① **누구든지** 가정폭력범죄를 알게 된 때에는 수사기관에 **신고 할 수 있다.**
	② 다음에 해당하는 사람이 직무를 수행하면서 가정폭력범죄를 알게 된 경우에는 정당한 사유가 없으면 즉시 수사기관에 **신고하여야 한다.**
	   1. 아동의 교육과 보호를 담당하는 기관의 종사자와 그 기관장
	   2. **아동, 60세** 이상의 노인, 그 밖에 정상적인 판단 능력이 결여된 사람의 치료 등을 담당하는 의료인 및 의료기관의 장
	   3. 「노인복지법」에 따른 노인복지시설, 「아동복지법」에 따른 아동복지시설, 「장애인복지법」에 따른 장애인복지시설의 종사자와 그 기관장
	   4. 「다문화가족지원법」에 따른 다문화가족지원센터의 전문인력과 그 장
	   5. 「결혼중개업의 관리에 관한 법률」에 따른 국제결혼중개업자와 그 종사자
	   6. 「소방기본법」에 따른 구조대·구급대의 대원
	   7. 「사회복지사업법」에 따른 사회복지전담공무원
	   8. 「건강가정기본법」에 따른 건강가정지원센터의 종사자와 그 센터의 장
	③ **누구든지** 가정폭력범죄를 신고한 사람에게 그 신고행위를 이유로 **불이익을 주어서는 아니 된다.**

가정폭력 범죄에 대한 응급조치 (제5조)	진행 중인 가정폭력범죄에 대하여 신고를 받은 사법경찰관리는 즉시 현장에 나가서 다음 조치를 하여야 한다. 1. 폭력행위의 **제지**, 가정폭력행위자 피해자의 **분리** 1의2. 「형사소송법」 제212조에 따른 현행범인의 체포 등 **범죄수사** 2. 피해자를 가정폭력 관련 **상담소 또는** 보호시설로 **인도** (피해자 동의시) 3. 긴급치료가 필요한 피해자를 **의료기관으로 인도** 4. 폭력행위 재발 시 제8조에 따라 임시조치를 신청할 수 있음을 통보 5. 피해자보호명령 또는 신변안전조치를 **청구할 수 있음을 고지**
고소에 관한 특례법 (제6조)	① 피해자 또는 그 법정대리인은 가정폭력행위자를 고소할 수 있다. 피해자의 법정대리인이 가정폭력행위자인 경우 또는 가정폭력행위자와 공동으로 가정폭력범죄를 범한 경우에는 **피해자의 친족이 고소할 수 있다**. [22 승진] ② 피해자는 가정폭력행위자가 자기 또는 배우자의 **직계존속인 경우에도 고소할 수 있다**. ③ 피해자에게 고소할 법정대리인이나 친족이 없는 경우에 **이해관계인이 신청**하면 **검사**는 **10일** 이내에 고소할 수 있는 사람을 **지정하여야 한다**.
사법경찰관 사건송치법 (제7조)	사법경찰관은 가정폭력범죄를 신속히 수사하여 사건을 **검사에게 송치하여야 한다**. 이 경우 사법경찰관은 해당 사건을 가정보호사건으로 처리하는 것이 적절한지에 관한 **의견을 제시할 수 있다**.
임시조치 청구 등 (제8조)	① **검사**는 가정폭력범죄가 재발될 우려가 있다고 인정하는 경우에는 직권으로 또는 **사법경찰관의 신청**에 의하여 법원에 아래의 **임시조치**를 청구할 수 있다. 　㉠ 피해자 또는 가정구성원의 주거 또는 점유하는 방실로부터의 퇴거 등 **격리** 　㉡ 피해자 또는 가정구성원의 주거, 직장 등에서 **100미터 이내의 접근 금지** 　㉢ 피해자 또는 가정구성원에 대한 **전기통신을 이용한 접근 금지** ▶ **사법경찰관이 직접 법원에 접근금지 조치를 청구(X)** ② 검사는 가정폭력행위자가 제1항의 청구에 의하여 결정된 임시조치를 위반하여 가정폭력 범죄가 재발될 우려가 있다고 인정하는 경우에는 직권으로 또는 사법경찰관의 신청에 의하여 법원에 아래의 임시조치를 청구할 수 있다. 　㉠ 국가경찰관서의 유치장 또는 구치소에의 유치 ③ 피해자 또는 그 법정대리인은 검사 또는 사법경찰관에게 제1항 및 제2항에 따른 임시조치 청구 또는 그 신청을 요청하거나 이에 관하여 의견을 진술할 수 있다. ④ 제3항에 따른 요청을 받은 사법경찰관은 임시조치를 신청하지 아니하는 경우에는 검사에게 그 사유를 보고하여야 한다.
긴급 임시조치 (제8조의2) [21 채용, 승진]	① 사법경찰관은 응급조치에도 불구하고 가정폭력범죄가 재발될 우려가 있고, 긴급을 요하여 법원의 임시조치 결정을 받을 수 없을 때에는 직권 또는 피해자나 그 법정 대리인의 신청에 의하여 **긴급임시조치를 할 수 있다**. ▶ 긴급임시조치 불이행시 : **300만원** 이하의 **과태료** 　㉠ 피해자 또는 가정구성원의 주거 또는 점유하는 방실로부터의 퇴거 등 격리 　㉡ 피해자 또는 가정구성원의 주거, 직장 등에서 **100미터 이내의 접근금지** 　㉢ **전기통신을 이용한 접근금지** ② 사법경찰관은 긴급임시조치를 한 경우에는 즉시 긴급임시조치 결정서를 작성하여야 한다. ③ 긴급임시조치결정서에는 범죄사실의 요지, 긴급임시조치가 필요한 사유 등을 기재 하여야 한다.

긴급 임시조치와 청구 (제8조의3)	① 사법경찰관이 긴급임시조치를 한 때에는 지체 없이 검사에게 임시조치를 신청하고, 신청받은 검사는 법원에 임시조치를 청구하여야 한다. 임시조치의 청구는 긴급임시조치를 한 때부터 **48시간** 이내에 **청구하여야 하며, 긴급임시조치 결정서를 첨부하여야 한다.** [20 승진] ② 임시조치를 청구하지 아니하거나 법원이 임시조치의 결정을 하지 아니한 때에는 즉시 긴급임시조치를 취소하여야 한다.

가정보호사건 처리 (제9조)	① 검사는 가정폭력범죄로서 사건의 성질·동기 및 결과, 가정폭력행위자의 성행 등을 고려하여 이 법에 따른 보호처분을 하는 것이 적절하다고 인정하는 경우에는 가정보호사건으로 처리할수 있다. 이 경우 검사는 피해자의 의사를 존중하여야 한다.
	② 다음의 경우에는 제1항을 적용할 수 있다.
	  1. 피해자의 고소가 있어야 공소를 제기할 수 있는 가정폭력범죄에서 고소가 없거나 취소된 경우
	  2. 피해자의 명시적인 의사에 반하여 공소를 제기할 수 없는 가정폭력범죄에서 피해자가 처벌을 희망하지 아니한다는 명시적 의사표시를 하였거나 처벌을 희망하는 의사표시를 철회한 경우

임시조치 (제29조)	판사는 가정보호사건의 원활한 조사·심리 또는 피해자 보호를 위하여 필요하다고 인정하는 경우에는 결정으로 가정폭력행위자에게 다음 각 호의 어느 하나에 해당하는 **임시조치를 할 수 있다.** [20 승진]
	  1. 피해자 또는 가정구성원의 주거 또는 점유하는 방실로부터의 **퇴거 등 격리**
	  2. 피해자 또는 가정구성원이나 그 주거, 직장 등에서 **100미터** 이내의 **접근금지**
	  3. 피해자 또는 가정구성원에 대한 **전기통신을 이용한 접근금지**
	  4. **의료기관**이나 그 밖의 **요양소에의 위탁**
	  5. 국가경찰관서의 **유치장** 또는 **구치소에의 유치**(1개월, 1회 연장 가능)
	  6. 상담소등에의 **상담위탁**
	▶ 1.부터 3.까지의 임시조치기간은 2개월, 4.부터 6.의 임시조치기간은 1개월을 초과할 수 없다. 다만, 피해자의 보호를 위하여 그 기간을 연장할 필요가 있다고 인정하는 경우에는 결정으로 1.부터 3.까지의 임시조치는 두 차례만, 4.부터 6.의 임시조치는 한 차례만 각 기간의 범위에서 연장할 수 있다.
	▶ 임시조치 불이행시 : 1년 이하의 징역 또는 1천만원 이하의 벌금 또는 구류

가정폭력범죄 공소시효 (제17조)	① 가정폭력범죄에 대한 공소시효는 해당 가정보호사건이 법원에 송치된 때부터 시효 진행이 정지된다. ② 공범 중 1명에 대한 제1항의 시효정지는 다른 공범자에게도 효력을 미친다.

임시조치	기간	연장
① 퇴거 등 격리	2개월	두 차례
② 100미터 이내의 접근금지		
③ 전기통신을 이용한 접근금지		
④ 의료기관이나 그 밖의 요양소에의 위탁	1개월	한 차례
⑤ 유치장 또는 구치소에의 유치		
⑥ 상담위탁		

제5절 「아동학대범죄의 처벌등에 관한 특례법」

1. 총칙

목적 (제1조)	이 법은 아동학대범죄의 처벌 및 그 절차에 관한 특례와 피해아동에 대한 보호절차 및 아동학대행위자에 대한 보호처분을 규정함으로써 아동을 보호하여 아동이 건강한 사회구성원으로 성장하도록 함을 목적으로 한다.
정의 (제2조)	이 법에서 사용하는 용어의 뜻은 다음과 같다. 1. "아동"이란 「아동복지법」 제3조 제1호에 따른 아동(18세 미만)을 말한다. 2. "보호자"란 「아동복지법」 제3조 제3호에 따른 보호자를 말한다. 3. "아동학대"란 「아동복지법」 제3조 제7호에 따른 아동학대를 말한다. 4. **"아동학대범죄"**란 보호자에 의한 아동학대로서 다음 각 목의 어느 하나에 해당하는 죄를 말한다. 　가. 상해, 폭행 　나. 유기, 영아유기, 학대, 아동혹사 　다. 체포, 감금 　라. 협박 　마. 미성년자 약취, 유인, 인신매매 　바. 강간, 유사강간, 강제추행, 준강간, 준강제추행, 미성년자등에 대한 간음, 업무상위력 등에 의한 간음 　사. 명예훼손, 모욕 　아. 주거·신체 수색 　자. 강요 　차. 공갈 　카. 재물손괴등 5. **"아동학대행위자"**란 아동학대범죄를 범한 사람 및 그 **공범**을 말한다. 6. **"피해아동"**이란 아동학대범죄로 인하여 **직접적**으로 피해를 입은 아동을 말한다.
다른 법률과의 관계 (제3조)	아동학대범죄에 대하여는 **이 법을 우선 적용**한다. 다만, 「성폭력범죄의 처벌 등에 관한 특례법」, 「아동·청소년의 성보호에 관한 법률」에서 **가중처벌**되는 경우에는 그 법에서 정한 바에 따른다. [20 승진]

2. 아동학대범죄의 처벌에 관한 특례

상습범 (제6조)	**상습적**으로 제2조 제4호 가목부터 파목까지의 아동학대범죄를 범한 자는 그 죄에 정한 형의 **2분의 1까지 가중**한다. 다만, 다른 법률에 따라 상습범으로 가중처벌되는 경우에는 그러하지 아니하다.
아동복지 시설종사자 가중처벌 (제7조)	제10조 제2항 각 호에 따른 **아동학대 신고의무자**가 보호하는 아동에 대하여 아동학대범죄를 범한 때에는 그 죄에 정한 형의 **2분의 1까지 가중**한다.

형벌과 수강명령 등의 병과 (제8조)	① 법원은 아동학대행위자에 대하여 유죄판결(**선고유예는 제외**)을 선고하면서 **200시간**의 범위에서 재범예방에 필요한 수강명령(「보호관찰 등에 관한 법률」에 따른 수강명령) 또는 아동학대 치료프로그램의 이수명령을 **병과할 수 있다**. ② 아동학대행위자에 대하여 제1항의 수강명령은 형의 집행을 유예할 경우에 그 집행유예기간 내에서 병과하고, 이수명령은 **벌금형 또는 징역형의 실형을 선고할 경우에 병과**한다. ③ 법원이 아동학대행위자에 대하여 **형의 집행을 유예**하는 경우에는 제1항에 따른 수강명령 외에 그 집행유예기간 내에 보호관찰 또는 사회봉사 중 **하나 이상**의 처분을 **병과할 수 있다**.
친권상실 청구등 (제9조)	① 아동학대행위자가 제5조 또는 제6조의 범죄를 저지른 때에는 검사는 그 사건의 아동학대행위자가 피해아동의 친권자나 후견인인 경우에 법원에 「민법」 제924조의 **친권상실의 선고** 또는 같은 법 제940조의 **후견인의 변경 심판을 청구하여야 한다**. 다만, 친권상실의 선고 또는 후견인의 변경 심판을 하여서는 아니 될 특별한 사정이 있는 경우에는 그러하지 아니하다.

3. 아동학대범죄의 처리절차에 관한 특례

신고의무와 절차 (제10조)	① **누구든지** 아동학대범죄를 알게 된 경우나 그 의심이 있는 경우에는 특별시·광역시·특별자치시·도·특별자치도("시·도"), 시·군·구("자치구") 또는 수사기관에 **신고할 수 있다**. ② **아동복지시설의 장과 그 종사자들**은 직무를 수행하면서 아동학대범죄를 알게 된 경우나 그 의심이 있는 경우에는 시·도, 시·군·구 또는 수사기관에 **즉시 신고하여야 한다**. ④ 제2항에 따른 신고가 있는 경우 시·도, 시·군·구 또는 수사기관은 정당한 사유가 없는 한 즉시 조사 또는 수사에 착수하여야 한다.
불이익조치 금지 (제10조의2)	누구든지 아동학대범죄 신고자들에게 아동학대범죄 신고등을 이유로 불이익조치를 하여서는 아니 된다.
고소 특례 (제10조의4)	① 피해아동 또는 그 법정대리인은 아동학대행위자를 고소할 수 있다. 피해아동의 법정대리인이 아동학대행위자인 경우 또는 아동학대행위자와 공동으로 아동학대범죄를 범한 경우에는 피해아동의 친족이 고소할 수 있다. ② 피해아동은 「형사소송법」 제224조에도 불구하고 아동학대행위자가 자기 또는 배우자의 직계존속인 경우에도 고소할 수 있다. 법정대리인이 고소하는 경우에도 또한 같다. ③ 피해아동에게 고소할 법정대리인이나 친족이 없는 경우에 **이해관계인**이 **신청**하면 **검사**는 10일 이내에 고소할 수 있는 사람을 **지정하여야 한다**.
현장출동 (제11조)	① 아동학대범죄 신고를 접수한 사법경찰관리나 아동학대전담공무원은 지체 없이 아동학대범죄의 현장에 출동하여야 한다. [20 승진] 이 경우 수사기관의 장이나 시·도지사 또는 시장·군수·구청장은 서로 동행하여 줄 것을 요청할 수 있으며, 그 요청을 받은 수사기관의 장이나 시·도지사 또는 시장·군수·구청장은 정당한 사유가 없으면 사법경찰관리나 아동학대 전담공무원이 아동학대범죄 현장에 동행하도록 조치하여야 한다. ② 아동학대범죄 신고를 접수한 사법경찰관리나 아동학대 전담공무원은 아동학대범죄가 행하여지고 있는 것으로 신고된 현장 또는 피해아동을 보호하기 위하여 필요한 장소에 출입하여 아동 또는 아동학대행위자 등 관계인에 대하여 조사를 하거나 질문을 할 수 있다. ③ 시·도지사 또는 시장·군수·구청장은 제1항에 따른 현장출동 시 아동 및 사례관리를 위하여 필요한 경우 아동보호전문기관의 장에게 아동보호전문기관의 직원이 동행할 것을 요청할 수 있다. 이 경우 아동보호전문기관의 직원은 피해아동의 보호 및 사례관리를 위한 범위에서 아동학대전담공무원의 조사에 참여할 수 있다.

현장출동 (제11조)	④ 제2항 및 제3항에 따라 출입이나 조사를 하는 사법경찰관리나 아동학대전담공무원 또는 아동보호전문기관의 직원은 그 권한을 표시하는 증표를 지니고 이를 관계인에게 내보여야 한다. ⑤ 제2항에 따라 조사 또는 질문을 하는 사법경찰관리 또는 아동학대전담공무원은 피해아동, 아동학대범죄 신고자, 목격자 등이 자유롭게 진술할 수 있도록 아동학대행위자로부터 분리된 곳에서 조사하는 등 필요한 조치를 하여야 한다. ⑥ 누구든지 제1항부터 제3항까지의 규정에 따라 현장에 출동한 사법경찰관리, 아동학대전담공무원 또는 아동보호전문기관의 직원이 제2항 및 제3항에 따른 업무를 수행할 때에 폭행·협박이나 현장조사를 거부하는 등 그 업무 수행을 방해하는 행위를 하여서는 아니다. ⑦ 제1항에 따른 현장출동이 동행하여 이루어지지 않은 경우 수사기관의 장이나 시·도지사 또는 시장·군수·구청장은 현장출동에 따른 조사 등의 결과를 서로에게 통지하여야 한다. [22 승진]
조사 (제11조의2)	① **아동학대전담공무원**은 피해아동의 보호 및 사례관리를 위한 **조사를 할 수 있다.** 이 경우 아동학대전담공무원은 아동학대행위자 및 관계인에 대하여 **출석·진술 및 자료제출을 요구할 수 있으며**, 아동학대행위자 및 관계인은 정당한 사유가 없으면 **이에 따라야 한다.**

피해아동등에
대한 응급조치
(제12조)
	① 제11조 제1항에 따라 현장에 출동하거나 아동학대범죄 현장을 발견한 경우 또는 학대현장 이외의 장소에서 학대피해가 확인되고 재학대의 위험이 급박·현저한 경우, 사법경찰관리 또는 아동학대전담공무원은 피해아동, 피해아동의 형제자매인 아동 및 피해아동과 동거하는 아동("피해아동등") 보호를 위하여 즉시 다음 각 호의 조치("**응급조치**")를 하여야 한다. 이 경우 제3호의 조치를 하는 때에는 피해아동 등의 이익을 최우선으로 고려하여야 하며, 피해아동 등을 보호하여야 할 필요가 있는 등 특별한 사정이 있는 경우를 제외하고는 **피해아동의 의사를 존중하여야 한다.**
	   1. 아동학대범죄 행위의 **제지**
	   2. 아동학대행위자를 피해아동등으로부터 **격리**
	   3. 피해아동등을 아동학대 관련 **보호시설로 인도**
	   4. 긴급치료가 필요한 피해아동을 **의료기관으로 인도**
	② 사법경찰관리나 아동학대전담공무원은 제1항 제3호 및 제4호 규정에 따라 피해아동등을 분리·인도하여 보호하는 경우 지체 없이 피해아동등을 인도받은 보호시설·의료시설을 관할하는 시·도지사 또는 시장·군수·구청장에게 그 사실을 통보하여야 한다.
	③ 제1항 제2호부터 제4호까지의 규정에 따른 응급조치는 **72시간**을 넘을 수 없다. 다만, 본문의 기간에 공휴일이나 토요일이 포함되는 경우로서 피해아동등의 보호를 위하여 필요하다고 인정되는 경우에는 **48시간**의 범위에서 그 기간을 **연장할 수 있다.** [21 채용]
	④ 제3항에도 불구하고 검사가 제15조 제2항에 따라 임시조치를 법원에 청구한 경우에는 법원의 임시조치 결정 시까지 응급조치 기간이 연장된다.
	⑤ 사법경찰관리 또는 아동학대전담공무원이 제1항에 따라 응급조치를 한 경우에는 즉시 응급조치 결과보고서를 작성하여야 한다. 이 경우 사법경찰관리가 응급조치를 한 경우에는 관할 경찰관서의 장이 시·도지사 또는 시장·군수·구청장에게, 아동학대전담공무원이 응급조치를 한 경우에는 소속 시·도지사 또는 시장·군수·구청장이 관할 경찰관서의 장에게 작성된 응급조치결과 보고서를 지체 없이 송부하여야 한다.
	⑥ 제5항에 따른 응급조치결과보고서에는 피해사실의 요지, 응급조치가 필요한 사유, 응급조치의 내용 등을 기재하여야 한다.
	⑦ 누구든지 아동학대전담공무원이나 사법경찰관리가 제1항에 따른 업무를 수행할 때에 폭행·협박이나 응급조치를 저지하는 등 그 업무 수행을 방해하는 행위를 하여서는 아니 된다.
	⑧ 사법경찰관리는 제1항 제1호 또는 제2호의 조치를 위하여 다른 사람의 토지·건물·배 또는 차에 출입할 수 있다.

아동학대 행위자에 대한 긴급임시조치 (제13조)	① 사법경찰관은 제12조 제1항에 따른 응급조치에도 불구하고 아동학대범죄가 재발될 우려가 있고, 긴급을 요하여 제19조제1항에 따른 법원의 임시조치 결정을 받을 수 없을 때에는 직권이나 피해아동등, 그 법정대리인(**아동학대행위자 제외**), 변호사 시·도지사, 시장·군수·구청장 또는 아동보호전문기관의 장의 신청에 따라 제19조 제1항 제1호부터 제3호까지의 어느 하나에 해당하는 조치를 할 수 있다. [22 승진] ② 사법경찰관은 **긴급임시조치**를 한 경우에는 즉시 긴급임시조치 결정서를 작성하여야 하고, 그 내용을 시·도지사 또는 시장·군수·구청장에게 지체 없이 통지하여야 한다. ③ 제2항에 따른 긴급임시조치결정서에는 범죄사실의 요지, 긴급임시조치가 필요한 사유, 긴급임시 조치의 내용 등을 기재하여야 한다.
임시조치의 청구 (제14조)	① 검사는 아동학대범죄가 재발될 우려가 있다고 인정하는 경우에는 직권으로 또는 사법경찰관이나 보호관찰관의 신청에 따라 법원에 제19조 제1항 각 호의 임시조치를 청구할 수 있다.
응급조치·긴급 임시조치 후 임시조치의 청구 (제15조)	① 사법경찰관이 제12조 제1항 제2호부터 제4호까지의 규정에 따른 응급조치 또는 제13조 제1항에 따른 긴급임시조치를 하였거나 시·도지사 또는 시장·군수·구청장으로부터 제12조 제1항 제2호부터 제4호까지의 규정에 따른 응급조치가 행하여 졌다는 통지를 받은 때에는 지체 없이 검사에게 제19조에 따른 임시조치의 청구를 신청하여야 한다. ② 제1항의 신청을 받은 검사는 임시조치를 청구하는 때에는 **응급조치**가 있었던 때부터 **72시간**(제12조 제3항 단서에 따라 응급조치 기간이 연장된 경우) 이내에, **긴급임시조치**가 있었던 때부터 **48시간** 이내에 하여야 한다. 이 경우 제12조 제5항에 따라 작성된 응급조치결과보고서 및 제13조 제2항에 따라 작성된 긴급 임시조치결정서를 첨부하여야 한다. ③ 사법경찰관은 검사가 제2항에 따라 임시조치를 청구하지 아니하거나 법원이 임시조치의 결정을 하지 아니한 때에는 **즉시** 그 긴급임시조치를 **취소하여야 한다.**
피해아동 변호사 선임 특례 (제16조)	① 아동학대범죄의 피해아동 및 그 법정대리인은 형사 및 아동보호 절차상 입을 수 있는 피해를 방지하고 법률적 조력을 보장하기 위하여 변호사를 선임할 수 있다. ② 변호사는 검사 또는 사법경찰관의 피해아동 및 그 법정대리인에 대한 조사에 참여하여 의견을 진술할 수 있다. 다만, 조사 도중에는 검사 또는 사법경찰관의 승인을 받아 의견을 진술할 수 있다. ③ 변호사는 피의자에 대한 구속 전 피의자심문, 증거보전절차, 공판준비기일 및 공판절차에 출석하여 의견을 진술할 수 있다. ④ 변호사는 증거보전 후 관계 서류나 증거물, 소송 계속 중의 관계 서류나 증거물을 열람하거나 등사할 수 있다. ⑤ 변호사는 형사 및 아동보호 절차에서 피해아동 및 그 법정대리인의 대리가 허용될 수 있는 모든 소송행위에 대한 포괄적인 대리권을 가진다. ⑥ 검사는 피해아동에게 변호사가 없는 경우 형사 및 아동보호 절차에서 피해아동의 권익을 보호하기 위하여 국선변호사를 선정하여야 한다.
증인에 대한 신변안전조치 (제17조의2)	① 검사는 아동학대범죄사건의 증인이 피고인 또는 그 밖의사람으로부터 생명·신체에 해를 입거나 입을 염려가 있다고 인정될 때에는 관할 경찰서장에게 증인의 신변안전을 위하여 필요한 조치를 할 것을 요청하여야 한다. ② 증인은 검사에게 제1항의 조치를 하도록 청구할 수 있다. ③ 재판장은 검사에게 제1항의 조치를 하도록 요청할 수 있다. ④ 제1항의 요청을 받은 관할 경찰서장은 즉시 증인의 신변안전을 위하여 필요한 조치를 하고 그 사실을 검사에게 통보하여야 한다.

4. 아동보호사건

아동학대 행위자에 대한 임시조치 (제19조)	① **판사**는 아동학대범죄의 원활한 조사·심리 또는 피해아동등의 보호를 위하여 필요하다고 인정하는 경우에는 결정으로 아동학대행위자에게 다음 각 호의 어느 하나에 해당하는 조치("**임시조치**")를 할 수 있다. [21 채용, 20·21·22 승진] 1. 피해아동 또는 가정구성원(「가정폭력범죄의 처벌 등에 관한 특례법」 제2조 제2호에 따른 가정구성원)의 주거로부터 **퇴거 등 격리** 2. 피해아동 또는 가정구성원의 주거, 학교 또는 보호시설 등에서 **100미터 이내의 접근 금지** [20 승진] 3. 피해아동 또는 가정구성원에 대한 「전기통신기본법」 제2조 제1호의 **전기통신을 이용한 접근금지** 4. **친권 또는 후견인 권한 행사의 제한 또는 정지** 5. 아동보호전문기관 등에의 **상담 및 교육 위탁** 6. **의료기관**이나 그 밖의 **요양시설에의 위탁** 7. 경찰관서의 **유치장 또는 구치소에의 유치** [22 승진] ② 제1항 각 호의 처분은 병과할 수 있다. ③ 판사는 피해아동 등에 대하여 제12조 제1항 제2호부터 제4호까지의 규정에 따른 응급조치가 행하여진 경우에는 임시조치가 청구된 때로부터 **24시간** 이내에 임시조치 여부를 **결정하여야 한다**. ④ 제1항 각 호의 규정에 따른 **임시조치기간**은 **2개월**을 초과할 수 없다. 다만, 피해아동의 보호를 위하여 그 기간을 연장할 필요가 있다고 인정하는 경우에는 결정으로 제1항 **제1호부터 제3호**까지의 규정에 따른 임시조치는 **두 차례**만, 같은 항 **제4호부터 제7호**까지의 규정에 따른 임시조치는 **한 차례**만 각 기간의 범위에서 연장할 수 있다.

임시조치	기간	연장
① 퇴거 등 격리	2개월	두 차례
② 100미터 이내의 접근금지		
③ 전기통신을 이용한 접근금지		
④ 친권 또는 후견인 권한 행사의 제한 또는 정지		한 차례
⑤ 상담 및 교육 위탁		
⑥ 의료기관이나 그 밖의 요양시설에의 위탁		
⑦ 유치장 또는 구치소에의 유치		

사법경찰관의 사건송치 (제24조)	사법경찰관은 아동학대범죄를 **신속히 수사**하여 사건을 **검사에게 송치하여야 한다**. 이 경우 사법경찰관은 해당 사건을 **아동보호사건으로 처리하는 것이 적절한지**에 관한 **의견을 제시할 수 있다**.
아동보호 사건의 처리 (제27조)	① **검사**는 아동학대범죄로서 제26조 각 호의 사유를 고려하여 제36조에 따른 **보호처분을 하는 것이 적절**하다고 인정하는 경우에는 **아동보호사건으로 처리할 수 있다**.

제6절 「스토킹범죄의 처벌 등에 관한 법률」(스토킹처벌법)

1. 총칙

목적 (제1조)	이 법은 스토킹범죄의 처벌 및 그 절차에 관한 특례와 스토킹범죄 피해자에 대한 보호절차를 규정함으로써 피해자를 보호하고 건강한 사회질서의 확립에 이바지함을 목적으로 한다.
정의 (제2조)	이 법에서 사용하는 용어의 뜻은 다음과 같다. 1. "**스토킹행위**"란 **상대방의 의사에 반(反)**하여 정당한 이유 없이 상대방 또는 그의 동거인, 가족에 대하여 다음 각 목의 어느 하나에 해당하는 행위를 하여 상대방에게 **불안감 또는 공포심을 일으키는 것**을 말한다. 　가. **접근**하거나 **따라다니거나 진로를 막아서는** 행위 　나. 주거, 직장, 학교, 그 밖에 일상적으로 생활하는 장소("주거등") 또는 그 부근에서 **기다리거나 지켜보는** 행위 　다. 우편·전화·팩스 또는 「정보통신망이용촉진 및 정보보호 등에 관한 법률」 제2조 제1항 제1호의 정보통신망을 이용하여 물건이나 글·말·부호·음향·그림·영상·화상("물건 등")을 도달하게 하는 행위 　라. 직접 또는 제3자를 통하여 물건 등을 도달하게 하거나 주거 등 또는 그 부근에 물건 등을 두는 행위 　마. 주거 등 또는 그 부근에 놓여져 있는 물건 등을 **훼손**하는 행위 2. "**스토킹 범죄**"란 **지속적 또는 반복적으로 스토킹 행위를 하는 것**을 말한다. [22 채용] 3. "**피해자**"란 스토킹범죄로 **직접적인 피해를 입은 사람**을 말한다. 4. "**피해자등**"이란 피해자 및 **스토킹행위의 상대방**을 말한다.

2. 스토킹 범죄 등의 처리절차

스토킹 행위 신고 등에 대한 응급조치 (제3조)	**사법경찰관리**는 진행 중인 스토킹 행위에 대하여 신고를 받은 경우 즉시 현장에 나가 다음 각 호의 조치를 하여야 한다. 1. 스토킹 행위의 제지, 향후 스토킹 행위의 중단 통보 및 스토킹 행위를 지속적 또는 반복적으로 할 경우 **처벌 경고** 2. 스토킹 행위자와 피해자 등의 **분리 및 범죄수사** 3. 피해자 등에 대한 긴급응급조치 및 잠정조치 요청의 **절차 등 안내** 4. 스토킹 피해 관련 **상담소 또는 보호시설로의 피해자 등 인도**(피해자들이 동의한 경우만 해당한다)
긴급 응급조치 (제4조)	① 사법경찰관은 스토킹 행위 신고와 관련하여 스토킹 행위가 지속적 또는 반복적으로 행하여 질 우려가 있고 스토킹 범죄의 예방을 위하여 긴급을 요하는 경우 스토킹 행위자에게 직권으로 또는 스토킹 행위의 상대방이나 그 법정대리인 또는 스토킹 행위를 신고한 사람의 요청에 의하여 다음 각 호에 따른 조치를 할 수 있다. 1. 스토킹 행위의 상대방이나 그 주거 등으로부터 **100미터 이내의 접근 금지** 2. 스토킹 행위의 상대방에 대한 「전기통신기본법」 제2조 제1호의 **전기통신을 이용한 접근 금지** ② 사법경찰관은 **긴급응급조치**를 하였을 때에는 **즉시** 스토킹 행위의 요지, 긴급응급조치가 필요한 사유, 긴급응급조치의 내용 등이 포함된 긴급응급조치 **결정서**를 작성하여야 한다.

긴급 응급조치 승인 신청 (제5조)	① 사법경찰관은 긴급응급조치를 하였을 때에는 지체 없이 검사에게 해당 긴급응급조치에 대한 사후승인을 지방법원 판사에게 청구하여 줄 것을 신청하여야 한다. ② 제1항의 신청을 받은 검사는 긴급응급조치가 있었던 때부터 **48시간** 이내에 지방법원 판사에게 해당 긴급응급조치에 대한 사후승인을 청구한다. 이 경우 제4조 제2항에 따라 작성된 긴급응급조치 결정서를 첨부하여야 한다. ③ 지방법원 판사는 스토킹 행위가 지속적 또는 반복적으로 행하여 지는 것을 예방하기 위하여 필요하다고 인정하는 경우에는 제2항에 따라 청구된 긴급 응급조치를 승인할 수 있다. ④ 사법경찰관은 검사가 제2항에 따라 긴급응급조치에 대한 사후승인을 청구하지 아니하거나 지방법원 판사가 제2항의 청구에 대하여 사후승인을 하지 아니한 때에는 즉시 그 긴급응급조치를 취소하여야 한다. ⑤ 긴급응급조치기간은 **1개월**을 초과할 수 없다.
긴급 응급조치 통지 등 (제6조)	① 사법경찰관은 긴급응급조치를 하는 경우에는 스토킹 행위의 상대방이나 그 법정대리인에게 통지하여야 한다. ② 사법경찰관은 긴급응급조치를 하는 경우에는 해당 긴급응급조치 대상자에게 조치의 내용 및 불복방법 등을 고지하여야 한다.

긴급
응급조치
변경 등
(제7조)
	① 긴급응급조치대상자나 그 법정대리인은 긴급응급조치의 취소 또는 그 종류의 변경을 사법경찰관에게 신청할 수 있다.
	② 스토킹 행위의 상대방이나 그 법정대리인은 제4조 제1항 제1호의 긴급응급조치가 있은 후 스토킹 행위의 상대방이 주거 등을 옮긴 경우에는 사법경찰관에게 긴급응급조치의 변경을 신청할 수 있다.
	③ 스토킹 행위의 상대방이나 그 법정대리인은 긴급응급조치가 필요하지 아니한 경우에는 사법경찰관에게 해당 긴급응급조치의 취소를 신청할 수 있다.
	④ 사법경찰관은 정당한 이유가 있다고 인정하는 경우에는 직권으로 또는 제1항부터 제3항까지의 규정에 따른 신청에 의하여 해당 긴급응급조치를 취소할 수 있고, 지방법원 판사의 승인을 받아 긴급응급조치의 종류를 변경할 수 있다.
	⑤ 긴급응급조치(제4항에 따라 그 종류를 변경한 경우를 포함한다.)는 다음 각 호의 어느 하나에 해당하는 때에 **그 효력을 상실한다.**
	  1. 긴급응급조치에서 정한 기간이 지난 때
	  2. 법원이 긴급응급조치대상자에게 다음 각 목의 결정을 한 때
	    가. 제4조 제1항 제1호의 긴급응급조치에 따른 스토킹 행위의 상대방과 같은 사람을 피해자로 하는 제9조 제1항 제2호에 따른 조치의 결정
	    나. 제4조 제1항 제1호의 긴급응급조치에 따른 주거 등과 같은 장소를 피해자(스토킹 행위의 상대방과 같은 사람을 피해자로 하는 경우로 한정한다)의 주거 등으로 하는 제9조 제1항 제2호에 따른 조치의 결정
	    다. 제4조 제1항 제2호의 긴급응급조치에 따른 스토킹 행위의 상대방과 같은 사람을 피해자로 하는 제9조 제1항 제3호에 따른 조치의 결정

잠정조치 청구 (제8조)	① **검사**는 스토킹 범죄가 재발될 우려가 있다고 인정하면 **직권** 또는 **사법경찰관의 신청**에 따라 법원에 제9조 제1항 각 호의 조치를 청구할 수 있다. ② **피해자 또는 그 법정대리인**은 **검사 또는 사법경찰관에게** 제1항에 따른 조치의 청구 또는 그 신청을 요청하거나, 이에 관하여 **의견을 진술**할 수 있다. ③ **사법경찰관**은 제2항에 따른 **신청 요청을 받고도** 제1항에 따른 **신청을 하지 아니하는 경우에는 검사에게 그 사유를 보고하여야 한다.**

스토킹
행위자
잠정조치
(제9조)
	① **법원**은 스토킹범죄의 원활한 조사·심리 또는 피해자 보호를 위하여 필요하다고 인정하는 경우에는 결정으로 스토킹행위자에게 다음 각 호의 어느 하나에 해당하는 조치("잠정조치")를 할 수 있다.
	
	    1. 피해자에 대한 스토킹범죄 중단에 관한 **서면 경고**
	    2. 피해자나 그 주거등으로부터 **100미터** 이내의 접근 금지
	    3. 피해자에 대한 「전기통신기본법」 제2조 제1호의 **전기통신을 이용한 접근 금지**
	    4. 국가경찰관서의 **유치장 또는 구치소에 유치**
	
	② 제1항 각 호의 잠정조치는 **병과(科)**할 수 있다.
	  ▶ 제9조 제1항 제1호부터 제3호까지의 잠정조치를 위반된 때에야 비로소 같은 항 제4호의 잠정조치를 청구할 수 있는 것이 아니다.
	③ 법원은 잠정조치를 결정한 경우에는 **검사와 피해자 및 그 법정대리인에게 통지**하여야 한다.
	④ 법원은 제1항 제4호에 따른 잠정조치를 한 경우에는 스토킹행위자에게 변호인을 선임할 수 있다는 것과 제12조에 따라 항고할 수 있다는 것을 고지하고, 다음 각 호의 구분에 따른 사람에게 해당 **잠정조치를 한 사실을 통지**하여야 한다.
	
	    1. 스토킹행위자에게 **변호인이 있는 경우** : 변호인
	    2. 스토킹행위자에게 **변호인이 없는 경우** : 법정대리인 또는 스토킹행위자가 지정하는 사람
	
	⑤ 제1항 제2호 및 제3호에 따른 잠정조치기간은 **2개월**, 같은 항 제4호에 따른 잠정조치기간은 **1개월**을 초과할 수 없다. 다만, 법원은 피해자의 보호를 위하여 그 기간을 연장할 필요가 있다고 인정하는 경우에는 결정으로 제1항 **제2호** 및 **제3호**에 따른 잠정조치에 대하여 **두 차례**에 한정하여 각 **2개월**의 범위에서 연장할 수 있다.

잠정조치	기간	연장
① **서면 경고**		
② 100미터 이내의 접근금지	2개월	두 차례 (2개월)
③ 전기통신을 이용한 접근금지		
④ 유치장 또는 구치소에의 유치	1개월	

잠정조치 변경 등 (제11조)	① 스토킹행위자나 그 법정대리인은 잠정조치 결정의 취소 또는 그 종류의 변경을 법원에 신청할 수 있다. ② 검사는 수사 또는 공판과정에서 잠정조치가 계속 필요하다고 인정하는 경우에는 법원에 해당 잠정조치 기간의 연장 또는 그 종류의 변경을 청구할 수 있고, 잠정조치가 필요하지 아니하다고 인정하는 경우에는 법원에 해당 잠정조치의 취소를 청구할 수 있다. ③ 법원은 정당한 이유가 있다고 인정하는 경우에는 직권 또는 제1항의 신청이나 제2항의 청구에 의하여 결정으로 해당 잠정조치의 취소, 기간의 연장 또는 그 종류의 변경을 할 수 있다. ④ 잠정조치 결정(제3항에 따라 잠정조치기간을 연장하거나 그 종류를 변경하는 결정을 포함한다. 이하 제12조 및 제14조에서 같다)은 스토킹행위자에 대해 검사가 불기소처분을 한 때 또는 사법경찰관이 불송치결정을 한 때에 그 효력을 상실한다.

항고
(제12조)
	① 검사, 스토킹행위자 또는 그 법정대리인은 긴급응급조치 또는 잠정조치에 대한 결정이 다음 각 호의 어느 하나에 해당하는 경우에는 항고할 수 있다.
	
	    1. 해당 결정에 영향을 미친 법령의 위반이 있거나 중대한 사실의 오인이 있는 경우
	    2. 해당 결정이 현저히 부당한 경우
	
	② 제1항에 따른 항고는 그 결정을 **고지받은 날부터 7일** 이내에 하여야 한다.

집행부정지 (제16조)	항고와 재항고는 결정의 집행을 **정지하는 효력이 없다**.
스토킹범죄 피해자 전담조사제 (제17조)	① **검찰총장**은 각 지방검찰청 **검사장**에게 스토킹범죄 전담 검사를 지정하도록 하여 특별한 사정이 없으면 스토킹범죄 **전담 검사**가 피해자를 조사하게 하여야 한다. ② **경찰관서의 장(국가수사본부장, 시·도경찰청장 및 경찰서장)**은 스토킹범죄 전담 사법경찰관을 지정하여 특별한 사정이 없으면 스토킹범죄 **전담 사법 경찰관**이 피해자를 조사하게 하여야 한다. ③ 검찰총장 및 경찰관서의 장은 제1항의 스토킹범죄 전담 검사 및 제2항의 스토킹범죄 전담 사법경찰관에게 스토킹범죄의 수사에 필요한 전문지식과 피해자 보호를 위한 수사방법 및 수사절차 등에 관한 **교육을 실시하여야 한다**.

3. 벌칙

스토킹범죄 (제18조) [22 채용]	① 스토킹범죄를 저지른 사람은 **3년 이하의 징역** 또는 **3천만원 이하의 벌금**에 처한다. ② 흉기 또는 그 밖의 **위험한 물건을 휴대**하거나 이용하여 스토킹범죄를 저지른 사람은 **5년 이하의 징역** 또는 **5천만원 이하의 벌금**에 처한다. ③ 제1항의 죄는 피해자가 구체적으로 밝힌 **의사에 반하여 공소를 제기할 수 없다**. ▶ **반의사불벌죄**

형벌과
수강명령
등의 병과
(제19조)
	① **법원**은 스토킹범죄를 저지른 사람에 대하여 유죄판결(**선고유예는 제외**)을 선고하거나 약식명령을 고지하는 경우에는 **200시간**의 범위에서 다음 각 호의 구분에 따라 재범 예방에 필요한 수강명령(「보호관찰 등에 관한 법률」에 따른 수강명령) 또는 스토킹 치료프로그램의 이수명령(**"이수명령"**)을 **병과할 수 있다**.
	  1. 수강명령 : 형의 집행을 유예할 경우에 그 집행유예기간 내에서 **병과**
	  2. 이수명령 : 벌금형 또는 징역형의 실형을 선고하거나 약식명령을 고지할 경우에 병과
	② 법원은 스토킹범죄를 저지른 사람에 대하여 형의 집행을 유예하는 경우에는 제1항에 따른 수강명령 외에 그 **집행유예기간 내에서 보호관찰 또는 사회봉사 중 하나 이상의 처분을 병과할 수 있다**.

잠정조치 불이행죄 (제20조)	제9조 제1항 제2호 또는 제3호의 잠정조치를 이행하지 아니한 사람은 **2년 이하의 징역** 또는 **2천만원 이하의 벌금**에 처한다.
과태료 (제21조)	① 정당한 사유 없이 긴급응급조치(검사가 제5조 제2항에 따른 긴급응급조치에 대한 **사후승인을 청구하지 아니**하거나 지방법원 판사가 같은 조 제3항에 따른 **승인을 하지 아니한 경우는 제외**한다)를 이행하지 아니한 사람에게는 **1천만원 이하의 과태료**를 부과한다. ② 제19조 제1항에 따라 수강명령 또는 이수명령을 부과받은 후 정당한 사유 없이 보호관찰소의 장 또는 교정시설의 장의 수강명령 또는 이수명령 이행에 관한 지시에 불응하여 「보호관찰 등에 관한 법률」 또는 「형의 집행 및 수용자의 처우에 관한 법률」에 따른 경고를 받은 후 다시 정당한 사유 없이 수강명령 또는 이수명령 이행에 관한법률」 또는 「형의 집행 및 수용자의 처우에 관한 법률」에 따른 경고를 받은 후 다시 정당한 사유 없이 **수강명령 또는 이수명령 이행에 관한 지시에 불응**한 사람에게는 **500만원 이하의 과태료**를 부과한다.

제7절 「학교폭력예방 및 대책에 관한 법률」

정의 (제2조)	이 법에서 사용하는 용어의 정의는 다음 각 호와 같다. 1. "**학교폭력**"이란 학교 내외에서 학생을 대상으로 발생한 상해, 폭행, 감금, 협박, 약취·유인, 명예훼손·모욕, 공갈, 강요·강제적인 심부름 및 **성폭력**(성매매 X), 따돌림, 사이버 따돌림, 정보통신망을 이용한 음란·폭력 정보 등에 의하여 **신체·정신 또는 재산상**의 피해를 수반하는 행위를 말한다.
교육감 임무 (제11조)	① 교육감은 시·도교육청에 학교폭력의 예방과 대책을 담당하는 전담부서를 설치·운영하여야 한다. ▶ 위반시 처벌규정 없음
자치위원회 설치·기능 (제12조)	① 학교폭력의 예방 및 대책에 관련된 사항을 심의하기 위하여 교육지원청에 학교폭력대책자치위원회("**자치위원회**")를 둔다. ▶ 위반시 처벌규정 없다.

가해학생에
대한 조치
(제17조)
	① 심의위원회는 피해학생의 보호와 가해학생의 선도·교육을 위하여 가해학생에 대하여 다음 각 호의 어느 하나에 해당하는 조치(수 개의 조치를 병과하는 경우 포함)를 할 것을 교육장에게 요청하여야 하며, 각 조치별 적용 기준은 대통령령으로 정한다. 다만, **퇴학처분**은 **의무교육과정에 있는 가해학생**에 대하여는 **적용하지 아니한다.**
	
	  1. 피해학생에 대한 **서면사과**
	  2. 피해학생 및 신고·고발 학생에 대한 접촉, 협박 및 보복행위의 금지
	  3. 학교에서의 봉사
	  4. 사회봉사
	  5. 학내외 전문가에 의한 특별 교육이수 또는 심리치료
	  6. 출석정지
	  7. 학급교체
	  8. 전학
	  9. 퇴학처분

긴급전화의 설치 등 (제20조의2)	① 국가 및 지방자치단체는 학교폭력을 수시로 신고받고 이에 대한 상담에 응할 수 있도록 **긴급전화를 설치하여야 한다**. ▶ 위반시 처벌규정 없다.
비밀누설금지 등 (제21조)	① 이 법에 따라 학교폭력의 예방 및 대책과 관련된 업무를 수행하거나 수행하였던 자는 그 직무로 인하여 알게 된 비밀 또는 가해학생·피해학생 및 제20조에 따른 신고자·고발자와 관련된 자료를 누설하여서는 아니 된다. ▶ 위반시 **1년** 이하의 징역 또는 **1천만원** 이하의 **벌금**에 처한다.

제8절 범죄피해자 보호법

정의 (제3조)	① 이 법에서 사용하는 용어의 뜻은 다음과 같다. 1. "**범죄피해자**"란 타인의 범죄행위로 **피해를 당한 사람**과 그 배우자(사실상 혼인관계 포함), **직계친족 및 형제자매**를 말한다. [22 채용] 2. "**범죄피해자 보호·지원**"이란 범죄피해자의 손실 복구, 정당한 권리 행사 및 복지 증진에 기여하는 행위를 말한다. 다만, 수사·변호 또는 재판에 부당한 영향을 미치는 행위는 포함되지 아니한다. 3. "**범죄피해자 지원법인**"이란 범죄피해자 보호·지원을 주된 목적으로 설립된 **비영리법인**을 말한다. 4. "**구조대상 범죄피해**"란 대한민국의 영역 안에서 또는 대한민국의 영역 밖에 있는 **대한민국의 선박이나 항공기 안에서** 행하여진 사람의 **생명 또는 신체**를 해치는 죄에 해당하는 행위(「형법」 제9조, 제10조 제1항, 제12조, 제22조 제1항에 따라 처벌되지 아니하는 행위를 포함하며, 같은 법 제20조 또는 제21조 제1항에 따라 처벌되지 아니하는 행위 및 **과실에 의한 행위는 제외**)로 인하여 사망하거나 장해 또는 중상해를 입은 것을 말한다. 5. "**장해**"란 범죄행위로 입은 부상이나 질병이 치료(그 증상이 고정된 때 포함) 된 후에 남은 신체의 장해로서 대통령령으로 정하는 경우를 말한다. 6. "**중상해**"란 범죄행위로 인하여 신체나 그 생리적 기능에 손상을 입은 것으로서 대통령령으로 정하는 경우를 말한다. ② 제1항 제1호에 해당하는 사람 외에 범죄피해 방지 및 범죄피해자 **구조 활동으로 피해를 당한 사람도** 범죄피해자로 본다.
손실복구 지원 등 (제7조)	① **국가 및 지방자치단체**는 범죄피해자의 피해정도 및 보호·지원의 필요성 등에 따라 상담, 의료제공(**치료비 지원 포함**), 구조금 지급, 법률구조, 취업 관련 지원 주거지원, 그 밖에 범죄피해자의 보호에 **필요한 대책을 마련하여야 한다.** ② **국가**는 범죄피해자와 그 가족에게 신체적·정신적 안정을 제공하고 사회복귀를 돕기 위하여 일시적 보호시설("보호시설")을 설치·운영하여야 한다. 이 경우 국가는 보호시설의 운영을 범죄피해자 지원법인, 「의료법」에 따른 종합병원, 「고등교육법」에 따른 학교를 설립·운영하는 학교법인, 그 밖에 대통령령으로 정하는 기관 또는 단체에 **위탁할 수 있다.** ③ **국가**는 범죄피해자와 그 가족의 정신적 회복을 위한 상담 및 치료 프로그램을 **운영하여야 한다.**
형사절차 참여 보장 등 (제8조)	① **국가**는 범죄피해자가 해당 사건과 관련하여 수사담당자와 상담하거나 재판 절차에 참여하여 진술하는 등 형사절차상의 권리를 행사할 수 있도록 **보장하여야 한다.** [22 채용] ② **국가**는 범죄피해자가 요청하면 가해자에 대한 수사 결과, 공판기일, 재판 결과, 형 집행 및 보호 관찰 집행 상황 등 형사절차 관련 정보를 대통령령으로 정하는 바에 따라 **제공할 수 있다.**
정보제공 등 (제8조의2)	① **국가**는 수사 및 재판 과정에서 다음 각 호의 **정보를** 범죄피해자에게 **제공하여야 한다.** 1. 범죄피해자의 해당 재판절차 참여 진술권 등 형사절차상 범죄피해자의 권리에 관한 정보 2. 범죄피해 구조금 지급 및 범죄피해자 보호·지원 단체 현황 등 범죄피해자의 지원에 관한 정보 3. 그 밖에 범죄피해자의 권리보호 및 복지증진을 위하여 필요하다고 인정되는 정보
사생활의 평온과 신변보호 등 (제9조)	① **국가 및 지방자치단체**는 범죄피해자의 명예와 사생활의 평온을 보호하기 위하여 **필요한 조치를 하여야 한다.** ② **국가 및 지방자치단체**는 범죄피해자가 형사소송절차에서 한 진술이나 증언과 관련하여 보복을 당할 우려가 있는 등 범죄피해자를 보호할 필요가 있을 경우에는 **적절한 조치를 마련하여야 한다.**

기본계획 수립 (제12조)	① **법무부장관**은 제15조에 따른 범죄피해자 보호위원회의 심의를 거쳐 범죄피해자 보호·지원에 관한 **기본계획**을 **5년**마다 수립하여야 한다.

범죄피해자
보호위원회
(제15조)
	① 범죄피해자 보호·지원에 관한 기본계획 및 주요 사항 등을 심의하기 위하여 **법무부장관 소속**으로 범죄피해자보호위원회("보호위원회")를 둔다.
	② 보호위원회는 다음 각 호의 사항을 심의한다.
	   1. 기본계획 및 시행계획에 관한 사항
	   2. 범죄피해자 보호·지원을 위한 주요 정책의 수립·조정에 관한 사항
	   3. 범죄피해자 보호·지원 단체에 대한 지원·감독에 관한 사항
	   4. 그 밖에 **위원장**이 심의를 요청한 사항
	③ 보호위원회는 위원장을 포함하여 **20명** 이내의 **위원**으로 구성한다.
	④ 제1항부터 제3항까지의 규정에서 정한 사항 외에 보호위원회의 구성 및 운영 등에 관한 사항은 **대통령령**으로 정한다.

제9절 「마약류 관리에 관한 법률」

1. 마약류 개관

(1) 마약류의 의의

"**마약류**"란 **마약·향정신성의약품 및 대마**를 말한다.

(2) 마약류의 분류

마약	천연마약	양귀비, 생아편, 몰핀, 코데인, 테바인, 코카인, 크랙 등
	한외마약	① 일반의약품에 마약성분을 미세하게 혼합한 약물로 신체적·정신적 의존성을 일으킬 염려가 없어 감기약 등으로 판매되는 합법의약품 ▶ 처벌되지 않는다. [20 승진] ② 코데날, 코데잘, 코데솔, 유코데, 세코날 등
	합성마약	페치딘계, 메사돈계, 프로폭시펜, 아미노부텐, 모리피난, 벤조모르핀 등 [20 승진]
	반합성마약	헤로인, 히드로모르핀, 옥시코돈, 하이드로폰 등
대마		대마초, 마리화나, 해쉬쉬
향정신성 의약품	각성제	엑스터시, 메스암페타민(히로뽕), 암페타민류
	환각제	LSD, 사일로사이빈, 페이트(메스카린) 등
	억제제	알프라졸람, 바르비탈염류제(아로바르비탈), 벤조다이아핀제제

2. 「마약류 관리에 관한 법률」

(1) 마약

"**마약**"이란 다음 중 어느 하나에 해당하는 것을 말한다.

> ① 양귀비
> ② 아편
> ③ 코카 잎[엽]
> ④ **양귀비, 아편 또는 코카 잎에서 추출되는 모든 알카로이드 및 그와 동일한 화학적 합성품**으로서 **대통령령**으로 정하는 것
> ⑤ ①부터 ④까지에 규정된 것 외에 그와 동일하게 남용되거나 해독 작용을 일으킬 우려가 있는 화학적 합성품으로서 대통령령으로 정하는 것
> ⑥ ①부터 ⑤까지에 열거된 것을 함유하는 혼합물질 또는 혼합제제. 다만, 다른 약물이나 물질과 혼합되어 가목부터 마목까지 열거된 것으로 다시 제조하거나 제제할 수 없고, 그것에 의하여 신체적 또는 정신적 **의존성을 일으키지 아니하는 것**으로서 **총리령**으로 정하는 것("**한외마약**")은 **제외**한다.

(2) 대마

"**대마**"란 다음 중 어느 하나에 해당하는 것을 말한다. 다만, 대마초[칸나비스 사티바 엘(Cannabissativa L)]의 **종자(種子)·뿌리 및 성숙한 대마초의 줄기와 그 제품**은 **제외**한다. [21 법학]

① 대마초와 그 수지(樹脂)
② 대마초 또는 그 수지를 원료로 하여 제조된 모든 제품
③ 가목 또는 나목에 규정된 것과 동일한 화학적 합성품으로서 대통령령으로 정하는 것
④ 가목부터 다목까지에 규정된 것을 함유하는 혼합물질 또는 혼합제제

(3) 향정신성의약품

"향정신성의약품"이란 인간의 중추신경계에 작용하는 것으로서 이를 오용하거나 남용할 경우 인체에 심각한 위해가 있다고 인정되는 다음 각 목의 어느 하나에 해당하는 것으로서 대통령령으로 정하는 것을 말한다.

메스암페타민 (필로폰)	① 처음에는 '술깨는 약'이나 '피로회복제', '체중조절약' 등을 가장하여 유통, 복용되는 경우가 많다. ② 강한 각성작용으로 의식이 뚜렷해지고 잠이 오지 않고, 피로감이 없어짐 ③ 식욕감퇴, 환시, 환청, 편집증세, 과민반응, 피해망상증 등을 경험 ④ 정맥혈관주사, 커피, 우유 등 음료수에 섞어서 음용, 코로 흡입 등의 방법으로 복용
엑스터시 (MDMA)	① 1914년 독일에서 식욕감퇴제로 개발된 것 [21 법학] ② 기분이 좋아지는 약, **클럽마약, 포옹마약, 도리도리** 등으로 지칭된다. ③ 육체적 증상으로는 신체적 접촉 욕구가 강하게 나타난다. ④ 복용자는 클럽 등에서 막대사탕을 물고 있거나 물을 자주 마시는 행동을 보인다.
러미나 (덱스트로메토르판)	① **진해거담제**로서 의사의 처방전으로 약국에서 구입이 가능하다. ② 강한 중추신경 억제성 진해작용이 있으나 의존성과 독성은 없어 코데인 대용으로 널리 시판 [20 채용] ③ 도취감 혹은 환각작용을 맛보기 위해 사용량의 수십배에 해당하는 20~100정을 복용하는 경향이 있다. ④ 청소년들이 소주에 타서 마시기도 하는데 이를 **정글쥬스**라고도 한다. [20 승진]
L.S.D	① **곡물의 곰팡이, 보리 맥각**에서 추출한 물질을 인공적으로 합성시켜 만들어낸 것으로 **무색·무취·무미**하다. ② 환각제 중 가장 강력한 효과를 나타내며 캡슐, 정제, 액체 형태로 사용된다. ③ 미량을 **유당·각설탕·과자·빵 등에 첨가**시켜 먹거나, **우편·종이 등의 표면에 묻혔다가 뜯어서 입에 넣는 방법**으로 복용하기도 한다. ④ 동공확대, 심박동 및 혈압상승, 수전증, 오한 등의 현상 ⑤ 내성이나 심리적 의존현상은 있지만 **금단증상은 일으키지 않는다**고 알려져 있으며, 일부남용자들은 실제로 사용하지 않는데도 **환각현상을 경험**하는 '**플래쉬백현상**'을 일으키기도 한다.
야바 (YABA)	① 태국어로 '미치게 하는 약'이라는 뜻으로, 동남아 지역에서 주로 생산되어 유흥업소 종사자, 육체노동자, 운전기사 등을 중심으로 확산되고 있다. ② 카페인, 에페드린, 밀가루 등에 필로폰을 혼합한 것으로 순도가 20~30% 정도로 낮다. [20 법학] ③ 원재료가 화공약품인 관계로 양귀비의 작황에 좌우되는 헤로인과는 달리 안정적인 밀조가 가능하다.
메스카린	선인장인 페이트에서 추출, 합성한 향정신성의약품이다. [20 채용, 21 법학]
GHB	① 무색·무취로써 **짠맛**이 나는 액체로 소다수 등의 음료에 타서 복용하며 '물 같은 히로뽕'이라는 뜻에서 '**물뽕**'이라고도 불린다. [20 채용] ② 미국, 캐나다, 유럽 등지에서는 성범죄용으로 악용되어 '**데이트 강간 약물**'이라고도 불린다. ③ 사용후 15분 후에 효과가 발현하고, 3시간 지속된다.
S정	① 중추신경에 작용하여 골격근 이완의 효과가 있는 근골격계 질환 치료제인 **카리소 프로돌**을 말한다. [20 채용] ② 과다 복용시 치명적으로 인사불성, 혼수쇼크, 호흡저하를 가져오며 사망까지 이를 수 있다. [20 채용] ③ 금단증상으로 **온몸이 뻣뻣해지고 뒤틀리며 혀꼬부라지는 소리** 등을 하게 된다.

제3장 교통경찰

1. 「도로교통법」상 용어정리

도로	도로란 다음에 해당하는 곳을 말한다. ㉠ 「도로법」에 따른 도로 ㉡ 「유료도로법」에 따른 유료도로 ㉢ 「농어촌도로정비법」에 따른 농어촌도로 ㉣ 그 밖에 현실적으로 불특정 다수의 사람 또는 차마(車馬)가 통행할 수 있도록 공개된 장소로서 안전하고 원활한 교통을 확보할 필요가 있는 장소 ▶ '아파트단지 내 통행로'가 왕복 4차선의 외부도로와 직접 연결되어 있고, 외부차량의 통행에 제한이 없으며, 별도의 주차관리인이 없는 등 아파트의 관리 및 이용 상황에 비추어 구 도로교통법상의 도로에 해당한다. (대판 2010.9.9. 2010도6579) ▶ **아파트단지 내 경비원이 일반인 출입 통제하는 곳**은 도로가 아니지만, **통제하지 않아 누구나 출입이 허용되는 곳**은 도로에 해당한다. ▶ **대학교내 도로**는 대학시설 일부로 학교 운영자에 의하여 자주적으로 관리되는 곳이지 일반교통 경찰권이 도로에 해당하지 않는다.
차마	차+우마
차	① 자동차 ② 건설기계 ③ 원동기장치자전거 ④ 자전거 ⑤ 사람 또는 가축의 힘이나 그 밖의 동력으로 도로에서 운전되는 것. 다만, **철길이나 가설된 선을 이용하여 운전되는 것**, 유모차, 보행보조용 의자차, 노약자용 보행기 등 행정안전부령으로 정하는 기구·장치는 **제외**한다.
우마	교통이나 운수에 사용되는 가축
노면전차	「도시철도법」 제2조 제2호에 따른 노면전차로서 도로에서 궤도를 이용하여 운행되는 차를 말한다.
자동차	"자동차"란 철길이나 가설된 선을 이용하지 아니하고 원동기를 사용하여 운전되는 차(견인되는 자동차도 자동차의 일부로 본다)로서 다음의 차를 말한다. ㉠ 「자동차관리법」 제3조에 따른 다음의 자동차. 다만, 원동기장치자전거는 제외한다. 　　ⓐ 승용자동차 　　ⓑ 승합자동차 　　ⓒ 화물자동차 　　ⓓ 특수자동차 　　ⓔ 이륜자동차 ㉡ 「건설기계관리법」 제26조 제1항 단서에 따른 건설기계

자동차 등	"자동차 등"이라 함은 **자동차와 원동기장치자전거**를 말한다.
원동기장치 자전거	① 「자동차관리법」 제3조에 따른 이륜자동차 가운데 **배기량 125시시 이하**(전기를 동력으로 하는 경우에는 최고정격출력 11킬로와트 이하)의 이륜자동차 ② 그 밖에 **배기량 125시시 이하**(전기를 동력으로 하는 경우에는 최고정격출력 11킬로와트 이하)의 원동기를 단 차(「자전거 이용 활성화에 관한 법률」 제2조 제1호의2에 따른 전기자전거는 제외한다)
개인형 이동장치	원동기장치자전거 중 **시속 25킬로미터 이상**으로 운행할 경우 전동기가 작동하지 아니하고 **차체 중량이 30킬로그램 미만**인 것으로서 행정안전부령으로 정하는 것을 말한다. ■ 개인형 이동장치에 대한 법적 문제 ① 개인형 이동장치는 자전거와 동일하게 '**자전거도로**' 통행 원칙 ▶ 보도 통행(X) ② 원동기장치자전거면허 이상의 운전면허 소지할 것 ③ 운전시 안전모 착용할 것 ④ 개인형 이동장치 **무면허**운전 금지 → 위반시 : 20만원 이하의 벌금, 구류, 과료 ⑤ 음주운전 금지 → 위반시 : 20만원 이하의 벌금, 구류, 과료 | 범칙금 부과 | 음주운전 | 측정거부 | |---|---|---| | 개인형 이동장치 | 10만원 | 13만원 | | 자전거 | 3만원 | 10만원 | ⑥ 동승자 탑승 금지 → 위반시 : 20만원 이하의 벌금, 구류, 과료 ⑦ 어린이 보호자는 도로에서 어린이가 개인형 이동장치 운전하게 하면 안된다. → 위반시 : 20만원 이하 과태료
자전거	"자전거"란 「자전거 이용 활성화에 관한 법률」 제2조 제1호 및 제1호의2에 따른 자전거 및 전기자전거를 말한다.
자전거등	"자전거등"이란 자전거와 개인형 이동장치를 말한다.

참고

자전거등 통행방법

통행방법 특례 (제13조의2)	① 자전거등의 운전자는 자전거도로(자전거만 통행할 수 있도록 설치된 전용차로를 포함)가 따로 있는 곳에서는 그 **자전거도로로 통행**하여야 한다. ② 자전거등의 운전자는 자전거도로가 설치되지 아니한 곳에서는 **도로 우측 가장자리**에 붙어서 통행하여야 한다. ③ 자전거등의 운전자는 **길가장자리구역**(안전표지로 자전거의 통행을 금지한 구간은 제외)을 통행할 수 있다. 이 경우 자전거등의 운전자는 보행자의 통행에 방해가 될 때에는 서행하거나 **통행할 수 있다**. ⑤ 자전거등의 운전자는 안전표지로 통행이 허용된 경우를 제외하고는 **2대 이상이 나란히 차도를 통행하여서는 아니 된다**. ⑥ 자전거등의 운전자가 횡단보도를 이용하여 도로를 횡단할 때에는 자전거등에서 내려서 자전거등을 끌거나 들고 보행하여야 한다.
앞지르기 방법 등 (제21조)	① 모든 차의 운전자는 다른 차를 앞지르려면 **앞차의 좌측**으로 통행하여야 한다. ② **자전거등의 운전자는 서행하거나 정지한 다른 차를 앞지르려면 앞차의 우측으로 통행할 수 있다**. 이 경우 자전거등의 운전자는 정지한 차에서 승차하거나 하차하는 사람의 안전에 유의하여 서행하거나 필요한 경우 일시정지하여야 한다.

준수사항 (제50조)	① 이륜자동차와 원동기장치자전거(개인형 이동장치는 제외한다)의 운전자는 **행정안전부령**으로 정하는 인명보호 장구를 착용하고 운행하여야 하며, 동승자에게도 착용하도록 하여야 한다. ② 자전거등의 운전자는 자전거도로 및 「도로법」에 따른 도로를 운전할 때에는 **행정안전부령**으로 정하는 인명보호 장구를 착용하여야 하며, 동승자에게도 이를 착용하도록 하여야 한다. ③ 자전거등의 운전자는 약물의 영향과 그 밖의 사유로 정상적으로 운전하지 못할 우려가 있는 상태에서 자전거등을 운전하여서는 아니 된다. ④ 자전거등의 운전자는 밤에 도로를 통행하는 때에는 전조등과 미등을 켜거나 야광띠 등 발광장치를 착용하여야 한다. ⑤ 개인형 이동장치의 운전자는 **행정안전부령**으로 정하는 승차정원을 초과하여 동승자를 태우고 개인형 이동장치를 운전하여서는 아니 된다.

1-2. 기타 용어정리

차도	연석선(차도와 보도를 구분하는 돌 등으로 이어진 선), 안전표지 또는 그와 비슷한 인공구조물을 이용하여 경계를 표시하여 **모든 차**가 통행할 수 있도록 설치된 도로의 부분을 말한다.
보도	① 연석선, 안전지대나 그와 비슷한 인공구조물로 경계를 표시하여 **보행자(유모차와 행정안전부령으로 정하는 보행보조용 의자차, 노약자용보행기 등 행정안전부령으로 정하는 기구·장치를 이용하여 통행하는 사람을 포함)**가 통행할 수 있도록 한 도로의 부분을 말한다. ② 손수레가 도로교통법 제2조 제13호에서 규정한 사람의 힘에 의하여 도로에서 운전되는 것으로서 '차'에 해당하고 이를 끌고 가는 행위를 차의 운전행위로 볼 수 있다 하더라도 **손수레를 끌고 횡단보도를 건너는 사람**을 교통사고처리특례법 제3조 제2항 제6호 및 도로교통법 제48조 제3호에서 규정한 '**보행자**'에 **해당**한다. (대판 1990.10.16. 90도761)
길가장자리 구역	**보도와 차도가 구분되지 아니한 도로**에서 보행자의 안전을 확보하기 위하여 안전표지 등으로 경계를 표시한 도로의 가장자리 부분을 말한다.
안전지대 (안전표지X)	도로를 횡단하는 보행자나 통행하는 차마의 안전을 위하여 안전표지나 이와 비슷한 인공구조물로 표시한 도로의 부분을 말한다.
자동차 전용도로	**자동차만**이 다닐 수 있도록 설치된 도로를 말한다.
보행자 전용도로	**보행자만** 다닐 수 있도록 안전표지나 그와 비슷한 인공구조물로 표시한 도로를 말한다.
노면전차 전용로	도로에서 궤도를 설치하고, 안전표지 또는 인공구조물로 경계를 표시하여 설치한 「도시철도법」 제18조의2 제1항 각 호에 따른 도로 또는 차로를 말한다.
고속도로	**자동차(등X)**의 고속운행에만 사용하기 위하여 지정된 도로를 말한다.
교차로	'십'자로, 'T'자로나 그 밖에 둘 이상의 도로(보도와 차도가 구분되어 있는 도로에서는 차도를 말한다)가 교차하는 부분을 말한다.
회전 교차로	교차로 중 차마가 원형의 교통섬(차마의 안전하고 원활한 교통처리나 보행자 도로횡단의 안전을 확보하기 위하여 교차로 또는 차도의 분기점 등에 설치하는 섬 모양의 시설을 말한다)을 중심으로 반시계방향으로 통행하도록 한 원형의 도로를 말한다.

자전거 도로	안전표지, 위험방지용 울타리나 그와 비슷한 인공구조물로 경계를 표시하여 자전거 및 개인형 이동장치가 통행할 수 있도록 설치된 「자전거 이용 활성화에 관한 법률」 제3조 각 호의 도로를 말한다.
횡단보도	보행자가 도로를 횡단할 수 있도록 안전표지로 표시한 도로의 부분을 말한다.
자전거 횡단도	**자전거 및 개인형 이동장치가** 일반도로를 횡단할 수 있도록 안전표지로 표시한 도로의 부분을 말한다.
차로	차로가 한 줄로 도로의 정하여진 부분을 통행하도록 차선으로 구분한 차도의 부분을 말한다.
차선	**차로와 차로를 구분**하기 위하여 그 경계지점을 안전표지로 표시한 선을 말한다.
중앙선	차마의 통행 방향을 명확하게 구분하기 위하여 도로에 황색 실선이나 황색 점선 등의 안전표지로 표시한 선 또는 **중앙분리대나 울타리 등으로 설치한 시설물**을 말한다. 다만, 가변차로가 설치된 경우에는 신호기가 지시하는 **진행방향의 가장 왼쪽에 있는 황색 점선**을 말한다.
자율주행 시스템	「자율주행자동차 상용화 촉진 및 지원에 관한 법률」 제2조 제1항 제2호에 따른 자율주행시스템을 말한다. 이 경우 그 종류는 완전 자율주행시스템, 부분 자율주행시스템 등 **행정안전부령**으로 정하는 바에 따라 세분할 수 있다.
자율주행 자동차	「자동차관리법」 제2조 제1호의3에 따른 자율주행자동차로서 자율주행시스템을 갖추고 있는 자동차를 말한다.
신호기	도로교통에서 문자·기호 또는 등화를 사용하여 진행·정지·방향전환·주의 등의 신호를 표시하기 위하여 사람이나 전기의 힘으로 조작하는 장치를 말한다.
안전표지	교통안전에 필요한 주의·규제·지시 등을 표시하는 표지판이나 도로의 바닥에 표시하는 기호·문자 또는 선 등을 말한다.
긴급 자동차	긴급자동차란 다음의 자동차로서 그 **본래의 긴급한 용도로 사용되고 있는 자동차**를 말한다. ㉠ 소방차 ㉡ 구급차 ㉢ 혈액공급차량 ㉣ 그 밖에 대통령령으로 정하는 자동차
어린이 통학버스	"어린이통학버스"라 함은 다음의 시설 가운데 **어린이(13세 미만**의 사람)를 교육대상으로 하는 시설에서 어린이의 통학 등에 이용되는 자동차와 「여객자동차 운수사업법」 제4조 제3항에 따른 여객자동차운송사업의 한정면허를 받아 어린이를 여객대상으로 하여 운행되는 운송 사업용 자동차를 말한다. ㉠ 「유아교육법」에 따른 유치원, 「초·중등교육법」에 따른 초등학교 및 특수학교 ㉡ 「영유아보육법」에 따른 어린이집 ㉢ 「학원의 설립·운영 및 과외교습에 관한 법률」에 따라 설립된 학원 ㉣ 「체육시설의 설치···용에 관한 법률」에 따라 설립된 체육시설 ▶ 13세 미만 : 「도로교통법」, 「교통사고처리특례법」, 「특정범죄가중처벌등에 관한 법률」

참고

어린이통학버스

특별보호 (제51조)	① 어린이통학버스가 도로에 정차하여 어린이나 영유아가 타고 내리는 중임을 표시하는 점멸등 등의 장치를 작동 중일 때에는 어린이통학버스가 정차한 차로와 그 차로의 바로 옆 차로로 통행하는 차의 운전자는 어린이통학버스에 이르기 전에 **일시정지**하여 안전을 확인한 후 시행하여야 한다. ② 제1항의 경우 중앙선이 설치되지 아니한 도로와 편도 1차로인 도로에서는 반대방향에서 진행하는 차의 운전자도 어린이통학버스에 이르기 전에 **일시정지**하여 안전을 확인한 후 서행하여야 한다. ③ **모든** 차의 운전자는 어린이나 영유아를 태우고 있다는 표시를 한 상태로 도로를 통행하는 어린이통학버스를 **앞지르지 못한다.** ▶ 앞지를 때 과도하게 속도를 올리는 등의 행위를 자제하여야 한다.(X)
요건	① 자동차안전기준에서 정한 어린이운송용 승합자동차의 구조를 갖출 것 ② 어린이통학버스 앞면 창유리 우측상단과 뒷면 창유리 중앙하단의 보기 쉬운 곳에 행정안전부령이 정하는 어린이보호표지를 부착할 것 ③ 교통사고로 인한 피해를 전액 배상할 수 있도록 보험업법」제5조에 따른 보험 또는 「여객자동차 운수사업법」제 61조에 따른 공제조합에 가입되어 있을 것 [22 승진] ④ 「자동차등록령」제8조에 따른 등록원부에 법 제2조 제24호에 따른 유치원, 학교, 어린이집, 학원, 체육시설의 인가를 받거나 등록 또는 신고를 한자의 혐의로 등록되어 있는 자동차 또는 유치원, 학교, 어린이집, 학원, 또는 체육시설의 장이 전세버스운송사업자와 운송계약을 맺은 자동차일 것
운전	도로에서 차마 또는 노면전차를 그 본래의 사용방법에 따라 사용하는 것(조종 또는 자율주행시스템을 사용하는 것을 포함한다)을 말한다. 단, 제44조(음주운전)·제45조(과로·질병·약물운전)·제54조 제1항(교통사고발생시 조치의무)·제148조(교통사고시조치의무불이행에 대한 형사처벌) 및 제148조의2(음주, 약물운전에 대한 형사처벌) 및 제156조 제10호(주·정차된 차만 손괴한 것이 분명한 경우에 피해자에게 인적 사항을 제공하지 아니한 사람에 대한 처벌규정)에 한하여 도로 외의 곳을 포함한다. ▶ 내리막길에 주차되어 있는 자동차의 핸드 브레이크를 풀어 타력주행을 하는 행위 : 운전(X) (대판 1999.11.12. 98다30834)
앞지르기	차의 운전자가 앞서가는 다른 차의 옆을 지나서 그 차의 앞으로 나가는 것을 말한다.
서행	운전자가 차 또는 노면전차를 즉시 정지시킬 수 있는 정도의 느린 속도로 진행하는 것을 말한다.
일시정지	차 또는 노면전차의 운전자가 그 차 또는 노면전차의 바퀴를 일시적으로 **완전히 정지**시키는 것을 말한다.
정차	운전자가 5분을 초과하지 아니하고 차를 정지시키는 것으로서 주차 외의 정지 상태를 말한다.
주차	운전자가 승객을 기다리거나 화물을 싣거나 차가 고장 나거나 그 밖의 사유로 차를 계속 정지 상태에 두는 것 또는 운전자가 차에서 떠나서 즉시 그 차를 운전할 수 없는 상태에 두는 것을 말한다.
초보운전자	처음 운전면허를 받은 날(처음 운전면허를 받은 날부터 **2년**이 지나기 전에 운전면허의 취소처분을 받은 경우에는 그 후 다시 운전면허를 받은 날을 말한다)부터 **2년**이 지나지 아니한 사람을 말한다. 이 경우 원동기장치자전거면허만 받은 사람이 원동기장치자전거면허 외의 운전면허를 받은 경우에는 처음 운전면허를 받은 것으로 본다.

자동차운전학원	자동차등의 운전에 관한 지식기능을 교육하는 시설로서 다음 시설 외의 시설을 말한다. ㉠ 교육관계법령에 따른 학교에서 소속 학생 및 교직원의 연수를 위하여 설치한 시설 ㉡ 사업장 등의 시설로서 소속 직원의 연수를 위한 시설 ㉢ 전산장치에 의한 모의운전 연습시설 ㉣ 지방자치단체 등이 신체장애인의 운전교육을 위하여 설치하는 시설 가운데 **시·도경찰청장**이 인정하는 시설 ㉤ 대가를 받지 아니하고 운전교육을 실시하는 시설 ㉥ 운전면허를 받은 사람을 대상으로 다양한 운전경험을 체험할 수 있도록 하기 위하여 도로가 아닌 장소에서 운전교육을 실시하는 시설
모범운전자	무사고운전자 또는 유공운전자의 표시장을 받거나 **2년 이상** 사업용 자동차 운전에 종사하면서 교통사고를 일으킨 전력이 없는 사람으로서 **경찰청장**이 정하는 바에 따라 선발되어 교통안전 봉사활동에 종사하는 사람을 말한다.

2. 교통규제와 교통지도단속

(1) 교통규제

① 도로에서의 위험을 방지하고 교통의 안전과 원활을 도모하며, 그 밖의 도로교통으로 인한 장해를 방지하기 위하여 「도로교통법」 등의 관계 법령에 의거 신호기나 안전표지를 설치하는 등으로 통행을 금지하거나 제한하는 등 도로에서의 통행규칙을 설정하는 활동이다.
② 교통규제의 수단으로는 교통안전시설(신호기, 안전표지), 교통경찰관 등의 수신호 또는 지시와 명령 등이 있다.
③ 「도로교통법」상 신호권이 있는 자

  ㉠ 교통정리를 하는 경찰공무원(의무경찰 포함) 및 제주특별자치도의 자치경찰공무원
  ㉡ 경찰공무원(자치경찰공무원 포함)을 보조하는 사람으로서 대통령령으로 정하는 사람(경찰보조자)

   ⓐ 모범운전자
   ⓑ 군사훈련 및 작전에 동원되는 부대의 이동을 유도하는 군사경찰
   ⓒ 본래의 긴급한 용도로 운행하는 소방차

(2) 안전표지

주의표지	도로상태가 위험하거나 도로 또는 그 부근에 **위험물**이 있는 경우에 필요한 안전조치를 할 수 있도록 이를 도로사용자에게 알리는 표지
규제표지	도로교통의 안전을 위하여 각종 제한·금지 등의 **규제**를 하는 경우에 이를 도로사용자에게 알리는 표지
지시표지	도로의 통행방법·통행구분 등 도로교통의 안전을 위하여 필요한 **지시**를 하는 경우에 도로사용자가 이에 따르도록 알리는 표지
보조표지	주의표지·규제표지 또는 지시표지의 주기능을 **보충**하여 도로사용자에게 알리는 표지
노면표지	도로교통의 안전을 위하여 각종 주의·규제·지시 등의 내용을 **노면**에 기호·문자 또는 선으로 도로사용자에게 알리는 표지

(3) 어린이 보호구역

보호구역 지정·관리 (제12조)	① 시장등은 교통사고의 위험으로부터 어린이를 보호하기 위하여 필요하다고 인정하는 경우에는 다음 각 호의 어느 하나에 해당하는 사실이나 장소의 주변도로 가운데 일정 구간을 어린이 보호구역으로 지정하여 자동차등과 노면전차의 통행속도를 시속 30킬로미터 이내로 제한할 수 있다.
	  1. 「유아교육법」에 따른 유치원, 「초·중등교육법」에 따른 초등학교 또는 특수학교
	  2. 「영유아보육법」에 따른 어린이집 가운데 행정안전부령으로 정하는 어린이집
	  3. 「학원의 설립·운영 및 과외교습에 관한 법률」에 따른 학원 가운데 행정안전부령으로 정하는 학원
	  4. 「초·중등교육법」에 따른 외국인학교 또는 대안학교, 제주특별자치도 설치 및 국제자유도시 조성을 위한 특별법」에 따른 국제학교 및 「경제자유구역 및 제주국제자유도시의 외국교육기관 설립·운영에 관한 특별법」에 따른 외국교육기관 중 유치원·초등학교 교과과정이 있는 학교
	  5. 그 밖에 어린이가 자주 왕래하는 곳으로서 조례로 정하는 시설 또는 장소
	③ 차마 또는 노면전차의 운전자는 어린이 보호구역에서 제1항에 따른 조치를 준수하고 어린이의 안전에 유의하면서 운행하여야 한다.
	④ 시·도경찰청장, 경찰서장 또는 시장등은 제3항을 위반하는 행위 등의 단속을 위하여 어린이 보호구역의 도로 중에서 행정안전부령으로 정하는 곳에 우선적으로 제4조의2에 따른 무인 교통단속용 장비를 설치하여야 한다.

(3)-2 어린이·노인 및 장애인 보호구역의 지정 및 관리에 관한 규칙

설치구간 (제3조)	시장 등은 관할 시·도경찰청장 또는 경찰서장과 협의하여 해당 보호구역 지정대상시설의 주(主) 출입문을 중심으로 **반경 300미터 이내**의 도로 중 일정구간을 보호구역으로 지정한다. 다만, 시장 등은 해당 지역의 교통여건 및 효과성 등을 면밀히 검토하여 필요한 경우 보호구역 지정대상 시설의 주 출입문을 중심으로 **반경 500미터 이내**의 도로에 대해서도 보호구역으로 지정할 수 있다.

조치 (제9조)	① 시·도경찰청장이나 경찰서장은 「도로교통법」 제12조 제1항 또는 제12조의2 제1항에 따라 보호구역에서 구간별·시간대별로 다음 각 호의 조치를 할 수 있다.
	  1. 차마의 **통행을 금지하거나 제한**하는 것
	  2. 차마의 **정차나 주차를 금지**하는 것
	  3. **이면도로를 일방통행으로 지정·운영**하는 것
	  4. 운행속도를 **시속 30km 이내로 제한**하는 것

(4) 교통지도단속(Traffic Enforcement)

의의	교통지도단속이라 함은 도로에서의 위험을 방지하고 교통의 안전과 원활을 도모하기 위하여 교통 위반자를 감시·예방·경고·주의 그리고 필요한 경우 적발·검거하는 경찰활동을 말한다.
정비불량차 점검 (제41조)	① 경찰공무원은 정비불량차에 해당한다고 인정하는 차가 운행되고 있는 경우에는 우선 그 차를 정지시킨 후, 운전자에게 그 차의 자동차등록증 또는 자동차 운전면허증을 제시하도록 요구하고 그 차의 장치를 점검할 수 있다. ② 경찰공무원은 점검결과 정비불량 사항이 발견된 경우에는 그 정비불량 상태의 정도에 따라 그 차의 운전자로 하여금 응급조치를 하게 한 후 운전을 하도록 하거나 도로 또는 교통상황을 고려하여 통행구간, 통행로와 위험방지를 위한 필요한 조건을 정한 후 그에 따라 운전을 계속하게 할 수 있다. ③ **시·도경찰청장**은 정비 상태가 매우 불량하여 위험발생의 우려가 있는 경우에는 그 차의 자동차 등록증을 보관하여 운전의 일시정지를 명할 수 있다. 이 경우 필요하면 **10일**의 범위에서 정비 기간을 정하여 그 차의 사용을 **정지**시킬 수 있다.

(5) 무면허운전

① 누구든지 시·도경찰청장으로부터 운전면허를 받지 아니하거나 운전면허의 효력이 정지된 경우에는 자동차등을 운전하여서는 아니 된다.
② 무면허운전은 운전면허없이 도로에서 자동차등을 운전해야 성립하다. **도로가 아니라면 무면허운전으로 단속할 수 없다.**
③ 자동차 운전면허를 받지 아니하거나(운전면허 효력이 정지된 경우 포함) 또는 국제운전면허증 받지 아니하고 자동차 운전 → 1년 이하의 징역이나 300만원 이하의 벌금
④ 원동기장치자전거를 운전할 수 있는 운전면허를 받지 아니하거나(**원동기장치자전거를 운전할 수 있는 운전면허의 효력이 정지된 경우를 포함**) 국제운전면허증 중 원동기장치자전거를 운전할 수 있는 것으로 기재된 국제운전면허증을 발급받지 아니하고(운전이 금지된 경우와 유효기간이 지난 경우를 포함한다) 원동기장치자전거를 운전한 사람(다만, 개인형 이동장치를 운전하는 경우는 제외) → 30만원 이하의 벌금이나 구류
⑤ 원동기장치자전거를 운전할 수 있는 운전면허를 받지 아니하거나(원동기장치자전거를 운전할 수 있는 운전면허의 효력이 정지된 경우를 포함) 국제운전면허증 중 원동기장치자전거를 운전할 수 있는 것으로 기재된 국제운전면허증을 발급받지 아니하고 **개인형 이동장치를** 운전한 사람 → 20만원 이하 벌금이나 구류 또는 과료

(5)-2 무면허운전 관련 판례

1. 음주운전과 무면허운전은 **상상적 경합**(대판 1987.2.24. 86도2731)
2. 무면허운전은 **운전한 날마다**「도로교통법」상 무면허운전죄가 성립
   무면허운전으로 인한 도로교통법위반죄에 있어서는 어느 날에 운전을 시작하여 다음날까지 동일한 기회에 일련의 과정에서 계속 운전을 한 경우 등 특별한 경우를 제외하고는 사회통념상 운전한 날을 기준으로 **운전한 날마다 1개의 운전행위가 있다고** 보는 것이 상당하므로 운전한 날마다 무면허운전으로 인한 도로교통법위반의 1죄가 성립한다고 보아야 할 것이고, 비록 계속적으로 무면허운전을 할 의사를 가지고 여러 날에 걸쳐 무면허운전행위를 반복하였다 하더라도 이를 포괄하여 일죄로 볼 수는 없다. (대판 2022.7.23. 2001도6281)
3. 「도로교통법 시행규칙」제26조의2는 **연습운전면허를 받은 사람**이 도로에서 주행연습을 하는 때에 지켜야 할 준수사항을 규정하면서 제1호에서 **운전면허를 받은 날부터 2년이 경과한 사람**과 함께 타서 그의 지도를 받아야 한다고 규정하고 있는바, 연습운전면허를 받은 사람이 도로에서 주행연습을 함에 있어서 위와 같은 **준수사항을 지키지 않았다고** 하더라도 준수사항을 지키지 않은 데에 따른 제재를 가할 수 있음을 별론으로 하고 그 운전을 **무면허운전이라고 할 수는 없다.** (대판 2001.4.30. 2000도5540)
4. 원동기장치자전거 면허정지기간 중에 원동기장치자전거를 운전하면 무면허운전이 아니라는 판례가 있었으나, 도로교통법의 개정으로 현재는 원동기장치자전거 면허정지기간 중에 원동기장치자전거를 운전하면 무면허운전에 해당한다.

(6) 주취운전단속

1) 주취운전의 구성요건

주취상태	술에 취한 상태라 함은 **혈중알콜농도 0.03% 이상**을 말한다.
자동차등, 노면전차, 자전거	① 술에 취한 상태에서 자동차 등, 노면전차, 자전거 운전금지 ② **모든 건설기계**가 음주단속의 대상이 된다. ③ 취중 **경운기나 트랙터** 운전의 경우 **주취운전에 해당하지 않는다.**

2) 주취운전처벌

① 자동차등, 노면전차 음주운전 처벌

측정불응 (자동차등 또는 노면전차를 운전한 사람으로 한정)	2년 이상 5년 이하의 징역이나 1천만원 이상 2천만원 이하의 벌금
혈중알콜농도가 0.2퍼센트 이상	2년 이상 5년 이하의 징역이나 1천만원 이상 2천만원 이하의 벌금
혈중알콜농도가 0.08퍼센트 이상 0.2퍼센트 미만	1년 이상 2년 이하의 징역이나 500만원 이상 1천만원 이하의 벌금
혈중알콜농도가 0.3퍼센트 이상 0.08퍼센트 미만	1년 이하의 징역이나 500만원 이하의 벌금

㉠ 도로교통법 제148조의2 제1항 제1호의 '도로교통법 제44조 제1항을 2회 이상 위반한' 것에 **구 도로교통법 제44조 제1항 위반 음주운전 전과도 포함된다고 해석하는 것은 형벌불소급의 원칙이나 일사부재리원칙 또는 비례원칙 위배되지 않는다.** (대판 2020.8.20. 20207154)

㉡ 형실효법 제7조 제1항 각 호에 따라 형이 실효되었거나 사면법 제5조 제1호에 따라 형 선고의 효력이 상실된 도로교통법 제44조 제1항 위반 음주운전 전과도 도로교통법 제148조의2 제1항 제1호의 '도로교통법 제44조 제1항을 2회 이상 위반한' 것에 해당한다. (대판 2012.11.29. 2012도10269)

㉢ '제44조 제1항을 2회 이상 위반한 사람'은 문언 그대로 2회 이상 음주운전 금지규정을 위반하여 음주운전을 하였던 사실이 인정되는 사람으로 해석해야 하고, 그에 대한 **형의 선고나 유죄의 확정판결 등이 있어야만 하는 것은 아니다.**

㉣ **음주운전 2회 이상 가중처벌 조항(위헌)**
과거 음주운전과 재범한 음주운전의 사이에 아무런 시간적 제한이 없고, 위반 행위에 따른 형의 선고나 유죄의 확정 판결 등 조건을 요구하지 않고 있으며, 가중처벌의 필요가 없거나 죄질이 가벼운 음주운전까지 가중처벌하도록 한 법 조항은 책임과 형벌 간 비례원칙에 위반되고, 아무런 시간적 제한 없이 무제한 가중처벌하는 예를 찾기 어려워 공소시효나 형의 실효를 인정하는 취지에도 부합하지 않아 '2회 이상 위반한 사람'에 관한 부분은 과잉금지원칙에 어긋나 헌법에 위반된다. (2019헌바446. 2021헌바77)

② 술에 취한 상태에서 자전거등을 운전한 사람, 술에 취한 상태에 있다고 인정할 만한 상당한 이유가 있는 사람으로서 경찰공무원의 측정에 응하지 아니한 사람(자전거를 운전한 사람으로 한정한다)은 **20만원 이하의 벌금이나 구류 또는 과료**에 처한다.

3) 음주측정요령(교통단속처리지침 제30조)

① 단속경찰관은 자동차등의 운전자가 음주감지기에 의하여 음주한 것으로 감지되는 등 주취운전이 의심스러울 때에는 음주측정기기 또는 채혈에 의한 방법을 이용하여 주취여부를 측정한다.
② 단속경찰관이 제1항에 따라 주취운전 의심자를 호흡측정하는 때에는 피측정자의 입안의 잔류알콜을 헹궈낼 수 있도록 **음용수 200ml를 제공**한다.
③ 음주측정 1회당 1개의 음주측정용 불대(Mouth Piece)를 사용한다.

4) 주취운전단속 관련 판례

I. 주취운전

1. 도로교통법에서 말하는 '**측정**'이란 경찰공무원이 운전자가 술에 취하였는지의 여부를 알아보기 위하여 실시하는 **호흡측정기에 의한 측정**으로 이해하여야 한다. (대판 2002.3.15. 2001도7121)
2. 호흡측정기에 의한 음주측정치와 혈액검사에 의한 음주측정치가 불일치할 경우 **혈액검사에 의한 음주측정치가 우선**한다. (대판 2004.2.13. 2003도6905)
3. 특별한 이유 없이 호흡측정기에 의한 측정에 불응하는 운전자에게 경찰공무원이 혈액채취에 의한 측정방법이 있음을 고지하고 그 **선택 여부를 물어야 할 의무가 있다고는 할 수 없다.** (대판 2002.10.25. 2002도4220)
4. 위드마크 공식은 운전자가 음주한 상태에서 운전한 사실이 있는 지에 대한 경험법칙에 의한 증거수집방법에 불과하다. 따라서 경찰공무원에게 위드마크 공식의 존재 및 나아가 호흡측정에 의한 혈중알코올농도가 음주운전 처벌기준 수치에 미달하였더라도 위드마크 공식에 의한 역추산 방식에 의하여 운전 당시의 혈중알코올농도를 산출할 경우 그 결과가 음주운전 처벌기준 수치 이상이 될 가능성이 있다는 취지를 **운전자에게 미리 고지하여야 할 의무가 있다고 보기도 어렵다.** (대판 2017.9.21. 2017도661)
5. 음주운전과 관련한 도로교통법 위반죄의 범죄수사를 위하여 미성년자인 피의자인 혈액채취가 필요한 경우에도 피의자에게 의사능력이 있다면 피의자 본인만이 혈액채취에 관한 유효한 동의를 할 수 있고, **피의자에게 의사 능력이 없는 경우에도 명문의 규정이 없는 이상 법정대리인이 피의자를 대리하여 동의할 수는 없다.** (대판 2014.11.13. 2013도1228)
6. 「도로교통법」 제44조 제3항에 규정된 '측정결과에 불복하는 운전자에 대하여는 그 운전자의 동의를 받아 혈액채취 등의 방법으로 다시 측정할 수 있다.'의 해석은 음주운전 혐의가 있는 운전자에게 수사를 위한 호흡측정에도 응할 것을 간접적으로 강제하는 한편 혈액 채취 등의 방법에 의한 재측정을 통하여 호흡측정의 오류로 인한 불이익을 구제받을 수 있는 기회를 보장하는 데 취지가 있으므로, 음주운전에 대한 수사방법으로서의 혈액 채취에 의한 측정의 방법을 운전자가 호흡측정 결과에 불복하는 경우에만 한정하여 허용한 것으로 볼 수 없다. (대판 2015.7.9. 2014도16051)
7. 호흡측정기에 의한 음주측정을 요구하기 전에 사용되는 **음주감지기 시험에서 음주반응이 나왔다고 할지라도** 현재 사용되는 음주감지기가 혈중알코올농도 0.02%인 상태에서부터 반응하게 되어 있는 점을 감안하면 그것만으로 바로 운전자가 혈중알코올농도 0.05% 이상의 술에 취한 상태에 있다고 인정할 만한 상당한 이유가 있다고 볼 수는 없다. (대판 2003.1.24. 2002도6632)
7-2. 물로 입 안을 헹굴 기회를 달라는 피고인의 요구를 무시한 채 호흡측정기로 측정한 혈중알코올 농도 수치가 0.05%로 나타난 사안에서, 피고인이 당시 혈중알코올 농도 0.05% 이상의 술에 취한 상태에서 운전하였다고 단정할 수 없다. (대판 2006.11.23. 2005도7034)
8. 음주운전 시점과 혈중알코올농도의 측정 시점 사이에 시간 간격이 있고 그때가 혈중알코올농도의 상승기로 보이는 경우라 하더라도, 그러한 사정만으로 무조건 실제 운전 시점의 혈중알코올농도가 처벌기준치를 초과한다는 점에 대한 증명이 불가능하다고 볼 수는 없다. (대판 2013.10.24. 2013도6285)
9. 경찰관이 음주운전 단속시 운전자의 요구에 따라 곧바로 채혈을 실시하지 않은 채 호흡측정기에 의한 음주측정을 하고 **1시간 12분이 경과한 후에야** 채혈을 하였다는 사정만으로는 위 행위가 법령에 위배된다거나 객관적 정당성을 상실하여 운전자가 음주운전 단속과정에서 받을 수 있는 권익이 현저하게 침해되었다고 단정하기 어렵다. (대판 2008.4.24. 2006다32132)
10. **음주운전 신고를 받고 출동한 경찰관이 만취한 상태로 시동이 걸린 차량 운전석에 앉아있는 피고인을 발견하고 음주측정을 위해 하차를 요구함으로써「도로교통법」제44조 제2항이 정한 음주측정에 관한 직무에 착수하였다고 할 것이고, 피고인이 차량을 운전하지 않았다고 다투자 경찰관이 지구대로 가서 차량 블랙박스를 확인하자고 한 것은 음주측정에 관한 직무 중 '운전' 여부 확인을 위한 임의동행요구에 해당하고, 피고인이 차량에서 내리자 마자 도주한 것을 임의동행 요구에 대한 거부로 보더라도, 경찰관이 음주측정에 관한 직무를 계속하기 위하여 피고인을 추격하여 도주를 제지한 것은 「도로교통법」상 음주측정에 관한 일련의 직무집행 과정에서 이루어진 행위로써 정당한 직무집행에 해당한다.** (대판 2020.8.20. 2020도7193)

11. 음주로 인한 특정범죄 가중처벌 등에 관한 법률 위반(위험운전치사상)죄는 「도로교통법」 위반(음주운전)죄의 경우와는 달리 형식적으로 혈중 알코올농도의 법정 최저기준치를 초과하였는지 여부와는 상관없이 운전자가 '음주의 영향으로 실제 정상적인 운전이 곤란한 상태'에 있어야만 하고, 그러한 상태에서 자동차를 운전하다가 사람을 상해 또는 사망에 이르게 한 행위를 처벌 대상으로 하고 있는바, 이는 음주로 인한 「특정범죄 가중처벌 등에 관한 법률」 위반(위험운전치사상)죄는 업무상과실치사상죄의 일종으로 구성요건적행위와 그 결과발생 사이에 인과관계가 요구된다.

11-2. 운전자가 음주운전으로 교통사고를 야기한 후, 차에서 내려 피해자(진단3주)에게 '왜 와서 들이받냐'라는 말을 하고, 교통사고 조사를 위해 경찰서에 가자는 경찰관의 지시에 순순히 응하여 순찰차에 스스로 탑승하여 경찰서까지 갔을뿐 아니라 경찰서에서 조사받으면서 사고당시 상황에 대한 자신의 주장을 정확하게 진술하였다면, 비록 경찰관이 작성한 주취운전자 정황진술보고서에는 '언행상태'란에 '발음약간부정확', '보행상태'란에 '비틀거림이없음', '운전자 혈색'란에 '안면홍조및 눈충혈'이라고 기재되어 있다고 하더라도 '음주의 영향으로 정상적인 운전이 곤란한 상태에 있었다고 보기 어려워 음주로 인한 특정범죄 가중처벌 등에 관한 법률 위반(위험운전치사상)은 성립하지 않고, **「도로교통법」 위반(음주운전)으로 처벌**한다. (대판 2018.1.25. 2017도15519) [22 채무]

Ⅱ. 음주측정 불응

12. 경찰공무원이 운전자에게 음주 여부를 확인하기 위하여 음주측정기에 의한 측정의 전 단계에 실시되는 음주감지기에 의한 시험을 요구하는 경우 그 시험 결과에 따라 음주측정기에 의한 측정이 예정되어 있고, **운전자가 그러한 사정을 인식하였음에도 음주감지기에 의한 시험에 불응함으로써 음주측정을 거부하겠다는 의사를 표명한 것으로 볼 수 있다**면, 음주감지기에 의한 시험을 거부한 행위도 음주측정기에 의한 측정에 응할 의사가 없음을 객관적으로 명백하게 나타낸 것으로 볼 수 있다. (대판 2017.6.8. 2016도16121)

13. 경찰관이 술에 취한 상태에서 자동차를 운전한 것으로 보이는 피고인을 「경찰관직무집행법」 제4조 제1항에 따른 보호조치 대상자로 보아 경찰관서로 데려온 직후 음주측정을 요구하였는데 피고인이 불응하여 구 도로교통법상 음주측정불응죄로 기소된 사안에서, 위법한 보호조치 상태를 이용하여 음주측정 요구가 이루어졌다는 등의 특별한 사정이 없는 한 피고인의 행위는 음주측정불응죄에 해당한다고 보아야 한다. (대판 2012.2.9. 2011도4328)

14. 피고인의 음주와 음주운전을 **목격한 참고인이 있는 상황**에서 경찰관이 음주 및 음주운전 종료로부터 **약 5시간 후 집에서 자고 있는 피고인을 연행**하여 음주측정을 요구한 데에 대하여 피고인이 불응한 경우, 도로교통법상의 **음주측정불응죄가 성립**한다. (대판 2001.8.24. 2000도6026)

15. 「도로교통법」에서 말하는 음주측정거부 행위에서 '경찰공무원의 측정에 응하지 아니한 경우'라 함은 전체적인 사건의 경과에 비추어 술에 취한 상태에 있다고 인정할만한 상당한 이유가 있는 운전자가 음주측정에 응할 의사가 없음이 객관적으로 명백하다고 인정되는 때를 의미하므로, 경찰공무원의 1차 측정에만 불응하였을 뿐 곧이어 이어진 2차 측정에 응한 경우와 같이 측정거부가 일시적인 것에 불과한 경우까지 측정불응행위가 있었다고 볼 것은 아니므로 운전자의 측정불응의사가 '부는 시늉만 하는' 소극적인 경우 일정 시간 계속적으로 반복되어 객관적으로 명백하다고 인정되는 때에 비로소 음주측정불응죄가 성립한다. (대판 2015.12.24. 2013도8481)

16. 여러 차례에 걸쳐 호흡측정기의 빨대를 입에 물고 형식적으로 숨을 부는 시늉만 하였을 뿐 숨을 제대로 불지 아니하여 호흡측정기에 음주측정수치가 나타나지 아니하도록 한 피고인의 행위는 음주측정불응의 죄에 해당한다. (대판 2002.3.15. 2001도7121)

17. 음주측정 결과에 불복하고 혈액채취의 요구는 호흡측정결과를 제시하며 확인을 구하는 때로부터 상당 근접시간(30분) 한정되며 상당시간이 경과 후 이의를 제기하면서 혈액채취를 요구하는 것은 정당한 요구라 할 수 없다. (대판 20023.1.5. 2001도7121)

Ⅲ. 음주측정 불응X

18. 운전자의 **신체 이상 등의 사유로 호흡측정기에 의한 측정이 불가능** 내지 심히 곤란한 경우에까지 그와 같은 방식의 측정을 요구할 수는 없으며, 이와 같은 경우 경찰공무원이 운전자의 신체 이상에도 불구하고 호흡측정기에 의한 음주측정을 요구하여 운전자가 음주측정수치가 나타날 정도로 숨을 불어넣지 못한 결과 호흡측정기에 의한 음주측정이 제대로 되지 아니하였다고 하더라도 **음주측정에 불응한 것으로 볼 수는 없다.** (대판 2006.1.13. 20057125)

18-2. 교통사고 상해를 입은 피고인의 골절부위와 정도에 비추어 음주측정 당시 통증으로 깊은 호흡을 하기 어려웠고 그 결과 음주측정이 제대로 되지 아니한 것이 음주측정에 불응한 것이라고 볼 수는 없다.

18-3. 운전자의 신체 이상 등의 사유로 호흡측정기에 의한 측정이 불가능 내지 심히 곤란하거나 운전자가 처음부터 호흡측정기에 의한 측정의 방법을 불신하면서 혈액채취에 의한 측정을 요구하는 경우 등에는 호흡측정기에 의한 측정의 절차를 생략하고 바로 혈액채취에 의한 측정으로 나아가야 할 것이고, 이와 같은 경우라면 호흡측정기에 의한 측정에 불응한 행위를 음주측정불응으로 볼 수 없다. (대판 2002.10.25. 2002도4220)

18-4. 신체 이상 등의 사유로 인하여 호흡조사에 의한 측정에 응할 수 없는 운전자가 혈액채취에 의한 측정을 거부하거나 이를 불가능하게 하였다고 하더라도 이를 들어 음주측정에 불응한 것으로 볼 수는 없다. (대판 2010.7.15. 2010도2935)

18-5. 음주측정을 위하여 운전자를 강제연행할 때 준수하여야 할 절차를 위반한 경우 위법한 체포에 해당하므로 음주측정요구에 불응하더라도 음주측정거부죄로 처벌할 수 없고, 음주측정 과정에서 행하여진 공무집행방해로 처벌할 수 없다. (대판 2012.12.13. 2012도11162)

19. **위법한 강제연행 상태**에서 호흡측정 방법에 의한 음주측정이 이루어진 후 강제연행 상태로부터 시간적·장소적으로 단절되었다고 볼 수 없는 상황에서 피의자의 요구에 의하여 이루어진 혈액채취 방법에 의한 음주측정은 피의자의 요구에 의한 것이라 하더라도 적법절차 위반상황이 해소된 객관적 상황에서 자발적으로 요구한 것이 아니므로 증거로 사용할 수 없다. (대판 2013.3.14. 20102094)

Ⅳ. 기타 운전 관련

20. **운전**의 개념은 그 규정의 내용에 비추어 목적적 요소를 포함하는 것이므로 **고의의 운전행위만을 의미**하고 자동차 안에 있는 사람의 **의지나 관여없이 자동차가 움직인 경우에는 운전에 해당하지 않는다.** 술에 취한 사람이 자동차 안에서 잠을 자다가 추위를 느껴 히터를 가동하기 위하여 시동을 걸었고, 실수로 제동장치를 건드려 자동차가 움직였더라도 음주운전에 해당하지 않는다. (대판 2004.4.23. 200451109)

21. 음주운전으로 인한 도로교통법 위반죄의 보호법익과 처벌방법을 고려할 때, 혈중알콜농도 0.05% 이상의 음주상태로 동일한 차량을 일정기간 계속하여 운전하다가 1회 음주측정을 받았다면 이러한 음주운전행위는 동일 죄명에 해당하는 연속된 행위로서 단일하고 계속된 범의 하에 일정기간 계속하여 행하여 그 피해법익도 동일한 경우이므로 **포괄일죄에 해당**한다. (대판 2007.7.26. 2007도4404)

22. 음주운전을 하다가 교통사고를 야기한 후 그 형사처벌을 면하기 위하여 타인의 혈액을 자신의 혈액인 것처럼 교통사고 조사 경찰관에게 제출하여 감정하도록 한 경우, 위계에 의한 공무집행방해죄가 성립한다. (대판 2003.7.25. 2003도1609)

Ⅴ. 증거능력X

23. 피고인이 운전 중 교통사고를 내고 의식을 잃은 채 병원 응급실로 호송되자, 출동한 경찰관이 영장 없이 의사로 하여금 **채혈을 하도록 한** 사안에서, 위 혈액을 이용한 혈중알콜농도에 관한 감정서 등의 증거능력을 부정하여 피고인에 대한 구 도로교통법 위반(음주운전)의 공소사실은 무죄이다. (대판 2011.4.28. 200952109)

24. 음주운전의 정황이 강하게 의심되어 채혈하여야 하는 경우 사전영장 또는 감정처분허가장을 발부받거나 긴급한 경우 채혈 후 사후영장을 반드시 발부받아야 하며 비록 의식이 없는 운전자에 대한 가족의 채혈 사전동의 또는 채혈 후 운전자나 변호인의 사후 증거동의가 있다 하더라도 이 혈액은 증거로 사용할 수 없다. (대판 2011.5.13. 2009도10871)

5) 음주운전으로 운전면허 취소처분 또는 정지처분을 받은 경우 → 처분기준의 감경사유

운전이 가족의 생계를 유지할 중요한 수단이 되거나, 모범운전자로서 처분당시 **3년** 이상 교통봉사 활동에 종사하고 있거나, 교통사고를 일으키고 도주한 운전자를 검거하여 **경찰서장** 이상의 표창을 받은 사람으로서 다음의 어느 하나에 해당되는 경우가 없어야 한다.

㉠ 혈중알코올농도가 **0.1%를 초과**하여 운전한 경우
㉡ 음주운전 중 **인적피해 교통사고**를 일으킨 경우
㉢ 경찰관의 음주측정요구에 불응하거나 도주한 때 또는 **단속경찰관을 폭행**한 경우
㉣ 과거 5년 이내에 3회 이상의 인적피해 교통사고의 전력이 있는 경우
㉤ 과거 5년 이내에 음주운전의 전력이 있는 경우

(7) 과로운전 등의 금지

① 자동차등 또는 노면전차의 운전자는 과로, 질병 또는 약물(마약, 대마 및 향정신성의약품과 그 밖에 행정안전부령으로 정하는 것을 말한다)의 영향과 그 밖의 사유로 정상적으로 운전하지 못할 우려가 있는 상태에서 자동차등 또는 노면전차를 운전하여서는 아니 된다.
② 약물로 인하여 정상적으로 운전하지 못할 우려가 있는 상태에서 자동차등 또는 노면전차를 운전한 사람은 **3년 이하의 징역이나 1천만원 이하의 벌금**에 처한다.
③ 도로교통법 제150조 제1호에 "제45조의 규정을 위반하여 약물로 인하여 정상적으로 운전하지 못할 우려가 있는 상태에서 자동차등을 운전한 사람"을 처벌하도록 규정하고 있고, 같은 법 제45조에 "자동차등의 운전자는 제44조의 규정에 의한 술에 취한 상태 외에 과로·질병 또는 약물의 영향과 그 밖의 사유로 인하여 정상적으로 운전하지 못할 우려가 있는 상태에서 자동차등을 운전하여서는 아니 된다."고 규정하고 있다. 위 규정의 법문상 **약물 등의 영향으로 인하여 '정상적으로 운전하지 못할 우려가 있는 상태'에서 운전을 하면 바로 성립하고, 현실적으로 '정상적으로 운전하지 못할 상태'에 이르러야만 하는 것은 아니다.** (대판 2010.12.23. 2010도11272)

(8) 난폭운전 금지(제46조의3)

자동차등의 운전자는 다음 각 호 중 둘 이상의 행위를 연달아 하거나, 하나의 행위를 지속 또는 반복하여 다른 사람에게 위협 또는 위해를 가하거나 교통상의 위험을 발생하게 하여서는 아니 된다.
▶ **개인형 이동장치**(X)

1. 제5조에 따른 신호 또는 지시 위반
2. 제13조 제3항에 따른 중앙선 침범
3. 제17조 제3항에 따른 속도의 위반
4. 제18조 제1항에 따른 횡단·유턴·후진 금지 위반
5. 제19조에 따른 안전거리 미확보, 진로변경 금지 위반, 급제동 금지 위반
6. 제21조 제1항·제3항 및 제4항에 따른 앞지르기 방법 또는 앞지르기의 방해금지 위반
7. 제49조 제1항 제8호에 따른 정당한 사유 없는 소음 발생
8. 제60조 제2항에 따른 고속도로에서의 앞지르기 방법 위반
9. 제62조에 따른 고속도로등에서의 횡단·유턴·후진 금지 위반

▶ 난폭운전 : 1년 이하의 징역이나 500만원 이하의 벌금

3. 차마의 통행방법

횡단등 금지 (제18조)	① 차마의 운전자는 보행자나 다른 차마의 정상적인 통행을 방해할 우려가 있는 경우에는 차마를 운전하여 도로를 횡단하거나 유턴 또는 후진하여서는 아니 된다. ② 시·도경찰청장은 도로에서의 위험을 방지하고 교통의 안전과 원활한 소통을 확보하기 위하여 특히 필요하다고 인정하는 경우에는 도로의 구간을 지정하여 차마의 횡단이나 유턴 또는 후진을 금지할 수 있다. ③ **차마의 운전자는 길가의 건물이나 주차장 등에서 도로에 들어갈 때에는 일단 정지한 후에 안전한지 확인하면서 서행하여야 한다.**
교차로 통행방법 (제25조)	① 모든 차의 운전자는 교차로에서 우회전을 하려는 경우에는 미리 도로의 우측 가장자리를 서행하면서 우회전하여야 한다. 이 경우 우회전하는 차의 운전자는 신호에 따라 정지하거나 진행하는 보행자 또는 자전거에 주의하여야 한다. ② 모든 차의 운전자는 교차로에서 좌회전을 하려는 경우에는 미리 도로의 중앙선을 따라 서행하면서 교차로의 중앙 안쪽으로 이용하여 좌회전하여야 한다. 다만, 시·도경찰청장이 교차로의 상황에 따라 특히 필요하다고 인정하여 지정한 곳에서는 교차로의 중심 바깥쪽을 통과할 수 있다. ③ 자전거의 운전자는 교차로에서 좌회전하려는 경우에는 미리 도로의 우측 가장자리로 붙어 서행하면서 교차로의 가장자리 부분을 이용하여 좌회전하여야 한다. ⑤ 모든 차 또는 노면전차의 운전자는 신호기로 교통정리를 하고 있는 교차로에 들어가려는 경우에는 진행하려는 진로의 앞쪽에 있는 차 또는 노면전차의 상황에 따라 교차로(정지선이 설치되어 있는 경우에는 그 정지선을 넘은 부분을 말한다)에 정지하게 되어 다른 차 또는 노면전차의 통행에 방해가 될 우려가 있는 경우에는 그 교차로에 들어가서는 아니 된다. ⑥ 모든 차의 운전자는 교통정리를 하고 있지 아니하고 일시정지나 양보를 표시하는 안전표지가 설치되어 있는 교차로에 들어가려고 할 때에는 다른 차의 진행을 방해하지 아니하도록 일시정지하거나 양보하여야 한다. ▶ 교통섬이 설치되고 그 오른쪽으로 직진 차로에서 분리된 우회전차로가 설치되어 있는 교차로에서 우회전을 하고자 하는 운전자는 특별한 사정이 없는 한 도로 우측 가장자리인 우회전차로를 따라 서행하면서 우회전 하여야 하고, **우회전차로가 아닌 직진 차로를 따라 교차로에 진입하는 방법으로 우회전하여서는 아니 된다. 만약 이를 위반하면 교차로통행방법 위반**이다. (대판 2012.4.12., 20119821)
서행장소 (제31조)	① 모든 차 또는 노면전차의 운전자는 다음 각 호의 어느 하나에 해당하는 곳에서는 서행하여야 한다. 1. **교통정리를 하고 있지 아니하는 교차로** 2. 도로가 구부러진 부근 3. 비탈길의 고갯마루 부근 4. 가파른 비탈길의 **내리막** 5. 시·도경찰청장이 도로에서의 위험을 방지하고 교통의 안전과 원활한 소통을 확보하기 위하여 필요하다고 인정하여 안전표지에 의하여 지정한 곳
일시정지 장소 (제31조)	② 모든 차 또는 노면전차의 운전자는 다음 각 호의 어느 하나에 해당하는 곳에서는 일시정지하여야 한다. 1. **교통정리를 하고 있지 아니하고 좌우를 확인할 수 없거나 교통이 빈번한 교차로** 2. 시·도경찰청장이 도로에서의 위험을 방지하고 교통의 안전과 원활한 소통을 확보하기 위하여 필요하다고 인정하여 안전표지로 지정한 곳

주차 및 정차 금지 장소 (제32조)	모든 차의 운전자는 다음 각 호의 어느 하나에 해당하는 곳에서는 차를 정차하거나 주차하여서는 아니 된다. 다만, 이 법이나 이 법에 따른 명령 또는 경찰공무원의 지시를 따르는 경우와 위험방지를 위하여 일시 정지하는 경우에는 그러하지 아니하다.
	
	1. **교차로·횡단보도·건널목이나 보도와 차도가 구분된 도로의 보도**(「주차장법」에 따라 차도와 보도에 걸쳐서 설치된 노상주차장은 제외)
	2. **교차로의 가장자리나 도로의 모퉁이로부터 5미터 이내인 곳**
	3. **안전지대가 설치된 도로에서는 그 안전지대의 사방으로부터 각각 10미터 이내인 곳**
	4. **버스여객자동차의 정류지임을 표시하는 기둥이나 표지판 또는 선이 설치된 곳으로부터 10미터 이내인 곳**. 다만, 버스여객자동차의 운전자가 그 버스여객자동차의 운행시간 중에 운행노선에 따르면 정류장에서 승객을 태우거나 내리기 위하여 차를 정차하거나 주차하는 경우에는 그러하지 아니하다.
	5. **건널목의 가장자리 또는 횡단보도로부터 10미터 이내인 곳**
	6. 다음 각 목의 곳으로부터 **5미터 이내인 곳**
	   가. 「소방기본법」 제10조에 따른 **소방용수시설 또는 비상소화장치가 설치된 곳**
	   나. 「화재예방, 소방시설 설치·유지 및 안전관리에 관한 법률」 제2조 제1항 제1호에 따른 **소방시설로서 대통령령으로 정하는 시설이 설치된 곳**
	7. 시·도경찰청장이 도로에서의 위험을 방지하고 교통의 안전과 원활한 소통을 확보하기 위하여 필요하다고 인정하여 지정한 곳
	8. 시장등이 제12조 제1항에 따라 지정한 어린이 보호구역

주차금지 장소 (제33조)	모든 차의 운전자는 다음 각 호의 어느 하나에 해당하는 곳에 차를 주차해서는 아니 된다.
	
	1. **터널 안 및 다리 위**
	2. 다음 각 목의 곳으로부터 **5미터 이내의 곳**
	   가. **도로공사를 하고 있는 경우에는 그 공사 구역의 양쪽 가장자리**
	   나. 「다중이용업소의 안전관리에 관한 특별법」에 따른 **다중이용업소의 영업장이 속한 건축물로 소방본부장의 요청에 의하여 시·도경찰청장이 지정한 곳**
	3. 시·도경찰청장이 도로에서의 위험을 방지하고 교통의 안전과 원활한 소통을 확보하기 위하여 필요하다고 인정하여 지정한 곳

주차위반 조치 (제35조)	① 경찰공무원이나 시장 등이 대통령령으로 정하는 바에 따라 임명하는 공무원은 운전자 또는 관리자에 대하여 주차 방법을 변경하거나 그 곳으로부터 이동할 것을 명할 수 있다. ② 경찰서장이나 시장 등은 차의 운전자나 관리 책임이 있는 사람이 현장에 없을 때에는 도로에서 일어나는 위험을 방지하고 교통의 안전과 원활한 소통을 확보하기 위하여 필요한 범위에서 그 차의 주차방법을 직접 변경하거나 변경에 필요한 조치를 할 수 있으며, 부득이한 경우에는 관할 경찰서나 경찰서장 또는 시장 등이 지정하는 곳으로 이동하게 할 수 있다. ③ 경찰서장이나 시장 등은 주차위반 차를 관할 경찰서나 경찰서장 또는 시장 등이 지정하는 곳으로 이동시킨 경우에는 선량한 관리자로서의 주의의무를 다하여 보관하여야 하며, 그 사실을 차의 사용자(소유자 또는 소유자로부터 차의 관리에 관한 위탁을 받은 사람을 말한다)나 운전자에게 신속히 알리는 등 반환에 필요한 조치를 하여야 한다. ⑤ 경찰서장이나 시장등은 차의 반환에 필요한 조치 또는 공고를 하였음에도 불구하고 그 차의 사용자나 운전자나 조치 또는 공고를 한 날부터 **1개월 이내에 그 반환을 요구하지 아니할 때에는** 대통령령으로 정하는 바에 따라 그 차를 매각하거나 폐차할 수 있다. ▶ 경찰서장, 도지사 또는 시장 등은 차를 견인하였을 때부터 **24시간이 경과되어도 이를 인수하지 아니하는 때에는** 해당 차의 보관 장소 등 행정안전부령이 정하는 사항을 해당 차의 사용자 또는 운전자에게 등기우편으로 통지하여야 한다. (도로교통법 시행령 제13조 ③)

> **참고**
>
> 「도로교통법 시행령」 제36조(점유자등이 없는 경우의 조치)
> ① 경찰서장은 제34조 제1항에 따라 공고를 한 날부터 6개월이 지나도 해당 인공구조물 등을 반환받을 점유자등을 알 수 없거나 점유자등이 반환을 요구하지 아니하는 경우에는 그 인공구조물 등을 매각하여 그 대금을 보관할 수 있다.
> ② 제1항에 따른 매각대금을 공고한 날부터 **5년**이 지나도 그 대금을 반환받을 자를 알 수 없거나 점유자등이 반환을 요구하지 아니하는 경우에는 국고에 귀속한다.

4. 긴급자동차

긴급자동차	"긴급자동차"란 소방차, 구급차, 혈액공급차량, 그 밖에 대통령령으로 정하는 자동차로서 그 본래의 긴급한 용도로 사용되고 있는 자동차를 말한다.
긴급자동차 우선통행 (제29조)	① 긴급자동차는 긴급하고 부득이한 때에는 **도로의 중앙이나 좌측부분을 통행할 수 있다.** ② 긴급자동차는 「도로교통법」이나 「도로교통법」에 의한 명령에 따라 정지하여야 하는 경우에도 불구하고 **긴급하고 부득이한 경우에는 정지하지 아니할 수 있다.** ③ 긴급자동차운전자는 도로의 중앙이나 좌측부분을 통행하거나 정지하여야 할 곳에서 정지하지 아니하고 통행할 경우 교통의 안전에 특히 주의하면서 통행하여야 한다. ▶ 이에 위반하여 사고가 발생하였다면, 긴급자동차운전자는 중앙선침범이나 신호위반에 의한 사고책임을 져야 한다. ④ **교차로나 그 부근에서 긴급자동차가 접근하는 경우에는 차마와 노면전차의 운전자는 교차로를 피하여 일시정지하여야 한다.** ⑤ 모든 차와 노면전차의 운전자는 ④에 따른 곳 외의 곳에서 긴급자동차가 접근한 경우에는 긴급자동차가 우선통행할 수 있도록 **진로를 양보**하여야 한다. ⑥ 긴급자동차 운전자는 해당 자동차를 그 본래의 긴급한 용도로 운행하지 아니하는 경우에는 「자동차관리법」에 따라 설치된 경광등을 켜거나 사이렌을 작동하여서는 아니 된다. 다만, 「자동차관리법」에 따라 설치된 경광등을 켜거나 사이렌을 작동하여서는 아니 된다. 다만, 대통령령으로 정하는 바에 따라 범죄 및 예방 등을 위한 순찰·훈련 등을 실시하는 경우에는 그러하지 아니한다.
긴급자동차 특례 (제30조)	긴급자동차에 대하여는 다음 각 호의 사항을 적용하지 아니한다. 다만, **제4호부터 제12호까지**의 사항은 긴급자동차 중 **소방차, 구급차, 혈액공급차량**과 대통령령으로 정하는 경찰용 자동차에 한하여 적용하지 아니한다. 1. **자동차등의 속도제한.** 다만, 긴급자동차에 대하여 속도를 제한한 경우에는 적용한다. 2. 앞지르기 금지 3. 끼어들기 금지 4. 신호위반 5. 보도침범 6. 중앙선침범 7. 횡단 등의 금지 8. 제19조에 따른 안전거리 확보 등 9. 제21조 제1항에 따른 앞지르기 방법 등 10. 정차 및 주차의 금지 11. 주차금지 12. 고장 등의 조치

형의 감면 (제158조의 2)	긴급자동차(소방차, 구급차, 혈액공급차량, 대통령령으로 정하는 경찰용 자동차만 해당)의 운전자가 그 차를 본래의 긴급한 용도로 운행하는 중에 교통사고를 일으킨 경우에는 그 **긴급활동의 시급성과 불가피성 등 정상**을 참작하여「도로교통법」제151조,「교통사고처리특례법」제3조 제1항 또는「특정범죄 가중처벌 등에 관한 법률」제5조의13(어린이 보호구역에서 어린이 치사상의 가중처벌)에 따른 **형을 감경하거나 면제할 수 있다.** ▶ 차로통행에 따른 특례 규정은 없다. ▶ 본래의 긴급한 용도로 사용 중인 때에만 적용된다. → 소방차가 진화 작업 후 소방관서로 되돌아갈 때는 특례 적용(X)

• **참고** •

도로공사의 신고(「도로교통법」제69조)
① 도로관리청 또는 공사시행청의 명령에 따라 도로를 파거나 뚫는 등 공사를 하려는 사람은 공사시행 3일 전에 그 일시, 공사구간, 공사기간 및 시행 방법, 그 밖에 필요한 사항을 관할 경찰서장에게 신고하여야 한다. 다만, 산사태나 수도관 파열 등으로 긴급히 시공할 필요가 있는 경우에는 그에 알맞은 안전 조치를 하고 공사를 시작한 후에 지체없이 신고하여야 한다.
⑥ 공사시행자는 공사로 인하여 교통안전시설을 훼손한 때에는 부득이한 사유가 없는 한 해당공시가 끝난 날부터 **3일 이내**에 이를 원상회복하고 그 결과를 관할 경찰서장에게 신고하여야 한다.

5. 보행자

보행자 보호 (제27조)	① 모든 차 또는 노면전차의 운전자는 보행자(제13조의2 제6항에 따라 자전거등에서 내려서 자전거등을 끌거나 들고 통행하는 자전거등의 운전자를 포함한다)가 횡단보도를 통행하고 있을 때에는 보행자의 횡단을 방해하거나 위험을 주지 아니하도록 그 횡단보도 앞(정지선이 설치되어 있는 곳에서는 그 정지선을 말한다)에서 일시정지하여야 한다. ② 모든 차 또는 노면전차의 운전자는 교통정리를 하고 있는 교차로에서 좌회전이나 우회전을 하려는 경우에는 신호기 또는 경찰공무원등의 신호나 지시에 따라 도로를 횡단하는 보행자의 통행을 방해하여서는 아니 된다. ③ 모든 차의 운전자는 교통정리를 하고 있지 아니하는 교차로 또는 그 부근의 도로를 횡단하는 보행자의 통행을 방해하여서는 아니 된다. ④ 모든 차의 운전자는 도로에 설치된 안전지대에 보행자가 있는 경우와 차로가 설치되지 아니한 좁은 도로에서 보행자의 옆을 지나는 경우에는 안전한 거리를 두고 서행하여야 한다. ⑤ 모든 차 또는 노면전차의 운전자는 보행자가 제10조 제3항에 따라 횡단보도가 설치되어 있지 아니한 도로를 횡단하고 있을 때에는 안전거리를 두고 일시정지하여 보행자가 안전하게 횡단할 수 있도록 하여야 한다. ⑥ 모든 차의 운전자는 **보도와 차도가 구분되지 아니한 도로 중 중앙선이 없는 도로에서 보행자의 옆을 지나는 경우에는 안전한 거리를 두고 서행**하여야 하며, 보행자의 통행에 방해가 될 때에는 서행하거나 일시정지하여 보행자가 안전하게 통행할 수 있도록 하여야 한다.
보행자 우선도로 (제28조의2)	**시·도경찰청장**이나 **경찰서장**은 보행자우선도로에서 보행자를 보호하기 위하여 필요하다고 인정하는 경우에는 차마의 통행속도를 **시속 20킬로미터 이내로 제한**할 수 있다.

6. 운전면허

운전면허 의의	① 운전면허라 함은 자동차 등을 운전함에 따라 발생할 수 있는 도로상의 위험을 방지하기 위하여 금지하고 있는 운전행위를 일정한 자격을 갖춘 자에 한하여 적법하게 할 수 있도록 **허가(경찰 허가에 속하며 그 중에서도 대인적 허가)** 하는 것을 말한다. ② 자동차 등을 운전하려는 사람은 **시·도경찰청장**으로부터 운전면허를 받아야 한다. 원동기를 단 차 중 「교통약자의 이동편의 증진법」에 따른 교통약자가 **최고속도 시속 20킬로미터 이하로만 운행**될 수 있는 차를 운전하는 경우에는 그러하지 아니하다.
효력발생	운전면허의 효력은 **본인 또는 대리인이 운전면허증을 발급받은 때부터 발생**한다.
부정행위자 조치	① 경찰청장은 제106조에 따른 전문학원의 강사자격시험 및 제107조에 따른 기능검정원 자격시험에서, 시·도경찰청장 또는 도로교통공단은 제83조에 따른 운전면허시험에서 부정행위를 한 사람에 대하여는 **해당 시험을 각각 무효로 처리**한다. ② 시험이 무효로 처리된 사람은 그 **처분이 있은 날부터 2년간 해당 시험에 응시하지 못한다**.

운전면허증 갱신 및 정기 적성검사	① 운전면허증 갱신
	  ㉠ **최초의 운전면허증 갱신** : 운전면허시험에 합격한 날부터 기산하여 **10년**(운전면허시험 합격일에 **65세 이상 75세 미만인 사람은 5년, 75세 이상인 사람은 3년, 한쪽 눈만 보지 못하는 사람으로서 제1종 운전면허 중 보통면허를 취득한 사람은 3년**)이 되는 날이 속하는 해의 1월 1일부터 12월 31일까지
	  ㉡ ㉠ 외의 운전면허증 갱신기간은 직전의 운전면허증 갱신일부터 기산하여 매 **10년**(직전의 운전면허증 갱신일에 **65세 이상 75세 미만인 사람은 5년, 75세 이상인 사람은 3년, 한쪽 눈만 보지 못하는 사람으로서 제1종 운전면허 중 보통면허를 취득한 사람은 3년**)
	② 정기 적성검사
	  ㉠ 기간 : **10년**(운전면허시험 합격일에 **65세 이상 75세 미만인 사람은 5년, 75세 이상인 사람은 3년, 한쪽 눈만 보지 못하는 사람으로서 제1종 운전면허 중 보통면허를 취득한 사람은 3년**)이 되는 날이 속하는 해의 1월 1일부터 12월 31일까지
	  ㉡ 정기 적성검사 대상자 : 제1종 운전면허를 받은 사람, 제2종 운전면허를 받은 사람 중 운전면허증 갱신기간에 **70세 이상인 사람**

제1종 면허	제2종 면허	연습 운전면허

① 대형면허
② 보통면허
③ 소형면허
④ 특수면허
  ㉠ 대형견인차면허
  ㉡ 소형견인차면허
  ㉢ 구난차면허
	① 보통면허
	② 소형면허
	③ 원동기장치자전거면허
		① 제1종 보통연습면허
		② 제2종 보통연습면허

운전면허			운전할 수 있는 차량

제1종 면허	대형면허		① 승용자동차
			② 승합자동차
			③ 화물자동차
			⑤ 건설기계
			   ㉠ 덤프트럭·아스팔트살포기·**노상안정기**
			   ㉡ 콘크리트믹서 트럭, 콘크리트펌프, **천공기(트럭적재식)**
			   ㉢ 콘크리트믹서트레일러, 아스팔트콘크리트재생기
			   ㉣ **도로보수트럭, 3톤 미만의 지게차**
			⑥ 특수자동차[대형견인차, 소형견인차 및 구난차("구난차등")는 제외한다]
			⑦ 원동기장치자전거

	보통면허		① 승용자동차 ② 승차정원 **15인 이하**의 승합자동차 ④ **적재중량 12톤 미만**의 화물자동차 ⑤ 건설기계(도로를 운행하는 **3톤 미만의 지게차**로 한정) ⑥ **총중량 10톤 미만**의 특수자동차(구난차 등은 제외) ⑦ 원동기장치자전거
	소형면허		① 3륜 화물자동차 ② 3륜 승용자동차 ③ 원동기장치자전거
	특수 면허	대형 견인차	① 견인형 특수자동차 ② **제2종 보통면허로 운전할 수 있는 차량**
		소형 견인차	① **총중량 3.5톤 이하의 견인형 특수자동차** ② **제2종 보통면허로 운전할 수 있는 차량**
		구난차	① 구난형 특수자동차 ② **제2종 보통면허로 운전할 수 있는 차량**
제2종 면허	보통면허		① 승용자동차 ② 승차정원 **10인 이하** 승합자동차 ③ 적재중량 **4톤 이하** 화물자동차 ④ 총중량 **3.5톤 이하**의 특수자동차(**구난차 등은 제외**) ⑤ 원동기장치자전거
	소형면허		① 이륜자동차(운반차를 포함) ② 원동기장치자전거
	원동기장치 자전거면허		원동기장치자전거
연습면허	제1종 보통		① 승용자동차 ② **승차정원 15인 이하의 승합자동차** ③ **적재중량 12톤 미만의 화물자동차**
	제2종 보통		① 승용자동차 ② **승차정원 10인 이하의 승합자동차** ③ **적재중량 4톤 이하의 화물자동차**
	원동기장치자전거(X)		

6-2. 운전면허 결격사유 및 기간

결격사유	다음에 해당하는 사람은 운전면허를 받을 수 없다. ㉠ **18세 미만**(원동기장치자전거의 경우에는 **16세 미만**)인 사람 ㉡ 교통상의 위험과 장해를 일으킬 수 있는 **정신질환자 또는 뇌전증 환자**로서 대통령령이 정하는 사람 ㉢ **듣지 못하는 사람**(제1종 운전면허 중 대형면허·특수면허만 해당), **앞을 보지 못하는 사람**(한쪽 눈만 보지 못하는 사람의 경우에는 제1종 운전면허 중 대형면허·특수면허만 해당)이나 그 밖에 대통령령이 정하는 신체장애인 ㉣ **양팔의 팔꿈치관절 이상을 잃은 사람 또는 양팔을 전혀 쓸 수 없는 사람**. 다만, 본인의 신체장애 정도에 적합하게 제작된 자동차를 이용하여 정상적인 운전을 할 수 있는 경우에는 예외 ㉤ 교통상의 위험과 장해를 일으킬 수 있는 **마약·대마·향정신성의약품 또는 알콜중독자**로서 대통령령이 정하는 사람 ㉥ 제1종 대형면허 또는 제1종 특수면허를 받고자 하는 경우로서 19세 미만이거나 자동차(이륜자동차는 제외)의 운전경험이 1년 미만인 사람 ㉦ 대한민국의 국적을 가지지 아니한 사람 중 「출입국관리법」 제31조에 따라 외국인등록을 하지 아니한 사람(외국인등록이 면제된 사람은 제외한다)이나 「재외동포의 출입국과 법적 지위에 관한 법률」 제6조 제1항에 따라 국내거소 신고를 하지 아니한 사람
발급기간 제한	다음의 어느 하나의 경우에 해당하는 사람은 다음에 규정된 기간이 지나지 아니하면 운전면허를 받을 수 없다. 다만, 다음의 사유로 인하여 벌금 미만의 형이 확정되거나 선고유예의 판결이 확정된 경우 또는 기소유예나 「소년법」에 따른 보호처분의 결정이 있는 경우에는 기간 내라도 운전면허를 받을 수 있다.

제한기간	내용
5년	① 무면허운전으로 사람을 사상한 후 필요한 조치 및 신고를 하지 아니한 경우 → 위반한 날부터 5년 ② 음주운전·과로등운전(과로·질병·약물)·공동위험행위로 사람을 사상한 후 필요한 조치 및 신고를 하지 아니한 경우 → 취소한 날부터 5년 ③ 음주운전을 하다가 사람을 **사망**에 이르게 한 경우 → 취소된 날부터 5년
4년	무면허운전·음주운전·과로등운전·공동위험행위 **이외**의 사유로 사람을 사상한 후 필요한 조치 및 신고를 하지 아니한 경우 → 취소된 날부터 4년
3년	① 음주운전 또는 측정거부를 위반(무면허운전을 함께 위반한 경우도 포함)하여 운전하다가 2회 이상 교통사고를 야기한 자 → 취소된 날부터 3년 ② 자동차를 이용하여 범죄행위를 하거나 다른 사람의 자동차등을 훔치거나 빼앗은 사람이 무면허운전을 한 경우 → 위반한 날부터 3년

2년	① **무면허운전**, 운전면허정지기간 중 운전 또는 운전면허발급제한기간 중 국제운전면허증으로 운전금지규정을 **3회 이상 위반**하여 자동차등을 운전한 경우 → **위반한 날부터 2년** ② 음주운전·측정거부의 규정을 **2회 이상 위반**(무면허운전을 함께 위반한 경우도 포함)하여 운전면허가 취소된 경우 → 취소된 날부터 2년 ③ 음주운전을 하다가 교통사고를 일으킨 경우 → 취소된 날부터 2년 ④ 2회 이상의 공동위험행위로 운전면허가 취소된 경우 → 취소된 날부터 2년 ⑤ 운전면허를 받을 수 없는 사람이 운전면허를 받거나 **운전면허효력의 정지기간 중 운전면허증 또는 운전면허증에 갈음하는 증명서를 교부**받은 사실이 드러난 때 → 취소된 날부터 2년 ⑥ 다른 사람의 자동차 등을 훔치거나 빼앗은 자 → 취소된 날부터 2년 ▶ 훔친 경우는 다른 사람의 자동차 등을 훔치고 이를 운전하여 운전면허 취소·정지처분을 받은 사실이 있는 사람이 다시 자동차 등을 훔치고 이를 운전하여 취소한 경우만 적용 ⑦ 다른 사람이 부정하게 운전면허를 받도록 하기 위하여 **운전면허 시험에 대신 응시한 경우** → 취소된 날부터 2년
1년	① **무면허운전** 또는 면허정지기간 중에 자동차 등을 운전한 자, 운전면허발급제한기간 중에 국제운전면허증으로 자동차 등을 운전한 자 → 위반한 날부터 1년 ② 2~5년의 제한사유 이외의 사유로 운전면허가 취소된 자 ③ 공동위험행위로 운전면허가 취소된 경우 원동기장치자전거면허 취득 결격기간 → 취소된 날부터 1년
6개월	2~5년의 제한사유 이외의 사유로 운전면허가 취소된 경우 원동기장치자전거면허를 받으려는 경우
즉시 취득가능	적성검사를 받지 아니하거나 적성검사에 불합격하여 운전면허가 취소된 경우

▶ 운전면허의 효력이 정지처분을 받은 경우 : 정지기간 중 운전면허 취득제한
▶ 제96조에 따른 국제운전면허증 또는 상호인정외국면허증으로 운전하는 운전자가 운전금지 처분을 받은 경우 : 그 금지기간 운전면허 취득제한

6-3. 연습운전면허

종류	연습면허는 **1종보통 연습면허**와 **2종보통 연습면허**의 2종류만 있다.
효력	① 연습운전면허는 그 **면허를 받은 날부터 1년** 동안 효력을 가진다. ② 연습운전면허를 받은 날부터 1년 이전이라도 연습면허를 받은 사람이 **제1종 보통면허 또는 제2종 보통면허를 받은 경우 연습운전면허는 효력을 잃는다.**
준수사항	① 운전면허를 받은 날부터 **2년이 경과**된 사람(소지하고 있는 운전면허의 효력이 정지기간 중인 사람을 제외)과 함께 승차하여 그 사람의 지도를 받아야 한다. ②「여객자동차 운수사업법」 또는 「화물자동차 운수사업법」에 따른 사업용 자동차를 운전하는 등 **주행연습 외의 목적으로 운전하여서는 아니 된다.** ③ 주행연습 중이라는 사실을 다른 차의 운전자가 알 수 있도록 연습 중인 자동차에 표지를 붙여야 한다.
위반시 조치	시·도경찰청장은 연습운전면허를 교부받은 사람이 운전 중 고의 또는 과실로 교통사고를 일으키거나 「도로교통법」 등의 명령에 위반한 때에는 **면허를 취소하여야 한다.** 다만, 본인에게 귀책사유가 없는 경우로서 다음의 경우에는 그러하지 아니하다. ㉠ 도로교통공단의 도로주행시험을 담당하는 사람, 자동차운전학원의 강사, 전문학원의 강사 또는 기능검정원의 **지시에 따라 운전하던 중 교통사고를 일으킨 경우** ㉡ **도로가 아닌 곳에서 교통사고를 일으킨 경우** ㉢ 교통사고를 일으켰더라도 단순히 **물적 피해만 일으킨 경우**

> **참고**
>
> **연습운전면허 관련 판례**
> 1. 연습운전면허를 받은 사람이 도로에서 주행연습을 하는 때에 지켜야 할 준수사항을 규정하면서 운전면허를 받은 날부터 2년이 경과한 사람과 함께 타서 그의 지도를 받아야 한다고 규정하고 있는 바, 연습운전면허를 받은 사람이 도로에서 주행연습을 함에 있어서 위와 같은 준수사항을 지키지 않았다고 하더라도 준수사항을 지키지 않은 데에 따른 제재를 가할 수 있음은 별론으로 하고 그 운전을 무면허운전이라고 할 수는 없다. (대판 2001.4.10. 2000도5540)
> 2. 연습운전면허를 받은 사람이 운전을 함에 있어 주행연습 외의 목적으로 운전하여서는 아니된다는 준수사항을 지키지 않았다고 하더라도 준수사항을 지키지 않은 것에 대하여 연습운전면허의 취소등 제재를 가할수 있음은 별론으로 하고 그 운전을 무면허운전이라고 보아 처벌할 수는 없다. (대판2015.6.24. 2013도15031) [22 채용]

6-4. 임시운전증명서

발급권자	시·도경찰청장은 다음에 해당하는 사람이 임시운전증명서 발급을 신청하면서 행정안전부령으로 정하는 바에 따라 임시운전증명서를 발급할 수 있다.
발급사유	① 운전면허증을 받은 사람이 운전면허증을 잃어버렸거나 헐어 못 쓰게 되어 재발급 신청을 한 경우 ② 정기적성검사 또는 운전면허증 갱신발급 신청을 하거나 수시 적성검사를 신청한 경우 ③ 운전면허의 취소처분 또는 정지처분 대상자가 운전면허증을 제출한 경우
효력	임시운전증명서는 그 유효기간 중 운전면허증과 같은 효력이 있다.
유효기간	① 임시운전증명서의 유효기간은 **20일** 이내로 한다.(단, 운전면허의 **취소·정지처분대상자**의 경우에는 **40일** 이내로 할 수 있다) ② **경찰서장**이 필요하다고 인정하는 경우에는 그 유효기간을 **1회**에 **한하여 20일**의 범위 안에서 **연장**할 수 있다.

6-5. 국제운전면허증

(1) 국내에서 발급되는 국제운전면허증(국내발급 → 외국운전)

발급권자	운전면허를 받은 사람이 국외에서 운전을 하기 위하여 「도로교통에 관한 협약」에 따른 국제운전면허증을 발급받으려면 **시·도경찰청장에게 신청**하여야 한다.
발급대상자	① 국내운전면허를 받은 사람이 국제운전면허증을 발급받을 수 있다. ② **국내운전면허의 효력이 없어지거나 취소되면 국제운전면허증의 효력도 없어지고, 국내운전면허의 효력이 정지되면 그 정지기간 동안 국제운전면허도 효력이 정지**된다.
발급제한	시·도경찰청장은 국제운전면허증을 발급받으려는 사람이 납부하지 아니한 범칙금 또는 과태료가 있는 경우 국제운전면허증의 발급을 거부할 수 있다.
유효기간	국제운전면허증의 유효기간은 **발급받은 날부터 1년**으로 한다.

(2) 외국에서 발급받은 국제운전면허증(외국발급 → 국내운전)

유효기간	외국의 권한 있는 기관에서 ㉠부터 ㉢까지의 어느 하나에 해당하는 협약·협정 또는 약정에 따른 운전면허증("국제운전면허증") 또는 ㉣에 따라 인정되는 외국면허증("상호인정외국면허증")을 발급받은 사람은 국내에 입국한 날부터 1년 동안 그 국제운전면허증 또는 상호인정외국면허증으로 자동차등을 운전할 수 있다. 이 경우 운전할 수 있는 자동차의 종류는 그 국제운전면허증 또는 상호인정외국면허증에 기재된 것으로 한정한다. ㉠ 1949년 제네바에서 체결된 「도로교통에 관한 협약」 ㉡ 1968년 비엔나에서 체결된 「도로교통에 관한 협약」 ㉢ 우리나라와 외국 간에 국제운전면허증을 상호 인정하는 협약, 협정 또는 약정 ㉣ 우리나라와 외국 간에 상대방 국가에서 발급한 운전면허증을 상호 인정하는 협약·협정 또는 약정
면허취소·정지	면허취소·정지사유에 해당한다고 하더라도 **발행청이 외국기관**이므로 시·도경찰청장이 국제운전면허를 **취소·정지할 수는 없다**.
운전금지	① 국제운전면허증 또는 상호인정외국면허증을 가지고 국내에서 자동차등을 운전하는 사람이 운전금지사유에 해당하는 경우에는 그 사람의 주소지를 관할하는 시·도경찰청장은 행정안전부령으로 정한 기준에 따라 **1년**을 넘지 아니하는 범위에서 국제운전면허증에 의한 자동차등의 **운전을 금지할 수 있다**. ▶ 시·도경찰청장은 경찰서장에게 위임 ② 자동차등의 운전이 금지된 사람은 지체없이 국제운전면허증 또는 상호인정외국면허증에 의한 운전을 금지한 시·도경찰청장에게 그 국제운전면허증 또는 상호인정외국면허증을 제출하여야 한다. ③ 시·도경찰청장은 ①에 따른 금지기간이 끝난 경우 또는 금지처분을 받은 사람이 그 금지기간 중에 출국하는 경우에는 그 사람의 반환청구가 있으면 지체없이 보관 중인 국제운전면허증 또는 상호인정외국면허증을 돌려주어야 한다.
통고처분	국제운전면허소지자도 **범칙자에 해당**하므로 **통고처분이 가능**하며, 범칙금을 납부하지 않으면 즉결심판을 청구한다.
미소지 운전	운전시에는 반드시 국제운전면허증을 소지하여야 하며, 미소지시 무면허운전으로 처벌된다.
사업용자동차 운전금지	국제운전면허를 외국에서 발급받은 사람 또는 상호인정외국면허증으로 운전하는 사람은 「**여객자동차 운수사업법**」 또는 「화물자동차 운수사업법」에 의한 사업용 자동차를 운전할 수 없다. 다만, 「**여객자동차 운수사업법**」에 의한 대여사업용 자동차를 임차하여 운전하는 것은 가능하다.

7. 운전면허행정처분

의의	운전면허행정처분이란 면허를 발급받고 운전행위를 하던 사람이 교통법규를 위반하거나 교통사고를 야기한 경우에 시·도경찰청장이 그 자의 운전면허의 효력을 일정기간 정지시키거나 취소하는 행정행위를 말한다.
벌점등 초과로 인한 면허취소·정지	① 벌점·누산점수 초과로 인한 면허취소 : 1회의 위반사고로 인한 벌점 또는 연간 누산점수가 **1년간 121점 이상, 2년간 201점 이상, 3년간 271점 이상**이면 그 운전면허를 취소한다. ② 벌점·처분벌점 초과로 인한 면허정지 : 운전면허정지처분은 1회의 위반·사고로 인한 벌점, 처분벌점이 **40점 이상**이 된 때부터 결정하여 집행하되, 원칙적으로 1점을 1일로 계산하여 집행한다.

7-2. 운전면허의 취소·정지사유

필수적 취소사유	① 음주운전 또는 측정거부를 위반한 사람이 다시 음주운전으로 운전면허 정지 사유에 해당된 때 ② **술에 취한 상태에 있다고 인정할 만한 상당한 이유가 있음에도 불구하고 경찰공무원의 측정에 응하지 아니한 때** ③ 운전면허를 받을 수 없는 사람에 해당된 때 ④ 운전면허를 받을 수 없는 사람이 운전면허를 받거나 운전면허효력의 정지기간 중 운전면허증 또는 운전면허증을 갈음하는 증명서를 발급받은 사실이 드러난 경우 ⑤ 거짓이나 그 밖의 부정한 수단으로 운전면허를 받은 경우(취소하여야 하는 운전면허의 범위는 운전자가 거짓이나 그 밖의 부정한 수단으로 받은 그 운전면허로 한정한다) ⑥ 적성검사를 받지 아니하거나 그 적성검사에 불합격한 경우 ⑦ **이 법에 따른 교통단속 임무를 수행하는 경찰공무원등 및 시·군공무원을 폭행한 경우** ⑧ 「자동차관리법」에 따라 등록되지 아니하거나 임시운행허가를 받지 아니한 자동차(이륜 자동차는 제외한다)를 운전한 경우 ⑨ 제1종 보통면허 및 제2종 보통면허를 받기 전에 연습운전면허의 취소 사유가 있었던 경우 ⑩ 운전면허를 받은 사람이 자신의 운전면허를 실효시킬 목적으로 시·도경찰청장에게 자진하여 운전면허를 반납하는 경우
임의적 취소사유 (정지가능)	① **술에 취한 상태에서 자동차등을 운전한 경우** ② 약물의 영향으로 인하여 정상적으로 운전하지 못할 우려가 있는 상태에서 자동차등을 운전한 경우 ③ **공동 위험행위를 한 경우** ④ **난폭운전을 한 경우** ⑤ 교통사고로 사람을 사상한 후 필요한 조치 또는 신고를 하지 아니한 경우 ⑥ 운전 중 고의 또는 과실로 교통사고를 일으킨 경우 ⑦ 운전면허를 받은 사람이 자동차등을 이용하여 특수상해·특수폭행·특수협박 또는 특수손괴를 위반하는 행위를 한 경우 ⑧ 운전면허를 받은 사람이 자동차등을 범죄의 도구나 장소로 이용하여 다음 어느 하나의 죄를 범한 경우 　㉠ 「국가보안법」 중 제4조부터 제9조까지의 죄 및 같은 법 제12조 중 증거를 날조·인멸·은닉한 죄 　㉡ 「형법」 중 다음의 범죄 　　ⓐ 살인·사체유기 또는 방화 　　ⓑ 강도·강간 또는 강제추행 　　ⓒ 약취·유인 또는 감금 　　ⓓ 상습절도(절취한 물건을 운반한 경우에 한정한다) 　　ⓔ 교통방해(단체 또는 다중의 위력으로써 위반한 경우에 한정한다) ⑨ 다른 사람의 자동차등을 훔치거나 빼앗은 경우 ⑩ 다른 사람이 부정하게 운전면허를 받도록 하기 위하여 제83조에 따른 운전면허 시험에 대신 응시한 경우 ⑪ 운전면허증을 다른 사람에게 빌려주어 운전하게 하거나 다른 사람의 운전면허증을 빌려서 사용한 경우 ⑫ 다른 법률에 따라 관계 행정기관의 장이 운전면허의 취소처분 또는 정지처분을 요청한 경우 ⑬ 화물차 적재의 방법을 위반하여 화물자동차를 운전한 경우 ⑭ 이 법이나 이 법에 따른 명령 또는 처분을 위반한 경우

7-3. 자동차등의 운전 중 교통사고결과에 따른 벌점 기준

구분	벌점	내용
사망 1명마다	90	사고발생시로부터 72시간 내에 사망한 때
중상 1명마다	15	3주 이상의 치료를 요하는 의사의 진단이 있는 사고
경상 1명마다	5	3주 미만 5일 이상의 치료를 요하는 의사의 진단이 있는 사고
부상신고 1명	2	5일 미만의 치료를 요하는 의사의 진단이 있는 사고

① 교통사고 발생 원인이 불가항력이나 피해자의 명백한 과실인 때에는 행정처분을 하지 아니한다.
② 자동차등 대 사람 교통사고의 경우 쌍방과실인 때에는 그 벌점을 2분의 1로 감경한다.
③ 자동차등 대 자동차등 교통사고의 경우에는 그 사고원인 중 중한 위반행위를 한 운전자만 적용한다.
④ 교통사고로 인한 벌점산정에 있어서 처분 받을 운전자 본인의 피해에 대하여는 벌점을 산정하지 아니한다.

7-4. 운전면허처분에 대한 이의신청 및 행정소송

이의신청	운전면허의 취소처분 또는 정지처분이나 연습운전면허 취소처분에 대하여 이의가 있는 사람은 그 처분을 받은 날부터 60일 이내에 행정안전부령으로 정하는 바에 따라 시·도경찰청장에게 이의를 신청할 수 있다.
행정소송	이 법에 따른 처분으로서 해당 처분에 대한 행정소송은 행정심판의 재결을 거치지 아니하면 제기할 수 없다.

7-5. 운전면허증의 반납

① 운전면허증을 받은사람이 다음 각 호의 어느 하나에 해당하면 그 사유가 발생한 날부터 7일 이내(제4호 및 제5호의 경우 새로운 운전면허증을 받기 위하여 운전면허증을 제출한 때)에 주소지를 관할하는 시·도경찰청장에게 운전면허증을 반납하여야 한다.

> 1. 운전면허 취소처분을 받은 경우
> 2. 운전면허효력 정지처분을 받은 경우
> 3. 운전면허증을 잃어버리고 다시 발급받은 후 그 잃어버린 운전면허증을 찾은 경우
> 4. 연습운전면허증을 받은 사람이 제1종 보통면허증 또는 제2종 보통면허증을 받은 경우
> 5. 운전면허증 갱신을 받은 경우

② 경찰공무원은 제1항을 위반하여 운전면허증을 반납하지 아니한 사람이 소지한 운전면허증을 직접 회수할 수 있다.
③ 시·도경찰청장이 제1항 제2호에 따라 운전면허증을 반납받았거나 제2항에 따라 제1항 제2호에 해당하는 사람으로부터 운전면허증을 회수하였을 때에는 이를 보관하였다가 정지기간이 끝난 즉시 돌려주어야 한다.

7-6. 운전면허증 관련 판례

Ⅰ. 위법 O
1. 앞차를 뒤따라 진행하는 차량의 운전사로서는 앞차에 의하여 전방의 시야가 가리는 관계상 앞차의 어떠한 돌발적인 운전 또는 사고에 의하여서라도 자기 차량에 연쇄적인 사고가 일어나지 않도록 **앞차와의 충분한 안전거리를 유지**하고 진로 전방좌우를 잘 살펴 진로의 안전을 확인하면서 진행할 **주의의무가 있다**. (대판 2001.12.11. 2001도5005)
2. 피고인이 야간에 오토바이를 운전하다가 도로를 무단횡단하던 피해자를 충격하여 피해자로 하여금 위 도로상에 전도케 하고, 그로부터 약 40초 내지 60초 후에 다른 사람이 운전하던 타이탄트럭이 도로 위에 전도되어 있던 피해자를 **역과**하여 사망케 한 경우, 피고인이 전방좌우의 주시를 게을리 한 과실로 피해자를 충격하였고 나아가 이 사건 사고지점 부근 도로의 상황에 비추어 야간에 피해자를 충격하여 위 도로에 넘어지게 한 후 40초 내지 60초 동안 그대로 있게 한다면 후속차량의 운전사들이 조금만 전방주시를 태만히 하여도 피해자를 역과할 수 있음이 당연히 예상되었던 경우라면 피고인의 과실행위는 피해자의 사망에 대한 직접적 원인을 이루는 것이어서 양자간에는 **상당인과관계가 있다.** (대판 1990.5.22. 90도580)
3. 선행 교통사고와 후행 교통사고 중 어느 쪽이 원인이 되어 피해자가 사망에 이르게 되었는지 밝혀지지 않은 경우 후행 교통사고를 일으킨 사람의 과실과 피해자의 사망 사이에 인과관계가 인정되기 위해서는 후행 교통사고를 일으킨 사람이 주의의무를 게을리 하지 않았다면 피해자가 사망에 이르지 않았을 것이라는 사실이 증명되어야 하고, **그 증명책임은 검사에게 있다.** (대판 2007.10.26. 2005도8822)

Ⅱ. 경찰행정법 관련
4. 제1종 보통면허로 운전할 수 있는 차량을 음주운전한 경우에 이와 관련된 면허인 제1종 대형면허와 원동기장치자전거 면허까지 취소할 수 있는 것으로 보아야 한다. (대판 1994.11.25. 94누9672)
5. 피고인이 행정청으로부터 자동차 운전면허취소처분을 받았으나 **나중에 그 행정처분 자체가 행정쟁송절차에 의하여 취소**되었다면, 위 운전면허취소처분은 그 처분시에 소급하여 효력을 잃게 되고, 피고인은 위 운전면허취소처분에 복종할 의무가 **원래부터 없었음이 후에 확정**되었다고 봄이 타당할 것이고, 행정행위에 공정력의 효력이 인정된다고 하여 행정소송에 의하여 적법하게 취소된 운전면허취소처분이 단지 장래에 향하여서만 효력을 잃게 된다고 볼 수는 없다. (대법원 1999.2.5. 선고98도4239)
5-2. 특정범죄 가중처벌 등에 관한 법률 위반(도주차량)으로 운전면허취소처분을 받은 자가 자동차를 운전하였다고 하더라도 **그 후 피의사실에 대하여 무혐의 처분을 받고 이를 근거로 행정청이 운전면허 취소처분을 철회**하였다면, 위 운전행위는 **무면허운전에 해당하지 않는다.** (대판 2008.1.31. 2007도9220)

Ⅲ. 위법 X
6. 무면허운전은 유효한 운전면허가 없음을 알면서도 자동차를 운전하는 경우에만 성립하는 이른바 고의범이므로, 기존의 운전면허가 취소된 상태에서 자동차를 운전하였더라도 운전자가 **면허취소사실을 인식하지 못한 이상** 도로교통법위반(무면허운전)죄에 해당한다고 볼 수 없고, **관할 경찰당국이 운전면허취소 처분의 통지에 갈음하는 적법한 공고를 거쳤다 하더라도, 그것만으로 운전자가 면허가 취소된 사실을 알게 되었다고 단정할 수는 없으며**, 이 경우 운전자가 그러한 사정을 알았는지는 각각의 사안에서 면허취소의 사유와 취소사유가 된 위법행위의 경중, 같은 사유로 면허취소를 당한 전력의 유무, 면허취소처분 통지를 받지 못한 이유, 면허취소 후 문제된 운전행위까지의 기간의 장단, 운전자가 면허를 보유하는 동안 관련 법령이나 제도가 어떻게 변동하였는지 등을 두루 참작하여 구체적·개별적으로 판단하여야 한다. (대판 2004.12.10. 2004도6480)
7. 차량 운행 도중 브레이크 고장시에 **사이드브레이크를 조작하지 않거나, 제한속도를 넘어서 운전하였다는 것이** 사고의 직접 원인이 되지 아니한 때에는 사고에 대한 책임이 없다. (대판 1990.2.9. 89도1174)

8. 통고처분

의의	① 통고처분이란 경미한 교통법규위반자에 대해 경찰관이 직접 위반 장소에서 범칙금을 납부할 것을 통고하여 범칙금을 납부하도록 하고, 운전을 계속하게 하는 제도이다. 범칙금납부통고를 받은 사람이 범칙금을 이행하면 확정판결과 동일한 효력이 발생한다. ② 신호위반 등의 범칙행위로 교통사고를 일으킨 사람이 통고처분을 받아 범칙금을 납부하였다고 하더라도, 업무상 과실치상죄 또는 중과실치상죄를 처벌하는 것이 이중처벌에 해당한다고 볼 수 없다. (대판 2007.4.12 2006도4322)

정의	① **범칙행위**란 제156조 각 호 또는 제157조 각 호의 죄(20만원 이하의 벌금이나 구류 또는 과료)에 해당하는 위반행위를 말한다.
	② "**범칙자**"란 범칙행위를 한 사람으로서 다음에 해당하지 아니하는 사람
	   ㉠ 범칙행위 당시 운전면허증 등 또는 이를 갈음하는 증명서를 제시하지 못하거나 경찰공무원의 운전자 신원 및 운전면허 확인을 위한 질문에 응하지 아니한 운전자
	   ㉡ 범칙행위로 교통사고를 일으킨 사람. 단, 업무상과실치상죄·중과실치상죄 또는 「도로교통법」 제151조의 죄(물피사고)에 대한 벌을 받지 아니하게 된 사람은 제외한다.
	③ "**범칙금**"이란 범칙자가 제163조에 따른 통고처분에 따라 국고(國庫) 또는 제주특별자치도의 금고에 내야 할 금전을 말하며, 범칙금의 액수는 범칙행위의 종류 및 차종(車種) 등에 따라 대통령령으로 정한다.

절차	① 통고처분 : 경찰서장이나 제주특별자치도지사는 범칙자로 인정되는 사람에 대하여 이유를 분명하게 밝힌 범칙금 납부통고서로 범칙금을 낼 것을 통고할 수 있다. 다만, 다음에 해당하는 사람에 대하여는 그러하지 아니하다.
	   ㉠ 성명 또는 주소가 확실하지 아니한 사람
	   ㉡ 달아날 우려가 있는 사람
	   ㉢ 범칙금 납부통고서 받기를 거부한 사람
	② 범칙금의 납부
	   ㉠ 범칙금납부통고서를 받은 사람은 **10일 이내**에 경찰청장이 지정하는 국고은행, 지점, 대리점, 우체국 또는 제주특별자치도지사가 지정하는 금융회사 등이나 그 지점에 범칙금을 내야 한다. 다만, 천재지변이나 그 밖의 부득이한 사유로 말미암아 그 기간에 범칙금을 낼 수 없는 경우에는 **부득이한 사유가 없어지게 된 날부터 5일 이내**에 내야 한다.
	   ㉡ ㉠의 기간 이내에 범칙금을 납부하지 않을 경우 **납부기간 만료일 다음날부터 20일 이내**에 범칙금액에 100분의 20을 더한 금액을 납부해야 한다.
	   ㉢ 범칙금을 낸 사람은 범칙행위에 대하여 다시 벌 받지 아니한다.

불이행자 처리	① 경찰서장 또는 제주특별자치도지사는 통고처분 제외대상자(성명 또는 주소가 확실하지 아니한 사람, 달아날 염려가 있는 사람, 범칙금납부통고서 받기를 거부한 사람)와 납부기간에 범칙금을 납부하지 아니한 사람에 대하여는 **지체없이 즉결심판을 청구하여야 한다**. 다만, 납부기간에 범칙금을 납부하지 아니한 자가 즉결심판이 청구되기 전까지 통고받은 범칙금액에 100분의 50을 더한 금액을 납부한 사람에 대하여는 그러하지 아니하다. ② 즉결심판이 청구된 피고인이 즉결심판의 선고 전까지 통고받은 범칙금액에 100분의 50을 더한 금액을 내고 납부를 증명하는 서류를 제출하면 경찰서장 또는 제주특별자치도지사는 피고인에 대한 **즉결심판 청구를 취소하여야 한다**. ③ 범칙금을 납부한 사람은 그 범칙행위에 대하여 다시 벌 받지 아니한다.

9. 교통사고(「교통사고처리특례법」)

교통사고의 의의	「교통사고처리특례법」상 "교통사고"란 차의 교통으로 인하여 사람을 사상하거나 물건을 손괴하는 것을 말한다.

교통사고의 요소	① 차에 의한 사고
	
	    ㉠ 차 : 자동차·건설기계·원동기장치자전거·자전거 또는 사람이나 가축의 힘 그 밖의 동력에 의하여 도로에서 운전되는 것
	    ㉡ 자전거·손수레·경운기 등에 의한 사고도 교통사고에 해당한다.
	    ㉢ 철길 또는 가설된 선에 의하여 운전되는 것(기차·전차·케이블카)에 의한 사고는 교통사고가 아니다.
	    ㉣ 유모차·보행보조용 의자차·소아용자전거에 의한 사고도 교통사고에 해당하지 않는다.
	    ㉤ 차체에 의하여 발생한 경우뿐만 아니라 **차량에 적재된 화물 등 차량과 밀접하게 연결된 부위에 의하여 발생된 경우를 포함**한다.
	
	② 차의 교통으로 인하여 발생한 사고
	
	    ㉠ 교통사고에 있어서 교통의 개념은 차의 운전을 말한다. 이는 사람의 왕래나 화물의 운반을 위한 운행을 하는 등 차를 본래의 사용방법에 따라 사용하는 것을 말한다.
	    ㉡ '차의 교통'은 차량을 운전하는 행위 및 그와 동일하게 평가할 수 있을 정도로 밀접하게 관련된 행위를 모두 포함하고 있다. 따라서, 운행과 밀접하게 관련된 주·정차 중의 사고도 교통사고에 해당한다.
	
	③ 피해의 결과 발생
	
	    차의 운행 중 충돌·접촉 등으로 인한 것이라 하더라도 피해가 없을 경우 교통사고에 해당되지 아니한다.
	
	④ 업무상 과실
	
	    교통사고는 과실과 고의가 결합된 「특정범죄 가정처벌 등에 관한 법률」위반(뺑소니 차량)의 경우를 제외하고 **과실범**이고 **결과범**이므로 교통사고 조사시에는 운전자의 과실을 명백히 가리고 피해발생 여부 및 정도를 조사하는 것이 반드시 필요하다.
	
	▶ **도로에서 발생(X)**
	    「교통사고처리특례법」상 교통사고는 도로에서의 사고에 한정되지 않고, 도로가 아닌 곳에서 발생한 사고도 포함된다. 따라서, 공장안에서 지게차를 운전하여 물건을 나르던 중 피해자를 들이받아 상해를 입힌 경우에도 「교통사고처리특례법」으로 의율하여야 한다.

9-2. 교통사고발생시의 조치

① 차 또는 노면전차의 운전 등 교통으로 인하여 사람을 사상하거나 물건을 손괴("교통사고")한 경우에는 그 차 또는 노면전차의 운전자나 그 밖의 승무원("운전자등")은 즉시 정차하여 다음의 조치를 하여야 한다.

　　㉠ 사상자를 구호하는 등 필요한 조치
　　㉡ 피해자에게 인적 사항(성명·전화번호·주소 등) 제공

② ①의 경우 그 차 또는 노면전차의 운전자등은 경찰공무원이 현장에 있을 때에는 그 경찰공무원에게, 경찰공무원이 현장에 없을 때에는 가장 가까운 경찰관서(지구대, 파출소 및 출장소를 포함)에 다음의 사항을 지체없이 신고하여야 한다. 다만, 차 또는 노면전차만 손괴된 것이 분명하고 도로에서의 위험방지와 원활한 소통을 위하여 필요한 조치를 한 경우에는 그러하지 아니하다.

　　㉠ 사고가 일어난 곳
　　㉡ 사상자 수 및 부상 정도
　　㉢ 손괴한 물건 및 손괴 정도
　　㉣ 그 밖의 조치사항 등

③ 긴급자동차, 부상자를 운반 중인 차, 우편물자동차 및 노면전차 등의 운전자는 긴급한 경우에는 동승자 등으로 하여금 ①에 따른 조치나 ②에 따른 신고를 하게 하고 운전을 계속할 수 있다.

▶ 조치의무는 **도로뿐만 아니라 도로가 아닌 곳에서의 사고운전자에게도 인정**된다.
▶ 제54조 제1항에 따른 교통사고 발생 시의 조치를 하지 아니한 사람(주·정차된 차만 손괴한 것이 분명한 경우에 제54조 제1항 제2호에 따라 피해자에게 인적 사항을 제공하지 아니한 사람은 제외한다)은 5년 이하의 징역이나 1천500만원 이하의 벌금에 처한다. (제148조(벌칙))
▶ 주·정차된 차만 손괴한 것이 분명한 경우에 제54조 제1항 제2호에 따라 **피해자에게 인적 사항을 제공하지 아니한 사람은 20만원 이하의 벌금이나 구류 또는 과료에 처한다.** (제156조(벌칙))

9-3. 교통사고발생시의 조치 관련 판례

1. 귀책사유 없는 사고차량의 운전자도 도로교통법상 구호조치의무 및 신고의무가 있다. 교통사고의 결과가 피해자의 구호 및 교통질서의 회복을 위한 조치가 필요한 상황인 이상 그 의무는 **교통사고를 발생시킨 당해 차량의 운전자에게 그 사고발생에 있어서 고의·과실 혹은 유책·위법의 유무에 관계없이 부과된 의무**라고 해석함이 상당할 것이므로, 당해 사고에 있어 귀책사유가 없는 경우에도 위 의무가 없다 할 수 없고, 또 위 의무는 신고의무에만 한정되는 것이 아니므로 타인에게 신고를 부탁하고 이탈하였다고 하여 위 의무를 다한 것이라고 말할 수는 없다. (대판 2002.5.24. 2000 1731)
2. 교통사고로 인한 **피해차량의 물적 피해가 경미하고, 파편이 도로상에 비산되지도 않았다고 하더라도, 가해차량이 즉시 정차하는 등 필요한 조치를 취하지 아니한 채 그대로 도주한 경우에는 도로교통법 제54조 제1항 위반죄가 성립한다.** (대판 2009.5.14. 2009도787)
3. 교통사고를 일으킨 운전자에게 신고의무를 부담시키고 있는 도로교통법 제50조 제2항, 제111조 제3호는, 피해자의 구호 및 교통질서의 회복을 위한 조치가 필요한 범위 내에서 교통사고의 객관적 내용만을 신고하도록 한 것으로 해석하고, 형사책임과 관련되는 사항에는 적용되지 아니하는 것으로 해석하는 한 헌법에 위반되지 아니한다. (헌재결 1990.8.27. 89헌가118)

9-4. 교통사고의 처리기준

(1) 치사사고

(2) 치상사고(업무상과실치상죄 : 반의사불벌죄)

1) 피해자와 합의에 따른 처리

피해자의 처벌불원 의사표시가 있는 경우	「교통사고처리특례법」 제3조 제2항을 적용하여 '공소권 없음'으로 처리한다. 다만, 그 원인행위가 **명확하면** 「도로교통법」을 적용하여 통고처분이 가능하다. ▶ 피해자의 처벌불원 의사표시는 1심판결 선고전까지 해야 한다.
피해자와 합의 불성립	「교통사고처리특례법」 제3조 제1항을 적용하여 '공소권 있음'으로 처리한다.
피해자와 합의 불문하고 '공소권 있음'으로 처리하는 경우	① 사고운전자가 피해자를 구호하는 등 「도로교통법」 제54조 제1항에 따른 조치를 하지 아니하고 도주하거나 피해자를 사고 장소로부터 옮겨 유기하고 도주한 경우 ② 사고운전자가 **음주측정 요구에 따르지 아니한 경우**(운전자가 채혈 측정을 요청하거나 동의한 경우는 제외) ③ 사고운전자가 **특례조항 12개 항목**에 해당하는 행위로 인하여 치상사고를 일으킨 경우

> **참고**
>
> **12개의 예외 사유**
>
> | | |
> |---|---|
> | 신호·지시 위반 | 신호기가 표시하는 신호 또는 교통정리를 하는 경찰공무원등의 신호를 **위반**하거나 통행금지 또는 일시정지를 내용으로 하는 안전표지가 표시하는 지시를 **위반**하여 운전한 경우 |
> | 중앙선 침범 | 중앙선을 **침범**하거나 고속도로 등에서 횡단, 유턴 또는 후진한 경우 |
> | 제한속도위반 | 제한속도를 시속 20킬로미터 **초과**하여 운전한 경우 |
> | 앞지르기위반 | 앞지르기의 방법·금지시기·금지장소 또는 끼어들기의 금지를 **위반**하거나 고속도로에서의 앞지르기 방법을 **위반**하여 운전한 경우 |
> | 철길건널목 통과방법위반 | 철길건널목 통과방법을 **위반**하여 운전한 경우 |
> | 횡단보도 보행자보호의무 위반 | 횡단보도에서의 보행자 보호의무를 **위반**하여 운전한 경우 |
> | 무면허 운전 | 운전면허 또는 건설기계조종사면허를 받지 아니하거나 국제운전면허증을 소지하지 아니하고 운전한 경우 |
> | 음주 운전 | 술에 취한 상태에서 운전을 하거나 같은 **약물의 영향**으로 정상적으로 운전하지 못할 우려가 있는 상태에서 운전한 경우 |
> | 보도침범 사고 | 보도가 설치된 도로의 **보도를 침범**하거나 같은 법 제13조 제2항에 따른 **보도횡단방법을 위반**하여 운전한 경우 |
> | 승객추락 방지의무 위반 | 승객의 추락 방지의무를 **위반**하여 운전한 경우 |
> | 어린이보호구역 안전운전 의무 위반 | 어린이 보호구역에서 어린이의 안전에 유의하면서 운전하여야 할 의무를 위반하여 어린이의 신체를 상해에 이르게 한 경우 |
> | 적재화물 추락사고 | 자동차의 화물이 떨어지지 아니하도록 필요한 조치를 하지 아니하고 운전한 경우 |

2) 치상사고를 일으킨 자가 종합보험에 가입된 경우의 특례

원칙	교통사고를 일으킨 차가 종합보험 또는 공제에 가입된 경우에는 운전자에 대하여 공소를 제기할 수 없다.
예외	다음에 해당하는 경우에는 공소를 제기할 수 있다. ㉠ 사고운전자가 피해를 구호하는 등 「도로교통법」 제54조 제1항에 따른 조치를 하지 아니하고 도주하거나 피해자를 사고 장소로부터 옮겨 유기하고 도주한 경우 ㉡ 사고운전자가 **음주측정 요구에 따르지 아니한** 경우(운전자가 채혈 측정을 요청하거나 동의한 경우는 제외) ㉢ 사고운전자가 **특례조항 12개 항목에 해당하는 행위로 인하여 치상사고를 일으킨 경우** ㉣ **피해자가 신체의 상해로 인하여 생명에 대한 위험이 발생하거나 불구가 되거나 불치 또는 난치의 질병이 생긴 경우(중상해)** ㉤ 보험계약 또는 공제계약이 무효로 되거나 해지되거나 계약상의 면책 규정 등으로 인하여 보험회사, 공제조합 또는 공제사업자의 보험금 또는 공제금 지급의무가 없어진 경우 ▶ '일상생활 중 우연한 사고로 타인의 신체장애 및 재물의 손해에 대해 부담하는 법률상 배상책임액을 1억원 한도 내에서 전액배상'하는 보험에 가입된 자전거 운전자가 보도를 보행하던 사람을 다치게 한 경우 → 위 보험은 「교통사고처리특례법」 제4조 제1항, 제2항에서 의미하는 보험등에 해당한다고 볼 수 없으며, 보도를 통행하던 보행자와의 교통사고이므로 「교통사고처리특례법」 제3조 제2항 단서에 해당하므로 공소를 제기할 수 있다.

(3) 물피사건(반의사불벌죄)

피해자와 합의 성립	피해액에 관계없이 교통사고처리대장에 등재함으로써 처리절차를 종결하며, 형사입건은 하지 않는다. 다만, 원인행위가 **명확하면** 「도로교통법」을 적용하여 통고처분은 가능하다.
피해자와 합의 불성립	피해자와 합의가 되지 않으면 형사입건한다. 단, **피해액이 20만원 미만이면 즉심에 회부한다.**

(4) 교통사고 야기 후 도주사건

인명피해 사고	「특정범죄가중처벌등에관한법률」을 적용하여 형사입건한다.
단순 물적피해 사고	「도로교통법」을 적용하여 형사입건한다.

9-5. 교통사고 유형별 처리

(1) 신호·지시위반사고

① 위반O

㉠ 교차로 직전의 횡단보도에 따로 차량보조등이 설치되어 있지 아니한 경우, 교차로 차량신호등이 적색이고 횡단보도 보행등이 녹색인 상태에서 횡단보도를 지나 우회전하다가 업무상과실치상의 결과가 발생하면 「교통사고처리특례법」 '**신호위반**'에 해당한다.

㉡ 도로 정비작업이 마무리 되지 않아 정지선과 횡단보도가 없는 사거리 교차로의 신호등이 황색 등화로 바뀐 상태에서 교차로에 진입하였다가 상대 차량을 충격하여 상해를 입게 함과 동시에 상대차량을 손괴한 경우, 교차로 진입 전 정지선과 횡단보도가 설치되어 있지 않았더라도 황색 등화를 보고서도 교차로 직전에 정지하지 않았다면 신호를 위반한 것이다.

㉢ 회전교차로에 설치된 회전교차로표지 및 유도표시가 화살표 방향과 반대로 진행하지 말 것을 지시하는 내용의 안전표지에 해당하며, 회전교차로에 설치된 회전교차로 표지 및 유도표시에 표시된 화살표 방향과 반대로 진행하는 것이 「교통사고처리특례법」 제3조 제2항 단서 제1호에서 정한 '도로교통법 제5조에 따른 통행금지를 내용으로 하는 **안전표지가 표시하는 지시를 위반하여 운전한 경우**'에 해당한다.

② 위반X

㉠ 교차로 진입 직전에 백색실선이 설치되어 있으나 교차로에서의 진로변경을 금지하는 내용의 안전표지가 개별적으로 설치되어 있지 않은 경우, 자동차 운전자가 교차로에서 진로변경을 시도하다가 야기한 교통사고가 교통사고처리특례법 제3조 제2항 단서 제1호에서 정한 '도로교통법 제5조에 따른 통행금지를 내용으로 하는 **안전표지가 표시하는 지시를 위반하여 운전한 경우**'에 해당하지 않는다.

㉡ 비보호좌회전 : 비보호좌회전표시가 있는 곳에서 녹색신호가 작동중일 때 좌회전 가능
▶ 비보호좌회전 중 교통사고 야기한 경우 신호위반 책임을 지지 않는다.

㉢ 가변차로상의 진행불가 차로로 진행 중 사고는 신호위반이 아니라 중앙선침범에 해당한다.

㉣ 보행자 신호기 신호위반은 신호위반에 해당하지 않는다.

㉤ 교차로에서 적색등화가 켜진 상태에서 우회전하다 신호에 따라 진행하는 다른 차마와 교통사고 야기
▶ 신호위반에 해당하지 않는다.

(2) 중앙선 침범사고

① 위반O

㉠ 차체의 어느 일부라도 중앙선을 침범하면 중앙선 침범에 해당한다.
㉡ 신호등이 설치되어 있지 않은 횡단보도로 실제 중앙선이 곧바로 있지 않다고 하더라도 횡단보도를 제외한 도로에는 황색실선의 중앙선이 곧바로 이어져 설치되어 있기 때문에 좌회전이 금지된 장소인 점을 미루어 짐작할 수 있을 때 횡단보도의 표시를 위하여 부득이 중앙선인 황색실선을 설치하지 못하였다고 하더라도 중앙선의 연장으로 보아 중앙선 침범 운행으로 처리하는 것이 합리적이다.
㉢ 편도 1차로 도로에서 정차한 버스를 앞서가기 위하여 황색실선의 중앙선을 넘어가는 행위는 허용되지 않으므로 중앙선 침범에 해당한다.

② 위반X

㉠ 불가항력, 부득이한 사유로 중앙선을 침범한 경우에는 중앙선 침범사고의 책임을 물을 수 없다.
㉡ 고속도로 또는 자동차전용도로가 아닌 일반도로를 후진하여 역주행한 과실로 도로를 횡단하던 피해자에게 상해를 입게 하였다고 하더라도 「교통사고처리특례법」 제3조 제2항 제2호(중앙선 침범, 고속도로 등 횡단·유턴·후진 위반)이 아니므로 피해자의 명시한 의사에 반하여 공소를 제기할 수 없다.
㉢ 사고 장소가 중앙선 표시가 없는 교차로라면 중앙선 침범을 원인으로 한 사고라고 할 수 없다.
㉣ 황색실선이나 황색 점선으로 된 중앙선이 설치된 도로의 어느 구역에서 좌회전이나 유턴이 허용되어 중앙선이 백색 점선으로 표시되어 있는 경우, 그 지점에서 안전표지에 따라 좌회전이나 유턴을 하기 위하여 중앙선을 넘어 운행하다가 반대편 차로를 운행하는 차량과 충돌하는 교통사고를 낸 것이 교통사고처리특례법에서 규정한 중앙선 침범에 해당하지 않는다.

(3) 횡단보도 보행자보호의무 위반사고

보행자	① 횡단보도 보행자 보호의무 위반사고에서 보행자는 횡단보도 보행자 등이 녹색등일 때 신호에 따라 건너는 사람을 의미하므로 횡단보도 내에서 **택시를 잡기 위하여 앉아 있는 사람, 횡단 보도에서 자고 있는 사람, 횡단보도에서 화물을 적재중인 사람, 싸우고 있는 사람**은 여기서 말하는 보행자에 해당하지 않는다. ② **손수레를 끌고 횡단보도를 건너는 사람도 보행자에 해당**한다.
횡단보도	횡단보도가 노후하여 반쪽만 지워지고 반쪽은 식별할 수 있을 만큼 표시가 되어 있을 경우에도 횡단보도에 포함된다.

(3)-2 횡단보도 보행자보호의무 위반사고 관련 판례

1. 보행 신호등의 녹색등화의 점멸신호 전에 횡단을 시작하였는지 여부를 가리지 아니하고 보행 신호등의 녹색등화가 점멸하고 있는 동안에 횡단보도를 통행하는 모든 보행자는 도로교통법 제27조 제1항에서 정한 **횡단보도에서의 보행자 보호 의무의 대상이 된다.** (대판 2009.5.14. 2007도9598)
2. 차의 운전자가 횡단보도에서의 보행자 보호 의무를 위반하여 운전을 하다가 횡단보도 보행자가 아닌 제3자를 다치게 한 경우, 횡단보도 보행자에 대한 운전자의 업무상 주의의무 위반행위와 상해의 결과 사이에 직접적인 원인관계가 존재하는 한 교통사고처리특례법상 특례조항인 **보행자보호의무 위반에 해당한다.** (대판 2011.4.28. 2009도12671)
3. 피해자가 보행신호등의 녹색등화가 점멸되고 있는 상태에서 **횡단보도를 횡단하기 시작하여 횡단을 완료하기 전에 보행신호등이 적색등화로 변경된 후 차량신호등의 녹색등화에 따라서 직진하던 피고인 운전차량에 충격된 경우**에, 피해자는 신호기가 설치된 횡단보도에서 녹색등화의 점멸신호에 위반하여 **횡단보도를 통행중인 보행자라고 보기는 어렵다**고 할 것이므로, 피고인에게 운전자로서 사고발생방지에 관한 업무상 주의의무위반의 과실이 있음을 별론으로 하고 도로교통법 제24조 제1항 소정의 **보행자보호 의무를 위반한 잘못이 있다고는 할 수 없다.** (대판 2001.10.9. 2001도2939)
4. 모든 차의 운전자는 신호기의 지시에 따라 횡단보도를 횡단하는 보행자가 있을 때에는 횡단보도 진입 선후를 불문하고 일시정지하는 등의 조치를 취함으로써 보행자의 통행이 방해되지 아니하도록 하여야 한다. 다만 자동차가 횡단보도에 먼저 진입한 경우로서 그대로 진행하더라도 보행자의 횡단을 방해하거나 통행에 아무런 위험을 초래하지 아니할 상황이라면 그대로 진행할 수 있다. (대판 2017.3.15. 2016도17442)

(4) 뺑소니사고

도로교통법	「도로교통법」 제54조 제1항 + 제148조(벌칙) 차 또는 노면전차의 운전 등 교통으로 인하여 **사람을 사상하거나 물건을 손괴한 경우 즉시 정차하여 사상자를 구호하는 차 또는 노면전차의 필요한 조치, 피해자에게 인적 사항(성명·전화번호·주소 등) 제공**을 하지 아니한 사람(주·정차된 차만 손괴한 것이 분명한 경우에 피해자에게 인적 사항을 제공하지 아니한 사람은 제외)은 5년 이하의 징역이나 1천500만원 이하의 벌금에 처한다. ㉠ 차의 운전 ㉡ 인피사고와 물피사고 모두 포함 ㉢ 도로에서 사고에 한정X ▶ 주·정차된 차만 손괴한 것이 분명한 경우에 피해자에게 인적 사항을 제공하지 아니한 사람은 20만원 이하의 벌금이나 구류 또는 과료에 처한다.

특가법	「특정범죄가중처벌등에관한법률」 제5조의3 자동차·원동기장치자전거의 교통으로 인하여 업무상과실·중과실치사상죄를 범한 해당 차량의 운전자가 **피해자를 구호하는 등 「도로교통법」 제54조 제1항에 따른 조치를 하지 아니하고 도주한 경우** ㉠ 자동차, 원동기장치자전거 운전 ㉡ 인피사고만 포함O ▶ 물피사고 포함(X) ㉢ 도로에서 사고에 한정X

(4)-2 뺑소니사고 관련 판례

Ⅰ. 뺑소니O

1. 교회 주차장에서 사고차량 운전자가 사고차량의 운행 중 피해자에게 상해를 입히고도 구호조치 없이 도주한 행위에 대하여 특정범죄가중처벌등에관한법률 제5조의3 제1항을 적용한 조치는 정당하다. (대판 2004.8.30. 2004도3600)
2. 사고 운전자가 피해자에 대한 구호조치의 필요성을 인식하고 부근의 택시 기사에게 피해자를 병원으로 이송하여 줄 것을 요청하였으나 경찰관이 온 후 병원으로 가겠다는 피해자의 거부로 피해자가 병원으로 이송되지 아니한 사이에 피해자의 병원이송 및 경찰관의 사고현장 도착 이전에 사고 운전자가 사고현장을 이탈하였다면 **운전자가 사고현장을 이탈하기 전에 피해자의 동승자에게 자신의 신원을 알 수 있는 자료를 제공하였다고 하더라도 도주에 해당**한다. (대판 2004.3.12. 2004250)
3. 교통사고 피해자가 2주간의 치료를 요하는 경추부 염좌 등의 경미한 상해를 입었다는 사정만으로 사고 당시 피해자를 구호할 필요가 없었다고 단정하기는 곤란하다고 보아, 특정범죄가중처벌등에관한법률 제5조의3 **'치상 후 도주죄'의 성립을 인정한다.** (대판 2008.7.10. 2008도1339)
4. 교통사고 야기자가 **피해자를 병원에 후송하기는 하였으나 조사 경찰관에게 사고사실을 부인하고 자신을 목격자라고 하면서 참고인 조사를 받고 귀가**한 경우, 특정범죄가중처벌등에관한법률 제5조의3 제1항 소정의 **'도주'에 해당**한다. (대판 2003.3.25. 2002도5748)
5. 만취 운전자가 교통사고 직후 취중상태에서 사고현장으로부터 수십 미터까지 혼자 걸어가다 수색자에 의해 현장으로 붙잡혀 온 사안에서, 제반 사정상 적어도 위 운전자가 사고발생 사실과 그 현장을 이탈한다는 점을 인식하고 있었다고 보이므로 만취 등 사유만으로 **도주의 범의를 부인할 수 없다.** (대판 2007.9.6. 2005도4459)
6. 교통사고를 야기한 운전자가 피해자를 병원으로 후송한 후 신원을 밝히지 아니한 채 도주한 경우, 특정범죄가중처벌등에관한법률 제5조의3 제1항 소정의 '도주한 때'에 해당한다.

Ⅱ. 뺑소니X

7. 동승자가 교통사고 후 운전자와 공모하여 도주행위에 가담한 경우, 특정범죄가중처벌등에관한법률위반(도주차량)죄의 공동정범으로 처벌할 수 없다. (대판 2007.7.26. 2007도2919)
8. 좌회전이 안 되는 교차로에서 불법으로 좌회전하는 순간 같은 방면 후방에서 중앙선을 넘어 오던 차량과 충돌 후 구호조치 없이 도주한 사고의 경우 선행차량이 불법으로 좌회전한 것은 잘못이나 후행차량이 비정상적인 방법으로 진행할 것까지 예상하여 사고발생 방지조치를 취해야 할 업무상 주의의무는 있다고 할 수 없고 좌회전 금지구역에서 좌회전한 행위와 사고발생간에 상당인과관계가 인정되지 아니하므로 피고인의 과실로 사고가 발생하였음을 전제로 하는 **특가법 위반의 점에 대하여 무죄**를 선고한 원심판결은 정당하다.
9. 신호등이 있는 사거리 교차로의 정지선에서 정지하여 **신호대기 중이던 피해차량의 후사경 등 우측부분을 옆차로에서 진행하여 오던 가해차량의 좌측 후사경 등으로 충격한 경미한 접촉사고의 경우 다음 진행신호로 바뀔 때까지 피해자의 항의가 없어 별다른 조치를 취하지 아니한 채 사고현장을 이탈한 것은 도주에 해당하지 않는다.** (대판 2003.9.26. 2003도3616)

10. 사고운전자가 실제로 피해자를 구호하는 등 구 도로교통법 제50조 제1항의 규정에 따른 조치를 취할 필요가 있었다고 인정되지 아니하는 때에는 사고운전자가 피해자를 구호하는 등의 조치를 취하지 아니하고 사고 장소를 떠났다고 하더라도 특가법 제5조의3 제1항 위반죄가 되지 아니한다. (대판 2005.4.29. 2004도2523)
11. 사고 운전자가 교통사고 현장에서 동승자로 하여금 사고차량의 운전자라고 허위 신고하도록 하였더라도 사고 직후 사고 장소를 이탈하지 아니한 채 보험회사에 사고접수를 하고, 경찰관에게 위 차량이 가해차량임을 밝히며 경찰관의 요구에 따라 동승자와 함께 조사를 받은 후 이틀 후 자진하여 경찰에 출두하여 자수한 경우, 특정범죄가중처벌등에관한법률 제5조의3 제1항에 정한 **도주에 해당하지 않는다.** (대판 2009.6.11. 2008도8627)

(5) 위험운전치사상죄(특정범죄가중처벌등에관한법률 제5조의11 제1항)

법규정	음주 또는 약무르이 영향으로 정상적인 운전이 곤란한 상태에서 자동차(원동기장치자전거를 포함한다)를 운전하여 사람을 상해에 이르게 한 사람은 1년 이상 15년 이하의 징역 또는 1천만원 이상 3천만원 이하의 벌금에 처하고, 사망에 이르게 한 사람은 무기 또는 3년 이상의 징역에 처한다.
주의	① 음주에는 측정거부도 포함 ② 음주는 혈중알콜농도 0.03% 이상 ③ 음주운전으로 인피사고 야기 후 도주 → 「특정범죄가중처벌등에관한법률」 제5조의3(도주차량 운전자의 가중처벌)과 「도로교통법」 제44조(술에 취한 상태에서의 운전금지)만 적용되고 제5조의11(위험운전치사상죄)은 적용 안 됨

(6) 어린이보호구역에서 어린이 치사상의 가중처벌(특정범죄가중처벌등에관한법률 제5조의13)

법규정	자동차(원동기장치자전거를 포함)의 운전자가 「도로교통법」 제12조 제3항에 따른 **어린이보호구역**에서 같은 조 제1항에 따른 조치를 준수하고 **어린이의 안전에 유의하면서 운전하여야 할 의무를 위반**하여 어린이(13세 미만인 사람)에게 「교통사고처리특례법」 제3조 제1항의 죄를 범한 경우에는 다음의 구분에 따라 가중처벌한다. ㉠ **어린이를 사망에 이르게 한 경우에는 무기 또는 3년 이상의 징역**에 처한다. ㉡ 어린이를 상해에 이르게 한 경우에는 1년 이상 15년 이하의 징역 또는 500만원 이상 3천만원 이하의 벌금에 처한다.
주의	어린이 보호구역에서 안전운전의무에 위반하여 어린이(13세 미만)에게 인적피해 교통사고를 야기한 경우에는 「교통사고처리특례법」보다 「특정범죄가중처벌등에관한법률」을 우선하여 적용된다.

10. 신뢰원칙

(1) 의의

> ① 신뢰의 원칙이란 **과실범에 있어서 주의의무의 한계를 정하는 원칙**으로 교통규칙에 맞추어 행동하는 사람은 다른 운전자나 보행자 등도 교통규칙을 잘 지키리라는 것을 신뢰한다면 충분하며, 타인의 교통규칙위반사실을 인식할 수 있는 특별한 사정이 없는 한, 사전에 미리 그 타인이 교통규칙 위반행위로 나오리라는 것을 예견하고 회피할 주의의무까지 **필요하지는 않다는 원칙**이다.
> ② **과실범 처벌을 완화**하기 위한 원칙이다.
> ③ 상대방의 규칙위반을 이미 인식한 경우에는 신뢰원칙이 적용되지 않는다.

(2) 신뢰의 원칙과 관련된 판례

1) 고속도로에서의 주의의무

> ① 특별한 사정이 없는 한 고속도로를 운전하는 자동차 운전자에게는 **고속도로상에서 도로를 횡단하는 보행인 등 장애물이 나타날 것을 예견하여 제한속도 이하로 감속 서행할 주의의무가 없다.** (대판 1981.12.8., 81도1801)
> [주의의무O]
> ② 도로를 횡단하는 보행자를 그 차의 **제동거리 밖에서 발견**하였다면 보행자가 반대 차선의 교행차량 때문에 도로를 완전히 횡단하지 못하고, 그 진행차선 쪽에서 멈추거나 다시 되돌아 나가는 것이 예견되므로 이러한 구체적인 위험이 전개된 이상 **아무리 고속도로상이라 하더라도 신뢰의 원칙이 배제**된다. (대판 1981.3.24. 80도3305)

2) 자동차전용도로상의 주의의무

> ① 「도로교통법」상 자동차전용도로는 자동차만이 아닐 수 있도록 설계된 도로로서 보행자 또는 자동차 외의 차마가 통행하거나 횡단하여서는 안되도록 되어 있으므로 제한속도 이하로 운행하는 자동차의 운전자로서는 특별한 사정이 없는 한, 무단 횡단하는 보행자가 나타날 경우를 미리 예상하여 감속 서행할 의무는 없다. (대판 1989.2.28, 88도1689)
> ② 서울시 소재 잠수교 노상은 자전거의 출입이 금지된 곳이므로 자동차의 운전수로서는 거기에 **자전거를 탄 피해자가 갑자기 차도상에 나타나리라고는 예견할 수 없다**고 할 것이다. (대판 1980.8.12. 80도1446)

3) 교차로상의 주의의무

> ① 교차로를 거의 통과할 무렵 직진신호가 주의신호로 바뀌는 경우 좌회전 대기차량이 좌회전하는 것에 대비할 주의의무는 없다. (대판 1986.8.19 86도589)
> ② 사거리를 녹색신호에 따라 통과할 무렵 제한속도를 초과하였다 할지라도 신호를 위반하고 직진한 상대방 차량에 대비할 주의의무는 없다.
> ③ **통행 우선순위를 무시하고 교차로 왼쪽에서 과속으로 교행해 오는 것 등에 대비할 주의의무는 없다.**
> ④ 교차로에 먼저 진입한 운전자에게 다른 차량이 자신의 진행속도보다 빠른 속도로 교차로에 진입하여 자신의 차량과 충격할지 모른다는 것까지 예상하고 대비하여 운전하여야 할 주의의무는 없다.
> ⑤ 신호에 따라 교차로를 통과하는 차량 운전자에게 신호가 바뀐 후 다른 차량이 신호를 위반하여 교차로에 새로 진입하여 올 경우까지 예상하여야 할 주의의무는 없다.
> ⑥ 삼거리 교차로 좌측도로에서 우회전해 나오는 차량이 반대차로로 넘어들어온 경우 정상 교차로 직진 중인 차에 과실이 있다고 볼 수 없다.

4) 반대 차로 차량에 대한 주의의무

운전자에게는 특별한 사정이 있는 경우 외에는 **반대 차로를 운행하는 차가 갑자기 중앙선을 넘어올 것까지 예견하여 감속하는 등 미리 충돌을 방지할 태세를 갖추어 차를 운전하여야 할 주의의무가 없다.**

5) 횡단보도상에서 주의의무

① 직진 및 좌회전 신호에 의하여 좌회전하는 2대의 차량 뒤를 따라 직진하는 차량의 운전자로서는 **횡단보도의 신호가 적색인 상태에서 반대 차로상에서 정지하여 있는 차량의 뒤로 보행자가 횡단보도를 건너오지 않을 것을 신뢰하는 것은 당연하고, 그렇지 아니할 사태까지 예상하여 그에 대한 주의의무를 다하여야 한다고 할 수 없다.**
[주의의무O]
② 보행자신호가 녹색신호에서 적색신호로 바뀔 무렵에 횡단보도를 통과하는 자동차운전자는 보행자가 교통신호를 철저히 준수할 것이라는 신뢰만으로 자동차를 운전할 것이 아니라 좌우에서 이미 횡단보도에 진입한 보행자가 있는지 여부를 살펴보고, 또한 그 동태를 두루 살피면서 서행하는 등 그와 같은 상황이 있는 보행자의 안전을 위해 어느 때라도 정지할 수 있는 태세를 갖추고 자동차를 운전할 주의의무가 있다.

6) 육교 밑에서의 주의의무

심야 도로교통이 빈번한 대도시 육교 아래에서의 자동차운전자는 무단횡단자가 없을 것으로 믿고 운전하면 되는 것이고, 도로교통법규에 위반하여 그 자동차의 앞을 횡단하려고 하는 사람이 있을 것까지 예상하여 그 안전까지 확인해가면서 운전해야 할 의무는 없다.

7) 기타

① 넓은 도로를 운행하는 차량의 운전자는 교차로에서 좁은 도로의 차량이 교통법규에 따라 적절한 행동을 취할 것을 신뢰하여 운전하므로 좁은 도로에서 진입하는 차량이 일단 정지를 하지 않고 계속 진행하여 큰 도로로 진입할 것을 미리 예견하고 충돌을 방지할 조치를 취하여야 할 주의의무는 없다.
② 신호등이 있는 교차로를 녹색등화에 따라 직진하는 운전자에게 대향차선의 차량이 신호를 위반하여 자기 앞을 가로질러 좌회전할 경우까지 예상하여 특별한 조치를 강구하여야 할 업무상 주의의무는 없다.
③ **편도 5차선 도로의 1차로를 신호에 따라 진행하던 자동차 운전자에게 도로의 오른쪽에 연결된 소방도로에서 오토바이가 나와 맞은편 쪽으로 가기 위해 편도 5차로 도로를 대각선 방향으로 가로질러 진행하는 경우까지 예상하여 진행할 주의의무는 없다.**
④ 앞서가는 차량을 추월하기 위해 중앙선을 침범하여 마주오는 차량과 충돌한 경우, 맞은 편에서 진행한 차량에게 과실이 있다고 할 수 없다.
⑤ 내리막길이고 우측으로 비스듬히 구부러진 도로상에서 피해자의 오토바이가 도로 2차선상을 진행하던 피고인의 운전트럭과 그 우측인도 사이로 무리하게 빠져나가려고 선행하여 가던 피고인의 운전트럭을 바짝 붙어 따라가다가 위 트럭과 충돌하여 사고가 난 경우, 피고인으로서는 후방주시까지 하여 뒤에서 오는 피해자의 오토바이를 발견하고 충돌을 방지할 조치를 취하여야 한다든가 나아가 선행차량이 일시 정차하거나 속도를 낮추어 앞지르려는 오토바이를 선행하도록 하여 줄 업무상 주의의무가 있다고 할 수 없다. (대판 1986.1.21. 85도1959)

[주의의무O]

⑥ 빗물로 노면이 미끄러운 고속도로에서 진행전방의 차량이 빗길에 미끄러져 비정상적으로 움직이고 있다면 앞으로의 진로를 예상할 수 없는 것이므로 그 차가 일시 중앙선을 넘어 반대차선으로 진입되었더라도 노면의 상태나 다른 차량 등 장애물과의 충돌에 의하여 원래의 차선으로 다시 미끄러져 들어올 수 있으므로 그 후방에서 진행하고 있던 차량의 운전자로서는 이러한 사태에 대비하여 속도를 줄이고 안전거리를 확보해야 할 주의의무가 있다. (대판 1990.2.27. 89도777)

⑦ 버스운전사에게 전날 밤에 주차해둔 버스를 그 다음날 아침에 출발하기에 앞서 차체 밑에 장애물이 있는지 여부를 확인하여야 할 주의의무가 있다. (대판 1988.9.27. 88도833)

⑧ 운전사가 차를 세워 시동을 끄고 1단 기어가 들어가 잇는 상태에서 시동열쇠를 끼워놓은 채 11세 남짓한 어린이를 조수석에 남겨두고 차에서 내려온 동안 어린이가 시동열쇠를 돌리며 엑셀러레이터 페달을 밟아 차량이 진행하여 사고가 발생한 경우, 비록 어린이의 행위가 사고의 직접적인 원인이었다 할지라도 그 경우 운전자로서는 위 어린이를 먼저 하차시키던가 운전기기를 만지지 않도록 주의를 주거나 손브레이크를 채운 뒤 시동열쇠를 빼는 등 사고를 미리 막을 수 있는 제반조치를 취할 업무상 주의의무가 있다. (대판 1986.7.8. 86도1048)

⑨ 무단횡단하던 보행자가 중앙선 부근에 서 있다가 마주 오던 차에 충격당하여 자신이 운전하던 택시 앞으로 쓰러지는 것을 피하지 못하고 역과시킨 경우 업무상 과실이 없다고 볼 수는 없다.

⑩ 차량의 운전자로서는 횡단보도의 신호가 적색인 상태에서 반대차선상에 정지하여 있는 차량의 뒤로 보행자가 건너오지 않을 것이라고 신뢰하는 것이 당연하고 그렇지 아니할 사태까지 예상하여 그에 대한 주의의무를 다하여야 한다고는 할 수 없다. (대판 1993.2.23. 92도2077)

⑪ 사고지점이 노폭 약 10미터의 편도 1차선 직선도로이며 진행방향 좌측으로 부락으로 들어가는 소로가 정(丁)자형으로 이어져 있는 곳이고 당시 피해자는 자전거 짐받이에 생선상자를 적재하고 앞서서 진행하고 있었다면 피해자를 추월하고자 하는 자동차운전자는 자전거와 간격을 넓힌 것만으로는 부족하고 경적을 울려서 자전거를 탄 피해자의 주의를 환기시키거나 속도를 줄이고 그의 동태를 주시하면서 추월하였어야 할 주의의무가 있다. (대판 1984.4.10. 84도79)

⑫ 도로공사관계로 우측 노변에 자갈을 깔아 일방통행 도로의 노폭이 약 3미터 정도로서 자동차 1대가 겨우 통행할 수 있는 협소한 곳이라면 뒤에 따라오는 다른 자동차나 오토바이가 피고인이 운행하는 화물자동차를 추월하리라고는 일반적으로 예견할 수 없다 할 것이니 이러한 경우를 예상하여 후사경으로 후방을 주시할 의무가 있다 할 수 있다. (대판 1982.9.28. 82도1853)

⑬ 야간에 편도 2차로의 굽은 도로상의 미등과 차폭등을 켜지 않은 채 화물차를 주차해 놓음으로써 정상 주행하던 오토바이가 추돌하여 그 운전자가 사망한 경우, 그 곳이 주차가 금지된 장소가 아니라고 하더라도 주차해 놓은 화물차 운전자가 무죄라고는 할 수 없다. (대판 1996.12.20. 96도2030)

⑭ 앞지르기 금지장소에서는 선행차량이 진로를 양보하였다 하더라도 앞지르기 할 수 없다. (대판 2005.1.27. 2004도8062)

참고

교통사고시 나타나는 현상

스키드마크	① 굴러가는 타이어가 갑자기 정지할 정도로 강하게 브레이크가 조작된다면 노면상에는 굴러갈 수 없게 된 타이어에 의해 흔적이 남게 되는데 이때 발생한 타이어의 흔적 ② 급제동시 바퀴가 구르지 않고 미끄러질 때 나타나며 좌우측 타이어의 흔적이 대체로 동등하게 나타나는 것이 특징
스크래치	큰 압력 없이 미끄러진 금속물체에 의해 단단한 포장노면에 가볍게 불규칙적으로 좁게 나타나는 긁힌 자국
가속 스카프	정지된 차량에서 기어가 들어가 있는 채로 엔진이 고속으로 회전하다가 클러치 페달을 갑자기 놓아 급가속이 될 때 순간적으로 발생
요마크 (Yaw Mark)	① 급핸들 조향으로 바퀴는 회전을 계속하면서 차축과 평행하게 옆으로 미끄러진 타이어 흔적으로 주로 빗살무늬 흔적의 형태 ② 차량이 급격하게 회전할 때 바깥쪽으로 작용하는 원심력과 노면견인력 때문에 나타나며 회전할 때 안쪽바퀴 타이어에 비해 바깥쪽 타이어에 작용하는 원심력과 노면견인력으로 인한 큰 하중으로 안쪽바퀴 타이어에 비해 **바깥쪽 타이어에 마찰열이 더 많이 발생하고 안쪽보다 진한 흔적을 남긴다.**
노면패인흔적 (Gouge Mark)	노면패인흔적은 칩(Chip), 찹(Chop), 그루브(Groove)로 구분되며 차량의 프레임, 콘트롤 암 등 차량 부품 중 노면에 가까운 차량하부의 강한 금속부분에 의해 지면이 파인 자국을 말한다. ▶ 칩(Chip) : 마치 호미로 노면을 판 것 같이 짧고 깊게 패인 가우지 마크로서 차량 간의 최대 접속시 만들어진다. ▶ 도끼(Chap) : 마치 도끼로 노면을 깎아 낸 것 같이 넓고 얕은 가우지 마크로서 프레임이나 타이어 림에 의해서 만들어진다. ▶ 그루브(Groove) : 길고 좁은 홈자국으로 직선일 수도 있고 곡선일 수도 있는 '노면에 파인 자국'으로서 이것은 구동샤프트나 다른 부품의 돌출한 너트나 못 등이 노면위에 끌릴 때 생기는데, 최대 접촉지점을 벗어난 곳까지도 계속된다. 이것의 밑바닥을 조사해 보면 그것을 만들어 낸 것이 차량의 어느 부분인지를 알 수 있다.

11. 교통안전교육(제73조)

① **운전면허를 받으려는 사람**은 대통령령으로 정하는 바에 따라 시험에 응시하기 전에 다음 사항에 관한 **교통안전교육(시청각교육 등의 방법으로 1시간 실시)**을 받아야 한다.

> 1. 운전자가 갖추어야 하는 기본예절
> 2. 도로교통에 관한 법령과 지식
> 3. 안전운전 능력
> 3의2. 교통사고의 예방과 처리에 관한 사항
> 4. 어린이·장애인 및 노인의 교통사고 예방에 관한 사항
> 5. 친환경 경제운전에 필요한 지식과 기능
> 6. 긴급자동차에 길 터주기 요령
> 7. 그 밖에 교통안전의 확보를 위하여 필요한 사항

② 다음에 해당하는 사람은 대통령령으로 정하는 바에 따라 **특별교통안전 의무교육**을 받아야 한다.

> 1. 운전면허 취소처분을 받은 사람으로서 운전면허를 다시 받으려는 사람
> 2. 제93조 제1항 제1호·제5호·제5호의2·제10호 및 제10호의2에 해당하여 운전면허효력 정지처분을 받게 되거나 받은 사람으로서 그 정지기간이 끝나지 아니한 사람
> 3. 운전면허 취소처분 또는 운전면허효력 정지처분(제93조 제1항 제1호·제5호·제5호의2·제10호 및 제10호의2에 해당하여 운전면허효력 정지처분 대상인 경우로 한정한다)이 면제된 사람으로서 면제된 날부터 1개월이 지나지 아니한 사람
> 4. 운전면허효력 정지처분을 받게 되거나 받은 초보운전자로서 그 정지기간이 끝나지 아니한 사람
> 5. 어린이 보호구역에서 운전 중 어린이를 사상하는 사고를 유발하여 제93조 제2항에 따른 벌점을 받은 날부터 1년 이내의 사람

③ 다음 각 호의 어느 하나에 해당하는 사람이 시·도경찰청장에게 신청하는 경우에는 대통령령으로 정하는 바에 따라 특별교통안전 권장교육을 받을 수 있다. 이 경우 권장교육을 받기 전 1년 이내에 해당 교육을 받지 아니한 사람에 한정한다.

> 1. 교통법규 위반 등 제2항 제2호 및 제4호에 따른 사유 외의 사유로 인하여 운전면허효력 정지처분을 받게 되거나 받은 사람
> 2. 교통법규 위반 등으로 인하여 운전면허효력 정지처분을 받을 가능성이 있는 사람
> 3. 제2항 제2호부터 제4호까지에 해당하여 제2항에 따른 특별교통안전 의무교육을 받은 사람
> 4. 운전면허를 받은 사람 중 교육을 받으려는 날에 65세 이상인 사람

④ 긴급자동차의 운전업무에 종사하는 사람으로서 대통령령으로 정하는 사람은 대통령령으로 정하는 바에 따라 정기적으로 긴급자동차의 안전운전 등에 관한 교육을 받아야 한다.

⑤ **75세 이상인 사람**으로서 운전면허를 받으려는 사람은 시험에 응시하기 전에, 운전면허증 갱신일에 75세 이상인 사람은 운전면허증 갱신기간 이내에 각각 다음 각 호의 사항에 관한 교통안전교육을 받아야 한다.

> 1. 노화와 안전운전에 관한 사항
> 2. 약물과 운전에 관한 사항
> 3. 기억력과 판단능력 등 인지능력별 대처에 관한 사항
> 4. 교통관련 법령 이해에 관한 사항

제4장
경비경찰

1. 경비경찰

의의	경비경찰이란 공공의 안녕이나 질서를 파괴하는 국가비상사태, 긴급한 주요사태 등이 발생하거나 발생할 우려가 있을 때 이를 **예방·경계·진압하는 경찰**이다. 따라서 사람에 의한 경우는 물론이고, 불법행위와는 관련이 없는 태풍이나 지진 등 대규모 자연재해나 건물붕괴 등 인위적인 재난도 경비경찰의 대상이 된다.

1-2. 경비경찰의 대상

대상	종류	내용
인위적· 자연적· 혼잡 재해	행사안전경비 (혼잡경비)	월드컵거리응원, 서울역 귀향인파, 가수콘서트 등 **조직화되지 않은** 군중에 의해 발생하는 자연적·인위적 혼란상태를 경계·진압·예방하는 경찰활동
	재난경비	천재지변·화재 등의 **자연적·인위적 돌발사태**로 인한 인명·재산상 피해를 예방·진압하는 경찰활동
개인적· 단체적 불법행위	치안경비	공안을 해하는 **다중범죄 등 집단적인 범죄사태**가 발생하거나 발생할 우려가 있는 경우에 대비하여 적절한 조치로 사태를 예방·경계·진압하기 위한 경찰활동
	대테러경비	총포·도검·폭발물 등에 의한 인질·난동·살상 등 **사회이목을 집중시키는 중요사건**을 예방·경계·진압하는 경찰활동
	경호경비	**정부요인을 암살**하려는 행위를 미연에 방지하고 피경호자의 신변을 보호하려는 경찰활동
	중요시설경비	국가적으로 중대한 영향을 미치는 **국가산업시설 및 행정시설**을 적의 공격으로부터 방호하기 위한 경찰활동

1-3. 경비경찰 활동의 특성

즉응적(즉시적) 활동	① 경비사태는 항상 긴급을 요하고 국가적으로나 사회적으로 중대한 영향을 주므로 신속한 처리가 요구된다. ② 경비사태 발생시 특별한 처리기한을 정하여 진압할 수 없으며, 즉시 출동하여 신속하게 조기진압을 해야 한다.
복합기능적 활동 수행	경비경찰은 특정한 사태가 발생한 후에 진압하는 역할 뿐만 아니라, 사태의 발생을 미연에 방지하는 경계·예방적 역할을 한다.
현상유지적 활동	경비경찰은 현재의 질서상태를 보존하는 것에 중점을 둔다. 이때 보존이란 정태적·소극적 질서유지를 넘어 새로운 변화와 발전을 보장하기 위한 동태적·적극적 의미의 질서유지 작용을 의미한다.
사회전반적 안녕 목적 활동	경비경찰의 활동은 사회전체의 질서를 파괴하는 범죄를 대상으로 한다는 점에서 경비경찰의 임무는 국가목적적 치안의 수행이라 할 수 있다.
조직적인 부대활동	경비사태 발생시 조직적이고 집단적인 대응이 필요하므로 보통 개인단위활동이 아닌 부대단위의 조직적 활동을 한다.
하향적 명령에 의한 활동	경비경찰활동은 주로 계선조직의 지휘관이 내리는 지시나 명령에 의하여 움직이므로, 지휘관과 부하 간의 관계는 하향적 명령체계가 확보되어야 한다. 따라서 부대원의 재량은 상대적으로 적고, 활동의 결과에 대해서는 지휘관이 지휘책임을 지는 것이 일반적이다.

1-4. 경비경찰 조직운영의 원칙

부대단위활동 원칙	① 경비경찰은 업무의 성격상 개인적 활동이 아닌 **부대단위로 활동**하는 경우가 대부분이다. ② 부대단위로 활동을 할 때에 **반드시 지휘관이 있어야** 한다. 부대의 관리와 임무수행을 위한 **최종결정은 지휘관만이 할 수 있고, 지휘관의 명령에 의하여 업무가 이루어진다. 따라서 부대활동의 성패는 지휘관**에 의해 좌우된다.
지휘관단일성 원칙	긴급성과 신속성을 요하는 업무의 효율적 수행을 위해 **지휘관을 한 사람만 두어야 한다.**
체계통일성 원칙	조직의 정점에서 말단에 이르는 계선을 통하여 **상하 계급간에 일정한 관계가 형성되어 책임과 임무의 분담이 명확히 이루어지고 명령과 복종의 체계가 통일**되어야 한다.
치안협력성 원칙	경비경찰이 **업무수행 과정에서 국민의 협력을 구해야** 하고 국민이 스스로 협조를 해줄 때 효과적인 업무수행이 가능하다.

1-5. 경비경찰의 수단

(1) 경비수단의 종류

간접적 실력행사	경고	① 경고는 경비부대를 전면에 배치 또는 진출시켜 위력을 과시하거나 주의를 주어 범죄실행의 의사를 자발적으로 포기하도록 하는 **간접적 실력행사**이다. ② 경고는 관계자에게 주의를 주고 어떠한 행위를 촉구하는 사실상의 통지행위로 **임의처분**에 해당 → 경찰비례원칙은 당연히 적용 ③ **「경찰관직무집행법」 제5조**에 근거를 두고 있다.
직접적 실력행사	제지	① 제지는 경비사태를 예방·진압하기 위한 강제처분으로 세력분산·주동자 및 주모자 격리 등을 실시하는 **직접적 실력행사**이다. ② 제지의 성질은 의무불이행을 전제로 하지 않는 **대인적 즉시강제(강제집행X)**이다. ③ **「경찰관직무집행법」 제6조**에 근거를 두고 있다.
	체포	① 체포는 상대방의 신체를 구속하는 강제처분이며 **직접적 실력행사**이다. ② 체포는 **「형사소송법」**에 근거가 있다.

(2) 경비수단의 원칙

균형의 원칙	균형 있는 경력운영으로 상황에 따라 **주력부대와 예비부대를 적절하게 활용**하여 한정된 경력으로 최대의 **효과를 올려야** 한다.
위치의 원칙	경비사태에 대하여 실력행사시 상대하는 **군중보다 유리한 지점과 위치를 확보**하여 작전 수행이나 진압을 하여야 한다.
시점의 원칙 (=적시의 원칙)	실력행사시 상대의 기세와 힘이 빠져서 **저항력이 허약한 시점을 포착**하여 때를 놓치지 않고 가장 적절한 시기에 강력하고 집중적인 실력행사를 하여야 한다.
안전의 원칙	① 경비사태 발생시 진압과정에서 경찰이나 시민의 사고가 없어야 한다. ② 작전시 새로운 변수발생은 사회적 파장이 클 수 있으므로 사고없는 안전한 작전을 수행해야 한다.

2. 행사안전경비(혼잡경비)

의의	① 행사안전경비라 함은 대규모의 공연·기념행사·각종 대회·제례 등의 종교행사 등 일시에 몰려든 **미조직의 인파로 인해 발생**하는 예측불허의 사태를 예방·경계·진압하는 경찰활동이다. ② 행사안전경비는 개인이나 단체의 불법행위를 전제로 하지 않는다.

2-2. 「경비업법 시행령」 제30조

시·도경찰청장은 행사장 그 밖에 많은 사람이 모이는 시설 또는 장소에서 혼잡 등으로 인한 위험의 발생을 방지하기 위하여 경비원에 의한 경비가 필요하다고 인정되는 때에는 **행사개최일 전에 당해 행사의 주최자에게 경비원에 의한 경비를 실시하거나 부득이한 사유로 그것을 실시할 수 없는 경우에는 행사개최 24시간 전까지 시·도경찰청장에게 그 사실을 통지**하여 줄 것을 요청(강제X)할 수 있다.

2-3. 「공연법」 및 「공연법 시행령」

공연법	「공연법」 제11조(재해예방조치) ① 공연장 운영자는 화재나 그 밖의 재해를 예방하기 위하여 그 공연장 종업원의 임무·배치 등 **재해대처계획**을 정하여 매년 관할 특별자치시장·특별자치도지사·시장·군수·구청장에게 신고하여야 한다. 이 경우 특별자치시장·특별자치도지사·시장·군수·구청장은 신고 받은 재해대처계획을 관할 소방서장에게 통보하여야 한다. → 미신고시 2000만원 이하의 과태료(벌금X) 부과
공연법 시행령	「공연법 시행령」 제9조(재해대처계획의 신고 등) ③ 공연장 외의 시설이나 장소에서 **1천명 이상**의 관람이 예상되는 공연을 하려는 자는 해당 시설이나 장소 운영자와 공동으로 **공연 개시 14일 전까지** 재해대처계획을 관할 특별자치시장·특별자치도지사·시장·군수 또는 구청장에게 신고하여야 하며, 신고한 사항을 변경하려는 경우에는 **해당 공연 7일 전까지** 변경신고를 하여야 한다.

2-4. 군중정리의 원칙

밀도의 희박화	① 제한된 지역에 많은 군중이 모이면 상호 충돌 및 혼잡을 야기하므로 가급적 **다수인이 모이는 것을 방지**한다. ② 대규모 군중이 모이는 장소는 **사전에 블럭화**한다.
이동의 일정화	군중은 자신의 위치와 갈 곳을 몰라 불안감을 가지므로 **일정 방향으로 이동시켜** 주위 상황을 파악할 수 있는 여건을 조성하고 **안정감을 갖게 한다**.
경쟁적 행동의 지양 (경쟁적 사태 해소)	다른 사람보다 먼저 가려는 심리상태를 억제시켜, 질서있게 행동하면 모든 일이 잘될 수 있다는 것을 납득시킨다. **차분한 목소리로 안내방송**을 하는 것도 한 방법이다.
지시의 철저	사태가 혼잡할 경우 계속적으로 **자세한 안내방송**으로 지시를 철저히 함으로써 혼잡한 사태를 정리하여 사고를 미연에 방지할 수 있도록 한다.

3. 선거경비

비상근무	선거(대통령선거, 국회의원선거, 지방선거)경비 비상근무 ㉠ 선거기간 개시일 ~ 선거일 전 : **경계강화**기간 ㉡ 선거일부터 개표 종료시 : **갑호**비상이 원칙

선거기간	① 선거별 선거기간
	    ㉠ 대통령선거는 23일
	    ㉡ 국회의원선거와 지방자치단체의 의회의원 및 장의 선거는 14일
	② "선거기간"이란 다음의 기간을 말한다.
	    ㉠ 대통령선거 : 후보자등록마감일의 다음 날부터 선거일까지
	    ㉡ 국회의원선거와 지방자치단체의 의회의원 및 장의 선거 : 후보자등록마감일 후 6일 선거일까지

선거일	① 대통령선거는 그 임기만료일 전 70일 이후 첫번째 수요일 ② 국회의원선거는 그 임기만료일 전 50일 이후 첫 번째 수요일 ③ 지방의회의원 및 지방자치단체의 장의 선거는 그 임기만료일 전 30일 이후 첫 번째 수요일
선거운동	선거운동은 선거기간 개시일부터 선거일 전일까지에 한하여 할 수 있다.
후보자 신변보호	**대통령후보자**: ① **대통령후보자는 을호 경호대상자이며, 당선확정자는 갑호 경호대상자이다.** ② 대통령후보자의 신변보호기간은 **후보자등록시부터 당선확정시까지**이다. ③ 후보자의 요청에 따라 전담 신변경호대를 편성·운용하며, 유세장·숙소 등에 대하여 24시간 경호임무를 수행한다. ④ 신변경호를 원하지 않는 후보자는 경호경험이 있는 자로 선발된 직원을 대기시켜 관내 유세기간 중 근접 배치한다. **지방자치단체장 및 국회의원후보자**: 지방자치단체장 및 국회의원후보자의 신변보호는 **후보자가 원할 경우**에는 각 선거구를 관할하는 경찰서에서 전담 경호요원을 적정 수(2~3명 정도) 배치한다.
투표소 경비	투표소는 선거관리위원회가 자체경비하고 경찰은 돌발 상황에 대비하여 순찰 및 즉응 출동태세를 갖추어야 한다.

3-2. 개표소 경비

개표소 내부 안전검측 및 유지	개표소 내부의 안전검측 및 유지는 **선거관리위원회와 협조하여 경찰에서 보안안전팀을 운영하여** 개표소 내외곽에 대한 사전 안전검측을 실시, 안전을 유지하고 채증요원을 배치하여 운용한다.
제1선 개표소 내부	① 개표소 내부는 **선거관리위원회 위원장의 책임 하에 질서를 유지**한다. ② 구·시·군 **선거관리위원회 위원장이나 위원**은 개표소의 질서가 심히 문란하여 공정한 개표가 진행될 수 없다고 인정하는 때에는 개표소의 질서유지를 위하여 정복을 한 경찰공무원 또는 경찰관서장에게 원조를 요구할 수 있다. ③ ②에 의하여 **원조요구를 받은 경찰공무원 또는 경찰관서장은 즉시 이에 따라야 한다.** ④ 원조요구에 의하여 개표소 안에 들어간 경찰공무원 또는 경찰관서장은 **구·시·군 선거관리위원회 위원장의 지시를 받아야 하며, 질서가 회복되거나 위원장의 요구가 있는 때에는 즉시 개표소에서 퇴거**하여야 한다. ⑤ ④의 **경우를 제외하고는 누구든지 개표소 안에서 무기나 흉기 또는 폭발물을 지닐 수 없다.**
제2선 울타리 내곽	① 제2선에서는 **경찰이 선거관리위원회와 합동으로 출입자를 통제**한다. ② 제2선의 출입문은 되도록 **정문만 사용**(기타 출입문은 시정)
제3선 울타리 외곽	경찰이 검문조, 순찰조를 운영하여 위해불심자의 접근을 차단한다.

4. 재난경비

의의	① 재난경비라 함은 돌발적인 자연재해(폭풍우·지진·홍수·해일·폭설·가뭄 등) 및 인위적인 재난(폭발물 사고·대형구조물 붕괴 등)으로부터 국민의 생명과 재산을 보호하고 공공의 질서를 유지하기 위하여 이를 예방·경계·진압하는 일련의 경비 활동을 말한다. ② 재난발생시 **재난관리 주무부서는 소방과 해양경찰**이며, 경찰은 긴급구조지원기관으로써 **인명구조 등 지원임무와 재난현장통제 등의 임무를 수행**한다.

4-2. 「재난 및 안전관리 기본법」상 재난관리체계 : 예방-대비-대응-복구

재난예방단계	① 재난관리책임기관의 장의 재난예방조치 등 ② 국가핵심기반의 지정 등 ③ 국가핵심기반의 관리 등 ④ 특정관리대상지역의 지정 및 관리 등 ⑤ 지방자치단체에 대한 지원 등 ⑥ 재난방지시설의 관리 ⑦ 재난안전분야 종사자 교육 ⑧ 재난예방을 위한 긴급안전점검 등 ⑨ 재난예방을 위한 안전조치 ⑩ 안전취약계층에 대한 안전환경 지원 ⑪ **정부합동 안전점검** ⑫ 사법경찰권 ⑬ 집중 안전점검기간 운영 등 ⑭ 안전관리전문기관에 대한 자료요구 등 ⑮ **재난관리체계 등에 대한 평가 등** ⑯ 재난관리실태 공시 등
재난대비단계	① 재난관리자원의 비축·관리 ② 재난현장 긴급통신수단의 마련 ③ 국가재난관리기준의 제정·운용 등 ④ **기능별 재난대응 활동계획의 작성·활용** ⑤ **재난분야 위기관리 매뉴얼 작성·운용** ⑥ 다중이용시설 등의 위기상황 매뉴얼 작성·관리 및 훈련 ⑦ 안전기준의 등록 및 심의 등 ⑧ 재난안전통신망의 구축·운영 ⑨ 재난대비훈련 기본계획 수립 ⑩ 재난대비훈련 실시

대응단계	① 재난사태선포 ② **응급조치** ③ 위기경보의 발령 등 ④ 재난 예보·경보체계 구축·운영 등 ⑤ 동원명령 등 ⑥ 대피명령 ⑦ 위험구역의 설정 ⑧ 강제대피조치 ⑨ 통행제한 등 ⑩ 응원 ⑪ 응급부담 ⑫ 시·도지사가 실시하는 응급조치 등 ⑬ 재난관리책임기관의 장의 응급조치 ⑭ 지역통제단장의 응급조치 등 ⑮ 중앙긴급구조통제단 ⑯ 지역긴급구조통제단 ⑰ **긴급구조** ⑱ 긴급구조 현장지휘 ⑲ 긴급대응협력관 ⑳ 긴급구조활동에 대한 평가 ㉑ 긴급구조대응계획의 수립 ㉒ 긴급구조 관련 특수번호 전화서비스의 통합·연계 ㉓ 재난대비능력 보강 ㉔ 긴급구조지원기관의 능력에 대한 평가 ㉕ 해상에서의 긴급구조 ㉖ 항공기 등 조난사고시의 긴급구조 등
복구단계	① **재난피해 신고 및 조사** ② 재난복구계획의 수립·시행 ③ 재난복구계획에 따라 시행하는 사업의 관리 ④ **특별재난지역의 선포** ⑤ 특별재난지역에 대한 지원 ⑥ 비용 부담의 원칙 ⑦ 응급지원에 필요한 비용 ⑧ 손실보상 ⑨ 치료 및 보상 ⑩ 포상 ⑪ 재난지역에 대한 국고보조 등의 지원 ⑫ 복구비 등의 선지급 ⑬ 복구비 등의 반환

4-3. 「재난 및 안전관리 기본법」

(1) 용어 정의

① "재난"이란 국민의 생명·신체·재산과 국가에 피해를 주거나 줄 수 있는 것으로서 다음의 것을 말한다.

　㉠ **자연재난** : 태풍, 홍수, 호우, 강풍, 풍랑, 해일, 대설, 한파, 낙뢰, 가뭄, 폭염, 지진, 황사, 조류대발생, 조수, 화산 활동, 소행성·유성체 등 자연우주물체의 추락·충돌, 그 밖에 이에 준하는 자연현상으로 인하여 발생하는 재해
　㉡ **사회재난** : 화재·붕괴·폭발·교통사고(항공사고 및 해상사고를 포함)·화생방사고·환경오염 사고 등으로 인하여 발생하는 대통령령으로 정하는 규모 이상의 피해와 국가핵심기반 체계의 마비, 「감염병의 예방 및 관리에 관한 법률」에 따른 감염병 또는 「가축전염병예방법」에 따른 가축 전염병의 가축, 「미세먼지 저감 및 관리에 관한 특별법」에 따른 미세먼지 등으로 인한 피해

② "**해외재난**"이란 대한민국의 영역 밖에서 대한민국 국민의 생명·신체 및 재산에 피해를 주거나 줄 수 있는 재난으로서 정부차원에서 대처할 필요가 있는 재난을 말한다.
③ "**재난관리**"란 재난의 **예방·대비·대응 및 복구**를 위하여 하는 모든 활동을 말한다.
④ "**안전관리**"란 재난이나 그 밖의 각종 사고로부터 사람의 생명·신체 및 재산의 안전을 확보하기 위하여 하는 모든 활동을 말한다.
⑤ "재난관리책임기관"이란 재난관리업무를 하는 다음의 기관을 말한다.

　㉠ 중앙행정기관 및 지방자치단체(「제주특별자치도 설치 및 국제자유도시 조성을 위한 특별법」 제10조 제2항에 따른 행정시를 포함한다)
　㉡ 지방행정기관·공공기관·공공단체(공공기관 및 공공단체의 지부 등 지방조직을 포함한다) 및 재난관리의 대상이 되는 중요시설의 관리기관 등으로서 대통령령으로 정하는 기관

⑥ "재난관리주관기관"이란 재난이나 그 밖의 각종 사고에 대하여 그 유형별로 예방·대비·대응 및 복구 등의 업무를 주관하여 수행하도록 대통령령으로 정하는 관계 중앙행정기관을 말한다.
⑦ "긴급구조"란 재난이 발생할 우려가 현저하거나 재난이 발생하였을 때에는 국민의 생명·신체 및 재산을 보호하기 위하여 긴급구조기관과 긴급구조지원기관이 하는 인명구조, 응급처치, 그 밖에 필요한 모든 긴급한 조치를 말한다.
⑧ "**긴급구조기관**"이란 **소방청·소방본부 및 소방서**를 말한다. 다만, 해양에서 발생한 재난의 경우에는 **해양경찰청·지방해양경찰청 및 해양경찰서**를 말한다.
⑨ "긴급구조**지원기관**"이란 긴급구조에 필요한 인력·시설 및 장비, 운영체계 등 긴급구조능력을 보유한 기관이나 단체로서 대통령령으로 정하는 기관과 단체를 말한다.
⑩ "안전문화활동"이란 안전교육, 안전훈련, 홍보 등을 통하여 안전에 관한 가치와 인식을 높이고 안전을 생활화하도록 하는 등 재난이나 그 밖의 각종 사고로부터 안전한 사회를 만들어가기 위한 활동을 말한다.
⑪ "**안전취약계층**"이란 어린이, 노인, 장애인, 저소득층 등 신체적·사회적·경제적 요인으로 인하여 재난에 취약한 사람을 말한다.
⑫ "재난관리정보"란 재난관리를 위하여 필요한 재난상황정보, 동원가능 자원정보, 시설물정보, 지리정보를 말한다.
⑬ "국가핵심기반"이란 에너지, 정보통신, 교통수송, 보건의료 등 국가경제, 국민의 안전·건강 및 정부의 핵심기능에 중대한 영향을 미칠 수 있는 시설, 정보기술시스템 및 자산 등을 말한다.

(2) 재난 및 안전관리

총괄·조정	**행정안전부장관**은 국가 및 지방자치단체가 행하는 **재난 및 안전관리 업무를 총괄·조정**한다.
중앙안전 관리위원회	① 재난 및 안전관리에 관한 중요 정책에 관한 사항 등을 심의하기 위하여 **국무총리 소속**으로 중앙안전관리위원회를 둔다. ② 중앙위원회의 위원장은 **국무총리**가 되고, 위원은 대통령령으로 정하는 중앙행정기관 또는 관계 기관·단체의 장이 된다.
중앙재난 안전대책본부	① **대통령령으로 정하는 대규모 재난**의 대응·복구 등에 관한 사항을 총괄·조정하고 필요한 조치를 하기 위하여 **행정안전부에 중앙재난안전대책본부를 둔다.** ② **중앙대책본부의 본부장은 행정안전부장관**이 되며, 중앙대책본부장은 중앙대책본부의 업무를 총괄하고 필요하다고 인정하면 중앙재난안전대책본부회의를 소집할 수 있다. 다만, **해외재난의 경우에는 외교부장관**이, **방사능재난의 경우에는 중앙방사능방재대책본부의 장**(원자력안전위원회 위원장)이 각각 중앙대책본부장의 권한을 행사한다. ③ ②에도 불구하고 재난의 효과적인 수습을 위하여 다음에 해당하는 경우에는 **국무총리가 중앙대책본부장의 권한을 행사할 수 있다.** 이 경우 행정안전부장관, 외교부장관(해외재난의 경우에 한정한다) 또는 원자력안전위원회 위원장(방사능 재난의 경우에 한정한다)이 차장이 된다. 　⊙ 국무총리가 범정부적 차원의 통합 대응이 필요하다고 인정하는 경우 　ⓒ 행정안전부장관이 국무총리에게 건의하거나 제15조의2 제2항에 따른 수습본부장의 요청을 받아 행정안전부장관이 국무총리에게 건의하는 경우 ④ ③에도 불구하고 국무총리가 필요하다고 인정하여 지명하는 중앙행정기관의 장은 행정안전부장관, 외교부장관(해외재난에 한정) 또는 원자력안전위원회 위원장(방사능 재난에 한정)과 공동으로 차장이 된다.
지역재난 안전대책본부	① 해당 관할 구역에서 재난 및 안전관리에 관한 사항을 총괄·조정하고 필요한 조치를 하기 위하여 시·도지사는 시·도재난안전대책본부를 두고, 시장·군수·구청장은 시·군·구 재난안전대책 본부를 둔다. ② 시·도대책본부 또는 시·군·구 대책본부("지역대책본부")의 본부장("지역대책본부장")은 **시·도지사 또는 시장·군수·구청장**이 되며, 지역대책본부장은 지역대책본부의 업무를 총괄하고 필요하다고 인정하면 대통령령으로 정하는 바에 따라 지역재난안전대책본부회의를 소집할 수 있다.
재난사태 선포	① **행정안전부장관**은 대통령령으로 정하는 재난이 발생하거나 발생할 우려가 있는 경우 사람의 생명·신체 및 재산에 미치는 중대한 영향이나 피해를 줄이기 위하여 긴급한 조치가 필요하다고 인정하면 중앙위원회의 심의를 거쳐 **재난사태를 선포할 수 있다.** 다만, 행정안전부장관은 재난상황이 긴급하여 중앙위원회의 심의를 거칠 시간적 여유가 없다고 인정하는 경우에는 중앙위원회의 심의를 거치지 아니하고 **재난사태를 선포할 수 있다.** ② 행정안전부장관은 재난사태를 선포한 경우에는 지체없이 중앙위원회의 승인을 받아야 하고, 승인을 받지 못하면 선포된 재난사태를 즉시 해제하여야 한다. ③ 행정안전부장관 및 지방자치단체의 장은 재난사태가 선포된 지역에 대하여 다음 조치를 할 수 있다. 　⊙ 재난경보의 발령, 인력·장비 및 물자의 동원, 위험구역 설정, 대피명령, 응급지원 등 이 법에 따른 응급조치 　ⓒ 해당 지역에 소재하는 행정기관 소속 공무원의 비상소집 　ⓒ 해당 지역에 대한 여행 등 이동 자제 권고 　㉑ 「유아교육법」 제31조, 「초·중등교육법」 제64조 및 「고등교육법」 제61조에 따른 휴업명령 및 휴원·휴교 처분의 요청 　㉺ 그 밖에 재난예방에 필요한 조치 ④ 행정안전부장관은 재난으로 인한 위험이 해소되었다고 인정하는 경우 또는 재난이 추가적으로 발생할 우려가 없어진 경우에는 선포된 재난사태를 즉시 해제하여야 한다.

특별재난지역의 선포	① 중앙대책본부장은 대통령령으로 정하는 규모의 재난이 발생하여 국가의 안녕 및 사회질서의 유지에 중대한 영향을 미치거나 피해를 효과적으로 수습하기 위하여 특별한 조치가 필요하다고 인정하거나 지역대책본부장의 요청이 타당하다고 인정하는 경우에는 중앙위원회의 심의를 거쳐 해당 지역을 **특별재난지역**으로 선포할 것을 대통령에게 건의할 수 있다. ② 특별재난지역의 선포를 건의받은 **대통령은 해당 지역을 특별재난지역으로 선포할 수 있다.** ③ 특별재난지역에 대한 조치 : 다음의 지원을 하는 외에 대통령령으로 정하는 바에 따라 응급대책 및 재난구호와 복구에 필요한 행정상·재정상·금융상·의료상의 특별지원을 할 수 있다. 　㉠ 사망자·실종자·부상자 등 피해주민에 대한 구호 　㉡ 주거용 건축물의 복구비 지원 　㉢ 고등학생의 학자금 면제 　㉣ 관계 법령에서 정하는 바에 따라 농업인·임업인·어업인의 자금융자, 농업·임업·어업 자금의 상환기한 연기 및 그 이자의 감면 또는 중소기업 및 소상공인의 자금융자 　㉤ 세입자 보조 등 생계안정 지원 　㉥ 관계 법령에서 정하는 바에 따라 국세·지방세, 건강보험료·연금보험료, 통신요금, 전기요금 등의 경감 또는 납부유예 등의 간접지원 　㉦ 주 생계수단인 농업·어업·임업·염생산업에 피해를 입은 경우에 해당 시설의 복구를 위한 지원 　㉧ 공공시설 피해에 대한 복구사업비 지원 　㉨ 그 밖에 제14조 제3항 본문에 따른 중앙재난안전대책본부회의에서 결정한 지원 또는 제16조 제2항에 따른 지역재난안전대책본부회의에서 결정한 지원
위기경보의 발령 (제38조)	① 재난관리주관기관의 장은 대통령령으로 정하는 재난에 대한 징후를 식별하거나 재난발생이 예상되는 경우에는 그 위험 수준, 발생 가능성 등을 판단하여 그에 부합되는 조치를 할 수 있도록 위기경보를 발령할 수 있다. 다만, 제34조의5 제1항 제1호 단서의 상황인 경우에는 행정안전부장관이 위기경보를 발령할 수 있다. ② 제1항에 따른 위기경보는 재난 피해의 전개 속도, 확대 가능성 등 재난상황의 심각성을 종합적으로 고려하여 관심·주의·경계·심각으로 구분할 수 있다. 다만, 다른 법령에서 재난 위기경보의 발령 기준을 따로 정하고 있는 경우에는 그 기준을 따른다. ③ 재난관리주관기관의 장은 심각 경보를 발령 또는 해제할 경우에는 행정안전부장관과 사전에 협의하여야 한다. 다만, 긴급한 경우에 재난관리주관기관의 장은 우선 조치한 후 지체 없이 행정안전부장관과 협의하여야 한다. ④ 재난관리책임기관의 장은 제1항에 따른 위기경보가 신속하게 발령될 수 있도록 재난과 관련한 위험정보를 얻으면 즉시 행정안전부장관, 재난관리주관기관의 장, 시·도지사 및 시장·군수·구청장에게 통보하여야 한다.
대피명령 (제40조)	① 시장·군수·구청장과 지역통제단장(대통령령으로 정하는 권한을 행사하는 경우에만 해당한다. 이하 이 조에서 같다)은 재난이 발생하거나 발생할 우려가 있는 경우에 사람의 생명 또는 신체나 재산에 대한 위해를 방지하기 위하여 필요하면 해당 지역 주민이나 그 지역 안에 있는 사람에게 대피하도록 명하거나 선박·자동차 등을 그 소유자·관리자 또는 점유자에게 대피시킬 것을 명할 수 있다. 이 경우 미리 대피장소를 지정할 수 있다. ② 제1항에 따른 대피명령을 받은 경우에는 즉시 명령에 따라야 한다.

위험구역의 설정 (제41조)	① 시장·군수·구청장과 지역통제단장(대통령령으로 정하는 권한을 행사하는 경우에만 해당한다. 이하 이 조에서 같다)은 재난이 발생하거나 발생할 우려가 있는 경우에 사람의 생명 또는 신체에 대한 위해 방지나 질서의 유지를 위하여 필요하면 위험구역을 설정하고, 응급조치에 종사하지 아니하는 사람에게 다음 각 호의 조치를 명할 수 있다.
	   1. 위험구역에 출입하는 행위나 그 밖의 행위의 금지 또는 제한
	   2. 위험구역에서의 퇴거 또는 대피
	② 시장·군수·지역통제단장은 제1항에 따라 위험구역을 설정할 때에는 그 구역의 범위와 제1항 제1호에 따라 금지되거나 제한되는 행위의 내용, 그 밖에 필요한 사항을 보기 쉬운 곳에 게시하여야 한다.
	③ 관계 중앙행정기관의 장은 재난이 발생하거나 발생할 우려가 있는 경우로서 사람의 생명 또는 신체에 대한 위해 방지나 질서의 유지를 위하여 필요하다고 인정되는 경우에는 시장·군수·구청장과 지역통제단장에게 위험구역의 설정을 요청할 수 있다.

강제대피조치 (제42조)	① 시장·군수·구청장과 지역통제단장(대통령령으로 정하는 권한을 행사하는 경우에만 해당한다. 이하 이 조에서 같다)은 제40조 제1항에 따른 대피명령을 받은 사람 또는 제41조 제1항 제2호에 따른 위험구역에서의 퇴거나 대피명령을 받은 사람이 그 명령을 이행하지 아니하여 위급하다고 판단되면 그 지역 또는 위험구역 안의 주민이나 그 안에 있는 사람을 강제로 대피 또는 퇴거시키거나 선박·자동차 등을 견인시킬 수 있다. ② 시장·군수·구청장 및 지역통제단장은 제1항에 따라 주민 등을 강제로 대피 또는 퇴거시키기 위하여 필요하다고 인정하면 관할 경찰관서의 장에게 필요한 인력 및 장비의 지원을 요청할 수 있다. ③ 제2항에 따른 요청을 받은 경찰관서의 장은 특별한 사유가 없는 한 이에 응하여야 한다.

5. 국가중요시설경비

의의		국가중요시설이란 공공기관, 공항·항만, 주요 산업시설 등 적에 의하여 점령 또는 파괴되거나 기능이 마비될 경우 국가안보와 국민생활에 심각한 영향을 주게 되는 시설을 말한다.
분류	시설의 기능이나 역할의 중요성 및 가치의 정도에 따른 구분(시설이 국가안전에 미치는 중요도에 따른 구분)	
	가급 시설	적에 의해 점령 또는 파괴되거나 기능 마비시 **광범위한 지역**의 통합방위 작전수행이 요구되고 국민생활에 **결정적인 영향**을 미칠 수 있는 시설
	나급 시설	적에 의하여 파괴되거나 기능 마비시 **일부지역**의 통합방위작전수행이 요구되고 국민생활에 **중대한 영향**을 미칠 수 있는 시설
	다급 시설	적에 의하여 파괴되거나 기능 마비시 **제한된 지역**에서 **단기간** 통합방위작전 수행이 요구되고 국민생활에 **상당한 영향**을 미칠 수 있는 시설
경비·보안 및 방호		① **국가중요시설의 관리자(소유자를 포함한다)**는 경비·보안 및 방호책임을 지며, 통합방위사태에 대비하여 **자체방호계획을 수립**하여야 한다. 이 경우 국가중요시설의 관리자는 자체방호계획을 수립하기 위하여 필요하면 **시·도경찰청장 또는 지역군사령관에게 협조를 요청할 수 있다.** ② **시·도경찰청장 또는 지역군사령관**은 통합방위사태에 대비하여 국가중요시설에 대한 **방호지원계획을 수립·시행하여야 한다.** ③ **국가중요시설의 평시 경비·보안활동에 대한 지도·감독**은 **관계행정기관의 장과 국가정보원장**이 행한다. ④ 국가중요시설은 **국방부장관**이 관계 행정기관의 장 및 **국가정보원장과 협의**하여 지정한다.

6. 다중범죄진압경비(치안경비)

의의		다중범죄진압경비란 공공의 안녕과 질서를 해하는 다중에 의한 불법사태가 발생하거나 발생할 것에 대비하여 시기를 놓치지 않고 신속하고도 적절한 조치를 취함으로써 사태를 예방하거나 진압하고, 또한 사태의 악화를 최소한으로 줄이면서 피해를 극소화하는 경찰활동이다.
다중범죄 특성	부화뇌동적 파급성	다중범죄의 발생은 군중심리의 영향을 많이 받아, **작은 동기에 의하여 발생**하기도 하고, 일단 **발생하면 부화뇌동으로 인하여 대규모로 확대될 수 있다.**
	비이성적 단순성	시위군중은 과격하고 단순하게 행동하며, 법률적·도덕적·사회통념상 이해가 불가능한 비이성적인 경우가 많으므로, **주장내용이 편협하고 타협이나 설득이 어렵다.**
	확신적 행동성	① 다중범죄를 발생시키는 주동자나 참여자들은 **자신의 사고가 정의라는 확신을 가지고 감행하는 경우가 많아** 과감하고 전투적이다. ② 점거농성 때 **투신이나 분신자살 등**
	조직적 연계성	① 현대사회의 문제는 전국적으로 공통성이 있으므로, 조직도 전국적으로 연계되어 있는 경우가 많다. ② 다중범죄는 **특정한 조직에 기반을 두고 조직의 뜻대로 계획해서 뚜렷한 목적의식을 가지고 감행**되는 경우가 대부분이다. 따라서 단체의 목적이나 활동방침을 파악하는 것이 필요하다.
정책적 치료법	선수승화법	특정한 불만집단에 대한 정보활동을 강화하여 **사전에 불만 및 분쟁요인을 찾아내어 해소**시켜 주는 방법
	전이법	다중범죄의 발생징후나 이슈가 있을 때 집단이나 국민들의 관심을 집중시킬 수 있는 **경이적인 사건을 폭로하거나 규모가 큰 행사를 개최하여 원래의 이슈가 상대적으로 약화되도록** 하는 방법
	지연정화법	불만집단의 고조된 주장을 **시간을 끌어 이성적으로 생각할 기회를 부여**하고 정서적으로 감정을 둔화시켜 **흥분을 가라앉게** 하는 방법
	경쟁행위법	**불만집단과 반대되는 대중의견을 크게 부각**시켜 불만집단이 위압되어 스스로 해산 및 분산되도록 하는 방법
진압 기본원칙	봉쇄·방어	군중들이 중요시설이나 기관 등 보호대상물의 점거를 기도할 경우, **사전에 진압부대가 점령하거나 바리케이드 등으로 봉쇄하여 방어조치를 취하는 방법**으로, 군중의 의도를 사전에 봉쇄하여 충돌없이 효과적으로 무산시키는 방법이다.
	차단·배제	다중범죄는 다중이 모일 수 있는 교통상 편리한 특정 장소에서 시도되는 경우가 많다. 이러한 경우 군중이 목적지에 집결하기 전에 **중간에서 차단하여 집합을 못하게 하는 방법**이다.
	세력분산	일단 시위대가 집단을 형성한 이후에 진압부대가 대형으로 공격하거나 가스탄을 사용하여 시위집단의 지휘통제력을 차단시키며 수개의 소집단으로 분할시켜 시위의사를 약화시킴으로써 그 세력을 분산시키는 방법이다.
	주동자 격리	다중범죄는 특정한 지도자나 주동자의 선동에 의하여 이루어지므로 주모자를 사전에 검거하거나 군중과 격리하여 군중의 집단적 결속력을 약화시켜 계속된 행동을 못하게 진압하는 방법이다.

진압 3대원칙	신속한 해산	시위군중은 군중심리의 영향으로 격화되거나 확대되기 쉽고 파급성이 강하므로 초기 단계에서 신속철저하게 이를 해산시켜야 한다.
	주모자 체포	시위군중은 주모자가 체포되면 무기력해져 쉽게 해산되는 것이 보통이므로 주동적으로 행동하는 자부터 체포하여 분리시켜야 한다.
	재집결 방지	시위군중은 해산하더라도 다시 집결하기 쉬우므로 다시 집결할 만한 곳에 경력을 배치하고 순찰과 검문검색을 강화하여 재집결을 방지한다.

7. 경호경비

의의	호위	신체에 대하여 직접저급로 가해지는 위해를 근접에서 방지 또는 제거하는 행위
	경비	생명·신체를 보호하기 위하여 특정한 지역을 경계·순찰·방비하는 행위
대상	갑호	① 대통령과 그 가족 ② 대통령당선인과 그 가족 ③ 퇴임 후 10년 이내 전직 대통령과 그 배우자 ④ 대통령권한대행과 그 배우자
	을호	국회의장, 대법원장, 국무총리, 헌법재판소장, 퇴임 후 10년 경과한 전직대통령, 대통령선거 후보자
	병호	갑호, 을호 외에 경찰청장이 필요하다고 인정한 사람

7-2. 경호경비의 4대 원칙

자기희생의 원칙	어떠한 희생을 치르더라도 피경호자는 절대로 신변의 안전이 보호·유지되어야 한다는 원칙을 말한다.
자기 담당구역 책임의 원칙	① 경호원은 자기 담당구역 내에서 일어나는 어떠한 사태에 대해서도 자기만의 임무임을 자각하여 자기의 책임으로 해결하여야 한다는 원칙을 말한다. ② 따라서 인근지역에서 특별한 상황이 발생하더라도 자기담당구역을 벗어나서는 안 된다.
하나의 통제된 지점을 통한 접근의 원칙	피경호자와 접근할 수 있는 통로는 경호상 통제된 **오직 하나의 통로**여야 한다는 원칙을 말한다. (다양하게 통제된 지점을 통한 접근의 원칙X)
목적물 보존의 원칙	암살기도자 또는 위해를 가할 가능성이 있는 불순분자로부터 피경호자(목적물)가 격리되어야 한다는 원칙으로, 다음 사항이 고려되어야 한다. ㉠ 행차코스·행차예정장소 등은 원칙적으로 **비공개**로 하여야 한다. ㉡ 일반에 노출된 도보행차나 수차 행차하였던 동일한 **장소는 가급적 피해야** 한다.

7-3. 행사장 경호

제1선 (안전구역 내부)	의의	① 피경호자가 위치하는 내부로서 옥내일 경우에는 건물자체를 말하며, 옥외일 경우에는 본부석이 통상적으로 해당한다. ② **요인의 승·하차장, 동선 등의 취약개소로 피경호자에게 직접적으로 위해를 가할 수 있는 거리 내의 지역**을 지칭한다. ▶ 절대안전확보구역
	경호책임	경호에 대한 주관 및 책임은 경호처이고 경찰은 경호처 요청시 경력 및 장비를 지원한다.
	주요활동	① **출입자 통제관리** ② **MD설치 운용** ③ **비표확인 및 출입자 감시**
제2선 (내곽)	의의	주경비지역으로서, 제1선을 제외한 행사장 중심으로 소총의 유효사거리 내외의 취약개소를 의미한다.
	경호책임	경호책임은 **경찰이 담당**하고 군부대 내일 경우에는 군이 책임진다.
	주요활동	① **바리케이드 등 장애물 설치** ② **돌발사태 대비 예비대 운영 및 구급차, 소방차 대기**
제3선 (외곽)	의의	① **조기경보지역**으로서, 행사장 중심으로 적의 접근을 조기에 경보하고 차단하기 위해 설정된 선 ② 임무는 주변 동향파악과 직시고층건물 및 감제고지에 대한 안전확보, 우발 사태에 대비책을 강구하여 피경호자에 대한 위해요소를 제거
	경호책임	통상 경찰이 책임진다.
	주요활동	① 감시조 운영 ② 도보등 원거리 기동순찰조 운영 ③ 원거리 불심자 검문·차단

8. 대테러경비(「테러취약시설 안전활동에 관한 규칙」)

구분	내용

정의
(제2조)
	1. "**테러취약시설**"이란 테러 예방 및 대응을 위해 경찰이 관리하는 다음 각 목의 시설·건축물 등 중 경찰청장이 지정하는 것을 말한다.
	  가. 국가중요시설
	  나. 다중이용건축물등
	  다. 공관지역
	  라. 미군 관련 시설
	  마. 그 밖에 특별한 관리가 필요하다고 제14조의 테러취약시설 심의위원회에서 결정한 시설

지정권자 (제5조)	테러취약시설의 지정 등은 **경찰청장**이 행한다.

다중이용건축물
분류
(제9조)
	① 다중이용건축물등은 시설의 기능·역할의 중요성과 가치의 정도에 따라 다중이용건축물등 "A"등급, "B"등급, "C"등급 ("A급", "B급", "C급")으로 구분하며 그 기준은 다음 각 호와 같다.
	  1. A급 : 테러에 의하여 파괴되거나 기능 마비시 **광범위한 지역**의 대테러진압작전이 요구되고, 국민생활에 **결정적인 영향**을 미칠 수 있는 시설
	  2. B급 : 테러에 의하여 파괴되거나 기능 마비시 **일부 지역**의 대테러진압작전이 요구되고, 국민생활에 **중대한 영향**을 미칠 수 있는 시설
	  3. C급 : 테러에 의하여 파괴되거나 기능 마비시 **제한된 지역**에서 **단기간** 대테러진압작전이 요구되고, 국민생활에 **상당한 영향**을 미칠 수 있는 시설

테러취약시설
심의위원회
(제14조)
	① 심의위원회는 위기관리센터에 **비상설**로 두며, 다음 각 호에 같이 구성한다.
	  1. **위원장 : 경찰청 경비국장**
	  2. 부위원장 : 위기관리센터장

국가중요시설 지도·점검 (제21조)	① **경찰서장**은 관할 내에 있는 국가중요시설 **전체**에 대하여 **연 1회 이상 지도·점검**을 실시하여야 한다. ② 시·도경찰청장은 관할 내 국가중요시설 중 **선별**하여 **연 1회 이상 지도·점검**을 실시한다. ③ 경찰청장은 경찰관서장이 국가중요시설에 대해 적절한 지도·점검을 실시하는지 감독하고, 선별적으로 지도·점검을 실시한다.

다중이용
건축물
지도·점검
(제22조)
	① **경찰서장**은 관할 내에 있는 다중이용건축물등 **전체**에 대해 해당 시설 관리자의 동의를 받아 다음 각 호와 같이 지도·점검을 실시하여야 한다. 다만, 연 1회 이상 유관기관과 합동으로 실시함을 원칙으로 한다.
	  1. A급 : 분기 1회 이상
	  2. B급, C급 : 반기 1회 이상
	② 시·도경찰청장은 관할 내 다중이용건축물등 중 일부를 선별하여 해당 시설 관리자의 동의를 받아 반기 1회 이상 지도·점검을 실시하여야 한다.
	③ 경찰청장은 경찰관서장이 다중이용건축물등에 대해 적절한 지도·점검을 실시하는지 감독하고, 해당 시설 관리자의 동의를 받아 선별적으로 지도·점검을 실시하여야 한다.

대테러 훈련 방법 (제27조)	① **경찰서장**은 관할 테러취약시설 중 선정하여 **분기 1회 이상** 대테러 훈련(FTX)을 실시해야 한다. 이 중 연 1회 이상은 관계 기관 합동으로 실시한다. ② 시·도경찰청장은 반기 1회 이상 권역별로 대테러 훈련을 실시하여야 한다.

8-2. 「국민보호와 공공안전을 위한 테러방지법」

목적 (제1조)	이 법은 테러의 예방 및 대응 활동 등에 관하여 필요한 사항과 테러로 인한 피해보전 등을 규정함으로써 테러로부터 국민의 생명과 재산을 보호하고 국가 및 공공의 안전을 확보하는 것을 목적으로 한다.
정의 (제2조)	1. "테러"란 국가·지방자치단체 또는 외국 정부(외국 지방자치단체와 조약 또는 그 밖의 국제적인 협약에 따라 설립된 국제기구를 포함한다)의 권한행사를 방해하거나 의무 없는 일을 하게 할 목적 또는 공중을 협박할 목적으로 하는 다음 각 목의 행위를 말한다. 　가. 사람을 살해하거나 사람의 신체를 상해하여 생명에 대한 위험을 발생하게 하는 행위 또는 사람을 체포·감금·약취·유인하거나 인질로 삼는 행위 2. "테러단체"란 국제연합(UN)이 지정한 테러단체를 말한다. 3. "테러위험인물"이란 테러단체의 조직원이거나 테러단체 선전, 테러자금 모금·기부, 그 밖에 테러 예비·음모·선전·선동을 하였거나 하였다고 의심할 상당한 이유가 있는 사람을 말한다. 4. "외국인테러전투원"이란 테러를 실행·계획·준비하거나 테러에 참가할 목적으로 국적국이 아닌 국가의 테러단체에 가입하거나 가입하기 위하여 이동 또는 이동을 시도하는 내국인·외국인을 말한다. 5. "테러자금"이란 공중을 협박목적을 위한 자금을 말한다. 6. "대테러활동"이란 제1호의 테러 관련 정보의 수집, 테러위험인물의 관리, 테러에 이용될 수 있는 위험물질 등 테러수단의 안전관리, 인원 시설 장비의 보호, 국제행사의 안전확보, 테러위협에의 대응 및 무력진압 등 테러 예방과 대응에 관한 제반 활동을 말한다. 7. "관계기관"이란 대테러활동을 하는 수행하는 국가기관, 지방자치단체, 그 밖에 대통령령으로 정하는 기관을 말한다. 8. "대테러조사"란 대테러활동에 필요한 정보나 자료를 수집하기 위하여 현장조사, 문서열람, 시료채취 등을 하거나 조사대상자에게 자료제출 및 전술을 요구하는 활동을 말한다.
국가 및 지자체의 책무 (제3조)	① 국가 및 지방자치단체는 테러로부터 국민의 생명·신체 및 재산을 보호하기 위하여 테러의 예방과 대응에 필요한 제도와 여건을 조성하고 대책을 수립하여 이를 시행하여야 한다. ② 국가 및 지방자치단체는 제1항의 대책을 강구함에 있어 국민의 기본적 인권이 침해당하지 아니하도록 최선의 노력을 하여야 한다. ③ 이 법을 집행하는 공무원은 헌법상 기본권을 존중하여 이 법을 집행하여야 하며 헌법과 법률에서 정한 적법절차를 준수할 의무가 있다.
타법률관계 (제4조)	**이 법은 대테러활동에 관하여 다른 법률에 우선하여 적용**한다.
국가테러 대책위원회 (제5조)	① 대테러활동에 관한 정책의 중요사항을 심의·의결하기 위하여 **국가테러대책위원회**를 둔다. ② 대책위원회는 국무총리 및 관계 기관의 장 중 대통령령으로 정하는 사람으로 구성하고 **위원장은 국무총리**로 한다.
대테러센터 (제6조)	① 대테러활동과 관련하여 다음 각 호의 사항을 수행하기 위하여 **국무총리 소속**으로 관계 기관 공무원으로 구성되는 **대테러센터를 둔다**. ③ 대테러센터 소속 직원의 인적사항은 공개하지 아니할 수 있다.
대테러 인권보호관 (제7조)	① 관계 기관의 대테러활동으로 인한 국민의 기본권 침해 방지를 위하여 **대책위원회 소속**으로 **대테러 인권보호관 1명을 둔다**.

테러위험인물 정보수집 (제9조)	① **국가정보원장**은 테러위험인물에 대하여 출입국·금융거래 및 통신이용 등 **관련 정보를 수집할 수 있다.** ② **국가정보원장**은 제1항에 따른 정보 수집 및 분석의 결과 테러에 이용되었거나 이용될 가능성이 있는 금융거래에 대하여 지급정지 등의 조치를 취하도록 **금융위원회 위원장에게 요청할 수 있다.** ③ **국가정보원장**은 테러위험인물에 대한 개인정보와 위치정보를 「개인정보보호법」 제2조의 개인정보 처리자와 「위치정보의 보호 및 이용 등에 관한 법률」 제5조와 사물위치정보사업자에게 요구할 수 있다. ④ **국가정보원장**은 대테러활동에 필요한 정보나 자료를 수집하기 위하여 대테러조사 및 **테러위험인물에 대한 추적**을 할 수 있다. 이 경우 **사전 또는 사후에 대책위원회 위원장에게 보고하여야 한다.**
삭제 요청 (제12조)	① 관계 기관의 장은 테러를 선동·선전하는 글 또는 그림, 상징적 표현물, 테러에 이용될 수 있는 폭발물 등 위험물 제조법 등이 인터넷이나 방송·신문, 게시판 등을 통해 유포될 경우 해당 기관의 장에게 긴급 삭제 또는 중단, 감독 등의 협조를 요청할 수 있다.
외국인테러 전투원 규제 (제13조)	① 관계 기관의 장은 외국인테러전투원으로 출국하려 한다고 의심할 만한 상당한 이유가 있는 **내국인·외국인에 대하여 일시 출국금지를 법무부장관에게 요청할 수 있다.** ② 제1항에 따른 일시 **출국금지 기간은 90일로 한다.** 다만, 출국금지를 계속할 필요가 있다고 판단할 상당한 이유가 있는 경우에 관계 기관의 장은 그 사유를 명시하여 연장을 요청할 수 있다. ③ 관계 기관의 장은 외국인테러전투원으로 가담한 사람에 대하여 「여권법」 제13조에 따른 여권의 효력정지 및 같은 법 제12조 제3항에 따른 재발급 거부를 외교부장관에게 요청할 수 있다.
신고자보호 및 포상금 (제14조)	① 국가는 「특정범죄신고자 등 보호법」에 따라 테러에 관한 신고자, 범인검거를 위하여 제보하거나 검거활동을 한 사람 또는 그 친족 등을 보호하여야 한다. ② 관계 기관의 장은 테러의 계획 또는 실행에 관한 사실을 관계 기관에 신고하여 테러를 사전에 예방할 수 있게 하였거나, 테러에 가담 또는 지원한 사람을 신고하거나 체포한 사람에 대하여 대통령령으로 정하는 바에 따라 포상금을 지급할 수 있다.
테러피해 지원 (제15조)	① 테러로 인하여 신체 또는 재산의 피해를 입은 국민은 관계 기관에 즉시 신고하여야 한다. 다만, 인질 등 부득이한 사유로 신고할 수 없을 때에는 법률관계 또는 계약관계에 의하여 보호의무가 있는 사람이 이를 알게 된 때에는 즉시 신고하여야 한다. ② 국가 또는 지방자치단체는 제1항의 피해를 입은 사람에 대하여 대통령령으로 정하는 바에 따라 치료 및 복구에 필요한 비용의 전부 또는 일부를 지원할 수 있다. 다만, 「여권법」 제17조 제1항 단서에 따른 외교부장관의 허가를 받지 아니하고 방문 및 체류가 금지된 국가 또는 지역을 방문·체류한 사람에 대해서는 그러하지 아니하다.
특별 위로금 (제16조)	① 테러로 인하여 생명의 피해를 입은 사람의 유족 또는 신체상의 장애 및 장기치료를 요하는 피해를 입은 사람에 대해서는 그 피해의 정도에 따라 등급을 정하여 특별위로금을 지급할 수 있다. 다만, 「여권법」 제17조 제1항 단서에 따른 외교부장관의 허가를 받지 아니하고 방문 및 체류가 금지된 국가 또는 지역을 방문·체류한 사람에 대해서는 그러하지 아니하다.

테러단체
구성죄등
(제17조)
	① 테러단체를 구성하거나 구성원으로 가입한 사람은 다음 각 호의 구분에 따라 처벌한다.
	
	   1. 수괴(首魁)는 사형·무기 또는 10년 이상의 징역
	   2. 테러를 기획 또는 지휘하는 등 중요한 역할을 맡은 사람은 무기 또는 7년 이상의 징역
	   3. **타국의 외국인테러전투원으로 가입한 사람은 5년 이상의 징역**
	   4. 그 밖의 사람은 3년 이상의 징역
	
	④ 제1항 및 제2항의 **미수범은 처벌한다.**
	⑤ 제1항 및 제2항에서 정한 죄를 범할 목적으로 **예비 또는 음모한 사람은 3년 이하의 징역에 처한다.**

무고, 날조 (제18조)	① 타인으로 하여금 형사처분을 받게 할 목적으로 제17조의 죄에 대하여 무고 또는 위증을 하거나 증거를 날조·인멸·은닉한 사람은 「형법」 제152조부터 제157조까지에서 정한 형에 2분의 1을 가중하여 처벌한다. ② 범죄수사 또는 정보의 직무에 종사하는 공무원이나 이를 보조하는 사람 또는 이를 지휘하는 사람이 직권을 남용하여 제1항의 행위를 한 때에도 제1항의 형과 같다. 다만, 그 법정형의 최저가 2년 미만일 때에는 이를 2년으로 한다.
세계주의 (제19조)	제17조의 죄는 대한민국 영역 밖에서 범한 외국인에게도 국내법을 적용한다.

8-3. 각국의 대테러 부대

영국 (SAS)	2차 세계대전 중 독일 로멜 원수가 지휘하는 아프리카 군단을 무력화하기 위한 보급로 차단, 공군 기지 파괴 등의 기습작전을 펼치기 위해 창설되었다. 2차 대전 이후 테러진압부대로 운영되었으며, 오늘날 여러 다른 나라들의 특수부대의 모델이 되었다.
미국 (SWAT)	미국의 각 주립 경찰서 내에 조직된 경찰특공대로서 창설되었다.
독일 (GSG-9)	1972년 뮌헨올림픽 당시 **검은 9월단에 의해 이스라엘 선수단에 대한 테러사건을 계기**로 연방경찰을 소속으로 GSG-9이 설립되었다.
프랑스 (GIGN)	1973년 프랑스 주재 사우디아라비아대사관 점거사건을 계기로 창설된 대테러부대인 GIGN(군인경찰특공대)이 있다.

8-4. 인질사건 발생시 나타날 수 있는 현상

리마 증후군	① 시간경과에 따라 인질**범**이 인질에게 일체감을 느끼게 되고 인질의 입장을 이해하여 호의를 베푸는 등 인질**범**이 인질에 동화되는 현상 ② 1995. 12. 17. 페루수도인 리마 소재 일본대사관에 투팍아마르 소속의 게릴라가 난입하여 대사관 직원 등을 126일 동안 인질로 잡은 사건에서 유래
스톡홀름 증후군	① **인질**이 인질범에 동화되는 현상 ② **스웨덴 수도인 스톡홀름에서 은행강도사건** 발생시 인질로 잡혀있던 여인이 인질범과 사랑에 빠져 함께 경찰에 대항하여 싸운 사건에서 유래 ③ 심리학에서 **오귀인 효과**(mis-attribution effect)라고도 한다.

9. 경찰작전

경찰작전의 의의	경찰작전은 통합방위작전·전시대비 경찰작전·비상업무·상황실의 운영·검문검색 등 작전상황에 대비한 경비경찰의 일체의 작전업무를 말한다.

9-2. 「통합방위법」

(1) 목적 및 정의

목적	이 법은 적(敵)의 침투·도발이나 그 위협에 대응하기 위하여 국가 총력전의 개념을 바탕으로 국가방위요소를 통합·운용하기 위한 통합방위 대책을 수립·시행하기 위하여 필요한 사항을 규정함을 목적으로 한다.
통합방위작전	통합방위사태가 선포된 지역에서 통합방위본부장, 지역군사령관, 함대사령관 또는 시·도경찰청장이 국가방위요소를 통합하여 지휘·통제하는 방위작전을 말한다.
통합방위사태	적의 침투·도발이나 그 위협에 대응하여 다음의 구분에 따라 선포하는 단계별 사태를 말한다.
	갑종사태: 일정한 조직체계를 갖춘 적의 **대규모 병력** 침투 또는 대량살상무기 공격 등의 도발로 발생한 비상사태로서 **통합방위본부장 또는 지역군사령관**의 지휘·통제 하에 통합방위작전을 수행하여야 할 사태
	을종사태: **일부 또는 여러 지역**에서 적이 침투·도발하여 **단기간 내**에 치안이 회복되기 어려워 **지역군사령관**의 지휘·통제 하에 통합방위작전을 수행하여야 할 사태
	병종사태: 적의 침투·도발 **위협이 예상**되거나 **소규모의 적**이 침투하였을 때에 **시·도경찰청장, 지역군사령관 또는 함대사령관**의 지휘·통제 하에 통합방위작전을 수행하여 단기간 내에 치안이 회복될 수 있는 사태

(2) 통합방위기구 운용

중앙통합방위협의회	① **국무총리 소속**으로 중앙 통합방위협의회를 둔다. ② 중앙협의회의 의장은 국무총리가 되고, 위원은 기획재정부장관, 교육부장관, 과학기술정보통신부장관, 외교부장관, 통일부장관, 법무부장관, 국방부장관, 행정안전부장관, 문화체육관광부장관, 농림축산식품부장관, 산업통상자원부장관, 보건복지부장관, 환경부장관, 고용노동부장관, 여성가족부장관, 국토교통부장관, 해양수산부장관, 중소벤처기업부장관, 국무조정실장, 국가보훈처장, 법제처장, 식품의약품안전처장, 국가정보원장 및 통합방위본부장과 그 밖에 대통령령으로 정하는 사람(**경찰청장 및 시·도경찰청장 등**)이 된다.
지역통합방위협의회	① 특별시장·광역시장·특별자치시장·도지사·특별자치도지사("시·도지사")소속으로 특별시·광역시·특별자치시·도·특별자치도 통합방위협의회("시·도협의회")를 두고, 그 의장은 **시·도지사**가 된다. ② 시장·군수·구청장(자치구의 구청장) 소속으로 시·군·구 통합방위협의회를 두고, 그 **의장은 시장·군수·구청장**이 된다.
통합방위본부	① 합동참모본부에 통합방위본부를 둔다. ② 통합방위본부에는 본부장과 부본부장 1명씩을 두되, **통합방위본부장은 합동참모의장**이 되고 **부본부장은 합동참모본부 합동작전본부장**이 된다.

(3) 통합방위사태의 선포

① 통합방위사태는 **갑종사태, 을종사태 또는 병종사태**로 구분하여 선포한다.
② ①의 사태에 해당하는 상황이 발생하면 다음의 구분에 따라 해당하는 사람은 즉시 국무총리를 거쳐 대통령에게 통합방위사태의 선포를 건의하여야 한다.

　㉠ **갑종사태**에 해당하는 상황이 발생하였을 때 또는 **둘 이상**의 특별시·광역시·특별자치시·도·특별자치도("시·도")에 걸쳐 **을종사태**에 해당하는 상황이 발생하였을 때 : **국방부장관**
　㉡ **둘 이상**의 시·도에 걸쳐 **병종사태**에 해당하는 상황이 발생하였을 때 : **행정안전부장관 또는 국방부장관**

③ 대통령은 ②에 따른 건의를 받았을 때에는 중앙협의회와 국무회의의 심의를 거쳐 통합방위사태를 선포할 수 있다.
④ 시·도경찰청장, 지역군사령관 또는 함대사령관은 을종사태나 병종사태에 해당하는 상황이 발생한 때에는 즉시 시·도지사에게 통합방위사태의 선포를 건의하여야 한다.
⑤ 시·도지사는 ④에 따른 건의를 받은 때에는 **시·도협의회**(중앙협의회X)의 심의를 거쳐 **을종사태 또는 병종사태**를 선포할 수 있다.
⑥ 시·도지사는 ⑤에 따라 을종사태 또는 병종사태를 선포한 때에는 지체없이 행정안전부장관 및 국방부장관과 국무총리를 거쳐 대통령에게 그 사실을 보고하여야 한다.

(4) 통합방위작전 및 훈련

통합방위작전	시·도경찰청장, 지역군사령관 또는 함대사령관은 통합방위사태가 선포된 때에는 즉시 다음의 구분에 따라 통합방위작전(공군작전사령관의 경우에는 통합방위 지원작전)을 신속하게 수행하여야 한다. 다만, 을종사태가 선포된 경우에는 지역군사령관이 통합방위작전을 수행하고, 갑종사태가 선포된 경우에는 통합방위본부장 또는 지역군사령관이 통합방위작전을 수행한다. ㉠ **경찰관할지역** : 시·도경찰청장 ㉡ **특정경비지역 및 군관할지역** : 지역군사령관 ㉢ **특정경비해역 및 일반경비해역** : 함대사령관 ㉣ **비행금지공역 및 일반공역** : 공군작전사령관
통제구역	시·도지사 또는 시장·군수·구청장은 다음의 어느 하나에 해당하면 대통령령으로 정하는 바에 인명·신체에 대한 위해를 방지하기 위하여 필요한 **통제구역**을 설정하고, 통합방위작전 또는 경계태세발령에 따른 군·경 합동작전에 관련되지 아니한 사람에 대하여는 **출입을 금지·제한하거나 그 통제구역으로부터 퇴거할 것**을 명할 수 있다. ㉠ 통합방위사태가 선포된 경우 ㉡ 적의 침투·도발 징후가 확실하여 경계태세 1급이 발령된 경우
대피명령	시·도지사 또는 시장·군수·구청장(시·도경찰청장X)은 통합방위사태가 선포된 때에는 인명·신체에 대한 위해를 방지하기 위하여 즉시 작전지역에 있는 주민이나 체류 중인 사람에게 **대피**할 것을 명할 수 있다.
검문소 운용	시·도경찰청장, 지방해양경찰청장(대통령령으로 정하는 해양경찰서장을 포함), 지역군사령관 및 함대사령관은 관할구역 중에서 적의 침투가 예상되는 곳 등에 검문소를 설치·운용할 수 있다. 다만, 지방해양경찰청장이 검문소를 설치하는 경우에는 미리 관할 함대사령관과 협의하여야 한다.

9-3. 경찰비상업무규칙

(1) 용어정의

비상상황	대간첩·테러, 대규모 재난 등의 긴급 상황이 발생하거나 발생할 우려가 있는 경우 또는 다수의 경력을 동원해야 할 치안수요가 발생하여 치안활동을 강화할 필요가 있는 때
지휘선상 위치근무	**비상연락체계를 유지하며 유사시 1시간 이내에 현장지휘 및 현장근무가 가능한 장소에 위치하는 것**
정위치근무	**감독순시·현장근무 및 사무실 대기 등 관할구역 내에 위치하는 것**
정착근무	**사무실 또는 상황과 관련된 현장에 위치하는 것**
필수요원	전 경찰관 및 일반직공무원 중 경찰기관의 장이 지정한 자로 **비상소집시 1시간 이내에 응소하여야 할 자**
일반요원	필수요원을 제외한 경찰관 등으로 **비상소집시 2시간 이내에 응소하여야 할 자**
가용경력	총원에서 **병가·휴가·출장·교육·파견 등을 제외**하고 실제 동원될 수 있는 모든 인원
소집관	비상근무발령권자로부터 권한을 위임받아 비상근무발령에 따른 비상소집을 지휘·감독하는 주무참모 또는 상황관리관(상황관리관의 임무를 수행하는 자 포함)
작전준비태세	**'경계강화'단계를 발령하기 이전에 별도의 경력동원 없이** 경찰작전부대의 출동태세점검, **지휘관 및 참모의 비상연락망 구축 및 신속한 응소체제를 유지**하며, 작전상황반을 운영하는 등 필요한 작전사항을 미리 조치하는 것

(2) 비상근무

발령권자	전국 또는 2개 이상 시·도경찰청 관할지역	**경찰청장**
	시·도경찰청 또는 2개 이상 경찰서 관할지역	**시·도경찰청장**
	단일 경찰서 관할지역	**경찰서장**
발령	① 비상근무의 발령권자는 비상상황이 발생하여 비상근무를 실시하고자 할 경우에는 비상근무의 목적, 지역, 기간 및 동원대상 등을 특정하여 별지 제1호 서식의 비상근무발령서에 의하여 비상근무를 발령한다. ② 시·도경찰청 또는 2개 이상 경찰서 관할지역과 단일 경찰서 관할지역의 경우 비상근무 발령권자는 비상구분, 실시목적, 기간 및 범위, 경력 및 장비동원사항 등을 차상급 기관의 장에게 보고하여 사전에 승인을 얻어야 한다. 다만, 긴급을 요하는 경우에는 비상근무를 발령하고, 사후에 승인을 얻을 수 있다. ③ ②의 규정에도 불구하고 '경계강화, 작전준비태세'를 발령한 경우에는 승인을 요하지 아니한다. ④ 비상근무를 발령할 경우에는 정황의 특수성을 감안하여 비상근무의 목적이 원활히 달성될 수 있도록 **적정한 인원, 계급, 부서를 동원**하여 불필요한 동원이 없도록 하여야 한다.	
해제	① 비상근무의 발령권자는 비상상황이 종료되는 즉시비상근무를 해제하고, 비상근무 해제 시 제5조 제1항 제2호·제3호의 발령권자(시·도경찰청장, 경찰서장)는 **6시간 이내**에 해제일시, 사유 및 비상근무 결과등을 바로 위의 상급 기관의 장에게 보고한다. ② 제5조 제2항·제3항에 의해 비상근무를 발령한 경우 바로 위의 상급 기관의 장은 비상근무의 적정성을 판단하여 비상근무의 해제를 지시할 수 있으며 지시를 받은 비상근무발령권자는 즉시 비상근무를 해제하여야 한다.	

근무방침	① 비상근무는 비상상황 하에서 업무수행의 **효율화**를 도모하기 위해서 발령한다. ② 비상근무 대상은 **경비, 작전, 안보, 수사, 교통 또는 재난관리** 업무와 관련한 비상상황에 국한한다. 다만, 두 종류 이상의 비상상황이 동시에 발생한 경우에는 **긴급성 또는 중요도가 상대적으로 더 큰 비상상황**("주된 비상상황")의 비상근무로 **통합·실시**한다. ③ 적용지역은 전국 또는 일정지역(시·도경찰청 및 경찰서 관할)으로 구분한다. 다만, 2개 이상의 지역에 관련되는 상황은 바로 위의 상급기관에서 주관하여 실시한다.

종류·등급	① 비상근무는 비상상황의 유형에 따라 다음과 같이 구분하여 발령한다.
	
	    ㉠ 경비 소관 : 경비, 작전비상
	    ㉡ 안보 소관 : 안보비상
	    ㉢ 수사 소관 : 수사비상
	    ㉣ 교통 소관 : 교통비상
	    ㉤ 치안상황 소관 : 재난비상
	
	② 기능별 상황의 긴급성 및 중요도에 따라 비상등급을 다음과 같이 구분하여 실시한다.
	
	    ㉠ 경비 소관 : 경비, 작전비상
	    ㉡ 안보 소관 : 안보비상
	    ㉢ 수사 소관 : 수사비상
	    ㉣ 교통 소관 : 교통비상
	    ㉤ 치안상황 소관 : 재난비상

(2)-2 비상근무실시

갑호비상	① 비상근무 갑호가 발령된 때에는 **연가를 중지**하고 **가용경력 100%까지** 동원할 수 있다. ② 지휘관(지구대장, 파출소장은 지휘관에 준한다)과 참모는 **정착 근무**를 원칙으로 한다.
을호비상	① 비상근무 을호가 발령된 때에는 **연가를 중지**하고 **가용경력 50%까지** 동원할 수 있다. ② 지휘관과 참모는 **정위치 근무**를 원칙으로 한다.
병호비상	① 비상근무 병호가 발령된 때에는 부득이한 경우를 제외하고는 **연가를 억제**(중지X)하고 **가용경력 30%까지** 동원할 수 있다. ② 지휘관과 참모는 **정위치 근무 또는 지휘선상 위치 근무**를 원칙으로 한다.
경계강화	① **별도의 경력동원 없이** 특정분야의 근무를 강화한다. ② 전 경찰관은 비상연락체계를 유지하고 경찰작전부대는 상황발생시 즉각 출동이 가능하도록 출동대기태세를 유지한다. ③ 지휘관과 참모는 **지휘선상위치근무**를 원칙으로 한다.
작전준비 태세	① **별도의 경력동원 없이** 경찰관서 지휘관 및 참모의 비상연락망을 구축하고 신속한 응소체제를 유지한다. ② 경찰작전부대는 상황발생시 즉각 출동이 가능하도록 출동태세 점검을 실시한다. ③ 유관기관과의 긴밀한 연락체계를 유지하고, 필요시 작전상황반을 유지한다.

① 비상근무발령권자는 비상근무에 동원된 경찰관 등을 비상근무의 목적과 인원 등을 감안하여 현장배치, 대기근무 등으로 편성하여 운용한다.
② 비상근무가 장기간 유지될 경우에는 비상근무의 목적과 기간 등을 종합적으로 판단하여 지휘관과 참모 및 동원경찰관은 기본근무 복귀 또는 귀가하여 비상연락체제를 갖추도록 할 수 있다.
③ 비상등급별로 연가를 중지 또는 억제하되 경조사 휴가, 공가, 병가, 출산휴가 등 특별한 사유가 있는 경우에는 그러하지 아니하다.
④ 비상근무기간 중에는 비상근무 발령자의 지시 또는 승인없이 연습상황을 부여하여서는 아니 된다. 다만, 경계강화, 작전준비태세의 경우에는 그러하지 아니하다.

(2)-3 비상소집

① 정상근무시간이 아닌 때에 비상근무를 발령하고자 할 경우 비상근무발령권자는 이를 상황관리관에게 지시하여 신속히 해당기능 및 산하경찰기관 등에 연락하도록 한다.
② 연락을 받은 해당 기관의 상황관리관 또는 당직 근무자는 즉시 지휘관에게 보고 후 경찰관 등의 전부 또는 일부를 지역별 또는 계급별, 기능별로 구분하여 소집하도록 연락하여야 한다.
③ 비상소집을 명할 때에는 비상근무발령서에 의하되, 비상소집 자동전파장치, 유·무선 전화, 팩스, 방송 기타 신속한 방법을 사용한다.
④ 비상근무발령권자가 아닌 경찰기관의 장은 자체 비상상황의 발생으로 소속 경찰관 등을 비상소집하여야 할 필요가 있다고 판단되는 경우 해당 기관의 소속 경찰관 등을 비상소집할 수 있다.

응소(경찰 비상업무 규칙 제12조)

① 경찰기관의 장은 별지 제3호 서식의 응소자 명부를 작성, 비치하여야 한다.
② 비상소집 명령을 전달받은 자와 이를 알게된 경찰관등은 소집장소로 응소하되, 필수요원은 1시간 이내에 일반요원은 2시간 이내에 응소함을 원칙으로 한다. 다만, 교통수단이 두절되거나 없을 때에는 가까운 경찰서에 응소 후 지시에 따른다
③ 소집관은 응소자의 복장및 휴대품을 점검하고 시차제에 의거출동, 기타 필요한 조치를 강구하여야 한다.
④ 비상소집을 실시한 경찰기관의 장은 당해 기관의 비상소집 결과를 별지 제4호 서식의 비상소집 결과보고서에 의하여 상급기관의 장에게 보고하여야 한다.

(2)-4 지휘본부

설치	① **비상상황에서 경찰청, 시·도경찰청, 경찰서 등에 경찰지휘본부를 둘 수 있다.** ② 경찰지휘본부는 당해 지휘본부장이 필요하다고 인정할 때에 설치하며 경찰청 및 시·도경찰청은 **치안상황실에 설치함을 원칙으로 한다.** ③ **각종 상황발생시 상황의 효율적인 관리를 위해 필요한 경우 현장인근에 현장지휘본부를 설치할 수 있다.**
구성	① 지휘본부는 본부장과 참모 및 본부요원으로 구성한다. ② 경찰청 지휘본부의 본부장은 경찰청장이, 시·도경찰청장과 경찰서의 본부장은 당해 시·도경찰청장 및 경찰서장이 되고, 참모는 지휘본부 소속 국장(부장)·과장이 된다. ③ 참모는 지휘본부에 위치하여 그 임무를 수행하여야 한다. 다만, 본부장은 비상상황에 따라 각 참모로 하여금 평상시의 근무장소에서 임무를 수행하도록 명할 수 있다.

(3) 연락체계의 유지

비상연락체계의 유지	각 경찰기관에 근무하는 경찰관등은 근무시간이 아닌 때에도 항상 소재 파악이 가능하도록 비상연락체계를 유지하여야 한다.
비상연락망의 정비·보완	경찰기관의 장은 제25조 제2항의 규정에 의한 신고를 받은 때에는 별지 제6호 서식에 따른 비상소집 연락부와 비상소집 자동전파장치를 즉시 보완·입력하여야 하며, **월 1회** 이상 비상소집 연락부 또는 비상소집 자동전파 장치를 점검하여야 한다.

10. 청원경찰

의의	청원경찰이란 국가기관 또는 공공단체와 그 관리 하에 있는 중요시설 또는 사업장, 국내 주재 외국기관, 그 밖에 행정안전부령으로 정하는 중요시설, 사업장 또는 장소에 해당하는 기관의 장 또는 시설·사업장 등의 경영자가 경비를 부담할 것을 조건으로 경찰의 배치를 신청하는 경우 그 기관·시설 또는 사업장 등의 경비를 담당하게 하기 위하여 배치하는 경찰을 말한다.
직무	① 청원경찰은 **청원주**와 배치된 기관·시설 또는 사업장 등의 구역을 관할하는 **경찰서장의 감독**을 받아 그 경비구역만의 경비를 목적으로 필요한 범위에서 「**경찰관직무집행법**」에 따른 경찰관의 직무를 수행한다. ② 경비구역 내에서 범죄의 예방과 진압, 경비·요인경호 및 대간첩작전 수행, 위해방지, 질서유지 등(**범죄수사X**)의 임무를 수행한다.
배치	① 청원경찰을 배치받으려는 자는 대통령령으로 정하는 바에 따라 **관할 시·도경찰청장**(경찰서장X)에게 청원경찰 **배치를 신청하여야 한다**. ② 시·도경찰청장은 청원경찰 배치신청을 받으면 **지체 없이** 그 배치 여부를 **결정**하여 신청인에게 알려야 한다. ③ **시·도경찰청장**은 청원경찰 배치가 필요하다고 인정하는 기관의 장 또는 시설·사업장의 경영자에게 청원경찰을 **배치할 것을 요청할 수 있다**. ④ 청원주는 배치 결정의 통지를 받은 날부터 **30일 이내**에 배치 결정된 인원수의 임용예정자에 대하여 청원경찰 임용승인을 시·도경찰청장에게 신청하여야 한다.
임용	① 청원경찰은 **청원주가 임용**하되, 임용을 할 때에는 **미리 시·도경찰청장의 승인**을 받아야 한다. ② 「국가공무원법」상 공무원 결격사유에 해당하는 사람은 청원경찰로 임용될 수 없다. ③ 임용자격 : 18세 이상의 사람 ④ 청원주가 청원경찰을 임용하였을 때에는 **임용한 날부터 10일 이내**에 그 임용사항을 **관할경찰서장을 거쳐 시·도경찰청장에게 보고**하여야 한다. 청원경찰이 퇴직하였을 때에도 또한 같다.
제복 착용	① 청원경찰은 근무 중 **제복을 착용하여야 한다**. ② 청원경찰이 그 배치지의 특수성 등으로 특수복장을 착용할 필요가 있을 때는 청원주는 **시·도경찰청장의 승인**을 받아 특수복장을 착용하게 할 수 있다.
무기 휴대	① **시·도경찰청장**은 청원경찰이 직무를 수행하기 위하여 필요하다고 인정하면 **청원주의 신청**을 받아 관할 경찰서장으로 하여금 **청원경찰에게 무기를 대여하여 지니게 할 수 있다**. ② **청원주**가 청원경찰이 휴대할 무기를 대여 받으려는 경우에는 관할 경찰서장을 거쳐 **시·도경찰청장에게 무기대여를 신청하여야 한다**. ③ 무기대여신청을 받은 시·도경찰청장이 무기를 대여하여 휴대하게 하려는 경우에는 청원주로부터 **국가에 기부 채납된 무기에 한정**하여 관할 경찰서장으로 하여금 **무기를 대여하여 휴대하게 할 수 있다**. ④ 청원경찰의 복제(服制)와 무기 휴대에 필요한 사항은 **대통령령**(행안부령X)으로 정한다.

분사기 휴대	청원주는 「총포·도검·화약류 등의 안전관리에 관한 법률」에 따른 분사기의 소지 허가를 받아 청원경찰로 하여금 그 분사기를 휴대하여 직무를 수행하게 할 수 있다.
감독	① 청원경찰은 **청원주**와 배치된 기관·시설 또는 사업장 등의 구역을 관할하는 **경찰서장**의 감독을 받아 경찰관의 직무를 수행한다. (「청원경찰법」 제3조) ② **청원주**는 항상 소속 청원경찰의 근무 상황을 감독하고, **근무 수행에 필요한 교육**을 하여야 한다. (「청원경찰법」 제9조의3) ③ **시·도경찰청장**은 청원경찰의 효율적인 운영을 위하여 **청원주를 지도하며 감독상 필요한 명령**을 할 수 있다. (「청원경찰법」 제9조의3)
쟁의행위 금지	청원경찰은 파업, 태업 또는 그 밖에 업무의 정상적인 운영을 방해하는 일체의 쟁의행위를 하여서는 아니 된다.
직권남용 금지	① 청원경찰이 직무를 수행할 때 직권을 남용하여 국민에게 해를 끼친 경우에는 6개월(1년X) 이하의 징역이나 금고에 처한다. ② 청원경찰은 「형법」이나 그 밖의 법령에 따른 벌칙을 적용할 때에는 공무원으로 본다.
배상책임	청원경찰(국가기관이나 지방자치단체에 근무하는 청원경찰은 **제외**한다)의 직무상 불법행위에 대한 배상책임에 관하여는 「**민법**」의 **규정**을 따른다.
면직	① 청원경찰은 형의 선고, 징계처분 또는 신체상·정신상의 이상으로 직무를 감당하지 못할 때를 제외하고는 그 의사에 반하여 면직되지 아니한다. ② 청원주가 청원경찰을 **면직**시켰을 때에는 그 사실을 관할 경찰서장을 거쳐 **시·도경찰청장에게 보고**하여야 한다. (면직한 날부터 10일 이내에X)
배치 폐지	① 청원주는 청원경찰이 배치된 시설이 폐쇄되거나 축소되어 청원경찰의 배치를 폐지하거나 배치인원을 감축할 필요가 있다고 인정하면 청원경찰의 배치를 폐지하거나 배치인원을 감축할 수 있다. 다만, 청원주는 다음의 어느 하나에 해당하는 경우에는 청원경찰의 배치를 폐지하거나 배치인원을 감축할 수 없다. 　㉠ **청원경찰을 대체할 목적으로 「경비업법」에 따른 특수경비원을 배치하는 경우** 　㉡ 청원경찰이 배치된 기관·시설 또는 사업장 등이 배치인원의 변동사유 없이 다른 곳으로 이전하는 경우 ② 청원주가 청원경찰을 폐지하거나 감축하였을 때에는 청원경찰 배치결정을 한 경찰관서의 장에게 알려야 하며, 그 사업장이 시·도경찰청장이 청원경찰의 배치를 요청한 사업장일 때에는 그 폐지 또는 감축 사유를 구체적으로 밝혀야 한다. ③ 청원경찰의 배치를 폐지하거나 배치인원을 감축하는 경우 해당 청원주는 배치 폐지나 배치인원 감축으로 과원이 되는 청원경찰 인원을 그 기관·시설 또는 사업장 내의 유사 업무에 종사하게 하거나 다른 시설·사업장 등에 재배치하는 등 청원경찰의 고용이 보장될 수 있도록 노력하여야 한다.

10-2. 징계

징계권자	① **청원주**(시·도경찰청장X)는 청원경찰이 징계사유에 해당하는 때에는 **징계절차를 거쳐 징계처분을 하여야 한다.** ② 관할 **경찰서장**은 청원경찰이 징계사유에 해당한다고 인정되면 청원주에게 해당 청원경찰에 대하여 **징계처분을 하도록 요청할 수 있다.**
징계사유	① 직무상의 의무를 위반하거나 직무를 태만히 한 때 ② 품위를 손상하는 행위를 한 때
징계의 종류	**파면, 해임, 정직, 감봉 및 견책**(강등X) ① 정직은 **1개월 이상 3개월 이하**로 하고, 그 기간에 청원경찰의 신분은 보유하나 직무에 종사하지 못하며, **보수의 3분의 2를 줄인다.** ② 감봉은 **1개월 이상 3개월 이하**로 하고, 그 기간에 **보수의 3분의 1을 줄인다.** ③ 견책은 전과에 대하여 훈계하고 회개하게 한다.

10-3. 「청원경찰법 시행령」

교육 (제5조)	① 청원주는 청원경찰로 임용된 사람으로 하여금 경비구역에 배치하기 전에 경찰교육기관에서 직무 수행에 필요한 교육을 받게 하여야 한다. 다만, 경찰교육기관의 교육계획상 부득이하다고 인정할 때에는 우선 배치하고 임용 후 1년 이내에 교육을 받게 할 수 있다. ② 경찰공무원(의무경찰을 포함한다) 또는 청원경찰에서 퇴직한 사람이 퇴직한 날부터 3년 이내에 청원경찰로 임용되었을 때에는 제1항에 따른 교육을 면제할 수 있다.
배치 및 이동 (제6조)	① 청원주는 청원경찰을 신규로 배치하거나 이동배치하였을 때에는 배치지(이동배치의 경우에는 종전의 배치지)를 관할하는 **경찰서장에게** 그 사실을 **통보**하여야 한다. ② 통보를 받은 경찰서장은 이동배치지가 다른 관할 구역에 속할 때에는 전입지를 관할하는 경찰서장에게 이동배치한 사실을 통보하여야 한다.
징계 (제8조)	① 관할 경찰서장은 청원경찰이 법 제5조의2 제1항 각 호의 어느 하나에 해당한다고 인정되면 청원주에게 해당 청원경찰에 대하여 징계처분을 하도록 요청할 수 있다. ② 정직은 1개월 이상 3개월 이하로 하고, 그 기간에 청원경찰의 신분은 보유하나 직무에 종사하지 못하며, 보수의 3분의 2를 줄인다. ③ 감봉은 1개월 이상 3개월 이하로 하고, 그 기간에 보수의 3분의 1을 줄인다. ④ 견책은 전과(前過)에 대하여 훈계하고 회개하게 한다. ⑤ 청원주는 청원경찰 배치결정의 통지를 받았을 때에는 통지를 받은 날부터 15일 이내에 청원경찰에 대한 징계규정을 제정하여 관할 시·도경찰청장에게 신고하여야 한다. 징계규정을 변경할 때에도 또한 같다. ⑥ 시·도경찰청장은 제5항에 따른 징계규정의 보완이 필요하다고 인정할 때에는 청원주에게 그 보완을 요구할 수 있다.
감독 (제17조)	관할 경찰서장은 **매달 1회 이상** 청원경찰을 배치한 경비구역에 대하여 다음 각 호의 사항을 감독하여야 한다. 1. 복무규율과 근무 상황 2. 무기의 관리 및 취급 사항

제5장 정보경찰

제1절 정보

1. 정보의 의의

의의		정보라는 용어는 원래 군(軍)에서 사용하던 전문용어로서 '적국의 동정에 관하여 알림'이라는 의미였다. 현재 우리가 사용하는 정보라는 용어는 1876년 일본에서 발행된 '군사용어사전'에 최초로 나타났는데, 이는 프랑스군이 사용하던 군사용어를 번역해서 만든 것이다.
질적요건 (가치평가기준)	적실성 (관련성)	① 정보로서의 가치를 갖기 위해서는 **정보사용자의 사용목적과 관련**된 것으로서, 사용권자의 의사 결정에 반드시 필요한 내용을 제공해야 한다. ② **정보가 당면문제와 관련된 성질**이다.
	정확성	① **정보가 사실과 일치되는 성질** ② 정보는 사용자가 어떤 결심이나 행동방침을 결정하는 중요한 요소가 되므로 객관적으로 평가된 정확한 지식이어야 한다.
	적시성	① 정보가 정책결정이 이루어지는 시점에 비추어 **가장 적절한 시기에 존재**하는 성질이다. ② 정보는 **정보사용자가 필요한 시기에 제공**되어야 한다.
	완전성	① 정보는 그 자체로서 정책결정에 필요하고 **가능한 모든 내용을 망라**하고 있어야 한다. 즉, **그 정보를 해석하거나 해당 정책과 관련된 의사결정을 하는 데 있어서 추가적인 정보가 필요하지 않은 상태를 의미**한다. ② 정보의 완전성은 절대적인 완전성을 뜻하는 것이 아니라 시간이 허용하는 한 최대로 완전한 지식이 되어야 함을 의미하며, 긴급한 사항을 완전한 정보로 제공하려다가 시기를 놓치는 우를 범해서는 안 된다. (완전성과 적시성은 상호충돌가능성이 높다.)
	객관성	정보가 국가정책의 결정과정에서 사용될 때, 국익증대와 안보추구라는 차원에서 객관적 입장을 유지해야 한다. 정보가 생산자나 사용자의 의도에 따라 주관적으로 왜곡되면 선호정책의 합리화의 도구로 전락될 수 있다.

1-2. 정보의 분류

분류기준	내용
정보요소에 의한 분류	정치정보, 경제정보, 사회정보, 군사정보, 과학정보, 산업정보
사용수준에 의한 분류	전략정보, 전술정보
분석형태에 의한 분류	기본정보, 현용정보, 판단정보

입수형태에 의한 분류	직접정보, 간접정보
정보의 출처에 의한 분류	① 입수단계에 따라(근본 출처 : 부차적 출처) ② 보호정도에 따라(비밀 출처 : 공개 출처) ③ 주기성여부에 따라(정기 출처 : 우연 출처)
사용목적에 의한 분류	적극정보, 보안정보
수집활동에 의한 분류	인간정보, 기술정보

요소	정치정보	국가권력 구조와 권력의 소재, 국가권력 구조를 위한 법률·제도·이념, 국가적 주요정책결정기구, 의회 및 정당 활동, 각종 정치단체의 조직 및 활동, 지방자치단체의 활동, 국가정책과 국제관계, 압력단체의 실태 및 활동, 대외활동 등
	경제정보	경제규모와 성장률, 상업력, 인적자원과 천연자원, 국민총생산 등
	사회정보	인종·인구·주민·지역·문화의식 및 성향·보건·교육·종교·언론·사회보장문제·사회집단·단체 등의 활동
	군사정보	국방조직(전략·전술, 무기, 장비), 연합군, 아군부대의 행동 등
	과학정보	과학기술의 수준, 인공위성, 핵, 화생방, 기초과학과 응용과학 등
사용수준	전략정보 (국가정보)	① **국가정책지도자가 종합적인 국가정책의 국가안전보장문제에 관하여 필요로 하는 국내의 상황과 타국의 능력·취약성·가능한 행동방책에 관한 지식을 의미한다.** ② 국가정책과 안전보장에 막대한 영향을 주는 국가수준의 정보를 의미하는 것으로, 정보기관에서 작성한 정보를 토대로 평상시에는 국가의 안전과 관련된 정책결정의 기초가 되며, 전시에는 군사작전계획의 기초로 사용되는 정보를 말한다.
	전술정보 (부문정보)	① **전략의 기본적인 방침 하에서 이를 구체적으로 수행하기 위한 세부적이고 부문적인 정보를** 말한다. 지휘관이 전술작전계획을 수립하고 실시하는데 필요로 하는 작전지역 내의 적·기상·지형에 관한 정보이다. ② 전술정보는 그 생산자가 부문정보기관이고 **정보의 사용자도 각 정부부처나 기관의 정책결정자인 것이 원칙이다.**
분석형태	기본정보	**모든 사상(事象)의 정적(靜的)인 상태를 기술한 정보로서, 과거의 사례에 대한 기본적·서술적 또는 일반 자료적 유형의 정보를 말한다.**
	현용정보	매일매일 국내외의 주요 정세가운데 국가안보나 정책결정에 영향을 미치는 내용을 선별하여 보고하는 형태의 정보로 모든 사물이나 상태의 동적인 상태를 보고하는 정보이다.
	판단정보 (기획정보)	① **과거와 현재를 바탕으로 특정문제를 체계적이고 실증적으로 연구하여 미래에 있을 어떤 상태를 추리·평가한 정보** ② 판단정보는 기본정보와 현용정보를 기초로 해서 추리·판단한 정보로서, 어떤 사실 또는 사상에 대한 장래를 예고하고 책임있는 사용자에게 **사전지식을 주는 것이 주목적이다.**

사용목적	적극정보	국가이익을 증대하기 위한 정책의 입안와 계획수립 및 정책계획의 수행에 있어서 필요한 정보 (정치, 경제, 군사, 과학 및 복지행정에 필요한 정보 등)
	보안정보 (소극정보)	① 국가의 경찰기능을 위한 정보 ② 국가의 안전보장을 위태롭게 하는 간첩활동·태업 및 전복에 대비할 국가적 취약점의 분석과 판단에 관한 정보
수집활동	인간정보	인적 수단을 사용하여 수집하는 정보
	기술정보	① 기술적 수단을 사용하여 수집한 정보 ② 첩보위성을 활용한 **영상정보, 신호정보**
정보출처	입수단계	근본출처정보와 부차적 출처정보
	비밀보호 정도	공개출처정보와 비공개출처정보
	주기성	정기출처정보와 우연출처정보

> **참고**
>
> **정보출처에 따른 분류**
>
> ① 입수단계에 따른 분류 : 근본출처정보와 부차적 출처정보
>
> | 근본출처 (직접정보) | ㉠ 정보관이 직접 체험한 정보로서, 정보를 수집하는데 있어서 중간매체가 개입되지 않는 경우의 정보
㉡ 부차적 출처정보(간접정보)에 비해 출처의 신빙성과 내용의 신뢰성이 높다. |
> |---|---|
> | 부차적 출처 (간접정보) | TV, 라디오, 신문 등의 중간매체가 있는 경우의 정보로 정보관은 이들 매체를 통해 정보를 감지하게 되지만 사실은 그 내용에 해당 매체의 주관이나 편견이 개입될 소지가 있다는 면에서 근본출처 정보에 비해 출처의 신빙성과 내용의 신뢰성이 낮게 평가될 수 있다. |
>
> ② 공개여부에 따른 분류(**비밀보호정도에 따른 분류**) : 공개출처정보와 비공개출처정보
>
> | 공개출처 | 정보출처에 대한 별다른 보호조치가 없더라도 상시적으로 정보를 획득할 것으로 기대되는 출처로부터 얻어진 정보 |
> |---|---|
> | 비밀출처 | 출처가 외부에 노출될 경우 출처로서의 기능을 상실하게 되는 것은 물론이고 출처의 입장이 난처해질 우려가 있기 때문에 외부로부터 강력이 보호를 받아야 하는 출처로부터 얻어진 정보 |
>
> ③ 주기성 여부에 따른 분류 : 정기출처정보와 우연출처정보
>
> | 정기출처 | 정기적으로 첩보를 획득할 수 있는 출처로부터 얻은 정보 |
> |---|---|
> | 우연출처 | 정보관이 의도한 정보입수의 시점과는 무관하게 부정기적으로 얻어지는 정보를 일컫는 개념으로 원칙적으로 정보관에 의해 획득되는 비밀출처정보라고 볼 수 있다. |

2. 정보의 순환

정보순환과정	① 정보요구 : 우선 소요되는 정보요구를 결정 ② 첩보수집 : 이 요구를 충족시키기 위한 첩보를 수집·보고 ③ 정보생산 : 수집된 첩보를 평가·분석·종합 및 해석하여 정보가 생산됨 ④ 정보배포 : 사용자에게 전파

2-2. 정보요구단계(제1단계)

의의	정보사용자가 필요로 하는 정보내용이 무엇인지를 파악하고 각급 사용자가 필요로 하는 시기에 정확한 정보가 제공될 수 있도록 적절한 운용계획을 수립하여 수집기관에 첩보의 수집을 명령, 지시하는 단계를 말한다.
정보요구 소순환 과정	첩보의 기본요소결정 → 첩보수집계획서작성 → 명령하달 → 수집활동에 대한 조정·감독(사후검토)
방법(수준)	① 정보요구의 분류를 통하여 수집의 우선순위를 확정하는 것을 말한다. ② PNIO, EEI, SRI, OIR

PNIO	국가정보목표 우선순위(PNIO : Priority for National Intelligence Objective)	
	의의	국가안전보장이나 정책에 관련되어 정부에서 기획된 연간 기본정책을 수행함에 있어 필요로 하는 자료를 목표로 하여 선정하는 한 국가의 1년간 기본정보 운용지침
	특징	① 국가정책의 수립자와 집행자의 소요에 필요한 국가정보목표일 뿐만 아니라 **국가의 전 정보기관 활동의 기본지침**이 된다. ② **경찰청에서 정보활동계획을 수립할 때 가장 중요한 지침이 된다.** → PNIO가 작성되면 각 부문 기관에 대한 세부적인 수집임무가 부여되며 각 부문정보기관들은 첩보기본요소(EEI)를 작성하여 수집에 임하게 된다.

EEI	**첩보의 기본요소**(EEI : Essential Elements of Information)	
	의의	① EEI는 각 정보부서에 맡고 있는 정책을 수행함에 있어서 필요한 **일반적·포괄적 정보로서 계속적이고 반복적으로 수집**해야 할 필요가 있는 경우에 **사전계획서에 의하여 첩보의 수집이 명령**되는 것을 말한다. ② **해당 부서의 정보활동을 위한 일반지침**이다.
	특징	① **계속적·반복적**으로 요구되는 첩보이다. ② **광범위한 지역에 걸쳐** 수집되어야 할 항시적 요구사항이다. ③ **사전에 첩보수집요구계획서를 작성**하여 첩보수집을 명한다. ④ **국가정보목표우선순위(PNIO)를 지침**으로 작성된다. → 부문정보기관은 PNIO를 기초로 당해 정보기관의 우선정보활동순위를 규정한 EEI를 작성한다.

SRI	특정첩보요구(SRI : Special Requrements for Information)	
	의의	① 국가정보기관의 PNIO나 부문정보기관의 EEI가 미래의 정보수요를 완전히 예측한다는 것은 현실적으로 불가능하다. SRI는 이런 경우에 대비하여 활용한다. 따라서, SRI로 요청된 첩보는 그 단기적 효용으로 인해 PNIO나 EEI에 포함되지 않았거나 우선순위가 뒤에 있더라도 다른 첩보들에 비해 가장 우선적으로 수집되어야 할 필요성이 있다. ② 어떤 수시적 돌발상황의 해결에 필요한 한도 내에서 임시적·단편적·지역적인 특수사건을 단기에 해결하기 위하여 필요한 경우에 요구되는 첩보이다.
	특징	① 임시적이고 돌발적이며 단기적 문제해결에 필요한 첩보요구이다. ② 특수한 지역적 문제해결에 필요한 첩보요구이다. ③ 사전 수집계획서는 불필요하다. ④ 일상적으로 경찰업무에 활용되는 정보요구는 주로 SRI에 의해 이루어지고 있다.
OIR	기타 정보요구(OIR : Other Intelligence Requirement)	
	급변하는 정세의 변화에 따라 불가피하게 **정책상 수정이 요구**되거나 이를 위한 자료가 절실히 요구될 때 **PNIO에 우선하여** 이를 충족시키기 위한 정보목표가 확립되어야 하는 바 이것이 기타 정보요구이다.	

2-3. 첩보수집단계(제2단계)

의의	① 첩보수집기관이 출처를 개척하고 정보생산에 필요한 첩보를 입수하여 이를 정보작성 기관에 전달하는 과정이다. ② 정보의 순환과정 중에서 **가장 중요하고도 어려운 단계**이다.
첩보수집 소순환과정	첩보수집계획 → 첩보출처의 개척 → 첩보의 획득 → 첩보의 전달

2-4. 정보생산단계(제3단계)

의의	① 수집된 첩보가 정보생산기관에 전달되어 정보사용자의 요구에 맞도록 평가·분석·종합·해석의 과정을 거쳐 정보보고서를 작성하는 과정 ② 학문적 성격이 가장 많이 지배되는 단계이다.
정보생산 소순환과정	첩보의 선택 → 첩보의 기록 → 첩보의 평가 → 첩보의 분석 → 첩보의 종합 → 첩보의 해석

2-5. 정보배포단계(제4단계)

의의		생산된 정보가 정보를 필요로 하는 기관에 유용한 형태를 갖추고, 적당한 시기에 분배되는 것으로 마지막 단계이다.
배포원칙	필요성	① **알아야 할 필요가 있는 대상자에게 알려야 하고, 알 필요가 없는 대상에게는 알려서는 안 된다**는 것을 말한다. ② **배포기관은 누가 어떤 정보를 언제, 어떻게 사용할 것인가를 파악**하고 있어야 한다.
	적시성	① 작성된 정보가 아무리 정확하고 안전하며 중요한 정보라 할지라도 **적시에 필요로 하는 대상에게 배포**되어야 한다. ② 정보사용자가 정보를 활용하는데 요구되는 최소한의 시간적 여유를 보장하지 않으면 이는 적시성 원칙에 위배된다.
	적당성	사용자의 능력과 상황에 맞추어 **적당한 양을 조절하여 필요한 만큼만 전달**하여야 한다.
	보안성	① 작성된 정보연구 및 판단이 누설됨으로써 초래될 결과를 예방하기 위해 **보안대책을 강구**해야 한다. ② 완성된 정보연구 및 판단이 누설되면 정보로서의 가치를 상실할 수 있다.
	계속성	정보가 필요한 기관에 배포되었다면 그 주제와 관련된 새로운 정보는 그 기관에 **계속 배포해 주어야** 한다.
수단	비공식적 방법	통상 **개인적인 대화의 형태로 이루어지며**, 분석관과 정책결정자 사이, 정보기관의 대표 사이, 분석관 사이에 사용
	브리핑	**정보사용자 개인 또는 다수 인원에게 신속히 전달하는 경우에 이용되는 방법**으로 강연식이나 문답식으로 진행되며, **현용정보의 배포수단으로 많이 이용**
	메모	① 정보분석관이 가장 많이 활용 ② 정기간행물에 포함시키는 것이 적절하지 못한 긴급한 정보, 즉 현용정보를 전달하는데 주로 사용되며 신속성이 중요시됨.
	문자메시지	정보사용자가 공식회의 행사 등에 참석하여 물리적인 접촉이 용이하지 않은 경우나 사실확인 차원의 단순보고에 활용
	일일정보 보고서	매일 24시간에 걸친 정치, 경제, 사회, 문화 등 제반 정세의 변화를 중점적으로 망라한 보고서로 사전에 고안된 양식에 의해 매일 작성되며, 제한된 범위에서 배포
	특별보고서	① **누적된 정보가 다수의 사람이나 기관에게 이해관계가 있거나 가치가 있을 때 사용** ② 생산이 부정기적이라는 면에서 일일정보보고서나 정기간행물과 차이가 있다. ③ 형식면에서 통일성이 낮고 정보의 내용, 긴급성, 정보사용자의 필요에 따라 다양하다.
	지정된 연구과제 보고서	① **특정한 정보사용자가 요청한 문제에 대하여 정보를 작성하고 배포하는 것** ② 요구받은 주제에 대한 중점적인 연구가 이루어져야 하며, 사안의 진행상황은 물론 향후 정책대안까지 제시하여야 하는 것이 일반적
	전화(전신)	돌발적이고 긴급을 요하는 정보의 배포를 위하여 이용되는 수단으로, 흔히 해외에서 주재하는 기관이나 요원에게 최근의 상황을 신속히 전달하는데 효과적·단편적이며 주로 전시에 많이 이용

제2절 보안업무규정(신원조사)

신원조사
(제36조)
	① 국가정보원장은 제3조 제2호에 해당하는 사람(국가안전보장에 한정된 국가 기밀을 취급하는 인원)의 **충성심·신뢰성** 등을 확인하기 위하여 신원조사를 한다.
	③ **관계 기관의 장**은 다음 각 호에 해당하는 사람에 대하여 **국가정보원장에게 신원조사를 요청해야 한다.**
	  1. **공무원 임용 예정자**(국가안전보장에 한정된 국가 기밀을 취급하는 직위에 임용될 예정인 사람으로 한정한다.)
	  2. **비밀취급 인가 예정자**
	  4. **국가보안시설·보호장비를 관리하는 기관 등의 장**(해당 국가보안시설 등의 관리 업무를 수행하는 소속 직원을 포함한다)
	  6. 그 밖에 다른 법령에서 정하는 사람이나 각급기관의 장이 국가안전보장을 위하여 필요하다고 인정하는 사람

신원조사 결과 처리 (제37조)	① 국가정보원장은 신원조사 결과 국가안전보장에 해를 끼칠 정보가 있음이 확인된 사람에 대해서는 관계 기관의 장에게 그 사실을 **통보하여야 한다.** ② 제1항에 따라 통보를 받은 관계 기관의 장은 신원조사 결과에 따라 필요한 보안대책을 **마련하여야 한다.**
권한 위탁 (제45조)	① 국가정보원장은 제36조에 따른 신원조사와 관련한 권한의 일부를 국방부장관과 경찰청장에게 위탁할 수 있다.

제3절 집회 및 시위에 관한 법률

1. 목적

「집회 및 시위에 관한 법률」에서는 **적법한 시위를 보장**하고 **시위로부터 국민을 보호**함으로써 집회 및 시위의 권리의 보장과 공공의 안녕질서를 적절히 조화시킴을 그 목적으로 한다.

> ① 집회의 자유에 의하여 보호되는 것은 단지 '평화적' 또는 '비폭력적' 집회이다. (헌재결 2003.10.30. 2000헌바 67·83)
> ② 집회장소로의 여행을 방해하거나, 집회장소로부터 귀가하는 것을 방해하거나, 집회 참가자에 대한 검문의 방법으로 시간을 지연시킴으로써 집회장소에 접근하는 것을 방해하는 등 집회의 자유 행사에 영향을 미치는 모든 조치를 금지한다.

2. 용어의 정의

집회	① **특정 또는 불특정 다수인**이 공동의 의견을 형성하여 이를 대외적으로 표명할 목적 아래 일시적으로 일정한 장소에 모이는 것을 말한다. ② **2인**이 모인 집회도 「집회 및 시위에 관한 법률」의 규제 대상이 된다. ③ 1인이 아니라면 모이는 장소나 사람의 다과에 제한이 있을 수 없다.
옥외집회	천장이 없거나 사방이 폐쇄되지 않는 장소에서의 집회를 말한다.
시위	① 여러 사람이 공동의 목적을 가지고 도로, 광장, 공원 등 **일반인이 자유로이 통행할 수 있는 장소를 행진하거나 위력 또는 기세를 보여, 불특정한 여러 사람의 의견에 영향을 주거나 제압을 가하는 행위**를 말한다. ② 시위의 자유도 집회자유를 규정한 「헌법」 제21조 제1항에 의해 보호되는 기본권이다. ▶ **1인 시위**는 「집회 및 시위에 관한 법률」상 집회·시위에 해당하지 않는다. ▶ 위력 또는 기세를 보여 불특정한 여러 사람의 의견에 영향을 주거나 제압을 가하는 행위는 도로, 광장, 공원 등 일반인이 자유로이 통행할 수 있는 장소에서 이루어져야만 시위에 해당하는 것은 아니다. ※ 플래시몹(Flash mob) ① 불특정 다수가 휴대전화나 전자우편을 이용해 이미 정해진 시간과 장소에 모여 현장에서 주어진 행동을 짧은 시간에 하고 바로 해산하는 새로운 형태의 시위 ② 플래시몹은 플래시크라우드(갑자기 접속이 폭증하는 현상)와 스마트몹(동일 생각을 가지고 행동하는 집단)의 합성어
주최자	자기 이름으로 자기 책임 아래 집회나 시위를 여는 사람이나 단체를 말한다. 주최자는 **주관자**(질서유지인 X)를 따로 두어 집회 또는 시위의 실행을 맡아 관리하도록 위임할 수 있다. 이 경우 **주관자는 그 위임의 범위 안에서 주최자로 본다.** ▶ 주최자는 자격에는 아무런 제한 없으며, 단체인 경우에는 법인격 유무 불문한다.
질서유지인	주최자가 자신을 보좌하여 집회 또는 시위의 질서를 유지하게 할 목적으로 **임명한 자**를 말한다. ▶ 집회 또는 시위의 주최자는 집회 또는 시위의 질서 유지에 관하여 자신을 보좌하도록 **18세 이상**의 사람을 질서유지인으로 임명할 수 있다. → 질서유지인의 능력, 전문성에 대한 규정은 없다.
질서유지선	관할 경찰서장이나 시·도경찰청장이 적법한 집회 및 시위를 보호하고 질서유지나 원활한 교통 소통을 위하여 집회 또는 시위의 장소나 행진 구간을 일정하게 구획하여 설정한 **띠, 방책(防柵), 차선(車線) 등의 경계표지(標識)**를 말한다.
경찰관서	국가경찰관서를 말한다.

3. 옥외집회 및 시위의 신고절차 및 처리기한

(1) 신고

① **옥외집회나 시위**를 주최하려는 자는 그에 관한 다음 사항 모두를 적은 신고서를 옥외집회나 시위를 시작하기 **720시간 전부터 48시간 전**에 관할 **경찰서장**에게 제출하여야 한다. 다만, 옥외집회 또는 시위 장소가 두 곳 이상의 경찰서의 관할에 속하는 경우에는 관할 **시·도경찰청장**에게 제출하여야 하고, 두 곳 이상의 시·도경찰청 관할에 속하는 경우에는 **주최지를 관할하는 시·도경찰청장**에게 제출하여야 한다.

  ㉠ 목적
  ㉡ 일시(필요한 시간을 포함한다)
  ㉢ 장소
  ㉣ 주최자(단체인 경우에는 그 대표자를 포함한다), 연락책임자, 질서유지인에 관한 다음의 사항
   ⓐ 주소
   ⓑ 성명
   ⓒ 직업
   ⓓ 연락처
  ㉤ 참가 예정인 단체와 인원
  ㉥ 시위의 경우 그 방법(진로와 약도를 포함한다)

② 관할 경찰관서장 또는 시·도경찰청장("관할 경찰관서장")은 신고서를 접수하면 신고자에게 접수 일시를 적은 **접수증을 즉시(24시간X) 내주어야 한다.**
③ 주최자는 신고한 옥외집회 또는 시위를 하지 아니하게 된 경우에는 신고서에 적힌 집회 일시 **24시간 전**에 그 철회사유 등을 적은 **철회신고서를 관할경찰관서장에게 제출**하여야 한다.
④ ③에 따라 철회신고서를 받은 관할경찰관서장은 선(先)신고 집회 때문에 금지 통고를 한 집회나 시위가 있는 경우에는 그 금지 통고를 받은 주최자에게 **즉시 알려야 한다.**
⑤ ④에 따라 통지를 받은 주최자는 그 금지 통고된 집회 또는 시위를 **최초에 신고한 대로 개최할 수 있다.** 다만, 금지 통고 등으로 **시기를 놓친 경우**에는 일시를 새로 정하여 집회 또는 시위를 시작하기 24시간 전에 관할경찰관서장에게 신고서를 제출하고 집회 또는 시위를 개최할 수 있다.
⑥ 신고를 요하지 않는 집회·시위

신고X	① 옥내집회 ▶ 옥내집회 후 행진하는 경우 또는 집회 없이 행진만 하는 경우는 신고대상 ② 학문·예술·체육·의식·친목·오락·관혼상제 및 국경행사에 관한 옥외집회
신고O	① 군작전관할구역 내에서의 옥외집회도 신고대상이나, 사실상 경찰행정권이 미치지 않으므로 작전관할권이 있는 군부대장의 허가를 받아 개최 ② 도로·역·광장 등 **공공장소에서의 가두서명·유인물 배포** 등 집단행위는 신고대상이다. ③ **양심수를 시민들에게 알리기 위한 것이라는 시위목적에 비추어, 시위자들이 죄수복 형태의 옷을 집단적으로 착용하고 포승으로 신체를 결박한 채 행진하려는 것** → 사전 신고 대상 ④ **특정 단체의 회원 약 10명과 함께 정당 대표의 자택 앞에서 과거청산에 관한 입법을 촉구하는 구호를 외치고 기자회견문을 배포한 뒤 정당 대표의 차량의 진행을 방해하는 등의 방법으로 약 25분에 걸쳐 옥외집회를 개최** → 신고의무의 대상인 '집회'에 해당

(1)-2 신고 관련 판례

1. '열린음악회' 명칭으로 집회가 진행되었고, 참가자들의 노래자랑 행사성격이 포함되었다고 하더라도, **당시 제반정황에 비추어 볼 때 순수한 의미의 음악회 행사였다고 보기 어렵고, 음악회라는 형식을 빌려 미군의 환경파괴 행위를 규탄하는 주장을 전달하고자 개최된 집회였다고 봄이 상당**하므로 일몰후의 옥외집회가 허용되는 예술, 친목, 오락에 관한 집회에 해당하지 않는다. (대판 2005.5.12. 2005도1543)
2. 관혼상제에 해당하는 장례에 관한 집회가 옥외의 장소에서 개최된다고 하더라도 그 집회에 관해서는 사전신고를 요하지 아니하나, 예컨대 그 집회 참가자들이 **망인에 대한 추모의 목적과 그 범위 내에서 이루어지는 노제 등을 위한 이동·행진의 수준을 넘어서서** 그 기회를 이용하여 다른 공동의 목적을 가지고 일반인이 자유로이 통행할 수 있는 장소를 행진하거나 위력 또는 기세를 보여, 불특정한 여러 사람의 의견에 영향을 주거나 제압을 하는 행위에까지 나아가는 경우에는, 이미 집시법이 정한 시위에 해당하므로 집시법 제6조에 따라 사전에 신고서를 관할 경찰서장에게 제출할 것이 요구된다고 보아야 한다. (대판 2012.4.26. 2011도6294)

(2) 통고 및 보완

보완통고	① 관할경찰관서장은 신고서의 기재사항에 미비점이 있을 때는 **접수증을 교부한 때부터 12시간 이내**에 주최자에게 24시간을 기한으로 **보완할 것을 통고할 수 있다.** ② 주최자가 보완통고서 **수령시로부터 24시간 이내**에 기재사항을 보완하지 아니할 경우 당해 집회·시위에 대한 **금지통고를 할 수 있다.** ③ 보완통고는 보완할 사항을 분명히 밝혀 **서면으로 주최자 또는 연락책임자에게 송달**하여야 한다. ④ 집회신고서의 형식적 미비점만 보완통고가 가능하고, 내용 미비점에 대하는 보완통고할 수 없다.
제한통고	① **제한통고의 기한규정은 없으**므로, 집회개최 직전까지 통고서를 전달하면 된다. ② 제한통고서는 상대방에게 **도달**되어야 효력이 발생한다. ③ 제한사유가 새롭게 발견된 경우에는 집회·시위 개최중이라도 제한할 수 있다.
금지통고	① 신고서를 접수한 관할경찰관서장은 신고된 옥외집회 또는 시위가 금지사유에 해당하는 때에는 신고서를 **접수한 때부터 48시간 이내**에 집회 또는 시위를 금지할 것을 **주최자에게 통고할 수 있다.** ② 집회 또는 시위가 집단적인 폭행·협박·손괴·방화 등으로 공공의 안녕·질서에 직접적인 위험을 초래한 경우에는 남은 기간의 당해 집회 또는 시위에 대하여 신고서를 접수한 때부터 **48시간이 경과된 경우에도 금지통고할 수 있다.** ③ 집회 또는 시위의 금지 또는 제한 통고는 그 이유를 분명하게 밝혀 **서면으로 주최자 또는 연락책임자에게 송달**하여야 한다.

(2)-2 통고 및 보완 관련 판례

1. 집회의 신고가 경합할 경우 특별한 사정이 없는 한 관할 경찰관서장은 집회 및 시위에 관한 법률("집시법") 제8조 제2항의 규정에 의하여 신고 순서에 따라 뒤에 신고된 집회에 대하여 금지통고를 할 수 있지만, 먼저 신고된 집회의 참여 예정인원, 집회의 목적, 집회 개최장소 및 시간, 집회 신고인이 기존에 신고한 집회건수와 실제로 집회를 개최한 비율등 먼저 신고된 집회의 실제 개최가능성 여부와 양 집회의 상반 또는 방해가능성등 제반사정을 확인하여 먼저 신고된 집회가 다른 집회의 개최를 봉쇄하기 위한 허위 또는 가장 집회신고에 해당함이 객관적으로 분명해 보이는 경우에는, 뒤에 신고된 집회에 다른 집회금지 사유가 있는 경우가 아닌 한, 관할경찰관서장이단지 먼저 신고가 있었다는 이유만으로 뒤에 신고된 집회에 대하여 집회 자체를 금지하는 통고를 하여서는 아니되고, 설령 이러한 금지통고에 위반하여 집회를 개최하였다고 하더라도 그러한 행위를 집시법상 금지통고에 위반한 집회개최행위에 해당한다고 보아서는 아니 된다. (대판 2014.12.11. 2011도13299) [22 채용]
2. 헌법이 보장하는 집회의 자유도 스스로 한계가 있어 무제한의 자유가 아닌 것이므로 공공의 안녕과 질서를 유지하기 위하여 집회 및 시위의 주최자로 하여금 미리 일정한 사항을 신고하게 하고 신고를 받은 관할 경찰서장이 제반 사항을 검토하여 일정한 경우 집회 및 시위의 금지를 통고할 수 있도록 한 집회 및 시위에 관한 법률 제6조, 제8조 및 그 금지통고에 대한 이의 신청절차를 규정하고 있는 같은 법 제9조가 헌법에 위반된다고 할 수 없다. (대법원 1991.11.12. 선고 91도1870)
3. 집회의 금지와 해산은 원칙적으로 공공의 안녕질서에 대한 직접적인 위협이 명백하게 존재하는 경우에 한하여(우려되는 경우X) 허용될 수 있다. 집회의 금지와 해산은 집회의 자유를 보다 적게 제한하는 다른 수단, 즉 조건을 붙여 집회를 허용하는 가능성을 모두 소진한 후에 비로소 고려될 수 있는 최종적인 수단이다. (헌재결 2003.10.30. 2000헌바67·83)

> **참고**
>
> **보완통고서, 금지·제한 통고서의 송달**
>
> 법 제6조 제1항의 규정에 따른 신고서를 접수한 관할경찰서장 또는 시·도경찰청장은 법 제7조 제2항에 따른 보완 통고서를 주최자나 연락책임자의 책임 있는 사유로 주최자나 연락책임자에게 직접 송달할 수 없는 때에는 다음의 방법으로 송달할 수 있다.
>
> | | |
> |---|---|
> | 주최자가 단체인 경우 | 주최자 또는 연락책임자의 대리인이나 단체의 사무소에서 근무하는 직원에게 전달하되, 대리인 또는 사무소에서 근무하는 직원에게 전달할 수 없는 때에는 단체의 사무소가 있는 **건물의 관리인이나 건물 소재지의 통장 또는 반장**에게 전달할 수 있다. |
> | 주최자가 개인인 경우 | 주최자 또는 연락책임자의 세대주나 가족 중 성년자에게 전달하되, 주최자 또는 연락책임자의 세대주나 가족 중 성년자에게 전달할 수 없는 때에는 주최자 또는 연락책임자가 거주하는 건물의 관리인이나 건물 소재지의 통장 또는 반장에게 전달할 수 있다. |

(3) 이의 신청과 재결

이의신청	금지통고를 받은 집회·시위의 주최자는 그 금지통고에 불복하는 경우 **금지통고를 받은 때로부터 10일 이내에 금지통고를 한 경찰관서의 직근 상급경찰관서의 장에게 이의 신청을 할 수 있다.**
통지 및 답변서 제출	① 이의 신청을 받은 경찰관서장은 즉시 집회 또는 시위의 금지를 통고한 경찰관서장에게 이의 신청의 취지와 이유(이의 신청시 증거서류나 증거물을 제출한 경우에는 그 요지를 포함한다)를 알리고, 답변서의 제출을 명하여야 한다. ② ①에 따른 답변서에는 금지 통고의 근거와 이유를 구체적으로 밝히고 이의 신청에 대한 답변을 적되 필요한 증거서류나 증거물이 있으면 함께 제출하여야 한다.
재결	① 주최자로부터 이의 신청을 받은 경찰관서의 장은 **일시를 적은 접수증을 이의 신청인에게 즉시 내주고 이의 신청 접수시로부터 24시간 내에 재결하여야 한다.** 이 경우 접수한 때부터 24시간 이내에 재결서를 **발송하지 아니하면 관할경찰관서장의 금지통고는 소급하여 그 효력을 잃는다.** ② 이의 신청인은 금지통고가 위법하거나 부당한 것으로 재결되거나 그 효력을 잃게 된 경우 처음 신고한 대로 집회 또는 시위를 개최할 수 있다.(별도의 신고는 필요 없음) 다만, **금지통고 등으로 시기를 놓친 경우에는 일시를 새로 정하여 집회 또는 시위를 시작하기 24시간 전에 관할경찰관서장에게 신고함으로써 집회 또는 시위를 개최할 수 있다.** ③ 이의 신청을 받은 경찰관서장은 법 제9조 제2항에 따라 재결을 한 때에는 집회 또는 시위의 **금지를 통고한 경찰관서장에게 재결 내용을 즉시 알려야 한다.**
행정소송	① 이의 신청이 '각하', '기각'된 경우에는 금지통고가 유효하며, 이에 불복하는 이의 신청인은 행정 소송제기가 가능하다. ② **이의 신청을 거치지 아니하고 바로 행정소송의 제기가 가능하다.**

4. 집회 및 시위의 금지

① 누구든지 다음에 해당하는 집회·시위 주최하여서는 아니 된다.

  ㉠ 헌법재판소 결정에 따라 해산된 정당의 목적 달성하기 위한 집회·시위
  ㉡ 집단적인 폭행, 협박, 손괴, 방화 등으로 공공의 안녕 질서에 직접적인 위협을 끼칠 것이 명백한 집회·시위

② 누구든지 ①에 따라 금지된 집회 또는 시위를 할 것을 선전하거나 선동하여서는 아니 된다.

4-2. 옥외집회 및 시위 금지사유

(1) 신고서 기재사항 보완통고 받고도 이를 기한 내에 이행하지 않는 경우
(2) 집회·시위 시간과 장소가 경합되는 2건 이상의 신고가 있는 경우 나중에 접수된 옥외집회·시위

① 관할경찰관서장은 집회·시위의 시간과 장소가 중복되는 2개 이상 신고가 있는 경우 그 목적으로 보아 서로 상반되거나 방해가 된다고 인정되면 **각 옥외집회 또는 시위 간에 시간을 나누거나 장소 분할하여 개최하도록 권유하는 등** 각 옥외집회 또는 시위가 서로 방해되지 아니하고 **평화적으로 개최·진행될 수 있도록 노력하여야 한다.**
② 관할경찰관서장은 권유가 받아들여지지 아니하면 **뒤에 접수된 옥외집회·시위에 대하여 금지통고할 수 있다.**
③ 뒤에 접수된 옥외집회·시위가 금지 통고된 경우 먼저 신고 접수하여 옥외집회·시위 개최할 수 있는 자는 **집회 시작 1시간 전에 관할경찰관서장에게 집회 개최 사실 통지하여야 한다.**

(2)-2 집회·시위 시간과 장소가 경합되는 2건 이상의 신고가 있는 경우 나중에 접수된 옥외집회·시위 관련 판례

> 우리 헌법은 **모든 국민에게 집회의 자유를 보장**하고 있고, 집회에 대한 사전허가제를 금지하고 있는바, 옥외집회를 주최하고자 하는 자는 집시법이 정한 시간 전에 관할경찰관서장에게 **집회신고서를 제출하여 접수시키기만 하면 원칙적으로 옥외집회를 할 수 있다**. 집회의 자유에 대한 제한은 법률에 의해서만 가능하므로 **법률에 정하여지지 않은 방법으로 이를 제한할 경우에는 그것이 과잉금지 원칙에 위배되었는지 여부를 판단할 필요 없이 헌법에 위반된다**. 법의 집행을 책임지고 있는 국가기관인 피청구인으로서는 **집회의 자유를 제한함에 있어 실무상 아무리 어렵더라도 법에 규정된 방식에 따라야 할 책무가 있고**, 이 사건 집회신고에 관한 사무를 처리하는데 있어서도 **적법한 절차에 따라 접수순위를 확정하려는 최선의 노력을 한 후, 집시법 제8조 제2항에 따라 후순위로 접수된 집회의 금지 또는 제한을 통고하였어야 한다**. 만일 접수순위를 정하기 어렵다는 현실적인 이유로 중복신고된 모든 옥외집회의 개최가 법률적 근거 없이 불허되는 것이 용인된다면, 집회의 자유를 보장하고 집회의 사전허가를 금지한 헌법 제21조 제1항 및 제2항은 무의미한 규정으로 전락할 위험성이 있다. 결국 이 사건 반려행위는 법률의 근거 없이 청구인들의 집회의 자유를 침해한 것으로서 헌법상 법률유보원칙에 위반된다고 할 것이다. (헌재결 2008.5.29. 2007헌마712)

(3) 거주자 또는 관리자가 시설이나 장소 보호 요청하는 때

> 다음에 해당하는 경우로서 **거주자나 관리자가 시설이나 장소 보호 요청하는 경우**는 집회·시위의 금지 또는 제한 통고할 수 있다.
>
> ㉠ 신고장소가 **다른 사람의 주거지역이나 이와 유사한 장소**로서 집회·시위로 재산 또는 시설에 심각한 피해 발생하거나 사생활 평온을 뚜렷하게 해칠 우려가 있는 경우
> ㉡ 신고장소가 「초·중등교육법」 제2조에 따른 학교(대학교X) 주변지역으로서 집회·시위로 학습권을 뚜렷이 침해할 우려가 있는 경우
> ㉢ 신고장소가 **군사시설의 주변지역**(외국군의 군사시설도 포함)으로서 집회·시위로 시설이나 군작전 수행에 심각한 피해 발생할 우려 있는 경우

(4) 주거지역 집회 및 시위 제한·금지 요청(집회 및 시위에 관한 법률 시행령)

주거지역 범위 (제4조)	① 법 제8조 제5항 제1호에서 "이와 유사한 장소"란 주택 또는 사실상 주거의 용도로 사용되고 있는 건축물이 있는 지역과 이에 인접한 공터·도로 등을 포함한 장소를 말한다. ② 법 제8조 제5항 제1호에 따른 재산 또는 시설에 피해가 발생하거나 사생활의 평온을 해치는 경우란 함성, 구호의 제창, 확성기·북·징·꽹과리 등 기계·기구("확성기등")의 사용, 사람에게 모욕을 줄 수 있는 구호·낙서 및 유인물 배포, 돌·화염병의 투척 등 폭력행위나 그 밖의 방법으로 재산·시설에 손해를 입히거나 사생활의 평온을 해치는 것을 말한다. ③ 법 제8조 제5항 제2호 및 제3호에서 "주변 지역"이란 학교 또는 군사시설의 출입문, 담장 및 이와 인접한 공터·도로 등을 포함한 장소를 말한다.
제한·금지 요청 (제5조)	법 제8조 제5항에 따른 시설이나 장소의 보호 요청은 주거지역이나 이와 유사한 장소의 거주자나 관리자 또는 학교·군사시설의 거주자나 관리자나 그 이유 등을 명확하게 밝혀 **관할 경찰관서장이나 집회 또는 시위의 장소에 있는 경찰공무원에게 서면이나 구두로 하여야 한다.** 이 경우 구두로 요청할 때에는 지체 없이 그 이유 등을 명확하게 밝힌 서면을 제출하여야 한다.

4-3. 옥외집회와 시위의 금지장소

누구든지 다음 청사 또는 저택의 경계 지점으로부터 **100미터** 이내 장소에서는 **옥외집회 또는 시위**를 하여서는 아니 된다.

> ① **국회의사당**. 다만, 다음에 해당하는 경우로서 국회의 기능이나 안녕을 침해할 우려가 없다고 인정되는 때에는 그러하지 아니하다.
>
> > ㉠ 국회의 활동을 방해할 우려가 없는 경우
> > ㉡ 대규모 집회 또는 시위로 확산될 우려가 없는 경우
>
> ② **각급 법원, 헌법재판소**. 다만, 다음에 해당하는 경우로서 각급 법원, 헌법재판소의 기능이나 안녕을 침해할 우려가 없다고 인정되는 때에는 그러하지 아니하다.
>
> > ㉠ 법관이나 재판관의 직무상 독립이나 구체적 사건의 재판에 영향을 미칠 우려가 없는 경우
> > ㉡ 대규모 집회 또는 시위로 확산될 우려가 없는 경우
>
> ③ **국회의장 공관, 대법원장 공관, 헌법재판소장 공관**
> ④ **국무총리 공관**. 다만, 다음에 해당하는 경우로서 국무총리 공관의 기능이나 안녕을 침해할 우려가 없다고 인정되는 때에는 그러하지 아니하다.
>
> > ㉠ 국무총리를 대상으로 하지 아니하는 경우
> > ㉡ 대규모 집회 또는 시위로 확산될 우려가 없는 경우
>
> ⑤ **국내 주재 외국의 외교기관이나 외교사절의 숙소**. 다만, 다음에 해당하는 경우로서 외교기관 또는 외교사절 숙소의 기능이나 안녕을 침해할 우려가 없다고 인정되는 때에는 그러하지 아니하다.
>
> > ㉠ 해당 외교기관 또는 외교사절의 숙소를 대상으로 하지 아니하는 경우
> > ㉡ 대규모 집회 또는 시위로 확산될 우려가 없는 경우
> > ㉢ 외교기관의 업무가 없는 휴일에 개최하는 경우

4-4. 야간 옥외 집회·시위

> ① 누구든지 야간에는 옥외집회·시위 하여서는 아니 된다. 다만, 집회 성격상 부득이하여 주최자가 질서유지인을 두고 미리 신고한 경우는 관할경찰관서장은 질서 유지 위한 조건 붙여 야간 옥외집회 허용할 수 있다. → 헌법불합치 결정, 한정위헌결정
> ② 야간옥외집회 원칙금지규정 : 헌법불합치결정에 의해 2010년 6월 30일을 시한으로 효력이 상실되어 현재는 **야간옥외집회는 허용**된다.
> ③ 야간시위 금지규정 : 한정위헌결정에 의해 **일몰 후부터 자정까지 야간시위를 금지하는 것은 위헌**이고, **자정부터 일출 전까지 야간시위를 금지하는 것은 합헌**

5. 집회 및 시위관계자의 준수사항

주최자	① 질서유지
	② 질서유지인의 임명 : 집회·시위의 질서유지에 관하여 자신을 보좌하도록 **18세 이상의 사람을 질서유지인으로 임명할 수 있다.**
	③ 종결선언 : 질서를 유지할 수 없으면 그 집회 또는 시위의 **종결을 선언하여야 한다.**
	④ 다음에 해당하는 행위를 하여서는 아니 된다.
	    ㉠ 총포, 폭발물, 도검, 철봉, 곤봉, 돌덩이 등 다른 사람의 생명을 위협하거나 신체에 해를 끼칠 수 있는 기구를 휴대하거나 사용하는 행위 또는 다른 사람에게 이를 휴대하게 하거나 사용하게 하는 행위
	    ㉡ 폭행, 협박, 손괴, 방화 등으로 질서를 문란하게 하는 행위
	    ㉢ 신고한 목적, 일시, 장소, 방법 등의 범위를 뚜렷이 벗어나는 행위
	⑤ **옥내집회 주최자**는 확성기를 설치하는 등 주변에서의 **옥외 참가를 유발하는 행위**를 하여서는 아니 된다.

질서유지인	① 주최자의 지시에 따라 집회 또는 시위 질서가 유지되도록 하여야 한다. ② 주최자의 금지사항에 해당하는 행위를 하여서는 아니 된다. ③ 참가자 등이 질서유지인임을 쉽게 알아볼 수 있도록 **완장, 모자, 어깨띠, 상의 등을 착용하여야 한다.** ④ 관할경찰관서장은 집회 또는 시위의 주최자와 협의하여 질서유지인의 수를 적절하게 조정할 수 있다. ⑤ 집회나 시위의 주최자는 질서유지인의 수를 조정한 경우 집회 또는 시위를 개최하기 전에 조정된 질서유지인의 명단을 관할경찰관서장에게 알려야 한다.
참가자	주최자 및 질서유지인의 질서 유지를 위한 지시에 따라야 한다.

6. 평화적인 집회·시위 보호와 공공의 질서유지

평화적인 집회·시위 보호	① 누구든지 폭행, 협박, 그 밖의 방법으로 평화적인 집회 또는 시위를 방해하거나 질서를 문란하게 하여서는 아니 된다. ② 누구든지 폭행, 협박, 그 밖의 방법으로 집회 또는 시위의 **주최자나 질서유지인**의 이 법의 규정에 따른 **임무수행을 방해하여서는 아니 된다.** ③ 집회 또는 시위의 주최자는 평화적인 집회 또는 시위가 방해받을 염려가 있다고 인정되면 **관할 경찰관서에 그 사실을 알려 보호를 요청할 수 있다.** 이 경우 관할 경찰관서의 장은 **정당한 사유없이 보호 요청을 거절하여서는 안 된다.** ④ 평화적인 집회·시위를 방해하면 **3년 이하의 징역 또는 300만원 이하의 벌금**에 처한다. 다만, 군인·검사 또는 경찰관이 방해하면 **5년 이하의 징역**에 처한다. → **집회나 시위를 방해할 목적 불문하고 군인·검사·경찰관이 평화적인 집회를 방해하면 가중처벌**
교통소통을 위한 제한	① 관할경찰관서장은 대통령령으로 정하는 주요 도시의 주요 도로에서의 집회·시위에 대하여 **교통 소통을 위하여 필요하다고 인정하면 이를 금지하거나 교통질서 유지 위한 조건을 붙여 제한할 수 있다.** ② 주최자가 질서유지인을 두고 도로 행진하는 경우는 해당 도로와 주변 도로 교통 소통에 장애를 발생시켜 심각한 교통에 불편을 줄 우려가 있는 경우를 제외하고는 금지할 수 있다.
경찰관 출입	① 경찰관은 **주최자에게 통보하고** 집회·시위의 장소에 **정복 착용하고 출입할 수 있다.** 다만, 옥내집회 장소 출입은 직무집행에 있어서 긴급성이 있는 경우에 한한다. ▶ 집회 주최자는 경찰관에 대해 참가 배제하지 못한다. ② 「집회 및 시위에 관한 법률」은 경찰관의 집회·시위 장소 출입은 **정복착용만을 규정, 「국가경찰과 자치경찰의 조직 및 운영에 관한 법률」 제3조 및 「경찰관직무집행법」 제2조 등에서 범죄수사 및 공공의 안녕에 대한 위험의 예방과 대응을 위한 정보 수집활동을 규정하고 있으므로 정보활동 및 범인검거 활동 등을 위해서 사복착용출입 가능** ③ 주최자, 질서유지인 또는 장소관리자는 질서 유지하기 위한 **경찰관의 직무집행에 협조하여야 한다.** → **협조하지 않더라도 처벌규정 없다.**
특정인 참가배제	① 주최자 및 질서유지인(단순참가자X)은 특정한 사람이나 단체가 집회나 시위에 참가하는 것을 막을 수 있다. ▶ 주최자 또는 질서유지인이 참가를 배제했는데도 참가한 자는 **6개월 이하의 징역 또는 50만원 이하의 벌금·구류·과료**에 처한다. ② 언론사의 기자는 출입이 보장되어야 하며, 이 경우 기자는 신분증을 제시하고 기자임을 표시한 완장을 착용하여야 한다. ▶ 언론사의 기자라고 하더라도 신분증의 제시, 기자완장 착용 등 조치없이 집회·시위 장소에 출입하는 것은 제한될 수 있다. ▶ 언론사 기자가 주최자 등의 참가 배제 통보를 받았음에도 취재를 위해 집회·시위에 참가한 경우 → 처벌 규정 없다.
제한유지선 설정·고지	① 신고받은 **관할경찰관서장**은 집회·시위 보호와 공공의 질서유지 위하여 필요하다고 인정하면 **최소한 범위 정하여 질서유지선을 설정할 수 있다.** ② ①에 따라 경찰관서장은 질서유지선을 설정할 때에는 **주최자 또는 연락책임자**에게 이를 알려야 한다. ③ 신고받은 **경찰관서장이 설정한 질서유지선을 경찰관의 경고에도 불구하고 정당한 사유없이 상당 시간 침범하거나 손괴·은닉·이동 또는 제거하거나 그 밖의 방법으로 효용을 해친 자는 6월 이하의 징역 또는 50만원 이하의 벌금·구류·과료**에 처한다.

> **참고**
>
> **질서유지선의 설정·고지 등(집회 및 시위에 관한 법률 시행령 제13조)**
>
> ① 관할 경찰관서장은 집회 및 시위의 보호와 공공의 질서 유지를 위하여 다음 각 호의 어느 하나에 해당하는 경우에는 법 제13조 제1항에 따라 **질서유지선을 설정할 수 있다.**
>
>> 1. 집회·시위의 장소를 한정하거나 집회·시위의 **참가자와 일반인을 구분**할 필요가 있을 경우
>> 2. 집회·시위의 **참가자를 일반인이나 차량으로부터 보호**할 필요가 있을 경우
>> 3. **일반인의 통행 또는 교통 소통 등을 위하여 필요**할 경우
>> 4. 다음 각 목의 어느 하나의 시설 등에 접근하거나 행진하는 것을 **금지하거나 제한할 필요**가 있을 경우
>>   가. 법 제11조에 따른 집회 또는 시위가 금지되는 장소
>>   나. 통신시설 등 중요시설
>>   다. 위험물시설
>>   라. 그 밖에 안전 유지 또는 보호가 필요한 재산·시설 등
>> 5. 집회·시위의 **행진로를 확보**하거나 이를 위한 **임시횡단보도를 설치**할 필요가 있을 경우
>> 6. 그 밖에 집회·시위의 보호와 공공의 질서 유지를 위하여 필요할 경우
>
> ② 질서유지선의 설정 고지는 서면으로 하여야 한다. 다만, 집회 또는 시위 장소의 상황에 따라 질서유지선을 새로 설정하거나 변경하는 경우에는 **집회 또는 시위의 장소에 있는 경찰공무원이 구두로 알릴 수 있다.**
>
>> ※ 관련 판례
>> 1. 집시법에서 정한 질서유지선은 집회 및 시위의 보호와 공공의 질서유지를 위하여 필요하다고 인정되는 경우로서 집시법 시행령 제13조 제1항에서 정한 사유에 해당한다면 반드시 집회 또는 시위가 이루어지는 장소 외곽의 경계지역뿐만 아니라 집회 또는 시위의 장소 안에도 설정할 수 있다고 봄이 타당할 것이나, 이러한 경우에도 그 질서유지선은 집회 및 시위의 보호와 공공의 질서유지를 위하여 필요하다고 인정되는 최소한의 범위를 정하여 설정되어야 하고, 질서유지선이 위 범위를 벗어나 설정되었다면 이는 집시법 제13조 제1항에 위반되어 적법하다고 할 수 없다. (대판 2020.3.27. 2016도18713) [22 채용]
>> 2. 질서유지선은 띠, 방책, 차선등과 같이 경계표지로 기능할 수 있는 물건 또는 「도로교통법」상 안전표지라고 봄이 타당하므로, 경찰관들이 집회 또는 시위가 이루어지는 장소의 외곽이나 그 장소 안에서 줄지어 서는 등의 방법으로 사실상 질서유지선의 역할을 수행한다고 하더라도 이를 가리켜 집시법에서 정한 질서유지선이라고 할 수는 없다. (대판 2020.3.27. 2016도18713) [22 채용]

확성기등 사용 제한	① 주최자는 확성기, 북, 징, 꽹과리 등 기계·기구 사용하여 타인에게 심각한 피해 주는 소음으로서 대통령령으로 정하는 기준 위반하는 소음 발생시켜서는 아니 된다. ② 관할경찰관서장은 주최자가 기준 초과하는 소음 발생시켜 타인에게 피해주는 경우에는 그 **기준 이하의 소음 유지 또는 확성기 등의 사용 중지를 명하거나 확성기 등의 일시보관 등 필요한 조치**를 할 수 있다. ③ 기준이하 소음유지 명령위반, 확성기 등의 사용중지 명령위반과 확성기 등의 일시보관 등 필요한 조치를 거부하거나 방해하는 경우 6개월 이하의 징역 또는 50만원 이하의 벌금·구류 또는 과료에 처할 수 있다. → **친고죄 아님**

> **참고**

확성기 등의 소음기준

소음도 구분		대상 지역	시간대		
			주간 (07:00~해지기전)	야간 (해진후~24:00)	심야 (00:00~07:00)
대상 소음도	등가 소음도	주거지역, 학교, 종합병원	65 이하	60 이하	55 이하
		공공도서관	65 이하	60 이하	
		그 밖의 지역	75 이하	65 이하	
	최고 소음도	주거지역, 학교, 종합병원	85 이하	80 이하	75 이하
		공공도서관	85 이하	80 이하	
		그 밖의 지역	95 이하		

① 확성기 등의 소음은 **관할 경찰서장(현장 경찰공무원)**이 측정
② 소음 측정 장소는 피해자가 위치한 건물 외벽에서 소음원 방향으로 1~3.5m 떨어진 지점으로 하되, 소음도가 높을 것으로 예상되는 지점의 지면 위 1.2~1.5m 높이에서 측정. 다만, 주된 건물 경비 등을 위하여 사용되는 부속 건물, 광장·공원이나 도로상 영업시설물, 공원의 관리사무소 등은 소음 측정 장소에서 제외
③ ②의 장소에서 확성기 등의 대상소음이 있을 때 측정한 소음도를 측정소음도로 하고, 같은 장소에서 확성기 등의 대상소음이 없을 때 5분간 측정한 소음도를 배경소음도로 한다.
④ **측정소음도가 배경소음도보다 10dB 이상 크면 배경소음의 보정 없이 측정소음도를 대상소음도로 하고**, 측정소음도가 배경소음도보다 3.0~9.9dB 차이로 크면 아래 표의 보정치에 따라 측정소음도에서 배경소음을 보정한 소음도를 대상소음도로 하며, 측정소음도가 배경소음도보다 3dB 미만으로 크면 다시 한 번 측정소음도를 측정하고, 다시 측정하여도 3dB 미만으로 크면 확성기 등의 소음으로 보지 아니한다.
⑤ 등가소음도는 **10분간**(소음 발생 시간이 10분 이내인 경우에는 그 발생 시간 동안을 말한다)
⑥ 최고소음도는 확성기 등의 대상소음에 대해 매 측정시 발생된 소음도 중 가장 높은 소음도를 측정하며, 동일한 집회·시위에서 측정된 **최고소음도가 1시간 내에 3회 이상** 위 표의 최고소음도 기준을 초과한 경우 소음기준을 위반한 것으로 본다.
⑦ 다음에 해당하는 행사(중앙행정기관이 개최하는 행사만 해당한다)의 진행에 영향을 미치는 소음에 대해서는 그 행사의 개최시간에 한정하여 위 표의 주거지역의 소음기준을 적용한다.

> ㉠ 「국경일에 관한 법률」 제2조에 따른 국경일의 행사
> ㉡ 「각종 기념일 등에 관한 규정」 별표에 따른 각종 기념일 중 주관 부처가 국가보훈처인 기념일의 행사

▶ **신고대상 아닐지라도 소음제한 규정 적용**
▶ **1인 시위는 「집회 및 시위에 관한 법률」의 적용대상이 아니므로 소음제한 규정도 적용되지 않는다.**

7. 집회 또는 시위의 해산

관할경찰관서장은 다음에 해당하는 집회·시위에 대하여는 상당한 시간 이내에 자진해산 요청하고 이에 따르지 아니하면 **해산 명할 수 있다.**
㉠ 헌법재판소 결정에 따라 해산된 정당의 목적을 달성하기 위한 집회·시위
㉡ 집단적인 폭행, 협박, 손괴, 방화 등으로 공공의 안녕·질서에 직접적인 위협 끼칠 것이 명백한 집회·시위
㉢ 자정 이후부터 해가 뜨기 전의 시위
㉣ 옥외집회·시위 금지장소에서 집회·시위, 미신고 옥외집회·시위
㉤ 경찰관서장으로부터 금지된 집회·시위
㉥ 시설보호요청에 따른 관할 경찰관서장 제한을 위반하여 질서유지에 직접적인 위험을 명백하게 초래한 집회·시위
㉦ 관할 경찰관서장이 붙인 교통질서유지 조건 위반하여 질서유지에 직접적인 위험을 명백하게 초래한 집회·시위
㉧ 집회·시위 주최자가 질서유지 할 수 없어 종결선언 한 집회·시위
㉨ '총포, 폭발물, 도검, 철봉, 곤봉, 돌덩이 등 다른 사람의 생명을 위협하거나 신체에 해를 끼칠 수 있는 기구를 휴대하거나 사용하는 행위 또는 다른 사람에게 이를 휴대하게 하거나 사용하게 하는 행위', '폭행, 협박, 손괴, 방화 등으로 질서를 문란하게 하는 행위', '신고한 목적, 일시, 장소, 방법 등의 범위를 뚜렷이 벗어나는 행위' 중 어느 하나의 행위로 질서를 유지할 수 없는 집회·시위
▶ 해산명령을 할 때 그 사유를 구체적으로 고지하도록 명시적으로 규정하고 있지는 않지만, 법원은 구체적으로 고지하도록 판시하였다. (判)

7-2. 집회 또는 시위의 해산 관련 판례

1. 집회 및 시위에 관한 법률("집시법") 제20조 제1항은 관할 경찰관서장은 다음 각 호의 어느 하나에 해당하는 집회 또는 시위에 대하여는 상당한 시간 이내에 자진해산할 것을 요청하고 이에 따르지 아니하면 해산을 명할 수 있다고 규정하고, 제20조 제2항은 집회 또는 시위가 제1항에 따른 해산명령을 받았을 때에는 모든 참가자는 지체없이 해산하여야 한다고 규정하는데, 관련 규정의 해석상 관할 경찰관서장이 위 해산명령을 할 때에는 해산사유가 집시법 제20조 제1항 각 호 중 어느 사유에 해당하는지 구체적으로 고지하여야 한다. 따라서 해산명령을 하면서 구체적인 해산사유를 고지하지 않았거나 정당하지 않은 사유를 고지하면서 해산명령을 한 경우에는, 그러한 해산명령에 따르지 않았다고 하더라도 집시법 제20조 제2항을 위반하였다고 할 수 없다. (대판 2014.3.13. 2012도14137)
2. 신고를 하지 아니 하였다는 이유만으로 옥외집회 또는 시위를 헌법의 보호범위를 벗어나 개최가 허용되지 않는 집회 내지 시위라고 단정할 수 없다. 따라서 집회 및 시위에 관한 법률("집시법") 제20조 제1항 제2호가 미신고 옥외집회 또는 시위를 해산명령 대상으로 하면서 별도의 해산요건을 정하고 있지 않더라도, 그 옥외집회 또는 시위로 인하여 타인의 법익이나 공공의 안녕 질서에 대한 직접적인 위험이 명백하게 초래된 경우에 한하여 위 조항에 기하여 해산을 명할 수 있고, 이러한 요건을 갖춘 해산명령에 불응하는 경우에만 집시법 제24조 제5호에 의하여 처벌할 수 있다. (대판 2012.4.19. 2010도6388 전합) [22 채용]

> **참고**

집회 및 시위에 관한 법률 시행령 제17조(집회 또는 시위의 자진 해산의 요청 등)

법 제20조에 따라 집회 또는 시위를 해산시키려는 때에는 **관할 경찰관서장 또는 관할 경찰관서장으로부터 권한을 부여받은 경찰공무원은 다음 각 호의 순서에 따라야 한다.** 다만, 법 제20조 제1항 제1호·제2호(미신고 집회·시위, 금지된 집회·시위) 또는 제4호에 해당하는 집회·시위의 경우와 **주최자·주관자·연락책임자 및 질서유지인이 집회 또는 시위 장소에 없는 경우에는 종결 선언의 요청을 생략할 수 있다.**

▶ 관할 경찰관서장이 권한을 부여하면 관할 경찰서 경비교통과장도 해산명령의 주체가 될 수 있다.

1. 종결 선언의 요청
   주최자에게 집회 또는 시위의 종결 선언을 요청하되, 주최자의 소재를 알 수 없는 경우에는 주관자·연락책임자 또는 질서유지인을 통하여 종결 선언을 요청할 수 있다.
2. 자진 해산의 요청
   제1호의 종결 선언 요청에 따르지 아니하거나 종결 선언에도 불구하고 집회 또는 시위의 참가자들이 집회 또는 시위를 계속하는 경우에는 **직접 참가자들에 대하여**(집회주최자에게X)(세번 이상X) 자진 해산할 것을 요청한다.

   ▶ 해산명령 이전에 자진해산할 것을 요청하도록 한 입법 취지에 비추어 볼 때, **반드시 '자진해산'이라는 용어를 사용하여 요청할 필요는 없고**, 그 때 해산을 요청하는 언행 중에 스스로 해산하도록 청하는 취지가 포함되어 있으면 된다.

3. 해산명령 및 직접 해산
   제2호에 따른 자진 해산 요청에 따르지 아니하는 경우에는 **세 번 이상 자진 해산할 것을 명령**하고, 참가자들이 해산명령에도 불구하고 해산하지 아니하면 직접 해산시킬 수 있다.

8. 집회·시위자문위원회

① 집회 및 시위의 자유와 공공의 안녕 질서가 조화를 이루도록 하기 위하여 각급 경찰관서에 다음의 사항에 관하여 각급 경찰관서장의 자문 등에 응하는 집회·시위자문위원회("위원회")를 둘 수 있다.

  ㉠ 집회 또는 시위의 금지 또는 제한 통고
  ㉡ 이의 신청에 관한 재결
  ㉢ 집회 또는 시위에 대한 사례 검토
  ㉣ 집회 또는 시위 업무의 처리와 관련하여 필요한 사항

② 위원회에는 위원장 1명을 두되, 위원장을 포함한 5명 이상 7명 이하의 위원으로 구성된다.
③ 위원장과 위원은 각급 경찰관서장이 전문성과 공정성 등을 고려하여 다음의 사람 중에서 위촉한다.

  ㉠ 변호사
  ㉡ 교수
  ㉢ 시민단체에서 추천하는 사람
  ㉣ 관할 지역의 주민대표

④ 위원회의 구성·운영 등에 필요한 사항은 대통령령으로 정한다.

제6장 안보경찰

제1절 안보경찰

의의	안보경찰이란 국가안전보장을 위태롭게 하는 간첩·좌익운동 등 우리 내부의 취약성을 감소시키거나 북한의 군사적 위협, 공산주의에서 비롯되는 위해 등을 제거하는 임무를 담당하는 경찰을 말한다.

제2절 방첩활동

1. 방첩의 의의

① 방첩이란 기밀유지·보안유지라고도 하며, 상대방으로 하여금 우리 측의 의도를 간파하지 못하게 하고, 우리 측의 어떤 상황도 상대에게 간파되어서는 안 된다는 것을 의미한다.

② 방첩활동이란 적국을 위한 간첩·태업·전복 등 외세 또는 국내불순세력의 국가 위해행위로부터 국가안전과 질서를 보장하기 위한 활동을 말한다.

2. 방첩의 기본원칙

완전협조의 원칙	일반국민의 적극적인 협력 없이 방첩기관만으로는 사명을 완수할 수 없으므로 전담기관, 보조기관, 일반국민이 삼위일체가 되어 긴밀히 협조하여야 한다는 원칙
치밀의 원칙	적에 대한 정확한 정보판단과 전술·전략의 완전 분석 등으로 보다 치밀한 계획과 준비로서 방첩활동을 수행하여야 한다는 원칙
계속접촉의 원칙	방첩기관이 간첩용 의자를 발견하였다고 해서 즉시 검거해서는 안 되며, **조직망 전체가 완전히 파악될 때까지 계속해서 유·무형의 접촉을 해야 한다**는 원칙

3. 방첩의 대상

(1) 간첩

1) 의의
대상국의 기밀을 수집하거나 태업·전복활동을 하는 모든 조직적 구성분자를 말한다.

2) 간첩망

단일형	의의	① 대상국가에 머무르고 있는 동안 간첩상호간에 종적·횡적으로 개별적인 연락을 일체 회피하고, 동조자 없이 **단독으로 활동**하는 점 조직 형태 ② **대남간첩**이 가장 많이 사용
	장점	**보안유지**가 잘 되고, **신속한 활동**이 가능
	단점	**활동범위가 좁고 공작성과가 비교적 낮음**
삼각형	의의	① 지하당 구축을 하명받은 간첩이 노출 가능성과 일망타진시의 위험성을 방지하기 위해 **3명**을 넘지 않는 한도에서 행동공작원을 포섭하여 지휘하고, 포섭된 공작원간 **횡적 연락은 차단** ② **지하당구축**에 주로 사용
	장점	횡적 연락이 차단되어 **보안유지가 잘 되고 일망타진가능성이 적음**
	단점	활동범위가 좁고 공작원 검거시 간첩 정체가 쉽게 노출
서클형	의의	① 간첩이 합법적 신분을 이용하여 침투하고 대상국의 정치·사회문제를 이용, 적국의 이념이나 시장에 동조하도록 유도하여 공작목표를 달성하기 위한 형태로 전선조직에 많이 이용 ② **첩보전**에 많이 이용
	장점	합법적 신분을 이용하므로 간첩**활동이 자유롭고 대중적 조직과 동원이 가능**
	단점	간첩의 정체가 폭로되었을 때 **외교적 문제가 야기**될 수 있음
피라미드형	의의	간첩 밑에 **주공작원 2~3명**을 두고, 주공작원은 그 밑에 **각 2~3명의 행동 공작원**을 두는 조직형태
	장점	일시에 많은 공작을 입체적으로 수행할 수 있고 **활동범위가 넓다.**
	단점	**행동노출이 쉽고 일망타진가능성이 높으며 조직구성에 많은 시간 소요**
레포형		① 피라미드형 조직에 있어서 간첩과 주공작원 또는 주공작원 상호간에 연락원을 두고 종횡으로 연결하는 형태 ② 현재는 사용되지 않음 ▶ 레포 : 연락, 연락원을 뜻하는 공산당 용어. 현재는 사용하지 않음

(2) 태업

의의	대상국가의 전쟁수행능력, 방위력을 약화시키기 위하여 행하여지는 직·간접의 모든 손상·파괴행위
태업대상의 조건	① 전략·전술적 가치가 있을 것 ② 태업에 필요한 기구를 용이하게 입수할 수 있고 접근이 용이할 것 ③ 일단 파괴하면 수리하거나 대체하기 어렵고 많은 시간이 소요될 것

(3) 전복

의의	프롤레타리아 혁명처럼 폭력수단을 동원하는 등 위헌적인 방법으로 헌법에 의해 설치된 국가기관을 강압에 의해 변혁시키거나 기능을 저하시키기 위해 취하여지는 실력행위	
형태	국가전복	피지배자가 지배자를 타도하여 정권을 탈취하는 것
	정부전복	동일 지배계급 내의 일부세력이 집권세력을 제압하여 권력을 차지하는 것

4. 공작활동

의의		정보기관이 어떠한 목적 하에 주어진 목표에 대하여 계획적으로 수행하는 비밀활동을 말한다. 여기서 비밀활동이란 대적을 무릅쓰고 적의 면전에서 수행되는 비밀사업으로서 이에는 첩보수집활동, 태업, 파괴공작활동, 선전·선동 등을 포함한다.
공작 4대 요소	주관자 (공작책임자)	상부로부터 받은 지령을 계획하고 준비·수행하는 하나의 집단을 의미한다.
	공작목표	공작목표는 공작상황에 따라 결정되며, 개괄적이고 광범위한 것부터 구체적이고 특정된 것까지 있으나 진행에 따라 구체화·세분화되는 것이 보통이다.
	공작금	공작활동은 비공개활동으로 막대한 공작금을 필요로 한다.
	공작원	비밀조직의 최선단에서 공작목표에 대하여 공작관을 대행하여 비밀을 탐지하거나 공작임무를 수행하는 사람을 말한다.
공작활동	연락	비밀공작을 수행함에 있어서 상·하급인원이나 기관 간에 비밀을 은폐하려고 기도하는 방법으로 물자와 문서 등을 전달하기 위하여 설치한 수단·방법의 유지 및 운용을 말한다.
	가장	정보활동에 관계되는 모든 요소 즉 인원·시설·물자·활동 등의 제요소의 정체가 외부(공작대상 및 공작상 무관계자)에 노출되지 않도록 꾸며지는 내·외적 제형태를 말한다.
	감시	공작대상의 인물, 시설, 물자 및 지역 등에 대한 정보를 획득할 목적으로 시각이나 청각 등을 사용하여 관찰하는 기술을 말한다.
	신호	비밀공작활동에 있어서 첩보, 문서, 관념, 물자 등을 전달하기 위하여 사전에 약정해 놓은 표시
	관찰묘사	일정한 목적 하에 사물의 현상 및 사건 전말을 감지하는 과정을 관찰이라 하고, 관찰한 경험을 재생·표현하는 것을 묘사라 한다.
	사전정찰	장래의 공작활동을 위하여 공작목표나 공작지역에 대하여 예비지식을 수집하는 사전조사 활동

4-2. 심리전

심리전이란 비무력적인 선전·선동·모략 등의 수단에 의해 직접 상대국(적국)의 국민 또는 군대에 정신적 자극을 주어 사상의 혼란과 국론의 분열을 유발시킴으로써 자국의 의도대로 유도하는 전술이다.

제3절 「국가보안법」

목적	「국가보안법」은 국가의 안전을 위태롭게 하는 반국가활동을 규제함으로써 '**국가안전**'과 '**국민의 생존 및 자유를 확보**'함을 목적으로 한다.
법적 성격	「국가보안법」은 '반국가활동'이라는 특정한 행위에 대하여 특별한 처벌규정과 절차를 두고 있으므로 「형법」과 「형사소송법」에 대한 특별법으로서의 성격을 가지고 있다.

1. 「국가보안법」의 특성

(1) 「형법」에 대한 특례

1) 고의범만 처벌

「국가보안법」은 **고의범만 처벌하고 과실범은 처벌하지 않는다.**

2) 예비·음모의 확장

예비·음모 처벌O	반국가단체구성·가입죄(가입권유죄는 예비·음모 처벌X), 목적수행, 자진지원, 잠입탈출, 이적단체구성, 무기류 등의 편의제공
예비·음모 처벌X	금품수수, 찬양고무, 회합통신, 단순편의제공, 불고지죄, 특수직무유기죄, 무고날조죄

3) 범죄의 선전·선동 및 권유

「형법」에서는 선전·선동은 교사나 방조가 되는데, 「**국가보안법」은 별도의 정범으로 규정**하고 있다.

4) 편의제공죄

「형법」에서는 범인에게 편의를 제공하는 것은 종범에 해당하나, 「**국가보안법」은 종범이 아니라 별도의 독립된 정범으로 규정**하고 있다.

5) 자격정지의 병과

「국가보안법」 위반 범죄에 대하여 **유기징역형을 선고할 때는 그 형의 장기 이하의 자격정지를 병과할 수 있다.**

6) 재범자의 특수가중

「국가보안법」, 「군형법」, 「형법」에 규정된 반국가적 범죄로 **금고 이상**의 형을 선고받고 그 형의 집행을 종료되지 아니한 자 또는 그 집행을 종료하거나 집행을 받지 않기로 확정된 후 **5년**이 경과하지 않은 자가 재차 특정범죄를 범하였을 때는 **최고형을 사형**으로 정하고 있다.

7) 불고지죄의 규정

① **반국가단체구성등의 죄, 목적수행, 자진지원**을 알면서도 수사기관에 신고하지 않으면 불고지죄로 처벌한다.

② **모든 국민**에게 범죄에 대한 **고지의무를 부과**하고 있다.

8) 형의 특별감면

이 법의 죄를 범한 후 **자수**하거나 이 법의 죄를 범한 자가 다른 이 법의 죄를 범한 타인을 **고발**하거나 타인이 이 법의 죄를 범하는 것을 **방해**한 때에는 **그 형을 감경 또는 면제한다. (필요적 감면)**

(2) 「형사소송법」에 대한 특례

1) 참고인의 구인과 소환

① **검사 또는 사법경찰관**으로부터 이 법에 규정된 죄의 참고인으로 출석을 요구받은 자가 정당한 이유 없이 **2회 이상** 출석요구에 불응한 때에는 관할법원판사의 구속영장을 발부받아 구인할 수 있다.
② 구속영장에 의하여 참고인을 구인하는 경우에 필요한 때에는 가장 근접한 경찰서 기타 적당한 장소에 임시로 유치할 수 있다.

2) 피의자구속기간의 연장

① 지방법원판사는 **제3조 내지 제10조의 죄**로서 사법경찰관이 검사에게 신청하여 검사의 청구가 있는 경우에 수사를 계속함에 상당한 이유가 있다고 인정한 때에는 「**형사소송법**」 제202조의 **구속기간(10일)의 연장을 1차에 한하여(10일 이내)** 허가할 수 있다.
  ▶ 사법경찰의 피의자 구속기간 : **최대 20일**
② 지방법원판사는 **제3조 내지 제10조의 죄**로서 검사의 청구에 의하여 수사를 계속함에 상당한 이유가 있다고 인정한 때에는 「**형사소송법**」 제203조의 구속기간의 연장을 2차에 한하여(20일 이내) 허가할 수 있다.
  ▶ 검사의 피의자 구속기간 : **최대 30일**
③ 특수직무유기죄와 무고날조죄는 법조문상으로 연장이 불가능하다.
  ▶ 특수직무유기죄와 무고날조죄는 「형사소송법」에 의해 피의자 구속기간 : **최대 30일**
④ 「국가보안법」 제7조(찬양·고무 등), 제10조(불고지)의 경우는 위헌으로 **연장이 불가능하다.**

	검사	사법경찰
「형사소송법」	10일(1회 10일 연장가능)	10일(연장X)
「국가보안법」	10일(2회 10일 연장가능)	10일(1회 10일 연장가능)

3) 공소보류

① **검사**는 본법의 죄를 범한 자에 대하여 「형법」 제51조의 사항을 참작하여 **공소제기를 보류**할 수 있다.
② 공소보류를 받은 자가 **공소의 제기 없이 2년을 경과한 때**에는 소추할 수 없다.
③ 공소보류를 받은 자가 법무부장관이 정한 감시·보도에 관한 규칙에 위반한 때에는 **공소보류를 취소**할 수 있다.
④ 공소**보류가 취소**된 경우에는 「형사소송법」 제208조(재구속의 제한)의 규정에 불구하고 동일한 범죄사실로 **재구속할** 수 있다.

4) 몰수·추징 및 압수물의 처분

① 「국가보안법」의 죄를 범하고 그 보수를 받은 때에는 이를 **몰수한다**(필요적 몰수). 다만, 이를 몰수할 수 **없을** 때에는 그 가액을 추징한다.
② 검사는 「국가보안법」의 죄를 범한 자에 대하여 소추를 하지 아니할 때에는 압수물의 폐기 또는 국고귀속을 명할 수 있다.

2. 「국가보안법」 각론

(1) 반국가단체 구성·가입·가입권유죄

1) 반국가단체의 의의

> ① "반국가단체"라 함은 **정부를 참칭하거나 국가를 변란할 것을 목적으로 하는 국내·외의 결사 또는 집단으로서 지휘통솔 체제를 갖춘 단체**를 말한다.
> ② 반국가단체의 성립요건은 판례를 통하여 인정된 것이 아니라 「**국가보안법」 제2조에 규정**되어 있다.

2) 반국가단체의 성립요건

정부참칭· 국가변란의 목적	정부참칭	① "정부참칭"이란 **합법적인 절차에 의하지 아니하고 임의로 정부를 조작하여 진정한 정부인 것처럼 사칭**하는 것을 말한다. ② 정부참칭이라고 하기 위해서는 **정부와 동일한 명칭을 사용할 필요까지는 없고 일반인이 정부로 오인할 정도면 충분**하다.
	국가변란	① "국가변란"이란 **정부를 전복하여 새로운 정부를 조직하는 것**이다. ② 정부전복이란 정부를 구성하고 있는 자연인의 사임이나 교체만으로는 충분하지 않고, **정부 조직이나 제도 그 자체를 파괴하는 것을 의미**한다. ③ 「형법」 제92조(내란죄)의 국헌문란은 "헌법 또는 법률에 정한 절차에 의하지 아니하고 헌법 또는 법률의 기능을 소멸시키는 것, 헌법에 의하여 설치된 국가기관을 강압에 의하여 전복 또는 권능행사를 불가능하게 하는 것"을 말한다. 따라서, **국헌문란이 국가변란보다 넓은 개념**이다.
국내외의 결사 또는 집단		① 결사는 공동목적을 수행하기 위하여 조직된 특정 다수인의 계속적인 결합체를 의미한다. ② 집단은 일시적인 집합체이다. ③ **반국가단체의 장소적 성립범위는 국내·외를 불문**한다.
지휘통솔 체제를 갖출 것		**2인 이상**의 특정 다수인 사이에 단체의 내부질서를 유지하고 그 단체를 주도하기 위하여 일정한 위계 및 분담 등의 체계를 갖춘 결합체를 의미한다.

3) 벌칙

① 행위자의 지위와 관여한 정도에 따라 **법정형에 차등이 있다.**
> ▶ 수괴의 임무에 종사하는 자는 사형 또는 무기징역, 간부 기타 지도적 임무에 종사한 자는 사형·무기 또는 5년 이상의 징역

② 반국가단체의 구성·가입죄 및 가입권유죄의 미수범은 처벌한다.
③ 반국가단체의 구성·가입죄의 **예비·음모를 처벌**한다.

(2) 목적수행죄

1) 의의

반국가단체의 구성원 또는 그 지령을 받은 자가 그 결사·집단의 목적수행을 위하여 자행하는 간첩·인명살상·시설파괴행위 등을 함으로써 성립된다.

2) 목적수행죄의 행위태양

제1호	외환의 죄(외환유치, 여적, 모병이적, 시설제공이적, 시설파괴이적, 물건제공이적, 일반이적), 존속살해, 강도살인·치사, 해상강도살인·치사·강간 등
제2호	간첩죄, 간첩방조죄, 국가기밀탐지·수집·누설 등의 범죄
제3호	소요, 폭발물사용, 도주원조, 방화의 죄, 일수의 죄, 음용수에 관한 죄, 통화위조, 위조통화취득, 살인, 강도의 죄 등
제4호	중요시설파괴, 약취유인, 항공기·무기 등의 이동·취거 등의 범죄
제5호	유가증권위조, 상해, 국가기밀서류·물품의 손괴·은닉 등의 범죄
제6호	선전·선동, 허위사실 날조·유포 등의 범죄

3) 간첩죄

> **「국가보안법」 제4조(목적수행) 제1항 제2호**
>
> 「형법」 제98조에 규정된 행위를 하거나 국가기밀을 탐지·수집·누설·전달하거나 중개한 때에는 다음의 구별에 따라 처벌한다.
>
> 가. 군사상 기밀 또는 국가기밀이 국가안전에 대한 중대한 불이익을 회피하기 위하여 한정된 사람에게만 지득이 허용되고 적국 또는 반국가단체에 비밀로 하여야 할 사실, 물건 또는 지식인 경우에는 사형 또는 무기징역에 처한다.
>
> 나. 가목 외의 군사상 기밀 또는 국가기밀의 경우에는 사형·무기 또는 7년 이상의 징역에 처한다.

의의	반국가단체의 구성원이나 그 지령을 받은 자가 목적수행의 의사로 대한민국의 군사상 기밀사항을 탐지·수집함으로써 성립한다.
주체	**반국가단체의 구성원 또는 그 지령을 받은 자**가 간첩죄의 주체가 된다.
대상	① 군사상 기밀 : 순수한 군사에 관한 사항뿐만 아니라 **정치·경제·사회·문화 등 각 방면에 걸쳐** 적국에 알리지 아니하거나 확인되지 아니함이 우리나라의 국익 내지 국방정책상 필요한 **모든 기밀사항**을 포함한다. ② **일반인에게 널리 알려진 공지의 사실은 군사상 기밀에 해당하지 않는다.** ③ 기밀로서 **보호할 실질적 가치가 있어야** 한다. (군사기밀로 분류된 것에 한하는 것은 아니다.)
실행의 착수시기	① 북한 남파간첩의 경우에는 간첩목적으로 **대한민국영역에 잠입한 때** 실행의 착수가 있다고 본다. ② 국내에서 기밀수집지령을 받은 경우에는 **기밀탐지, 수집의 행위로 나아가야** 실행의 착수가 있다.
처벌	「국가보안법」은 간첩죄에 대한 법정형을 기밀의 중요도에 따라 구분하고 있다.

(3) 자진지원죄

> 반국가단체나 그 구성원 또는 그 **지령을 받은 자를 지원할 목적**으로 자진하여 제4조 제1항 각 호에 규정된 행위를 한 자는 제4조 제1항의 예에 의하여 처벌한다.

의의	반국가단체나 그 구성원 또는 그 **지령을 받은 자를 지원할 목적**으로 자진하여 외환유치·간첩·소요·중요시설파괴·유가증권위조·선종 등 「국가보안법」 제4조 제1항에 규정된 행위를 함으로써 성립된다.
주체	① **반국가단체의 구성원 또는 그 지령을 받은 자를 제외한 모든 사람** ② **반국가단체의 구성원 또는 그 지령을 받은 자는 본죄의 주체가 될 수 없다.**
행위태양	① 자진하여 : 구성원 또는 그 지령을 받은 자와 **사전 의사연락 없이** 반국가단체나 그 구성원 또는 지령을 받은 자 등을 위해 반국가적인 행위를 한 경우를 말한다. ② 목적범 : 반국가단체나 그 구성원 도는 지령을 받은 자를 지원한다는 목적이 있어야 한다.
처벌	미수범과 **예비·음모도 처벌**한다.

(4) 금품수수죄

> 국가의 존립·안전이나 자유민주적 기본질서를 위태롭게 한다는 정을 알면서 반국가단체의 구성원 또는 그 지령을 받은 자로부터 금품을 수수한 자는 7년 이하의 징역에 처한다.

주체	자진지원죄와는 달리 주체에 제한이 없다.
구성요건	① 국가의 존립·안전이나 자유민주적 기본질서를 위태롭게 한다는 정을 알았다면, 수수가액이나 가치는 물론 그 목적도 따지지 않는다. ② 금품수수가 대한민국을 해할 의도가 있어야 하는 것도 아니다.
처벌	미수범은 처벌하지만, 예비·음모의 처벌규정이 없다.

(5) 잠입·탈출죄

> ① 국가의 존립·안전이나 자유민주적 기본질서를 위태롭게 한다는 정을 알면서 반국가단체의 지배 하에 있는 지역으로 탈출(한국 → 북한)하거나 그 **지역으로부터 잠입(북한 → 한국)**한 자는 10년 이하의 징역에 처한다.
> ② 반국가단체나 그 구성원의 **지령을 받거나 받기 위하여 또는 그 목적수행을 협의하거나 협의하기 위하여 잠입하거나 탈출한 자**는 사형·무기 또는 5년 이상의 징역에 처한다. ▶ 가중처벌
> ③ **미수범과 예비·음모를 처벌**한다.

(6) 각종 이적행위

「국가보안법」 제7조(찬양·고무등)

① 국가의 존립·안전이나 자유민주적 기본질서를 위태롭게 한다는 정을 알면서 반국가단체나 그 구성원 또는 그 지령을 받은 자의 활동을 찬양·고무·선전 또는 이에 동조하거나 국가변란을 선전·선동한 자는 7년 이하의 징역에 처한다.
② 삭제
③ 제1항의 행위를 목적으로 하는 단체를 구성하거나 이에 가입한 자는 1년 이상의 유기징역에 처한다.
④ 제3항에 규정된 단체의 구성원으로서 사회질서의 혼란을 조성할 우려가 있는 사항에 관하여 허위사실을 날조하거나 유포한 자는 2년 이상의 유기징역에 처한다.
⑤ 제1항·제3항 또는 제4항의 행위를 할 목적으로 문서·도화 기타의 표현물을 제작·수입·복사·소지·운반·반포·판매 또는 취득한 자는 그 각항에 정한 형에 처한다.
⑥ 제1항 또는 제3항 내지 제5항의 미수범은 처벌한다.
⑦ 제3항의 죄를 범할 목적으로 예비 또는 음모한 자는 5년 이하의 징역에 처한다.

1) 찬양·고무죄

의의	반국가단체나 그 구성원 또는 그 지령을 받은 자의 활동을 찬양·고무·선전·동조하거나 국가변란을 선전·선동함으로써 성립
주체	**제한이 없다.**
구성요건	① 반국가단체를 이롭게 할 목적의식 또는 의욕을 요하지 않고 그와 같은 사실에 대한 인식만 있으면 족하다. ② '반국가단체의 지령을 받은 자'라 함은 반국가단체로부터 직접 지령을 받은 자뿐만 아니라 위 지령을 받은 자로부터 다시 받은 자도 포함
처벌	① 미수범을 처벌한다. ② 예비·음모는 처벌하지 않는다.

2) 이적단체 구성·가입죄

의의	① 찬양·고무·선전의 행위를 목적으로 하는 **단체를 구성하거나 이에 가입함으로써 성립**한다. ② **이적단체는 별개의 반국가단체의 존재를 전제로 한다.** → 정부참칭이나 국가변란이 1차 목적이 아니라는 점에서 반국가단체와 구별된다.
주체	① 제한이 없다. ② 반국가단체의 구성원은 물론 그로부터 지령을 받거나 그러한 자들로부터 다시 지령을 받은 자도 주체가 될 수 있다.
범죄성립	① 이적성이 표출된 때가 아니라 그러한 목적으로 그 단체가 통솔체제를 갖춘 계속적 결합체로 결성된 때 ② 주체에 아무런 제한이 없으므로 기존 이적단체 구성원도 새롭게 주체가 될 수 있다.
처벌	① 법정형이 1년 이상의 유기징역으로 찬양·고무보다 중하다. ② 본죄는 필요적 공범의 일종으로 반국가단체의 구성·가입죄와는 달리 행위자의 지위와 역할의 차이에 따른 법정형의 구별을 두고 있지 않다. ③ 미수범은 처벌하며, 예비·음모도 처벌한다.

(7) 회합·통신죄

> **「국가보안법」 제8조(회합·통신등)**
> ① 국가의 존립·안전이나 자유민주적 기본질서를 위태롭게 한다는 정을 알면서 반국가단체의 구성원 또는 그 지령을 받은 자와 **회합·통신** 기타의 방법으로 연락을 한 자는 10년 이하의 징역에 처한다.
> ③ 제1항의 미수범은 처벌한다.

의의	국가의 존립·안전이나 자유민주적 기본질서를 위태롭게 한다는 정을 알면서 반국가단체의 구성원 또는 그 지령을 받은 자와 **회합·통신** 기타의 방법으로 연락함으로써 성립한다.
주체	주체에는 제한이 없다.
주관적 요건	국가의 존립·안전이나 자유민주적 기본질서를 위태롭게 한다는 정을 알아야 한다. 따라서, **단순한 신년인사나 안부편지는 특별한 사정이 없는 한 본죄를 구성하지 않는다.**
처벌	① 미수범을 처벌한다. ② 예비·음모의 처벌규정은 없다.

(8) 편의제공죄

> **「국가보안법」 제9조(편의제공)**
> ① 이 법 제3조 내지 제8조의 죄를 범하거나 범하려는 자라는 정을 알면서 **총포·탄약·화약** 기타 무기를 제공한 자는 5년 이상의 유기징역에 처한다.
> ② 이 법 제3조 내지 제8조의 죄를 범하거나 범하려는 자라는 정을 알면서 **금품 기타 재산상의 이익을 제공하거나 잠복·회합·통신·연락을 위한 장소를 제공하거나 기타의 방법으로 편의를 제공**한 자는 10년 이하의 징역에 처한다. 다만, **본범과 친족관계가 있는 때에는 그 형을 감경 또는 면제할 수 있다.**
> ③ 제1항 및 제2항의 미수범은 처벌한다.
> ④ 제1항의 죄를 범할 목적으로 예비 또는 음모한 자는 1년 이상의 유기징역에 처한다.

의의		「국가보안법」 제3조(반국가단체 구성·가입), 제4조(목적수행), 제5조(자진지원·금품수수), 제6조(잠입·탈출), 제7조(이적행위), 제8조(회합·통신) 위반의 죄를 범하거나 범하려고 하는 자에게 유·무형의 편의를 제공함으로써 성립한다.
처벌	무기류 편의제공	① 미수범을 처벌한다. ② **예비·음모를 처벌한다.** ③ 본범과 친족관계가 있더라도 감면규정 없다.
	기타 편의제공	① 미수범을 처벌한다. ② **예비·음모에 대한 처벌규정이 없다.** ③ **본범과 친족관계가 있는 때에는 그 형을 감경 또는 면제할 수 있다. (임의적 감면)**

(9) 불고지죄

> **「국가보안법」 제10조(불고지)**
> 제3조, 제4조, 제5조 제1항·제3항(제1항의 미수범에 한한다)·제4항의 죄를 범한 자라는 정을 알면서 수사기관 또는 정보기관에 고지하지 아니한 자는 5년 이하의 징역 또는 200만원 이하의 벌금에 처한다. 다만, **본범과 친족관계가 있는 때에는 그 형을 감경 또는 면제한다.**

불고지의 대상범죄	① 반국가단체구성, 목적수행, 자진지원, 자진지원 미수·예비·음모 ② 위의 범죄 외의 불고지 행위에 대한 일반적 처벌규정은 없다.
처벌	① 5년 이하의 징역 또는 200만원 이하의 벌금에 처한다. (국가보안법 중 유일하게 벌금형 규정) ② 미수범과 예비·음모에 대한 처벌규정이 없다. ③ 본범과 친족관계가 있는 때에는 그 형을 감경 또는 면제한다. (필요적 감면)

(10) 특수직무유기죄

> **「국가보안법」 제11조(특수직무유기)**
> 범죄수사 또는 정보의 직무에 종사하는 공무원이 이 법의 죄를 범한 자라는 정을 알면서 그 직무를 유기한 때에는 10년 이하의 징역에 처한다. 다만, **본범과 친족관계가 있는 때에는 그 형을 감경 또는 면제할 수 있다.**

의의	범죄수사 또는 정보의 직무에 종사하는 공무원이 국가보안법에 규정된 죄를 범한 자라는 것을 알면서도 그 직무를 유기하기 위하여 수사 등 필요한 조치를 취하지 아니함으로써 성립한다.
처벌	① 미수범과 예비·음모에 대한 처벌규정이 없다. ② 본범과 친족관계가 있는 때에는 그 형을 감경 또는 면제할 수 있다. (임의적 감면)

(11) 무고·날조죄

> **「국가보안법」 제12조(무고, 날조)**
> ① 타인으로 하여금 형사처분을 받게 할 목적으로 이 법의 죄에 대하여 무고 또는 위증을 하거나 증거를 날조·인멸·은닉한 자는 그 각조에 정한 형에 처한다.
> ② **범죄수사 또는 정보의 직무에 종사하는 공무원이나 이를 보조하는 자 또는 이를 지휘하는 자가 직권을 남용하여 제1항의 행위를 한 때에도 제1항의 형과 같다. 다만, 그 법정형의 최저가 2년 미만일 때에는 이를 2년으로 한다.**

의의	타인으로 하여금 **형사처분을 받게 할 목적**으로 「국가보안법」에 규정된 죄에 대하여 무고·위증하거나 증거를 날조·인멸·은닉함으로써 성립한다.
처벌	① 각조에 정한 형에 처한다. ② **미수범 처벌규정 없다.** ③ 감경규정은 없다.

3. 보상과 원호

상금	① 이 법의 죄를 범한 자를 수사기관 또는 정보기관에 통보하거나 체포한 자에게는 대통령령이 정하는 바에 따라 **상금을 지급한다.** ② **이 법의 죄를 범한 자를 인지하여 체포한 수사기관 또는 정보기관에 종사하는 자**에 대하여도 ①과 같다. ③ 이 법의 죄를 범한 자를 체포할 때 반항 또는 교전 상태하에서 부득이한 사유로 살해하거나 자살하게 한 경우에는 ①에 준하여 상금을 지급할 수 있다.
보로금	① 압수물이 있는 때에는 상금을 지급하는 경우에 한하여 그 압수물 가액의 2분의 1에 상당하는 범위 안에서 **보로금을 지급할 수 있다.** ② 반국가단체나 그 구성원 또는 그 지령을 받은 자로부터 금품을 취득하여 수사기관 또는 정보기관에 제공한 자에게는 **그 가액의 2분의 1에 상당하는 범위 안에서 보로금을 지급할 수 있다.** 반국가단체의 구성원 또는 그 지령을 받은 자가 제공한 때에도 또한 같다. ③ 보로금의 청구 및 지급에 관하여 필요한 사항은 **대통령령**으로 정한다.
보상	이 법의 죄를 범한 자를 신고 또는 체포하거나 이에 관련하여 상이를 입은 자와 사망한 자의 유족은 대통령령이 정하는 바에 따라 「국가유공자 등 예우 및 지원에 관한 법률」에 따른 공상군경 또는 순직군경의 유족이나 「보훈보상대상자 지원에 관한 법률」에 따른 재해부상군경 또는 재해사망군경의 유족으로 보아 보상할 수 있다.
국가보안유공자 심사위원회	이 법에 의한 상금과 보로금의 지급 및 보상대상자를 심의·결정하기 위하여 **법무부장관 소속하에 국가보안유공자 심사위원회를 둔다.**

> **참고**
>
> **범죄의 주체 제한이 있는 범죄**
> ① 목적수행죄 : 반국가단체의 구성원 또는 그 지령을 받은 자만 주체가 될 수 있음
> ② 자진지원죄 : 반국가단체의 구성원 또는 그 지령을 받은 자는 주체가 될 수 없음
> ③ 이적단체구성원의 허위사실 날조·유포 : 이적단체의 구성원만 주체가 될 수 있음
> ④ 특수직무유기 : 범죄수사 또는 정보의 직무에 종사하는 공무원
> ⑤ 직권남용무고날조 : 범죄수사 또는 정보의 직무에 종사하는 공무원이나 이를 보조하는 자 또는 이를 지휘하는 자

> **참고**
>
> **불고지의 대상이 되는 범죄**
> ① 반국가단체구성등죄
> ② 목적수행죄
> ③ 자진지원죄

본범과 친족관계시 감면	임의적 감면	① 기타편의제공 ② 특수직무유기
	필요적 감면	불고지죄
예비·음모	처벌 O	① 반국가단체구성 ② 목적수행 ③ 자진지원 ④ 잠입탈출 ⑤ 이적단체구성 ⑥ 무기류 등의 편의제공
	처벌 X	① 금품수수 ② 찬양고무 ③ 회합통신 ④ 단순편의제공 ⑤ 불고지죄 ⑥ 특수직무유기죄 ⑦ 무고날조죄

● 참고 ●

미수범 처벌

처벌 O	반국가단체 구성·가입·가입권유죄, 목적수행죄, 자진지원죄, 금품수수죄, 잠입탈출죄, 찬양고무죄, 이적단체구성가입죄, 안보위해문건 제작등죄, 회합통신죄, 편의제공죄
처벌 X	불고지죄, 특수직무유기죄, 무고날조죄

제4절 보안관찰법

1. 보안관찰

의의	반국가사범에 대하여 **재범의 위험성을 예방**하고 건전한 사회복귀를 촉진하기 위하여 보안관찰처분을 함으로써 국가의 안전과 사회의 안녕을 유지함을 목적으로 한다.
대상자	"보안관찰처분대상자"라 함은 **보안관찰해당범죄** 또는 이와 경합된 범죄로 **금고 이상**의 형의 선고를 받고 그 **형기합계가 3년 이상**인 자로서 **형의 전부 또는 일부의 집행**을 받은 사실이 있는 자를 말한다.
해당범죄	
처분	

해당범죄		
	형법	① 내란목적살인죄(내란죄X) ② 외환유치죄 ③ 여적죄 ④ 모병이적죄 ⑤ 시설제공이적죄 ⑥ 시설파괴이적죄 ⑦ 물건제공이적죄 ⑧ 간첩죄 ▶ 일반이적죄(X), 전시군수계약불이행죄(X)
	군형법	① 반란죄 ② 반란목적의 군용물탈취죄 ③ 반란불보고죄 (단순반란불보고죄X) ④ 군대 및 군용시설제공죄 ⑤ 군용시설등 파괴죄 ⑥ 간첩죄 ⑦ 일반이적죄
	국가 보안법	① 목적수행죄 ② 자진지원죄, 금품수수죄 ③ 잠입·탈출죄 ④ 총포·탄약·무기 등 편의제공죄 ▶ 반국가단체 구성·가입·권유, 찬양고무죄, 회합통신죄, 기타 편의제공죄, 불고지죄, 특수직무유기죄, 무고날조죄(X)
처분		① 보안관찰처분대상자 중 보안관찰해당범죄를 다시 범할 위험성이 있다고 인정할 충분한 이유가 있어 재범의 방지를 위한 관찰이 필요한 자에 대하여는 보안관찰처분을 한다. ② 보안관찰처분을 받은 자는 「보안관찰법」이 정하는 바에 따라 소정의 사항을 **주거지 관할 경찰서장에게 신고**하고, 재범방지에 필요한 범위 안에서 그 지시에 따라 보안관찰을 받아야 한다.

2. 보안관찰 절차

청구	① 보안관찰처분의 청구는 **검사가 처분청구서를 법무부장관에게 제출**함으로써 행한다. ② 검사가 처분청구서를 제출할 때에는 청구의 원인이 되는 사실을 증명할 수 있는 자료와 의견서를 첨부하여야 한다. ③ 검사는 보안관찰처분청구를 한 때에는 **지체 없이 처분청구서등본(사본X)을 피청구자에게 송달**하여야 한다. 이 경우 송달에 관하여는 **민사소송법 중 송달에 관한 규정을 준용**한다. ④ 피청구자는 처분청구서등본을 송달받은 날부터 7일 이내에 법무부장관 또는 위원회에 서면으로 자기에게 이익된 사실을 진술하고 자료를 제출할 수 있다.
조사	① 검사는 보안관찰처분청구를 위한 보안관찰처분대상자, 청구의 원인되는 사실과 보안관찰처분을 필요로 하는 자료를 조사할 수 있다. ② 사법경찰관리는 **검사의 지휘**를 받아 조사를 할 수 있다. ③ 검사 또는 사법경찰관은 용의자 또는 관계인과 친족 기타 특별한 관계로 인하여 조사의 **공정성을 잃거나 의심을 받을 염려가 있다고 인정되는 사안**에 대하여는 소속 관서장의 허가를 받아 그 **조사를 회피하여야 한다.**
심사	① 법무부장관은 처분청구서와 자료에 의하여 청구된 사안을 심사한다. ② 법무부장관은 심사를 위하여 필요한 때에는 법무부소속 공무원으로 하여금 조사하게 할 수 있다.

3. 보안관찰처분 면제

사유	**법무부장관**은 보안관찰처분대상자 중 다음 요건을 갖춘 자에 대하여는 **보안관찰처분을 하지 아니하는 결정(면제결정)을 할 수 있다. (하여야 한다X)** ㉠ **준법정신이 확립되어 있는 자** ㉡ **일정한 주거와 생업이 있는 자** ㉢ **대통령령이 정한 신원보증(2인 이상 신원보증인의 신원보증)이 있는 자**
청구	검사는 면제요건을 갖춘 보안관찰처분대상자의 정상을 참작하여 위험성이 없다고 인정되는 때에는 법무부장관에게 면제결정을 청구할 수 있다.
면제결정	법무부장관은 면제요건을 갖춘 보안관찰처분대상자의 신청이 있을 때에는 부득이한 사유가 있는 경우를 제외하고는 **3월 내**에 보안관찰처분 **면제여부를 결정하여야 한다.**
효과	면제결정을 받은 자는 그때부터 보안관찰처분 대상자 또는 피보안관찰자로서의 의무를 면하게 된다.
면제결정 취소	면제결정 받은 자가 그 면제결정요건에 해당하지 아니하게 된 때에는 검사의 청구에 의하여 법무부장관은 면제결정을 취소할 수 있다.
결정	① 보안관찰처분에 관한 결정은 **보안관찰처분심의위원회의 의결을 거쳐 법무부장관**이 행한다. ② **법무부장관은 위원회의 의결과 다른 결정을 할 수 없다.** 다만, 보안관찰처분대상자에 대하여 위원회의 의결보다 유리한 결정을 하는 때에는 그러하지 아니하다.
결정취소	검사는 법무부장관에게 보안관찰처분의 취소 또는 기간의 갱신을 청구할 수 있으며, 법무부장관은 청구를 받은 때에는 위원회의 의결을 거쳐 이를 심사·결정하여야 한다.

4. 보안관찰처분심의위원회

① 보안관찰처분에 관한 사안을 심의·의결하기 위하여 **법무부에 보안관찰처분심의위원회**를 둔다.
② 위원회는 **위원장 1인과 6인의 위원**으로 구성한다.
③ 위원장은 **법무부차관(법무부장관X)**이 되고, 위원은 학식과 덕망이 있는 자로 하되, 그 **과반수는 변호사의 자격이 있는 자**이어야 한다.
④ **위원은 법무부장관의 제청으로 대통령이 임명 또는 위촉**한다.
⑤ **위촉된 위원의 임기는 2년**으로 한다. 다만, 공무원인 위원은 그 직을 면한 때에는 위원의 자격을 상실한다.
⑥ 위원장은 위원회의 회무를 총괄하고 위원회를 대표하며, 위원회의 회의를 소집하고 그 의장이 된다.
⑦ 위원장이 사고가 있을 때에는 미리 그가 지정한 위원이 그 직무를 대행한다.
⑧ 위원회는 다음의 사안을 심의·의결한다.
　㉠ 보안관찰처분 또는 그 기각의 결정
　㉡ 면제 또는 그 취소결정
　㉢ 보안관찰처분의 취소 또는 기간의 갱신결정
⑨ **위원회의 회의는 위원장을 포함한 재적위원 과반수의 출석으로 개의하고 출석위원 과반수의 찬성으로 의결**한다.
⑩ 위원회의 운영·서무 기타 필요한 사항은 대통령령으로 정한다.

5. 보안관찰처분 집행

집행실시	① 보안관찰처분의 집행은 검사가 지휘한다. ② ①의 지휘는 결정서등본을 첨부한 서면으로 하여야 한다.
기간	① 보안관찰처분기간은 **2년**이다. ② 보안관찰처분의 기간은 **보안관찰처분결정을 집행하는 날부터 계산**한다. 이 경우 **초일은 산입**한다. ③ 보안관찰처분을 받은 자가 신고를 하지 아니하면 신고를 하지 아니한 기간은 보안관찰처분 기간에 산입하지 아니한다. ④ 보안관찰처분의 집행중지결정이 있거나 징역·금고·구류·노역장유치 중에 있는 때, 「치료감호법」에 의한 **치료감호의 집행 중에 있는 때에는 보안관찰처분의 기간은 그 진행이 정지**된다.
갱신	① 검사는 법무부장관에게 기간의 갱신을 청구할 수 있다. ② **법무부장관은 검사의 청구가 있는 때에는 보안관찰처분심의위원회 의결을 거쳐 그 기간을 갱신**할 수 있다. ③ 갱신된 기간도 2년이며, 갱신횟수에 대하여는 **제한이 없다**. 따라서, 재범의 위험성이 있다면 계속 갱신할 수 있다.

5-2. 보안관찰처분 집행중지

사유	① 피보안관찰자가 도주한 경우 ② 피보안관찰자가 1월 이상 소재가 불명한 경우
절차	① **관할경찰서장이 검사에게 집행중지를 신청**한다. ② **검사는 사유가 발생하면 보안관찰처분의 집행중지결정을 할 수 있다.** ③ 검사는 보안관찰처분의 집행중지결정을 한 때에는 **지체 없이 이를 법무부장관에게 보고**하여야 한다.
효과	집행중지결정일로부터 집행중지결정이 취소될 때까지 **보안관찰처분 기간의 진행이 정지**된다.
취소	검사는 집행중지 사유가 소멸된 때에는 **지체 없이 그 결정을 취소하여야 한다**.

6. 보안관찰의 수단

(1) 지도

지도사항	① 피보안관찰자와 긴밀한 접촉을 가지고 항상 그 행동 및 환경 등을 관찰 ② 피보안관찰자에 대하여 신고사항을 이행함에 적절한 지시 ③ 기타 피보안관찰자가 사회의 선량한 일원이 되는데 필요한 조치
재범방지조치	① 보안관찰해당범죄를 범한 자와의 회합·통신을 금지하는 것 ② 집단적인 폭행, 협박, 손괴, 방화 등으로 공공의 안녕질서에 직접적인 위협을 가할 것이 명백한 집회 또는 시위 장소에의 출입을 금지하는 것 ③ 피보안관찰자의 보호 또는 조사를 위하여 특정장소에의 출석을 요구하는 것

(2) 보호

보호방법	① 주거 또는 취업을 알선하는 것 ② 직업훈련의 기회를 제공하는 것 ③ 환경을 개선하는 것 ④ 기타 본인의 건전한 사회복귀를 위하여 필요한 원조를 하는 것
거소제공	**법무부장관은** 보안관찰처분대상자 또는 피보안관찰자 중 국내에 가족이 없거나 가족이 있어도 인수를 거절하는 자에 대하여는 대통령령이 정하는 바에 의하여 거소를 제공할 수 있다.
응급구호	검사 및 사법경찰관리는 피보안관찰자에게 부상·질병 기타 긴급한 사유가 발생하였을 때에는 대통령령이 정하는 바에 따라 필요한 구호를 할 수 있다.
경고	검사 및 사법경찰관리는 피보안관찰자가 의무를 위반하였거나 위반할 위험성이 있다고 의심할 상당한 이유가 있는 때에는 그 이행을 촉구하고 형사처벌 등 불이익한 처분을 받을 수 있음을 경고할 수 있다.

7. 신고

(1) 보안관찰대상자의 신고

대상자 신고	① 보안관찰처분대상자는 대통령령이 정하는 바에 따라 그 형의 집행을 받고 있는 교도소등에서 출소 전에 거주예정지 기타 대통령령으로 정하는 사항을 교도소등의 장을 경유하여 **거주예정지 관할경찰서장에게 신고하여야** 한다. ② 교도소등의 장은 보안관찰처분대상자가 생길 때에는 **지체 없이** 보안관찰처분심의위원회와 거주예정지를 관할하는 검사 및 경찰서장에게 통고하여야 한다.
출소사실 신고	**출소 후 7일 이내에 거주예정지 관할경찰서장에게 출소사실을 신고하여야** 한다.
변동사항 신고	보안관찰처분대상자는 교도소등에서 출소한 후 신고사항에 변동이 있을 때에는 **변동이 있는 날부터 7일 이내에** 그 변동된 사항을 **관할경찰서장에게 신고하여야** 한다. 보안관찰법 제6조 제2항 전문(변동사항신고) 및 제27조 제2항 중 제6조 제2항 전문에 관한 부분(변동사항 비신고시 처벌규정)은 각 헌법에 합치되지 아니한다. 위 법률조항들은 2023. 6. 30.을 시한으로 개정될 때까지 계속 적용한다. (헌재결 2017헌바479, 2021.6.24.)

(2) 피보안관찰자의 신고

피보안관찰자 신고	피보안관찰자는 보안관찰처분 결정고지를 **받은 날로부터 7일 이내**에 일정한 사항을 주거지 관할하는 지구대·파출소장을 거쳐 **관할경찰서장에게 신고**하여야 한다.
정기신고	피보안관찰자는 보안관찰처분결정고지를 받은 날이 속한 달부터 **매 3월**이 되는 달의 말일까지 3월 간의 주요활동사항 등을 지구대·파출소장을 거쳐 **관할경찰서장에게 신고**하여야 한다.
변동사항 신고	① 피보안관찰자는 신고사항에 변동이 있을 때에는 **7일 이내**에 지구대·파출소장을 거쳐 **관할경찰서장에게 신고**하여야 한다. ② 피보안관찰자가 신고를 한 후 거소제공을 받거나 거소가 변경된 때에는 제공 또는 변경된 거소로 이전한 후 **7일 이내**에 지구대·파출소장을 거쳐 **관할경찰서장에게 신고**하여야 한다.
주거지 이전·여행 신고	피보안관찰자가 **주거지를 이전**하거나 **국외여행** 또는 **10일 이상 주거를 이탈**하여 **여행**하고자 할 때에는 **미리** 거주예정지, 여행예정지 등을 지구대·파출소장을 거쳐 **관할경찰서장에게 신고**하여야 한다.

8. 불복절차

법무부장관의 결정에 대한 불복	「보안관찰법」에 의한 법무부장관의 결정을 받은 자가 이의가 있을 때에는 「행정소송법」이 정하는 바에 따라 그 결정이 **집행된 날부터 60일 이내**에 서울고등법원에 **행정소송을 제기**할 수 있다.
법무부장관의 면제·기각 결정에 대한 불복	면제결정신청에 대한 기각결정을 받은 자가 그 결정에 이의가 있을 때에는 그 결정이 있는 날부터 **60일 이내**에 서울고등법원에 소를 제기할 수 있다.

9. 벌칙

① 보안관찰처분대상자 또는 피보안관찰자가 보안관찰처분 또는 보안관찰을 면탈할 목적으로 은신 또는 도주한 때에는 3년 이하의 징역에 처한다.
② 보안관찰처분대상자 또는 피보안관찰자를 은닉하거나 도주하게 한 자는 2년 이하의 징역에 처한다. 다만, **친족이 본인을 위하여 본문의 죄를 범한 때에는 벌하지 아니한다.**

제5절 남북교류협력에 관한 법률

1. 남북교류협력에 관한 법률상 목적 및 정의 등

목적 (제1조)	이 법은 군사분계선 이남지역과 그 이북지역 간의 상호 교류와 협력을 촉진하기 위하여 필요한 사항을 규정함으로써 한반도의 평화와 통일에 이바지하는 것을 목적으로 한다.
정의 (제2조)	1. "**출입장소**"란 군사분계선 이북지역("북한")으로 가거나 북한으로부터 들어올 수 있는 군사분계선 이남지역("남한")의 항구, 비행장, 그 밖의 장소로서 **대통령령**으로 정하는 곳을 말한다. 2. "**교역**"이란 남한과 북한 간의 물품, **대통령령**으로 정하는 용역 및 전자적 형태의 무체물("물품등")의 반출·반입을 말한다. 3. "**반출·반입**"이란 매매, 교환, 임대차, 사용대차, 증여, 사용 등을 목적으로 하는 남한과 북한 간의 물품 등의 이동(**단순히 제3국을 거치는 물품등의 이동을 포함한다.**)을 말한다. 4. "**협력사업**"이란 남한과 북한의 주민(**법인·단체를 포함한다**)이 공동으로 하는 환경, 경제, 학술, 과학기술, 정보통신, 문화, 체육, 관광, 보건의료, 방역, 교통, 농림축산, 해양수산 등에 관한 모든 활동을 말한다.
타법률관계 (제3조)	남한과 북한의 왕래·접촉·교역·협력사업 및 통신 역무의 제공 등 **남한과 북한 간의 상호 교류와 협력을 목적으로 하는 행위에 관하여는 이 법률의 목적 범위에서 다른 법률에 우선하여 이 법을 적용한다.** ▶ 따라서 「**남북교류협력에 관한 법률**」은 「**국가보안법**」에 우선하여 적용되는 특별법이다.

2. 남북한의 교류·협력

(1) 남·북한 왕래

방문	① 남한의 주민이 북한을 방문하거나 북한의 주민이 남한을 방문하려면 대통령령으로 정하는 바에 따라 통일부장관의 방문승인을 받아야 하며, 통일부장관이 발급한 증명서를 소지하여야 한다. ② 방문시 통일부장관이 발급한 방문증명서를 소지해야 하며, **방문증명서를 발급받지 않고 방북하면 3년 이하의 징역 또는 3천만원 이하의 벌금**에 처해진다.
방문증명서	① 방문증명서는 유효기간을 정하여 북한방문증명서와 남한방문증명서로 나누어 발급하며, 다음과 같이 구분한다. 　㉠ 한 차례만 사용할 수 있는 방문증명서 　㉡ 유효기간이 끝날 때까지 여러 차례 사용할 수 있는 방문증명서("복수방문증명서") ② 복수방문증명서의 유효기간은 5년 이내로 하며, 5년의 범위에서 연장할 수 있다. ③ 방문승인을 받은 사람은 방문기간 내에 한 차례에 한하여 북한 또는 남한을 방문할 수 있다.
방문승인취소	<table><tr><td>취소권자</td><td>통일부장관</td></tr><tr><td>필수적 취소</td><td>거짓이나 그 밖의 부정한 방법으로 방문승인을 받은 경우</td></tr><tr><td>임의적 취소</td><td>① 방문조건을 위반한 경우 ② **남북교류·협력을 해칠 명백한 우려**가 있는 경우 ③ 국가안전보장, 질서유지 또는 공공복리를 해칠 명백한 우려가 있는 경우</td></tr></table>

다음에 해당하는 사람(**재외국민**)이 외국에서 북한을 왕래할 때에는 통일부장관이나 재외공관의 장에게 신고하여야 한다. 다만, 외국을 거치지 아니하고 남한과 북한을 직접 왕래할 때에는 발급된 방문증명서를 소지하여야 한다.
　㉠ 외국정부로부터 영주권을 취득하였거나 이에 준하는 장기체류허가를 받은 사람
　㉡ 외국에 소재하는 외국법인 등에 취업하여 업무수행의 목적으로 북한을 방문하는 사람

(2) 남·북한 주민접촉

원칙	**남한의 주민이 북한의 회합·통신, 그 밖의 방법으로 접촉**하려면 **통일부장관에게 미리 신고**하여야 한다. (사전신고O, 승인X) 다만, 대통령령으로 정하는 부득이한 사유에 해당하는 경우에는 접촉한 후에 신고할 수 있다.
예외	국제행사에 참가한 남한주민이 동 행사에서 북한주민과 접촉 기타 부득이한 사유로 사전 승인 없이 북한주민과 접촉하는 경우에는 일단 **접촉한 후 7일 이내 사후신고**를 하면 된다.
수리거부	통일부장관은 접촉에 관한 신고를 받은 때에는 남북교류·협력을 해칠 명백한 우려가 있거나 국가안전보장·질서유지 또는 공공복리를 해칠 명백한 우려가 있는 경우에만 신고의 수리를 거부할 수 있다.

(3) 외국 거주 동포의 출입보장

외국 국적을 보유하지 아니하고 대한민국의 여권을 소지하지 아니한 외국 거주 동포가 남한을 왕래하려면 여행증명서를 소지하여야 한다.

(4) 남북한 거래의 원칙

남한과 북한간의 거래는 국가 간의 거래가 아닌 민족내부의 거래로 본다.

(5) 반출·반입의 승인

물품등을 반출하거나 반입하려는 자는 대통령령으로 정하는 바에 따라 그 물품등의 품목, 거래형태 및 대금결제 방법 등에 관하여 **통일부장관의 승인**을 받아야 한다. 승인을 받은 사항 중 대통령령으로 정하는 주요 내용을 변경할 때에도 또한 같다.

(6) 협력사업의 승인

협력사업을 하려는 자는 협력사업마다 다음 각 호의 요건을 모두 갖추어 **통일부장관의 승인**을 받아야 한다. 승인을 받은 협력사업의 내용을 변경할 때에도 또한 같다.
① 협력사업의 내용이 실현 가능하고 구체적일 것
② 협력사업으로 인하여 남한과 북한 간에 분쟁을 일으킬 사유가 없을 것
③ 이미 시행되고 있는 협력사업과 심각한 경쟁을 하게 될 가능성이 없을 것
④ 협력사업을 하려는 분야의 사업실적이 있거나 협력사업을 추진할 만한 자본·기술·경험 등을 갖추고 있을 것
⑤ 국가안전보장, 질서유지 또는 공공복리를 해칠 명백한 우려가 없을 것

(7) 형의 감면

남북교류협력에 관한 법률상 죄를 범한 자가 자수하면 **그 형을 감경하거나 면제할 수 있다.**(임의적 감면)

3. 남북교류협력 추진협의회

설치	남북교류·협력에 관한 정책을 협의·조정하고, 중요 사항을 심의·의결하기 위하여 통일부에 남북교류협력 추진협의회를 둔다.
구성	① 협의회는 위원장 1명을 포함한 25명 이내의 위원으로 구성한다. ② 위원장은 통일부장관이 되며, 협의회의 업무를 총괄한다. ③ 위원장은 부득이한 사유로 직무를 수행할 수 없을 때에는 위원장이 미리 지정한 위원이 직무를 대행한다.
회의와 운영	① 협의회의 회의는 위원장이 소집한다. ② 협의회의 회의는 재적위원 과반수의 출석과 출석위원 과반수의 찬성으로 의결한다.

제6절 북한이탈주민의 보호 및 정착지원에 관한 법률

목적 (제1조)	이 법은 군사분계선 이북지역에서 벗어나 대한민국의 보호를 받으려는 군사분계선 이북지역의 주민이 정치, 경제, 사회, 문화 등 모든 생활 영역에서 신속히 적응·정착하는 데 필요한 보호 및 지원에 관한 사항을 규정함을 목적으로 한다.
정의 (제2조)	1. "**북한이탈주민**"이란 군사분계선 이북지역("북한")에 **주소, 직계가족, 배우자, 직장 등을 두고 있는 사람으로서 북한을 벗어난 후 외국 국적을 취득하지 아니한 사람**을 말한다. 2. "보호대상자"란 이 법에 따라 보호 및 지원을 받는 북한이탈주민을 말한다. 3. "정착지원시설"이란 보호대상자의 보호 및 정착지원을 위하여 제10조 제1항에 따라 설치·운영하는 시설을 말한다. 4. "보호금품"이란 이 법에 따라 보호대상자에게 지급하거나 빌려주는 금전 또는 물품을 말한다.
적용범위 (제3조)	이 법은 대한민국의 보호를 받으려는 의사를 표시한 북한이탈주민에 대하여 적용한다.
기본원칙 (제4조)	① 대한민국은 보호대상자를 **인도주의**에 입각하여 특별히 보호한다. ② 대한민국은 외국에 체류하고 있는 북한이탈주민의 보호 및 지원 등을 위하여 외교적 노력을 다하여야 한다. ③ 보호대상자는 대한민국의 자유민주적 법질서에 적응하여 건강하고 문화적인 생활을 할 수 있도록 노력하여야 한다. ④ **통일부장관**은 북한이탈주민에 대한 보호 및 지원 등을 위하여 북한이탈주민의 실태를 파악하고, 그 **결과를 정책에 반영하여야 한다.**
국가 및 지자체책무 (제4조의2)	① 국가 및 지방자치단체는 보호대상자의 성공적인 정착을 위하여 보호대상자의 보호·교육·취업·주거·의료 및 생활보호 등의 지원을 지속적으로 추진하고 이에 필요한 재원을 안정적으로 확보하기 위하여 노력하여야 한다. ② 국가 및 지방자치단체는 제1항에 따라 보호대상자에 대한 지원시책을 마련하는 경우 아동·청소년·여성·노인·장애인 등에 대하여 특별히 배려·지원하도록 노력하여야 한다.
기본계획 수립·시행 (제4조의3)	① 통일부장관은 북한이탈주민 보호 및 정착지원협의회의 심의를 거쳐 **보호대상자의 보호 및 정착지원에 관한 기본계획을 3년마다 수립·시행**하여야 한다. ③ 통일부장관은 관계 중앙행정기관의 장과 협의하여 기본계획에 따른 연도별 시행계획을 수립·시행하여야 한다. ④ 통일부장관은 기본계획 및 시행계획을 수립하고자 할 경우에 실태조사의 결과를 반영하여야 한다. ⑤ 통일부장관은 시행계획의 추진성과를 매년 정기적으로 분석하고 그 결과를 기본계획과 시행계획에 반영하여야 한다.
보호기준 (제5조)	① 보호대상자에 대한 보호 및 지원 기준은 나이, 세대 구성, 학력, 경력, 자활 능력, 건강 상태 및 재산 등을 고려하여 합리적으로 정하여야 한다. ② 이 법에 따른 보호 및 정착지원은 원칙적으로 개인을 단위로 하되, 필요하다고 인정하는 경우에는 대통령령으로 정하는 바에 따라 세대를 단위로 할 수 있다. ③ **보호대상자를 정착지원시설에서 보호하는 기간은 1년 이내로 하고, 거주지에서 보호하는 기간은 5년으로** 한다. 다만, 특별한 사유가 있는 경우에는 북한이탈주민 보호 및 정착지원협의회의 심의를 거쳐 그 기간을 단축하거나 연장할 수 있다.
북한이탈주민 보호 및 정착지원 협의회 (제6조)	① 북한이탈주민에 관한 정책을 협의·조정하고 보호대상자의 보호 및 정착지원에 관한 사항을 심의하기 위하여 **통일부에 북한이탈주민 보호 및 정착지원협의회**("협의회")를 둔다. ② 협의회는 위원장 1명을 포함한 **25명** 이내의 위원으로 구성한다. ③ **위원장은 통일부차관**이 되며, 협의회의 업무를 총괄한다. ④ 제1항부터 제3항까지에서 규정한 사항 외에 협의회의 구성 및 운영에 필요한 사항은 대통령령으로 정한다.

보호신청 (제7조)	① 북한이탈주민으로서 이 법에 의한 보호를 받고자 하는 자는 **재외공관 그 밖의 행정기관의 장(각급 군부대의 장 포함)에게 보호를 직접 신청**하여야 한다. 다만, 보호를 직접 신청하지 아니할 수 있는 대통령령으로 정하는 사유가 있는 경우에는 그러하지 아니하다. ② 보호신청을 받은 재외공관장등은 지체 없이 그 사실을 소속 중앙행정기관의 장을 거쳐 **통일부장관과 국가정보원장에게 통보하여야 한다.** ③ 통보를 받은 **국가정보원장**은 보호신청자에 대하여 보호결정 등을 위하여 필요한 조사 및 일시적인 신변안전조치 등 임시보호조치를 한 후 **지체 없이 그 결과를 통일부장관에게 통보**하여야 한다. ④ **국가정보원장**은 제3항에 따른 조사 및 임시보호조치를 하기 위한 시설("임시보호시설")을 설치·운영하여야 한다. ⑤ 제3항에 따른 조사 및 임시보호조치의 내용 및 방법과 제4항에 따른 임시보호시설의 설치·운영에 필요한 사항은 대통령령으로 정한다.
보호결정 (제8조)	① **통일부장관**은 통보를 받으면 북한이탈주민 보호 및 정착지원 협의회의 심의를 거쳐 **보호여부를 결정**한다. 다만, **국가안전보장에 현저한 영향을 끼칠 우려가 있는 자의 경우에는 국가정보원장이 그 보호 여부를 결정**하고, 그 결과를 지체 없이 통일부장관과 보호신청자에게 통보 또는 통지하여야 한다. ② 보호 여부를 결정한 통일부장관은 그 결과를 지체 없이 관련 중앙행정기관의 장을 거쳐 재외공관장 등에게 통보하여야 하고, 통보를 받은 재외공관장 등은 이를 보호신청자에게 즉시 알려야 한다.

보호결정
기준
(제9조)
	① 다음에 해당하는 자에 대하여는 보호대상자로 결정하지 아니할 수 있다.
	   1. 항공기납치·마약거래·테러·집단살해 등 국제형사범죄자
	   2. 살인 등 중대한 비정치적 범죄자
	   3. 위장탈출 혐의자
	   5. 국내 입국 후 3년이 경과하여 보호신청한 사람
	   6. 그 밖에 국가안전보장·질서유지·공공복리에 대한 중대한 위해 발생 우려, 보호신청자의 경제적 능력 및 해외체류 여건 등을 고려하여 보호대상자로 정하는 것이 부적당하거나 보호 필요성이 현저히 부족하다고 **대통령령**으로 정하는 사람
	③ 통일부장관은 북한이탈주민으로서 보호대상자로 결정되지 아니한 자에 대하여 필요한 경우 **일정한 지원**을 할 수 있다.

국내입국교섭	① 해외에 있는 보호대상자의 국내 입국을 위한 해당 주재국과의 교섭 및 그의 이송 등에 필요한 사항은 **외교부장관이 국가정보원장과 협의하여 정한다.** ② 외교부장관과 국가정보원장은 해외에 있는 보호대상자의 이송 시기·방법 등을 결정한 때에는 지체 없이 이를 통일부장관에게 통보하여야 한다. 다만, 보호대상자의 신변안전에 중대한 위해요소가 현존하고도 명백한 때에는 국내 입국을 즉시 통보할 수 있다.
주거지원 (제20조)	① 통일부장관은 보호대상자에게 대통령령으로 정하는 바에 따라 주거지원을 할 수 있다. ⑤ 국가와 지방자치단체는 보호대상자의 주거생활 안정을 위하여 주택 확보에 적극 노력하여야 한다. ⑥ 통일부장관은 보호대상자의 거주지가 노출되어 생명·신체에 중대한 위해를 입었거나 입을 우려가 명백한 경우에는 보호대상자의 의사, 신변보호의 필요성 등을 고려하여 주거 이전에 필요한 지원을 할 수 있다.
정착금 등 지급 (제21조)	① 통일부장관은 보호대상자의 정착 여건 및 생계유지 능력 등을 고려하여 정착금이나 그에 상응하는 가액의 물품("정착금품")을 지급할 수 있다. 이 경우 정착금품의 2분의 1을 초과하지 아니하는 범위에서 감액할 수 있다. ② 통일부장관은 보호대상자가 제공한 정보나 가지고 온 장비(재화를 포함한다)의 활용 가치에 따라 등급을 정하여 보로금(報勞金)을 지급할 수 있다.

정착지원시설 설치 (제10조)	① 통일부장관은 보호대상자에 대한 보호 및 정착지원을 위하여 정착지원시설을 설치·운영한다. 다만, 국가정보원장이 보호하기로 결정한 자를 위하여서는 **국가정보원장이 별도의 정착지원시설을 설치·운영할 수 있다.** ② 정착지원시설을 설치하는 경우 통일부장관 또는 국가정보원장은 보호대상자의 건강하고 쾌적한 생활과 적응활동이 이루어질 수 있도록 숙박시설 및 그 밖에 필요한 시설을 갖추어야 한다.
정착지원시설에의 보호 (제11조)	① 정착지원시설을 설치·운영하는 기관의 장은 보호대상자가 거주지로 전출할 때까지 정착지원시설에서 보호를 하여야 한다.
무연고청소년 보호 (제11조의2)	① 통일부장관은 무연고청소년(보호대상자로서 **직계존속을 동반하지 아니한 만 24세 이하**의 무연고 아동·청소년을 말한다. 이하 이 조에서 같다)의 보호를 위하여 무연고청소년의 보호자(법인이 보호하는 경우 법인의 대표자를 말한다. 이하 이 조에서 "보호자"라 한다)를 선정할 수 있다. ② 통일부장관은 보호자를 선정할 때에는 무연고청소년의 의사를 존중하여야 한다. ④ 통일부장관은 무연고청소년에게 제4조의2에 따른 보호·교육·취업·주거·의료 및 생활보호 등을 긴급하게 지원하기 위하여 소재 파악이 필요한 경우「전기통신사업법」제2조 제8호에 따른 전기통신사업자에게 무연고청소년 또는 보호자의 전화번호(휴대전화번호를 포함한다. 이하 이 조에서 같다) 제공을 요청할 수 있다. 다만, 미성년인 무연고청소년의 전화번호는 보호자를 통하여 소재 파악이 어려운 경우에 요청할 수 있다.
학력인정 (제13조)	보호대상자는 대통령령이 정하는 바에 의하여 북한 또는 외국에서 이수한 학교 교육의 과정에 상응하는 학력을 인정받을 수 있다.
자격인정 (제14조)	① 보호대상자는 관계 법령이 정하는 바에 의하여 북한 또는 외국에서 취득한 자격에 상응하는 자격 또는 그 자격의 일부를 인정받을 수 있다. ② 통일부장관은 자격인정 신청자에게 대통령령이 정하는 바에 따라 자격인정을 위하여 필요한 보수교육 또는 재교육을 실시할 수 있다.
특별임용	① 북한의 공무원이었던 자로서 대한민국의 공무원에 임용되기를 희망하는 보호대상자에 대하여는 북한을 벗어나기 전의 직위·담당직무 및 경력 등을 고려하여 국가공무원 또는 지방공무원으로 **특별임용할 수 있다.** ② 북한의 군인이었던 자로서 국군에 편입되기를 희망하는 보호대상자에 대하여는 북한을 벗어나기 전의 계급·직책 및 경력 등을 고려하여 국군으로 **특별임용할 수 있다.**
거주지 신변보호 (제22조의2)	① **통일부장관**은 보호대상자가 거주지로 전입한 후 그의 신변안전을 위하여 **국방부장관이나 경찰청장에게 협조를 요청할 수 있으며, 협조요청을 받은 국방부장관이나 경찰청장은 이에 협조한다.** ② 신변보호에 필요한 사항은 **통일부장관이 국방부장관, 국가정보원장 및 경찰청장과 협의**하여 정한다. 이 경우 **해외여행에 따른 신변보호에 관한 사항은 외교부장관과 법무부장관의 의견**을 들을 수 있다. ③ **신변보호기간은 5년**으로 한다. 다만, 통일부장관은 보호대상자의 의사, 신변보호의 지속 필요성 등을 고려하여 협의회 심의를 거쳐 그 기간을 연장할 수 있다.
보호 변경 (제27조)	① 통일부장관은 보호대상자가 다음 각 호의 어느 하나에 해당하는 경우에는 협의회의 심의를 거쳐 보호 및 정착지원을 중지하거나 종료할 수 있다. **1. 1년 이상의 징역 또는 금고의 형을 선고받고 그 형이 확정된 경우** 2. 고의로 국가이익에 반하는 거짓 정보를 제공한 경우 3. 사망선고나 실종선고를 받은 경우 4. 북한으로 되돌아가려고 기도(企圖)한 경우 5. 이 법 또는 이 법에 따른 명령을 위반한 경우 6. 그 밖에 대통령령으로 정하는 사유에 해당한 경우

제7장
외사경찰

1. 외사경찰

의의	외사경찰이란 국가안전과 공공의 안녕·질서를 유지하기 위하여 외국인·해외교포 또는 외국과 관련된 기관·단체 등 외사대상에 대하여 이들의 동정을 파악하고 이들과 관련된 범죄를 예방·단속하는 것을 주된 임무로 하는 경찰활동을 말한다.

1-2. 국제질서에 대한 사상들의 변천순서

18세기	이상주의	국가도 이성적인 존재로서 '최대다수의 최대행복'을 구현
19세기	자유방임주의	국제관계도 '보이지 않는 손'의 원리에 의해 세계적 이익에 기여
19세기말	제국주의	자유주의가 퇴조하면서 보호무역주의가 대두되고, 민족주의는 제국주의로 변질
1차세계대전 이후	이데올로기적 패권주의	자유주의와 공산주의의 이데올로기 대립
1980년 이후	경제패권주의	냉전종식, WTO체제, 자국의 경제적 이익추구

2. 외사경찰의 대상(외국인)

외국인 의의	대한민국의 국적을 가지지 않은 모든 자를 말하며, 무국적자와 외국국적을 가진 자를 포함한다.	
일반적 지위	① 상호주의 : 외국이 그 외국에 있는 자국민에게 인정하는 것과 동일한 정도의 권리·의무를 자국에 있는 외국인에게 인정한다. ② 평등주의 : 자국에 있는 외국인에게 자국민과 동일한 권리·의무를 인정한다. ▶ 외국인의 지위에 관해서 국제법상 원칙은 확립된 것은 아니나, 우리 헌법은 국제법과 조약이 정하는 바에 의하여 외국인의 지위를 보장한다고 규정하고 있다.	
권리	인정O	인격권(생명권, 성명권, 정조권), 자유권, 재산권(물권, 채권 등), **재판청구권** 등
	인정X	① **선거권**, 피선거권, 공무담임권 등 **참정권**, 수익권(생활보장청구권) ② 근로의 권리, 교육을 받을 권리
	▶ 영주체류자격 취득일 후 **3년**이 경과한 **18세 이상**의 외국인으로 당해 지방자치단체의 외국인등록대장에 등재된 자는 **지방자치단체장 선거와 지방의회의원 선거권이 인정**된다. (대통령과 국회의원 선거권은 부정) ▶ **19세 이상** 외국인으로서 대한민국에 계속 거주할 자격을 갖춘 자로서 지방자치단체의 조례가 정하는 자는 **주민투표권**을 가진다.	
의무	① 원칙적으로 내국인과 동일하다. (특권을 인정받은 외교사절 등을 제외) 즉, 외국인도 내국인처럼 경찰권·과세권·재판권에 복종할 의무가 있다. ② 외국인 등록의무 : 체류지를 관할하는 **지방출입국·외국인관서의 장**에게 외국인 등록 ▶ 병역의무, 교육의 의무, 사회보장가입의무 등은 부담하지 않는다.	

2-2. 외국인 등록의무

등록 대상자	① 외국인이 입국한 날부터 90일을 초과하여 대한민국에 체류하려면 **입국한 날부터 90일** 이내에 외국인등록을 하여야 한다. ② 제23조에 따라 체류자격을 받는 사람으로서 **그 날부터 90일**을 초과하여 체류하게 되는 사람은 체류자격을 받는 때에 외국인등록을 하여야 한다. ③ 제24조에 따라 체류자격 변경허가를 받는 사람으로서 **입국한 날부터 90일**을 초과하여 체류하게 되는 사람은 체류자격 변경허가를 받는 때에 외국인등록을 하여야 한다.
등록 제외대상	① **주한 외국공관(대사관과 영사관 포함)**과 국제기구의 직원 및 그 가족 ② 대한민국 정부와의 협정에 따라 **외교관 또는 영사와 유사한 특권 및 면제를 누리는 사람**과 그의 가족 ③ 대한민국 정부가 초청한 사람 등으로서 **법무부령**으로 정하는 사람 ▶ 등록제외대상에 해당하는 외국인은 본인이 원하는 경우 체류기간 내에 외국인 등록을 할 수 있다.
등록증 발급	① 외국인등록을 마친 외국인에게 외국인등록증을 발급하여야 하나, 그 외국인이 **17세 미만**인 때에는 이를 발급하지 아니할 수 있다. ② 외국인등록증을 발급받지 아니한 외국인이 **17세가 된 때**에는 90일 이내에 체류지 관할 지방출입국·외국인관서의 장에게 외국인등록증 발급신청을 하여야 한다.

2-3. 외국인 체류자격(「출입국관리법」)

체류자격 부여 (제23조)	① 다음 각 호의 어느 하나에 해당하는 외국인이 제10조에 따른 체류자격을 가지지 못하고 대한민국에 체류하게 되는 경우에는 다음 각 호의 구분에 따른 기간 이내에 대통령령으로 정하는 바에 따라 체류자격을 받아야 한다. 　1. 대한민국에서 출생한 외국인 : **출생한 날부터 90일** 　2. 대한민국에서 체류 중 대한민국의 국적을 상실하거나 이탈하는 등 그 밖의 사유가 발생한 외국인 　　: **그 사유가 발생한 날부터 60일**
체류자격 변경허가 (제24조)	① 대한민국에 체류하는 외국인이 그 체류자격과 다른 체류자격에 해당하는 활동을 하려면 **미리 법무부장관의 체류자격 변경허가**를 받아야 한다. ② 제31조 제1항 각 호의 어느 하나에 해당하는 사람으로서 그 신분이 변경되어 체류자격을 변경하려는 사람은 신분이 변경된 날부터 30일 이내에 **법무부장관의 체류자격 변경허가**를 받아야 한다.

2-4. 국적법

(1) 국적취득형태 : 출생, 인지, 귀화

1) 귀화에 의한 국적 취득

외국인은 **법무부장관의 귀화허가**를 받아 대한민국 국적을 취득할 수 있다.

일반 귀화요건	① 5년 이상 계속하여 대한민국에 주소가 있을 것 ② 대한민국에서 영주할 수 있는 체류자격을 가지고 있을 것 ③ 대한민국의 「민법」상 **성년**일 것 ④ 법령을 준수하는 등 **법무부령**으로 정하는 품행 단정의 요건을 갖출 것 ⑤ 자신의 자산이나 기능에 의하거나 생계를 같이하는 가족에 의존하여 **생계 유지할 능력**이 있을 것 ⑥ 국어능력과 대한민국의 풍습에 대한 이해 등 대한민국 국민으로서의 **기본 소양**을 갖추고 있을 것 ⑦ 귀화를 허가하는 것이 국가안전보장·질서유지 또는 공공복리를 해치지 아니한다고 **법무부장관이 인정**할 것
간이 귀화요건	① 다음에 해당하는 외국인으로서 대한민국에 **3년 이상 계속**하여 주소가 있는 사람은 일반귀화 요건을 갖추지 아니하여도 귀화허가를 받을 수 있다. 　㉠ **부 또는 모가 대한민국의 국민**이었던 사람 　㉡ 대한민국에서 출생한 사람으로서 **부 또는 모가 대한민국에서 출생**한 사람 　㉢ 대한민국 국민의 양자(養子)로서 **입양 당시 대한민국의 「민법」상 성년**이었던 사람 ② **배우자가 대한민국의 국민**인 외국인으로서 다음에 해당하는 사람은 일반귀화 요건을 갖추지 아니하여도 귀화허가를 받을 수 있다. 　㉠ 혼인한 상태로 대한민국에 **2년** 이상 계속하여 주소가 있는 사람 　㉡ 혼인한 후 **3년**이 지나고 혼인한 상태로 대한민국에 **1년** 이상 계속하여 주소가 있는 사람
특별 귀화요건	다음에 해당하는 외국인으로서 **대한민국에 주소가 있는 자**는 일반귀화 요건이나 간이귀화 요건을 갖추지 아니하여도 귀화허가를 받을 수 있다. 　㉠ **부 또는 모가 대한민국의 국민**인 자. 다만, 양자로서 대한민국의 「민법」상 성년이 된 후에 입양된 사람은 **제외**한다. 　㉡ 대한민국에 **특별한 공로**가 있는 사람 　㉢ 과학·경제·문화·체육 등 특정 분야에서 **매우 우수한 능력**을 보유한 자로서 대한민국의 **국익에 기여**할 것으로 인정되는 사람

(2) 국적 취득자

외국국적 포기 의무	① 대한민국 국적을 취득한 외국인으로서 외국 국적을 가지고 있는 자는 대한민국 국적을 취득한 날부터 1년 내에 그 외국 국적을 포기하여야 한다. ② ①에도 불구하고 일정한 자는 대한민국 국적을 취득한 날부터 1년 내에 외국국적을 포기하거나 법무부장관이 정하는 바에 따라 대한민국에서 외국 국적을 행사하지 아니하겠다는 뜻을 **법무부장관에게 서약**하여야 한다.

(3) 복수국적자

국적선택 의무	① 만 20세가 되기 전에 복수국적자가 된 자는 **만 22세가** 되기 전까지, 만 20세가 된 후에 복수국적자가 된 자는 그 때부터 **2년** 내에 하나의 국적을 선택하여야 한다. 다만, 제10조 제2항에 따라 법무부장관에게 대한민국에서 외국 국적을 행사하지 아니하겠다는 뜻을 서약한 복수국적자는 제외한다. ② 출생 당시에 모가 자녀에게 외국 국적을 취득하게 할 목적으로 외국에서 체류 중이었던 사실이 인정되는 자는 외국 국적을 포기한 경우에만 대한민국 국적을 선택한다는 뜻을 신고할 수 있다.
국적선택 명령	① 법무부장관은 복수국적자로서 국적선택 기간 내에 국적을 선택하지 아니한 자에게 **1년** 내에 하나의 국적을 선택할 것을 명하여야 한다. ② 법무부장관은 복수국적자로서 대한민국에서 외국 국적을 행사하지 아니하겠다는 뜻을 서약한 자가 그 뜻에 **현저히 반하는 행위**를 한 **6개월** 내에 하나의 국적을 선택할 것을 명할 수 있다. ③ 국적선택의 명령을 받은 자가 대한민국 국적을 선택하려면 외국 국적을 포기하여야 한다. ④ 국적선택의 명령을 받고도 이를 따르지 아니한 자는 그 기간이 지난 때에 대한민국 국적을 상실한다.
법적지위	① 출생이나 그 밖에 이 법에 따라 대한민국 국적과 외국 국적을 함께 가지게 된 사람으로서 대통령령으로 정하는 사람("복수국적자")은 대한민국의 법령 적용에서 대한민국 국민으로만 처우한다. ② 복수국적자가 관계 법령에 따라 외국 국적을 보유한 상태에서 직무를 수행할 수 없는 분야에 종사하려는 경우에는 외국 국적을 포기하여야 한다. ③ 중앙행정기관의 장이 복수국적자를 외국인과 동일하게 처우하는 내용으로 법령을 제정 또는 개정하려는 경우에는 **미리 법무부장관과 협의**하여야 한다.

대한민국 국적의 이탈에 관한 특례 (제14조의2)	① 제12조 제2항 본문 및 제14조 제1항 단서에도 불구하고 다음 각 호의 요건을 모두 충족하는 **복수국적자**는 「병역법」 제8조에 따라 병역준비역에 편입된 때부터 **3개월 이내**에 대한민국 국적을 이탈한다는 뜻을 신고하지 못한 경우 법무부장관에게 대한민국 국적의 **이탈 허가를 신청할 수 있다.**
	   1. 다음 각 목의 어느 하나에 해당하는 사람일 것
	      가. **외국에서 출생한 사람**(직계존속이 외국에서 영주할 목적 없이 체류한 상태에서 출생한 사람은 제외한다)으로서 출생 이후 계속하여 외국에 주된 생활의 근거를 두고 있는 사람
	      나. **6세 미만의 아동**일 때 외국으로 이주한 이후 계속하여 외국에 주된 생활의 근거를 두고 있는 사람
	   2. 제12조 제2항 본문 및 제14조 제1항 단서에 따라 병역준비역에 편입된 때부터 3개월 이내에 국적 이탈을 신고하지 못한 정당한 사유가 있을 것
	② 법무부장관은 제1항에 따른 허가를 할 때 다음 각 호의 사항을 고려하여야 한다.
	   1. 복수국적자의 출생지 및 복수국적 취득경위
	   2. 복수국적자의 주소지 및 주된 거주지가 외국인지 여부
	   3. 대한민국 입국 횟수 및 체류 목적·기간
	   4. 대한민국 국민만이 누릴 수 있는 권리를 행사하였는지 여부
	   5. 복수국적으로 인하여 외국에서의 직업 선택에 상당한 제한이 있거나 이에 준하는 불이익이 있는지 여부
	   6. 병역의무 이행의 공평성과 조화되는지 여부
	③ 제1항에 따른 허가 신청은 외국에 주소가 있는 복수국적자가 해당 주소지 관할 재외공관의 장을 거쳐 법무부장관에게 하여야 한다.
	④ 제1항 및 제3항에 따라 국적의 이탈 허가를 신청한 사람은 법무부장관이 허가한 때에 대한민국 국적을 상실한다.
	⑤ 제1항부터 제4항까지의 규정에 따른 신청자의 세부적인 자격기준, 허가 시의 구체적인 고려사항, 신청 및 허가 절차 등 필요한 사항은 대통령령으로 정한다.

(4) 국적심의위원회

국적심의위원회 (제22조)	① 국적에 관한 다음 각 호의 사항을 심의하기 위하여 **법무부장관 소속**으로 국적심의위원회("위원회")를 둔다. 　　1. 제7조 제1항 제3호에 해당하는 특별귀화 허가에 관한 사항 　　2. 제14조의2에 따른 대한민국 국적의 이탈 허가에 관한 사항 　　3. 제14조의4에 따른 대한민국 국적의 상실 결정에 관한 사항 　　4. 그 밖에 국적업무와 관련하여 법무부장관이 심의를 요청하는 사항 ② 법무부장관은 제1항 제1호부터 제3호까지의 허가 또는 결정 전에 위원회의 심의를 거쳐야 한다. 다만, 요건을 충족하지 못하는 것이 명백한 경우 등 대통령령으로 정하는 사항은 그러하지 아니하다. ③ 위원회는 제1항 각 호의 사항을 효과적으로 심의하기 위하여 필요하다고 인정하는 경우 관계 행정기관의 장에게 자료의 제출 또는 의견의 제시를 요청하거나 관계인을 출석시켜 의견을 들을 수 있다.
위원회의 구성 및 운영 (제23조)	① 위원회는 위원장 1명을 포함하여 **30명 이내의 위원**으로 구성한다. ② 위원장은 법무부차관으로 하고, 위원은 다음 각 호의 사람으로 한다. 　　1. 법무부 소속 고위공무원단에 속하는 공무원으로서 법무부장관이 지명하는 사람 1명 　　2. 대통령령으로 정하는 관계 행정기관의 국장급 또는 이에 상당하는 공무원 중에서 법무부장관이 지명하는 사람 　　3. 국적 업무와 관련하여 학식과 경험이 풍부한 사람으로서 법무부장관이 위촉하는 사람 ③ 제2항 제3호에 따른 위촉위원의 임기는 2년으로 하며, 한 번만 연임할 수 있다. 다만, 위원의 임기 중 결원이 생겨 새로 위촉하는 위원의 임기는 전임위원 임기의 남은 기간으로 한다. ④ 위원회의 회의는 제22조 제1항의 안건별로 위원장이 지명하는 10명 이상 15명 이내의 위원이 참석하되, 제2항 제3호에 따른 위촉위원이 과반수가 되도록 하여야 한다. ⑤ 위원회의 회의는 위원장 및 제4항에 따라 지명된 위원의 과반수의 출석으로 개의하고 출석위원 과반수의 찬성으로 의결한다. ⑥ 위원회의 사무를 처리하기 위하여 간사 1명을 두되, 간사는 위원장이 지명하는 일반직공무원으로 한다. ⑦ 위원회의 업무를 효율적으로 수행하기 위하여 위원회에 분야별로 분과위원회를 둘 수 있다. ⑧ 제1항부터 제7항까지의 규정에서 정하는 사항 외에 위원회의 구성 및 운영에 필요한 사항은 대통령령으로 정한다.
벌칙 적용에서의 공무원 의제 (제27조)	위원회의 위원 중 공무원이 아닌 사람은 「형법」 제127조 및 제129조부터 제132조까지의 규정을 적용할 때에는 공무원으로 본다.

2-5. 외국인의 입국

외국인 입국	외국인의 입국이란 외국인이 국가에 체류하거나 통과하기 위하여 당해 국가의 영역으로 들어오는 것을 말하며, 외국인은 여권을 입국하려는 국가의 당국에 제출하여 입국허가를 받아야 한다. 입국허가는 통상 입국사증(Visa)의 형태로 발급되며 제출된 여권에 표시한다.
학설	① 대륙법계 : 외국인 입국은 국가의 교통권으로 인정하므로 **원칙적으로 금지할 수 없다**. ② 영·미법계 : 외국인 입국은 본질적으로 국내 문제로 **원칙적으로 외국인 입국을 금지할 수 있다**.
생체정보 제공	① 입국하려는 외국인은 외국심사를 받을 때 **생체정보를 제공**하고 본인임을 확인하는 절차에 응하여야 한다. ② 다음에 해당하는 사람은 생체정보제공이 **면제**된다. ㉠ **17세 미만인 사람** ㉡ 외국정부 또는 국제기구의 업무를 수행하기 위하여 입국하는 사람과 그 동반가족 ㉢ 외국과의 우호 및 문화교류 증진, 경제활동 촉진 또는 대한민국의 이익 등을 고려하여 지문 및 얼굴에 관한 정보의 제공을 면제하는 것이 필요하다고 대통령령으로 정하는 사람 ③ 출입국관리공무원은 외국인이 생체정보를 제공하지 아니하는 경우에는 그의 **입국을 허가하지 아니할 수 있다**. ④ 법무부장관은 입국심사에 필요한 경우에는 관계 행정기관이 보유하고 있는 외국인의 생체정보의 **제출을 요청할 수 있다**. ⑤ ④의 협조를 요청받은 관계 행정기관은 정당한 이유 없이 그 요청을 거부하여서는 아니 된다.
입국금지 사유	법무부장관은 다음에 해당하는 외국인에 대하여는 입국을 금지할 수 있다. ㉠ **감염병환자·마약중독자** 그 밖에 **공중위생상 위해를 끼칠 염려**가 있다고 인정되는 사람 ㉡ 총포·도검·화약류 등을 위법하게 가지고 입국하려는 사람 ㉢ 대한민국의 이익이나 공공의 안전을 해하는 행동을 할 염려가 있다고 인정할 만한 상당한 이유가 있는 사람 ㉣ **경제질서 또는 사회질서를 해치거나 선량한 풍속을 해치는 행동을 할 염려**가 있다고 인정할 만한 상당한 이유가 있는 사람 ㉤ 사리분별 능력이 없고 국내에서 체류활동을 보조할 사람이 없는 **정신장애인, 국내체류비용을 부담할 능력이 없는 사람**, 그 밖에 구호가 필요한 사람 ㉥ **강제퇴거명령을 받고 출국한 후 5년이 경과되지 아니한 사람** ㉦ 1910년 8월 29일부터 1945년 8월 15일까지 일본정부, 일본정부와 동맹관계에 있던 정부, 일본정부의 우월한 힘이 미치던 정부의 지시 또는 연계 하에 인종, 민족, 종교, 국적, 정치적 견해 등을 이유로 사람을 학살·학대하는 일에 관여한 사람 ㉧ 이상의 규정에 준하는 자로서 법무부장관이 그 입국이 적당하지 아니하다고 인정하는 사람
특징	① 입국금지자는 즉시퇴거 원칙 ② **입국금지 처분에 대한 이의 신청절차 없음** ③ **입국금지로 인한 손해발생에 대한 비용 : 입국금지당한 본인 부담**

2-6. 사증(Visa)

의의	입국하려는 국가에서 발급하는 입국 및 체류허가서
발급권자	**법무부장관**이 발급권자이나, 그 권한을 **재외공관자에게 위임**할 수 있다.
종류	사증은 1회만 사용하는 **단수사증**과 2회 이상 사용할 수 있는 **복수사증**이 있다.
특징	통상 사증은 여권과 **별도의 수첩형태로 발급되는 것이 아니라 제출된 여권**에 표시한다.
무사증 입국	① **재입국허가를 받은 자** 또는 재입국허가가 면제된 자로서 그 **허가 또는 면제**받은 기간이 만료되기 전에 **입국**하는 자 ② 대한민국과 **사증면제협정을 체결한 국가의 국민**으로서 그 협정에 의하여 면제의 대상이 되는 자 ③ 국제친선·관광 또는 대한민국의 이익 등을 위하여 입국하는 자로서 **대통령령**이 정하는 바에 따라 **입국허가를 받는 자** 　㉠ 외국정부 또는 국제기구의 업무를 수행하는 자로서 부득이한 사유로 사증을 가지지 아니하고 입국하고자 하는 자 　㉡ 법무부령으로 정하는 기간(30일 이내의 기간)내에 대한민국을 관광 또는 통과할 목적으로 입국하고자 하는 자 　㉢ 기타 **법무부장관이 대한민국의 이익** 등을 위하여 그 입국이 필요하다고 인정하는 자 ④ **난민여행증명서**를 발급받고 출국하여 그 **유효기간이 만료되기 전에 입국**하는 자

> **참고**
>
> **난민여행증명서(「출입국관리법」 제76조의5)**
>
> ① 법무부장관은 「난민법」에 따른 난민인정자가 출국하려고 할 때에는 그의 신청에 의하여 대통령령으로 정하는 바에 따라 난민여행증명서를 발급하여야 한다. 다만, 그의 출국이 대한민국의 안전을 해칠 우려가 있다고 인정될 때에는 그러하지 아니하다.
> ② 제1항에 따른 난민여행증명서의 유효기간은 **3년**으로 한다.

| 정리 | 사증(비자) |

체류자격 (기호)	체류자격에 해당하는 사람 또는 활동범위
외교 (A-1)	대한민국정부가 접수한 외국정부의 **외교사절단**이나 영사기관의 구성원, 조약 또는 국제관행에 따라 외교사절과 동등한 특권과 면제를 받는 사람과 그 가족
공무 (A-2)	대한민국정부가 승인한 외국정부 또는 국제기구의 **공무를 수행**하는 사람과 그 가족
협정 (A-3)	대한민국정부와의 **협정에 따라** 외국인등록이 면제되거나 면제할 필요가 있다고 인정되는 사람과 그 가족
관광·통과 (B-3)	관광·통과 등의 목적으로 대한민국에 사증없이 입국하려는 자 ▶ 관광통과(B-2)의 체류자격과 30일 범위에서의 체류기간 부여
문화예술 (D-1)	**수익을 목적으로 하지 않는** 학술 또는 예술 관련 활동을 하려는 사람(대한민국의 고유문화 또는 예술에 대하여 전문적인 연구를 하거나 전문가의 지도를 받으려는 사람을 포함한다)
유학 (D-2)	**전문대학 이상**의 교육기관 또는 학술연구기관에서 정규과정의 교육을 받거나 특정 연구를 하려는 사람
교수 (E-1)	「**고등교육법**」 제14조 제1항·제2항 또는 제17조에 따른 자격요건을 갖춘 외국인으로서 전문대학 이상의 교육기관이나 이에 준하는 기관에서 전문분야의 교육 또는 연구·지도 활동에 종사하려는 사람
회화지도 (E-2)	법무부장관이 정하는 자격요건을 갖춘 외국인으로서 외국어 전문학원, **초등학교 이상의 교육기관** 및 부설 어학연구소, 방송사 및 기업체 부설 어학연수원, 그 밖에 이에 준하는 기관 또는 단체에서 **외국어 회화지도**에 종사하려는 사람
전문직업 (E-5)	대한민국 법률에 따라 자격이 인정된 외국의 변호사, 공인회계사, 의사, 그 밖에 국가공인 자격이 있는 사람으로서 대한민국 법률에 따라 할 수 있도록 되어 있는 법률 회계, 의료 등의 전문업무에 종사하려는 사람[교수(E-1) 체류자격에 해당하는 사람은 제외한다]
예술흥행 (E-6)	**수익이 따르는** 음악, 미술, 문학 등의 예술활동과 수익을 목적으로 하는 연예, 연주, 연극, 운동경기, 광고·패션 모델, 그 밖에 이에 준하는 활동을 하려는 사람
계절근로 (E-8)	법무부장관이 관계 중앙행정기관의 장과 협의하여 정하는 농작물 재배·수확(재배·수확과 연계된 원시가공 분야를 포함한다) 및 수산물 원시가공 분야에서 취업 활동을 하려는 사람으로서 법무부장관이 인정하는 사람
비전문취업 (E-9)	「외국인근로자의 고용 등에 관한 법률」에 따른 국내 취업요건을 갖춘 사람(일정 자격이나 경력 등이 필요한 **전문 직종에 종사하려는 사람은 제외**)
재외동포 (F-4)	「재외동포의 출입국과 법적 지위에 관한 법률」 제2조 제2호에 해당하는 사람(단순 노무행위 등 이 법 제23조 제3항 각호에서 규정한 취업활동에 종사하려는 사람은 제외한다)
결혼이민 (F-6)	① 국민의 배우자 ② 국민과 혼인관계(**사실상의 혼인관계를 포함**)에서 출생한 자녀를 양육하고 있는 부 또는 모로서 법무부장관이 인정하는 사람 ③ 국민인 배우자와 혼인한 상태로 국내에 체류하던 중 그 배우자의 사망이나 실종, 그 밖에 자신에게 책임이 없는 사유로 정상적인 혼인관계를 유지할 수 없는 사람으로서 법무부장관이 인정하는 사람

▶ 불법체류자 고용시 처벌 : 3년 이하의 징역 또는 3천만원 이하의 벌금

2-7. 상륙의 종류

승무원상륙	출입국관리공무원은 다음의 어느 하나에 해당하는 외국인승무원에 대하여 선박등의 장 또는 운수업자나 본인이 신청하면 **15일의 범위에서 승무원의 상륙을 허가할 수 있다.** 다만, 입국금지사유에 해당하는 외국인승무원에 대하여는 그러하지 아니하다. ㉠ 승선 중인 선박등이 대한민국의 출입국항에 정박하고 있는 동안 휴양 등의 목적으로 **상륙하려는 외국인 승무원** ㉡ 대한민국의 **출입국항에 입항할 예정이거나 정박 중인 선박등으로 옮겨 타려는 외국인 승무원**
관광상륙	출입국관리공무원은 관광을 목적으로 대한민국과 외국 해상을 국제적으로 순회하여 운항하는 여객운송선박 중 법무부령으로 정하는 선박에 승선한 외국인 승객에 대하여 그 선박의 장 또는 운수업자가 상륙허가를 신청하면 **3일의 범위에서 승객의 관광상륙을 허가할 수 있다.** 다만, 입국금지사유에 해당하는 외국인 승객에 대하여는 그러하지 아니하다.
긴급상륙	출입국관리공무원은 선박등에 타고 있는 외국인(승무원을 포함한다)이 질병이나 그 밖의 사고로 긴급히 상륙할 필요가 있다고 인정되면 그 선박등의 장이나 운수업자의 신청을 받아 **30일의 범위에서 긴급상륙을 허가할 수 있다.**
재난상륙	지방출입국·외국인관서의 장은 **조난을 당한 선박등에 타고 있는 외국인(승무원을 포함한다)**을 긴급히 구조할 필요가 있다고 인정하면 그 선박등의 장, 운수업자, 「수상에서의 수색·구조 등에 관한 법률」에 따른 구호업무 집행자 또는 그 **외국인을 구조한 선박등의 장의 신청에 의하여 30일의 범위에서 재난상륙허가**를 할 수 있다.
난민 임시상륙	지방출입국·외국인관서의 장은 선박등에 타고 있는 외국인이 「난민법」 제2조 제1호에 규정된 이유나 그 밖에 이에 준하는 이유로 그 생명·신체 또는 신체의 자유를 침해받을 공포가 있는 영역에서 도피하여 곧바로 대한민국에 비호를 신청하는 경우 그 외국인을 상륙시킬 만한 상당한 이유가 있다고 인정되면 **법무부장관의 승인을 받아 90일의 범위에서 난민 임시상륙허가**를 할 수 있다.

참고

C.I.Q 과정

의의	외국에 여행할 때 반드시 출입국항에서 출입국에 필요한 통관절차·출입국심사·검역조사를 받게 되는데, 이러한 절차를 통상 C.I.Q 과정이라 한다.	
과정	통관절차 (Customs)	세관공무원의 세관검열
	출입국심사 (Immigrations)	출입국관리공무원의 출입국심사
	검역조사 (Quarantine)	검역관리공무원의 검역조사

2-8. 외국인의 체류 및 활동범위

① 외국인은 그 **체류자격과 체류기간의 범위내**에서 대한민국에 체류할 수 있다.
② 대한민국에 체류하는 외국인은 이 법 또는 다른 법률에서 정하는 경우를 제외하고는 정치활동을 하여서는 아니된다.
③ 법무부장관은 대한민국에 체류하는 외국인이 정치활동을 하였을 때에는 그 외국인에게 서면으로 그 활동의 중지명령이나 그 밖에 필요한 명령을 할 수 있다.
④ 대한민국에 체류하는 외국인이 그 체류자격에 해당하는 활동과 함께 다른 체류자격에 해당하는 활동을 하려면 **미리 법무부장관**의 **체류자격 외 활동허가**를 받아야 한다.
⑤ 법무부장관은 공공의 안녕질서나 대한민국의 중요한 이익을 위하여 필요하다고 인정하면 대한민국에 체류하는 외국인에 대하여 거소 또는 활동의 범위를 제한하거나 그 밖에 필요한 준수사항을 정할 수 있다.

외국인 고용자 신고의무	취업활동을 할 수 있는 체류자격을 가지고 있는 외국인을 고용한 자는 다음에 해당하는 사유가 발생한 때에는 대통령령으로 정하는 바에 따라 그 사실을 **안 날부터 15일 이내**에 이를 **지방출입국·외국인관서의 장에게 신고**하여야 한다. ㉠ 외국인을 해고하거나 외국인이 퇴직 또는 사망한 경우 ㉡ 고용된 외국인의 소재를 알 수 없게 된 경우 ㉢ 고용계약의 중요한 내용을 변경한 경우

2-9. 외국인의 출국

출국의 자유	① 외국인의 출국은 외국인이 체류하는 국가의 영역 밖으로 퇴거하거나 여행하는 것을 의미 ② **외국인의 자발적 출국은 자유**이며 원칙적으로 이를 금지할 수 없다.
강제적 출국	① 추방은 주권의 행사로 인정되지만, 정당한 이유 없이 추방하는 것은 권리남용이며 비우호적 행위로 취급된다. ② 외국인의 강제적 출국(추방이나 범죄인인도)은 형벌이 아니라, **행정처분(행정행위)**이다. ③ 강제출국조치된 자가 출국거부하거나 출국 후 재입국할 때에는 이를 체포·처벌할 수 있다.
출국 정지	법무부장관은 다음에 해당하는 외국인에 대하여 그 **출국을 정지**할 수 있다. ㉠ **범죄수사를 위하여 그 출국이 부적당**하다고 인정되는 사람 ㉡ **형사재판에 계속 중인 사람** ㉢ **징역형 또는 금고형의 집행이 종료되지 아니한 사람** ㉣ 대통령령이 정하는 금액 이상의 **벌금(1천만원) 또는 추징금(2천만원)을 납부하지 아니한 사람** ㉤ 대통령령이 정하는 금액 이상의 **국세·관세(5천만원) 또는 지방세(3천만원)를 정당한 사유없이 그 납부기한까지 납부하지 아니한 사람** ㉥ 「양육비 이행확보 및 지원에 관한 법률」 제21조의4 제1항에 따른 양육비 채무자 중 양육비이행심의위원회의 심의·의결을 거친 사람 ㉦ **대한민국의 이익**이나 공공의 안전 또는 경제질서를 해할 우려가 있어 그 출국이 부적당하다고 **법무부령**으로 정하는 자

2-10. 외국인의 강제퇴거

강제퇴거 대상	① 유효한 여권 또는 사증 없이 입국한 자
	② 허위초청 등의 행위에 의하여 입국한 외국인
	③ **입국금지 해당사유가 입국 후에 발견되거나 발생**한 자
	④ 입출국심사규정, 선박등의 제공금지규정에 위반한 자
	⑤ 조건부입국허가시 **지방출입국·외국인관서의 장**이 붙인 조건에 위반한 자
	⑥ 상륙허가 없이 상륙하였거나 상륙허가 조건을 위반한 자
	⑦ 체류자격과 체류기간 범위위반, 정치활동위반, 외국인 고용제한위반, **체류자격 외의 활동을 하거나 체류기간연장허가를 받지 않은** 자
	⑧ 허가를 받지 아니하고 근무처를 변경·추가하거나 근무처의 변경허가·추가허가를 받지 아니한 외국인을 고용·알선한 사람
	⑨ 법무부장관이 정한 거소 또는 활동범위의 제한 기타 준수사상을 위반한 자
	⑩ 허위서류 제출 등의 금지규정을 위반한 자
	⑪ 출국심사규정에 위반하여 출국하려고 한 자
	⑫ 외국인 등록의무 위반한 사람
	⑬ 외국인등록증 등의 채무이행 확보수단 제공 등의 금지규정 위반한 자
	⑭ **금고이상의 형의 선고를 받고 석방**된 사람
	⑮ 제76조의4 제1항 각 호의 어느 하나에 해당하는 사람
	⑯ 그 밖에 위에 준하는 사람으로서 **법무부령**으로 정하는 사람
	⑰ 영주자격을 가진 사람은 위에도 불구하고 강제퇴거되지 아니하나, 다음에 해당하면 강제퇴거 가능
	    ㉠ 「형법」 제2편 제1장 내란의 죄 또는 제2장 외환의 죄를 범한 사람
	    ㉡ 5년 이상 징역 또는 금고 형을 선고받고 석방된 사람 중 법무부령으로 정하는 사람
	    ㉢ 선박 등의 제공 금지 규정을 위반하거나 교사 또는 방조한 사람

강제퇴거 절차	① 출입국관리공무원은 강제퇴거 대상자에 해당된다고 의심되는 외국인에 대하여는 그 사실을 조사할 수 있다. ② 출입국관리공무원은 외국인이 강제퇴거사유에 해당된다고 의심할 만한 상당한 이유가 있고 도주하거나 도주할 염려가 있는 경우 **지방출입국·외국인관서의 장** 등으로부터 보호명령서를 발부받아 그 외국인을 보호할 수 있다(**보호기간은 10일** 이내, 부득이한 사유가 있는 때에는 1차에 한하여 10일 범위 내에서 **연장 가능**) ③ **지방출입국·외국인관서의 장**의 심사 및 강제퇴거대상자로 인정된 경우 강제퇴거명령서를 발급하여야 한다. ④ 강제퇴거명령서는 출입국관리공무원이 이를 집행한다(의뢰에 의해 사법경찰관리가 집행 가능) ⑤ **강제퇴거사유가 동시에 형사처분사유가 된다면 병행 처벌 가능**

2-11. 내국인의 출국

(1) 여권

여권	① 여권은 내국인의 출국을 증명하는 문서이다. ② 여권은 국외여행을 할 수 있음을 증명하는 본국의 일방적인 증명서에 그친다. ③ 여권은 외국인의 신분을 국제적으로 확인하는 증서로서 입국하려는 국가의 당국에 제출하여 입국허가를 받아야 한다.
발급권자	① **외교부장관**이 발급한다. ② 외교부장관은 여권 등의 발급, 재발급과 기재사항 변경에 관한 사무의 일부를 대통령령으로 정하는 바에 따라 **지방자치단체의 장에게 대행**하게 할 수 있다.
종류	① 여권의 종류는 일반여권·관용여권과 외교관여권, 긴급여권(다른 여권을 발급받을 시간적 여유가 없는 경우로서 여권의 긴급한 발급이 필요하다고 인정되어 발급하는 여권)으로 하되, 여권은 1회에 한하여 외국여행을 할 수 있는 여권(단수여권)과 유효기간 만료일까지 횟수에 제한 없이 외국여행을 할 수 있는 여권(복수여권)으로 구분할 수 있다. ② 관용여권과 외교관여권의 발급대상자는 **대통령령**으로 정한다.
유효기간	일반여권 10년 관용여권 5년 외교관여권 5년

발급거부	외교부장관은 다음에 해당하는 사람에 대하여는 여권의 발급 또는 재발급을 거부할 수 있다.
	
	㉠ **장기 2년 이상**의 형에 해당하는 죄로 인하여 **기소되어 있는 사람** 또는 장기 3년 이상의 형에 해당하는 죄로 인하여 **기소중지 또는 수사중지(피의자 중지로 한정)** 되거나 **체포영장·구속영장이 발부된 사람** 중 국외에 있는 사람
	㉡ 「여권법」 제24조부터 제26조까지에 규정된 죄를 범하여 형을 선고받고 그 집행이 종료되지 아니하거나 집행을 받지 아니하기로 확정되지 아니한 사람
	㉢ 「여권법」 제24조부터 제26조까지 규정된 죄 외의 죄를 범하여 금고 이상의 형을 선고받고 그 집행이 종료되지 아니하거나 그 집행을 받지 아니하기로 확정되지 아니한 사람
	㉣ 국외에서 대한민국의 안정보장·질서유지나 통일·외교정책에 중대한 침해를 야기할 우려가 있는 경우로서 다음의 어느 하나에 해당하는 사람
	   ⓐ 출국할 경우 테러 등으로 생명이나 신체의 안전이 침해될 위험이 큰 사람
	   ⓑ 「보안관찰법」 제4조에 따라 보안관찰처분을 받고 그 기간 중에 있으면서 같은 법 제22조에 따라 경고를 받은 사람

여권의 효력상실	여권은 다음에 해당하는 때에는 그 효력을 잃는다. ㉠ 여권의 유효기간이 끝난 때 ㉡ 여권이 발급된 날부터 **6개월이 지날 때까지 신청인이 그 여권을 받아가지 아니한 때** ㉢ 여권을 잃어버려 그 명의인이 대통령령으로 정하는 바에 따라 분실을 신고한 때 ㉣ 여권의 발급 또는 재발급을 신청하기 위하여 반납된 여권의 경우에는 신청한 여권이 발급되거나 재발급된 때 ㉤ 발급된 여권이 변조된 때 ㉥ 여권이 다른 사람에게 양도되거나 대여되어 행사된 때 ㉦ 제19조에 따라 여권의 반납명령을 받고도 지정한 반납기간 내에 정당한 사유 없이 여권을 반납하지 아니한 때 ㉧ 단수여권의 경우에는 여권의 명의인이 귀국한 때
반납명령	관계 행정기관의 장은 장기 2년 이상의 형에 해당하는 죄를 범하고 기소되는 경우등 일정 사유에 해당하는 때에는 외교부장관에게 여권 등의 발급·재발급의 거부·제한이나 유효한 여권의 반납명령을 요청할 수 있다.
여권등의 휴대 및 제시	① 대한민국에 체류하는 외국인은 항상 여권·선원신분증명서·외국인입국허가서·외국인등록증 또는 상륙허가서를 지니고 있어야 한다. 다만, **17세 미만**인 외국인의 경우에는 **그러하지 아니하다.** ② 외국인은 출입국관리공무원이나 권한 있는 공무원이 그 직무수행과 관련하여 여권 등의 제시를 요구하면 여권 등을 제시하여야 한다. ③ 여권 등의 휴대 또는 제시의무를 위반한 사람은 **100만원 이하의 벌금**에 처한다.

(2) 관용여권의 발급대상자

외교부장관은 다음 사람에게 **관용여권을 발급할 수 있다.**
㉠ 다음의 구분에 따른 사람으로서 공무로 국외에 여행하는 사람과 해당 기관이 추천하는 그 배우자, 27세 미만의 미혼인 자녀(27세 이상의 미혼인 동반자녀로서 정신적·육체적 장애가 있거나 생활능력이 없는 경우를 포함) 및 생활능력이 없는 부모

    ⓐ 공무원
    ⓑ 한국은행 및 「공공기관의 운영에 관한 법률」에 따른 공공기관 임직원 중에서 관용여권을 소지할 필요성이 있다고 외교부장관이 인정하는 사람

㉡ 한국은행 및 「공공기관의 운영에 관한 법률」에 따른 공공기관의 국외 주재원 중에서 관용여권을 소지할 필요성이 있다고 외교부장관이 인정하는 사람과 그 배우자 및 27세 미만의 미혼인 자녀
㉢ **정부에서 파견하는 의료요원, 태권도사범, 재외동포 교육을 위한 교사와 그 배우자 및 27세 미만의 미혼인 자녀**
㉣ 「외무공무원법」 제32조에 따라 재외공관에 두는 행정지원과 그 배우자, 27세 미만의 미혼인 자녀 및 생활능력이 없는 부모
㉤ 외교부 소속 공무원 및 「외무공무원법」 제31조에 따라 재외공관에 근무하는 다른 국가공무원 및 지방공무원이 가사보조를 받기 위하여 동반하는 사람
㉥ 그 밖에 원활한 공무수행을 위하여 특별히 관용여권을 소지할 필요가 있다고 외교부장관이 인정하는 사람

(3) 여행증명서

여권을 갈음하는 증명서	「여권법」 제14조(여권을 갈음하는 증명서) ① 외교부장관은 국외에 체류하거나 거주하고 있는 사람으로서 여권의 발급·재발급이 거부 또는 제한되었거나 외국에서 강제 퇴거된 사람 등 대통령령으로 정하는 사람에게 여행목적지가 기재된 서류로서 여권을 갈음하는 증명서("여행증명서")를 발급할 수 있다. ② 여행증명서의 **유효기간은 1년 이내**로 하되, 그 여행증명서의 발급 목적을 이루면 그 효력을 잃는다.
발급대상자	「여권법 시행령」 제16조(여행증명서의 발급대상자) 외교부장관은 다음에 해당하는 사람에게 여행증명서를 발급할 수 있다. 1. **출국하는 무국적자** 4. **해외입양자** 5. 「남북교류협력에 관한 법률」 제10조에 따라 여행증명서를 소지하여야 하는 사람으로서 여행증명서를 발급할 필요가 있다고 외교부장관이 인정하는 사람 5의2. 국외에 체류하거나 거주하고 있는 사람으로서 여권의 발급·재발급이 거부 또는 제한되었거나 외국에서 강제 퇴거된 경우에 귀국을 위하여 여행증명서의 발급이 필요한 사람 6. 「출입국관리법」 제46조에 따라 대한민국 밖으로 강제퇴거되는 외국인으로서 그가 국적을 가지는 국가의 여권 또는 여권을 갈음하는 증명서를 발급받을 수 없는 사람 7. 그 밖에 제1호, 제4호, 제5호, 제5호의2 및 제6호에 준하는 사람으로서 긴급하게 여행증명서를 발급할 필요가 있다고 외교부장관이 인정하는 사람

2-12. 내국인의 출국금지

① **법무부장관**은 다음에 해당하는 국민에 대하여는 **6개월 이내**의 기간을 정하여 **출국을 금지할 수 있다.**

  ㉠ **형사재판에 계속 중인 사람**
  ㉡ **징역형이나 금고형의 집행이 끝나지 아니**한 사람
  ㉢ 대통령령으로 정하는 금액 이상의 **벌금(1천만원)**이나 **추징금(2천만원)**을 내지 아니한 사람
  ㉣ 대통령령으로 정하는 금액 이상의 **국세·관세(5천만원)** 또는 **지방세(3천만원)**을 정당한 사유 없이 그 납부 기한까지 내지 아니한 사람
  ㉤ 「양육비 이행확보 및 지원에 관한 법률」 제21조의4 제1항에 따른 양육비 채무자 중 양육비 이행심의위원회의 심의·의결을 거친 사람
  ㉥ ㉠~㉤에 준하는 사람으로서 대한민국의 이익이나 공공의 안전 또는 경제질서를 해칠 우려가 있어 그 출국이 적당하지 아니하다고 법무부령으로 정하는 사람

② **법무부장관**은 **범죄 수사를 위하여** 출국이 적당하지 아니하다고 인정되는 사람에 대하여는 **1개월 이내**의 기간을 정하여 **출국을 금지할 수 있다.** 다만, 다음에 해당하는 사람은 그 호에 정한 기간으로 한다.

  ㉠ 소재를 알 수 없어 **기소중지 또는 수사중지(피의자중지로 한정)**된 사람 또는 도주 등 특별한 사유가 있어 수사 진행이 어려운 사람 : **3개월 이내**
  ㉡ 기소중지 또는 수사중지(피의자중지로 한정)된 경우로서 **체포영장 또는 구속영장이 발부**된 사람 : **영장 유효기간 이내**

③ 출국금지기간의 연장

　　㉠ 법무부장관은 출국금지기간을 초과하여 계속 출국을 금지할 필요가 있다고 인정하는 경우에는 그 기간을 연장할 수 있다.
　　㉡ 출국금지를 요청한 기관의 장은 출국금지기간을 초과하여 계속 출국을 금지할 필요가 있을 때에는 출국금지기간이 끝나기 **3일 전**까지 **법무부장관**에게 출국금지기간을 **연장**하여 줄 것을 **요청**하여야 한다.

④ 출국금지의 해제

　　법무부장관은 출국금지 사유가 없어졌거나 출국을 금지할 필요가 없다고 인정할 때에는 즉시 출국금지를 해제하여야 한다.

⑤ 출국금지결정등에 대한 이의신청

　　㉠ 출국이 금지되거나 출국금지기간이 연장된 사람은 출국금지결정이나 출국금지기간 연장의 통지를 받은 날 또는 그 사실을 안 날부터 10일 이내에 법무부장관에게 출국금지결정이나 출국금지기간 연장결정에 대한 이의를 신청할 수 있다.
　　㉡ 법무부장관은 이의 신청을 받으면 그 날부터 15일 이내에 이의 신청의 타당성 여부를 결정하여야 한다. 다만, 부득이한 사유가 있으면 15일의 범위에서 한 차례만 그 기간을 연장할 수 있다.

2-13. 긴급 출국금지

① 수사기관은 범죄 피의자로서 사형·무기 또는 **장기 3년 이상**의 징역이나 금고에 해당하는 죄를 범하였다고 의심할 만한 상당한 이유가 있고, 다음에 해당하는 사유가 있으며, 긴급한 필요가 있을 때에는 출국심사를 하는 출입국관리공무원에게 출국금지를 요청할 수 있다.

　　㉠ 피의자가 증거를 인멸할 염려가 있을 때
　　㉡ 피의자가 도망하거나 도망할 우려가 있을 때

② 요청을 받은 출입국관리공무원은 출국심사를 할 때에 출국금지가 요청된 사람을 출국시켜서는 아니 된다.
③ 수사기관은 긴급출국금지를 요청한 때로부터 **6시간 이내**에 **법무부장관**에게 **긴급출국금지 승인**을 **요청하여야 한다**.
④ 법무부장관은 수사기관이 긴급출국금지 승인 요청을 하지 아니한 때에는 수사기관 요청에 따른 출국금지를 해제하여야 한다. 수사기관이 긴급출국금지 승인을 요청한 때로부터 **12시간 이내**에 법무부장관으로부터 긴급출국금지 승인을 받지 못한 경우에도 또한 같다.
⑤ **출국금지가 해제**된 경우에 수사기관은 동일한 범죄사실에 관하여 **다시 긴급출국금지 요청**을 **할 수 없다**.

3. 외사경찰활동

외사기획활동	외사경찰에 관한 기획 및 지도, 재외국민외국인 등의 신원조사, 외국경찰기관과의 협력 및 교류, 그 밖의 다른 과의 주관에 속하지 아니하는 사항을 담당한다.
외사정보활동	대한민국의 안전과 이익, 사회공공의 안녕과 질서유지를 목적으로 주한 외국인, 주한 외교사절, 주한 외국기관, 해외동포 등을 대상으로 외사첩보를 수집하고 판단·분석한 결과를 정책수립의 자료로 제공하여 경찰상 또는 국가안보상 위해요인을 사전에 제거하고 대책을 마련하는 활동을 말한다.
외사보안활동	외국인·외국기관·외국인과 관계있는 내국인·해외교포·출입국자 등을 대상으로 간첩행위 등 「국가보안법」 위반사항이나 산업스파이 등 **기타 반국가적 행위의 여부를 파악**하고 동향을 관찰하는 활동을 말한다.
국제협력활동	외국 및 국제경찰 관련 기구와의 경찰공조, 상호방문, 교육파견, 세미나참석 등을 통하여 외국경찰이나 인터폴 등과 정보교환·협력관계를 증진하고, 정보를 상호 교환하며, 국제범죄에 효과적으로 대처하기 위한 활동을 말한다.
해외주재업무	공관장의 지휘를 받아 현지교민이나 내국인 관광객에 대한 **형사상 권익을 보호**하고 우리나라와 관계된 국제범죄, 국제테러, 불순세력에 의한 위해행위 및 국내침투 저지를 위한 **현지 경찰과의 공조 업무수행**을 말한다.
외사수사활동	대한민국의 안전과 이익, 사회공공이 안녕과 질서유지를 목적으로 외국인 또는 외국과 관련된 범죄 및 범죄자에 대해 공소를 제기하고 이를 유지하기 위한 준비절차로서 범죄사실을 탐지하고, 범인을 검거·조사하며, 증거를 수집·보전하는 활동을 말한다.

3-2. 외사기획활동

(1) 다문화사회 접근유형

자유주의적 다문화주의 (동화주의)	다문화주의의 **차별을 금지**하고 사회참여를 위해 **기회평등보장**하는 것으로, **사회통합을 위해 국가내부의 문화적 다양성을 인정**하고, 소수 인종집단 고유의 문화와 가치를 인정하지만, 시민생활이나 공적 생활에서는 주류사회의 문화·언어·사회습관에 따를 것을 요구
급진적 다문화주의	**소수집단이 스스로 결정의 원칙을 내세워 문화적 공존을 넘어서는 소수민족 집단만의 공동체 건설을 지향.** 주류사회의 문화·언어·규범·가치·생활양식을 부정하고 **독자적인 생활방식을 추구**하는 입장(미국의 흑인과 원주민에 의한 격리주의 운동, 아프리카 소부족 독립운동 등)
조합주의적 다문화주의 (다원주의)	양자의 절충형. 다문화주의를 **결과에 있어서 평등보장**이라는 측면에서 접근. 문화적 소수자가 현실적으로 문화적 다수자와의 경쟁에서 불리한 위치에 있다는 것을 전제로 하여, **소수집단의 사회참가를 촉진하기 위해 적극적인 재정적·법적 원조**를 한다.

(2) 「다문화가족지원법」

정의 (제2조)	1. "다문화가족"이란 다음 각 목의 어느 하나에 해당하는 가족을 말한다. 　가. 「재한외국인 처우 기본법」 제2조 제3호의 결혼이민자와 「국적법」 제2조부터 제4조까지의 규정에 따라 대한민국 국적을 취득한 자로 이루어진 가족 　나. 「국적법」 제3조 및 제4조에 따라 대한민국 국적을 취득한 자와 같은 법 제2조부터 제4조까지의 규정에 따라 대한민국 국적을 취득한 자로 이루어진 가족 2. "결혼이민자등"이란 다문화가족의 구성원으로서 다음 각 목의 어느 하나에 해당하는 자를 말한다. 　가. 「재한외국인 처우 기본법」 제2조 제3호의 결혼이민자 　나. 「국적법」 제4조에 따라 귀화허가를 받은 자 3. "아동·청소년"이란 **24세 이하**인 사람을 말한다.
국가와 지자체 책무 (제3조)	① 국가와 지방자치단체는 다문화가족 구성원이 안정적인 가족생활을 영위할 수 있도록 필요한 제도와 여건을 조성하고 이를 위한 시책을 수립·시행하여야 한다. ② 특별시·광역시·도·특별자치도 및 시·군·구에는 다문화가족 지원을 담당할 기구와 공무원을 두어야 한다.
기본계획 수립·시행 (제3조의2, 3)	① **여성가족부장관**은 다문화가족 지원을 위하여 **5년마다** 다문화가족정책에 관한 기본계획을 수립하여야 한다. ② 여성가족부장관, 관계 중앙행정기관의 장과 시·도지사는 매년 기본계획에 따라 다문화가족정책에 관한 시행계획("시행계획")을 수립·시행하여야 한다.
다문화 가족정책 위원회 (제3조의4)	① 다문화가족의 삶의 질 향상과 사회통합에 관한 중요 사항을 심의·조정하기 위하여 **국무총리 소속**으로 **다문화가족정책위원회**("정책위원회")를 둔다.
실태조사 (제4조)	① 여성가족부장관은 다문화가족의 현황 및 실태를 파악하고 다문화가족 지원을 위한 정책수립에 활용하기 위하여 **3년마다** 다문화가족에 대한 실태조사를 실시하고 그 결과를 공표하여야 한다.
다문화 가족 처우	① 제5조부터 제12조까지의 규정은 대한민국 국민과 사실혼 관계에서 출생한 자녀를 양육하고 있는 다문화가족 구성원에 대하여 준용한다. (제14조) ② 다문화가족이 이혼 등의 사유로 해체된 경우에도 그 구성원이었던 자녀에 대하여는 이 법을 적용한다. (제14조의2)

3-3. 외사수사활동

(1) 외국인 등 관련범죄에 관한 특칙(범죄수사규칙)

국제법의 준수 (제207조)	경찰관은 외국인 등 관련범죄의 수사를 함에 있어서는 국제법과 국제조약에 위배되는 일이 없도록 유의하여야 한다.
수사의 착수 (제208조)	경찰관은 외국인 등 관련범죄 중 중요한 범죄에 관하여는 **미리 국가수사본부장에게 보고**하여 그 지시를 받아 수사에 착수하여야 한다. 다만, **급속을 요하는 경우에는 필요한 처분을 한 후 신속히 국가수사본부장의 지시를 받아야 한다.**
외국 선박내의 범죄 (제214조)	경찰관은 대한민국의 영해에 있는 외국 선박 내에서 발생한 범죄로서 다음 각 호의 어느 하나에 해당하는 경우에는 수사를 하여야 한다. 1. 대한민국 육상이나 항내의 안전을 해할 때 2. 승무원 이외의 자나 대한민국의 국민에 관계가 있을 때 3. 중대한 범죄가 행하여졌을 때
외국인에 대한 조사 (제215조)	① 경찰관은 외국인의 조사와 체포·구속에 있어서는 언어, 풍속과 습관의 특성을 고려하여야 한다.

(2) 출입국위반사범의 처리

> ① 출입국관리공무원 외의 수사기관이 출입국사범을 입건할 때에는 **지체없이 관할 지방출입국·외국인관서의 장에게 사건을 인계**해야 한다.
> ② 「출입국관리법」상 출입국관리사범에 관한 사건은 지방출입국·외국인관서의 장의 고발이 없이는 공소를 제기할 수 없다.
> ③ 형사사건과 「출입국관리법」위반이 병합된 경우 : 형사사건과 「출입국관리법」 위반이 병합된 경우 우선 일반형사 사건 절차를 종료한 후에 출입국관리사무소에 인계한다.

(2)-2 출입국위반사범의 처리 관련 판례

> 출입국 관리 공무원 외의 수사기관이 출입국 사범에 관한 사건을 입건(立件)하였을 때에는 지체없이 관할 지방출입국·외국인관서의장에게 인계하여야 하지만, 동 규정이 일반사법경찰관리의 출입국 사범에 대한 수사권한을 배제하는 것은 아니다. (대판 2011.3.10. 2008도7724)

4. 주한미군지위협정

(1) 기본원칙

> 한미행정협정은 다른 주둔군 지위협정과 마찬가지로 영토주권의 원칙에 의하여 '**접수국 법령 존중의 원칙**'을 규정하고 있다.

(2) 협정의 적용대상자

미합중국 군대의 구성원	① 대한민국 영역 안에 주둔하고 있는 미국의 육·해·공군에 속하는 현역군인을 말한다. ★ NATO에 근무 중 공무상 한국에 여행 중인 미군X ② **주한미대사관에 부속된 합중국군대의 인원, 주한미대사관에 근무하는 무관과 주한미군사고문단원**은 대상자에서 제외된다. 이들은 준외교관으로서의 특권이 인정되기 때문이다.
군속 (軍屬)	① 미국의 국적(또는 대한민국 외의 국적)을 가진 민간인으로서 대한민국에 있는 미군에 고용되거나 동 군대에 근무하거나 또는 동반하는 자를 말한다. ② 한미양국의 국적을 모두 가진 복수국적자인 군속의 경우에도 그가 **주한 미군사령부의 지휘통제를 받는 자**라면 주한미군지위협정의 적용대상이 된다.
가족	① **미합중국 군대의 구성원 또는 군속의 가족 중 배우자(미국 시민권자만) 및 21세 미만의 자녀** ② **부모 및 21세 이상의 자녀 또는 기타 친척**으로서 그 생계비의 반액 이상을 미군의 구성원 또는 군속에 의존하는 자
초청 계약자	미국의 법률에 따라 조직된 법인이나 미합중국 내에 통상적으로 거주하는 자의 고용원 및 그의 가족으로서 주한미군 등의 군대를 위하여 특정한 조건 하에 미국정부의 지정에 의한 수의계약을 맺고 대한민국에서 근무하는 자

(3) 형사재판권

전속적 재판권	미군	① 미국의 안전에 관한 범죄 ② 구성원이나 군속 및 그들의 가족에 대하여 미국법령에 의하여 처벌할 수 있으나 **대한민국법령에 의해서는 처벌할 수 없는 범죄**
	한국	① 대한민국의 안전에 관한 범죄 ② 대한민국법령에 의해서는 처벌할 수 있으나 **미국의 법령으로는 처벌할 수 없는 범죄** ★ 미군이 한국군의 기밀탐지하여 북한에 제공한 경우 : 대한민국의 전속적 재판권O
(경합시) 제1차적 재판권	미군	① 오로지 미국의 **재산이나 안전에 관한 범죄**(부대 내에서 관물절도, 미군이 주한미대사관 시설 파괴) ② 오로지 미국군대의 타구성원이나 군속 또는 그들 가족의 **신체나 재산에 대한 범죄**(미군상호 간의 폭행(미군과 카투사 간의 상호폭행 포함)) ③ **공무집행 중의 작위 또는 부작위에 의한 범죄**(공무수행에 부수된 행위도 공무개념에 포함)
	한국	미군 당국의 제1차적 재판권 행사의 대상에 속하지 않는 모든 범죄
재판포기		① 제1차적 권리를 가지는 국가의 당국은 그 타방국가의 당국으로부터 그 권리포기의 요청이 있으면, 재판권행사가 특히 중요하다고 결정한 경우를 제외하고는 그 요청에 대하여 호의적 고려를 하여야 한다. ② 제1차적 권리를 갖는 국가가 재판권을 행사하지 않기로 결정한 때에는 가능한 한 신속히 타방국 당국에 그 뜻을 통고하여야 한다.
국가배상	공무중	① 간접보상 : 공무수행 중 발생한 손해에 대해서는 우리나라 「국가배상법」에 의해 대한민국이 1차적으로 배상을 한 뒤 미국에 대해 구상권을 행사한다. ② 배상금 분담 | 전적으로 미군의 책임 | 미군이 75%, 한국정부가 25%를 배상 | |---|---| | 미군과 한국정부의 공동책임 | 양측이 각각 50%씩 배상 |
	공무외	① 공무집행 중 이외에 발생한 손해에 대해서는 국가배상심의회가 그 배상금을 산정하여 미군에 통보하면, 미군당국이 보상액을 최종결정한다. ② 피해자가 미군당국이 결정한 보상금지급에 전적으로 동의할 경우 **100%를 미군이 부담**한다.

5. 국제경찰공조

(1) 국제형사경찰기구(ICPO : The International Criminal Police Organization)

의의	국제범죄의 예방과 진압을 위해 인터폴헌장과 국내법이 허용하는 범위 내에서 회원국 상호간에 **필요한 자료와 정보를 교환**하고 **범인체포 및 인도**에 상호 **협력**하는 국제적 경찰기구이다.
발전과정	① 1914년 **모나코**에서 제1차 **국제형사경찰회의** 개최되어 국제범죄 기록보관소 설립, 범죄인 인도절차의 표준화 등에 대하여 논의하였는데, 국제경찰협력의 기초가 됨 ② 1923년 비엔나에서 19개국 경찰기관장이 참석하여 제2차 국제형사경찰회의 개최, '국제형사경찰위원회(ICPC)' 창설 ③ 1956년 제25차 비엔나 ICPC총회에서 '국제형사경찰기구(ICPO)' 발족(당시 사무총국은 파리에 둠) ④ 1971년 국제연합에서 정부간 국제기구로 인정 ⑤ 1996년 국제연합총회에서 옵저버 지위를 부여받음
목적	① 범죄의 예방과 진압을 위해 각 회원국의 현행법 범위 내에서 세계인권선언의 정신에 입각하여 회원국간 협력을 증진한다. ② 범죄의 예방과 진압을 효과적으로 수행할 수 있는 모든 기관을 설치하고 이를 발전시킨다. ③ **국제범죄정보 및 자료를 교환**한다. ④ 신속한 국제공조수사체제를 유지한다.
조직	<table><tr><td>총회</td><td>① 인터폴의 전반적인 시책과 원칙을 결정하는 **최고의결기관**으로 매년 한 번씩 개최하여 일주일간 진행된다. ② 총재 : 1인, **임기 4년** ③ 총회에서 참석회원국 2/3 이상의 찬성을 얻어야 가입할 수 있다.</td></tr><tr><td>국가중앙사무국(NCB)</td><td>① 국가중앙사무국(NCB)는 인터폴 사무총국 및 회원국들과의 신속한 협력을 위하여 인터폴의 **모든 회원국**에 설치되는 상설기관이다. ② 우리나라는 **경찰청 외사국 인터폴 국제공조과 인터폴계**가 국가중앙사무국업무를 수행한다. ③ 인터폴 대한민국 국가중앙사무국장은 **경찰청 외사국장**이 된다. ④ 회원국마다 1개의 국가중앙사무국을 설치해야 하나 영토가 넓어 협력이 불가능한 경우에는 사무총국과 협의를 거쳐 분국을 둘 수 있다.</td></tr><tr><td>집행위원회</td><td>총회에서 선출되는 13명의 위원으로 구성되며, 헌장 등의 개정을 제안할 수 있으며, **재정에 관한 규칙**을 채택하고 재정분담금 연체국가에 대한 제재방안 등을 결정한다.</td></tr><tr><td>사무총국</td><td>① 국제범죄 예방과 진압을 위해 각 회원국 등과 긴밀한 협조관계를 유지하는 총본부이자 추진체(**프랑스 리옹 소재**) ② 국제수배서 발생</td></tr></table>
운영	① 인터폴 공용어 : **영어, 불어, 스페인어, 아랍어** ② 인터폴 운영경비 : 회원국의 단위별 분담금에 주로 의존

기본원칙	주권존중	회원국의 **국내법**이 허용하는 범위 내에서 협조함을 원칙으로 한다.
	평등성	모든 회원국은 **재정부담의 정도에 구애됨이 없이** 동등하게 협조와 지원을 받을 수 있다.
	보편성	**회원국은 모든 타 회원국과 협조할 수 있으며, 정치·지리·언어 등의 요인에 의하여 방해받지 않는다.**
	협력의 범위	회원국 간의 협조는 **일반범죄의 예방 및 진압에 국한되며, 정치·군사·종교·인종적 사항에 대해서는 어떤 관여나 활동도** 금지된다.
	타 기관과 협력	각 회원국은 국가중앙사무국을 통해 일반범죄의 예방과 진압에 관여하고 있는 타국가기관과도 협력할 수 있다.
	협력방법의 유연성	협조방식은 규칙성·계속성이 있어야 하나 회원국의 국내실정을 충분히 고려하여 **협조의 방식을 변경할 수 있다.**

(2) 인터폴과의 협력사항 (「국제형사사법 공조법」)

행정안전부장관은 국제형사경찰기구로부터 외국의 형사사건 수사에 대하여 협력을 요청받거나 국제형사경찰 기구에 협력을 요청하는 경우에는 다음 조치를 취할 수 있다.

㉠ 국제범죄의 **정보 및 자료교환**
㉡ 국제범죄의 **동일증명 및 전과조회**
㉢ 국제범죄에 관한 **사실확인 및 그 조사**

5-2. 국제수배서

국제수배서는 인터폴 사무총국이 국외 도피범·실종자·우범자 및 장물 등 **수배대상인 인적·물적 사항에 관한 정확한 자료를 각 회원국에 통보**하여 이에 공동으로 감시할 수 있는 체제를 제도적으로 확립함으로써 사무총국 및 각 회원국간에 각종 국제범죄예방과 진압에 효과적으로 대처하고 신속한 국제공조수사체제를 유지하여 수배대상을 색출할 목적으로 발부하는 수배서를 말한다.

적색수배서
(Red Notice)
	① 국제체포수배서
	② 일반형법을 위반하여 체포영장이 발부되고 **범인인도를 목적**으로 하는 경우에 한하여 발부
	※ 인터폴 적색수배의 요청기준
	    장기 2년 이상 징역이나 금고에 해당하는 죄를 범하여 체포영장·구속영장이 발부된 자 중
	    ㉠ 살인, 강도, 강간 등 강력범죄 관련 사범
	    ㉡ 조직폭력, 전화금융사기 등 조직범죄 관련 사범
	    ㉢ 다액(5억 원 이상) 경제 사범
	    ㉣ 사회적 파장 및 사안의 중대성을 고려하여 수사관서에서 특별히 적색수배를 요청한 중요 사범

청색수배서 (Blue Notice)	① 국제정보조회수배서 ② **범죄관련인의 신원과 소재확인**을 목적으로 발행되며, 일반형법위반자로 범인 인도를 요청할 가능성이 있는 자에게 발행
녹색수배서 (Green Notice)	① 상습국제범죄자수배서 ② **상습**적으로 범행하였거나 범행할 우려가 있는 **국제범죄자의 동향을 파악**케 하여 그 범행을 방지할 목적으로 발행
황색수배서 (Yellow Notice)	① 가출인수배서 ② 실종자 소재확인을 위하여 발행
흑색수배서 (Black Notice)	① 변사자수배서 ② **사망자**의 신원을 확인할 수 없거나 또는 사망자가 가명을 사용하였을 경우 정확한 신원을 확인할 목적으로 발행
장물수배서 (Stolen Property Notice)	도난당하거나 불법으로 취득한 것으로 보이는 물건이나 문화재에 대하여 상품적 가치를 고려하여 발행
보라색수배서 (Purple Notice (Modus Operandi))	① 범죄수법수배서 ② 세계 각국에서 사용된 새로운 범죄수법을 사무총국에서 집중관리하고, 이를 각 회원국에 배포하여 범죄예방과 수사자료에 활용케 할 목적으로 발행
오렌지수배서 (Orange Notice)	**폭발물, 테러범**(위험인물) 등에 대하여 보안을 경보하기 위하여 발행
인터폴-UN 특별수배서	UN과 인터폴이 협력하여 국제 테러범 및 테러단체에 대한 제재를 목적으로 발행

5-3. 국제형사사법공조법

의의		형사사건에 있어서의 수사·기소·재판절차와 관련하여 어느 한 국가의 요청에 의하여 다른 국가가 행하는 **형사사법상 협조**를 의미한다.
기본원칙	상호주의	**공조조약이 체결되어 있지 아니한 경우에도** 동일하거나 유사한 사항에 관하여 대한민국의 공조요청에 따른다는 요청국의 보증이 있는 경우에는 「국제형사사법공조법」을 적용한다.
	쌍방가별성의 원칙	형사사법공조의 대상이 되는 범죄는 **요청국과 피요청국에서 모두 처벌 가능한 범죄**이어야 한다.
	특정성의 원칙	요청국이 공조에 따라 취득한 증거를 **공조요청한 범죄 이외의 범죄**에 관한 수사나 재판에 사용하여서는 **아니** 되며, 증인으로 출석시 피요청국 출발이전 행위로 인한 구금·소추 등의 제한을 받지 않는 원칙
조약우선원칙		공조에 관하여 **공조조약**에 「국제형사사법 공조법」과 다른 규정이 있는 경우에는 그 규정에 따른다. ▶ 조약이 우선한다.
공조조약 장점		① 국제법상 의무를 부담하므로 **국제적 협력이 강화**된다. ② 신속하고 효율적인 공조를 가능하게 한다. ③ 공조조약은 공조법의 공조범위에 포함되지 않은 사항을 공조대상으로 규정하고 있어 일반적으로 **공조범위를 확대**한다. ④ 우리나라는 1992년 호주와 최초로 형사사법공조조약을 체결하여 1993년 효력이 발생하였다.

공조범위	① 사람 또는 물건의 소재에 대한 수사 ② 서류·기록의 제공 ③ 서류 등의 송달 ④ 증거 수집, 압수·수색 또는 검증 ⑤ 증거물 등 물건의 인도 ⑥ 진술청취, 그 밖에 요청국에서 증언하게 하거나 수사에 협조하게 하는 조치
임의적 공조 거절사유	다음에 해당하는 경우에는 공조를 하지 아니할 수 있다. ㉠ **대한민국의 주권, 국가안전보장, 안녕질서 또는 미풍양속을 해할 우려가 있는 경우** ㉡ **인종·국적·성별·종교·사회적 신분 또는 특정 사회단체에 속한다는 사실이나 정치적 견해를 달리한다는 이유로 처벌받을 우려가 있는 경우** ㉢ 공조범죄가 정치적 성격을 지닌 다른 범죄에 대한 수사 또는 재판을 할 목적으로 행하여진 것이라고 인정되는 경우 ㉣ 공조범죄가 **대한민국의 법률**에 의하여 범죄를 구성하지 아니하거나 공소를 제기할 수 없는 범죄인 경우 ㉤ 공조법에 요청국이 보증하도록 규정되어 있음에도 불구하고 요청국의 보증이 없는 경우
공조연기	외국의 공조요청이 대한민국에서 **수사진행중이거나 재판에 계속된 범죄**에 대하여 행하여진 경우에는 그 수사 또는 재판절차가 종료될 때까지 **공조를 연기**할 수 있다.

5-4. 공조절차

(1) 외국의 요청에 따른 수사 공조

공조요청의 접수 및 공조 자료의 송부 (제11조)	공조요청 접수 및 요청국에 대한 공조 자료의 송부는 **외교부장관**이 한다. 다만, 긴급한 조치가 필요한 경우나 특별한 사정이 있는 경우에는 **법무부장관**이 외교부장관의 동의를 받아 이를 할 수 있다.
공조 방식 (제13조)	요청국에 대한 공조는 **대한민국의 법률에서 정하는 방식**으로 한다. 다만, 요청국이 요청한 공조 방식이 대한민국의 법률에 저촉되지 아니하는 경우에는 그 방식으로 할 수 있다.
외교부장관의 조치 (제14조)	외교부장관은 요청국으로부터 형사사건의 수사에 관한 공조요청을 받았을 때에는 공조요청서에 관계 자료 및 의견을 첨부하여 법무부장관에게 송부하여야 한다.

법무부장관
조치
(제15조)
	① 공조요청서를 받은 법무부장관은 공조요청에 응하는 것이 타당하다고 인정하는 경우에는 제2항의 경우를 제외하고는 다음 각 호의 어느 하나의 조치를 하여야 한다.
	
	  1. 공조를 위하여 적절하다고 인정되는 지방검찰청 검사장("검사장") 또는 고위공직자범죄수사처장에게 관계 자료를 송부하고 공조에 필요한 조치를 하도록 명하거나 요구하는 것
	  2. 제9조 제3항의 경우에는 수형자가 수용되어 있는 교정시설의 장에게 수형자의 이송에 필요한 조치를 명하는 것
	
	② 법무부장관은 공조요청이 법원이나 검사 또는 고위공직자범죄수사처장이 보관하는 소송서류의 제공에 관한 것일 경우에는 그 서류를 보관하고 있는 법원이나 검사 또는 고위공직자범위수사처장에게 공조요청서를 송부하여야 한다.
	③ 법무부장관은 이 법 또는 공조조약에 따라 공조할 수 없거나 공조하지 아니하는 것이 타당하다고 인정하는 경우 또는 공조를 연기하려는 경우에는 외교부장관과 협의하여야 한다.

(2) 외국에 대한 수사 공조 요청

공조요청 (제29조)	검사 또는 고위공직자범죄수사처장은 외국에 수사에 관한 공조요청을 하려면 **법무부장관에게 공조요청서를 송부**하여야 하고, **사법경찰관은 검사에게 신청하여 법무부장관에게 공조요청서를 송부**하여야 한다.
법무부장관의 조치 (제30조)	제29조에 따른 공조요청서를 받은 법무부장관은 외국에 공조요청하는 것이 타당하다고 인정하는 경우에는 그 공조요청서를 외교부장관에게 송부하여야 한다. 다만, 긴급한 조치가 필요한 경우나 특별한 사정이 있는 경우에는 외교부장관의 동의를 받아 공조요청서를 직접 외국에 송부할 수 있다.
외교부장관의 조치 (제31조)	외교부장관은 법무부장관으로부터 제30조에 따른 공조요청서를 받았을 때에는 이를 외국에 송부하여야 한다. 다만, 외교 관계상 공조요청하는 것이 타당하지 아니하다고 인정하는 경우에는 이에 관하여 법무부장관과 협의하여야 한다.

6. 범죄인 인도

의의	범죄인 인도란 한 국가가 외국에서 범죄를 저지르고 자기 영토상에 도망와 있는 피의자나 유죄판결자를 다른 국가의 요구에 따라 재판 및 처벌을 하도록 넘겨주는 것을 의미한다.
법적 근거	① 1988년 「범죄인 인도법」을 제정·공포하였고, 이의 시행을 위해 「범죄인 인도법」에 의한 심사 등의 절차에 관한 규칙을 제정하여 시행하고 있다. ② **범죄인 인도에 관하여 인도조약에 「범죄인 인도법」과 다른 규정이 있는 경우에는 그 규정에 따른다.**

6-2. 범죄인 인도의 원칙

(1) 상호주의의 원칙

인도조약이 체결되어 있지 아니한 경우에도 범죄인의 인도를 청구하는 국가가 같은 종류 또는 유사한 인도범죄에 대한 대한민국의 범죄인 인도청구에 응한다는 보증을 하는 경우에는 「**범죄인 인도법**」을 **적용**한다.

(2) 쌍방 가벌성의 원칙

① 인도를 요구하는 국가의 형법과 요구받은 국가의 「형법」상 모두 범죄가 성립되는 사실의 경우에만 범인을 인도한다는 원칙이다.
② **대한민국과 청구국의 법률**에 따라 인도범죄가 **사형, 무기징역, 무기금고, 장기 1년 이상**의 징역 또는 금고에 해당하는 경우에만 범죄인을 인도할 수 있다.

(3) 정치범 불인도의 원칙

의의	① 인도의 대상이 되는 범죄는 일반 범죄에 한하며, **정치적 성격을 지닌 범죄**이거나 그와 관련된 범죄인 경우에는 인도하지 않는다는 원칙 ② 정치범의 판단 : 정치범죄는 국제법상 불확정적인 개념으로서 정치범죄에의 해당여부는 전적으로 **피청구국의 판단에 의존**한다.

「범죄인 인도법」상 예외	인도범죄가 다음에 해당하는 경우에는 인도할 수 있다. ㉠ **국가원수·정부수반 또는 그 가족의 생명·신체를 침해하거나 위협하는 범죄** ㉡ 다자간 조약에 따라 대한민국이 범죄인에 대하여 재판권을 행사하거나 범죄인을 인도할 의무를 부담하고 있는 범죄 ㉢ 여러 사람의 생명·신체를 침해·위협하거나 이에 대한 위험을 발생시키는 범죄 ▶ 우리나라 「범죄인 인도법」에는 정치범에 해당하는 범죄를 열거적으로 규정하고 있지 않고, 인도의 예외 사항만 규정하고 있다.
일반적 예외	① 국가원수살해범 ② 집단학살 ③ 전쟁범죄 ④ 항공기 불법납치 ⑤ 야만, 약탈행위 ⑥ 해적행위 등

인도청구가 범죄인이 범한 정치적 성격을 지닌 다른 범죄에 대하여 재판을 하거나 그러한 범죄에 대하여 이미 확정된 형을 집행할 목적으로 행하여진 것이라고 인정되는 경우에는 **범죄인을 인도하여서는 아니된다**.

(4) 자국민 불인도의 원칙

① 의의 : 인도의 대상이 되는 범죄인은 원칙적으로 외국인에 한하며, 범죄인이 자국민일 때에는 인도하지 않는 것이 일반적이다.
② **대륙법계 국가에서는 채택되고 있으나, 영·미법계 국가는 채택하고 있지 않다.** 즉, 보편적인 국제원칙은 아니다.
③ 「범죄인 인도법」은 **임의적 인도거절사유**로 규정하고 있다.

(5) 특정성의 원칙

의의	**인도된 범죄인은 원칙적으로 인도요청 범죄로만 처벌해야지 다른 항목의 범죄로 처벌할 수 없고, 제3국에 인도되지 아니한다는 원칙이다.** (상해범이라고 해서 인도해 주었더니 실제로는 정치범으로 처벌하는 경우)
예외	① 인도가 허용된 범죄사실의 범위에서 유죄로 인정될 수 있는 범죄 또는 인도된 후에 범한 범죄로 범죄인을 처벌하는 경우 ② 범죄인이 인도된 후 청구국의 영역을 떠났다가 자발적으로 청구국에 재입국한 경우 ③ 범죄인이 자유롭게 청구국을 떠날 수 있게 된 후 45일 이내에 청구국의 영역을 떠나지 아니한 경우 ④ 대한민국이 동의하는 경우

(6) 유용성의 원칙

① 범죄인 인도가 범인을 실제로 처벌하기 위하여 필요하다는데 기초가 있으므로 인도가 실제로 유용해야 한다는 원칙이다.
② 따라서 시효에 걸렸다든지 사면을 내린 경우에는 인도할 필요가 없다.

(7) 최소한 중요성 원칙

> ① 범죄인 인도에 많은 경비와 노력이 들어 너무 경미한 범죄인까지 인도대상으로 삼으면 낭비이기 때문에 일반범죄라도 최소한 중요성은 있어야 한다.
> ② 대한민국과 청구국의 법률에 따라 **인도범죄가 사형, 무기징역, 무기금고, 장기 1년 이상의 징역 또는 금고에 해당하는 경우**에만 범죄인을 인도할 수 있다.

(8) 군사범불인도 원칙

> ① 탈영, 항명 등의 군사범죄는 인도하지 않는다는 원칙이다.
> ② 우리나라 「범죄인 인도법」에 **명문규정을 두고 있지 않다.**

6-3. 인도거절사유(「범죄인 인도법」)

절대적 인도거절사유	다음에 해당하는 경우에는 범죄인을 인도하여서는 **아니 된다.** ㉠ 대한민국 또는 청구국의 법률에 따라 인도범죄에 관한 **공소시효 또는 형의 시효가 완성**된 경우 ㉡ **인도범죄**에 관하여 대한민국 법원에서 재판이 계속 중이거나 재판이 확정된 경우 ㉢ 범죄인이 인도범죄를 범하였다고 의심할 만한 **상당한 이유가 없는** 경우. 다만, 인도범죄에 관하여 청구국에서 유죄의 재판이 있는 경우는 제외한다. ㉣ 범죄인이 인종, 종교, 국적, 성별, 정치적 신념 또는 특정 사회단체에 속한 것 등을 이유로 처벌되거나 그 밖의 불리한 처분을 받을 염려가 있다고 인정되는 경우
임의적 인도거절사유	다음에 해당하는 경우에는 범죄인을 인도하지 **아니할 수 있다.** ㉠ 범죄인이 **대한민국 국민**인 경우 ㉡ 인도범죄의 전부 또는 일부가 **대한민국 영역**에서 범한 것인 경우 ㉢ 범죄인의 인도범죄 **외**의 범죄에 관하여 대한민국 법원에 재판이 계속 중인 경우 또는 범죄인이 형을 선고받고 그 집행이 끝나지 아니하거나 면제되지 아니한 경우 ㉣ 범죄인이 인도범죄에 관하여 제3국(청구국이 아닌 외국)에서 재판을 받고 처벌되었거나 처벌받지 아니하기로 확정된 경우 ㉤ 인도범죄의 성격과 범죄인이 처한 환경 등에 비추어 범죄인을 인도하는 것이 **비인도적**이라고 인정되는 경우

6-4. 인도 절차

(1) 외국의 인도청구가 있는 경우

인도청구서의 접수	① 조약체결국가 : 외교경로를 통하여 청구 ② 조약미체결국가 : 상호보증서를 첨부하여 청구
외교부장관의 처리	외교부장관은 청구국으로부터 범죄인의 인도청구를 받은 때에는 인도청구서와 관련 자료를 **법무부장관**에게 **송부**하여야 한다.

법무부장관의 인도심사 청구명령	① 법무부장관은 외교부장관으로부터 인도청구서 등을 받은 때에는 이를 **서울고등검찰청 검사장에게 송부**하고 소속 검사로 하여금 **서울고등법원**에 범죄인의 인도 허가 여부에 관한 심사를 청구하도록 명하여야 한다. ② 법무부장관은 인도조약 또는 범죄인 인도법의 규정에 의하여 **범죄인을 인도할 수 없거나 인도하지 아니하는 것이 상당하다고 인정되는 때**에는 인도심사 청구명령을 하지 않고, 그 사실을 **외교부장관에게 통지하여야 한다.**
인도심사청구 (서울고등 검찰청)	① 검사는 법무부장관의 인도심사청구명령이 있는 때에는 **지체 없이 법원에 인도심사를 청구**하여야 한다. ② 검사는 법무부장관의 인도심사청구명령이 있는 때에는 인도구속영장에 의하여 범죄인을 구속하여야 한다. ③ 범죄인이 인도구속영장에 의하여 구속된 때에는 **구속된 날로부터 3일 이내에 인도심사를 청구**하여야 한다.
인도심사 (서울고등법원)	① 심사기관 : **서울고등법원**(전속관할)은 인도심사의 청구를 받은 때에는 지체 없이 인도심사를 개시하여야 한다. ② 심사기간 : 범죄인이 인도구속영장에 의하여 구속 중인 때에는 **구속된 날로부터 2월 이내**에 인도심사에 관한 결정을 하여야 한다. ③ 범죄인은 인도심사에 관하여 변호인의 조력을 받을 수 있다. ④ 서울고등법원은 범죄인인도 심사 후 사안에 따라 청구각하결정, 인도거절결정, 인도허가결정을 하며, 범죄인인도에 관한 그 결정에 대하여는 **불복신청이 인정되지 않는다.**

▶ 범죄인의 인도심사 및 그 청구와 관련된 사건은 **서울고등법원과 서울고등검찰청의 전속관할**로 한다.

(2) 외국에 대한 법무부장관의 인도청구

인도청구	① 법무부장관은 대한민국 법률을 위반한 범죄인이 외국에 소재하는 경우 그 외국에 대하여 범죄인 인도 또는 긴급인도구속을 청구할 수 있다. ② 법무부장관은 외국에 대한 범죄인 인도청구 또는 긴급인도구속청구 등과 관련하여 필요하다고 판단하는 때에는 상당하다고 인정되는 검사장·지청장 등에게 필요한 조치를 명할 수 있다.
인도청구 건의	검사는 외국에 대한 범죄인 인도청구 또는 긴급인도구속청구가 상당하다고 판단하는 때에는 법무부장관에게 외국에 대한 범죄인 인도청구 또는 긴급인도구속청구를 건의할 수 있다.
동의요청	법무부장관은 외국으로부터 인도받은 범죄인을 인도가 허용된 범죄 외의 범죄로도 처벌할 필요가 있다고 판단하는 경우 그 외국에 대하여 처벌에 대한 동의를 요청할 수 있다.
인도청구서 송부	법무부장관은 범죄인인도청구·긴급인도구속청구·동의요청 등을 결정한 경우에는 인도청구서 등과 관계 자료를 외교부장관에게 송부하여야 한다.
외교부장관 조치	외교부장관은 법무부장관으로부터 인도청구서 등을 송부받은 때에는 이를 해당 국가에 송부하여야 한다.

이주아 경찰학 기본서

POLICE SCIENCE

부록

암기 TIP

부록
암기 TIP

01　60일

1. 소청심사위원회 결정

> ① 제75조에 따른 처분사유 설명서를 받은 공무원이 그 처분에 불복할 때에는 그 설명서를 받은 날부터, 공무원이 제75조에서 정한 처분(징계처분·강임·휴직·직위해제·면직처분) 외에 본인의 의사에 반한 불리한 처분을 받았을 때에는 **그 처분이 있은 것을 안 날**(처분이 있은 날 X)로부터 **30일** 이내에 소청심사위원회에 이에 대한 심사를 청구할 수 있다.
> ② 소청심사위원회는 접수일로부터 **60일** 이내에 결정을 해야 한다. 다만, 소청심사위원회의 의결로 **30일** 범위 내에서 연장할 수 있다.

2. 소청 불복 행정소송 제기

> 경찰공무원은 소청심사위원회의 결정이 위법하다고 인정될 때 또는 소청제기 후 **60일**이 경과해도 소청심사위원회의 결정이 없는 경우에는 행정소송을 제기할 수 있다.

3. 경찰질서벌(과태료)의 부과 이의제기(「질서위반행위규제법」)

> 행정청의 과태료 부과에 불복하는 당사자는 제17조 제1항에 따른 과태료 부과 통지를 받은 날부터 **60일** 이내에 해당 행정청에 서면으로 이의제기를 할 수 있다.

4. 「행정심판법」 행정심판 재결

> 재결은 피청구인 또는 위원회가 심판청구서를 받은 날부터 **60일** 이내에 하여야 한다. 다만, 부득이한 사정이 있는 경우에는 위원장이 직권으로 30일을 연장할 수 있다. 연장시 7일전까지 당사자에게 통지하여야 한다.

5. 행정소송 이의제기

보안관찰법 제23조(행정소송)

이 법에 의한 법무부장관의 결정을 받은 자가 그 결정에 이의가 있을 때에는 행정소송법이 정하는 바에 따라 그 결정이 집행된 날부터 **60일** 이내에 서울고등법원에 소를 제기할 수 있다. 다만, 제11조의 규정에 의한 면제결정신청에 대한 기각결정을 받은 자가 그 결정에 이의가 있을 때에는 그 결정이 있는 날부터 **60일** 이내에 서울고등법원에 소를 제기할 수 있다.

6. 인권평가실시

인권보호규칙 제23조(평가 절차)

① 경찰청장은 다음 각 호의 구분에 따른 기한 내에 인권영향평가를 실시하여야 한다.

1. 제21조 제1항 제1호 : 해당 안건을 경찰위원회에 상정하기 **60일** 이전
2. 제21조 제1항 제2호 : 해당 사안이 확정되기 이전
3. 제21조 제1항 제3호 : 집회 및 시위 종료일로부터 30일 이전

7. 「부패방지 및 국민권익위원회의 설치와 운영에 관한 법률」 신고 처리

① 고위 공직자(경무관급 이상의 경찰공무원)로서 부패혐의의 내용이 형사처벌을 위한 수사 및 공소제기의 필요성이 있는 경우에는 위원회의 명의로 검찰 수사처, 경찰 등 관할 수사기관에 고발을 하여야 한다.
② 위원회는 접수된 신고사항을 그 접수일부터 **60일** 이내에 처리하여야 한다. 이 경우 제1항 제1호에 따른 보완 등을 위하여 필요하다고 인정되는 경우에는 그 기간을 30일 이내에서 연장할 수 있다.
③ 조사기관은 신고를 이첩 또는 송부받은 날부터 **60일** 이내에 감사·수사 또는 조사를 종결하여야 한다. 다만, 정당한 사유가 있는 경우에는 그 기간을 연장할 수 있으며, 위원회에 그 연장사유 및 연장기간을 통보하여야 한다. [20 경간]

8. 운전면허처분에 대한 이의신청

운전면허의 취소처분 또는 정지처분이나 연습운전면허 취소처분에 대하여 이의가 있는 사람은 그 처분을 받은 날부터 **60일** 이내에 행정안전부령으로 정하는 바에 따라 시·도경찰청장에게 이의를 신청할 수 있다.

9. 외국인 체류자격 그 밖의 사유 발생시

체류자격
부여
(제23조)
	① 다음 각 호의 어느 하나에 해당하는 외국인이 제10조에 따른 체류자격을 가지지 못하고 대한민국에 체류하게 되는 경우에는 다음 각 호의 구분에 따른 기간 이내에 대통령령으로 정하는 바에 따라 체류자격을 받아야 한다.
	  1. 대한민국에서 출생한 외국인 : 출생한 날부터 **90일**
	  2. 대한민국에서 체류 중 대한민국의 국적을 상실하거나 이탈하는 등 그 밖의 사유가 발생한 외국인
	    : 그 사유가 발생한 날부터 **60일**

체류자격 변경허가 (제24조)	① 대한민국에 체류하는 외국인이 그 체류자격과 다른 체류자격에 해당하는 활동을 하려면 미리 법무부장관의 체류자격 변경허가를 받아야 한다. ② 제31조 제1항 각 호의 어느 하나에 해당하는 사람으로서 그 신분이 변경되어 체류자격을 변경하려는 사람은 신분이 변경된 날부터 **30일** 이내에 법무부장관의 체류자격 변경허가를 받아야 한다.

02 다음 날

1. 시보임용

경정 이하의 경찰공무원을 신규채용할 때에는 1년간 시보로 임용하고, 그 **기간이 만료된 다음 날**(만료된 날 X)에 정규 경찰공무원으로 임용한다.

2. 사망 면직(「경찰공무원임용령」 제5조)

② 사망으로 인한 면직은 **사망한 다음날**(사망한 날 X)에 면직된 것으로 본다.

3. 승진대상자 명부

승진대상자 명부는 그 작성기준일 **다음 날**부터 효력을 가진다.

4. 대우공무원 발령(「경찰공무원승진임용규정 시행규칙」 제36조)

① 임용권자나 임용제청권자는 **매 월말 5일 전**까지 대우공무원 발령일을 기준으로 하여 대우공무원 선발요건을 충족하는 대상자를 **결정**하여야 하고, 그 **다음 달** 1일에 **일괄**하여 대우공무원으로 **발령**하여야 한다.

5. 연일근무자 휴무(경찰공무원 복무규정 제19조)

경찰기관의 장은 특별한 사정이 없는 한 다음과 같이 휴무를 허가하여야 한다.

1. 연일근무자 및 공휴일근무자 : 그 **다음날** 1일의 휴무
2. 당직 또는 철야근무자 : **다음 날** 오후 2시 기준으로 하여 오전 또는 오후의 휴무

6. 정보공개 연장 결정, 이의 신청 연장 결정(공공기관의 정보공개에 관한 법률 제10조)

① 공공기관은 제10조에 따라 정보공개의 청구를 받으면 **그 청구를 받은 날부터 10일 이내**에 공개 여부를 결정하여야 한다.
② 공공기관은 부득이한 사유로 제1항에 따른 기간 이내에 공개 여부를 결정할 수 없을 때에는 그 기간이 끝나는 날의 **다음 날**부터 기산하여 10일의 범위에서 공개 여부 결정기간을 연장할 수 있다. 이 경우 공공기관은 연장된 사실과 연장 사유를 청구인에게 **지체 없이 문서**(구두X)로 통지하여야 한다.
③ 공공기관은 이의신청을 받은 날부터 **7일 이내**에 그 이의신청에 대하여 결정하고 그 결과를 청구인에게 **지체 없이** 문서로 **통지**하여야 한다. 다만, 부득이한 사유로 정하여진 기간 이내에 결정할 수 없을 때에는 그 기간이 끝나는 날의 **다음 날**부터 기산하여 7일의 범위에서 연장할 수 있으며, 연장 사유를 청구인에게 통지하여야 한다.

7. 범칙금 납부하지 아니한 사람

① 통고처분서를 받은 사람은 그 통고처분서를 **받은 날로부터 10일 이내**에 경찰청장·해양경찰청장 또는 철도특별사법경찰대장이 지정한 은행, 그 지점이나 대리점, 우체국 또는 제주특별자치도지사가 지정하는 은행, 그 지점이나 대리점, 우체국에 범칙금을 납부하여야 한다. ▶ 기간계산 : 초일불산입
　다만, 천재지변이나 그 밖의 부득이한 사유로 말미암아 그 기간 내에 범칙금을 납부할 수 없을 때에는 **그 부득이한 사유가 없어지게 된 날부터 5일 이내**에 납부하여야 한다.
② 위의 납부기간 내에 범칙금을 납부하지 아니한 사람은 납부기간이 **만료되는 날의 다음 날**부터 20일 이내에 통고받은 범칙금액에 그 **100분의 20을 더한 금액**을 납부하여야 한다.

8. 대통령 선거기간

대통령선거 : 후보자등록마감일의 **다음 날**부터 선거일까지

03 위원장 제외

1. 징계위원회 회의 - 피해자와 같은 성별 위원(「공무원 징계령」 제4조)

⑦ 징계사유가 다음에 해당하는 징계 사건이 속한 징계위원회의 회의를 구성하는 경우에는 **피해자와 같은 성별**의 위원이 **위원장을 제외**한 위원 수의 3분의 1 이상 포함되어야 한다.

> 1. 「성폭력범죄의 처벌 등에 관한 특례법」에 따른 **성폭력범죄**
> 2. 「양성평등기본법」에 따른 **성희롱**

참고

「공무원 징계령」 제4조(중앙징계위원회의 구성 등)
① 중앙징계위원회는 위원장 1명을 포함하여 **17명 이상 33명 이하**의 공무원위원과 민간위원으로 구성한다. 이 경우 **민간위원의 수는 위원장을 제외**한 위원 수의 **2분의1 이상**이어야 한다.

2. 고충심사위원회 구성 - 민간위원(공무원고충처리규정 제3조의2)

② 「경찰공무원법」 제31조 제1항에 따른 경찰공무원 고충심사위원회는 위원장 1명을 포함하여 **7명 이상 15명 이내**의 공무원위원과 민간위원으로 구성한다. 이 경우 **민간위원의 수는 위원장을 제외**한 위원 수의 **2분의 1 이상**이어야 한다.

3. 성희롱·성폭력 심의위원회 - 특정 성별(「경찰청 성희롱·성폭력 예방 및 처리에 관한 규칙」(경찰청 훈령) 제13조)

② 위원 중 **특정 성별**이 **위원장을 제외**하고 **4인을 초과**하여서는 아니 된다.

이주아 경찰학 기본서

경찰채용
경찰간부
경찰승진

최신 (~22.12.31.) 개정법령 반영

최신 출제 경향에 따른 개념별 단권화

발 행 일	2023년 6월 15일(2쇄)
발 행 처	마이패스북스
주 소	서울시 관악구 대학6길 51 3층
문 의	mypass@mypassjob.com
홈페이지	www.dokgong.com
정 가	38,000원

이 도서의 판권은 마이패스북스에 있으며, 수록된 모든 내용에 대서는 발행처의 허가 없이 무단으로 사용하거나, 복제 및 변형할 없습니다.

Copyright ⓒ 2023 MYPASSBOOKS Co. All right reserv

마이패스북스